Das Politische System der Europäischen Union

Wolfgang Wessels

Das Politische System der Europäischen Union

2. Auflage

mit 113 Abbildungen und 64 Tabellen

 Springer VS

Wolfgang Wessels
Universität zu Köln
Köln, Deutschland

ISBN 978-3-658-10012-4   ISBN 978-3-658-10013-1 (eBook)
https://doi.org/10.1007/978-3-658-10013-1

Die Deutsche Nationalbibliothek verzeichnet diese Publikation in der DeutschenNationalbibliografie; detaillierte bibliografische Daten sind im Internet über http://dnb.d-nb.de abrufbar.

Springer VS
© Springer Fachmedien Wiesbaden GmbH, ein Teil von Springer Nature 2008, 2022

Lektorat: Jan Treibel
Springer VS ist ein Imprint der eingetragenen Gesellschaft Springer Fachmedien Wiesbaden GmbH und ist ein Teil von Springer Nature.
Die Anschrift der Gesellschaft ist: Abraham-Lincoln-Str. 46, 65189 Wiesbaden, Germany

Abkürzungsverzeichnis

ABBA-Schema
Aufgaben-Benennung-Beschlussverfahren-Aufbau/Organisation-Schema
ACTA
Anti-Counterfeiting Trade Agreement
Anti-Produktpiraterie-Handelsabkommen
AD
Andorra
AdR
Ausschuss der Regionen
AECR
Allianz der Europäischen Konservativen und Reformer
AEUV
Vertrag über die Arbeitsweise der Europäischen Union
AL
Albanien
ALDE
Allianz der Liberalen und Demokraten für Europa
Art.
Artikel
AStV
Ausschuss der Ständigen Vertreter der Mitgliedstaaten bei der EU
AT
Österreich
AU
Afrikanische Union
BA
Bosnien und Herzegowina
BE
Belgien
BG
Bulgarien
BNE
Bruttonationaleinkommen

BSE
Bovine spongiforme Enzephalopathie (umgangssprachlich: „Rinderwahn")
CDU
Christlich Demokratische Union Deutschlands
CEPOL
European Union Agency for Law Enforcement Training
CH
Schweiz
CIVCOM
Ausschuss für die zivilen Aspekte der Krisenbewältigung
CMPD
Crisis Management and Planning Directorate
Direktion Krisenmanagement und Planung
COREPER
Comité des Représentants Permanents
Ausschuss der Ständigen Vertreter
COSAC
Conférence des Organes Spécialisés dans les Affaires Communautaires
Konferenz der Europa-Ausschüsse der nationalen Parlamente
COVID-19
Coronavirus disease 2019
Coronavirus-Krankheit-2019
CPCC
Civilian Planning and Conduct Capability
Ziviler Planungs- und Durchführungsstab
CSU
Christlich Soziale Union
CY
Zypern
CZ
Tschechische Republik
DK
Dänemark
DE
Deutschland
DG
Directorate-General
EAD
Europäischer Auswärtiger Dienst
EAGFL
Europäischer Ausrichtungs- und Garantiefonds für Landwirtschaft
EaP
Eastern Partnership

EASO
European Asylum Support Office
Europäisches Unterstützungsbüro für Asylfragen
EBCG
European Border and Coast Guard
Europäische Grenz- und Küstenwache (siehe auch FRONTEX)
ECOFIN
Rat für Wirtschaft und Finanzen
ECPM
Europäische Christliche Politische Bewegung
EDA
Europäische Verteidigungsagentur
EDP
European Democratic Party
Europäische Demokratische Partei
EE
Estland
EEA
Einheitliche Europäische Akte
EEAS
European External Action Service
EFA
Europäische Freie Allianz
EFDD
Europa der Freiheit und der direkten Demokratie
EFSA
European Food Safety Authority
Europäische Behörde für Lebensmittelsicherheit
EFTA
European Free Trade Association
Europäische Freihandelsassoziation
EG
Europäische Gemeinschaft(en)
EGKS
Europäische Gemeinschaft für Kohle und Stahl
EGKSV
Vertrag zur Gründung der EGKS
EGP
Europäische Grüne Partei
EGV
Vertrag zur Gründung der Europäischen Gemeinschaft
EKR
Europäische Konservative und Reformer

EL
Europäische Linke
ENF
Europäische Nationale Front
ENP
European Neighbourhood Policy
Europäische Nachbarschaftspolitik
EP
Europäisches Parlament
EPSO
European Personnel Selection Office
Europäisches Amt für Personalauswahl
EPZ
Europäische Politische Zusammenarbeit
ER
Europäischer Rat
ESM
Europäischer Stabilitätsmechanismus
ESRB
European Systemic Risk Board
Europäischer Ausschuss für Systemrisiken
ESS
Europäische Sicherheitsstrategie
ESVP
Europäische Sicherheits- und Verteidigungspolitik
ESZB
Europäisches System der Zentralbanken
EU
Europäische Union
EuGH
Europäischer Gerichtshof (vgl. auch GEU)
EuG
Gericht erster Instanz
EUISS
Institut für Sicherheitsstudien der Europäischen Union
EUMC
European Union Military Committee
Militärausschuss der Europäischen Union
EUMS
European Union Military Staff
Militärstab der Europäischen Union
EU-PPK
Konferenz der Präsidenten der nationalen Parlamente der EU
Euratom
Europäische Atomgemeinschaft

EuRH
Europäischer Rechnungshof
EuroLat
Parlamentarische Versammlung Europa-Lateinamerika
EuroMed
Parlamentarische Versammlung für den Mittelmeerraum
EuroNest
Parlamentarische Versammlung des EP und der östlichen Nachbarstaaten Aserbaidschan, Armenien, Georgien, Moldawien und Ukraine
EUROPOL
European Police Office
Europäische Polizeibehörde
EUV
Vertrag über die Europäische Union
EVP
Europäische Volkspartei
EWI
Europäisches Währungsinstitut
EWR
Europäischer Wirtschaftsraum
EWS
Europäisches Währungssystem
EWSA
Europäischer Wirtschafts- und Sozialausschuss
EWG
Europäische Wirtschaftsgemeinschaft
EZB
Europäische Zentralbank
FI
Finnland
FL
Fraktionslos
FR
Frankreich
FRONTEX
Europäische Agentur für die operative Zusammenarbeit an den Außengrenzen der Mitgliedstaaten der Europäischen Union (siehe auch EBCG)
GAP
Gemeinsame Agrarpolitik
GASP
Gemeinsame Außen- und Sicherheitspolitik
GATT
General Agreement on Tariffs and Trade
Allgemeines Zoll- und Handelsabkommen

GB
Großbritannien
GD
Generaldirektion
GEU
Gerichtshof der Europäischen Union (vgl. auch EuGH)
GO
Geschäftsordnung
GöD
Gericht für den öffentlichen Dienst
GOEP
Geschäftsordnung des Europäischen Parlaments
GRÜNE/EFA
Fraktion Die Grünen im Europäischen Parlament/Freie Europäische Allianz
GSVP
Gemeinsame Sicherheits- und Verteidigungspolitik
GUE/NGL
Gauche Unitaire Européen/Nordic Green Left
HR
Kroatien
HU
Ungarn
HV
Hoher Vertreter der Union für Außen- und Sicherheitspolitik
ID
Identität und Demokratie
i.V.m.
in Verbindung mit
IS
Island
IT
Italien
KO
Kosovo
KOM
Europäische Kommission
LI
Liechtenstein
LIBE
Commitee on Civil Liberties, Justice and Home Affairs
Ausschuss für bürgerliche Freiheiten, Justiz und Inneres
LV
Lettland

LT
Litauen
LU
Luxemburg
MC
Monaco
ME
Montenegro
MK
Nordmazedonien
MOE
Mittel-/Osteuropa
MT
Malta
MwSt.
Mehrwertsteuer
NATO
North Atlantic Treaty Organization
NGO
Non-Governmental Organization
Nichtregierungsorganisation
NL
Niederlande
NO
Norwegen
NP
Nationales Parlament
OGV
Ordentliches Gesetzgebungsverfahren
OLAF
Office Européen de Lutte Anti-Fraude
Europäisches Amt für Betrugsbekämpfung
OMK
Offene Methode der Koordinierung
OMT
Outright Monetary Transactions
PL
Polen
PSK
Politisches und Sicherheitspolitisches Komitee
PT
Portugal

QM
Qualifizierte Mehrheit
QMV
Qualified Majority Voting
Abstimmung mit qualifizierter Mehrheit
RFSR
Raum der Freiheit, der Sicherheit und des Rechts
RO
Rumänien
RS
Serbien
S&D
Progressive Allianz der Sozialisten und Demokraten im Europäischen Parlament
SE
Schweden
SI
Slowenien
SK
Slowakei
SKS-Vertrag
Vertrag über Stabilität, Koordinierung und Steuerung in der Wirtschafts- und
Währungsunion
SM
San Marino
SPD
Sozialdemokratische Partei Deutschlands
SPE
Sozialdemokratische Partei Europas
SRM
Single Resolution Mechanism
TR
Türkei
TREVI
Terrorisme, Radicalisme, Extrémisme, Violence Internationale
TTIP
Transatlantic Trade and Investment Partnership
Transatlantische Handels- und Investitionspartnerschaft
UK
Vereinigtes Königreich
US
Vereinigte Staaten
Vgl.
Vergleich
WFA
Wirtschafts- und Finanzausschuss

WKM
Wechselkursmechanismus
WTO
World Trade Organization
Welthandelsorganisation
WWU
Wirtschafts- und Währungsunion

Inhaltsverzeichnis

Teil I

Lesehilfe

Lesehilfe: Zugang zur institutionellen Architektur

Inhalt

Zusammenfassung

Das Lehrbuch „Das Politische System der Europäischen Union" erfasst und analysiert die institutionelle Architektur der EU. Es bildet somit eine notwendige Grundlage für weiterführende Studien zur EU. Diese Lesehilfe soll die institutionellen Leitideen sowie wichtige Analyseinstrumente des Buches kurz erläutern.

Schlüsselwörter

ABBA-Schema · Abkürzungsverzeichnis · Europäische Union · Institutionenanalyse · Lesehilfe

1 Zur Einführung: Institutionelle Architektur im Zentrum

Die *Europäische Union* (EU) wird für unser wirtschaftliches, soziales und politisches Leben immer wichtiger, aber leider auch immer unverständlicher. Die Erfassung und Erklärung der institutionellen Evolution dieses Gebildes *sui generis* bilden einen zentralen Schlüssel zum Verständnis Europas im 21. Jahrhundert. Der Auf- und Ausbau dieses politischen Systems kann damit sowohl Faszination als auch Frustration auslösen.

© Springer Fachmedien Wiesbaden GmbH, ein Teil von Springer Nature 2022
W. Wessels, *Das Politische System der Europäischen Union*,
https://doi.org/10.1007/978-3-658-10013-1_22

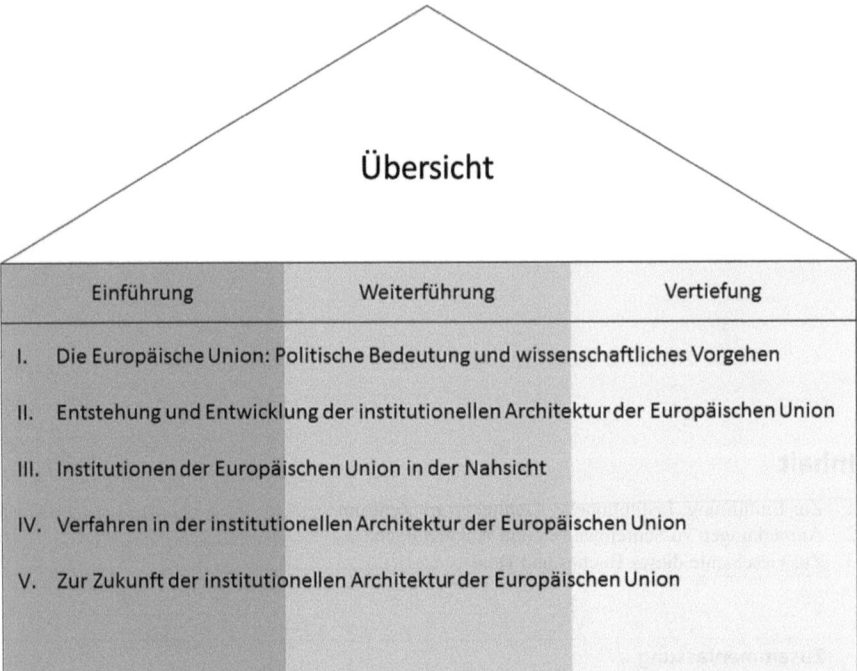

Abb. 1 Orientierungshilfe. (Quelle: Eigene Darstellung)

Dieses Buch will drei Aufgaben erfüllen (vgl. Abb. 1):

- In die Grundlagen „einführen": Besonderer Wert wird dabei auf Grundkenntnisse zur Geschichte, zu einzelnen Institutionen und zu zentralen und häufig genutzten Verfahren gelegt;
- die Grundkenntnisse „weiterführen": Das Wissen über einzelne Aspekte soll in größere Zusammenhänge – wie geschichtliche Entwicklungslinien und Kontroversen über institutionelle Leitideen – gestellt werden;
- die Kenntnisse ansatzweise „vertiefen": Genutzt werden dazu insbesondere Ansätze der „Europa-" bzw. „Integrationswissenschaft(en)".

Der Band bietet mehrere Einstiege und Zugänge an:

- Ein erster Abschnitt führt in die politische und wissenschaftliche Bedeutung des EU-Systems ein. Kapitel I stellt die benutzten Begriffe und Kategorien vor.
- Der historische Überblick konzentriert sich auf Phasen der Entstehung und Entwicklung mit Wegmarken zur Vertiefung und Erweiterung des EU-Systems (Kapitel II).
- Ein erster systematischer Zugang besteht in einer detaillierten Einzelanalyse jeder Institution bzw. jedes Organs „in der Nahsicht" (Kapitel III). Dazu wird ein „institutioneller Steckbrief" genutzt.

- In einem zweiten systematischen Zugang (Kapitel IV) werden „Verfahrensprofile" herausgearbeitet. Sie stellen die rechtlichen und realen Beteiligungsmuster von Organen bei der Vorbereitung, Verabschiedung, Durchführung und Kontrolle von verbindlichen Rechtsakten sowie bei anderen Formen des Regierens im EU-System dar. Einen Schlüsselfall bildet das *ordentliche Gesetzgebungsverfahren*, bei dem *Europäische Kommission, Europäisches Parlament* (EP) und *Rat der EU* in einem mehrstufigen Prozess beteiligt sind. Abläufe zwischen den EU-Institutionen sind von einem hohen Grad an prozeduraler Differenzierung geprägt. Deshalb werden jeweils einzelne Verfahrensschritte mithilfe von Schaubildern herausgearbeitet.

- Ein abschließendes Kapitel (Kapitel V) skizziert Strategien und Szenarien zur Zukunft des EU-Systems: Eine schematische Zusammenstellung präsentiert Optionen des Ausbaus des EU-Systems (Vertiefung) sowie der Zunahme an Mitgliedstaaten (Erweiterung). Zur umfassenden Darstellung bietet die hierzu entwickelte Abbildung auch Szenarien des Abbaus des Vertragswerks (Desinte-gration) und der Begrenzung der jeweiligen Teilnehmerstaaten (Bildung von Teilgruppen) – so die Möglichkeit eines „Kerneuropas".

Das Buch kann in der hier vorgelegten Reihenfolge genutzt werden, es sind jedoch auch Einstiege bei historischen Phasen und einzelnen Institutionen sowie bei den Verfahren und Zukunftsdebatten möglich.

Eine derartige Institutionenanalyse ist auch notwendiger Bestandteil einer jeden Grundsatzdebatte zur *Zukunft der Union*, wie sie mit den Folgen des Referendums zum Ausscheiden des Vereinigten Königreichs (Brexit) sowie angesichts der Euro- und Corona-Krise immer wieder geführt wurde und wird. Sie trägt zum Verständnis und nicht zuletzt zur Verbesserung der Bedingungen bei, unter denen wirksame und legitime Entscheidungen getroffen werden können.

Ausgehend von den Vertragsvorgaben bietet Art. 13 des Vertrags über die Europäische Union (kurz: EUV) einen Einstieg und eine Übersicht über die institu-tionelle Architektur, bestehend aus den sieben in den Verträgen definierten Organen der EU sowie weiteren relevanten Akteuren.

Institutionen werden im Kontext von mehreren Perspektiven in einem vier „I"-Schema analysiert: (Verfassungs-)Ideen, individuelle Akteure, Interessen und Instrumente.

Abbildungen, Dokumente und Tabellen sollen Argumente verdeutlichen, unter-mauern und ergänzen. Literaturangaben und -erläuterungen sowie Hinweise auf Web-seiten bilden Angebote für eine weiterführende Lektüre und eigenes Nacharbeiten.

Die Kapitel zu den Institutionen gehen von einem ABBA-Schema aus. Diese Kategorisierung wichtiger Grundelemente der einzelnen Institutionen (nach A: **A**ufgaben, B: **B**enennung/Wahl, B: interne **B**eschlussfassung und A: **A**ufbau/Orga-nisation) hat sich als hilfreiches Instrument der Lehre zum politischen System der EU erwiesen (vgl. als Beispiel Abb. 2).

Jedes Kapitel wird abgeschlossen mit einer Reihe von „Merkpunkten" und „Stichworten". Diese dienen der Selbstkontrolle nach der Lektüre eines Abschnitts. Leserinnen und Leser sollten in der Lage sein, Inhalte des Kapitels mit den aufge-listeten Merkpunkten verbinden zu können. Die ebenfalls angebotenen „Fragen" und

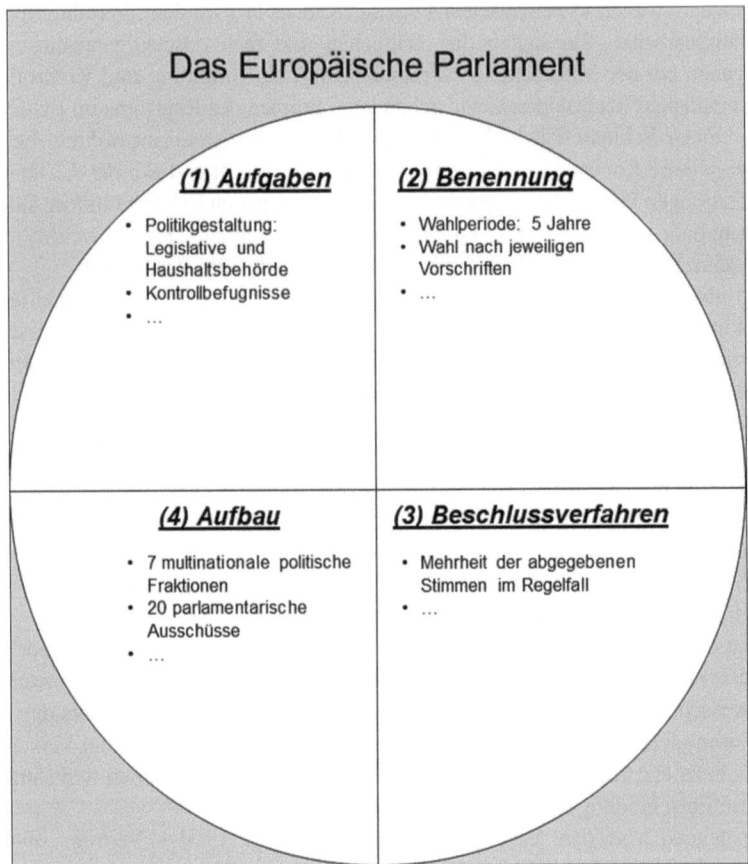

Abb. 2 Das ABBA-Schema am Beispiel: Das Europäische Parlament. (Quelle: Eigene Darstellung)

„Thesen zur Diskussion" zielen auf ein vertieftes Verständnis der zugrunde liegenden (politik-)wissenschaftlichen Problematik und auf europapolitische Strategiedebatten. Im Text werden unterschiedliche Schwierigkeitsgrade deutlich, die einige Textabschnitte für das Grundstudium und andere – darauf aufbauend – für weitere Stufen der Vertiefung qualifizieren.

2   Anmerkungen zu Schreibweisen und Abkürzungen

Die Lissabonner Verträge werden durch „EUV" für den „Vertrag über die Europäische Union" und „AEUV" für den „Vertrag über die Arbeitsweise der Europäischen Union" abgekürzt. Vertragsartikel, die sich auf Vorgängerversionen der Lissabonner Verträge beziehen, sind durch die Angabe des Unterzeichnungsortes gekennzeichnet. Zur besseren Lesbarkeit orientiert sich die Schreibweise von Ämtern, Institutionen oder anderen offiziellen Bezeichnungen an der Formulierung der Vertragstexte und der dort jeweils geübten Praxis der Gender-Bezeichnung. In den übrigen Fällen wird das generische Maskulinum verwendet. Sämtliche Bezeichnungen beziehen sich auf Personen beliebigen Geschlechts. Aufgrund der vertraglichen Formulierung ist beispielsweise vom „Präsidenten der Europäischen Kommission" die Rede, sofern vom offiziellen Amt und nicht der aktuellen Amtsinhaberin die Rede ist.

3 Zur Geschichte dieses Buches und Dank

Das Lehrbuch „Das Politische System der Europäischen Union" soll als ein Standardwerk dem Verständnis der EU – nicht zuletzt in Krisenzeiten – dienen. Diese Publikation ist das langjährige Ergebnis von Lehrveranstaltungen im Grund- und Hauptstudium, in postgraduierten Kursen sowie Erfahrungen mit der ersten Auflage von 2008. Diese ist in wesentlichen Teilen im Lichte des Lissabonner Vertrags und historischer Entwicklungen im Krisenjahrzehnt überarbeitet und aktualisiert worden. Didaktische Methoden, die in den vergangenen Jahren erprobt werden konnten, wie die Darstellung zentraler Institutionen der EU mithilfe des sogenannten ABBA-Schemas, wurden im Zuge dieser Aktualisierung weiterentwickelt.

Einen entscheidenden Vorteil gegenüber der ersten Auflage stellt zudem das Angebot dar, dieses Werk nicht nur in gedruckter Form, sondern bei „Springer Link" auch als eBook erwerben zu können. So kann die Leserin oder der Leser darüber hinaus einzelne bei Bedarf online aktualisierte Kapitel im Sinne einer living edition gesondert herunterladen. Mit Blick auf politische und institutionelle Entwicklungen des EU-Systems werden so die Darstellungen und Analysen immer wieder fortgeschrieben. Insbesondere Entwicklungen nach Wahlen zum Europäischen Parlament und die Aktivitäten der Institutionen bei der Bewältigung vielfacher Krisen werden so auch zukünftig Eingang in dieses Standardwerk finden.

In der vorliegenden Form ist das Lehrbuch am „Centre for Turkey and European Union Studies" (CETEUS) an der Universität zu Köln entstanden. Dabei gilt mein herzlicher Dank einer Reihe von Mitarbeiterinnen und Mitarbeitern, die den Text über mehrere Semester erfasst und redaktionell bearbeitet sowie Tabellen, Abbildungen und Dokumente erstellt haben. Insbesondere zu nennen sind Birgit Bujard, Lea Hopp, Adrian Krieger, Alina Thieme und Johannes Wolters. Besonderer Dank gilt zudem Christian Raphael, der über die vergangenen fünf Jahre zusätzlich die inhaltliche Bearbeitung maßgeblich koordiniert hat.

Das Buch ist meiner Familie gewidmet: Aysin Mine, Yasmin und Melanie, Luca, Ela, Emily, Aurora und Alya.

Köln, im Juli 2022

Teil II

Die Europäische Union: Politische Bedeutung und wissenschaftliches Vorgehen

Einführung

Zum Studium der Unionsarchitektur: Eine Ein- und Hinführung

Inhalt

Zusammenfassung

Im Laufe der Entwicklung hin zur Europäischen Union, wie man sie 2022 erfassen kann, haben die Mitgliedstaaten immer mehr traditionelle und moderne Aufgaben europäischer (National-)Staaten auf die Tagesordnung der Union gesetzt. Das entsprechende Regelwerk und dessen konkrete Wirkungen waren und sind einem häufigen Wandel unterworfen: Die Mitgliedstaaten haben die institutionelle Architektur einer „immer engeren Union der Völker Europas" (Art. 1 EUV) für das EU-System zunehmend komplexer gestaltet. Zudem hat sich die Zahl der Mitgliedstaaten in sechs Erweiterungsrunden von sechs (1951) auf 28 erhöht. Selbst nach dem Austritt Großbritanniens zum 31.01.2020 verbleiben 27 Mitgliedstaaten in der EU. Die Rolle der EU in der geografischen Nachbarschaft und im internationalen System hat – trotz weiterhin häufig begrenzter Wirksamkeit ihrer Maßnahmen – über die Jahrzehnte an Bedeutung gewonnen. Angesichts einer zunehmenden prozeduralen Komplexität wird das EU-System (leider) auch immer unverständlicher. Gleichzeitig nimmt jedoch ebenso die Vielfalt der Ansätze in Forschung und Lehre zu, sodass keine durchgängige und einfache Beschreibung und Analyse vorgelegt werden kann. Um die Darstellung zu fokussieren, wird mit einer Reihe von Begriffspaaren als Schlüsselkategorien gearbeitet.

© Springer Fachmedien Wiesbaden GmbH, ein Teil von Springer Nature 2022
W. Wessels, *Das Politische System der Europäischen Union*,
https://doi.org/10.1007/978-3-658-10013-1_19

Schlüsselwörter

Politische und akademische Relevanz · Mehr-Ebenen-Analyse · Supranational vs. Intergouvernemental · Dynamische und statische Analyse der institutionellen Architektur · Fusionsleiter

1   Eckpunkte im Überblick: Faszination und Frustration

1.1   Relevanz: Zunahme an Bedeutung und Komplexität

Wer nach zwei Jahrzehnten des 21. Jahrhunderts die politischen Realitäten Europas verstehen will, sollte einen beträchtlichen Teil seiner Aufmerksamkeit dem System der *Europäischen Union* (EU) und deren institutioneller Architektur widmen. Dabei gilt es insbesondere, unterschiedliche Formen des „Regierens" (im wissenschaftlichen und häufig auch politischen Sprachgebrauch *modes of governance*) zu verstehen, d. h. wie die Institutionen der EU für die Mitgliedstaaten und Unionsbürgerinnen und -bürger verbindliche Entscheidungen vorbereiten, verabschieden, durchführen und kontrollieren. Somit stellt sich auch die immer relevante Grundsatzfrage nach einer Form politischer Herrschaft und Machtausübung: Wer trifft in der EU nach welchen Verfahren verbindliche Beschlüsse? Wie werden diese Entscheidungen und ihre Wirkungen auf die Mitgliedstaaten und deren Bürgerinnen und Bürger legitimiert?

Erfassung und Erklärung des EU-Systems werden dabei zunehmend bedeutsamer und faszinierender:

- Im Laufe der Entwicklung des Integrationsprozesses haben die Mitgliedstaaten immer mehr sowohl traditionelle als auch moderne Kernaufgaben europäischer (National-)Staaten auf die Tagesordnung der Union (vgl. Art. 3 des *Vertrags über die Europäische Union* (EUV), Art. 2–6 des *Vertrags über die Arbeitsweise der Europäischen Union* (AEUV)) gesetzt: Zentrale Politikfelder staatlichen Handelns wie die Agrar-, Umwelt-, Forschungs-, Handels- sowie Wirtschafts- und Währungspolitik, aber auch Bereiche der Außen- und Verteidigungspolitik sowie der Innen- und Justizpolitik werden – nach stark variierenden Verfahren – von und in EU-Institutionen behandelt. ‚Souveräne' Mitgliedstaaten haben nationale Zuständigkeiten in Vertragsergänzungen schrittweise auf das EU-System übertragen und so zu einer staatsähnlichen Agenda der Union geführt.
- Entsprechend regeln Rechtsakte aus ‚Brüssel' immer mehr Bereiche des täglichen Lebens der Unionsbürgerinnen und -bürger. Die gemeinsam behandelten Themenfelder addieren sich zu einer staatsähnlichen Agenda.
- Die entsprechenden Vertragsregeln zur Beschlussfassung sowie deren konkrete Wirkungen waren und sind einem häufigen Wandel unterworfen: Die Mitgliedstaaten haben die institutionelle Architektur einer „immer engeren Union der Völker Europas" (Art. 1 EUV) in den letzten dreißig Jahren fünfmal verändert.

- Die Zahl der Mitgliedstaaten hat sich in sechs Erweiterungsrunden von sechs (1951) bis 2013 auf 28 erhöht. Trotz des Austritts Großbritanniens aus der EU (2020) hat sich das ursprüngliche ‚Kleineuropa' geopolitisch zu einem ‚großen Europa' entwickelt.
- Die Rolle der EU in der geografischen Nachbarschaft und im internationalen System hat trotz mancher Misserfolge über die Jahrzehnte an Bedeutung gewonnen.
- Diese Bestandsaufnahme darf nicht losgelöst betrachtet werden von der Diskussion um den ‚Mythos' Europa, um Visionen und Leitbilder für ein ‚neues Europa', die über ein nüchternes Erfassen und Erklären eines Regelwerkes hinausreichen: Mehrere und unterschiedliche Erzählungen (im wissenschaftlichen Sprachgebrauch zunehmend *Narrative*) thematisieren die Entstehung und Evolution des EU-Systems: Dabei werden insbesondere das Wirken des (west-)europäischen Einigungsprozesses für die Schaffung von Frieden und Wohlstand europäischer Bürgerinnen und Bürger sowie das (Spannungs-)Verhältnis des über Jahrhunderte gewachsenen Nationalstaates zu diesem neuartigen Gebilde aufgegriffen.

Gleichzeitig wächst mit der Faszination aber auch die Frustration: Das EU-System gewinnt nicht nur an Bedeutung, sondern wird bei vielen Verfahren unverständlicher.

Mit steigender Bedeutung und Komplexität der institutionellen EU-Architektur nimmt auch die Vielfalt der Ansätze in Forschung und Lehre zu, sodass keine durchgängig und umfassend getragene Beschreibung und Analyse vorgelegt werden kann. Zudem gibt die immer wieder neu belebte Diskussion um die zukünftige Gestaltung des EU-Systems hin zu einem gedachten bzw. gewollten Endzustand der Union (im wissenschaftlichen Sprachgebrauch *Finalität*) Anlass, auch unmittelbar zu der häufig intensiv geführten politischen Debatte beizutragen.

1.2 Angebote zum Studium: Schlüsselkategorien

Angesichts der Unübersichtlichkeit von gesetzlichen Regeln und ausgeübter Praxis, mit denen eine Vielzahl von Akteuren nach verschiedenen Verfahren des EU-Systems ‚regieren', stellt dieses Buch die institutionelle Architektur der EU in den Mittelpunkt der Erfassung, Erklärung und Evaluierung dieses Systems.

Um die Darstellung zu fokussieren, wird mit einer Reihe von Begriffspaaren als Schlüsselkategorien gearbeitet:

- Für die Erfassung der institutionellen Konfiguration wird das Begriffspaar *(geschriebener) Vertragstext* bzw. *Regelwerk* im Vergleich zur *(gelebten) (Vertrags-) Praxis* genutzt.
- Vertragstexte und -praxis werden in einer ‚*dynamischen*' Perspektive als Bestandteile historischer Entwicklungen des EU-Systems erklärt. (‚*Statische*') Momentaufnahmen aus der (mikro-)politikwissenschaftlichen Nahsicht werden ergänzt

durch eine Einordnung des Istzustandes in längerfristige (makro-)politikwissen-
schaftliche Entwicklungslinien der europäischen Konstruktion.

- Zur Erklärung und Charakterisierung wird auf das vielfach genutzte Begriffspaar
  supranational und *intergouvernemental* zurückgegriffen, um eine Spannbreite an
  unterschiedlichen Entwicklungen der institutionellen Architektur aufzuzeigen
  und diese einzuordnen. In Bezug auf dieses integrationstheoretische Spannungsfeld nutzt das Lehrbuch einen Ansatz, der mit dem Begriff der *Fusion* eine
  spezifische Form institutioneller Evolution des EU-Systems charakterisiert.
- Zur Beobachtung der Aufgaben und Aktivitäten von EU-Institutionen werden
  jeweils Funktionen zur *‚System'*- und *‚Politikgestaltung'* herausgearbeitet.
- Institutionen sind nicht nur als Bausteine einer ‚Brüsseler Arena' zu verstehen,
  sondern werden auch als Teil eines *Mehrebenensystems* gesehen, in dem kommunale, regionale, nationale und europäische Akteure versuchen, ihre Interessen
  einzubringen und durchzusetzen.

2 Zur politischen Bedeutung: Auf- und Ausbau eines politischen Systems

2.1 Immer relevanter: Auf dem Weg zu einer staatsähnlichen Agenda

Trotz vieler politischer und wissenschaftlicher Kontroversen um die Europäische
Union und deren institutionelle Architektur ist eine Erkenntnis Allgemeingut: Dieses
häufig seltsam anmutende politische Gebilde ist für Regierungen, Parlamente sowie
für Bürgerinnen und Bürger der Union von wachsender Bedeutung.

Im Scheinwerferlicht dieser Relevanzprüfung ist eine Vielzahl von Aktivitäten zu
beobachten. Die Organe der Europäischen Union treffen immer mehr verbindliche
Entscheidungen, die in zunehmendem Maße wesentliche Bereiche des wirtschaftli-
chen, sozialen und politischen Lebens regeln. Als Verbraucher und Staatsbürger, als
Student und Arbeitnehmer sowie als Sparer und Anleger werden die Unionsbürgerinnen und Unionsbürger durch die rechtlichen Bestimmungen zu den Güter-,
Kapital-, Arbeits- und Dienstleistungsmärkten sowie zur Agrar-, Regional- und
Sozialpolitik nachhaltig bei der Gestaltung ihrer Lebensumstände beeinflusst. Au-
ßen- und innenpolitische Vorgaben aus ‚Brüssel' berühren Kernbereiche nationaler
Souveränität. Den Parlamenten der Mitgliedstaaten setzt der Stabilitäts- und Wachstumspakt – insbesondere nach Anpassungen aufgrund der Krisenbewältigung – bei
der Verschuldung nationaler Haushalte enge Grenzen. Regierungen der (Bundes-)
Länder beschweren sich über die (zu) enge Anwendung des Umweltrechts und
sorgen sich um die Folgen der Klima- und Einwanderungspolitik. Auch die Kommunen müssen bei vielen ihrer Entscheidungen, so bei der Vergabe öffentlicher
Aufträge, EU-Bestimmungen beachten. Bei Krisen, wie etwa die der *Eurozone*,
angesichts erheblicher Migrationsströme sowie bei den Maßnahmen zur Bewälti-

gung der Folgen der Corona-Pandemie, steht die EU im Mittelpunkt intensiver und kontroverser Debatten um angemessene Formen von ‚governance'. Verbindliche Vorschriften regeln u. a. Umweltstandards, Rechte von Konsumenten und den Zugang zum Internet sowie das kommunale Wahlrecht von EU-Bürgerinnen und -bürgern, Anti-Diskriminierungsregeln und die Übernahme von Aktiengesellschaften. Im Zentrum dieser Legislativprozesse steht im Lissabonner Vertrag das *ordentliche Gesetzgebungsverfahren*, nach dem das *Europäische Parlament* (EP) und der *Rat der Europäischen Union* (auch *Ministerrat*) auf Vorschlag der *Europäischen Kommission* gemeinsam Rechtsakte für eine Reihe staatlicher Aufgaben verabschieden.

Erhöhte Medienaufmerksamkeit wird den Sitzungen des *Europäischen Rates* zuteil, bei denen die Staats- und Regierungschefs der EU-Mitgliedstaaten sowie die Präsidenten der Europäischen Kommission und des Europäischen Rates Leitlinien und Arbeitsprogramme zur Wirtschafts- und Arbeitsmarktpolitik sowie zur Innen- und Justizpolitik verabschieden und europäische Positionen zu weltpolitischen Entwicklungen festlegen. Neben diesen Vorgaben zur Politikgestaltung sind Entscheidungen dieser Institution von besonderem Interesse, die nachhaltig historische Wegmarken der Systemgestaltung in Form von Vertragsänderungen und Beitritten neuer Mitgliedstaaten setzen. Im Fokus steht der Europäische Rat auch immer wieder bei unerwarteten und existenziellen Krisen, so bei Beschlüssen zur gemeinsamen finanziellen Überwindung der Corona-Krise.

Zur Liste der zentralen Bausteine der EU-Architektur gehört auch der *Gerichtshof der Europäischen Union* (GEU/häufig auch EuGH), der das vertragliche Regelwerk verbindlich auslegt und so den Charakter der Union als *Rechtsgemeinschaft* wahrt und dabei auch ausbaut. Seine Urteile werden häufig kontrovers diskutiert.

Besonderes Interesse findet seit den Krisenjahren auch die *Europäische Zentralbank* (EZB): Sie trifft Beschlüsse zur Geld- und Währungspolitik, die weitere wirtschaftliche Entscheidungen zu Investitionen, Kapitalanlagen und auch Baufinanzierungen beeinflussen. Die konjunkturelle Entwicklung, die Entwicklung der Inflationsrate innerhalb der Eurozone, mittelbar auch die Beschäftigungsquote sowie die Fiskalpolitik der Euro-Mitgliedstaaten können damit von der EZB in Frankfurt am Main beeinflusst werden. Die EZB trifft somit nicht zuletzt Entscheidungen, um die Eurozone und damit – so die Sicht vieler Politiker – auch die Europäische Union insgesamt zu stabilisieren. Ihre Anleihekäufe nehmen enorme Umfänge an.

Im medialen Scheinwerferlicht stehen Politiker an der Spitze der EU-Organe, wie die Präsidenten des EP, des Europäischen Rates, der Kommission und der EZB wie auch der *Hohe Vertreter der Union für Außen- und Sicherheitspolitik*.

Zu untersuchen sind auch die Möglichkeiten nationaler Parlamente, Entscheidungen im *Frühwarnsystem* oder durch die Ratifizierung von Vertragsänderungen und Beitritten zu beeinflussen.

Einen wesentlichen Teil der Vertragspraxis bildet ein verwirrendes Netzwerk von Beamtenausschüssen und technisch-funktionalen Agenturen der EU.

In einem Rückblick auf die letzten 70 Jahre haben die Mitgliedstaaten und die EU-Institutionen zunehmend öffentliche Aufgaben ‚europäisiert'. Ausgehend von dem ursprünglichen Aufgabenbereich einer ‚Wirtschaftsgemeinschaft' haben sie ihre Themenfelder auf traditionelle Gebiete des Nationalstaates ausgedehnt. So haben sie auf unterschiedliche Art und Weise ihre Zusammenarbeit auch auf Kernbereiche nationaler Souveränität – so in der Außen- und Sicherheitspolitik sowie in Innen- und Justizpolitik – ausgeweitet. Eine Betrachtung der Tagesordnungen des Europäischen Parlaments und des Europäischen Rates unterstreicht die Neigungen der dort agierenden Politiker, europäische Bühnen für alle, jeweils aktuellen öffentlichen Angelegenheiten zu nutzen und so Interessen der Bürgerinnen und Bürger aufzugreifen.

Betrachtet man die von den Mitgliedstaaten für die Union gesetzten Ziele (vgl. Dokument 1), so werden dort fast alle Probleme der öffentlichen Politik Europas angesprochen und – wenn auch nach erheblich variierenden Regelwerken und Verfahren – behandelt.

Dokument 1, Relevanz – Zielvorgaben des EU-Vertrags
Art. 3 EUV
   Ziele der Union

(1) Ziel der Union ist es, den Frieden, ihre Werte und das Wohlergehen ihrer Völker zu fördern.

(2) Die Union bietet ihren Bürgerinnen und Bürgern einen Raum der Freiheit, der Sicherheit und des Rechts ohne Binnengrenzen, in dem – in Verbindung mit geeigneten Maßnahmen in Bezug auf die Kontrollen an den Außengrenzen, das Asyl, die Einwanderung sowie die Verhütung und Bekämpfung der Kriminalität – der freie Personenverkehr gewährleistet ist.

(3) Die Union errichtet einen Binnenmarkt. Sie wirkt auf die nachhaltige Entwicklung Europas auf der Grundlage eines ausgewogenen Wirtschaftswachstums und von Preisstabilität, eine in hohem Maße wettbewerbsfähige soziale Marktwirtschaft, die auf Vollbeschäftigung und sozialen Fortschritt abzielt, sowie ein hohes Maß an Umweltschutz und Verbesserung der Umweltqualität hin. Sie fördert den wissenschaftlichen und technischen Fortschritt.

   Sie bekämpft soziale Ausgrenzung und Diskriminierungen und fördert soziale Gerechtigkeit und sozialen Schutz, die Gleichstellung von Frauen und Männern, die Solidarität zwischen den Generationen und den Schutz der Rechte des Kindes.

   Sie fördert den wirtschaftlichen, sozialen und territorialen Zusammenhalt und die Solidarität zwischen den Mitgliedstaaten.

   Sie wahrt den Reichtum ihrer kulturellen und sprachlichen Vielfalt und sorgt für den Schutz und die Entwicklung des kulturellen Erbes Europas.

(Fortsetzung)

(4) Die Union errichtet eine Wirtschafts- und Währungsunion, deren Währung der Euro ist.

(5) In ihren Beziehungen zur übrigen Welt schützt und fördert die Union ihre Werte und Interessen und trägt zum Schutz ihrer Bürgerinnen und Bürger bei. Sie leistet einen Beitrag zu Frieden, Sicherheit, globaler nachhaltiger Entwicklung, Solidarität und gegenseitiger Achtung unter den Völkern, zu freiem und gerechtem Handel, zur Beseitigung der Armut und zum Schutz der Menschenrechte, insbesondere der Rechte des Kindes, sowie zur strikten Einhaltung und Weiterentwicklung des Völkerrechts, insbesondere zur Wahrung der Grundsätze der Charta der Vereinten Nationen.

(6) Die Union verfolgt ihre Ziele mit geeigneten Mitteln entsprechend den Zuständigkeiten, die ihr in den Verträgen übertragen sind.

Diese Aufzählung von Zielen wird durch eine Liste von „Arten und Bereichen der Zuständigkeit der Union" (Art. 2–6 AEUV) ergänzt und konkretisiert.

Angesichts dieser Vorgaben ist zu diskutieren, ob die Mitgliedstaaten und EU-Institutionen den Ziel- und Aufgabenkatalog der EU im Umfang zu einer ‚staatsähnlichen Agenda' entwickelt haben. Das Bundesverfassungsgericht nutzte in seinem Urteil zum Lissabonner Vertrag in diesem Sinne den Begriff „staatsanalog" (Bundesverfassungsgericht 2009). Mit dieser Fragestellung soll jedoch nicht die regelmäßig wiederkehrende Kontroverse über einen möglichen ‚Staatscharakter' der Union angesprochen werden. Vielmehr soll diese Aufzählung die Aufmerksamkeit auf Breite und Vielfalt der Politikfelder lenken, die von und in den EU-Institutionen behandelt werden (sollen).

2.2   Immer tiefer und welter: Auf- und Ausbau des EU-Systems

Zur Beschäftigung mit der EU gehört ein historischer Blick auf die Integrationskonstruktion (vgl. Kap. ▶ „Geschichte"): Diese hat – entgegen vieler Erwartungen von Politikern und Wissenschaftlern – einen beträchtlichen Auf- und Ausbau ihrer institutionellen Architektur aufzuweisen. Eine derartige Entwicklung lässt sich an vertraglichen Wegmarken festmachen, die als historische Meilensteine verstanden werden können und so in der Darstellung einzelner Institutionen wesentliche Bezugspunkte setzen. Dieser die Jahrzehnte überspannende Überblick gibt notwendige Grundorientierungen; für tiefergehende Betrachtungen einzelner Schritte muss diese Darstellung der Systemgestaltung durch historische Kontextanalysen ergänzt werden. In komplexen Wechselbeziehungen zu diesem jahrzehntelangen Vertiefungsprozess haben die jeweiligen Mitgliedstaaten auch die andere fundamentale Dimension des EU-Systems verändert. Durch mehrere Beitrittsrunden haben sie die Zahl der Mitglieder und damit auch den geografischen Einzugsbereich erweitert: Von sechs Gründungsstaaten im Jahre 1951 ist die Integrationskonstruktion nach fünf Erweiterungswellen bis zum Jahr 2013 auf 28 Mitglieder angewachsen. Mit dem Austritt des Vereinigten Königreichs im Januar 2020 hat sich die Zahl auf 27 verringert. Als besondere Form der Erweiterung ist die Integration der fünf neuen Bundesländer als Folge der deutschen Einigung 1990 zu verstehen. Der Türkei, der Ukraine, Montenegro, Serbien, Nordmazedonien und Moldau hat die EU den Status von Beitrittskandidaten verliehen. Mit Ausnahme von Island, dessen Regierung inzwischen keine Mitgliedschaft mehr anstrebt, werden bereits entsprechende Verhandlungen geführt.

Trafen die Institutionen der *Europäischen Gemeinschaft für Kohle und Stahl* (EGKS) zu Beginn der fünfziger Jahre Entscheidungen für 220 Mio. Bürger, so sind in der 27er-Union ohne das Vereinigte Königreich 2020 ca. 446,3 Mio. Menschen von der zunehmenden Zahl an Rechtsakten betroffen. Mit einem zunächst nicht zu erwartenden Beitritt aller Kandidatenstaaten würden die Organe der Union für über 590 Mio. Unionsbürger Entscheidungen verabschieden.

Aus einer (geo-)politischen Perspektive dehnten die Gründungsmitglieder ihre Formen der Integration auf weite Teile Europas aus. Die Aufnahme neuer Mitgliedstaaten zeigt, dass die Union für mehr und mehr Staaten ‚attraktiv' war und wohl auch noch ist.

Das sogenannte Brexit-Referendum im Vereinigten Königreich 2016 hat auch die Frage von Austritten auf die politische Tagesordnung gesetzt. Aus vielen Reaktionen der verbleibenden 27 Mitgliedstaaten wird jedoch gleichzeitig deutlich, dass der Mitgliedschaft in der EU ein hoher Stellenwert zugeordnet wird.

2.3   Immer gewichtiger? Die EU auf dem Weg zum internationalen Akteur

Im Laufe ihrer Geschichte ist die EU zu einem Akteur bzw. ‚(Mit-)Spieler' im internationalen System geworden, der auf mehreren Feldern globaler Politik und in allen Regionen der Welt aktiv ist – mit einer gemischten Bilanz bezüglich der konkreten Wirkungen ihrer Vorhaben. Auf wirtschaftlicher Ebene ist die Europäische Union neben den USA, China und Japan ein zentraler Verhandlungspartner in der globalen Handelspolitik. Rechnet man die nationalen Budgets ihrer Mitgliedstaaten hinzu, ist die EU darüber hinaus die weltweit größte Geberin von Mitteln für die Entwicklungszusammenarbeit. Auf vielen globalen Konferenzen bemüht sie sich mit *einer* Stimme zu sprechen, so etwa zur globalen Klimapolitik. Durch gemeinsame zivile und militärische Missionen versuchen die Mitgliedstaaten durch die Union konkret auf die Lösung von Konflikten einzuwirken. In internationalen Organisationen sowie bei Krisen im regionalen Umfeld Europas traten Vertreter der Union nach den Verfahren der *Gemeinsamen Außen- und Sicherheitspolitik* (GASP) und darin der *Gemeinsamen Sicherheits- und Verteidigungspolitik* (GSVP) im Namen der Mitgliedstaaten auf.

Die Mitgliedstaaten haben ihre Ansprüche und Normen für eine internationale Rolle der EU in den Verträgen ausführlich formuliert (Art. 21 EUV).

3 Zur wissenschaftlichen Relevanz: Zunahme an Pluralität

3.1 Immer schwieriger: Aufgaben der Wissenschaft

Angesichts der skizzierten Entwicklungen ist es – trotz beachtlicher Kontroversen in wissenschaftlichen Diskussionen – unbestritten, dass das EU-System von wachsender Bedeutung für Wirtschaft, Politik und Gesellschaft der EU-Mitgliedstaaten ist. Damit gehört die Untersuchung der institutionellen Architektur zum Pflichtcurriculum jeglicher Analyse europäischer, aber auch nationaler (Innen-)Politik.

Die Beschäftigung mit der Europäischen Union wird jedoch nicht nur immer notwendiger, sie wird auch immer schwieriger. Zusammen mit der Ausdehnung der gemeinsam behandelten Politikfelder haben Vertragsänderungen die Rolle der Institutionen und die benutzten Verfahren erheblich ausgebaut und weiter differenziert.

Der wachsenden Bedeutung des EU-Systems steht damit eine Zunahme an Komplexität gegenüber, die zu einer beträchtlichen Herausforderung für Forschung, Lehre und öffentlichen Diskurs geworden ist. Gleichzeitig ist dieses Erfassen und Erklären einer institutionellen Architektur jedoch auch spannend und faszinierend: Sie bietet der (Politik-)Wissenschaft die Möglichkeit, mehrere und unterschiedliche theoretische Ansätze zur Entstehung und Entwicklung durchzudenken und auf ihre Aussagekraft zu untersuchen.

Diese unmittelbaren akademischen Aufgaben für Forschung und Lehre werden durch Nachfragen aus der Öffentlichkeit ergänzt: Im Rahmen der intensiven politischen Debatten um weitere Schritte zur Gestaltung des EU-Systems, wie etwa im Kontext von Wahlen zum EP oder zu den Maßnahmen der Krisenbewältigung, werden nicht zuletzt auch Beiträge aus Universitäten und wissenschaftlich arbeitenden Think Tanks angefordert.

3.2 Immer vielfältiger: Charakterisierungen, Ansätze und Strömungen

Bildet die Integrationskonstruktion ein höchst relevantes, aber auch „nicht identifizierbares Objekt" (Delors 1985), dann stellt sich für jeden Beobachter die Frage nach dem „Netz" (Popper 1994) an Kategorien, mit dem Entwicklungen des EU-Systems erfasst und erklärt werden können.

Angesichts der Komplexität des Gegenstandes und der Eigendynamik des wissenschaftlichen Wettbewerbs überrascht nicht, dass die Palette an akademischen Angeboten immer vielfältiger wird; politikwissenschaftliche sowie staats- und europarechtliche Ansätze zur Einordnung und Erklärung des EU-Systems weisen dementsprechend eine erhebliche Variationsbreite auf (Raphael et al. 2019). In der Wissenschaftslandschaft sind sowohl durchgängige Trends mit Variationen von klassischen Schulen (im wissenschaftlichen Sprachgebrauch *grand theories*), als auch immer wieder beträchtliche Perspektiv- und Paradigmenwechsel (im wissenschaftlichen Sprachgebrauch *turns*) zu beobachten.

Bereits eine kursorische Übersicht über die verwendeten Begrifflichkeiten und Charakterisierungen dokumentiert die Vielfalt der Zugänge. Konventionell ist bei der Suche eines „Prädikats für das Unikat" (Wessels und Diedrichs 1997) die Charakterisierung „a political System, but not a State" (Hix 2005, S. 2–5), das längst „jenseits traditioneller Grenzen des Nationalen wie des Regionalen" (Weidenfeld 2019, S. 18) agiert. Etikettiert wird dieses Gebilde als „Zweckverband" (Giering 1997, S. 151; Joerges 1996, S. 75; Isensee 1995, S. 583–584; Ipsen 1972, S. 197–198), als „internationale Organisation", als „less than a federation more than a regime" (Wallace 2005) oder als „Konkordanzsystem" (Schneider und Hrbek 1980). Auch Bezeichnungen wie „civitas Europea" (Schneider 1995, S. 679; Grabitz 1966, S. 37, 40), „multi-level governance" (Bulmer 1994, S. 355), „supranationale Union" (Isensee 1995, S. 567) und „supranationale Föderation" (von Bogdandy 1993), „Staatenverbund" (Bundesverfassungsgericht 1994, § 90) oder „Regieren jenseits des Staates" (Jachtenfuchs und Kohler-Koch 1996, S. 16), aber auch „Polykratie" (Landfried 2005, S. 379–380) oder „partial polity" (Wallace 2005, S. 491–503) werden in der Diskussion zur Kategorisierung verwendet. Die Europäische Union wird auf dem Weg zu einer „Supermacht, aber keinem Superstaat" (Gillingham 2003; Blair 2000, S. 247), zu einer „Strategie-Gemeinschaft" (Weidenfeld 2019, S. 22) oder zu „einem imperialen Europa" (Münkler 2005, S. 245) gesehen. Sie wird auch als „staatsähnlich" (Thalmaier 2005, S. 157–173; Oppermann 1993, S. 109), „staatsanalog" (Lübbe 1994, S. 146) oder als „Nationalitätenunion" (Lepsius 1991, S. 19) charakterisiert.

Begriffe wie „Formen des Regierens" (im wissenschaftlichen Sprachgebrauch *modes of governance*) (Diedrichs et al. 2011; Wallace 2000, S. 28–30; Kohler-Koch 1999, S. 20–26) und „Europäisierung" (Green Cowles et al. 2001, S. 1–21; Olsen 2001, S. 4), „Mehrebenensystem" (Hooghe und Marks 2010; Jachtenfuchs und Kohler-Koch 2003, S. 18–20) oder „kosmopolitisches Europa" (Beck und Grande 2004) prägen einen reichhaltigen Katalog wissenschaftlicher Suchprozesse. In die politische Debatte wurden und werden auch immer unterschiedliche Konzepte von „Föderation" (The Spinelli Group 2018; Bertelsmann Stiftung und The Spinelli Group 2013; Müller-Graff 2005, S. 97; Jospin 2001; Marhold 2001; Fischer 2000) eingebracht, die von den „Vereinigten Staaten von Europa" (Verhofstadt 2006; Rifkin 2004) bis zu einer „Föderation von Nationalstaaten" (Quermonne 2005; Delors und Arnaud 2004; Jospin 2001) reichen. Angeboten wird auch das Bild eines „staatsrechtlichen Monstrums", das durch eine dauerhafte Zwischenstufe zwischen einem „Staatenbund" und einem „Bundesstaat" gekennzeichnet ist (Griller 2005, S. 264–265). Gesucht wird so regelmäßig eine Zauberformel, um das EU-System als eine Misch- bzw. Zwischenform zu bekannten Typen und Modellen zu charakterisieren. Auch der 2005 gescheiterte Verfassungsvertrag als Produkt eines breiten europäischen Selbstverständigungsprozesses erlaubte keine eindeutige Charakterisierung; die Union bliebe „das unbekannte Wesen", das weiterhin als neuartiges Gebilde (im wissenschaftlichen Sprachgebrauch *novis generis*) zu verstehen sei (Schneider 2005, S. 109–132).

Wesentliche Charakteristika der internationalen Rolle werden häufig mit Begriffen wie „market power" (Damro 2012), „security and military actor" (Bretherton und Vogler 2006), „normative power" (Forsberg 2011; Tocci 2008; Sjursen 2006; Manners 2002), „soft power" (Hill 2010; Nye 1990, 2004), „ethical power" (Aggestam 2008), „structural power" (Strange 1989), „quiet superpower" (Moravcsik 2009),

„superpower but not superstate" (Blair 2000), „integrative power" (Koops 2011),
„small power" (Toje 2011), „risk averse actor" (Laidi 2010), aber auch mit Begriffen
wie „Zivilmacht" (Peters und Wagner 2005, S. 256–259; Kirste und Maull 1996;
Wessels 1995; Duchêne 1972) „normative Macht" (Manners 2002) oder „Friedensmacht" (Ehrhart 2002) verknüpft.

Mit der zunehmenden Bedeutung des EU-Systems wächst ebenfalls die Vielzahl und Vielfalt von (politik-)wissenschaftlichen Ansätzen, die das EU-System
theoretisch zu erfassen und erklären suchen (Cini und Borragán 2019; Franzius
et al. 2019; Schimmelfennig 2019; Wiener et al. 2018; Bieling und Lerch 2012;
Wiener und Diez 2009; Cini und Bourne 2006; Eilstrup-Sangiovanni 2006;
Giering und Metz 2006; Thalmaier 2005; Kohler-Koch et al. 2004; Rosamond
2000). Als Resultat einer Zusammenstellung aus mehreren Gesamtdarstellungen
können zentrale Bausteine eines entsprechenden „Kerncurriculums" (Umbach
und Scholl 2003) identifiziert werden. Trotz einiger Kontroversen über Umfang,
Schwerpunkt und mögliche Relevanz einzelner Schulen kann Abb. 1 einen Über-

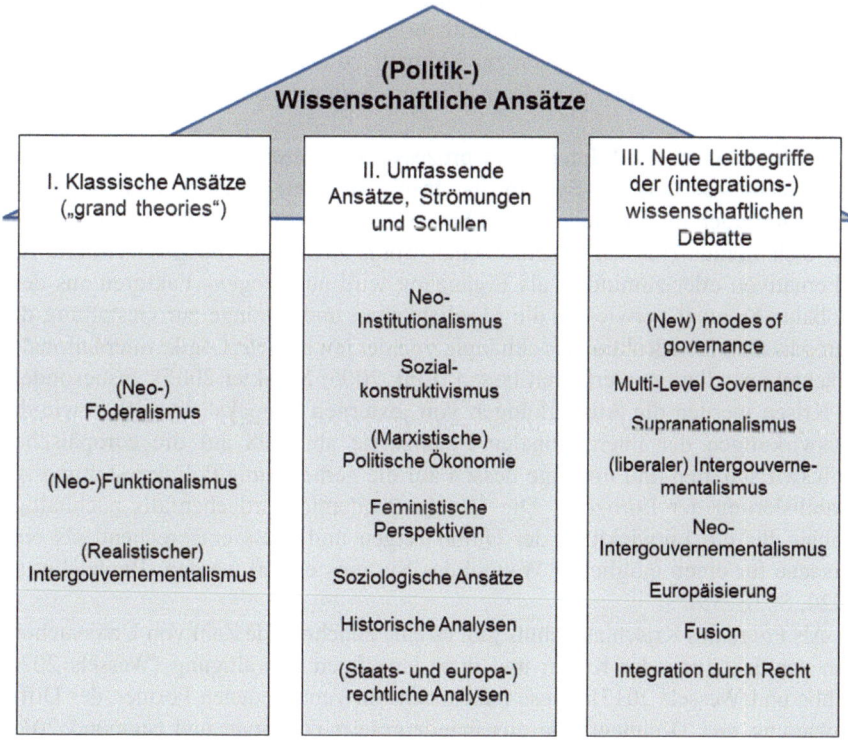

Abb. 1 Grundströmungen der (politik-)wissenschaftlichen Theoriebildung. (Quelle: Eigene Darstellung, in Anlehnung an Wiener et al. (2018); Saurugger (2013); Giering und Metz (2006);
Eilstrup-Sangiovanni (2006); Schieder und Spindler (2014); Bieling und Lerch (2012); Faber
(2005); Thalmaier (2005); Wiener und Diez (2009); Kohler-Koch et al. (2004); Niemann und
Schmitter (2009); Rosamond (2000) sowie Cappelletti et al. (1986))

blick immer wieder genutzter Ansätze bieten. Sie spiegelt wesentliche theoretische Strömungen wider, die in der (politik-)wissenschaftlichen Diskussion allgemein akzeptiert sind oder zumindest Ausgangs- und Referenzpunkte darstellen, auch wenn sie umstritten sind. Klassische Ansätze der Integrationswissenschaft (Thalmaier 2005; Loth und Wessels 2001) wie föderalistische (Große Hüttmann und Fischer 2005; Burgess 2004), (liberale) intergouvernementale (Moravcsik und Schimmelfennig 2009; Bieling 2005), neo-intergouvernementale (Puetter 2014), neo-realistische (Link 2012; Grieco 1995; Waltz 1979) und neo-funktionalistische (Niemann und Schmitter 2009; Wolf 2005) Ansätze erleben regelmäßig Renaissancen. Neuere bzw. wiederbelebte Ansätze der vergleichenden Politikwissenschaft, wie der Neo-Institutionalismus (Bieling und Lerch 2012; Morisse-Schilbach 2012; Moravcsik und Schimmelfennig 2009; Kohler-Koch et al. 2004; Pollack 2004; Olsen 2001; Schneider und Aspinwall 2001a; Peters 1999; March und Olsen 1989, 1998) und der Konstruktivismus (Schwellnus 2012; Risse 2004; Wendt 1999) erproben ihre Konzepte und ihr Instrumentarium nicht zuletzt am EU-System als einem Ertrag und Erkenntnis versprechenden Untersuchungsfeld. In diesem Sinne gehören die EU-Studien durchaus zum ‚Mainstream' der Politikwissenschaft und sind damit anschlussfähig sowohl für Arbeiten zur Vergleichenden Regierungslehre und Systemtheorie als auch zu denjenigen der Internationalen Beziehungen. Analysen zur EU bzw. zu zentralen Aktivitätsfeldern der Union gehören aber auch in anderen Wissenschaften zum festen Bestand üblicher Lehrangebote.

Viele Arbeiten zum Integrationsprozess fokussieren ihren Ansatz auf eine ‚Innensicht', die das EU-System als ‚Insel' im internationalen System isoliert und damit auch die Entstehung und Entwicklung der institutionellen Architektur aus sich heraus (im wissenschaftlichen Sprachgebrauch *endogen*) erklärt. Als Alternativen oder zumindest als Ergänzung wird auf *exogene* Faktoren aus dem globalen Kontext verwiesen, die Möglichkeiten und Zwänge zur Gestaltung der europäischen Konstruktion als abhängig von der jeweiligen ‚Logik' internationaler Mächtekonstellationen erklären lassen (Link 2006; Münkler 2005). Insbesondere in Krisen werden die Auswirkungen von ‚externen Schocks' deutlich – wie die Auswirkungen der internationalen Finanzkrise ab 2008 auf die europäischen Volkswirtschaften und im Zuge dessen auf die gemeinsame Politikgestaltung zur Stabilisierung der Eurozone. Die Corona-Pandemie wird ebenfalls nachhaltige Folgen für die Entwicklung der Union zeigen und muss entsprechend als eine Ursache für einen möglichen Wandel des Systems erklärt werden (Raphael et al. 2020, S. 32–35).

Als Folge des Krisenjahrzehnts gibt es eine zunehmende Zahl von Untersuchungen zur Erklärung der Krisen und ihrer jeweiligen Bewältigung (Wessels 2020; Ribbe und Wessels 2017). Diese haben sich mit verschiedenen Formen der Differenzierung und Desintegration auseinandergesetzt (Afhüppe und Sigmund 2019; Androsch et al. 2019; Böttcher 2019; Hilz 2018; Fabbrini 2015; Vollaard 2014; Leuffen et al. 2012; Tekin 2012).

Trotz unterschiedlicher Sichtweisen und Zugänge zwischen und innerhalb der einzelnen Disziplinen wird jedoch fast durchgängig betont, dass die Europäische

Union „Hoheitsakte" (Bundesverfassungsgericht 1994, § 59; Ipsen 1972, S. 230) erlässt. Die EU erfüllt damit das wesentliche Kriterium, das in Anknüpfung an politikwissenschaftliche Arbeiten zur Charakterisierung eines „politischen Systems" (Hix und Hoyland 2011; Easton 1953, S. 96) herangezogen wird: Institutionen der EU leisten eine für das Regieren typische Setzung von Rechtsakten mit Wirkungen auf die Verteilung von Werten in und für die Gesellschaft (im Original „authoritative allocation of values" (Easton 1953, S. 129)).

4 Zum Ansatz und Vorgehen: Die Institutionenanalyse als zentraler Fokus

4.1 Zum Einstieg und Vorgehen: Methodologische Prämissen

Die Möglichkeiten, das EU-System zu erfassen, sind – wie der kurze Blick auf wissenschaftliche Beiträge zeigte – zahlreich. Der hier gewählte Zugang, Entwicklungen der institutionellen Architektur mithilfe von Kategorien der Systemthcoric, einiger konventioneller Integrationstheorien sowie neo-institutionalistischer Ansätze zu beschreiben, ist nicht neu. Für eine theoretisch basierte und auch politisch anschlussfähige Analyse erweisen sich diese Angebote jedoch immer wieder als hilfreich. Jenseits von manchmal im politischen und wissenschaftlichen Diskurs doktrinär erstarrten Grundsatzdebatten über die Rolle einzelner Organe können damit reale Entwicklungen des EU-Systems insgesamt erfasst werden. Ausgangspunkt der weiteren Abhandlung ist damit die Grundannahme, dass Institutionen nicht nur generell von Bedeutung sind (im wissenschaftlichen Sprachgebrauch *Institutions matter* (North 1990)); vielmehr kommt ihnen in der EU ein höherer Stellenwert zu als in anderen politischen Systemen (Peterson und Shackleton 2012, S. 6). Sie sind ein Schlüssel zum Verständnis des EU-Systems.

,Institutionalismus' wird hier nicht als eine Theorie verstanden, sondern als eine Erkenntnis leitende Perspektive (Peterson und Shackleton 2012, S. 8). Gegenüber breiteren Definitionen von „Institutionen" (Goodin 1996, S. 22) und im Lichte mehrerer Denkschulen des „neuen Institutionalismus" (Hodson und Peterson 2017, S. 19–20) wird hier in erster Linie auf politische Organe und Gremien abgestellt, die direkt im EU-Vertrag verankert sind. Gleichzeitig soll jedoch keiner einseitigen Verzerrung zugunsten einer engen, ausschließlich vertragsrechtlich ausgerichteten Institutionenbeschreibung Vorschub geleistet werden, die häufig mit dem Etikett „alter Institutionalismus" (Schneider und Aspinwall 2001b) versehen wird. Die gewählte Perspektive eröffnet vielmehr die Möglichkeit, weitere beteiligte Akteure einzubeziehen. Als ,Mitspieler' können damit insbesondere Parteien, Verbände, Nichtregierungsorganisationen (im wissenschaftlichen Sprachgebrauch *Non-Governmental Organisations*, NGOs), Unternehmen, Vertreter von Regionen und Kommunen, Delegationen von Drittstaaten sowie Medien berücksichtigt werden. Für eine realitätsnahe Analyse sind die Beteiligungsformen und der tatsächliche Einfluss dieser Akteure von zentraler Bedeutung. Die Fokussierung auf Institutionen bedeutet somit keine Ausblendung von Akteursgruppen außerhalb der Vertragsorgane, sondern einen Ansatzpunkt, um auch formalisierte Netzwerke (im wissenschaftlichen Sprachgebrauch häufig *network governance* (Kohler-Koch 1999)) und Formen vertraglich nicht fixierter Entscheidungsfindung (im wissenschaftlichen Sprachgebrauch *informal governance*) einzubauen.

In diesem Verständnis ist die ‚Institutionenanalyse' der EU – häufig als technischlegalistische ‚Institutionenkunde' gescholten – von nachhaltiger Bedeutung für die wissenschaftliche Analyse des EU-Systems. In einer derartigen Perspektive wird die EU auch zunehmend in allgemeine Typologien (nationaler) politischer Systeme aufgenommen (Tsebelis 2002, S. 248–282; Lijphart 1999, S. 42–44). Entsprechend ist zu diskutieren, ob das EU-System als ein Gebilde mit einem Ausnahmecharakter (im wissenschaftlichen Sprachgebrauch als Gebilde *sui generis* (Schneider 2005, S. 22–23; Ipsen 1994)) oder doch eher als ein – wenn auch besonderer – Fall konventioneller politischer Systeme zu verstehen ist.

Ein Zugang über derartige Ansätze vergleichender Politikwissenschaft darf aber nicht zu einer einfachen Übertragung von Kategorien und Beurteilungsrastern, die im Kontext von Untersuchungen zu Nationalstaaten oder zu internationalen Organisationen entwickelt wurden, auf das EU-System führen. Es kann nicht um eine naive „Vernationalstaatlichung" (Beck und Grande 2004, S. 14–16) der EU durch die Hintertür der politikwissenschaftlichen Systemtheorie gehen. Die Risiken eines „methodologischen Nationalismus" (Beck und Grande 2004, S. 14–16) oder – in einer entsprechenden Analogie – „methodologischen Internationalismus" sind leider regelmäßig zu beobachten. Analogien zu nationalen Systemen oder auch internationalen Organisationen können zwar anregende Analyseperspektiven aufweisen, sie dürfen sich aber nicht als Verständnisbarrieren erweisen, wenn etwa zur Erfassung und Charakterisierung der Rolle des EP die Erklärungs- und Bewertungsansätze aus Untersuchungen zu nationalen Parlamenten unreflektiert übernommen werden.

Erfassung und Erklärung der Entstehung und Entwicklungen der institutionellen Architektur können in einem umfassenden Kontext angesiedelt werden, der durch Veränderungen grundlegender Einflussfaktoren – wie Ideen, Interessen, Instrumente und individuelle Akteure (Vier-I-Schema) – geprägt wird (Abb. 2).

Für das weitere Vorgehen werden mehrere Untersuchungsperspektiven verknüpft:

• Institutionen werden im Kontext von europapolitischen „Verfassungsideen" (Jachtenfuchs 2002) und „Leitbildern" (Schneider 1977, 2005) bzw. einer „idée directrice" (Hauriou 1965) charakterisiert und mithilfe von entsprechenden institutionellen „Leitideen" (Wessels 1994, S. 301) analysiert. In weiteren Abschnitten des Buches wird dazu insbesondere das Begriffspaar *intergouvernemental* versus *supranational* herangezogen, um eine Spannbreite an unterschiedlichen Leitideen zu Entwicklungen der institutionellen Architektur aufzuzeigen und einzuordnen.

• In und außerhalb von Institutionen sind Personen der Zeitgeschichte als ‚individuelle, handelnde Akteure' an der Politik- und Systemgestaltung beteiligt. Entscheidungen zu historischen Wegmarken werden häufig „führenden

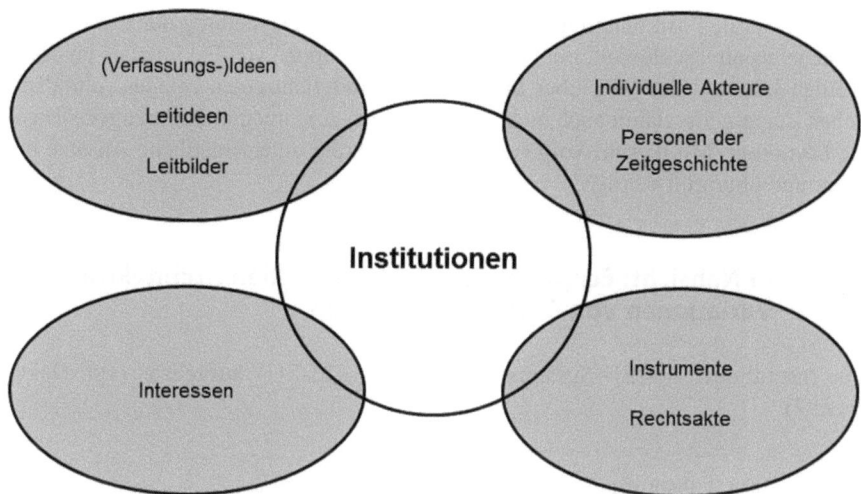

Abb. 2 Institutionenanalyse – Kontextvariablen. (Quelle: Eigene Darstellung)

Vertretern der Mitgliedstaaten und (EU-)Institutionen" (so die Formel in der Erklärung von Rom 2017) zugeschrieben. Angeschlossen werden kann in diesem Kontext an zeitgeschichtliche Arbeiten zur Rolle von historischen Persönlichkeiten (Loth 2005, 2014, 2017) sowie an Memoiren und programmatisch angelegte Analysen beteiligter Akteure (Van Rompuy 2014; Blair 2010; Kohl 2005; Delors 2004; Dahrendorf 1973; Hallstein 1969). Entsprechend wird im historischen Überblick, wie in der Darstellung einzelner Organe auf Personen in der Führungsverantwortung (im englischen Sprachgebrauch *leader*) verwiesen.

- Mit ‚Interessen' wird eine Kategorie in die Institutionenanalyse eingeführt, die von zahlreichen theoretischen Strömungen der Sozialwissenschaften als zentraler Ansatzpunkt genutzt wird. Das Spektrum von Ansätzen, die Wechselwirkungen zwischen Institutionen und Interessen thematisieren, ist breit: Etikettiert werden Varianten als „historischer" (Morisse-Schilbach 2005), „soziologischer" und „rational-choice" (Pollack 2007) oder auch „akteurszentrierter" (Wagner 2005; Scharpf und Treib 2000) Institutionalismus (Hodson und Peterson 2017, S. 19–20).
- ‚Instrumente' werden als Mittel des Regierens im EU-System verstanden. Primärrechtliche Vorgaben des Vertrags und sekundärrechtliche Rechtsakte – so etwa „Richtlinien" und „Verordnungen" in der EU (nach Art. 288 AEUV) bzw. Beschlüsse in der GASP (nach Art. 25 und 29 EUV) – werden von den Organen im Politikzyklus verabschiedet. Wie politikfeldspezifische Darstellungen aufweisen, setzen Verfahrensregeln Akteuren in den Institutionen eine Vielfalt unterschiedlicher Anreize und Einschränkungen (im wissenschaftlichen Sprachgebrauch *opportunities* und *constraints)*, derartige Instrumente zur Problembewältigung zu nutzen.

Die zentrale Positionierung von Institutionen in der Darstellung des EU-Systems dient so als ein ‚Schlüssel', mit dem die anderen Gruppen von Faktoren erschlossen werden können. Der Weg über Institutionen ermöglicht einen offenen, pluralistischen Zugang, der damit auch nicht ausschließlich *eine* integrationsbezogene Theorie bevorzugt. Mit diesem Vorgehen können mehrere unterschiedliche Ansätze bedient und überprüft werden.

4.2 In Nahsicht: Eckpunkte der institutionellen Architektur – Variationen von Darstellungsformen

Die Institutionen des EU-Systems werden in Art. 13 EUV aufgelistet (vgl. Dokument 2).

Dokument 2, Institutionenanalyse – Vorgaben des Vertrags
Art. 13 EUV

(1) Die Union verfügt über einen institutionellen Rahmen, der zum Zweck hat, ihren Werten Geltung zu verschaffen, ihre Ziele zu verfolgen, ihren Interessen, denen ihrer Bürgerinnen und Bürger und denen der Mitgliedstaaten zu dienen sowie die Kohärenz, Effizienz und Kontinuität ihrer Politik und ihrer Maßnahmen sicherzustellen.

Die Organe der Union sind
- das Europäische Parlament,
- der Europäische Rat,
- der Rat,
- die Europäische Kommission (im Folgenden „Kommission"),
- der Gerichtshof der Europäischen Union,
- die Europäische Zentralbank,
- der Rechnungshof.

(2) Jedes Organ handelt nach Maßgabe der ihm in den Verträgen zugewiesenen Befugnisse nach den Verfahren, Bedingungen und Zielen, die in den Verträgen festgelegt sind. Die Organe arbeiten loyal zusammen.

(3) Die Bestimmungen über die Europäische Zentralbank und den Rechnungshof sowie die detaillierten Bestimmungen über die übrigen Organe sind im Vertrag über die Arbeitsweise der Europäischen Union enthalten.

(4) Das Europäische Parlament, der Rat und die Kommission werden von einem Wirtschafts- und Sozialausschuss sowie einem Ausschuss der Regionen unterstützt, die beratende Aufgaben wahrnehmen.

Der *Vertrag über die Europäische Union* (EUV) und der *Vertrag über die Arbeitsweise der Europäischen Union* (AEUV) regeln in mehreren Abschnitten die Aufgaben, die Benennung und Wahl sowie die Beschlussverfahren und den organisatorischen Aufbau. Neben den beiden Verträgen sind für die Analyse der institutionellen Architektur die beigefügten Protokolle von erheblicher Bedeutung. „Erklärungen" interpretieren häufig die vertraglichen Bestimmungen.

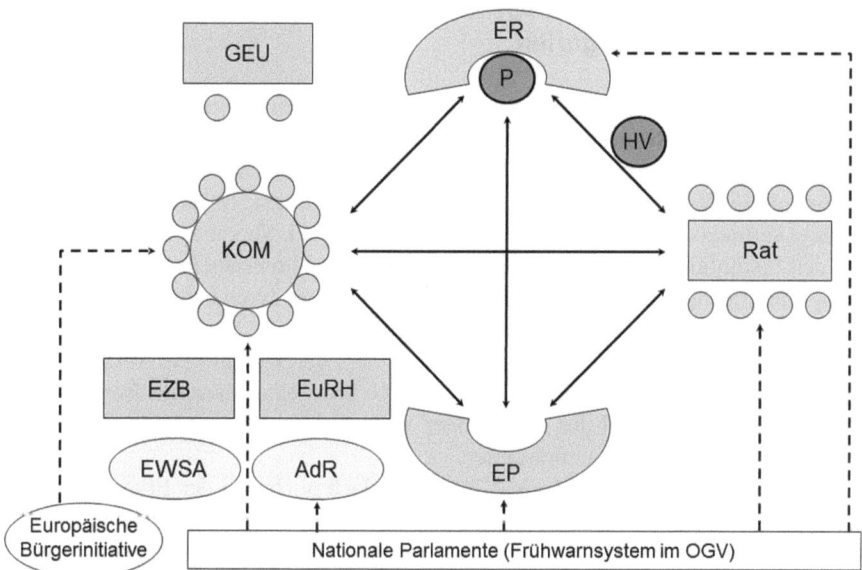

Abb. 3 Die institutionelle Architektur der Europäischen Union: AdR: Ausschuss der Regionen, EP: Europäisches Parlament, ER: Europäischer Rat, EuRH: Europäischer Rechnungshof, EWSA: Europäischer Wirtschafts- und Sozialausschuss, EZB: Europäische Zentralbank, GEU: Gerichtshof der Europäischen Union, HV: Hoher Vertreter für Außen- und Sicherheitspolitik, KOM: Europäische Kommission, OGV: Ordentliches Gesetzgebungsverfahren, P: Präsident des Europäischen Rates, Rat: Rat der Europäischen Union. (Quelle: Eigene Darstellung)

Ausgehend von den Vertragsvorgaben (Art. 13 EUV) (vgl. Dokument 2) bietet Abb. 3 einen Einstieg und eine Übersicht über die institutionelle Architektur.

Für eine aussagekräftige Beschreibung und Erklärung des Politikzyklus sind auch die Formen der Beteiligung weiterer Mitspieler einzubeziehen – u. a. die in Art. 13 (4) EUV genannten Ausschüsse. Der Rolle nationaler Parlamente widmet der Vertrag einen eigenen Artikel (Art. 12 EUV).

Eine weitere Darstellung zur Reduzierung der beträchtlichen Komplexität stellt auf ein Verlaufsmuster ab: Die Institutionen wirken mit unterschiedlichen geschriebenen und praktizierten Rollenelementen am Politikzyklus der EU zur

- Vorbereitung,
- Verabschiedung,
- Durchführung und
- Kontrolle

von verbindlichen Entscheidungen mit. Dabei ist eine eindeutige Zuordnung jedes der Organe zu nur einer der Phasen jedoch nicht möglich. So übt etwa die Kommission in jedem Teil des Zyklus Funktionen aus, wenn auch jeweils mit unterschiedlichen Zuständigkeiten und Einfluss.

4.3   Untersuchungsperspektiven: Begriffspaare als Schlüsselkategorien

Geschriebener (Vertrags-)Text und (gelebte) (Vertrags-)Praxis: Kategorien zur Erfassung von institutionellen Entwicklungen

Einen wesentlichen Ansatz zur Erfassung der institutionellen Architektur bildet die Verwendung des Begriffspaares „(geschriebener) Vertragstext" einerseits und „(gelebte) (Vertrags-)Praxis" andererseits (u. a. Olsen 2001). Vorgaben des Primärrechts zu den Institutionen und den damit verknüpften Verfahrensregeln werden als Ausgangspunkt genommen, um Muster der realen Nutzung durch beteiligte Akteure zu erfassen.

Aus dieser Erfassungsmethode ergibt sich, dass der Wortlaut des Vertrags einen notwendigen Startpunkt beim Studium der EU-Architektur darstellt. Entsprechend werden relevante Artikel des Lissabonner Vertrags benannt und Auszüge des Vertragswerkes als Dokumente präsentiert.

Ausgegangen wird bei diesem Vorgehen jedoch auch von der Erkenntnis, dass vertragliche Bestimmungen das Verhalten der in den Institutionen beteiligten Akteure nicht umfassend und endgültig festschreiben. Vorschriften werden interpretiert und weiterentwickelt. So werden Akteuren – etwa durch Regeln zur Beschlussfassung im Ministerrat – Anreize und zugleich Einschränkungen für ihr Handeln gesetzt. Genau wie Artikel nationaler Verfassungen determinieren auch die quasi-konstitutionellen Vorgaben des Vertragswerkes nicht im Detail das Verhalten der Akteure innerhalb der institutionellen Architektur. Bei zentralen Verfahren der EU-Verträge ist den geschriebenen Bestimmungen keine definitive und eindeutige Interpretation als strikte Handlungsanweisung zu entnehmen.

Zu erklären ist diese ‚Offenheit' von EU-Regeln auch durch Meinungsunterschiede bei ihrer Festlegung; viele Bestimmungen sind als Kompromissformeln zwischen unterschiedlichen institutionellen Leitideen geschaffen worden, die die Architekten des Vertragswerkes bewusst mehrdeutig abfassen mussten, um einen Konsens zu finden. Zum Zeitpunkt der vertraglichen Festschreibung erwartet jeder Vertreter entsprechender Positionen, dass sich seine jeweilige Sichtweise in der Alltagsrealität durchsetzen wird. Mit den Vertragstexten wird damit nicht notwendigerweise ein enger „Pfad" (Pierson 1996, S. 123–163) festgelegt. Trotz teilweise recht detaillierter Vorgaben öffnen die Vorschriften der Verträge einen Korridor an Handlungsmöglichkeiten und Interpretationen (im wissenschaftlichen Sprachgebrauch *opportunity structures* (Olsen 2001)), den Akteure innerhalb und zwischen den Institutionen in mehreren und unterschiedlichen Variationen nutzen können. So kann z. B. das Regelwerk, das ein Zusammenwirken von EP und Ministerrat vorschreibt, von diesen Organen entweder eher konfliktgeprägt oder eher kooperativ ‚gespielt' werden.

In der Praxis werden vertraglich geschaffene Spielräume häufig aufgrund von Erfahrungen gemeinsam interpretiert und damit zunehmend zu akzeptablen Verhaltensnormen verfestigt. Über die Zeit schaffen Generationen von Akteuren aus einer abstrakten Vorgabe ein real existierendes Verhaltensmuster, das sich in einem gemeinsamen Verständnis einprägt; dieses ‚eingespielte' Verhalten etabliert sich dann generationsübergreifend zu einer üblichen Norm. Aus einer Vorschrift oder Präzedenzfällen wird dann eine täglich ausgeübte Praxis. Zu bearbeiten sind dabei – wie in jedem politischen System – auch verfestigte Muster formell nicht festgelegten Verhaltens. So haben EP und Rat in *Trilogen* Formen frühzeitiger Abstimmung bei den komplexen Haushalts- und Legislativverfahren vereinbart, ohne diese in Vertragsartikeln festzulegen (vgl. Kap. ▶ „Gesetzgebungs- und Haushaltsverfahren"). Einige gelebte Verhaltensmuster werden auch bewusst neben Vertragsregeln angelegt, so z. B. beim Verfahren der *offenen Methode der Koordinierung* (Diedrichs 2011). Auch weitere Verträge außerhalb des EU-Primärrechts, wie der „Vertrag über Stabilität, Koordinierung und Steuerung in der Wirtschafts- und Währungsunion" (im Sprachgebrauch häufig *Europäischer Fiskalpakt*) und der Vertrag zum *Europäischen Stabilitätsmechanismus* (ESM), ergänzen die Vorgaben des Lissabonner Vertrags.

Supranational und intergouvernemental: Institutionelle Leitideen
Ausgehend von der politischen wie politikwissenschaftlichen Diskussion soll bei der Beschreibung und Analyse der institutionellen Architektur das häufig verwandte Gegensatzpaar ‚supranational' versus ‚intergouvernemental' genutzt werden. Manche mögen diese Dichotomie für zu konventionell und häufig oberflächlich halten, jedoch bietet eine reflektierte Verwendung dieser Kategorien einen hilfreichen Einstieg für Debatten um theoretische Erklärungsansätze und politische Strategien. In politischen Kontroversen über die Systemgestaltung werden diese Leitideen für die Ausrichtung der institutionellen Architektur intensiv genutzt, so etwa die von der ehemaligen deutschen Bundeskanzlerin vorgeschlagene „Unionsmethode" (Merkel 2010). Dieses Begriffspaar wird deshalb bei der Nahsicht auf einzelne Institutionen und bei den Verfahrensprofilen einen Bezugspunkt für Analyse und Bewertung bilden.

Aus dem Wortsinn abgeleitet wird bei ‚supranational' auf eine unabhängige Entscheidungsebene ‚oberhalb' souveräner Staaten abgestellt, deren Organe ohne Weisungen nationalstaatlicher Regierungen handeln. ‚Intergouvernemental' hingegen spricht die Zusammenarbeit von Regierungen ohne ‚starke' Mitwirkungsrechte von unabhängigen Organen an. Wie häufig bei Begriffsbildungen werden auch diese Kategorien durch Variationen definiert. Dieses Lehrbuch bietet zwei Dimensionen zur vertiefenden Analyse an (vgl. Abb. 4).

In Bezug auf die *vertikale* Kompetenzverteilung zwischen Mitgliedstaaten und Europäischer Union misst sich der Grad der Supranationalität an dem Maß, in dem Zuständigkeiten und Instrumente für bestimmte Politikbereiche auf die europäische Ebene transferiert wurden. Nach dem „Grundsatz der begrenzten Einzelermächtigung" wird wird die Union nur innerhalb der Grenzen der Zuständigkeiten tätig, die die Mitgliedstaaten ihr in den Verträgen zur Verwirklichung der darin niedergelegten Ziele übertragen haben (Art. 5 (2) EUV). Im Vertrag über die Arbeitsweise der Europäischen Union haben die Mitgliedstaaten als „Herren der Verträge" (Bundesverfassungsgericht 2009, § 150) die Grundformen der Kompetenzausübung festgelegt. Bei „ausschließlicher Zuständigkeit" (Art. 2 (1) AEUV) kann nur die Union gesetzgeberisch tätig werden und verbindliche Rechtsakte erlassen. Beispiele für die

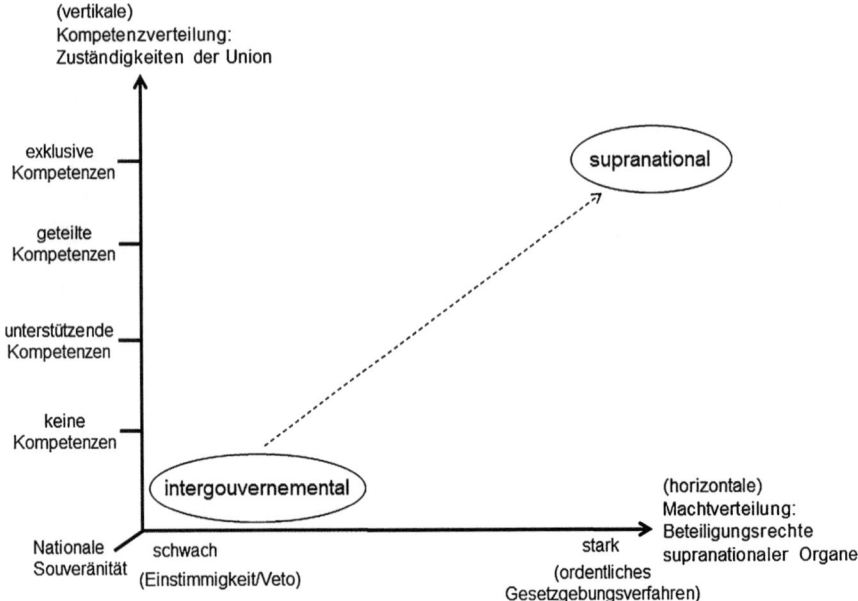

Abb. 4 Theoretische Einordnung – „supranational" und „intergouvernemental". (Quelle: Eigene Darstellung)

betroffenen Bereiche (Art. 3 AEUV) sind die Zollunion, die gemeinsame Handels-politik und die Währungspolitik für die Mitgliedstaaten der Eurozone.

Bei einer „geteilten Zuständigkeit" (Art. 2 (2) AEUV) können die Union und die Mitgliedstaaten gesetzgeberisch tätig werden. Sobald die Union aber verbindliche Rechtsakte erlassen hat, können die Mitgliedstaaten ihre Zuständigkeit nicht mehr ausüben. Allerdings können sie die Zustimmung auch wieder zurücknehmen. Bei-spiele für diese Bereiche (Art. 4 AEUV) sind der Binnenmarkt, Landwirtschaft, Umwelt und Energie, aber auch zentrale Bereiche der Innen- und Justizpolitik im Raum der Freiheit, der Sicherheit und des Rechts. Ein Schlüsselmerkmal für den ‚supranationalen' Charakter dieser Art der Zuständigkeit ist der „Vorrang des Ge-meinschaftsrechts" (Erklärung 17 des Lissabonner Vertrags).

Bei den „Maßnahmen zur Unterstützung, Koordinierung und Ergänzung der Maßnahmen der Mitgliedstaaten" (Art. 2 (5) AEUV) bleibt die nationale Zuständig-keit; die Union kann hier jedoch unterstützend tätig werden. Die Rechtsakte der Union dürfen entsprechend zu keiner Harmonisierung nationaler Rechtsvorschriften führen. Beispiele sind Gesundheit, Kultur, Tourismus, Bildung und Sport (Art. 6 AEUV).

Nicht eingeordnet in diese Abstufung sind die Koordinierung nationaler Wirt-schafts- und Beschäftigungspolitik (Art. 2 (3) AEUV) und die Gemeinsame Außen und Sicherheitspolitik einschließlich der Gemeinsamen Sicherheits- und Verteidi-gungspolitik (Art. 2 (4) AEUV).

Die zweite Dimension des Begriffspaares ‚supranational – intergrouvernemental' bezieht sich auf die *horizontale* Kompetenzverteilung zwischen den Organen in der institutionellen Architektur. Danach ist der Grad der intergouvernementalen Ausrichtung an den ‚starken' bzw. ‚schwachen' Beteiligungsrechten eines jeden Mitgliedstaats bzw. der EU-Organe zu messen, die Politik- und Systemgestaltung der Union zu beeinflussen. Eckpunkte sind zentrale prozedurale Vorgaben: Einerseits – für eine supranationale Ausrichtung – das ordentliche Gesetzgebungsverfahren, das vom EP und vom Rat gemeinsam ausgeübt wird (Art. 14 (1) und 16 (1) EUV). Einzelne Mitgliedstaaten haben einen geringen Einfluss, da sie in wesentlichen Phasen des Verfahrens von Entscheidungen supranationaler Organe abhängen; so von dem Initiativmonopol der Kommission, der Mitentscheidung des EP und den Urteilen des GEU. Selbst im Ministerrat können sie durch qualifizierte Mehrheit überstimmt werden.

Andererseits ist ein Schlüsselmerkmal für intergouvernementale Verfahren das Vetorecht im Europäischen Rat und im Rat, mithilfe dessen jede einzelne Regierung ein Verfahren in oder zwischen den Organen beenden kann.

Unter Zuhilfenahme der Abb. 4 wird verdeutlicht, wie die Entwicklung von intergouvernementalen zu supranationalen Verfahren verlaufen kann.

Mithilfe dieser Kategorien können die EU-Organe unterschiedlichen Perspektiven zugeordnet werden. Als Ausdruck einer supranationalen Leitidee der EU-Architektur werden in der Regel das EP, die Kommission und der GEU bezeichnet, da sie entsprechend der Vorgaben des Vertrags keiner direkten Einflussnahme seitens nationaler Regierungen in Form von Weisungen unterliegen (sollen).

Dieser Kategorie sind auch Regeln für Mehrheitsabstimmungen im Rat zuzurechnen, da einzelne Regierungen in dieser Konstellation ihr Letztentscheidungsrecht verlieren. Nach dieser Leseart (vgl. (1) in Abb. 5) steht zumindest langfristig das EP als erste Parlamentskammer im Zentrum der institutionellen Architektur, von dem sich die Rollen der anderen Institutionen ableiten lassen.

Nach der intergouvernementalen Leitidee (vgl. (2) in Abb. 5) wird der Europäische Rat als zentrale Institution verstanden, da in ihm die Staats- und Regierungschefs als eine Art oberste Führungs- und Lenkungsinstanz wirken (sollen).

Zu beobachten sind konkurrierende Untersuchungsperspektiven: Sieht eine Denkschule, die insbesondere durch intergouvernementale Ausrichtungen geprägt wird (Delreux und Laloux 2018; Fabbrini und Puetter 2016; Moravcsik und Schimmelfennig 2009; Moravcsik 1998), Organe des Vertragswerkes nur als Auftragnehmer der Mitgliedstaaten (im wissenschaftlichen Sprachgebrauch *agent* der Mitgliedstaaten als *principals*) und Ort nationaler Interessenpolitik, so geht eine supranational geprägte Richtung (wie der „Neo-Funktionalismus" (Wolf 2012; Niemann und Schmitter 2009; Hallstein 1973; Haas 1958)) von weitgehender Autonomie der EU-Institutionen gegenüber den Interessen der Mitgliedstaaten aus oder unterstellt ihnen zumindest eine nachhaltige Prägekraft bei der Bildung nationaler Präferenzen.

Von diesem Einstieg aus ergeben sich die Aufgaben und Funktionen der anderen Organe. Die hier erwähnten Charakterisierungen werden in den einzelnen Kapiteln näher ausgeführt.

In diesem Spannungsfeld sind nach der „Fusionsthese" (Wessels 2016, S. 18–20) die Gleichzeitigkeit und sogar wechselseitige Bedingtheit von intergouvernementa-

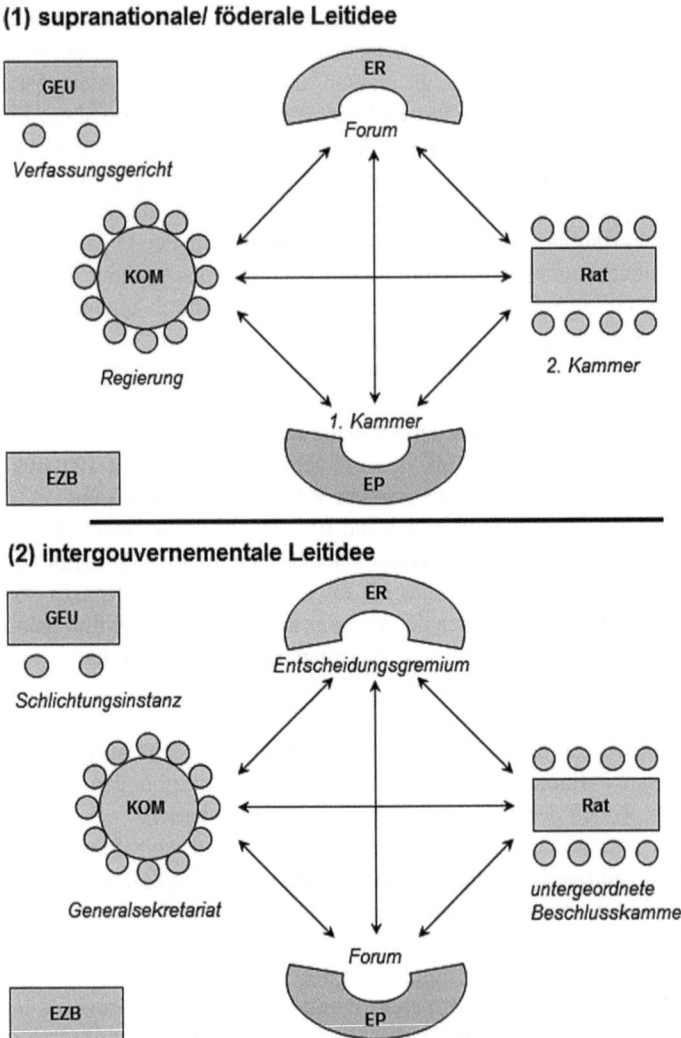

(1) supranationale/ föderale Leitidee

(2) intergouvernementale Leitidee

Abb. 5 Untersuchungsperspektiven – (1) supranationale und (2) intergouvernementale Leitidee in der institutionellen Architektur. (Quelle: Eigene Darstellung)

len und supranationalen Ausprägungen zu erwarten, die zu einer Reihe von Misch-formen in der institutionellen Architektur führen. Diese Entwicklung zu einer „horizontalen und vertikalen Fusion" wird auf ein strukturelles Dilemma zurück-geführt, dem nationale Regierungen ausgesetzt sind: Aufgrund eines „Problemlö-sungsinstinkts" suchen sie einerseits nach einer optimalen Handlungsfähigkeit des EU-Systems für die Bewältigung von Problemen, für die aus ihrer jeweiligen Sicht die nationale Ebene nicht mehr über ausreichend Handlungskompetenzen und -instrumente verfügt. Andererseits beharren sie – aufgrund eines „Souveränitäts-

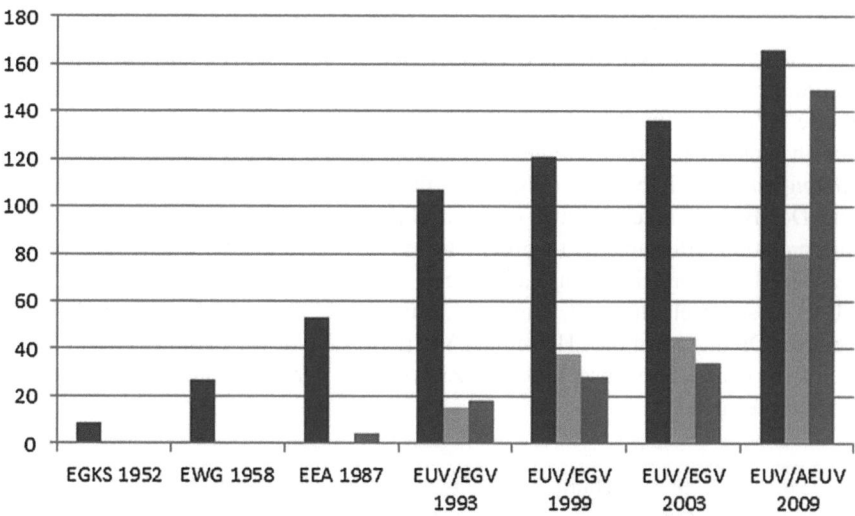

Abb. 6 Entwicklung vertraglicher Bestimmungen. (Quelle: Eigene Darstellung)

reflexes" – auf einer umfassenden Mitgestaltung der tatsächlichen Verfahren (Wessels 2000, 2016, S. 123–124).

Im historischen Rückblick kann man, gemessen an den Vertragsbuchstaben, gleichzeitige Entwicklungen des Ausbaus der supranationalen als auch der intergouvernementalen Charakterisierung beobachten. Abb. 6 führt die Vermehrung der Mitentscheidungsrechte des EP und die Ausweitung der Abstimmungsverfahren nach den Regeln der qualifizierten Mehrheit im Rat als Indikatoren für die Stärkung der supranationalen Ausrichtung sowie die Zunahme an Erwähnungen des Europäischen Rates als Zeichen für eine intergouvernementale Prägung auf. Bei der Systemgestaltung durch Vertragsergänzungen haben die Mitgliedstaaten in der Regel Kompromisse zwischen unterschiedlichen Leitideen vereinbart. Gestärkt werden dabei in der institutionellen Architektur, so im Lissabonner Vertragswerk, sowohl der Europäische Rat als auch das EP. Derartige Zwischenlösungen verursachen aber auch einen ständigen Reformbedarf, der regelmäßig Anläufe zu weiteren Vertragsänderungen oder Anpassungen in der gelebten Praxis auslöst.

Statische und dynamische Perspektiven: Zum Prozesscharakter der Analyse
Will man die Texte und die Praxis der institutionellen Architektur erfassen und erklären, so sind diese in einer historischen Einordnung über die Jahrzehnte seit der Entstehung der Integrationskonstruktion zu untersuchen. Das EU-System wird deshalb nicht statisch wie ein ,Foto', sondern in einer dynamischen Perspektive als ,Film' beobachtet.

Eine frühere Einsicht, „die Europäische Union [sei] im Werden (bzw.) als Prozess" zu verstehen (Schneider und Hrbek 1980), ist weiterhin aktuell: „Die institutionelle Struktur der EU vermischt Kontinuität und Wandel auf einzigartige Weise" (Peterson und Shackleton 2012, S. 8). Auch Vertragsbestimmungen betonen in mehreren Formulierungen (vgl. Dokument 3) den Charakter der EU als *moving target*, d. h. einen evolutionären Prozess, ohne einen Endpunkt zu definieren. Der Begriff einer „immer engeren Union der Völker Europas" ist bewusst interpretationsoffen angelegt worden; die letzte Änderung des Primärrechts betont, dass der Lissabonner Vertrag „eine neue Stufe bei der Verwirklichung" (Art. 1 EUV) dieses Ziels darstellt, ohne die „Europäische Union" abschließend zu definieren. Damit haben die „Herren der Verträge" (Bundesverfassungsgericht 2009, § 150) erneut keine abschließende Zielvorgabe für eine integrationspolitische Finalität festgelegt.

Dokument 3, Untersuchungsperspektiven – Vertragsvorgaben für eine evolutionäre Entwicklung

Art. 1 EUV

Durch diesen Vertrag gründen die HOHEN VERTRAGSPARTEIEN untereinander eine EUROPÄISCHE UNION (im Folgenden „Union"), der die Mitgliedstaaten Zuständigkeiten zur Verwirklichung ihrer gemeinsamen Ziele übertragen.

Dieser Vertrag stellt *eine neue Stufe* bei der Verwirklichung einer immer engeren Union der Völker Europas dar, in der die Entscheidungen möglichst offen und möglichst bürgernah getroffen werden.

Hervorhebungen durch den Autor

Die Unbestimmtheit des Prozesses hat der Europäische Rat auch in seiner Stellungnahme zu den Brexit-Forderungen des Vereinigten Königreichs hervorgehoben; die Staats- und Regierungschefs betonten „verschiedene Wege der Integration für verschiedene Mitgliedstaaten" (Europäischer Rat 2016b, S. 9).

Ein (diachroner) Vergleich über die Zeit ist für jegliche Analyse politischer Systeme von nachhaltigem Erkenntniswert (Hay 2002, S. 135–143). Diese Anforderung trifft jedoch insbesondere für die Analyse des EU-Systems zu, dessen ‚quasi-konstitutionelle' Grundlagen durch mehrfache Vertragsänderungen und Beitrittsrunden erheblich ergänzt bzw. verändert wurden und dessen weiterer Ausbau immer wieder zur (verfassungs-)politischen Gestaltung ansteht. Die Mehrzahl der Begriffe und Konzepte für die Europäische Union ist jedoch von der stationären Perspektive einer Momentaufnahme geprägt. Eine derartige „synchrone Analyse" (Hay 2002, S. 144) ‚friert' die Untersuchung auf einen spezifischen Zeitpunkt ein und charakterisiert die EU mit einem als zeitlos angenommenen Status quo. Dieses Vorgehen kann zwar eine beträchtliche Tiefenanalyse für eine Momentaufnahme liefern, sollte aber nicht für tragfähige Aussagen über die Entstehung und Entwicklungen des EU-Systems und damit auch nicht für eine reflektierte Debatte über die Zukunft der

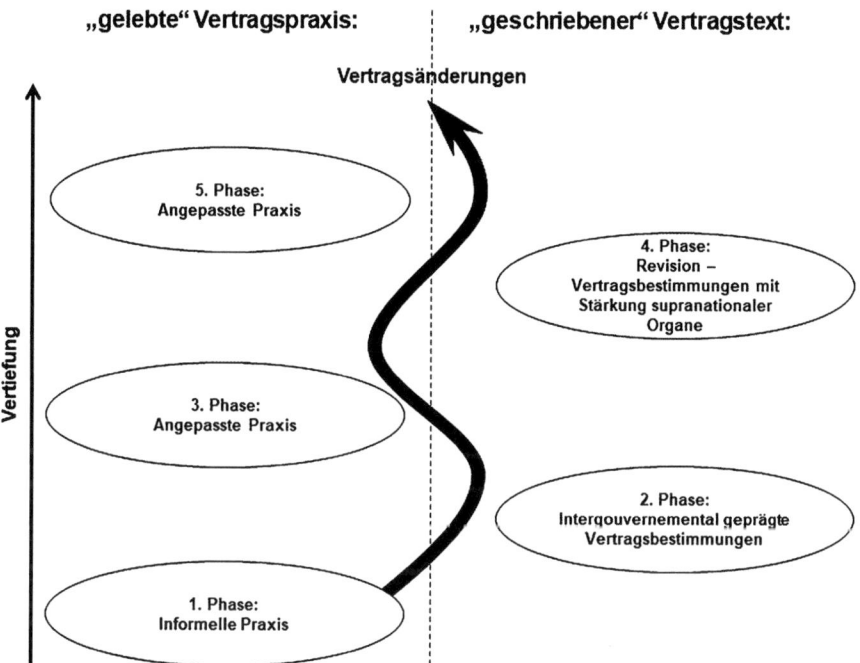

Abb. 7 Untersuchungsperspektiven – Entwicklungen zwischen „geschriebenem" Vertragstext und „gelebter" Praxis. (Quelle: Eigene Darstellung)

institutionellen Architektur herangezogen werden. Notwendig ist es deshalb, zu einer Entwicklungs- und Transformationsanalyse zu gelangen (Weiler 1999). Ein ehrgeiziges Ziel ist es, eine Theorie integrationspolitischer „Bewegungsgesetzlichkeit" zu entwickeln und zu testen (Wessels und Raphael 2020). So können in einem 5-Phasen-Modell Entwicklungen zwischen gelebter Praxis und Änderungen des Vertragstextes in eine dynamische Beziehung zueinander gesetzt werden (vgl. Abb. 7).

Die Abfolge zwischen „Wortlaut" und „Praxis" ist so nicht nur in eine Richtung zu denken. Vielmehr ist häufig im EU-System zu beobachten, dass zunächst informell vereinbarte Verfahren später vertraglich formuliert werden, die dann wieder auf das konkrete Verhalten von Akteuren wirken (vgl. dazu das entsprechende Phasenmodell in Abb. 7).

Dabei ist zu testen, ob ein Trend zu einem supranationalen Ausbau für die EU-Architektur zu beobachten ist (so die Annahme in Abb. 8).

Aus dieser Sicht wird eine stufenweise Entwicklung der Vertragstexte erwartet, die jeweils am Moment der Vertragsänderungen (de jure) festgemacht werden kann (Linie a in Abb. 8); in der Praxis wird bei diesem Vorgehen dagegen eine graduelle und kontinuierliche Weiterentwicklung beobachtet, die in kleineren Schritten eben diesen Vertragsänderungen (de facto) vorausgeht (vgl. Abb. 8). Dieses Modell kann als ‚Integrationsleiter' charakterisiert werden. Bei dieser Herangehensweise wird jedoch

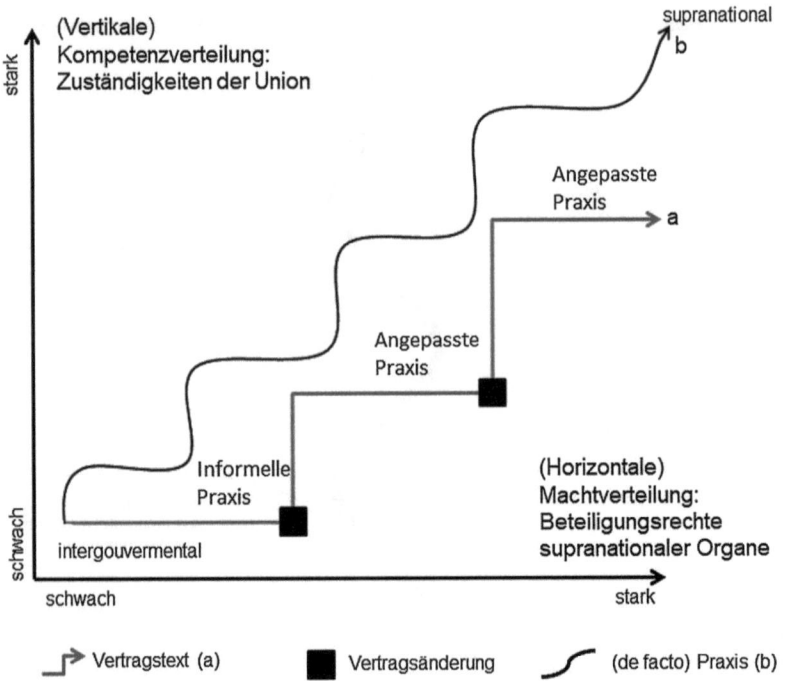

Abb. 8 Untersuchungsperspektiven – „Fusionsleiter" beim Ausbau der institutionellen Architektur. (Quelle: Eigene Darstellung)

keine Automatik oder Pfadabhängigkeit in eine spezifische Entwicklungsrichtung unterstellt. Eine eindeutig zielgerichtete, d. h. teleologische Interpretation der bisherigen Integrationskonstruktion – etwa im Sinne einer aus der institutionellen Ursprungsschöpfung herauswirkenden „Sachlogik" (Hallstein 1969) in Richtung auf einen europäischen Bundesstaat –, wird in dieser Darstellung nicht aufgenommen. Der Pfeil in Abb. 8 ist deshalb als Aufforderung zu prüfen, ob und gegebenenfalls welche Entwicklungslinien zu beobachten sind.

Politik- und Systemgestaltung: Funktionen in der institutionellen Architektur
Zum Erfassen der Funktionen von Institutionen und des Profils von Verfahren wird auch auf die in der Politikwissenschaft häufig verwandte Trias *polity, politics* und *policies* zurückgegriffen. In einer Kondensierung und Ergänzung dieser Kategorien nutzt das Lehrbuch ein Raster, das Funktionen von Institutionen im politischen System für die EU aus mehreren Ansätzen zusammenfügt.

Die Dimension *polity* wird durch „(quasi)-konstitutionelle" Entscheidungen als ‚Systemgestaltung' erfasst. Einzelne Analysen dieses Typs umfassen die Rolle von Institutionen bei Veränderungen der Verträge (gemäß Art. 48 EUV) sowie beim Beitritt neuer Mitgliedstaaten (gemäß Art. 49 EUV) oder beim Austritt (gemäß Art. 50 EUV).

Der Systemgestaltung steht die ‚Politikgestaltung' (*policy*) gegenüber. Sie wird wiederum geprägt durch *politics* bei der Gestaltung des Sekundärrechts. Bei dieser Untersuchung liegen die Schwerpunkte der Analyse auf den Aufgaben und Befugnissen von Institutionen in dem (Verfahrens-)Zyklus von Vorbereitung, Verabschiedung, Durchführung und Kontrolle verbindlicher Entscheidungen und anderer Beschlüsse. Einzelne Analysen dieses Typs umfassen beispielhaft die legislativen Funktionen des EP im Rahmen des Regelwerkes zum ordentlichen Gesetzgebungsverfahren oder die Rolle des Europäischen Rates beim Auswärtigen Handeln der EU.

Formen von differenzierter Integration: Variationen von Flexibilisierung und opt-outs
Zu signifikanten Merkmalen des Ausbau des EU-Systems zählen auch vielfältige Formen der Differenzierung von Mitgliedstaaten, d. h. spezifische Vertragsregeln erlauben Gruppen von Mitgliedstaaten weitergehende Integrationsschritte. In diesen Fällen von opt-outs haben nicht alle EU-Mitgliedstaaten dieselben Rechte und Pflichten (Tekin 2012; Schimmelfennig und Winzen 2014). Der Vertrag sieht dazu mehrere Regelwerke zur *Verstärkten Zusammenarbeit* (Art. 20 EUV und Art. 326–334 AEUV) und zur *Ständigen Strukturierten Zusammenarbeit* (Art. 42(b) und 46 EUV) vor (Wessels und Gerards 2018) (vgl. Kap. ▶ „Flexibilisierung").
   Um Blockaden durch Mitgliedstaaten als Vetospieler zu vermeiden, haben die Mitgliedstaaten und EU-Institutionen eine erhebliche Bandbreite an abgestufter Integration bzw. ‚unterschiedlichen Geschwindigkeiten' geschaffen. Besonders im Kontext der Eurozone und des *Schengen-Raums* wurden spezifische Verfahren von nachhaltiger Bedeutung für die Integrationskonstruktion durch die Vertragsarchitekten entwickelt.

Die ‚Brüsseler Arena' in einer Mehrebenenanalyse: Perspektivenerweiterung
Versucht man die institutionelle Architektur der EU realitätsnah zu erfassen, so umfasst dieses politische System mehr als nur die vertraglich genannten Organe der EU. Die Analyse der relevanten Prozesse ist vielmehr Ebenen übergreifend sowohl in der ‚Brüsseler Arena' als auch auf nationaler Ebene anzusetzen (Hooghe und Marks 2010; Jachtenfuchs und Kohler-Koch 2003), um alle für die Entscheidungen relevanten Akteure umfassend in der Darstellung berücksichtigen zu können. Nationale Regierungen und Verwaltungen, Regionen und Kommunen und in gewissem Ausmaß auch nationale Gerichte sind in ihren alltäglichen Dienstgeschäften und Aktivitäten zentrale Akteure und Mitträger der EU. Diese Mehrebenenperspektive kann von den Mitgliedstaaten ‚von unten' (im wissenschaftlichen Sprachgebrauch *bottom-up*) anhand der Beteiligungsmuster nationaler Akteure in den EU-Institutionen (Mittag und Wessels 2003) untersucht oder aber von der EU-Ebene ‚nach unten' auf die Mitgliedstaaten (im wissenschaftlichen Sprachgebrauch *top-down*) als eine Form der „Europäisierung" (Börzel und Panke 2010; Radaelli 2006) nationaler Systeme beschrieben werden.
   Zur weiteren Darstellung wird auf eine Typologie von „Mehrebenenspielern" zurückgegriffen (vgl. Abb. 9). In dieser Vier-Felder-Matrix werden Beteiligungs-

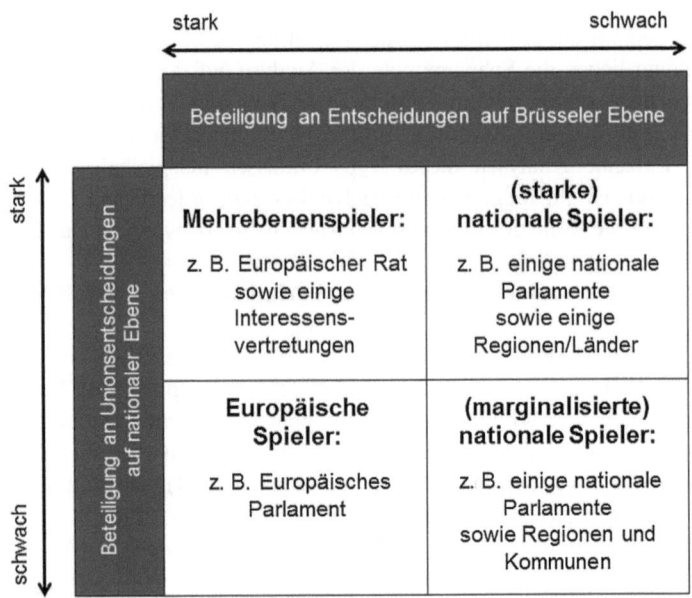

Abb. 9 Untersuchungsperspektiven – Typologie von Mehrebenenspielern. (Quelle: Eigene Darstellung, in Anlehnung an Mittag und Wessels (2003, S. 414))

möglichkeiten von Akteuren verglichen, die diese sowohl auf der nationalen als auch auf der EU-Ebene (verfassungs- oder vertrags-)rechtlich aufgebaut haben und auch real nutzen.

Der Europäische Rat ist aus dieser Sicht eine Schlüsselinstitution. Die Staats- und Regierungschefs können mit ihrem jeweiligen nationalen und europäischen ‚Hut‘ nachhaltige Lenkungs- und Leitungsfunktionen übernehmen. Das EP gilt bei entsprechenden Vertragsregeln als ein starker europäischer Spieler, ohne jedoch wesentlichen Einfluss auf die nationale Europapolitik ausüben zu können. Einige nationale Parlamente üben einen nachhaltigen Einfluss bei der Vorbereitung von Positionen ihrer Regierungen im Rat aus (demnach starke nationale Spieler), während andere Legislativen als marginalisierte Akteure mit nur eingeschränkter Wirkung auf nationaler Ebene einzuordnen sind.

Methodische Ansätze

Entsprechend dieser Herausforderung wird das Lehrbuch Entwicklungen der Institutionen und Verfahren der EU-Architektur seit den fünfziger Jahren nachzeichnen. Es untersucht Veränderungen zwischen mehreren signifikanten Zeitpunkten bei der Entstehung und Entwicklung des EU-Systems. Zu identifizieren sind deshalb „Wendepunkte" (Loth 2014, S. 163), „historische Weichenstellungen" (Dinan 2010; Loth 1996, S. 98–100), „Meilensteine" (Ahern 2004, S. 1), „history-making decisions"

(Peterson und Bomberg 1999) oder „critical junctures" (Pierson 2000), die Eckpunkte für eine entsprechende Periodisierung bilden und damit zumindest einen Einstieg in eine mittelfristig angelegte Untersuchung bieten. Als derartige Meilensteine für die Beobachtung der institutionellen Architektur werden insbesondere die Gründungsakte und die formalen Veränderungen des Vertragswerkes genutzt. Beispielhaft für diese Vorgehensweise können die Ausweitung der Beteiligungsrechte des EP und die Erweiterung der Anwendungsfälle für die qualifizierte Mehrheit im Rat über den gesamten Beobachtungszeitraum genommen werden (vgl. Abb. 8 oben). Neben den Vergleichen der Vertragswerke verwendet dieses Buch für einige dieser Phasen auch Daten zur tatsächlichen Nutzung der Verfahren, die in der Regel von Unions-Organen selbst zur Verfügung gestellt werden. So wird für die oben erwähnten Beispiele die Häufigkeit der Anwendung des ordentlichen Gesetzgebungsverfahrens und der Regeln der Mehrheitsabstimmungen im Rat dargestellt.

Für die Erfassung der Praxis und deren Wandel können auch Fallstudien und anekdotische Erzählungen von Akteuren und Beobachtern herangezogen werden, die auf spezifische Einstellungs- und Verhaltensmuster hinweisen. Anregend – wenn auch mit der üblichen Vorsicht zu nutzen – sind Memoiren führender Europapolitiker.

Auch wenn viele anekdotische Angaben nicht umfassend und häufig nicht einfach wiederholbar dokumentiert werden können, so bieten sie doch Informationen und Einsichten, die nicht einfach aus Gründen einer wissenschaftlichen Methodenstrenge ausgeblendet werden sollten. Erkenntnisse aus einer derartigen Sammlung von Informationen, die sich an Methoden „begleitender Beobachtung" anlehnt (Bryman 2001, S. 298–291), können aus einzelnen Gesprächen mit Akteuren gewonnen und auf der Grundlage von Berichten oder Interviews mit anderen Beteiligten auf ihre Zuverlässigkeit und Aussagefähigkeit überprüft werden.

Als Ergebnisse dieser dynamisch angelegten (makro-)politikwissenschaftlichen Untersuchung können Wachstums- und Differenzierungstendenzen beim Auf- und Ausbau der institutionellen Architektur der EU über sieben Jahrzehnte beschrieben und analysiert werden.

5 Zusammenfassung, Diskussion und Perspektiven: Eine dreifache ‚K-Formel'

Angesichts der skizzierten Entwicklungen ist eine knappe Darstellung des EU-Systems für eine tiefergehende Analyse nicht ausreichend. Eine besondere Schwierigkeit besteht bereits bei den Begriffen des zu beschreibenden Systems. Zwar hat sich im allgemeinen Sprachgebrauch eingebürgert, von Entscheidungen aus ‚Brüssel' als Handlungen der Europäischen Union – ‚der EU' – zu sprechen; die meisten der für den Unionsbürger und die Unionsbürgerin verbindlichen Entscheidungen haben jedoch ihren Ursprung in Organen und Verfahren eines Mehrebenensystems – einem Zusammenwirken europäischer und nationaler sowie manchmal auch regionaler Akteure.

Auch für Auseinandersetzungen um Visionen, Erzählungen und Leitbilder der europäischen Konstruktion – nicht zuletzt nach dem ‚Krisenjahrzehnt' ab 2005, auch mit Blick auf den Brexit und die Folgen der Corona-Pandemie – ist deshalb ein umfassender Blick auf das bestehende EU-System eine notwendige Voraussetzung.

Besonders zu beachten ist, dass die EU als Teil eines Herrschaftssystems zu verstehen ist, welches Mitgliedstaaten und EU-Bürgerinnen und -bürgern Möglichkeiten bietet, deren Handeln aber auch Grenzen setzt. Unvermeidlich und notwendigerweise verbunden sind damit Fragen zur Handlungsfähigkeit, Legitimität und Wirkung des Regierens sowie zur Machtausübung in der institutionellen Architektur (Scharpf 1994, 1999, 2005, 2010; Moravcsik und Vachudova 2003; Wessels 2003; Höreth 1999; Benz 1998).

Die Arbeiten zum EU-System sollten jedoch nicht nur bei der Erfassung und Erklärung der Vergangenheit und der Gegenwart stehen bleiben, sondern auch Perspektiven für die Zukunft dieses Systems und damit auch Optionen für weitere Entwicklungen der institutionellen Architektur skizzieren und diskutieren. Erfahrungen, Erwartungen und (Gedanken-)Experimente helfen, mögliche Szenarien und strittige Strategien auszuloten und abzuwägen. So stellt sich die Frage, ob die institutionelle Architektur nach dem Lissabonner Vertrag für eine Union mit 27 (und gegebenenfalls mehr) Mitgliedstaaten optimal aufgestellt ist und welche Vorschläge zur weiteren Reform der Verträge umgesetzt werden sollten (Europäische Kommission 2017; Bertelsmann Stiftung und The Spinelli Group 2013). Dies wurde insbesondere im Kontext des Krisenjahrzehnts relevant, da die Union auch mit dem Lissabonner Vertrag nicht mit genügend Instrumenten zur Stabilisierung der Eurozone ausgestattet war und die beteiligten und betroffenen Mitgliedstaaten Verträge außerhalb der Primärtexte der EU vereinbaren mussten. Der Brexit-Prozess hat erneut entsprechende Überlegungen ausgelöst. Das Vorgehen der EU-Institutionen in der Reaktion auf die Corona-Pandemie wird ebenso Anlass für vielfältige Reformvorschläge geben, die in einer Konferenz zur Zukunft Europas diskutiert wurden (vgl. Kap. ▶ „Vertragsänderungsverfahren").

Eine einfache Extrapolation bisheriger Trends ist methodisch mit einem beträchtlichen Risiko verbunden. Nur wenn die Umfeldbedingungen der institutionellen Architektur konstant bleiben (im wissenschaftlichen Sprachgebrauch *ceteris paribus*), können vergangene Verhaltensmuster unreflektiert fortgeschrieben werden.

Eine wesentliche Aufgabe dieses Lehrbuches ist es, die zunächst verwirrenden Verbindungen zwischen den einzelnen Bestandteilen des EU-Systems und dessen Architektur zu erfassen und zu analysieren.

In Form einer These können Entwicklungen des EU-Systems durch ein Grundmuster der EU-Entscheidungsprozesse erklärt werden, das durch eine dreifache ‚K-Formel' beschrieben wird: Für zentrale Beschlüsse ist zur Legitimation von teils weitreichenden Maßnahmen ein grundlegender Konsens zwischen den Mitgliedstaaten und maßgeblichen politischen Kräften notwendig; dies setzt jedoch umfassende Kompromisse zwischen den Institutionen und den darin beteiligten Akteuren voraus, die im Endeffekt des mühsamen Aushandelns die Komplexität der Ergebnisse erhöhen (Wessels 2016, S. 105–106, 132–144).

6   Zur Wiederholung und Vertiefung

Merkpunkte und Stichworte
- Grundkenntnisse
- Drei Dimensionen:
  - politische Relevanz
  - wissenschaftliche Relevanz
  - (theoriegeleitete) Charakterisierungen des EU-Systems
- Unterschiede zwischen:
  - „Vertragsbuchstaben/-text" und „beobachtete/gelebte Praxis"
  - „Intergouvernemental" und „supranational"
  - „Statisch" und „dynamisch"
  - „Politik-" und „Systemgestaltung"
  - „Mehrebenenspieler" und „marginalisierter Akteur"
- Kurzerläuterungen:
  - Der Verfahrenszyklus
  - Mehrebenenanalyse

Fragen
- Welche Institutionen sind im Lissabonner Vertrag aufgeführt?
- Welche besonderen Schwierigkeiten gibt es, das EU-System zu erfassen und zu erklären?
- Welche Möglichkeiten bieten sich an, Veränderungen in der institutionellen Architektur zu beschreiben?
- Welcher Mehrwert ist von der Unterscheidung zwischen „geschriebenem Vertragstext" und „gelebter Praxis" zu erwarten?
- Warum ist die Debatte zur Legitimität und zum „Demokratiedefizit" des EU-Systems von zunehmender Bedeutung?

Thesen zur Diskussion
- Eine EU-„Institutionenkunde" ist nicht lohnend.
- Ohne eine Erfassung des EU-Systems ist eine Analyse des politischen, wirtschaftlichen und sozialen Lebens in Europa nicht (mehr) möglich.
- Nur eine dynamische Untersuchungsperspektive wird der Entstehung und Entwicklung der institutionellen Architektur der EU gerecht.
- Die klassischen Ansätze der Integrationswissenschaft erlauben beim Verständnis des EU-Systems nur noch wenig Erkenntnisgewinn.

Literatur

Online-Quellen

Bundeszentrale für politische Bildung: https://www.bpb.de/.
Centre for European Policy Studies: https://www.ceps.eu/.

EUR-Lex Datenbank mit Zugang zum EU-Recht: https://eur-lex.europa.eu/.
Institut für Europäische Politik. https://iep-berlin.de/.
Notre Europe-Jacques Delors Institute: https://institutdelors.eu/.
Offizielle Website der Europäischen Union: https://european-union.europa.eu/index_de.
Stiftung Wissenschaft und Politik: https://www.swp-berlin.org/.

Zeitschriften

European Journal of Political Research. Wiley Online Library: https://ejpr.onlinelibrary.wiley.com/journal/14756765.
European Union Politics (EUP). Sage: https://journals.sagepub.com/home/eup.
Integration, Institut für Europäische Politik. https://iep-berlin.de/de/projekte/deutschland-und-euro pa/integration/.
Journal of Common Market Studies (JCMS). Wiley Online Library: https://onlinelibrary.wiley.com/journal/14685965.
Journal of European Public Policy (JEPP). Taylor & Francis: https://www.tandfonline.com/toc/rjpp20/current.
West European Politics Journal (WEP). Taylor & Francis: https://www.tandfonline.com/loi/fwep20.

Einführende Literatur

Bieling, Hans-Jürgen, und Marika Lerch. 2006. *Theorien der europäischen Integration*, 2. Aufl. Wiesbaden: Springer VS.
Bomberg, Elizabeth, John Peterson, und Richard Corbett. 2015. *The European Union: How does it work?* 4. Aufl. Oxford: Oxford University Press.
Große Hüttmann, Martin, und Barbara Lippert. 2020. Die Europäische Union, 2. Aufl. Stuttgart: Kohlhammer.
Hix, Simon, und Bjørn Høyland. 2011. *The Political System of the European Union*, 3. Aufl. Basingstoke: Palgrave Macmillan.
Hofmann, Andreas, und Wolfgang Wessels. 2011. Europäische Union nach dem Vertrag von Lissabon – ein weiterer Schritt auf der Suche nach Problemlösungsfähigkeit und demokratischer Legitimität. In *Europa – quo vadis?* Hrsg. Gudrun Hentges und Hans-Wolfgang Platzer. Wiesbaden: Springer VS.
Nugent, Neil. 2017. *The Government and Politics of the European Union*, 8. Aufl. Basingstoke: Palgrave Macmillan.
Peterson, John, und Michael Shackleton, Hrsg. 2017. *The Institutions of the European Union*, 4. Aufl. Oxford/New York: Oxford University Press.
Wallace, Helen, Mark A. Pollack, und Alasdair R. Young. 2015. *Policy-Making in the European Union*, 7. Aufl. Oxford: Oxford University Press.
Weidenfeld, Werner, Wolfgang Wessels, und Funda Tekin, Hrsg. 2020. *Europa von A bis Z*, 15. Aufl. Wiesbaden: Springer VS.
Wiener, Antje, Tanja A. Börzel, und Thomas Risse, Hrsg. 2018. *European Integration Theory*, 3. Aufl. Oxford: Oxford University Press.

Literaturverzeichnis

Afhüppe, Sven, und Thomas Sigmund, Hrsg. 2019. *Europa kann es besser. Wie unser Kontinent zu neuer Stärke findet. Ein Weckruf der Wirtschaft*. Freiburg: Herder.

Aggestam, Lisbeth. 2008. Introduction: Ethical power Europe? *International Affairs* 84(1): 1–11.

Androsch, Hannes, Johannes Gadner, und Bettina Poller. 2019. *Europa vor der Entscheidung. Warum ein geeinter Kontinent unsere Zukunft ist.* Wien: Christian Brandstätter.

Beck, Ulrich, und Edgar Grande. 2004. *Das kosmopolitische Europa. Gesellschaft und Politik in der Zweiten Moderne.* Frankfurt a. M.: Suhrkamp.

Benz, Arthur. 1998. Politikverflechtung ohne Politikverflechtungsfalle – Koordination und Strukturdynamik im europäischen Mehrebenensystem. *Politische Vierteljahresschrift* 39(3): 558–589.

Bertelsmann Stiftung, und The Spinelli Group, Hrsg. 2013. *A fundamental law of the European Union.* Gütersloh: Bertelsmann Stiftung.

Bieling, Hans-Jürgen. 2005. Intergouvernementalismus. In *Theorien der europäischen Integration*, Hrsg. Hans-Jürgen Bieling und Marika Lerch, 91–116. Stuttgart: Springer VS.

Bieling, Hans-Jürgen, und Marika Lerch. 2012. *Theorien der Europäischen Integration.* Wiesbaden: Springer VS.

Blair, Tony. 2000. Speech to the Polish stock exchange, Warsaw 10/06/2000. https://www.cvce.eu/en/obj/address_given_by_tony_blair_to_the_polish_stock_exchange_warsaw_6_october_2000-en-f8c765d9-ad33-4ce3-bfbe-7dd6d01141d7.html. Zugegriffen am 01.07.2022.

Blair, Tony. 2010. *A journey.* London: Hutchinson.

Bogdandy, Armin Von, Hrsg. 1993. Die Verfassung der europäischen Integrationsgemeinschaft als supranationale Union. In *Die europäische Option. Eine interdisziplinäre Analyse über Herkunft, Stand und Perspektiven der europäischen Integration*, 97–128. Baden-Baden: Nomos.

Börzel, Tanja, und Diana Panke. 2010. Europeanization. In *European Union Politics*, Hrsg. Michelle Cini, 3. Aufl., 405–417. Oxford: Oxford University Press.

Böttcher, Winfried, Hrsg. 2019. *Europas vergessene Visionäre. Rückbesinnung in Zeiten akuter Krisen.* Baden-Baden: Nomos.

Bretherton, Charlotte, und John Vogler. 2006. *The European Council as a Global Actor.* London: Routledge.

Bryman, Alan. 2001. *Social research methods.* Oxford: Oxford University Press.

Bulmer, Simon. 1994. The governance of the European Union. A new institutionalist approach. *Journal of Public Policy* 13:352–380.

Bundesverfassungsgericht. 1994. Karlsruhe. Urteil des Bundesverfassungsgerichts über die Verfassungsbeschwerde gegen den Vertrag von Maastricht vom 12. Oktober 1993 – 2 BvR 2134/92, 2 BvR 2159/92. https://www.servat.unibe.ch/dfr/bv089155.html. Zugegriffen am 01.07.2022.

Bundesverfassungsgericht. 2009. *Urteil zum Vertrag von Lissabon, 2 BvE 2/08 vom 30.06.2009, Absatz-Nr. (1–421).* https://www.bundesverfassungsgericht.de/entscheidungen/es20090630_2bve000208. Zugegriffen am 01.07.2022.

Burgess, Michael. 2004. Federalism. In *European integration theory*, Hrsg. Thomas Diez und Antje Wiener, 35–53. Oxford: Oxford University Press.

Cappelletti, Mauro, Monica Seccombe, und Joseph Weiler. 1986. Integration through law: Europe and the American federal experience. In *Methods, tools and institutions*, Bd. 1, 1. Aufl. New York: de Gruyter.

Cini, Michelle, und Nieves Pérez-Solórzano Borragán. 2019. *European Union Politics.* Oxford: Oxford University Press.

Cini, Michelle, und Angela Bourne, Hrsg. 2006. *European Union Studies.* Basingstoke: Palgrave Macmillan.

Cowles, Green, James A. Caporaso Maria, und Thomas Risse, Hrsg. 2001. *Transforming Europe: Europeanization and domestic change.* Ithaca: Cornell University Press.

Dahrendorf, Ralf. 1973. *Plädoyer für die Europäische Union.* München: Piper.

Damro, Chad. 2012. Market power Europe. *Journal of European Public Policy* 19(5): 682–699.

Delors, Jacques. 1985. Speech by President of the European Commission Jacques Delors delivered at the first intergovernmental conference (IGC) to be held in Luxembourg. https://www.cvce.eu/content/publication/2001/10/19/423d6913-b4e2-4395-9157-fe70b3ca8521/publishable_en.pdf. Zugegriffen am 01.07.2022.

Delors, Jacques. 2004. *Erinnerungen eines Europäers*. Berlin: Parthas.

Delors, Jacques, und Jean-Louis Arnaud. 2004. *Memoires*. Paris: Plon.

Delreux, Tom, und Thomas Laloux. 2018. Concluding early agreements in the EU integration: A double principal-agent analysis of trilogue negotiations. *Journal of Common Market Studies* 56(2): 300–317.

Diedrichs, Udo. 2011. New modes of governance: Perspectives from the legal and the living architecture of the European Union. In *The dynamics of change in EU governance*, Hrsg. Udo Diedrichs, Wulf Reiners und Wolfgang Wessels, 210–238. Cheltenham/Northampton: Edward Elgar.

Diedrichs, Udo, Wulf Reiners, und Wolfgang Wessels. 2011. *The dynamics of change in EU governance*. Cheltenham/Northampton: Edward Elgar.

Dinan, Desmond. 2010. *Ever closer union: An introduction to European integration*. Basingstoke: Palgrave Macmillan.

Duchêne, François. 1972. Europe's role in world peace. In *Europe tomorrow: Sixteen Europeans look ahead*, Hrsg. Richard Mayne, 32–47. London: Fontana.

Easton, David. 1953. *The political system*. New York: Alfred A. Knopf.

Ehrhart, Hans-Georg, Hrsg. 2002. Leitbild Friedensmacht? Die Europäische Sicherheits- und Verteidigungspolitik und die Herausforderung der Konfliktbearbeitung. In *Die Europäische Sicherheits- und Verteidigungspolitik. Positionen, Perzeptionen, Probleme, Perspektiven*, 243–257. Baden-Baden: Nomos.

Eilstrup-Sangiovanni, Mette. 2006. *Debates on European integration: A reader*. Basingstoke/New York: Palgrave Macmillan.

Europäische Kommission. 2017. *Weißbuch zur Zukunft Europas. Die EU der 27 im Jahr 2025 – Überlegungen und Szenarien. Brüssel. 01. März 2017*. https://ec.europa.eu/info/sites/default/files/weissbuch_zur_zukunft_europas_de.pdf. Zugegriffen am 01.07.2022.

Europäischer Rat. 2016a. *Erklärung von Bratislava und Bratislava-Fahrplan*. Bratislava. https://www.consilium.europa.eu/media/21232/160916-bratislava-declaration-and-roadmap-de.pdf. Zugegriffen am 01.07.2022.

Europäischer Rat. 2016b. *Schlussfolgerungen des Europäischen Rates vom 18. und 19. Februar 2016*. Brüssel. http://data.consilium.europa.eu/doc/document/ST-1-2016-INIT/de/pdf. Zugegriffen am 01.07.2022.

European External Action Service. 2016. *Military and civilian Missions and operations*. https://www.eeas.europa.eu/eeas/missions-and-operations_en. Zugegriffen am 01.07.2022.

Fabbrini, Sergio. 2015. *Which differentiation? The EU after the Eurocrisis. 22. International conference of Europeanists (CES)*. Paris.

Fabbrini, Sergio, und Uwe Puetter. 2016. Integration without supranationalisation. studying the lead roles of the European Council and the Council in post-Lisbon EU politics. *Journal of European Integration* 38(5): 481–495.

Faber, Anne. 2005. *Europäische Integration und politikwissenschaftliche Theoriebildung. Neofunktionalismus und Intergouvernementalismus in der Analyse*. Wiesbaden: VS Verlag für Sozialwissenschaften.

Fischer, Joschka. 2000. Vom Staatenbund zur Föderation – Gedanken über die Finalität der Europäischen Integration, Rede vom 12.05.2000 an der Humboldt-Universität Berlin. In *Die neue Europadebatte: Leitbilder für das Europa der Zukunft*, Hrsg. Hartmut Marhold, 41–54. Bonn: Europa Union.

Forsberg, Thomas. 2011. Normative power Europe, once again: A conceptual analysis of an ideal type. *Journal of Common Market Studies* 49(6): 1183–1204.

Franzius, Claudio, Franz C. Mayer, und Jürgen Neyer. 2019. *Die Neuerfindung Europas. Bedeutung und Gehalte von Narrativen für die europäische Integration*. Baden-Baden: Nomos.

Giering, Claus. 1997. *Europa zwischen Zweckverband und Superstaat*. Bonn: Europa Union.

Giering, Claus, und Almut Metz. 2006. Integrationstheorien. In *Europa von A bis Z. Taschenbuch der europäischen Integration*, Hrsg. Werner Weidenfeld und Wolfgang Wessels, 285–291. Bonn: Europa Union.

Gillingham, John. 2003. *European integration, 1950–2003. Superstate or new market economy?* Cambridge: Cambridge University Press.

Goodin, Robert E. 1996. Institutions and their design. In *The theory of institutional design*, Hrsg. E. Goodin, 1–53. Cambridge: Cambridge University Press.

Grabitz, Eberhard. 1966. *Gemeinschaftsrecht bricht nationales Recht.* Hamburg: Appel.

Grieco, Joseph M. 1995. The maastricht treaty, economic and monetary union, and the neorealist research programme. *Review of International Studies* 21(1): 21–40.

Griller, Stefan. 2005. Die Europäische Union. Ein staatsrechtliches Monstrum? In *Europawissenschaft*, Hrsg. Gunnar Folke Schuppert, Ingolf Pernice und Ulrich Haltern, 201–274. Baden-Baden: Nomos.

Große Hüttmann, Martin, und Thomas Fischer. 2005. Föderalismus. In *Theorien der europäischen Integration*, Hrsg. Hans-Jürgen Bieling und Marika Lerch, 41–63. Wiesbaden: Springer VS.

Haas, Ernst B. 1958. *The uniting of Europe. Political, social and economic forces 1950–1957.* London: Stevens & Sons.

Hallstein, Walter. 1969. *Der unvollendete Bundesstaat. Europäische Erfahrungen und Erkenntnisse.* Düsseldorf/Wien: Econ.

Hallstein, Walter. 1973. *Die Europäische Gemeinschaft.* Düsseldorf/Wien: Econ.

Hauriou, Maurice. 1965. *Die Theorie der Institution und zwei andere Aufsätze.* Berlin: Duncker & Humblot.

Hay, Colin. 2002. *Political analysis. A critical introduction.* Basingstoke: Palgrave Macmillan.

Hill, Christopher. 2010. Cheques and balances: The European Union's soft power strategy. In *Soft power and US foreign policy: Theoretical, historical and contemporary perspectives*, Hrsg. Inderjeet Parmar und Michael Cox, 182–198. London: Routledge.

Hilz, Wolfgang, Hrsg. 2018. *Die Zukunft Europas in einer Welt im Umbruch. Festschrift zum 65. Geburtstag von Prof. Dr. Beate Neuss.* Wiesbaden: Springer VS.

Hix, Simon. 2005. *The political system of the European Union.* London: Palgrave Macmillan.

Hix, Simon, und Bjorn Hoyland. 2011. *The political system of the European Union*, 3. Aufl. Basingstoke: Palgrave Macmillan.

Hodson, Dermot, und John Peterson. 2017. Theorizing EU institutions: Why they matter for politics and international relations. In *The Institutions of the European Union*, 4. Aufl., 1–29. Oxford/New York: Oxford University Press.

Hooghe, Liesbet, und Gary Marks. 2010. Types of multilevel governance. In *Handbook on multilevel governance*, Hrsg. Hendrik Enderlein, Sonja Wälti und Michael Zürn, 17–31. Cheltenham: Edward Elgar.

Höreth, Marcus. 1999. *Die Europäische Union im Legitimationstrilemma. Zur Rechtfertigung des Regierens jenseits der Staatlichkeit.* Baden-Baden: Nomos.

Ipsen, Hans-Peter. 1972. *Europäisches Gemeinschaftsrecht.* Tübingen: Mohr.

Ipsen, Hans-Peter. 1994. Zehn Glossen zum Maastricht-Urteil. *Europarecht* 1:1–21.

Isensee, Josef. 1995. Integrationsziel Europastaat? In *Festschrift für Ulrich Everling*, Hrsg. Olle Due, Marcus Lutter und Jürgen Schwarze, Bd. 1, 567–592. Baden-Baden: Nomos.

Jachtenfuchs, Markus. 2002. *Die Konstruktion Europas. Verfassungsideen und institutionelle Entwicklung.* Baden-Baden: Nomos.

Jachtenfuchs, Markus, und Beate Kohler-Koch. 1996. Regieren im dynamischen Mehrebenensystem. In *Europäische Integration*. Opladen: VS Verlag für Sozialwissenschaften.

Jachtenfuchs, Markus, und Beate Kohler-Koch, Hrsg. 2003. Einleitung: Regierung und Institutionenbildung. In *Europäische Integration*, 11–45. Opladen: VS Verlag für Sozialwissenschaften.

Joerges, Christian. 1996. Das Recht im Prozeß der europäischen Integration. In *Europäische Integration*, Hrsg. Markus Jachtenfuchs und Beate Kohler-Koch, 73–108. Opladen: VS Verlag für Sozialwissenschaften.

Jospin, Lionel. 2001. *Intervention sur ‚L'avenir de l'Europe élargie'.* https://www.cvce.eu/obj/discours_de_lionel_jospin_sur_l_avenir_de_l_europe_elargie_paris_28_mai_2001-fr-642dc4c9-b224-4ea7-a77b-7e4d894b3077.html . Zugegriffen am 01.07.2022.

Kirste, Knut, und Hanns W. Maull. 1996. Zivilmacht und Rollentheorie. *Zeitschrift für Internationale Beziehungen* 3(2): 283–312.

Kohl, Helmut. 2005. *Erinnerungen 1982–1990*. Munich: Droemer.

Kohler-Koch, Beate. 1999. A constitution for Europe? MZES Arbeitspapiere Nr. 8. http://www. mzes.uni-mannheim.de/publications/wp/wp-8.pdf. Zugegriffen am 01.07.2022.

Kohler-Koch, Beate, Thomas Conzelmann, und Michèle Knodt. 2004. *Europäische Integration – Europäisches Regieren*. Wiesbaden: Springer VS.

Koops, Joachim Alexander. 2011. *The European Union as an integrative power: Assessing the EU's „effective multilateralism" with NATO and the United Nations*. Brüssel: Asp Vub Press.

Laidi, Zaki. 2010. Is Europe a risk averse actor? *European Foreign Affairs Review* 15(4): 411–426.

Landfried, Christine. 2005. *Das politische Europa. Differenz als Potenzial der Europäischen Union*. Baden-Baden: Nomos.

Lepsius, Rainer. 1991. Nationalstaat oder Nationalitätenstaat als Modell für die Weiterentwicklung der Europäischen Gemeinschaft. In *Staatswerdung Europas? Optionen für eine Europäische Union*, Hrsg. Rudolf Wildenmann. Baden-Baden: Nomos.

Leuffen, Dirk, Berthold Rittberger, und Frank Schimmelfennig. 2012. *Differentiated integration. Explaining variation in the European Union*. Basingstoke: Palgrave Macmillan.

Lijphart, Arend. 1999. *Patterns of democracy. Government forms and performance in thirty-six countries*. New Haven/London: Yale University Press.

Link, Werner. 2006. *Auf dem Weg zu einem neuen Europa. Herausforderungen und Antworten*. Baden-Baden: Nomos.

Link, Werner. 2012. Integratives Gleichgewicht und gemeinsame Führung. Das europäische System und Deutschland. *Merkur* 11:1025–1034.

Loth, Wilfried. 1996. *Der Weg nach Europa. Geschichte der europäischen Integration 1939–1957*. Göttingen: Vandenhoeck & Ruprecht.

Loth, Wilfried, Hrsg. 2005. Mise en perspective historique de la constitution européenne. In *La Gouvernance supranationale dans la construction européenne*, 339–371. Brüssel: Emile Bruylant.

Loth, Wilfried. 2014. *Europas Einigung: Eine unvollendete Geschichte*. Frankfurt a. M.: Campus.

Loth, Wilfried. 2017. 60 years ago: The foundation of EEC and EAEC as crisis management. *Journal of European Integration History* 23(1): 9–28.

Loth, Wilfried, und Wolfgang Wessels, Hrsg. 2001. *Theorien europäischer Integration*. Opladen: Leske + Budrich.

Lübbe, Hermann. 1994. *Abschied vom Superstaat. Vereinigte Staaten von Europa wird es nicht geben*. Berlin: Siedler.

Manners, Ian. 2002. Normative power Europe: A contradiction in terms. *Journal of Common Market Studies* 40(2): 235–258.

March, James G., und Johan P. Olsen. 1998. The institutional dynamics of international political orders. *International Organization* 52(4): 943–969.

March, James, und Johan P. Olsen. 1989. *Rediscovering institutions. The organizational basis of politics*. New York: Free Press.

Marhold, Hartmut, Hrsg. 2001. *Die neue Europadebatte. Leitbilder für das Europa der Zukunft*. Bonn: Europa Union.

Merkel, Angela. 2010. *Speech by Federal Chancellor Angela Merkel at the opening ceremony of the 61st academic year of the College of Europe in Bruges, November 2nd 2010*. https://www. coleurope.eu/sites/default/files/speech-files/europakolleg_brugge_mitschrift_englisch_0.pdf. Zugegriffen am 01.07.2022.

Mittag, Jürgen, und Wolfgang Wessels. 2003. „One" or „Fifteen"? The member states between adaptations and structural revolution. In *Fifteen into one? The European Union and its member states*, Hrsg. Wolfgang Wessels, Andreas Maurer und Jürgen Mittag. Manchester: Manchester University Press.

Moravcsik, Andrew. 1998. *The choice for Europe: Social purpose and state power from Messina to Maastricht*. London/New York: Cornell University Press.

Moravcsik, Andrew. 2009. Europe: The quiet superpower. *French Politics* 7(3/4): 403–422.

Moravcsik, Andrew, und Frank Schimmelfennig. 2009. Liberal intergovernmentalism. In *European integration theory*, Hrsg. Diez Thomas und Wiener Antje, 67–87. Oxford: Oxford University Press.

Moravcsik, Andrew, und Milada Anna Vachudova. 2003. National interests, state power, and EU enlargement. *European Politics and Societies* 17(1): 42–57.

Morisse-Schilbach, Melanie. 2005. Historischer Institutionalismus. In *Theorien europäischer Integration*, Hrsg. Hans-Jürgen Bieling und Marika Lerch, 271–292. Wiesbaden: Springer VS.

Morisse-Schilbach, Melanie. 2012. Historischer Institutionalismus. In *Theorien der europäischen Integration*, Hrsg. Hans-Jürgen Bieling und Marika Lerch, 3. Aufl., 225–246. Wiesbaden: Springer VS.

Müller-Graff, Peter-Christian. 2005. Strukturmerkmale des neuen Verfassungsvertrages für Europa im Entwicklungsgang des Primärrechts. In *Der Vertrag über eine Verfassung für Europa. Analysen zur Konstitutionalisierung der EU*, Hrsg. Mathias Jopp und Saskia Matl, 87–107. Baden-Baden: Nomos.

Münkler, Hefried. 2005. *Imperien. Die Logik der Weltherrschaft – vom Alten Rom bis zu den Vereinigten Staaten*. Berlin: Rowohlt.

Niemann, Arne, und Philippe C. Schmitter. 2009. Neofunctionalism. In *European integration theory*, Hrsg. Antje Wiener und Thomas Diez, 45–66. Oxford: Oxford University Press.

North, Douglass C. 1990. *Institutions, institutional change, and economic performance*. Cambridge: Cambridge University Press.

Nye, Joseph S. 1990. Soft power. *Foreign Policy* 80:153–171.

Nye, Joseph S. 2004. *Soft power: The means to success in world politics*. New York: PublicAffairs.

Olsen, Johan. 2001. Organising European institutions of governance. A prelude to an institutional account of political integration. In *Interlocking dimensions of European integration*, Hrsg. Helen Wallace. Basingstoke: Macmillan.

Oppermann, Thomas. 1993. Der Maastrichter Unionsvertrag – Rechtspolitische Wertung. In *Der Vertrag von Maastricht in der wissenschaftlichen Kontroverse*, Hrsg. Rudolf Hrbek, 103–120. Baden-Baden: Nomos.

Peters, B. Guy. 1999. *Institutional theory in political science. The ‚new institutionalism'*. London/New York: Pinter.

Peters, Dirk, und Wolfgang Wagner. 2005. Die EU in den Internationalen Beziehungen. In *Die Europäische Union. Theorien und Analysekonzepte*, Hrsg. Katharina Holzinger, Christopher Knill, Dirk Peters, Berthold Rittberger, Frank Schimmelfennig und Wolfgang Wagner, 215–272. Paderborn: UTB.

Peterson, John, und Elizabeth Bomberg. 1999. *Decision-making in the European Union*. Basingstoke/London: Macmillan.

Peterson, John, und Michael Shackleton. 2012. The EU institutions: An overview. In *The Institutions of the European Union*, 1–20. Oxford: Oxford University Press.

Pierson, Paul. 1996. The path to European integration: A historical institutionalist analysis. *Comparative Political Studies* 29(2): 123–163.

Pierson, Paul. 2000. Path dependence, increasing returns, and the study of politics. *American Political Science Review* 94(2): 251–267.

Pollack, Mark A. 2004. The new institutionalisms and European integration. In *European integration theory*, Hrsg. Antje Wiener und Thomas Diez, 137–156. Oxford: Oxford University Press.

Pollack, Mark A. 2007. Rational choice and EU politics. In *Handbook of European Union politics*, Hrsg. Knud Erik Jørgensen, Mark A. Pollack und Ben Rosamond, 31–56. London: Sage.

Popper, Karl R. 1994. *Logik der Forschung*. Tübingen: Mohr Siebek.

Puetter, Uwe. 2014. *The European Council and the Council. New intergovernmentalism and institutional change*. Oxford: Oxford University Press.

Quermonne, Jean-Louis. 2005. *Le système politique de l'Union Européenne*. Paris: Montchrestien.

Radaelli, Claudio M. 2006. Europeanization: Solution or problem? In *European Union studies*, Hrsg. Michelle Cini und Angela Bourne, 56–76. Basingstoke/New York: Palgrave Macmillan.

Raphael, Christian, Darius Ribbe, und Wolfgang Wessels. 2019. Die Europapolitik in der wissenschaftlichen Debatte. In *Jahrbuch der Europäischen Integration 2019*, Hrsg. Werner Weidenfeld und Wolfgang Wessels, 27–46. Baden-Baden: Nomos.

Raphael, Christian, Darius Ribbe, und Wolfgang Wessels. 2020. Die Europapolitik in der wissenschaftlichen Debatte. In Jahrbuch der Europäischen Integration 2020, Hrsg. Werner Weidenfeld und Wolfgang Wessels, 31–48. Baden-Baden: Nomos.

Ribbe, Darius, und Wolfgang Wessels. 2017. Die Europapolitik in der wissenschaftlichen Debatte. In *Jahrbuch der Europäischen Integration 2017*, Hrsg. Werner Weidenfeld und Wolfgang Wessels, 21–44. Baden-Baden: Nomos.

Rifkin, Jeremy. 2004. *The European dream. How Europe's vision of the future is quitely eclipsing the American dream*. New York: Tarcher/Penguin.

Risse, Thomas. 2004. Social constructivism. In *European integration theory*, Hrsg. Antje Wiener und Thomas Diez, 159–175. Oxford: Oxford University Press.

Rosamond, Ben. 2000. *Theories of European integration*. Basingstoke: Palgrave Macmillan.

Saurugger, Sabine. 2013. *Theoretical approaches to European integration*. Basingstoke: Palgrave Macmillan.

Scharpf, Fritz W. 1994. Community and autonomy: Multi-level policy-making in the European Union. *Journal of European Public Policy* 1(2): 219–242.

Scharpf, Fritz W. 1999. *Regieren in Europa. Effektiv und demokratisch?* Frankfurt a. M./New York: Campus.

Scharpf, Fritz W. 2005. Legitimationskonzepte jenseits des Nationalstaates. In *Europawissenschaft*, Hrsg. Gunnar Folke Schuppert, Ingolf Pernice und Ulrich Haltern, 705–742. Baden-Baden: Nomos.

Scharpf, Fritz W. 2010. *Community and autonomy institutions, policies and legitimacy in multilevel Europe*. Frankfurt a. M.: Max Planck Institut.

Scharpf, Fritz W., und Oliver Treib. 2000. *Interaktionsformen. Akteurszentrierter Institutionalismus in der Politikforschung*. Opladen: Leske + Budrich.

Schieder, Siegfried, und Manuela Spindler, Hrsg. 2014. *Theorien der Internationalen Beziehungen*, 4. Aufl. Opladen: UTB.

Schimmelfennig, Frank. 2019. Von der Entgrenzung zur Eingrenzung: Krise und Wandel der europäischen Integration. *integration* 42(4): 247–261.

Schimmelfennig, Frank, und Thomas Winzen. 2014. Instrumental and constitutional differentiation in the European Union. *Journal of Common Market Studies* 52(2): 354–370.

Schneider, Gerald, und Mark Aspinwall. 2001a. *The rules of integration. Institutionalist approaches to the study of Europe*. Manchester: Manchester University Press.

Schneider, Gerald, und Mark Aspinwall. 2001b. Institutional research on the European Union: Mapping the field. In *The rules of integration. Institutionalist approaches to the study of Europe*, 1–18. Manchester: Manchester University Press.

Schneider, Heinrich. 1977. *Leitbilder der Europapolitik. Der Weg zur Integration*. Bonn: Europa Union.

Schneider, Heinrich. 1995. Die Europäische Union als Staatenverbund oder als multinationale „Civitas Europea". In *Gedächtnisschrift für Eberhard Grabitz*, Hrsg. Albrecht Randelzhofer, Rupert Scholz und Dieter Wilke, 677–724. München: C.H. Beck.

Schneider, Heinrich. 2005. Die neu verfasste Europäische Union: noch immer „das unbekannte Wesen"? In *Der Vertrag über eine Verfassung für Europa. Analysen zur Konstitutionalisierung der EU*, Hrsg. Mathias Jopp und Saskia Matl, 109–132. Baden-Baden: Nomos.

Schneider, Heinrich, und Rudolf Hrbek. 1980. Die Europäische Union im Werden. In *Die Europäische Union als Prozeß*, Hrsg. Hans von der Groeben und Christoph Möllers, 209–473. Baden-Baden: Nomos.

Schwellnus, Guido. 2012. Sozialkonstruktivismus. In *Theorien der europäischen Integration*, Hrsg. Hans-Jürgen Bieling und Marika Lerch, 3. Aufl., 273–294. Wiesbaden: Springer VS.

Sjursen, Helene. 2006. The EU as a ‚normative power': How can this be? *Journal of European Public Policy* 13(2): 235–251.

Strange, Susan. 1989. Towards a theory of transnational empire. In *Global changes and theoretical challenges. Approaches to world politics for the 1990s*, Hrsg. Ernst-Otto Czempiel und James N. Rosenau, 161–176. Toronto: Lexington Books.

Tekin, Funda. 2012. *Differentiated integration at work. The institutionalisation and implementation of opt-outs from European integration in the area of freedom, security and justice*. Baden-Baden: Nomos.

Tekin, Funda. 2016. Was folgt aus dem Brexit? Mögliche Szenarien differenzierter (Des-) Integration. *integration* 39(3): 183–197.

Thalmaier, Bettina. 2005. *Die zukünftige Gestalt der Europäischen Union. Integrationstheoretische Hintergründe und Perspektiven einer Reform*. Baden-Baden: Nomos.

The Spinelli Group. 2018. *Manifest für die Zukunft Europas: Ein gemeinsames Schicksal*. https://www.federalists.eu/fileadmin/files_uef/Spinelli_Group_Page/SG_Manifesto_Online_De.pdf. Zugegriffen am 01.07.2022.

Tocci, Nathalie. 2008. *Who is a normative foreign policy actor? The European Union and its global partners*. Brussels: Centre for European Policy Studies.

Toje, Asle. 2011. The European Union as a small power. *Journal of Common Market Studies* 49(1): 43–60.

Tsebelis, George. 2002. *Veto players. How political institutions work*. Princeton: Princeton University Press.

Umbach, Gaby, und Bruno Scholl. 2003. Towards a core curriculum in EU studies. *European Political Science* 2(2): 71–80.

Van Rompuy, Herman. 2014. *Europe in the storm. Promise and prejudice*. Leuven: Davidsfonds Uitgeverij.

Verhofstadt, Guy. 2006. *Speech at the CSIS in Washington, 17.01.2006*.

Vollaard, Hans. 2014. Explaining European desintegration. *Journal of Common Market Studies* 52(5): 1142–1159.

Wagner, Wolfgang. 2005. Akteurszentrierter Institutionalismus. In *Theorien der europäischen Integration*, Hrsg. Hans-Jürgen Bieling und Marika Lerch, 249–270. Wiesbaden: Springer VS.

Wallace, Helen. 2000. The institutional setting. In *Policy-making in the European Union*, Hrsg. Helen Wallace und William Wallace, 3–38. Oxford: Oxford University Press.

Wallace, William. 2005. Post-sovereign governance: The EU as a partial polity. In *Policy-making in the European Union*, Hrsg. Helen Wallace, William Wallace und Mark A. Pollack, 483–504. New York: Oxford University Press.

Waltz, Kenneth Neal. 1979. *Theories of international politics*. New York: Random House.

Weidenfeld, Werner. 2019. Die Bilanz der Europäischen Integration 2019. In *Jahrbuch der Europäischen Integration 2019*, Hrsg. Werner Weidenfeld und Wolfgang Wessels, 15–26. Baden-Baden: Nomos.

Weiler, Joseph II. II. 1999. The transformation of Europe. In *The constitution of Europe. „Do the new clothes have an emperor?" and other essays on European integration*, Hrsg. Joseph H. H. Weiler, 10–101. Cambridge: Cambridge University Press.

Wendt, Alexander. 1999. *Social theory of international politics*. Cambridge: Cambridge University Press.

Wessels, Wolfgang. 1994. Institutionen der Europäischen Union: Langzeittrends und Leitideen. In *Die Eigenart der Institutionen. Zum Profil politischer Institutionentheorie*, Hrsg. Gerhard Göhler, 301–330. Baden-Baden: Nomos.

Wessels, Wolfgang. 1995. Die EU als Ordnungsfaktor. In *Die neue Weltpolitik*, Hrsg. Karl Kaiser und Hans-Peter Schwarz, 486–496. Bonn: Europa Union.

Wessels, Wolfgang. 2000. *Die Öffnung des Staates: Modelle und Wirklichkeit grenzüberschreitender Verwaltungspraxis*. Opladen: Leske + Budrich.

Wessels, Wolfgang. 2003. Beamtengremien im EU-Mehrebenensystem – Fusion von Administrationen? In *Europäische Integration*, Hrsg. Markus Jachtenfuchs und Beate Kohler-Koch, 2. Aufl., 353–383. Opladen: Leske + Budrich.

Wessels, Wolfgang. 2016. *The European Council*. Basingstoke: Palgrave Macmillan.

Wessels, Wolfgang. 2020. *Policy Brief No. 3. The (four) video conferences on the Corona epidemic of March/April 2020. New patterns of crisis management?* https://track.uni-koeln.de/sites/track/user_upload/TRACK_Policy_Brief_No.3.pdf. Zugegriffen am 01.07.2022.

Wessels, Wolfgang, und Udo Diedrichs. 1997. Zur Diskussion um eine Europäische Union nach Maastricht: Fragmente oder Bausteine einer Theorie mittlerer Reichweite? *Politische Viertel-jahresschrift* 1997(3): 584–593.

Wessels, Wolfgang, und Carsten Gerards. 2018. *The Implementation of Enhanced Cooperation in the EU. Studie im Auftrag des Ausschusses für konstitutionelle Fragen (Europäisches Par-lament), vorgestellt am 10. Oktober 2018.* Brüssel. https://www.europarl.europa.eu/RegData/etudes/STUD/2018/604987/IPOL_STU(2018)604987_EN.pdf. Zugegriffen am 01.07.2022.

Wessels, Wolfgang, und Christian Raphael. 2020. Trends in the EU's transformation process: The European Council as the driver of a vertical fusion process. In *Kernelemente der europäischen Integration*, Hrsg. Peter-Christian Müller-Graff, 153–172. Baden-Baden: Nomos.

Wessels, Wolfgang, Olivier Rozenberg, Mirte Van den Berge, Claudia Hefftler, Valentin Kreilinger, und Laura Ventura. 2013. Democratic control in the member states of the European Council and the Euro zone summits. Study. European Parliament, Directorate-General for Internal Policies, Policy Department C, Citizens' Rights. Brüssel. https://www.europarl.europa.eu/RegData/etudes/join/2013/474392/IPOL-AFCO_ET(2013)474392_EN.pdf.   Zugegriffen   am 01.07.2022.

Wiener, Antje, und Thomas Diez. 2009. *European integration theory*, 2. Aufl. Oxford: Oxford University Press.

Wiener, Antje, Tanja A. Börzel, und Thomas Risse, Hrsg. 2018. *European Integration Theory*, 3. Aufl. Oxford: Oxford University Press.

Wolf, Dieter. 2005. Neo-Funktionalismus. In *Theorien europäischer Integration*, Hrsg. Hans-Jürgen Bieling und Marika Lerch, 65–90. Wiesbaden: Springer VS.

Wolf, Dieter. 2012. Neo-Funktionalismus. In *Theorien der europäischen Integration*, Hrsg. Hans-Jürgen Bieling und Marika Lerch, 55–76. Wiesbaden: Springer VS.

Teil III

Entstehung und Entwicklung der Institutionellen Architektur der Europäischen Union

Geschichte

Entstehung und Entwicklung der institutionellen Architektur

Inhalt

Zusammenfassung

Die Entwicklung der Integrationskonstruktion ist wesentlich durch die internationalen, europäischen und nationalen Entwicklungen Europas nach dem Zweiten Weltkrieg geprägt. Die institutionelle Architektur der Union ist jedoch nicht die einfache und vollständige Umsetzung eines sorgfältig vorbereiteten, allseits akzeptierten Bauplans. Vielmehr wurde die institutionelle Entwicklung durch mehrere historische Weichenstellungen mit erheblich divergierenden Vorstellungen über einen möglichen Endzustand geprägt. Auf- und Ausbau der Unionsarchitektur können anhand von acht Phasen der Integrationsentwicklung erfasst werden.

© Springer Fachmedien Wiesbaden GmbH, ein Teil von Springer Nature 2022   53
W. Wessels, *Das Politische System der Europäischen Union*,
https://doi.org/10.1007/978-3-658-10013-1_20

Aufbau und Ausbau der institutionellen Architektur · Phasen der Erweiterung ·
Deutsch-Französisches Führungsduo · Gipfelkonferenzen · Krisen

1 Eckpunkte im Überblick: Untersuchungsperspektiven und Ansatz

Die Gründung und Gestaltung der Integrationskonstruktion ist tief in den historischen Entwicklungen (West-)Europas nach dem Zweiten Weltkrieg verankert (Kershaw 2018, S. 749). Zu beobachten sind Faktoren der internationalen und nationalen
Politik, die auf die Gestaltung des EU-Systems eingewirkt haben. Die Architektur
des Lissabonner Vertrags ist dabei keine einfache und vollständige Umsetzung
eines sorgfältig vorbereiteten, allseits akzeptierten Bauplans. Vielmehr wurde die
institutionelle Entwicklung durch mehrere historische Weichenstellungen mit
erheblich divergierenden Vorstellungen über einen möglichen Endzustand (im
wissenschaftlichen Sprachgebrauch *finalité politique* bzw. *Finalität*) geprägt. Der
schrittweise, aber bewusst nicht zielgerichtete Auf- und Ausbau nach der „Monnet-
Methode" (Wessels 2014) – benannt nach dem Gründungsvater und europäischen
„Erzheiligen" (Milward 2005, S. 318) Jean Monnet – gilt sogar als wesentliches
Charakteristikum der europäischen Konstruktion (Loth 2002). Auch nach dem
Inkrafttreten des Lissabonner Vertrags 2009 kann dieser Suchprozess noch nicht
als abgeschlossen gelten. Vielmehr haben Entscheidungen in den Krisenjahren der
2000er-Jahre (u. a. der Krise um den Verfassungsvertrag 2005, der Finanzkrise ab 2007
sowie der Eurokrise ab 2010) weitere Entwicklungsschritte eingeleitet. Auch die 2020
beschlossenen Maßnahmen zum Management der Corona-Krise lassen dieselben Muster eines schrittweisen Ausbaus der Gemeinschaftsmethode erkennen. Zu beobachten
sind ebenso gleichzeitig Tendenzen in mehrere Richtungen bzw. zu mehreren „Szenarien" (Europäische Kommission 2017b) (vgl. Kap. ► „Zur Zukunft des EU-Systems").

1.1 Vier historische Perspektiven

Eine breit gefächerte Auswahl an Beiträgen zur Entstehung und Entwicklung der EU
illustriert mehrere historische Ansätze, die in vier Perspektiven geordnet werden
können (Dülffer 2009; Kaiser et al. 2009; Loth 2009; Marhold 2009; Dinan 2006):

- Aus einer langfristigen Perspektive (Braudel 1980) ist die fundamentale Rolle der EU
  mit der historischen Entwicklung der europäischen Staaten seit der Schaffung des
  sogenannten „Westfälischen Staats" (Rokkan 1975; Tilly 1975) im 17. Jahrhundert
  verbunden. Aus diesem Blickwinkel lautet die Grundfrage: In welcher Weise hat
  diese institutionalisierte Form der Zusammenarbeit von souveränen Staaten die
  „Zentrumsentstehung, Systembildung und politische Strukturierung zwischen dem
  Nationalstaat und der Europäischen Union" (Bartolini 2005) beeinflusst?
- Aus einer mittelfristigen Perspektive wird die Entstehung und Entwicklung des
  EU-Systems als Bestandteil einer (west)europäischen Nachkriegsgeschichte ana-

lysiert (Judt 2005; James 2003; Hobsbawm 1994). Dieser Ansatz setzt die Geschichte der EU in Bezug zu maßgeblichen Krisen und fundamentalen Strukturwandeln, die seit den späten 1940ern im internationalen System stattgefunden haben sowie zu den wirtschaftlichen und sozialen Entwicklungen innerhalb und zwischen den europäischen Staaten (Streeck 2013).

• Eine engere Perspektive betrachtet die Entstehung und Entwicklung der institutionellen Architektur im Kontext von historischen Darstellungen des Integrationsprozesses, die mit einer beträchtlichen Variationsbreite Phasen in der historischen Entwicklung identifizieren (Dehousse und Magnette 2017; Weidenfeld 2016; Loth 2014; Van Middelaar 2013; Dinan 2010; Brunn 2009; Kaiser et al. 2009; Mittag 2008; Milward 2005; Bitsch 2004; Gillingham 2003; Gerbet 1994; Lipgens 1982).

• Eine Nahaufnahme konzentriert sich ausschließlich auf die Entstehung und Entwicklung einzelner Institutionen der Unionsarchitektur.

1.2 Ansatz: Phasenbildung

Erzählungen, Erklärungsansätze und Handlungsstrategien unterscheiden sich nicht zuletzt durch die Rolle, die sie den EU-Institutionen und spezifischen nationalen Akteuren zuschreiben. Aufgrund dieser Pluralität an Erklärungs- und Deutungsmustern wird der Schwerpunkt dieses Kapitels auf der Darstellung von geschichtsträchtigen Entscheidungen (im europäischen Sprachgebrauch auch *history making decisions* (Peterson 1999)) liegen, die an historischen Weggabelungen (im wissenschaftlichen Sprachgebrauch auch *critical junctures* (Pierson 2000)) zentrale Weichenstellungen für die Gestaltung der institutionellen Konfiguration vornahmen und damit „Wegmarken" (Loth 2001, 2014, 2020) bzw. Meilensteine für die konstitutionelle Entwicklung des EU-Systems setzten (vgl. Tab. 1).

Tab. 1 Daten aus der Integrationsgeschichte

Jahr	Inkrafttreten von Verträgen und Vertragsänderungen
1952	Europäische Gemeinschaft für Kohle und Stahl (EGKS)
1958	Römische Verträge zur Gründung der „Europäischen Atomgemeinschaft" (Euratom) und der „Europäischen Wirtschaftsgemeinschaft" (EWG)
1967	Fusionsvertrag zur Einsetzung gemeinsamer Exekutivorgane der Europäischen Gemeinschaften
1969	Gipfel von Den Haag
1987	Einheitliche Europäische Akte (EEA)
1993	Vertrag von Maastricht
1999	Vertrag von Amsterdam
2003	Vertrag von Nizza
2004	Unterzeichnung des Vertrags über eine Verfassung für Europa
2005	Scheitern des Vertrags über eine Verfassung für Europa im französischen und niederländischen Referendum
2009	Vertrag von Lissabon

Quelle: Eigene Darstellung

Die Grundsteinlegung des EU-Systems nahm die Gründergeneration in dem (Pariser) „Vertrag zur Europäischen Gemeinschaft für Kohle und Stahl" (EGKS, 1952 in Kraft getreten) sowie in den „Römischen Verträgen" (1958 in Kraft getreten) vor, die Regeln für *Euratom* – für die zivile Nutzung von Nuklearenergie – und für die *Europäische Wirtschaftsgemeinschaft* (EWG) festlegten.

Mit dem Den Haager Gipfel von 1969 begann eine zweite Generation Schritte zur Vertiefung und Erweiterung vorzugeben, welche einen ‚Stammbaum' für die zukünftigen Vorhaben der EU-Konstruktion vorzeichnete (vgl. Abb. 5). Auch der Begriff „Europäische Union" wurde von der Gipfelkonferenz in Paris 1972 offiziell auf die politische Tagesordnung gesetzt. Seit Mitte der achtziger Jahre haben die Mitgliedstaaten als „Herren der Verträge" (Bundesverfassungsgericht 2009, § 150) in der *Einheitlichen Europäischen Akte* (EEA, 1987 in Kraft getreten), im *(Maastrichter) Vertrag über die Europäische Union* (1993 in Kraft getreten), im *Amsterdamer Vertrag* (1999 in Kraft getreten), im *Vertrag von Nizza* (2003 in Kraft getreten) und im *Vertrag von Lissabon* (2009 in Kraft getreten) in „begrenzten Einzelermächtigungen" (vgl. Art. 5 EUV) zentrale Bereiche staatlichen Handelns auf die Ebene der Union übertragen und dabei jeweils Regelwerke für verbindliche Entscheidungen festgelegt.

Im Krisenjahrzehnt (spätestens seit 2010) haben die Mitgliedstaaten – wie schon zuvor im Schengener Abkommen (unterzeichnet im Jahr 1990) – außerdem Verträge außerhalb des EU-Vertrags, wie beispielsweise den *Vertrag zur Einrichtung des Europäischen Stabilitätsmechanismus* (ESM), den *Euro-Plus-Pakt* sowie den *Vertrag über die Stabilität, Koordinierung und Steuerung in der Wirtschafts- und Währungsunion* (im europäischen Sprachgebrauch auch „Fiskalpakt") beschlossen.

Weitere Weichenstellungen bei der Entstehung und Entwicklung des EU-Systems sind die Beitrittsrunden, d. h. die Erweiterung um neue Mitgliedstaaten (vgl. Tab. 2).

Aus diesen Gründen bietet das Kapitel zur Entstehung und Entwicklung des EU-Systems die Basis für die Erfassung und Erklärung der gegenwärtigen, schrittweise geschaffenen EU-Architektur. Identifiziert werden Modelle, Muster und Methoden, die in dem geschriebenen und gelebten EU-System fortwirken. Bei der Einordnung wird „theoretischen Schlüsselkategorien" besondere Aufmerksamkeit geschenkt, die – wie die institutionellen Leitideen – eine eher *intergouvernementale* oder *supranationale Ausrichtung* der jeweiligen Baupläne thematisieren (vgl. Kap. ▶ „Einführung").

Angesichts informativer Chronologien (vgl. v. a. Weidenfeld und Wessels 2016, S. 464–486) ist ein Überblick hilfreich, der entsprechend die Geschichte der Wegmarken grob in acht Phasen ordnet, um spezifische Ausprägungen in der Architektur herauszuarbeiten. Dem Gewinn an pointierten Erkenntnissen steht dabei das Risiko einer Verkürzung und Verzerrung gegenüber (Elvert 2006). Wie bei der Analyse jedes politischen Systems sind auch bei den Konstruktionsprozessen der EU-Architektur die jeweiligen internationalen und nationalen Kontextbedingungen (Schmuck und Unser 2016) und der Einfluss prägender Politiker einzubeziehen.

Tab. 2 Die Beitrittsrunden

Erweiterungsrunde	Beitrittsland	Beitrittsjahr*
Gründungsmitglieder der EGKS und der EWG	Belgien Bundesrepublik Deutschland Frankreich Italien Luxemburg Niederlande	1952/1958
Norderweiterung	Dänemark Irland Vereinigtes Königreich	1973
Süderweiterung	Griechenland	1981
	Portugal Spanien	1986
Deutsche (Wieder-)Vereinigung	Länder aus der ehemaligen Deutschen Demokratischen Republik (DDR)	1990
„EFTA"-Erweiterung	Finnland Österreich Schweden	1995
Erweiterung im östlichen Mittelmeer	Malta Zypern	2004
Erweiterung nach Mittel- und Osteuropa	Estland Lettland Litauen Polen Slowakei Slowenien Tschechien Ungarn	2004
	Bulgarien Rumänien	2007
Erweiterung auf dem (West-)Balkan	Kroatien	2013
Austritt des Vereinigten Königreichs aus der Europäischen Union	Vereinigtes Königreich	2020

*Es gilt das Jahr des Inkrafttretens des jeweiligen Beitrittsvertrags
Quelle: Eigene Darstellung (Stand: 31.01.2020)

2 Zum Einstieg: Historische Argumentationsmuster und Modelle einer europäischen Gesamtarchitektur

Visionen, Erzählungen (im wissenschaftlichen Sprachgebrauch *narratives*) und Strategien für eine Einigung Europas reichen weit in die Geschichte des Kontinents bis zu antiken Europabildern zurück (Böttcher 2016; Schmuck und Unser 2016; Wessels und Gläser 2015; Elvert 2006, S. 1–31). Dokumente zum ‚gewollten' bzw. „gedachten Europa" (Knipping 2004, S. 24) zeigen beträchtliche Variationen an politischen Leitbildern (Schneider 1977) und damit verknüpften institutionellen

Leitideen. Insbesondere aufgrund von verheerenden Kriegen, Hegemonieansprü-
chen einzelner Dynastien oder Staaten sowie äußeren Bedrohungen wurden immer
wieder Visionen für ein geeintes Europa präsentiert, das nach innen Frieden garantieren und nach außen kollektiven Schutz gewähren sollte (Loth 2002, 2014,
S. 9–15; Knipping 2004, S. 24–28; Bitsch 1999, S. 16–21). Zu Grundmotiven und
Interessen wurden und werden in vielfältigen Argumentationssträngen und mit
unterschiedlichen Prioritäten gezählt (Weidenfeld 2014, S. 13–14; vgl. auch Europäische Kommission 2017a):

- Frieden in Europa;
- Sicherheit gegen Bedrohungen von „außen";
- Selbstbehauptung im internationalen System;
- weltpolitischer Einfluss als globale Macht;
- Abkehr von totalitären Herrschaftssystemen;
- Wertegemeinschaft;
- kulturelle Selbstverständigung und Identitätsvergewisserung;
- wirtschaftlicher Wohlstand.

Das Etikett „Europa" wurde aber auch immer wieder als Vorwand für Machtansprüche einzelner Staaten und Politiker genutzt, so etwa von Hitler-Deutschland
(Mazower 2009, S. 14), das von sich selbst beanspruchte, einen „imperialen europäischen Gedanken" zu hegen.

Mit den grundsätzlichen Argumenten und Motiven für eine Einigung Europas
verbanden sich in der Regel Vorschläge für entsprechende Baupläne zur institutionellen Architektur; aus ihnen lassen sich fünf grobe Modelle einer europäischen
Gesamtarchitektur mit entsprechenden Machtausprägungen identifizieren – ohne
eine hohe Zahl von Mischformen zu benennen:

(1) Eine zentrale Hierarchie – etwa durch Papst oder Kaiser (Dante 1313–1317, S. 3.
    Buch, Abschn. 11 und 12);
(2) eine hegemoniale Hierarchie durch einen dominanten Staat – etwa durch Frank-
    reich oder Deutschland;
(3) eine „Gruppenhegemonie" durch ein „Konzert der Großmächte" (zum „Wiener
    System": Straub 2015; Elvert 2006, S. 20–23; Link 2006);
(4) eine föderale Struktur auf Grundlage einer zwischen den Mitgliedern und der
    europäischen Spitze balancierten Gewaltenteilung – eine Variante wurde und wird
    als „europäischer Bundesstaat" (Verhofstadt 2006; Lipgens 1986, S. 214–216;
    Hugo 1871) propagiert;
(5) eine enge, intergouvernementale Zusammenarbeit durch ein Bündnis zwischen
    gleichberechtigten souveränen Staaten – etwa durch einen „Föderalismus freier
    Staaten" (Kant 2016 [1795]).

Diese grundlegenden Argumentationen zeigen eine Vielfalt von Interessen und
Motiven für eine europäische Integrationspolitik, die auch bei der Gründung und
Gestaltung des EU-Systems immer wieder eingebracht wurden (Loth 2014,

S. 10–12, 2007, S. 36–38). Solche Debattenstränge sind nicht nur für historische Studien von Interesse; ihre Argumentationslinien haben eine zeitübergreifende Prägekraft gezeigt. Sie wirken als Erzählungen weiterhin bis in die Gegenwart – so etwa bei den Debatten um den Verfassungs- und den Lissabonner Vertrag sowie bei Kontroversen über Schritte zu „mehr oder weniger Europa" in Krisen. Auch bei den Folgen des Ausscheidens des Vereinigten Königreichs aus der EU (im europäischen Sprachgebrauch *Brexit*) werden mehrere dieser Konzepte und Modelle in aktualisierter Form aufgegriffen und die Erzählungen in Sinn, Charakter und Finalität des EU-Systems erneut revidiert und fortgeschrieben (vgl. Kap. ▶ „Zur Zukunft des EU-Systems").

3   Die vierziger Jahre: Vorläufer und Vorschläge – die Generation der Gründerväter

Die als „Selbstzerstörung Europas" (Schulze 2004, S. 68 71) wahrgenommene Katastrophe der beiden Weltkriege führte während und nach dem Zweiten Weltkrieg zu einer breiten und intensiven Debatte über die Neuordnung des Kontinents und das zukünftige Miteinander der europäischen Staaten, die auch zu ersten Wegmarken bei der Schaffung europäischer und atlantischer Organisationen führten (vgl. Tab. 3).

Besonders akzentuiert und aktualisiert wurden die europapolitischen Leitbilder durch Widerstandsbewegungen und Exilregierungen während des Zweiten Weltkrieges (Lipgens 1986, S. 25–27). Prägend und gleichzeitig repräsentativ für viele Programme des „Europa der Résistance" (Brunn 2009, S. 28) war das Manifest von Ventotene (vgl. Dokument 1). Es wurde u. a. von Altiero Spinelli verfasst, dessen Ideen über die unmittelbare Nachkriegszeit hinaus bis zum Entwurf des Europäischen Parlaments für einen „Vertrag über die Europäische Union" 1984 eine (radikal-)föderalistische Ausrichtung in der Debatte über die Konstruktion Europas prägten (Dinan 2006, S. 302; Burgess 1989, S. 30; Schneider 1986, S. 86).

Tab. 3 Die vierziger Jahre – Weichenstellungen und Wegmarken

Jahr	Monat	Ereignis
1941	August	Altiero Spinelli: „Manifest von Ventotene"
1946	September	Winston Churchill: Rede in Zürich
		Union Europäischer Föderalisten (UEF): „Hertensteiner Programm"
1947	April	Gründung „Brüsseler Pakt" – Vorläufer der westeuropäischen Union (WEU)
1948	April	Gründung der „Organisation für wirtschaftliche Zusammenarbeit in Europa" (OEEC, später OECD)
	Mai	Den Haager Kongress von Europa
1949	April	Gründung der North Atlantic Treaty Organisation (NATO)
	Mai	Gründung des Europarates

Quelle: Eigene Zusammenstellung

Dokument 1, Altiero Spinelli et al.: Das Manifest von Ventotene (1941)

Altiero Spinelli (1907–1986) war einer der Gründerväter der Europäischen Föde-
ralisten. In den 1920er-Jahren bekämpfte er die italienischen Faschisten und wurde
dafür auf die Insel Ventotene verbannt, auf der er zusammen mit anderen italieni-
schen Antifaschisten ein Manifest für ein föderales Europa verfasste.

„Es gilt, einen *Bundesstaat* zu schaffen, der auf festen Füßen steht und anstelle nationaler
Heere über eine europäische Streitmacht verfügt. Es gilt endgültig mit den wirtschaftlichen Autarkien, die das Rückgrat der totalitären Regime bilden, aufzuräumen. Es braucht
einer ausreichenden Anzahl an Organen und Mitteln, um in den einzelnen Bundesstaaten
die Beschlüsse, die zur Aufrechterhaltung der allgemeinen Ordnung dienen, durchzuführen. Gleichzeitig soll den Staaten jene Autonomie belassen werden, die eine plasti-
sche Gliederung und die Entwicklung eines politischen Lebens, gemäß den besonderen
Eigenschaften der verschiedenen Völker, gestattet. [...] Und da die Zeit reif ist, neue
Werke zu vollbringen, wird es auch die Zeit neuer Menschen sein: Die Zeit der
BEWEGUNG FÜR EIN FREIES UND VEREINTES EUROPA.“

Quelle: Spinelli et al. (1941)
Hervorhebungen durch den Autor

Debatten in der unmittelbaren Nachkriegszeit wurden von ähnlichen programm-
matischen Überlegungen beherrscht. Wegweisende Beiträge waren die Rede von
Churchill in Zürich 1946, das Hertensteiner Programm der Union Europäischer
Föderalisten (UEF) und die Erklärung des Den Haager Kongresses als Gründungs-
treffen eines transnationalen, parteiübergreifenden Netzwerks. Viele Vorschläge
schenkten institutionellen Fragen eine besondere Aufmerksamkeit (vgl. Dokumente 2, 3 und 4).

Dokument 2, Winston Churchill: Rede in Zürich (1946)

Der frühere britische Premierminister, eine anerkannte Führungsperson im
Kampf gegen Nazideutschland, Winston Churchill hielt am 19.09.1946 in
der Universität Zürich eine Rede, in der er einen staatenübergreifenden Ansatz
für die Friedenssicherung in Europa vorschlug.

„Der erste Schritt bei der Neugründung der europäischen Familie muß eine *Partner-*
schaft zwischen Frankreich und Deutschland sein. Nur auf diese Weise kann Frank-
reich die moralische Führung Europas wiedererlangen. Es gibt kein Wiederaufleben
Europas ohne ein geistig großes Frankreich und ein geistig großes Deutschland. Die
Struktur der *Vereinigten Staaten von Europa,* wenn sie gut und echt errichtet wird,
muß so sein, daß die materielle Stärke eines einzelnen Staates von weniger großer
Bedeutung ist. Kleine Nationen zählen ebenso viel wie große und erwerben sich ihre
Ehre durch ihren Beitrag zu der gemeinsamen Sache.“

Quelle: Lipgens (1986, S. 214–216)
Hervorhebungen durch den Autor

Dokument 3, Union Europäischer Föderalisten: Das Hertensteiner Programm (1946)

Im September 1946 trafen sich in Hertenstein am Vierwaldstätter See (CH) Föderalisten aus Europa, um gemeinsame Ziele zu formulieren. Bis heute dient dieses Programm der Union Europäischer Föderalisten (UEF, in Deutschland Europa-Union) und den Jungen Europäischen Föderalisten (JEF) als Grundsatzprogramm.

1. „Eine auf *föderativer Grundlage* errichtete europäische Gemeinschaft ist ein notwendiger und wesentlicher Bestandteil jeder wirklichen *Weltunion*.

2. Entsprechend den föderalistischen Grundsätzen, die den *demokratischen Aufbau von unten nach oben* verlangen, soll die europäische Völkergemeinschaft die Streitigkeiten, die zwischen ihren Mitgliedern entstehen könnten, selbst schlichten.

4. Die Mitglieder der *Europäischen Union* übertragen einen Teil ihrer wirtschaftlichen, politischen und militärischen Souveränitätsrechte an die von ihnen gebildete *Föderation*.

5. Die Europäische Union steht allen Völkern europäischer Wesensart, die ihre Grundsätze anerkennen, zum Beitritt offen. [. . .]

8. Die Europäische Union sorgt für den planmäßigen Wiederaufbau und für die wirtschaftliche, soziale und kulturelle Zusammenarbeit sowie dafür, daß der technische Fortschritt nur im Dienste der Menschheit verwendet wird. [. . .]

10. Im Rahmen der Europäischen Union sind regionale Unterverbände, die auf freier Übereinkunft beruhen, zulässig und sogar wünschenswert.

11. Nur die Europäische Union wird in der Lage sein, die Unversehrtheit des Gebiets und die Bewahrung der Eigenheit aller ihrer Völker, großer wie kleiner, zu sichern.

12. Durch den Beweis, daß es seine Schicksalsfragen im Geiste des Föderalismus selbst lösen kann, soll Europa seinen Beitrag zum Wiederaufbau und zu einem *Weltbund* der Völker leisten."

Quelle: Europa-Union Deutschland (2020)
Hervorhebungen durch den Autor

Die ersten Nachkriegsjahre bildeten eine besondere Blütezeit jener Verbände, die für die europäische Idee warben (Brunn 2009, S. 21). Trotz gemeinsamer Grundbekenntnisse zur Einigung Europas präsentierten sie unterschiedliche Vorschläge zur institutionellen Architektur. Die UEF orientierte sich für die europäische Ebene an den Verfassungen föderalistischer Staaten: Die Mitgliedstaaten sollten wesentliche Teile ihrer Kompetenzen an eine gemeinsame übergeordnete Regierung abgeben, die wiederum durch ein europäisches Parlament als Vertretung des einen europäischen Volkes gewählt und kontrolliert werden sollte.

Demgegenüber verfolgten die Unionisten eine intergouvernementale Leitidee: Sie forderten die Errichtung eines Staatenbundes bzw. einer Konföderation, die eine enge zwischenstaatliche Zusammenarbeit von unabhängigen souveränen Staaten ermöglichen sollte.

Dokument 4, Kongress von Europa, Den Haag (1948)

Im Mai 1948 fand in Den Haag unter der Schirmherrschaft von Winston Churchill ein Kongress der Europäischen Bewegung statt. Diese konstituierte sich am 25.10.1948 offiziell als Dachverband der wichtigsten Europa-Verbände. Der Haager Kongress gab u.a. den Anstoß zur Gründung des Europarates am 05.05.1949 und des Europa-Kollegs in Brügge.

„Der Kongreß [hat]
1. erkannt, daß die europäischen Nationen die vordringliche Pflicht haben, sich zu einer wirtschaftlichen und politischen Einheit zusammenzuschließen, die für die Sicherheit und den sozialen Fortschritt bürgt. [...]
3. erklärt, daß die Zeit gekommen ist, zu der die europäischen Nationen *einen Teil ihrer Souveränitätsrechte übertragen und verschmelzen müssen,* um gemeinsames politisches und wirtschaftliches Handeln zur Integration und zur geeigneten Entwicklung ihrer gemeinsamen Hilfsquellen sicherzustellen. [...]
8. die Absicht, einem *vereinigten Europa* die folgenden Aufgaben sofort zu übertragen: die fortschreitende Verwirklichung eines demokratischen sozialen Systems, dessen Ziel es ist, die Menschheit von jeder Art von Sklaverei und wirtschaftlicher Unsicherheit zu befreien, genau wie die politische Demokratie danach strebt, diese gegen eine willkürliche Machtausübung zu schützen. [...]
14. erklärt, daß die Schaffung eines *vereinigten Europa* einen wesentlichen Beitrag zur *Schaffung einer geeinten Welt* darstellt."

Quelle: Lipgens (1986, S. 240–242)
Hervorhebungen durch den Autor

Die Pluralität an Begriffen, zu der die „Integration" (Schmuck 1990; Scharrer 1977, S. 225–270; Schneider 1977) zunehmend als vager Leitbegriff gehörte, half durch konstruktive Mehrdeutigkeiten, unterschiedliche Zielvorstellungen miteinander zu vereinbaren und ermöglichte damit „begrenzte, aber reale" Schritte (so eine häufig erwähnte Formel; im wissenschaftlichen Sprachgebrauch *limited, but real*) des institutionellen Aufbaus.

Durch den Beginn des Kalten Krieges erhielt die politische Debatte eine neue Dimension und Brisanz. Der Ost-West-Konflikt wurde zu einem bestimmenden Faktor weiterer Einigungsbemühungen (Loth 2014; Dülffer 2004).

Der „Brüsseler Pakt" leitete eine sicherheitspolitische Zusammenarbeit unter westeuropäischen Staaten ein. Weitere Weichenstellungen führten unter der Führung der USA 1948 zur Gründung der OEEC (der heutigen OECD) zur Verteilung der Gelder der Marshall-Hilfe und 1949 zur Gründung der North Atlantic Treaty Organisation (NATO) als Teil der Sicherheits- und Verteidigungspolitik im Ost-West-Konflikt.

1949 wurde schließlich der Europarat als erste umfassende, genuin westeuropäische Organisation gegründet. Seine institutionelle Architektur lässt erkennen, dass diese Organisation auf eine Kooperation nationaler Regierungen ausgerichtet war (Schmuck 1990). Festzumachen ist diese intergouvernementale Ausrichtung an der Rolle der (parlamentarischen) Versammlung, die sich aus delegierten Abgeordneten nationaler Parlamente zusammensetzt und auf eine beratende Funktion begrenzt ist. Viele Anhänger föderalistischer Vorstellungen hielten den Europarat daher für einen Deckmantel für eine national bestimmte Zusammenarbeit souveräner Staaten (Spaak 1969, S. 269). Briten und Skandinavier blockierten stärker föderal ausgerichtete Bemühungen vieler Kontinentaleuropäer. „Großen Hoffnungen" auf diese Einrichtung folgten „tiefe Enttäuschungen" (Brunn 2009, S. 63).

Seit damals wurde immer wieder, wie bei der Erklärung von Laeken (2001) zur Einberufung eines *Europäischen Konvents* zu Beginn dieses Jahrhunderts, die Festschreibung einer europäischen Finalität gefordert (Europäischer Rat 2001b; Fischer 2000). Bis heute bleibt ein hoher Grad an Pluralität von „Grundverständnissen" (Schneider 1998, S. 129–147), „Verfassungsideen" (Jachtenfuchs 2002, S. 261), „Erzählungen" (Schönhoven 2007) sowie entsprechender institutioneller Leitideen (Wessels 1994, S. 301) festzustellen. Konzepte wie „Föderation", „Europäischer Bundesstaat" und „Vereinigte Staaten von Europa" mit teils erheblich divergierenden Interpretationen wurden dabei zu Kern- und Leitbegriffen. Aber auch noch unbestimmte Begriffe wie „Staatenverbund" (Bundesverfassungsgericht 2009, § 148) und „Europäische Union" fanden ihren Eingang in die Debattenlandschaft.

Gängige Topoi bildeten damals in den frühen Jahren der Einigung – wie im Lissabonner Vertrag – die Rolle und der Modellcharakter des „vereinigten Europas" für die „Schaffung einer geeinten Welt" (vgl. Dokument 4 und Art. 21 (1) EUV).

Die auch im Lissabonner Vertrag aufgenommene Formulierung „einer immer engeren Union der Völker Europas" (Art. 1 EUV) spiegelt erneut sowohl eine scheinbar erwünschte Dynamik, wie auch die Offenheit des Prozesses zu einer unbestimmten Finalität wider. In den Schlussfolgerungen des Europäischen Rates zu den Anliegen des Vereinigten Königreichs um eine Sonderbehandlung verwiesen die Staats- und Regierungschefs dann auch erneut 2016 auf „verschiedene Wege der Integration für verschiedene Mitgliedstaaten" (Europäischer Rat 2016). Auch in ihren programmatischen Erklärungen, so auch in der „Strategischen Agenda 2019–2024", formulierten sie keine Vorgaben für eine Finalität (Thieme und Wessels 2019, S. 100).

4 Die fünfziger Jahre: Wege und Irrwege der Gründergeneration

Die historischen Wegmarken der fünfziger Jahre sind in einer welt- und europapolitischen Phase zu sehen, die durch einen Niedergang der weltpolitischen Rolle der europäischen Führungsmächte Frankreich und Großbritannien und die Suche der jungen Bonner Bundesrepublik nach einem Platz in Europa gekennzeichnet war. Dies manifestierte sich deutlich durch den Rückzug der beiden ehemaligen Großmächte in der Suezkrise 1956. Der Ost-West-Konflikt bildete weiterhin das zentrale Strukturmerkmal des internationalen Systems. Er ging einher mit dem Niedergang deutsch-französischer Konfliktherde – insbesondere der Zukunft des Saarlands – durch einvernehmliche Regelungen. Angesichts dieser Entwicklungen haben die

Tab. 4 Die fünfziger Jahre – Weichenstellungen und Wegmarken

Jahr	Monat	Ereignis
1950	9. Mai	Robert-Schuman-Erklärung
1951	April	Unterzeichnung des EGKS-Vertrags
1952	Mai	Unterzeichnung des EVG-Vertrags
	Juli	Inkrafttreten des EGKS-Vertrags
1953	März	Unterzeichnung des EPG-Vertrags
1954	August	Scheitern von EVG und EPG in der französischen Nationalversammlung
	Oktober	Unterzeichnung der Pariser NATO-Verträge
1955	Juni	Konferenz von Messina („Relance Européenne")
1957	März	Unterzeichnung der „Römischen Verträge" zur EWG und EAG
1958	Januar	Inkrafttreten der „Römischen Verträge"
1960	Mai	Inkrafttreten der Europäischen Freihandelszone (EFTA)

Quelle: Eigene Zusammenstellung

(west-) europäischen Staaten mehrere Wege zu mehr Integration eingeschlagen, von denen sich einige als Irrwege erwiesen (vgl. Tab. 4).

4.1 Die Europäische Gemeinschaft für Kohle und Stahl (EGKS): Methode und Modell mit Langzeitwirkung

Weiterführender als die Bemühungen im Europarat waren die Integrationsbestrebungen der Gründergeneration, zu der unter anderem der deutsche Bundeskanzler Adenauer, sein italienischer Kollege De Gasperi sowie die französischen Spitzenpolitiker Robert Schuman, Jean Monnet und René Pleven gezählt werden. Den zentralen Impuls gab dabei die Strategie des damaligen französischen Außenministers Robert Schuman, der Vorschläge von Jean Monnet aufgriff. Die Schuman-Erklärung am 9. Mai 1950 wird als historische Weichenstellung (u. a. Marhold 2020; Loth 2014, 2020; Brunn 2009, S. 69–70) charakterisiert, die als „Europatag" im Verfassungsvertrag als eines der „Symbole der Union" deklariert wurde (Art. 1–8 VVE). Auch nach dem Scheitern des Verfassungsvertrags wird dieser Tag halboffiziell als „Europatag" (Europäische Union 2020) begangen.

Bei der Schaffung der *Europäischen Gemeinschaft für Kohle und Stahl* (EGKS) verknüpften die ‚Gründungsväter' unterschiedliche Interessen. In einem ‚Kleineuropa' der Sechs (Bundesrepublik Deutschland, Frankreich, Italien und die drei Beneluxstaaten) sollten zentrale und kriegswichtige Wirtschaftssektoren einer „Hohen Behörde" unterstellt werden, deren Entscheidungen für die teilnehmenden Länder bindend waren.

Anhand der Schuman-Erklärung (vgl. Dokument 5) und der Präambel des EGKS-Vertrags (vgl. Dokument 6) können zentrale Elemente einer Integrationspolitik herausgearbeitet werden, die ein – auch für spätere Phasen typisches –

Verhandlungspaket erkennen lassen. In den Erklärungen wurde die konkrete Funktion der EGKS als „Wirtschafts-Organisation" mit der Verhinderung von „Krieg", Sicherung des „Weltfriedens" und einem Beitrag für die „Zivilisation" verknüpft.

Dokument 5, Vorgaben der Schuman-Erklärung
Erklärung des französischen Außenministers Robert Schuman vom 9. Mai 1950 (Auszug)
[...] Die französische Regierung schlägt vor, die Gesamtheit der französisch-deutschen Kohle- und Stahlproduktion einer gemeinsamen Hohen Behörde zu unterstellen, in einer Organisation, die den anderen europäischen Ländern zum Beitritt offensteht. Die Zusammenlegung der Kohle- und Stahlproduktion wird sofort die Schaffung gemeinsamer Grundlagen für die wirtschaftliche Entwicklung sichern – *die erste Etappe der europäischen Föderation* – und die Bestimmung jener Gebiete ändern, die lange Zeit der Herstellung von Waffen gewidmet waren, deren sicherste Opfer sie gewesen sind.

Die Solidarität der Produktion, die so geschaffen wird, wird bekundet, daß *jeder Krieg zwischen Frankreich und Deutschland* nicht nur undenkbar, sondern materiell unmöglich ist. Die Schaffung dieser mächtigen Produktionsgemeinschaft, die allen Ländern offensteht, die daran teilnehmen wollen, mit dem Zweck, allen Ländern, die sie umfaßt, die notwendigen Grundstoffe für ihre industrielle Produktion zu gleichen Bedingungen zu liefern, wird die realen Fundamente zu ihrer wirtschaftlichen Vereinigung legen. [...]

Hervorhebungen durch den Autor

Im Vordergrund standen die unmittelbaren Ziele einer funktional-ökonomischen Interessenausrichtung. Eine industriebezogene Sektorintegration sollte nicht zuletzt zu einer sozialpolitisch motivierten Hebung des Lebensstandards führen. Die EGKS wurde als „erste Etappe der europäischen Föderation" und damit als wesentliche Voraussetzung und zentraler Baustein für die künftige Friedensordnung des Kontinents gesehen. Die Unterstützung der europäischen Integration entsprang damit nicht zuletzt tief empfundenen ‚moralischen' Vorgaben nach den Katastrophen der beiden Weltkriege, die sich später in der Entwicklung zu einer Wertegemeinschaft manifestierten (im Lissabonner Vertrag insbesondere Art. 2 EUV). Hinter den Formulierungen werden aber noch weitere Motive gesehen. Ein wesentliches französisches Interesse lag darin, durch starke supranationale Institutionen die erneut wachsende (wirtschaftliche) Macht Deutschlands einzuhegen (Link 2012; Loth 2007, S. 39; Monnet 1952, S. 370–373).

Nach Versuchen einer konfrontativen Gegenmachtbildung gegenüber Deutschland änderte sich damit die französische Strategie in Richtung eines „integrativen Gleichgewichts" (zum Begriff: Link 2006, S. 21–30). Diese Politik stellte einen grundlegenden Wandel französischer Politik dar. Eine derartige fundamentale Neuorientierung ist nicht zuletzt durch Veränderungen der US-amerikanischen Strategie gegenüber Deutschland zu erklären, die im Ost-West-Konflikt eine nachhaltige Stärkung der Bonner Republik anstrebte (Brunn 2009, S. 72–74; Monnet 1978, S. 370–373). Für die junge Bundesrepublik Deutschland ihrerseits lag eine wesentliche Motivation darin, als Gründungsmitglied einer europäischen Organisation einen wichtigen Schritt hin zu internationaler Anerkennung und zu einer gleichberechtigten Mitsprache zu nehmen.

Auch aus der Präambel des EGKS-Vertrags (vgl. Dokument 6) lässt sich nicht zuletzt auch eine Strategie schrittweiser, sektoral begrenzter Integration entdecken, die als *Monnet-Methode* regelmäßig einen wesentlichen Referenzpunkt für europäische politische Debatten bildet (Wessels 2014). Durch „konkrete Leistungen" soll zunächst eine „tatsächliche Verbundenheit" geschaffen werden (Präambel EGKS-Vertrag; vgl. Dokument 6).

Dokument 6, Präambel des EGKS-Vertrags
Präambel des EGKS-Vertrags (1951)

IN DER ERWÄGUNG, dass der *Weltfriede* nur durch schöpferische, den drohenden Gefahren angemessene Anstrengungen gesichert werden kann,

IN DER ÜBERZEUGUNG, daß der Beitrag, den ein organisiertes und lebendiges *Europa für die Zivilisation* leisten kann, zur Aufrechterhaltung friedlicher Beziehungen unerläßlich ist,

IN DEM BEWUSSTSEIN, daß Europa nur durch *konkrete Leistungen,* die zunächst eine *tatsächliche Verbundenheit* schaffen, und durch die Errichtung gemeinsamer Grundlagen für die wirtschaftliche Entwicklung aufgebaut werden kann,

IN DEM BEMÜHEN, durch die Ausweitung ihrer Grundproduktionen zur *Hebung des Lebensstandards* und zum *Fortschritt der Werke des Friedens* beizutragen,

ENTSCHLOSSEN, an die Stelle der *jahrhundertealten Rivalitäten* einen Zusammenschluss ihrer wesentlichen Interessen zu setzen, durch die Errichtung einer wirtschaftlichen Gemeinschaft den *ersten Grundstein für eine weitere und vertiefte Gemeinschaft* unter Völkern zu legen, die lange Zeit durch blutige Auseinandersetzungen entzweit waren, und die *institutionellen Grundlagen* zu schaffen, die einem nunmehr *allen gemeinsamen Schicksal die Richtung* weisen können. [...]

Hervorhebungen durch den Autor

Die Monnet-Methode ist so auf einen schrittweisen Ausbau ausgerichtet, der auf begrenzten, aber realen Kompetenzübertragungen beruht. Um spaltende, unüberbrückbare Kontroversen über grundlegende Zielvorstellungen einer Finalität zu vermeiden, verfolgte Monnet eine Strategie, die jeweils experimentell auf konkrete Herausforderungen reagierte (Monnet 1978). Diese Methode grenzt sich deutlich von einer föderalen Strategie ab, die mit einem großen Entwurf einen qualitativen Sprung in eine Europäische Verfassung anstrebte. Diese Unterschiede spielen in den Debatten über die institutionelle Architektur immer wieder eine Rolle. So wurde die Monnet-Methode zu Beginn des Verfassungsjahrzehnts einerseits für „tot" erklärt (Fischer 2000), während Aktionen des Europäischen Rates in dem Krisenjahrzehnt andererseits deutlich und nachhaltig, wenn auch vielleicht unbewusst, der Monnet-Methode folgten (Van Rompuy 2014). Auch die 2020 beschlossenen Maßnahmen zur Bekämpfung der Corona-Krise lassen ähnliche Muster erkennen.

Entsprechend diesen Interessen und Begründungen kann die EGKS – wie 40 Jahre später die Europäische Wirtschafts- und Währungsunion (zur Diskussion: Wessels 2016, S. 51; Verdun et al. 2004) – unterschiedlich interpretiert werden als:

- Strategie einer grenzüberschreitenden Problemverarbeitung auf einem zentralen Sektor der Wirtschaftspolitik;
- politisch notwendiger Schritt zu einem „föderalen Europa";
- Teil einer französischen Strategie, das (ökonomisch) stärkere Deutschland durch gemeinsame Institutionen einzubinden;
- Kernelement einer deutschen Politik, die eigene Position im Zentrum Europas und in der Welt zu stärken;
- Mittel zur Stärkung der internationalen Rolle Europas im globalen (wirtschaftlichen) Wettbewerb;
- Strategie kleinerer Mitgliedstaaten, durch gleichberechtigte Mitsprache in gemeinsamen Institutionen (im politikwissenschaftlichen Sprachgebrauch *voice opportunity* (Wessels 2016, S. 145–149; Hyde-Price 2006, S. 226)) ihr eigenes Schicksal wirksamer beeinflussen zu können.

Mit dem Aufbau der EGKS durch eine kleine Gruppe von Staaten erfolgte eine „Zweiteilung" des demokratischen Westeuropas in eine Gruppe integrationswilliger und -fähiger Staaten mit Präferenzen für eine supranationale Ausrichtung einerseits und eine Gruppe nur kooperationsbereiter Staaten andererseits. Diese Trennlinie wirkte in den fünfziger Jahren weiter bis hin zur Gründung der *European Free Trade Area* (EFTA) als einer „Konkurrenz"-Organisation der weniger integrationsbereiten Staaten Westeuropas gegenüber der EWG. Unterschiede in dieser Grundhaltung sind auch weiterhin bei Plänen zu einem „Kerneuropa" (Schäuble und Lamers 1994), einem „Gravitationszentrum" (Fischer 2000) bzw. einer „Pioniergruppe" (Chirac 2000) oder „Avantgarde Europe" (Holzinger und Schimmelfennig 2012, S. 294) sowie erneut in den Brexit-Debatten (Tekin 2016a) festzustellen. (vgl. Kap. ▶ „Zur Zukunft des EU-Systems" und Kap. ▶ „Flexibilisierung").

Wie die Gründung der EGKS illustriert, sind wesentliche Wegmarken zur Gestaltung des EU-Systems durch eine produktive Kombination unterschiedlicher politischer und wirtschaftlicher Interessen und Motive zu erklären. Veränderungen im internationalen System mit einer starken Einflussnahme der USA sowie die aktive Rolle einiger Politiker (Monnet, Schuman, Adenauer, De Gasperi) spielten dabei eine besondere Rolle. So wirkten bei diesem ersten quasi-konstitutionellen Akt der Systemgestaltung Faktoren, die mit unterschiedlichen Ausprägungen auch bei jeder weiteren Weichenstellung zu beobachten waren.

4.2 Zur institutionellen Architektur. Genese der supranationalen Struktur

In der EGKS wurde eine institutionelle Architektur angelegt, die trotz der nachfolgenden erheblichen Ergänzungen und Veränderungen eine wesentliche Grundlage des heutigen Systems bildet (vgl. Abb. 1).

Ins Zentrum setzten die Vertragsarchitekten eine unabhängige Institution, die „Hohe Behörde", die in die heutige Europäische Kommission überging; sie wurde mit weitreichenden supranationalen Befugnissen gegenüber den Mitgliedstaaten und den direkten Adressaten ihrer Entscheidungen ausgestattet. Nachhaltig betonten die geschriebenen Bestimmungen „volle Unabhängigkeit" der Mitglieder der Hohen Behörde, die dem „allgemeinen Wohl" dienen sollten (vgl. Dokument 7).

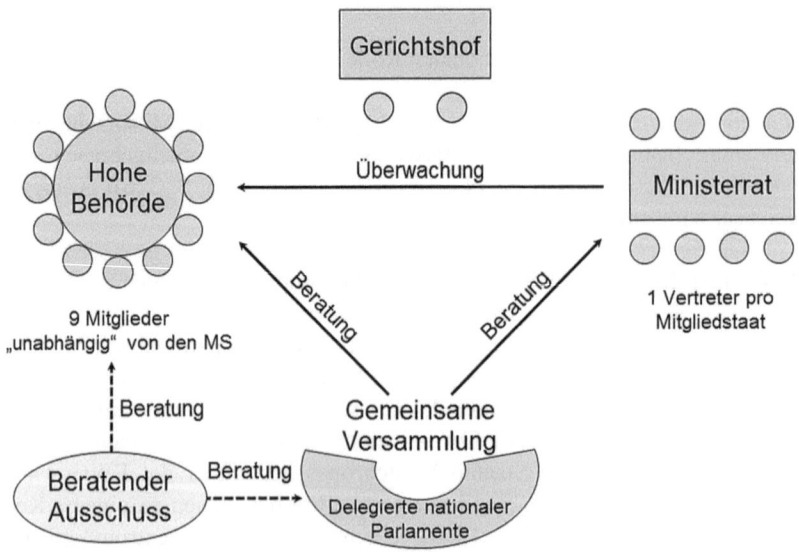

Abb. 1 Die fünfziger Jahre – Institutionelle Architektur der EGKS (1951). (Quelle: Eigene Darstellung)

Dokument 7, Vertragsvorgaben zur Unabhängigkeit der Hohen Behörde
Art. 9 EGKS-Vertrag

Die Mitglieder der Kommission (Hohe Behörde) üben ihre Tätigkeit *in voller Unabhängigkeit* zum *allgemeinen Wohl* der Gemeinschaft aus. Sie dürfen bei der Erfüllung ihrer Pflichten *Anweisungen* von einer Regierung oder einer anderen Stelle weder anfordern noch *entgegennehmen.* Sie haben jede Handlung zu unterlassen, die mit ihren Aufgaben unvereinbar ist. Jeder Mitgliedstaat verpflichtet sich, diesen Grundsatz zu achten und nicht zu versuchen, die Mitglieder der Kommission bei der Erfüllung ihrer Aufgaben zu beeinflussen.

Hervorhebungen durch den Autor

Neben die Hohe Behörde stellte der EGKS-Vertrag einen „Rat" aus je einem Vertreter jedes Mitgliedstaats auf Ministerebene, der befugt sein musste, „für die Regierung des Mitgliedstaats verbindlich zu handeln" (Art. 27 EGKS-Vertrag). Eine „Versammlung" aus Abgeordneten der nationalen Parlamente mit geringen Kontroll- und Beratungsbefugnissen (Art. 20–25 EGKS-Vertrag) wurde erst spät bei der Aushandlung des Vertrags eingeführt. Von nachhaltiger Bedeutung für den Charakter dieser supranationalen Konstruktion als „Rechtsgemeinschaft" (Hallstein 1979) wurde die Errichtung eines *Europäischen Gerichtshofs* (EuGH) gesehen. Das Fehlen einer Institution der Staats- und Regierungschefs ist im Vergleich zu der heutigen Architektur der EU besonders auffällig. Die Hohe Behörde wurde zudem von einem *Beratenden Ausschuss* unterstützt (Art. 18 EGKS-Vertrag).

In dieser Konstruktion um die Hohe Behörde schlug sich das Politikverständnis Jean Monnets nieder, das auf das Wirken einer selbstständigen supranationalen Expertentechnokratie setzte (Benz 2015; Bach 2005; zu derartigen Modellen: Wessels 2000, S. 117–120). Politikern – seien es nationale Minister oder europäische Abgeordnete – sollten enge Grenzen der Einflussnahme gesetzt werden. Dieses Erbe der frühen Konstruktion beeinflusste immer wieder die weitere Ausgestaltung der institutionellen Architektur; ein signifikantes Beispiel bildet die *Europäische Zentralbank* (EZB), die als Expertengremium über weitreichende personelle, instrumentelle, funktionale und finanzielle Unabhängigkeit verfügt (vgl. Kap. ▶ „Die Europäische Zentralbank").

Der quasi-konstitutionelle Gründungsakt der EGKS stellt für die Systemgestaltung des Integrationsprozesses den ersten wesentlichen Schritt zu einer neuartigen supranationalen Form dar (vgl. Kap. ▶ „Einführung"). Diese war – zumindest nach den Vertragsbuchstaben – durch eine Übertragung von nationalen Zuständigkeiten auf eine europäische Ebene mit bindenden Entscheidungsrechten einer „Hohen Behörde" und eines Gerichtshofs gekennzeichnet. Dieser Geburtsakt prägt nachhaltig Erzählungen über Modelle einer Integrationskonstruktion und insbesondere die institutionellen Leitideen für die Architektur des EU-Systems.

4.3   Europäische Verteidigungsgemeinschaft (EVG) und Europäische Politische Gemeinschaft (EPG): Das Scheitern föderaler Projekte

Für die Einigungspolitik der frühen fünfziger Jahre sind auch die Pläne zur *Europäischen Verteidigungsgemeinschaft* (EVG) und der damit verbundenen *Europäischen Politischen Gemeinschaft* (EPG) zu erwähnen. Obwohl diese Vorhaben nach der Ratifizierung in fünf Mitgliedstaaten in der französischen Nationalversammlung 1954 scheiterten und sich damit möglicherweise als nicht tragfähige föderale „Irrwege" (Brunn 2009, S. 88–99) erwiesen, bilden sie einen aufschlussreichen Teil des Erbes konzeptioneller Debatten und Erzählungen über institutionelle Leitideen.

Angesichts der Verschärfung des Kalten Krieges und des Drucks der USA auf eine Wiederbewaffnung (West-)Deutschlands hatte der französische Ministerpräsident Pleven die Schaffung einer europäischen Armee unter der Führung eines europäischen Verteidigungsministers vorgeschlagen. In dem ausgehandelten Vertragstext war die Zielvorstellung der EVG, „gemeinsame Verteidigungsstreitkräfte" im Rahmen einer „überstaatlichen Organisation völlig zu verschmelzen", weit gesteckt (Präambel EVG; vgl. Dokument 8). Auch für das „Kommissariat" als einer Art Exekutive wurde der „überstaatliche Charakter" betont. Offen ließ der Vertrag die politische Finalität, für die der Art. 38 des EVG-Vertrags mit den Begriffen „Bundesstaat" und „Staatenbund" zwei Optionen vorlegte. Diese Lücke einer gemeinsamen politischen Basis sollte der Vertrag zur Europäischen Politischen Gemeinschaft füllen.

Dokument 8, Vertragsvorgaben zur EVG
Präambel EVG-Vertrag
 [Die Staatsoberhäupter Deutschlands, Belgiens, Frankreichs, Italiens, Luxemburgs und der Niederlande] [...] haben erwogen, dass das beste Mittel, dieses Ziel (die Verteidigung der westlichen Welt zu sichern, Anm. d. Autors) – rasch und wirksam zu erreichen, darin besteht, Menschen und Hilfsquellen, soweit das mit den militärischen Erfordernissen verträglich ist, in *gemeinsamen Verteidigungsstreitkräften* im Rahmen einer *überstaatlichen europäischen Organisation völlig zu verschmelzen!*

Art. 20 EVG-Vertrag
 Das Kommissariat hat nach Maßgabe dieses Vertrags Handlungs- und Aufsichtsbefugnisse zur Erfüllung der Aufgaben [...].
 Die Mitglieder des Kommissariats dürfen bei der Erfüllung ihrer Pflichten weder Anweisungen von einer Regierung einholen, noch solche Anweisungen entgegennehmen. Sie haben jede Handlung zu unterlassen, die mit dem *überstaatlichen Charakter* ihrer Tätigkeit unvereinbar ist. Jeder Mitgliedstaat

---

(Fortsetzung)

verpflichtet sich, diesen *überstaatlichen Charakter* zu achten und nicht zu versuchen, die Mitglieder des Kommissariats bei der Erfüllung ihrer Aufgaben zu beeinflussen.

Art. 38 EVG-Vertrag
Die endgültige Organisation, die an die Stelle der vorläufigen Organisation treten wird, soll so beschaffen sein, daß sie den Bestandteil eines späteren *bundesstaatlichen oder staatenbündischen Gemeinwesens* bilden kann, das auf dem Grundsatz der Gewaltenteilung beruhen und insbesondere über ein Zweikammersystem verfügen soll.

Hervorhebungen durch den Autor

In diesem Vertrag zur Europäischen Politischen Gemeinschaft – erarbeitet durch eine „Ad-hoc-Versammlung" von Abgeordneten   wurde eine konstitutionelle Leitidee entwickelt, die für spätere Versuche der Verfassungsgebung immer wieder als ein Orientierungspunkt diente (Weidenfeld 2014, S. 16–17). Die vorgelegten Baupläne zur institutionellen Architektur (vgl. Abb. 2) waren durch eine Mischung

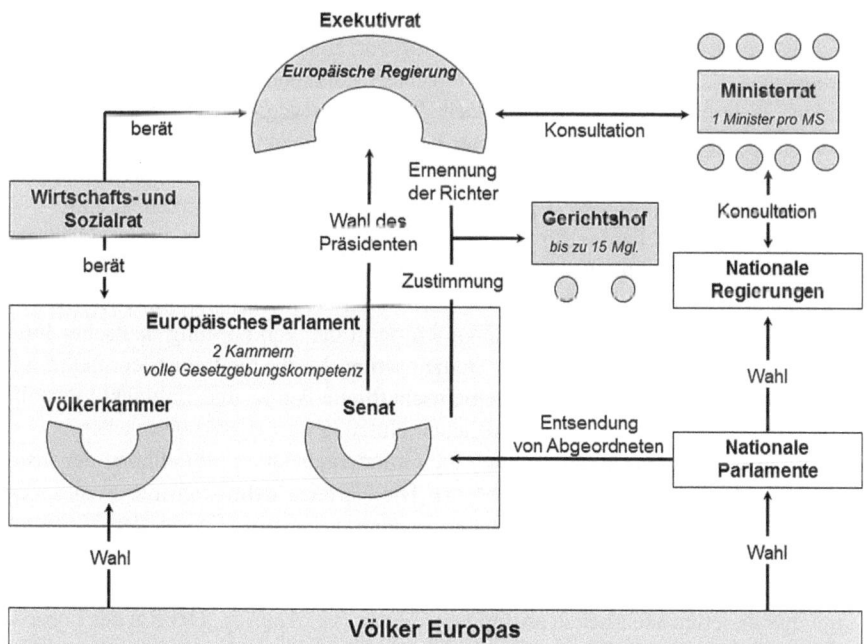

Abb. 2 Die fünfziger Jahre – Institutionelle Architektur der (gescheiterten) EPG. (Quelle: Eigene Darstellung auf Grundlage des EPG-Vertragsentwurfs)

intergouvernementaler und supranationaler Elemente geprägt (Brunn 2009, S. 93–94), die sich im Verhandlungsprozess von ursprünglich stark föderal ausgerichteten Leitideen entfernt hatten.

4.4 Die Europäische Wirtschaftsgemeinschaft (EWG): Das Modell der Gemeinschaftsmethode

Nach dem Scheitern der EVG und der Übernahme sicherheitspolitischer Funktionen durch das atlantische Bündnis, die durch die NATO-Mitgliedschaft der Bundesrepublik Deutschland nach den Pariser Verträgen 1955 erfolgte, erwies sich der strategische Ansatz der EGKS, politische Einigung über wirtschaftliche Vorhaben anzugehen, für die weiteren Integrationsprojekte in den fünfziger Jahren und darüber hinaus bei den nächsten Vertragsänderungen als prägend, auch wenn diese – an die Monnet-Methode angelehnte – Strategie zunächst als Rückfalloption gegenüber den gescheiterten weiterreichenden Vorhaben zur politischen Einigung gesehen wurde.

Vom Scheitern von EVG und EPG zum Gelingen der EWG führten intensive Verhandlungen über die Außenministerkonferenz von Messina, die im Rückblick häufig als ,neuer Aufbruch' bzw. als Startpunkt für eine ,relance Européenne' verklärt wird, sowie über das nach dem belgischen Politiker Paul-Henri Spaak genannte Komitee, das als Modell für erfolgreiche Vorarbeiten für Vertragsabschlüsse gilt (Wessels 2016, S. 166; Loth 2014, S. 61–63; Weidenfeld 2014, S. 16–17).

Als ein Baustein in der technokratisch-funktionalistischen Tradition des EGKS-Modells wurde zunächst der Euratom-Vertrag zur zivilen Nutzung der Atomenergie nachgebildet. Für die EWG wurden in Form einer „Zollunion" und eines „gemeinsamen Markts" Ziele einer marktwirtschaftlichen Ordnung vorgegeben. Der Vertrag kombinierte einige allgemeine und unbestimmte politische Perspektiven von „engeren Beziehungen zwischen den Staaten" (Art. 2 EWG-Vertrag) mit konkreten Tätigkeitsfeldern in einigen wirtschaftspolitischen Bereichen, so z. B. der Agrar- und Verkehrspolitik.

Ein wesentlicher Faktor für die politische Akzeptanz war erneut ein deutsch-französisches Verhandlungspaket (Loth 2020, S. 62–66, 2014, S. 70–72; Weidenfeld 2014, S. 17–19), in dem sich auch die vier weiteren Gründungsmitglieder wiederfinden konnten; ein zentraler Ausgleich wurde in der Verknüpfung deutscher Interessen an einer Zollunion und dem Gemeinsamen Markt für Industrieprojekte mit französischen Präferenzen für die gemeinschaftliche Agrar- und Entwicklungspolitik und einer Kontrolle der wirtschaftlichen Nutzung der Atomkraft gesehen.

Für diese Aufgabenstellung schrieb die Gründergeneration Grundlinien der institutionellen Architektur fort (vgl. Abb. 3): Die Verträge definierten die Funktionen der EWG-Kommission als „Motor der Integration" und „Hüterin der Verträge" (vgl. Kap. ▶ „Die Europäische Kommission"); der Ministerrat als zentrales Beschlussfassungsorgan sollte in wesentlichen Politikfeldern – so der Agrar- und Handelspolitik – mit qualifizierten Mehrheiten abstimmen können (vgl. Kap. ▶ „Der Rat der Europäischen Union").

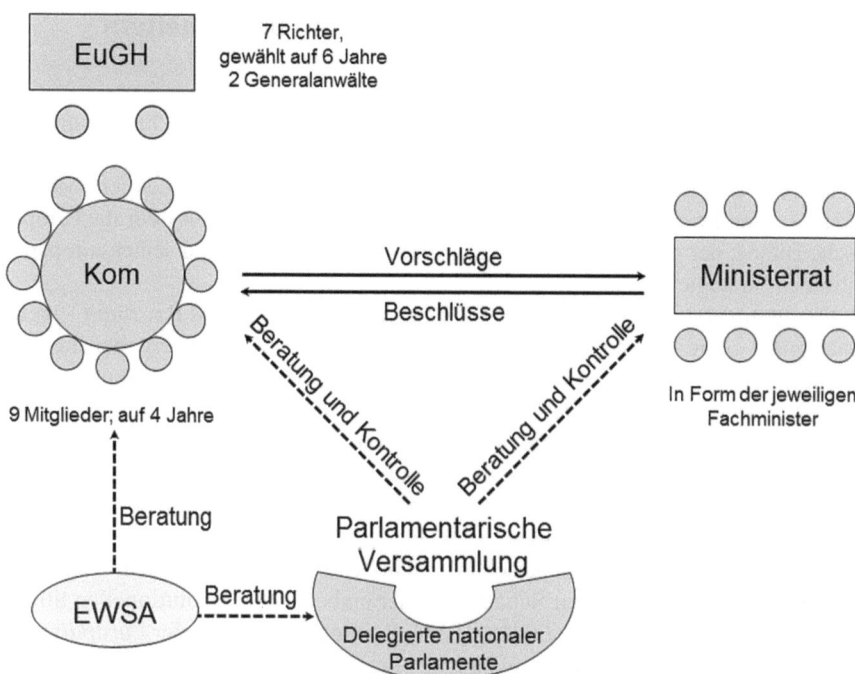

Abb. 3 Die fünfziger Jahre – Institutionelle Architektur der EWG. (Quelle: Eigene Darstellung)

Die Vertragsbestimmungen schufen ein Tandem-System, bei dem die Kommission das Vorschlagsmonopol und der Rat die Beschlussfassungskompetenz besaßen (im europäischen Sprachgebrauch *Commission proposes – Council disposes*). Im Vergleich zu den eigenständigen Beschlussrechten der Hohen Behörde verlor die Kommission in den neuen Sektoren gemeinsamer Politik an Autonomie. Kontrollrechte wurden erneut einem Gerichtshof mit weitgesteckten Zuständigkeiten zugesprochen. Das Regelwerk beließ die „Versammlung", die sich 1962 eigenmächtig in *Europäisches Parlament* (EP) umtaufte, mit geringen Befugnissen – wenn auch mit dem erst 1979 eingelösten Versprechen einer Direktwahl durch die Bürgerinnen und Bürger der Gemeinschaft.

Ein *Europäischer Wirtschafts- und Sozialausschuss* (EWSA) sollte die Vertreter wirtschaftlicher Verbände in beratenden Funktionen beteiligen. Er stellte damit die Weiterentwicklung des Beratenden Ausschusses dar.

Die Vertragsartikel der EWG legten damit ein Verfahrensprofil an, das als „Gemeinschaftsmethode" (Europäische Kommission 2001) zu einer der zentralen Formen des „Regierens" (im wissenschaftlichen Sprachgebrauch *modes of governance* (Diedrichs 2011)) in der EG wurde (vgl. Kap. ▶ „Gesetzgebungs- und Haushaltsverfahren").

5   Die sechziger Jahre: Konsolidierung und Scheitern alternativer Entwürfe

Die sechziger Jahre waren durch die Parallelität mehrerer Entwicklungen und intensiver Kontroversen bei der Gestaltung der EU-Architektur geprägt (vgl. Tab. 5). Durch den Bau der Berliner Mauer wurde die Teilung Europas zementiert. Mit der Wahl de Gaulles zum französischen Staatspräsidenten betrat ein Akteur die europäische Bühne, der offen nationale Machtpolitik in den Vordergrund seiner europapolitischen Strategie stellte.

In diesem ersten Jahrzehnt der EWG setzten Kommission und Rat zügig – wenn auch nicht ohne Konflikte – zentrale und gewichtige Vertragsvorgaben bei der Zollunion, in der Agrarpolitik sowie in der Handels- und Entwicklungspolitik um. Der EuGH traf prägende Urteile (vgl. die Urteile „van Gend en Loos" 1963 und „Costa/ENEL" 1964), die als Wegmarken des Integrationsprozesses die direkte Wirkung und den Vorrang des Gemeinschaftsrechts etablierten und somit den supranationalen Charakter der Gemeinschaft auch in der Rechtspraxis verankerten (Bieber et al. 2015; Hobe 2004, Rn. 112, 2014, S. 413–415) (vgl. Kap. ▶ „Der Gerichtshof der Europäischen Union"). Die sogenannte *Fusion* der drei Basisverträge führte 1967 zur Schaffung einer einheitlichen institutionellen Struktur der drei Gemeinschaften (EGKS, EWG, Euratom) in Gestalt der *Europäischen Gemeinschaften* (EG), ohne die institutionellen Regeln zwischen den Organen zu verändern. Dieser Vertrag bedeutete damit zumindest keine Aufwertung der Kommission.

Der Erfolg der EWG veranlasste nordeuropäische Staaten unter Führung Großbritanniens, Anträge auf Mitgliedschaft in den EG zu stellen. Diese scheiterten jedoch am einsamen Veto des französischen Staatspräsidenten.

Tab. 5 Die sechziger Jahre – Weichenstellungen und Wegmarken

Jahr	Monat	Ereignis
1961	Juli/ August	Beitrittsanträge Irlands, Großbritanniens und Dänemarks zur EWG
	August	Bau der Berliner Mauer
1962	Januar	Beschluss zur Gemeinsamen Agrarpolitik
	April	Ablehnung der Fouchet-Pläne
1963	Januar	Französisches Veto zu Beitrittsverhandlungen mit Großbritannien
		Deutsch-Französischer (Élysée-)Vertrag
1965	ab 30. Juni	„Politik des leeren Stuhls" durch Frankreich
1966	Januar	„Luxemburger Kompromiss": De facto-Verzicht auf Mehrheitsentscheidungen im Ministerrat
1967	Mai	Zweiter Beitrittsantrag Großbritanniens, Irlands und Dänemarks zur EWG
	Juli	Fusion der Exekutivorgane von EGKS, EWG und EAG zur Europäischen Gemeinschaft (EG)
1968	Juli	Verwirklichung der Europäischen Zollunion

Quelle: Eigene Zusammenstellung

Zu Kontroversen führten alternative Vorschläge zum weiteren Ausbau der EG-Architektur: Baupläne intergouvernementaler Ausrichtung, die de Gaulle in den sogenannten Fouchet-Plänen vorlegte sowie Initiativen zur Stärkung der supranationalen Gemeinschaftsorgane, die der damalige Kommissionspräsident Walter Hallstein einbrachte, konnten die Mitgliedstaaten nicht durch einen generell akzeptierten Kompromiss überwinden. 1965 führte die französische Strategie des ‚leeren Stuhls' zu einer ersten konstitutionellen Krise: Der folgende „Luxemburger Kompromiss" vom Januar 1966 wurde als Schwächung supranationaler Elemente verstanden. Die weitere Integrationsentwicklung in der zweiten Hälfte der sechziger Jahre war durch eine Stagnation geprägt.

5.1 Die Fouchet-Pläne: Modell einer intergouvernementalen Leitidee

Nach einem erfolgreichen Start der EWG scheiterte zu Beginn der sechziger Jahre erneut ein politisch ausgerichteter Anlauf: In den Plänen seines Diplomaten Fouchet schlug de Gaulle eine Auswcitung der Zusammenarbeit auf weitere Sektoren staatlicher Politik, so insbesondere auf Außenpolitik, Verteidigung und Kultur, vor. Die europapolitische Strategie de Gaulles zielte so auf eine Entwicklung hin zu einer „Konföderation" eines „europäischen" (und nicht atlantischen) Europas ab (Loth 2014, S. 124–125; Brunn 2009, S. 138–144; de Gaulle 1971). Sein Entwurf einer intergouvernemental geprägten institutionellen Architektur (vgl. Abb. 4) fand keinen Konsens, wenngleich wesentliche Leitideen spätere Entwicklungen – so die Verfahren der *Gemeinsamen Außen- und Sicherheitspolitik* (GASP) – mitprägten (vgl. Kap. ► „Auswärtiges Handeln"). Von nachhaltiger Wirkung war insbesondere die Forderung nach regelmäßigen Treffen der Staats- und Regierungschefs, die zunehmend Eingang in die Diskussionen um die institutionelle Architektur fanden und schließlich in den siebziger Jahren zur Gründung des *Europäischen Rates* führten (Wessels 2016, S. 27–41).

Nicht atypisch nach Scheitern von gemeinsamen Initiativen wurden „Ersatzlösungen" gefunden: So war der deutsch-französische Élysée-Vertrag von 1963 ein Beispiel für den Versuch, eine französisch-deutsche Achse als eine Art Führungsgruppe (im europäischen Sprachgebrauch *Direktorium*) außerhalb des Vertragswerks zu bilden (vgl. Kap. ► „Flexibilisierung" und Kap. ► „Zur Zukunft des EU-Systems"). Unter veränderten Vorzeichen ergänzte und vertiefte der 2019 verabschiedete Vertrag von Aachen die Zusammenarbeit dieser beiden Staaten mit einer starken pro-europäischen Zielsetzung (Seidendorf 2019, S. 197–203).

5.2 Die Krise des „leeren Stuhls" und der „Luxemburger Kompromiss": Wandel der Abstimmungspraxis und Prägung einer ungeschriebenen Norm

1965 löste der französische Staatspräsident de Gaulle die bis dahin schwerste konstitutionelle Krise der Gemeinschaft aus, indem er seine Minister aus dem Ministerrat zurückzog. Mit dieser Politik des ‚leeren Stuhls' wollte der französische

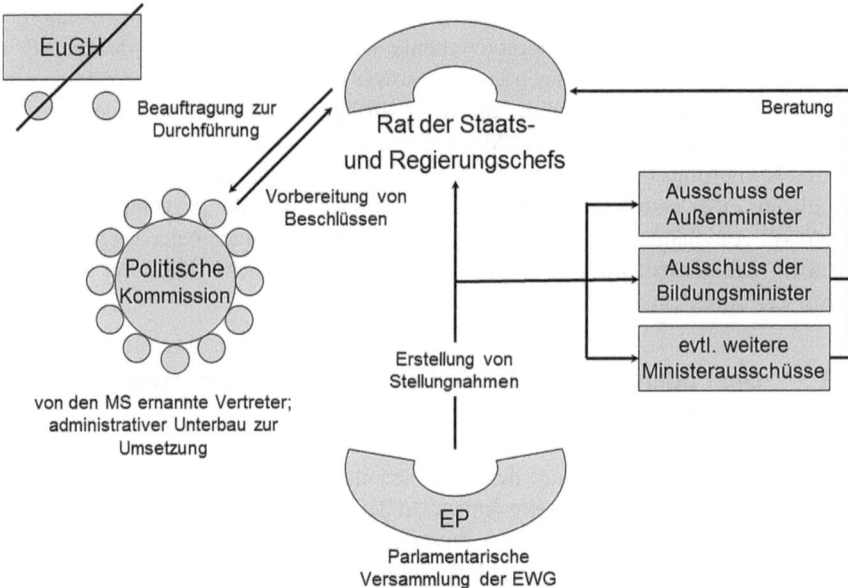

Abb. 4 Die sechziger Jahre – Institutionelle Architektur gemäß Fouchet-Plan. (Quelle: Eigene Darstellung, in Anlehnung an Art. 4 des Vertragsentwurfs des Fouchet-Plans II (Abgedruckt in Siegler 1968, S. 125))

Staatspräsident Abstimmungen mit qualifizierter Mehrheit im Ministerrat zu wichtigen Sachgebieten verhindern, falls ein Mitgliedstaat „sehr wichtige (nationale) Interessen" (vgl. Dokument 9) bedroht sehe. Unmittelbar war diese Strategie gegen den Vorschlag der EWG-Kommission unter dem damaligen Präsidenten Hallstein gerichtet, der mehrere institutionelle Schritte hin zu einer föderalen Ausrichtung der institutionellen Architektur mit der Finanzierung der von Frankreich angestrebten Agrarpolitik verknüpfen wollte (Loth 2020, S. 134–138; Hallstein 1969, S. 50). Der „Luxemburger Kompromiss" von 1966 (vgl. Dokument 9) sollte diesen Konflikt lösen; danach konnte Frankreich – aber auch jeder andere Mitgliedstaat – in der Praxis ein de facto-Vetorecht bei Mehrheitsbeschlüssen reklamieren.

> **Dokument 9, Luxemburger Kompromiss**
> **Luxemburger Erklärung von 1966**
> I. Stehen bei Beschlüssen, die mit Mehrheit auf Vorschlag der Kommission gefaßt werden können, *sehr wichtige Interessen* eines oder mehrerer Partner auf dem Spiel, so werden sich *die Mitglieder des Rats* innerhalb eines angemessenen Zeitraums *bemühen,* zu *Lösungen* zu gelangen, die von *allen Mitgliedern* des Rats unter Wahrung ihrer gegenseitigen Interessen und der Interessen der Gemeinschaft gemäß Artikel 2 des Vertrags *angenommen* werden können.

(Fortsetzung)

II. Hinsichtlich des vorstehenden Absatzes ist die *französische Delegation* der Auffassung, daß bei sehr wichtigen Interessen die Erörterung fortgesetzt werden muß, bis ein *einstimmiges Einvernehmen* erzielt worden ist.

Quelle: Lipgens (1986, S. 485–487, hier 486)
Hervorhebungen durch den Autor

Ohne die geschriebenen Vertragsartikel selbst unmittelbar zu ändern und ohne damit eindeutig vertragsrechtlich fixiert zu sein, schuf diese Übereinkunft eine ungeschriebene Norm und prägte so nachhaltig die Praxis der Verhandlungen im Rat: Mehrheitsabstimmungen bildeten über zwei Jahrzehnte eine seltene Ausnahme (Engel und Borrmann 1991). Der Luxemburger Kompromiss wurde auch immer wieder – insbesondere von großen Staaten – in schwierigen Konstellationen als Rückfall- bzw. Drohpotenzial genutzt. Eine weitere Folge lässt sich in späteren Vertragsergänzungen erkennen; so sieht eine vom Luxemburger Kompromiss inspirierte Formel des Lissabonner Vertrags in einigen wenigen Fällen, so bei der Gemeinsamen Außen- und Sicherheitspolitik (Art. 31 (2) EUV) und im Raum der Freiheit, der Sicherheit und des Rechts (Art. 72 AEUV) (vgl. Kap. ► „Justiz- und Innenpolitik") vor, dass einzelne Mitgliedstaaten bei drohendem Überstimmtwerden im Rat das vertraglich vorgesehene Entscheidungsverfahren mit qualifizierter Mehrheit unterbrechen können, wenn sie „wesentliche Interessen der nationalen Politik" bedroht sehen (vgl. Dokument 10).

Dokument 10, Qualifizierte Mehrheit in der GASP dem Vertrag von Lissabon
Art. 31 (2) EUV
[...]
Erklärt ein *Mitglied des Rates*, dass es aus *wesentlichen Gründen der nationalen Politik*, die es auch nennen muss, die Absicht hat, einen mit *qualifizierter Mehrheit* zu fassenden Beschluss abzulehnen, so erfolgt keine Abstimmung. Der Hohe Vertreter bemüht sich in engem Benehmen mit dem betroffenen Mitgliedstaat um eine für diesen Mitgliedstaat annehmbare Lösung. Gelingt dies nicht, so kann der Rat mit qualifizierter Mehrheit veranlassen, dass die Frage im Hinblick auf einen einstimmigen Beschluss an den *Europäischen Rat* verwiesen wird.

Hervorhebungen durch den Autor

Jedoch ist dabei ein strategischer Unterschied festzustellen: Während durch den Luxemburger Kompromiss beabsichtigt wurde, bereits bestehende vertragliche Möglichkeiten von Mehrheitsabstimmungen zugunsten einzelner Mitgliedstaaten zu begrenzen, so sollen die späteren Formulierungen des Lissabonner Vertrags neue

Möglichkeiten für Abstimmungen im Rat eröffnen, indem sie diese mit der Gewährung einer Rückfallposition erkauften.

In der gelebten Vertragsrealität veränderte der Luxemburger Kompromiss insbesondere die Rolle der Kommission; nach einer Phase als ‚Motor' (im wissenschaftlichen Sprachgebrauch auch *engine of integration* und *policy entrepreneur*) in der ersten Hälfte der sechziger Jahre übernahm sie zunehmend die Rolle eines sich in einem größeren Maß zurückhaltenden „Moderators" bzw. „ehrlichen Maklers" (Peterson 2017, S. 134) (vgl. Kap. ▶ „Die Europäische Kommission").

In Hinsicht auf die geschriebenen Vertragstexte fanden so trotz mehrerer Bemühungen in den sechziger Jahren keine nennenswerten Veränderungen statt. Gescheitert waren Anläufe sowohl zu einer stärker intergouvernementalen (Fouchet-Plan) als auch zu einer föderalen Ausrichtung (Hallstein-Initiative).

6   Die siebziger Jahre: Institutionelle Wegmarken und Weichenstellungen

Für die weitere Entwicklung der integrationspolitischen Konstruktion waren die politischen und wirtschaftlichen Entwicklungen des Jahres 1968 von nachhaltiger Bedeutung. Der Einmarsch von Truppen des Warschauer Pakts in Prag und die Verschärfung des Kriegs in Vietnam verringerten Hoffnungen auf eine systemübergreifende Annäherung zwischen den Blöcken und eine von de Gaulle propagierte Rolle Europas als dritte Macht – unabhängig von den beiden Supermächten USA und UdSSR. Die Studentendemonstrationen und Streiks von 1968 schwächten insbesondere die wirtschaftliche, damit aber auch die politische Stellung Frankreichs in Europa und die Autorität de Gaulles.

Die Rahmenbedingungen für die weiteren Integrationsprozesse in den siebziger Jahren waren erneut durch mehrere Entwicklungen des internationalen Systems sowie konzeptionelle Weichenstellungen geprägt, die auch Beschlüsse zu nachhaltigen institutionellen Wegmarken förderten (vgl. Tab. 6). Eine Entspannung im Ost-West-Verhältnis, die in der Schlusserklärung der „Konferenz für Sicherheit und Zusammenarbeit" (KSZE) von Helsinki 1975 ihren Ausdruck fand, sowie die Folgen des 4. Nahostkrieges von 1973 – einschließlich der Erdölverknappung – und Turbulenzen im internationalen Währungssystem durch das Ende des „Bretton-Woods-Systems" spielten eine nachhaltige Rolle für die strategischen Überlegungen zum Ausbau der Europäischen Gemeinschaft seit Ende der sechziger Jahre. Die wirtschaftlichen Schwierigkeiten der westeuropäischen Wohlfahrtstaaten nahmen spätestens seit 1973 deutlich zu. Nach dem Rücktritt de Gaulles und einem Regierungswechsel auch in Deutschland entwickelten die neuen Führungspersönlichkeiten jeweils spezifische europapolitische Initiativen.

Entgegen der Charakterisierung der Periode 1965 bis 1985 als „finsteres Mittelalter" (im Originaltext „dark ages") der Integrationsgeschichte (Keohane und Hoffmann 1991, S. 8)) haben die Staats- und Regierungschefs in den siebziger Jahren mit einer kompromiss- und konsensfördernden Dreierstrategie de facto wesentliche

Tab. 6 Die siebziger Jahre – Weichenstellungen und Wegmarken

Jahr	Monat	Ereignis
1969	**Dezember**	Gipfelkonferenz von Den Haag: Dreierstrategie zur Vertiefung, Erweiterung und Vollendung
1970	**April**	Vertrag von Luxemburg: Einführung der Eigenmittel und erweiterte Haushaltsbefugnisse des Parlaments
	Oktober	Werner-Bericht über die stufenweise Verwirklichung der WWU
		Davignon-Bericht über die Europäische Politische Zusammenarbeit (EPZ)
1972	**Oktober**	Gipfelkonferenz von Paris: Beschluss zum Ausbau der EG zur „Europäischen Union", Zeitplan zur Verwirklichung der WWU
1973		4. Nahost-Krieg und Ölpreisschock
	Januar	Norderweiterung: Beitritt Irlands, Großbritanniens und Dänemarks
	Juli	Kopenhagener Bericht über den Fortschritt der EPZ
	Oktober	Kopenhagener (Krisen-)Gipfel
1974	**Dezember**	Gipfelkonferenz von Paris: Beschluss zur Gründung des Europäischen Rates und zur Direktwahl des EP
1975		Änderung des Haushaltsverfahrens
	August	Unterzeichnung der Schlussakte zur KSZE in Helsinki
	Dezember	Tindemans-Bericht zur Europäischen Union
1978	**Juli**	Gipfelkonferenz in Bremen: Beschluss zur Gründung des Europäischen Währungssystems (EWS) und Einführung des ECU (European Currency Unit)
1979	**Juni**	Erste Direktwahlen zum Europäischen Parlament

Quelle: Eigene Zusammenstellung

Grundlagen für den weiteren Ausbau des EU-Systems und dessen institutioneller Architektur geschaffen bzw. vorgezeichnet. Als Führungspersönlichkeiten formulierten zunächst der französische Präsident Georges Pompidou und der deutsche Bundeskanzler Willy Brandt, beide 1969 gewählt, Weichenstellungen für die weiteren integrationspolitischen Entwicklungen. Ab 1974 gestaltete das französisch-deutsche Gespann Giscard d'Estaing/Schmidt einen pragmatischen Ausbau der institutionellen Architektur und setzte mit der Gründung des Europäischen Rates sowie dem Beschluss zur Direktwahl des Europäischen Parlaments deutliche Wegmarken. Einige Schwerpunkte der ehrgeizigen Gipfelklärungen wurden jedoch erst in den achtziger und neunziger Jahren aufgegriffen und umgesetzt.

6.1 Die Gipfelkonferenzen von Den Haag und Paris: Verhandlungspakete mit umfassenden Zielvorgaben

Nach dem Scheitern der gaullistischen Pläne zur Stärkung Frankreichs infolge der nationalen und internationalen Ereignisse von 1968 und mit der veränderten deutschen Ostpolitik der sozialliberalen Regierung unter Brandt und Scheel setzte 1969 eine neue Phase in der Gestaltung des EU-Systems ein. Zu den – heute häufig unterbewerteten – integrationspolitischen Anläufen ist das politische Verhandlungspaket des deutsch-französischen Gespanns von Bundeskanzler Brandt und des französischen Präsidenten Pompidou zu zählen, die auf den Gipfelkonferenzen von Den Haag 1969 und Paris 1972 eine richtungsweisende Dreierstrategie vorschlugen (vgl. Dokument 11) (Hiepel 2012; Brunn 2009, S. 199–200; Ludlow 2003; Van der Harst 2003). Diese Koppelung von Elementen der Politik- und Systemgestaltung wurde in Grundzügen auch in den folgenden Jahrzehnten regelmäßig bei jeder historischen Wegmarke verfolgt (Mittag und Wessels 2004, S. 18–24).

Dokument 11, Gipfel von Den Haag und Paris
Schlusserklärung des Gipfels von Den Haag (1969) (Auszüge)

5. Hinsichtlich der *Vollendung* der Gemeinschaften haben die Staats- bzw. die Regierungschefs den Willen der Regierungen bekräftigt, [...] in die Endphase der Europäischen Gemeinschaft einzutreten und Ende 1969 die *endgültigen Finanzregelungen* der gemeinsamen *Agrarpolitik* festzulegen.

Sie vereinbarten, [...] die Beiträge der Mitgliedstaaten [...] schrittweise durch *eigene Einnahmen* zu ersetzen [...]; desgleichen kamen sie überein, die *Haushaltsbefugnisse des Europäischen Parlaments zu* verstärken. Die Frage der *direkten Wahl* wird weiter vom Ministerrat geprüft.

8. Sie bekräftigen ihren Willen, den für die Stärkung der Gemeinschaften und für ihre Entwicklung zur Wirtschaftsunion erforderlichen weiteren Ausbau beschleunigt voranzutreiben. [...] Zu diesem Zweck sind sie übereingekommen, daß im Rat [...] ein *Stufenplan für die Errichtung einer Wirtschafts- und Währungsunion* ausgearbeitet wird. [...]

13. Sie bekräftigen ihre Übereinstimmung hinsichtlich des Grundsatzes der *Erweiterung* der Gemeinschaft [...]. Soweit die beitrittswilligen Staaten die Verträge und deren politische Zielsetzung, das seit Vertragsbeginn eingetretene Folgerecht und die hinsichtlich des Aufbaus getroffenen Optionen akzeptieren, haben die Staats- und Regierungschefs der Eröffnung von Verhandlungen zwischen der Gemeinschaft und den beitrittswilligen Staaten zugestimmt. [...]

15. Sie beauftragen die Außenminister mit der Prüfung der Frage, wie in der Perspektive der Erweiterung am besten Fortschritte auf dem Gebiet der *politischen Einigung* erzielt werden können.

Schlusserklärung des Gipfels von Paris (1972) (Auszüge)
Wirtschafts- und Währungspolitik

1. Die Staats- und Regierungschefs bekräftigen den Willen der Mitgliedstaaten und der erweiterten europäischen Gemeinschaften, die *Wirtschafts- und Währungsunion* so zu verwirklichen, daß Erreichtes nicht aufgegeben wird [...]. Im Laufe des Jahres 1973 werden die Beschlüsse gefaßt werden, die notwendig sind, um den Übergang zur zweiten Stufe der Wirtschafts- und

(Fortsetzung)

Währungsunion am 1. Januar 1974 zu verwirklichen, damit die Union spätestens am 31. Dezember 1980 vollendet ist. [...]

3. Die Staats- und Regierungschefs erklärten nachdrücklich, daß die *engere Koordinierung der Wirtschaftspolitiken* der Gemeinschaft erforderlich und zu diesem Zweck die Einführung wirksamerer Gemeinschaftsverfahren notwendig ist. [...]

Stärkung der Institutionen

15. [...] Der Rat wird bis zum 30. Juni 1973 praktische Maßnahmen zur *Verbesserung seiner Entscheidungsverfahren* und der *Kohärenz* der Tätigkeit der Gemeinschaft treffen.

Europäische Union

16. Die Staats- und Regierungschefs, die sich als *vornehmstes Ziel* gesetzt haben, die *Gesamtheit der Beziehungen* der Mitgliedstaaten in absoluter Einhaltung der bereits geschlossenen Verträge *vor dem Ende dieses Jahrzehnts* in eine *Europäische Union* umzuwandeln, bitten die Organe der Gemeinschaft, hierüber vor Ende 1975 einen Bericht auszuarbeiten, der einer späteren Gipfelkonferenz unterbreitet werden soll.

Quellen: Lipgens (1986, S. 503–505); Sasse (1975, S. 236–246)
Hervorhebungen durch den Autor

Die Kernelemente der Dreierstrategie bestanden aus:

- Der „Vollendung" der Gemeinschaft, insbesondere durch die Finanzierung der Agrarpolitik;
- der „Erweiterung", insbesondere um das Vereinigte Königreich;
- einer „Vertiefung", die in mehreren Aufgabenfeldern gleichzeitig angelegt wurde.

Mit den Zielvorgaben einer „Wirtschafts- und Währungsunion" (WWU), einer „Politischen Zusammenarbeit" sowie einer „Europäischen Union" (so die Gipfelkonferenz von 1972) formulierte diese Generation der nationalen Spitzenpolitiker zentrale Leitbegriffe für den weiteren Ausbau der Integrationskonstruktion. Dazu öffneten die Gipfelkonferenzen die Agenda der Gemeinschaftsorgane auch für zusätzliche Politikfelder. Mit Vorgaben für die Umwelt-, Sozial-, Technologie- und Regionalpolitik lancierten die Staats- und Regierungschefs Initiativen, die in der Praxis in mehreren Formen und Verfahren umgesetzt und erprobt wurden, um von späteren Regierungskonferenzen in Vertragsartikel gegossen zu werden (Zu derartigen Integrationsstufen Wessels 2015) (vgl. Kap. ► „Einführung"). Die Staats- und Regierungschefs gaben verstärkt Zeitpläne vor – auch diese Methode wurde ein typisches Merkmal für systemgestaltende Beschlüsse.

Rückblickend wird aus den Gipfelbeschlüssen 1969 und 1972 ein ‚Stammbaum'
an Vorgaben für die weitere Gestaltung der Integrationskonstruktion deutlich (vgl.
Abb. 5) (Mittag und Wessels 2004, S. 27).

Im Unterschied zu den umfassend gesteckten Zielvorgaben und dem erweiterten
Aufgabenkatalog wurden keine unmittelbaren Schritte zur „Stärkung der Institutionen bzw. Verbesserung der Entscheidungsverfahren" (Punkt 15 der Pariser Schlusserklärung) ins Auge gefasst. Die erste Erweiterung erfolgte so nicht nur ohne eine
institutionelle Vertiefung, sondern auch ohne über die Leitideen zur institutionellen
Architektur eine belastbare Einigung erzielt zu haben.

Insgesamt blieben mehrere Initiativen zur Vertiefung in den Krisen nach dem 4.
Nahostkrieg (1973) zunächst ohne Umsetzung. So scheiterte nach dem „Werner
Bericht" ein erster Anlauf zur Wirtschafts- und Währungsunion. Der Davignon-
Bericht zur *Europäischen Politischen Zusammenarbeit* (EPZ) sah nur weiche, unverbindliche Formen einer intergouvernementalen Zusammenarbeit vor. Der von
den Regierungschefs an den belgischen Premierminister Tindemans in Auftrag ge-
gebene Bericht zur näheren Bestimmung des Vorhabens, eine Europäische Union bis
1980 zu schaffen (Centre Virtuel de la Connaissance sur l'Europe 2016; Schneider
und Wessels 1994), legte einen Entwurf vor, der insbesondere die in den Gipfelerklärungen nicht geregelten Fragen der institutionellen Architektur behandelte. Seine

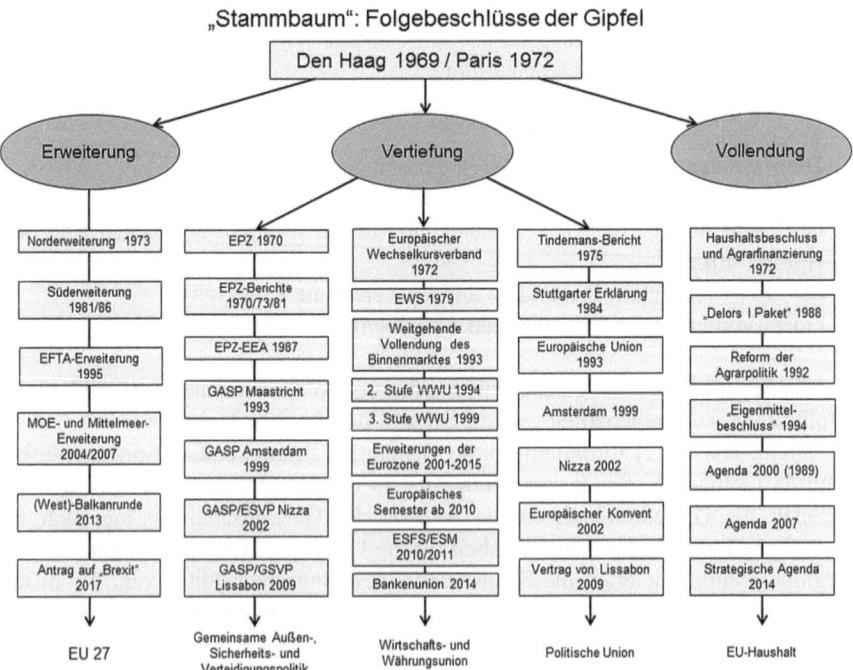

Abb. 5 Die siebziger Jahre – „Stammbaum": Folgebeschlüsse der Gipfelkonferenzen von Den
Haag (1969) und Paris (1972). (Quelle: Eigene Darstellung, in Anlehnung an Wessels und Mittag
(2004, S. 5))

Vorschläge fanden jedoch unter den Regierungschefs keinen Konsens (Wessels 2016, S. 134); wie bei den Fouchet-Plänen wurden in späteren Vertragsänderungen jedoch Elemente seiner Konzeption aufgegriffen. Insbesondere Vorschläge für einen neuen Lösungsansatz, der ein Europa der „mehreren Geschwindigkeiten" bzw. eine „abgestufte oder differenzierte Integration" ermöglichen sollte, fanden später in vielen Vorschlägen für ein flexibles Vorgehen ihren Niederschlag (vgl. Kap. ▶ „Zur Zukunft des EU-Systems") (Tekin 2016b, S. 189).

Trotz des Scheiterns oder des Aufschiebens weiterreichender Pläne ist aber für die siebziger Jahre nicht zu übersehen, dass die EG-Mitgliedstaaten gemeinsam nun auch nicht-wirtschaftliche Politikfelder auf ihre Themenliste setzten und Teile der auf den Gipfelkonferenzen beschlossenen Aufgabenexpansion schrittweise in die Tat umsetzten:

• Sie organisierten ihre Zusammenarbeit in der Außenpolitik im unverbindlichen Rahmen der EPZ, die später im Maastrichter Vertrag in die GASP (2. Säule) überführt werden sollte (vgl. Kap. ▶ „Auswärtiges Handeln").
• Im Bereich der Justiz- und Innenpolitik entwickelte und erprobte die „TREVI-Gruppe" zur Bekämpfung des internationalen Terrorismus und der internationalen Kriminalität Verfahren, die dann schließlich im Lissabonner Vertrag als Raum der Freiheit, der Sicherheit und des Rechts weitgehend vergemeinschaftet wurden (vgl. Kap. ▶ „Justiz- und Innenpolitik").

Die Regierungen entwickelten diese beiden Formen der Zusammenarbeit zunächst außerhalb des rechtlichen und institutionellen Rahmens der Römischen Verträge nach traditionellen intergouvernementalen Verfahren, d. h. insbesondere ohne eine übergeordnete Entscheidungsbefugnis für supranationale Organe vorzusehen. In der Praxis dieser Kooperationen beteiligten sie schrittweise die Kommission (Nuttall 1997; Rummel und Wessels 1978), ohne ihr diejenigen Rechte einzuräumen, die sie in den EG-Verträgen ausübte. Dem EP öffneten sie einige Möglichkeiten zur Diskussion der Themen und Abgabe von unverbindlichen Empfehlungen. Dem EuGH wurden in diesen Politikfeldern keine richterlichen Kontrollrechte zugeschrieben. Mit Blick auf Stufen des Integrationsprozesses ging in diesen Sektoren die Praxis der Zusammenarbeit den Vertragsbuchstaben voraus (vgl. Kap. ▶ „Einführung"). Wie bei späteren Krisenbewältigungen lieferte eine informelle Praxis die Basis für weitere vertragliche Schritte (vgl. Puetter und Fabbrini 2016).

Termingerecht erfolgte die erste Erweiterungsrunde mit dem Beitritt des Vereinigten Königreichs, Irlands und Dänemarks. Die norwegische Bevölkerung lehnte in einem Referendum den ausgehandelten Vertrag mit der EG ab. Nachdem die „beitrittswilligen Staaten die Verträge und die politische Zielsetzung und das seit Vertragsbeginn eingetretene Folgerecht akzeptiert hatten" (Den Haager Gipfelerklärung Punkt 13), verliefen die eigentlichen Beitrittsverhandlungen relativ konfliktfrei. Belastet wurde die Gemeinschaft im Folgenden aber durch die britischen „re-negotations", die wiederkehrende Kontroversen über den „Britenrabatt" bei den jeweiligen Reformen des EG-Budgets auslösten (vgl. Kap. ▶ „Gesetzgebungs- und Haushaltsverfahren").

Mit der Norderweiterung veränderten sich wichtige politische und wirtschaftliche Grundlagen der Integrationskonstruktion. Das Spektrum an europapolitischen Leitbildern und entsprechenden institutionellen Leitideen wurde breiter und kontroverser. Mit diesen ersten Beitritten wurden jedoch auch prägende Vorgaben für weitere europäische Erweiterungsrunden gelegt. So wurde insbesondere die Notwendigkeit der vollständigen Übernahme der jeweils bestehenden Vertragsverpflichtungen (im europäischen Sprachgebrauch *acquis communautaire*) durch die Beitrittskandidaten festgeschrieben (Art. 13 der Schlusserklärung des Gipfels von den Haag) (vgl. Dokument 11). Die Kopenhagener Kriterien des Europäischen Rates griffen 1993 wesentliche Elemente wieder auf (vgl. Kap. ▶ „Beitritts- und Austrittsverfahren").

Auch die Vorhaben unter dem Stichwort „Vollendung" erfolgten insbesondere durch die Einigung zur Agrarfinanzierung. Mit den Vertragsergänzungen zur Schaffung von Eigeneinnahmen und mit Änderungen der Haushaltsverfahren 1970 und 1975 schufen die Mitgliedstaaten ein eigenes Budget für die Gemeinschaft. Gestärkt wurden in diesem Regelwerk „die Haushaltbefugnisse des Europäischen Parlaments" (Pariser Gipfelerklärung Punkt 8), das damit in der institutionellen Architektur – zumindest bei Budgetfragen – aus der Rolle eines Forums heraustrat und aufgrund eines komplexen Verfahrens als Teil der Haushaltbehörde zu einem immer stärker werdenden Mitspieler bei der Politikgestaltung werden konnte (vgl. Kap. ▶ „Das Europäische Parlament").

1978 hat der Europäische Rat mit dem Beschluss zur Errichtung des *Europäischen Währungssystems* (EWS) einen Weg eingeschlagen, der nach Zwischenstufen im Maastrichter Vertrag zur Einführung der Wirtschafts- und Währungsunion führte.

6.2   Institutionelle Wegmarken: Die Gründung des Europäischen Rates und die Direktwahl des Europäischen Parlaments

Wenn auch aufgrund der wirtschaftlichen und politischen Krisen ehrgeizige Vorhaben des Den Haager und des Pariser Gipfels zur Vertiefung nicht fristgemäß umgesetzt werden konnten, so verabschiedeten die Regierungen unter dem Führungsgespann des französischen Präsidenten Valéry Giscard d'Estaing und des Bundeskanzlers Helmut Schmidt weitere Meilensteine, die die Entwicklungen des EG- bzw. EU-Systems in den folgenden Jahrzehnten prägten.

Insbesondere in Bezug auf die Entwicklung der institutionellen Architektur ist die Gründung des Europäischen Rates (1974) (vgl. Dokument 12) herauszuheben, mit dem die Regierungschefs ihrer prägenden Rolle in europäischen Angelegenheiten einen Rahmen gaben, ohne damit gleichzeitig die Vertragstexte zu ändern. Die vereinbarte Formulierung ließ die eigentliche Aufgabenstellung dieser Zusammenkünfte bewusst offen (Wessels 2016, S. 39–41). Die nationalen Führungspersonen haben dieses zunächst außervertragliche Gremium zu einer systemgestaltenden Schlüsselinstitution ausgebaut, in der sie jeweils in mehreren Phasen wesentliche Schritte zur Vertiefung und Erweiterung vorzeichneten und beschlossen (vgl. Kap. ▶ „Der Europäische Rat").

Von erheblicher Bedeutung für die weitere Entwicklung der institutionellen Architektur war auch die erste Direktwahl zum EP (1979) (vgl. Dokument 12). Von ihr versprachen sich die Anhänger eines föderalen Europas einen Legitimitätsschub für weitere Integrationsinitiativen dieses Organs und damit eine Verringerung des demokratischen Defizits der EG. Die ihnen zugestandenen Rechte im Haushaltsverfahren nutzten und nutzen die Abgeordneten nach ihrer ersten Direktwahl – nun auch demokratisch legitimiert – intensiv (vgl. Kap. ► „Das Europäische Parlament"). Weitere Befugnisse wurden dem EP in Aussicht gestellt.

Dokument 12, Europäischer Rat und Direktwahl des EP gemäß Gipfelkonferenz von Paris 1974

Kommuniqué der Gipfelkonferenz von Paris, 9./10. Dezember 1974

[...] 3. Die Regierungschefs haben [...] beschlossen, *dreimal jährlich* und jedesmal, wenn dies notwendig erscheint, zusammen mit den Außenministern als Rat der Gemeinschaft und im Rahmen der politischen Zusammenarbeit *zusammenzutreten*. [...]

12. Die Regierungschefs haben festgestellt, dass das Vertragsziel der *allgemeinen Wahl des Europäischen Parlaments* so bald wie möglich verwirklicht werden sollte. [...] Da sich das Europäische Parlament aus Vertretern der Völker Europas zusammensetzt, muß jedes Volk in angemessener Weise vertreten sein. Das Europäische Parlament nimmt am weiteren Aufbau Europas teil. [...] Die *Kompetenzen des Europäischen Parlaments werden erweitert*, insbesondere durch Übertragung bestimmter *Befugnisse im Gesetzgebungsverfahren* der Gemeinschaften.

Quelle: Kommuniqué, Konferenz der Regierungschefs der neun Mitgliedstaaten der Europäischen Gemeinschaft in Paris am 9./10. Dezember 1974, abgedruckt in: Wessels (1980, S. 399–400)

Hervorhebungen durch den Autor

Insgesamt sind im Jahrzehnt nach dem Den Haager Gipfel mehrere parallel verfolgte Strategien bei der Gestaltung der institutionellen Architektur zu beobachten:

- Bei ehrgeizigen Bauplänen für eine Endform des Integrationsvorhabens zeigten die Regierungen eine starke Zurückhaltung: Angesichts deutlicher Unterschiede waren weitreichende Gesamtentwürfe für eine politische Finalität – nicht zuletzt angesichts des Scheiterns der Anläufe der fünfziger und sechziger Jahre – nicht tragfähig. Selbst zu dem wenig ehrgeizigen Tindemans-Bericht konnten sie keinen Konsens finden.
- Gleichzeitig hielten die Mitgliedstaaten institutionelle Gestaltungsfragen bewusst offen – so wurden z. B. Vorschläge für ein Sekretariat des Europäischen Rates und der EPZ nicht weiterverfolgt.

- Mit einem vielseitig interpretierbaren Begriff einer „Europäischen Union" über-
  deckten die Staats- und Regierungschefs Grundkontroversen und öffneten damit
  gleichzeitig Möglichkeiten für kleinere Schritte in der Praxis: Mit der Schaffung
  der EPZ und des EWS sowie der TREVI-Gruppe experimentierten sie unterhalb
  einer Vertragsschwelle mit Bausteinen für die institutionelle Architektur.
- Im fortdauernden Spannungsfeld zwischen einer eher supranationalen und einer
  eher intergouvernementalen Leitidee zur Gestaltung des EG- bzw. EU-Systems
  führten die pragmatischen, begrenzten Kompromisse der siebziger Jahre zu
  einem ‚sowohl als auch'. Exemplarisch ist diese Doppelstrategie an der Vereinbarung der Pariser Gipfelkonferenz von 1974 (vgl. Dokument 12) abzulesen,
  die gleichzeitig sowohl die Rolle nationaler Regierungen und deren Chefs durch
  Regierungen und deren Chefs durch die Gründung des Europäischen Rates
  stärkte als auch durch Direktwahl und Kompetenzerweiterung den Einfluss
  des EP ausbaute.

7 Die achtziger Jahre: Vertragsänderungen mit begrenztem Ausbau

Prägend für die integrationspolitische Phase zu Beginn der achtziger Jahre war
erneut eine „Dialektik von Krise und Reform" (Weidenfeld 2014, S. 24). Wie
häufiger bei den Vertiefungs- und Erweiterungsvorhaben begann auch diese Phase
mit dem allgemeinen Gefühl einer krisengestimmten „Eurosklerose" (Loth 2020,
S. 212; Brunn 2009, S. 230–231): Die EG-Mitgliedstaaten fanden weder zum Einmarsch der Sowjetunion in Afghanistan (1979) noch zur Erklärung des Kriegsrechts
in Polen (1980) eine gemeinsame tragfähige Position. In Bezug auf die Verschlech-
terung des Ost-West-Verhältnisses konnten sich die Regierungen auf keine gemeinsame Strategie verständigen. Die Anträge auf Mitgliedschaft der südeuropäischen
Staaten Griechenland, Spanien und Portugal stellten die ‚Altmitglieder' vor ein
Dilemma, das sich dann verschärft bei den Anträgen der mitteleuropäischen Staaten
in den neunziger Jahren wiederholen sollte: Einerseits wollten sie durch eine Erweiterung junge Demokratien in ihren wirtschaftlichen und politischen Transformations-
prozessen unterstützen, während sie jedoch gleichzeitig eine Überforderung der
bestehenden „institutionellen Stabilität" der EG – so die Formulierung der späteren
Kopenhagener Kriterien – befürchteten.

Zudem betraten mit der britischen Premierministerin Margaret Thatcher, dem
französischen Staatspräsidenten François Mitterrand und dem griechischen Sozialisten
Andreas Georgios Papandreou Akteure die europäische Bühne, die zumindest zunächst ihre zurückhaltenden bis skeptischen Positionen zum weiteren Ausbau des
EG-Systems hartnäckig vertraten. Dagegen standen der neue deutsche Bundeskanzler
Helmut Kohl und der Präsident der Europäischen Kommission, ab 1985 Jacques
Delors, für eher föderalistische Leitbilder. Angesichts dieser Konstellation wurden
erneut und parallel sowohl stärker intergouvernemental als auch stärker supranational
ausgerichtete Konzepte eingebracht und verfolgt. Schließlich schlug diese Generation
von Spitzenpolitikern politisch erneut eine Strategie ein, die der Monnet-Methode
ähnelte: Die Mitgliedstaaten nutzten ein ökonomisches Großprojekt, den europäischen

Tab. 7 Die achtziger Jahre – Weichenstellungen und Wegmarken

Jahr	Monat	Ereignis
1981	**Januar**	Beitritt Griechenlands
	November	Genscher/Colombo-Initiative
1983	**Juni**	Gipfelkonferenz von Stuttgart; Unterzeichnung der „Feierlichen Deklaration zur Europäischen Union"
1984	**Februar**	EP: „Entwurf eines Vertrags zur Gründung der Europäischen Union" (Spinelli-Bericht)
	Juni	Gipfelkonferenz von Fontainebleau; Beschluss zu Haushaltsfragen
1986	**Januar**	Beitritt Spaniens und Portugals
1987	**Juli**	Inkrafttreten der Einheitlichen Europäischen Akte (EEA)
1988	**Februar**	Verabschiedung des „Delors I-Pakets" zum EG-Haushalt

Quelle: Eigene Zusammenstellung

Binnenmarkt bzw. ein „Europa ohne Grenzen", für Anpassungen der institutionellen Architektur, die durch das Inkrafttreten der *Einheitlichen Europäischen Akte* (EEA) und durch eine insgesamt problemarme Süderweiterung geprägt wurden (vgl. Tab. 7).

7.1 Die Feierliche Erklärung von Stuttgart und der Vertragsentwurf des Europäischen Parlaments: Alternative Anläufe

Angesichts der Krisenstimmung zu Beginn der achtziger Jahre ergriffen der deutsche Außenminister Hans-Dietrich Genscher und sein italienischer Kollege Emilio Colombo eine gemeinsame Initiative, die 1983 während einer deutschen Präsidentschaft zur „Feierlichen Erklärung von Stuttgart" führte. Sie zielte darauf, die Praxis des institutionellen Status quo mit unverbindlichen Absichtserklärungen gangbarer zu machen, ohne eine Vertragsreform einzuleiten.

Eine Alternativstrategie in Richtung einer stärker supranationalen Architektur bildete der vom italienischen Föderalisten Altiero Spinelli nach der ersten Direktwahl des EP 1979 entwickelte und von diesem Organ 1984 verabschiedete Vertragsentwurf zur Europäischen Union (Loth 2014, S. 259–261; Brunn 2009, S. 212, 239; Schöndube 1986). Diese Vorlage griffen die Mitgliedstaaten jedoch nicht unmittelbar auf, auch wenn sie eine Reihe von Vorschlägen bei späteren Vertragsänderungen nutzten.

7.2 Die Einheitliche Europäische Akte (EEA)

Mit der Einberufung einer Regierungskonferenz für Vertragsänderungen (Art. 48 EUV) (vgl. Kap. ▶ „Vertragsänderungsverfahren"), die zur Verabschiedung der EEA (seit 1987 in Kraft) führte, setzte der Europäische Rat eine zentrale konstitutionelle Wegmarke für weitere Entwicklungen der europäischen Konstruktion (vgl. Tab. 8). Dieser Schritt beruhte auf einer Führungsgruppe im Europäischen Rat, zu der Francois Mitterrand und Helmut Kohl ebenso wie die italienischen, belgischen

Tab. 8 Die achtziger Jahre – zentrale Weichenstellungen der EEA

• „Europa ohne Grenzen": Binnenmarkt bis 1992
• Vertragliche Formulierung und Angliederung der EPZ
• Ausdehnung der qualifizierten Mehrheit im Rat
• Vertragliche Einbettung von bereits praktizierten Sektorpolitiken (z. B. Umweltpolitik)
• Verstärkung legislativer Befugnisse des EP durch das Verfahren der „Zusammenarbeit" und „Zustimmung"

Quelle: Eigene Zusammenstellung

und niederländischen Regierungschefs sowie der Präsident der EG-Kommission, Jacques Delors, gehörten.

Sie griffen vorliegende Pläne zum Binnenmarkt als strategischen Einstieg in einen Dreistufenplan auf: Ausgehend von einem „Europa ohne Grenzen 1992" sollte im zweiten Schritt eine Währungsunion und dann in der dritten Stufe auch eine politische Finalität erreicht werden (Weidenfeld 2014, S. 27–31; Delors 2004). Nach einer Regelung für den britischen Finanzbeitrag auf einer Sitzung des Europäischen Rates in Fontainebleau 1984, die besondere Rabatte für diesen Nettozahler festlegte, und Hinweisen, notfalls auch ohne das Vereinigte Königreich voranzugehen (Brunn 2009, S. 234; Knipping 2004; Wallace 1985), konnte auch die britische Premierministerin Thatcher ausreichend eingebunden werden. Sie sah zudem im Projekt eines Europäischen Binnenmarkts interessante Chancen für britische Unternehmen (Thatcher 1993, S. 536–559).

Mit der EEA nahmen die Mitgliedstaaten der Europäischen Gemeinschaften die erste umfassende Ergänzung und Revision der Römischen Gründungsverträge vor. Für den zentralen Politikbereich des Binnenmarkts sahen die neuen Regeln sowohl eine Steigerung der Handlungsfähigkeit durch erweiterte Möglichkeiten von Mehrheitsabstimmungen im Rat als auch einen demokratiefördernden Einstieg des EP in Legislativfunktionen durch die Verfahren der *Zusammenarbeit* und der *Zustimmung* vor (vgl. Kap. ► „Gesetzgebungs- und Haushaltsverfahren"). Mit diesen neuen Beschlussverfahren sollte (bis 1992) ein „Raum ohne Binnengrenzen, in dem der freie Verkehr von Waren, Personen, Dienstleistungen [. . .] gewährleistet ist" (Art. 13 EEA), hergestellt werden. Zusätzliche Vertragsbestimmungen regelten weitere Politikbereiche, so die Forschungs- und Technologiepolitik, die Umweltpolitik, Arbeitsschutzmaßnahmen in der Sozialpolitik sowie die Zusammenarbeit in der Wirtschafts- und Währungspolitik. Diese Artikel nahmen Trends der siebziger Jahre zur Ausdehnung der Aufgaben auf und fassten Erfahrungen aus der vorangegangenen Praxis in Vertragsbuchstaben (vgl. Kap. ► „Einführung"). Titel III der EEA zur „europäischen Zusammenarbeit in der Außenpolitik" schrieb die in früheren Berichten zur EPZ vorgenommenen Absichtserklärungen vertraglich fest. Rechtliche Kontroll- und Sanktionsverfahren – wie sie in der EG insbesondere durch das Tandem Kommission-EuGH angelegt waren – sah die EEA für dieses Politikfeld nicht vor. Die Staats- und Regierungschefs verankerten in Artikel 2 der EEA auch ihr eigenes Gremium, den Europäischen Rat, dem sie allerdings keinen Status als normales Vertragsorgan der EG verliehen.

Wie bei vorangegangenen Weichenstellungen der europäischen Integrationskonstruktion bündelten die Vertragsarchitekten die erzielten Teilergebnisse in einem Verhandlungspaket, in dem unterschiedliche, ja divergierende Interessen der beteiligten Staaten verknüpft wurden. So konnten sowohl die Regierungen, die an einem Binnenmarkt interessiert waren, als auch die Staaten mit Präferenzen für einen Finanzausgleich im Hinblick auf die Bestimmungen zum „regionalen und sozialen Zusammenhalt" Erfolge melden. Mit dem im folgenden Jahr verabschiedeten Delors-I-Paket (11./12. Februar 1988) trafen die Regierungschefs entsprechende Entscheidungen zur Einnahmen- und Ausgabenstruktur des Gemeinschaftsbudgets und damit zur Finanzierung insbesondere der Agrar- und Regionalpolitik. Diese mittelfristigen Festlegungen schreibt der Europäische Rat seitdem regelmäßig in Vereinbarungen zu einem mehrjährigen Finanzrahmen fort (vgl. Kap. ▶ „Gesetzgebungs- und Haushaltsverfahren"). Auch im Jahr 2020 bildete die Ausgestaltung des EU-Haushalts erneut einen Schwerpunkt in den Aktivitäten des Europäischen Rates.

Insgesamt stellten die Ergebnisse der ersten Vertragsänderung keinen Neuanfang dar, sondern variierten vielmehr verschiedene Grundmuster der EG-Tradition in dem bereits spätestens seit Anfang der siebziger Jahre abgesteckten Rahmen. Aus den in der Praxis pragmatisch entwickelten Verfahren gemeinsamer Problemverarbeitung wurden in mehreren Bereichen formalisierte Vertragsvorschriften. Die institutionelle Architektur (vgl. Abb. 6) wurde in einigen Punkten reformiert und um einige neue

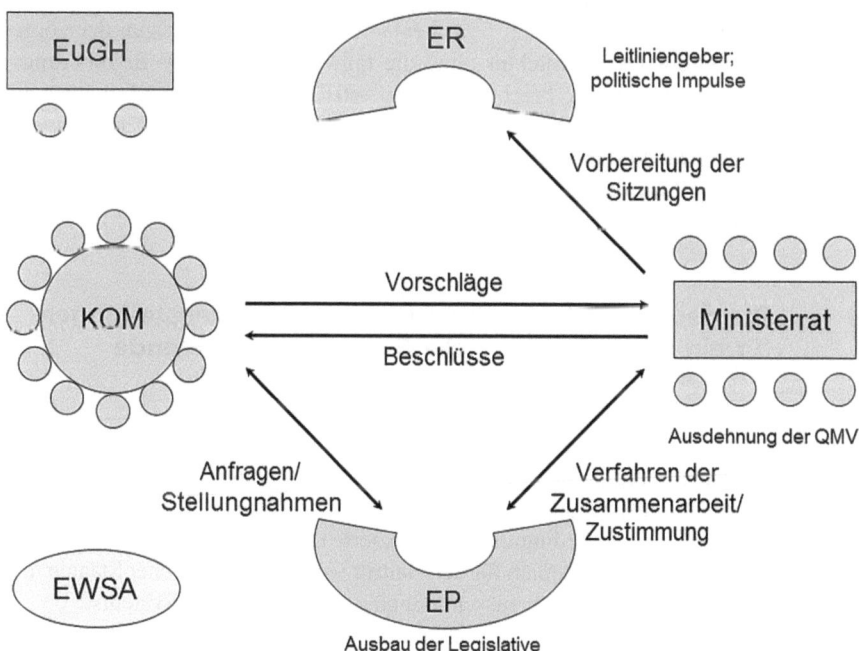

Abb. 6 Die achtziger Jahre – Änderungen der institutionellen Architektur durch die Einheitliche Europäische Akte. (Quelle: Eigene Darstellung)

Verfahren ergänzt. Insbesondere die Ausweitung der Mehrheitsabstimmungen im Rat veränderte die Vertragspraxis. Der Einstieg in eine legislative Rolle für das EP stellte Weichen für eine institutionelle Architektur, die ab diesem Zeitpunkt durch eine Verschiebung von einem Tandem zwischen Kommission und Rat in Richtung eines institutionellen Dreiecks zwischen Kommission, Rat und nun EP geprägt wurde. Die zumindest formale Integration der EPZ in die Gemeinsame Akte legte den Grundstein für die dann in Maastricht verabschiedete Tempelkonstruktion.

Der Status quo der institutionellen Architektur wurde so in vielen Bereichen fortgeschrieben und in begrenzten Schritten weiterentwickelt. Der gefundene Konsens zwischen den Mitgliedstaaten bei dieser Vertragsrevision bestätigte den interpretationsoffenen Charakter und die Mehrdeutigkeit dieser Konstruktion. Die unterschiedlichen institutionellen Leitideen verfolgten die Regierungschefs in einer abgewogenen Parallelität: Die Vertragsreformen stärkten bei Verfahren und Organen supranationale wie intergouvernementale Charakteristika. Angesichts ungelöster Kontroversen vereinbarten die Mitgliedstaaten – wie dann auch bei den folgenden Vertragsänderungen – unmittelbar eine weitere Revision des Vertragswerks.

Entgegen ersten Stimmen der Enttäuschung, die den zuvor vorgelegten Vertragsentwurf des EP als Maßstab nahmen, wird rückblickend deutlich, dass die Vertragsarchitekten mit der EEA eine neue wirtschaftliche und institutionelle Dynamik der Integrationskonstruktion in Gang setzten.

Der Beitritt Griechenlands (1981), Portugals und Spaniens (1986) verlief – nach einigen ersten Schwierigkeiten mit Griechenland – insgesamt innerhalb der vorgegebenen institutionellen Architektur ohne die teilweise befürchtete Erweiterungskrise. Die neuen Mitglieder brachten ihre spezifischen Interessen – so etwa im Hinblick auf die Strukturfonds – nachhaltig ein und erweiterten damit den gemeinsamen Aufgabenkatalog. Insgesamt wurde der Kreis der Mitgliedstaaten zwar erneut heterogener, damit wurde das Interesse am Ausbau der Integrationskonstruktion aber nicht vermindert.

8 Die neunziger Jahre: Fundamentale Weichenstellungen für ein neues Europa – die Generation der Wende

Die historische Wende 1989 brachte das Ende der Bipolarität im internationalen System und damit auch der gesamteuropäischen Teilung. Sie wirkte sich zusammen mit der deutschen Vereinigung nachhaltig auf die Entwicklung der Integrationskonstruktion und deren institutionelle Architektur aus: Die Zäsur in den internationalen und europäischen Rahmenbedingungen provozierte und produzierte neue und überraschende Optionen und Strategien für den Beitritt weiterer europäischer Staaten und damit für den Ausbau des bisher ausschließlich westeuropäischen Systems.

Erste Analysen sahen mit dem Abschluss der Nachkriegsperiode auch ein Ende des westeuropäischen Einigungsprozesses voraus. Diese Beiträge erklärten das EG-Vertragswerk als ein eindeutiges Produkt einer spezifischen, aber nach 1989 überholten internationalen und europäischen Konstellation (Mearsheimer 1990, S. 7).

Tab. 9 Die neunziger Jahre – Weichenstellungen und Wegmarken

Jahr	Monat	Ereignis
1989	November	Fall der Berliner Mauer, Ende der Bipolarität und der europäischen Teilung
1990	Juli	Inkrafttreten der ersten Stufe der WWU
	Oktober	Wiedervereinigung Deutschlands: „Beitritt" der fünf neuen (Bundes-) Länder zur EG
1992	Februar	Unterzeichnung des Maastrichter „Vertrags über die Europäische Union"
	Mai	Abkommen zur Schaffung eines „Europäischen Wirtschaftsraums" (EWR aus EG und EFTA)
	Dezember	Verabschiedung des „Delors II-Pakets" zur Finanzierung der EG bis 1999
1993	Januar	(weitgehende)Vollendung des Binnenmarkts
	Juni	Kopenhagener Kriterien zur Erweiterung
	November	Inkrafttreten des Vertrags von Maastricht
1994	Januar	Inkrafttreten der zweiten Stufe der WWU
1995	Januar	Beitritt Schwedens, Finnlands und Österreichs zur EU
	März	Inkrafttreten des Schengener Abkommens
1997	Oktober	Unterzeichnung des Vertrags von Amsterdam
1999	Januar	Inkrafttreten der dritten Stufe der WWU; Einführung der Währungsunion durch endgültige Festschreibung der Wechselkurse
	März	Beschluss des Europäischen Rates zur Agenda 2000 zur Finanzierung der EG bis 2007
	Mai	Inkrafttreten des Vertrags von Amsterdam

Quelle: Eigene Zusammenstellung

Entgegen derartiger Erwartungen vertieften und erweiterten die Mitgliedstaaten die EG jedoch weiter. Als ein zentraler Faktor für die Einberufung der Regierungskonferenzen, die insbesondere auf die Festlegung einer Währungsunion und dann auf eine politische Union zielten, war die Frage, wie die vermutete Stärkung der Bundesrepublik Deutschland durch die deutsche Einigung in Form einer „integrativen Balancierung" (vgl. zum Begriff Link 2012) europäisch eingebettet werden konnte und sollte. Angesichts einer tiefgehenden Abneigung, ja Gegnerschaft der europäischen Nachbarn bei einer gesamtdeutschen Lösung der ‚deutschen Frage' wird bis heute kontrovers diskutiert, ob die deutsche Zustimmung zur Währungsunion als Gegenleistung zur Akzeptanz der deutschen Einigung zu verstehen ist oder ob diese Währungsunion nicht auch schon vor 1989 geplant und ohne den besonderen Zeitgeist beschlossen worden wäre (vgl. Wessels 2016, S. 51).

Prägend für die neunziger Jahre waren (vgl. Tab. 9):

- Die formale Gründung der Europäischen Union durch den Vertrag von Maastricht (1993 in Kraft getreten) und
- dessen Weiterentwicklung durch den Vertrag von Amsterdam (1999 in Kraft getreten). Auch die zusätzlichen Veränderungen durch den Vertrag von Nizza (2003 in Kraft getreten) können in diese Entwicklungslinie einbezogen werden.

- Eine dritte Beitrittsrunde um neutrale bzw. bündnisfreie Staaten aus der EFTA-Gruppe und
- – erheblich gewichtiger – Umwandlungen früherer kommunistischer Staaten zu Demokratien und Marktwirtschaften und damit einhergehend die Vorbereitung der vierten Erweiterungsrunde um Staaten Mittel- und Osteuropas.
- Krisen im (geo-)politischen Umfeld – insbesondere die Bürgerkriege im ehemaligen Jugoslawien

Zusätzlich fand im Rahmen der deutschen Einigung 1990 durch den damit einhergehenden Beitritt der fünf neuen deutschen Bundesländer eine Erweiterung besonderer Art statt.

Lokomotiven für die Reformen von Maastricht und Amsterdam waren die Vorschläge des französisch-deutschen Führungsduos Mitterrand/Kohl bzw. Chirac/Kohl, die die Zusammenarbeit früherer Generationen, so zwischen Valéry Giscard d'Estaing und Helmut Schmidt, fortführten und – nach kurzen Irritationen im Zuge der deutschen Einigung (Wessels 2016, S. 45–47; Van Rompuy 2014, S. 28; Kaelble 2013; Lequesne 2013, S. 43) – quasi-konstitutionelle Wegmarken für das neu angelegte EU-System setzten.

Angesichts dieser Meilensteine bei der Systemgestaltung sollte nicht übersehen werden, dass die nationalen und europäischen Akteure auch wichtige Schritte auf zentralen Politikfeldern vornahmen. Zu ihnen sind insbesondere die erste Stufe der Währungsunion und die weitgehende Vollendung des Binnenmarkts sowie das Delors-II-Paket und der Beschluss zur Agenda 2000 zu zählen. Das Schengener Abkommen zur Personenfreizügigkeit einiger Mitgliedstaaten experimentiert mit einer spezifischen Form von Flexibilisierung.

8.1 Der Maastrichter Vertrag über die Europäische Union: Eine umfassende Neuordnung

Der Maastrichter Vertrag über die Europäische Union bildete eine umfassende Neuordnung der bisherigen Vertragstexte und der erprobten bzw. gelebten Praxis. Sie schlug sich insbesondere in der Tempelkonstruktion mit einem Dach und drei Säulen nieder (vgl. Abb. 7). In diesem Vertrag haben die Mitgliedstaaten jedoch erneut keinen eindeutigen Sprung (im europäischen Sprachgebrauch *saut qualitatif*) in eine umfassende Verfassung mit einer eindeutigen Finalität unternommen. Vielmehr war eine Fortschreibung und Verstärkung mehrerer – in vorangegangenen Entwicklungen beobachtbarer – Trends in der institutionellen Architektur festzustellen.

Die Präambel des Vertrags machte deutlich, dass mit diesem Text die Finalität der Europäischen Union nicht endgültig festgelegt wurde: „Dieser Vertrag stellt eine neue Stufe bei der Verwirklichung einer immer engeren Union zwischen den Völkern dar, in der die Entscheidungen möglichst nahe bei den Bürgern getroffen werden" (Präambel des EUV in der Maastrichter Version). Mit dem Begriff einer „immer engeren Union" griffen die „Herren der Verträge" (Bundesverfassungsgericht 2009, § 150) auf die Präambel des EWG-Vertrags zurück; mit der Formel der

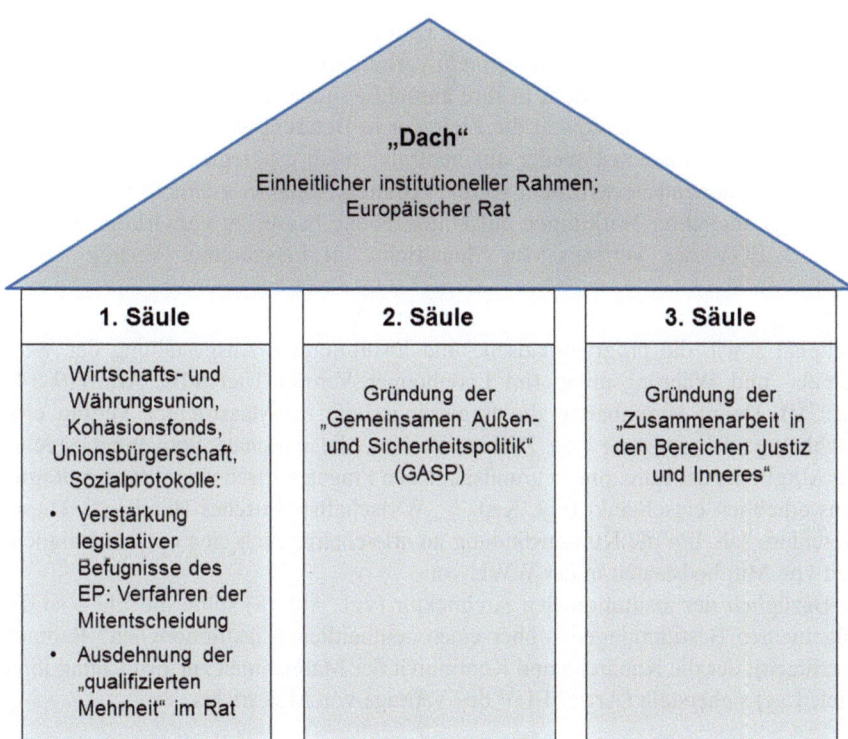

Abb. 7 Die neunziger Jahre – zentrale Weichenstellungen des Maastrichter Vertrags in der „Tempelkonstruktion". (Quelle: Eigene Darstellung)

„Bürgernähe" ersetzten sie – aufgrund britischer Einwände – den Begriff einer „föderalen Ausrichtung", wie er in den Vorbereitungstexten für Maastricht ausgearbeitet worden war. Mit den Globalzielen (Art. 2 EUV des Maastrichter Vertrags) dokumentierte der Vertrag die Spannbreite der Politikfelder, die die EU-Institutionen behandeln sollten.

Die Aufgabenergänzungen des Vertrags ermöglichten den EU-Institutionen, sich mit fast allen Themen öffentlicher Politik zu befassen; trotzdem sollte die EU nicht über eine bis ins Detail gehende Allzuständigkeit über diese Politikfelder verfügen. Der Grad der Kompetenzzuordnung wurde vielmehr höchst unterschiedlich geregelt: Bei einigen Aktivitätsfeldern der EG wurde von einer „gemeinsamen" Politik gesprochen (so etwa bei der Verkehrspolitik), bei anderen – auch in der ersten Säule – nur von „einer" Politik (so bei der Umwelt- und Sozialpolitik); Bestimmungen für weitere Bereiche, so für die Bildungs- und Kulturpolitik, sahen eine „Mitwirkung an der Förderung" oder „Maßnahmen" vor. Die „gemeinsame" Außen- und Sicherheitspolitik (GASP) war in ihrer rechtlichen Ausprägung nicht mit der „gemeinsamen" Handelspolitik zu vergleichen. Die GASP blieb – wie die EPZ als Vorstufe – weitgehend der intergouvernementalen Koordination vorbehalten, während die Handelspolitik in der EG-Säule vor allem supranationalen Regeln folgen sollte (vgl. Kap. ▶ „Auswärtiges Handeln").

Ein mögliches „Zuweitgehen" des Unionhandelns wollte der Maastrichter Vertrag durch das *Subsidiaritätsprinzip* verhindern, nach dem die Gemeinschaft „in den Bereichen", die nicht in ihre ausschließliche Zuständigkeit fallen, „nur tätig [wird], sofern und soweit die Ziele der in Betracht gezogenen Maßnahmen von den Mitgliedstaaten weder auf zentraler noch auf regionaler oder lokaler Ebene ausreichend verwirklicht werden können, sondern vielmehr wegen ihres Umfangs oder ihrer Wirkungen auf Unionsebene besser zu verwirklichen sind" (Art. 5 EGV des Vertrags von Maastricht; im Lissabonner Vertrag Art. 5 (3) EUV).

Einen zentralen Baustein des Maastrichter Vertrags bildeten der verbindliche Zeitplan sowie die programmatische und institutionelle Ausgestaltung der Wirtschafts- und Währungsunion (im Lissabonner Vertrag Titel VIII, Art. 119–144 AEUV). Damit vereinbarten die Regierungschefs im Maastrichter Vertrag eine nachhaltige Übertragung von Zuständigkeiten, die nationale Souveränitätsrechte der Mitglieder der Eurozone in grundsätzlichen Fragen wirtschaftspolitischen Regierens erheblich einschränkt (vgl. Kap. ▶ „Wirtschaftspolitisches Handeln"). Dieser Beschluss sah, um die Konsensfindung zu erleichtern, auch eine opt-out-Möglichkeit von Mitgliedstaaten in der WWU vor.

Bezüglich der institutionellen Architektur (vgl. Abb. 8) sollte die EU – so die allgemeinen Bestimmungen – über einen „einheitlichen institutionellen" Rahmen [verfügen], der die Kohärenz und Kontinuität der Maßnahmen zur Erreichung ihrer Ziele [. . .] sicherstellt (Art. C EUV des Vertrags von Maastricht).

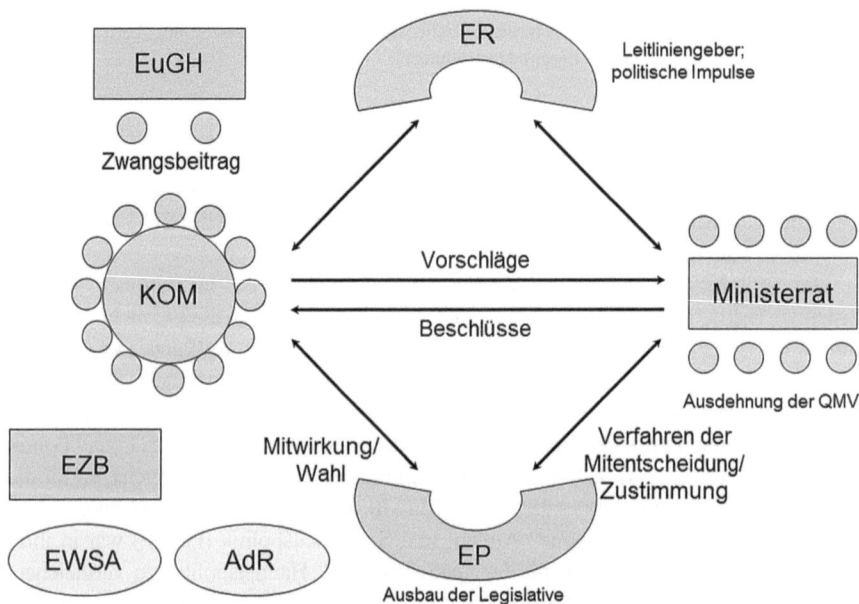

Abb. 8 Die neunziger Jahre – Änderungen der institutionellen Architektur durch den Maastrichter Vertrag. (Quelle: Eigene Darstellung)

Im Hinblick auf neue Politikfelder der Union wurden zwischen den Säulen unterschiedliche Prozeduren vorgesehen; aber auch im EG-Vertrag (1. Säule) selbst nahmen Vielfalt und Differenzierung der Verfahren erheblich zu.

Eine besondere institutionelle Innovation des Vertrags war die Einführung des Verfahrens der „Mitentscheidung" zwischen EP und Rat, das der Lissabonner Vertrag dann als *ordentliches Gesetzgebungsverfahren* (OGV) (Art. 249 (7) AEUV) formulierte (vgl. Kap. ▶ „Gesetzgebungs- und Haushaltsverfahren"). Damit erhält das EP ‚harte' Mitwirkungsrechte in Rechtsakten, die es durch ein Veto gegenüber Vorschlägen der Kommission und den Positionen des Rates beenden kann. Das Verfahren der Zustimmung seitens des EP, das in der EEA eingeführt wurde, dehnte die Vertragsergänzungen auf die Schaffung neuer Strukturfonds, den Abschluss wichtiger Abkommen mit Drittstaaten und auf wesentliche Durchführungsregelungen im Bereich der Währungsunion aus. Zusätzliche Kontrollrechte sprach der Vertrag dem EP durch die Möglichkeit zu, Untersuchungsausschüsse einzusetzen (im Lissabonner Vertrag Art. 226 AEUV).

Eine wirksame Verstärkung der Parlamentsrechte erfolgte ebenfalls durch neue Regeln zur Wahl des Präsidenten und der Mitglieder der Europäischen Kommission. Der Maastrichter Vertrag führte eine Zustimmung seitens des EP bei der Einsetzung dieses Exekutivorgans ein (Art. 214 EGV des Vertrags von Nizza). Dieses Recht wurde im Lissabonner Vertrag weiter gestärkt: Demnach „wählt" das EP den Präsidenten der Kommission (im Lissabonner Vertrag Art. 17 (3), (7) EUV) (vgl. Kap. ▶ „Die Europäische Kommission") (Müller Gómez und Wessels 2016). Die Wahlperioden beider Organe wurden angeglichen.

Die Funktionen des Europäischen Rates wurden im Vertragsteil zur Europäischen Union formuliert, womit er weiterhin nicht als Organ der EG fungierte: „Der Europäische Rat gibt der Union die für ihre Entwicklung erforderlichen Impulse und legt die allgemeinen politischen Zielvorstellungen hierfür fest" (im Lissabonner Vertrag Art. 15 (1) EUV) (vgl. Kap. ▶ „Der Europäische Rat").

Auch Bestimmungen zum Gerichtshof wurden ergänzt und verändert. Besondere Bedeutung wurde dem neuen Passus zugeschrieben, nach dem der Gerichtshof „einen Pauschalbetrag oder Zwangsgeld" gegen diejenigen Mitgliedstaaten verhängen kann, die dem Urteil des Gerichtshofes nicht nachgekommen sind (im Lissabonner Vertrag Art. 260 (2) AEUV).

Eine besondere Ergänzung der institutionellen Architektur bildete die Gründung der unabhängigen EZB mit ausgeprägten supranationalen Befugnissen (vgl. Kap. ▶ „Die Europäische Zentralbank").

Eine Ergänzung des institutionellen Gefüges der Gemeinschaft sah der Vertrag in Form eines „Beratenden Ausschusses der regionalen und lokalen Gebietskörperschaften" (*Ausschuss der Regionen*, AdR) vor (im Lissabonner Vertrag Art. 300 (3) AEUV). Diese Ergänzung entsprach insbesondere Forderungen der deutschen Länder, die damit zumindest eine, wenn auch als schwach einzustufende Beteiligung an der Ausübung ihrer im Grundgesetz festgelegten Kompetenzen bei der entsprechenden Politikgestaltung im EU-System sicherstellen wollten.

Im Unterschied zur umfassenden Kompetenzabgabe und zu den eindeutigen Regeln für die Währungsunion blieben entsprechende Bestimmungen für die Übertragung von

Zuständigkeiten im Bereich der Außen- und Sicherheitspolitik (2. Säule) vage und an entscheidenden Stellen unverbindlich. Die Ziele in diesem neuen Handlungsfeld wurden jedoch weit gesteckt. Die Politik der Union erstreckt sich dabei auf „alle Bereiche der Außen- und Sicherheitspolitik". Hierzu gehört „auch die schrittweise Festlegung einer gemeinsamen Verteidigungspolitik [...], die zu einer gemeinsamen Verteidigung führen könnte" (im Lissabonner Vertrag Präambel sowie Art. 42 EUV) (vgl. Kap. ▶ „Der Hohe Vertreter der EU für Außen- und Sicherheitspolitik").

Im Vergleich zur Geschichte und zum Status quo ante der EPZ gaben diese Vertragsbestimmungen der Union einen erheblich ausgeweiteten Aufgabenbereich. Tabuthemen – wie die lange Zeit umstrittene Zuständigkeit, auch sicherheitspolitische Fragen zu diskutieren – durfte es danach nicht mehr geben. Die Schaffung neuer Rechtsinstrumente, so „Aktionen" und „Standpunkte", bei deren Verabschiedung unter bestimmten eng gesetzten Voraussetzungen sogar Mehrheitsentscheidungen vorgesehen wurden, stellte jedoch keine Vergemeinschaftung im rechtlichen und verfahrensmäßigen Sinne dar. Im Ernst- bzw. Konfliktfall wurde jedem Mitgliedstaat ein Vetorecht garantiert.

Neben der gemeinsamen Außen- und Sicherheitspolitik siedelte der Maastrichter Vertrag in der sogenannten 3. Säule die „Zusammenarbeit in den Bereichen Justiz und Inneres" an, die ebenfalls zentrale Kernprobleme traditioneller staatlicher Politik aufgreift. Eindeutiger als im Fall der GASP wurden mit diesen Regeln Aktivitäten aus einer wenig transparenten Grauzone unverbindlicher intergouvernementaler Zusammenarbeit an die Gemeinschaftsorgane und -bestimmungen herangeführt, ohne jedoch umfassend nach der Gemeinschaftsmethode geregelt zu werden.

Im Vertrag selbst vereinbarten die Regierungen eine Revisionsklausel zur Überprüfung von Fortschritten insbesondere bei der politischen Union. Sie signalisierten damit, dass der Vertrag von Maastricht – trotz seiner unbestrittenen Bedeutung – keine Endstufe für die Systemgestaltung darstellte.

Mit der formalen Gründung der EU und der damit einhergehenden Gestaltung der institutionellen Architektur schrieb der Vertrag erneut einen Mix an unterschiedlichen institutionellen Leitideen fort: Sowohl intergouvernementale Charakteristika – wie die Funktionenbeschreibung des Europäischen Rates – als auch supranationale Tendenzen – so die Stärkung des EuGH und des EP sowie die Gründung der EZB – stehen nebeneinander. Die neuen welt- und europapolitischen Konstellationen haben damit nicht zu grundsätzlicher Abkehr von vorangegangenen Entwicklungslinien in der Systemgestaltung geführt.

8.2 Der Amsterdamer Vertrag: Ergänzungen der Maastrichter Architektur

Nach langjährigen Debatten und einem abschließenden Verhandlungsmarathon revidierte und ergänzte der Amsterdamer Vertrag über die Europäische Union das Maastrichter Dokument (vgl. Tab. 10). Erneut weiteten die Regierungschefs den Gesamtumfang der in den EU-Organen zu behandelnden Politikfelder aus. Mit einem umfassenden und detailliert beschriebenen Titel zur Bildung eines *Raums der Freiheit, der Sicherheit und des Rechts* (RFSR) (im Lissabonner Vertrag Art.

Tab. 10 Die neunziger Jahre – zentrale Weichenstellungen des Amsterdamer Vertrags

• Ausbau und Straffung des Mitentscheidungsverfahrens
• Zuständigkeitsverlagerung der Asyl- und Einwanderungspolitik in die EG-Säule
• Neues Kapitel im EG-Vertrag zur Beschäftigungspolitik
• Schaffung des Verfahrens der „verstärkten Zusammenarbeit"
• Einrichtung des Amtes des „Hohen Beauftragten" in der GASP

Quelle: Eigene Zusammenstellung

67 AEUV) veränderten sie die Regelungsbreite und -tiefe auch in diesem zentralen Bereich traditionellen staatlichen Handelns (vgl. Kap. ▶ „Justiz- und Innenpolitik").

Damit formulierten die Vertragsarchitekten eine neue Zielvorgabe, die programmatisch wie die Projekte zum „Binnenmarkt" bei der EEA und zur WWU im Maastrichter Vertrag als mobilisierendes Integrationsprogramm wirken sollte. Wesentliche Teile der Innen- und Justizpolitik – so die Asyl- und Einwanderungspolitik – wurden in die supranationale EG-Säule transferiert, sodass nur noch die *polizeiliche und justizielle Zusammenarbeit in Strafsachen* (PJZS) in der dritten, intergouvernementalen Säule verblieb.

Neben und in enger Verknüpfung mit der Ausweitung der behandelten Themenfelder ergänzte und veränderte der Amsterdamer Vertrag die institutionelle Architektur. Er reformierte das im Maastrichter Vertrag eingeführte Regelwerk der Mitentscheidung und erweiterte dessen Anwendungsgebiet auf 37 zusätzliche Fälle. Auch die Möglichkeit des Rates, von Mehrheitsentscheidungen Gebrauch zu machen, wurde auf 104 Fälle ausgedehnt.

Einige Vertragsänderungen schufen zusätzliche Verfahrensvarianten: So erhielt die Kommission bei einigen Politikfeldern der Innenpolitik kein Vorschlagsmonopol, sondern musste das Initiativrecht mit den Mitgliedstaaten teilen. Bei dem neuen Abschnitt zur Beschäftigungspolitik führten die Artikel unverbindliche ‚weiche' Formen der Zusammenarbeit ein, die keine direkten Sanktionen gegen die von den gemeinsam entwickelten Vorgaben abweichenden Staaten vorsahen, während die Regierungen im gleichzeitig verabschiedeten „Stabilitäts- und Wachstumspakt" (Euro-Stabilitätspakt) eine ‚harte Koordination' vereinbarten, bei der der Rat ‚Sünderstaaten' zu einer beträchtlichen Geldbuße verurteilen kann (vgl. Kap. ▶ „Wirtschaftspolitisches Handeln").

Bei den Bestimmungen zur GASP verfeinerte die Regierungskonferenz – auch als Reaktion auf Schwächen der EU bei der Behandlung der Balkankrisen in den neunziger Jahren (Regelsberger 2000) – erneut die intergouvernemental angelegten Verfahren, so insbesondere durch die Einrichtung des Amtes eines *Hohen Vertreters für die Gemeinsame Außen- und Sicherheitspolitik* (vgl. Kap. ▶ „Auswärtiges Handeln"). Zu beachten ist, dass der Lissabonner Vertrag dieses Amt anders kennzeichnet und ihm weiterreichende Rechte und Aufgaben zuordnet (Art. 18 und 24 EUV) (vgl. Kap. ▶ „Der Hohe Vertreter der EU für Außen- und Sicherheitspolitik").

In der 3. Säule formulierte die Amsterdamer Vertragsergänzung die dort noch verbleibende „polizeiliche und justizielle Zusammenarbeit in Strafsachen" ebenfalls weitgehend neu: In Form einer ‚Quasi-Vergemeinschaftung' sah sie Rechtsinstrumente und Verfahrensregeln vor, die denen der EG nachgebildet wurden. Diese ergänzten Möglichkeiten wurden insbesondere nach den Anschlägen des 11. September 2001 in New York verstärkt in der Praxis genutzt.

Neue Formen flexiblen Vorgehens führte der Amsterdamer Vertrag auf deutsch-französischen Vorschlag in Form eines „Verfahrens der verstärkten Zusammenarbeit" ein, das einer Gruppe von Mitgliedstaaten die Möglichkeit bieten sollte, unter bestimmten, eng definierten Bedingungen die Institutionen und Instrumente der EG für eine weitergehende Politikgestaltung zu nutzen (im Lissabonner Vertrag Art. 20 EUV und 326–334 AEUV) (Wessels und Gerards 2018) (vgl. Kap. ▶ „Flexibilisierung").

Keine Einigung erzielte der Abschlussgipfel in Amsterdam jedoch trotz intensiver Beratungen bei dem selbst gesetzten Auftrag, die institutionelle Aufnahmefähigkeit der EU durch eine Reform von Kommission und Rat sowie eine Straffung der Verfahren zu verbessern bzw. sicherzustellen. Diese Aufgabe wurde allerdings für die anstehende Erweiterungsrunde um zehn bzw. zwölf weitere Mitgliedstaaten Mitteleuropas und des Mittelmeerraums für dringend notwendig erachtet. Zur Beendigung ihrer nächtlichen Beratungen vereinbarten die Regierungschefs deshalb die Einberufung einer weiteren Regierungskonferenz, die insbesondere diese übrig gebliebenen Fragen (im europäischen Sprachgebrauch *left overs*) zur Verbesserung der Handlungsfähigkeit der institutionellen Architektur lösen sollte.

Insgesamt veränderte der Amsterdamer Vertrag die institutionelle Architektur – trotz einer Reihe von Ergänzungen und Anpassungen – nur begrenzt.

8.3   Die Erweiterungsrunden und -debatten

Mit dem Ende des Ost-West-Konfliktes veränderten sich auch grundlegend die geopolitischen Voraussetzungen und Bedingungen für den Beitritt weiterer Gruppen europäischer Staaten. Ohne sicherheitspolitische Belastungen, die angesichts der weltpolitischen Bipolarität noch eine deutliche Rolle gespielt hatten, konnten nun die neutralen bzw. bündnisfreien Staaten Österreich, Finnland und Schweden der EU beitreten (1995), da die bis dahin blockierenden Einwände der Sowjetunion vor einer einseitigen Verschiebung des militärischen Gleichgewichts im Zentrum Europas gegenstandslos wurden. Besondere Anpassungsprobleme für diese Gruppe von Neumitgliedern und für die EU insgesamt ergaben sich aus dieser EFTA-Erweiterungsrunde nicht (Lippert 2004; Lindahl 1995; Luif 1995).

Bedeutender war hingegen, dass nach dem Fall des ‚Eisernen Vorhangs' die Staaten Mittel- und Osteuropas eine „Rückkehr nach Europa" (Lippert 2004) anstrebten. Für diese und zukünftige Kandidaten formulierte die *Kopenhagener Erklärung* des Europäischen Rates von 1993 drei Bedingungen für einen Beitritt und eine Voraussetzung zur Aufnahmefähigkeit der EU selbst (vgl. ▶ „Beitritts- und Austrittsverfahren"); dieser Katalog behält auch weiterhin im Zusammenhang mit dem Beschluss zur Aufnahme von Beitrittsverhandlungen mit der Türkei und den Balkanstaaten seine Gültigkeit (Europäische Kommission 2016). Ausgehend von diesem Katalog ergänzten die Mitgliedstaaten die im Lissabonner Vertrag relevanten Vertragsartikel 2 EUV und 49 EUV.

Über die neunziger Jahre hinweg diskutierte der Europäische Rat mehrfach die Bildung von Gruppierungen von Staaten dieses Raums, mit denen zuerst Beitrittsverhandlungen aufgenommen werden sollten. Nach einer zunächst anvisierten kleineren Gruppe von Kandidatenstaaten beschlossen die Staats- und Regierungschefs in Helsinki 1999, mit zwölf Staaten zu verhandeln und der Türkei bei Erfüllung der ersten Schwelle, d. h. den politischen Anforderungen der Kopenhagener Kriterien, die Eröffnung eines Verhandlungstermins in Aussicht zu stellen (Lippert 2004). Diese Entscheidungen stellten nachhaltig Weichen für das erste Jahrzehnt des neuen Jahrtausends.

9 Die 2000er-Jahre: Das Erweiterungs- und Verfassungsjahrzehnt

Die Rahmenbedingungen der ersten Jahre des 21. Jahrhunderts waren durch wachsende wirtschaftliche Schwierigkeiten der europäischen Wohlfahrtstaaten infolge des Globalisierungsdrucks geprägt. Das vom Europäischen Rat 2000 in Lissabon verabschiedete Programm „Gemeinsame Maßnahmen für Wachstum und Beschäftigung" war ein Signal der EU, auch diese Kategorie von Herausforderungen verstärkt anzugehen (vgl. Kap. ► „Wirtschaftspolitisches Handeln"). Besondere Aufmerksamkeit widmete die EU auch den Folgen der Terroranschläge in New York und Washington vom September 2001 und den darauf folgenden Reaktionen der USA. Nachhaltige Rückwirkungen auf die EU hatten dabei unterschiedliche Reaktionen europäischer Staaten auf die amerikanische Irak-Politik.

Entscheidungen zur Erweiterung und Vertiefung der EU bildeten auch in den ersten Jahren des 21. Jahrhunderts einen Schwerpunkt bei der Gestaltung des EU-Systems (vgl. Tab. 11). Nach der Abwahl von Bundeskanzler Helmut Kohl bildeten Präsident Jacques Chirac und Kanzler Gerhard Schröder ein weiteres französisch-deutsches Duo, das jedoch nur begrenzt Führungskraft entwickeln konnte (Wessels 2016, S. 53–56). Die institutionellen Rahmenbedingungen waren durch die Terroranschläge vom 11. September 2001 in den USA und den dann folgenden Kriegen in Afghanistan und im Irak geprägt.

9.1 Der Vertrag von Nizza: Durch institutionelle Detailreformen zur Aufnahmefähigkeit

Nach dem Scheitern ihrer Verhandlungen zum institutionellen Kapitel des Amsterdamer Vertrags einigten sich die Staats- und Regierungschefs vier Jahre später – nach einem Verhandlungsmarathon von drei Tagen und zwei Nächten und nach erheblichen Kontroversen – schließlich im Vertrag von Nizza auf neue Bestimmungen zur institutionellen Architektur (Wessels 2001, 2016, S. 171; Weidenfeld 2014, S. 35; Jopp und Matl 2005) (vgl. Tab. 12). Der Vertrag von Nizza war die erste Revision der Verträge, die sich nur auf institutionelle und prozedurale Fragen konzentrierte.

Tab. 11 Die 2000er – Weichenstellungen und Wegmarken

Jahr	Monat	Ereignis
1999	Januar	Eintritt in die dritte Stufe der Europäischen Wirtschafts- und Währungsunion
	Dezember	Konstitution eines Konvents zur Erarbeitung einer Charta der Grundrechte der EU
2000	März	Europäischer Rat: „Lissabon-Strategie"
	Oktober	Billigung des Entwurfes der „Charta der Grundrechte" durch den Grundrechtekonvent
2001	Februar	Unterzeichnung des Vertrags von Nizza
	Dezember	Gipfelkonferenz von Laeken: Beschluss zur Einberufung des „Konvents zur Zukunft der Europäischen Union"
2002	Januar	Einführung des Euro in den zwölf teilnehmenden Mitgliedstaaten
	Februar	Erste Sitzung des „Konvents zur Zukunft der Europäischen Union"
2003	Februar	Inkrafttreten des Vertrags von Nizza
	Juli	„Entwurf eines Vertrags über eine Verfassung für Europa" durch den Konvent
2004	Mai	Beitritt zehn neuer Mitgliedstaaten zur EU: Estland, Lettland, Litauen, Malta, Polen, Slowakei, Slowenien, Tschechische Republik, Ungarn und Zypern
	Oktober	Unterzeichnung des „Vertrags über eine Verfassung für Europa"
	Dezember	Beschluss zur Aufnahme von Verhandlungen mit der Türkei
2005	Mai/Juni	Ablehnung des Verfassungsvertrags bei Referenden in Frankreich (54,8 %) und den Niederlanden (61,7 %)
	Oktober	Eröffnung der Beitrittsverhandlungen mit der Türkei und Kroatien
	Dezember	Beschluss des Europäischen Rates zur Agenda 2007 für die Finanzierung der EG bis 2014
2007	Januar	Beitritt Rumäniens und Bulgariens zur EU
2008	Juni	Ablehnung des Entwurfs des Lissabonners Vertrags bei Referendum in Irland (53,4 %)
2009	Oktober	Zustimmung zum Lissabonner Vertrag bei Referendum in Irland (67,1 %)
	Dezember	Inkrafttreten des Lissabonner Vertrags

Quelle: Eigene Zusammenstellung. vgl. auch Tab. 13

Im Mittelpunkt der Kontroversen um die institutionelle Architektur standen Änderungen zu den Abstimmungsmodalitäten des Rates und zur Ernennung der Kommission. Bei diesen Verhandlungen trat ein Aspekt der Einigungspolitik hervor, der lange Zeit versunken schien oder wohl eher bewusst politisch übergangen wurde: Führende Politiker betonten Machtunterschiede zwischen großen – d. h. ‚bevölkerungsreicheren' – und kleineren – d. h. ‚bevölkerungsärmeren' – Mitgliedstaaten. Auch innerhalb einzelner dieser Gruppen, so zwischen den französischen und deutschen Regierungen, aber auch zwischen Niederländern und Belgiern, kam es zu erheblichen Verstimmungen. Diese Trennlinie (im wissenschaftlichen Sprachgebrauch *cleavage*) prägte (Regierungs-)Verhandlungen über zentrale Verfahrensartikel des Vertragswerks. Die Spannungen in Fällen von System-Making bestimmten in vielen institutionellen Fragen auch die späteren Beratungen im *Europäischen*

Tab. 12 Nach 2000 – zentrale Weichenstellungen des Vertrags von Nizza

• Neues Regelwerk zur qualifizierten Mehrheit im Rat: Drei Schwellen
• Ausweitung der Anwendungsfälle für die qualifizierte Mehrheit und das Mitentscheidungsverfahren
• Überarbeitung des Verfahrens der „Verstärkten Zusammenarbeit"
• Gründung von neuen Beamtengremien
• Erklärung zur Zukunft der Union
• Politische Deklaration zur Charta der Grundrechte

Quelle: Eigene Zusammenstellung

Konvent zur Zukunft Europas und in der Regierungskonferenz, die dann den Lissabonner Vertrag verabschiedete.

Niedergeschlagen haben sich diese Unterschiede in den „Bestimmungen (des Vertrags von Nizza) über die Stimmgewichtung im Rat". Sie wurden durch einen Kompromiss erreicht, der durch eine Steigerung der Komplexität bei den Möglichkeiten für blockierende Minderheiten erzielt werden konnte. Der Lissabonner Vertrag fand zur Gewichtung von Stimmen eine andere, eindeutigere Formulierung (Art. 16 (4) EUV und Art. 238 (2) AEUV) (vgl. Kap. ▶ „Der Rat der Europäischen Union").

Als zentrale Aufgabe zur Verbesserung der Handlungsfähigkeit in einer erweiterten Union galt die Ausdehnung derjenigen Bereiche, in denen der Rat mit qualifizierter Mehrheit abstimmen kann. Bei 35 Artikeln führte der Vertrag von Nizza diese Möglichkeiten zusätzlich ein. Eine erhöhte Entscheidungseffizienz versprachen Vertragsartikel, die die Wahl bzw. Ernennung führender Repräsentanten durch den Rat regeln: Nach den Bestimmungen von Nizza konnte der Rat der EU auf der Ebene der Staats- und Regierungschefs mit qualifizierter Mehrheit den Präsidenten der Europäischen Kommission benennen; das EP muss dieser Wahl zustimmen (im Lissabonner Vertrag anders in Art. 17 (7) EUV geregelt; vgl. Kap. ▶ „Die Europäische Kommission"). Damit wurde die institutionelle Handlungsfähigkeit der EU in zentralen personalpolitischen Fragen verbessert.

Neben der Ausdehnung der Politikfelder für Mehrheitsabstimmungen sowie der Änderung von Stimmgewichten und Beschlussmodalitäten im Rat bildete die Zusammensetzung der Kommission das dritte der zentralen Probleme der Amsterdamer Left-Overs. Nach erheblichen Kontroversen zwischen den ‚kleinen' und ‚großen' Mitgliedstaaten um die Größe der Kommission sehen die Artikel vor, dass „der Kommission mindestens ein Staatsangehöriger jedes Mitgliedstaats angehören [muss]" (Art. 213 EGV). Erst bei einer Gesamtzahl von 27 Staaten sah der entsprechende Artikel 4 des Protokolls über die Erweiterung der Europäischen Union vor, dass der Rat einstimmig die „Zahl" und „Einzelheiten der gleichberechtigten Rotation" festlegt. Gleichzeitig stärkte der Vertrag die Rechte des Kommissionspräsidenten bei der internen Organisation und Zuständigkeitsverteilung – einschließlich der Möglichkeit, ein Mitglied der Kommission zum Rücktritt aufzufordern (im Lissabonner Vertrag Art. 17 (5) EUV).

Auch der Vertrag von Nizza erweiterte – wie die vorangegangenen Regierungskonferenzen – erneut unterschiedliche Beteiligungsrechte des EP (vgl. Kap. ▶ „Das Europäische Parlament" sowie Kap. ▶ „Gesetzgebungs- und Haushaltsverfahren"). In sieben zusätzlichen Artikeln wurde dem EP das Recht auf Mitentscheidung zugeschrieben. Dem Rat sowie der Kommission gleichgestellt wurde das EP auch in seinem Klagerecht vor dem EuGH (im Lissabonner Vertrag Art. 263 AEUV) und beim Recht, ein Gutachten des Gerichtshofs über die Vertragskonformität eines geplanten Abkommens (im Lissabonner Vertrag Art. 218 (11) AEUV) einzuholen.

Ohne politische Kontroversen wurde das Gerichtssystem um den EuGH – nach Vorgaben durch Expertengremien – reformiert (vgl. Kap. ► „Der Gerichtshof der Europäischen Union").

Zur Erhöhung der Flexibilität vereinfachte die Regierungskonferenz die im Amsterdamer Vertrag zur „verstärkten Zusammenarbeit" eingeführten Regeln (im Lissabonner Vertrag Art. 326–334 AEUV) (vgl. Kap. ► „Flexibilisierung").

Im Trend der institutionellen Entwicklung lag auch, dass die bereits komplexe Struktur von (Beamten-)Gremien durch zusätzliche Einrichtungen und Ausschüsse ausgebaut wurde. Eingeführt in den Vertrag wurde „Eurojust" zur Erleichterung und Beschleunigung der Zusammenarbeit zwischen den Ministerien und Behörden im Bereich der justiziellen Zusammenarbeit (im Lissabonner Vertrag Art. 83 AEUV). In Form eines vertraglich besonders ausgestatteten Ausschusses, der dem Modell des Wirtschafts- und Finanzausschusses nachgezeichnet wurde, setzte die Regierungskonferenz einen „Ausschuss für Sozialschutz" mit beratender Kompetenz ein (im Lissabonner Vertrag Art. 160 AEUV).

Von Bedeutung für die internationale Handlungsfähigkeit der Union war die neue bzw. ergänzte Gremienstruktur in der GASP-Säule. Das bisherige „Politische Komitee" wurde in ein *Politisches und Sicherheitspolitisches Komitee* (PSK) umbenannt. Genau zu lesen ist die Aufgabenbeschreibung: „Unter der Verantwortung des Rates [nimmt das PSK] die politische Kontrolle und strategische Leitung von Operationen zur Krisenbewältigung wahr" (im Lissabonner Vertrag Art. 38 EUV; vgl. Kap. ► „Auswärtiges Handeln"). Damit wird eine in den späten neunziger Jahren konzipierte Organisation für die *Europäische Sicherheits- und Verteidigungspolitik* (ESVP) auch vertraglich erwähnt, die im Lissabonner Vertrag schließlich als *Gemeinsame Sicherheits- und Verteidigungspolitik* (GSVP) (Art. 42–46 EUV) ausgeschildert ist. In einem vom Europäischen Rat in Nizza gebilligten „Bericht des Vorsitzes über die Europäische Sicherheits- und Verteidigungspolitik" wurden Zusammensetzung und Funktionen des PSK, des dem PSK zuarbeitenden Militärausschusses (im europäischen Sprachgebrauch *European Union Military Committee*, EUMC), und eines Militärstabs (im europäischen Sprachgebrauch *European Union Military Staff*, EUMS) festgelegt (Europäischer Rat 2001a). Dadurch wurden die Aufgabenfelder des EU-Systems erneut erweitert.

Anlässlich des Gipfels von Nizza verabschiedeten die Regierungschefs und die Organe der Gemeinschaft auch eine Erklärung zur „Charta der Grundrechte der Europäischen Union" (Amtsblatt der Europäischen Gemeinschaften 2000), die in dieser Form zwar rechtlich nicht bindend war, aber eine politische Aufwertung des EU-Systems hin zu einer quasi-konstitutionellen Struktur signalisierte. Interessant ist dieses Dokument auch wegen seiner stilbildenden Entstehungsgeschichte: Ein Konvent aus Vertretern der nationalen Parlamente, des EP, der Mitgliedsregierungen und der Kommission hatte – unter Leitung des früheren deutschen Bundespräsidenten Roman Herzog – im Konsens einen umfangreichen Katalog an Grundrechten erstellt (Göler und Marhold 2005; Leinen und Schönlau 2001). Mit dem Inkrafttreten des Lissabonner Vertrags (Art. 6 und Charta der Grundrechte (EUV)) wurde diese Charta mit Ausnahmen für die Mitgliedstaaten Polen sowie das Vereinigte Königreich rechtlich bindend.

Aus der Sicht der Regierungschefs war nach der Zustimmung zum Vertrag von Nizza „der Weg für die Erweiterung der Europäischen Union geebnet" (Erklärung Nr. 23 (2) zur Zukunft der Union; vgl. Dokument 13). Die Regierungschefs selbst bestätigten damit der EU zunächst die in der Kopenhagener Erklärung selbst angemahnte institutionelle „Erweiterungsreife".

Dokument 13, Erklärung zur Zukunft der Union
Erklärung Nr. 23 zur Zukunft der Union
[…] 2. Die Konferenz ist sich darin einig, dass mit dem Abschluss der Konferenz der Vertreter der Regierungen der Mitgliedstaaten *der Weg für die Erweiterung* der Europäischen Union geebnet worden ist, und betont, dass die Europäische Union mit der Ratifikation des Vertrags von Nizza die für den *Beitritt neuer Mitgliedstaaten erforderlichen institutionellen Änderungen abgeschlossen* haben wird.

3. Nachdem die Konferenz somit den Weg für die Erweiterung geebnet hat, wünscht sie die Aufnahme einer *eingehenderen und breiter angelegten Diskussion über die Zukunft der Europäischen Union.*

[…] 5. Im Rahmen dieses Prozesses sollten unter anderem folgende Fragen behandelt werden:

- die Frage, wie eine genauere, dem *Subsidiaritätsprinzip* entsprechende Abgrenzung der *Zuständigkeiten* zwischen der Europäischen Union und den Mitgliedstaaten hergestellt und danach aufrechterhalten werden kann;
- der Status der in Nizza verkündeten *Charta der Grundrechte* der Europäischen Union gemäß den Schlussfolgerungen des Europäischen Rates von Köln;
- eine *Vereinfachung der Verträge*, mit dem Ziel, diese klarer und verständlicher zu machen, ohne sie inhaltlich zu ändern;
- die Rolle der *nationale Parlamente* in der Architektur Europas.

6. Durch diese Themenstellung erkennt die Konferenz an, dass die demokratische *Legitimation* und die *Transparenz* der Union und ihrer Organe verbessert und dauerhaft gesichert werden müssen, um diese den *Bürgern der Mitgliedstaaten näher zu bringen.*

Hervorhebungen durch den Autor

Trotz dieser Feststellung zur institutionellen Architektur gaben die Staats- und Regierungschefs – angesichts einer tief ansetzenden Selbstkritik – gleichzeitig selbst eine breit angelegte Diskussion über die Zukunft der Europäischen Union in Auftrag. Wie vorangegangene Abschlussgipfel hatte damit auch die Gipfelkonferenz von Nizza bereits mit der Verabschiedung einer Vertragsreform eine weitere Überarbeitung der quasi-konstitutionellen Grundlagen beschlossen.

9.2 Konvent und Regierungskonferenzen: Neue Methode und alte Probleme beim Verfassungs- und Lissabonner Vertrag

Zurückgeführt wurden diese im Dokument zum Ausdruck kommenden Defizite bei der Systemgestaltung auf die praktizierte Methode der Vertragsänderung durch intransparente und unproduktive Regierungskonferenzen (Brok 2005, S. 535–537; Göler und Marhold 2005, S. 453–457; Hänsch 2005, S. 551–552). Die Erfordernisse zur Einstimmigkeit und diplomatische Verhandlungsmethoden verursachten demnach eine zunehmende Komplexität und nur begrenzte Fortschritte zur Gestaltung der institutionellen Architektur.

Nach dieser Analyse hatte nicht zuletzt der Europäische Rat von Nizza – als ‚Gipfel' der Regierungskonferenz – erneut grundlegende Schwächen der Vertragsgestaltung dokumentiert. Trotz 30 Sitzungen der persönlichen Beauftragten, zehn Sitzungen des (Minister-)Rates und drei Sitzungen des Europäischen Rates selbst trafen die Staats- und Regierungschefs in dem bisher längsten Verhandlungsmarathon nur wenig überzeugende Entscheidungen (Wessels 2016, S. 171; de Schoutheete 2012). Die Vertragsänderung der Union als quasi-konstitutionelle Systemgestaltung konnte dabei häufig als Produkt von Ermüdungserscheinungen der Staats- und Regierungschefs in den Nachtsitzungen beschrieben werden: So wird die Konstruktion der institutionellen Architektur als Serie von taktisch geprägten Ad-hoc-Entscheidungen charakterisiert. Kompromisse wurden durch die Erhöhung der institutionellen und prozeduralen Komplexität erreicht – wie das Regelwerk des Vertrags von Nizza für qualifizierte Mehrheiten im Rat als signifikantes Beispiel erneut belegte. Einige – lange Zeit umstrittene – Entscheidungen waren wenig erfolgreich bei der Stärkung der EU-Architektur, aber nützlich und vielleicht notwendig für die politische Akzeptanz seitens der Mitgliedstaaten.

Angesichts der nach Nizza vorgesehenen großen Beitrittsrunde (im europäischen Sprachgebrauch auch *big bang enlargement)* ließen Ergebnisse und Ablauf der Regierungskonferenz zum Vertrag von Nizza – bereits vor dessen Abschluss – den Ruf nach einem neuen Anlauf zur Weiterentwicklung des EU-Systems und nach einer umfassenden Diskussion um eine europäische Finalität aufkommen. Die Rede des damaligen deutschen Außenministers Joschka Fischer „Vom Staatenverbund zur Föderation – Gedanken über die Finalität der europäischen Integration" 2000 (Fischer 2000) gab einen nachhaltigen Anstoß für diese Debatte (Laffan 2005, S. 476–477).

In der Diskussion nach Nizza um effizientere und demokratischere Formen der Gestaltung von konstitutionellen Vertragsreformen wurde das Modell eines „Konvents" propagiert, dessen Methode bei der Erarbeitung der Grundrechtecharta gegenüber dem klassisch-diplomatischen Modell der Regierungskonferenz als „erfolgreiche Alternative" eingeschätzt worden war (Leinen und Schönlau 2001, S. 123). Wenn auch die Auslegung des Art. 48 EUV zur Vertragsänderung im damaligen wie auch im Lissabonner Wortlaut eindeutig festlegt, dass eine derartige Versammlung nicht die eigentliche Regierungskonferenz ersetzen kann, so wurde doch im Konvent zumindest eine Chance gesehen, gegenüber eher konfrontativen Verhandlungskonstellationen zwischen den Regierungschefs umfassende, abgewogene und öffentlich diskutierte Konzepte vorzulegen (Göler und Marhold 2005, S. 453–472; Maurer 2003, S. 130–140) (vgl. Kap. ▶ „Vertragsänderungsverfahren"). Das Verfahren zur Systemgestaltung wurde so grundsätzlich überdacht.

Auf der Sitzung in Laeken 2001 beschloss der Europäische Rat – auch unter dem Eindruck der terroristischen Anschläge vom 11. September 2001 in New York – die Einberufung eines „Konvents zur Zukunft der Union". In diesem Beschluss wurden darüber hinaus Zusammensetzung und Arbeitsmethode dieses Gremiums festgelegt (vgl. Kap. ▶ „Vertragsänderungsverfahren").

Der Konvent legte am 18. Juli 2003 einen Entwurf für einen Verfassungsvertrag vor. Die Regierungskonferenz überarbeitete unter der italienischen und irischen Präsidentschaft den Text in mehreren Passagen – nicht zuletzt auch bei einigen wenigen Schlüsselfragen im Regelwerk zur institutionellen Architektur. Ein erster Abschluss der Verhandlungen scheiterte bei der Dezembersitzung des Europäischen Rates 2003 insbesondere an Fragen der Abstimmungsmodalitäten im Rat. Die Regierungen Spaniens und Polens weigerten sich, ihre im Vertrag von Nizza gewonnenen Stimmengewichte abwerten zu lassen. Die irische Präsidentschaft konnte schließlich den Text auf dem Abschlussgipfel vom 18. Juni 2004 von den Staats- und Regierungschefs verabschieden lassen (Laffan 2005). Die vertraglich vorgesehenen Unterschriften erfolgten in einem feierlichen Akt am 29. Oktober 2004 in Rom.

Nach Abschluss der Regierungskonferenz sind für die Analyse dieser Form der Systemgestaltung einige Feststellungen zur Diskussion zu machen. Wie in den vorangegangenen Fällen historischer Meilensteine in der europäischen Konstruktion haben die Staats- und Regierungschefs erneut de facto die endgültige politische Entscheidung über die Vertragsänderungen getroffen. Als Leistung des Konvents kann verstanden werden, eingefrorene Gegensätze divergierender nationaler Positionen aufgebrochen und unmittelbar betroffene Akteure direkt beteiligt zu haben (Göler 2006, S. 206). Ohne die konkrete Rolle des Konvents in der Gestaltung damit ausreichend und abschließend zu beschreiben (vgl. dazu Lamassoure 2004; Magnette 2004; Norman 2003; Hänsch 2002), ist jedoch auch in dem Konventtext eine beträchtliche Kontinuität bei der Gestaltung der geschriebenen Verfassungstexte festzustellen.

Die Vorbereitung dieser Vertragsrevisionen unterschied sich jedoch wesentlich von bisherigen Verfahren, die hauptsächlich von Vorarbeiten unterschiedlicher Experten- oder Beamtengremien geprägt waren (Wessels 2016, S. 166) (vgl. Kap. ▶ „Vertragsänderungsverfahren"). In der Zusammensetzung des Verfassungskonvents erweiterte der Europäische Rat umfassend die Gruppe der beteiligten Politiker. Er führte dabei exekutive und parlamentarische Akteure mehrerer Ebenen zu einem Gremium mit ausgeprägten Mitgestaltungsansprüchen zusammen. Nicht zuletzt angesichts der Ergebnisse der späteren Referenden in Frankreich und den Niederlanden ist jedoch zu prüfen, ob und wie sich die Deliberationen dieser Politiker in nationalen Debatten niedergeschlagen haben bzw. in Zukunft niederschlagen werden (Göler 2006; Scholl 2006) (vgl. Kap. ▶ „Vertragsänderungsverfahren").

Die folgende Regierungskonferenz hat ihre Erfahrungen mit diesen ‚gelebten' Vertragsänderungen im Regelwerk des Lissabonner Vertrags zum *ordentlichen Änderungsverfahren* festgeschrieben (Art. 48 EUV). Die Beteiligungsmöglichkeiten des EP und des Konvents sind damit in der Vorbereitungsphase erweitert worden, ohne die alleinige Letztentscheidung seitens der Mitgliedstaaten aufzuheben (vgl. Kap. ▶ „Vertragsänderungsverfahren").

Nach der Ablehnung des unterschriebenen Verfassungsvertrags durch Referenden in Frankreich und den Niederlanden im Sommer 2005 vereinbarte der Europäische Rat selbst eine „Reflexionsphase". Infolge der Aktivitäten der deutschen Präsidentschaft im ersten Halbjahr 2007 haben die Staats- und Regierungschefs dann im Juni 2007 eine neue Regierungskonferenz einberufen und ihr ein bis ins Detail gehendes Mandat für einen „Reformvertrag" gegeben. Nicht zuletzt aufgrund einer dynamischen Verhandlungsführung der deutschen Ratspräsidentschaft unter der Leitung der Bundeskanzlerin Merkel konnte 2007 in einer erneuten Regierungskonferenz der – dann nach der portugiesischen Ratspräsidentschaft getaufte – Lissabonner Vertrag verabschiedet werden. Er trat nach den entsprechenden nationalen Ratifizierungen am 01.12.2009 in Kraft. Besondere Aufmerksamkeit in diesem Prozess fanden die zwei Referenden in Irland, bei denen die irische Bevölkerung nach einem ersten negativen Votum erst in einem zweiten Anlauf dem Vertrag zustimmte. Ein souveränitätsgeprägtes Urteil des Bundesverfassungsgerichts vom 30.06.2009 ist von bleibender Bedeutung für die Interpretation des Vertrags sowie des EU-Systems insgesamt (Zur Diskussion Wessels und Gläser 2010, S. 34–39).

9.3   Die fünfte Erweiterungsrunde: „15 plus 12"

Mit der Erklärung des Gipfels von Nizza (vgl. Dokument 13) wurde der Weg für die bisher größte Beitrittsrunde geebnet. Nach mehrjährigen und langwierigen Verhandlungen zwischen der Kommission und den Bewerberstaaten sowie einer intensiven Abschlussphase während der dänischen Präsidentschaft beschloss der Gipfel von Kopenhagen im Dezember 2002 die Erweiterung der EU um zehn weitere Staaten. Die Schlussfolgerungen betonten die historische Bedeutung dieses Aktes und dokumentieren damit auch erneut wesentliche Elemente der Erzählungen (im wissenschaftlichen Sprachgebrauch *narratives*) zur Entwicklung der Union (vgl. Dokument 14).

Dokument 14, Schlussfolgerungen des Vorsitzes zur Erweiterung 2002
Der Europäische Rat hat auf seiner Tagung 1993 in Kopenhagen das ehrgeizige Vorhaben eingeleitet, das Vermächtnis von Konflikten und Spaltungen in Europa zu überwinden. Der heutige Tag stellt insofern ein *beispielloses historisches Ereignis* dar, als dieser Prozess durch den Abschluss der Beitrittsverhandlungen mit Estland, Lettland, Litauen, Malta, Polen, der Slowakei, Slowenien, der Tschechischen Republik, Ungarn und Zypern vollendet wird. Die Union freut sich nunmehr, diese Staaten zum 1. Mai 2004 als Mitglieder aufnehmen zu können. Dieser Erfolg bezeugt die gemeinsame Entschlossenheit der Völker Europas, sich in einer Union zusammenzufinden, die zur *treibenden Kraft für Frieden, Demokratie, Stabilität und Wohlstand* auf unserem Kontinent geworden ist. Als vollwertige Mitglieder einer auf Solidarität gründenden Union werden diese Staaten an der *Ausgestaltung der weiteren Entwicklung des europäischen Projekts uneingeschränkt beteiligt sein.*

Quelle: Europäischer Rat (2002)
Hervorhebungen durch den Autor

Feierlich unterzeichnet wurde der Beitrittsvertrag am 16.04.2003 in Athen. Der Beitritt Estlands, Lettlands, Litauens, Maltas, Polens, der Slowakei, Sloweniens, der Tschechischen Republik, Ungarns und Zyperns erfolgte am 1. Mai 2004. Für die institutionelle Architektur führte der Beitritt auf der Grundlage des Vertragswerks von Nizza zunächst zur Vermehrung der mitwirkenden Akteure in allen Organen. Für Rat, EP, Kommission und EuGH wurden nach entsprechenden Verfahren zusätzliche Mitglieder gewählt bzw. benannt. Angesichts einer gestiegenen Zahl an ‚Mitspielern' um den jeweiligen Verhandlungs- und Beratungstisch wurde insbesondere die Frage nach der Handlungsfähigkeit der Organe, d. h. die Absorptions- bzw. Integrationsfähigkeit der EU-Architektur, gestellt.

Mit dieser Aufnahme war die fünfte Erweiterungsrunde nicht abgeschlossen: Am 1. Januar 2007 erfolgte der Beitritt Bulgariens und Rumäniens. Im Oktober 2005 wurden darüber hinaus Verhandlungen mit Kroatien (Beitritt 1. Juli 2013) und der Türkei eröffnet, die „ergebnisoffen" (Europäischer Rat 2004) erfolgen sollten, ohne jedoch einen festen Beitrittstermin in Aussicht zu stellen (vgl. Kap. ▶ „Beitritts- und Austrittsverfahren").

9.4 Der Lissabonner Vertrag: Ein Schlussstein der institutionellen Architektur?

Mit dem Lissabonner Vertrag legten die Staats- und Regierungschefs eine weitere Wegmarke für eine quasi-konstitutionelle Gestaltung des EU-Systems vor (Zur wissenschaftlichen Diskussion Wessels und Gläser 2010, S. 34–39, 2011, S. 30–31).

Der Lissabonner Vertrag ordnete wesentliche Elemente des bisherigen Vertragswerks in mehreren Vertragsteilen neu (vgl. Dokument 15). Einschließlich der Charta der Grundrechte ähneln diese Elemente üblichen Bausteinen von Verfassungen. Die Tempelstruktur des Maastrichter Vertrags wurde zudem aufgelöst und die Regeln für den Raum der Freiheit, der Sicherheit und des Rechts – bis auf wenige Ausnahmen – vergemeinschaftet, d. h. als „geteilte Zuständigkeit" (Hofmann und Wessels 2008, S. 8–9) in das normale Regelwerk des ordentlichen Gesetzgebungsverfahrens überführt. Für die GASP gelten im Lissabonner Vertrag weiterhin „besondere Bestimmungen" (Art. 24 (1) EUV).

Dokument 15, Aufbau des Lissabonner Vertrags
Vertrag über die Europäische Union (EUV)
  Präambel

Titel I	Gemeinsame Bestimmungen
Titel II	Bestimmungen für die demokratischen Grundsätze
Titel III	Bestimmungen über die Organe
Titel IV	Bestimmungen über eine verstärkte Zusammenarbeit
Titel V	Allgemeine Bestimmungen über das auswärtige Handeln der Union und besondere Bestimmungen über die Gemeinsame Außen- und Sicherheitspolitik
Titel VI	Schlussbestimmungen

Vertrag über die Arbeitsweise der Europäischen Union
Präambel

Erster Teil	Grundsätze
Zweiter Teil	Nichtdiskriminierung und Unionsbürgerschaft
Dritter Teil	Die internen Politiken und Maßnahmen der Union
Vierter Teil	Die Assoziierung der überseeischen Länder und Hoheitsgebiete
Fünfter Teil	Das auswärtige Handeln der Union
Sechster Teil	Institutionelle Bestimmungen und Finanzvorschriften
Siebter Teil	Allgemeine und Schlussbestimmungen

Protokolle
„Protokoll (Nr. 1)" bis „Protokoll (Nr. 37)"

Anhänge

Erklärungen

A. Erklärungen zu Bestimmungen der Verträge
B. Erklärungen zu den den Verträgen beigefügten Protokollen
C. Erklärungen der Mitgliedstaaten

Quelle: Amtsblatt der Europäischen Union (2008)

Für die institutionelle Architektur verabschiedete der Lissabonner Vertrag eine Reihe von Neuerungen, die Verfahren und Formen des Regierens veränderten (vgl. Abb. 9).

Wie bereits die vorangegangenen Vertragsänderungen haben weder der gescheiterte Verfassungsvertrag noch der Lissabonner Vertrag die Kontroverse zwischen den institutionellen Leitideen eher intergouvernementaler oder eher föderaler bzw. supranationaler Ausrichtung zu einem Abschluss gebracht (Wessels und Hofmann 2009). Angesichts deutlicher Differenzen hatten Konvent und die folgenden Regierungskonferenzen einen Konsens nur erreichen können, indem sie den (geschriebenen) Verfassungsvertrag mit weiteren und teilweise verstärkt interpretationsoffenen Bestimmungen ausstatteten (Magnette 2004). Dabei ist ein doch vielleicht überraschender Befund festzustellen: Die Buchstaben des Verfassungsvertrags könnten zu einer „Stärkung der Rolle aller [...] Organe" (Giscard d'Estaing et al. 2003) führen bzw. geführt haben. So hat der abgelehnte Verfassungsvertrag wie später auch der Lissabonner Vertrag insgesamt lang anhaltende Entwicklungen hin zu einer gemeinsamen, zusammengelegten Verantwortung im Sinne einer Fusion beschleunigt (Wessels 2016, S. 18–20) (vgl. Kap. ▶ „Einführung").

Das neue Regelwerk zu den Institutionen war und ist Gegenstand intensiver Diskussionen (Müller Gómez und Wessels 2017, S. 71–86; Reiners und Wessels 2014, S. 70–72, 2015, S. 64–66, 2016, S. 57–68; CEPS et al. 2007, 2010). Wie bisher in Analysen der institutionellen Architektur üblich und notwendig, stellt sich damit die Aufgabe, die Praxis bzw. Nutzung des Textes umfassend und im Detail zu beobachten. Dieses Buch präsentiert entsprechende Ergebnisse in den einzelnen Kapiteln.

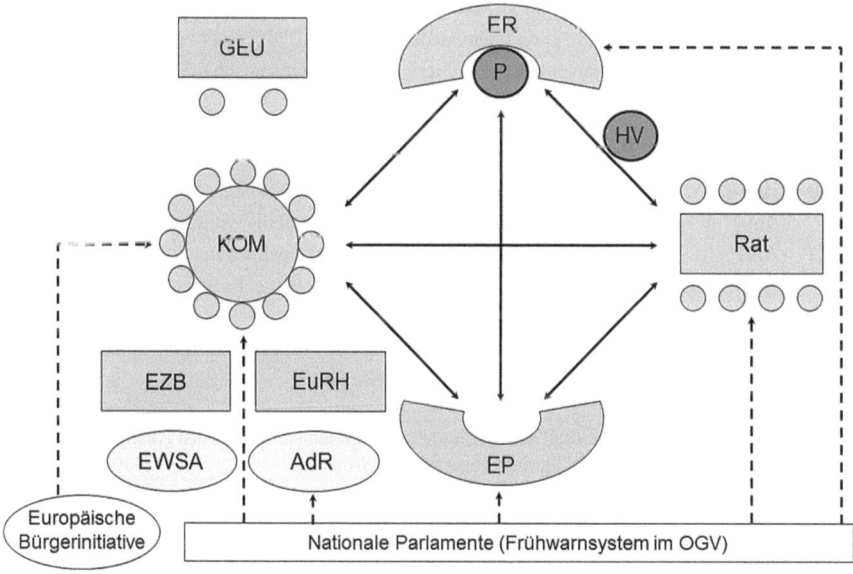

Abb. 9 Nach 2000 – Veränderungen der institutionellen Architektur durch den Lissabonner Vertrag. (Quelle: Eigene Darstellung. Vgl. auch einzelne Kapitel des Buchs (Stand: 31.01.2020))

10   Das Krisenjahrzehnt: Die Lissabonner Architektur im Stresstest

Der Zeitraum von den frühen neunziger bis zur Mitte der 2000er-Jahre war von welt- und europapolitischen Herausforderungen geprägt, die starke Anreize und Möglichkeiten für die entsprechende Generation der politischen Führungspersönlichkeiten boten, in einem optimistisch gestimmten Verhandlungsklima das EU-System durch Erweiterung wie durch Vertiefung auszubauen. Die institutionelle Architektur wurde folglich schrittweise ergänzt, angepasst und reformiert.

Die Jahre seit 2005, die sich teilweise mit dem Verfassungsjahrzehnt überschnitten, waren hingegen von Krisenerscheinungen gekennzeichnet (Kaelble 2013; Wessels und Gläser 2011), die zunächst eine Stabilisierung des EU-Systems erforderten (vgl. Tab. 13). Zu diesen Krisenphänomenen zählten und zählen EU interne Spannungen und Blockaden. Die Ablehnung des Verfassungsvertrags in Frankreich und den Niederlanden, die nach einer Schockstarre und mühsamen Verhandlungen zum Lissabonner Vertrag führten, sowie der *Brexit* seit 2016 belasteten bzw. belasten die Arbeit in und durch die Institutionen. Die Corona-Krise ab März 2020 hat die Union vor besondere Herausforderungen gestellt.

Bei den externen (mit)verursachten bzw. ausgelösten Krisen, die die EU-Mitgliedstaaten unterschiedlich trafen, sind insbesondere die wirtschaftliche Rezession

Tab. 13 Das Europäische Krisenjahrzehnt – Weichenstellungen und Wegmarken

Jahr	Monat	Ereignis
2005	**Mai/Juni**	Ablehnung des Verfassungsvertrags bei Referenden in Frankreich (54,8 %) und den Niederlanden (61,7 %)
2008	**September**	Insolvenz der US-amerikanischen Investmentbank Lehman Brothers und folgender Konjunktureinbruch
2009	**Oktober**	Beginn der Staatsschuldenkrise in Griechenland
	Dezember	Inkrafttreten des Lissabonner Vertrags
2010	**April**	Erstes Finanzhilfeprogramm für Griechenland
	Juni	Gründung der Europäischen Finanzstabilisierungsfazilität (EFSF)
2012	**Mai**	Ratifizierung des Europäischen Fiskalpakts durch 25 Mitgliedstaaten
	September	Gründung des Europäischen Stabilitätsmechanismus (ESM)
2013	**Juli**	Beitritt Kroatiens zur EU
2014	**Mai**	Beschluss über die Gründung der Europäischen Bankenunion
2015	**August/ September**	Verschärfung der Flüchtlingskrise
2016	**Juni**	Mehrheit im Vereinigten Königreich stimmt für den Austritt aus der EU (51,9 %), dem sogenannten *Brexit*
2020	**Januar**	Austritt des Vereinigten Königreichs aus der EU
	März	Ausbruch der Corona-Pandemie in Europa
	Juli	Beschluss des Europäischen Rates zum EU-Aufbaufonds
2021	**Januar**	(Vorläufiges) Inkrafttreten des Handels- und Kooperationsabkommens zwischen der EU und dem Vereinigten Königreich

Quelle: Eigene Zusammenstellung. Vgl. auch Tab. 11 (Stand: 01.01.2021)

nach dem Konkurs der US-amerikanischen Investmentbank Lehman Brothers im Jahre 2008 und die dadurch mit ausgelöste Eurokrise sowie seit 2015 die verschärfte Migrations- und Flüchtlingskrise zu nennen. Diese zwischen den Mitgliedstaaten asymmetrischen Schocks stellten besondere Herausforderungen an die EU-Organe und prägten damit nachhaltig die Entwicklungsrichtung der institutionellen Architektur. Zu analysieren sind mehrere Veränderungen im institutionellen Gleichgewicht:

Als ein hervorragendes charakterisierendes Merkmal von Krisen ist festzustellen, dass für diese – aufgrund des Überraschungseffekts – ein kaum ausreichendes Regelwerk vorhanden bzw. noch nicht erprobt war (so beispielsweise das Verfahren zum *Brexit* nach Art. 50 EUV). Insbesondere für die Eurokrise bot der Lissabonner Vertrag keine bewährten Verfahren. Der damalige Präsident des Europäischen Rates, Herman Van Rompuy, schilderte die Lage knapp: Die Eurogipfel hätten Maßnahmen zugestimmt, die im EU-Sprachgebrauch als „unvermeidbar" erklärt worden seien, obwohl sie vor 2008 noch als „undenkbar" gegolten hätten." (Van Rompuy 2014, S. 47–48). Die Reformen des Lissabonner Vertrags hatten die entsprechenden Organe nicht für diese krisenhafte Zeit der Politikgestaltung vorbereitet. So entsprach das Kapitel zur Wirtschafts- und Währungsunion bis auf eine kleine unbedeutende Änderung dem Text des Maastrichter Vertrags (vgl. Kap. ▶ „Wirtschaftspolitisches Handeln").

Deutlich wurden Verschiebungen im institutionellen Gleichgewicht. Waren die meisten Beobachter bei der Verabschiedung des Lissabonner Vertrags davon ausgegangen, dass die Vertragsbuchstaben gleichermaßen das EP wie den Europäischen Rat gestärkt hätten (Monar 2011; Hofmann und Wessels 2008), so bestätigten die Krisen mit ihrem jeweiligen kurzfristigen Handlungsbedarf die allgemeine Gesetzmäßigkeit, dass Entscheidungen sprichwörtlich ‚über Nacht' die Stunde der Exekutiven bilden: Die Staats- und Regierungschefs sahen sich gezwungen, im Europäischen Rat ohne Rücksicht auf andere EU-Institutionen signifikante Entscheidungen zu treffen, die gravierende Auswirkungen auf die Mitgliedstaaten und ihre Bürger hatten (Wessels 2016; Puetter 2014; Kunstein und Reiners 2013; Schäfer und Wessels 2013). Auch bei der Bewältigung der Flüchtlingskrise bildete der Europäische Rat das maßgebliche Entscheidungsorgan (Loth 2020, S. 429–435; Schäfer und Wessels 2015).

Bei den gemeinsamen finanziellen Maßnahmen gegen die ökonomischen und sozialen Folgen der Corona-Pandemie, die vom Umfang und Verfahren mehrere Tabus der EU-Budgetpolitik überwanden, hat der Europäische Rat erneut ein zentrale Rolle im Krisenmanagement übernommen (Hopp und Wessels 2020, S. 91). Ebenso konnten auch die Kommission und das EP ihre jeweilige Position stärken (Gerards und Wessels 2020, S. 75–77). In einer Langzeitbetrachtung können wir so einen verstärkten Trend zur vertikalen Fusion von Kompetenzen und Instrumenten sowie eine horizontale Fusion von institutionellen Verantwortlichkeiten beobachten (vgl. zu den Begriffen Kap. „Einführung").

Landläufig wurde von diesen wiederkehrenden Mustern auf eine nachhaltige Verschiebung des institutionellen Gleichgewichts zu einem intergouvernementalen Modell geschlossen, in dem die Mitgliedstaaten wieder zu „Herren" des Verfahrens wurden. Ein viel beachteter Ansatz betonte, der Europäische Rat könne als „das politische Zentrum des Neo-Intergouvernementalismus" (Puetter 2014, S. 62) gesehen werden. Wendet man ein in den Sozialwissenschaften vielfältig genutztes Schema an, so wäre dadurch der Europäische Rat der *Principal*, der Aufträge an andere Institutionen als *Agents* delegiert (Wessels 2016, S. 14; Kassim und Menon 2003; Pollack 2003; Moravcsik 1993), d. h. nach einem „Präsidentschaftsmodell" (Wessels 2016, S. 12) würde die institutionelle Architektur durch den Europäischen Rat beherrscht (Habermas 2012, S. 30; Bundesverfassungsgericht 2009, § 150) (vgl. Kap. ▶ „Der Europäische Rat" und Kap. ▶ „Der Rat der Europäischen Union"). Diese Analyse sieht sich durch die Gründung des Eurogipfels bestätigt, in dem allein die Staats- und Regierungschefs der Euro-Mitgliedstaaten wesentliche Entscheidungen vorprägen. Neben dem Lissabonner Vertrag schlossen die Regierungen weitere Verträge ab – so den Vertrag über Stabilität, Koordinierung und Steuerung in der Wirtschafts- und Währungsunion (Fiskalpakt) und den Vertrag zum Europäischen Stabilitätsmechanismus (ESM).

Diese Sichtweise lässt wesentliche Entwicklungen des Krisenmanagements jedoch außen vor: So haben die Beschlüsse des Europäischen Rates die Rechte und die Rolle der Kommission bei der Überwachung der fiskalpolitischen Disziplinierung von Eurostaaten wesentlich gestärkt, auch wenn diese von der Kommission nicht umfassend genutzt werden (Van Rompuy 2012b) (vgl. Kap. ▶ „Die Europäische Kommission"). Durch Beschlüsse des Europäischen Rates zur Bankenunion wurden auch signifikante nationale Kompetenzen auf die EZB übertragen. Davon unabhängig weitete die EZB als supranationales Organ auch autonom ihre Aktivitäten bei der Krisenbewältigung aus (Reiners und Wessels 2015, S. 60–61; Selmayr 2013, 2014, 2015). Auch der Wiederaufbaufonds zur Bewältigung der Corona-Pandemie ist in den EU-Haushalt integriert.

Neben diesen krisenbedingten Verfahren hat das EP seine Mitentscheidungsrechte genutzt (Maurer 2013, S. 66–68). Neue im Lissabonner Vertrag eingerichtete Verfahren wurden dagegen teilweise nur begrenzt aufgegriffen. Nationale Parlamente blieben im Subsidiaritätsverfahren jedenfalls bis 2019 weitgehend passiv (Kreilinger 2019, S. 161–162). In sieben Jahren wurde nur dreimal eine „gelbe Karte" vergeben. Die auf eine direkte Mitwirkung ausgerichtete europäische Bürgerinitiative (Art. 11 (4) EUV) fand in den beiden Legislaturperioden seit 2009 nur geringe Resonanz (Plottka 2019, S. 173–174). Lediglich zwei Verfahren kamen zu einem Abschluss. So veränderten einige Neuerungen des Lissabonner Vertrags die Praxis insgesamt nur geringfügig.

Infolge des Krisenmanagements durch und im Europäischen Rat gewann ein im Lissabonner Vertrag eingeführtes Amt eine besondere Bedeutung: Der hauptamtliche Präsident des Europäischen Rates wurde zu einer Schlüsselperson im konfliktträchtigen Aushandlungsprozess innerhalb dieses EU-Organs (Wessels 2016, S. 109–121). Der erste Amtsinhaber definierte sein Profil als *ehrlicher Makler*, der Konsens zwischen den Regierungschefs erleichtern sollte (vgl. Art. 15 (6) EUV) (Van Rompuy 2012a, S. 5, 2014, S. 113). Bewusst wollte er nicht die Rolle einer europäischen Führungsperson anstreben (vgl. Kap. ▶ „Der Präsident des Europäischen Rates"). Dieses Muster ist auch bei dem Management der Corona-Krise durch den dritten Präsidenten des Europäischen Rates, Charles Michel, zu beobachten.

Auch ein zweites im Lissabonner Vertrag eingeführtes Amt suchte ein Profil: Der *Hohe Vertreter der Union für Außen- und Sicherheitspolitik* hatte in einem komplizierten Geflecht von Rechten und Pflichten seine Rolle zu finden (Helwig 2016). Festzustellen ist bei dieser institutionellen Aufwertung, dass zumindest die ersten Inhaberinnen die Praxis des auswärtigen Handelns der EU nur in begrenztem Maße veränderte und dabei die Fähigkeit der EU, in der Welt gemeinsam vorzugehen, kaum nachhaltig gestalten konnte (Bendiek und Fessler 2019) (vgl. Kap. ▶ „Der Hohe Vertreter der EU für Außen- und Sicherheitspolitik").

Das Krisenjahrzehnt hat auf den ersten Blick die formalen Strukturen der institutionellen Architektur kaum verändert, Forderungen nach einem neuen Konvent wurden nicht aufgegriffen (Bertelsmann Stiftung und The Spinelli Group 2013; Duff 2013). Es wäre jedoch kurzsichtig, nicht den Wandel der realen Muster zu analysieren.

11 Zusammenfassung, Diskussion und Perspektiven

In den Jahrzehnten seit den 1950er-Jahren hat sich die Landkarte Europas wesentlich verändert. Die Spaltung Europas durch den Ost-West-Konflikt wurde überwunden. Ehemalige faschistische und kommunistische Diktaturen haben den Weg zu parlamentarischen Demokratien und Marktwirtschaften eingeschlagen. Die ökonomische Entwicklung zeigt trotz mancher Rückschläge und Krisen ein beachtliches Wachstum. Alle Mitgliedstaaten entwickelten sich zu Wohlfahrtsstaaten, die sich ab den siebziger Jahren zunehmend einem Europäisierungs- und Globalisierungsdruck ausgesetzt sahen. Das EU-System ist so gleichzeitig Ergebnis wie Mitgestalter vieler dieser Prozesse.

Einige Grundmuster des Auf- und Ausbaus der EU-Architektur können in einer Übersicht identifiziert werden:

- Die Staats- und Regierungschefs dehnten Politikfelder der EU schrittweise zu einem quasi-staatlichen Aufgabenkatalog aus.
- Die Vertragsänderungen schufen für diese Aufgabe eine unübersichtliche und wenig transparente institutionelle Architektur, die durch eine Gleichzeitigkeit und Verknüpfung intergouvernementaler und supranationaler Elemente gekennzeichnet war und ist.
- Das EU-Regelwerk wurde regelmäßig durch eine Zunahme an Verfahren differenziert, sodass eine Zuordnung politischer Verantwortung für die Entscheidung des EU-Systems zunehmend unklarer geworden ist.

Die Reformen der institutionellen Architektur konnten insgesamt die Grundprobleme einer vertieften Integration durch als souverän verstandene Nationalstaaten nicht endgültig lösen. Die Spannungen zwischen eher intergouvernementalen und eher supranationalen Elementen bleiben ein konstitutives Merkmal. Krisen wiederum dokumentieren immer wieder Überforderungen (im wissenschaftlichen Sprachgebrauch *overstretch*) der Institutionen; so sind Schwächen bei der Effizienz, Effektivität und Legitimität zu beobachten.

Im Rückblick auf die vergangenen sechzig Jahre ist eine Abfolge von Weichenstellungen zur Vertiefung und Erweiterung zu beobachten. Vertragsänderungen haben ein sektorübergreifendes und differenziert gestaltetes Regelwerk über fünf Jahrzehnte auf- und ausgebaut. Die nun behandelten Politikbereiche decken weite Bereiche (national)staatlicher Aufgabenkataloge ab. Die Mitgliedstaaten als Herren der Verträge haben Institutionen und Verfahren immer wieder überprüft und angesichts von Erfahrungen mit einer größer werdenden Union in Vertragsänderungen ergänzt und revidiert. Der Prozess des quasi-konstitutionellen Ausbaus der institutionellen Architektur kann auch mit dem Inkrafttreten des Lissabonner Vertrags nicht als abgeschlossen gelten, wie weitere Veränderungen im Krisenjahrzehnt belegten.

Ein Endzustand – eine Finalität – ist so auch nach über einem halben Jahrhundert weder im Hinblick auf die geografischen Grenzen noch bei der quasi-konstitutionellen Systemgestaltung erreicht bzw. vereinbart worden, sodass die Debatte um die weitere institutionelle Gestaltung des EU-Systems eingestellt werden könnte. Die EU bleibt eine „Union im Werden" (Schneider und Hrbek 1980). Strategien und Szenarien für eine Finalität werden deshalb weiterhin zu diskutieren sein (vgl. Kap. ► „Zur Zukunft des EU-Systems").

12   Zur Wiederholung und Vertiefung

Merkpunkte und Stichworte
- Grundkenntnisse:
  - Interesse und Motive für eine Einigungspolitik
  - Vordenker für eine Einigung Europas: Drei Personen und deren Leitbegriffe
  - Luxemburger Kompromiss: Definition und Daten
  - (Verfassungs-)Konvent
  - Dreierstrategie zur Gestaltung des EU-Systems: Charakterisierung und Relevanz
  - Deutsch-französische Führungsduos
  - Wesentliche Krisen seit 2008 und ihre unmittelbaren Folgen:
    - Wirtschafts- und Finanzkrise ab 2008
    - Staatsschuldenkrise in der Eurozone („Eurokrise") ab 2009
    - Migrations- und Flüchtlingskrise
    - Brexit
    - Corona-Pandemie bzw. -Krise ab 2020
- Auf- und Ausbau der institutionellen Architektur – zentrale Weichenstellungen:
  - EGKS-Vertrag
  - EWG-Vertrag
  - in den 1970er-Jahren
  - Maastrichter Vertrag
  - Amsterdamer Vertrag
  - Nizzaer Vertrag
  - Lissabonner Vertrag

- Schlüssel(-Politik)felder und Institutionen (in der/im)
  - EEA
  - Maastrichter Vertrag
  - Amsterdamer Vertrag
  - Nizzaer Vertrag
  - Lissaboner Vertrag
- Datum und Beitrittsstaaten bei der/den
  - Norderweiterung
  - Süderweiterung
  - EFTA-Erweiterung
  - Erweiterungsrunden um die Staaten Mittel- und Osteuropas und einige Mittelmeerstaaten
- Faktoren des historischen Umfelds bei
  - der Gründung der EGKS
  - der Ratifizierung des Maastrichter Vertrags
  - der Ratifizierung des Lissabonner Vertrags
  - der Erweiterungsrunden um die Staaten Mittel- und Osteuropas
  - Krisen seit 2005

Fragen
- Welche Trends sind in der Systemgestaltung der EU zu erfassen und zu erklären?
- Welche Einteilung von Phasen, Perioden und Epochen europäischer Nachkriegsgeschichte schlagen Sie im Hinblick auf die Systemgestaltung vor?
- Welche Relevanz hat die Beschreibung und Erfassung der Wegmarken und Weichenstellungen für unterschiedliche Ansätze zur Erklärung der (west-)europäischen Integrationskonstruktion?

Thesen zur Diskussion
- Die Entwicklung der institutionellen Architektur des EU-Systems ist als schrittweise, aber lineare Umsetzung der supranationalen Leitidee zu erklären.
- Das EU-System beruht auf der spannungsgeladenen, aber unausweichlichen Koexistenz unterschiedlicher Leitideen zur institutionellen Architektur.
- Ohne ökonomische Anreize und Instrumente ist kein weiterer Ausbau der institutionellen Architektur zu erwarten.
- Die forcierten Entwicklungen der institutionellen Architektur haben zu einem Rückgang der Akzeptanz/Legitimität geführt.

Literatur

Online-Quellen

https://www.cvce.eu/de.
Die Forschungsinfrastruktur der Universität Luxemburg ermöglicht den Zugriff auf eine Vielzahl von Dokumenten und Veröffentlichungen über den europäischen Integrationsprozess.

Einführende Literatur

Brunn, Gerhard. 2009. *Die europäische Einigung. Von 1945 bis heute*. Stuttgart: Philipp Reclam jun. Verlag.

Brunn, Gerhard. 2017. Die Europäische Einigung. Von 1945 bis heute, 4. Aufl. Stuttgart: Philipp Reclam jun.

Dinan, Desmond. 2014. *Europe recast: A history of European Union*, 2. Aufl. Basingstoke: Palgrave Macmillan.

Elvert, Jürgen. 2013. *Die europäische Integration*, 2. Aufl. Darmstadt: Wissenschaftliche Buchgesellschaft.

Knipping, Franz. 2004. *Rom, 25. März 1957. Die Einigung Europas*. München: dtv.

Loth, Wilfried. 2014. *Europas Einigung: Eine unvollendete Geschichte*. Frankfurt a. M.: Campus.

Loth, Wilfried. 2020. *Europas Einigung: Eine unvollendete Geschichte*, 2. Aufl. Frankfurt a. M.: Campus.

Marhold, Hartmut. 2020. Europatag. *Wie Europas Gemeinschaft ihren Anfang nahm*. Marburg: Tectum.

Weidenfeld, Werner. 2020. Europäische Einigung im historischen Überblick. In *Europa von A bis Z. Taschenbuch der europäischen Integration*, Hrsg. Werner Weidenfeld, Wolfgang Wessels und Funda Tekin, 15. Aufl., 11–35. Wiesbaden: Springer VS.

Weidenfeld, Werner, und Wolfgang Wessels, Hrsg. 1980 ff. *Jahrbuch der Europäischen Integration*. Bonn/Baden-Baden: Nomos.

Literaturverzeichnis

Amtsblatt der Europäischen Gemeinschaften. 2000. *Charta der Grundrechte der Europäischen Union (2000/C 364/01)*. https://www.europarl.europa.eu/charter/pdf/text_de.pdf. Zugegriffen am 01.07.2022.

Amtsblatt der Europäischen Union. 2008. *Konsolidierte Fassungen des Vertrags über die Europäische Union und des Vertrags über die Arbeitsweise der Europäischen Union (2008/C 115/01)*. https://eur-lex.europa.eu/legal-content/DE/TXT/PDF/?uri=OJ:C:2008:115:FULL&from=DE. Zugegriffen am 01.07.2022.

Bach, Maurizio. 2005. Europa als bürokratische Herrschaft. Verwaltungsstrukturen und bürokratische Politik in der Europäischen Union. In *Europawissenschaft*, Hrsg. Gunnar Folke Schuppert, Ingolf Pernice und Ulrich Haltern, 575–611. Baden-Baden: Nomos.

Bartolini, Stefano. 2005. *Restructuring Europe. Centre formation, system building and political structuring between the nation state and the EU*. Oxford: Oxford University Press.

Benz, Arthur. 2015. European public administration as a multilevel administration: A conceptual framework. In *The Palgrave handbook of the European administrative system*, Hrsg. Michael Bauer und Jarle Trondal, 31–47. Basingstoke: Palgrave Macmillan.

Bendiek, Annegret, und Moritz Fessler. 2019. Gemeinsame Außen- und Sicherheitspolitik. In *Jahrbuch der Europäischen Integration 2019*, Hrsg. Werner Weidenfeld und Wolfgang Wessels, 319–324. Baden-Baden: Nomos.

Bertelsmann Stiftung, und The Spinelli Group. 2013. *A fundamental law of the European Union*. Gütersloh: Bertelsmann Stiftung.

Bieber, Roland, Astrid Epiney, und Marcel Haag. 2015. *Die Europäische Union. Europarecht und Politik*, 11. Aufl. Baden-Baden: Nomos.

Bitsch, Marie-Thérèse. 1999. *Histoire de la construction européenne de 1945 à nos jours*. Paris: Editions Complexe.

Bitsch, Marie-Therese. 2004. *Histoire de la construction européenne de 1945 à nos jours*. Brüssel: Editions Complexe.

Böttcher, Winfried. 2016. *Nachdenken über Europa. Eine Auswahl aus vierzig Jahren.* Baden-Baden: Nomos.

Braudel, Fernand. 1980. *On history.* Chicago: The University of Chicago Press.

Brok, Elmar. 2005. Die künftige Verfassung der Europäischen Union – ein klares Votum für den Verfassungsvertrag. In *Der Vertrag über eine Verfassung für Europa. Analysen zur Konstitutionalisierung,* Hrsg. Mathhias Jopp und Saskia Matl, 531–538. Baden-Baden: Nomos.

Brunn, Gerhard. 2009. *Die europäische Einigung. Von 1945 bis heute.* Stuttgart: Philipp Reclam jun.

Bundesverfassungsgericht. 2009. Karlsruhe. *Urteil vom 30. Juni 2009 – 2 BvE 2/08.* https://www.bundesverfassungsgericht.de/entscheidungen/es20090630_2bve000208. Zugegriffen am 01.07.2022.

Burgess, Michael. 1989. *Federalism and European Union. Political ideas, influences and strategies in the European Community, 1972–1987.* London: Routledge.

Centre Virtuel de la Connaissance sur l'Europe. 2016. *Der Tindemans-Bericht.* https://www.cvce.eu/de/recherche/unit-content/-/unit/02bb76df-d066-4c08-a58a-d4686a3e68ff/63f5fca7-54ec-4792-8723-1e626324f9e3. Zugegriffen am 01.07.2022.

CEPS, EGMONT, und EPC. 2007. *The treaty of Lisbon. Implementing the institutional innovations.* Brussels: CEPS, EGMONT & EPC.

CEPS, EGMONT, EPC, Peadar ó Broin, Franklin Dehousse, Janis Emmanouilidis, Piotr Maciej Kaczyński, Jacques Keller, Tinne Heremans, Guy Milton, Antonio Missiroli, Philippe de Schoutheete, Corina Stratulat, und Nick Witney. 2010. *The treaty of Lisbon: A second look at the institutional innovations.* https://www.ceps.eu/wp-content/uploads/2010/09/Studia_Lisbonne_II%20COPYRIGHT.pdf. Zugegriffen am 01.07.2022.

Chirac, Jacques. 2000. *Unser Europa. Rede vor dem Deutschen Bundestag in Berlin.* https://www.cvce.eu/de/obj/rede_von_jacques_chirac_vor_dem_bundestag_unser_europa_berlin_27_juni_2000-de-6a747c46-88db-47ec-bc8c-55c8b161f4dc.html. Zugegriffen am 01.07.2022.

Giscard d'Estaing, Giuliano Amato Valéry, und Jean-Luc Dehaene. 2003. *Vorwort des Vertragsentwurfs über eine Verfassung für Europa.* https://eur-lex.europa.eu/legal-content/DE/TXT/?uri=CELEX:52003XX0718(01). Zugegriffen am 01.07.2022.

Dante, Alighieri. 1313–1317. *De Monarchia libri tres.*

Dehousse, Renaud, und Paul Magnette. 2017. The history of EU institutions: Six decades of institutional change. In *The Institutions of the European Union,* Hrsg. Dermot Hodson und John Peterson, 4. Aufl., 30–51. Oxford/New York: Oxford University Press.

Delors, Jacques. 2004. *Erinnerungen eines Europäers.* Berlin: Parthas.

Diedrichs, Udo. 2011. New modes of governance: Perspectives from the legal and the living architecture of the European Union. In *The dynamics of change in EU governance,* Hrsg. Udo Diedrichs, Wulf Reiners und Wolfgang Wessels, 210–238. Cheltenham/Northampton: Edward Elgar.

Dinan, Desmond, Hrsg. 2006. The histography of European integration. In *Origins and evolution of the European Union,* 297–324. New York: Oxford University Press.

Dinan, Desmond. 2010. *Ever closer union: An introduction to European integration.* Basingstoke: Palgrave Macmillan.

Duff, Andrew. 2013. *Press release by the Spinelli Group: Andrew Duff says „European Council worse than Papal Conclave".*

Dülffer, Jost. 2004. *Europa im Ost-West-Konflikt 1945–1991,* Bd. 18. München: Oldenbourg.

Dülffer, Jost. 2009. The history of European integration: From integration history to the history of integrated Europe. In *Experiencing Europe. 50 years of European construction 1957–2007,* Hrsg. Wilfried Loth, 17–32. Baden-Baden: Nomos.

Elvert, Jürgen. 2006. *Die europäische Integration.* Darmstadt: Wissenschaftliche Buchgesellschaft.

Engel, Christian, und Christine Borrmann. 1991. *Vom Konsens zur Mehrheitsentscheidung, EG-Entscheidungsverfahren und nationale Interessenpolitik nach der Einheitlichen Europäischen Akte.* Bonn: Europa Union.

Europäische Kommission. 2001. *Europäisches Regieren. Ein Weißbuch, KOM (2001) 428 endgültig,* Amtsblatt Nr. 287 vom 12.10.2001. Brüssel. https://eur-lex.europa.eu/legal-content/DE/TXT/PDF/?uri=OJ:C:2001:287:FULL&from=DE. Zugegriffen am 01.07.2022.

Europäische Kommission. 2016. *European neighbourhood policy and enlargement negotiations. Conditions for membership.* https://ec.europa.eu/neighbourhood-enlargement/enlargement-policy/conditions-membership_en. Zugegriffen am 01.07.2022.

Europäische Kommission. 2017a. *Erklärung von Rom. 25. März 2017. Erklärung der führenden Vertreter von 27 Mitgliedstaaten und des Europäischen Rates, des Europäischen Parlaments und der Europäischen Kommission.* https://ec.europa.eu/commission/presscorner/detail/de/STATEMENT_17_767. Zugegriffen am 01.07.2022.

Europäische Kommission. 2017b. *Weißbuch zur Zukunft Europas. Die EU der 27 im Jahr 2025 – Überlegungen und Szenarien.* https://ec.europa.eu/info/sites/default/files/weissbuch_zur_zukunft_europas_de.pdf. Zugegriffen am 01.07.2022.

Europäische Union. 2020. *Europatag.* https://european-union.europa.eu/principles-countries-history/symbols/europe-day_de. Zugegriffen am 01.07.2022.

Europäischer Rat. 2001a. *Bericht des Vorsitzes über die Europäische Sicherheits- und Verteidigungspolitik* (9526/1/01 REV 1 + REV 2 (de)).

Europäischer Rat. 2001b. *Schlussfolgerungen des Vorsitzes. Europäischer Rat (Laeken). 14. und 15.12.2001.* https://www.consilium.europa.eu/ueDocs/cms_Data/docs/pressData/de/ec/68829.pdf. Zugegriffen am 01.07.2022.

Europäischer Rat. 2002. *Schlussfolgerungen des Vorsitzes – Kopenhagen, 12. und 13.12.2002.* https://www.consilium.europa.eu/media/20898/73845.pdf. Zugegriffen am 01.07.2022.

Europäischer Rat. 2004. *Schlussfolgerungen des Vorsitzes – Brüssel 16./17.12.2004.* Brüssel: https://www.consilium.europa.eu/uedocs/cms_data/docs/pressdata/de/ec/83221.pdf. Zugegriffen am 01.07.2022.

Europäischer Rat. 2016. *Schlussfolgerungen des Europäischen Rates vom 18. und 19.02.2016.* Brüssel. https://www.consilium.europa.eu/media/21770/st00001de16.pdf. Zugegriffen am 01.07.2022.

Europa-Union Deutschland. 2020. *Grundsatzbeschlüsse der Europa-Union Deutschland.* https://www.europa-union.de/politik/beschluesse/grundsatzbeschluesse/. Zugegriffen am 01.07.2022.

Fischer, Joschka. 2000. Vom Staatenbund zur Föderation – Gedanken über die Finalität der Europäischen Integration, Rede vom 12.05.2000 an der Humboldt-Universität Berlin. In *Die neue Europadebatte: Leitbilder für das Europa der Zukunft*, Hrsg. Hartmut Marhold, 41–54. Bonn: Europa Union.

Gaulle, Charles de. 1971. *Memoiren der Hoffnung: Die Wiedergeburt 1958–1962.* Wien/München/Zürich: Verlag Fritz Molden.

Gerbet, Pierre. 1994. *La Construction de l'Europe.* Paris: Imprimerie Nationale.

Gerards, Carsten, und Wolfgang Wessels. 2020. Die institutionelle Architektur der Europäischen Union. In *Jahrbuch der Europäischen Integration 2020*, Hrsg. Werner Weidenfeld und Wolfgang Wessels, 71–80. Baden-Baden: Nomos.

Gillingham, John. 2003. *European integration, 1950–2003. Superstate or new market economy?* Cambridge: Cambridge University Press.

Göler, Daniel. 2006. *Deliberation-Ein Zukunftsmodell europäischer Entscheidungsfindung? Analyse der Beratungen des Verfassungskonvents 2002–2003.* Baden-Baden: Nomos.

Göler, Daniel, und Hartmut Marhold. 2005. Die Konventsmethode – Institutionelles Experiment oder Modell für die Zukunft? In *Der Vertrag über eine Verfassung für Europa. Analysen zur Konstitutionalisierung der EU*, Hrsg. Mathias Jopp und Saskia Matl, 453–472. Baden-Baden: Nomos.

Habermas, Jürgen. 2012. *The crisis of the European Union. A response.* Malden/Cambridge: Polity Press.

Hallstein, Walter. 1969. *Der unvollendete Bundesstaat. Europäische Erfahrungen und Erkenntnisse.* Düsseldorf/Wien: Econ.

Hallstein, Walter. 1979. *Europäische Reden.* Stuttgart: Deutsche-Verlags-Anstalt.

Hänsch, Klaus. 2002. Der Konvent – unkonventionell. *integration* 26(3): 331–337.

Hänsch, Klaus. 2005. Jenseits der Artikel – europäische Grundentscheidung der EU-Verfassung. In *Der Vertrag über eine Verfassung für Europa. Analysen zur Konstitutionalisierung der EU*, Hrsg. Mathias Jopp und Saskia Matl, 551–559. Baden-Baden: Nomos.

Helwig, Niklas. 2016. Hoher Vertreter der Union für Außen- und Sicherheitspolitik. In *Europa von A bis Z. Taschenbuch der europäischen Integration*, Hrsg. Werner Weidenfeld und Wolfgang Wessels, 14. Aufl., 305–306. Baden-Baden: Nomos.

Hiepel, Claudia. 2012. *Willy Brandt und Georges Pompidou: Deutsch-französische Europapolitik zwischen Aufbruch und Krise*. München: Oldenbourg.

Hobe, Stephan. 2004. *Europarecht*, 2. Aufl. Köln: Carl Heymanns.

Hobe, Stephan. 2014. *Europarecht*, 8. Aufl. München: Vahlen.

Hobsbawm, Eric. 1994. *The age of extremes: A history of the world, 1914–1991*. New York: Pantheon Books.

Hofmann, Andreas, und Wolfgang Wessels. 2008. Der Vertrag von Lissabon – eine tragfähige und abschließende Antwort auf konstitutionelle Grundfragen? *integration* 31(1): 3–20.

Holzinger, Katharina, und Frank Schimmelfennig. 2012. Differentiated Integration in the European Union: Many concepts, sparse theory, few data. *Journal of European Public Policy* 19(2): 292–305.

Hopp, Lea, und Wolfgang Wessels. 2020. Europäischer Rat. In *Jahrbuch der Europäischen Integration 2020*, Hrsg. Werner Weidenfeld und Wolfgang Wessels, 91–98. Baden-Baden: Nomos.

Hugo, Victor. 1871. *„Soyons les États-Unis d'Europe".* *Discours devant l'Assemblée Nationale le 1er mars 1871.* https://www.cairn.info/revue-parlements1-2004-1-page-113.htm. Zugegriffen am 01.07.2022.

Hyde-Price, Adrian. 2006. „Normative" power Europe: A realist critique. *Journal of European Policy* 13(2): 217–234.

Jachtenfuchs, Markus. 2002. *Die Konstruktion Europas. Verfassungsideen und institutionelle Entwicklung*. Baden-Baden: Nomos.

James, Harold. 2003. *Europe reborn: A history, 1914–2000*. Harlow: Pearson Longman.

Jopp, Mathias, und Saskia Matl. 2005. *Der Vertrag über eine Verfassung für Europa. Analysen zur Konstitutionalisierung der EU*. Baden-Baden: Nomos.

Judt, Tony. 2005. *Postwar: A history of Europe since 1945*. New York: The Penguin Press.

Kaelble, Hartmut. 2013. Spirale nach unten oder produktive Krisen? Zur Geschichte politischer Entscheidungskrisen der europäischen Integration. *integration* 36(3): 169–182.

Kaiser, Wolfram, Brigitte Leucht, und Morten Rasmussen. 2009. *The history of the European Union. Origins of a trans- and supranational polity 1950–72*. New York/London: Taylor & Francis.

Kant, Immanuel. 2016 [1795]. *Zum ewigen Frieden. Ein philosophischer Entwurf*. Berlin: Hofenberg.

Kassim, Hussein, und Anand Menon. 2003. The principal-agent approach and the study of the EU: Promise unfulfilled? *Journal of European Public Policy* 10(1): 121–139.

Keohane, Robert O., und Stanley Hoffmann, Hrsg. 1991. Institutional change in Europe in the 1980s. In *The new European Community. Decision-making and institutional change*, 1–39. Boulder: Westview Press.

Kershaw, Ian. 2018. *Achterbahn. Europa 1950 bis heute*. München: Deutsche Verlags-Anstalt.

Knipping, Franz. 2004. *Rom, 25. März 1957. Die Einigung Europas*. München: dtv.

Kunstein, Tobias, und Wulf Reiners. 2013. Ein Geschenk für die Integrationsforschung? Facetten und Wandel des Europäischen Rates. *integration* 36(4): 340–345.

Kreilinger, Valentin. 2019. Nationale Parlamente. In *Jahrbuch der Europäischen Integration 2019*, Hrsg. Werner Weidenfeld und Wolfgang Wessels, 161–164. Baden-Baden: Nomos.

Laffan, Brigid. 2005. Der schwierige Weg zur Europäischen Verfassung: Von der Humboldt-Rede Außenminister Fischers bis zum Abschluss der Regierungskonferenz. In *Der Vertrag über eine Verfassung für Europa. Analysen zur Konstitutionalisierung der EU*, Hrsg. Mathias Jopp und Saskia Matl, 473–492. Baden-Baden: Nomos.

Lamassoure, Alain. 2004. *Histoire secrète de la Convention européenne*. Paris: Albin Michel.

Leinen, Jo, und Justus Schönlau. 2001. Die Erarbeitung der EU-Grundrechtecharta im Konvent: Nützliche Erfahrungen für die Zukunft Europas. In *Das Vertragswerk von Nizza und die Zukunft der Europäischen Union*, Hrsg. Mathias Jopp, Barbara Lippert und Heinrich Schneider, 123–130. Bonn: Institut für Europäische Politik.

Lequesne, Christian. 2013. A new socialist president in the Elysée. *Journal of Common Market Studies Annual Review of the European Union in 2012* 51:42–54.

Lindahl, Rutger. 1995. Schweden. In *Jahrbuch der Europäischen Integration 1994/95*, Hrsg. Werner Weidenfeld und Wolfgang Wessels, 345–350. Bonn: Nomos.

Link, Werner. 2006. *Auf dem Weg zu einem neuen Europa. Herausforderungen und Antworten.* Baden-Baden: Nomos.

Link, Werner. 2012. Integratives Gleichgewicht und gemeinsame Führung. Das europäische System und Deutschland. *Merkur* 66(11): 1025–1034.

Lipgens, Walter. 1982. *A history of European integration, Bd. 1: 1945–1947. The formation of the European unity movement.* Oxford: Clarendon Press.

Lipgens, Walter, Hrsg. 1986. *45 Jahre Ringen um eine Europäische Verfassung. Dokumente 1939–1984. Von den Schriften der Widerstandsbewegungen bis zum Vertragsentwurf des Europäischen Parlaments.* Bonn: Europa Union.

Lippert, Barbara, Hrsg. 2004. Glanzloser Arbeitserfolg von epochaler Bedeutung: eine Bilanz der EU-Erweiterungspolitik 1989–2004. In *Bilanz und Folgeprobleme der EU-Erweiterung.* Baden-Baden: Nomos.

Loth, Wilfried, Hrsg. 2001. *Crises and compromises: The European project 1963–1969.* Baden-Baden: Nomos.

Loth, Wilfried. 2002. *Entwürfe einer europäischen Verfassung. Eine historische Bilanz.* Bonn: Europa Union.

Loth, Wilfried. 2007. Der Weg nach Rom – Entstehung und Bedeutung der Römischen Verträge. *integration* 30(1): 36–43.

Loth, Wilfried, Hrsg. 2009. *Experiencing Europe: 50 years of European construction 1957–2007.* Baden-Baden: Nomos.

Loth, Wilfried. 2020. *Europas Einigung: Eine unvollendete Geschichte, 2. Aufl.* Frankfurt a. M.: Campus.

Loth, Wilfried. 2014. *Europas Einigung: Eine unvollendete Geschichte.* Frankfurt a. M.: Campus.

Ludlow, N. Piers. 2003. An opportunity or a threat? The European Commission and the Hague Council of December 1969. *Zeitschrift für Geschichte der Europäischen Integration* 26(2): 11–25.

Luif, Paul. 1995. Österreich. In *Jahrbuch der Europäischen Integration 1994/95*, Hrsg. Werner Weidenfeld und Wolfgang Wessels, 333–338. Bonn: Nomos.

Magnette, Paul. 2004. Deliberation or bargaining? Coping with consititional conflicts in the convention on the future of Europe. In *Developing a constitution for Europe*, Hrsg. Erik Oddvar Eriksen, John Erik Fossum und Agustín Menéndez, 207–225. London: Routledge.

Marhold, Hartmut. 2009. How to tell the history of European integration in the 1970s: A survey of the literature and some proposals. *L'Europe en formation* 50(353–354): 13–38.

Maurer, Andreas. 2003. Die Methode des Konvents – Ein Modell deliberativer Demokratie? *integration* 26(2): 130–140.

Maurer, Andreas. 2013. Europäisches Parlament. In *Jahrbuch der Europäischen Integration 2013*, Hrsg. Werner Weidenfeld und Wessels Wolfgang, 57–68. Baden-Baden: Nomos.

Mazower, Mark. 2009. *Hitlers Imperium. Europa unter der Herrschaft des Nationalsozialismus.* München: C. H. Beck.

Mearsheimer, John J. 1990. Back to the future: Instability in Europe after the cold war. *International Security* 15(1): 5–56.

Milward, Alan. 2005. *The European rescue of the nation-state.* London/New York: Routledge.

Mittag, Jürgen. 2008. *Kleine Geschichte der Europäischen Union.* Münster: Aschendorff.

Mittag, Jürgen, und Wolfgang Wessels. 2004. Die Gipfelkonferenzen von Den Haag (1969) und Paris (1972): Meilensteine für die Entwicklungstrends der Europäischen Union? In *Aufbruch zum Europa der zweiten Generation. Die europäische Einigung 1969–1984*, Hrsg. Franz Knipping und Matthias Schönwald, 3–27. Trier: WVT Wissenschaftlicher Verlag Trier.

Monar, Jörg. 2011. The European Union's institutional balance of power after the treaty of Lisbon. In *The European Union after the treaty of Lisbon: Visions of leading policy-makers, academics and journalists*, Hrsg. Europäische Kommission, 60–89. Luxemburg: Publications Office of the European Union.

Monnet, Jean. 1952. *Mémorandum de Jean Monnet à Robet Schuman.* https://www.cvce.eu/en/obj/memorandum_de_jean_monnet_a_robert_schuman_paris_15_fevrier_1952-fr-7710d428-71a9-4d28-8e7d-c25c349629a0.html. Zugegriffen am 01.07.2022.

Monnet, Jean. 1978. *Erinnerungen eines Europäers.* München: Hanser.

Moravcsik, Andrew. 1993. Preferences and power in the European Community: A liberal intergovernmentalist approach. *Journal of Common Market Studies* 31(4): 473–524.

Müller Gómez, Johannes, und Wolfgang Wessels. 2017. Die insitutionelle Architektur der Europäischen Union. In *Jahrbuch der Europäischen Integration 2017*, Hrsg. Werner Weidenfeld und Wolfgang Wessels, 71–86. Baden-Baden: Nomos.

Marhold, Hartmut. 2020. *Europatag. Wie Europas Gemeinschaft ihren Anfang nahm.* Marburg: Tectum.

Norman, Peter. 2003. *The accidental constitution. The story of the European convention.* Brüssel: EuroComment.

Nuttall, Simon J. 1997. Two decades of EPC performance. In *Foreign policy of the European Union. From EPC to CFSP and beyond,* Hrsg. Elfriede Regelsberger, Philippe de Schoutheete de Tervarent und Wolfgang Wessels. London: Boulder.

Peterson, John. 1999. The Santer-era: The European Commission in normative, historical and theoretical perspective. *Journal of European Policy* 6(1): 46–65.

Peterson, John. 2017. The College of Commissioners: Supranational leadership and presidential politics. In *The Institutions of the European Union*, Hrsg. Dermot Hodson und John Peterson, 4. Aufl., 108–137. Oxford/New York: Oxford University Press.

Pierson, Paul. 2000. Increasing returns, path dependence, and the study of politics. *American Political Science Review* 94(2): 251–267.

Plottka, Julian. 2019. Europäische Bürgerinitiative. In *Jahrbuch der Europäischen Integration 2019*, Hrsg. Werner Weidenfeld und Wolfgang Wessels, 173–176. Baden-Baden: Nomos.

Pollack, Mark A. 2003. *The engines of European integration. Delegation, agency, and aganda setting in the EU.* Oxford: Oxford University Press.

Puetter, Uwe. 2014. *The European Council and the Council. New intergovernmentalism and institutional change.* Oxford. Oxford University Press.

Regelsberger, Elfriede. 2000. Gemeinsame Außen- und Sicherheitspolitik. In *Jahrbuch der Europäischen Integration 1999/2000*, Hrsg. Werner Weidenfeld und Wolfgang Wessels, 233–242. Bonn: Europa Union.

Reiners, Wulf, und Wolfgang Wessels. 2014. Die institutionelle Architektur der EU. In *Jahrbuch der Europäischen Integration 2014*, Hrsg. Werner Weidenfeld und Wolfgang Wessels, 63–72. Baden-Baden: Nomos.

Reiners, Wulf, und Wolfgang Wessels. 2015. Die institutionelle Architektur der Europäischen Union. In *Jahrbuch der Europäischen Integration 2015*, Hrsg. Werner Weidenfeld und Wolfgang Wessels, 57–66. Baden-Baden: Nomos.

Reiners, Wulf, und Wolfgang Wessels. 2016. Die institutionelle Architektur der Europäischen Union. In *Jahrbuch der Europäischen Integration 2016*, Hrsg. Werner Weidenfeld und Wolfgang Wessels, 57–68. Baden-Baden: Nomos.

Rokkan, Stein. 1975. Dimensions of State formation and nation-building: A possible paradigm for research on variations within Europe. In *The formation of national states in Western Europe*, Hrsg. Charles Tilly. Princeton: Princeton University Press.

Rummel, Reinhard, und Wolfgang Wessels. 1978. *Die Europäische Politische Zusammenarbeit. Leistungsvermögen und Struktur der EPZ*, Bd. 52/53. Bonn: Europa Union.

Sasse, Christoph. 1975. *Regierungen, Parlamente, Ministerrat. Entscheidungsprozesse in der Europäischen Gemeinschaft.* Bonn: Europa Union.

Seidendorf, Stefan. 2019. *Frankreich, Deutschland und die europäische Integration im Aachener Vertrag.* integration 42(3): 187–204.

Schäfer, David, und Wolfgang Wessels. 2013. Europäischer Rat. In *Jahrbuch der Europäischen Integration 2013*, Hrsg. Werner Weidenfeld und Wolfgang Wessels, 69–80. Baden-Baden: Nomos.

Schäfer, David, und Wolfgang Wessels. 2015. Europäischer Rat. In *Jahrbuch der Europäischen Integration 2015*, Hrsg. Werner Weidenfeld und Wolfgang Wessels, 75–84. Baden-Baden: Nomos.

Scharrer, Hans-Eckart. 1977. Differenzierte Integration im Zeichen der Schlange. In *Auf dem Weg zur Europäischen Union? Diskussionsbeiträge zum Tindemans-Bericht*, Hrsg. Heinrich Schneider und Wolfgang Wessels. Bonn: Europa Union.

Schäuble, Wolfgang, und Christian Lamers. 1994. *Überlegungen zur europäischen Politik (Schäuble-Lamers-Papier).* https://eu-asia.essca.fr/wp-content/uploads/sites/4/2014/09/schaeuble-lamers-papier-1994.pdf. Zugegriffen am 31.01.2020.

Schmuck, Otto. 1990. Vierzig Jahre Europarat. Renaissance in gesamteuropäischer Perspektive? In *Europäische Schriften des Instituts für Europäische Politik*, Bd. 67. Bonn: Europa Union.

Schmuck, Otto, und Günther Unser. 2016. *Die Europäische Union. Aufgaben, Strukturen und Chancen.* Bonn: Bundeszentrale für politische Bildung.

Schneider, Heinrich. 1977. *Leitbilder der Europapolitik. Der Weg zur Integration.* Bonn: Europa Union.

Schneider, Heinrich, und Rudolf Hrbek. 1980. Die Europäische Union im Werden. In *Die Europäische Union als Prozeß*, Hrsg. Hans von der Groeben und Hans Möller, 209–472. Baden-Baden: Nomos.

Schneider, Heinrich. 1986. *Rückblick in die Zukunft. Konzeptionelle Weichenstellungen für die europäische Einigung.* Bonn: Europa Union.

Schneider, Heinrich. 1998. Ein Wandel europapolitischer Grundverständnisse? Grundsatzüberlegungen, Erklärungsansätze und Konsequenzen für die politische Bildungsarbeit. In *Europapolitische Grundverständnisse im Wandel. Analysen und Konsequenzen für die politische Bildung*, Hrsg. Mathias Jopp, Andreas Maurer und Heinrich Schneider, 19–147. Bonn: Europa Union.

Schneider, Heinrich, und Wolfgang Wessels, Hrsg. 1994. *Föderale Union – Europas Zukunft?* München: C. H. Beck.

Scholl, Bruno. 2006. *Europas symbolische Verfassung. Nationale Verfassungstraditionen und die Konstitutionalisierung der EU*, 5. Aufl. Wiesbaden: Springer.

Schöndube, Claus. 1986. Das Europäische Parlament. In *Jahrbuch der Europäischen Integration 1985*, Hrsg. Werner Weidenfeld und Wolfgang Wessels, 76–88. Bonn: Europa Union.

Schönhoven, Klaus. 2007. *Europa als Erinnerungsgemeinschaft. Abschiedsvorlesung an der Sozialwissenschaftlichen Fakultät der Universität Mannheim am 13. September 2007.* Bonn: Historisches Forschungszentrum der Friedrich-Ebert-Stiftung.

Schoutheete, Philippe de. 2012. The European Council. In The institutions of the European Union, Hrsg. John Peterson und Michael Shackleton, 43–67. Oxford/New York: Oxford University Press.

Schulze, Hagen. 2004. Europa: Nation und Nationalstaat im Wandel. In *Europa-Handbuch*, Hrsg. Werner Weidenfeld, 49–79. Gütersloh: Bertelsmann Stiftung.

Selmayr, Martin. 2013. Europäische Zentralbank. In *Jahrbuch der Europäischen Integration 2013*, Hrsg. Werner Weidenfeld und Wolfgang Wessels, 113–124. Baden-Baden: Nomos.

Selmayr, Martin. 2014. Europäische Zentralbank. In *Jahrbuch der Europäischen Integration 2014*, Hrsg. Werner Weidenfeld und Wolfgang Wessels, 127–140. Baden-Baden: Nomos.

Selmayr, Martin. 2015. Europäische Zentralbank. In *Jahrbuch der Europäischen Integration 2015*, Hrsg. Werner Weidenfeld und Wolfgang Wessels, 113–126. Baden-Baden: Nomos.

Siegler, Heinrich, Hrsg. 1968. *Europäische politische Einigung, 1949–1968. Dokumentation von Vorschlägen und Stellungnahmen.* Bonn/Wien/Zürich: Dokumentationen der Deutschen Gesellschaft für Außenpolitik.

Spaak, Paul-Henri. 1969. *Memoiren eines Europäers.* Hamburg: Hoffmann und Campe.

Spinelli, Altiero, et al. 1941. *Das Manifest von Ventotene.* https://www.cvce.eu/content/publication/1997/10/13/316aa96c-e7ff-4b9e-b43a-958e96afbecc/publishable_de.pdf. Zugegriffen am 01.07.2022.

Straub, Eberhard. 2015. *Der Wiener Kongress. Das große Fest und die Neuordnung Europas.* Stuttgart: Klett-Cotta.

Streeck, Wolfgang. 2013. *Gekaufte Zeit: Die vertagte Krise des demokratischen Kapitalismus.* Berlin: Suhrkamp.

Tekin, Funda. 2016a. Brexit or no Brexit? Political and institutional implications of an EU without the UK. *IAI working papers 16(7).* https://www.iai.it/sites/default/files/iaiwp1607.pdf. Zugegriffen am 01.07.2022.

Tekin, Funda. 2016b. Was folgt aus dem Brexit? Mögliche Szenarien differenzierter (Des-) Integration. *integration* 39(3): 183–197.

Thatcher, Margaret. 1993. *The downing street years.* London: HarperCollins.

Thieme, Alina, und Wolfgang Wessels. Europäischer Rat. In *Jahrbuch der Europäischen Integration 2019*, Hrsg. Werner Weidenfeld und Wolfgang Wessels, 93–100. Baden-Baden: Nomos.

Tilly, Charles. 1975. *The formation of national states in Western Europe.* Princeton: Princeton University Press.

Uwe Puetter, und Sergio Fabbrini. 2016. Catalysts of integration – the role of core intergovernmental forums in EU politics. *Journal of European Integration* 38(5):633–642.

Van der Harst, Jan. 2003. The 1969 Hague Summit: A new start für Europe? *Journal of European Integration History* 9(2): 5–9.

Van Middelaar, Luuk. 2013. *Passage to Europe. How a continent became a union.* New Haven/-London: Yale University Press.

Van Rompuy, Herman. 2012a. *The European Council in 2011.* Luxemburg: Publications Office of the European Union.

Van Rompuy, Herman. 2012b. *Speech at the Humboldt University, Walter Hallstein Institute for European Constitutional Law: „The discovery of co-responsibility: Europe in the debt crisis".* https://www.consilium.europa.eu/uedocs/cms_data/docs/pressdata/en/ec/127849.pdf. Zugegriffen am 01.07.2022.

Van Rompuy, Herman. 2014. *Europe in the storm. Promise and prejudice.* Leuven: Davidsfonds Uitgeverij.

Verdun, Amy, Chiara Zilioli, und Hubert Zimmermann. 2004. *Governing EMU: Economic, political, legal and historical perspectives.* Florenz: European University Institute.

Verhofstadt, Guy. 2006. *Speech by Prime Minister Guy Verhofstadt at the CSIS in Washington, 17 January 2006.* https://news.belgium.be/en/speech-prime-minister-guy-verhofstadt-csis-washington. Zugegriffen am 01.07.2022.

Wallace, Helen. 1985. Vereinigtes Königreich. In *Jahrbuch der Europäischen Integration 1985*, Hrsg. Werner Weidenfeld und Wolfgang Wessels, 376–384. Bonn: Europa Union.

Weidenfeld, Werner. 2014. Europäische Einigung im historischen Überblick. In *Europa von A bis Z. Taschenbuch der europäischen Integration*, Hrsg. Werner Weidenfeld und Wolfgang Wessels, 14 Aufl., 13–58. Baden-Baden: Nomos.

Weidenfeld, Werner. 2016. Einleitung: die EU in Krisenzeiten. In *Europa von A bis Z. Taschenbuch der europäischen Integration*, Hrsg. Werner Weidenfeld und Wolfgang Wessels, 14. Aufl., 9–14. Baden-Baden: Nomos.

Weidenfeld, Werner, und Wolfgang Wessels, Hrsg. 2016. *Europa von A bis Z. Taschenbuch der europäischen Integration*, 14. Aufl. Baden-Baden: Nomos.

Wessels, Wolfgang. 1980. *Der Europäische Rat. Stabilisierung statt Integration? Geschichte, Entwicklung und Zukunft der EG-Gipfelkonferenzen.* Bonn: Europa Union.

Wessels, Wolfgang. 1994. Institutionen der Europäischen Union: Langzeittrends und Leitideen. In *Die Eigenart der Institutionen. Zum Profil politischer Institutionentheorie*, Hrsg. Gerhard Göhler, 301–330. Baden-Baden: Nomos.

Wessels, Wolfgang. 2000. *Die Öffnung des Staates. Modelle und Wirklichkeit grenzüberschreitender Verwaltungspraxis 1960–1995.* Opladen: Leske + Budrich.

Wessels, Wolfgang. 2001. Die Vertragsreformen von Nizza – Zur institutionellen Erweiterungsreife. *integration* 24(1): 8–25.

Wessels, Wolfgang. 2014. Revisiting the Monnet method – A contribution to the periodisation of the European Union's history. In *Periodisation of the European Union's history*, Hrsg. Michaela Bachem-Rehm und Henning Türk, 49–59.

Wessels, Wolfgang. 2015. Dynamics of the integration process: The European Council as driver of the ‚Integration Spiral' in the EU's constitutional evolution. In *Privatrecht, Wirtschaftsrecht, Verfassungsrecht. Festschrift für Peter-Christian Müller-Graff zum 70. Geburtstag am 29. September 2015*, Hrsg. Cordula Stumpf, Friedemann Kainer und Christian Baldus, 1305–1313. Baden-Baden: Nomos.

Wessels, Wolfgang. 2016. *The European Council*. Basingstoke: Palgrave Macmillan.

Wessels, Wolfgang, und Cyril Gläser. 2010. Die Europapolitik in der wissenschaftlichen Debatte. In *Jahrbuch der Europäischen Integration 2009*, Hrsg. Werner Weidenfeld und Wolfgang Wessels, 27–44. Baden-Baden: Nomos.

Wessels, Wolfgang, und Cyril Gläser. 2011. Die Europapolitik in der wissenschaftlichen Debatte. In *Jahrbuch der Europäischen Integration 2010*, Hrsg. Werner Weidenfeld und Wolfgang Wessels, 29–44. Baden-Baden: Nomos.

Wessels, Wolfgang, und Cyril Gläser. 2015. Die Europapolitik in der wissenschaftlichen Debatte. In *Jahrbuch der Europäischen Integration 2015*, Hrsg. Werner Weidenfeld und Wolfgang Wessels, 29–42. Baden-Baden: Nomos.

Wessels, Wolfgang, und Carsten Gerards. 2018. *The Implementation of Enhanced Cooperation in the EU. Studie im Auftrag des Ausschusses für konstitutionelle Fragen (Europäisches Parlament), vorgestellt am 10. Oktober* 2018. Brüssel. https://www.europarl.europa.eu/RegData/etudes/STUD/2018/604987/IPOL_STU(2018)604987_EN.pdf. Zugegriffen am 01.07.2022.

Wessels, Wolfgang, und Andreas Hofmann. 2009. Eine dauerhafte Verfassung für Euopa? Die Beantwortung konstitutioneller Grundfragen durch den Vertrag von Lissabon. In *Die Verfassung Europas. Perspektiven des Integrationsprojekts*, Hrsg. Frank Decker und Marcus Höreth, 69–95. Wiesbaden: VS Verlag für Sozialwissenschaften.

Wessels, Wolfgang, und Jürgen Mittag. 2004. Die Gipfelkonferenzen von Den Haag (1969) und Paris (1972): Meilensteine für Entwicklungstrends der Europäischen Union? In *Aufbruch zum Europa der zweiten Generation. Die europäische Einigung 1969–1984*, Hrsg. Franz Knipping und Matthias Schönwald, 3. Aufl., 3–27. Trier: WVT Wissenschaftlicher Verlag Trier.

Wessels, Wolfgang, und Johannes Müller Gómez. 2016. The Spitzenkandidaten procedure: Reflecting on the future of an electoral experiment. *IAI Working Papers* 16(8). http://www.iai.it/sites/default/files/iaiwp1608.pdf. Zugegriffen am 31.01.2020.

Teil IV

Institutionen der Europäischen Union in der Nahsicht

Das Europäische Parlament

Inhalt

Zusammenfassung

Von nachhaltiger Bedeutung für das politische System der EU insgesamt ist es, die Aktivitäten des Europäischen Parlaments (EP), seine Direktwahl durch die Unionsbürgerinnen und -bürger, seine internen Beschlussfassungsregeln und Koalitionsmuster sowie die Arbeitsweise mithilfe der entsprechenden Vertragsregeln und durch die Beobachtung der Praxis zu untersuchen. Zu beobachten sind langfristig angelegte Entwicklungen zu einer normalen Legislative und Haushaltsbehörde in einem institutionellen Dreieck mit der Europäischen Kommission und dem Rat der EU. Von besonderer Relevanz ist die Wahrnehmung seiner Wahlfunktion, wie das Spitzenkandidaten-Verfahren 2019 erneut dokumentierte. Festzustellen sind auch im Vergleich zu nationalen Parlamenten fehlenden Rechte – so bei der Festlegung der Einnahmen des Unionsbudgets. Mit Blick auf die intensive Debatte um das demokratische Defizit der Union ist zu diskutieren, inwieweit die Wahlen – häufig als Sekundärwahlen bezeichnet – eine ausreichende Legitimitätsbasis darstellen. Die Binnenstruktur – insbesondere geprägt durch die politischen Fraktionen und die Fachausschüsse – erinnert an den Aufbau von nationalen Parlamenten, wobei sowohl die internen Beschlussmodalitäten als auch die Koalitionsmuster eine beträchtliche Variationsbreite aufweisen.

© Springer Fachmedien Wiesbaden GmbH, ein Teil von Springer Nature 2022
W. Wessels, *Das Politische System der Europäischen Union*,
https://doi.org/10.1007/978-3-658-10013-1_1

Demokratisches Defizit · Parlamentarische Mitwirkungsrechte · Sekundärwahl ·
Ordentliches Gesetzgebungsverfahren · Europäische Fraktionen

1   Eckpunkte im Überblick: Auf- und Ausbau eines starken Mitspielers

Bei der Erfassung und Erklärung der institutionellen Architektur des EU-Systems
nimmt das *Europäische Parlament* (EP) eine besondere Rolle ein. Zunächst mehr
als demokratisches Feigenblatt bzw. „Alibi" (Maurer und Wessels 2003a, S. 32–
37) an die institutionelle Architektur der Europäischen Gemeinschaft für Kohle
und Stahl (EGKS) angefügt (Shackleton 2017, S. 140–146; Loth 2014, S. 38), hat
das EP nach mehreren Vertragsrunden erheblich an Beteiligungsrechten gewonnen. Mit wachsender Intensität nutzen die Abgeordneten ihre Rechte und ihre
Macht als „Veto-Spieler" (Hix und Høyland 2013; Tsebelis 2002, S. 248–282)
gegenüber den anderen EU-Organen. Ausgehend von einer Liste an parlamentarischen Rechten und Aufgaben kann zunehmend beobachtet werden, wie das EP
in einem *legislativen Dreieck* bei Legislativ- und Haushaltsverfahren der EU
sowie bei zentralen Wahlakten zu einem ‚starken' Mit- und gegebenenfalls auch
Gegenspieler des *Rates der Europäischen Union* und der *Europäischen Kommission* geworden ist. Ein besonderes Spannungsverhältnis ist in den Beziehungen
zum *Europäischen Rat* angelegt (Müller Gómez et al. 2019).

Allerdings hat das Parlament noch nicht alle Rechte erhalten, die nationale
Verfassungen Parlamenten in der Regel zuschreiben. Insbesondere bei der Festlegung der (Eigen-)Einnahmen der EU und bei den quasi-konstitutionellen Akten
von Vertragsänderungen hat das EP bisher keine starken Mitwirkungsrechte
erhalten. Auch in einigen zentralen Politikfeldern, wie z. B. der *Gemeinsamen
Außen- und Sicherheitspolitik* (GASP) (Art. 24 (1) und Art. 36 EUV) und in
Formen der wirtschaftspolitischen Koordinierung, wie etwa in der Beschäftigungspolitik (Art. 148 (2) AEUV), ist vertragsrechtlich nur eine begrenzte Einflussnahme des EP angelegt. Dagegen hat der Lissabonner Vertrag die Rechte des
EP im Bereich des *Raumes der Freiheit, der Sicherheit und des Rechts* gestärkt
(z. B. Art. 83 (1) EUV).

Mit Blick auf das Innenleben des EP wurden bislang sowohl Muster einer ‚großen
Koalition', ausgelöst durch institutionelle Zwänge des Vertrags (Maurer 2014a), als
auch Tendenzen zu einer ‚Normalisierung' nach üblichen Links-Rechts-Koalitionen
(Shackleton 2017, S. 148; Hix und Noury 2009) beobachtet. Mit den Wahlen zum
EP von 2014 und dem damit eingeführten *Spitzenkandidaten*-Verfahren entstanden
für die Abgeordneten neue Anreize zur Bildung einer Art von *Regierungskoalition*,
die ‚ihren' Kommissionspräsidenten stützt (Müller Gómez und Wessels 2015);
dagegen signalisieren die Ergebnisse der Europawahl von 2019 ein Ende der ‚großen

Koalition' und die vertraglich begründeten Zwänge, neue Mehrparteienallianzen zu gestalten.

Angesichts derartiger Entwicklungen wird intensiv diskutiert, ob und inwieweit das EP als „normale Legislative" (Hix 2005, S. 109) mit einigen Besonderheiten oder als Institution ‚sui generis' einzuordnen ist (Cofelice und Stavridis 2014; Judge und Earnshaw 2008, S. 10–12).

Divergierende Leitideen

Im Hinblick auf seinen Legitimations- und Wirkungsanspruch wird dieses parlamentarische Organ des EU-Systems in einem Spannungsfeld von institutionellen Leitideen angesiedelt: Einerseits wird es weiterhin häufig von nationalen ‚Vollparlamenten' abgegrenzt, da es kein ‚Volk' bzw. keinen europäischen ‚demos' repräsentiert (Shackleton 2017, S. 155; Bundesverfassungsgericht 2009, § 277–292; Judge und Earnshaw 2008). Eine entsprechende Aussage wird kategorisch formuliert: „Das Europäische Staatsvolk, das im Europäischen Parlament seine Repräsentanz fände, gibt es nicht" (Lübbe 1994, S. 147). Diese Sicht unterstützt und stärkt die intergouvernementale Leitidee der institutionellen Architektur (vgl. Abb. 4 im Kap. ► „Einführung"). Dagegen sieht die föderalistische Leitidee das EP als das einzig *direkt* gewählte und damit legitimierte Repräsentationsorgan *eines* europäischen Volkes, dessen Identität auf einem gemeinsamen kulturellen Erbe beruht und sich in gemeinsam vertretenen Werten manifestiert. Ebenso wird dem EP auf dem Weg zu einem „parlamentarischen Europa" (Judge und Earnshaw 2003, S. 293–320) oder zu einem „Mehrebenenparlamentarismus" (Abels und Eppler 2011; Crum und Fossum 2009) eine wesentliche Rolle als „Garant von Legitimität" (Kohler-Koch et al. 2004, S. 212–217) zur Überwindung des demokratischen Defizits zugeschrieben (Follesdal und Hix 2006; Leinen und Schönlau 2003). Das EP könnte dabei zum „Katalysator einer europäischen Öffentlichkeit" (Kohler-Koch et al. 2004, S. 217) werden.

Aus dieser Sicht ist „Demokratie nicht an ein Staatsvolk gebunden" (Hobe 1994, 2014, S. 191–195); vielmehr wird konstatiert: „Je mehr Hoheitsgewalt die Europäische Gemeinschaft gewinnt, desto stärker ist die Notwendigkeit des Ausbaus der Rechte des Europäischen Parlaments" (Zuleeg 1993, S. 1073). Aus einer derartigen Perspektive gilt das EP für einige Akteure und Beobachter als deutliches Symbol und pro-aktiver Träger einer ausgeprägten institutionellen Leitidee, die auf eine föderale bzw. supranationale Ausrichtung der institutionellen Architektur ausgerichtet ist.

Zu den historischen Veränderungen gehört auch eine grundlegende Neuregelung des Benennungs- bzw. Wahlmodus und eines damit einhergehenden Wandels der Legitimationsbasis. Bis zur ersten Direktwahl 1979 wurden die Abgeordneten aus der Mitte der nationalen Parlamente delegiert. Mit Zunahme der Aufgaben und Aktivitäten des EP konnten die Abgeordneten ein derartiges *Doppelmandat* jedoch nicht mehr sinnvoll ausüben. Aufgrund seiner ‚Direktwahl' ab 1979 kann es seither auch eine eigenständige und direkte Legitimation geltend machen, die jedoch die

Kontroversen um die grundsätzliche Natur des EP und einer EU-Demokratie nicht beendet hat. Der Vertrag selbst spricht von einer „Union der Völker Europas" (z. B. Art. 1 EUV), betont jedoch auch, dass die Bürgerinnen und Bürger „auf Unionsebene unmittelbar im Europäischen Parlament vertreten" sind (Art. 10 (2) EUV). Frühere Vertragsformulierungen bezeichneten die Abgeordneten als „Vertreter der Völker der in der Gemeinschaft zusammengeschlossenen Staaten" (Art. 189 EGV in der Fassung des Nizzaer Vertrags).

Mithilfe des institutionellen Steckbriefs sollen wesentliche Charakteristika erfasst werden (vgl. Abb. 1).

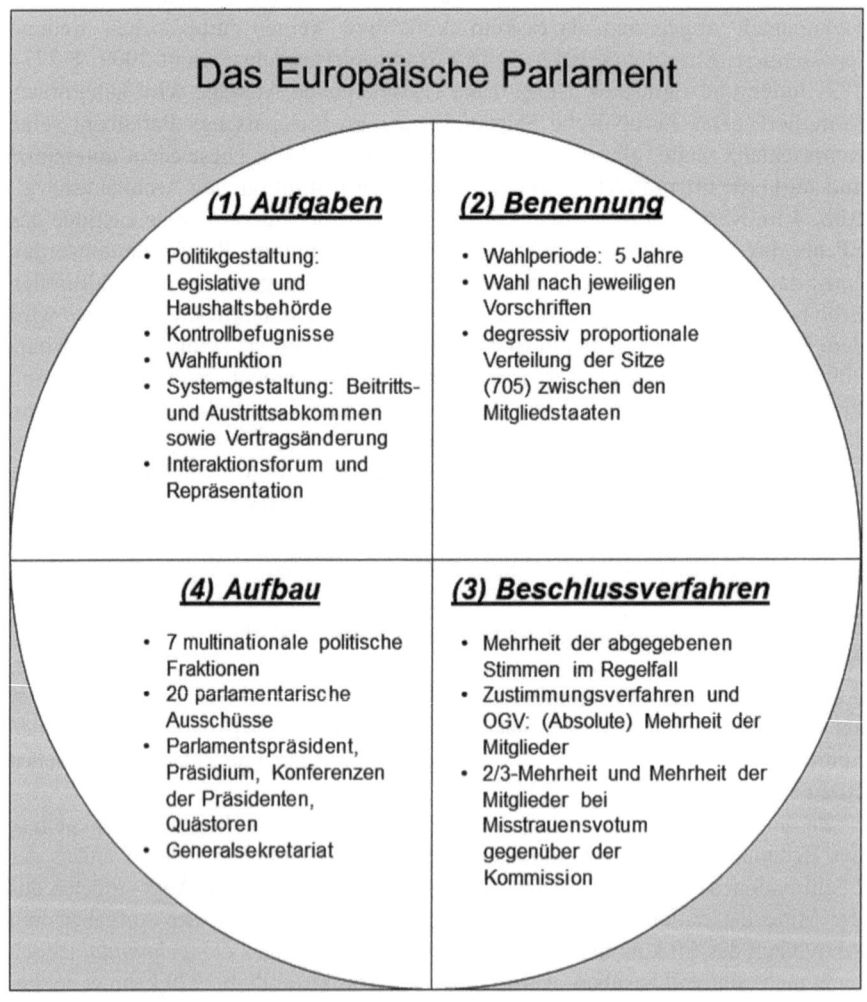

Abb. 1 Institutioneller Steckbrief. (Quelle: Eigene Darstellung. Stand: 31.03.2020)

2 Aufgaben

2.1 Geschichte: Vertragliche Meilensteine

Im ursprünglichen Regelwerk hatten die Vertragsarchitekten der ‚Versammlung' (so die anfängliche Bezeichnung für das EP) nur die Funktionen eines (Diskussions-),Forums', bzw. einer ‚Arena' (Maurer und Wessels 2003a, S. 32–37) und eines Kontrollorgans gegenüber der Kommission zugeschrieben (vgl. Dokument 1).

Dokument 1, Die Versammlung im EGKS-Vertrag

Art. 20 EGKSV

Die Versammlung besteht aus Vertretern der Völker der in der Gemeinschaft zusammengeschlossenen Staaten; sie übt die *Kontrollbefugnisse* aus, die ihr nach diesem Vertrage zustehen.

Art. 24 EGKSV

Die Versammlung *erörtert* in öffentlicher Sitzung den Gesamtbericht, der ihr von der Hohen Behörde vorgelegt wird.

Wird auf Grund des Berichts ein *Misstrauensantrag* eingebracht, so darf die Versammlung über diesen Antrag nicht vor Ablauf von mindestens drei Tagen nach seiner Einbringung und nur in offener Abstimmung entscheiden.

Wird der Misstrauensantrag mit Zweidrittelmehrheit der abgegebenen Stimmen und mit der Mehrheit der Stimmen aller Mitglieder der Versammlung angenommen, so müssen die Mitglieder der Hohen Behörde geschlossen zurücktreten.

Hervorhebung durch den Autor

Tab. 1 lässt erkennen, dass die Mitgliedstaaten als „Herren der Verträge" (Bundesverfassungsgericht 2009, § 150) die Rechte des EP seit den fünfziger Jahren wesentlich ergänzt und insbesondere die ‚starken' Befugnisse (‚Mitentscheidung' und ‚Zustimmung') ausgebaut haben.

So lässt sich in der Geschichte der EU-Architektur ein deutlicher Trend zu mehr Beteiligungsrechten beobachten (vgl. Abb. 2), die das EP seit Beginn der siebziger Jahre zu einem zunehmend relevanten Eckpunkt in einem legislativen Dreieck mit Kommission und Rat werden ließen (vgl. Kap. ▶ „Gesetzgebungs- und Haushaltsverfahren").

2.2 Vertragliche Vorgaben

Der Lissabonner Vertrag legt den gegenwärtig gültigen Aufgabenkatalog des EP fest (vgl. Dokument 2).

Tab. 1 Ausbau vertraglicher Beteiligungsrechte (Meilensteine) vom EGKS-Vertrag bis zum Lissabonner Vertrag

Jahr	Vertragsentwicklung	Aufgaben, Wegmarken und Funktionen des EP
1951	EGKS	Diskussionsforum, Kontrolle der Hohen Behörde: Misstrauensvotum
1957	EWG/EAG („Römische Verträge")	Diskussionsforum, Kontrolle der Kommission: Misstrauensvotum; Anhörungsrechte gegenüber Rat
1970	Vertrag zur Schaffung eines Systems von EG-Eigenmitteln	Teil der *Haushaltsbehörde*, Beteiligung an Ausgabenverfahren und Kontrolle
1975	Vertragsergänzung	Erweiterung der Haushaltsrechte des EP
1979	Direktwahl des EP	Stärkung der *Repräsentations-* und *Interaktionsfunktion*
1987	EEA	Erste legislative Beteiligungsverfahren: *Zusammenarbeit* und *Zustimmung*, so zu Beitritten
1993	EUV: Maastricht	Ausbau legislativer Rechte: *Mitentscheidungsverfahren*, Ausdehnung der Zustimmungsverfahren, Einsetzung von Untersuchungsausschüssen, Wahlfunktion: • Zustimmung zum Kommissionspräsidenten • Zustimmung zum Kommissionskollegium, Unterrichtung in Fragen der 2. und 3. Säule
1999	EUV: Amsterdam	Ausdehnung und Reform der Mitentscheidungsverfahren, Anrufung des EuGH bei Vertragsabschlüssen mit Drittstaaten
2003	EUV: Nizza	Ausdehnung der Mitentscheidungsverfahren, Ausdehnung der Zustimmungsverfahren, für EU-Institutionen übliches Klagerecht vor dem EuGH
2009	EUV: Lissabon	Ausdehnung der Mitentscheidungsverfahren zum *ordentlichen Gesetzgebungsverfahren*, Vorbereitung von Vertragsänderungen, *Wahl* des Kommissionspräsidenten, Abschaffung des Zusammenarbeitsverfahrens

Quelle: Eigene Darstellung, vgl. auch Shackleton (2017, S. 141)

Dokument 2, Aufgabenkatalog

Art. 14 (1) EUV

Das Europäische Parlament wird gemeinsam mit dem Rat als *Gesetzgeber* tätig und übt gemeinsam mit ihm die *Haushaltsbefugnisse* aus. Es erfüllt Aufgaben der *politischen Kontrolle* und *Beratungsfunktionen* nach Maßgabe der Verträge. Es *wählt* den Präsidenten der Kommission.

Hervorhebung durch den Autor

Formen von Beteiligungsregeln
Von spezifischem Interesse sind vor allem die Befugnisse des EP zur Vorbereitung, Verabschiedung, Durchführung und Kontrolle von Rechtsakten. Bei Legislativfunktionen und anderen Entscheidungen sind mehrere Beteiligungsregeln zu unterscheiden, die über die ersten Jahrzehnte auf- und ausgebaut wurden (vgl. Kap. ▶ „Gesetzgebungs- und Haushaltsverfahren") (Tekin und Wessels 2016):

(1) Verfahren ohne Beteiligung des EP
(2) Unterrichtung des EP durch Kommission und Rat
(3) Das nicht mehr angewandte Verfahren der Zusammenarbeit (auch als Kooperationsverfahren bezeichnet)
(4) das Anhörungsverfahren
(5) das Zustimmungsverfahren
(6) das ordentliche Gesetzgebungsverfahren

Abb. 2 zeigt den Ausbau der vertraglichen Beteiligungsrechte über die Integrationsgeschichte.

Nicht zu übersehen ist zunächst, dass bestimmte Verfahren im EU-System auch ohne vertraglich festgeschriebene Mitwirkung des EP ablaufen – so etwa die Wahl des Präsidenten des Europäischen Rates. In einigen Fällen gibt es aber auch bei diesen Abläufen informelle Verfahren der Unterrichtung.

Bei einem Anspruch auf ‚Unterrichtung' haben Organe und Institutionen der Union die Verpflichtung, das EP zu informieren, so beim Bericht des Präsidenten des Europäischen Rates nach jeder Tagung (Art. 15 (6d) EUV), beim jährlichen

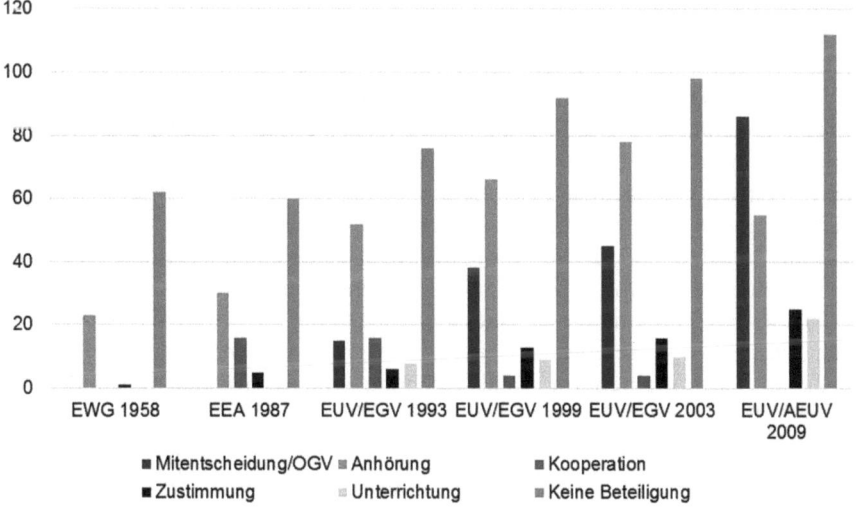

Abb. 2 Ausbau vertraglicher Beteiligungsrechte von den Römischen Verträgen zur EWG bis zum Vertrag von Lissabon zur EU. (Quelle: Eigene Darstellung, in Anlehnung an Maurer und Wessels 2003b, S. 37; ergänzt um Lissabonner Vertrag)

Bericht des Präsidenten der *Europäischen Zentralbank* (EZB) (Art. 284 (3) AEUV) und dem Bericht des *Hohen Vertreters der Union für Außen- und Sicherheitspolitik* (Art. 36 EUV).

Bei der ‚Anhörung' oder ‚Konsultation' muss das EP im Verfahren nur gehört werden und kann zum Vorschlag der Kommission eine Position formulieren; es verfügt dabei nicht über weitergehende rechtliche Möglichkeiten, seine Interessen gegen den Rat durchzusetzen. Diese Form der Beteiligung ist bei vielen Politikfeldern festzustellen, bei denen die Organe nationale Instrumente koordinieren wollen, so etwa bei der Beschäftigungspolitik (Art. 148 (2) AEUV) und bei Wettbewerbsregeln (Art. 103 AEUV).

Ein Verfahren der ‚Zusammenarbeit' oder ‚Kooperation' wurde von der Einheitlichen Europäischen Akte eingeführt, aber mit dem Inkrafttreten des Lissabonner Vertrages wieder abgeschafft. Im Rahmen dieses Verfahrens verfügte das Parlament über ein aufschiebendes Veto, welches den Einstieg des Parlaments in eine verstärkte Beteiligung in Legislativverfahren bildete. Spätere Vertragsänderungen ersetzten dieses Regelwerk in den meisten Artikeln durch das der ‚Mitentscheidung' bzw. das ‚ordentliche Gesetzgebungsverfahren', sodass das ‚Einstiegsmodell' zum ‚Auslaufmodell' wurde.

Von nachhaltiger Bedeutung ist die Rolle des EP beim Verfahren der Zustimmung. Als ‚Vetospieler' kann das EP Beschlüsse der Systemgestaltung, so Beitritte (Art. 49 EUV) und Austritte (Art. 50 EUV), aber auch die Verabschiedung des mehrjährigen Finanzrahmens (Art. 312 (2) AEUV) oder internationale Übereinkünfte (Art. 218 (6) AEUV) blockieren. Je nach Bereich muss das EP mit der Mehrheit der abgegebenen Stimmen oder der (absoluten) Mehrheit der Mitglieder zustimmen. Ablehnung oder auch bereits Untätigkeit des EP führen zum Scheitern der entsprechenden Ratsvorlage.

Besonderer Aufmerksamkeit bedarf das ordentliche Gesetzgebungsverfahren (Art. 294 AEUV). Dieses Regelwerk ist zu einem wesentlichen, wenn auch nicht ausschließlichen Verfahrenstyp geworden (vgl. Kap. ▶ „Gesetzgebungs- und Haushaltsverfahren"). Der Text des Lissabonner Vertrags betont diese Entwicklung, indem er das ehemals genannte ‚Mitentscheidungsverfahren' in ‚ordentliches' Verfahren umbenennt. Bei diesem Verfahren entscheidet das EP in einem mehrstufigen Ablauf zusammen mit dem Rat über Inhalte und Rechtsformen zentraler Gesetzesakte für die Union, Mitgliedstaaten und die Unionsbürger. Mit der Mehrheit seiner Mitglieder kann das Parlament auch eine Position des Rates ablehnen. Es verfügt mit dieser Vetomöglichkeit über ein ‚starkes' Beteiligungsrecht. Das EP ist so Teil des legislativen Dreiecks geworden (vgl. Abb. 3).

Bei diesen Verfahren zur Verabschiedung von Rechtsakten fällt auf, dass formale Initiativrechte weder den Abgeordneten noch dem Rat zustehen. Jedoch kann das EP mit der Mehrheit seiner Mitglieder die Kommission auffordern, geeignete Vorschläge für Rechtsakte zu unterbreiten (Art. 225 AEUV). Die Abgeordneten selbst haben sich nicht intensiv um die Zuteilung einer vertraglich gesicherten Einbringungsbefugnis bemüht, wohl auch, um dem Rat nicht ein ähnliches Recht einzuräumen. Durch Initiativberichte sowie regelmäßige

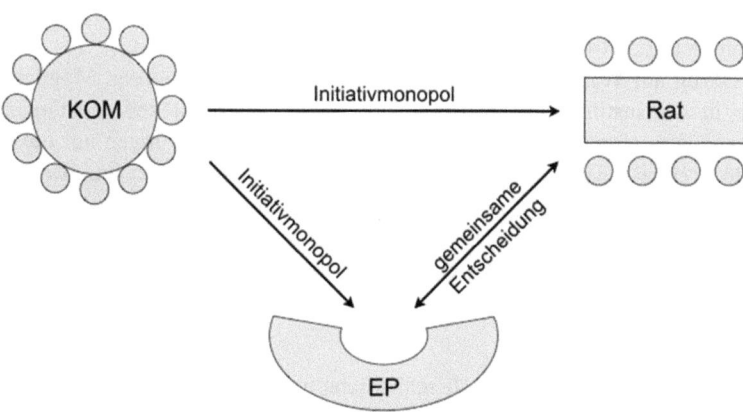

Abb. 3 Das legislative Dreieck. (Quelle: Eigene Darstellung)

Kontakte – so etwa infolge der Aussprache zum Jahresprogramm der Kommission, in den Ausschüssen des EP und in der Nutzung interinstitutioneller Vereinbarungen mit der Kommission – üben sie häufig nachhaltigen Einfluss auf Kommissionsinitiativen aus.

Gegenüber dieser Rolle bei der Verabschiedung von Rechtsakten sind die Beteiligungsrechte des EP in mehreren Politikfeldern, die durch die Koordinierung nationaler Politik geprägt sind, wie etwa in den Bereichen Wirtschafts- und Beschäftigungspolitik (Art. 2 (3) AEUV), nur schwach ausgeprägt.

Bei der Festlegung der Höhe und Art der Eigenmittel (Art. 311 AEUV) ist es bemerkenswert, dass das EP lediglich über das Recht auf Anhörung verfügt. Es gilt somit zu unterstreichen, dass die europäischen Abgeordneten nicht über das traditionelle parlamentarische Recht der Festlegung der Einnahmen für Maßnahmen der öffentlichen Politik verfügen. Es ist insbesondere nicht dazu berechtigt, Steuern zu erheben. Der Rat – seit Mitte der achtziger Jahre de facto der Europäische Rat – legt die Höhe der Eigeneinnahmen und in dem mehrjährigen Finanzrahmen auch die Verteilung auf wesentliche Ausgaben fest (vgl. Kap. ▶ „Gesetzgebungs- und Haushaltsverfahren"). Im Vertrag von Lissabon ist für den mehrjährigen Finanzrahmen ein Zeitraum von mindestens fünf Jahren vorgesehen, in der Praxis wird er jedoch seit dem Delors-Paket II (1993–1999) für sieben Jahre beschlossen (vgl. Kap. ▶ „Geschichte"). Nach dem Lissabonner Vertrag muss das EP nun dieser Planung der Ausgabenkategorien mit der Mehrheit seiner Mitglieder zustimmen (Art. 312 (2) AEUV).

Ein starkes Mitwirkungsrecht gibt der Vertrag dem EP bei den jährlichen Haushaltsplänen: Das Parlament bildet mit dem Rat die gemeinsame Haushaltsbehörde. Sie beschließen gleichberechtigt nach einem mehrstufigen Verfahren, das dem ordentlichen Gesetzgebungsverfahren ähnelt. Hierbei bleiben sie jedoch stets an die Grenzen des mehrjährigen Finanzrahmens gebunden (Art. 312 (1) AEUV) (Héritier et al. 2015, S. 8). Am Ende des Verfahrens muss das EP dem Haushaltsplan zustimmen (Art. 314 AEUV).

In Bezug auf Wahlfunktionen besitzt das EP einen Katalog von Möglichkeiten, Ämter in der institutionellen Architektur alleine oder mit anderen Organen zu besetzen. Von zentraler Bedeutung mit erheblichen Auswirkungen auf die institutionelle Architektur ist die Wahl des Präsidenten der Kommission (vgl. Kap. ▶ „Die Europäische Kommission"). Zusätzlich muss das EP als Teil des Investiturverfahrens dem Kommissionskollegium als Ganzes seine Zustimmung erteilen (Art. 17 (7) EUV). Über eine Alleinentscheidungsgewalt verfügt das EP bei der Ernennung des Bürgerbeauftragten (Art. 228 AEUV).

Kontrollrechte

Kontrollrechte kann das EP durch schriftliche und mündliche Anfragen gegenüber Kommission und Rat auf allen Politikfeldern ausüben; besonders ausgeprägt sind diese gegenüber dem Haushaltsgebaren der Kommission (Art. 319 AEUV). Zu dem Funktionsbündel einer Art öffentlichen Kontrolle sind auch die Aussprachen über Berichte des jeweiligen Präsidenten des Europäischen Rates, des Rates und der EZB zu zählen. Eine weitere Form von Kontrollbefugnis ist durch die Möglichkeit des EP gegeben, unter festgelegten Voraussetzungen Untersuchungsausschüsse einzusetzen (Art. 226 AEUV).

Eine starke Form der Kontrolle ist die Möglichkeit der Absetzung des Kommissionskollegiums. Bereits seit dem EGKS-Vertrag verfügt das EP über dieses Recht, (vgl. Dokument 1), wozu jedoch hohe Mehrheiten im EP vorausgesetzt werden (vgl. Dokument 3).

Dokument 3, Misstrauensantrag gegenüber Kommission
Art. 234 AEUV

Wird wegen der Tätigkeit der Kommission ein Misstrauensantrag eingebracht, so darf das Europäische Parlament nicht vor Ablauf von drei Tagen nach seiner Einbringung und nur in offener Abstimmung darüber entscheiden.

Wird der Misstrauensantrag mit der *Mehrheit von zwei Dritteln der abgegebenen Stimmen und mit der Mehrheit der Mitglieder des Europäischen Parlaments* angenommen, so legen die Mitglieder der Kommission geschlossen ihr Amt nieder, und der Hohe Vertreter der Union für Außen- und Sicherheitspolitik legt sein im Rahmen der Kommission ausgeübtes Amt nieder.

Hervorhebungen durch den Autor

Beteiligungsrechte im Bereich des Auswärtigen Handelns

Zum Bereich des Auswärtigen Handelns unterscheiden sich die Beteiligungsrechte der EU zwischen den beiden ,Säulen' (vgl. Abb. 1 im Kap. ▶ „Auswärtiges Handeln"). Bei Verfahren im Bereich der wirtschaftspolitischen Außenbeziehungen – so insbesondere bei der EU-Handelspolitik – verfügt das EP über durchgehend starke Beteiligungsrechte (vgl. Dokument 4).

Dokument 4, Beteiligungsrechte im Auswärtigen Handeln
Art. 218 (6) AEUV

(6) Der Rat erlässt auf Vorschlag des Verhandlungsführers einen Beschluss über den Abschluss der Übereinkunft.

Mit Ausnahme der Übereinkünfte, die ausschließlich die Gemeinsame Außen- und Sicherheitspolitik betreffen, erlässt der Rat den Beschluss über den Abschluss der Übereinkunft

a) nach *Zustimmung des Europäischen Parlaments* in folgenden Fällen:

i) Assoziierungsabkommen;
ii) Übereinkunft über den Beitritt der Union zur Europäischen Konvention zum Schutz der Menschenrechte und Grundfreiheiten;
iii) Übereinkünfte, die durch die Einführung von Zusammenarbeitsverfahren einen besonderen institutionellen Rahmen schaffen;
iv) Übereinkünfte mit erheblichen finanziellen Folgen für die Union;
v) Übereinkünfte in Bereichen, für die entweder das ordentliche Gesetzgebungsverfahren oder, wenn die Zustimmung des Europäischen Parlaments erforderlich ist, das besondere Gesetzgebungsverfahren gilt.

Das Europäische Parlament und der Rat können in dringenden Fällen eine Frist für die Zustimmung vereinbaren. [...]

Hervorhebungen durch den Autor

Im zentralen Bereich der Gemeinsamen Handelspolitik (Art. 207 AEUV) sieht der Vertrag inzwischen die Nutzung des ordentlichen Gesetzgebungsverfahrens vor. Bei Abkommen mit Drittstaaten spricht er dem EP während der Verhandlung ein Informationsrecht und für den Abschluss sogar ein Zustimmungsrecht zu. Auch beim Abschluss von Assoziierungsverträgen (Art. 217 AEUV) sehen die Vertragsbestimmungen das Zustimmungsverfahren vor.

Dagegen bleiben auch nach mehreren Vertragsänderungen die Beteiligungsbefugnisse des Parlaments bei der Gemeinsamen Außen- und Sicherheitspolitik begrenzt (Art. 36 EUV). So wird das EP regelmäßig über die Entwicklungen in der GASP unterrichtet und kann Anfragen und Empfehlungen an den Rat und den Hohen Vertreter der Union für Außen- und Sicherheitspolitik richten (vgl. Dokument 5).

Dokument 5, Beteiligungsrechte in GASP Verfahren
Art. 36 EUV

Der *Hohe Vertreter der Union für Außen- und Sicherheitspolitik hört* das Europäische Parlament regelmäßig zu den wichtigsten Aspekten und den grundlegenden Weichenstellungen der Gemeinsamen Außen- und Sicherheits-

(Fortsetzung)

politik und der Gemeinsamen Sicherheits- und Verteidigungspolitik und *unterrichtet* es über die Entwicklung der Politik in diesen Bereichen. Er achtet darauf, dass die Auffassungen des Europäischen Parlaments *gebührend berücksichtigt* werden. Die Sonderbeauftragten können zur Unterrichtung des Europäischen Parlaments mit herangezogen werden.

Das Europäische Parlament kann *Anfragen oder Empfehlungen* an den Rat und den Hohen Vertreter richten. Zweimal jährlich führt es eine *Aussprache* über die Fortschritte bei der Durchführung der Gemeinsamen Außen- und Sicherheitspolitik, einschließlich der Gemeinsamen Sicherheits- und Verteidigungspolitik.

Hervorhebungen durch den Autor

Mit diesen Möglichkeiten sowie mit der zwei Mal im Jahr vorgesehenen Aussprache über die Kernfelder nationaler und internationaler Politik kann das Parlament die Funktion eines Diskussionsforums für eine europäische Öffentlichkeit anstreben. Auch mit dem Lissabonner Vertrag wurde die Beteiligung des EP bei der GASP, die über eine vage Formulierung einer ‚gebührenden Berücksichtigung' seitens des Hohen Vertreters nicht hinausgeht, kaum gestärkt. So muss das EP auch bei der Festlegung der Organisation und Arbeitsweise des *Europäischen Auswärtigen Dienstes* (EAD) durch den Rat und den Hohen Vertreter lediglich *angehört* werden. Auf den Hohen Vertreter kann es jedoch indirekt Einfluss ausüben. So bedarf der Amtsinhaber als Vizepräsident der Kommission auch der Zustimmung des EP und kann als solcher auch durch ein Misstrauensvotum gegen die gesamte Kommission von ihm abgewählt werden, verliert dabei jedoch nicht sein Amt als Hoher Vertreter (vgl. Kap. ▶ „Der Hohe Vertreter der EU für Außen- und Sicherheitspolitik").

Rechte bei der Systemgestaltung

Bei den quasi-konstitutionellen Akten der Systemgestaltung sind die Beteiligungsrechte des Parlaments unterschiedlich geregelt. Bei einer (ordentlichen) Vertragsänderung (Art. 48 EUV) kann das EP dem Rat der EU Entwürfe zur Änderung der Verträge übermitteln. Darüber hinaus ist es am Konvent beteiligt, der die Änderungsentwürfe prüft und darauf basierend eine Empfehlung abgibt. Bei der Verabschiedung der Vertragsänderung hat das EP jedoch kein Zustimmungsrecht (vgl. Kap. ▶ „Vertragsänderungsverfahren"). Bei Beitritten muss das EP mit der Mehrheit seiner Mitglieder (Art. 49 EUV) zustimmen; auch bei Abkommen zum Austritt muss das EP zustimmen (Art. 50 EUV).

Rechte bei der Anrufung des Gerichtshofs der Europäischen Union

Bei Verfahren zur „Wahrung des Rechts bei der Auslegung und Anwendung der Verträge" (Art. 19 (1) S. 2 EUV) kann das EP den *Gerichtshofs der Europäischen Union* (GEU) in zentralen Verfahren anrufen – so bei der Überwachung der Rechtmäßigkeit von Verfahren (Art. 263 AEUV) – und „ein Gutachten des Gerichtshofs über die Vereinbarkeit einer geplanten Übereinkunft [mit Drittstaaten] mit den Verträgen einholen" (Art. 218 (11) S. 1 AEUV).

Vertragsrechtliche Kontrolle
Wie bei anderen Vertragsorganen unterliegen auch die Aktivitäten des EP einer vertragsrechtlichen Kontrolle. Der GEU überwacht die Rechtmäßigkeit der Handlungen des EP sowie der anderen Institutionen „mit Rechtswirkungen gegenüber Dritten" und kann diese gegebenenfalls für „nichtig" erklären (Art. 263 und 264 AEUV); der GEU kann das EP auch wegen „Untätigkeit" verurteilen (Art. 265 und 266 AEUV).

3   Zur Analyse der Praxis: Ein Aktivitätenprofil

In der gelebten Vertragswirklichkeit hat das EP seine Rechte in der Regel intensiv genutzt und seine Beteiligungsmöglichkeiten immer wieder in Graubereiche ausgeweitet, also die eigenen vertraglichen Kompetenzen maximal ausgelegt.

3.1   Gesetzgebungsfunktionen

Von nachhaltiger Bedeutung ist die legislative Arbeit des EP. Daten für die Nutzung der vertraglich festgeschriebenen Verfahrensregeln für die Verabschiedung von Rechtsakten zeugen von einer umfassenden realen Beteiligung des Parlaments an der Politikgestaltung der EU (vgl. Abb. 4 sowie Kap. ▶ „Gesetzgebungs- und Haushaltsverfahren").

Abb. 4 zeigt den Ausbau der realen Nutzung des ordentlichen Gesetzgebungsverfahrens, wodurch gleichzeitig auch das EP an Gewicht innerhalb des Gesetzgebungsverfahrens der EU gewonnen hat. Zwischen 2010 mit dem Beginn der ersten Legislativzyklen nach Inkrafttreten des Lissabonner Vertrags und 2016 wurden 766 Verfahren nach den Regeln der Mitentscheidung bzw. des ordentlichen Gesetzgebungsverfahrens abgeschlossen. Die Mehrzahl der Gesetzgebungsakte bezogen sich auf die Angleichung von Rechtsvorschriften für die Errichtung oder das Funktionieren des Gemeinsamen Markts. Immer öfter nimmt das EP aufgrund des ‚Trilogverfahrens' Gesetzgebungsakte früh im Stadium der ersten Lesung an (vgl. Abb. 4 im Kap. ▶ „Gesetzgebungs- und Haushaltsverfahren") (Shackleton 2017, S. 151–152). Tab. 2 dokumentiert dieses Verhaltensmuster von EP und Rat. 2009 und 2018 wurden zwischen 70 % und 99 % aller Mitentscheidungsbeschlüsse in erster Lesung verabschiedet.

Mit der effektiven Nutzung der vertraglich zugeschriebenen Befugnisse zeichnet sich in der Praxis eine Entwicklung zu einem legislativen Zweikammersystem nach parlamentarisch-föderalen Mustern ab (Müller Gómez und Wessels 2015), das mit der Kommission ein legislatives Dreieck bildet (vgl. auch Abb. 3).

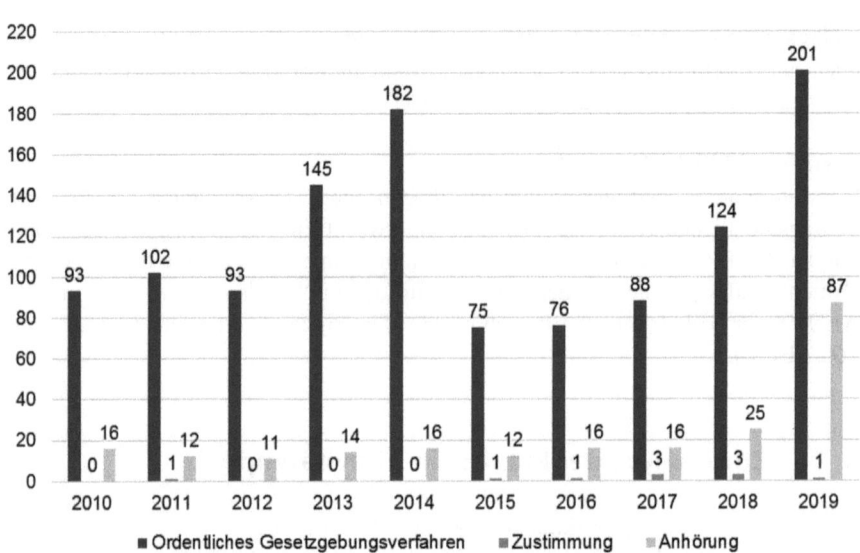

Abb. 4 Reale Nutzung der vertraglich vorgesehenen Verfahren. (Quelle: Eigene Darstellung, basierend auf Europäisches Parlament (2020c))

Tab. 2 Annahmen von Mitentscheidungsbeschlüssen nach Lesungen 2009–2018

Jahr	Mitentscheidungsbeschlüsse	1. Lesung	2. Lesung	3. Lesung	Anteil nach 1. Lesung angenommen
2009	105	75	22	8	71,4 %
2010	93	79	14	0	84,9 %
2011	102	82	16	4	80,4 %
2012	93	82	11	0	88,2 %
2013	145	132	12	1	91,0 %
2014	191	182	9	0	95,3 %
2015	75	58	17	0	77,3 %
2016	76	55	21	0	72,4 %
2017	88	82	6	0	93,2 %
2018	124	123	1	0	99,2 %

Quelle: Von Ondarza (2019, S. 106)

Einen Schwerpunkt parlamentarischer Aktivitäten bildet seit den siebziger Jahren die Mitwirkung an der Erstellung und Kontrolle des jährlichen EU-Budgets. Die Haushaltsverfahren sind von intensiven Verhandlungen zwischen den Mitgliedstaaten und dem Parlament geprägt, wobei die Abgeordneten ihre rechtlichen Möglichkeiten stets umfassend genutzt haben. Dies sowie die Konfliktlinien zwischen Mitgliedstaaten und EP werden besonders bei der Verabschiedung des mehrjährigen Finanzrahmens deutlich (Becker 2014a).

Nach einer zweifachen Ablehnung des Gesamthaushaltes durch das EP unmittelbar nach den ersten Direktwahlen in den Jahren 1979 und 1984 haben Rat und EP als Haushaltsbehörden – nicht zuletzt durch informelle Verfahren des *Haushaltstrilogs* – einen *modus vivendi* etabliert, der grundsätzliche Kontroversen durch Vorabstimmungen zu verhindern sucht. Die europäischen Abgeordneten halten sich dabei zugute, die Prioritäten des EU-Budgets von einer starken Ausrichtung auf Agrarausgaben hin zu einer nachhaltigen Orientierung auf regionale und soziale Inhalte verschoben zu haben (Becker 2005, S. 190–191). Im EP gehören die Mitgliedschaft im Haushaltsausschuss und insbesondere dessen Vorsitz zu den einflussreichsten Positionen.

Insgesamt haben die Abgeordneten zur Setzung von Schwerpunkten für die Arbeit der EU-Organe seit Jahrzehnten das Instrument von Initiativberichten und Dringlichkeitsentschließungen entwickelt und intensiv eingesetzt. Die Wirkung dieser Resolutionen für die weitere Gesetzgebung und andere Aktivitäten der EU – etwa im Bereich der GASP – ist jedoch nur in einzelnen Fallstudien herauszuarbeiten.

Wenig ausgeprägt ist eine effektive parlamentarische Beteiligung an den Bemühungen der Kommission und von Vertretern der Mitgliedstaaten, nationale Instrumente in der Wirtschafts-, Fiskal-, Beschäftigungs- und Sozialpolitik zu koordinieren. Angesichts der begrenzten Anhörungsrechte und der komplexen Verfahren zwischen mehreren Ebenen wirken die Abgeordneten trotz Verabschiedung von Erklärungen in der Regel nicht an hervorgehobener Stelle mit (Becker 2014b; Europäische Kommission 2005, S. 31). So konnte das EP auch keine nachhaltige Rolle bei den fiskalpolitischen Kontroversen zwischen Mitgliedstaaten um die Einhaltung der Kriterien des Stabilitäts- und Wachstumspaktes spielen. Die Parlamentarier sind auch nur in geringem Maße in die *Offene Methode der Koordinierung* involviert (de Ruiter 2014). Die Schwäche des EP in diesen Fragen wurde besonders im Rahmen der Krisenbewältigungspolitik der letzten Jahre deutlich. So sind im ,Vertrag zur Einrichtung des Europäischen Stabilitätsmechanismus' (ESM-Vertrag) keinerlei Beteiligungsmöglichkeiten des Parlaments vorgesehen – im Vertrag über Stabilität, Koordinierung und Steuerung in der Wirtschafts- und Währungsunion (im europäischen Sprachgebrauch auch *Fiskalpakt* bzw. *Fiskalvertrag*) wird ihm zumindest ein Informationsrecht eingeräumt und die Möglichkeit eröffnet, ein Diskussionsforum aus Vertretern des EP und der nationalen Parlamente zu nutzen (vgl. Kap. ▶ „Nationale Parlamente") (Fasone 2014). Zu prüfen wird sein, welche Mitwirkungsrechte das EP bei den Maßnahmen zur Bekämpfung der Corona-Krise wahrnehmen kann.

3.2 Wahlfunktion: Die Kontroverse um den ,Spitzenkandidaten'

Im Hinblick auf die Wahlfunktion hat das EP regelmäßig und intensiv eine Ausschöpfung seiner Möglichkeiten angestrebt. Eine besonders ausgeprägte und innovative Nutzung seiner Rechte war vor und nach den Wahlen 2014 und 2019 zu beobachten. Basierend auf den Vertragsvorgaben von Lissabon haben die meisten europäischen Parteien gegen den Willen bzw. trotz Skepsis der Regierungschefs europaweite ‚Spitzenkandidaten' für die jeweilige Europawahl nominiert, die um das Amt des Kommissionspräsidenten gegeneinander konkurrierten (Maurer 2020, S. 83–86; Müller Gómez und Wessels 2015). Nach intensiven Diskussionen setzte sich das EP 2014 gegenüber den Regierungen mit der Forderung durch, dass der Kandidat der europäischen Partei mit den relativ meisten Sitzen im EP vom Europäischen Rat zum neuen Kommissionspräsidenten vorgeschlagen wurde (Shackleton 2017, S. 139; Dialer et al. 2015, S. 79–81; Hrbek 2014). Dieses Ereignis stellt eine Fortsetzung der Tradition des EP dar, den Vertragstext extensiv im Sinne der eigenen Institution auszulegen.

Nach der Wahl im Mai 2019 haben sich die Abgeordneten einer pro-europäischen Mehrheit nicht auf den Spitzenkandidaten mit einer relativen Mehrheit, den CSU-Abgeordneten Weber, einigen können. Nach einer spannungsreichen Auseinandersetzung mit dem Europäischen Rat über das Grundprinzip des Spitzenkandidaten wählte das EP schließlich auf Vorschlag des Europäischen Rates von der Leyen zur Kommissionspräsidentin. Die Nominierung durch den Europäischen Rat war einmütig erfolgt, wobei sich Deutschland aufgrund unterschiedlicher Positionen innerhalb der Bundesregierung enthalten hatte (vgl. Hrbek 2019; Thieme und Wessels 2019, S. 95–97). Durch veränderte Mehrheitsbildungen im EP konnte das EP in der institutionellen Architektur seine Rolle als alleiniger Königsmacher nicht mehr so kraftvoll durchsetzen wie noch 2014. So verlor es gegenüber dem Europäischen Rat an Macht (Müller Gómez und Wessels 2019, S. 72–76).

Die teilweise erfolgreiche EP-Strategie einer „weichen Konstitutionalisierung" (Thym 2005) durch eine extensive Auslegung der Vertragsregeln in der Praxis ist auch bei der Benennung der weiteren Kommissionsposten zu beobachten. So hat das Parlament bei den Verfahren zur Benennung der Kommissionsmitglieder eine im Vertrag nicht vorgesehene Anhörung installiert (Hrbek 2014; Maurer 2014c). Die durch die Regierungen der Mitgliedstaaten vorgeschlagenen Kandidaten müssen sich danach einem ‚Hearing' in den zuständigen Fachausschüssen stellen, bevor das EP das Kommissionskollegium als Ganzes bestätigt (vgl. Kap. ▶ „Die Europäische Kommission").

Seit der Einsetzung der Mitglieder der Kommission 2004 haben Einsprüche von Abgeordneten gegen einige Kandidaten der Mitgliedstaaten zu neuen Vorschlägen seitens der betroffenen Regierungen geführt. 2019 wurde auch die erste Nominierung des französischen Staatspräsidenten abgelehnt. Das EP kann so nicht mehr als irrelevante Instanz zur Absegnung nationaler Personalvorschläge verstanden werden.

3.3   Kontrollfunktionen und Bürgerbeauftrage

Die Möglichkeit, Kontrolle durch nichtständige Ausschüsse auszuüben, haben die Abgeordneten bisher nur begrenzt aufgegriffen. Dennoch hat beispielsweise die Auseinandersetzung mit der Problematik des Rinderwahns (BSE) zur Schaffung einer Europäischen Behörde für Lebensmittelsicherheit (EFSA) in Dublin geführt.

Auch die Gründung des *Europäischen Amtes für Betrugsbekämpfung* (OLAF) ist auf Kontrollbemühungen des EP zurückzuführen (vgl. Kap. ▸ „Der Europäische Rechnungshof und das Amt für Betrugsbekämpfung").

In der meisten Zeit nimmt das EP seine Einflussmöglichkeiten und Kontrollfunktionen durch Herstellung von Öffentlichkeit wahr: Die Reden der Präsidenten des Europäischen Rates und der Kommission sowie wichtiger Staats- und Regierungschefs vor dem EP finden ein Medienecho, das jedoch je nach politischem Kontext stark variiert. Von den häufig wenig besuchten Fragestunden und der Vielzahl schriftlicher Anfragen sind kaum nachhaltige Effekte zu berichten. Insbesondere vom Ratsvorsitz wird die Berichterstattung gegenüber den Abgeordneten häufig nur als Pflichtübung verstanden.

Zur Wahrnehmung von Kontrollfunktionen gehört in einem weiteren Verständnis auch die Arbeit des vom EP gewählten Bürgerbeauftragten (vgl. Dokument 6).

Dokument 6, Der Bürgerbeauftragte
Art. 228 (1) AEUV

Ein vom *Europäischen Parlament* gewählter *Europäischer Bürgerbeauftragter* ist befugt, Beschwerden von jedem Bürger der Union oder von jeder natürlichen oder juristischen Person mit Wohnort oder satzungsmäßigem Sitz in einem Mitgliedstaat über Missstände bei der Tätigkeit der Organe, Einrichtungen oder sonstigen Stellen der Union, mit Ausnahme des Gerichtshofs der Europäischen Union in Ausübung seiner Rechtsprechungsbefugnisse, entgegenzunehmen. Er untersucht diese Beschwerden und erstattet darüber Bericht.

Hervorhebungen durch den Autor

Die Aktivitäten dieses Amts zeigen für die tägliche Verwaltungsarbeit der Kommission und anderer EU-Einrichtungen spürbare Wirkungen (vgl. Jahresberichte des Europäischen Bürgerbeauftragten, online abrufbar unter Europäische Union (2020))

Insgesamt gehen von den Kontrollmöglichkeiten des EP nur schwache, indirekte Wirkungen auf den Europäischen Rat, den Rat und die Regierungen der Mitgliedstaaten aus. Die Kommission dagegen reagiert zunehmend aufmerksam auf Kritikpunkte des Parlaments.

3.4   Starke und schwache Rollen beim Auswärtigen Handeln

Im Bereich der wirtschaftlichen Außenbeziehungen der Europäischen Union wurde das EP umfassend gestärkt. Durch das mit dem Lissabonner Vertrag verstärkte Zustimmungsrecht bei internationalen Verträgen ist es auch für außereuropäische Akteure zunehmend zu einem relevanten Akteur geworden, den es im Laufe der Verhandlungen zu berücksichtigen gilt. Dieses Recht hat das EP zum Beispiel intensiv im Rahmen der Verhandlungen der ‚Transatlantischen Handels- und Investitionspartnerschaft' (TTIP) mit den USA betont, indem es seine Zustimmung an konkrete Bedingungen knüpfte. Profiliert hat sich das Parlament besonders 2012, als es dem Anti-Produktpiraterie-Handelsabkommen (ACTA) seine Zustimmung verweigerte und damit dessen Inkrafttreten verhinderte. Dieses Ereignis wirkte sich nachhaltig auf den Einfluss des EP im Bereich der Handelspolitik aus, so etwa bei den Verhandlungen zum CETA-Abkommen mit Kanada (Van den Putte et al. 2014, S. 4). Durch die Entsendung von Delegationen zu Parlamenten von Drittstaaten in gemischten parlamentarischen Ausschüssen und durch medienwirksame Aktionen hat das EP Instrumentarien für eigenständige außen- und entwicklungspolitische Aktivitäten entwickelt. Auch Politiker aus Drittstaaten widmen dem EP immer wieder ihre Aufmerksamkeit. Um enge Kontakte mit Abgeordneten bemühen sich insbesondere Kandidatenländer, deren Beitritt es entsprechend den Vertragsbestimmungen (Art. 49 EUV) zustimmen muss.

In der Gemeinsamen Außen- und Sicherheitspolitik blieben die bereits schwachen de jure-Beteiligungsformen auch de facto wenig ausgeprägt (vgl. Kap. ▶ „Auswärtiges Handeln"). Erwähnenswert ist jedoch das Ausmaß an Forderungen, die das EP, obwohl es lediglich das Recht auf Anhörung besaß, bezüglich des Aufbaus des EAD erfolgreich durchsetzte (Maurer 2011, S. 53–54). Auch darüber hinaus hat das EP in Fragen der GASP intensiv gearbeitet.

Insbesondere der Ausschuss für Auswärtige Angelegenheiten hat rege Aktivitäten entwickelt, die sich in Entschließungen und informellen Gesprächen in Brüssel mit dem Hohen Vertreter niederschlagen – zwischen 2004 und 2014 hat das Parlament 165 Resolutionen und Initiativen zu außenpolitischen Fragen verabschiedet. Infolge der vertragsrechtlichen Begrenzung sowie eingeschränkter Mittel hat es jedoch nur in wenigen Situationen eine spürbare Rolle spielen können. Die Außen- und Verteidigungspolitik bleibt eine Domäne der nationalstaatlichen Exekutiven, die bereits nationalen Parlamenten wenig Möglichkeiten für Kontrolle und Mitwirkung bieten und erst recht dem EP – bei mancherlei symbolischer Informationsweitergabe – keine starken Mitwirkungsrechte zusprechen wollen (Bopp und Wessels 2008, S. 15). Die GASP wird somit häufig als „parlamentsfreier Raum" (Thym 2005) bezeichnet, der dem EP als „marginal player" (Diedrichs 2004) nur indirekte Einflussnahme ermögliche und deshalb nur als Ausprägung informeller Parlamentarisierung verstanden werden kann (Dialer et al. 2015, S. 272–273).

3.5 Rollen bei der Systemgestaltung: Vertiefung und Erweiterung

Im Hinblick auf quasi-konstitutionelle Akte zur Systemgestaltung bleiben die Mitgliedstaaten die ausschließlichen Herren der Verträge. Bei den Regierungskonferenzen zu Vertragsänderungen hat das EP durch eigene Entwürfe, Berichte, Stellungnahmen und Resolutionen die Verfahren und deren Ergebnisse umfassend vorbereitet, begleitet und kommentiert (vgl. Kap. ▶ „Vertragsänderungsverfahren"). Bei den letzten Regierungskonferenzen haben jeweils zwei bzw. drei Abgeordnete des EP an den Vorbereitungssitzungen teilgenommen; angesichts der intensiven Beratungen und konfliktgeladenen Verhandlungen zwischen den Staats- und Regierungschefs ist es jedoch schwierig, einen unmittelbaren Einfluss des Parlaments auf die jeweiligen Formulierungen des Vertragswerkes zu erkennen. Die Rolle der 16 EP-Abgeordneten im europäischen Konvent, der zum Verfassungsvertrag führte, war durch einen hohen Grad an Aktivität geprägt (Brok 2002; Hänsch 2002). In wesentlichen Bereichen – so bei den Artikeln zur Gesetzgebung und zum Haushaltsverfahren – konnte das EP seine Vorstellungen einbringen und durchsetzen; die Grenzen der Einflussnahme wurden deutlich in den Themengebieten, bei denen die Mitgliedstaaten nationale Souveränitätsansprüche als besonders schutzwürdig betrachteten – so insbesondere in der Außen- und Sicherheitspolitik. Auch bei den abschließenden Verhandlungen vom Lissabonner Vertrag über eine neue institutionelle Architektur des EU-Systems konnte das EP nur eine nachgeordnete Rolle einnehmen.

Bei den eigentlichen Vertragsänderungen hat der von einer direkten Wahl durch die Bürgerinnen und Bürger der Europäischen Union erwartete Legitimationsschub das EP bisher jedoch weder de jure noch de facto zu einem *starken* konstitutionellen Mitspieler werden lassen. Bei diesen systemgestaltenden Grundsatzentscheidungen ist das EP zweitrangig geblieben, insbesondere im Vergleich zur Rolle des Europäischen Rates (vgl. Kap. ▶ „Der Europäische Rat"). Der Lissabonner Vertrag hat dem EP nun zumindest rechtlich ein Initiativrecht in Verfahren des ordentlichen Vertragsänderungsverfahrens zugestanden (Art. 48 (2) EUV) (vgl. Kap. ▶ „Vertragsänderungsverfahren").

Diese Bilanz sollte jedoch durch eine historische Langzeitbetrachtung ergänzt werden. Demnach besteht eine Aufgabe für die Geschichtsforschung zu untersuchen, ob und wie Abgeordnete des EP über die Jahrzehnte durch ihre Debatten und Entschließungen – zumindest indirekt – zur Genese von konsensfähigen Schwerpunkten und Ausprägungen der Vertragsänderungen beigetragen haben (Maurer und Wessels 2003a, S. 170). Entsprechend wäre zu überprüfen, ob und wie Entscheidungen der Regierungskonferenzen durch kontinuierliche Auseinandersetzungen um institutionelle Leitideen, wie sie im und vom EP geführt wurden, geprägt werden. Beobachtet werden könnte so gegebenenfalls ein „prä-konstitutioneller" (Scholl 2006) Beitrag des EP zur Konstruktion von Leitideen der institutionellen Architektur. Eine These sieht das EP – seit dem Spinelli-Entwurf zum Vertrag über die Europäische Union (vgl. Kap. ▶ „Geschichte") – als ‚Ideengeber' und ‚Antreiber', dessen Vorschläge als ‚wahre Fundgrube' für Vorschläge zur Gestaltung der institutionellen Architektur dienten. Nach dieser Sicht hat es sich vom „unlogischen und abstrakten" zum „konkreten und pragmatischen" Systemgestalter entwickelt (Große Hüttmann 2005, S. 45).

Auch im Hinblick auf die Verfahren zur Erweiterung hat das EP immer wieder Positionen vorgezeichnet. So hat es in den letzten Jahrzehnten mehrfach zum Antrag der Türkei Stellung bezogen.

Bei Beschlüsse zu Beitrittsabkommen hat das EP – nach der Gewährung der Zustimmungsnotwendigkeit durch die Einheitliche Europäische Akte (vgl. Tab. 1) – in jedem Fall die erforderliche Mehrheit für ein positives Votum gefunden. Auch beim Austritt des Vereinigten Königreichs haben die Abgeordneten die Verfahren konkret und intensiv begleitet.

Das EP hat in diesen Verfahren eine verantwortliche, systemtragende Rolle über eine institutionenbezogene Konfliktstrategie gestellt: Die Parlamentarier nutzten diese starken Rechte nicht, um an anderer Stelle institutionelle Forderungen durchzusetzen.

Das EP hat so insgesamt immer wieder den Ausbau des EU-Systems mitgetragen, ohne dabei nach außen eine herausgehobene Stellung zu erlangen.

3.6   Forum

Die Möglichkeiten, zum Forum einer europäischen Öffentlichkeit zu werden, nimmt das EP regelmäßig durch öffentliche Plenartagungen, Ausschusssitzungen sowie durch medienwirksame ,Events', wie etwaige Preisverleihungen (z. B. des Sacharow-Preises), wahr. Die Themen seiner Debatten spiegeln die politischen Befindlichkeiten in Europa wider. Eine zufällig herausgesuchte Tagesordnung macht die Breite der politischen Arbeit an einem Sitzungstag deutlich (vgl. Dokument 7). Auf der Tagesordnung stehen Bereiche der üblichen Politikgestaltung wie außenhandelspolitische Themen sowie EU-spezifische Punkte der Systemgestaltung wie Beitrittsfragen und Vorbereitungen der Sitzungen des Europäischen Rates. Bei derselben Sitzung werden auch Vorhaben behandelt, die der Innenpolitik der Mitgliedstaaten und der Gemeinsamen Außen- und Sicherheitspolitik zuzuordnen sind.

Dokument 7 Tagesordnung eines Sitzungstages
Mittwoch, 15. Januar 2020
   09:00–11:50

- Standpunkt des Europäischen Parlaments zur Konferenz über die Zukunft Europas

   12:00–12:30: **Feierliche Sitzung**

- Rede von Seiner Majestät König Abdullah II., König des Haschemitischen Königreichs Jordanien

   13:00–14:30: **ABSTIMMUNG gefolgt von Erklärungen zur Abstimmung**

- Mitgliederzahl der Ausschüsse
- Protokoll zum Übereinkommen zwischen der EU, Island und Norwegen über die Kriterien und Regelungen zur Bestimmung des zuständigen Staa-

---

(Fortsetzung)

tes für die Prüfung eines in einem Mitgliedstaat oder in Island oder Norwegen gestellten Asylantrags betreffend den Zugang zu Eurodac für Gefahrenabwehr- und Strafverfolgungszwecke – *Empfehlung: Jadwiga Wiśniewska (A9-0053/2019)*

- Abkommen EU-China über bestimmte Aspekte von Luftverkehrsdiensten – *Empfehlung: Tomasz Piotr Poręba (A9-0041/2019)*
- Gemeinsames Mehrwertsteuersystem in Bezug auf die Sonderregelung für Kleinunternehmen – *Bericht: Inese Vaidere (A9-0055/2019)*
- Der europäische Grüne Deal – *Entschließungsanträge*
- Umsetzung und Überwachung der Bestimmungen über die Bürgerrechte im Austrittsabkommen mit dem Vereinigten Königreich – *Entschließungsantrag*
- Jahresbericht 2018 über Menschenrechte und Demokratie in der Welt und die Politik der Europäischen Union in diesem Bereich – *Bericht: Isabel Wiseler-Lima (A9-0051/2019)*
- Jahresbericht über die Umsetzung der Gemeinsamen Außen- und Sicherheitspolitik – *Bericht: David McAllister (A9-0054/2019)*
- Jahresbericht über die Umsetzung der Gemeinsamen Sicherheits- und Verteidigungspolitik – *Bericht: Arnaud Danjean (A9-0052/2019)*
- Standpunkt des Europäischen Parlaments zur Konferenz über die Zukunft Europas – *Entschließungsanträge*

15:00–23:00

- Vorfälschung der europäischen Geschichte und Erinnerung an den Zweiten Weltkrieg – *Aussprache über ein aktuelles Thema (Artikel 162 GO)*
- Laufende Anhörungen nach Artikel 7 Absatz 1 EUV – Ungarn – *Erklärungen des Rates und der Kommission*
- Laufende Anhörungen nach Artikel 7 Absatz 1 EUV – Polen – *Erklärungen des Rates und der Kommission*
- Wiederaufnahme des Strafverfolgungsverfahrens gegen den Ministerpräsidenten der Tschechischen Republik aufgrund der missbräuchlichen Verwendung von EU-Mitteln und potenzieller Interessenkonflikte – *Erklärungen des Rates und der Kommission*
- COP15 des Übereinkommens über die biologische Vielfalt (Kunming 2020) – *Erklärung der Kommission*
- Tätigkeit des Europäischen Bürgerbeauftragten im Jahr 2018 – *Bericht: Peter Jahr (A9-0032/2019)*
- Reform der allgemeinen Grundsätze des Ausschussverfahrens – *Erklärung der Kommission*

Quelle: Europäisches Parlament (2020d)

Von derartigen Aktivitäten des EP gehen immer wieder indirekte Anstöße für weitergehende Orientierungen der EU-Aktivitäten insgesamt aus.

Bei der Untersuchung von Repräsentations- und Interaktionsfunktionen seitens des EP sollen die Beziehungen zwischen Abgeordneten, Bürgerinnen und Bürgern und intermediären Gruppierungen erfasst werden – nicht zuletzt, um die Frage der Legitimität des EP und damit der gesamten EU zu thematisieren. So sind bei der Politikgestaltung die Bemühungen seitens nationaler Verwaltungen, Verbände und weiterer Interessensgruppen um Kontakte mit Parlamentariern nachhaltig gestiegen – insbesondere in der Phase der Verabschiedung von Rechtsakten (vgl. Kap. ▶ „Mitspieler in der institutionellen Architektur der Europäischen Union").

Obwohl inzwischen von einer regelmäßigen Berichterstattung über das EP die Rede sein kann (Gattermann 2015), ist das Medienecho häufig begrenzt. Es nimmt bei Auseinandersetzungen mit der Kommission oder bei der Berichterstattung des Präsidenten des Europäischen Rates zu. Da der in der Regel konsens- und sachorientierten Arbeitsweise des EP häufig Polarisierung und Dramatik fehlen, sind die Aktivitäten der Parlamentarier für die mediale Berichterstattung häufig zu „langweilig" (Robers 2005, S. 176).

Auch in den nationalen Debatten um zentrale Vorgänge in der EU sind Stimmen europäischer Abgeordneter nur begrenzt zu vernehmen. So haben sich in den innerstaatlichen Kontroversen um die Ratifizierung des Verfassungsvertrags in den Jahren 2003–2005 die Abgeordneten des EP zwar aktiv beteiligt, aber in der Regel wenig Aufmerksamkeit auf sich gezogen. Das EP konnte auch die seit Abschluss des Maastrichter Vertrages wachsende Europaskepsis nicht nutzen, um ein eigenständiges Profil – als Sprachrohr der politischen Unzufriedenheit – zu gewinnen. Trotz mancher Bemühungen und einiger ‚Sternstunden' in EU-weit wahrgenommenen Debatten hat das EP als Forum und Mitentscheidungsorgan keine europäische Öffentlichkeit in einem umfassenden Sinne herstellen können (Risse 2014) (vgl. Kap. ▶ „Mitspieler in der institutionellen Architektur der Europäischen Union"). Abgeordnete berichten, dass das EP zwar in vielfältiger Weise „Adressat von Bürgerwünschen" geworden ist, aber in der „Mediengesellschaft" nicht in ausreichendem Maße zur Geltung kommt (Leinen 2005, S. 145–146). Einen potenziellen Wendepunkt stellte die Aufstellung von Spitzenkandidaten seit der Wahl 2014 dar, die zumindest in der deutschen Medienlandschaft eine vergleichsweise große Beachtung erfuhren, aber in vielen anderen Mitgliedstaaten von marginaler Bedeutung blieben (Müller 2019). Die Zunahme an Sitzen für euroskeptische Parteien in den Wahlen 2014 und 2019 führte zu einer erhöhten Medienaufmerksamkeit (Maurer 2020, S. 83–86).

Angesichts dieser Einschätzung sind andere Daten überraschend. Der Bekanntheitsgrad ist nach öffentlichen Umfragen relativ hoch (Europäische Kommission 2014, S. 14). Zu beobachten ist, dass das Interesse am EP in der Regel zyklisch vor dem jeweiligen Wahlgang ansteigt, um danach wieder abzufallen (vgl. Abb. 5) (Dialer et al. 2015). Zudem haben Unionsbürgerinnen und -bürger ein größeres Vertrauen in das EP als in den Rat und die Kommission. Jedoch musste auch das EP in den vergangenen Jahren Vertrauenseinbußen hinnehmen (vgl. Abb. 5).

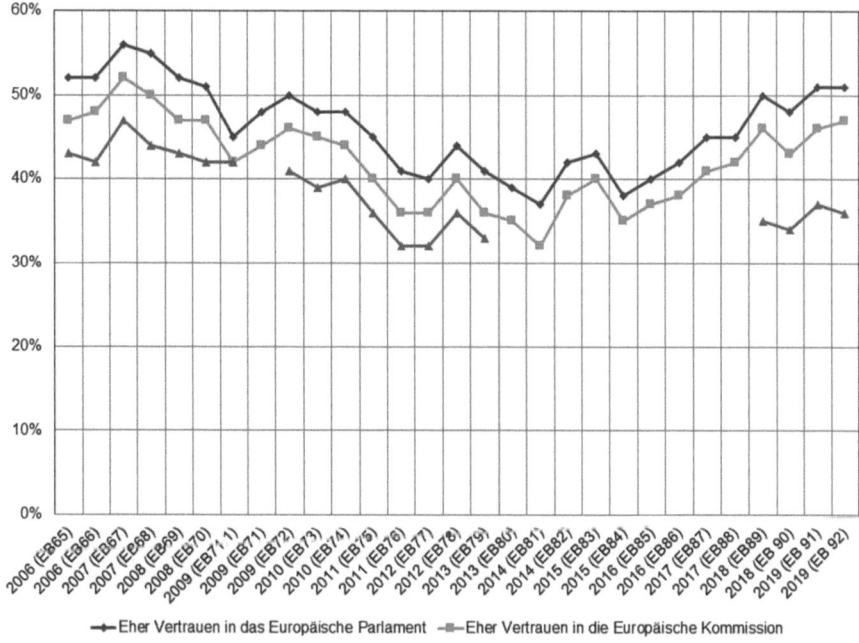

—◆—Eher Vertrauen in das Europäische Parlament   —■—Eher Vertrauen in die Europäische Kommission
—▲—Eher Vertrauen in den Rat der EU

Abb. 5 Vertrauen in die Institutionen der EU. (Quelle: Eigene Darstellung, basierend auf Europäische Kommission (2019). Daten zum Vertrauen in den Rat der EU wurden im ersten Halbjahr 2009 sowie in den Jahren 2013–2017 nicht erhoben)

4 Benennung und Wahl: Verteilung der Sitze nach Staaten und Parteien

Zeigt eine Funktionenbilanz eine zunehmende Bedeutung des EP in der institutionellen Architektur, so werden auch die Fragen nach den Modalitäten der Wahl und der Zusammensetzung dieses Organs für die Entwicklung des EU-Systems immer bedeutsamer.

Von nachhaltiger Bedeutung für die Repräsentationsfunktion und eine damit verbundene Legitimität sind das Interesse und die Teilnahme der Unionsbürgerinnen und -bürger an den Wahlen zum EP. Die Wahlbeteiligung nahm jedoch seit 1979 durchgängig ab; sie lag immer deutlich unter den ‚normalen' Durchschnittswerten nationaler Wahlen. Auch wenn die EP-Wahlen 2019 eine begrenzte Trendwende zu mehr Beteiligung aufwiesen (Vgl. Tab. 3), so bleibt in den meisten EU-Staaten die Erkenntnis, dass es den politischen Akteuren bei den Wahlen zum EP nicht gelungen ist, den Mehrwert des Europäischen Parlaments nachhaltig zu vermitteln (Müller 2019). Das EP mag zwar als Teil des EU-Establishments insgesamt verstanden werden, seine spezifische Rolle innerhalb der institutionellen Architektur bleibt jedoch weitgehend unbekannt. Die wissenschaftlich wie politisch zentralen Fragen

Tab. 3 Entwicklung der Wahlbeteiligung 1979–2019 I (in %)

Land	1979	1981	1984	1987	1989	1994	1995	1996	1999	2004	2007	2009	2013	2014	2019
EU	62,0	–	59,0	–	58,4	56,7	–	–	49,5	45,5	–	43,0	–	42,6	50,6
Belgien	91,4		92,1		90,7	90,7			91,1	90,8		90,4		89,6	88,5
Dänemark	47,8		52,4		46,8	52,9			50,5	47,9		59,5		56,3	66,0
Deutschland	65,7		56,8		62,3	60,0			46,0	43,0		43,3		48,1	61,4
Irland	63,6		47,6		68,3	44,0			50,2	58,6		58,6		52,4	49,7
Frankreich	60,7		56,7		48,8	52,7			46,8	42,8		40,6		42,4	50,1
Italien	85,7		82,5		81,1	73,6			69,8	71,7		65,1		57,2	54,5
Luxemburg	88,9		88,8		87,4	88,6			87,3	91,4		90,8		85,6	84,2
Niederlande	58,1		50,9		47,5	35,7			30,0	39,3		36,8		37,3	41,9
Ver. Königr.	32,4		32,6		36,4	36,4			24,0	38,5		34,7		35,6	36,9
Griechenland		81,5	80,6		80,0	73,2			70,3	63,2		52,6		60,0	58,8
Portugal				72,4	51,1	35,5			39,9	38,6		36,8		33,7	30,7
Spanien				68,5	54,7	59,1			63,1	45,1		44,9		43,8	60,7
Schweden							41,6		38,8	37,9		45,5		51,1	55,3
Finnland								57,6	30,1	39,4		38,6		39,1	40,7

Österreich	67,7	49,4	42,4		46,0		45,4	59,8
Estland			26,8		44,0		36,5	37,6
Lettland			41,3		53,7		30,2	33,5
Litauen			48,4		21,0		47,4	53,5
Malta			82,4		78,8		74,8	72,7
Polen			20,9		24,5		23,8	45,7
Slowakei			17,0		19,6		13,1	22,7
Slowenien			28,4		28,4		24,6	28,9
Tsch. Republik			28,3		28,2		18,2	28,7
Ungarn			38,5		36,3		29,0	43,4
Zypern			72,5		59,4		44,0	45,0
Bulgarien				29,2	39,0		35,8	32,6
Rumänien				29,5	27,7		32,4	51,1
Kroatien						20,8	25,2	29,9

Quelle: Europäisches Parlament (2019)

nach dem Legitimationsanspruch des EP bzw. nach dessen Wirkungen können mit diesem Befund vertieft diskutiert werden. Ein Legitimationsschub für die Europäische Union ist insbesondere durch die Wahlen nicht zu konstatieren.

4.1   Verteilung der Sitze auf die Mitgliedstaaten: Ein Dilemma

Das EP setzte sich bis zum Ausscheiden des Vereinigten Königreichs (Brexit) am 31. Januar 2020 aus 751 Mitgliedern zusammen. Im Zuge des Brexits wurde die Anzahl der Sitze auf 705 verringert. Der Lissabonner Vertrag legt – wie auch bereits vorige Verträge – eine Mindest- und eine Höchstanzahl von Abgeordneten pro Mitgliedstaat fest: Kein Land darf weniger als sechs und mehr als 96 Abgeordnete entsenden (vgl. Dokument 8). Die nationalen Kontingente pro Mitgliedstaat wurden 2013 und 2018 (für die Zeit nach dem Brexit) auf Initiative des EP (Vgl. Art. 14 (2) EUV) vom Europäischen Rat einstimmig beschlossen.

> **Dokument 8, Sitzverteilung**
> **Art. 14 (2) EUV**
>   Das Europäische Parlament setzt sich aus Vertretern der Unionsbürgerinnen und Unionsbürger zusammen. Ihre Anzahl darf 750 nicht überschreiten, zuzüglich des Präsidenten. Die Bürgerinnen und Bürger sind im Europäischen Parlament *degressiv* proportional, mindestens jedoch mit sechs Mitgliedern je Mitgliedstaat vertreten. Kein Mitgliedstaat erhält mehr als 96 Sitze.
>
>   Hervorhebungen durch den Autor

Hinsichtlich der Sitzverteilung weist der Lissabonner Vertrag auf ein bedeutendes Dilemma hin: Zum einen gilt es im Sinne des Minderheitenschutzes, die Bevölkerung von kleinen Mitgliedstaaten ausreichend zu repräsentieren, zum anderen, das demokratische Prinzip der ‚one person – one vote'-Regel zu wahren. Als ein Ausweg aus dieser Problemlage folgt die Zuordnung von Mandaten pro Mitgliedstaat (vgl. Abb. 6) dem Prinzip der *degressiven Proportionalität*. Danach steigt der Zuwachs an Mandaten mit der Bevölkerungszahl, jedoch nicht proportional in demselben Umfang wie die Zahl der Wahlberechtigten. Für bevölkerungsarme Staaten – insbesondere Luxemburg und Malta – ist eine Mindestzahl als eine Art Minderheitenschutz vorgesehen. Für größere Mitgliedstaaten bedeutet diese Regel eine unterproportionale Vertretung der Bürgerinnen und Bürger. So repräsentiert ein deutsches Mitglied des EP ca. 850 000 Einwohnerinnen und Einwohner Deutschlands, während ein Mandatsträger aus Malta ca. 75 000 Bürgerinnen und Bürger seines Landes vertritt.

Abb. 6 verdeutlicht die zunehmende Schere zwischen dem Anteil der Sitze im EP und dem Anteil der Einwohnerinnen und Einwohner eines Mitgliedstaats an der Gesamtbevölkerung der EU.

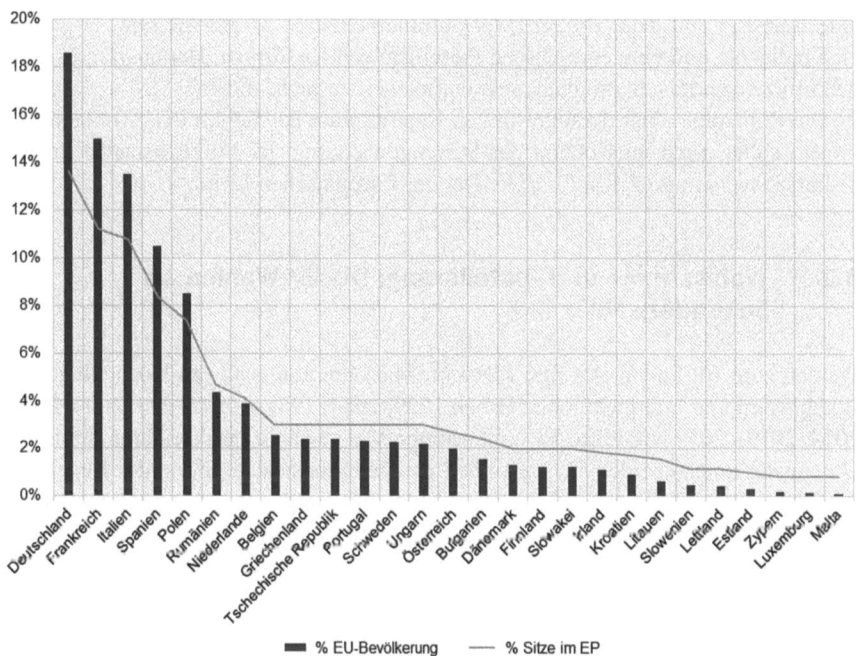

Abb. 6 Demografische Repräsentativität im EP nach dem Brexit. (Quelle: Eigene Darstellung. Stand: 31.01.2020)

Die grundsätzliche Mandatszuordnung nach dem Prinzip der degressiven Proportionalität wurde vom Bundesverfassungsgericht in seinem Urteil zum Lissabonner Vertrag 2009 kritisiert, da es demokratische Grundsätze verletze (Bundesverfassungsgericht 2009, § 106). Aus der Sicht einer solchen Beurteilung spiegeln wichtige Entscheidungen des EP nicht den Willen der Mehrheit der europäischen Bevölkerung wider.

Momentan werden insbesondere drei Optionen diskutiert, die dieses Dilemma lösen könnten.

Erstens könnte die Zahl der Sitze der kleinen Mitgliedstaaten gesenkt werden. Es ist jedoch sehr unwahrscheinlich, dass diese einem solchen Vorschlag zustimmen würden. Wenn diese nur ein oder zwei Abgeordnete entsenden könnten, würden die europäischen Wahlen deren politische Landschaft nicht mehr ausreichend abbilden.

Zweitens könnten die großen Mitgliedstaaten mehr Sitze zugesprochen bekommen. Bei einer Beibehaltung von sechs Sitzen für Malta würde dies proportional zusätzliche 1032 Sitze allein für Deutschland bedeuten. Ein zu großes EP würde jedoch die Effektivität und Effizienz der Entscheidungsfindung nachhaltig beeinträchtigen.

Der dritte Vorschlag sieht die Einführung von transnationalen Listen vor, wonach die Vergabe der Sitze im EP nicht mehr nur nach Mitgliedstaaten, sondern eine bestimmte Zahl auf eine getrennte Liste nach Parteien erfolgen würde. Dabei würde jede Bürgerin und jeder Bürger zwei Stimmen erhalten, womit sie bzw. er jeweils eine nationale und eine europäische Parteiliste wählen könnte. Damit wäre es auch den Spitzenkandidaten möglich, sich europaweit zu präsentieren.

Die Prinzipien einer demografischen Repräsentativität für ein EU-Zweikammer-system sollen auch im Kontext der Stimmgewichtung der Mitgliedstaaten im Rat diskutiert werden (vgl. Kap. ▶ „Der Rat der Europäischen Union").

4.2   Wahltermine und -beteiligung: Die EP-Wahlen als Sekundärwahl

Wahlen zum EP finden alle fünf Jahre im Mai oder Juni statt (zu Konstellationen, Ergebnissen und Interpretationen Hrbek 1979, 1984, 1989, 1994, 1999, 2004, 2009, 2014, 2019). 2019 wurde das EP zum neunten Mal gewählt. Die Verfahren für diesen Urnengang unterscheiden sich zwischen den Mitgliedstaaten, die in der Regel ihre nationalen Wahlsysteme für die Europawahlen mit einigen Anpassungen fortschreiben. Festzustellen sind Variationen von Verhältniswahlsystemen. Trotz vielfacher Bemühungen gibt es kein einheitliches EU-weites Wahlverfahren (Maurer und Kietz 2007, S. 250).

Die Beteiligung bei den Wahlen zum EP hat über die Jahrzehnte teilweise dramatisch abgenommen, um 2019 wieder leicht anzusteigen.

Tab. 3 zeigt erhebliche Unterschiede in den Mitgliedstaaten, wobei die jüngeren Mitgliedstaaten Mittel- und Osteuropas eine tendenziell niedrigere Wahlbeteiligung aufweisen (Hrbek 2019).

Eine Erklärung für eine geringere Wahlbeteiligung als bei nationalen Parlaments-wahlen wird in der Einstufung der EP-Wahl als „zweitrangige nationale Nebenwahl" gesehen (Hix und Marsh 2011; Maurer und Wessels 2003a, S. 180). Solche *Sekundärwahlen* (im wissenschaftlichen Sprachgebrauch „second-order elections" (Reif 1997, S. 117)) werden von den Bürgerinnen und Bürgern als weniger wichtig erachtet, da das Ergebnis der Stimmabgabe aus ihrer Sicht weniger bedeutsam ist, als z. B. das von Wahlen zu nationalen Parlamenten (Schmitt 2005). Die politische Bedeutung und Themen von einer derartigen Wahl leiten sich danach häufig aus dem Kontext der jeweiligen nationalen Politik ab: In den Augen der Bürger stehen danach nicht die Kandidaten auf der Liste zum EP zur Abstimmung, sondern – in einer Art Zwischen- oder Testwahl – nationale Spitzenpolitiker der jeweiligen Regierungs-parteien (Maurer und Kietz 2007, S. 247). Zu beobachten ist dabei ein Stimmver-halten, das von dem Ergebnis nationaler Urnengänge abweicht: So werden in der Regel Parteien, die im nationalen Parlament in der Opposition stehen, sowie kleinere und neuere Parteien von den Wählern bevorzugt; Stammwähler von Regierungs-parteien bleiben als Zeichen zwischenzeitlicher Unzufriedenheit eher zuhause.

Ein Vergleich mit den Bundestagswahlen in einer ähnlichen Periode zeigt si-gnifikante Unterschiede, jedoch lässt sich nach einem abnehmenden Trend auch eine gewisse Kehrtwende der Wahlbeteiligung ausmachen (vgl. Tab. 4).

Mit dieser Analyse ist aber nur begrenzt die Abnahme der Wahlbeteiligung zum EP über die letzten 25 Jahre zu erklären. Angesichts der erheblichen Zunahme an

Tab. 4 Entwicklung der Wahlbeteiligung 1979–2019 II

Jahr:	EG/EU	D	Zum Vergleich: Bundestagswahlen D (bis 1989: BRD)	
1979	62,0 %	65,7 %	1983	89,1 %
1984	59,0 %	56,8 %	1987	84,3 %
1989	58,4 %	62,3 %	1990	77,8 %
1994	56,7 %	60,0 %	1994	79,0 %
1999	49,5 %	45,2 %	1998	82,2 %
2004	45,5 %	43,0 %	2002	79,1 %
			2005	77,7 %
2009	42,9 %	43,3 %	2009	70,8 %
2014	42,6 %	48,1 %	2013	71,5 %
2019	50,6 %	61,4 %	2017	76,2 %

Quelle: Statista (2019) und Europäisches Parlament (2019)

parlamentarischen Mitwirkungsmöglichkeiten im Vertragstext – nicht zuletzt auch im Lissabonner Vertrag – erscheint es geradezu paradox, dass das Interesse der Unionsbürgerinnen und -bürger an einer unmittelbaren direkten (Aus-)Wahl seiner Repräsentanten im EU-System zurückgegangen ist (Rozenberg 2009). Vermutet wird deshalb eine zunehmende Anti-Europa- und Anti-Elitenstimmung (Manow 2005, S. 22; Hrbek 2014; Prosser 2016).

Der geringe Grad der Beteiligung mag zu einem Teil durch den Mangel an medienträchtigen Kontroversen innerhalb des Plenums (Maurer 2006, S. 237), die zum Teil auch durch eine mangelnde Personalisierung des Wahlkampfes zu erklären sind (Kaeding und Switek 2015). Als eine Reaktion auf eine derartige Analyse präsentierten die europäischen Parteien zum ersten Mal im Vorfeld der Wahlen von 2014 und dann erneut für 2019 *Spitzenkandidaten* für den Posten des Kommissionspräsidenten. Der Effekt dieser Personalisierung auf den Politisierungsgrad der Wahl, das Medieninteresse und die Wahlbeteiligung kann europaweit betrachtet jedoch als gering eingestuft werden (Hoholt 2015; Hrbek 2014). Die Wahlbeteiligung wurde jedenfalls durch die Personalisierungskampagne der Parteien durch die Präsentation von Spitzenkandidaten nicht nachhaltig gesteigert (Maurer 2020, S. 85).

4.3   Wahlergebnisse nach Parteien bzw. Fraktionen

Die Ergebnisse der neun Wahlen zum EP seit 1979 (vgl. Abb. 7) lassen mehrere Grundmuster und Variationen nicht zuletzt auch bei der Wahl 2019 erkennen (Müller 2019, S. 57–58):

- Stärke und Zusammensetzung der Fraktionen lassen wesentliche Linien in der Entwicklung der europäischen Parteienlandschaft seit 1979 erkennen, so etwa den Bedeutungszuwachs der Grünen sowie Variationen von extremen Rechts- und Linksparteien bei gleichzeitigem Ausscheiden kommunistischer Parteien, die 1979 noch 44 Sitze innehatten (Hrbek 1979).

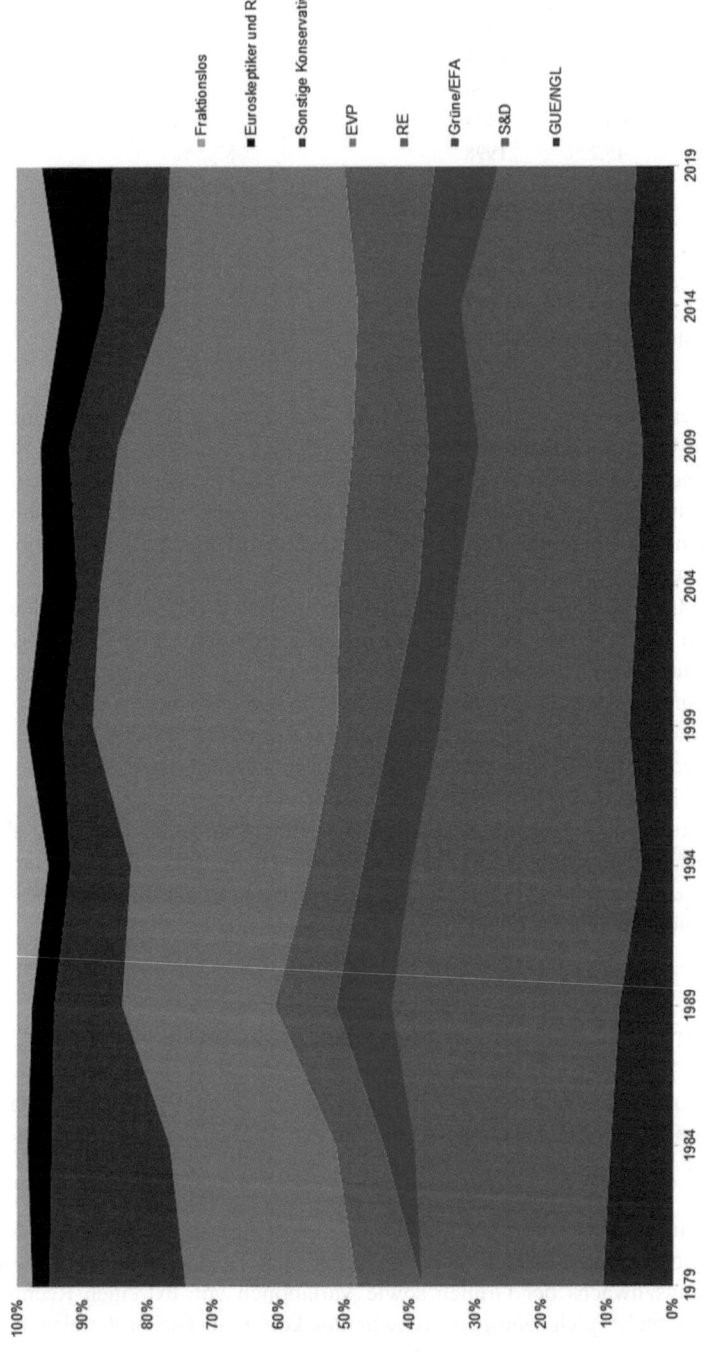

Abb. 7 Mandatsverteilung der Europawahlen 1979–2019; Fraktionen im Europäischen Parlament (2014): EVP: Fraktion der Europäischen Volkspartei (Christdemokraten) (ehemals EVP-ED); S&D: Progressive Allianz der Sozialdemokraten im Europäischen Parlament (ehemals PES bzw. SOC); RE: Renew Europe (ehemals ALDE, ELDR, LDR bzw. LD); Grüne/EFA: Fraktion der Grünen/Europäische Freie Allianz (ehemals CDI, REG, V, REA); GUE-NGL: Konföderale Fraktion der Vereinigten Europäischen Linken/Nordische Grüne Linke (ehemals KdL, VEL). (Quelle: Eigene Darstellung, basierend auf Loth (2014), in Anlehnung an Mittag und Steuwer (2010, S. 170–171))

- In fast allen europäischen Ländern ist eine zunehmende Zersplitterung der Parteienlandschaft zu erkennen.
- Die Zahl der im EP vertretenen nationalen Parteien ist beträchtlich. Die letzten Erweiterungsrunden um 13 Mitgliedstaaten erhöhten die Heterogenität der Fraktionen zudem weiter (Hix und Noury 2009). Für die Wahlperiode 2014–2019 wurden über 200 nationale Parteien gezählt. Im 2019 gewählten Parlament sind nach der Verkleinerung des EP durch das Ausscheiden der Abgeordneten aus dem Vereinigten Königreich rund 180 Parteien vertreten. Innerhalb einzelner Fraktionen ist eine Vielzahl von Herkunftsparteien der Abgeordneten zu beobachten, die teilweise auch nationale Delegationen bilden. So setzen sich etwa die sechs größten Fraktionen im 2014 gewählten Parlament im Durchschnitt aus Abgeordneten von 31 verschiedenen nationalen Parteien aus 20 Ländern zusammen (Höing und Gómez 2014). Entsprechend gibt es erhebliche Unterschiede in den Vorstellungen zu europapolitischen Leitbildern und Leitideen zur institutionellen Architektur auch innerhalb einzelner Fraktionen. So entzündeten sich in der EVP-Fraktion häufig Kontroversen zwischen deutschen Christdemokraten mit föderalistischen Leitideen und britischen Konservativen mit einer starken intergouvernementalen Ausrichtung – bis Letztere 2009 die Fraktion verließen und die neue Fraktion der Europäischen Konservativen und Reformisten (EKR) gründeten. Trotz der Vielfalt wird innerhalb der Fraktionen ein hoher parteiinterner Zusammenhalt bei Abstimmungen im EP konstatiert, auch wenn die Fraktionskohärenz und -disziplin weiterhin niedriger ausfällt als in nationalen Parlamenten (Höing und Gómez 2014).
- Zwischen den beiden größeren Gruppierungen (Fraktion der Europäischen Volkspartei (EVP) und die Progressive Allianz der Sozialdemokraten (S&D)) wechseln sich die Mehrheitsverhältnisse ab; jedoch konnte keine von ihnen in einer der Wahlperioden eine (absolute) Mehrheit an Sitzen erlangen. Diese Ausgangskonstellation ist von nachhaltiger Bedeutung für Koalitionsmuster – insbesondere bei Abstimmungen im Plenum, die eine Mehrheit der Mitglieder (bis 31. Januar 2020: 376; ab 1. Februar 2020: 353) erfordern. Im 2019 gewählten Parlament besitzen auch die beiden großen Fraktionen zusammen keine absolute Mehrheit der Mitglieder mehr, die für wichtige Beschlüsse des EP notwendig ist. Seitdem müssen sie mindestens eine dritte Fraktion für eine Zusammenarbeit gewinnen (vgl. auch Tab. 7).
- Spätestens mit den Wahlen von 2014 ist auch die Bedeutung von EU-skeptischen Parteien zentraler Bestandteil der politischen und gesellschaftlichen Diskussionen geworden. So gingen diese bei den achten Wahlen zum EP etwa in Frankreich und im Vereinigten Königreich als stärkste Kraft hervor (FitzGibbon 2014; Kietz und von Ondarza 2014). Insgesamt ist dennoch von einem geringen Einfluss dieser Abgeordneten auf die legislative Arbeit des EP auszugehen (Bertoncini und Koenig 2014).

5   Beschlussverfahren: Regeln und Koalitionsmuster

Die geschriebenen Regeln für die Beschlussfassung des EP weisen eine beträchtliche Variationsbreite auf, die es notwendig macht, jeweils die fallspezifischen Vertragsbestimmungen heranzuziehen. Im Regelfall entscheidet das Parlament mit der Mehrheit der jeweils von den anwesenden Abgeordneten „abgegebenen Stimmen" (Art. 231 AEUV). Um bei zentralen Fragen zufällige Mehrheiten zu vermeiden, legen die Vertragsbestimmungen je nach Beteiligungsrechten des EP besondere Quoren fest. Bei Entscheidungen der Abgeordneten in wichtigen Rechtsakten der Politik- und Systemgestaltung wird die notwendigerweise zu erreichende Mindestzahl differenziert (vgl. Tab. 5). So benötigt das EP für einen erfolgreichen Misstrauensantrag gegenüber der Kommission zwei Drittel der im Plenum abgegebenen Stimmen und zugleich die Mehrheit der Mitglieder des EP, d. h. die Hälfte der gesamten Mandate (353 von 705) (Art. 234 AEUV). Bei Abänderung oder Ablehnung des vom Rat vorgelegten Gemeinsamen Standpunktes im ordentlichen Gesetzgebungsverfahren (Art. 294 AEUV) und bei der Zustimmung zu Beitrittsverträgen bedarf es ebenfalls der (absoluten) Mehrheit der Mitglieder des EP (Art. 49 EUV).

Ausgehend von diesen Bestimmungen für die parlamentsinterne Beschlussfassung ist von besonderem Interesse zu beobachten, wie sich das ‚Innenleben' des EP entwickelt. Nach Grundannahmen institutionalistischer Theorieansätze (vgl. Kap. ▶ „Einführung") ist zu erwarten, dass sich diese geschriebenen Vorgaben in der Praxis nachhaltig auf das Verhalten der Fraktionen auswirken. Zu untersuchen ist deshalb das Abstimmungsverhalten in durchaus wechselnden Koalitionsformationen (Bertoncini und Chopin 2014; VoteWatch Europe 2014).

Aus der vertraglich festgelegten Notwendigkeit bei einigen wesentlichen Verfahrensschritten – so in der Rolle des Gesetzgebers und der Haushaltsbehörde – die Mehrheit aller Mitglieder des EP, das heißt bis 2019 376, mit dem vollzogenen Brexit 353 Mitglieder, erreichen zu müssen, hat sich spätestens seit Inkrafttreten der Einheitlichen Europäischen Akte in zentralen Fragen immer wieder eine „große Koalition" (Dialer et al. 2015, S. 127) zwischen den Fraktionen der Sozialdemokraten (S&D) und der Europäischen Volkspartei (EVP) eingespielt (Rozenberg 2009, S. 16). Derartige Absprachen zwischen den großen Fraktionen wurden in der über-

Tab. 5 Regeln für eine Beschlussfassung

EP: Beschlussfassung	Vertragsbestimmungen
Regelfall (Art. 231 AEUV)	Mehrheit der abgegebenen Stimmen
Ordentliches Gesetzgebungsverfahren (Art. 294 (7) AEUV)	Mehrheit der Mitglieder bei Ablehnung und Änderungsvorschlägen
Misstrauensvotum gegen KOM (Art. 234 AEUV)	Mehrheit der Mitglieder und 2/3 der abgegebenen Stimmen
Ablehnung/Vorschlag zur Änderung des Haushalts (Art. 314 AEUV)	Mehrheit der Mitglieder
Einsetzen eines nichtständigen Untersuchungsausschusses (Art. 226 AEUV)	auf Antrag mind. 25 % der Mitglieder
Zustimmung a) z. B. Austritt (Art. 50 (2) EUV) sowie Assoziierungsabkommen und weiteren internationalen Übereinkünften (Art. 218 (6) AEUV)	Mehrheit der abgegebenen Stimmen
b) z. B. Beitritt (Art. 49 EUV)	Mehrheit der Mitglieder

Quelle: Eigene Darstellung. Stand: 31.01.2020

wiegenden Mehrzahl der Fälle bereits bei der Wahl der Parlamentspräsidenten zu Beginn einer Legislaturperiode deutlich.

Jedoch sind in den letzten Wahlperioden – insbesondere nach 1999 – auch Muster von Abstimmungsmehrheiten zu beobachten, die eher eine für nationale Parlamente übliche Rechts-Links-Teilung dokumentieren, das heißt S&D und EVP stimmen unterschiedlich ab. Mit einem derartigen Muster würde sich das Innenleben des EP in Richtung eines ‚normalen‘ europäischen Parlaments mit traditionellen Trennlinien (im wissenschaftlichen Sprachgebrauch *cleavages*) entwickeln. Der zunehmende Bedeutungsverlust von Volksparteien lässt sich jedoch auch in vielen Parlamenten der Mitgliedstaaten beobachten. Die Koalitionsbildungen werden so in fast allen Parlamenten – aufgrund der Wahlergebnisse – schwieriger.

Die rechnerischen Koalitionsmöglichkeiten im EP 2014–2019 zeigen die Schwierigkeiten, eine Mitte-Links- oder Mitte-Rechts-Mehrheit von 50 % der Mitglieder zu erreichen. Dies führt – wie beschrieben – traditionell zur Bildung von ‚großen Koalitionen‘, die zum Beispiel in der achten Legislaturperiode eine ‚bequeme‘ Mehrheit von 35 Sitzen über der notwendigen Schwelle aufweisen konnten (Maurer 2014b, S. 78). Diese Koalitionsformation brachte auch eine Marginalisierung der euroskeptischen Parteien mit sich.

Nach den Wahlen 2019 ist die Lage unübersichtlicher geworden. Für eine proeuropäische Mehrheit der Sitze sind seit Beginn der Wahlperiode 2019–2024 mindestens drei Fraktionen notwendig. Mehrere alternative Koalitionsmöglichkeiten bieten sich im Vergleich zu 2014–2019 (Vgl. Tab. 6). Als neue stabile Mehrheit konnte sich eine „erweiterte große Koalition" in Form eines Dreierbündnisses aus EVP, S&D und den liberalen Renew Europe (RE) in einer ‚Scharnierfunktion‘ erweisen. Auch ein ‚Viererbündnis‘ mit den Grünen bietet sich bei wichtigen Vorgängen an (Müller 2019, S. 64–66).

Auch Abstimmungen, bei denen sich alle parlamentarischen Fraktionen – jedoch nicht alle Abgeordneten – einig sind, sind im EP nicht selten.

In der Praxis des Abstimmungsverhaltens sind immer wieder parteiübergreifende nationale Koalitionen, so etwa in der Agrar- und Regionalpolitik, zu beobachten

Tab. 6 Koalitionsmöglichkeiten im neunten Europäischen Parlament 2019–2024 (nach dem Brexit)

„Mitte-Links"	Kumulative Koalitionsstärke	„Mitte-Rechts"	Kumulative Koalitionsstärke	„erweiterte große Koalition"	Kumulative Koalitionsstärke
S&D	20,99 %	EVP	26,52 %	EVP	26,52 %
+ Grüne/ EFA	30,64 %	+ EKR	35,31 %	+ S&D	47,51 %
+ RE	44,40 %	+ RE	49,07 %		
50 % und mehr					
+ GUE/NGL	50,07 %	+ Grüne/ EFA	58,72 %	+ RE	61,27 %
				+ Grüne/ EFA	70,92 %

Quelle: Eigene Darstellung, basierend auf Maurer (2019, S. 89). Stand: 31.01.2020

(Bertoncini und Chopin 2014). Zuweilen organisieren sich Abgeordnete auch fraktionsübergreifend in spezifischen „Intergroups". Von besonderer Bedeutung für die Systemgestaltung der EU war die „Krokodil-Gruppe", die – nach einem Restaurant in Straßburg benannt – in der ersten Wahlperiode des EP den Vertragsentwurf des EP zur Europäischen Union (vgl. Kap. ► „Geschichte") ausarbeitete und sich für eine föderale Reform der institutionellen Architektur einsetzte.

Insgesamt ist das Abstimmungsverhalten im EP facettenreicher und vielfältiger als in nationalen Parlamenten der EU-Staaten, da sich dort in der Regel Mehrheit und Opposition gegenüberstehen, die sich spätestens bei der Wahl des jeweiligen Regierungschefs konstituieren. Die bisherige Mitwirkung des EP an der Wahl des Kommissionspräsidenten hat noch nicht zu einer vergleichbaren Polarisierung geführt, da auch 2014 erneut eine große Koalition notwendig war, um den Spitzenkandidaten gegenüber dem Europäischen Rat durchzusetzen. 2019 haben die Abgeordneten keine Mehrheit gegen den Vorschlag des Europäischen Rates bilden können. Im Unterschied zu den meisten nationalen Parlamenten ist deshalb keine eindeutige Teilung des Parlaments in die zwei Lager einer regierungsbildenden und -unterstützenden Mehrheit und einer dagegen durchgängig agierenden Opposition zu beobachten. Eine stärkere Politisierung der Wahl zum Kommissionspräsidenten – wie 2014 erfolgt – könnte jedoch diese konventionellen parteipolitischen Trennlinien in Zukunft verstärkt zum bestimmenden Faktor des Abstimmungsverhaltens europäischer Abgeordneter werden lassen, auch wenn die Erfahrungen 2019 einen derartigen Trend nicht unterstützen. Die Sitzverteilung ab 2019 lässt ein mühsames Suchen nach ausreichenden Mehrheiten erwarten.

6   Aufbau und Arbeitsweise: Strukturen und Rollen

Mit der Zunahme an legislativen Beteiligungsrechten hat das EP seinen Arbeitsstil umfassend verändert. Aufgrund der in den EG-Verträgen ursprünglich auf Informations- und Kontrollrechte beschränkten Funktionen galt das Parlament lange Zeit als „Redeparlament" (Steffani 1979, S. 37–60). Die Einführung des Zusammenarbeits- und dann des Mitentscheidungsverfahrens hatte somit nachhaltigen Einfluss auf die Funktionsweise und das interne Management des EP. Dieses hatte seine Aktivitäten zunehmend auf die Praxis eines gesetzgebenden „Arbeitsparlaments" auszurichten (Shackleston 2017; Dialer et al. 2015; Maurer 2007, S. 231–233; Maurer und Wessels 2003a, S. 194–195).

Trotz seiner Größe und Heterogenität und trotz der fehlenden Vorherrschaft einer Fraktion war das EP bislang in der Lage, sich auch bei knappen zeitlichen Vorgaben, wie z. B. der zweiten Lesung im ordentlichen Gesetzgebungsverfahren, effizient zu organisieren. Besonders auffällig ist der interne Zusammenhalt bei inoffiziellen Absprachen mit dem Rat in den sogenannten ‚Trilogen' (vgl. Kap. ► „Gesetzgebungs- und Haushaltsverfahren"). Zu erklären ist dieser Prozess sowohl durch das Eigeninteresse von Abgeordneten, im Rahmen der Vertragsregeln konkret Politik zu gestalten, als auch durch den Aufbau einer handlungsfähigen Binnenstruktur.

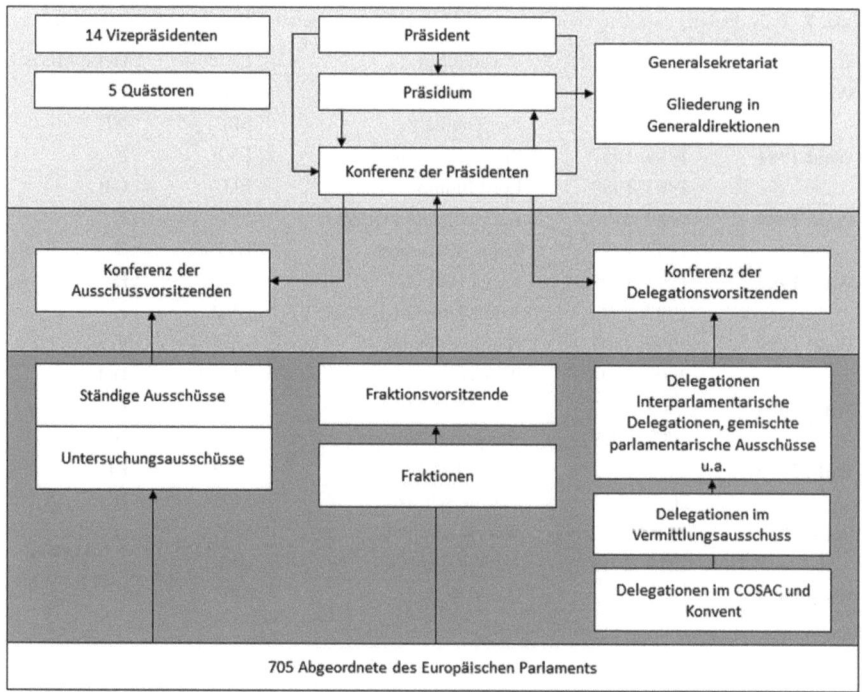

Abb. 8 Binnenstruktur. (Quelle: Eigene Darstellung. Stand: 31.01.2020)

Das EP hat eine differenzierte Struktur für seine interne Willensbildung aufgebaut (vgl. Abb. 8).

6.1 Präsident, Präsidium und Konferenz der Präsidenten

„Aus seiner Mitte" wählt das EP „seinen Präsidenten und sein Präsidium" (Art. 14 (4) EUV). Dieser Vorgang – so wie die Wahl zu anderen Positionen im Parlament, insbesondere zu Fraktions- und Ausschussvorsitzenden, erfolgt für jeweils eine Hälfte der Wahlperiode, d. h. für 2,5 Jahre. Für ein neu gewähltes Parlament manifestieren sich bei der Wahl zum Parlamentspräsidenten dominierende Muster von ‚Koalitionen' zwischen Fraktionen. Aus der Auflistung der Präsidenten des EP seit der ersten Direktwahl (vgl. Tab. 7) wird das bereits identifizierte Muster deutlich: bis auf zwei Liberale (ELDR) haben bisher ausschließlich Abgeordnete der Europäischen Volkspartei und der Sozialdemokraten dieses höchste Amt ausgeübt.

Der Präsident verfügt über einen Katalog allgemeiner Befugnisse zur Sitzungsleitung, internen Organisation und zur Außenvertretung (vgl. Dokument 9). Wie der Geschäftsordnung des Europäischen Parlaments zu entnehmen ist, hat der Präsident bei Kontroversen im Parlament einen hohen Grad an Neutralität einzuhalten.

Tab. 7 Präsidenten, Parteizugehörigkeit und Herkunftsstaat (seit 1979)

Wahl	Amtszeit	Präsident/in	Partei	Herkunftstaat
Wahl 1979	1979–1982	Simone Veil	LDR	**F**
	1982–1984	Piet Dankert	SPE	**NL**
Wahl 1984	1984–1987	Pierre Pflimlin	EVP	**F**
	1987–1989	Lord Plumb	ED	**GB**
Wahl 1989	1989–1992	Enrique Barón Crespo	SPE	**E**
	1992–1994	Egon A. Klepsch	EVP	**D**
Wahl 1994	1994–1997	Klaus Hänsch	SPE	**D**
	1997–1999	José Maria Gil-Robles	EVP	**E**
Wahl 1999	1999–2002	Nicole Fontaine	EVP	**F**
	2002–2004	Pat Cox	ELDR	**IRL**
Wahl 2004	2004–2007	Josep Borrell Fontelles	SPE	**E**
	2007–2009	Hans-Gert Pöttering	EVP	**D**
Wahl 2009	2009–2012	Jerzy Buzek	EVP	**PL**
	2012–2014	Martin Schulz	SPE	**D**
Wahl 2014	2014–2017	Martin Schulz	SPE	**D**
	2017–2019	Antonio Tajani	EVP	**I**
Wahl 2019	2019–	David Sassoli	SPE	**I**

Quelle: Eigene Darstellung Darstellung. Stand: 31.01.2020

Dieses Amt kann damit nur begrenzt zur Personalisierung und Politisierung europäischer Streitfragen genutzt werden. Angesichts der erheblichen parlamentsinternen Unterschiede muss damit das Profil des Amtsträgers gegenüber anderen Institutionen und der europäischen Öffentlichkeit in der Regel zurückhaltend bleiben – ein Prinzip, mit welchem der zweimalige Präsident Schulz (2012–2016) durch ein medienwirksames Profil brach (Shackleton 2017, S. 147–148).

Dokument 9, Aufgaben des Präsidenten
Art. 22 Geschäftsordnung des Europäischen Parlaments

1. Der Präsident *leitet* im Einklang mit dieser Geschäftsordnung *sämtliche Arbeiten* des Parlaments und seiner Organe und besitzt alle Befugnisse, um bei den Beratungen des Parlaments den *Vorsitz* zu führen und deren ordnungsgemäßen Ablauf zu gewährleisten.
2. Der Präsident *eröffnet, unterbricht und schließt die Sitzungen*; er entscheidet über die Zulässigkeit von Änderungsanträgen und anderen Texten, über die abgestimmt werden soll, sowie über die Zulässigkeit parlamentarischer Anfragen; er achtet auf die *Einhaltung dieser Geschäftsordnung*, wahrt die Ordnung, erteilt das Wort, erklärt die Aussprachen für geschlossen, lässt abstimmen und verkündet die Ergebnisse der Abstimmungen. Er übermittelt den Ausschüssen die Mitteilungen, die ihre Tätigkeit betreffen.

(Fortsetzung)

3. Der Präsident darf in einer Aussprache das Wort nur ergreifen, um den Stand der Sache festzustellen und die Aussprache zum Beratungsgegenstand zurückzuführen. *Will er sich an der Aussprache beteiligen, gibt er den Vorsitz ab* und kann ihn erst wieder übernehmen, wenn die Aussprache über den Gegenstand beendet ist.

4. Der Präsident *vertritt* das Parlament im *internationalen* Bereich, bei offiziellen Anlässen sowie in Verwaltungs-, Gerichts- und Finanzangelegenheiten; er kann diese Befugnisse übertragen. [...]

Hervorhebungen durch den Autor. Stand: 31.01.2020

Der Präsident teilt seine Verantwortung sowohl mit dem Präsidium als auch mit den Mitgliedern der Konferenz der Präsidenten, bei der auch die Fraktionsvorsitzenden ihr politisches Gewicht einbringen. Dieses Gremium bildet den zentralen Lenkungsausschuss für die Arbeit des EP. So entscheidet diese Konferenz u. a. über die Tagesordnung sowie die Zusammensetzung und Kompetenzen von Ausschüssen (vgl. Dokument 10).

Dokument 10, Aufgaben des Präsidiums und der Konferenz der Präsidenten
Art. 25 Geschäftsordnung des Europäischen Parlaments
[...]

- 2. Das *Präsidium* trifft finanzielle, organisatorische und administrative Entscheidungen in Angelegenheiten der *internen Organisation des Parlaments*, seines Generalsekretariats und seiner Organe. [...]

Art. 27 Geschäftsordnung des Europäischen Parlaments
[...]

- 2. Die *Konferenz der Präsidenten* beschließt über *die Arbeitsorganisation des Parlaments* sowie über die Fragen im Zusammenhang mit dem *Gesetzgebungsprogramm*.
- 3. Die Konferenz der Präsidenten ist zuständig für Fragen, die die *Beziehungen des Parlaments zu den anderen Organen und Einrichtungen der Europäischen Union* sowie zu den nationalen Parlamenten der Mitgliedstaaten betreffen. [...]
- 4. Die Konferenz der Präsidenten ist zuständig für Fragen, die die Beziehungen zu Drittländern und zu Institutionen oder Organisationen außerhalb der Europäischen Union betreffen. [...]
- 6. Die Konferenz der Präsidenten stellt den Entwurf der *Tagesordnung* für die Tagungen des Parlaments auf.

(Fortsetzung)

- 7. Die Konferenz der Präsidenten unterbreitet dem Parlament Vorschläge in Bezug auf *die Zusammensetzung und die Zuständigkeiten der Ausschüsse* und der Untersuchungsausschüsse sowie der Gemischten Parlamentarischen Ausschüsse und der ständigen Delegationen. Die Konferenz der Präsidenten ist zuständig für die Genehmigung von *Ad-hoc*-Delegationen. [...]

Hervorhebungen durch den Autor. Stand: 31.01.2020

6.2   Fraktionen

Fraktionen bilden die zentralen Entscheidungsträger innerhalb des EP. Die Geschäftsordnung überträgt den Fraktionen zentrale Rechte für den internen Ablauf – nicht zuletzt, um die interne Handlungsfähigkeit des Parlaments sicherzustellen. Insgesamt setzt so die Geschäftsordnung starke Anreize zur Bildung von multinationalen Fraktionen; damit werden aber auch Rechte einzelner Abgeordneter beschnitten. Innerhalb der Fraktionen können dann die nationalen Delegationen, – insbesondere größerer Staaten – eine wichtige Vorklärungsrolle einnehmen.

Die Fraktionsvorsitzenden spielen innerhalb und außerhalb ihrer Gruppe eine wichtige Orientierungs-, Leitungs- und Lenkungsrolle, bei der sie jedoch – angesichts der fraktionsinternen Vielfalt – häufig mühsam einen tragfähigen Konsens suchen müssen. Mit der Erweiterung der EU und der Zersplitterung der Parteienlandschaft ist diese Führungsaufgabe noch schwieriger geworden; sie verfügen über wenige institutionelle Möglichkeiten, die Kollegen zu einem fraktionsfreundlichen Verhalten zu bewegen. Bei der Vorgabe der zahlreichen Positionen im EP selber können sie aber eine wichtige Rolle spielen.

Angesichts der politischen Relevanz der Fraktionen ist die Vorschrift für die Konstituierung von Fraktionen von zentraler Bedeutung. Zur Vermeidung von Zersplitterung hat das EP in dieser Vorschrift notwendige Voraussetzungen für die Gründung einer Fraktion festgelegt (vgl. Dokument 11).

Dokument 11, Vorschrift für die Konstituierung von Fraktionen im Europäischen Parlament
Art. 33 Geschäftsordnung des Europäischen Parlaments
   1. Die Mitglieder können ihrer politischen Zugehörigkeit entsprechende Fraktionen bilden.
   2. Jeder Fraktion müssen Mitglieder angehören, die in *mindestens einem Viertel der Mitgliedstaaten* gewählt wurden. Zur Bildung einer Fraktion bedarf es *mindestens 25 Mitglieder*.
   [...]

Hervorhebungen durch den Autor. Stand: 31.01.2020

Tab. 8 Fraktionen im neunten Europäischen Parlament 2019–2024 (nach dem Brexit)

Fraktion	Mitglieder	deutsche Mitglieder	
		Nationale Partei	Anzahl der Abgeordneten
EVP	187	CDU	23
		CSU	6
S&D	148	SPD	16
RE	97	FDP	5
		FW	2
Grüne/EFA	68	Grüne	21
		ÖDP	1
		Piraten	1
		PARTEI	1
		Volt	1
ID	76	AfD	11
EKR	62	Familie	1
GUE/NGL	40	Die Linke	5
		Tierschutzpartei	1
fraktionslos	27	PARTEI	1
Summe	**705**	**15**	**96**

Quelle: Eigene Darstellung, basierend auf Europäisches Parlament (2020a). Stand: 31.01.2020

Diese Schwellen haben immer wieder dazu geführt, dass einige Abgeordnete keine eigene Fraktion gründen konnten. So konnte die Gruppe um die niederländische Freiheitspartei und den französischen Front National mit ihrer Vorsitzenden Le Pen erst 2015 den Fraktionsstatus nach einem Zugang aus anderen Fraktionen erlangen. Seit der Wahl 2019 haben sich sieben Fraktionen gebildet (vgl. Tab. 8).

6.3 Ausschüsse

Die inhaltliche Arbeit des EP wird in den derzeit 20 ständigen Ausschüssen vorbereitet. Hinzu kommen zwei Unterausschüsse (Menschenrechte sowie Sicherheit und Verteidigung).

Die Positionen der Ausschussvorsitzenden werden einerseits unter Berücksichtigung der jeweiligen Fraktionsstärke als auch nach relativer Stärke bzw. Position nationaler Gruppierungen innerhalb einer Fraktion besetzt.

Angesichts der Zunahme an legislativen Befugnissen fielen einigen Ausschüssen neue Aufgaben zu, die aus mehreren Lesungen mit intensiven Beratungen zu Detailfragen bestehen. Diese Arbeit an Rechtsakten ist unterschiedlich auf die Fachausschüsse verteilt (vgl. Tab. 9).

6.4 Delegationen

Die Delegationen des EP – nicht zu verwechseln mit den nationalen Delegationen innerhalb der Fraktionen – können vereinfacht in zwei Kategorien unterteilt werden: Delegationen, die sich mit EU-internen Entscheidungsprozessen befassen, und Delegationen, die der Zusammenarbeit mit Parlamenten von Drittstaaten dienen.

Tab. 9 Ausschüsse des neunten Europäischen Parlaments 2019–2024 (nach dem Brexit)

Ausschuss	Abkürzung	Vorsitz	Fraktion	Land
Ausschuss für Auswärtige Angelegenheiten	AFET	David McAllister	EVP	DE
- Unterausschuss für Menschenrechte	DROI	Maria Arena	S&D	BE
- Unterausschuss für Sicherheit und Verteidigung	SEDE	Nathalie Loiseau	RE	FR
Ausschuss für Entwicklung	DEVE	Thomas Tobé	EVP	SE
Ausschuss für internationalen Handel	INTA	Bernd Lange	S&D	DE
Ausschuss für den Haushalt	BUDG	Johan van Overtveldt	EKR	BE
Ausschuss für Haushaltskontrolle	CONT	Monika Hohlmeier	EVP	DE
Ausschuss für Wirtschaft und Währung	ECON	Irene Tinagli	S&D	IT
Ausschuss für Beschäftigung und soziale Angelegenheiten	EMPL	Lucia Duris Nicholsonova	EKR	SK
Ausschuss für Umweltfragen, öffentliche Gesundheit und Lebensmittelsicherheit	ENVI	Pascal Canfin	RE	FR
Ausschuss für Industrie, Forschung und Energie	ITRE	Adina-Ioana Valean	EVP	RO
Ausschuss für Binnenmarkt und Verbraucherschutz	IMCO	Petra de Sutter	Grüne/EFA	BE
Ausschuss für Verkehr und Fremdenverkehr	TRAN	Karima Delli	Grüne/EFA	FR
Ausschuss für regionale Entwicklung	REGI	Younous Omarjee	GUE/NGL	FR
Ausschuss für Landwirtschaft und ländliche Entwicklung	AGRI	Norbert Lins	EVP	DE
Ausschuss für Fischerei	PECH	Pierre Karleskind	RE	FR
Ausschuss für Kultur und Bildung	CULT	Sabine Verheyen	EVP	DE
Ausschuss für Recht	JURI	Adrián Vázquez Lázara	RE	ES
Ausschuss für bürgerliche Freiheiten, Justiz und Inneres	LIBE	Juan Fernando López Aguilar	S&D	ES
Ausschuss für konstitutionelle Fragen	AFCO	Antonio Tajani	EVP	IT
Ausschuss für die Rechte der Frau und die Gleichstellung der Geschlechter	FEMM	Evelyn Regner	S&D	AT
Ausschuss für Petitionen	PETI	Dolors Montserrat	EVP	ES

Quelle: Eigene Darstellung, basierend auf Maurer (2019, S. 91) und Europäisches Parlament (2020b). Stand: 31.03.2020

Für die Legislativarbeit des EP war bislang die Delegation des Parlaments im Vermittlungsausschuss von Bedeutung. Diese umfasst 27 Mitglieder (dieselbe Anzahl wie Vertreter von Mitgliedstaaten) und setzt sich politisch entsprechend der

Fraktionszusammensetzung des Parlaments zusammen. Drei Abgeordnete werden als ‚ständige Delegationsmitglieder' für alle Vermittlungsausschusssitzungen für einen Zeitraum von zwölf Monaten benannt. Dazu kommen der Vorsitzende des zuständigen Parlamentsausschusses sowie der Berichterstatter. In der Praxis entwickelten sich die drei ständigen Mitglieder zu Spezialisten für die horizontalen, d. h. politikfeldübergreifenden Aspekte des Verfahrens mit dem Rat. Ähnliche Verfahrens- und Sachkenntnisse haben spezialisierte Abgeordnete im Haushaltsverfahren entwickelt. Gegenüber der Kommission und dem Rat ist das EP damit bei diesen Verfahren durchaus durchsetzungsfähig. Die Ausweitung der EP-Befugnisse hat sich damit signifikant auf die Professionalisierung einer größer werdenden Gruppe von europäischen Abgeordneten in Verfahrensfragen ausgewirkt. Der Vermittlungsausschuss hat jedoch an Bedeutung verloren, da die Mehrzahl der Gesetzesakte nach dem ordentlichen Gesetzgebungsverfahren in der ersten Lesung innerhalb des *informellen Trilogs* entschieden werden (vgl. Kap. ▶ „Gesetzgebungs- und Haushaltsverfahren"). In diesem wird das EP durch den Vorsitz des federführenden Ausschusses, den zuständigen Berichterstatter und zumindest die Schattenberichterstatter weiterer Fraktionen vertreten.

In multilateralen ‚interparlamentarischen Versammlungen' arbeiten die EU-Parlamentarier mit Parlamentsdelegationen aus Partnerländern zusammen, wie etwa in der Parlamentarischen Versammlung Europa-Lateinamerika (EUROLAT) und der Parlamentarischen Versammlung für Zusammenarbeit mit den osteuropäischen Staaten (EURONEST).

Besondere Variationen in der Binnenstruktur des EP bilden die Delegation des EP für die „Konferenz der Europaausschüsse" mit nationalen Parlamenten (im französischen Sprachgebrauch *Conférence des Organes Spécialisés dans les Affaires Communautaires* – auch „COSAC" genannt) und die interparlamentarischen Konferenzen zum Fiskalpakt und zur GASP. Die Wirkungsmöglichkeiten dieser Konferenz von Abgeordneten mehrerer Ebenen auf Organe der Union gelten aber als begrenzt (vgl. Kap. ▶ „Nationale Parlamente") (Kreilinger 2019).

Als eine spezifische Form der EP-Beteiligung ist die Gruppe der europäischen Abgeordneten im „Konvent" zu nennen (vgl. Art. 48 EUV sowie Kap. ▶ „Vertragsänderungsverfahren").

6.5 Generalsekretariat

Unterstützt werden die Abgeordneten durch eine zunehmende Zahl von Beamten im Generalsekretariat des EP, das in aufgabenbezogene Generaldirektionen gegliedert ist:

- Präsidentschaft
- Interne Politikbereiche der Union
- Externe Politikbereiche der Union
- Wissenschaftlicher Dienst
- Kommunikation

- Personal
- Infrastrukturen und Logistik
- Übersetzung
- Logistik und Verdolmetschung der Konferenzen
- Finanzen
- Innovation und technologische Unterstützung
- Sicherheits- und Schutzbelange
- Juristischer Dienst

Diese Beamten übernehmen auch wesentliche Beratungsaufgaben bei der Formulierung von Vorlagen. Gegenüber Beamten des Rates und der Kommission sind
sie sowohl in Sach- als auch Verfahrensfragen wettbewerbsfähig geworden (Maurer
und Wessels 2003a, S. 199–200).

Geleitet wird das Generalsekretariat vom Generalsekretär, der als ranghöchster
Beamter des EP vom Präsidium ernannt wird und dem Präsidenten, dem Präsidium
sowie der Konferenz der Präsidenten untersteht.

6.6   Besonderheiten: Tagungsorte und Sprachenregime

Bei der Arbeitsweise des EP sind mehrere Besonderheiten zu berücksichtigen. So
tagt dieses Organ während seiner zwölf Plenarsitzungen in Straßburg; die Ausschüsse und Fraktionen treten monatlich in Brüssel zusammen; in beiden Städten verfügt
das EP über großzügig angelegte Gebäude; das Generalsekretariat ist teils in Luxemburg, teils in Brüssel angesiedelt.

Die Abgeordneten können sich in allen offiziellen Sprachen artikulieren, d. h. in
der EU-27 in 24 offiziellen Amtssprachen (Dialer et al. 2015, S. 346). Unabhängig
von den damit einhergehenden Kosten leiden die Debatten in Folge der Überset-
zungen häufig an einem Mangel an Spontaneität. Auch die Reaktionsfähigkeit des
EP auf überraschende Entwicklungen wird durch eine notwendige Mehrsprachigkeit
bei der Vorlage von Stellungnahmen verzögert. Dennoch wird die Sprachen-Souve-
ränität offiziell hochgehalten, auch wenn in Beratungen innerhalb von Fraktionen
und bei informellen Gesprächen wenige Arbeitssprachen mit zunehmender Dominanz des Englischen vorherrschen.

7   Zusammenfassung, Diskussion und Perspektiven

7.1   Institutionelle Leitideen im Test

Der Befund zur Funktionenwahrnehmung lässt im Hinblick auf den Vertragstext und
die Praxis ein facettenreiches Bild entstehen. Dem historischen Status eines zwischenstaatlichen Diskussionsforums ist das EP entwachsen. Die vorgesehenen Bestimmungen des Lissabonner Vertrags schreiben wesentliche Trends der letzten fünf
Jahrzehnte fort. Mit Blick auf die Ausweitung der Kompetenzen des EU-Systems

insgesamt kann dabei von einer „nacheilenden Parlamentarisierung" (Maurer und Wessels 2003a, S. 100–103) gesprochen werden.

Der Ausbau parlamentarischer Rechte und die damit häufig erwarteten oder erhofften Legitimationswirkungen waren und bleiben auch weiterhin ein zentrales Thema. Festzustellen ist gleichzeitig jedoch eine paradoxe Entwicklung: Seit den 70er-Jahren findet eine erhebliche Zunahme an Beteiligungsrechten für das EP statt, die einhergeht mit einer Abnahme des Interesses der Bürger und Bürgerinnen, die Zusammensetzung dieses Parlaments durch Wahlen zu beeinflussen.

Mit Blick auf Politikgestaltungs- und Wahlfunktionen zeichnet sich bei der Beschlussfassung zu wesentlichen Rechtsakten – ob Legislative, Haushaltsbefugnis oder Wahl des Kommissionspräsidenten und Zustimmung zur Nominierung des Kommissionskollegiums – eine Entwicklung zu einem Zweikammersystem nach parlamentarisch-föderalen Mustern ab (Wessels 2016, S. 87–92; Hix und Høyland 2013). Dabei ist das Parlament in einem legislativen Dreieck mit der Kommission zu einem dem Rat weitgehend gleichwertigen Mitspieler geworden, der seine Rechte auch intensiv nutzt. Zunehmend wird das EP auch zu einem Gegenspieler des Europäischen Rates. Beide Organe stehen in einem Verhältnis, das sowohl durch Konkurrenz als auch durch Notwendigkeit zur Zusammenarbeit geprägt ist. Eine zentrale Determinante für eine nachhaltige Ausübung starker Beteiligungsrechte des EP in der institutionellen Architektur ist die interne Geschlossenheit (Müller Gómez und Wessels 2019, S. 81).

Bei Systemgestaltungs- und Repräsentationsfunktionen bleibt das EP im Vergleich zu anderen EU-Organen, aber auch zu nationalen Parlamenten, relativ blass. Bei zentralen quasi-konstitutionellen Akten – insbesondere bei Vertragsänderungen – ist das EP noch nicht zu einem mitentscheidenden Organ geworden, allerdings nimmt es bei Beitritten und auch beim Brexit seine Zustimmungsrechte wahr.

Mit Blick auf die institutionellen Leitideen sind Tendenzen hin zu föderalen sowie fusionsfokussierten Ansätzen zu beobachten. Das EP ist insgesamt in eine zentrale Position der EU-Architektur gerückt. Umstritten bleibt weiterhin, ob es über dieselbe sozial-politische Legitimierungskraft verfügt, die nationalen Parlamenten in der Regel zugeschrieben wird (Dialer et al. 2015, S. 39–40; Judge und Earnshaw 2003, S. 294). Mit Blick auf das immer wieder thematisierte demokratische Defizit bildet dieses Organ als „Garant von Legitimität" (Shackleton 2017, S. 154–160; Kohler-Koch et al. 2004, S. 212–217) dann wirklich ein Fundament der EU-Architektur, das andere Organe (mit-)trägt und dessen weitere Stärkung für den Aufbau eines „parlamentarischen Europas" (Judge und Earnshaw 2003, S. 293–320) von zentraler strategischer Bedeutung ist? Oder ist es trotz vielfacher Stärkung eine Institution neben anderen, deren Bedeutung für die politische Stabilität des EU-Systems insgesamt nicht überschätzt werden darf?

Diese Rolle des EP wird in der EU-Architektur unterschiedlich gesehen: Föderalisten verstehen das EP als ein durch die Direktwahl gestärktes Repräsentationsorgan des ‚einen' europäischen Volkes; seine Rolle nach parlamentarischen Modellen wurde aus dieser Sicht bereits im Trend durch die Vertragsänderungen der letzten Jahrzehnte zur zentralen Kammer aufgewertet; bei zukünftigen Verfassungskonstruktionen sollte dieser schrittweise Ausbau weiter verstärkt werden (Pinder 2001, S. 77–85). Aus diesem Verständnis sollte das EP allein die Regierung der EU wählen, die aus der heutigen Kommission entstehen würde. Dem Rat wird als ‚Länderkammer' eine zweitrangige Rolle zugeschrieben. Der Europäische Rat erhält eine allgemeine Funktion als Forum, während der Gerichtshof der EU als Verfassungsgericht fungiert (vgl. Abb. 2 im Kap. ► „Einführung").

Dagegen sehen die Vertreter einer intergouvernementalen Leitidee das EP bestenfalls als hilfreiche Kontrollinstanz und begrenztes Mitwirkungsorgan, ohne dass dieses jedoch die Legitimierungskraft nationaler Parlamente besäße (Bundesverfassungsgericht 2009, § 262). Diese Sicht verneint die Existenz eines europäischen Staatsvolkes (Shackleton 2017, S. 155). Sie kann auf die Vertragsformel verweisen, nachdem der Lissabonner Vertrag „die Verwirklichung einer immer engeren Union der *Völker* Europas" darstellte (Art. 1 EUV). Sie kann sich auch mit Blick auf die Wahlbeteiligung auf eine mangelnde Identifizierung der Bürgerinnen und Bürger mit dem EP beziehen. Entsprechend einer derartigen Sichtweise verfügen nur die Parlamente der Mitgliedstaaten über eine ausreichende Legitimität, um zentrale Entscheidungen zu treffen (vgl. Abb. 3 und 4 im Kap. ► „Einführung").

Folgt man dem *Fusionsansatz* (Wessels 2016, S. 18–20; Judge und Earnshaw 2008, S. 23–24, 87–88; Maurer und Wessels 2003a, S. 215–218), so bildet das EP als Mitgestalter in einem komplexen Mehrebenensystem (vgl. Kap. ► „Einführung") einen wesentlichen Bestandteil einer „doppelten Legitimationsbasis" (vgl. Dokument 1) (Judge und Earnshaw 2003, S. 89; Maurer und Wessels 2003a, S. 220), wie sie auch der Text des Lissabonner Vertrags in seinem Abschnitt vom „demokratischen Leben" der Union formuliert (Art. 10 (3) EUV). Im Lichte dieser Analyse wird eine Weiterentwicklung in Richtung eines „parlamentarischen Europas" (Judge und Earnshaw 2008, S. 273–299) bzw. eines „Mehrebenenparlamentarismus" (Hefftler und Wessels 2013) erwartet.

7.2   Zur Zukunft: Strategien zur Stärkung in der Debatte

Entsprechend den divergierenden Leitideen werden auch unterschiedliche Strategien formuliert: Die föderalistische Denkschule fordert zur Überwindung des so genannten Demokratiedefizits einen weiteren Ausbau der Rechte des EP – so z. B. die Zuständigkeit, Steuern festzulegen. Auch die Einführung transnationaler Listen wie eine konsequente Umsetzung des Spitzenkandidatenverfahren könnte zur Stärkung einer europäischen Öffentlichkeit und Legitimation führen. Dagegen setzt die intergouvernementale Strategie auf eine verstärkte Beteiligung nationaler Parlamente bei der Verabschiedung verbindlicher Rechtsakte (Shackleton 2017, S. 158; Hefftler und Wessels 2013) (vgl. Kap. ► „Nationale Parlamente").

Angesichts der wachsenden Zahl von Formen der Flexibilisierung und differenzierten Integration (vgl. Kap. ► „Flexibilisierung") stehen die Abgeordneten vor erheblichen Herausforderungen die Beteiligungs- und Wirkungsmöglichkeiten des

EP bei der Gestaltung der Zukunft einer EU 27 auszubauen. Auch bei den vielfältigen Formen zur Bewältigung der Corona-Krise wird das EP seine Rolle suchen müssen.

8 Zur Wiederholung und Vertiefung

Merkpunkte und Stichworte
- Grundkenntnisse:
  - Wegmarken für den Ausbau der Beteiligungsrechte
  - Dauer einer Wahlperiode
  - Sitz(ungsorte) des EP
  - Namen der Fraktionen im EP nach der Europawahl 2019
- Entscheidungsverfahren: Vertragliche Vorgaben und Praxis
  - verschiedene Formen der Beteiligung des EP
  - Beteiligung des EP in der GASP
  - Beteiligung des EP bei der Systemgestaltung: Vertragsänderungen und Beitrittsverfahren
  - Sitzverteilung nach Mitgliedstaaten: Prinzip und Probleme
  - Sekundärwahl bzw. Testwahl: Definition und Auswirkungen
  - degressive Proportionalität
- Vertragliche Bestimmungen bezüglich der Beschlussfassungsregeln des EP bei
  - Ablehnung der gemeinsamen Position des Rates im ordentlichen Gesetzgebungsverfahren
  - Zustimmung zum Beitritt eines Beitrittskandidaten
  - Wahl des Präsidenten der Europäischen Kommission
  - Misstrauensvotum gegenüber der Europäischen Kommission
- Struktur und Binnenorganisation: Definitionen und Funktionen
  - Präsident
  - Fraktionen
  - Konferenz der Präsidenten
  - Ausschüsse
  - Delegationen
  - Koalitionsmuster im EP
- Bürgerbeauftragter: Aufgabe und Praxis

Fragen
- In welchen Bereichen sind starke bzw. schwache Beteiligungsrechte zu beobachten?
- Wie können Entwicklungen der Wahlbeteiligung erklärt werden?
- Inwiefern kann das EP seiner Rolle als direkt gewählte Vertretung der europäischen Bürgerinnen und Bürger gerecht werden?
- Inwieweit kann das EP zur Legitimitätssteigerung der Entscheidungen auf europäischer Ebene beitragen?
- Wie ist die Handlungsfähigkeit dieses „vielstimmigen" Organs zu erklären?

- Wie ist das Paradox zwischen einer zunehmenden Stärkung der Beteiligungsrechte und der abnehmenden Wahlbeteiligung zu erklären?

Thesen zur Diskussion

- Trotz des Ausbaus der Beteiligungsrechte bleibt das EP weiterhin das demokratische Feigenblatt der EU.
- Der Ausbau der Rechte des Parlaments in den Vertragsänderungen ist überraschend, da er nicht im unmittelbaren Interesse der Mitgliedstaaten als Herren
  der Verträge liegt.
- Das aufwendige Gesetzgebungsverfahren mit der starken Rolle für das EP hemmt
  die Handlungsfähigkeit des EU-Systems.
- Der Ausbau der EP-Beteiligungsrechte dokumentiert eine „nacheilende Parlamentarisierung".
- Das EP sollte bei der Ratifizierung von Vertragsänderungen das Zustimmungsrecht erhalten.
- Das EP und eine gleiche Anzahl Abgeordneter aus nationalen Parlamenten sollten
  eine große „EU-Versammlung" bilden, um die Grundlagenentscheidungen für
  das EU-System zu erörtern und anschließend zu treffen.
- Das EP sollte an der Wahl des Präsidenten des Europäischen Rates beteiligt werden.

Literatur

Online-Quellen

https://www.europarl.europa.eu/portal/en.
Offizielle Website des EP.
https://www.europarl.europa.eu/germany/.
Offizielle Website des EP-Informationsbüros für Deutschland.
https://oeil.secure.europarl.europa.eu/oeil/home/home.do.
Datenbank zu EU-Legislativverfahren (Legislative Observatory).

Einführende Literatur

Kaeding, Michael, Manuel Müller, und Julia Schmälter. 2020. Die Europawahl 2019: Ringen um
   die Zukunft Europas. In *Die Europawahl 2019. Ringen um die Zukunft Europas*, Hrsg. Michael
   Kaeding, Manuel Müller und Julia Schmälter, 9–24. Wiesbaden: Springer VS.
Maurer, Andreas. 2020. Europäisches Parlament. In *Jahrbuch der Europäischen Integration 2020*,
   Hrsg. Werner Weidenfeld und Wolfgang Wessels, 81–91. Baden-Baden: Nomos.
Maurer, Andreas. 2020. Europäisches Parlament. In *Europa von A bis Z. Taschenbuch der euro-
   päischen Integration*, Hrsg. Werner Weidenfeld, Wolfgang Wessels und Funda Tekin, 15. Aufl.,
   255–264. Wiesbaden: Springer VS.
Maurer, Andreas, und Doris Dialer. 2020. *Das Europäische Parlament*, 2. Aufl. Baden-Baden:
   Nomos.
Shackleton, Michael. 2017. The European Parliament. In *The Institutions of the European Union*,
   Hrsg. Dermot Hodson und John Peterson, 4. Aufl., 138–162. Oxford: Oxford University
   Press.

Literaturverzeichnis

Abels, Gabriela, und Annegret Eppler, Hrsg. 2011. *Auf dem Weg zum Mehrebenenparlamentarismus? Funktion von Parlamenten im politischen System der EU.* Baden-Baden: Nomos.

Becker, Peter. 2005. Die EU-Finanzverhandlungen vor der dritten Phase – Die Rolle des Europäischen Parlaments. In *Das Europäische Parlament. Supranationalität, Repräsentation und Legitimation*, Hrsg. Andreas Maurer und Dietmar Nickel, 179–199. Baden-Baden: Nomos.

Becker, Peter. 2014a. Haushaltspolitik. In *Jahrbuch der Europäischen Integration 2014*, Hrsg. Werner Weidenfeld und Wolfgang Wessels, 209–212. Baden-Baden: Nomos.

Becker, Peter. 2014b. *Wirtschaftspolitische Koordinierung in der Europäischen Union. Europäisierung ohne Souveränitätsverlust.* SWP-Studie S 19. https://www.swp-berlin.org/fileadmin/contents/products/studien/2014_S19_bkr.pdf. Zugegriffen am 01.07.2022.

Bertoncini, Yves, und Thierry Chopin. 2014. Faces on divides: The May 2014 elections. *Notre Europe – Institut Jacques Delors Studies & Reports* 104:47–80.

Bertoncini, Yves, und Nicole Koenig. 2014. Euroscepticism or Europhobia: Voice vs. Exit? *Notre Europe policy paper*, Bd. 121. Paris: Notre Europe.

Bopp, Franziska, und Wolfgang Wessels. 2008. The institutional architecture of CFSP after the lisbon treaty – Constitutional breakthrough or challenges ahead? *CEPS challenge paper*, Bd. 10. Brussels: Centre for European Policy Studies.

Brok, Elmar. 2002. Europa im Aufwind? Überlegungen zu den Ergebnissen des Gipfels von Laeken. *integration* 25(1): 3–7.

Bundesverfassungsgericht. 2009. Karlsruhe. *Urteil vom 30. Juni 2009 – 2 BvE 2/08.* https://www.bundesverfassungsgericht.de/entscheidungen/es20090630_2bve000208. Zugegriffen am 01.07.2022.

Cofelice, Andrea, und Stelios Stavridis. 2014. The European Parliament as an International Parliamentary Institution (IPI). *European Foreign Affairs Review* 19:145–178.

Crum, Ben, und John Erik Fossum. 2009. The multilevel parliamentary field: A framework for theorizing representative democracy in the EU. *European Political Science Review* 1:249–271.

Dialer, Doris, Andreas Maurer, und Margarethe Richter. 2015. *Handbuch zum Europäischen Parlament.* Baden-Baden: Nomos.

Diedrichs, Udo. 2004. The European Parliament in CFSP: More than a marginal player? *The International Spectator* 2:31–46.

Europäische Kommission. 2005. Brüssel. *Communication to the Spring European Council. Working together for growth and jobs: A new start for the Lisbon Strategy. Communication from President Barroso in agreement with Vice-President Verheugen.* https://eur-lex.europa.eu/LexUriServ/LexUriServ.do?uri=COM:2005:0024:FIN:en:PDF. Zugegriffen am 01.07.2022.

Europäische Kommission. 2019. *Public Opinion.* https://ec.europa.eu/commfrontoffice/publicopinion/index.cfm/Survey/index#p=1&instruments=STANDARD. Zugegriffen am 31.01.2020.

Europäische Union. 2020. *Jahresbericht 2018.* https://www.ombudsman.europa.eu/de/annual/de/113728. Zugegriffen am 01.07.2022.

Europäisches Parlament. 2019. *Ergebnisse der Europawahl 2019.* https://www.europarl.europa.eu/election-results-2019/de/wahlbeteiligung/. Zugegriffen am 01.07.2022.

Europäisches Parlament. 2020a. *Die Fraktionen im Europäischen Parlament.* https://europarl.europa.eu/about-parliament/de/organisation-and-rules/organisation/political-groups. Zugegriffen am 01.07.2022.

Europäisches Parlament. 2020b. *Liste der Ausschüsse.* https://www.europarl.europa.eu/committees/de/about/list-of-committees. Zugegriffen am 01.07.2022.

Europäisches Parlament. 2020c. *Statistics.* http://www.europarl.europa.eu/plenary/en/bilan-statistic.html. Zugegriffen am 01.07.2022.

Europäisches Parlament. 2020d. Tagesordnung. Mittwoch, 15. Januar 2020. https://www.europarl.europa.eu/doceo/document/OJQ-9-2020-01-15_DE.pdf. Zugegriffen am 01.07.2022.

Fasone, Cristina. 2014. European economic governance and parliamentary representation. What place for the European Parliament? *European Law Journal* 20(2): 164–185.

FitzGibbon, John. 2014. Euroscepticism and the 2014 European Parliamentary Elections. *L'Europe en formation* 55(4): 29–44.

Follesdal, Andreas, und Simon Hix. 2006. Why there is a democratic deficit in the EU: A response to Majone and Moravcsik. *Journal of Common Market Studies* 44(3): 533–562.

Gattermann, Katjana. 2015. Europäische Spitzenkandidaten und deren (Un-)Sichtbarkeit in der nationalen Zeitungsberichterstattung. In *Die Europawahl 2014*, Hrsg. Michael Kaeding und Niko Switek, 211–222. Wiesbaden: Springer VS.

Gattermann, Katjana, und Claudia Hefftler. 2013. Beyond institutional capacity: Political motivation and parliamentary behaviour in the early warning system. *West European Politics* 38(2): 305–334.

Große Hüttmann, Martin. 2005. Vom abstrakten zum konkreten Systemgestalter: die Rolle des Europäischen Parlaments in den Regierungskonferenzen bis Nizza. In *Das Europäische Parlament. Supranationalität, Repräsentation und Legitimation*, Hrsg. Andreas Maurer und Dietmar Nickel, 35–45. Baden-Baden: Nomos.

Hänsch, Klaus. 2002. Der Konvent – konventionell. *integration* 25(4): 338–344.

Hefftler, Claudia. 2013. Nationale Parlamente. In *Jahrbuch der Europäischen Integration 2013*, Hrsg. Werner Weidenfeld und Wolfgang Wessels, 335–340. Baden-Baden: Nomos.

Hefftler, Claudia, und Wolfgang Wessels. 2013. The democratic legitimacy of the EU's economic governance and national parliaments. *IAI Working Papers* 13:2–16.

Héritier, Adrienne, Catherine Moury, Magnus G. Schoeller, Katharina L. Meissner, und Isabel Mota. 2015. *The European Parliament as a driving force of constitutionalism*. Brüssel: European Parliament.

Hix, Simon. 2002. Parliamentary behavior with two principals: Preferences, parties, and voting in the European parliament. *American Journal of Political Science* 46(3): 688–698. San Diego: Public Choice Society Conference.

Hix, Simon. 2003. Parteien, Wahlen und Demokratie in der EU. In *Europäische Integration*, Hrsg. Markus Jachtenfuchs und Beate Kohler-Koch, 151–180. Opladen: Leske + Budrich.

Hix, Simon. 2005. *The political system of the European Union*. London: Palgrave MacMillan.

Hix, Simon, und Bjørn Høyland. 2013. Empowerment of the European Parliament. *Annual Review of Political Science* 16:171–189.

Hix, Simon, und Michael Marsh. 2011. Second-order effects plus pan-European political swings: An analysis of European Parliament elections across time. *Electoral Studies* 30:4–15.

Hix, Simon, und Abdul Noury. 2009. After enlargement: Voting patterns in the sixth European Parliament. *Legislative Studies Quarterly* 34(2): 159–174.

Hobe, Stephan. 1994. Das Staatsvolk nach dem Grundgesetz. *Juristenzeitung* 49(4): 191–195.

Hobe, Stephan. 2014. *Europarecht*. München: Vahlen.

Hobolt, Sara B. 2015. The 2014 European Parliament elections: Divided in unity? *Journal of Common Market Studies (Annual Review)* 53:6–21.

Höing, Oliver, und Johannes Müller Gómez. 2014. Towards the German model? Spitzenkandidaten and European Elections 2014. *L'Europe en formation* 55(4): 45–65.

Hoppe, Alexander. 2014. Nationale Parlamente. In *Jahrbuch der Europäischen Integration 2014*, Hrsg. Werner Weidenfeld und Wolfgang Wessels, 361–366. Baden-Baden: Nomos.

Hrbek, Rudolf. 1979. Die EG nach den Direktwahlen; Bilanz und Perspektiven. *integration* 2(3): 95–109.

Hrbek, Rudolf. 1984. Direktwahl 84: Nationale Testwahlen oder „europäisches Referendum"? *integration* 7(3): 158–166.

Hrbek, Rudolf. 1989. Das Europäische Parlament nach der Direktwahl 1989 – reduzierte Handlungsfähigkeit durch größere Vielfalt? *integration* 12(3): 107–118.

Hrbek, Rudolf. 1994. Das neue Europäische Parlament: Mehr Vielfalt – weniger Handlungsfähigkeit. *integration* 17(3): 157–164.

Hrbek, Rudolf. 1999. Europawahl 99: Ein stärker politisiertes EP. *integration* 22(3): 157–166.

Hrbek, Rudolf. 2004. Europawahl 2004: neue Rahmenbedingungen – alte Probleme. *integration* 27(3): 211–222.

Hrbek, Rudolf. 2009. Europawahl 2009: mehr als eine Summe nationaler Sekundärwahlen? *integration* 32(3): 193–209.

Hrbek, Rudolf. 2014. Europawahl 2014: Kontinuität und neue Facetten. *integration* 37(3): 205–227.

Hrbek, Rudolf. 2019. Europawahl 2019: neue politische Konstellationen für die Wahlperiode 2019–2024. *integration* 42(3): 167–186.

Judge, David, und David Earnshaw. 2003. *The European Parliament.* Basingstoke: Palgrave Macmillan.

Judge, David, und David Earnshaw. 2008. *The European Parliament,* 2. Aufl. Basingstoke: Palgrave Macmillan.

Kaeding, Michael, und Niko Switek. 2015. Europawahl 2014. Spitzenkandidaten, Protestparteien und Nichtwähler. In *Die Europawahl 2014,* Hrsg. Michael Kaeding und Niko Switek, 17–32. Wiesbaden: Springer VS.

Kietz, Daniela, und Nikolai von Ondarza. 2014. Euroskeptiker im Europäischen Parlament. *SWP-Aktuell* 2014/A 07. https://www.swp-berlin.org/fileadmin/contents/products/aktuell/2014A07_ktz_orz.pdf. Zugegriffen am 01.07.2022.

Kiiver, Philipp. 2011. The early-warning system for the principle of subsidarity: The national parliament as a conseil d'Etat for Europe. *European Law Review* 36(1): 98–108.

Kohler-Koch, Beate, Thomas Conzelmann, und Michèle Knodt. 2004. *Europäische Integration – Europäisches Regieren.* Wiesbaden: Springer VS.

Kok, Wim, High Level Group chaired by Wim Kok. 2004. *Facing the challenge. The Lisbon strategy for growth and employment.* https://op.europa.eu/en/publication-detail/-/publication/88b6bc81-e3ad-4156-960f-f549369aa9d4. Zugegriffen am 01.07.2022.

Kreilinger, Valentin. 2019. Nationale Parlamente. In *Jahrbuch der Europäischen Integration 2019,* Hrsg. Werner Weidenfeld und Wolfgang Wessels, 161–164. Baden-Baden: Nomos.

Lang, Kai-Olaf. 2005. Auswirkungen der EU-Erweiterung auf das Fraktionsgefüge im Europäischen Parlament. In *Das Europäische Parlament. Supranationalität, Repräsentation und Legitimation,* Hrsg. Andreas Maurer und Dietmar Nickel, 23–33. Baden-Baden: Nomos.

Läufer, Thomas. 1980. Haushaltspolitik. In *Jahrbuch der Europäischen Integration 1980,* Hrsg. Werner Weidenfeld und Wolfgang Wessels, 153–162. Bonn: Europa Union.

Läufer, Thomas. 1985. Haushaltspolitik. In *Jahrbuch der Europäischen Integration 1984,* Hrsg. Werner Weidenfeld und Wolfgang Wessels, 131–142. Bonn: Europa Union.

Leinen, Jo. 2005. Kommunikation mit dem Europäischen Parlament. In *Das Europäische Parlament. Supranationalität, Repräsentation und Legitimation,* Hrsg. Andreas Maurer und Dietmar Nickel, 145–147. Baden-Baden: Nomos.

Leinen, Jo, und Justus Schönlau. 2003. Auf dem Weg zur europäischen Demokratie – Politische Parteien auf EU-Ebene: neueste Entwicklungen. *integration* 26(3): 218–227.

Lindberg, Leon N., und Stuart A. Scheingold. 1970. *Europe's would-be polity. Patterns of change in the European community.* Englewood Cliffs: Prentice-Hall.

Linsenmann, Ingo, und Christoph Meyer. 2002. Dritter Weg, Übergang oder Teststrecke? Theoretische Konzeption und Praxis der offenen Politikkoordinierung. *integration* 25(4): 285.

Loth, Wilfried. 2014. *Europas Einigung.* Frankfurt a. M.: Campus.

Lübbe, Hermann. 1994. *Abschied vom Superstaat. Vereinigte Staaten von Europa wird es nicht geben.* Berlin: Siedler.

Manow, Philip. 2005. National vote intention and European voting behavior, 1979–2004. Second order election effects, election timing, government approval and the Europeanization of European elections, *MPIfG discussion paper,* Bd. 05/11. Köln: Max-Planck-Institut für Gesellschaftsforschung.

Maurer, Andreas. 2000. Das Europäische Parlament. In *Jahrbuch der Europäischen Integration 1999/2000,* Hrsg. Werner Weidenfeld und Wolfgang Wessels, 59–68. Bonn: Europa Union.

Maurer, Andreas. 2002. Nationale Parlamente in der Europäischen Union – Herausforderungen für den Konvent. *integration* 25(1): 20–34.

Maurer, Andreas. 2004. Die Macht des Europäischen Parlaments. eine prospektive Analyse im Blick auf die kommende Wahlperiode 2004 bis 2009. SWP-Studie S 11. https://www.ssoar.info/

ssoar/bitstream/handle/document/26291/ssoar-2004-maurer-die_macht_des_europaischen_par
laments.pdf?sequence=1&isAllowed=y&lnkname=ssoar-2004-maurer-die_macht_des_euro
paischen_parlaments.pdf. Zugegriffen am 01.07.2022.

Maurer, Andreas. 2006. Europäisches Parlament. In *Europa von A bis Z. Taschenbuch der europäischen Integration*, Hrsg. Werner Weidenfeld und Wolfgang Wessels, 9. Aufl., 229–238. Baden-Baden: Nomos.

Maurer, Andreas. 2007. Europäisches Parlament. In *Europa von A bis Z. Taschenbuch der europäischen Integration*, Hrsg. Werner Weidenfeld und Wolfgang Wessels, 10. Aufl., 229–238. Baden-Baden: Nomos.

Maurer, Andreas. 2011. Europäisches Parlament. In *Jahrbuch der Europäischen Integration 2011*, Hrsg. Werner Weidenfeld und Wolfgang Wessels, 53–62. Baden-Baden: Nomos.

Maurer, Andreas. 2012. Europäisches Parlament. In *Jahrbuch der Europäischen Integration 2012*, Hrsg. Werner Weidenfeld und Wolfgang Wessels, 53–64. Baden-Baden: Nomos.

Maurer, Andreas. 2013. Europäisches Parlament. In *Jahrbuch der Europäischen Integration 2013*, Hrsg. Werner Weidenfeld und Wessels Wolfgang, 57–68. Baden-Baden: Nomos.

Maurer, Andreas. 2014a. Die Kreationsfunktion des Europäischen Parlaments im Spannungsfeld zwischen Politisierungsimpulsen und Systemerfordernissen. *Zeitschrift Für Politik* 61(3): 301–326.

Maurer, Andreas. 2014b. Europäisches Parlament. In *Jahrbuch der Europäischen Integration 2014*, Hrsg. Werner Weidenfeld und Wolfgang Wessels, 73–86. Baden-Baden: Nomos.

Maurer, Andreas. 2014c. Europäisches Parlament. In *Europa von A bis Z. Taschenbuch der europäischen Integration*, Hrsg. Werner Weidenfeld und Wessels Wolfgang, 13. Aufl., 212–225. Baden-Baden: Nomos.

Maurer, Andreas, und Daniela Kietz. 2007. Europawahlen. In *Europa von A bis Z. Taschenbuch der europäischen Integration*, Hrsg. Werner Weidenfeld und Wolfgang Wessels, 10. Aufl., 245–250. Baden-Baden: Nomos.

Maurer, Andreas, und Wolfgang Wessels. 2003a. *Das Europäische Parlament nach Amsterdam und Nizza: Akteur, Arena oder Alibi?* Baden-Baden: Nomos.

Maurer, Andreas, und Wolfgang Wessels. 2003b. The European union matters: Structuring self-made offers and demands. In *Fifteen into one? The European Union and its member states*, Hrsg. Wolfgang Wessels, Andreas Maurer und Jürgen Mittag, 29–65. Manchester: Manchester University Press.

Mittag, Jürgen und Janosch Steuwer. 2010. *Politische Parteien in der EU*. Wien: facultas wuv.

Müller Gómez, Johannes, und Wolfgang Wessels. 2015. The EP elections 2014 and their consequences. A further step towards EU parliamentarism? *Cuadernos Europeos de Deusto* 52:39–66.

Müller Gómez, Johannes, und Wolfgang Wessels. 2017. Spitzenkandidaten 2.0. Initial deficits and prospects for 2019. In *Governing Europe. How to make the EU more efficient and democratic*, Hrsg. Lorenzo Vai, Pier Domenico Tortela und Nicoletta Pirozzi, 49–72. Brüssel: P.I.E.-Peter Lang.

Müller, Manuel. 2019. Die Europawahl 2019: Neue Machtstrukturen. In *Jahrbuch der Europäischen Integration 2019*, Hrsg. Werner Weidenfeld und Wolfgang Wessels, 57–70. Baden-Baden: Nomos.

Müller Gómez, Johannes, und Wolfgang Wessels. 2019. Die institutionelle Architektur der Europäischen Union. In *Jahrbuch der Europäischen Integration 2019*, Hrsg. Werner Weidenfeld und Wolfgang Wessels, 71–82. Baden-Baden: Nomos.

Müller Gómez, Johannes, Wolfgang Wessels, und Johannes Wolters. 2019. The European Parliament and the European Council: A shift in the balance of power? In *The European Parliament in Times of EU Crisis. European Administrative Governance*, Hrsg. Olivier Costa, 53–76. Basingstoke: Palgrave Macmillan.

Pinder, John. 2001. Der Vertrag von Nizza – Wegbereiter eines föderalen oder intergouvernementalen Europa? *integration* 24(2): 77–85.

Prosser, Christopher. 2016. Second order electoral rules and national party systems: The Duvergerian effects of European Parliament elections. *European Union Politics* 17(3): 366–386.

Raunio, Tapio. 2014. The role of national legislature un EU politics. In *Democratic politics in a European Union under stress*, Hrsg. Olaf Cramme und Sara B. Hobolt, 103–119. Oxford: Oxford University Press.

Reif, Karl-Heinz. 1997. European elections as member state second-order elections revisited. *European Journal of Political Research* 31(1): 115–124.

Risse, Thomas, Hrsg. 2014. *European public spheres. Politics is back.* Cambridge: Cambridge University Press.

Robers, Norbert. 2005. Das Europäische Parlament und die Medien – ein Erfahrungsbericht. In *Das Europäische Parlament. Supranationalität, Repräsentation und Legitimation*, Hrsg. Andreas Maurer und Dietmar Nickel, 173–177. Baden-Baden: Nomos.

Rozenberg, Olivier. 2009. L'influence du Parlement européen et l'indifference de ses électeurs: une corrélation fallacieuse? *Politique Européenne* 28(2): 7–36.

Ruiter, Rik de. 2014. Public parliamentary activities and open methods of coordination. *The Journal of Legislative Studies* 20(1): 62–77.

Schmitt, Hermann. 2005. The European Parliament elections of June 2004: Still second order? *West European Politics* 28(3): 650–679.

Scholl, Bruno. 2006. *Europas symbolische Verfassung. Nationale Verfassungstraditionen und die Konstitutionalisierung der EU*, 5. Aufl. Wiesbaden: Springer VS.

Shackleton, Michael. 2017. The European Parliament: The power of democratic ideas. In *The institutions of the European Union*, Hrsg. Dermot Hodson und John Peterson, 4. Aufl., 138–162. Oxford: Oxford University Press.

Statista. 2019. *Wahlbeteiligung bei den Europawahlen in Deutschland von 1979 bis 2019.* https://de.statista.com/statistik/daten/studie/6818/umfrage/entwicklung-der-wahlbeteiligung-an-euro pawahlen-seit-1979/. Zugegriffen am 01.07.2022.

Steffani, Winfried. 1979. Strukturtypen präsidentieller und parlamentarischer Regierungssysteme. In *Parlamentarische und präsidentielle Demokratie. Strukturelle Aspekte westlicher Demokratien*, Hrsg. Winfried Steffani, 37–60. Opladen: Leske + Budrich.

Tekin, Funda, und Wolfgang Wessels. 2016. Entscheidungsverfahren. In *Europa von A bis Z. Taschenbuch der europäischen Integration*, Hrsg. Werner Weidenfeld und Wolfgang Wessels, 14. Aufl., 137–152. Baden-Baden: Nomos.

Thieme, Alina, und Wolfgang Wessels. 2019. Europäischer Rat. In *Jahrbuch der Europäischen Integration 2019*, Hrsg. Werner Weidenfeld und Wolfgang Wessels, 93–100. Baden-Baden: Nomos.

Thym, Daniel. 2005. Weiche Konstitutionalisierung – Optionen der Umsetzung einzelner Reformschritte des Verfassungsvertrags ohne Vertragsänderung. *integration* 28(4): 307–315.

Tsebelis, George. 2002. *Veto players. How political institutions work.* Princeton: Princeton University Press.

Van den Putte, Lore, Ferdi De Ville, und Jan Orbie. 2014. The European Parliament's new role in trade policy: Turning power into impact. In *CEPS Special Report* No. 89/May 2014 1–10. http://aei.pitt.edu/51025/1/CEPS_SR_89_EP_New_Role_in_EU_Trade_Policy.pdf. Zugegriffen am 01.07.2022.

Von Ondarza, Nicolai. 2014. Rat der Europäischen Union. In *Jahrbuch der Europäischen Integration 2014*, Hrsg. Werner Weidenfeld und Wolfgang Wessels, 99–108. Baden-Baden: Nomos.

Von Ondarza, Nicolai. 2019. Rat der Europäischen Union. In *Jahrbuch der Europäischen Integration 2019*, Hrsg. Werner Weidenfeld und Wolfgang Wessels, 101–108. Baden-Baden: Nomos.

VoteWatch Europe. 2014. End-of-term scorecard, part 2: The activity records of MEPs analysed by EP group and national party. *VoteWatch Europe special policy brief* 3:3–16.

Wessels, Wolfgang. 1995. Wird das Europäische Parlament zum Parlament? Ein dynamischer Funktionenansatz. In *Gedächtnisschrift für Eberhard Grabitz*, Hrsg. Albrecht Randelzhofer et al., 879–904. München: C.H.Beck.

Wessels, Wolfgang. 2016. *The European Council.* Basingstoke: Palgrave Macmillan.

Wessels, Wolfgang, Andreas Maurer, und Jürgen Mittag. 2003. The European Union and member states: Analysing two arenas over time. In *Fifteen into one? The European Union and its member states*, Hrsg. Wolfgang Wessels, Andreas Maurer und Jürgen Mittag, 3–28. Manchester: Manchester University Press.

Zuleeg, Manfred. 1993. Demokratie in der Europäischen Gemeinschaft. *Juristen Zeitung* 48(22): 1069–1074.

Der Europäische Rat

Inhalt

Zusammenfassung

Der Europäische Rat ist in Krisenzeiten in Europa in der medialen Berichterstattung allgegenwärtig. Die Mitglieder dieser Schlüsselinstitution, die Staats- und Regierungschefs der Mitgliedstaaten, der Präsident der Kommission sowie der Präsident des Europäischen Rates selbst, haben die Entwicklung der Europäischen Union aber in weit mehr Bereichen und seit langer Zeit nachhaltig geprägt. Zu analysieren sind neben den rechtlichen Aufgaben auch das Aktivitätsprofil sowie die Faktoren, die es ermöglichen, dass die nationalen Spitzenpolitiker in vitalen Fragen immer wieder zum Konsens finden.

Schlüsselwörter

Konstitutioneller Architekt · Europäisches Krisenmanagement · Club der Chefs · Motor einer vertikalen und horizontalen Fusion · Gipfeltreffen

© Springer Fachmedien Wiesbaden GmbH, ein Teil von Springer Nature 2022
W. Wessels, *Das Politische System der Europäischen Union*,
https://doi.org/10.1007/978-3-658-10013-1_2

1   Eckpunkte im Überblick: Die politische und integrationstheoretische Bedeutung einer Schlüsselinstitution

Der *Europäische Rat* ist nicht nur in Krisenzeiten in Europa von zentraler Bedeutung. Die Mitglieder des Europäischen Rates, sprich die Staats- und Regierungschefs der Mitgliedstaaten, der Präsident der Kommission sowie der Präsident des Europäischen Rates selbst, haben die Entwicklung der Europäischen Union in weiten Bereichen und seit langer Zeit nachhaltig geprägt (de Schoutheete 2017). Dieses rechtlich und politikwissenschaftlich schwer fassbare ‚oberste' Gremium der EU wurde 1974 gegründet, aber erst mit dem Vertrag von Lissabon 2009 in den Katalog der Unionsorgane aufgenommen (Art. 13 (1) EUV). Zu analysieren sind neben den rechtlichen Aufgaben auch das vielfältige Aktivitätenprofil sowie die Faktoren, die es den Mitgliedern des Europäischen Rates ermöglichen, in vitalen Fragen trotz beträchtlicher Interessenunterschiede immer wieder zum Konsens zu finden.

Die Aufgaben, Zusammensetzung, Entscheidungsmodalitäten und wesentliche Teile der internen Organisation des Europäischen Rates regeln Art. 15 EUV und Art. 235 AEUV. Die grundlegende Funktion ist durch den Lissabonner Vertrag bestimmt: „Der Europäische Rat gibt der Union die für ihre Entwicklung erforderlichen Impulse und legt die allgemeinen politischen Zielvorstellungen und Prioritäten hierfür fest" (Art. 15 (1) EUV). Der vertragliche Wortlaut lässt jedoch den Stellenwert dieser Institution für die System- wie für die Politikgestaltung der Union nur begrenzt erkennen. Wie viele zentrale Phänomene des politischen Lebens ist diese Institution nicht ausreichend durch konstitutionell festgelegte Beschreibungen von Befugnissen und Zuständigkeiten zu erfassen. Zwischen den allgemeinen und fast zurückhaltend formulierten Aufgabenzuweisungen des Vertragstexts und der tatsächlichen Wahrnehmung von Funktionen in der politischen Praxis ist eine erhebliche Lücke zu beobachten. Wer diese Diskrepanz zwischen den geschriebenen Vorgaben und den realen Verhaltens- und Einflussmustern übersieht, fördert nicht nur Fehlanalysen des Europäischen Rates selbst, sondern übersieht auch Erklärungsmöglichkeiten für wesentliche Entwicklungen der Union insgesamt. Ohne eine historisch und empirisch angelegte Analyse dieses Organs sind zentrale Entwicklungslinien des europäischen Integrationsprozesses nicht angemessen zu erklären. Der Europäische Rat kann damit als ‚Schlüssel' zum Verständnis der Gestaltung des EU-Systems insgesamt gesehen werden.

Divergierende Leitideen

Zugeschrieben werden dem Organ eine Reihe von spezifischen Charakterisierungen, die seine besondere Rolle in der Realität der EU-Architektur betonen. So werden verschiedene Bezeichnungen formuliert, wie

- „regular convent of the responsible governments" (de Gaulle 1970, S. 245);
- „oberster Rat" (Spinelli 1972, S. 176);
- „gemeinsames Entscheidungszentrum" (Tindemans 1975);

- „oberste politische Institution" (Giscard d'Estaing nach Norman 2003, S. 224);
- „System kollektiver Führung" (Ludlow 2005, S. 3);
- „hohe Vormundschaft" („haute tutelle") (Louis und Ronse 2005, S. 57);
- „Gipfel der institutionellen Architektur" (Hayes-Renshaw und Wallace 2006, S. 173);
- „politische Führung aller EU-Angelegenheiten" (Piris 2010, S. 208);
- „informelles Zentrum der großen, strategischen Entscheidungen" (Van Rompuy 2010);
- „höchstes Entscheidungsgremium" (Van Middelaar 2013, S. 23);
- „politische Exekutive der Union" (Fabbrini 2013, S. 1006);
- „new centre of gravity" (Puetter 2014, S. 68);
- „konstitutioneller Architekt" (Wessels 2016);
- Institution der politischen Führungspersönlichkeiten (im englischen Sprachgebrauch ‚leaders').

De facto prägte und prägt der Europäische Rat durch seine „geschichtsträchtigen Entscheidungen" in Schlüsselmomenten der europäischen Geschichte die „konstitutionellen Weichenstellungen" nachhaltig (Loth 2014). Neben grundsätzlichen Beschlüssen zur Systemgestaltung beschäftigt sich der Europäische Rat auch regelmäßig mit zentralen Fragen der im EU-System üblichen Politikgestaltung, z. B. mit den Herausforderungen der Klima- und Energiepolitik und der Migration. Von besonderer Nachhaltigkeit waren und sind seine Entscheidungen zum Management mannigfacher Krisen (Anghel et al. 2016a).

In der Regel wird der Europäische Rat als Beleg für eine spezifische theoretische Sichtweise herangezogen (Wessels 2016): Wenn man die Mitgliedstaaten als „Herren der Verträge" (Bundesverfassungsgericht 2009, § 150) bezeichnet, dann kann der Europäische Rat als das institutionelle Symbol, als „idée directrice" (Hariou 1965, S. 36), für eine (neo-)intergouvernementale Leitidee verstanden werden (Moravcsik 1998, S. 309–313, 488) (vgl. Kap. ► „Einführung"). Damit wird die Institution der Staats- und Regierungschefs als oberstes Führungsgremium einer durch die Exekutive der Staaten dominierten Union begriffen (Habermas 2012). Insbesondere in Ausnahmesituationen obliegt aus dieser Perspektive die Führung der Union dem Europäischen Rat, da nur dieser über die demokratische Legitimität für Entscheidungen in der Krise verfügt (Van Rompuy 2012, S. 5; Sarkozy 2011). Die Gründung des Europäischen Rates wird dann auch als ein bewusster Akt der Regierungen verstanden, den autonomen Spielraum supranationaler Institutionen einzugrenzen (Moravcsik 1998, S. 488). Als Vertretung der höchsten nationalen Legitimität kann der Europäische Rat dann als Gipfelinstitution verstanden werden, die als Herr des Verfahrens (im wissenschaftlichen Sprachgebrauch *Prinzipal*) die Arbeit der Vertragsorgane als Handlungsbeauftragte (im wissenschaftlichen Sprachgebraucht *Agent*) lenkt und kontrolliert (vgl. Kap. ► „Einführung") (Moravcsik und Schimmelfennig 2009, S. 67). Damit verschöbe der Europäische Rat das institutionelle Gleichgewicht einer supranationalen Gemeinschaft zugunsten einer intergouvernementalen Prägung (vgl. Abb. 3, Kap. ► „Einführung").

Eine entgegengesetzte theoretische Herangehensweise sieht die Staats- und Regierungschefs eingebunden in die institutionalisierte Vertretung der Mitgliedstaaten auf Unionsebene, dem *Rat der Europäischen Union*. Diesem Gemeinschaftsmodell supranationaler Prägung zufolge würden sie als „Oberster Rat" (Spinelli 1972, S. 176) die Arbeit der anderen Zusammensetzungen des Rates koordinieren. Der Europäische Rat würde somit nicht mehr außerhalb des legislativen Dreiecks aus *Europäischer Kommission, Europäischem Parlament* (EP) und Rat der Europäischen Union stehen, sondern als oberste Ebene der Ratsstruktur fungieren.

Ergänzend zu diesen beiden Sichtweisen kann der Europäische Rat in den letzten drei Jahrzehnten auch als aktiver Träger einer fundamentalen Evolutionslogik des EU-Systems gesehen werden, die als „Fusionsprozess" (Wessels 2016, S. 9) beschrieben und analysiert werden kann (vgl. Kap. ▶ „Einführung"). Nach diesem Ansatz verschmelzen die Staats- und Regierungschefs in einem „vertikalen Fusionsprozess" zunehmend nationale und europäische Agenden, Zuständigkeiten und Handlungsinstrumente. Der Europäische Rat formuliert damit einen staatsähnlichen Aufgabenkatalog, der ein weites Feld an Politikbereichen umfasst. In einer so nicht geplanten Konsequenz bewirkt der Europäische Rat eine gemeinsame Nutzung von Kompetenzen und führt zu einer gemeinsam ausgeübten Souveränität (Van Rompuy 2014, S. 104), die auch supranationale Elemente verstärkt. Eine zweite Dimension dieser Sichtweise sieht einen Trend zur „horizontalen Fusion", bei der der Europäische Rat zunehmend gemeinsam mit den anderen Vertragsorganen in komplexen Verfahren verbindliche Entscheidungen trifft.

Auch bei dieser Institution folgen Erfassung und Erklärung in einem institutionellen Steckbrief (vgl. Abb. 1).

2   Aufgaben

2.1   Geschichte: Vereinbarungen und Vertragsvorgaben

„Die Europäischen Gipfelkonferenzen sind tot, es lebe der Europäische Rat!" Mit diesem Ausruf kündigte der damalige französische Staatschef Valéry Giscard d'Estaing die Gründung des Europäischen Rates auf der Gipfelkonferenz von Paris 1974 an (Wessels 1980, S. 128). Damit institutionalisierten die Regierungschefs der damals neun Mitgliedstaaten Erfahrungen aus mehreren Gipfelkonferenzen, die insbesondere in der ersten Hälfte der siebziger Jahre als nützlich, aber nicht ausreichend zweckmäßig verstanden wurden. Die beiden Väter des Europäischen Rates – neben Valéry Giscard d'Estaing der damalige deutsche Bundeskanzler Helmut Schmidt (Giscard 1988, S. 104–106) – sahen in einem ‚Club der Chefs', der erfahrenen und sachkundigen ‚Macher', das politische Aktionszentrum, mit dem sie – in deutlicher Distanz sowohl zu den als ineffizient empfundenen Gemeinschaftsorganen als auch zu den unverbindlichen, deklaratorischen Gipfelkonferenzen – Politik gestalten wollten (de Schouthete 2012a, S. 45–46; Waechter 2011).

Im Unterschied zu den Vertragsorganen der EG war der Europäische Rat damit eine Neuschöpfung, die nicht bereits in den Gründungsverträgen zur EGKS und zur

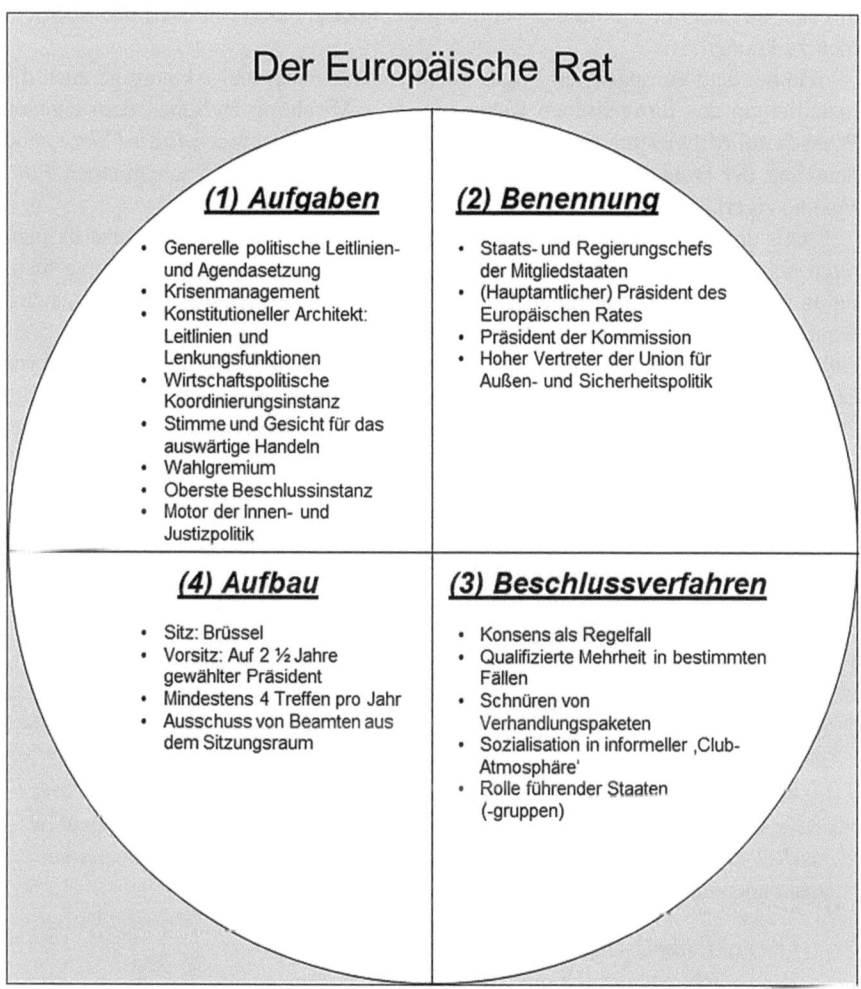

Abb. 1 Institutioneller Steckbrief. (Quelle: Eigene Darstellung)

EWG primärrechtlich angelegt war. Diese Gründung signalisiert damit die zunehmende Bedeutung der damaligen EG und der im Entstehen begriffenen *Europäischen Politischen Zusammenarbeit* (EPZ), die später in die *Gemeinsame Außen- und Sicherheitspolitik* (GASP) mündete: Die nationalen Regierungschefs wollten und mussten sich selbst in eine Arena einbringen, die für ihre eigene Rolle in der nationalen Politik zunehmend bedeutsamer wurde. Der Europäische Rat eröffnete ihnen zusätzliche Handlungsmöglichkeiten – nicht zuletzt auch gegenüber anderen Akteuren im nationalen Kontext.

Zwänge für eine stärkere Beteiligung der Chefs ergaben sich auch aus den Schwierigkeiten der damaligen institutionellen Architektur der EG: Der Allgemeine Rat (der Außenminister) erwies sich immer wieder als innenpolitisch zu schwach, um eine umfassende Koordinationsrolle gegenüber anderen Ministerräten übernehmen zu können.

Wie bei dem europäischen Engagement anderer nationaler Akteure ist auch die Installierung des Europäischen Rates aus einer Mischung zwischen dem eigenen Wunsch auf Mitwirkung (im wissenschaftlichen Sprachgebrauch *Push-Faktor*) und dem Sog der Brüsseler Architektur (im wissenschaftlichen Sprachgebrauch *Pull-Faktor*) zu erklären.

Status und Funktionen ihres Gremiums definierten die Mitglieder selbst in mehreren Schritten. Die Konstruktion einer Leitidee für diese außergewöhnliche Institution war und ist jedoch durch Unschärfe und Mehrdeutigkeit geprägt. Zunächst beruhte dieses regelmäßige Treffen auf einer vertragsrechtlich nicht fixierten Vereinbarung zwischen den Regierungschefs (vgl. Dokument 1), die interne wie externe Gründe für die Institutionalisierung dieses Gremiums benannte. Als notwendig empfanden es die Staats- und Regierungschefs, den ‚Gesamtzusammenhang' der EG und EPZ-Aktivitäten zu ‚gewährleisten'.

> **Dokument 1, Gründungsformel**
> **Kommuniqué der Pariser Gipfelkonferenz**
> [...] 2. In Anerkennung der Notwendigkeit, *die internen Probleme,* die der *Aufbau Europas* mit sich bringt, und die *Probleme,* die sich *Europa von außen* stellen, als *Ganzes* zu sehen, halten es die Regierungschefs für erforderlich, die *Entwicklung* und den *Gesamtzusammenhang* der Tätigkeiten der Gemeinschaften und der Arbeiten der politischen Zusammenarbeit zu gewährleisten.
> 3. Die Regierungschefs haben daher beschlossen, *dreimal jährlich* und *jedes Mal,* wenn dies notwendig erscheint, zusammen mit den Außenministern als Rat der Gemeinschaft und im Rahmen der politischen Zusammenarbeit zusammenzutreten.
>
> Quelle: Europäischer Rat (1974)
> Hervorhebungen durch den Autor

Die im Kommuniqué erwähnte Verortung als „Rat der Gemeinschaft" blieb eine Leerformel. Beachtenswert ist jedoch, dass mit dieser Formulierung der Präsident der Europäischen Kommission als ‚Gleicher unter Gleichen' akzeptiert wurde.

Die kurze Gründungsformel erwies sich schnell als wenig tragfähig, um der tatsächlichen Rolle, aber auch den unterschiedlichen Vorstellungen bezüglich der Aufgaben des Europäischen Rates gerecht zu werden. In mehreren Anläufen bemühten sich die Staats- und Regierungschefs selbst ihre Rolle durch Aufgabenzuweisungen näher zu bestimmen.

So definierten sie in der „feierlichen Erklärung von Stuttgart" 1983 den Aufgabenkatalog breiter, wenn auch nicht notwendigerweise eindeutiger (vgl. Dokument 2).

Dokument 2, Aufgabenkatalog gemäß der „Erklärung von Stuttgart" vom 19. Juni 1983

Feierliche Erklärung von Stuttgart

Der Europäische Rat, der im Hinblick auf die Europäische Union handelt, gibt dem europäischen *Aufbauwerk* einen *allgemeinen politischen Impuls;* legt die *Ansatzpunkte für die Förderung des europäischen Aufbauwerks* fest und erlässt *allgemeine politische Leitlinien* für die Europäischen Gemeinschaften und die Europäische Politische Zusammenarbeit; berät über *Fragen der Europäischen Union* unter ihren verschiedenen Aspekten und trägt dabei für deren Übereinstimmung Sorge; *eröffnet neue Tätigkeitsbereiche* für die Zusammenarbeit; bringt die *gemeinsame Position in Fragen der Außenbeziehungen feierlich zum Ausdruck.*

Quelle: Europäischer Rat (1983)
Hervorhebungen durch den Autor

Deutlich wird in diesem Dokument ein Selbstverständnis, das eine umfassende Liste von Aufgaben anspricht, ohne eine eindeutige Begrenzung vorzuzeichnen.

Als der Europäische Rat erstmalig in einem Vertrag, nämlich in Art. 2 der *Einheitlichen Europäischen Akte* (EEA), erwähnt wurde, wurden ihm keine vertragsrechtlich verbindlichen Aufgaben zugeschrieben.

Der Vertrag über die Europäische Union (Maastricht 1993) legte dann eine Reihe von Funktionen des Europäischen Rates für die und in der EU-Architektur fest (vgl. Kap. ▶ „Geschichte"). In diese primärrechtliche Formulierung sowie in folgenden Vertragsänderungen wurden dabei viele Elemente der institutionellen Leitidee, wie sie sich in der Stuttgarter Erklärung niedergeschlagen hatte, übernommen. Die Staats- und Regierungschefs haben damit das Funktionenprofil ihrer eigenen Institution im historischen Ablauf in Richtung von Orientierungs-, Leitungs- und Lenkungsfunktionen verfestigt. Vertragsrechtlich gesehen siedelten sie den Europäischen Rat jedoch weiter außerhalb des eigentlichen Gemeinschaftsvertrags an. Erst der Vertrag von Lissabon 2009 integrierte das Gremium der Staats- und Regierungschefs in die Liste der Unionsorgane (Art. 13 EUV). Die Staats- und Regierungschefs tagen aber immer wieder in abweichender Formation. So fanden 2019 auch ‚Sondertagungen', ‚außerordentliche Tagungen', ‚informelle Tagungen' und ‚Euro-Gipfel' statt (Thieme und Wessels 2019, S. 93).

2.2   Aufgaben nach dem Vertrag von Lissabon

Im Vergleich zu den vertraglichen Bestimmungen der anderen Institutionen (Art. 14 (1) EUV für das Europäische Parlament und 16 (1) EUV für den Rat), bleiben die im Vertrag dem Europäischen Rat übertragenen Aufgaben vage und allgemein (vgl. Dokument 3).

Dokument 3, Vertragliche Vorgaben (gemäß EUV)

Art. 15 (1) EUV

Der Europäische Rat gibt der Union die für ihre Entwicklung *erforderlichen Impulse* und legt die *allgemeinen politischen Zielvorstellungen und Prioritäten* hierfür fest. Er wird nicht gesetzgeberisch tätig.

Hervorhebungen durch den Autor

Da dem Europäischen Rat die Verabschiedung „erforderlicher Impulse" und „allgemeiner politischer Zielvorstellungen" (Art. 15 (1) EUV) zugeschrieben wird, ist eine gewisse übergeordnete Rolle zu erkennen. Jedoch ist es dem Europäischen Rat untersagt, „gesetzgeberisch tätig" zu werden. Hiermit soll sichergestellt werden, dass die höchste politische Ebene nicht direkt in das *ordentliche Gesetzgebungsverfahren* zwischen Kommission, Europäischem Parlament und Rat eingreift.

Der Lissabonner Vertrag sieht daneben noch weitere Aufgaben vor. So schreiben die Artikel zum *ordentlichen und vereinfachten Änderungsverfahrens* der Verträge (Art. 48 EUV) dem Europäischen Rat – als institutionelle Vertretung der Herren der Verträge – eine essenzielle Funktion als wirkungsmächtiger Gestalter und Lenker dieser Form der Systemgestaltung zu (vgl. Kap. ▶ „Vertragsänderungsverfahren"). Nachdrücklich bestätigt der Text die Rolle als „konstitutioneller Architekt": Der Europäische Rat kann nach dem Lissabonner Vertrag auch de jure – wie in der Realität der letzten Jahrzehnte de facto üblich – eine Regierungskonferenz einberufen und die weiteren Verfahren durch die sogenannte Regierungskonferenz gestalten.

Zudem kann der Europäische Rat, außer in militärischen und verteidigungspolitischen Bereichen, einstimmig einen „Beschluss erlassen, wonach der Rat in [einem bestimmten] Bereich oder [...] Fall mit qualifizierter Mehrheit beschließen kann" (Art. 48 (7) EUV). Darüber hinaus geben die Vertragsartikel dem Europäischen Rat sowohl beim Beitritt eines neuen Mitgliedstaats (Art. 49 EUV) als auch für den mit dem Lissabonner Vertrag eingeführten Austrittsartikel (Art. 50 EUV) die Aufgabe, für die anderen Organe Kriterien und Leitlinien vorzugeben.

Neben diesen Funktionen der Systemgestaltung bestätigt und betont der Vertrag von Lissabon die Führungsrolle des Europäischen Rates bei der Besetzung von Spitzenpositionen, bei der er gegebenenfalls mit qualifizierter Mehrheit entscheiden kann. Die vertraglichen Bestimmungen geben der Institution das Recht, den Kandidaten für die Präsidentschaft der Kommission vorzuschlagen (Art. 17 (7) EUV). Dabei müssen die Staats- und Regierungschefs jedoch die Wahlen zum Europäischen Parlament berücksichtigen, da der Vertrag dem EP das eigentliche Wahlrecht zuschreibt (vgl. Kap. ▶ „Das Europäische Parlament" sowie Kap. ▶ „Die Europäische Kommission"). Außerdem sieht der Vertragstext vor, dass der Europäische Rat den Präsidenten und das Direktorium der *Europäischen Zentralbank* (EZB) nominiert (Art. 283 AEUV). Die Staats- und Regierungschefs wählen auch den Präsidenten ihres Europäischen Rates selbst (Art. 15 EUV) (vgl. Kap. ▶ „Der Präsident des Europäischen Rates") und nominieren den *Hohen Vertreter der Union für Außen- und Sicherheitspolitik* (Art. 18 EUV) (vgl. Kap. ▶ „Der Hohe Vertreter der EU für Außen- und Sicherheitspolitik").

Die Vertragsbestimmungen haben den Staats- und Regierungschefs auch Aufgaben in mehreren Formen des Regierens (im wissenschaftlichen Sprachgebrauch *modes of governance*) (Diedrichs 2011) zugeschrieben. So ist er Leitliniengeber im Stil eines ‚Obergutachters' bei der Koordinierung nationaler Wirtschaftspolitik. Beispielsweise soll der Europäische Rat eine Schlussfolgerung „zu den Grundzügen der Wirtschaftspolitik der Mitgliedstaaten und der Union" erörtern (Art. 121 (2) EUV) und „jährlich die Beschäftigungslage in der Union [prüfen] und [...] hierzu Schlussfolgerungen an [nehmen]" (Art. 148 (1) EUV) (vgl. Kap. ▶ „Wirtschaftspolitisches Handeln").

Eine zentrale Rolle kommt dem Europäischen Rat auch bei der Gestaltung des *Auswärtigen Handelns* der Union zu. So positioniert der Vertrag von Lissabon den Europäischen Rat an der Spitze einer Zweisäulenstruktur, die einerseits die GASP und andererseits die ökonomischen Außenbeziehungen umfassen (Art. 22 (1) EUV) (vgl. Kap. ▶ „Auswärtiges Handeln").

Auch in einem weiteren Kernbereich der nationalen Souveränität übernahm der Europäische Rat bedeutende prä-konstitutionelle und prä-legislative Funktionen: Als konstitutioneller Architekt prägte er das Vertragswerk des *Raums der Freiheit, der Sicherheit und des Rechts*, in dem die Organe der Union Entscheidungen für zentrale Bereiche der Innen- und Justizpolitik treffen können. Für die entsprechende Politikgestaltung überträgt der Vertrag von Lissabon dem Europäischen Rat die Verantwortung, „die strategischen Leitlinien für die gesetzgeberische und operative Programmplanung für den Raum der Freiheit, der Sicherheit und des Rechts" (Art. 68 AEUV) festzulegen (vgl. Kap. ▶ „Justiz- und Innenpolitik").

3   Zur Analyse der Praxis: Ein Aktivitätenprofil

Gegenüber den allgemeinen Formulierungen zur Rolle des Europäischen Rates ergibt eine Analyse der Praxis einen abweichenden Befund: Der Umfang und die Intensität der tatsächlichen Aktivitäten und Funktionen des Europäischen Rates sind – gegenüber der vertragsoffiziellen Aufgabenzuweisung – erheblich breiter, differenzierter und gewichtiger. Das Aktivitätenprofil folgt damit nicht strikt dem Vertragstext.

Eine Übersicht der Schlussfolgerungen des Europäischen Rates über zwölf Monate zeigt die Breite, Relevanz und Vielfalt der Themen, die der Europäische Rat behandelt (vgl. Tab. 1).

3.1   Konstitutioneller Architekt

Mit Blick auf die Gesamtbedeutung für die Union ist die Rolle des Europäischen Rates als „konstitutioneller Architekt" (Wessels 2016) bei der Gestaltung des EU-Systems nachdrücklich zu nennen. Zur Vertiefung und Erweiterung der Union

Tab. 1 Übersicht wichtiger Themen des Europäischen Rates. Schlussfolgerungen des Europäischen Rates, Juni 2018 bis Juni 2019

Migration und Flüchtlinge
Asylvorschriften: Fortschritte in der Reform der EU-Asylvorschriften
Abkommen mit Drittstaaten: Festhalten am EU-Türkei-Abkommen; Verstärkte Zusammenarbeit mit Drittstaaten
Migrantenschleusung: Einrichtung einer gemeinsamen Task Force bei Europol
Rückkehrpolitik: Intensivierung der Zusammenarbeit mit Herkunftsländern
Finanzen, Euro, Wirtschaft und Binnenmarkt
Budget: Mehrjähriger Finanzrahmen für 2021-2027
Binnenmarkt: Fortsetzung und Vertiefung der Binnenmarktagenda
Wirtschafts- und Währungsunion: Vertiefung und Ausbau der Wirtschafts- und Währungsunion
Brexit
Irland: Betonung, dass es keinen Austritt ohne eine Lösung für Irland geben wird
Zeitplan: Festlegung eines Zeitplans der Verhandlungen und Fristverlängerung
Klima- und Energiepolitik
Klimakonferenz: Vorbereitung für die UN-Klimakonferenz
Klimawandel: Anerkennung der negativen Auswirkungen des Klimawandels; Anstoß zur Erarbeitung einer langfristigen Strategie bis 2020
Sicherheit und Verteidigung
Gemeinsame Sicherheits- und Verteidigungspolitik: Ausbau der Ständigen Strukturierten Zusammenarbeit; Pakt für die zivile Gemeinsame Sicherheits- und Verteidigungspolitik (GSVP); Stärkung der Europäischen Grenz- und Küstenwache
Auswärtiges
Afrika: Initiative für eine neue Allianz Afrika-Europa
Russland: Verlängerung der Wirtschaftssanktionen; Nichtanerkennung der Annexion der Krim
Japan: Inkrafttreten des Wirtschaftspartnerschaftsabkommens EU-Japan
Türkei: Verurteilung des rechtswidrigen Vorgehens der Türkei im östlichen Mittelmeer
Östliche Partnerschaft: Zehnjähriges Bestehen der strategischen Partnerschaft
Institutionelle Fragen und Personalentscheidungen
Kommissionspräsidentin: Ursula von der Leyen
Präsident Europäischer Rat: Charles Michel
Hoher Vertreter der Union für die Außen- und Sicherheitspolitik: Josep Borrell Fontelles
Präsidentin der Europäischen Zentralbank: Christine Lagarde
Raum der Freiheit, der Sicherheit und des Rechts
Sicherheitspolitik: Strategie gegen Desinformation, Cyberkriminalität und für mehr Cybersicherheit

Quelle: Schäfer und Wessels (2016, S. 83), Anghel et al. (2016b) sowie Thieme und Wessels (2019)

wurde der Europäische Rat zur Schlüsselinstitution für Grundsatzentscheidungen (Van Rompuy 2014): Die Staats- und Regierungschefs haben die wesentlichen Verfahren und Vorgaben zu diesen Formen der Systemgestaltung nicht nur umfassend vorgezeichnet, sondern als politisch höchste Vertreter der Mitgliedstaaten auch de facto verabschiedet und damit politisch legitimiert. Viele Generationen von nationalen Spitzenpolitikern haben so den Europäischen Rat dazu genutzt, „Konferenz[en] der Vertreter der Regierungen der Mitgliedstaaten" (Art. 48 (4) EUV), besser bekannt als „intergouvernementale Konferenzen", einzuberufen und in diesem Rahmen neue Vertragsänderungen zu diskutieren, auszuhandeln und als „treaty negotiators" aufzutreten (de Schoutheete 2017, S. 75; Christiansen und Reh 2009).

Der Europäische Rat hat auch immer wieder neue Methoden zur Vorbereitung von Regierungskonferenzen vereinbart – so etwa die „Dooge Gruppe" (zum „Adhoc-Ausschuss für institutionelle Fragen"), die „Delors Gruppe" (zum „Ausschuss zur Prüfung der Wirtschafts- und Währungsunion") und die „Reflexionsgruppe" (zur Vorbereitung des Amsterdamer Vertrags). Mit der Einsetzung des „Grundrechte-Konvents der Europäischen Union" und – in noch deutlicherer Weise – mit der Einberufung eines Europäischen „Konvents über die Zukunft Europas" haben die Staats- und Regierungschefs ein weiteres Verfahren zur Vorbereitung von Vertragsänderungen vereinbart, wobei sie auch diesem besonderen Gremium deutliche Vorgaben zu den Aufgaben und Strukturen – z. B. Teilnehmer, Vorsitzende, Arbeitsregeln – setzten (vgl. Kap. ▶ „Vertragsänderungsverfahren").

Im Selbstverständnis als „Triebkraft beim Aufbau Europas" (Erklärung der Pariser Gipfelkonferenz 1972, zitiert nach Bulletin der Europäischen Gemeinschaften, Oktober 1972, S. 17) haben die Herren der Verträge in der Vertragsentwicklung wesentliche Änderungen im Hinblick auf Verfahren und die grundsätzliche Struktur der Union getroffen. Die Staats- und Regierungschefs haben durch die Formulierung zentraler Grundsätze für die vertikale Verteilung von Zuständigkeiten zwischen der Union und den Mitgliedstaaten sowie horizontaler Beteiligungsrechte zwischen den Institutionen die konstitutionelle Architektur der Union nachhaltig geprägt (vgl. Abb. 7, Kap. ▶ „Einführung").

Von der Gipfelkonferenz in Den Haag 1969 über die Einheitliche Europäische Akte 1987 und die Unionsverträge von Maastricht 1993, von Amsterdam 1999 und Nizza 2003 bis hin zur Verabschiedung des Lissabonner Vertrags haben die politischen Führungspersonen der Union immer wieder die Probleme (West-)Europas als gemeinsame Aufgaben für die EU in Vertragsartikeln definiert und die Art und Weise ihrer Behandlung vertraglich festgelegt (Loth 2014).

Zu den quasi-konstitutionellen Akten der Systemgestaltung zählen auch entsprechende Beschlüsse des Europäischen Rates zur Aufnahme und zum Abschluss von Beitrittsverhandlungen.

Anders als in den vertraglichen Vorgaben vorgesehen hat der Europäische Rat bei der Erweiterung zentrale Entscheidungen für die Union getroffen. Während dem Organ im Primärrecht lediglich das Recht zugeschrieben wird, über die Kriterien der Aufnahme zu entscheiden (Art. 49 EUV), zeigen die Aktivitäten des Europäischen Rates der vergangenen Jahre deutlich, dass die nationalen Führungspolitiker den Europäischen Rat auch weiterhin als „Herren des Erweiterungsprozesses" (Lippert 2011) verstehen (vgl. Kap. ▶ „Beitritts- und Austrittsverfahren"). Sie haben diese Grundentscheidungen für das EU-System in jeder wesentlichen Phase de facto selbst getroffen – so bei der Festlegung von Beitrittskriterien (Kopenhagen 1993) und beim Abschlussgipfel zur größten Beitrittsrunde in Kopenhagen 2002. Auch die entsprechenden Verfahrensschritte im Beitrittsprozess haben sie jeweils im Detail festgelegt, zuletzt für Bulgarien, Rumänien sowie für Kroatien und die Türkei sowie für Montenegro und Serbien. 2019 hat der Europäische Rat auch die Anträge von Nordmazedonien und Albanien behandelt.

Der Europäische Rat hat als Schlüsselinstitution in ähnlicher Intensität die wesentlichen Entscheidungen zum *Brexit*, d. h. dem Austritt des Vereinigten Königreichs aus der EU und den dann auszuhandelnden Vereinbarungen zu den zukünftigen Beziehungen, getroffen. Auch für eine „Konferenz zur Zukunft Europas" hat er 2019 Vorgaben formuliert. Bei den Prioritäten der strategischen Agenda 2019–2024 hat der Europäische Rat keine Pläne für eine Vertragsänderung vorgelegt. Insgesamt hat er so eine zentrale Rolle bei der Verknüpfung von Prozessen der Vertiefung und Erweiterung der Union übernommen.

3.2   Orientierungs-, Leitlinien- und Lenkungsfunktionen

Jede Generation der europäischen Führungspersönlichkeiten hat diese Schlüsselinstitution de facto dazu benutzt, zu ‚Herren der Verfahren' in EU-Vorbereitungs- und Entscheidungsprozessen zu werden. Der Europäische Rat hat dabei auch immer wieder als der endgültige Entscheidungsträger und als höchste politische Instanz in kontroversen Fragen agiert, auch wenn diese Funktion in zentralen Vertragsverfahren nicht explizit genannt ist.

Im Selbstverständnis der Staats- und Regierungschefs hoch angesiedelt sind Funktionen der programmatischen Orientierung und politischen Lenkung durch ‚Agenda Setting' von EU-Aktivitäten (vgl. Tab. 1). Eine Auflistung der „Schlussfolgerungen der Präsidentschaft des Europäischen Rates" und (seit dem Vertrag von Lissabon) der „Schlussfolgerungen des Europäischen Rates" in einer historischen Längsschnittbeobachtung von 1975 bis 2017 ermöglicht einen Überblick über die Vielfalt der Themen, mit denen sich die Staats- und Regierungschefs beschäftigt haben (zu einer Darstellung vgl. Alexandrova et al. 2014). Deutlich wird eine erhebliche Breite der Themenpalette, die alle Politikfelder staatlichen Handelns abdeckt. Im Laufe dieser Aktivitäten hat sich der Europäische Rat über einen ‚Debattierclub' hinaus zu einem programmatischen Leitliniengeber mit nachhaltiger Wirkung für die Gestaltung mehrerer zentraler Politikfelder der EU entwickelt. Die Regierungschefs haben dabei auch immer wieder neue Tätigkeitsbereiche für die EU eröffnet und dazu inhaltliche Eckpunkte und Prinzipien für die weitere Arbeit der Organe vorgegeben.

Rückblickend kann man entsprechend Pfade (zum Begriff „Pfadabhängigkeit": Pierson 2000, S. 251–253) bzw. besser Korridore beobachten, die die Regierungschefs im und durch den Europäischen Rat in mehreren Schritten selbst gestalteten: Von der Öffnung des Politikfeldes über inhaltlich-programmatische Vorgaben bis zur vertraglichen Verankerung. Teilweise haben sich die Regierungschefs bestimmte Dossiers auf eine regelmäßige Wiedervorlage gelegt. Von den frühen Gipfelkonferenzen an ist so ein ‚Stammbaum' an wegweisenden Entscheidungen zu beobachten (vgl. Abb. 5, Kap. ▶ „Geschichte"), die als Stufen auf einer ‚Fusionsleiter' verstanden werden können (vgl. Kap. ▶ „Einführung").

Mit ihren Willensäußerungen schufen und propagierten die Staats- und Regierungschefs auch neue Strategien und Methoden der gemeinsamen Problemverarbeitung. So hat der Gipfel von Den Haag 1969 die intergouvernementale Methode der (Europäischen) Politischen Zusammenarbeit quasi-regierungsamtlich eingeführt.

Der Europäische Rat hat diese Verfahren in Berichten und Erklärungen und durch Vertragsänderungen weiterentwickelt und festgeschrieben (vgl. Tab. 4) (Regelsberger und Jopp 2011). Die Lissabonner Erklärung des Europäischen Rates von 2000 hat die „Offene Methode der Koordinierung" als eine akzeptable Form gemeinsamen Arbeitens entwickelt und für mehrere Politikfelder propagiert (vgl. Kap. ▶ „Wirtschaftspolitisches Handeln") (Diedrichs 2011, S. 211–216).

Zur Rolle des Europäischen Rates als programmatischer Leitliniengeber gehören auch die Erarbeitung und Verabschiedung von ‚Doktrinen' zur inhaltlichen Gestaltung weiterer Entscheidungen. Als signifikantes Beispiel können die in Kopenhagen 1993 verabschiedeten Prinzipien zur Erweiterungs- bzw. Beitrittspolitik gelten (vgl. Kap. ▶ „Beitritts- und Austrittsverfahren").

Grundsatzentscheidungen des Gipfels prägen damit deutlich Folgebeschlüsse. Den Schlussfolgerungen des Europäischen Rates in einzelnen Aufgabenbereichen sind damit prä-konstitutionelle Wirkungen zuzuschreiben.

Im Aktivitätenprofil des Europäischen Rates ist ein nachhaltiger Einfluss auf die normale Politikgestaltung zu beobachten: Ohne ein vertraglich festgelegtes Initiativrecht, das formal nur der Kommission zusteht, werden z. B. in mehrjährigen Strategieprogrammen deutlich und nachhaltig Orientierungspunkte gesetzt, sodass der Europäische Rat auch prä-legislative Funktionen bei der Gesetzgebung übernimmt. Beispielsweise hat er sich im Juni 2019 für die nächste Periode auf eine „Strategische Agenda in Zeiten des Wandels" verständigt (vgl. Dokument 4). Auf ähnliche Weise einigten sich die Staats- und Regierungschefs im März 2017 in der Erklärung von Rom auf „ein sicheres und geschütztes Europa", „ein wohlhabendes und nachhaltiges Europa", „ein soziales Europa" und „ein stärkeres Europa in der Welt" (Europäischer Rat 2017).

Dokument 4, Eine neue strategische Agenda 2019–2024
1. Schutz der Bürgerinnen und Bürger und der Freiheiten
2. Entwicklung einer soliden und dynamischen wirtschaftlichen Basis
3. Verwirklichung eines klimaneutralen, grünen, fairen und sozialen Europas
4. Förderung der Interessen und Werte Europas in der Welt

Quelle: Europäischer Rat (2019)

Aus den Schlussfolgerungen tritt auch die Lenkungsfunktion dieses Organs zutage, die in der intensiv genutzten Vergabe von Aufträgen bzw. Bitten und Anforderungen an die übrigen EU-Organe bzw. Einrichtungen und Gremien besteht. Derartige Formulierungen sehen Vertragsorgane und Einrichtungen der Union sowie die Mitgliedstaaten regelmäßig als Adressaten von Mandaten und Anweisungen vor. Der Europäische Rat entwickelt dabei ein Verständnis als oberste Lenkungsinstanz für die Arbeiten anderer Institutionen.

Als Schlüsselorgan hat der Europäische Rat mit vielfältigen Aktivitäten eine staatsähnliche Agenda entwickelt, die ein breites Spektrum von Politikbereichen in unterschiedlicher Intensität abdeckt. Auf unterschiedliche Art und Weise und mit variierendem Einfluss haben die Staats- und Regierungschefs für die meisten Felder der öffentlichen Politik die Agenda und Prioritäten für die EU – und damit auch für ihre eigene Politik – gesetzt, Grundsätze vereinbart, programmatische Richtlinien formuliert sowie zusätzlich die Umsetzung in vielen Bereichen überwacht und auch moderiert.

3.3   Oberste Beschlussinstanz

Beim Nachzeichnen der Aktivitäten des Europäischen Rates wird immer wieder deutlich, dass diese Institution mehr als nur ein außergewöhnlicher ‚Gipfel' ist, der lediglich generelle Ziele proklamiert. Der Europäische Rat hat vielmehr seine Rolle im normalen Politikzyklus des EU-Systems deutlich auf- und ausgebaut.

In Ausweitung seiner ursprünglich zugedachten Rolle entwickelte sich der Europäische Rat gegenüber den ‚normalen' Organen der Union – halb gewollt, halb gedrängt – zu einer weiteren und höchsten Entscheidungsebene (Hayes-Renshaw und Wallace 2006, S. 171).

Zu dieser Rollenwahrnehmung können auch die Beschlüsse zur Ansiedlung von EU-Einrichtungen oder EU-Agenturen gezählt werden, ebenso wie die Festlegung von Straßburg als Tagungsort des EP (1992) und die Ansiedlung der Europäischen Zentralbank in Frankfurt am Main (1993). Der Europäische Rat ist immer wieder als oberste Berufungs- und Schiedsinstanz aktiv geworden (de Schoutheete 2006, S. 50–51). Als ein signifikantes Beispiel kann die Rolle des Europäischen Rates bei der politischen Einigung zur Höhe der ‚Eigenmittel' und deren Verteilung durch den ‚mehrjährigen Finanzrahmen' gelten (vgl. Kap. ▶ „Gesetzgebungs- und Haushaltsverfahren").

Der Lissabonner Vertrag schreibt diese Funktion der höchsten Entscheidungsebene auch für einige Politikfelder fest: Der Europäische Rat kann demnach die Fälle beraten, in denen ein Mitgliedstaat in Fragen der Innen- und Justizpolitik (Art. 82 (3) und 83 (3) AEUV), der Sozialpolitik (Art. 48 AEUV) sowie der Gemeinsamen Außen- und Sicherheitspolitik (Art. 31 (2) EUV) ein Veto gegen eine mögliche Mehrheitsabstimmung im Rat einlegt.

Zunächst als selbst ernannte oberste Instanz und spätestens seit dem Lissabonner Vertrag rechtlich ermächtigt, hat der Europäische Rat auch immer wieder in die Gestaltung der institutionellen Architektur eingegriffen – so bei der Verteilung der Sitze im EP auf Mitgliedstaaten (Art. 14 (2) EUV) sowie bei der Festlegung der Zahl und Zusammensetzung von Formationen des Rates der EU (Art. 236 AEUV).

3.4   Wahlgremium

Zu dem Aktivitätenprofil des Europäischen Rates gehört auch seine Rolle als Gremium zur (Aus-)Wahl bzw. Benennung von Personen für die Führungsämter der EU-Organe und -Einrichtungen (vgl. Tab. 2). So haben die Staats- und

Tab. 2 Die Wahlfunktion des Europäischen Rates: Rechtliche Vorgaben und Beschlüsse

Vertragsvorgaben	Entscheidung des Europäischen Rates
Art. 15 (5) EUV: Präsident des Europäischen Rates Qualifizierte Mehrheit Amtsperiode: 2,5 Jahre, einmalig wiederwählbar	Wahl des Präsidenten des Europäischen Rates: 1. Dezember 2009 (2009/879/EU) 1. März 2012 (2012/151/EU) 30. August 2014 (2014/638/EU) 9. März 2017 (2017/444/EU) 2. Juli 2019 (2019/18/EU)
Art. 17 (7) EUV: Präsident der Europäischen Kommission Qualifizierte Mehrheit des Europäischen Rates Berücksichtigung des Ergebnisses der Wahlen zum Europäischen Parlament	Vorschlag des Präsidenten der Europäischen Kommission: 27. Juni 2014 (2014/414/EU) 2. Juli 2019 (2019/18/EU)
Art. 17 (7) EUV: Europäische Kommission Qualifizierte Mehrheit nach Zustimmung für das gesamte Kommissionskollegiums durch das Europäische Parlament	Ernennung der Europäischen Kommission: 9. Februar 2010 (2010/80/EU) 24. Oktober 2014 (2014/169/EU) 27. November 2019 (2019/34/EU)
Art. 18 (1) EUV: Hoher Vertreter Qualifizierte Mehrheit des Europäischen Rates Zustimmung des Kommissionspräsidenten	Ernennung des Hohen Vertreters: 1. Dezember 2009 (2009/880/EU) 4. Dezember 2009 (2009/950/EU) 30. August 2014 (2014/639/EU) 2. Juli 2019 (2019/18/EU)
Art. 283 (2) AEUV: Präsident und die Mitglieder des EZB-Direktoriums der Europäischen Zentralbank Qualifizierte Mehrheit	Vize-Präsident: 26. März 2010 (2010/223/EU) 05. Juli 2018 (2018/10/EU) Präsident: 24. Juni 2011 (2011/386/EU) 2. Juli 2019 (2019/18/EU) Mitglieder des Direktoriums: 25. März 2011 23. Oktober 2011 19 Dezember 2011 22. November 2012 21. Januar 2014 17. Dezember 2019

Quelle: Wessels (2016, S. 76–77) sowie Thieme und Wessels (2019)

Regierungschefs seit 1975, bis zum Vertrag von Lissabon auch ohne entsprechende vertragliche Rechte, den Präsidenten der Europäischen Kommission ausgewählt – in den meisten Fällen nach einigen Streitigkeiten über Verfahren und Person (Nasshoven 2011). Bei den Wahlen im Mai 2014 zwangen die europäischen Parteien im EP den Europäischen Rat jedoch, denjenigen – von den Parteien selbst aufgestellten – Spitzenkandidaten dem EP als Kommissionspräsidenten vorzuschlagen, dessen Partei die meisten Stimmen bei den Wahlen auf sich vereinen konnte (Dialer et al. 2015, S. 79–81). Mit dem Votum für den ehemaligen luxemburgischen Ministerpräsidenten Jean-Claude Juncker folgten die nationalen Spitzenpolitiker diesem Druck. 2019 haben sie aber eine andere Person als einen der Spitzenkandidaten vorgeschlagen, den das EP dann auch gewählt hat. (vgl. Kap. ► „Das Europäische Parlament" sowie Kap. ► „Die Europäische Kommission") (Thieme und Wessels 2019, S. 95).

3.5   Krisenmanagement

Neben wiederkehrenden und vertraglich vorgesehenen Aktivitäten ist der Europäische Rat auch als Krisenmanager tätig geworden. Der Europäische Rat wurde durch Forderungen nach politischer Führung in Zeiten internationaler Bedrohungen bestärkt. Bei gravierenden historischen Ereignissen, wie beispielsweise dem Fall der Berliner Mauer und der Ukrainekrise, treten sie auch kurzfristig zusammen, um – wenn auch nicht immer erfolgreich – eine gemeinsame Linie für die EU festzulegen. Insbesondere während der Wirtschafts-, Finanz- und Eurokrise seit 2008 standen die Treffen des Europäischen Rates unter dem Druck, kurzfristig Maßnahmen zu treffen, die vorweg als nicht denkbar galten (Van Rompuy 2014). In der Wirtschafts-, Finanz- und Eurokrise trat der Europäische Rat bzw. der Eurogipfel, d. h. die Spitzenpolitiker der Mitgliedstaaten der Eurozone, erneut als konstitutioneller Architekt auf: So einigte sich die Mehrheit der Staats- und Regierungschefs auf den „Vertrag zur Einrichtung des Europäischen Stabilitätsmechanismus" (ESM-Vertrag 2012) und den „Vertrag über Stabilität, Koordinierung und Steuerung in der Wirtschafts- und Währungsunion" (Europäischer Fiskalpakt 2013). Beide Verträge wurden von den Mitgliedstaaten als „Satellitenverträge" (Wessels und Gerards 2018, S. 14) außerhalb des Lissabonner Vertrags beschlossen (vgl. Kap ► „Wirtschaftspolitisches Handeln").

Auch bei der Flüchtlingskrise ab 2015 hat der Europäische Rat eine zentrale Rolle gespielt – abzulesen an außerordentlichen Sitzungen. Den Mitgliedern gelang es aber nicht, eine Lösung für die Verteilung von Migranten zu vereinbaren (Thieme und Wessels 2019, S. 99). Eine zentrale Rolle hat der Europäische Rat ebenso bei Maßnahmen gegen die COVID-19-Pandemie übernommen (Wessels 2020).

3.6   Wirtschaftspolitische Koordinierungsinstanz

Die Staats- und Regierungschefs haben den Europäischen Rat regelmäßig genutzt, um Maßnahmen zur Bewältigung ökonomischer Herausforderungen zu beschließen. Seit 1975 ist es üblich, dass der Europäische Rat regelmäßig Erklärungen zu wirtschafts- und sozialpolitischen Entwicklungen abgibt. Für die Gründungsväter Valéry Giscard d'Estaing und Helmut Schmidt, beide frühere Finanzminister, bildete dieses Themengebiet eine prioritäre Aufgabe. Die Staats- und Regierungschefs haben sich diese Funktion auch vertraglich – so zur Koordinierung der Wirtschaftspolitik (Art. 121 AEUV) und zur Beschäftigungspolitik (Art. 148 AEUV) – selbst zugeschrieben. Vom 1979 in Kraft getretenen Europäischen Währungssystem bis hin zu der tiefen und dramatischen Krise im globalen Währungsraum und dann im Euro-

Bereich seit dem Jahr 2008 trafen sie Entscheidungen von erheblicher Bedeutung für die Union und ihre Mitgliedstaaten (vgl. Tab. 3).

Der Europäische Rat ist in mehreren solcher Gebiete, ‚Säulen' des wirtschaftspolitischen Handelns (im wissenschaftlichen Sprachgebrauch *economic governance*) (vgl. Abb. 2, Kap. ▶ „Wirtschaftspolitisches Handeln"), in unterschiedlichen Formen und mit variierender Intensität aktiv geworden. In den Jahren seit Beginn der

Tab. 3 Meilensteine zum wirtschaftspolitischen Handeln der EU

Jahr/Gipfel	Thema
Dezember 1969 Den Haag	Plan für eine Wirtschafts- und Währungsunion (WWU)
Dezember 1978 Brüssel	Schaffung des Europäischen Währungssystems (EWS)
1987 Einheitliche Europäische Akte	Bestimmungen zum Wegfall der EG-Binnengrenzen
Juni 1988 Hannover	Konkrete Schritte zur WWU
1993 Vertrag von Maastricht	Vertragsvorgaben zur Schaffung der WWU
Dezember 1995 Madrid	Entscheidung zum Namen „Euro" und zur Europäischen Beschäftigungspolitik
Juni 1997 Amsterdam und Dezember 1997 Luxemburg	Verabschiedung des Stabilitäts- und Wachstumspakts und Vorgaben für das Beschäftigungskapitel des Amsterdamer Vertrags Sondergipfel zur Beschäftigungspolitik und Gründung der informellen Eurogruppe
März 2000 Lissabon	Verabschiedung der Lissabon-Strategie „Vorbereitung des Übergangs zu einer wettbewerbsfähigen, dynamischen und wissensbasierten Wirtschaft"
März 2005 Brüssel	Reform des Stabilitäts- und Wachstumspakts
2009 Vertrag von Lissabon	Minimale Änderungen der Vorgaben der WWU
Dezember 2010 Brüssel	Vereinbarungen des Eurogipfels zur Schaffung eines Europäischen Stabilitätsmechanismus (ESM)
Dezember 2011 Brüssel	Übereinkunft über den Fiskalpakt zur Verschärfung des Stabilitäts- und Wachstumspakts

Quelle: Wessels (2016, S. 190)

Eurokrise verstanden die Staats- und Regierungschefs so Entscheidungen über die Grenzen nationaler Verschuldung als ‚Chefsache'. Bei dieser harten Form der Koordinierung haben sie mehrfach direkt in die Arbeit der Finanzminister eingegriffen (vgl. Kap. ▶ „Wirtschaftspolitisches Handeln"). Die Sitzungen des Europäischen Rates stellen für diese regelmäßig wiederkehrenden Prozesse – so im Europäischen Semester (Kunstein und Wessels 2011) – zentrale Orientierungspunkte dar, bei denen sie den Zeitplan und Schwerpunkte für die Arbeit anderer Organe vorgeben. Der Europäische Rat bzw. der Eurogipfel der Mitglieder der Eurozone beschäftigt sich somit umfassend und intensiv mit Fragen der Wirtschafts-, Finanz- und Beschäftigungspolitik; programmatische Vorgaben und konkrete Entscheidungen addieren sich zu einer übergreifenden Koordinierungsrolle, die diese Institution zu einer Schlüsselinstitution in Fragen des wirtschaftspolitischen Handelns in Europa werden lässt, ohne dass der Europäische Rat zu einer eigentlichen wirtschaftspolitischen „Regierung" (im wissenschaftlichen Sprachgebrauch *gouvernement économique*) (Gillissen 2011, S. 112–114; Commissariat Général du Plan 1999, S. 188) in Krisen wird.

3.7 Außenpolitischer Akteur: Stimme und Gesicht der Union

Neben wirtschafts- und währungspolitischen Punkten auf der Tagesordnung haben sich Staats- und Regierungschefs regelmäßig mit außenpolitischen Themen befasst und dem Europäischen Rat als „globalem Akteur" (Europäischer Rat 2010) eine hohe Bedeutung eingeräumt. In der Außenpolitik wird der Europäische Rat deshalb von manchen Beobachtern als Institution charakterisiert, die „strategic leadership" (Keukeleire und MacNaughtan 2008, S. 68) übernimmt und „strategic guidance" (de Schoutheete 2012a, S. 60) ausübt.

Als konstitutioneller Architekt hat der Europäische Rat „Erklärungen" und Vertragsbestimmungen zur EPZ sowie ab dem Maastrichter Vertrag zur Gemeinsamen Außen- und Sicherheitspolitik (GASP) und nach dem Vertrag von Lissabon zur Gemeinsamen Sicherheits- und Verteidigungspolitik beschlossen (Wessels 2016; Regelsberger und Jopp 2011, S. 400; vgl. Tab. 4).

Mit diesen Vertragsergänzungen hat der Europäische Rat eine Zwei-Säulen-Struktur beim auswärtigen Handeln festgeschrieben und sich selbst als oberste Instanz installiert (vgl. Abb. 1, Kap. ▶ „Auswärtiges Handeln").

Von seiner Gründung an hat sich der Europäische Rat bzw. seine Präsidentschaft als Akteur und Sprachrohr für eine ausgeprägte Rolle im internationalen System verstanden. Die Regierungschefs verabschieden regelmäßig Erklärungen zu internationalen Entwicklungen. In besonderen Zeiten waren dies bereits bis zu zehn Erklärungen pro Sitzung. Obwohl die Flut von Erklärungen ihre Wirksamkeit schmälern mag (de Schoutheete 2017, S. 70), waren gerade Positionen zu den Entwicklungen im Nahen Osten, in Ost- und Südosteuropa sowie der Sowjetunion bzw. der Russischen Föderation immer wieder von besonderer Bedeutung.

Trotz des Anscheins, dass die Regierungschefs häufig nur die von den Außenministern und Diplomaten vorgefertigten Texte absegnen (Devuyst 2012, S. 333),

Tab. 4 Meilensteine zum Auswärtigen Handeln der EU

Jahr/Gipfel	Thema
Dezember 1969 Den Haag	Start der „Europäischen Politischen Zusammenarbeit" (EPZ)
Oktober 1970 Luxemburg	Erster Bericht über die (Europäische) Politische Zusammenarbeit (sogenannter Luxemburg- oder Davignon-Bericht)
Dezember 1973 Kopenhagen	Zweiter Bericht über die (Europäische) Politische Zusammenarbeit (sogenannter Kopenhagen-Bericht) Erklärung zur Europäischen Identität
November 1981 London	Bericht über die (Europäische) Politische Zusammenarbeit (sogenannter London-Bericht)
Juni 1983 Stuttgart	Feierliche Erklärung zur Europäischen Union
1987 Einheitliche Europäische Akte	Bestimmungen zu europäischer Kooperation im Bereich der Außenpolitik
1993 Vertrag von Maastricht	Gemeinsamen Außen- und Sicherheitspolitik
Juni 1999 Köln	Europäische Sicherheits- und Verteidigungspolitik (ESVP) als primärrechtliche Vertiefung Fixierung der EPZ
2003 Vertrag von Nizza	Bestimmungen für erweiterte Kooperation innerhalb der gemeinsamen Außen- und Sicherheitspolitik
2009 Vertrag von Lissabon	Bestimmungen zu der Gemeinsamen Außen- und Sicherheitspolitik (inklusive der Gemeinsamen Sicherheits- und Verteidigungspolitik)

Quelle: Wessels (2016, S. 212)

bilden diese für die Mitgliedstaaten wie auch für die betroffenen Drittstaaten zentrale Orientierungs- und Referenzpunkte.

Zu diesem Auftreten des Europäischen Rates gehört auch, dass der Präsident des Europäischen Rates „auf seiner Ebene" (Art. 15 (6) EUV) zusammen mit dem Präsidenten der Kommission Positionen der EU in regelmäßig stattfindenden Dialogen gegenüber dem Präsidenten der USA, der Russischen Föderation und weiterer Staats- oder Regierungschefs sowie auf internationalen Konferenzen – so den G20 – vertritt (vgl. Kap. ► „Der Präsident des Europäischen Rates"). Die vielseitigen Aktivitäten des Europäischen Rates in der Außenpolitik unterstreichen die Bemühungen der Staats- und Regierungschefs, der Union ein ‚Gesicht' im internationalen System zu geben, wenn diese sich auch häufig nicht auf gemeinsame Positionen – insbesondere in Krisensituationen – einigen können.

Nationale Spitzenpolitiker befinden sich im Zwiespalt zwischen ihrem grundsätzlichen Interesse, ihrer Stimme durch den Europäischen Rat auch globales Gehör zu verschaffen, und einem grundsätzlichen Souveränitätsreflex, bei außenpolitischen Themen Eigenständigkeit zu bewahren. Insofern erscheint es nicht verwunderlich, dass Staats- und Regierungschefs auch weiterhin keine eindeutigen Einigungen über die konstitutionelle Entwicklung des Auswärtigen Handelns der Union erzielt haben, die nicht zuletzt die im Vertrag selbst geforderte ‚Kohärenz‘ des ‚Auswärtigen Handelns‘ (Art. 21 (3) EUV) erreichen würde (vgl. Kap. ▶ „Auswärtiges Handeln“).

3.8   Motor in der Innen- und Justizpolitik: Prä-konstitutionelle und prä-legislative Funktionen

Eine zunehmend wichtige Rolle hat der Europäische Rat auch auf einem weiteren Gebiet nationale Sensitivität – der Innen- und Justizpolitik – eingenommen. Die Staats- und Regierungschefs haben ihre Institution wiederholt und verstärkt genutzt, um prozessuale und institutionelle Möglichkeiten zu schaffen, die Innen- und Justizpolitik verstärkt auf europäischer Ebene gestalten bzw. entwickeln zu können. Obwohl die meisten Bereiche dieses Politikfelds traditionell unter den Vorbehalt nationalstaatlicher Souveränität (vgl. auch Art. 4 EUV) fallen, haben mehrere Generationen innerhalb des Europäischen Rates eine große Bandbreite an Themen diskutiert und Einfluss auf die institutionelle Struktur des Politikbereichs genommen. Der Europäische Rat hat als konstitutioneller Architekt wesentliche Entscheidungen für die vertragliche Ausgestaltung dieses Kernbereichs staatlichen Handelns getroffen und ist prä-legislativ tätig geworden (vgl. Tab. 1, Kap. ▶ „Justiz- und Innenpolitik“). Mit dem Amsterdamer Vertrag wurde der Raum der Freiheit, der Sicherheit und des Rechts primärrechtlich verankert. Im Rahmen dessen hat der Europäische Rat mehrjährige Initiativen vom „Programm von Tampere“ (Europäischer Rat 1999) bis zur Festlegung von „strategischen Leitlinien für die gesetzgeberische und operative Programmplanung für die kommenden Jahre im Raum der Freiheit, der Sicherheit und des Rechts“ (Europäischer Rat 2014) verabschiedet.

Bei der Politikgestaltung haben sich die Staats- und Regierungschefs nachdrücklich für eine stärkere Koordinierung der grenzübergreifenden Zusammenarbeit ausgesprochen. Hierbei beriefen sie sich ausdrücklich auf die wachsende Sorge der Bevölkerung: „Der Stärkung der EU als Raum der Freiheit, der Sicherheit und des Rechts messen die Bürgerinnen und Bürger hohe Priorität zu“ (Europäischer Rat 2008). Die Staats- und Regierungschefs haben den Europäischen Rat außerdem dazu genutzt, Reaktionen auf terroristische Anschläge in New York und Washington (2001), Madrid (2004), London (2005), Paris (2015 und 2016) und Berlin (2016) abzugeben und die Notwendigkeit zum Ausbau des Politikfelds und der stärkeren Koordinierung zu betonen.

Damit weisen die Aktivitäten des Europäischen Rates auf eine aktive Strategie, Terrorismus und internationale Kriminalität gemeinsam zu bekämpfen. Vor dem Hintergrund dieser Herausforderungen hat der Europäische Rat die Kompetenzen der Union im Raum der Freiheit, der Sicherheit und des Rechts kontinuierlich ausgebaut (Nilsson und Siegl 2010).

3.9 Öffentlichkeits- und Legitimationswirkung

Im Vergleich zu den Sitzungen anderer EU-Organe erfahren die Treffen der Staats- und Regierungschefs eine besondere Aufmerksamkeit in den Medien. In der Regel begleiten 1500 Medienrepräsentanten das Treffen der europäischen Führungspolitiker.

Nach jeder Sitzung – teilweise auch bereits während einer Tagung – halten die Regierungschefs für ihre nationalen Medienvertreter Pressekonferenzen, die häufig recht unterschiedliche ‚Erzählungen' über das Geschehen im Konferenzsaal präsentieren. Diese Interviews erlauben eine öffentlichkeitswirksame Dramatisierung und Personalisierung europäischer Verhandlungen, die Kontroversen um sogenannte nationale Interessen in den Vordergrund rücken. Setzt man die einzelnen Berichte zusammen, können brauchbare Vorstellungen von Ablauf und Inhalt der Sitzungen gewonnen werden (de Schoutheete 2006, S. 44).

Mit einem ‚Familienfoto' wird der europäischen Öffentlichkeit eine kollektive Führung präsentiert; gleichzeitig kann auch jeder Regierungschef seinen eigenen Ruf als wichtiger Akteur im Konzert europäischer Führungspersönlichkeiten dokumentieren. Für die Mitglieder des Europäischen Rates ist diese mediale Aufmerksamkeit höchst relevant, da sie ihren Wählern ihre Positionierung und ihre Erfolge auf europäischer Ebene demonstrieren können. Offen bleibt dabei, inwieweit die Sitzungen des Europäischen Rates nicht nur als Spiegel nationaler Befindlichkeiten, sondern auch als Zusammenkunft eines gemeinsamen Führungs- und Repräsentationsgremiums wahrgenommen werden, das im Interesse der Unionsbürgerinnen und Unionsbürger insgesamt handelt. Zu untersuchen wäre damit, ob dem Europäischen Rat eine von den Mitgliedstaaten losgelöste Rolle als Gipfel-Autorität mit einer eigenständigen Legitimationskraft für die Union zugesprochen wird.

4 Benennung und Zusammensetzung: Der Club der Chefs

Der Europäische Rat setzt sich aus Führungspersönlichkeiten der Mitgliedstaaten und EU-Organen zusammen. Die Vertreter der Mitgliedstaaten rekrutieren sich aus den – nach dem jeweiligen nationalen Verfassungsverständnis – obersten politischen Entscheidungsträgern der Mitgliedstaaten (vgl. Dokument 5). Sie sind durch nationale Wahlen legitimiert (Art. 10 (2) EUV).

Dokument 5, Vertragliche Zusammensetzung
Art. 15 (2) EUV

Der Europäische Rat setzt sich zusammen aus den *Staats- und Regierungschefs der Mitgliedstaaten* sowie dem *Präsidenten des Europäischen Rates* und dem *Präsidenten der Kommission*. Der *Hohe Vertreter der Union für Außen- und Sicherheitspolitik* nimmt an seinen Arbeiten teil.

Hervorhebungen durch den Autor

In einigen Fällen, entbrannten Diskussionen darüber, ob der jeweilige Staats- oder der Regierungschef die Vertretung seines Staates im Europäischen Rat übernehmen soll. Diese Diskussionen waren insbesondere in Österreich, Litauen, Polen, Portugal, Rumänien, Tschechien und Finnland zu beobachten.

Die Beteiligung des Präsidenten des Europäischen Rates und des Kommissionspräsidenten ist sowohl für die Kommission als auch für die Tätigkeit des Europäischen Rates selbst von nachhaltiger Bedeutung. Der Hohe Vertreter der Union für Außen- und Sicherheitspolitik kann als ‚ständiger Gast' verstanden werden. Der Präsident des Europäischen Parlaments trägt zu Beginn jeder Sitzung die Positionen des EP vor. Nach einer kurzen, häufig wenig substanziellen Aussprache verlässt er jedoch wieder den Raum. Während seiner Zeit als Präsident des Europäischen Parlaments (2014–2017) hat sich Martin Schulz für eine substanziellere Beteiligung ausgesprochen. Zu bestimmten Abschnitten werden auch immer wieder Regierungschefs eines Beitrittskandidaten oder gelegentlich besondere Gäste, wie der Generalsekretär der Vereinten Nationen oder der NATO, eingeladen. In dringlichen Fällen zur Bewältigung der Finanzkrise nahmen außerdem der Präsident der EZB oder der Europäischen Investitionsbank wiederholt an den Sitzungen des Europäischen Rates teil.

Im Lissabonner Vertrag nicht mehr vorgesehen ist die noch in den vorangegangenen Vertragsartikeln festgelegte Teilnahme der Außenminister. Mit der Erweiterung auf 28 Mitgliedstaaten wäre die Zahl der Mitglieder dann auf über 60 angewachsen. Die Regierungschefs haben mit diesem Ausschluss auch das ursprüngliche Konzept eines ‚Kamintreffens' nur unter den ‚Chefs' aufgegriffen.

Im Unterschied zu normalen Sitzungen des Rates sind im Sitzungsraum keine nationalen Beamten zugelassen. Die Gründungsväter des Europäischen Rates wollten damit den Charakter einer vertraulichen, direkten und persönlichen Aussprache unterstreichen. Dem damaligen Bundeskanzler Helmut Schmidt wird die Forderung zugeschrieben: „Keine Papiere, keine Beamte!" (de Schoutheete 2002, S. 30). Insgesamt verstehen sich die Mitglieder als „führende Vertreter" der Mitgliedstaaten und der EU-Organe (Europäischer Rat 2017). Dem informellen Charakter wird ein besonderer Wert für eine Atmosphäre als ‚Club der Chefs' oder auch für den „esprit de corps" zugesprochen (de Schoutheete 2017, S. 65).

In den ‚Vorhallen' des Sitzungssaals werden jedoch in mehreren Sicherheitszonen bis zu 1000 Beamte gezählt, die auf jede Nachfrage entsprechende Unterlagen zusammenstellen. Ein ‚Note-taker' im Saal, ein Beamter des Generalsekretariats des Rates, informiert in regelmäßigen Abständen die so genannte ‚Antici-Gruppe' ausgewählter nationaler Beamter, die für die Verbindungen zwischen den Regierungschefs im Verhandlungssaal und den Beamten in den Vorhallen sorgen (de Schoutheete 2017, S. 58).

Nach dem Ausbruch der Eurokrise haben die Staats- und Regierungschefs der Eurogruppe den Euro-Gipfel (Oktober 2011) gegründet. Die Euro-Mitgliedstaaten wählen in dieser Teilgruppe ihren eigenen Präsidenten jeweils für eine Amtszeit von zweieinhalb Jahren. Bisher haben sie sich jeweils für den hauptamtlichen Präsidenten des Europäischen Rates in einer Doppelfunktion entschieden (vgl. Kap. ► „Der Präsident des Europäischen Rates").

5   Formale und informelle Beschlussfassungsmodalitäten: Dynamik in einem intergouvernementalen Gremium

Nach der Übersicht über diesen empirischen Befund stellt sich nachdrücklich die Frage nach den Gründen eines derartigen Aktivitätenprofils. Nach üblichen Erfahrungen der internationalen Politik wäre zu erwarten, dass ein immer heterogener werdendes Gremium von selbstbewussten und an nationalen Interessen und Gegebenheiten orientierten Politikern, jeweils mit einem Vetorecht ausgestattet, wenig Anreize und Möglichkeiten bietet, zu tragfähigen Entscheidungen zu kommen. Ohne eine eindeutige Hierarchie innerhalb des Gremiums, ohne Anpassungszwang aufgrund von Mehrheitsabstimmungen und in der Regel ohne einen direkten äußeren Zwang zur Einigung ist die Wahrscheinlichkeit, zu politisch akzeptablen Übereinkünften zu kommen, zunächst gering einzuschätzen.

Gegenüber dieser Ausgangsvermutung ist jedoch eine überraschende Dynamik mit hoher Produktivität an Entscheidungen zu beobachten, die durch besondere Faktoren zu erklären ist: In der Praxis sind aus Detailanalysen einzelner Sitzungen und vorliegenden ‚Erzählungen' beteiligter Akteure (Van Rompuy 2014; Blair 2010; Delors 2004; Genscher 1995; Thatcher 1993; Giscard 1988) Schlüsselelemente eines Verhandlungsstils zu beobachten, die – neben üblichen Mustern intergouvernementaler Verhandlungen – auch einige Spezifika aufweisen.

5.1   Vertragliche Regeln und Normen

Ausgangspunkt der Analyse sind die formalen Bestimmungen des Vertrags (de Schoutheete 2017, S. 62). Die Grundregel ist Konsens (Art. 15 (4) EUV). In einigen wenigen Fällen, wie der Verletzung der in Art. 2 EUV genannten EU-Werte, entscheidet der Rat „einstimmig" (Art. 7 (2) EUV). In beiden Fällen hat jeder Staats- und Regierungschef ein Vetorecht. Zudem sieht der Vertrag einige Fälle vor, in denen der Europäische Rat mit qualifizierter Mehrheit entscheidet – so bei Wahlen von Amtsinhabern wie dem Präsidenten des Europäischen Rates selbst (Art. 15 (5) EUV) oder bei der Nominierung des Kommissionspräsidenten (Art. 17 (7) EUV) und bei Entscheidungen bzgl. den Zusammensetzungen des Rates und zum Vorsitz im Rat (Art. 236 AEUV). Über Verfahrensfragen kann er nach Art. 235 (3) AEUV überdies mit einfacher Mehrheit beschließen. Bekannt geworden sind bis 2019 nur drei Fälle von Mehrheitsbeschlüssen: Ein Verfahrensbeschluss von Mailand (1985), der die Einberufung der Regierungskonferenz zur Einheitlichen Europäischen Akte gegen den Willen einiger Mitgliedstaaten ermöglichte und eine kontroverse Abstimmung beim Vorschlag des Europäischen Rates zur Wahl des Spitzenkandidaten für das Amt des Präsidenten der Europäischen Kommission durch das EP (2014) (vgl. Kap. ► „Die Europäische Kommission"). Außerdem hat der Europäische Rat 2017 seinen Präsidenten Tusk gegen die Stimme der Regierungschefin von Polen wiedergewählt.

5.2   Verfahren und Instrumente der Konsensfindung: Muster von Erfolgsformeln

Angesichts dieser Blockademöglichkeit müssen deshalb informelle Wege untersucht werden, mit denen die Vetospieler im Europäischen Rat zu einer Einigung kommen können.

Zunächst lässt die hohe Interaktionsfrequenz den Europäischen Rat zu einem besonderen Gremium werden, das sich de facto eine eigene kollektive Identität mit einem Satz von Normen als ‚Club der Chefs' gegeben hat. Damit sind derartige Gipfeltreffen nicht als Einzelereignisse zu betrachten, sondern als Zusammenkünfte einer regelmäßig tagenden Institution. Neu gewählte Staats- und Regierungschefs finden sich in der Regel schnell in den Debatten- und Verhandlungsstil dieser Gruppe der Spitzenpolitiker ein. So berichtete der irische Premierminister Leo Varadkar nach seiner ersten Teilnahme am Europäischen Rat im Juli 2017 über eine dynamische, informelle Atmosphäre, in der jeder Teilnehmer beim Vornamen genannt wurde (Teffer 2017). Insgesamt erwähnen Mitglieder immer wieder einen „esprit de corps" oder auch eine Bereitschaft, Kompromisse zu suchen (im europäischen Sprachgebrauch *attitude of compromise* (Van Rompuy 2014, S. 113–116)).

Neben derartigen Lern- und Sozialisationsprozessen ist das Schnüren von umfassenden Verhandlungspaketen (im wissenschaftlichen Sprachgebrauch *package deals)* eine spezifische Form der Konsensfindung. So wie in der Einheitlichen Europäischen Akte die Interessen einiger Mitgliedstaaten an der Herstellung des Binnenmarkts mit den Forderungen nach Verbesserung des wirtschaftlichen und sozialen Zusammenhalts verknüpft wurden, so hat der Europäische Rat in seiner Geschichte regelmäßig politisch tragende Eckpunkte für umfassende Kompromisse zwischen den Mitgliedstaaten vereinbart. In einem derartigen ‚Kuhhandel' werden die Präferenzen der Mitgliedstaaten nicht grundsätzlich verändert, sondern in einem mühsamen Austauschprozess in einer für jedes Mitglied positiven Gesamtvereinbarung (im wissenschaftlichen Sprachgebrauch *Win-win-Situation)* zusammengefügt (Wessels 2016, S. 140; Moravcsik 1998).

Zur Entscheidungsproduktivität trägt die Zusammensetzung des Europäischen Rates aus den jeweils letztentscheidenden Personen nationaler Politik bei. Während Minister und Beamte unangenehme Beschlüsse durch den Hinweis auf Rückspra-chenotwendigkeiten mit der Hauptstadt aufschieben können bzw. müssen, ist eine derartige Rückversicherung bzw. Rückfallposition für Politiker, die sich selbstbewusst als ‚Führungsperson' verstehen, in der Regel nicht angemessen.

Um Ergebnisse zu erzielen, brauchen die Regierungschefs einen erheblichen Zeitaufwand. Entgegen ihrem in dem Vertragsartikel dokumentierten Selbstverständnis, als Impulsgeber generelle Vorgaben zu setzen, müssen sich die Regierungschefs intensiv mit konkreten Formulierungen auseinandersetzen. Die Versuche der Staats- und Regierungschefs, nur „allgemeine politische Zielvorstellungen" (Art. 15 (1) EUV) zu setzen, erwiesen sich wiederholt als nicht tragfähig. Erst im – häufig zu Unrecht als ‚technisch' bezeichneten – Detail kommt die politische Kontroverse voll zum Tragen und erst dabei können dann die notwendigen ‚harten' Entscheidungen getroffen werden. Durch dieses unmittelbare Engagement in Detailfragen ist jedoch eine gewisse Banalisierung des Gipfels im EU-System nicht zu vermeiden.

Zur Analyse von Verhandlungsmustern gehört, dass hartnäckiges Verhandeln über nationale Interessen und Präferenzen (im wissenschaftlichen Sprachgebrauch *bargaining*) ebenso beobachtet wird wie ein Bemühen, sich durch Argumente gegenseitig zu überzeugen (im wissenschaftlichen Sprachgebrauch *arguing*) (zu den Begriffen „arguing" und „bargaining" u. a. Puetter 2014).

Als Erfolgsformel für die Verabschiedung ‚historischer Wegmarken' kann eine Mischung beider Stile verstanden werden. Folgt man der Berichterstattung in der nationalen Presse, so scheint eine hartnäckige Vertretung eindeutig festgelegter nationaler Interessen vorzuherrschen. In einer historischen Längsschnittuntersuchung wird jedoch auch immer wieder ein Wandel in nationalen Positionen deutlich. Mitglieder lernen, in einem kollegial-kompetitiven Verhandlungsmuster auf die Argumente und Interessen anderer Teilnehmer einzugehen. Insbesondere bei geschichtlichen Vergleichen ist festzustellen, dass Regierungschefs Sorgen und Zwänge ihrer Kollegen jeweils bis zu einer gewissen Grenze eigener vitaler Interessen berücksichtigen.

Bei der Suche nach Kompromissen spielt der Präsident des Europäischen Rates als ‚ehrlicher Makler' eine herausgehobene Rolle. Durch Nutzung von Verfahrensmöglichkeiten kann bzw. soll er „Zusammenhalt und Konsens" im Europäischen Rat erreichen (Art 15 (5) EUV). Er bereitet die Verhandlungen am Tisch durch getrennte Gespräche vor oder unterbricht Sitzungen, um mit den ‚Streithähnen' vertraulich zu sprechen (im europäischen Sprachgebrauch *Beichtstuhlverfahren*) (vgl. Kap. ▶ „Der Präsident des Europäischen Rates").

Zur Konsensfindung trägt bei, dass die Mitglieder des Europäischen Rates regelmäßig Risiken unbedachter Folgewirkungen (im wissenschaftlichen Sprachgebrauch *law of unintended consequences*) reduzieren. Grundsatzentscheidungen werden so in kleinen Schritten vorbereitet und dann, nach intensivem Prozess über mehrere Ebenen und nach mehreren Sitzungen, getroffen. Die Mitglieder des Europäischen Rates haben immer wieder entscheidende Punkte, die auf mehreren Ebenen strittig geblieben waren, in letzter Minute selbst entschieden – wie Vergleiche zwischen den entsprechenden Vorlagen für Abschlussgipfel und deren Ergebnisse dokumentieren.

Ein weiteres Mittel zur Konsenssuche ist die Dynamik der Abschlussgipfel: Bei Vertragsänderungen, Erweiterungsbeschlüssen und Finanzpaketen wird angesichts eines teilweise vorweg selbst gesetzten Terminzwangs ein Verhandlungsmarathon bewusst eingeplant: So wird ein Verhandlungsdruck geschaffen, der manchmal zu mehrdeutigen Kompromissformeln mit einigen überraschenden Vereinbarungen – auch bei trivialen Punkten – führt. Die Mitglieder haben gravierende Beschlüsse, mitunter nach dramatischen Auseinandersetzungen in den frühen Morgenstunden, gefasst. Dies geschah auch unter externem Druck in Krisen wie der Stabilisierung des Euros. Bei diesem Vorgehen werden häufig Probleme derartiger Beschlussfassungsmodalitäten deutlich: Hektische Nachtsitzungen ohne Experten im Sitzungssaal, eine Debatte in verschiedenen Sprachen mit Entwürfen, die teilweise unvorbereitet eingebracht werden, sowie Verhandlungspakete zu mehreren inhaltlich nicht verknüpften Politikfeldern, innenpolitischer Druck und zugespitzte Erwartungen lassen selten klare und zusammenhängende Texte entstehen (Van Rompuy 2014; de Schoutheete 2012a, S. 62–63). Angesichts der Reisebeschränkungen infolge der COVID-19-Pandemie haben die Mitglieder des Europäischen Rates auch virtuelle (online stattfindende) Treffen abgehalten, bei denen der direkte Druck zur Findung eines Konsenses jedoch schwächer war (Wessels 2020).

Bei fortdauernden Kontroversen werden auch neue Zeitpläne mit weiteren Verschiebungen auf spätere Zeitpunkte vereinbart (im europäischen Sprachgebrauch *Rendezvous-Formeln*). Bei der quasi-konstitutionellen Systemgestaltung ließen die Staats- und Regierungschefs bei jeder Vertragsänderung seit der Einheitlichen Europäischen Akte bis einschließlich des Gipfels von Nizza strittige Fragen ungelöst (im europäischen Sprachgebrauch *left overs*), für die beim Abschluss jeweils unmittelbar eine nächste Regierungskonferenz in Aussicht gestellt wurde. Beim Lissabonner Vertrag wurde keine entsprechende Verschiebung geplant. Als Anpassung ist dafür ein „vereinfachtes Änderungsverfahren" des Lissabonner Vertrags (Art. 48 (6) und (7) EUV) vorgesehen (vgl. Kap. ▶ „Vertragsänderungsverfahren").

In der Logik der Risikominimierung werden Kompromisse aber auch häufig erst möglich, wenn die Mehrheit abweichenden Interessen mit Ausnahmeregeln (im europäischen Sprachgebrauch *opt-out*) bzw. Rückfallklauseln entgegen kommt (vgl. Kap. ▶ „Flexibilisierung").

Bei diesem Konsensfindungsprozess können wir nützliche aber auch negative Aspekte beobachten. Relativ einfache Beschlussvorlagen werden in diesem Prozess erheblich komplexer und unverständlicher – bis hin zur Feststellung, dass Konsens manchmal nur durch wenig sinnvolle Formulierungen (als Merkformel *consensus by nonsense*) bzw. durch Komplexitätssteigerung (als Merkformel *consensus by complexity*) erreicht werden kann. Allgemein kann eine „Drei-K"-Regel formuliert werden: ‚Konsens' bedarf ‚Kompromisse', die notwendigerweise die ‚Komplexität' erhöhen (Wessels 2016).

Durch diese Muster der Kompromissfindung ist sowohl die Produktivität des Europäischen Rates als auch die Komplexität der Schlusstexte zu erklären.

5.3   Koalitionen und Machtkonstellationen

Angesichts der politischen Bedeutung und des ‚Club'-Charakters des Europäischen Rates ist auch eine Analyse der nicht geschriebenen Macht- und Einflusskonstellationen angebracht. Sie kann von grundlegenden und wiederkehrenden Trennlinien (im wissenschaftlichen Sprachgebrauch *cleavages*) innerhalb der Institutionen ausgehen.

Als eine Differenzierung unter den Teilnehmern wird insbesondere das Verhältnis zwischen ‚großen' und ‚kleinen' Mitgliedstaaten gesehen. Letztere befürchten, dass die Gipfel zu einer Herrschaft einer Führungsgruppe der größeren Mitgliedstaaten führen könnten (im europäischen Sprachgebrauch auch *directoire* bzw. Direktorium) (de Schoutheete 2017, S. 77; Holm 2009). Berichtet wird, dass Debatten im Europäischen Rat häufiger von den Regierungschefs der größeren Staaten geprägt werden, als dies im Ministerrat der Fall ist (de Schoutheete 2017; Tallberg 2007, S. 14). Diese können in vielen zur Entscheidung anstehenden Punkten auch mehr Angebote und Ressourcen zur Problemlösung in die Verhandlungspakete einbringen. Unterschiede in den Positionen zwischen großen und kleinen Mitgliedstaaten traten insbesondere bei Vertragsänderungen zur Gestaltung der institutionellen Architektur zutage, bei denen sich die letztere Gruppe für eine gleichberechtigte Beteiligung bzw. Mitsprache aller Staaten – ob groß oder klein – einsetzte.

Zwischen den Mitgliedstaaten haben sich insbesondere bei der Systemgestaltung auch immer wieder Gegensätze zwischen integrationsbereiten und euroskeptischen Gruppierungen ergeben.

Parteipolitische Differenzen zwischen den Regierungschefs – eine weitere mögliche Trennlinie – waren nur in wenigen Fällen zu beobachten. Jedoch wird bei der Wahl der EU-Spitzenämter alle fünf Jahre erheblicher Wert auf einen parteipolitischen Proporz gelegt. Insbesondere haben die Staats- und Regierungschefs auch 2019 ein parteipolitisch ausgewogenes Personaltableau verabschiedet (Thieme und Wessels 2019, S. 95–97).

Bei bestimmten Themen formen sich jedoch regelmäßig Koalitionen von Staaten mit ähnlichen Interessen. Besonders deutlich ist eine Gruppenbildung zwischen der Gruppe der Nettozahlern und derjenigen der Nettoempfängern bei den Grundsatzbeschlüssen des Europäischen Rates zu Einnahmen und Ausgaben des EU-Budgets festzustellen.

Verstärkt sind auch Koalitionen von Staatengruppen zu beobachten – so die ‚Visegrad-Gruppe' mit vier zentraleuropäischen Staaten – und die ‚Hansegruppe' kleinerer und wohlhabender nördlicher Mitgliedstaaten (Thieme und Wessels 2019, S. 97). Insgesamt ist aber keine bei allen Themen durchgängige Koalitionsbildung von einer Mehrheit gegenüber einer Minderheit zu beobachten.

Von besonderer Relevanz ist die Frage nach dem Einfluss einzelner Staaten, Staatengruppen oder Personen. Dem französisch-deutschen Tandem wurden und werden häufig besondere Fähigkeiten zugesprochen, andere Partner zu einem akzeptablen Kompromiss zu bewegen (u. a. de Schoutheete 2017). Diese Zweier-Führung wurde immer wieder in Frage gestellt, aber die Krisenjahre seit 2009 haben die Bedeutung dieses Machtzentrums erneut unterstrichen (Krotz und Schild 2013, S. 20). Andere Mitglieder des Europäischen Rates erwarten sogar, dass das französisch-deutsche Paar proaktiv einen Konsens vorzeichnet; gleichzeitig fordern sie, angemessen beteiligt zu werden.

Bei der Eurokrise schien die Macht innerhalb des Tandems ungleich verteilt zu sein, sodass von einer „deutsch-französischen Asymmetrie" (Krotz und Schild 2013, S. 208–209) mit einem Trend hin zu einer „widerwilligen deutschen Hegemonie" (Bulmer und Paterson 2013) gesprochen wird. Hinzu kommt, dass nicht alle Mitgliedstaaten die gleiche Akzeptanz für eine Führung der beiden aufbringen (Blair 2010, S. 501). Trotz vielerlei Differenzen zur weiteren Entwicklung der EU und des Euroraums entwickelte das deutsch-französische Tandem bei der Beschlussfassung zum Personaltableau 2019 erneut motorische Funktionen (Thieme und Wessels 2019, S. 98).

Je nach Thema spielen aber auch der hauptamtliche Präsident des Europäischen Rates und der Präsident der Europäischen Kommission sowie erfahrene Regierungschefs kleinerer Staaten eine einflussreiche Rolle (de Schoutheete 2017, S. 65). Nach den Gründungsvätern wird immer wieder von einer Führungsrolle des Kommissionspräsidenten Delors und des früheren Bundeskanzlers Helmut Kohl berichtet. Beide wurden später von ihren Kollegen als ‚Ehrenbürger Europas' ausgezeichnet. Ein hoher Grad an Einfluss – insbesondere bei den Reaktionen auf die Eurokrise – wird der ehemaligen Bundeskanzlerin Angela Merkel zugesprochen (Bulmer und Paterson 2013; Schäfer 2013).

6 Aufbau und Arbeitsweise

Die Arbeitsweise des Europäischen Rates, insbesondere die Verfahren zur Vorbereitung und zum Sitzungsablauf, sowie der administrative Unterbau des Spitzengremiums waren mehrfach Gegenstand politischer und wissenschaftlicher Diskussionen.

Die Verfahren sind im Vertrag (Art. 235 und 236 AEUV) und in der Geschäftsordnung des Europäischen Rates festgelegt. Um die Arbeitsweise zu verbessern, schuf der Lissabonner Vertrag zudem das Amt eines hauptamtlichen Präsidenten (Art. 15 (5) EUV) (vgl. Kap. ▶ „Der Präsident des Europäischen Rates").

6.1 Vorbereitung, Ablauf und Nachbereitung

Jede Sitzung wird organisatorisch und politisch gründlich vorbereitet. Ergebnisse der Tagungen werden in den Schlussfolgerungen des Europäischen Rates dokumentiert. Die Verfahren zur Verabschiedung dieser Papiere sind nach Erfahrungen mit dem Ablauf mehrfach verändert worden.

Die Dokumente werden in der Regel sorgfältig und in einem zeitintensiven Prozess durch den Präsidenten und den Allgemeinen Rat (Art. 15 (6b) EUV) sowie Beamtengremien vorbereitet. Auch die Kommission ist nach den üblichen Verfahren involviert. Der Präsident des Europäischen Rates verschickt vor jeder Sitzung auch ein Einladungsschreiben, in dem er nochmals die Themen auflistet und kommentiert.

Die Formulierungen der endgültigen Version der Schlussfolgerungen sind also in der Regel schon im Vorfeld abgestimmt; nur bei den kontroversen Punkten sind sie das Ergebnis der Debatten und Verhandlungen zwischen den Staats- und Regierungchefs selbst. Der Ablauf der eigentlichen Sitzung ist nach Beschlüssen des Europäischen Rates nach Lernprozessen in den frühen Jahren der Institution erheblich gestrafft worden, um Prioritäten für die noch notwendigen Beratungen setzen zu können.

Der Präsident des Europäischen Rates – begleitet vom Präsidenten der Europäischen Kommission – erläutert auf einer gemeinsamen Pressekonferenz unmittelbar nach Abschluss der Tagung die Ergebnisse, ohne in der Regel auf den Verhandlungsprozess im Detail einzugehen; er erstattet auch dem Plenum des Europäischen Parlaments einen Bericht (Art. 15 (6d) EUV), der zur Frustration der Abgeordneten in der Regel nicht über die bereits bekannten Informationen hinausgeht, aber auch zu gereizten Aussprachen führen kann (Van Rompuy 2014, S. 124–126) (vgl. Kap. ▶ „Der Präsident des Europäischen Rates").

6.2 Administrative Regelungen

Bis zur Erweiterung 2004 fanden die Treffen in der Regel im Land des jeweiligen Vorsitzes statt. Mit dem Namen der Tagungsorte verbanden sich nicht nur die umfassenden Vertragsänderungen – Maastricht, Amsterdam, Nizza –, sondern auch besondere Programme – wie die Lissabonner Strategie. Seit 2004 ist Brüssel der Tagungsort für alle formellen Treffen des Europäischen Rates. Seit 2017 finden alle Treffen des Europäischen Rates im eigens zu diesem Zweck gebauten Europa-Gebäude statt. Informelle oder Sondertagungen können auch außerhalb Brüssels stattfinden.

Übersetzt werden die Beratungen in jede Amtssprache. Unterstützt wird die Arbeit des Europäischen Rates vom Generalsekretariat des Rates (Art. 235 (4) AEUV).

7 Zusammenfassung, Diskussion und Perspektiven

Das Wirken und die Wirkungen des Europäischen Rates haben sowohl geschriebene als auch gelebte Formen der System- und Politikgestaltung im EU-System grundsätzlich und nachhaltig beeinflusst. Anhand des Aktivitätenprofils wird deutlich, dass sich die Staats- und Regierungschefs immer wieder bis ins Detail mit einem breiten Spektrum an Themen beschäftigten; dabei haben sie wiederholt de facto die Entscheidungen in zentralen Fragen der Politik- und Systemgestaltung selbst getroffen bzw. vorgegeben.

7.1 Die institutionellen Leitideen im Test: Erwartungen und Befunde

Mit diesem Aktivitätenprofil ist die integrationspolitische Kontroverse aufzugreifen, ob und wie diese Gipfelinstitution als Prinzipal das ursprüngliche institutionelle Gleichgewicht einer supranationalen Gemeinschaft nachhaltig verändert hat (vgl. Kap. ▶ „Einführung").

Mit Bezug auf die intergouvernementale Leitidee wurde und wird vielfach erwartet, dass dieses Gremium das EU-System zu Gunsten der Mitgliedstaaten verändert. Aus dieser Sicht der institutionellen Architektur würden die Staats- und Regierungschefs in der gelebten Vertragspraxis nicht nur das Initiativmonopol der Europäischen Kommission untergraben und sie zu einem – in internationalen Organisationen üblichen – Generalsekretariat degradieren. Auch der Ministerrat würde zu einer untergeordneten Beschlusskammer herabgestuft und die Beteiligungsrechte des EP würden de facto unterlaufen (vgl. Abb. 4, Kap. ▶ „Einführung"). Mit der im Vertrag von Lissabon verankerten Wahl eines hauptamtlichen Präsidenten des Europäischen Rates bekam diese Sicht einen weiteren Auftrieb.

Auch zum Innenleben des Europäischen Rates liegt diese Perspektive spezifische Überlegungen vor. Folgt man Annahmen über das Streben von Staaten nach Macht zur Durchsetzung ihrer Interessen, dann ist zu erwarten, dass die Entscheidungsprozeduren innerhalb des ‚Clubs' durch einen konfrontativen Verhandlungsstil geprägt sind, bei dem insbesondere die größeren Staaten untereinander um das Ergebnis ringen (Moravcsik 1998, S. 485). In einer besonderen (neo-)realistischen Variante kann diese Institution auch als Verkörperung eines „integrativen Gleichgewichts" zwischen den „Hauptmächten" der Union verstanden werden (Wessels 2016, S. 16; in Anlehnung an Link 2006, S. 36–43).

Gegenüber diesen Erwartungen zeigen die tatsächlichen Rollenmuster des Europäischen Rates einen zunächst überraschenden Befund: Die höchsten Entscheidungsträger nationaler Politik haben in den Grundsatzbeschlüssen zu Vertragsänderungen immer wieder Verfahren eingeführt und ausgebaut, die die Rechte supranational angelegter Organe – so die des EP, der Kommission und des *Gerichtshofs der Europäischen Union* (GEU) – stärken und auf zusätzliche Politikbereiche übertragen; auch im Ministerrat haben sie durch die zunehmende Einführung von Verfahren zur Mehrheitsabstimmung Möglichkeiten zur Nutzung von Vetorechten abgebaut (vgl. Abb. 4, Kap. ▶ „Vertragsänderungsverfahren").

Die Beschlüsse des Europäischen Rates zu Vertragsänderungen haben so auch Beteiligungsmöglichkeiten der Kommission insbesondere bei intergouvernementalen Verfahren in den Politikfeldern des Raums der Freiheit, der Sicherheit und des Rechts ausgeweitet und aufgewertet. Auch im Rahmen innovativer Formen des Regierens – etwa bei der Offenen Methode der Koordinierung – haben die Staats- und Regierungschefs der Kommission neue Spielräume eröffnet, die diese auch aktiv nutzt. Selbst in den beiden Verträgen, die die Mitgliedstaaten zur Stabilisierung des Euro außerhalb des Lissabonner Vertrags abgeschlossen haben, wurden die Kontrollrechte der Kommission und des Gerichtshofs gestärkt (Bauer und Becker 2014; Van Rompuy 2014). Wenn man nicht von einer vertraglich kaum ableitbaren übergeordneten Rolle der Kommission als eine Art ‚Regierung' nach einem traditionellen Verständnis ausgeht, so haben die höchsten Vertreter der Mitgliedstaaten die Rolle der Kommission und ihres Präsidenten insgesamt gestärkt. Aus dieser Sicht hat der Präsident der Kommission – entgegen vieler anderer Einschätzungen – insgesamt durch den Europäischen Rat an Profil und Status gewonnen, da er in diesem Spitzengremium vertreten ist und die Erklärungen des Europäischen Rates als selbst eingebrachtes „Mandat" von höchster Seite für weitergehende Kommissionsaktivitäten nutzen kann (Wessels und Traguth 2010). Zugleich hat das Amt des hauptamtlichen Präsidenten des Europäischen Rates jedoch die besondere Stellung des Kommissionspräsidenten, als alleinigem ‚Vollzeiteuropäer' zur Konsensfindung beizutragen, verringert.

Weniger eindeutig sind dagegen die Folgen für das EP: Die ‚Vortragsverpflichtung' des Präsidenten des EP vor dem Europäischen Rat lässt noch keine tatsächliche Mitwirkung erkennen; hinzu kommt, dass die vertraglichen Rechte des EP gegenüber dem Rat häufig formal bleiben, da die nationalen Minister durch die Beschlussfassung ihrer Chefs in der Regel bereits festgelegt sind und so in der EU-Praxis nur noch eine geringe Verhandlungsbereitschaft gegenüber dem Parlament zeigen. Gegenüber einer derartigen Einschätzung der Marginalisierung des EP ist gleichzeitig festzustellen, dass die Staats- und Regierungschefs bei allen Vertragsänderungen die Rolle des EP in Richtung einer zweiten Kammer entwickelt haben, die in zentralen Legislativ-, Haushalts- und Wahlakten der EU weitgehend gleichberechtigt mit dem Rat beteiligt wird. Zu übersehen ist aber auch nicht, dass die Beteiligungsrechte des EP bei Grundsatzentscheidungen – so bei Vertragsänderungen und bei den Beschlüssen zu Eigenmitteln – auch im Lissabonner Vertrag begrenzt blieben (vgl. Kap. ▶ „Das Europäische Parlament").

Auch die Zuständigkeiten des Gerichtshofs der Europäischen Union hat der Europäische Rat in den Beschlüssen zu Vertragsänderungen – etwa im Bereich der Innen- und Justizpolitik (Art. 276 AEUV) – ausgedehnt und dessen Sanktionsmöglichkeiten gegenüber den Mitgliedstaaten (Art. 260 AEUV) gestärkt (vgl. Kap. ▶ „Der Gerichtshof der Europäischen Union").

Die „Herren der Verträge" (Bundesverfassungsgericht 2009, § 150) als Prinzipale haben demnach ihre Zugriffs- und Einwirkungsmöglichkeiten gegenüber den möglicherweise als Handlungsbeauftragten (agents) verstandenen Organen selbst reduziert.

Mit ihrem immer wieder beobachtbaren schrittweisen Vorgehen haben die Regierungschefs – bewusst oder unbewusst – die Monnet-Methode begrenzter, aber realer Integrationsschritte übernommen und damit auch eine Dynamik aufgrund von *spillover* Effekten (Schmitter 1969, 2004) – bzw. Sachlogik (Hallstein 1979) – mitgetragen.

Aus der Beobachtung des Verhandlungsstils ist dabei auch zu erkennen, dass sich der Europäische Rat bei allen Unterschieden und hartnäckigem Verfolgen nationaler Präferenzen und Interessen immer wieder auch als Institution kollektiven Regierens verstanden hat, die Entscheidungen über das erwartete Nullsummenspiel zwischen den Mitgliedstaaten hinaus traf.

In der Kontroverse um die Prägung des EU-Systems durch diese Schlüsselinstitution ergibt sich so insgesamt ein paradox erscheinender Befund: Weitgehend intergouvernemental in der Zusammensetzung hat der Europäische Rat die Rechte der Gemeinschaftsorgane durch Akte der Systemgestaltung wesentlich ausgedehnt und damit durchaus auch die supranationale bzw. föderale Ausrichtung der institutionellen Architektur gestärkt (Wessels 2016, S. 64–66).

7.2 Langzeitwirkungen: Der Europäische Rat als Träger eines Fusionsprozesses

Diese Zwitterrolle zwischen einer intergouvernementalen und supranationalen Ausrichtung versteht die Fusionsthese als systemisch zu erwartende Reaktion der Mitgliedstaaten als Folge eines Ebenen- und Entscheidungsdilemma (vgl. Kap. ▶ „Einführung"). Um ihre nationalen Probleme effizient und effektiv anzugehen, einigen sich die Staats- und Regierungschefs auf Schritte zu ‚mehr Europa', die häufig supranationale Verfahren stärken. Gleichzeitig suchen sie eine wirksame und daher eher ausreichende intergouvernementale Beteiligung an zentralen Entscheidungen. Eine Langzeitbetrachtung identifiziert somit eine Erklärungsmöglichkeit, die die Verschränkung und Verschmelzung von Verantwortlichkeiten in Form einer vertikalen und horizontalen Fusion beschreibt (Wessels 2016). Mit der de jure- und de facto-Übertragung staatlicher Aufgaben und Hoheitsrechte auf die Unionsebene wirkte der Europäische Rat als Motor einer vertikalen Fusion von Zuständigkeiten. Bei dem Herstellen der Zusammenarbeit mit anderen Organen agierte er als Motor einer horizontalen Fusion. Aus dieser Sicht ist die Entwicklung dieser Gipfelinstanz deshalb kein zufälliges Produkt der politischen Laune einiger Regierungschefs, sondern eines unter mehreren Zeichen einer grundlegenden Evolutionsdynamik der Staaten (West-)Europas, die von einer gemeinsamen Nutzung staatlicher Instrumente in einer komplexen institutionellen Architektur geprägt ist.

In zeitgeschichtlicher Perspektive hat der Europäische Rat eine nachhaltige europapolitische Rolle gespielt. Angesichts erheblicher politischer und wirtschaftlicher Herausforderungen in den letzten 40 Jahren hat diese Institution wesentlich zur Gestaltung Europas beigetragen. Mit ihrem direkten Engagement trugen und tragen die Staats- und Regierungschefs dabei unmittelbar Verantwortung für die Stabilität, Leistungsfähigkeit und Entwicklung der Europäischen Union.

8   Zur Wiederholung und Vertiefung

Merkpunkte und Stichworte
- Grundkenntnisse:
  - Gründungsdatum
  - Tagungsort(e)
  - Vertragliche Aufgabenzuweisungen
- Aufgaben und Rollen: Jeweils Definition und Beispiele
  - intergouvernmentale Führungsinstanz
  - Berufungsinstanz
  - Konstitutioneller Architekt
  - Wahlgremium: Für welche Ämter?
  - Prä-legislative Funktion
  - Prä-konstitutionelle Normgenese
  - Lenkungsfunktion
- Rolle des Europäischen Rates: Vertragliche Vorgaben und Praxis in der GASP
  - bei der wirtschafts- und beschäftigungspolitische Koordinierung
  - im Vertragsänderungsverfahren
  - im Beitrittsverfahren
- Elemente der Beschlussfassung:
  - Vetorecht
  - Verhandlungspakete
  - Der „Club der Chefs"
  - „Esprit de corps"

- „Beichtstuhlverfahren"
- Französisch-deutsche Hegemonie

Fragen

- Welche Erklärungen gibt es für die Gründung des Europäischen Rates?
- Wie kann das Aktivitätenprofil des Europäischen Rates erfasst werden?
- Wie kann erklärt werden, dass eine intergouvernementale Führungsinstanz regelmäßig Schritte zur Vertiefung in Richtung einer supranationalen Ausrichtung der institutionellen Architektur beschlossen hat?

Thesen zur Diskussion

- Der Europäische Rat gibt dem EU-System eine tragfähige Legitimationsbasis.
- Der Europäische Rat ist ein Hemmschuh für eine demokratische, transparente und wirksame Arbeitsweise der institutionellen Architektur des EU-Systems.

Literatur

Online-Quellen

https://www.consilium.europa.eu/de/european-council/.
Offizielle Homepage des Rates der Europäischen Union mit weiterführenden Links, unter anderem zum Europäischen Rat und zu den Schlussfolgerungen des Vorsitzes seit 1975.

Einführende Literatur

Hayes-Renshaw, Fiona, und Helen Wallace. 2006. Overlapping competences: The Council and the European Council. In *The council of ministers*, 2. Aufl., 165–185. Basingstoke/New York: Palgrave Macmillan.

Hopp, Lea, und Wolfgang Wessels. 2020. Europäischer Rat. In Europa von A bis Z. Taschenbuch der europäischen Integration, Hrsg. Werner Weidenfeld, Wolfgang Wessels und Funda Tekin, 15. Aufl., 241–246. Wiesbaden: Springer VS.

Hopp, Lea, und Wolfgang Wessels. 2020. Europäischer Rat. In Jahrbuch der Europäischen Integration 2020, Hrsg. Werner Weidenfeld und Wolfgang Wessels, 91–99. Baden-Baden: Nomos.

Puetter, Uwe. 2014. *The European Council and the Council. New intergovernmentalism and institutional change*. Oxford: Oxford University Press.

Schoutheete, Philippe de. 2017. The European Council: A formidable locus of power. In *The institutions of the European Union*, Hrsg. Dermot Hodson und John Peterson, 4. Aufl., 55–79. Oxford/New York: Oxford University Press.

Wallace, Helen. 2015. An institutional anatomy and five policy modes. In *Policy-making in the European Union*, Hrsg. Helen Wallace, Mark A. Pollack und Alasdair Young, 7. Aufl., 49–90. Oxford/New York: Oxford University Press.

Wessels, Wolfgang. 2016. *The European Council*. Basingstoke: Palgrave Macmillan.

Wessels, Wolfgang, und Johannes Wolters. 2020. Der Europäische Rat. Schlüsselinstitution der Europäischen Union. In *Handbuch Europäische Union. Band 2*, Hrsg. Peter Becker und Barbara Lippert, 307–331. Wiesbaden: Springer VS.

Literaturverzeichnis

Alexandrova, Petya, Marcello Carammia, Sebastian Princen, und Arco Timmermanns. 2014. Measuring the European Council agenda: Introducing the new approach and dataset. *European Union Politics* 15(1): 152–167.

Anghel, Suzana Elena, Ralf Drachenberg, und Stanislas de Finance. 2016a. *The European Council and crisis management.* Brussels: European Union.

Anghel, Suzana Elena, Izabela Cristina Bacian, Ralf Drachenberg, und Susanna Tenhunen. 2016b. *The European Council in 2015. Overview of decisions and discussions.* Brussels: European Union.

Bauer, Michael W., und Stefan Becker. 2014. From the front line to the back stage – How the financial crisis has quietly strengthened the European Commission. *Public Money & Management* 34(3): 161–163.

Bieling, Hans-Jürgen. 2005. Intergouvernementalismus. In *Theorien der europäischen Integration*, Hrsg. Hans-Jürgen Bieling und Marika Lerch, 91–116. Wiesbaden: VS Verlag für Sozialwissenschaften.

Blair, Tony. 2010. *A journey.* London: Hutchinson.

Brunn, Gerhard. 2004. *Die europäische Einigung von 1945 bis heute.* Bonn: Bundeszentrale für polititische Bildung.

Bulletin der Europäischen Gemeinschaften. 1972. *Erklärung der Pariser Gipfelkonferenz, n° 10,* 15–24. Luxemburg: Amt für amtliche Veröffentlichungen der Europäischen Gemeinschaften.

Bulmer, Simon, und William E. Paterson. 2013. Germany as the EU's reluctant hegemon? Of economic strength and political constraints. *Journal of European Public Policy* 20(10): 1387–1405.

Bulmer, Simon, und Wolfgang Wessels. 1987. *The European Council: Decision-making in European politics.* Basingstoke: Palgrave Macmillan.

Bundesverfassungsgericht. 2009. Karlsruhe. *Urteil vom 30. Juni 2009 – 2 BvE 2/08.* https://www.bundesverfassungsgericht.de/entscheidungen/es20090630_2bve000208. Zugegriffen am 01.07.2022.

Christiansen, Thomas. 2002. The role of supranational actors in EU treaty reform. *Journal of European Public Policy,* 9(1): 33–53.

Christiansen, Thomas, und Christine Reh. 2009. *Constitutionalizing the European Union.* Basingstoke/New York: Palgrave Macmillan.

Commissariat Général du Plan. 1999. *Le gouvernement économique de la zone euro. Rapport du groupe de réflexion preside par Robert Boyer.* Paris: La Documentation Française.

Delors, Jacques. 2004. *Erinnerungen eines Europäers.* Berlin: Parthas.

Devuyst, Youri. 2012. The European Council and the CFSP after the Lisbon Treaty. *European Foreign Affairs Review* 17(3): 327–349.

Dialer, Doris, Andreas Maurer, und Margarethe Richter. 2015. *Handbuch zum Europäischen Parlament.* Baden-Baden: Nomos.

Diedrichs, Udo. 2011. New modes of governance: Perspectives from the legal and the living architecture of the European Union. In *The dynamics of change in EU governance*, Hrsg. Udo Diedrichs, Wulf Reiners und Wolfgang Wessels, 210–238. Cheltenham/Northampton: Edward Elgar.

Economist, The. 2013. Europe's reluctant hegemon, special report: Germany. *The Economist.* 15.06.2013.

Europäische Kommission. 2001. Europäisches Regieren. Ein Weißbuch, KOM (2001) 428.

Europäischer Rat. 1974. *Schlußkommuniqué über die Konferenz der Staats- bzw. Regierungschefs der Mitgliedstaaten der Europäischen Gemeinschaften* (Paris, 9. und 10. Dezember 1974). https://www.cvce.eu/content/publication/1999/1/1/2acd8532-b271-49ed-bf63-bd8131180d6b/publishable_de.pdf. Zugegriffen am 01.07.2022.

Europäischer Rat. 1983. *Feierliche Deklaration zur Europäischen Union* (Stuttgart, 19. Juni 1983). https://www.cvce.eu/content/publication/2001/10/17/a2e74239-a12b-4efc-b4ce-cd3dee9cf71d/publishable_de.pdf. Zugegriffen am 01.07.2022.

Europäischer Rat. 1999. *Schlussfolgerungen des Vorsitzes*, Europäischer Rat (Tampere), 15./16. Oktober 1999.

Europäischer Rat. 2001. *Erklärung von Laeken zur Zukunft der Europäischen Union*. Laeken. https://www.cvce.eu/content/publication/2002/9/26/a76801d5-4bf0-4483-9000-e6df94b07a55/publishable_de.pdf. Zugegriffen am 01.07.2022.

Europäischer Rat. 2008. *Tagung des Europäischen Rates vom 19./20. Juni 2008 in Brüssel. Schlussfolgerungen des Vorsitzes*, 11018/08.

Europäischer Rat. 2010. *Tagung am 16. September 2010, Schlussfolgerungen*, EUCO 21/10.

Europäischer Rat. 2014. Tagung am 26/27. Juni 2014, Schlussfolgerungen EUCO 79/14.

Europäischer Rat. 2017. *Erklärung der führenden Vertreter von 27 Mitgliedstaaten und des Europäischen Rates, des Europäischen Parlamentes und der Europäischen Kommission. Erklärung von Rom. 25. März 2017.*

Europäischer Rat. 2019. *Eine neue strategische Agenda 2019–2024*. https://www.consilium.europa.eu/de/press/press-releases/2019/06/20/a-new-strategic-agenda-2019-2024/. Zugegriffen am 01.07.2022.

Fabbrini, Sergio. 2013. Intergovernmentalism and its limits: Assessing the European Union's answer to the Euro crisis. *Comparative Political Studies* 46(9): 1003–1029.

Faber, Anne, und Wolfgang Wessels. 2006. Strategien und institutionelle Perspektiven nach der Verfassungskrise: „Funktionalistische" und „institutionalistische" Wege zu einem neuen europäischen Verhandlungspaket. *Politische Vierteljahresschrift* 2(47): 252–263.

Fischer, Joschka. 2000. Vom Staatenbund zur Föderation – Gedanken über die Finalität der Europäischen Integration, Rede vom 12.05.2000 an der Humboldt-Universität Berlin. In *Die neue Europadebatte: Leitbilder für das Europa der Zukunft*, Hrsg. Hartmut Marhold, 41–54. Bonn: Europa Union.

Gaulle, Charles de. 1970. Discours et Messages. Avec le Renouveau. 1958–1962. Paris: Plon.

Genscher, Hans-Dietrich. 1995. *Erinnerungen*. Berlin: Siedler.

Giering, Claus. 2000. Der Europäische Rat. In *Jahrbuch der Europäischen Integration 1999/2000*, Hrsg. Werner Weidenfeld und Wolfgang Wessels, 49–58. Bonn: Europa Union.

Gillissen, André. 2011. Le Conseil européen: un état des lieux. In *Le sytème présidentiel de l'Union européene après Lisbonne*, Hrsg. Véronique Charléty, 105–123. Straßburg: École Nationale d'Aministration.

Giscard d'Estaing, Valéry. 1988. *Macht und Leben: Erinnerungen*. Frankfurt a. M./Berlin: Ullstein.

Göler, Daniel, und Hartmut Marhold. 2003. Die Methode des Konvents. *integration* 26(4): 22–35.

Göler, Daniel, und Hartmut Marhold. 2005. Die Konventsmethode – Institutionelles Experiment oder Modell für die Zukunft? In *Der Vertrag über eine Verfassung für Europa. Analysen zur Konstitutionalisierung der EU*, Hrsg. Mathias Jopp und Saskia Matl, 453–472. Baden-Baden: Nomos.

Habermas, Jürgen. 2012. *The crisis of the European Union. A response*. Cambridge: Polity Press.

Hallstein, Walter. 1979. *Die Europäische Gemeinschaft*. Düsseldorf: ECON.

Hariou, Maurice. 1965. *Die Theorie der Institution und zwei andere Aufsätze*. Berlin: Duncker und Humblot.

Hayes-Renshaw, Fiona, und Helene Wallace. 2006. *The council of ministers*, 2. Aufl. Basingstoke/New York: Palgrave Macmillan.

Holm, Ulla. 2009. Sarkozysm: New European and foreign policy into old French bottles? *DIIS Working Paper* 30.

Hrbek, Rudolf. 1985. Welches Europa? Zum Zwischenbericht des Ad-hoc-Ausschusses für institutionelle Fragen. *integration* 8(1): 3–10.

Jabko, Nicolas. 2011. *Which economic governance for the European Union? Facing up to the problem of divided sovereignty*. Stockholm: Swedish Institute for European Policy Studies.

Kassim, Hussein, und Anand Menon. 2003. The principal-agent approach and the study of the EU: Promise unfulfilled? *Journal of European Public Policy* 10(1): 121–139.

Keukeleire, Stephan, und Jennifer MacNaughtan. 2008. *The foreign policy of the European Union*. Basingstoke/New York: Palgrave Macmillan.

Knipping, Franz. 2004. *Rom, 25 März 1957. Die Einigung Europas*. München: dtv.

Krotz, Ulrich, und Joachim Schild. 2013. *Shaping Europe: France, Germany, and embedded bilateralism from the Élysée Treaty to twenty-first century politics*. Oxford: Oxford University Press.

Kunstein, Tobias, und Wolfgang Wessels. 2011. Die Europäische Union in der Währungskrise: Eckdaten und Schlüsselentscheidungen. *integration* 34(4): 308–322.

Laffan, Brigid. 2005. Der schwierige Weg zur Europäischen Verfassung: Von der Humboldt-Rede Außenminister Fischers bis zum Abschluss der Regierungskonferenz. In *Der Vertrag über eine Verfassung für Europa. Analysen zur Konstitutionalisierung der EU*, Hrsg. Mathias Jopp und Saskia Matl, 473–492. Baden-Baden: Nomos.

Lavenex, Sandra. 2010. Justice and home affairs: Communitarization with hesitation. In *Policy-making in the European Union*, Hrsg. Helen Wallace, Mark A. Pollack und Alasdair R. Young, 6. Aufl., 457–477. New York: Oxford University Press.

Leinen, Jo, und Justus Schönlau. 2001. Die Erarbeitung der EU-Grundrechtecharta im Konvent: Nützliche Erfahrungen für die Zukunft Europas. In *Das Vertragswerk von Nizza und die Zukunft der Europäischen Union*, Hrsg. Mathias Jopp, Barbara Lippert und Heinrich Schneider, 123–130. Bonn: Institut für Europäische Politik.

Link, Werner. 2006. *Auf dem Weg zu einem neuen Europa. Herausforderungen und Antworten*. Baden-Baden: Nomos.

Linsenmann, Ingo, und Wolfgang Wessels. 2002. EMU's impact on national institutions: Fusion towards a ‚Gouvernance Économique' or fragmentation. In *European states and the Euro: Europeanization, variation and convergence*, Hrsg. Kenneth Dyson, 53–77. New York: Oxford University Press.

Linsenmann, Ingo, Christoph O. Meyer, und Wolfgang Wessels. 2007. An econonomic government for Europe in the making? The evolution of policy co-ordination in turbulent times. In *EU economic government. A balance sheet of new modes of policy coordination*, Hrsg. Ingo Linsenmann, Christoph O. Meyer und Wolfgang Wessels, 1–10. Basingstoke: Palgrave Macmillan.

Lippert, Barbara. 2003a. Der Erweiterungsgipfel von Kopenhagen: Abschluss der Beitrittsverhandlungen und Neubeginn für die EU. *integration* 26(1): 48–65.

Lippert, Barbara. 2003b. Die Erweiterungspolitik der Europäischen Union. In *Jahrbuch der Europäischen Integration 2002/2003*, Hrsg. Werner Weidenfeld und Wolfgang Wessels, 417–430. Baden-Baden: Nomos.

Lippert, Barbara. 2011. The big easy? Growth, differentiation and dynamics of EU-enlargement policy. In *Europe reloaded. Differentiation or fusion?* Hrsg. Udo Diedrichs, Anne Faber, Funda Tekin und Gaby Umbach, 238–265. Baden-Baden: Nomos.

Loth, Wilfried. 2004. Deutsche Europapolitik von Helmut Schmidt bis Helmut Kohl. In *Aufbruch zum Europa der zweiten Generation. Die europäische Einigung 1969–1984*, Hrsg. Franz Knipping und Matthias Schönwald, 474–488. Trier: Wirtschaftlicher Verlag Trier.

Loth, Wilfried. 2014. *Europas Einigung*. Frankfurt a. M.: Campus.

Louis, Jean Victor, und Thierry Ronse. 2005. *L'ordre juridique de l'Union européenne*. Basel: Helbing & Lichtenhahn.

Ludlow, Peter. 2005. Die Führung der Europäischen Union durch den Europäischen Rat: Übergang oder Krise? *integration* 28(1): 3–15.

Maurer, Andreas. 2003. Die Methode des Konvents – Ein Modell deliberativer Demokratie? *integration* 26(2): 130–140.

Miles, Lee. 2011. Thinking bigger: Fusion concepts, strengths and scenarios. In *Europe reloaded. Differentiation or fusion?* Hrsg. Udo Diederichs, Anne Faber, Funda Tekin und Gaby Umbach, 187–210. Baden-Baden: Nomos.

Mittag, Jürgen. 2011. Towards disciplinary transfers? Benefits and restraints of European integration and fusion theory for historical science. In *Europe reloaded. Differentiation or fusion?* Hrsg. Udo Diedrichs, Anne Faber, Funda Tekin und Gaby Umbach, 111–140. Baden-Baden: Nomos.

Mittag, Jürgen, und Wolfgang Wessels. 2004. Die Gipfelkonferenzen von Den Haag (1969) und Paris (1972): Meilensteine für die Entwicklungstrends der Europäischen Union? In *Aufbruch zum Europa der zweiten Generation. Die europäische Einigung 1969–1984*, Hrsg. Franz Knipping und Matthias Schönwald, 3–27. Trier: WVT Wissenschaftlicher.

Monar, Jörg, Hrsg. 2010. *The insitutional dimensions of the European Union's area of freedom, security and justice*. Brüssel: P.I.E. Peter Lang.

Monnet, Jean. 1978. *Erinnerungen eines Europäers*. München: Hanser.

Moravcsik, Andrew. 1993. Preferences and power in the European community: A liberal intergovernmentalist approach. *Journal of Common Market Studies* 31(4): 473–524.

Moravcsik, Andrew. 1998. *The choice for Europe: Social purpose and state power from Messina to Maastricht*. London/New York: Cornell University Press.

Moravcsik, Andrew, und Frank Schimmelfennig. 2009. Liberal intergovernmentalism. In *European integration theory*, Hrsg. Thomas Diez und Antje Wiener, 67–87. Oxford: Oxford University Press.

Nasshoven, Yvonne M. 2011. *The appointment of the President of the European Commission: Patterns in choosing the head of Europe's executive*, 5. Aufl. Baden-Baden: Nomos.

Nilsson, Hans G., und Julian Siegl. 2010. The council in the area of freedom, security and justice. In *The insitutional dimensions of the European Union's area of freedom, security and justice*, Hrsg. Jörg Monar, 53–82. Brüssel: P.I.E. Peter Lang.

Norman, Peter. 2003. *The accidental constitution. The story of the European Convention*. Brussels: EuroComment.

Paterson, William E. 2011. The reluctant hegemon? Germany moves centre stage in the European Union. *Journal of Common Market Studies (JCMS)* 49(S1): 57–75.

Pierson, Paul. 2000. Increasing returns, path dependence, and the study of politics. *American Political Science Review* 94(2): 251–267.

Piris, Jean-Claude. 2010. *The Lisbon Treaty: A legal and political analysis*. New York: Cambridge University Press.

Pollack, Mark A. 1997. Delegation, agency, and agenda setting in the European community. *International Organization* 51(1): 99–134.

Puetter, Uwe. 2014. *The European Council and the Council. New intergovernmentalism and institutional change*. Oxford: Oxford University Press.

Rahmsdorf, Detlev W. 1990. Währungspolitik. In *Jahrbuch der Europäischen Integration 1989/ 1990*, Hrsg. Werner Weidenfeld und Wolfgang Wessels, 128–136. Bonn: Europa Union.

Regelsberger, Elfriede. 2004. Die Gemeinsame Außen- und Sicherheitspolitik der EU (GASP) – Konstitutionelle Angebote im Praxistest 1993–2003. In *Europäische Schriften*, Bd. 80. Baden-Baden: Nomos.

Regelsberger, Elfriede, und Mathias Jopp. 2011. The common foreign and security policy of the EU – Fusion trends and future perspectives. In *Europe reloaded. Differentiation or fusion?* Hrsg. Udo Diedrichs, Anne Faber, Funda Tekin und Gaby Umbach, 396–416. Baden-Baden: Nomos.

Risse, Thomas. 2000. Let's Argue: Communicative action in world politics. *International Organization* 54(1): 1–39.

Sarkozy, Nicolas. 2011. *Discours de Nicolas Sarkozy – Toulon le 1er décembre 2011*. http://de. scribd.com/doc/74394422/Discours-de-Nicolas-Sarkozy-Toulon-le-1er-decembre-2011. Zugegriffen am 31.01.2020.

Schäfer, David. 2013. Der Fiskalvertrag – ein Ausdruck deutscher Hegemonie in der Europäischen Union? *integration* 36(2): 107–123.

Schäfer, David, und Wolfgang Wessels. 2014. Europäischer Rat. In *Jahrbuch der Europäischen Integration 2014*, Hrsg. Werner Weidenfeld und Wolfgang Wessels, 87–98. Baden-Baden: Nomos.

Schäfer, David, und Wolfgang Wessels. 2016. Europäischer Rat. In *Jahrbuch der Europäischen Integration 2016*, Hrsg. Werner Weidenfeld und Wolfgang Wessels, 81–92. Baden-Baden: Nomos.

Scharpf, Fritz W., und Oliver Treib. 2000. *Interaktionsformen. Akteurszentrierter Institutionalismus in der Politikforschung.* Opladen: Leske + Budrich.

Schimmelfennig, Frank. 2004. Liberal intergouvernementalism. In *European integration theory*, Hrsg. Antje Wiener und Thomas Diez, 75–94. Oxford: Oxford University Press.

Schmitter, Philippe C. 1969. Three neo-functional hypotheses about international integration. *International Organization* 23:161–166.

Schmitter, Philippe C. 2004. Neo-neo-functionalism. In *European integration theory*, Hrsg. Antje Wiener und Thomas Diez, 45–74. Oxford: Oxford University Press.

Schoutheete, Philippe de. 2002. The European Council. In *The Institutions of the European Union*, Hrsg. John Peterson und Michael Shackleton, 21–46. New York: Oxford University Press.

Schoutheete, Philippe de. 2006. The European Council. In *The Institutions of the European Union*, Hrsg. John Peterson und Michael Shackleton, 37–59. Oxford/New York: Oxford University Press.

Schoutheete, Philippe de. 2012a. The European Council. In *The Institutions of the European Union*, Hrsg. John Peterson und Michael Shackleton, 43–67. Oxford/New York: Oxford University Press.

Schoutheete, Philippe de. 2012b. The European Council and the community method. In *Policy Paper Notre Europe* 56 (July 2012).

Schoutheete, Phillipe de. 2017. The European Council: A formidable locus of power. In *The Institutions of the European Union*, Hrsg. Dermot Hodson und John Peterson, 55–79. Oxford/New York: Oxford University Press.

Spinelli, Altiero. 1972. *The European adventure. Tasks for the enlarged community.* London: Charles Knight.

Steinhilber, Jochen, Hrsg. 2006. *Liberaler Intergouvernementalismus.* Wiesbaden: Springer VS.

Tallberg, Jonas. 2003. The agenda-shaping powers of the EU Council Presidency. *Journal of European Public Policies* 10(1): 1–19.

Tallberg, Jonas. 2007. *Bargaining power in the European Council.* Swedish Institute for European Policy Studies, Report No. 1 Stockholm.

Tanil, Gamze. 2012. *Europeanization, integration and identity: A social constructivist fusion perspective on Norway.* Abingdon/Oxfordshire: Routledge.

Teffer, Peter. 23.06.2017. New Irish PM praises unscripted nature of EU summits. *EUobserver.* https://euobserver.com/institutional/138339. Zugegriffen am 01.07.2022.

Thatcher, Margaret. 1993. *Downing Street No. 10: Die Erinnerungen*, Bd. 2. Düsseldorf/Wien: ECON.

Tindemans, Leo. 1975. Bericht über die Europäische Union (Tindemans-Bericht). *Bulletin der Europäischen Gemeinschaften Sonderbeilage* 1:11–39.

Van Middelaar, Luuk. 2013. *Passage to Europe. How a continent became a union.* New Haven/London: Yale University Press.

Van Rompuy, Herman. 2010. *Speech by the President of the European Council, Mr. Herman van Rompuy pronounced today at the ‚Klausurtagung' of the CSU-Landesgruppe Wildbad Kreuth,* Germany, January, 7th 2010. http://eu-un.europa.eu/articles/en/article_9392_en.htm. Zugegriffen am 31.01.2020.

Van Rompuy, Herman. 2012. *The European Council in 2011.* Luxembourg: Publications Office of the European Union.

Van Rompuy, Herman. 2014. *Europe in the storm. Promise and prejudice.* Leuven: Davidsfonds Uitgeverij.

Vanhoonacker, Sophie. 2011. The institutional framework. In *International relations and the European Union*, Hrsg. Christopher Hill und Michael Smith, 75–100. Oxford: Oxford University Press.

Waechter, Matthias. 2011. *Helmut Schmidt und Valéry Giscard d'Estaing. Auf der Suche nach Stabilität in der Krise der 70er-Jahre.* Bremen: Edition Temmen.

Wallace, Helen. 2000. The institutional setting. In *Policy-making in the European Union*, Hrsg. Helen Wallace und William Wallace, 3–38. Oxford: Oxford University Press.

Weidenfeld, Werner. 1984. Die Bilanz der Europäischen Integration 1984. In *Jahrbuch der Europäischen Integration 1984*, Hrsg. Werner Weidenfeld und Wolfgang Wessels, 13–30. Bonn: Europa Union.

Weidenfeld, Werner. 1990. Die Bilanz der Europäischen Integration 1989/1990. In *Jahrbuch der Europäischen Integration 1989/1990*, Hrsg. Werner Weidenfeld und Wolfgang Wessels, 13–27. Bonn: Europa Union.

Weidenfeld, Werner. 1997. *Europa öffnen: Anforderungen an die Erweiterung.* Gütersloh: Verl. Bertelsmann-Stiftung.

Weidenfeld, Werner, und Wolfgang Wessels. 1980–2017. *Jahrbuch der Europäischen Integration.* Baden-Baden: Nomos.

Werts. 2008. *The European Council.* London: John Harper Publishing.

Wessels, Wolfgang. 1980. *Der Europäische Rat. Stabilisierung statt Integration? Geschichte, Entwicklung und Zukunft der EG-Gipfelkonferenzen.* Bonn: Europa Union.

Wessels, Wolfgang. 1996. Weder Vision noch Verhandlungspaket – der Bericht der Reflexionsgruppe im integrationspolitischen Trend. *integration* 19(1): 14–24.

Wessels, Wolfgang. 2000. *Die Öffnung des Staates. Modelle und Wirklichkeit grenzüberschreitender Verwaltungspraxis 1960–1995.* Opladen: Leske + Budrich.

Wessels, Wolfgang. 2001a. Die Vertragsreformen von Nizza – Zur institutionellen Erweiterungsreife. *integration* 24(1): 8–25.

Wessels, Wolfgang. 2001b. *Jean Monnet – Mensch und Methode. Überschätzt und überholt?* Bd. 74. Wien: Institut für Höhere Studien.

Wessels, Wolfgang. 2003. Der Verfassungsvertrag im Integrationstrend: Eine Zusammenschau zentraler Ergebnisse. *integration* 26(4): 284–301.

Wessels, Wolfgang. 2005. The constitutional treaty: Three readings from a fusion perspective. *Journal of Common Market Studies (Annual Review)* 43:11–36.

Wessels, Wolfgang. 2014. Revisiting the Monnet method – A contribution to the periodisation of the European Union's history. In *Teilung überwinden. Europäische und Internationale Geschichte im 19. und 20. Jahrhundert*, Hrsg. Michaela Bachem-Rehm, Claudia Hiepel und Henningh Türk, 49–59. München: Festschrift für Wilfried Loth.

Wessels, Wolfgang. 2016b. *The European Council.* Basingstoke: Palgrave Macmillan.

Wessels, Wolfgang 2020. *TRACK Policy Brief No.3. The (four) video conferences on the Corona epidemic of March/April 2020. New patterns of crisis management?* https://track.uni-koeln.de/sites/track/user_upload/TRACK_Policy_Brief_No.3.pdf. Zugegriffen am 01.07.2022.

Wessels, Wolfgang, und Carsten Gerards. 2018. *The Implementation of Enhanced Cooperation in the EU. Studie im Auftrag des Ausschusses für konstitutionelle Fragen (Europäisches Parlament)*, vorgestellt am 10. Oktober 2018, Brüssel. https://www.europarl.europa.eu/RegData/etudes/STUD/2018/604987/IPOL_STU(2018)604987_EN.pdf. Zugegriffen am 01.07.2022.

Wessels, Wolfgang, und Thomas Traguth. 2010. Der hauptamtliche Präsident des Europäischen Rates: ‚Herr' oder ‚Diener' im Haus Europa? *integration* 33(4): 297–311.

Zeitlin, Jonathan, und Philippe Pochet. 2005. *The open method of co-ordination in action. The European employment and social inclusion strategies.* Brüssel: P.I.E.-Peter Lang.

Der Präsident des Europäischen Rates

Inhalt

Zusammenfassung

Mit dem Präsidenten des Europäischen Rates ist im Vertrag von Lissabon ein neues Amt geschaffen worden, das die gewachsene Bedeutung des Europäischen Rates in der institutionellen Architektur der EU dokumentiert. Formell zwar ohne eigenständige Entscheidungsbefugnisse, besitzt der Präsident dennoch beachtliche Einflussmöglichkeiten: Durch Vorbereitung der Agenda sowie geschickte Verhandlungsführung kann er die häufig hektischen (Nacht-)Sitzungen des Europäischen Rates wesentlich prägen. Zur Charakterisierung seiner Rolle wurden Begriffe wie ‚ehrlicher Makler', Krisenmanager, Handlungsbeauftragter (agent) oder Président herangezogen.

Schlüsselwörter

Ehrlicher Makler · Handlungsbeauftragter · Krisenmanager · Verstärkung intergouvernementaler Methoden · Europäischer Rat

© Springer Fachmedien Wiesbaden GmbH, ein Teil von Springer Nature 2022
W. Wessels, *Das Politische System der Europäischen Union*,
https://doi.org/10.1007/978-3-658-10013-1_3

1   Eckpunkte im Überblick: Variationen der institutionellen Leitideen

Für ein gesondertes Kapitel über den Präsidenten des Europäischen Rates sprechen zwei Gründe: Erstens besteht weithin Übereinstimmung über die herausragende Rolle der Präsidentschaft als Schlüsselelement für das Funktionieren des Europäischen Rates und damit für die Union insgesamt (CEPS et al. 2007; de Schoutheete 2017; siehe auch „Three (Wise) Men" Report: Biescheuvel et al. 1979). Zweitens haben die Staats- und Regierungschefs mit dem Vertrag von Lissabon einem weitreichenden und innovativen Wandel ihrer Arbeitsweise im Europäischen Rat zugestimmt. Die neuen Vorgaben sehen einen von den Staats- und Regierungschefs für eine zweieinhalbjährige Amtszeit – mit der Möglichkeit einer einmaligen Wiederwahl – gewählten Präsidenten des Europäischen Rates vor (Art. 15 (5) EUV). Dieser soll die Arbeit des Organs gegenüber dem bisherigen Verfahren einer halbjährlichen Rotation zwischen den Regierungschefs der Mitgliedstaaten ‚professionalisieren', für Konsensbildung sorgen und somit die weiterhin einstimmige Beschlussfassung erleichtern (vgl. Kap. ► „Der Europäische Rat"). Außerdem nimmt der Präsident des Europäischen Rates die Außenvertretung der Union in Angelegenheiten der Gemeinsamen Außen- und Sicherheitspolitik ‚auf seiner Ebene' (Art. 15 (6) EUV) wahr.

Wie in der Gestaltung der EU-Architektur üblich, war und ist die institutionelle Leitidee für das Amt umstritten. Zu beobachten sind Variationen eines Rollenprofils für dieses Amt, die Rückschlüsse für die Analyse der EU-Architektur insgesamt anbieten.

Unter Rückgriff auf den *principal-agent*-Ansatz (vgl. Kap. ► „Einführung") kann die Frage gestellt werden, ob der Präsident eher als *principal* oder als *agent* bzw. Handlungsbeauftragter des Europäischen Rates gesehen werden kann. Mithilfe des hieran angelehnten Begriffspaares „Herr" oder „Diener" (Wessels und Traguth 2010) wird zu klären sein, ob der Präsident gemäß der ersten Lesart mit großem Einfluss auf dem Weg zu einer charismatischen Führungspersönlichkeit als „M. ou Mme. Europe" (Lamassoure 2004, S. 61), als ‚prima donna with a Megafone' oder sogar als ‚Boss der Bosse', wie es Stimmen aus dem Brüsseler Umfeld anregen, gesehen werden kann. Aus einer zweiten Perspektive kann der Präsident jedoch eher als „Manager" bzw. als „ehrlicher Makler" mit begrenzten, wenn auch effektiven Verfahrensrechten charakterisiert werden. Eine dritte Einschätzung sieht den Präsidenten schließlich als einen „Diener" des Europäischen Rates mit lediglich geringfügigen Einflussmöglichkeiten. Diese letzte Variante würde lediglich der Rolle eines leicht aufgewerteten Generalsekretärs entsprechen. Der erste hauptamtliche Amtsinhaber, der frühere belgische Ministerpräsident Herman Van Rompuy, beschreibt seine Rolle in diesem Kontext kontroverser Rollendefinitionen als „neither spectator nor dictator but facilitator" (Van Rompuy zitiert nach Baker 2011).

Zudem grenzte Van Rompuy die hauptamtliche Präsidentschaft gegenüber zwei extremen Rollenmodellen ab: „Weder ist der hauptamtliche Präsident als *Président* [dem französischen Verständnis nach, Anm. d. Verf.] noch als einfacher Vorsitzender beabsichtigt" (Van Rompuy 2010).

Die Diskussionen über die Ausgestaltung des Amtes im Zuge des Verfassungs-konvents bzw. den Verhandlungen zum Lissabonner Vertrag sind auch im Zusam-menhang des Gleichgewichtes zwischen dem überwiegend als intergouvernemental charakterisierten Europäischen Rat und der supranationalen Kommission zu sehen. Mit einem hauptamtlichen Präsidenten, dessen Aufgaben – wahrscheinlich bewusst – interpretationsoffen angelegt wurden, könnten die Staats- und Regierungschefs versucht sein, mit einem von ihnen benannten Vertreter Positionen der Mitglied-staaten direkter und nachdrücklicher in die Arbeit anderer Organe einzubringen. Dies gilt insbesondere gegenüber der Kommission, aber gleichfalls gegenüber dem ebenfalls neu eingerichteten Amt des „Hohen Vertreters der Union für Außen- und Sicherheitspolitik". Ein aktiver Präsident würde – nach dieser Sicht – im Namen der obersten nationalen Repräsentanten gegenüber anderen Institutionen eine extensiv angelegte Wächterfunktion übernehmen und die Vorherrschaft der Staats- und Re-gierungschefs gegenüber supranationalen Organen ausbauen. Insgesamt würde da-mit die intergouvernementale Ausrichtung der institutionellen Architektur gestärkt.

Als Gegenthese könnte der in Brüssel ansässige Präsident auch als verstärktes Einfallstor eines durch eine supranationale Sicht geprägten Brüssels gegenüber nationalen Interessen gesehen werden. Seine Sozialisation vor Ort würde demnach den Präsidenten von seinen nationalen Kollegen entfremden. Als Beleg für eine derartige Sorge könnte die im Vertrag vorgesehene kurze Amtsdauer sein: Durch diese Regelung verhindern die Mitglieder des Europäischen Rates, dass ihr Vor-sitzender aufgrund seiner Dauer im Amt und entsprechender Verfahrensexpertise zu stark wird.

Die Erfassung und Erklärung des Amts des Präsidenten des Europäischen Rates erfolgen auch in diesem Kapitel im institutionellen Steckbrief in Form des ABBA-Schemas (vgl. Abb. 1).

2 Aufgaben

2.1 Geschichte

Der Gründungstext des Pariser Gipfels von 1974 (vgl. Kap. ▶ „Der Europäische Rat") sah implizit vor, dass der Vorsitz im Europäischen Rat nach demselben Ver-fahren wie der Vorsitz des Rates bestimmt wird. Zu jenem Zeitpunkt schien es deshalb folgerichtig, dass diese Verantwortung vom Staats- bzw. Regierungschef der rotierenden Ratspräsidentschaft übernommen wurde.

Der Vertragstext zur Präsidentschaft vor dem Lissabonner Vertrag war kurz gehalten: „Der Europäische Rat tritt mindestens zweimal jährlich unter dem Vorsitz des Staats- oder Regierungschefs des Mitgliedstaats zusammen, der im Rat den Vorsitz innehat" (Art. 4 EUV (Vertrag von Nizza)). Bis zum Lissabonner Vertrag befassten sich keine anderen Artikel auf Primärrechtsebene mit den politischen Funktionen und der Arbeitsweise der Präsidentschaft. Es herrschte das allgemeine Verständnis, dass der Präsidentschaft eine „quasi exklusive Rolle" (CEPS et al.

Abb. 1 Institutioneller Steckbrief. (Quelle: Eigene Darstellung)

2010, S. 9) im internen Arbeitsablauf des Europäischen Rates zukommt. Politiker und Beobachter gleichermaßen haben Verantwortungsbereiche und Aufgaben des Vorsitzes aufgelistet (vgl. Dokument 1).

Dokument 1, Aufgaben und Funktionen der Präsidentschaft
- Erstellung der Tagesordnung (inkl. Prioritäten)
- Ausarbeitung von Initiativen
- Ausarbeitung von klaren und eindeutigen Schlussfolgerungen

(Fortsetzung)

- „ehrlicher Makler" und Vermittler
- Manager/Organisator/Administrator
- Repräsentation nach Innen und Außen
- Führungsqualitäten im Krisenmanagement
- Repräsentation nationaler Interessen gegenüber supranationaler Organe

Eigene Darstellung, in Anlehnung an Wessels (2016, S. 111)
Hervorhebungen durch den Autor

In Anbetracht der zentralen Rolle der Präsidentschaft haben Profil und Aufgabenwahrnehmung der rotierenden Präsidentschaft regelmäßig Anlass zu politischen und
akademischen Diskussionen gegeben (Van Rompuy 2015; Mangenot 2011; Hayes-
Renshaw und Wallace 2006, S. 133–161; Biescheuvel et al. 1979). Unabhängig von der
konkreten Bewertung einzelner Amtsinhaber haben sowohl Mitglieder des Europäischen Rates selbst als auch externe Beobachter eine Reihe von Schwächen der
rotierenden Präsidentschaft ausgemacht: Der halbjährliche Wechsel erwies sich zunehmend als ineffizient, da eine Reihe struktureller Probleme zutage trat und gleichzeitig
das Aufgabenspektrum an Relevanz und Umfang wuchs (vgl. Dokument 2).

Dokument 2, Strukturelle Probleme einer rotierenden Präsidentschaft
- Zu kurze Dauer der Präsidentschaft; damit keine ausreichenden Lerneffekte
- Keine dauerhafte Stimme bzw. Gesicht bei der Vertretung der Union auf der
  internationalen Bühne
- Fehlende Kontinuität zwischen den aufeinanderfolgenden Präsidentschaften
- Gegebenenfalls Fehlen von Fähigkeiten und Erfahrungen, um den Auf-
  gaben des Vorsitzes gerecht zu werden
- Steigender Arbeitsaufwand bei zunehmenden zeitlichen Zwängen
- Setzung von überambitionierten Zielen
- Verlust des institutionellen Gedächtnisses
- Nationale Agenden des Vorsitzstaats als Hindernis für die Rolle als ‚ehr-
  licher Makler'

Eigene Zusammenstellung in Anlehnung an Wessels (2017, S. 112)

Insgesamt herrschte vor dem Lissabonner Vertrag ein Konsens, dass die rotierende (Kurzzeit-)Präsidentschaft zu anspruchsvoll für einen einzelnen Regierungschef
geworden war, der gleichzeitig seine Rolle im nationalen System ausüben muss. Die
institutionelle Ausgestaltung des Amtes stimmte nicht mehr mit den erwarteten
politischen Funktionen überein (de Schoutheete 2017).

Angesichts der Schwächen der halbjährlich rotierenden Präsidentschaft wurde
das Thema während der Reformjahre des ‚Verfassungsjahrzehnts' 1999–2009 auf-

gegriffen (vgl. Kap. ► „Geschichte"). Die Schaffung des hauptamtlichen Präsidenten mit seinen spezifischen Aufgaben und Befugnissen war dabei einer der zentralen
Punkte bei der Konstruktion einer neuen institutionellen Architektur der EU. Nach
einer intensiven Debatte formulierte der „Europäische Konvent zur Zukunft Europas" die relevanten Vorgaben (Lamassoure 2004, S. 368–370; Norman 2003,
S. 179–181). Die Artikel des 2005 gescheiterten Verfassungsvertrages wurden dann
vom Lissabonner Vertrag aufgegriffen.

Die Vorgaben bezüglich der (Aus-)Wahl und Funktion des hauptamtlichen Präsidenten waren das Resultat einer für die institutionelle Leitidee typischen Kontroverse. Die Befürworter eines hauptamtlichen Präsidenten betonten, dass von einem
langfristigen Amtsinhaber mit mehr Zeit und Kontinuität prozessuale Effizienz und
Effektivität hinsichtlich der zu erfüllenden Aufgaben im Europäischen Rat zu erwarten
sei. Dem hauptamtlichen Vorsitz sollte insbesondere als Vermittler eine herausgehobene Bedeutung zukommen: Ohne die Notwendigkeit nationale Interessen zu vertei-
digen, könnte der Vorsitz überzeugend als ‚ehrlicher Makler' auftreten und damit dazu
beitragen, den im Europäischen Rat notwendigen Konsens zu schaffen. Zudem könnte
der hauptamtliche Präsident der Union auf internationaler Ebene mehr Sichtbarkeit
verschaffen. Darüber hinaus erhofften sich die Mitglieder des Europäischen Rates
Vorteile durch die Auswahl einer erfahrenen und vertrauenswürdigen Person anstelle
einer ‚blinden' zufallsbedingten Auswahl nach dem Verfahren der Rotation.

Wenngleich diese Argumente vernünftig und nachvollziehbar erscheinen, gab es
dennoch auch Einwände, die auf mögliche funktionelle und institutionelle Schwächen hinwiesen. Kritische Stimmen warnten vor allem vor einer sogenannten „pre-
sidential Galaxy" (CEPS et al. 2010, S. 72). Demnach stünde der Präsident des
Europäischen Rates mit den Präsidenten der übrigen Institutionen in Konkurrenz um
Aufmerksamkeit und Einfluss. Ein weiterer Einwand gegen einen hauptamtlichen
Präsidenten des Europäischen Rates bezog sich auf die institutionelle Einheit des
Rates: Um eine angemessene Vor- und Nachbereitung der Sitzungen des Europä-
ischen Rates sicherzustellen, wäre demzufolge eine direkte Weisungsbefugnis vom
Präsidenten des Europäischen Rates zum Vorsitz der Ratsformation „Allgemeine
Angelegenheiten" sowie dessen administrativen Infrastrukturen notwendig. Dieses
Problem wurde nach Ansicht von Beobachtern in den Vertragstexten nicht ange-
messen berücksichtigt.

Ein weiteres Argument gegen die Schaffung des Amts bezog und bezieht sich auf
das Risiko einer dysfunktionalen Auswahl des (Amts-)Inhabers. Entsprechend
den Erfahrungen mit Personalentscheidungen für andere europäische Spitzenämter
könnte eine inhärente Logik des Auswahlprozesses möglicherweise nur unzureichend auf die persönliche Qualifikation der Kandidaten Rücksicht nehmen. Grund
hierfür ist, dass der Amtsinhaber in parteipolitische und nationale Verhandlungspakete passen muss und eine wesentliche Eigenschaft darin besteht, nicht mit dem
Ansehen und der Macht der Mitglieder des Europäischen Rates zu konkurrieren.
Politische Umstände könnten so eine Person ins Amt befördern, die den Erwartungen und Ansprüchen dieser Schlüsselfunktion nicht gewachsen ist.

Über diese Argumente hinaus fokussierte sich die politische Debatte auf die
angenommenen Konsequenzen für das Gleichgewicht der institutionellen Architek-

tur der EU insgesamt. Zu Beginn des Verfassungsjahrzehnts wurden Forderungen nach einem hauptamtlichen Präsidenten insbesondere von dem spanischen Premierminister Aznar, dem britischen Premierminister Blair sowie dem französischen Präsidenten Chirac erhoben (der sogenannte ABC-Vorschlag) (Magnette und Nicolaidis 2003, S. 15). Diese drei Politiker größerer Mitgliedstaaten äußerten ihre Besorgnis, dass der Europäische Rat angesichts der Beitritte mehrerer kleiner Mitgliedstaaten häufig von Kollegen geleitet werden würde, die die Union nur unzureichend auf der internationalen Bühne vertreten könnten (Barber 2010, S. 57). In diesem Sinne legte auch der Vorsitzende des Europäischen Konvents zur Zukunft Europas, Valéry Giscard d'Estaing, dem Konvent den Entwurf mit weitreichenden Empfehlungen zur institutionellen Stärkung des Präsidenten vor (Craig 2011; Norman 2003, S. 344–349). Diese Vorschläge sahen vor, dass mögliche Kandidaten wenigstens zwei Jahre Erfahrung als Mitglied des Europäischen Rates vorweisen sollen. Zudem schlug er vor, dass der Präsident (und ein weiterer zu benennender Vize-Präsident) von einem Kongress gewählt werden könnte, der aus Mitgliedern des Europäischen Parlaments (ein Drittel) und aus Mitgliedern der nationalen Parlamente (zwei Drittel) bestehen sollte (Art. 15a (3) des Entwurfs des Verfassungsvertrags). Dadurch hätte der Präsident über beträchtliche eigenständige demokratische Legitimität verfügt.

Ein weiterer radikaler Vorschlag des Entwurfs von Giscard d'Estaing sah eine Art Team-Präsidentschaft vor: Dieser „Ausschuss des Europäischen Rates" hätte, bestehend aus dem Präsidenten des Europäischen Rates, einem Vize-Präsidenten und zwei (rotierenden) Mitgliedern des Europäischen Rates sowie den Präsidenten der relevanten Ratsformationen, das Ziel gehabt „Kontinuität [der Arbeit des Rates] sicherzustellen" (Art. 15a (4) des Entwurfs des Verfassungsvertrags). Ein solcher Exekutivausschuss hätte zu einer quasi-kollektiven Regierung durch und für die Mitgliedstaaten geführt und damit die Rolle und Stellung der Kommission eindeutig herabgestuft.

Die Vorschläge wurden generell als Stärkung der intergouvernementalen Leitidee der institutionellen Architektur gesehen. Deshalb war es keineswegs überraschend, dass sie von Vertretern kleinerer Mitgliedstaaten abgelehnt wurden (Norman 2003, S. 179). Diese sogenannten „Freunde der Gemeinschaftsmethode" (Rovná 2006, S. 40) waren besorgt, dass die Kommission unter der Dominanz des Präsidenten des Europäischen Rates und seines Ausschusses an Einfluss verlieren würde und dass der neue Amtsinhaber nur den Präferenzen einer Führungsgruppe von großen Staaten folgen würde.

Letztlich eröffnete eine deutsch-französische Formulierung (Fischer und de Villepin 2003; Norman 2003, S. 147–181) den Weg zu einem tragfähigen Kompromiss. Der Vorschlag ermöglichte ein System geteilter Führung, indem das Amt eines hauptamtlichen Präsidenten des Europäischen Rates geschaffen und zugleich die Rechte des Präsidenten der Kommission gestärkt wurden. Im Lissabonner Vertrag wurde diese Lösung dann in das Primärrecht überführt. Die kleineren Mitgliedstaaten akzeptierten damit die Schaffung des neuen Amtes, dessen Machtmöglichkeiten sie zugleich begrenzten: Insbesondere die Kürze der vorgesehenen Amtszeit sowie die begrenzten organisatorischen Befugnisse sollten den Präsidenten von

Alleingängen abhalten (Lamassoure 2004, S. 369–370). Folgerichtig hat – nach Sicht des ersten Amtsinhabers – „ein Präsident des Europäischen Rates eher begrenzte formelle Rechte" (Van Rompuy 2014, S. 79) sowie geringe personelle Ressourcen zur Verfügung (Van Rompuy 2014, S. 115).

Der Vertrag von Lissabon ersetzte damit 35 Jahre nach dem ersten Zusammentreten des Europäischen Rates die rotierende Präsidentschaft durch einen in Brüssel ansässigen, hauptamtlichen Präsidenten und definierte seine politischen und administrativen Funktionen sowie seine institutionelle und organisatorische Ausgestaltung neu.

2.2 Vertragliche Vorgaben

Der Lissabonner Vertrag (Art. 15 (6) EUV) sowie die neue Geschäftsordnung des Europäischen Rates geben dem Präsidenten eine ganze Reihe von Aufgaben auf (vgl. Dokument 3). Eine wesentliche Verantwortung liegt in der Sitzungsleitung: Der Präsident „führt den Vorsitz bei den Arbeiten des Europäischen Rates und gibt ihnen Impulse" (Art. 15 (6a) EUV). Er ist damit für die Organisation des Ablaufes der Sitzungen verantwortlich (Art. 1–3 der Geschäftsordnung des Europäischen Rates) und kann den Ablauf je nach Verhandlungskonstellation entsprechend gestalten. So kann er durch verschiedene Verfahrensmöglichkeiten den Raum für mögliche Kompromisse ausloten. Ein wichtiges Beispiel stellen hier getrennte Gespräche oder die Unterbrechung von Sitzungen dar (im europäischen Sprachgebrauch *Beichtstuhlverfahren* oder *confessional*), in denen getrennt, nur mit besonders betroffenen Mitgliedern Lösungen gesucht werden (de Schoutheete 2017, S 61).

Dokument 3, Aufgaben des Präsidenten des Europäischen Rates

Art. 15 (6) EUV

Der Präsident des Europäischen Rates

a) führt den Vorsitz bei den Arbeiten des Europäischen Rates und gibt ihnen Impulse,

b) sorgt in Zusammenarbeit mit dem Präsidenten der Kommission auf der Grundlage der Arbeiten des Rates „Allgemeine Angelegenheiten" für die Vorbereitung und Kontinuität der Arbeiten des Europäischen Rates,

c) wirkt darauf hin, dass Zusammenhalt und Konsens im Europäischen Rat gefördert werden,

d) legt dem Europäischen Parlament im Anschluss an jede Tagung des Europäischen Rates einen Bericht vor.

Der Präsident des Europäischen Rates nimmt *auf seiner Ebene* und in seiner Eigenschaft, unbeschadet der Befugnisse des Hohen Vertreters der

---

(Fortsetzung)

> Union für Außen- und Sicherheitspolitik, die *Außenvertretung der Union in Angelegenheiten der Gemeinsamen Außen- und Sicherheitspolitik* wahr. Der Präsident des Europäischen Rates darf kein einzelstaatliches Amt ausüben.
>
> Hervorhebungen durch den Autor

Mit der Vorgabe, der Präsident habe „in Zusammenarbeit mit dem Präsidenten der Kommission auf der Grundlage der Arbeiten des Rates ‚Allgemeine Angelegenheiten' für die Vorbereitung und Kontinuität der Arbeiten des Europäischen Rates" (Art. 15 (6b) EUV) zu sorgen, wurde dem Präsidenten von den Vertragsarchitekten eine zweite zentrale Aufgabe zugedacht. Bei genauerer Lesart unterstreicht diese Formulierung einerseits die angestrebte Kontinuität durch einen – nun hauptamtlichen – Präsidenten. Sie setzt aber andererseits auch dem Amtsinhaber durch den Verweis auf die Mitwirkung des Präsidenten der Kommission und des Rates „Allgemeine Angelegenheiten" bei diesen Aufgaben auch Grenzen für ein selbstständiges Handeln.

Eine dritte Aufgabe besteht in seiner Funktion als ‚ehrlicher Makler': Der Präsident „wirkt darauf hin, dass der Zusammenhalt und Konsens im Europäischen Rat gefördert wird" (Art. 15 (6c) EUV). Dabei profitiert der ständige Präsident im Gegensatz zur rotierenden Präsidentschaft davon, dass er keine eigenen, nationalen Interessen vertreten muss und somit als integrativer Mediator bei Divergenzen zwischen den Staats- und Regierungschefs vermittelnd tätig werden kann

Viertens sieht der Lissabonner Vertrag vor, dass der Präsident als Sprecher seiner Institution „dem Europäischen Parlament im Anschluss an jede Tagung des Europäischen Rates einen Bericht" vorlegt (Art. 15 (6d) EUV). Der erste Amtsinhaber Van Rompuy erstattete demnach dem EP vertragsgemäß im Anschluss an jedes Gipfeltreffen Bericht und arrangierte regelmäßige, informelle Treffen mit dem Präsidenten des EP, um dieses in die wichtigsten Entscheidungen einzubinden. Im Gegensatz zum Präsidenten der Europäischen Kommission besteht für den Präsidenten des Europäischen Rates gegenüber dem EP jedoch keinerlei formelle Verantwortlichkeit (Van Rompuy 2014, S. 125).

Diese Rolle als Sprecher des Europäischen Rates nimmt der Präsident auch im Anschluss an die Gipfeltreffen gegenüber internationaler Presse und Medien wahr. Dabei bleiben seine Ausführungen in der Regel recht allgemein gehalten, interne Differenzen werden nicht explizit erwähnt.

Eine weitere zentrale Rolle nimmt der Präsident in seiner Vertretung der EU nach außen ein: „Der Präsident des Europäischen Rates nimmt auf seiner Ebene und in seiner Eigenschaft, unbeschadet der Befugnisse des Hohen Vertreters der Union für Außen- und Sicherheitspolitik, die Außenvertretung der Union in Angelegenheiten der Gemeinsamen Außen- und Sicherheitspolitik wahr" (Art. 15 (6) EUV). Demnach soll er der EU eine Stimme oder ein Gesicht geben, dies allerdings lediglich auf dem Gebiet der Gemeinsamen Außen- und Sicherheitspolitik (GASP). In den

anderen Bereichen des auswärtigen Handelns – beispielsweise bei Weltwirtschaftsgipfeln, also G7 bzw. G20 Gipfel, oder im Bereich des Außenhandels – nimmt der
Präsident der Europäischen Kommission weiterhin die Vertretung nach außen wahr
(vgl. Kap. ▶ „Auswärtiges Handeln"). Bei internationalen Konferenzen und Dialogen mit Spitzenpolitikern anderer Staaten wird die EU so durch zwei Präsidenten
gleichzeitig vertreten.

Das genaue Verhältnis des Präsidenten zum Hohen Vertreter bleibt damit jedoch
offen und hängt von den persönlichen Beziehungen der jeweiligen Amtsträger
ab. Darüber hinaus besteht eine Rivalität mit den Staats- und Regierungschefs
insbesondere größerer EU-Mitgliedstaaten, die ihre angestammte Rolle als führende
Akteure auf dem internationalen Parkett nur widerwillig mit dem Präsidenten des
Europäischen Rates teilen.

Über die rechtlichen Formulierungen hinausgehend wird von dem Amtsinhaber
darüber hinaus erwartet, dass er in Zeiten außerordentlicher Herausforderungen
aktiv wird. Externe Schocks und interne Krisen erzeugen ein großes Bedürfnis nach
Führungskraft in der Union. Der Präsident soll dann eine aktive Rolle im Krisenmanagement und innerhalb des Europäischen Rates übernehmen, die weit über die
wörtlichen Formulierungen und den ursprünglichen Geist der Vertragsartikel hinausgeht.

Insgesamt liegt es im Ermessen des jeweiligen Präsidenten, wie er angesichts der
vergleichsweise ungenauen Aufgabenbeschreibung und der geringen Kompetenzen
sein Amt ausfüllt. Der erste Amtsinhaber hat sich dabei für eine betont zurückhaltende Interpretation des Amtes entschieden: Angesichts der unterschiedlichsten
nationalen Befindlichkeiten und (innen-)politischen Agenden der Mitgliedstaaten
legte er den Schwerpunkt seiner Arbeit auf die gründliche Vorbereitung der Gipfeltreffen (Van Rompuy 2014, S. 115–116) sowie auf vertrauensbildende Maßnahmen
und damit vertrauensvolle Beziehungen zu den Staats- und Regierungschefs. Insbesondere letztere sieht er als notwendige Bedingung für Entscheidungen im Europäischen Rat: „Wenn die Leute dir und sich gegenseitig vertrauen [. . .] ist es wahrscheinlicher, dass sie Lösungsvorschlägen folgen" (Van Rompuy 2014, S. 117). Der
Einfluss des jeweiligen Präsidenten lässt sich auch an Donald Tusk, dem zweiten
hauptamtlichen Präsidenten, ablesen. Ähnlich wie Van Rompuy ermöglichte er es
den Staats- und Regierungschefs, „sich der nationalen Öffentlichkeit bei Treffen des
Europäischen Rates als starke Führungspersönlichkeiten zu präsentieren" (Schäfer
und Wessels 2015, S. 77). Ein zentraler Unterschied in der Amtsführung des
bisherigen Amtsinhabers besteht in der inhaltlichen Schwerpunktsetzung. Im Gegensatz zu seinem Vorgänger überließ Tusk die Bewältigung der wieder aufgeflammten Eurokrise im Sommer 2015 überwiegend der Eurogruppe und damit den
Finanzministern. In der Ukraine-Krise hingegen engagierte sich Tusk stärker (Schäfer und Wessels 2015, S. 77). Insgesamt wurde aber auch Tusk eine konstruktive
Rolle in den Krisenverhandlungen zugesprochen, nachdem er einige anfängliche
Schwierigkeiten überwunden hatte (Schäfer und Wessels 2016, S. 90). In Fällen
direkter Konfrontationen zwischen den Mitgliedstaaten ist jedoch der Spielraum
ehrlicher Makler begrenzt. Tusk wird häufig mit seiner Einschätzung des Brexits
zitiert: „Ich denke manchmal darüber nach, wie der besondere Platz in der Hölle für

jene aussieht, die den Brexit vorangetrieben haben, ohne auch nur die Skizze eines Plans zu haben, ihn sicher über die Bühne zu bringen" (Zeit Online 2019).

In den ersten Monaten seines Amts hat der neue Präsident Charles Michel erhebliche Bemühungen zur Bewältigung der Corona-Krise unternommen.

3 Benennung/Wahl durch den Europäischen Rat

Im Gegensatz zu dem von Giscard d'Estaing geforderten Profil sieht der Vertrag keine formalen Voraussetzungen für den Amtsinhaber vor. Er darf lediglich kein nationales Amt bekleiden. Ohne ausdrückliche Vorgaben suchen die Staats- und Regierungschefs jedoch stets nach einem Kandidaten, der aus ihrem ‚Club' kommt.

Im Unterschied zur fünfjährigen Amtsperiode der anderen beiden Spitzenpositionen im Institutionengefüge der Europäischen Union – dem Präsidenten der Europäischen Kommission sowie dem Hohen Vertreter – wird der Präsident des Europäischen Rates nur für eine Periode von zweieinhalb Jahren gewählt. Zudem kann er lediglich für eine weitere Amtsperiode wiedergewählt werden (Art. 15 (5) EUV) (vgl. Dokument 4). Diese beiden Regelungen sowie der Umstand, dass die Staats- und Regierungschefs den Präsidenten ebenfalls per Mehrheitsentscheid „von seinem Amt entbinden" (Art. 15 (5) EUV) können, reflektiert die Sorge vor einer zu eigenständigen und dominanten Rolle eines hauptamtlichen Präsidenten.

Dokument 4, Wahl des Präsidenten des Europäischen Rates
Art. 15 (5) EUV

Der Europäische Rat wählt seinen Präsidenten mit *qualifizierter Mehrheit* für eine Amtszeit von zweieinhalb Jahren; der Präsident kann einmal wiedergewählt werden. Im Falle einer Verhinderung oder einer schweren Verfehlung kann der Europäische Rat ihn im Wege des gleichen Verfahrens von seinem Amt entbinden.

Hervorhebungen durch den Autor

Diese Vorkehrungen spiegeln damit eine möglichst enge Bindung an den Willen des Europäischen Rates wider, um zu verhindern, dass der Präsident sich von den Positionen der Staats- und Regierungschefs als *principals* in Richtung einer eigenständigen Führungsrolle emanzipiert.

Die Wahl des ersten Präsidenten im Jahr 2009 und seine Wiederwahl im März 2012 lassen darauf schließen, welche Eigenschaften die Staats- und Regierungschefs bei einer Wahl des Vorsitzes bevorzugen. Während in der öffentlichen Debatte zunächst zwei Kandidaten favorisiert wurden, der ehemalige britische Premierminister Tony Blair mit seiner großen Erfahrung auf dem internationalen Parkett auf der einen Seite sowie der in EU-Angelegenheiten langjährig engagierte luxemburgische Premierminister Jean-Claude Juncker auf der anderen Seite, entschied sich der Europäische Rat für einen bis dato weitgehend unbekannten Kandidaten: Mit der

Wahl von Herman Van Rompuy, dem damaligen belgischen Premierminister mit lediglich begrenzter internationaler und europäischer Erfahrung, entschied sich der Europäische Rat für einen Kandidaten, der wohl die Sorge vor einer zu starken Persönlichkeit widerspiegelte. Die Wiederwahl Van Rompuys fand zweieinhalb Jahre später dann ohne öffentliche Debatte statt. Dies spricht für ein hohes Ausmaß an Vertrauen und Respekt für seine Leitung des Europäischen Rates sowie für sein zurückhaltendes Auftreten. Zudem wurde Van Rompuy 2011 zum ersten Präsidenten des Euro-Gipfels gewählt.

Im August 2014 wählte der Europäische Rat Donald Tusk, ehemaliger Premierminister Polens, zum Nachfolger Van Rompuys. Seine Wahl erfüllt das Kriterium einer gleichmäßigen geografischen Verteilung, obgleich Tusk unter einigen Gesichtspunkten ein anderes persönliches und politisches Profil besitzt als sein Vorgänger. Gegen seine Wiederwahl im März 2017 kämpfte die polnische Ministerpräsidentin aus innenpolitischen Gründen. Sie wurde jedoch von ihren 27 Kolleginnen und Kollegen überstimmt.

Der dritte Amtsinhaber, der frühere belgische Premierminister Charles Michel (ab 2019), erfüllt weitgehend die entsprechenden Voraussetzungen eines erfahrenen Moderators, der als Liberaler unter parteipolitischen Gesichtspunkten in das Personaltableau passte (vgl. noch mehr zum Tableau im Kap. ▶ „Der Europäische Rat").

In jeweils getrennten Wahlgängen haben die Mitglieder des Euro-Gipfels den jeweiligen Präsidenten des Europäischen Rates auch zu ihrem Vorsitzenden über die gleiche Amtszeit von zweieinhalb Jahren gewählt.

4   Aufbau: Binnenstruktur

Der Präsident des Europäischen Rates verfügt über seinen eigenen Mitarbeiterstab (vgl. Abb. 2). Wie üblich in anderen Organen der EU, kann er ein persönliches Kabinett ernennen, dessen Chef eine Schlüsselposition für die Arbeit des Präsidenten innehat. Die Breite der Aufgabenverteilung des Kabinetts spiegelt die Fülle der Aktivitäten des Präsidenten wider. Von seiner Größe ist es mit dem Kabinett des Präsidenten der Europäischen Kommission vergleichbar. Zudem kann er auch auf das Generalsekretariat des Rates und dessen Expertise zurückgreifen. Wie der Kommissionspräsident wird der Amtsinhaber auch von dem durch den Lissabonner Vertrag neu geschaffenen Europäischen Auswärtigen Dienst bei seinen außenpolitischen Aktivitäten unterstützt.

5   Zusammenfassung, Diskussion und Perspektiven: Institutionelle Leitideen im Test

Der Lissabonner Vertrag schafft mit dem Präsidenten des Europäischen Rates ein neues Amt, dessen Ziele mit ‚Vorbereitung und Kontinuität', ‚Kohäsion und Konsens' sowie ‚Außenvertretung' ambitioniert sind. Dabei sehen die Vertragsbestimmungen ein Instrumentarium von umfassenden, aber gleichzeitig auch begrenzten

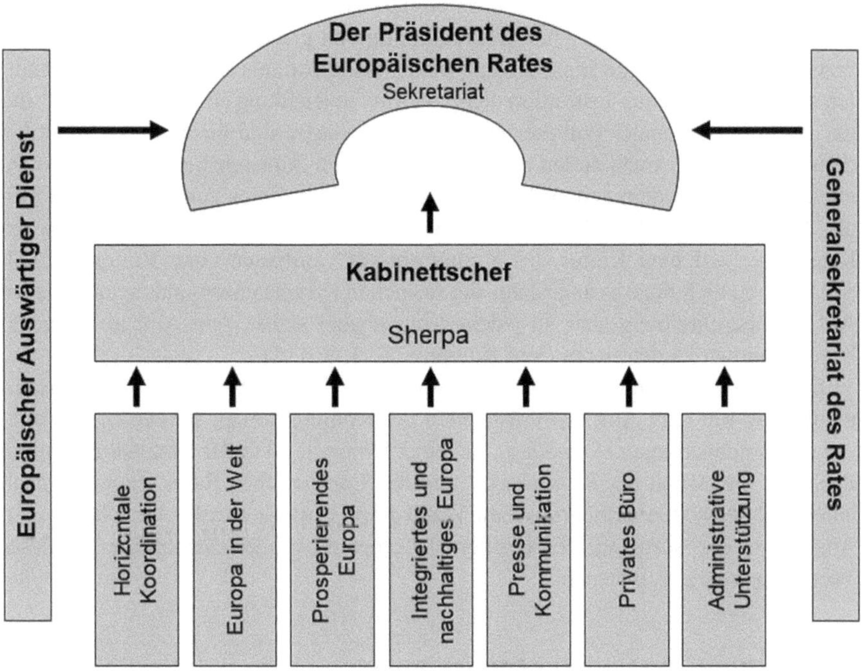

Der Präsident des
Europäischen Rates
Sekretariat

Europäischer Auswärtiger Dienst

Generalsekretariat des Rates

Kabinettschef

Sherpa

Horizontale Koordination

Europa in der Welt

Prosperierendes Europa

Integriertes und nachhaltiges Europa

Presse und Kommunikation

Privates Büro

Administrative Unterstützung

Abb. 2 Kabinettstruktur des Präsidenten des Europäischen Rates. (Quelle: Eigene Darstellung, auf Grundlage von Europäischer Rat (2020). Stand: 31.01.2020)

Verfahrensbefugnissen vor. Einerseits spielt der Präsident des Europäischen Rates bei der Suche nach Kompromissen als ‚ehrlicher Makler' in den häufig nächtlich stattfindenden Sitzungen, etwa im *Beichtstuhlverfahren,* eine hervorgehobene Rolle. Zudem bieten ihm die Bestimmungen im Lissabonner Vertrag Kompetenzen zur Vorbereitung der Treffen unter seinem Vorsitz. Andererseits bleibt dem Präsidenten die vollständige Kontrolle über den Ablauf der Treffen verwehrt. Die dem Vertragstext inhärente Logik sicht demnach für den Amtsinhaber eine unspektakuläre Haltung im Hintergrund bei gleichzeitig erfolgreicher Vermittlungsarbeit vor.

Die Diskrepanz zwischen Erwartungen an das Amt und seinen tatsächlichen Möglichkeiten müssen nicht per-se als Nachteil gesehen werden: Ein zurückhaltender, konsensstiftender Vermittler kann für ein Gremium, in dem die großen Kontroversen der EU zwischen den Mitgliedstaaten ausgetragen werden, die optimale Wahl sein. Ein derartiges Profil ist beim Schnüren von Verhandlungspaketen im Europäischen Rat hilfreich (vgl. Kap. ► „Der Europäische Rat").

Um die tatsächliche Bedeutung des Präsidenten angemessen einordnen zu können, muss der jeweilige Kontext berücksichtigt werden – so müssen z. B. Turbulenzen im Euroraum 2010 bis 2014 die Migrationskrise 2015 besondere Aufmerksamkeit finden. In derartigen Konstellationen unternahmen die Präsidenten eine zentrale Rolle im Krisenmanagement des Europäischen Rates (vgl. Kap. ► „Der Europäische Rat"). So spielte Van Rompuy gemäß Anekdoten aus Insiderkreisen eine aktive und engagierte Rolle als Moderator in hoch politisierten und kontroversen Debatten und trug damit maßgeblich dazu bei, Übereinkünfte von großer politischer Relevanz zu erzielen. Eine vorläufige Einschätzung betont sein Profil als aufmerksamer Vermittler, der vor allem seiner Institution dient. Schritte in Richtung eines „M. Europe", der der Autorität nationaler Politiker nahekommen würde, sind bislang auch nicht bei dem etwas stärker nach außen auftretenden zweiten Amtsinhaber Donald Tusk zu erkennen. Gemäß dem ersten Amtsinhaber entspricht dieses zurückhaltende Profil als ‚Brückenbauer' dem Wesen einer Europäischen Union und ihres Europäischen Rates, die „auf eine Kultur des Kompromisses" aufbauen (Van Rompuy 2014, S. 113). Letztlich liege es angesichts der formellen Kompetenzen und der ungenauen Aufgabenbeschreibung aber an jedem Amtsinhaber selbst, sein Amt im vorgegebenen Rahmen zu definieren (Van Rompuy 2014, S. 115).

Diskutiert wird immer wieder, die Position des Präsidenten durch eine Zusammenlegung mit dem Amt des Präsidenten der Kommission zu stärken (im europäischen Sprachgebrauch *Doppelhut*), „in einer Union, [...] in der letztendlich nur ein Präsident die Arbeit der Kommission und des Europäischen Rates leitet, der nach einem europaweiten demokratischen Wahlkampf gewählt wurde" (Juncker 2017). Angesichts der Sorge vieler Politiker vor einer zu großen Machtfülle ist dieser Vorschlag wenig realitätsnah.

6   Wiederholung und Vertiefung

Merkpunkte und Stichworte
- Grundkenntnisse:
  - Wahl/Ernennung des Präsidenten des Europäischen Rates
  - Aufgaben
  - Kabinett und Generalsekretariat des Rates
- Beziehungen und Abhängigkeiten zwischen dem Präsidenten des Europäischen Rates und anderen europäischen Institutionen
  - Beziehung zum Präsidenten der Europäischen Kommission
  - Beziehung zum Hohen Vertreter
  - Beziehungen zum EP
- Rolle des Präsidenten des Europäischen Rates: Vertragliche Vorgaben und Praxis

Fragen
- Warum ist ein hauptamtlicher Präsident sinnvoll?
- Welche theoretischen Ansätze können zur Erklärung der Rolle des Präsidenten genutzt werden?

Thesen zur Diskussion
- Der Präsident des Europäischen Rates sollte sich zum Präsidenten der EU entwickeln.
- Die Amtszeit des Präsidenten des Europäischen Rates sollte derjenigen des Kommissionspräsidenten entsprechen.

- Der Präsident des Europäischen Rates sollte durch einen Kongress von Abgeordneten aus dem EP und aus den nationalen Parlamenten gewählt werden.
- Der Präsident des Europäischen Rates sollte gleichzeitig der Präsident der Kommission werden („großer Doppelhut").

Literatur

Einführende Literatur

Barber, Tony. 2010. The appointments of Herman van Rompuy and Catherine Ashton. *Journal of Common Market Studies* 48:55–67. (Annual Review).

Hopp, Lea, und Wolfgang Wessels. 2020. Europäischer Rat. In *Jahrbuch der Europäischen Integration 2020*, Hrsg. Werner Weidenfeld und Wolfgang Wessels, 91–99. Baden-Baden: Nomos.

Hopp, Lea, und Wolfgang Wessels. 2020. Europäischer Rat. In *Europa von A bis Z. Taschenbuch der europäischen Integration*, Hrsg. Werner Weidenfeld, Wolfgang Wessels und Funda Tekin, 15. Aufl., 241–246, Wiesbaden: Springer VS.

Howorth, Jolyon. 2011. The ‚new faces' of Lisbon: Assessing the performance of Catherine Ashton and Herman van Rompuy on the global stage. *European Foreign Affairs Review* 16(3):303–323.

Schoutheete, Phillipe de. 2017. The European Council: A formidable locus of power. In *The institutions of the European Union*, Hrsg. Dermot Hodson und John Peterson, 55–79. Oxford/New York: Oxford University Press.

Wessels, Wolfgang, und Hanna-Lisa Hauge. 2016. Präsident des Europäischen Rates. In *Europa von A bis Z. Taschenbuch der europäischen Integration*, Hrsg. Werner Weidenfeld und Wolfgang Wessels, 14. Aufl., 369–372. Baden-Baden: Nomos.

Wessels, Wolfgang, und Oliver Höing. 2012. Problem-solving vs. sovereignty: The European Council from a fusion perspective. In *The European Union post-Lisbon: Fusing Europe, fusing states, fusing regions?* Hrsg. Lee Miles, Lenka Rovná und Wolfgang Wessels. London/New York: Routledge.

Wessels, Wolfgang, und Thomas Traguth. 2010. Der hauptamtliche Präsident des Europäischen Rates: ‚Herr' oder, ‚Diener' im Haus Europa? *integration* 33(4):297–311.

Literaturverzeichnis

Baker, Lucas. 2011. Europe's man in the middle. http://graphics.thomsonreuters.com/11/11/Euro Vanrompuy.pdf. Zugegriffen am 01.07.2022.

Barber, Tony. 2010. The appointments of Herman van Rompuy and Catherine Ashton. *Journal of Common Market Studies* 48:55–67. (Annual Review).

Biescheuvel, Barend, Edmund Dell, und Robert Marjolin. 1979. *Report on European Institutions. Presented by the committee of three to the European Council.* http://aei.pitt.edu/archive/00000999. Zugegriffen am 01.07.2022.

CEPS, EGMONT, und EPC. 2007. *The treaty of Lisbon. Implementing the institutional innovations.* Brussels: CEPS, EGMONT & EPC.

Ceps, Egmont, Epc, Peadar ó Broin, Franklin Dehousse, Janis Emmanouilidis, Piotr Maciej Kaczyński, Jacques Keller, Tinne Heremans, Guy Milton, Antonio Missiroli, Philippe de Schoutheete, Corina Stratulat, und Nick Witney. 2010. *The treaty of Lisbon: A second look at the institutional innovations.* https://www.ceps.eu/download/publication/?id=6784&pdf=Stu dia_Lisbonne_II%20COPYRIGHT.pdf. Zugegriffen am 01.07.2022.

Craig, Paul. 2011. The President of the European Council. In *Europe's constitutional challenges in the light of the recent case law of national constitutional courts. Lisbon and beyond*, Hrsg. José Maria Beneyto und Ingolf Pernice, 208–227. Baden-Baden: Nomos.

Europäischer Rat. 2020. Cabinet of Charles Michel. https://www.consilium.europa.eu/de/european-council/president/cabinet/. Zugegriffen am 01.07.2022.

Fischer, Joschka, und Dominique de Villepin. 2003. French-German Contribution to the European Convention in the institutional architecture of the Union. *CONV 489/03*. http://european-convention.europa.eu/pdf/reg/de/03/cv00/cv00489.de03.pdf. Zugegriffen am 01.07.2022.

Hayes-Renshaw, Fiona, und Helen Wallace. 2006. *The council of ministers*. Basingstoke/New York: Palgrave Macmillan.

Juncker, Jean-Claude. 2017. *Rede zur Lage der Union 2017*. Brüssel. https://ec.europa.eu/commission/presscorner/detail/de/SPEECH_17_3165. Zugegriffen am 01.07.2022.

Lamassoure, Alain. 2004. *Histoire secrète de la Convention européenne*. Paris: Albin Michel.

Magnette, Paul, und Kalypso Nicolaidis. 2003. Large and small member states in the European Union. Reinventing the balance. *Notre Europe Research and European Issues* 25:15–18.

Mangenot, Michel. 2011. De la présidence au système présidentiel: une institutionnalisation improbable du traité de Paris à celui de Lisbonne (1951–2011). In *Le système présidentiel de l'Union européenne après Lisbonne*, Hrsg. Véronique Charléty. Straßburg: École Nationale d'Administration.

Norman, Peter. 2003. *The accidental constitution. The story of the European convention*. Brüssel: EuroComment.

Rovná, Lenka. 2006. Constitutionalisation. The case of the convention as network analysis. In *EU constitutionalisation: From the convention to the constitutional treaty 2002–2005. Anatomy, analysis, assessment*, Hrsg. Lenka Rovná und Wolfgang Wessels, 19–50. Prague: EUROPEUM.

Schäfer, David, und Wolfgang Wessels. 2015. Europäischer Rat. In *Jahrbuch der Europäischen Integration 2015*, Hrsg. Werner Weidenfeld und Wolfgang Wessels, 75–84. Baden-Baden: Nomos.

Schäfer, David, und Wolfgang Wessels. 2016. Europäischer Rat. In *Jahrbuch der Europäischen Integration 2016*, Hrsg. Werner Weidenfeld und Wolfgang Wessels, 81–92. Baden-Baden: Nomos.

Van Rompuy, Herman. 2010. *Speech at European movement international, 25.05.2010*. https://europeanmovement.eu/news/van-rompuy-meets-european-movement-international-25-may-2010/. Zugegriffen am 01.07.2022.

Van Rompuy, Herman. 2014. *Europe in the storm. Promise and prejudice*. Leuven: Davidsfonds Uitgeverij.

Van Rompuy, Herman. 2015. *The role of the President of the European Council*. Speech for the European Parliament. 05.05.2015. https://www.europarl.europa.eu/EPRS/Speech_Van-Rompuy-May-2015.pdf. Zugegriffen am 01.07.2022.

Wessels, Wolfgang. 2016. *The European Council*. Basingstoke: Palgrave Macmillan.

Wessels, Wolfgang, und Thomas Traguth. 2010. Der hauptamtliche Präsident des Europäischen Rates: ,Herr' oder, ,Diener' im Haus Europa? *integration* 33(4): 297–311.

Zeit Online. 2019. *Brexit-Verfechter ohne Plan verdienen „besonderen Platz in der Hölle"*. https://www.zeit.de/politik/ausland/2019-02/donald-tusk-eu-kritik-brexit-befuerworter. Zugegriffen am 01.07.2022.

Der Rat der Europäischen Union

Inhalt

Zusammenfassung

Im Rat der EU tagen Fachminister der Mitgliedstaaten in themenspezifischen Ratsformationen, denen Arbeitsgruppen und Ausschüsse auf verschiedenen Ebenen zuarbeiten. Als zentrales Beschlussfassungsorgan übt der Rat gemeinsam mit dem Europäischen Parlament das ordentliche Gesetzgebungsverfahren aus und hat eine wichtige Rolle in der Koordination von Politikfeldern mit hoher nationaler Bedeutung, wie der Gemeinsamen Außen- und Sicherheitspolitik. Die Beschlussfassungsregeln weisen je nach Politikfeld erhebliche Variationen auf. Von besonderer Bedeutung sind das Regelwerk zur qualifizierten Mehrheit und die reale Praxis des Abstimmungsverhaltens. Bei der Nutzung der Vertragsartikel wird dabei ein Spannungsverhältnis zwischen dem Ziel, die Handlungsfähigkeit des Rates und damit der Union zu verbessern, und den Einfluss der Mitgliedstaaten zu sichern, beobachtet.

Schlüsselwörter

Vertretung der Regierungen der Mitgliedstaaten · Ordentliches Gesetzgebungsverfahren · Regeln für die qualifizierte Mehrheit · Reales Abstimmungsverhalten · Intergouvernementale und supranationale Leitideen

© Springer Fachmedien Wiesbaden GmbH, ein Teil von Springer Nature 2022
W. Wessels, *Das Politische System der Europäischen Union*,
https://doi.org/10.1007/978-3-658-10013-1_4

1   Eckpunkte im Überblick: Entwicklungen eines institutionellen Ecksteins

Der *Rat der EU*, der in der Literatur auch häufig ‚Ministerrat' genannt wird, bildet einen spezifischen Eckstein in der institutionellen Architektur des EU-Systems. Im Hinblick auf Aufgaben, Zuständigkeiten, Benennung und Zusammensetzung sowie Beschlussfassungsregeln und deren Nutzung weist dieses Organ Charakteristika auf, die weder einen einfachen Vergleich mit dem Bundesrat nach deutschen Erfahrungen noch mit einem bei internationalen Organisationen üblichen Ministerkomitee – so dem NATO-Rat oder dem UN-Sicherheitsrat – zulassen.

In den Vertragsänderungen der letzten Jahrzehnte haben die Mitgliedstaaten die Aktivitätsfelder des Rates und dessen Funktionen auf weitere Politikfelder nationaler Kompetenzen ausgeweitet sowie die Beschlussfassungsregeln für die Abstimmungen mit *qualifizierter Mehrheit* (QM) reformiert und auf zusätzliche Artikel übertragen.

Die zugeschriebenen und wahrgenommenen Rollen des Organs sind vielfältig. So hat der Rat folgende Aufgaben (Von Ondarza 2019; Hayes-Renshaw 2017; Hayes-Renshaw und Wallace 2006):

- Innerhalb des institutionellen Dreiecks der EU nimmt er in Anlehnung an die *Gemeinschaftsmethode* – zusammen mit dem *Europäischen Parlament* (EP) (vgl. Kap. ▶ „Das Europäische Parlament") als Gesetzgeber und Haushaltsbehörde gesetzgeberische und budgetäre Rechte wahr (vgl. Kap. ▶ „Gesetzgebungs- und Haushaltsverfahren"). Er schließt für die EU internationale Verträge und Abkommen ab (vgl. Kap. ▶ „Auswärtiges Handeln").
- Er koordiniert nationale Instrumente in zentralen Bereichen einzelstaatlicher Politik. So übernimmt der Rat Steuerungsfunktionen in der Wirtschafts- und Beschäftigungspolitik (vgl. Kap. ▶ „Wirtschaftspolitisches Handeln"). Zudem ist er das zentrale Beschlussfassungsorgan in der *Gemeinsamen Außen- und Sicherheitspolitik* (GASP) und der *Gemeinsamen Sicherheits- und Verteidigungspolitik* (GSVP) (vgl. Kap. ▶ „Auswärtiges Handeln");
- Er handelt als Vorbereitungs- und Umsetzungsgremium von Beschlüssen des *Europäischen Rates* und bildet ein Scharnier für ein komplexes Mehrebenenspiel, bei dem nationale Regierungen ihre Positionen auf der nationalen Bühne mit denen auf der EU-Ebene eng verknüpfen.

Die Legitimität des Rates stützt sich auf demokratische Verfahren innerhalb der Mitgliedstaaten (Art. 10 (2) EUV), jedoch wurde seine Autorität als ausschließliches Entscheidungsorgan zunehmend in Zweifel gezogen, deshalb stärkten die Verträge mit jeder zusätzlichen Übertragung von Kompetenzen auf die Europäische Ebene die Rechte des EP gegenüber dem Rat der Europäischen Union[1] (vgl. Abb. 3 im Kap. ▶ „Das Europäische Parlament").

---

[1]Zur Errechnung, welche Staaten eine qualifizierte Mehrheit darstellen, stellt der Rat der Europäischen Union einen Online-Rechner zur Verfügung: http://www.consilium.europa.eu/en/council-eu/voting-system/voting-calculator/.

Divergierende Leitideen

Im Lichte der institutionellen Leitidee kann der Rat von zwei Perspektiven verstanden werden (Hayes-Renshaw 2017, S. 104–105): Eine dominierende Sicht sieht ihn als intergouvernemental ausgerichtetes Gremium, das Regierungen zur Durchsetzung nationaler Interessen gegenüber EU-Organen supranationaler Ausrichtung nutzen (Puetter 2014). Bei seinem ‚Innenleben' ist nach dieser Sicht eine Machtbalance zwischen den Mitgliedstaaten zu erwarten, die sich zwischen den „großen" und „kleinen" Mitgliedstaaten, aber auch zwischen den „Hauptmächten" (Link 2006) einpendelt.

Der Rat kann aber auch als ein Gemeinschaftsorgan verstanden werden, das zunehmend Entscheidungen mit qualifizierter Mehrheit gegebenenfalls gegen Positionen einzelner Mitgliedstaaten trifft. Aus einer derartigen Perspektive sind damit ebenfalls Entwicklungen in Richtung einer supranationalen Ausrichtung dieser Institution zu diskutieren.

Beim Rat wie beim *Europäischen Rat* wird so ein generelles Dilemma der Mitgliedstaaten deutlich: Einerseits streben sie eine effiziente Beschlussfähigkeit des Rates als notwendiges Beschlussfassungsorgan an, andererseits wollen sie auch ihre nationale Mitwirkung – gegebenenfalls mit einem Veto als Notbremse – absichern.

Anhand des ABBA-Schemas (vgl. Abb. 1) wird dieses Organ in einer Nahaufnahme erfasst und untersucht.

2   Aufgaben

2.1   Geschichte

Der Rat wurde bereits im EGKS-Vertrag in die institutionelle Architektur eingeführt, um die Interessen der Mitgliedstaaten gegenüber der Hohen Behörde, die in der heutigen *Europäischen Kommission* aufgegangen ist, zu vertreten. In den Römischen Verträgen erhielt der Rat in wesentlichen Fragen der Politik- und Systemgestaltung die Letztentscheidungsbefugnis. Das ursprüngliche Tandem von Rat und Kommission kann durch die im Brüsseler Sprachjargon entstandene Kurzformel beschrieben werden: „The Commission proposes – the Council disposes". Zwischenzeitlich haben die Mitgliedstaaten in den Vertragsänderungen seit Mitte der achtziger Jahre den Rat bei der Verabschiedung von Rechtsakten der EU zu einem Eckpunkt in dem mit dem EP neu gestalteten institutionellen Dreieck geformt. Mit der Ausweitung der Zuständigkeiten der Union haben die Mitgliedstaaten die Aufgaben des Rates auf fast alle Felder nationaler Politik ausgedehnt (vgl. Kap. ▶ „Geschichte").

2.2   Vertragliche Vorgaben

Der Rat erfüllt ein weites Spektrum an Aufgaben, wobei seine Funktionen als Gesetzgeber und Haushaltsbehörde im Zentrum stehen (vgl. Dokument 1).

Der Rat der Europäischen Union

(1) Aufgaben

- Gesetzgeber
- Haushaltsbehörde
- Politikgestaltung der GASP
- Koordinierung der Wirtschaftspolitik
- Kontrolle der Kommission
- Vertretung der Mitgliedstaaten im Mehrebenensystem

(2) Benennung

- Je ein Vertreter eines Mitgliedstaates auf Ministerebene
- Ernennung der Minister in den Mitgliedstaaten

(4) Aufbau

- Tagungsorte: Brüssel/Luxemburg
- Halbjährlich wechselnder Vorsitz
- Mehrere Zusammensetzungen
- AStV: Vorbereitung
- Arbeitsgruppen nationaler Beamten
  - Generalsekretariat

(3) Beschlussverfahren

- Einfache Mehrheit
- Qualifizierte Mehrheit (zwei Bedingungen)
- In bestimmten Ausnahmefällen modifiziertes Veto
- Einstimmigkeit mit und ohne nationale Ratifizierung
- Konsenssuche

Abb. 1 Institutioneller Steckbrief. (Quelle: Eigene Darstellung)

Dokument 1, Vertraglich festgelegte Aufgaben
Art. 16 (1) EUV

Der Rat wird gemeinsam mit dem Europäischen Parlament als *Gesetzgeber* tätig und übt gemeinsam mit ihm die *Haushaltsbefugnisse* aus. Zu seinen Aufgaben gehört die Festlegung der Politik und die Koordinierung nach Maßgabe der Verträge.

Hervorhebungen durch den Autor

Das ordentliche Gesetzgebungsverfahren (Art. 294 AEUV) regelt seine Rolle bei wesentlichen Gesetzgebungskompetenzen, so z. B. in zentralen Fragen des Binnenmarktes, der Umweltpolitik sowie der Justiz- und Innenpolitik (vgl. Kap. ▶ „Gesetzgebungs- und Haushaltsverfahren"). Bei der Verabschiedung des jährlichen Haushalts bildet der Rat gemeinsam mit dem EP die Haushaltsbehörde. Im Falle von Abkommen mit Drittstaaten (Art. 217 und 218 AEUV) (vgl. Kap. ▶ „Auswärtiges Handeln") und Beitritts- und Austrittsverträgen (Art. 49 und Art. 50 EUV) verabschiedet der Rat die verbindlichen Beschlüsse, wobei die entsprechenden Formen des sogenannten *Zustimmungsverfahrens* die relative Gewichtung zwischen Rat und Parlament regeln.

Eine im Vergleich zur Mitentscheidung stärkere Rolle spielt der Rat in den Politikfeldern der EU, in denen die Mitgliedstaaten nationale Instrumente koordinieren. Insbesondere in der Wirtschafts- (Art. 121 AEUV) und Fiskalpolitik (Art. 126 AEUV) bildet der Rat das zentrale Organ für die Entscheidungsprozesse (vgl. Kap. ▶ „Wirtschaftspolitisches Handeln").

Eine besondere Rolle spielt das Organ in der Gemeinsamen Außen- und Sicherheitspolitik und in der Gemeinsamen Sicherheits- und Verteidigungspolitik. Der Lissabonner Vertrag hat für diese Politikfelder die Rechte des Rates und seine Beschlussfassungsmodalitäten abweichend von anderen Verfahren festgelegt (vgl. Dokument 2).

Dokument 2, Vertragliche Bestimmungen zur GASP
Art. 24 (1) EUV
[…]
Für die Gemeinsame Außen- und Sicherheitspolitik gelten *besondere Bestimmungen und Verfahren*. Sie wird vom Europäischen Rat und vom Rat einstimmig festgelegt und durchgeführt, soweit in den Verträgen nichts anderes vorgesehen ist.

Hervorhebungen durch den Autor

Die Rolle des Rates wird auch bei der Wahrnehmung von Wahlfunktionen deutlich. Ernennungen nimmt der Rat im Hinblick auf die Zusammensetzung anderer Organe und Ausschüsse vor – so bei der Wahl des Kommissionskollegiums (vgl. Kap. ▶ „Die Europäische Kommission") sowie bei der Benennung der Mitglieder des *Europäischen Wirtschafts- und Sozialausschusses* (EWSA) (Art. 302 AEUV) und des *Ausschuss der Regionen* (AdR) (Art. 305 AEUV) (vgl. Kap. ▶ „Mitspieler in der institutionellen Architektur der Europäischen Union").

Neben Beschlüssen in einzelnen Politikfeldern hat der Rat auch bei der Systemgestaltung – so bei Vertragsänderungen sowie Beitritten und Austritten – formal die jeweiligen Rechtsakte zu verabschieden (Art. 48 und 49 EUV), auch wenn der Europäische Rat häufig die Entscheidungen in der Substanz de facto vorweg festschreibt (vgl. Kap. ▶ „Der Europäische Rat").

3   Zur Analyse der Praxis: Ein Aktivitätenprofil

Die Regierungen haben den Rat und den administrativen Unterbau in allen Aufgabengebieten intensiv genutzt. Abzulesen ist diese Entwicklung zunächst an der Zahl der Sitzungen pro Jahr (vgl. Tab. 1) und der Verabschiedung von Rechtsakten (vgl. Tab. 2).

Berücksichtigt man sitzungsfreie Wochen, so trifft der Rat in unterschiedlichen Zusammensetzungen durchschnittlich zweimal pro Woche zusammen. Die Frequenz erhöht sich in Krisenzeiten: So hat sich die Anzahl der Ratstreffen zur Justiz- und Innenpolitik 2015 gegenüber den Vorjahren verdoppelt, um adäquat auf die Flüchtlingskrise und terroristische Anschläge reagieren zu können.

Die Bilanz zeigt eine Rechtsetzungstätigkeit des Rates, die mit Variationen über die Jahre auf einem hohen Niveau bleibt. Die Rechtsakte werden in Verordnungen, Richtlinien, Entscheidungen und Empfehlungen unterteilt (Art. 288 AEUV). Sie unterscheiden sich in ihrem Grad an Verbindlichkeiten (vgl. Kap. ▶ „Gesetzgebungs- und Haushaltsverfahren").

Die Schwerpunkte dieser Ratsentscheidungen haben sich über die Jahrzehnte verschoben. Zu den Rechtsakten zählt auch die Verabschiedung von Verträgen mit Drittstaaten.

Seit dem Maastrichter Vertrag sind weitere Bereiche wie die GASP oder auch die Justiz- und Innenpolitik hinzugekommen. Auch die Bewältigung der Schuldenkrise, das Vorgehen in der Migrationskrise und der Brexit standen und stehen noch auf der Tagesordnung. 2018 behandelte der Rat geopolitische Fragen, die Aufrechterhaltung der Rechtsstaatlichkeit, die Bekämpfung des Terrorismus sowie die Umsetzung von Gesetzgebungsakten in den Bereichen Binnenmarktpolitik, Datenschutz und Energieunion (Von Ondarza 2019, S. 101–103). In der Corona-Krise haben die Finanzminister weitreichende Maßnahmen zur Bewältigung der sozialen und wirtschaftlichen Folgen beschlossen.

Tab. 1 Frequenz der offiziellen Tagungen der jeweiligen Ratsformationen

	2019	2018	2017	2016	2015
Allgemeine Angelegenheiten	16	21	17	9	9
Auswärtige Angelegenheiten	22	18	18	15	14
Wirtschaft und Finanzen	10	9	10	10	9
Justiz und Inneres	4	4	5	9	10
Beschäftigung, Sozialpolitik, Gesundheit und Verbraucherschutz	5	3	4	4	4
Verkehr, Telekommunikation und Energie	9	6	6	3	7
Bildung, Jugend, Kultur und Sport	3	3	3	3	2
Wettbewerbsfähigkeit	4	4	3	4	5
Umwelt	4	4	3	5	4
Landwirtschaft und Fischerei	9	9	9	8	10

Quelle: Rat der Europäischen Union und Europäischer Rat (2020c)

Tab. 2 Rechtsakte des Rates zwischen 2009 und 2018

Jahr	Verordnungen	Richtlinien	Beschlüsse/ Empfehlungen	Gesamtzahl an Rechtsakten
2009	157	96	254	507
2010	79	23	269	371
2011	100	30	315	445
2012	100	18	316	434
2013	143	40	290	473
2014	151	53	402	606
2015	88	19	323	430
2016	91	24	352	467
2017	90	18	324	432
2018	86	25	320	431

Quelle: Von Ondarza (2019, S. 104)

4 Benennung und Zusammensetzung: Variationen von Ratsformationen

Der Rat setzt sich je Politikbereich aus den jeweiligen Ressortministern zusammen, d. h. es gibt vertragsrechtlich zwar nur einen Rat, dessen Arbeit jedoch in mehreren Zusammensetzungen erfolgt.

Bis auf die Verteidigungsminister, die aber auch seit der Entwicklung zur GSVP Ende der neunziger Jahre informell am Rande eines Rates der Außenminister zusammenkommen, haben alle wichtigen nationalen Ministerien ‚ihren' Rat.

Zur Vermeidung einer ausufernden Vielfalt, die bis zu einer Zahl von 22 Zusammensetzungen führte (1990), hat der Vertrag den Europäischen Rat ermächtigt, die Zusammensetzungen und den Vorsitz des Rates mit qualifizierter Mehrheit zu beschließen (vgl. Dokument 3).

Dokument 3, Zusammensetzungen der Rates
Art. 236 AEUV

Der Europäische Rat erlässt mit *qualifizierter Mehrheit*

a) einen Beschluss zur Festlegung der *Zusammensetzungen des Rates*, mit Ausnahme des Rates „Allgemeine Angelegenheiten" und des Rates „Auswärtige Angelegenheiten" nach Artikel 16 Abs. 6 des Vertrags über die Europäische Union;

b) einen Beschluss nach Artikel 16 Abs. 9 des Vertrags über die Europäische Union zur Festlegung des *Vorsitzes im Rat* in allen seinen Zusammensetzungen mit Ausnahme des Rates „Auswärtige Angelegenheiten".

Hervorhebungen durch den Autor

Dokument 4 gibt eine Übersicht über die verschiedenen Zusammensetzungen des Rates im Jahr 2020.

Dokument 4, Aktuelle Zusammensetzungen des Rates
1. Allgemeine Angelegenheiten
2. Auswärtige Angelegenheiten
3. Beschäftigung, Sozialpolitik, Gesundheit und Verbraucherschutz
4. Bildung, Jugend, Kultur und Sport
5. Justiz und Inneres
6. Landwirtschaft und Fischerei
7. Umwelt
8. Verkehr, Telekommunikation und Energie
9. Wettbewerbsfähigkeit
10. Wirtschaft und Finanzen

Quelle: Rat der Europäischen Union und Europäischer Rat (2020a)

Aus diesem Überblick ist zu entnehmen, dass der Rat in seinen unterschiedlichen Zusammensetzungen ein weites Spektrum an Aufgaben öffentlicher Politik behandelt. Diese Differenzierung nach Sektoren unterstützt die Ausgangsbeobachtung einer Aufgabenexpansion des EU-Systems hin zu einer staatsähnlichen Politikagenda (vgl. Kap. ▶ „Einführung").

In der Struktur der Ratsformationen ist eine gewisse Rangordnung zu beobachten, die sich auch an der Tagungsfrequenz ablesen lässt (vgl. Tab. 1).

Der Rat „Allgemeine Angelegenheiten", in dem sich die Mitgliedsregierungen von dem jeweiligen Außenminister oder auch einem Europa- oder Staatsminister vertreten lassen, sollte nach dem ursprünglichen Verständnis die Koordination verschiedener Ratsformationen übernehmen (vgl. Dokument 5).

Dokument 5 Rat „Allgemeine Angelegenheiten"
Art. 16 (6) EUV
[...] Als Rat „Allgemeine Angelegenheiten" sorgt er für die *Kohärenz der Arbeiten des Rates* in seinen *verschiedenen Zusammensetzungen.* In Verbindung mit dem Präsidenten des Europäischen Rates und mit der Kommission *bereitet* er die Tagungen des Europäischen Rates *vor* und sorgt für das weitere Vorgehen.

Hervorhebungen durch den Autor

Eine umfassende Lenkungsaufgabe haben die Außenminister jedoch in der Regel angesichts der Interessen wichtiger Fachressorts nicht wahrnehmen können. Die Einrichtung eines Rates von spezialisierten Europaministern zur Übernahme der täglichen Koordinierung wird regelmäßig vorgeschlagen, aber angesichts befürchteter Machtverschiebungen in Brüssel und in den nationalen Hauptstädten nicht unmittelbar umgesetzt. Im Rat für Allgemeine Angelegenheiten arbeiten in den letzten Jahrzehnten jedoch primär ‚Junior-Minister' (im deutschen Sprachgebrauch *Staatsminister*). Schließlich haben die Staats- und Regierungschefs selbst im Europäischen Rat Leitungs- und Lenkungsfunktionen übernommen (vgl. Kap. ▶ „Der Europäische Rat").

Nach den Vertragsartikeln (Art. 16 (6) AEUV) und nach der Geschäftsordnung des Rates fällt dem Rat „Allgemeine Angelegenheiten" nun eine wesentliche Rolle bei der Vorbereitung der Tagesordnung des Europäischen Rates zu, die er in Verbindung mit dem Präsidenten des Europäischen Rates und mit der Kommission regelmäßig übernimmt (vgl. Kap. ▶ „Der Europäische Rat" und Kap. ▶ „Der Präsident des Europäischen Rates").

In der inoffiziellen Ratshierarchie haben die Formationen wichtiger Ressorts an Bedeutung gewonnen; seit Beginn der EWG hat der Agrarrat eine eigenständige Rolle entwickelt, mit dem Maastrichter Vertrag sind aber auch der Rat der Wirtschafts- und Finanzminister (im europäischen Sprachgebrauch *Economic and Financial Affairs Council* (ECOFIN)) sowie derjenige der Justiz- und Innenminister politisch aufgewertet worden. Zu einer dritten Gruppe in einer derartigen Hierarchie können Formationen gezählt werden, die seltener einberufen werden (vgl. Tab. 2). In diese Kategorie fallen z. B. Bildung, Jugend, Kultur und Sport.

Die Sitzungen des Rates sind häufig Großveranstaltungen, da die Minister von bis zu sechs Beamten pro Regierung begleitet und unterstützt werden; d. h. bei 27 Mitgliedstaaten können – einschließlich der Beamten der Kommission und des Generalsekretariats des Rates – 170 Personen im Konferenzsaal anwesend sein.

Der jeweilige Vorsitz des Rates kann jedoch „für die Behandlung eines bestimmten Punktes die Zahl der während der Sitzung im Sitzungssaal anwesenden Delegationsmitglieder beschränken" (Art. 20 (1) a) Geschäftsordnung des Rates der Europäischen Union): Um zu einer direkten Aussprache bzw. vertraulichen Verhandlung zu kommen, sind deshalb auch Sitzungen im kleineren Kreis (im europäischen Sprachgebrauch *restricted sessions*) mit den Ministern und je zwei Beamten oder gar ‚super-restricted sessions', bei denen nur Minister anwesend sind, vorgesehen. Regelmäßig treffen sich Minister auch zu so genannten ‚informellen Sitzungen' bei Mittagessen im kleinen Kreis oder zu Wochenend-Klausuren im Staat des jeweiligen Ratzvorsitzes.

Eine besondere Form, in der sich die zuständigen Minister treffen, ist die *Eurogruppe*. Diese informelle Formation findet im Lissabonner Vertrag in Protokoll 14 Erwähnung. Dort ist festgelegt, dass sich die „(. . .) Minister, deren Währung der Euro ist" (Art. 1 Prot. 14 AEUV), sowie Vertreter der Kommission bei Bedarf zusammenfinden. Darüber hinaus wird auch die *Europäische Zentralbank* (EZB) zu den Sitzungen eingeladen. Der Vorsitz der Eurogruppe ist im Gegensatz zu den meisten anderen Ratsformationen nicht an die rotierende Präsidentschaft gekoppelt. Art. 2 des Protokolls legt fest, dass die Mitglieder ihren Präsidenten auf zweieinhalb Jahre wählen.

5   Beschlussverfahren: Abstimmungsregeln und Praxis

Bei der Gestaltung des Vertragswerks zum Rat standen seit Beginn der Integrationskonstruktion die Beschlussfassungsregeln des Rates im Zentrum politischer Kontroversen. Insbesondere die Einführung und Anwendung von Abstimmungsverfahren
vom Typus der qualifizierten Mehrheit wurden intensiv diskutiert. Mitgliedstaaten
haben sich in unterschiedlichem Maße in unterschiedlichen Politikfeldern bereit
gezeigt, das Risiko eines Überstimmtwerdens einzugehen.

Insgesamt haben sie jedoch die Möglichkeiten, einen Rechtsakt mit qualifizierter
Mehrheit zu verabschieden, durch Vertragsänderungen absolut und relativ im Verhältnis zur Einstimmigkeitsregelung wesentlich ausgedehnt (vgl. Abb. 2).

Die spezifischen Modalitäten dieser Beschlussfassungsregeln bilden wesentliche
Schlüsselfragen im Hinblick auf die Effizienz des Rates und damit auch für die
Handlungsfähigkeit des EU-Systems insgesamt.

Die Kriterien für eine qualifizierte Mehrheit bildeten auch in den Verhandlungen
zum Lissabonner Vertrag ein zentrales Thema. Insbesondere im Hinblick auf die
Verteilung von (Stimmen-)Macht zwischen den Mitgliedstaaten waren die vorgelegten Regelungen umstritten.

5.1   Zum Regelwerk: Variationen der Vertragsvorgaben

Von besonderem Interesse sind die Regeln und die Praxis bei der Anwendung: Die
Herren der Verträge suchen dabei Lösungen für ein Dilemma zwischen der Beschlusseffizienz und Handlungsfähigkeit des Rates und damit die Problemlösungs-

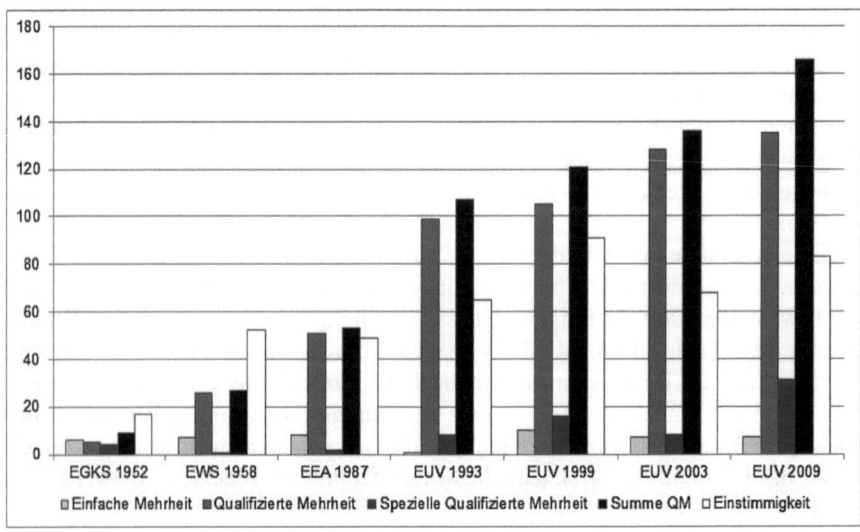

Abb. 2 Abstimmungsmodi im Rat gemäß Vertragstext. (Quelle: Eigene Darstellung)

fähigkeit der Union insgesamt sowie andererseits der Aufrechterhaltung nationaler Souveränitätsvorbehalte (vgl. Kap. ▶ „Einführung"). Die Beschlussfassungs-regeln im Rat und damit auch die Formen der internen Willensbildung weisen dabei eine beträchtliche Variationsbreite auf. Die anzuwendenden Verfahren sind dabei jeweils in den einzelnen Vertragsartikeln geregelt. Für jeden Politikbereich muss deshalb immer konkret geprüft werden, welche Abstimmungsmodi für den Rat vorgesehen sind. Auch innerhalb eines Politikfeldes können Unterschiede auftreten. In einer Durchsicht des Vertragswerks sind folgende Bestimmungen zu finden:

- Eine Beschlussfassung im Rat mit einfacher Stimmenmehrheit, bei der jeder Mitgliedstaat eine Stimme hat, ist immer dann vorgesehen, wenn keine andere Bestimmung im Vertrag vorgeschrieben ist. Diese Fälle sind jedoch angesichts der Risikovermeidung seitens der Mitgliedstaaten nur auf Verfahrensfragen be-schränkt.
- Abstimmungen mit einer Mehrheitsanforderung (qualifizierte Mehrheit) stellen die Regel dar. Häufig wird für eine weitere Ausdehnung der qualifizierten Mehr-heit als einer strategischen Schlüsselvariable für die Handlungsfähigkeit des Rates plädiert.
- Entscheidet der Rat nicht auf Vorschlag der Kommission, so wird die Schwelle höher gesetzt: 72 Prozent der Mitglieder müssen zustimmen (Art. 238 (2) AEUV).
- Zum Schutz von Minderheitsmeinungen haben die Regierungen auch Verfahren beschlossen, die den Aufschub einer Abstimmung vorsehen (im europäischen Sprachgebrauch *Ioannina-Kompromiss* (Erklärung Nr. 7 zum Vertrag von Lissa-bon)).
- Selbst wenn sich die Einstellung zu Mehrheitsabstimmungen in den letzten Jahr-zehnten gewandelt hat, zeigen die Mitgliedstaaten immer noch ein hohes Maß an Risikoaversion, vor allem in Bereichen der Politikgestaltung, die als besonders bedeutsam für nationale Politik gelten: Entsprechend sehen Vertragsbestimmun-gen weiterhin Einstimmigkeit bei Formen des Regierens in Bereichen von ‚vita-lem Interesse' vor, so bei der Außen- und Sicherheitspolitik (Art. 42 (1) EUV) und bei grundlegenden Entscheidungen über „Eigenmittel" (Art. 311 AEUV) und den „mehrjährigen Finanzrahmen" (Art. 312 AEUV).
- Als ‚Notbremse' für einen Mitgliedstaat, der bei Abstimmungen mit qualifizierter Mehrheit wesentliche „Gründe der nationalen Politik" in der GASP (Art. 31 (2) EUV), „wichtige Aspekte" nationaler Strukturen in der Sozialpolitik (Art. 48 AEUV) oder auch bei der Strafrechtsordnung (Art. 82 (3) AEUV) berührt sieht, kann dieser das Verfahren aussetzen lassen und eine Überweisung an den Euro-päischen Rat beantragen (vgl. Kap. ▶ „Der Europäische Rat").
- Zusätzlich kann eine Minderheit von Staaten unterhalb der Schwelle einer Sperr-minorität einen Aufschub der Abstimmung in Form eines suspensiven Vetos beantragen. Dieses sogenannte „Ionnina Verfahren" ist in der Erklärung 7 zum Lissabonner Vertrag geregelt.
- Bei Entscheidungen von systemgestaltender Bedeutung – z. B. bei Vertrags-änderungen und Beitrittsabkommen – ist neben der einstimmigen Beschluss-fassung im Rat auch eine Ratifizierung durch die Mitgliedstaaten gemäß der

jeweiligen verfassungsrechtlichen Vorschriften erforderlich (vgl. Kap. ► „Vertragsänderungsverfahren" und Kap. ► „Beitritts- und Austrittsverfahren"). Beim Verfahren zum Austritt genügt dagegen eine qualifizierte Mehrheit.

5.2   Regeln für eine qualifizierte Mehrheit

Im Mittelpunkt der Verfahren stehen die Regeln und Praxis für eine qualifizierte Mehrheit. Die Regierungskonferenzen der Mitgliedstaaten haben bei jeder Vertragsänderung der letzten Jahrzehnte diese Form von Mehrheitsabstimmungen auf weitere Politikfelder ausgedehnt (vgl. Abb. 2).

Für die Beschlusseffizienz des Rates sind dabei die jeweiligen Schwellen für die notwendige *Gestaltungsmehrheit* von zentraler Bedeutung. Aus Sicht einzelner Staaten ist dagegen die umgekehrte Rechnung, nämlich die Möglichkeit von *Sperrminoritäten*, häufig noch wichtiger: Sie kalkulieren das Risiko, bei wichtigen Themen der nationalen Politik überstimmt zu werden.

Die Verfahrensbestimmungen sind nicht einfach nachzuvollziehen und erfordern deshalb eine nähere Betrachtung. Zu erklären ist diese Komplexität aus intensiven Kontroversen zwischen den Mitgliedstaaten um ihren jeweiligen relativen Einfluss. Nicht übersehen werden sollten auch bei den Streitpunkten Befindlichkeiten einer ‚symbolischen Politik': Die in der Stimmgewichtung zum Ausdruck kommende ‚Macht' eines Staates muss insbesondere im Vergleich zu anderen ‚angemessen' erscheinen.

Die entsprechenden *Bestimmungen über die Stimmgewichtung im Rat* waren im Vertrag von Nizza geregelt (Art. 3 des Erweiterungsprotokolls IV über die Erweiterung der Europäischen Union), wobei der Anteil der sogenannten *gewogenen Stimmen* eine besondere Rolle spielte. Sie wurden im Vertrag von Lissabon grundsätzlich neu geregelt, sodass das Kriterium der gewogenen Stimmen entfällt (vgl. Dokument 6).

Dokument 6, Vertragliche Vorgaben zu den Beschlussverfahren
Art. 16 (4) EUV

Ab dem 1. November 2014 gilt als *qualifizierte Mehrheit* eine Mehrheit von mindestens *55 % der Mitglieder des Rates*, gebildet aus mindestens *15 Mitgliedern*, sofern die von diesen vertretenen Mitgliedstaaten zusammen mindestens *65 % der Bevölkerung der Union* ausmachen.

Für eine *Sperrminorität* sind mindestens *vier Mitglieder* des Rates erforderlich, andernfalls gilt die qualifizierte Mehrheit als erreicht.

Hervorhebungen durch den Autor

Als Resultat kontroverser Verhandlungen im Europäischen Rat mit Mitgliedstaaten, die im Vergleich zur bestehenden Regelung von Nizza einen Verlust an Macht befürchteten – so insbesondere Polen –, konnte ein Mitgliedstaat jedoch in einer Übergangsphase noch bis 31.03.2017 das Abstimmungsverfahren nach

Nizza einfordern (Art. 16 (5) EUV und Protokoll über die Übergangsbestimmungen Art. 3 (3) EUV).

Das nun geltende Regelwerk sieht folgende zwei wesentliche Kriterien zur Erreichung der qualifizierten Mehrheit vor:

* 55 Prozent der Mitglieder des Rates, d. h. mehr als die Hälfte der Mitgliedstaaten, die dabei
* mindestens 65 Prozent der EU-Bevölkerung, d. h. bei einer EU der 27 rund 290 Millionen Bürgerinnen und Bürger, repräsentieren müssen.

Als zusätzliche Bedingungen, die den kleineren Mitgliedstaaten ein relativ größeres Gewicht zusprechen sollen, wurde vorgesehen, dass bei dem ersten Kriterium mindestens 15 Mitgliedstaaten zustimmen und – im Falle des Bevölkerungsindikators – mindestens vier Mitgliedstaaten eine Sperrminorität bilden müssen.

Die beiden Kriterien beruhen auf unterschiedlichen Legitimitätskonzepten:

* Das ‚Staatskriterium‘ basiert auf der Gleichheit von (souveränen) Staaten, unabhängig von der Zahl der Bürgerinnen und Bürger.
* Das ‚Bevölkerungskriterium‘ folgt dem traditionellen demokratischen Prinzip des ‚one person – one vote‘.

Wie bei der Zuordnung der Sitze im EP auf die Mitgliedstaaten stehen die beiden Konzepte in einem Spannungsverhältnis (vgl. Kap. ▶ „Das Europäische Parlament"), das aus Bundesstaaten bekannt ist. So basiert auch im politischen System der Vereinigten Staaten der Senat auf der Gleichheit aller US-Staaten – unabhängig von der Bevölkerungszahl, die dann aber bei der Zusammensetzung des Repräsentantenhauses zum Tragen kommt. Auch im Bundesrat ist die Stimmgewichtung nicht proportional zur Bevölkerungszahl der (Bundes-)Länder.

5.3 Potentielle Auswirkungen: Gestaltungsmehrheiten und Sperrminoritäten

Zur Diskussion der Folgewirkungen auf die Verhaltensmuster nationaler Entscheidungsträger können Berechnungen herangezogen werden, die die statistische Wahrscheinlichkeit der Beschlussfähigkeit des Rates aufzeigen (Baldwin und Widgrén 2004, S. 6). Mit den Bedingungen für die qualifizierte Mehrheit, wie sie der Lissabonner Vertrag anführt, steigt die Wahrscheinlichkeit, eine Gestaltungsmehrheit zu finden, im Vergleich zu den vorausgegangenen Bedingungen des Nizzaer Vertrages.

Damit steigt zwar das durchschnittliche Risiko jedes Mitgliedstaates, überstimmt zu werden, aber die Schwelle zum Erreichen der qualifizierten Mehrheit bleibt insgesamt hoch.

Aus Zusammenstellungen der notwendigen Mehrheiten ergibt sich ein Bild begrenzter Handlungsfähigkeit des Rates. Demnach sind für eine gestaltende Mehrheit im Rat der EU-27 erst die 15 größten Mitgliedstaaten, die ca. 92 Prozent der Bevölkerung repräsentieren, ausreichend. So können die sechs Gründungsmitglieder der EWG keine Mehrheit im Rat erreichen.

Für eine Sperrminorität genügen die 13 Mitgliedstaaten mit den geringsten Bevölkerungsanteilen, die zusammen nur 9,6 Prozent der EU-Bevölkerung repräsentieren, aber auch die drei bevölkerungsreichsten Mitgliedstaaten können nur mit einem weiteren Staat einen Vetoblock bilden. Mit dem Ausscheiden des Vereinigten Königreichs erlangen die 14 ‚alten' Mitgliedstaaten der EU keine Mehrheit mehr. Sperrminoritäten können ebenso wenig von den 2004 beigetretenen und damit auch nicht von den neuen Staaten Mittel- und Osteuropas oder den Ländern des Ostseeraums ausgeübt werden. Auch die reicheren, wohlhabenderen Staaten des Nordens (Deutschland, Niederlande, Belgien, Dänemark, Schweden und Finnland) können ohne das Vereinigte Königreich keine Sperrminorität mehr bilden. Die 19 Euro-Mitgliedstaaten reichen hingegen weiterhin für eine qualifizierte Mehrheit aus. Aus diesen Konstellationsberechnungen wird einerseits deutlich, dass die Mitgliedstaaten als Vertragsarchitekten eher in einer Abwehrhaltung ihren jeweiligen nationalen Einfluss absichern wollen, statt eine von Vertrauen in ihre Argumente getragene Selbstsicherheit zu dokumentieren und den Rat entsprechend handlungsfähig zu machen. Andererseits fallen nach dem Ausscheiden des Vereinigten Königreiches einige Veto-Konstellationen weg. In Zukunft wird daher von Interesse sein, ob eine Machtverschiebung innerhalb des Rates feststellbar sein wird.

5.4   Reale Auswirkungen in der Vertragspraxis

Vor dem Hintergrund der Komplexität der Verfahrensbestimmungen ist zu erörtern, ob und gegebenenfalls wie sich die Vertragsbuchstaben auf die Praxis im Rat auswirken.

Eine Erkenntnis ist dominierend: Die Bewertung des Regelwerks hängt wesentlich von dem Einstellungs- und Verhaltensmuster der Regierungen ab. Für diese Analyse kann eine Übersicht über die tatsächliche Anwendung der qualifizierten Mehrheit im Rat genutzt werden (vgl. Abb. 3).

Von Praktikern wird gerne ausgeführt, dass die Mitglieder des Rates quasi aus der inneren Logik des Rates heraus immer zumindest in einer frühen Phase der Verhandlungen Konsens suchen und damit Mehrheitsabstimmungen nur eine ‚theoretische Möglichkeit' bzw. eine ‚leere Drohung' darstellen (Hayes-Renshaw 2017, S. 93). Im Sinne einer intergouvernementalen Leitidee der institutionellen Architektur ist Konsens auch als die angemessene Verhaltensnorm im Rat zu verstehen, zumal wenn es um ‚vitale' nationale Interessen eines Mitgliedstaats gehen sollte. Je nach politischem Kontext können derartige Einstellungen die politische Kultur für angemessenes Verhalten im Rat prägen. So hatte der informelle Luxemburger Kompromiss 1966 in der Ratspraxis zur Folge, dass zwischen 1966 und 1985 Beschlüsse bis auf wenige Ausnahmen nur einstimmig zustande kamen (vgl. Kap. ▶ „Geschichte").

Gegenüber dieser Erwartung zeigt die Praxis mehrere reale Verhaltensmuster der Regierungen; sie sind aus Daten zur Abstimmungshäufigkeit des Rates und des

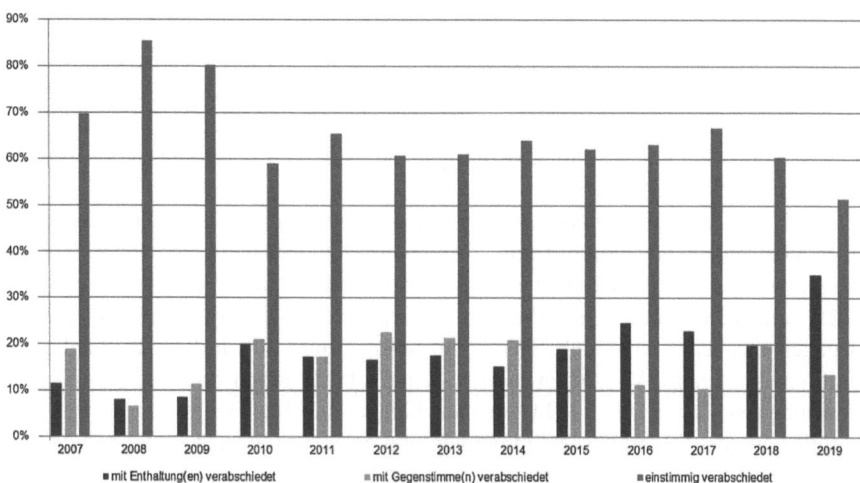

Abb. 3 Anwendung der qualifizierten Mehrheit im Rat. (Quelle: Daten zu 2004–2010: Hayes-Renshaw (2012, S. 80), Daten zu 2011–19: Eigene Auswertungen, auf Grundlage von Rat der Europäischen Union und Europäischer Rat (2020b))

Abstimmungsverhaltens von Mitgliedstaaten zu gewinnen. Zu diesen ‚harten' Informationen, die aus den Sitzungsprotokollen des Rates ablesbar sind, gibt es einen nicht eindeutig bestimmbaren Graubereich von nicht offen dokumentierten Abstimmungen. Bei derartigen Fällen stellt der Vorsitz fest, dass die Voraussetzungen für einen Beschluss des Rates erfüllt sind. Mögliche Minderheiten von Mitgliedstaaten lassen ihren Widerspruch aus taktischen Gründen nicht protokollieren (Hayes-Renshaw 2017, S. 94).

Der vorliegende Befund an Beschlüssen zeigt zunächst, dass Mehrheitsentscheidungen als durchaus normal akzeptiert werden, nicht jedoch den Regelfall darstellen (vgl. Abb. 3). Bei einem zweiten Blick auf diese Zahlen ist zu beobachten, dass der Anteil von tatsächlichen zu vertragsrechtlich möglichen Abstimmungen in den Jahren seit 2007 zwischen 15 und 45 Prozent schwankt. Der Anteil von Abstimmungen mit Gegenstimmen bewegt sich dabei zwischen 10 und 22 Prozent. Die Beschlussfassung mit Mehrheiten ist nach diesem Befund als eine durchaus übliche, wenn auch nicht immer unmittelbar genutzte Praxis zu betrachten. So gilt es im Rat als ‚angemessen', dass Abstimmungen in der Regel nur dann durchgeführt werden, wenn ein Mitgliedstaat oder wenige Mitgliedstaaten nicht willens oder fähig sind, einen lange gesuchten Kompromiss einzugehen. Enthaltungen gelten als üblich. In der Mehrzahl der dokumentierten Fälle von Entscheidungen gegen eine Regierung stimmte auch nur ein Mitgliedstaat gegen die Mehrheitsposition. Manchmal signalisieren wohl auch Minister, dass sie aus innenpolitischen Gründen eine Nein-stimme oder eine Enthaltung aufrechterhalten wollen, aber insgesamt mit dem verabschiedeten Ratsbeschluss ‚leben' können.

Die tatsächlichen Verhaltensmuster von Ministern und Beamten zeigen eine deutliche Neigung zur Konsenssuche oder gar einer „Konsenskultur" (Von Ondarza

2019, S. 106); diese wird jedoch durch das drohende Risiko einer möglichen Über-
stimmung dynamisiert. Minister und Beamte müssen bei ihren Verhandlungsposi-
tionen deshalb grundsätzlich beachten, nicht marginalisiert zu werden. Entsprechend
zielen Regierungen in einer absehbaren Minderheitenposition darauf, sich ihre
Zustimmung durch ein Entgegenkommen der Mehrheit – zumindest in einigen
Punkten – ,abkaufen' zu lassen.

Analysen der Neinstimmen bzw. der Enthaltungen ergaben keine Gruppierungen
oder Koalitionen von durchgängig, d. h. politikfeldübergreifenden, minorisierten
Mitgliedstaaten. Großbritannien ist in den letzten Jahren häufig überstimmt worden.
2018 fanden sich die Visegrad-Staaten häufiger in der Minderheit. Deutschland ist
dagegen eher selten außerhalb einer Kompromissgruppe. So wurde es 2018 lediglich
fünfmal überstimmt (Von Ondarza 2019, S. 107). In der Regel sind sektorspezifische
Positionen ausschlaggebend. In wenigen Fällen – so bei Fragen der Migrations-
politik – werden Mehrheitsabstimmungen von einzelnen Staaten in der Minderheit
nicht akzeptiert und müssen vor dem *Gerichtshof der Europäischen Union* (GEU)
entschieden werden.

Trotz der Bedeutung des vertraglichen Regelwerks ist für die Verhandlungs-
dynamik im Rat die ,Kunst' einer politischen Führung von nachhaltiger Bedeutung,
Interessen zwischen den Mitgliedern des Rates verhandlungstaktisch optimal zu-
sammenzustellen. Bei dieser Konsenssuche spielt dabei der Vorsitz des Rates eine
zentrale Rolle als ,ehrlicher Makler' (vgl. Kap. ▶ „Der Präsident des Europäischen
Rates"). Aber auch die Macht einzelner Staaten bzw. Staatengruppen kann ausschlaggebend sein (vgl. Kap. ▶ „Der Europäische Rat").

6   Aufbau, Arbeitsweise und Struktur

Die Binnenorganisation des Rates weist eine Struktur auf, die sich über die staatsähnliche Breite der Politikbereiche erstreckt und tief in die nationalen Verwaltungen
hineinreicht.

6.1   Beamtengremien: Ausprägungen eines administrativen Mehrebenensystems

Der Rat hat seit seiner Gründung eine zunehmend differenzierte Verwaltungsstruktur
entwickelt, deren Rolle zum Verständnis der EU als administratives Mehrebenensystem unverzichtbar ist (Bauer und Trondal 2015; Wessels et al. 2015). Besonders
bedeutsam sind dabei die Aufgaben, die nationale Administrationen bei der unmittelbaren Vorbereitung des Rates in seinen unterschiedlichen Formationen übernommen haben. Bei näherer Betrachtung lässt der Befund stark differenzierte Formen
von Ausschüssen und Arbeitsgruppen erkennen, deren Entwicklung auch mit dem
Lissabonner Vertrag nicht als abgeschlossen gelten kann (vgl. Abb. 4). Diese
„grenzüberschreitende Verwaltungspraxis" (Wessels 2000) ist ein wesentlicher Bestandteil der institutionellen Architektur der EU: 2018 waren 156 Ausschüsse und

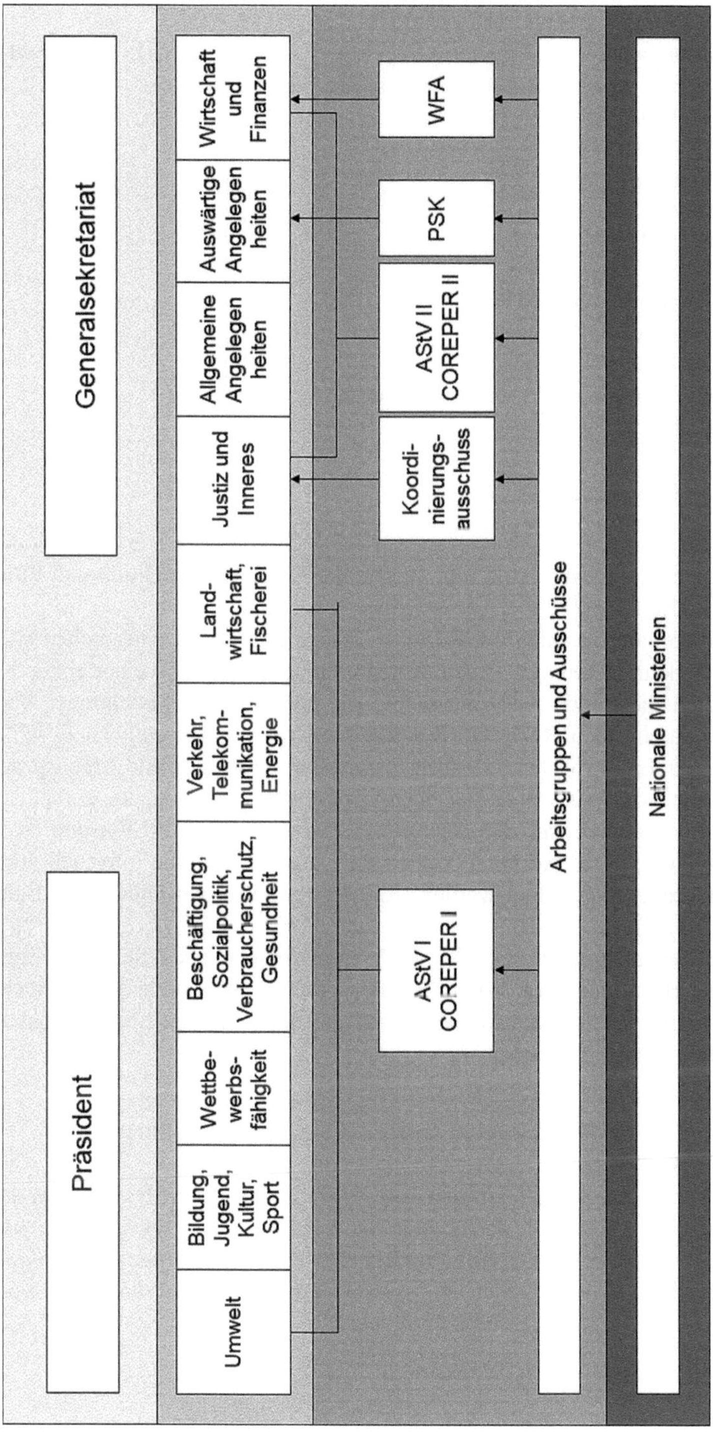

Abb. 4 Die Binnenstruktur des Rates. (Quelle: Eigene Darstellung, in Anlehnung an Wessels et al. (2015) und Rat der Europäischen Union und Europäischer Rat (2019))

Tab. 3 Ausschüsse und Arbeitsgruppen des Rates

Bereich/Ratsformation	Anzahl
Durch die Verträge, zwischenstaatliche Beschlüsse oder einen Rechtsakt des Rates eingesetzte Ausschüsse und Gruppen	18
Allgemeine Angelegenheiten	20
Auswärtige Angelegenheiten	34
Justiz und Inneres	18
Landwirtschaft und Fischerei	21
Umwelt	2
Verkehr, Telekommunikation und Energie	7
Wettbewerbsfähigkeit	15
Wirtschaft und Finanzen	11
Beschäftigung, Sozialpolitik, Gesundheit und Verbraucherschutz	5
Bildung/Jugend/Kultur/Sport	5
Gesamt	156

Quelle: Rat der Europäischen Union (2018)

Arbeitsgruppen aufgelistet (vgl. Tab. 3) (Rat der Europäischen Union und Europäischer Rat 2020d).

Die Vorbereitungsgremien des Rates, in denen Beamte auf einer hohen Hierarchieebene wirken, lassen sich in drei Kategorien unterteilen: Zu einer ersten Kategorie gehören diejenigen Ausschüsse und Gruppen, die im Lissabonner Vertrag aufgeführt, durch einen Rechtsakt des Rates oder zwischenstaatliche Beschlüsse eingesetzt sind. Einer zweiten Kategorie lassen sich Ausschüsse und Arbeitsgruppen zuordnen, die vom Ausschuss der Ständigen Vertreter (AStV, im europäischen Sprachgebrauch *Comité des représentants permanents* (COREPER)) initiiert werden. Schließlich gibt es Ad-hoc-Gruppen und -Ausschüsse, die informell zur Arbeitserleichterung eingerichtet werden (Rat der Europäischen Union und Europäischer Rat 2020d).

Oberstes Beamtengremium ist der AStV, in dem die ‚Botschafter' der Mitgliedstaaten unter Beteiligung von Kommissionsbeamten den Rat in dessen unterschiedlichen Zusammensetzungen vorbereiten und die ihm vom Rat übertragenen Aufgaben ausführen (vgl. Dokument 7).

Dokument 7, Bestimmungen zum Ausschuss der Ständigen Vertreter
Art. 240 (1) AEUV

Ein Ausschuss, der sich aus den *Ständigen Vertretern* der Regierungen der Mitgliedstaaten zusammensetzt, trägt die Verantwortung, die Arbeiten des Rates *vorzubereiten* und die ihm vom Rat übertragenen Aufträge *auszuführen*. Der Ausschuss kann in Fällen, die in der Geschäftsordnung des Rates vorgesehen sind, *Verfahrensbeschlüsse fassen*.

Hervorhebungen durch den Autor

Dieses Beamtenorgan ist an der Spitze einer Hierarchie von vorbereitenden Arbeitsgruppen an einer zentralen Scharnierposition zwischen der nationalen und europäischen Ebene angesiedelt. Die Vertragstexte verweisen auf die Doppelnatur sowohl als Gremium der Vertreter der Mitgliedstaaten als auch als Ausschuss, der für die EU insgesamt Verantwortung trägt (Lewis 2017, S. 352). Diese rollenimmanenten Konflikte führen häufig zu einer Selbsteinschätzung der ‚Brüsseler Vertreter' als ‚Ständige Verräter' gegenüber Weisungen aus den Hauptstädten, die als nicht mehrheitsfähig im Rat erscheinen (Lewis 2012). Die Arbeitsintensität dieses Ausschusses ist beträchtlich: Im Durchschnitt finden mehr als zwei Sitzungen pro Woche statt. Diese Belastung des AStV hat zu besonderen organisatorischen Anpassungsstrategien geführt. Bereits 1962 wurde der Ausschuss in zwei Ebenen geteilt. AStV I (der Stellvertreter) arbeitet primär für die so genannten technischen Räte, AStV II für die Räte „Allgemeine Angelegenheiten", „Justiz und Inneres", „Auswärtige Angelegenheiten" sowie für den Rat der Wirtschafts- und Finanzminister (ECOFIN); er behandelt insgesamt die politisch kontroverseren Themen und wird dabei häufig zu einem „de facto decision maker" (Lewis 2017, S. 34). Die Bedeutung des AStV wird im Hinblick auf die Beschlussvorlagen für den Rat deutlich: Nach entsprechenden Angaben verabschiedet der Rat ca. 85 bis 90 Prozent aller Tagesordnungspunkte als so genannte „A-Punkte" (Hayes-Renshaw 2017, S. 89), die nicht weiter von den Ministern selbst beraten, sondern aufgrund der Vorlage dieses Beamtengremiums nur aus formalen Gründen ‚abgesegnet' werden.

Neben dem AStV arbeiten andere, teilweise hierarchisch gleichrangig besetzte Beamtenausschüsse ‚ihrem' jeweiligen Fachrat zu. Der „Sonderausschuss Landwirtschaft" hat bereits seit den frühen Jahren der EWG unmittelbaren Zugang zum Agrarrat. Besondere Charakteristika weisen die vertraglich genannten Ausschüsse auf, die „unbeschadet des Art. 240 AEUV", d. h. des AStV, von sich aus Stellungnahmen an ihren jeweiligen (Fach-)Rat richten können.

Dazu gehört als Modellfall der *Wirtschafts- und Finanzausschuss* (WFA) – der frühere Währungsausschuss (vgl. Dokument 8).

Dokument 8, Bestimmungen für den Wirtschafts- und Finanzausschuss
Artikel 134 (2) AEUV
Der Wirtschafts- und Finanzausschuss hat die Aufgabe,

- auf Ersuchen des Rates oder der Kommission oder von sich aus *Stellungnahmen* an diese Organe abzugeben;
- die *Wirtschafts- und Finanzlage der Mitgliedstaaten und der Union zu beobachten* und dem Rat und der Kommission regelmäßig darüber *Bericht* zu erstatten, insbesondere über die finanziellen Beziehungen zu dritten Ländern und internationalen Einrichtungen;
- unbeschadet des Artikels 240 an der *Vorbereitung* der in Artikel 66 [...] genannten Arbeiten des Rates *mitzuwirken* und die sonstigen ihm vom Rat

(Fortsetzung)

> übertragenen Beratungsaufgaben und vorbereitenden Arbeiten auszufüh-
> ren; [...].
>
> Hervorhebungen durch den Autor

Die Mitglieder, pro Staat je ein hoher Beamter aus dem Finanzministerium und der Zentralbank sowie zwei aus der Europäischen Kommission und der EZB, sind de jure unabhängig; der Vorsitz wird von den Mitgliedern selbst für zwei Jahre gewählt und verfügt im ECOFIN über ein Rederecht. Formen und Strukturen des WFA waren Vorbild für neuere Gremien, so z. B. für den Beschäftigungsausschuss (Art. 150 AEUV) und den Ausschuss für Sozialschutz (Art. 160 AEUV). Auch im „Politischen und Sicherheitspolitischen Komitee" (PSK) (Art. 38 EUV) mit entsprechenden Arbeitsgruppen sowie einem Ständigen Ausschuss, der ebenfalls gestützt durch weitere Beamtengremien, die operative Zusammenarbeit im Bereich der Inneren Sicherheit fördert (Art. 71 AEUV) haben nationale Fachministerien einen eigenen Zugang zu ‚ihrem' jeweiligen Rat gefunden.

Mit der Initiative zur *Europäischen Sicherheits- und Verteidigungspolitik* (ESVP), die im Lissabonner Vertrag zur „Gemeinsamen Sicherheits- und Verteidigungspolitik" weiterentwickelt wurde, sind seit Ende der neunziger Jahre auch Offiziere nationaler Verteidigungsministerien im Militärausschuss und im Militärstab einbezogen (vgl. Kap. ▶ „Auswärtiges Handeln").

Auf einer dritten Ebene der administrativen Ratsstruktur können der Rat, der AStV und die Präsidentschaft weitere vorbereitende Arbeitsgruppen bzw. Ausschüsse einsetzen, in denen Beamte aus den Fachministerien mit den Kollegen aus der Kommission im Detail beraten und verhandeln. Die Zahl und Aufteilung der Arbeitsgruppen hat von zehn (1960) auf mehr als 150 im Jahr 2018 zugenommen (vgl. Tab. 3). Die Arbeitsgruppen gelten häufig als ‚Rückgrat' des Rates.

6.2   Vorsitz: Verantwortung ohne Macht

Zu den überraschenden Phänomenen der institutionellen Architektur gehören Entstehung und Entwicklung der Ratspräsidentschaft. Ausgehend von einer unscheinbaren Aufgabenliste als halbjährlich rotierender Vorsitz im (Minister-)Rat und dessen Gremien nimmt sie mittlerweile eine Schlüsselposition bei der System- und Politikgestaltung der Europäischen Union ein. Wie viele institutionelle Rollenzuschreibungen in der EU-Architektur sind auch die Funktionen und das Profil der Präsidentschaft nicht umfassend und eindeutig festgeschrieben. Stattdessen eröffnen Vertragstext und Praxis einen gewissen Spielraum. Diese Interpretationsoffenheit kann für den Vorsitz ein Potenzial an Gestaltungsmöglichkeiten bieten, das im Rahmen der jeweils bestehenden politischen Lage auf Chancen und Grenzen auszuloten ist. Aus den Vertragsvorgaben wie auch aus einer langjährigen gelebten Praxis hat sich ein umfassender Katalog an Aufgaben entwickelt (vgl. Dokument 9).

Dokument 9, Aufgaben und Funktionen des Vorsitzes
- Setzen von Prioritäten und Entwurf von Tagesordnungen
- Förderung von Initiativen
- Entwerfen von klaren und präzisen Schlussfolgerungen
- Kompromisssuche bei Kontroversen und Vermittlung bei Konflikten
- Überblick über organisatorische/administrative Abläufe herstellen
- Kollektive Repräsentation des Rates (auch gegenüber Akteuren außerhalb der EU)
- Vertretung nationaler Interessen

Quelle: Eigene Zusammenstellung auf Grundlage der relevanten Literatur, so Van Hecke und Bursens (*2014*) sowie Foret und Rittelmeyer (*2014*)

Grundlage für die zweimal im Jahr wechselnde Präsidentschaft ist ein Rotationssystem, das jeden Mitgliedstaat gleichberechtigt berücksichtigt. Entsprechende Entscheidungen trifft der Europäische Rat (Art. 236 AEUV).

Nach Diskussionen hat er im Januar 2007 für die Jahre 2007 bis 2020 eine Reihenfolge festgelegt (Rat der Europäischen Union 2007), bei der von einer alphabetischen Abfolge abgerückt wird; stattdessen wird jeweils eine Gruppe gebildet, die sich aus einem größeren Mitgliedstaat, einem kleineren Altmitglied und einem 2004 beigetretenen Mitgliedstaat zusammensetzt, wobei dieses System nicht immer strikt eingehalten werden kann. Tab. 4 listet die Präsidentschaften auf, die ab 2020 vorgesehen sind.

Organisatorisch betrachtet bedeutet eine Präsidentschaft zunächst, dass Minister und Beamte des betreffenden Mitgliedstaats für ein Halbjahr auf allen Ebenen der Ratsstruktur den Vorsitz in den entsprechenden Organen und Gremien übernehmen. Im Lissabonner Vertrag wurden zwei Ausnahmen mit erheblichen Auswirkungen auf die Rolle eines Präsidentschaftslandes festgeschrieben. Den Vorsitz im Europäischen Rat führt der hauptamtliche Präsident, d. h. nicht der Regierungschefs des Staates, der die Ratspräsidentschaft innehat (vgl. Kap. ▶ „Der Präsident des Europäischen Rates"). Der Hohe Vertreter der Union für Außen- und Sicherheitspolitik führt den Vorsitz im Rat für Auswärtige Angelegenheiten (vgl. Kap. ▶ „Der Hohe Vertreter der EU für Außen- und Sicherheitspolitik"), d. h. nicht der Außenminister der rotierenden Präsidentschaft.

Angesichts einer erheblichen Wachstums- und Binnendifferenzierung der Ratsstruktur erfordert die zunächst begrenzt erscheinende Aufgabe erhebliche Anstrengungen im Zeitbudget von Politik und Verwaltung. Auf allen Hierarchieebenen sind Sitzungen vorzubereiten und zu leiten. Für die Rats- und Gremiensitzungen sind jeweils eine doppelte Besetzung von Politikern und Beamten einzuplanen, die sowohl den Vorsitz als auch – die davon streng getrennte – Sprecherrolle des

Tab. 4 Ratspräsident-
schaften 2020–2030

		Kroatien
	2020	Deutschland
	2021	Portugal
		Slowenien
	2022	Frankreich
		Tschechien
	2023	Schweden
		Spanien
	2024	Belgien
		Ungarn
	2025	Polen
		Dänemark
	2026	Zypern
		Irland
	2027	Litauen
		Griechenland
	2028	Italien
		Lettland
	2029	Luxemburg
		Niederlande
	2030	Slowakei
		Malta

Quelle: Rat der Europäischen Union und Europäischer Rat (2016)

jeweiligen Mitgliedstaats übernehmen. So hatte die deutsche Präsidentschaft im ersten Halbjahr 2007 in ungefähr 250 Gremien doppelte Positionen auszufüllen (zu diesen und weiteren Zahlen: Wessels und Schäfer 2007).

Langfristig vor dem eigentlichen Präsidentschaftshalbjahr sind die Schwerpunkte des Arbeitsprogramms zu planen, die mit Politikern und Beamten anderer Mitgliedstaaten sowie der Kommission und zunehmend auch dem EP abgesprochen werden. Die Mehrzahl der Themen auf der Präsidentschaftsliste ergibt sich aus dem fortlaufenden Kalender der Unionsaktivitäten und aus Vorgaben des Europäischen Rates. Von dem Vorsitz wird dann ein politisches Gespür erwartet, welche Punkte für die Tagesordnung behandlungsnotwendig und ‚entscheidungsreif' sind, und zu welchen Problemen weitere Bemühungen der Abklärung – gegebenenfalls vor einer Sitzung – unternommen werden sollten. Für eine gute Vorbereitung sind deshalb Gespräche mit Vertretern von denjenigen Mitgliedstaaten einzuplanen, die besondere Schwierigkeiten mit einer Vorlage signalisieren. Die Vorbereitung einzelner Sitzungen erfolgt in Absprache mit dem Generalsekretariat des Rates.

Die eigentliche Sitzungsleitung verlangt mehr als das Abhaken von Tagesordnungspunkten und das Erteilen des Rederechts. Mithilfe der Geschäftsordnung sowie mit ‚politischem Geschick' kann ein ‚einfühlsamer' und zielgerichteter Vorsitz den Ablauf der Beratungen und Verhandlungen nachhaltig beeinflussen. Erwartet werden intensive Bemühungen zur Konsenssuche – gegebenenfalls auch durch die

‚Androhung' von Abstimmungen bzw. Verweisung an unter- bzw. auch übergeordnete Gremien und Organe.

Eine besondere Taktik zur Konsenssuche besteht in dem *Beichtstuhlverfahren* (im europäischen Sprachgebrauch *confessional*) (vgl. Kap. ► „Der Europäische Rat"): Dabei führt der Vorsitz – anstelle einer Plenarsitzung – bilaterale Gespräche mit einzelnen Delegationen, die Einwände gegen einen Entwurf einbringen; dabei kann er vertrauensvoll Rückfallpositionen abfragen und Konsensmöglichkeiten ausloten. Im Anschluss werden von dem Vorsitz Vorschläge für Kompromissformeln und gegebenenfalls für umfassende Verhandlungspakete erwartet. Auch die Bildung kleinerer Gruppen von besonders betroffenen Staaten – die sogenannten ‚Freunde der Präsidentschaft' – kann diesem Zweck dienen. Bei der Wahrnehmung dieser Vorsitzaufgaben werden Minister und Beamte des Präsidentschaftslandes in die Rolle eines „neutralen und unparteiischen Vermittlers" (Generalsekretariat des Rates 1997, S. 5), oder eines ‚ehrlichen Maklers' gedrängt, der im Interesse ‚seines' Organs oder Gremiums die Politik- und gegebenenfalls Systemgestaltung voranzutreiben hat.

Die Aufgabe der Präsidentschaft ist aber nicht nur nach innen gerichtet, sondern erstreckt sich auch auf die Darstellung und Vermittlung der erreichten Ergebnisse des Rates nach außen. Als eine Art ‚Sprecher' fällt diesem Amt – häufig zusammen mit der Kommission – die Aufgabe zu, die Ergebnisse der Ratssitzungen auf allen Ebenen gegenüber der Presse und insbesondere dem EP zu vertreten. Die Kontakte mit dem EP haben an Zahl und Anforderungen erheblich zugenommen. Zu diesen Aufgaben gehört auch die Beantwortung von schriftlichen und mündlichen Anfragen von Abgeordneten des EP, die durch das Generalsekretariat des Rates vorbereitet werden.

In den Gesetzgebungs- und Haushaltsverfahren übernimmt der Vorsitz auch gegenüber dem EP und der Kommission eine zentrale Aufgabe als Verhandlungsführer des Rates, die in den vertraglich vorgesehenen Vermittlungsausschüssen und in inoffiziellen *Trilogen* mit dem EP wahrgenommen wird (vgl. Kap. ► „Gesetzgebungs- und Haushaltsverfahren").

Der Selbstanspruch des Vorsitzes ist – abzulesen an entsprechenden Reden vor dem EP – häufig hoch. Neben der Vorgabe von breit und häufig ehrgeizig gesetzten Zielen versuchen Mitgliedstaaten immer wieder, ihrer jeweiligen Präsidentschaft auch eine besondere historische Rolle zuzuschreiben. So haben sich Regierungen immer bemüht, Beschlüsse zum institutionellen bzw. konstitutionellen Ausbau der Europäischen Union, zu programmatischen Zielsetzungen für einzelne Politikfelder oder zu Erweiterungsschritten der Europäischen Union während ‚ihres' Halbjahres zur Entscheidungsreife voranzutreiben und damit historische Meilensteine bzw. Wegmarken an Weggabelungen des Integrationsprozesses – insbesondere mit Blick auf ‚Vertiefung' und ‚Erweiterung' – zu setzen.

Die umfangreichen Aufgaben und erwarteten Funktionen der Präsidentschaft sind jedoch nicht mit starken Machtmitteln gegenüber den Kollegen und Partnern verbunden. Der Vorsitz ist stets an die Zustimmung des Rates gebunden. Seine ‚Vorrechte' sind auf einige interne Verfahren und äußere Repräsentationsfunktionen begrenzt. Nach dem allgemeinen Verständnis der Mitgliedstaaten und den praktizierten Normen sind sie auch nur zurückhaltend auszuüben, wenn sie die gewünschte Wirkung in Rat und Beamtengremien erzielen sollen, sodass dem Halbjahr ein Zeugnis als ‚gute Präsidentschaft' ausgestellt werden kann. Nicht zu überschätzen sind auch die Möglichkeiten, umfassend eigene bzw. neue Prioritäten zu setzen. In vielen Bereichen ist die Tagesordnung durch Vorgaben des Europäischen Rates, dem Initiativmonopol der Kommission und Fristen aus Vertragsregeln festgelegt. In der Schwerpunktbildung können zwar eigene Interessen eingebracht werden, diese sollten jedoch mit der mittelfristigen strategischen Planung des Europäischen Rates übereinstimmen. Die Ausübung des Vorsitzes entspricht somit einer Übernahme hoher Verantwortung bei vergleichsweise geringer (Verfahrens-)macht und kann daher auch als „Dynamik in der Zwangsjacke" (Janning 1997) beschrieben werden.

Trotz der Mühen und der Kosten einer Präsidentschaft sind die Mitgliedstaaten nachhaltig daran interessiert, ihr jeweiliges Halbjahr zu übernehmen. Diese Rolle wird – insbesondere von kleineren Mitgliedstaaten – gerne genutzt, um ihrem Land innerhalb der EU ein besonderes Profil zu geben. Entsprechend der Interessen dieser Ländergruppe sieht der Lissabonner Vertrag auch vor: „Der Vorsitz im Rat [...] wird von den Vertretern der Mitgliedstaaten [...] nach einem System der *gleichberechtigten Rotation* wahrgenommen" (Art. 16 (9) EUV) (Hervorhebungen durch den Autor).

6.3   Generalsekretariat

Unterstützt werden der Rat und die Präsidentschaft sowie Ausschüsse und Arbeitsgruppen durch ein Generalsekretariat, „ [...] das einem vom Rat ernannten Generalsekretär untersteht" (Art. 240 (2) AEUV). Es verfügt über einen wachsenden Stab sach- und verfahrenskundiger Beamter. Den ca. 3000 Beamten des Generalsekretariats (Hayes-Renshaw 2017, S. 87) werden neben Organisations- und Sekretariatsaufgaben wichtige informelle Aufgaben zugeschrieben, die in prozeduraler und inhaltlicher Begleitung der Präsidentschaft und der Koordinierung mehrerer Politikfelder liegen. Dazu gehören auch wichtige beratende Funktionen im legislativen und budgetären Trilog mit dem EP und der Kommission (vgl. Kap. ► „Gesetzgebungs- und Haushaltsverfahren"). Bei Regierungskonferenzen und bei den beiden Konventen zu Vertragsreformen haben erfahrene Juristen des Rates auch wichtige Aufgaben bei der Formulierung von Vertragsänderungen übernommen (Laffan 2005, S. 490).

Mit der Einrichtung eines hauptamtlichen Präsidenten des Europäischen Rates und dessen persönlichem Kabinett hat das Generalsekretariat – zumindest bei den Treffen der Staats- und Regierungschefs – an Einfluss verloren (vgl. Kap. ► „Der Präsident des Europäischen Rates").

Zurzeit ist das Generalsekretariat funktional nach folgenden Bereichen organisiert (Rat der Europäischen Union und Europäischer Rat 2019):

• Juristischer Dienst
• Generaldirektion A: Verwaltung
• Generaldirektion B: Landwirtschaft, Fischerei, Soziales und Gesundheit

- Generaldirektion C: Außenbeziehungen; Erweiterung und Katastrophenschutz
- Generaldirektion D: Justiz und Inneres
- Generaldirektion E: Umwelt, Bildung, Verkehr und Energie
- Generaldirektion F: Kommunikation und Dokumentenmanagement
- Generaldirektion G: Wirtschaftsbeziehungen und Wettbewerbsfähigkeit

6.4 Administrative Regelungen: Sitzungsort und Sprachenregime

Die Arbeitsweise des Rates wird auch durch Sitzungsort und Sprachenregime beeinflusst. Dieses Organ tagt – bis auf wenige Sitzungen im ersten Halbjahr in Luxemburg – in einem festungsähnlichen Gebäude im europäischen Viertel in Brüssel, das nach einem belgischen Gelehrten des 16. Jahrhunderts, Justus Lipsius, benannt wurde. Dort stehen Sitzungsräume unterschiedlicher Größe zur Verfügung, die auch Treffen in kleinerem Kreise ermöglichen. Das Sprachenregime ist eindeutig, wenn auch aufwendig. Wie beim EP bilden die Sprachen der Mitgliedstaaten auch die Amtssprachen, d. h. alle rechtswirksamen Dokumente müssen in jede Sprache übersetzt worden sein.

Genutzt werden auch auf der Arbeitsebene mehrere Sprachkombinationen, bei denen nicht in jede Sprache übersetzt wird. Für ein optimales Arbeiten und Verhandeln haben Beamte das Fachvokabular insbesondere im Englischen zu beherrschen. Insbesondere für die notwendigen Beratungen und Verhandlungen vor und außerhalb der offiziellen Sitzungen sind derartige Fähigkeiten für Politiker und Beamte notwendig oder doch zumindest hilfreich.

7 Zusammenfassung, Diskussion und Perspektiven: Institutionelle Leitideen im Test

Der Befund zum Rat zeigt ein vielfältiges und kontrastreiches Bild an Rollen im EU-System. Der Rat hat in vielfältigen Ressortformationen legislative, exekutive und koordinierende Funktionen intensiv in einem variierenden und nicht immer konfliktfreien Zusammenspiel mit anderen Organen wahrgenommen (Hayes-Renshaw 2017, S. 100–104; Puetter 2014). Zu diskutieren ist sowohl aufgrund der Vertragsbuchstaben als auch im Hinblick auf die Praxis, ob der Rat in der institutionellen Architektur eher als intergouvernementales Organ zu verstehen ist, das die Mitgliedstaaten zur Verteidigung ihrer nationalen Souveränität nutzen und dabei nur zu einem beharrenden Verhandeln (im wissenschaftlichen Sprachgebrauch *bargaining*) ihrer nationalen Interessen bereit sind, oder ob der Rat als Gemeinschaftsorgan zu sehen ist, das ein produktives Argumentieren (im wissenschaftlichen Sprachgebrauch *arguing*) zwischen den Mitgliedstaaten fördert und infolge der Dynamik der Mehrheitsregeln supranationale Rechtsetzungsbefugnisse ausübt (vgl. Kap.
► „Der Europäische Rat") (zum Begriffspaar „bargaining" und „arguing" vgl. u. a. Puetter 2014; Risse 2000; Moravcsik 1998).

Der Befund lässt ein „sowohl als auch" sinnvoll erscheinen: Der besondere Charakter dieses Organs liegt darin, horizontal zwischen den Mitgliedstaaten und vertikal zwischen nationaler und Unionsebene einen Ausgleich zu suchen und häufig auch zu finden. Der Rat wirkt als Scharnier zwischen mehreren Ebenen und unterschiedlichen Politikfeldern. Die Beteiligung der Europäischen Kommission, die Mitwirkungsformen des EP und die Kontrollmöglichkeiten des GEU betten dieses Organ in eine angemessene Gewaltenteilung ein. Die Ausweitung der Mehrheitsabstimmungen dokumentiert den Willen der Mitgliedstaaten, im Interesse einer Problemlösungsfähigkeit der Union auf ein einzelstaatliches Veto zu verzichten – selbst wenn diese Regeln noch durch einen Aufbau von Ausweich- und Rückfallpositionen geprägt werden. Der Output an verbindlichen Rechtsakten verdeutlicht, dass diese Institution ihre Rolle als Vertragsorgan durchaus genutzt und damit den supranationalen Charakter des EU-Systems gestärkt hat. Diese Aspekte lassen häufig Entwicklungen in Richtung eines institutionellen Leitbildes nach einem „fusionierten" Mischtypen erkennen (vgl. Kap. ▶ „Einführung").

Eine derartige Charakterisierung, die nicht zuletzt in der komplexen Binnenstruktur und den Arbeitsweisen ‚hinter verschlossenen Türen' ihren Ausdruck findet, führt zu einer zentralen Legitimitätsproblematik der institutionellen Architektur des EU-Systems: Diese Charakteristika des Rates führen nicht nur zu einer mangelnden Transparenz dieses Organs, sondern der Politik- und Systemgestaltung insgesamt. Wenn man nicht davon ausgeht, dass die starke Mitwirkung nationaler Politiker und Beamter im Rat per se bereits eine ausreichende Legitimation für die Entscheidungen des EU-Systems gewährleistet (zu dieser Position vgl. (Moravcsik 1998), so stellt der Rat in den Diskussionen um ein Demokratiedefizit der EU ein Kernproblem dar.

So gibt der Rat kein gutes Beispiel für die immer geforderte Transparenz der Brüsseler Entscheidungsmaschinerie. Die Öffentlichkeitsarbeit des Rates war immer wieder Gegenstand von Kontroversen (Hayes-Renshaw 2017, S. 90). Aus den Beratungen hinter verschlossenen Türen werden in der Regel nur die Ergebnisse bekannt. Der Vorsitz geht jedoch weder vor der Presse in Brüssel, noch bei den Fragestunden des EP auf Details der Verhandlungsprozesse im Rat ein. Außerdem geben Politiker von der nationalen Presse häufig abweichende Erläuterungen zum Hergang der Sitzungen.

Der Maastrichter Vertrag regelte zumindest den Zugang zu Dokumenten – so ist es seitdem möglich, zumindest das Abstimmungsverhalten jedes Mitgliedstaates zu beobachten. Der Lissabonner Vertrag sieht zudem vor, dass „der Rat öffentlich tagt, wenn er über Entwürfe zu Gesetzgebungsakten berät oder abstimmt" (Art. 16 (8) EUV), wobei die meisten Kontroversen im Vorfeld einer Medienbeobachtung abgeklärt werden (Hayes-Renshaw 2017, S. 99).

Der Rat wird ein zentrales Testfeld darstellen, ob und wie die EU mit 27 oder mehr Mitgliedern angesichts zunehmender Herausforderungen mit oder gegebenenfalls auch ohne weitere Änderungen der Vertragsbestimmungen arbeiten kann.

8 Zur Wiederholung und Vertiefung

Merkpunkte und Stichworte
- Grundkenntnisse zum Rat:
  –Historische Daten
  –Vertragsgrundlage
  –Tagungsort
- Aufgaben und Rolleninterpretationen des Rates: Definition und Beispiele
  –als Legislative
  –als Haushaltsbehörde
  –als Exekutive
  –als Koordinierungsinstanz
- Zur Arbeitsweise und Binnenorganisation:
  –Allgemeiner Rat: Zusammensetzung und Aufgaben
  –Formationen des Rates
  –Qualifizierte Mehrheit im Vertrag von Lissabon: Regeln und Schwellenwerte
  –Sperrminoritäten: Definition und Koalitionen
  –Abstimmungsmuster: Praxis
  –Hochrangige Ausschüsse: Definition und Beispiele
  –Vorsitz: Rotationsprinzip und Aufgaben
  –AStV (COREPER): Definition und Aufgaben
  –Arbeitsgruppen: Aufgaben und Befund
  –Generalsekretariat: Aufgaben und Struktur

Fragen
- Wie kann der Rat als Mehrebenen- und Mehrfeldspieler erfasst und erklärt werden?
- Wie kann die Rolle des administrativen Unterbaus erfasst und erklärt werden?
- Welche theoretischen Ansätze können für Rolleninterpretationen des Rates genutzt werden?
- Ist die Verwendung des Begriffs „fusionierter Mischtyp" hilfreich?

Thesen zur Diskussion
- Eine Ausweitung der Regeln für eine qualifizierte Mehrheit erhöhen die Beschlusseffizienz des Rates nicht.
- Der Vorsitz im Rat und dessen administrativer Unterbau sollten durchgängig hauptamtlich für mindestens zweieinhalb Jahre gewählt werden.
- Zur Koordinierung des Rates und seiner Gesetzgebungsfunktion ist ein Rat spezialisierter Europaminister einzurichten.
- Die Stimmengewichtung im Rat ist undemokratisch.
- Der Rat ist gegenüber dem EP zu einer wirklichen zweiten Kammer (herab-)zu stufen.
- Der Rat ist ein supranationales Organ in intergouvernementaler „Verkleidung".
- Der Rat ist ein intergouvernementaler Wolf im ‚Schafspelz' eines Gemeinschaftsorgans.

Literatur

Online-Quellen

https://www.consilium.europa.eu/.
Offizielle Homepage des Rates der Europäischen Union.

Einführende Literatur

Große Hüttmann, Martin, und Barbara Lippert. 2020. *Die Europäische Union*. Stuttgart: Kohlhammer.
Hayes-Renshaw, Fiona. 2017. The Council of Ministers: Conflict, consensus, and continuity. In *The Institutions of the European Union*, Hrsg. Dermot Hodson und John Peterson, 4. Aufl., 80–107. Oxford/New York: Oxford University Press.
Von Von Ondarza, Nicolai. 2020. Rat der EU. In *Europa von A bis Z. Taschenbuch der europäischen Integration*, Hrsg. Werner Weidenfeld, Wolfgang Wessels und Funda Tekin, 15. Aufl., 507–512. Wiesbaden: Springer VS.
Von Ondarza, Nicolai. 2020. Rat der Europäischen Union. In *Jahrbuch der Europäischen Integration 2020*, Hrsg. Werner Weidenfeld und Wolfgang Wessels, 99–107. Baden-Baden: Nomos.

Literaturverzeichnis

Baldwin, Richard, und Mika Widgrén. 2004. *Council voting in the constitutional treaty: Devil in the details*. Brüssel: Center for European Policy Studies (CEPS).
Bauer, Michael, und Jarle Trondal. 2015. *The Palgrave handbook of the European administrative system*. Basingstoke: Palgrave Macmillan.
Forêt, Francois, und Yann-Sven Rittelmeyer, Hrsg. 2014. *The European Council and the European governance: The commanding heights of the EU*. London/New York: Routledge.
Generalsekretariat des Rates. 1997. *Handbuch für den Rat*, Bd. 1. Luxemburg: Leitfaden für den Vorsitz.
Hayes-Renshaw, Fiona. 2012. The Council of Ministers. In *The Institutions of the European Union*, Hrsg. John Peterson und Michael Shackleton, 3. Aufl., 68–95. Oxford/New York: Oxford University Press.
Hayes-Renshaw, Fiona. 2017. The Council of Ministers: Conflict, consensus, and continuity. In *The institutions of the European Union*, Hrsg. Dermot Hodson und John Peterson, 80–107. Oxford: Oxford University Press.
Hayes-Renshaw, Fiona, und Helen Wallace. 2006. *The Council of Ministers*. Basingstoke/New York: Palgrave Macmillan.
Janning, Josef. 1997. Dynamik in der Zwangsjacke – Flexibilität in der Europäischen Union nach Amsterdam. *Integration* 20(4): 285–291.
Laffan, Brigid. 2005. Der schwierige Weg zur Europäischen Verfassung: Von der Humboldt-Rede Außenminister Fischers bis zum Abschluss der Regierungskonferenz. In *Der Vertrag über eine Verfassung für Europa. Analysen zur Konstitutionalisierung der EU*, Hrsg. Mathias Jopp und Saskia Matl, 473–492. Baden-Baden: Nomos.
Lewis, Jeffrey. 2012. National interests: The committee of permanent representatives. In *The Institutions of the European Union*, Hrsg. John Peterson und Michael Shackleton, 3. Aufl., 315–337. Oxford/New York: Oxford University Press.

Lewis, Jeffrey. 2017. Coreper: National interests and the logical of appropriateness. In *The Institutions of the European Union*, Hrsg. Dermot Hodson und John Peterson, 4. Aufl., 334–356. Oxford: Oxford University Press.

Link, Werner. 2006. *Auf dem Weg zu einem neuen Europa. Herausforderungen und Antworten.* Nomos: Baden-Baden.

Moravcsik, Andrew. 1998. *The choice for Europe: Social purpose and state power from Messina to Maastricht.* London/New York: Cornell University Press.

Puetter, Uwe. 2014. *The European Council and the Council. New intergovernmentalism and institutional change.* Oxford: Oxford University Press.

Rat der Europäischen Union. 2007. *Beschluss des Rates vom 1. Januar 2007 zur Festlegung der Reihenfolge für die Wahrnehmung des Vorsitzes im Rat (2007/5/EG, Euratom).* Brüssel. https://eur-lex.europa.eu/legal-content/de/TXT/PDF/?uri=CELEX:32007D0005. Zugegriffen am 01.07.2022.

Rat der Europäischen Union und Europäischer Rat. 2016. *Turnusmäßig wechselnder Ratsvorsitz: Beschluss über Änderung der Reihenfolge.* https://www.consilium.europa.eu/de/press/press-re leases/2016/07/26/council-rotating-presidencies-revised-order/. Zugegriffen am 01.07.2022.

Rat der Europäischen Union. 2018. Brüssel. *Verzeichnis der Vorbereitungsgremien des Rates; 10925/18.* http://data.consilium.europa.eu/doc/document/ST-10925-2018-INIT/de/pdf. Zuge-griffen am 01.07.2022.

Rat der Europäischen Union und Europäischer Rat. 2019. *Organisationsstruktur des Generalse-kretariats.* https://www.consilium.europa.eu/media/35512/gsc-organisation-chart-en.pdf. Zuge-griffen am 01.07.2022.

Rat der Europäischen Union und Europäischer Rat. 2020a. *Die Ratsformationen.* https://www.consilium.europa.eu/de/meetings/calendar/. Zugegriffen am 01.07.2022.

Rat der Europäischen Union und Europäischer Rat. 2020b. *Dokumente und Veröffentlichungen.* https://www.consilium.europa.eu/de/documents-publications/. Zugegriffen am 01.07.2022.

Rat der Europäischen Union und Europäischer Rat. 2020c. *Sitzungskalender.* https://www.consi lium.europa.eu/de/meetings/calendar/. Zugegriffen am 01.07.2022.

Rat der Europäischen Union und Europäischer Rat. 2020d. *Vorbereitungsgremien des Rates.* https://www.consilium.europa.eu/de/council-eu/preparatory-bodies/. Zugegriffen am 01.07.2022.

Risse, Thomas. 2000. Let's argue: Communicative action in world politics. *International Organi-zation* 54(1): 1–39.

Van Hecke, Steven, und Peter Bursens. 2014. The Council Presidency and the European Council Presidency: Towards collective leadership in the EU. In *The European Council and the European governance: The commanding heights of the EU*, Hrsg. Francois Forêt und Yann-Sven Rittelmeyer, 111–126. London/New York: Routledge.

Von Ondarza, Nicolai. 2019. Rat der Europäischen Union. In *Jahrbuch der Europäischen Integraion 2019*, Hrsg. Werner Weidenfeld und Wessels Wolfgang, 101–108. Baden-Baden: Nomos.

Wessels, Wolfgang. 2000. *Die Öffnung des Staates. Modelle und Wirklichkeit grenzüberschreiten-der Verwaltungspraxis 1960–1995.* Opladen: Leske + Budrich.

Wessels, Wolfgang, und Verena Schäfer. 2007. Die (deutsche) Präsidentschaft des Rates. In *Europa von A bis Z. Taschenbuch der europäischen Integration*, Hrsg. Werner Weidenfeld und Wessels Wolfgang, 10. Aufl., IX–XVI. Baden-Baden: Nomos.

Wessels, Wolfgang, Tobias Kunstein, und Peter Valant. 2015. The EU council(s) system and administrative fusion. In *The Palgrave handbook of the European administrative system*, Hrsg. Michael Bauer und Jarle Trondal, 265–280. Basingstoke: Palgrave Macmillan.

Die Europäische Kommission

Inhalt

Zusammenfassung

Die Europäische Kommission ist ein zentraler Akteur in der institutionellen Architektur der EU, ihre Rolle ist jedoch immer wieder Gegenstand politischer und wissenschaftlicher Diskussionen: Nimmt sie als supranationales Organ ausschließlich die ihr nach dem Vertragstext obliegenden Aufgaben als „Motor der Integration" und „Hüterin der Verträge" wahr? Oder kann sie im Rahmen ihrer zunehmenden Exekutivfunktionen gar als Regierung der EU verstanden werden? Oder ist sie nur ein nützlicher Diener für die Mitgliedstaaten? Um die Funktionsweise der Europäischen Union genau begreifen zu können, muss man sowohl ihren Einfluss bei der Außenvertretung der Union als auch die innere Organisation der Kommission im Spannungsverhältnis zwischen Kollegialprinzip und der Führungsrolle des Präsidenten verstehen, wobei eine zunehmende Politisierung des Amtes des Kommissionspräsidenten festzustellen ist. Diese hat durch die Wahl zum Europäischen Parlament 2014 und 2019 mit der Benennung von „Spitzenkandidaten" erneut an Bedeutung gewonnen.

© Springer Fachmedien Wiesbaden GmbH, ein Teil von Springer Nature 2022
W. Wessels, *Das Politische System der Europäischen Union*,
https://doi.org/10.1007/978-3-658-10013-1_5

Motor der Integration · Initiativmonopol · Exekutivorgan · Hüterin der Verträge ·
Führungsrolle des Kommissionspräsidenten · Supranationales Organ · Aktiver
Mehrebenenspieler

1   Eckpunkte im Überblick: Ein zentraler Mitgestalter

Zu den auffälligen Erscheinungen der institutionellen Architektur der EU zählt die
Europäische Kommission. Sie wird als eine der „merkwürdigsten Verwaltungen"
(Peterson 2017, S. 109) oder auch als die „originellste" Gründung (Edwards 2006,
S. 1) in der institutionellen Architektur des EU-Systems bezeichnet. So nahmen die
Vertragsarchitekten der EGKS mit der Einrichtung der *Hohen Behörde* als unabhän-
gigem Organ eine bereits historische Weichenstellung vor (Hofmann 2014, S. 183;
Brunn 2004, S. 70). Die Römischen Verträge gründeten zusätzliche Kommissionen
für die EWG und für die Euratom. Mit der Fusion der Exekutiven von 1967 wurde
eine einzige Kommission geschaffen. Diese wurde in eine zentrale supranationale
Position gerückt, die bewusst nach den Vertragstexten nicht von den Interessen und
Präferenzen der Regierungen abhängig sein sollte.

Auf der Grundlage des Lissabonner Vertrags übernimmt sie wesentliche Aufgaben bei der Vorbereitung, Verabschiedung, Durchführung und Kontrolle von verbindlichen Entscheidungen. Dabei variieren die vertraglichen Aufgabenzuweisungen wie auch die reale Wahrnehmung dieser Funktionen erheblich zwischen den
Aufgabenfeldern im EU-System. Bildete die Kommission in den ersten Jahrzehnten
der Integrationskonstruktion bei vielen Verfahren ein ‚Tandem' mit dem *Rat der
Europäischen Union*, so ist sie aufgrund des wachsenden institutionellen Gewichts
des *Europäischen Parlaments* (EP) Teil eines institutionellen Dreiecks geworden
(vgl. Kap. ▶ „Gesetzgebungs- und Haushaltsverfahren").

Mit der Aufgabenausweitung des EU-Systems hat sie auch in vielen Politikfeldern, die traditionell dem nationalstaatlichen Handeln der Mitgliedstaaten vorbehalten waren, zusätzliche – nicht immer eindeutig festgelegte – Aufgaben der
Unterstützung, Koordinierung und Kontrolle übernommen (vgl. Kap. ▶ „Geschichte").

Einige ihrer bisherigen Präsidenten – so z. B. Jean Monnet (Frankreich), als
Präsident der Hohen Behörde, dem Vorgänger der Europäischen Kommission,
Walter Hallstein (Deutschland) und Jacques Delors (Frankreich) – gewannen ein
Profil als europäische Politiker von geschichtlichem Rang.

Im Hinblick auf Funktionen und Strukturen ist die Kommission nicht einfach in
bekannte Typologien einzuordnen: Weder entspricht dieses Organ dem typischen
Bild eines Generalsekretariats internationaler Organisationen, noch kann man sie im
landläufigen Sinne als eine Regierung der EU charakterisieren.

Aktivitäten und Entscheidungen der Kommission werden sowohl im Alltag des
EU-Geschehens als auch in der wissenschaftlichen Literatur häufig kontrovers dis-
kutiert (Hofmann 2014, 2020; Edwards und Spence *2006*, S. 1–7; Bach 2005,
S. 596–597; Landfried 2005, S. 305–309). Legitimität und Handlungsfähigkeit

dieses Organs sind regelmäßig Gegenstand intensiver Debatten. Von nationalen Politikern und Medien wird dieses Organ ‚dort im fernen Brüssel' immer wieder als Symbol einer ausufernden Bürokratie kritisiert und damit häufig als ‚Sündenbock' für europäische Fehlleistungen genutzt.

Divergierende Leitideen
Der damalige französische Staatspräsident De Gaulle, ein ausgewiesener Gegner der Machtansprüche dieses Organs, bezeichnete die Kommission als „areopage technocratique, apatride et irresponsable" (de Gaulle 1965), d. h. als ein „technokratischer Club vaterlandsloser alter Herren ohne politische Verantwortung". Diese Charakterisierung fand und findet in immer wieder neuen Variationen regen Widerhall in der politischen Diskussion (Peterson 2012, S. 97–106; Thatcher 1993, S. 747). In der wissenschaftlichen Debatte (zu einer Typologie Diedrichs und Wessels 2006, S. 210–214) finden sich Charakterisierungen wie „Eurokratie" (Spinelli 1966), „politische (Fusions-) Bürokratie" (Diedrichs und Wessels 2006, S. 210–214; Bach 2005, S. 596; zur Diskussion siehe auch Landfried 2005, S. 305–309) oder auch einer „Megabürokratie" (Wessels 2003, S. 358). Gesehen werden die Mitglieder der Kommission aber auch als „neue politische Elite" (Landfried 2005, S. 305–367), als „politische Unternehmer im Dienst des ‚europäischen Gemeinwohls'" (Bach 2005, S. 582–585) und als „aktive Mehrebenenspieler" (Diedrichs und Wessels 2006, S. 213–214). Auch eine „supranationale Führungsrolle" wird thematisiert (Peterson 2017).

Im Kontext des theoriebezogenen Spannungsbogens dieses Lehrbuches (vgl. Kap.
▶ „Einführung") können für die Interpretation des Vertragstextes und für die Erfassung der täglichen Praxis, insbesondere vier Leitideen, gegenübergestellt werden:

- Eine föderalistisch inspirierte Leitidee der Kommission als „zukünftige Regierung der EU";
- eine intergouvernemental geprägte Leitidee der Kommission als „Agent" bzw. „Diener" oder „Handlungsbeauftragter" nationaler Regierungen (Kassim und Menon 2003; Moravcsik 1998), der in die Rolle eines – in internationalen Organisationen üblichen – Generalsekretariats hineingedrängt wird;
- eine neo-funktionalistisch inspirierte Leitidee der Kommission als „supranationale Technokratie" (Diedrichs und Wessels 2006) bzw. „supranationale Verwaltungselite" (Bach 2005, S. 591) mit einer Tendenz zur Herrschaft einer „Mehrebenen-(Mega)Bürokratie (Peterson 2012, S. 118; Wessels 2000, S. 15);
- eine Leitidee der Kommission als aktiver Mitgestalter eines Mehrebenen-Fusionsprozesses.

Angesichts der Bedeutung und der erheblichen Unterschiede bei der geforderten bzw. gewünschten Rollenzuweisung ist es nicht überraschend, dass Zuständigkeiten und Zusammensetzung der Kommission immer wieder im Zentrum institutioneller Reformvorschläge stehen – wie die Debatte um den Lissabonner Vertrag erneut dokumentierte (Giering und Neuhann 2010, S. 59).

Für das Erfassen der Rollen dieses zentralen Organs der EU-Architektur ist deshalb eine Nahaufnahme mit Hilfe eines institutionellen Steckbriefs (vgl. Abb. 1) hilfreich.

Die Europäische Kommission

(1) Aufgaben

- Motor der Integration
- Hüterin der Verträge
- Exekutive
- Außenvertretung
- Exekutivagenturen

(2) Benennung

- Kollegium für 5 Jahre
  durch Mitgliedstaaten
  und EP
- 1 Mitglied pro Mitgliedstaat
- Abwahl als Kollegium:
  Misstrauensvotum seitens EP
- Wahl des Präsidenten durch
  das EP nach Nominierung
  durch den Europäischen Rat

(4) Aufbau

- Präsident
- Vizepräsidenten
- Kabinette
- Generalsekretariat
- Generaldirektionen und
  gemeinsame Dienste
- Agenturen

(3) Beschlussverfahren

- Kollegialprinzip; Präsident als
  ‚primus inter pares' mit einer
  zunehmenden Führungsrolle
- De jure: Mehrheitsprinzip bei
  Entscheidungen
  (derzeit mind. 14)
- De facto: Bemühungen um
  Konsensfindung

Abb. 1 Institutioneller Steckbrief. (Quelle: Eigene Darstellung. Stand: 31.01.2020)

2   Aufgaben

2.1   Geschichte

Die Geschichte der Europäischen Kommission begann mit der Gründung als Hohe Behörde der *Europäischen Gemeinschaft für Kohle und Stahl* (EGKS) 1952. Sie zeigt eine Reihe zentraler Konstanten, die auf eine Pfadabhängigkeit, aber auch erhebliche Veränderungen bei der Aufgabenliste und internen Struktur verweisen (vgl. im Folgenden Peterson 2017, S. 109–117; Hofmann 2014, S. 183–185). Die Vertragsbuchstaben von der EGKS bis zum Lissabonner Vertrag formten eine supranationale Institution par excellence.

Mit dem Inkrafttreten der Römischen Verträge über eine *Europäische Wirt-schaftsgemeinschaft* (EWG) und eine *Europäische Atomgemeinschaft* (Euratom) 1958 wurden zunächst zwei zusätzliche Exekutivorgane, die Kommission der EWG und die Kommission der Euratom gegründet, die parallel zur Hohen Behörde der EGKS existierten. 1967 wurden die drei Institutionen im „Fusionsvertrag" zu der „Kommission der Europäischen Gemeinschaften" zusammengeführt – an der nach Politikbereichen unterschiedenen Ausstattung mit Beteiligungsrechten änderte sich jedoch nichts. Die Bezeichnung „Europäische Kommission" hat der Vertrag von Lissabon erstmals in den primären Rechtstext (Art. 13 EUV) übernommen.

Für eine knappe historische Einordnung kann auf die Rolle des jeweiligen Präsidenten verwiesen werden.

Tab. 1 zeigt die nationale und parteipolitische Herkunft der Präsidenten, deren Geschick und Autorität im jeweiligen europapolitischen Kontext ausschlaggebend für die jeweilige Ausübung der historischen Rolle waren (vgl. Peterson 2017, S. 117–129).

Tab. 1 Die Präsidenten

Amtszeit	Präsident	Europäische Partei	Nationale Partei	Herkunfts-staat
1952–1955	Jean Monnet	–	–	**FR**
1955–1958	Rene Mayer	SPE	Parti Radical	**FR**
1958–1967	Walter Hallstein	EVP	Christlich Demokratische Union	**DE**
1967–1970	Jean Rey	ELDR	Parti Reformateur Liberal	**BE**
1970–1972	Franco Maria Malfatti	EVP	Democrazia Cristiana	**IT**
1972–1973	Sicco Mansholt	SPE	Partij van de Arbeid	**NL**
1973–1976	François-Xavier Ortoli	EVP	Union pour la defense de la Republique	**FR**
1976–1981	Roy Jenkins	SPE	Labour Party	**GB**
1981–1985	Gaston Thorn	ELDR	Demokratesch Partei	**LU**
1985–1995	Jacques Delors	SPE	Parti Socialiste	**FR**
1995–1999	Jacques Santer	EVP	Chrëschtlech Sozial Vollekspartei	**LU**
1999–2004	Romano Prodi	EDP	„L'Ulivo"	**IT**
2004–2014	José Manuel Durão Barroso	EVP	Partido Social Democrata	**PT**
2014–2019	Jean-Claude Juncker	EVP	Chrëschtlech Sozial Vollekspartei	**LU**
2019–2024	Ursula von der Leyen	EVP	Christlich Demokratische Union	**DE**

EVP: Europäische Volkspartei
SPE: Sozialdemokratische Partei Europas
ELDR: Europäische Liberale, Demokratische und Reformpartei, seit 2012: Allianz der Liberalen und Demokraten für Europa (ALDE)
EDP: Europäische Demokratische Partei; zugehörig zur ALDE-Fraktion
Quelle: Eigene Darstellung. (Stand: 31.01.2020)

Jean Monnet, der allgemein als einer der Gründungsväter und maßgebender Architekt der europäischen Einigung gesehen wird, war selbst Präsident der Hohen Behörde von 1952 bis 1955. Präsident der ersten EWG-Kommission war der deutsche Rechtsprofessor Walter Hallstein (Amtszeit 1958–1967). Er konnte in den ersten Jahren wichtige Erfolge bei der Schaffung des gemeinsamen Markts erzielen, seine weitreichenden Initiativen veranlassten den französischen Staatspräsidenten jedoch zu einer ‚Politik des leeren Stuhls'. Diese erste institutionelle Krise wurde im ‚Luxemburger Kompromiss' 1966 beigelegt, der jedoch eine deutliche Schwächung der Kommission einschloss (vgl. Kap. ► „Geschichte"). Nach den Präsidenten Jean Rey (Amtszeit 1967–1970), Roy Jenkins (Amtszeit 1977–1981) und Gaston Thorn (Amtszeit 1981–1985) gewann die Kommission mit der Ernennung von Jacques Delors (Amtszeit 1985–1995) wieder an Geltung, die sich in einer prägenden Rolle bei der Schaffung des Binnenmarkts in der Einheitlichen Europäischen Akte (1987 in Kraft getreten) und der Wirtschafts- und Währungsunion im Maastrichter Vertrag (1993 in Kraft getreten) niederschlug. Die Nachfolger Jacques Santer (Amtszeit 1995–1999), Romano Prodi (1999–2004) und José Manuel Barroso (Amtszeit 2004–2014) wiesen schwächere Profile auf. Präsident Jean-Claude Juncker (2014–2019) strebte auch aufgrund seiner direkten Wahl durch das EP als Folge der Aufstellung von ‚Spitzenkandidaten' (vgl. Kap. ► „Das Europäische Parlament") eine Rolle als politische Kommission an. 2019 wählte das EP auf Vorschlag des Europäischen Rates die deutsche Christdemokratin Ursula von der Leyen zur Präsidentin (vgl. Kap. ► „Der Europäische Rat").

2.2   Vertragliche Vorgaben

Der Lissabonner Vertrag schreibt der Europäischen Kommission mehrere Aufgabenbündel zu (vgl. Dokument 1) (Hofmann 2014, S. 185–189; Peterson 2012, S. 98).

Dokument 1, Vertragliche Vorgaben
Art. 17 (1) EUV

Die Kommission fördert die *allgemeinen Interessen der Union* und ergreift geeignete Initiativen zu diesem Zweck.

Sie sorgt für die *Anwendung der Verträge* sowie der von den Organen kraft der Verträge erlassenen Maßnahmen. *Sie überwacht die Anwendung des Unionsrechts* unter der Kontrolle des Gerichtshofs der Europäischen Union.

Sie *führt den Haushaltsplan aus* und *verwaltet die Programme*. Sie übt nach Maßgabe der Verträge *Koordinierungs-, Exekutiv- und Verwaltungsfunktionen* aus.

Außer in der Gemeinsamen Außen- und Sicherheitspolitik und den übrigen in den Verträgen vorgesehenen Fällen nimmt sie die *Vertretung der Union nach außen wahr.*

(Fortsetzung)

> Sie leitet die *jährliche und die mehrjährige Programmplanung* der Union mit dem Ziel ein, interinstitutionelle Vereinbarungen zu erreichen.
>
> Hervorhebungen durch den Autor

Im Politikgestaltungszyklus kann entsprechend zwischen mehreren vertraglich festgelegten Funktionen der Europäischen Kommission unterschieden werden. Diese Liste von Funktionen ist in den Vertragstexten, wie in der Praxis, immer wieder ergänzt worden.

- Bei der Vorbereitung gilt die Kommission durch ihr Initiativmonopol (vgl. Dokument 2) als *Motor der Integration*.

> **Dokument 2, Initiativmonopol**
> **Art. 17 (2) EUV**
> Soweit in den Verträgen nichts anderes festgelegt ist, darf ein *Gesetzgebungsakt der Union nur auf Vorschlag der Kommission* erlassen werden. [...]
>
> Hervorhebungen durch den Autor

Rat und Europäisches Parlament können nach dieser Vorgabe Rechtsakte zur Gesetzgebung und zum Haushalt nur auf Vorschlag der Kommission beschließen (vgl. Kap. ► „Gesetzgebungs- und Haushaltsverfahren"). Diese Organe können die Kommission jedoch „auffordern, geeignete Vorschläge [...] zu unterbreiten" (Art. 225 AEUV; Art. 241 AEUV).

Durch das Vorschlagsmonopol soll die Kommission „die allgemeinen Interessen der Union fördern" (Art. 17 (1) EUV) und so ein Gegengewicht zum Rat bilden, in dem einzelstaatliche Positionen und Präferenzen eingebracht werden.

- In der Phase der *Verabschiedung* von Rechtsakten wird die Kommission in den Beratungen und Verhandlungen des EP und des Rates als Mitgestalter aktiv; je nach Stand des Verfahrens kann sie ihre Vorschläge zurückziehen oder modifizieren; auch in den informellen *Trilogen* und den vertraglich vorgesehenen Vermittlungsausschüssen des *ordentlichen Gesetzgebungsverfahrens* spielt sie eine relevante Rolle (vgl. Kap. ► „Gesetzgebungs- und Haushaltsverfahren").
- In der Phase der *Durchführung* trifft die Kommission als *Exekutive* im Rahmen ihrer Befugnisse verbindliche Beschlüsse: Sie „sorgt für die Anwendung der Verträge sowie der von den Organen kraft der Verträge erlassenen Maßnahmen" (Art. 17 (1) EUV). Zu diesem Kreis vertraglicher Zuständigkeiten gehören auch die Ausführung des Haushaltsplans (Art. 17 (1) EUV; Art. 317 AEUV) und die

Verwaltung von Programmen, wodurch ihr Koordinierungs-, Exekutiv- und Verwaltungsfunktionen zukommen. Bei einzelnen Instrumenten der Wettbewerbspolitik und der Binnenmarktpolitik kann sie aufgrund eigener Zuständigkeit verbindliche Entscheidungen treffen (vgl. Art. 108 AEUV). Im Rahmen dieser Aktivitäten wird die Kommission in der Regel durch Ausschüsse nationaler Beamter kontrolliert bzw. unterstützt (im wissenschaftlichen Sprachgebrauch *Komitologie* (Christiansen 2014; Christiansen und Dobbels 2012)). Angesichts mancher Kritik an der Kommissionsbürokratie ist zu erwähnen, dass die Kommission über keine eigene Vollzugsverwaltung ‚vor Ort' verfügt. EU-Recht wird von nationalen, regionalen und kommunalen Behörden und Beamten umgesetzt.

- In der Funktion als Exekutive nimmt die Kommission auch die „Vertretung der Union nach außen wahr", wobei ihr diese Aufgabe nicht für die Gemeinsame Außen- und Sicherheitspolitik (GASP) zugewiesen wird (vgl. Kap. ▶ „Auswärtiges Handeln"). Unter anderem kann sie durch den Rat ermächtigt werden, auf der Grundlage eines Mandats seitens des Rates Verhandlungen mit Drittstaaten oder internationalen Organisationen zu führen (vgl. Dokument 3).

Dokument 3, Vertragliche Befugnisse für die Außenvertretung
Art. 207 (3) AEUV

Sind mit einem oder mehreren Staaten oder internationalen Organisationen Abkommen auszuhandeln und zu schließen, so findet Artikel 218 vorbehaltlich der besonderen Bestimmungen dieses Artikels Anwendung.

Die Kommission legt dem Rat Empfehlungen vor, dieser ermächtigt die Kommission zur Aufnahme der erforderlichen *Verhandlungen.* [...] Die Kommission *führt diese Verhandlungen* im Benehmen mit einem zu ihrer Unterstützung vom Rat bestellten Sonderausschuss nach Maßgabe der Richtlinien, die ihr der Rat erteilen kann. Die Kommission *erstattet* dem Sonderausschuss sowie dem Europäischen Parlament regelmäßig *Bericht* über den Stand der Verhandlungen. [...]

Hervorhebungen durch den Autor

- In der Phase der *Kontrolle* überwacht die Kommission als *Hüterin der Verträge* im Zusammenspiel mit dem *Gerichtshof der Europäischen Union* (GEU, auch häufig noch EuGH) die Anwendung des Vertragsrechts (im wissenschaftlichen Sprachgebrauch *Primärrecht*) und die auf dieser Grundlage gefassten Beschlüsse (im wissenschaftlichen Sprachgebrauch *Sekundärrecht*) (Art. 17 (1) EUV) (vgl. Kap. ▶ „Der Gerichtshof der Europäischen Union"). Mit der Wahrnehmung dieser Rolle ist sie ein wesentlicher Garant der EU als „Rechtsgemeinschaft" (Hallstein 1979).

Über die verschiedenen Phasen der Politikgestaltung hinweg nimmt die Kommission überdies eine Koordinierungsfunktion ein, indem sie „die jährliche und die mehrjährige Programmplanung der Union" leitet (Art. 17 (1) EUV).

Die Vertragsänderungen der letzten Jahrzehnte bis hin zum Lissabonner Vertrag haben durch die „Aufgabenexpansion der EU" (vgl. Kap. ▶ „Geschichte") die Zuständigkeiten der Kommission erweitert und in ihren Schwerpunkten verschoben. So haben die Mitgliedstaaten als „Herren der Verträge" (Bundesverfassungsgericht 2009, § 150) der Kommission in wirtschafts-, fiskal- und sozialpolitischen Bereichen besondere Aufgaben für eine „multilaterale Überwachung" nationaler Aktivitäten übertragen (vgl. Kap. ▶ „Wirtschaftspolitisches Handeln"). Auch außerhalb des Lissabonner Vertrags wurden im „Vertrag über Stabilität, Koordinierung und Steuerung in der Wirtschafts- und Währungsunion" (kurz „Fiskalpakt") erhebliche Überwachungsfunktionen durch die beteiligten Mitgliedstaaten an die Kommission delegiert.

Ebenso werteten die Mitgliedstaaten die Rolle der Kommission im „Raum der Freiheit, der Sicherheit und des Rechts" von einem ‚geduldeten Gast', wie dies in den siebziger und achtziger Jahren noch der Fall war, auf: So hat der Lissabonner Vertrag die Kommission ermächtigt, ihre starken Mitwirkungsrechte auch bei zentralen Fragen der Innen- und Justizpolitik im Rahmen des ordentlichen Gesetzgebungsverfahrens auszuüben (vgl. Kap. ▶ „Justiz- und Innenpolitik").

Auf einigen Politikfeldern, so insbesondere der GASP, hat die Kommission dagegen nur schwache Beteiligungsrechte, die gemeinsam mit dem Hohen Vertreter der Union für Außen- und Sicherheitspolitik auszuüben sind.

In Fragen der Systemgestaltung überträgt der Lissabonner Vertrag der Kommission ein Vorschlagsrecht bei Vertragsänderungen (Art. 48 EUV) und sieht eine Mitgliedschaft im Konvent vor (vgl. Kap. ▶ „Vertragsänderungsverfahren"). Auch bei den Verfahren zum Beitritt (Art. 49 EUV) und zum Austritt (Art. 50 EUV) sind zentrale Aufgaben für die Kommission vorgesehen (vgl. Kap. ▶ „Beitritts- und Austrittsverfahren").

3 Zur Analyse der Praxis: Ein Aktivitätenprofil

Der Befund in der Praxis dokumentiert eine aktive und extensive Wahrnehmung der Vertragsrechte seitens der Kommission. Das Aktivitätenprofil der Kommission lässt eine regelmäßige wöchentliche Arbeitsleistung und einen beachtlichen Output an Initiativen und Beschlüssen erkennen. So kommt die Kommission jährlich zwischen 40- und 50-mal zusammen. Die Anzahl an Vorschlägen für Rechtsakte pendelte seit dem Inkrafttreten des Lissabonner Vertrages zwischen 300 und 500. Zudem veröffentlicht die Kommission jährlich rund 300 Memoranden, Mitteilungen und Berichte sowie etwa 50 Empfehlungen. Eine besondere Bedeutung kommt auch den Grün- und Weißbüchern zu. Grünbücher sind von der Kommission veröffentlichte Mitteilungen, die zur Diskussion über einen bestimmten Politikbereich dienen. Weißbücher enthalten Vorschläge für ein Tätigwerden der Union in einem bestimmten Bereich. Sie folgen zuweilen auf Grünbücher. In den vergangenen Jahren veröffentlichte die Kommission jährlich zwischen 5 und 10 Grünbücher und etwa ein Weißbuch. Eine typische Tagesordnung einer Sitzung in der Kommission weist in der täglichen Praxis einen umfangreichen Aufgabenkatalog auf. So werden neben Rechtsakten der Kommission auch Beziehungen zu anderen EU-Institutionen thematisiert.

3.1   Vorbereitung: Motor der Integration

Deutlich wird eine zentrale Rolle der Kommission als Motor der Integration bei der Vorbereitung verbindlicher Entscheidungen: Sie identifiziert Probleme und formuliert Beschlussvorlagen für Rechtsakte. Damit setzt sie die Agenda für die beiden anderen Organe im institutionellen Dreieck. Von besonderer Bedeutung sind ihre Vorlagen für die Gesetzgebung der EU, für den jährlichen Haushaltsplan wie für den mehrjährigen Finanzrahmen (Becker 2019, S. 247–249) (vgl. Kap. ▸ „Gesetzgebungs- und Haushaltsverfahren").

Zur Erarbeitung ihrer eigenen Überlegungen nutzt sie Grün- und Weißbücher zu bestimmten Politikbereichen, die unverbindliche, zumeist politisch ausgerichtete Positionen zur Diskussion stellen, von denen jedoch oft wichtige Impulse für die spätere Rechtsetzung ausgehen. Ein herausgehobenes Beispiel ist das „Weißbuch zur Zukunft Europas" (2017), das fünf Szenarien zur zukünftigen Architektur der EU vorstellte.

Die Tagesordnung setzt die Kommission aber nicht losgelöst vom politischen Kontext. Gewichtige Anregungen erhält die Kommission seitens des *Europäischen Rates*, der vielfältige Orientierungen und Leitlinien vorgibt (vgl. Kap. ▸ „Der Europäische Rat"), aber auch durch das EP (vgl. Kap. ▸ „Das Europäische Parlament") und darüber hinaus durch Interessengruppen, Lobbyisten und Vertreter der Zivilgesellschaft (Hooghe und Kassim 2012, S. 179; Mazey und Richardson 2006). Vertraglich ist die Kommission gehalten, „einen offenen, transparenten und regelmäßigen Dialog mit den repräsentativen Verbänden und der Zivilgesellschaft" (Art. 11 (2) EUV) zu pflegen.

Die Kommission selbst hat den Prozentsatz der ausschließlichen Kommissionsinitiativen auf fünf bis zehn Prozent geschätzt (Peterson 1999, S. 59).

Die konkreten Vorlagen für Rechtsakte werden in der Regel nicht allein von der Kommission ausgearbeitet, sondern in speziellen Expertengruppen und beratenden Ausschüssen vorbereitet, in denen auch Beamte aus den Mitgliedstaaten, Verbandsvertreter und unabhängige Sachverständige vertreten sind. Die Liste der durch die Kommission eingesetzten mehr als 750 Expertengruppen belegt die intensive Vorbereitung der Kommission über ein breites Spektrum an Politikfeldern (Europäische Kommission 2020b).

Die Kommission bedient sich dieser Gremien und anderer informeller Treffen zur Informationssammlung und Optionensichtung sowie für eine erste Konsensbildung. Sie bemüht sich damit, in einem frühen Stadium des Politikzyklus eine ‚Kameraderie unter Experten' zu bilden. Die Ausstattung der Kommission mit ‚guten' Ratschlägen für ihre Vorlagen wird dadurch erheblich verbessert. Dieser Gewinn seitens der Kommission ist jedoch auf Dauer nur durch einen Politikstil möglich, der nationale Beamte an der Problemverarbeitung im eigenen Gestaltungsraum zumindest indirekt beteiligt. Eine derartige Strategie der Fusion (Poullet und Déprez 1976, S. 120) beruht auf einem informellen Verfahren der Einbindung von nationalen Beamten und weiteren Experten. Dieses reduziert (ohne de jure-Festlegungen) die de facto-Autonomie aller Beteiligten zugunsten der Zunahme von Mitgestaltungsmöglichkeiten europäischer und nationaler Administrationen für den weiteren Verlauf der jeweiligen Verfahren. Zu beobachten ist häufig, dass dieselben nationalen und europäischen Beamten, die in den Expertengruppen noch unverbindlich über Probleme diskutieren, denselben Vorgang erneut und regelmäßig in den Arbeitsgruppen des Rates zur Vorbereitung entsprechender Beschlüsse und in den Komitologieausschüssen zur Durchführung von Rechtsakten behandeln (vgl. Kap. ▶ „Der Rat der Europäischen Union").

Berücksichtigt man die vielfältigen Formen der Einflussnahme auf die Kommission und deren eigene Strategie der frühzeitigen Einbindung, so ist die reale Autonomie der Kommission bei der Ausübung des Initiativmonopols in der Praxis begrenzter als durch die Vertragslektüre allein zu erwarten ist (Peterson 2012, S. 103–106; Wessels 2003, S. 372).

In den letzten Jahren hat die Kommission ihre Initiativtätigkeiten zurückgefahren. Nicht zuletzt aufgrund von vermehrter Kritik wegen legislativem Aktivismus hat sie die Zahl der Vorschläge für Rechtsakte reduziert.

3.2   Mitwirkung bei der Verabschiedung von Rechtsakten

Bei der Verabschiedung von Rechtsakten ist die Kommission durch eine regelmäßige Teilnahme und intensive Mitwirkung in den Ausschüssen des Parlaments sowie im Rat und dessen administrativen Unterbau umfassend beteiligt. Der reale Einfluss der Kommission variiert dabei beträchtlich: Ihre Mitgestaltungsmöglichkeiten in der Praxis werden durch die vertraglichen Entscheidungsregeln und die Ausstattung mit Instrumenten im jeweiligen Politikbereich sowie durch die Fähigkeiten des zuständigen Kommissars und seiner Beamten in den verhandlungspolitischen Konstellationen geprägt. Auch bei dem Verfahren des ordentlichen Gesetzgebungsverfahrens zwischen EP und Rat im dazu eingerichteten Trilog hat die Kommission eine Mitwirkungsrolle behalten (vgl. Kap. ▶ „Gesetzgebungs- und Haushaltsverfahren").

3.3   Exekutive

Als Exekutive führt die Kommission den EU-Haushalt in eigener Verantwortung aus. Sie verwaltet Ausgaben von über 165 Mrd. Euro (2019), insbesondere in den Agrar- und Strukturfonds, für Forschungsprojekte, aber auch für humanitäre Sofortmaßnahmen (Präsident des Europäischen Parlaments 2018; Becker 2014, S. 211).

Um ihre Interessen angemessen auch in dieser Phase des Politikzyklus einzubringen, haben die Mitgliedstaaten durch den Rat ein differenziertes System von Ausschüssen, die sogenannte Komitologie (Christiansen 2014, S. 147), geschaffen, in denen Beamte nationaler Ministerien nach mehreren Verfahren über konkrete Durchführungsbeschlüsse der Kommission mitbestimmen.

Zu beachten ist jedoch, dass die Kommission bei all diesen Verfahren über eine starke Position verfügt, da die Beamten der nationalen Verwaltungen in der Regel in den Ausschüssen eine qualifizierte Mehrheit erreichen müssen, um die jeweiligen Vorlagen der Kommission zu verändern bzw. abzulehnen. In der Praxis entscheiden nationale und Kommissionsbeamte meist im Konsens. Angesichts der komplexen Verfahren, die hinter ‚verschlossenen Türen' stattfinden, wird regelmäßig der Vorwurf mangelnder demokratischer Kontrollmöglichkeiten über dieses administrative Geschehen erhoben (Christiansen 2014).

Aus diesen Verfahren gehen pro Jahr rund 1500–2000 Beschlüsse hervor, die in ca. 800 Treffen der 250 Komitologieausschüsse verabschiedet werden (Europäische Kommission 2015; Christiansen 2014, S. 147). Der Vertrag von Lissabon hat der Kommission das Recht eingeräumt, „delegierte Rechtsakte" (Art. 290 AEUV) und „Durchführungsakte" (Art. 291 AEUV) zu erlassen (Hardacre und Kaeding 2011). Bei den delegierten Rechtsakten handelt es sich um nicht-legislative Rechtsakte „mit allgemeiner Geltung zur Ergänzung oder Änderung bestimmter nicht wesentlicher Vorschriften des betreffenden Gesetzgebungsaktes" (Art. 290 AEUV). Der Kommission kann vom EP und vom Rat die Kompetenz eingeräumt werden, solche Rechtsakte zu erlassen (Stratulat und Molino 2011). Zudem werden ihr Durchführungsbefugnisse übertragen, wenn es einheitlicher Bedingungen bedarf, nach welchen Maßnahmen die Mitgliedstaaten verbindliche Rechtsakte der EU durchführen sollen (Stratulat und Molino 2011).

In Bereichen eigener Zuständigkeit verfügt die Kommission auch über autonome Entscheidungsbefugnisse, vor allem hinsichtlich ihrer Selbstorganisation sowie im Bereich des Wettbewerbs- und Kartellrechts (Art. 108 AEUV), die sie unabhängig vom Rat ausübt.

3.4   Überwachung der (wirtschafts-)politischen Koordinierung

Der konventionelle Katalog an Kommissionstätigkeiten deckt aber nicht das gesamte Aktivitätenprofil dieses Organs ab. Von zunehmender Bedeutung und politischer Brisanz wurden die Begutachtungs- und Überwachungsfunktionen in neueren Politikfeldern der EU. So hat die Kommission in zentralen Phasen der Anwendung des Stabilitäts- und Wachstumspakts Maßnahmen seitens der Mitgliedstaaten angemahnt; eine ähnliche Funktion hat sie auch im Fiskalpakt erhalten. Zurückhaltung hat sie jedoch bei den Möglichkeiten geübt, Sanktionen gegen Mitgliedstaaten wegen Überschreiten der nationalen Haushaltsdefizite zu verlangen. Auch bei ‚weichen' Formen der Zusammenarbeit in der Beschäftigungspolitik bezog sie ausführlich Stellung und entwickelte ein eigenes Profil (vgl. Kap. ► „Wirtschaftspolitisches Handeln"). In den Bereichen der „Offenen Methode der Koordinierung" hat dieses Organ wesentliche Orientierungs- und Lenkungsfunktionen übernommen (Diedrichs 2011). Diese Entwicklung in der Praxis entsprach nicht ersten Vermutungen, die eine Schwächung der Kommission durch diese neuen Verfahren erwarteten (Europäische Kommission 2001). Die Kommission selbst setzt immer wieder Prioritäten bei dem koordinierten Vorgehen bei Wachstum, Wettbewerbsfähigkeit und Beschäftigung. Neuere Forschungsprogramme, wie beispielsweise Horizont 2020, einem von 2014 bis 2020 laufenden Rahmenprogramm für Forschung und Innovation, verfolgt sie mit besonderem Nachdruck. Besondere Aufgaben übernimmt sie bei der Umsetzung der Aufbau- und Resilienzfazilität im Rahmen der COVID-19-Strategie.

3.5 Vertretung der Union nach außen

Eine aktive und zentrale Rolle hat die Kommission regelmäßig in den Außenbeziehungen der EU gespielt. Sie vertritt die Union in den Verhandlungen zum GATT und der WTO sowie zu Assoziierungsabkommen mit Drittstaaten. Zudem führte sie die Verhandlungen mit den USA zum Transatlantischen Freihandelsabkommen (Transatlantic Trade and Investment Partnership, TTIP). Ebenso entwickelt sie auch immer wieder neue Konzepte – so zur Entwicklungspolitik und zur Europäischen Nachbarschafts- und Partnerschaftspolitik. Im Bereich der GASP wird ihre Rolle durch die Aktivitäten des Hohen Vertreters der EU für Außen- und Sicherheitspolitik begrenzt (vgl. Kap. ▶ „Der Hohe Vertreter der EU für Außen- und Sicherheitspolitik"). Der Präsident der Kommission vertritt die Union bei multilateralen Gipfeln – so bei dem G7- und dem G20-Gipfel – und bei bilateralen Treffen – so mit dem Präsidenten der Vereinigten Staaten – in der Regel zusammen mit dem Präsidenten des Europäischen Rates (vgl. Tab. 3, Kap. ▶ „Auswärtiges Handeln").

3.6 Beteiligung an Vertragsänderungen und Beitritts- bzw. Austrittsabkommen

Bei der Systemgestaltung lässt der Befund der Kommissionsaktivitäten erhebliche Unterschiede in der Praxis erkennen. Bei Vertragsänderungen erwiesen sich die Vorschläge der Kommission – nach einer gewissen Leitliniengebung bei der Einheitlichen Europäischen Akte – in den Regierungskonferenzen seit Maastricht als wenig wegweisend, da diese in der Regel im Prozess des Aushandelns zwischen nationalen Interessen keine eigenständige Bedeutung gewinnen konnte (Christiansen und Reh 2009, S. 105). Beim Europäischen Konvent zur Zukunft Europas haben die beteiligten Mitglieder der Kommission intensiv mitgewirkt, jedoch wurden Vorschläge seitens dieses Organs von anderen Teilnehmern als wenig hilfreich verstanden (Norman 2003, S. 167–168). Erreicht hat die Kommission in Bezug auf die Vertragsänderungen zwar die Ausdehnung ihrer traditionellen Beteiligungsrechte auf neue Politikfelder – so etwa auf zentrale Verfahren der Justiz- und Innenpolitik im Raum für Freiheit, Sicherheit und Recht. Insgesamt kann der Kommission jedoch bei diesen Schritten zur Vertiefung keine nachhaltige Rolle als Motor der Integration zugeschrieben werden.

Bei den Verfahren zur Erweiterung hat die Kommission dagegen die Vorbereitung und Durchführung der Beitrittsverhandlungen wesentlich geprägt und entsprechende Beschlüsse des Europäischen Rates nachhaltig beeinflusst (Lippert 2011). Auch bei dem erstmaligen Verfahren des Ausscheidens eines Mitgliedstaates (Brexit) hat sie eine zentrale Rolle in den entsprechenden Verhandlungen übernommen (vgl. Kap. ▶ „Beitritts- und Austrittsverfahren").

3.7   Kontrolle: Hüterin der Verträge

Als Hüterin der Verträge übernimmt die Kommission – im langen Schatten der Rechtsprechung des Gerichtshofs der Europäischen Union (vgl. Kap. ▶ „Der Gerichtshof der Europäischen Union") – eine zentrale Kontrollaufgabe bei der Umsetzung und Durchführung des Primär- und Sekundärrechts.

Eine wesentliche Grundlage ist das *Vertragsverletzungsverfahren* (Art. 258 AEUV). Dessen Bestimmungen umfassen mehrere Tatbestände und sehen diverse Verfahrensschritte vor. Die Kommission hat die Zahl sowohl erster Mahnschreiben an die Mitgliedstaaten als auch die mit Gründen versehener Stellungnahmen zwischen 1980 und 2014 versechsfacht. Als Folge dieses Vorgehens sah sie sich andererseits in erheblich weniger Fällen gezwungen, zum Instrument einer Klage zu greifen. So verringerte sich die Anzahl der Vertragsverletzungsverfahren von 142 im Jahre 2009 auf 57 im Jahre 2014 (Gerichtshof der Europäischen Union 2010, 2015). Zwischen 2014 und 2019 schwankte die Zahl der neu initiierten Vertragsverletzungsverfahren zwischen 31 (2016) und 57 (2018) (Gerichtshof der Europäischen Union 2020, S. 170).

Die meisten dieser Urteile des Gerichtshofs führten im Sinne der Rechtsauffassung der Kommission zur ‚Verurteilung' der Mitgliedstaaten (Gerichtshof der Europäischen Union 2015). Auch zur Überprüfung der Rechtmäßigkeit des Handelns anderer EU-Organe kann die Kommission Klage vor dem Gerichtshof erheben (Art. 263 AEUV). Ein politisch besonders sensitives Kontrollverfahren hat die Kommission in den letzten Jahren bei Verstößen gegen die Rechtsstaatlichkeit von Mitgliedstaaten vorangetrieben (Hofmann 2020, S. 114–116).

3.8   Öffentlichkeitswirkungen

In der öffentlichen Wahrnehmung variiert das Bild der Kommission beträchtlich. Verbunden wird die Reputation in der Regel mit dem Ruf ihres jeweiligen Präsidenten, der in der Geschichte der Kommission erheblichen Schwankungen unterworfen war (Peterson 2017, S. 117–125). Einige Persönlichkeiten, wie Monnet, Hallstein und Delors, erreichten eine breitere Öffentlichkeit. Der Kommission Santer (1995–1999) wurde aufgrund von Korruptionsvorwürfen und dem daraus resultierenden Rücktritt eine besondere Medienaufmerksamkeit zuteil (Peterson 2017, S. 13–15).

Im Hinblick auf die Wahrnehmung der Kommission in der Öffentlichkeit und dem Vertrauen seitens der Unionsbürgerinnen und -bürgern werden trotz zuletzt steigender Umfragewerte im Kontext der EP-Wahl 2014 weiterhin erhebliche Defizite festgestellt. ‚Europa' wird insbesondere in Deutschland häufig mit Stichworten wie „Bürokratie" und „Vorschriften" verbunden (Petersen 2019, S. 181–183; Petersen 2016, S. 188). Nach der Einstellung gegenüber der eigenen nationalen Regierung gefragt, sprachen jedoch auch hier nur 26 % der Bevölkerung in der EU ihr Vertrauen in diese nationale Institution aus (Eurobarometer-Umfrage vom 12.05.2014: Europäische Kommission 2014) Die Zustimmungswerte müssen daher im Kontext einer allgemeinen Skepsis gegenüber politischen Entscheidungsträgern betrachtet werden.

Mit den EP-Wahlen 2014 könnte sich diese Lage verändert haben. Die europäischen Parteien benannten Spitzenkandidaten und setzten dann den ‚Sieger' gegenüber dem Europäischen Rat durch (Müller Gómez und Wessels 2015) (vgl. Kap. ▶ „Der Europäische Rat"). Erwartet wurde von diesem Vorgehen eine medial getragene Personalisierung des Kommissionspräsidenten. Im Wahlkampf 2019 konnten die Spitzenkandidaten hingegen kein ausgeprägtes europaweites Profil gewinnen (Hofmann 2020, S. 109–113; Maurer 2019, S. 85).

4 Benennung und Zusammensetzung: Mehrstufiger Wahlakt

Angesichts der Fülle an Aufgaben und Befugnissen ist das Verfahren zur Ernennung der Kommission (Art. 17 EUV) von hoher politischer Relevanz, wie auch die Kontroversen um die entsprechenden Artikel im Lissabonner Vertrag zur Zusammensetzung der Kommission erneut belegten (Hofmann und Wessels 2013). Die Vertragsbuchstaben des Lissabonner Vertrags verlangen eine „allgemeine Befähigung" und einen „Einsatz für Europa". Sie fordern eine „völlige Unabhängigkeit" von nationalen Regierungen, anderen Organen der Union und weiteren Akteuren (vgl. Dokument 4).

Mit diesem Artikel zur Unabhängigkeit wollen die Vertragsarchitekten den supranationalen Charakter der Kommission (vgl. Kap. ▶ „Einführung") fördern.

> **Dokument 4, Vertragliche Vorgaben**
> **Art. 17 (3) EUV**
> Die Amtszeit der Kommission beträgt fünf Jahre.
> Die Mitglieder der Kommission werden aufgrund ihrer *allgemeinen Befähigung* und ihres *Einsatzes für Europa* unter Persönlichkeiten ausgewählt, die volle Gewähr für ihre Unabhängigkeit bieten.
> Die Kommission übt ihre Tätigkeit in *voller Unabhängigkeit* aus. Die Mitglieder der Kommission dürfen unbeschadet des Artikels 18 Absatz 2 *Weisungen von einer Regierung, einem Organ, einer Einrichtung oder jeder anderen Stelle weder einholen noch entgegennehmen.* Sie enthalten sich jeder Handlung, die mit ihrem Amt oder der Erfüllung ihrer Aufgaben unvereinbar ist.
> **Art. 245 EUV**
> [...]
> Die Mitglieder der Kommission dürfen während ihrer Amtszeit *keine andere entgeltliche oder unentgeltliche Berufstätigkeit ausüben.* Bei der Auf-

(Fortsetzung)

nahme ihrer Tätigkeit übernehmen sie die feierliche Verpflichtung, während der Ausübung und nach Ablauf ihrer Amtstätigkeit die sich aus ihrem Amt ergebenden Pflichten zu erfüllen, insbesondere die Pflicht, bei der Annahme gewisser Tätigkeiten oder Vorteile nach Ablauf dieser Tätigkeit ehrenhaft und zurückhaltend zu sein. [...]

Hervorhebungen durch den Autor

4.1 Kontroverse um Größe und Zusammensetzung der Kommission

Ein bedeutsamer Punkt in der politischen und wissenschaftlichen Debatte bildet die Zahl der Mitglieder der Kommission. Dabei stehen sich zwei Prinzipien gegenüber: Die Sicherstellung der internen Beschluss- und Handlungsfähigkeit, deren Optimum bei einer Zahl von 15 Mitgliedern angesetzt wird, und die Gewährleistung einer nationalen Repräsentation, bei dem jede Regierung ein Mitglied für dieses Organ vorschlagen kann. Damit stehen sich auch zwei Prinzipien von Legitimität gegenüber: Einerseits eine höhere Output-Legitimität in Form einer verbesserten Handlungsfähigkeit des Organs und andererseits eine angemessene ‚nationale' Repräsentativität.

Zur Zusammensetzung der Kommission sehen die Bestimmungen des Lissabonner Vertrags vor, dass „die Kommission, einschließlich ihres Präsidenten und des Hohen Vertreters der Union für Außen- und Sicherheitspolitik, aus einer Anzahl von Mitgliedern, die zwei Dritteln der Zahl der Mitgliedstaaten entspricht" besteht, „sofern der Europäische Rat nicht einstimmig eine Änderung dieser Anzahl beschließt" (Art. 17 (5) EUV).

Diese Vorgabe des Vertrags wurde vom Europäischen Rat regelkonform geändert, um die irische Bevölkerung im zweiten Referendum zum Lissabonner Vertrag im Oktober 2009 zu einer Zustimmung zu bewegen. So entschied der Europäische Rat, dass die Anzahl der Kommissionsmitglieder, einschließlich ihres Präsidenten und des Hohen Vertreters der Union für Außen- und Sicherheitspolitik, auch weiterhin der Zahl der Mitgliedstaaten entspricht (Art. 1 aus dem Beschluss 2013/272/EU).

Bei jeder Option wird die Gleichberechtigung aller Mitgliedstaaten bei der Zusammensetzung der Kommission betont, sodass auch größere Mitgliedstaaten bei einer Verringerung für eine Wahlperiode auf den Vorschlag eines Mitglieds verzichten müssten.

4.2 Das Wahlverfahren

Zur Wahl der Kommission sehen die Vertragsbestimmungen ein mehrstufiges Verfahren vor (vgl. Abb. 2).

Die Amtszeit der Mitglieder von fünf Jahren wird mit der Legislaturperiode des EP verknüpft. Zu Beginn des Verfahrens kommt der Wahl des Kommissionspräsidenten eine spezielle Bedeutung zu (vgl. Dokument 5).

Dokument 5, Vertragliche Vorgaben zur Wahl des Kommissionspräsidenten
Art. 17 (7) EUV

Der *Europäische Rat* schlägt dem *Europäischen Parlament* nach entsprechenden *Konsultationen* mit *qualifizierter Mehrheit* einen Kandidaten für das Amt des *Präsidenten der Kommission* vor; dabei *berücksichtigt* er das *Ergebnis der Wahlen* zum Europäischen Parlament. Das Europäische Parlament *wählt diesen Kandidaten* mit der *Mehrheit seiner Mitglieder*. Erhält dieser Kandidat nicht die Mehrheit, so schlägt der Europäische Rat dem Europäischen Parlament innerhalb eines Monats mit qualifizierter Mehrheit einen neuen Kandidaten vor, für dessen Wahl das Europäische Parlament dasselbe Verfahren anwendet.

Hervorhebungen durch den Autor

Nach den EP-Wahlen durch die Unionsbürgerinnen und -bürger schlägt der Europäische Rat „nach Konsultationen mit dem Europäischen Parlament mit qualifizierter Mehrheit einen Kandidaten für das Amt des Präsidenten der Kommission vor" und „berücksichtigt dabei das Ergebnis der Wahlen zum Europäischen Parlament" (Art. 17 (7) EUV). Vor dieser Regelung im Lissabonner Vertrag haben die Staats- und Regierungschefs in der Praxis der letzten Jahrzehnte die (Aus-)Wahl des Kommissionspräsidenten vor jeder Amtsperiode selbst getroffen (vgl. Kap. ▶ „Der Europäische Rat"). Seit der Wahl des ersten Präsidenten der EWG, Walter Hallstein, und dem Konflikt hinsichtlich seiner Wiederwahl 1966/67, führten sie immer wieder eine ausführliche Diskussion über mögliche Kandidaten, bevor sie sich über die Besetzung des Präsidentenpostens einigten (Nasshoven 2011). Um die Auswahl einer geeigneten Persönlichkeit gab es immer wieder Kontroversen, die dann häufig zur Ernennung eines weniger profilierten Kompromisskandidaten führten. Die Liste bisheriger Amtsträger lässt eine breite Auswahl von Persönlichkeiten unterschiedlicher nationaler und parteipolitischer Herkunft erkennen (vgl. Tab. 1).

Bei näherer Betrachtung der relevanten Prozesse wird deutlich, dass ein potenzieller Kandidat Konfrontationen mit den großen Mitgliedern der EU vermeiden sollte. Die britischen Premierminister Major und Blair blockierten die Benennung zweier möglicher Kandidaten aus Belgien, denen sie vorwarfen, eine zu föderalistische Gesinnung zu haben; dabei wollten sie gleichzeitig auch ihre Opposition zu einer deutsch-französischen Vorauswahl zum Ausdruck bringen.

Durch die vertraglichen Neuerungen mit dem Lissabonner Vertrag wählt nun das EP auf der Grundlage des Vorschlags des Europäischen Rates den vorgeschlagenen Kandidaten mit der Mehrheit seiner Mitglieder. Ausgehend von diesem Artikel haben die europäischen Abgeordneten das institutionelle Gleichgewicht zwischen

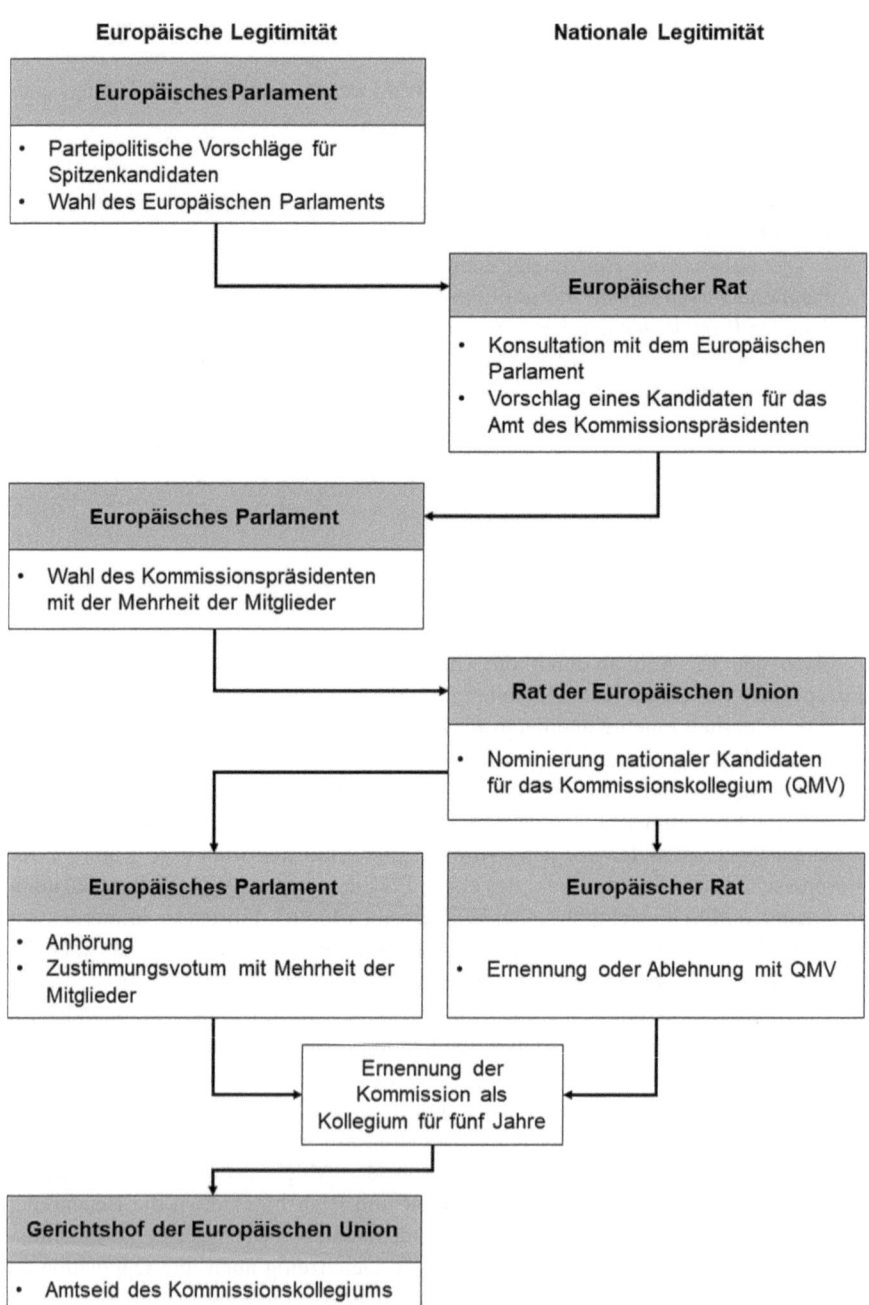

Abb. 2 Regelwerk und Ablauf der Ernennung (gemäß Art. 17 EUV). (Quelle: Eigene Darstellung)

dem EP und dem Europäischen Rat bei der ersten Anwendung des Artikels (2014) erheblich verschoben (vgl. Kap. ▶ „Das Europäische Parlament"). So haben die europäischen Parteien für die Wahlen zum EP im Mai 2014 zum ersten Mal eigene *Spitzenkandidaten* für die Position des Kommissionspräsidenten aufgestellt; der Europäische Rat wurde anschließend mit Hinweis auf die Vertragsartikel genötigt, einen – aus der Partei mit den relativ meisten Sitzen im EP stammenden – Kandidaten dem EP auch vorzuschlagen. Durch den Druck des EP wurde der EVP-Politiker Juncker gegen die Stimmen des britischen und des ungarischen Premierministers im Europäischen Rat für den Posten des Kommissionspräsidenten nominiert.

Bei diesem Beschluss handelte es sich mithin nicht mehr um eine übliche Konsensentscheidung der Staats- und Regierungschefs, wie dies zuvor stets der Fall gewesen war, sondern um die im Lissabonner Vertrag geregelte Wahl mit qualifizierter Mehrheit. Das EP wählte Juncker abschließend in geheimer Abstimmung mit 422 Stimmen zum Präsidenten; 250 Abgeordnete stimmten gegen ihn; 47 enthielten sich (Maurer 2014, S. 85). 2019 konnten sich die pro-europäischen Fraktionen nicht auf einen der Spitzenkandidaten einigen (Hofmann 2020, S. 109–111); sie wählten infolge dessen die Kandidatin, die vom Europäischen Rat vorgeschlagen worden war.

Die Wahl des Kommissionspräsidenten ist zugleich auch zentraler Bestandteil eines Personalpakets, zu dem auch die Wahl des Präsidenten des Europäischen Rates sowie des Hohen Vertreters gehören. Sowohl 2009 als auch 2014 und 2019 wurde ein Ausgleich nach geografischen und parteipolitischen Kriterien sowie Genderaspekten angestrebt und erreicht (Müller Gómez und Wessels 2019, S. 73–74; *2015*).

Nach dieser Wahl des Präsidenten durch das EP wird die nächste Phase eröffnet (vgl. Dokument 6), indem die anderen Mitglieder der Kommission ausgewählt und benannt werden. Jede Regierung benennt einen Kandidaten für die Kommission. Sie schlagen in der Regel erfahrene Politiker oder hochrangige Beamte vor, die jedoch nicht notwendigerweise Erfahrungen im EU-System haben.

Dokument 6, Vertragliche Vorgaben zur Wahl der Kommission
Art. 17 (7) EUV
[...]
Der *Rat* nimmt, im Einvernehmen mit dem gewählten *Präsidenten*, die *Liste* der *anderen Persönlichkeiten* an, die er als Mitglieder der Kommission vorschlägt. [...]
Der Präsident, der Hohe Vertreter der Union für Außen- und Sicherheitspolitik und die übrigen Mitglieder der Kommission stellen sich als *Kollegium* einem Zustimmungsvotum des Europäischen Parlaments. Auf der Grundlage dieser Zustimmung wird die Kommission vom Europäischen Rat mit *qualifizierter Mehrheit* ernannt.

Hervorhebungen durch den Autor

Der gewählte Präsident wird dabei häufig mit Vorstellungen der Mitgliedsregierungen zum jeweiligen Aufgabengebiet des vorgeschlagenen Kandidaten konfrontiert. Der Rat nimmt – im Einvernehmen mit dem gewählten Präsidenten – die Liste der Persönlichkeiten an, die er als Mitglieder der Kommission vorschlägt. Nach der Benennung durch die Mitgliedstaaten legt der designierte Kommissionspräsident – in Absprache mit seinen nominierten Kollegen – die zukünftige Aufgabenverteilung innerhalb der Kommission fest. Dieses Team präsentiert sich in der nächsten Stufe des Verfahrens dem EP als Kollegium. Für die Meinungsbildung der Abgeordneten spielen dann die Anhörungen der Kandidaten vor den zuständigen Fachausschüssen eine gewichtige Rolle. Diese ‚Hearings' hat das EP ohne Vertragsvorgaben durch eine Änderung seiner Geschäftsordnung eingeführt (vgl. Kap. ► „Das Europäische Parlament"). Die Kritik aus dem EP an einzelnen Personen hat mehrfach dazu geführt, dass betroffene Regierungen ihren Vorschlag zu den von der Kritik betroffenen Kandidaten zurückzogen und einen neuen Kandidaten benannten. 2019 lehnte das EP selbst die Kandidatin des französischen Präsidenten, Sylvie Goulard, ab (Hofmann 2020, S. 112). Der jeweilige gewählte Kommissionspräsident suchte dabei einen Konsens mit der Mehrheit des EP.

Im letzten Schritt des Wahlverfahrens ernennt der Europäische Rat die Mitglieder der Kommission, bevor diese abschließend durch die Ablegung ihres Amtseides vor dem Gerichtshof der EU ihr Amt antreten können. Tab. 2 illustriert den Ablauf bei der Wahl der Kommission 2019.

Das Ernennungsverfahren führt insgesamt zu einem hohen Grad an Heterogenität in der parteipolitischen Zusammensetzung der Kommission. Universitäre Ausbildung, berufliche Erfahrungen sowie vorangegangene politische Karriere und integrationspolitische Präferenzen weichen ebenfalls erheblich voneinander ab. Auch die Bedeutung der Mitgliedschaft im Kommissionskollegium wird unterschiedlich eingeschätzt: In einigen Mitgliedstaaten werden regelmäßig erfahrene Politiker benannt. Die Juncker-Kommission zählte 2014 drei frühere Premierminister, vier ehemalige Außenminister und zwei frühere Finanzminister zu ihren Mitgliedern. Insbesondere kleinere Staaten geben dem Posten in der Kommission einen hohen Rang. In anderen Mitgliedstaaten

Tab. 2 Zeitlicher Ablauf der Kommissionsbildung

Zeitraum	Ereignis
Mai 2019	Die Bürgerinnen und Bürger wählen das Europäische Parlament
Juni 2019	Der Europäische Rat nominiert von der Leyen als Kandidatin für das Amt des Kommissionspräsidenten einmütig. Deutschland enthält sich dieser Wahl aufgrund unterschiedlicher Positionen in der Berliner Regierungskoalition
Juli 2019	EP wählt die designierte Kommissionspräsidentin mit 383 Stimmen
September/Oktober 2019	Hearings (Anhörungen) der nationalen Kandidaten für die Kommissionsposten durch das EP
Oktober 2019	EP lehnt drei vorgeschlagene Kandidaten der Kommission ab
November 2019	EP wählt veränderte Liste der Kommission als Kollegium
November 2019	Europäischer Rat ernennt die Europäische Kommission
Dezember 2019	Kommission tritt ihr Amt durch Ablegung ihres Amtseides an

Quelle: Eigene Darstellung

wird die Brüsseler Aufgabe nicht als eine Spitzenfunktion verstanden. Manchmal dient eine Benennung auch als ‚Trostpreis‘ für verdiente Politiker, die damit auch von der nationalen Bühne verabschiedet werden können.

Zu den bekanntesten deutschen Mitgliedern in der Kommission kann Walter Hallstein (CDU) gezählt werden, der von 1958 bis 1967 Präsident der Kommission war. Günter Verheugen (SPD) betreute von 1999 bis 2004 als zuständiger Kommissar die EU-Osterweiterung und war anschließend von 2004 bis 2010 neben seiner Funktion als Vizepräsident auch für die Industrie- und Unternehmenspolitik innerhalb der Kommission zuständig. Von 2010 bis 2019 war der frühere Ministerpräsident von Baden-Württemberg Günther Oettinger (CDU) der EU-Kommissar aus Deutschland. Dieser hatte zunächst das Energiepolitik-Ressort inne, bevor ihm in der Kommission unter Präsidenten Juncker die Digitalwirtschaft und dann die Verantwortung für den Haushalt zugeteilt wurde. Mit von der Leyen, die mehrere Ministerämter in der Bundesregierung ausgeübt hatte, wurde 2019 die erste Präsidentin und seit Hallstein die zweite Deutsche gewählt.

Bei dem beschriebenen Ernennungsverfahren erhält die Kommission – zumindest den Buchstaben des Vertrags nach – durch den Rat und das Parlament eine doppelte Legitimation; sie beruht sowohl auf den nationalen als auch auf den europäischen Parlamentswahlen.

2014 hat das EP durch das Verfahren für den „Spitzenkandidaten" sein Gewicht bei der Wahl des Kommissionspräsidenten und des Kommissionskollegiums nachhaltig eingebracht. Festzustellen ist ein verstärkter Trend hin zu einer „Parlamentarisierung der Kommission" (Müller Gómez und Wessels 2015; Hofmann 2014, S. 191–192). 2019 hat sich dieser Trend – zumindest bei der Wahl – nicht verfestigt (Müller Gómez und Wessels 2019, S. 71–74). Die Kommission wird ab 2019 Mehrheiten im fragmentierten EP suchen müssen (vgl. Kap. ▶ „Das Europäische Parlament").

Bei einer möglichen Abwahl gibt es eine Asymmetrie zwischen beiden Organen: Nur das Europäische Parlament – folglich nicht der Europäische Rat – kann die Kommission nur als Kollegium, das heißt weder den Präsidenten noch einzelne Mitglieder allein, durch ein Misstrauensvotum zum Rücktritt zwingen (Art. 234 AEUV). Das Verfahren setzt insbesondere hohe Hürden bei der notwendigen Mehrheit der Mitglieder. Bisher haben die Parlamentarier diese Möglichkeit noch nicht genutzt. Die Kommission des Präsidenten Santer ist 1999 einem derartigen Verfahren, das aufgrund von Korruptionsvorwürfen gegen einzelne Mitglieder hätte verfolgt werden können, durch einen kollektiven Rücktritt zuvorgekommen.

5 Beschlussverfahren: Die Rolle des Präsidenten und des Kollegiums

5.1 Interne Entscheidungsregeln

Im Unterschied zum EP und zum Rat sind die geschriebenen Regeln für die interne Beschlussfassung einfach. Das politisch verantwortliche Gremium der Kommission ist das *Kollegium*, das seine Beschlüsse de jure mit der Mehrheit seiner gleichberechtigten Mitglieder fasst (Art. 250 AEUV). In der Praxis der Kommissionsarbeit wird jedoch intensiv ein Konsens gesucht. Abstimmungen haben – den vorliegenden Informationen nach zu urteilen – nur selten stattgefunden (Peterson 2012, S. 111–112).

5.2   Verschiebungen im intra-institutionellen Dreieck

Zur Erfassung der realen Prozesse innerhalb der Führungsmannschaft kann ein ‚Dreieck' an Lenkungs- und Leitungsmöglichkeiten für die interne Organisation von Institutionen genutzt werden (vgl. Abb. 3). Diese Beziehungskonstellation lässt sich als ‚magisch' charakterisieren, da nicht alle drei (Selbst-)Lenkungsprinzipien gleichzeitig verwirklicht werden können. Innerhalb der Kommission sind entsprechend Spannungen zwischen der kollektiven Verantwortung als Kollegium, dem Anspruch des Präsidenten auf politische Führung und der fachlichen Ressortzuständigkeit einzelner Kommissionsmitglieder immer wieder neu auszutarieren.

Die Vertragsartikel der Gründungsverträge haben zunächst das Prinzip der Kollegialität festgeschrieben. Dieses wird auch weiterhin an den Bestimmungen zu Wahl (Art. 17 (7) EUV) und Misstrauensvotum (Art. 17 (8) EUV/ Art. 234 AEUV) deutlich, bei denen nur die gesamte Kommission (ab-)gewählt werden kann.

Entsprechend wurde die Rolle des Präsidenten zunächst bewusst als *Erster unter Gleichen* (im europäischen Sprachgebrauch *primus inter pares*) zur Lenkung der

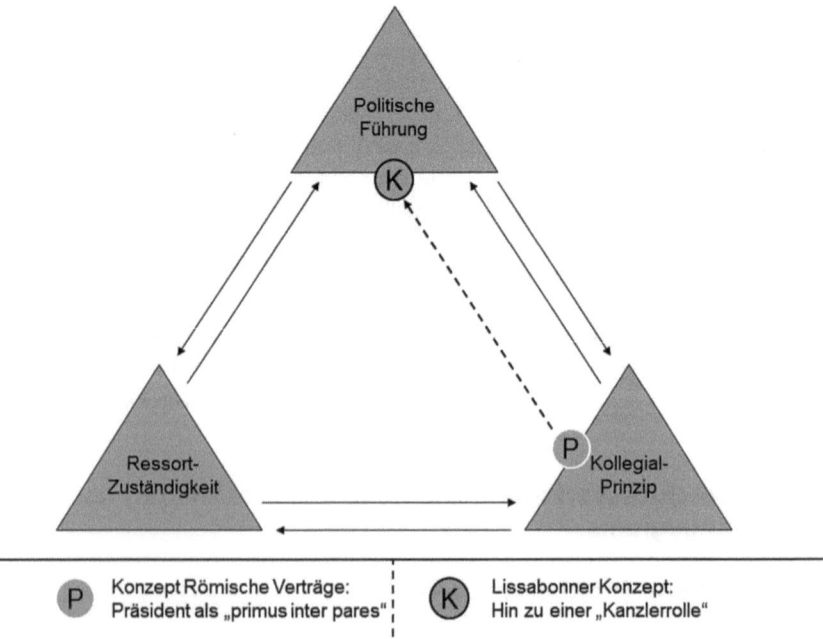

Abb. 3 Das „Magische Dreieck" von Leitungs- und Lenkungsprinzipien. (Quelle: Eigene Darstellung)

Kommission konzipiert. Diese Bestimmung bedeutet, dass dem Präsidenten bei den Abstimmungen innerhalb des Kollegiums keine besonderen Vorrechte gegeben werden. Gleichzeitig wird angesichts vielfacher Ansprüche an das Amt – so die Führung eines Kollegiums von 27 Mitgliedern – jedoch deutlich, dass der Zusammenhalt innerhalb der Kommission wesentlich von der Führungsstärke ihres jeweiligen Präsidenten abhängt (Peterson 2017, S. 111–117).

Die Stellung des Präsidenten innerhalb des Kollegiums wurde deshalb in den Vertragstexten zunehmend gestärkt. Nach vorangegangenen Entwicklungen der Kommissionspraxis haben die relevanten Artikel des Lissabonner Vertrags die Rechte des Präsidenten bei der politischen Führung, der internen Organisation und Zuständigkeitsverteilung gestärkt (vgl. Dokument 7). Er hat damit gewisse Vorrechte, die er aber im Kontext der immer wieder betonten Kollegialität ausüben soll.

Dokument 7, Rechte des Präsidenten (gemäß Vertrag)
Art. 17 (6) EUV
Der Präsident der Kommission

a) legt die *Leitlinien* fest, nach denen die Kommission ihre Aufgaben ausübt,

b) beschließt über die *interne Organisation der Kommission*, um die Kohärenz, die Effizienz und das Kollegialitätsprinzip im Rahmen ihrer Tätigkeit sicherzustellen,

c) ernennt, mit Ausnahme des Hohen Vertreters der Union für Außen- und Sicherheitspolitik, die *Vizepräsidenten* aus dem Kreis der Mitglieder der Kommission.

Ein *Mitglied der Kommission legt sein Amt nieder*, wenn es *vom Präsidenten dazu aufgefordert* wird. Der Hohe Vertreter der Union für Außen- und Sicherheitspolitik legt sein Amt nach dem Verfahren des Artikels 18 Absatz 1 nieder, wenn er vom Präsidenten dazu aufgefordert wird.

Art. 248 AEUV
Die *Zuständigkeiten der Kommission* werden unbeschadet des Artikels 18 Absatz 4 des Vertrags über die Europäische Union von ihrem Präsidenten nach Artikel 17 Absatz 6 des genannten Vertrags *gegliedert* und zwischen ihren Mitgliedern *aufgeteilt*. Der Präsident kann diese *Zuständigkeitsverteilung im Laufe der Amtszeit ändern*. Die Mitglieder der Kommission üben die ihnen vom Präsidenten übertragenen Aufgaben unter dessen *Leitung* aus.

Hervorhebungen durch den Autor

Bei diesen Möglichkeiten zur Lenkung ‚seines' Teams hat er auch eine besondere Sanktionsmöglichkeit: Die Bestimmungen geben dem Präsidenten ein eigenständiges Recht, ein Mitglied der Kommission aufzufordern, sein Amt niederzulegen (Art. 17 (6c) EUV). Präsident Barroso hat dieses Recht einmal 2013 genutzt, um einen Kommissar wegen eines Korruptionsverdachts zu entlassen.

Auch in der Praxis hat der Kommissionspräsident eine herausgehobene Rolle erhalten. So ist er Mitglied des Europäischen Rates (vgl. Kap. ► „Der Europäische Rat") und nimmt an internationalen Gipfeltreffen – so die G7/G8- und G20-Formate – für die Union teil.

Der Stärkung der Präsidentenrolle folgt jedoch keine entsprechende Änderung der Regelungen des Misstrauensvotums: Auch nach dem Lissabonner Vertrag kann das EP nur das Kollegium insgesamt und nicht allein den Präsidenten abberufen.

Angesichts der Einrichtung eines hauptamtlichen Präsidenten des Europäischen Rates und der Schaffung eines „Hohen Repräsentanten der Union für die Außen- und Sicherheitspolitik", der mit seinem ‚Doppelhut' auch Vizepräsident der Kommission ist, muss der Präsident der Kommission nach Inkrafttreten des Lissabonner Vertrags in einem stärker personalisierten intra- und interinstitutionellen Spannungsfeld agieren.

Als weiterer Eckpunkt in der Selbstorganisation der Kommission ist der Trend zu einer wachsenden ‚Ressortverantwortung' einzelner Mitglieder nicht zu übersehen: Aufgrund der Ausdehnung der zu behandelnden Politikfelder ist auch in diesem Organ eine zunehmende Spezialisierung festzustellen, bei der einzelne Kommissare für das Handeln der Kommission verstärkt an Bedeutung gewinnen. Laut Geschäftsordnung ist jeder Kommissar für seinen Zuständigkeitsbereich dem Kollegium gegenüber für Vorbereitung und Durchführung verantwortlich. Die Kommission kann auch einzelne Mitglieder ermächtigen, bestimmte Beschlüsse selbstständig zu treffen (Europäische Kommission 2010, Art. 13). In jeder Kommission haben sich im Alltagsleben starke und schwache Persönlichkeiten herausgebildet, wobei das Gewicht des Herkunftslandes keine ausschlaggebende Rolle spielt. So wird die Kommissionspräsidentin von der Leyen in ihrer Amtsperiode 2019–2024 mit den Vizepräsidenten Frans Timmermans (aus den Niederlanden) und Margrethe Vestager (aus Dänemark) ausgewiesene Kollegen im Team haben.

Insgesamt hat der Kommissionspräsident – trotz seiner herausgehobenen Wahl und einer Zunahme an Vorrechten – noch nicht die Machtfülle eines (britischen) Premierministers oder (deutschen) Kanzlers erreichen können.

6   Aufbau und Arbeitsweise

Für die Rolle der Kommission in der institutionellen Architektur des EU-Systems ist die Analyse des Aufbaus, der Arbeitsweise und der internen Organisation von nachhaltiger Bedeutung.

Das Kollegium tagt in der Regel wöchentlich am Mittwoch unter dem Vorsitz seines Präsidenten; bis auf den Generalsekretär der Kommission sollen keine weiteren Beamten anwesend sein. Der Generalsekretär ist verantwortlich für den Vollzug der Beschlüsse der Kommission. Infolge seiner Rolle bei der Vorbereitung und der Durchführung der Kommissionsentscheidungen nimmt dieser Beamte hinter den

Kulissen eine Schlüsselrolle ein. Der erste und langjährige Generalsekretär der EG-Kommission, Emile Noël, wurde aufgrund seiner umfassenden Kenntnisse der Kommissionstraditionen als eine „graue Eminenz" dieses Organs geschildert (Kassim 2006, S. 77–93).

6.1 Binnenstruktur

Um eine Fragmentierung der Arbeit in dem großen Team zu vermeiden, hat Präsidentin von der Leyen in Ausübung ihrer vertraglichen Rechte eine revidierte Binnenstruktur geschaffen (vgl. Abb. 4): Einerseits führt sie die Reformen ihres Vorgängers fort, revidiert sie jedoch auch teilweise.

Zunächst können vier Hierarchiestufen erkannt werden:

- Präsident
- Exekutiv-Vizepräsidenten
- Vizepräsidenten (von denen keiner aus einem größeren Mitgliedstaat kommt)
- ‚einfache' Kommissionsmitglieder

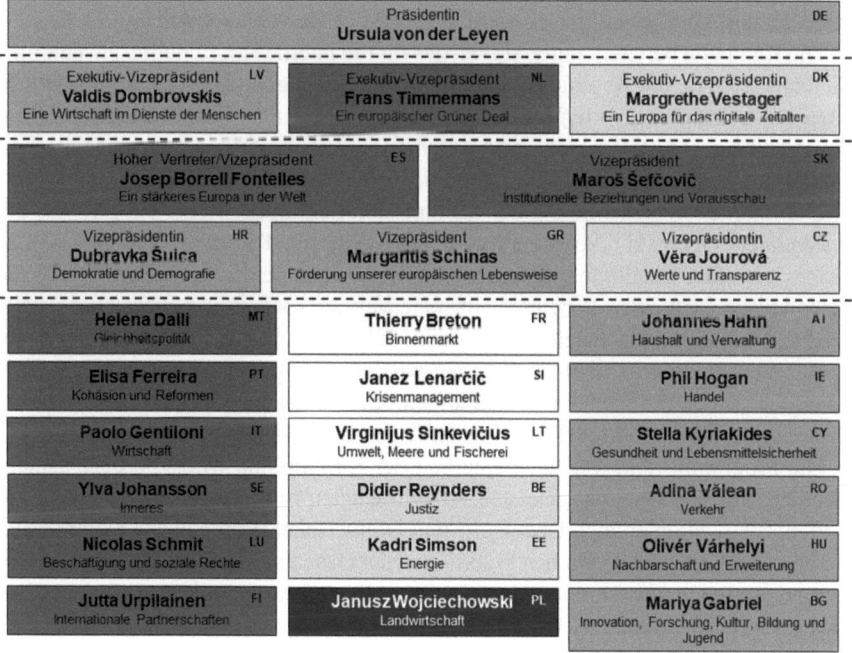

Abb. 4 Binnenstruktur I. Grauabstufung entsprechend der europäischen Parteienfamilie: Von heller nach dunkler Einfärbung: Parteilos – ALDE – EVP – SPE – EKR. (Stand: 01.01.2019, Quelle: Eigene Darstellung, in Anlehnung an Europäische Kommission (2019a))

Das Kollegium bildet zudem sechs Arbeitsgruppen von Kommissionmitgliedern:

- Ein europäischer Green Deal
- Förderung unserer europäischen Lebensweise
- Ein Europa für das digitale Zeitalter
- Eine Wirtschaft im Dienste der Menschen
- Neuer Schwung für die Demokratie in Europa
- Ein stärkeres Europa in der Welt

Diese Gruppen sind jeweils einem (Exekutiv-)Vizepräsidenten zugeordnet. Einzelne einfache Kommissionsmitglieder können mehreren Gruppen zugeordnet werden.

Der eigentliche Verwaltungsapparat der Kommission besteht aus insgesamt 54 (Stand: 31.01.2020) Dienststellen, Exekutivagenturen und Generaldirektionen (Generalsekretariat, Juristischer Dienst, Amt für Veröffentlichungen der EU, Statistisches Amt u. a.) (vgl. Abb. 5). Die Generaldirektionen sind – vergleichbar mit nationalen Ressorts – funktional-hierarchisch strukturiert, so z. B. die Generaldirektionen für Agrarpolitik oder für Beschäftigung und Soziales.

Eine der Ausprägungen der Kommissionsorganisation weicht deutlich von dem Aufbau deutscher Ministerialverwaltungen ab: Den einzelnen Kommissaren direkt unterstellt sind die *Kabinette*, die aus einer kleinen Gruppe politischer Vertrauter bestehen und vom jeweiligen Kommissar selbst ausgewählt werden.

Die Kabinette bereiten, unter Vorsitz des für die interne Koordination zuständigen Generalsekretärs, die Beschlussvorlagen für die Sitzungen der Kommission vor. In ihren wöchentlichen Treffen legen die Kabinettschefs fest, über welche Vorlagen. Einigkeit besteht („A-Punkte"), und welche der weiteren Diskussion und Entscheidung durch das Kommissionskollegium bedürfen („B-Punkte").

Der internen Willensbildung der Kommission liegt in der Regel ein Entwurf der zuständigen Generaldirektion zugrunde, bei dem die federführende Dienststelle andere, ebenfalls beteiligte und betroffene (General-)Direktionen anhört. Der Juristische Dienst prüft jeden Vorschlag auf seine Vertragskonformität; diese Dienststelle wird dadurch zu einem Nadelöhr und zentralen Schaltstelle für die meisten Vorlagen.

Bei dem internen Ablauf wird immer wieder von Spannungsverhältnissen zwischen Generaldirektionen und zuständigen Kabinetten berichtet. Andererseits ist eine enge Abstimmung für die interne Effizienz unerlässlich.

Die Programm- und Managementarbeit der Kommission wird von einer zunehmenden Zahl von Personal geleistet. 2019 arbeiteten rund 32.400 Personen für die Kommission, darunter auch Übersetzer und Dolmetscher (Europäische Kommission 2019b). Geht man von ähnlichen Funktionen der Gesetzesvorbereitung in nationalen Administrationen aus, so entspricht die Zahl der A-Beamten dieser (im deutschen Sprachgebrauch ‚höhere Beamte') ungefähr der Größenordnung ihrer ‚Kollegenschaft' in bundesdeutschen Ministerien (Wessels 2000, S. 302–306).

Der normale Weg auf eine Beamtenstelle der Kommission und der Generalsekretariate oder anderer Organe geht über ein mehrstufiges und anspruchsvolles Auswahlverfahren (im wissenschaftlichen Sprachgebrauch *concours*), das durch

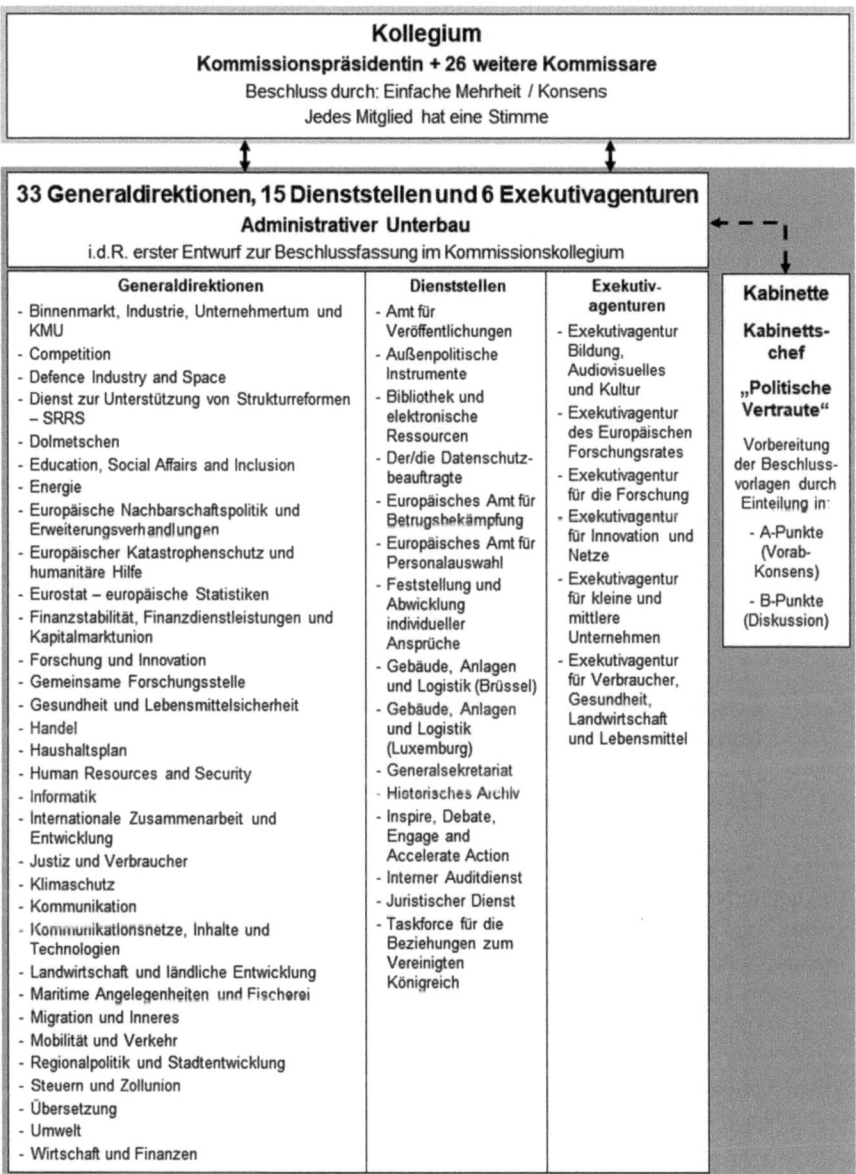

Kollegium

Kommissionspräsidentin + 26 weitere Kommissare
Beschluss durch: Einfache Mehrheit / Konsens
Jedes Mitglied hat eine Stimme

33 Generaldirektionen, 15 Dienststellen und 6 Exekutivagenturen

Administrativer Unterbau

i.d.R. erster Entwurf zur Beschlussfassung im Kommissionskollegium

Generaldirektionen	Dienststellen	Exekutiv-agenturen	Kabinette
- Binnenmarkt, Industrie, Unternehmertum und KMU	- Amt für Veröffentlichungen	- Exekutivagentur Bildung, Audiovisuelles und Kultur	**Kabinetts-chef**
- Competition	- Außenpolitische Instrumente	- Exekutivagentur des Europäischen Forschungsrates	„Politische Vertraute"
- Defence Industry and Space	- Bibliothek und elektronische Ressourcen	- Exekutivagentur für die Forschung	Vorbereitung der Beschluss-vorlagen durch Einteilung in:
- Dienst zur Unterstützung von Strukturreformen – SRRS	- Der/die Datenschutz-beauftragte	- Exekutivagentur für Innovation und Netze	
- Dolmetschen	- Europäisches Amt für Betrugsbekämpfung	- Exekutivagentur für kleine und mittlere Unternehmen	- A-Punkte (Vorab-Konsens)
- Education, Social Affairs and Inclusion	- Europäisches Amt für Personalauswahl	- Exekutivagentur für Verbraucher, Gesundheit, Landwirtschaft und Lebensmittel	- B-Punkte (Diskussion)
- Energie	- Feststellung und Abwicklung individueller Ansprüche		
- Europäische Nachbarschaftspolitik und Erweiterungsverhandlungen	- Gebäude, Anlagen und Logistik (Brüssel)		
- Europäischer Katastrophenschutz und humanitäre Hilfe	- Gebäude, Anlagen und Logistik (Luxemburg)		
- Eurostat – europäische Statistiken	- Generalsekretariat		
- Finanzstabilität, Finanzdienstleistungen und Kapitalmarktunion	- Historisches Archiv		
- Forschung und Innovation	- Inspire, Debate, Engage and Accelerate Action		
- Gemeinsame Forschungsstelle	- Interner Auditdienst		
- Gesundheit und Lebensmittelsicherheit	- Juristischer Dienst		
- Handel	- Taskforce für die Beziehungen zum Vereinigten Königreich		
- Haushaltsplan			
- Human Resources and Security			
- Informatik			
- Internationale Zusammenarbeit und Entwicklung			
- Justiz und Verbraucher			
- Klimaschutz			
- Kommunikation			
- Kommunikationsnetze, Inhalte und Technologien			
- Landwirtschaft und ländliche Entwicklung			
- Maritime Angelegenheiten und Fischerei			
- Migration und Inneres			
- Mobilität und Verkehr			
- Regionalpolitik und Stadtentwicklung			
- Steuern und Zollunion			
- Übersetzung			
- Umwelt			
- Wirtschaft und Finanzen			

Abb. 5 Binnenstruktur II. (Stand 01.01.2019, Quelle: Eigene Darstellung, in Anlehnung an Europäische Kommission (2020a))

das Europäische Amt für Personalauswahl (im englischen Sprachgebrauch EPSO (European Personnel Selection Office)) durchgeführt wird.

Die Erfassung der Verwaltungsstrukturen der EU darf nicht bei der Beschreibung und Analyse der Organisation der Kommission stehen bleiben. Von zentraler Bedeutung für die Funktionenwahrnehmung und die Arbeitsweise der institutionellen Architektur ist die enge Verflechtung mit nationalen Administrationen, die im Politikzyklus – wie in diesem Kapitel anhand der Expertengruppen und Komitologieausschüsse beschrieben – mehrere und unterschiedliche Formen annehmen kann. Nicht zu übersehen ist, dass Aufgaben der Kommission in einer zunehmenden Zahl von Politikfeldern auf Agenturen übertragen werden (Kaeding 2019, S. 155–158; Kelemen und Majone 2017).

Von besonderem Interesse für politikwissenschaftliche Studien ist das Zusammentreffen unterschiedlicher administrativer Kulturen bei der täglichen Arbeit sowohl innerhalb der Kommission selbst als auch in der Praxis in der administrativen Mehrebenenkooperation (u. a. Bach 2005, S. 592).

6.2 Administrative Regelungen: Sitz und Sprachenregime

Sitz der Kommission ist Brüssel; Die Dienststellen sind auf mehrere Gebäude verteilt. Die Zentrale ist im Berlaymont-Gebäude angesiedelt, das gegenüber den Gebäuden des Rates im Europaviertel und in Fußnähe der Gebäude des EP liegt.

Die meistgenutzten Arbeitssprachen sind Englisch und – in abnehmendem Maße – Französisch. Ihre Anwendung variiert zwischen den einzelnen Einheiten.

7 Zusammenfassung, Diskussion und Perspektiven: Institutionelle Leitideen im Test

7.1 Eine Übersichtsbilanz

In der Alltagsarbeit der Politikgestaltung hat die Kommission in der institutionellen Architektur besonders nachgefragte Fähigkeiten herausgebildet: Die Kapazität, Expertenwissen zu bündeln, Ideen in konkrete Vorschläge zu gießen und die politische Agenda zu bestimmen, geben der Kommission den Charakter einer „Ideenschmiede", deren Handeln als „politisches Unternehmertum" bezeichnet werden kann (Bach 2005, S. 582–585). Bei der Ausübung ihrer vertraglichen Aufgaben hat die Kommission so eine für die institutionelle Architektur wesentliche Funktion als aktiver Vermittler bzw. Manager übernommen, der Netzwerke von Akteuren mehrerer Ebenen und aus unterschiedlichen Politikbereichen zusammenführt und zur Entwicklung gemeinsamer Positionen anregt (Hofmann 2020, S. 115–116; Peterson 2017, S. 133). Die Aufgabe als Motor der Integration hat sie entsprechend umfassend ausgeübt, wenn auch ihre ‚Macht' bei der Setzung von Schwerpunkten und der Ausarbeitung von Vorschlägen angesichts des Einflusses des Europäischen Rates und des EP nicht überschätzt werden darf.

In ihrer Exekutivfunktion trifft sie Beschlüsse über wesentliche Entwicklungen im wirtschaftlichen und sozialen Leben Europas. Als Hüterin der Verträge hat sie das gemeinschaftskonforme Handeln der Mitgliedstaaten intensiv überwacht und damit ein Auseinanderfallen des gemeinschaftlichen Rechtsraums verhindert (vgl. Kap.

▶ „Der Gerichtshof der Europäischen Union"). Orientierungs- und Überwachungsfunktionen hat sie auch im Hinblick auf die Koordinierung wirtschafts- und finanz-
politischer Instrumente übernommen.

In Folge der zusätzlich übertragenen Aufgaben wird die Kommission sogar als
„Gewinner" des Krisenmanagements charakterisiert (Bauer und Becker 2014). Auch
bei den außergewöhnlichen Maßnahmen der EU als Reaktion auf die Corona-Krise
hat die Kommission eine starke Initiativrolle übernommen.

Bei der Systemgestaltung blieb ihre Rolle bei Vertragsänderungen sekundär,
während sie hingegen eine zentrale Rolle bei den Beitritts- und Austrittsverhandlungen spielt.

Trotz mancher immer wieder zu hörender Skepsis bezüglich eines Machtverlustes
hat sich die Kommission in den letzten Jahrzehnten im Verhältnis zum Europäischen
Rat, zum Rat und zum EP zu einem bedeutsamen Mitspieler bzw. Mitgestalter in
einer zunehmenden Zahl von zentralen Politikfeldern des EU-Systems entwickelt.
Die häufig von Vertretern einer ‚Gemeinschaftsorthodoxie' eingebrachte These vom
Einflussverlust kann so nicht einfach aufrechterhalten werden – es sei denn, man
erwartet von der Kommission eine regierungsähnliche Führungsrolle, die zumindest
im Vertragstext nicht als institutionelle Leitidee festgelegt wurde.

7.2   Institutionelle Leitideen in der Diskussion

Aus der Beschreibung und Analyse dieses Organs wird aber auch deutlich, dass in den
Jahrzehnten ihrer Existenz die gelebte Rolle der Kommission keiner institutionellen
Leitidee für die EU-Architektur eindeutig und vollständig entspricht. Sie erfüllt nicht die
konventionellen Kriterien einer parlamentarisch gestützten Regierung, wie sie Anhänger
einer föderalistischen Strategie anstreben. Mit der Wahl des Spitzenkandidaten zum
Kommissionspräsidenten sind jedoch weitere Schritte in diese Richtung beobachtbar,
wenngleich dieses Verfahren auch nicht fest etabliert ist, wie die Wahl 2019 verdeut-
lichte, und die Auswirkungen dieses Vorgehens noch weiter zu beobachten sind.

Die Merkmale einer supranationalen Technokratie können angesichts der engen
Verflechtung mit nationalen Verwaltungen, aber auch angesichts der nur begrenzten
Zuteilung von Beteiligungsrechten bei der Koordinierung der wirtschaftspolitischen
Instrumente der Mitgliedstaaten ebenfalls nicht als umfassend erfüllt gelten.

Bei einer tiefer gehenden Analyse können auch Trends zur Herrschaft einer
(Mehrebenen-) „Megabürokratie" (Peterson 2012, S. 118; Wessels 2000, S. 254)
diskutiert werden; nach den Charakteristika dieses Modells schaffen nationale und
gemeinschaftliche Administrationen ein undurchsichtiges und unkontrollierbares
Geflecht von de facto-Entscheidungswegen und schotten sich bewusst durch die
oben beschriebene Vielzahl und Vielfalt an Beamtengremien gegen Politiker und
Verbände ab (Bach 1995). Gegen diese Kennzeichnung spricht jedoch insbesondere
die intensive Beteiligung von nationalen und europäischen Politikern am EU-Geschehen. Dieses implizit häufig angesprochene Modell wird nicht den durch die
Verträge selbst gesetzten Verfahrensvorschriften sowie den weiteren Mitgestaltungs-
formen des Europäischen Rates, des Rates und des EP gerecht.

Andererseits sind auch die Erwartungen der intergouvernementalen Denkschule nicht eingetroffen: Die Rollenwahrnehmung der Kommission entspricht nicht dem Bild des typischen Generalsekretariats einer internationalen Organisation; das Aktivitätenprofil der Kommission in wesentlichen Phasen des Politikzyklus lässt eine einfache Charakterisierung als „Handlungsbeauftragten" oder „Diener" (im wissenschaftlichen Sprachgebrauch *agent*) der Mitgliedstaaten oder des EP als Auftraggeber (im wissenschaftlichen Sprachgebrauch *principal*) nicht zu (vgl. Kap. ► „Einführung").

Insbesondere zu diskutieren ist, wie das Verhältnis zwischen Europäischem Rat und Kommission zu bewerten ist. Die allgemeine Auffassung lautet dabei, dass der Europäische Rat als intergouvernementales Organ die Kommission als supranationales Organ geschwächt hat. Tatsächlich kann jedoch auch ein fortschreitender Trend hin zu geteilten Zuständigkeiten zwischen beiden Organen beobachtet werden (Müller Gómez et al. 2019).

Im Hinblick auf eine Legitimitätsfunktion bieten die Vertragstexte einige Vorgaben: Mit den Bestimmungen zur „Unabhängigkeit" (Art. 245 AEUV) und zur Förderung der „allgemeinen Interessen der Union" (Art. 17 (1) EUV) kann die Kommission als ‚Vertreter eines europäischen Allgemeinwohls' verstanden werden. Aufgrund des Wahlmodus (vgl. Abb. 2) kann auf eine doppelte nationale und europäische Legitimation verwiesen werden.

In diesem Kontext wird auch immer wieder eine Direktwahl des Kommissionspräsidenten durch die EU-Bürgerinnen und -Bürger vorgeschlagen. Diese Strategie hat jedoch wenig Chancen auf Umsetzung.

Angesichts dieser Befunde könnte eine Charakterisierung der Kommission als aktiver Mitgestalter eines vertikalen und horizontalen Fusionsprozesses in einem Mehrebenensystem als Ausgangspunkt für vertiefte Untersuchungen dienen (Peterson 2012, S. 118; Wessels 2003, S. 378–379).

8   Zur Wiederholung und Vertiefung

Merkpunkte und Stichworte
- Grundkenntnisse: Aufgaben
    - Zusammensetzung der Kommission
    - Verfahren zur Ernennung des Präsidenten
    - Drei bekannte Kommissionspräsidenten
    - Name der gegenwärtigen Kommissionspräsidentin
    - (Magisches) Dreieck der Möglichkeiten zur Binnenorganisation
    - Verfahren zum Misstrauensvotum
- Aufgaben und Befugnisse: Vertragsbestimmungen und Befund aus der Praxis
    - „Hüterin der Verträge"
    - „Motor"
    - Exekutive
    - Außenvertretung der EU
    - Mitwirkung bei Vertragsänderungen
    - Rolle bei Beitrittsverhandlungen

- Zur Struktur und Arbeitsweise: Definitionen, Regeln und Befund aus der Praxis
  - Kabinett
  - Generaldirektion
  - Expertengruppe
  - Komitologieausschüsse
  - Kollegialprinzip
  - Ressortprinzip
  - Entlassungsrechte des Kommissionspräsidenten
- Rolle und Funktionen als:
  - (Mehrebenen-)„Megabürokratie"
  - Supranationale Technokratie
  - „Agent" bzw. „Handlungsbeauftragter" und „Sekretariat"
  - Fusionierte Mehrebenenverwaltung

Fragen

- Wie können die Rollenelemente der Kommission empirisch erfasst werden?
- Welche integrationstheoretischen Ansätze sollten zur Erklärung der Entstehung und Entwicklung der Kommission genutzt werden?
- Welche Legitimationskriterien können im Hinblick auf Zusammensetzung, Wahl und das Aktivitätenprofil der Kommission angelegt werden?

Thesen zur Diskussion

- Die Europäische Kommission ist nach Vertragstext und Praxis Symbol und Träger der supranationalen Ausrichtung der institutionellen Architektur des EU-Systems.
- Der Präsident der Europäischen Kommission sollte von den EU-Bürgerinnen und -Bürgern direkt gewählt werden.
- Bei der Wahl des Kommissionspräsidenten 2014 hat das EP das institutionelle Gleichgewicht zu seinen Gunsten verschoben und sich gegen die Staats- und Regierungschefs im Europäischen Rat durchgesetzt.
- Mit dem Aufstellen von Spitzenkandidaten der europäischen Parteien wird die Kommission in der Öffentlichkeit besser und positiver wahrgenommen.
- Die Kommission ist eine „Mammutbürokratie", die zugunsten eines „leichten" Sekretariats für den Europäischen Rat aufgelöst werden sollte.
- Die EU-Administration kann nur als Mehrebenenverwaltung verstanden werden.
- Die Kommission ist auf dem Weg zu einer Regierung nach konventionellem Verständnis parlamentarischer Regierungssysteme.

Literatur

Online-Quellen

https://ec.europa.eu/.
Offizielle Homepage der Europäischen Kommission.
https://ec.europa.eu/germany/.
Offizielle Homepage der Vertretung der Europäischen Kommission in Deutschland.

Einführende Literatur

Ege, Jörn, Michael W. Bauer, und Stefan Becker, Hrsg. 2018. *The European Commission in Turbulent Times. Assessing Organizational Change and Policy Impact.* Baden-Baden: Nomos.

Große Hüttmann, Martin, und Barbara Lippert. 2020. *Die Europäische Union.* Stuttgart: Kohlhammer.

Hofmann, Andreas. 2020. Europäische Kommission. In *Jahrbuch der Europäischen Integration 2020*, Hrsg. Werner Weidenfeld und Wolfgang Wessels, 107–114. Baden-Baden: Nomos.

Hofmann, Andreas. 2020. Europäische Kommission. In *Europa von A bis Z. Taschenbuch der europäischen Integration*, Hrsg. Werner Weidenfeld, Wolfgang Wessels und Funda Tekin, 15. Aufl., 197–202. Wiesbaden: Springer VS.

Nugent, Neill, und Mark Rhinard. 2015. *The European Commission*, 2. Aufl. Basingstoke: Palgrave Macmillan.

Peterson, John. 2017. The college of commissioners: Supranational leadership and presidential politics. In *The Institutions of the European Union*, Hrsg. Dermot Hodson und John Peterson, 4. Aufl., 108–137. Oxford/New York: Oxford University Press.

Literaturverzeichnis

Bach, Maurizio. 1995. Ist die europäische Einigung irreversibel? Integrationspolitik als Institutionenbildung in der Europäischen Union. In *Politische Institutionen im Wandel*, Hrsg. Birgitta Nedelmann, 368–391. Opladen: Westdeutscher.

Bach, Maurizio. 2005. Europa als bürokratische Herrschaft. Verwaltungsstrukturen und bürokratische Politik in der Europäischen Union. In *Europawissenschaft*, Hrsg. Gunnar Folke Schuppert, Ingolf Pernice und Ulrich Haltern, 575–612. Baden-Baden: Nomos.

Bauer, Michael W., und Stefan Becker. 2014. The Unexpected Winner of the Crisis: The European Commission's Strengthened Role in Economic Governance. *Journal of European Integration* 36(3): 213–229. https://www.tandfonline.com/doi/pdf/10.1080/07036337.2014.885750. Zugegriffen am 01.07.2022.

Becker, Peter. 2014. Haushaltspolitik. In *Jahrbuch der Europäischen Integration 2014*, Hrsg. Werner Weidenfeld und Wolfgang Wessels, 209–212. Baden-Baden: Nomos.

Becker, Peter. 2019. Haushaltspolitik. In *Jahrbuch der Europäischen Integration 2019*, Hrsg. Werner Weidenfeld und Wolfgang Wessels, 247–252. Baden-Baden: Nomos.

Brunn, Gerhard. 2004. *Die europäische Einigung: von 1945 bis heute.* Bonn: Bundeszentrale für Politische Bildung.

Bundesverfassungsgericht. 2009. Karlsruhe. *Urteil vom 30.06.2009–2 BvE 2/08.* https://www.bundesverfassungsgericht.de/entscheidungen/es20090630_2bve000208. Zugegriffen am 01.07.2022.

Christiansen, Thomas. 2014. International asymmetries in the European Union: Fault lines running through the comitology system. In *The politics of information. The case of the European Union*, Hrsg. Tennelie Blom und Sophie Vanhoonacker, 146–160. Basingstoke: Palgrave Macmillan.

Christiansen, Thomas, und Mathias Dobbels. 2012. Comitology and delegated acts after Lisbon: How the European Parliament lost the implementation game. *European Integration online Papers* 16(13): 1–23. http://eiop.or.at/eiop/pdf/2012-013.pdf. Zugegriffen am 01.07.2022.

Christiansen, Thomas, und Christine Reh. 2009. *Constitutionalizing the European Union.* Basingstoke/New York: Palgrave Macmillan.

Gaulle, Charles de, Hrsg. 1965. Conférence de Presse, 23. September 1965. In *Discourset message,* 4:372–390. Paris: o. V.

Diedrichs, Udo. 2011. New modes of governance: Perspectives from the legal and the living architecture of the European Union. In *The dynamics of change in EU governance*, Hrsg. Udo Diedrichs, Wulf Reiners und Wolfgang Wessels, 210–238. Cheltenham/Northampton: Edward Elgar.

Diedrichs, Udo, und Wolfgang Wessels. 2006. The commission and the council. In *The European Commission*, Hrsg. David Spence und Geoffrey Edwards, 3. Aufl., 209–233. London: John Harper Publishing.

Edwards, Geoffrey. 2006. The European commission in perspective. In *The European Commission*, Hrsg. David Spence und Geoffrey Edwards, 3. Aufl., 1–24. London: John Harper Publishing.

Europäische Kommission. 2001. Brüssel. *Europäisches Regieren. Ein Weißbuch, KOM (2001) 428 endgültig, Amtsblatt Nr. 287 vom 12.10.2001*. https://eur-lex.europa.eu/legal-content/DE/TXT/?qid=1601720972650&uri=CELEX:52001DC0428. Zugegriffen am 01.07.2022.

Europäische Kommission. 2010. Brüssel. Beschluss der Kommission vom 24. Februar 2010 zur Änderung ihrer Geschäftsordnung. https://eur-lex.europa.eu/legal-content/DE/TXT/PDF/?uri=uriserv:OJ.L_.2010.055.01.0060.01.DEU. Zugegriffen am 01.07.2022.

Europäische Kommission. 2014. Brüssel. *Eurobarometer-Umfrage: Vertrauen und Optimismus EU-weit im Aufwind*. https://ec.europa.eu/commission/presscorner/detail/de/IP_14_543. Zugegriffen am 01.07.2022.

Europäische Kommission. 2015. Brüssel. *Bericht der Kommission über die Tätigkeit der Ausschüsse im Jahr 2014*. https://ec.europa.eu/transparency/documents-register/detail?ref=COM (2015)418&lang=de. Zugegriffen am 01.07.2022.

Europäische Kommission. 2019a. Brüssel. *Beschluss der Präsidentin der Europäischen Kommission vom 1. Dezember 2019 über die Verteilung der Zuständigkeiten der Mitglieder der Kommission*. https://ec.europa.eu/info/sites/info/files/organisation-responsibilities_de.pdf. Zugegriffen am 01.07.2022.

Europäische Kommission. 2019b. Brüssel. *Staff Members*. https://ec.europa.eu/info/sites/info/files/european-commission-hr-key-figures_2019_en.pdf. Zugegriffen am 01.07.2022.

Europäische Kommission. 2020a. Brüssel. *Dienststellen und Exekutivagenturen*. https://ec.europa.eu/info/departments_de. Zugegriffen am 01.07.2022.

Europäische Kommission. 2020b. Brüssel. *Register der Expertengruppen*. http://ec.europa.eu/transparency/regexpert/index.cfm?do=search.searchNew&resetValues=1. Zugegriffen am 01.07.2022.

Gerichtshof der Europäischen Union. 2010. *Jahresbericht 2009*. http://curia.europa.eu/jcms/upload/docs/application/pdf/2010-05/ra09_stat_cour_final_de.pdf. Zugegriffen am 01.07.2022.

Gerichtshof der Europäischen Union. 2015. *Jahresbericht 2014*. http://curia.europa.eu/jcms/upload/docs/application/pdf/2015-04/de_ecj_annual_report_2014_pr1.pdf. Zugegriffen am 01.07.2022.

Gerichtshof der Europäischen Union. 2020. *Jahresbericht 2019. Rechtsprechungstätigkeit*. https://curia.europa.eu/jcms/upload/docs/application/pdf/2020-05/qd-ap-20-001-de-n.pdf. Zugegriffen am 01.07.2022.

Giering, Claus, und Florian Neuhann. 2010. Europäischer Rat. In *Jahrbuch der Europäischen Integration 2009*, Hrsg. Werner Weidenfeld und Wolfgang Wessels, 55–64. Baden-Baden: Nomos.

Hallstein, Walter. 1979. *Die Europäische Gemeinschaft*. Düsseldorf: ECON.

Hardacre, Alan, und Michael Kaeding. 2011. Delegated & Implementing Acts. The New Comitology. In *EIPA Essential Guide 5*. https://www.researchgate.net/publication/236122101_Delegated_Implementing_Acts_-_The_New_Comitology_The_EIPA_Practical_Guide. Zugegriffen am 01.07.2022.

Hofmann, Andreas. 2014. Europäische Kommission. In *Europa von A bis Z. Taschenbuch der europäischen Integration*, Hrsg. Weidenfeld Werner und Wessels Wolfgang, 13. Aufl., 182–196. Baden-Baden: Nomos.

Hofmann, Andreas. 2019. Europäische Kommission. In *Jahrbuch der Europäischen Integration 2019*, Hrsg. Werner Weidenfeld und Wolfgang Wessels, 109–116. Baden-Baden: Nomos.

Hofmann, Andreas, und Wolfgang Wessels. 2013. Tektonische Machtverschiebungen – Die Krise als Auslöser und Verstärker des institutionellen Wandels. *Zeitschrift Für Politik* 2013(2): 220–241.

Hooghe, Liesbet, und Hussein Kassim. 2012. The commission's services. In *The Institutions of the European Union*, Hrsg. John Peterson und Michael Shackleton, 3. Aufl., 173–198. Oxford/New York: Oxford University Press.

Juncker, Jean-Claude. 2014. Straßburg. *Präsident Junckers politische Leitlinien. Ein neuer Start für Europa: Meine Agenda für Jobs, Wachstum, Fairness und demokratischen Wandel*. https://ec.europa.eu/commission/sites/beta-political/files/juncker-political-guidelines-speech_de_1.pdf. Zugegriffen am 31.01.2020.

Kaeding, Michael. 2016. Europäische Agenturen. In *Jahrbuch der Europäischen Integration 2016*, Hrsg. Werner Weidenfeld und Wessels Wolfgang, 153–158. Baden-Baden: Nomos.

Kaeding, Michael. 2019. Europäische Agenturen. In *Jahrbuch der Europäischen Integration 2019*, Hrsg. Werner Weidenfeld und Wolfgang Wessels, 155–158. Baden-Baden: Nomos.

Kassim, Hussein. 2006. The secretariat general of the European Commission. In *The European Commission*, Hrsg. David Spence und Geoffrey Edwards, 3. Aufl., 75–102. London: John Harper Publishing.

Kassim, Hussein, und Anand Menon. 2003. The principal-agent approach and the study of the EU: Promise unfulfilled? *Journal of European Public Policy* 10(1): 121–139.

Kelemen, R. Daniel, und Giandomenico Majone. 2017. European agencies: Managing Europeanization. In *The Institutions of the European Union*, Hrsg. Dermot Hodson und John Peterson, 4. Aufl., 236–257. Oxford/New York: Oxford University Press.

Landfried, Christine. 2005. *Das politische Europa. Differenz als Potential der Europäischen Union*. Baden-Baden: Nomos.

Lippert, Barbara. 2011. *EU-Erweiterung. Vorschläge für die außenpolitische Flankierung einer Beitrittspause*. Berlin: SWP.

Maurer, Andreas. 2014. Europäisches Parlament. In *Jahrbuch der Europäischen Integration 2014*, Hrsg. Werner Weidenfeld und Wolfgang Wessels, 73–86. Baden-Baden: Nomos.

Maurer, Andreas. 2019. Europäisches Parlament. In *Jahrbuch der Europäischen Integration 2019*, Hrsg. Werner Weidenfeld und Wolfgang Wessels, 83–92. Baden-Baden: Nomos.

Mazey, Sonia, und Jeremy Richardson. 2006. The commission and the Lobby. In *The European Commission*, Hrsg. David Spence und Geoffrey Edwards, 3. Aufl., 279–292. London: John Harper Publishing.

Moravcsik, Andrew. 1998. *The choice for Europe: Social purpose and state power from Messina to Maastricht*. Ithaca: Cornell University Press.

Müller Gómez, Johannes, und Wolfgang Wessels. 2015. The EP elections 2014 and their consequences a further step towards EU parliamentarism? *Cuadernos Europeos de Deusto* 52:39–66.

Müller Gómez, Johannes, und Wolfgang Wessels. 2019. Die institutionelle Architektur der Europäischen Union. In *Jahrbuch der Europäischen Union 2019*, Hrsg. Werner Weidenfeld und Wolfgang Wessels, 71–82. Baden-Baden: Nomos.

Müller Gómez, Johannes, Wolfgang Wessels, und Johannes Wolters. 2019. The European Parliament and the European Council: A Shift in the Balance of Power? In *The European Parliament in Times of EU Crisis. European Administrative Governance*, Hrsg. Olivier Costa, 53–76. Basingstoke: Palgrave Macmillan.

Nasshoven, Yvonne M. 2011. *The appointment of the President of the European Commission: Patterns in choosing the Head of Europe's executive*, 5. Aufl. Baden-Baden: Nomos.

Norman, Peter. 2003. *The accidental constitution. The story of the European convention*. Brüssel: EuroComment.

Petersen, Thomas. 2016. Öffentliche Meinung. In *Jahrbuch der Europäischen Integration 2016*, Hrsg. Werner Weidenfeld und Wolfgang Wessels, 181–192. Baden-Baden: Nomos.

Petersen, Thomas. 2019. Die öffentliche Meinung. In *Jahrbuch der Europäischen Integration 2019*, Hrsg. Werner Weidenfeld und Wolfgang Wessels, 181–188. Baden-Baden: Nomos.

Peterson, John. 1999. The Santer-era: The European commission in normative, historical and theoretical perspective. *Journal of European Policy* 6(1): 46–65.

Peterson, John. 2012. The college of commissioners. In *The Institutions of the European Union*, Hrsg. John Peterson und Michael Shackleton, 3. Aufl., 96–123. Oxford/New York: Oxford University Press.

Peterson, John. 2017. The college of commissioners: Supranational leadership and presidential politics. In *The Institutions of the European Union*, Hrsg. Dermot Hodson und John Peterson, 4. Aufl., 108–137. Oxford/New York: Oxford University Press.

Poullet, Edouard, und Gérard Déprez. 1976. *Struktur und Macht der EG-Kommission. Die Kommission im System der Europäischen Gemeinschaft*. Bonn: Europa Union.

Präsident des Europäischen Parlaments. 2018. *Haushaltspläne. Endgültiger Erlass (EU, Euratom) 2019/333 des Gesamthaushaltsplans der Europäischen Union für das Haushaltsjahr*

2019. https://eur-lex.europa.eu/legal-content/DE/TXT/PDF/?uri=CELEX:32019B0333& from=DE. Zugegriffen am 01.07.2022.

Spence, David, und Geoffrey Edwards, Hrsg. 2006. *The European Commission*, 3. Aufl. London: John Harper Publishing.

Spinelli, Altiero. 1966. *The Eurocrats. Conflicts and crisis in the European community.* Baltimore: John Hopkins.

Stratulat, Corina, und Elisa Molino. 2011. Implementing Lisbon: what's new in comitology? In *European Policy Centre. Policy Brief. April 2011.* https://wms.flexious.be/editor/plugins/ imagemanager/content/2140/PDF/2011/Implementing_Lisbon_-_whats_new_in_comitolo gy.pdf. Zugegriffen am 01.07.2022.

Thatcher, Margaret. 1993. *The Downing Street Years*. London: HarperCollins.

Wessels, Wolfgang. 2000. *Die Öffnung des Staates. Modelle und Wirklichkeit grenzüberschreitender Verwaltungspraxis 1960–1995.* Opladen: Leske + Budrich.

Wessels, Wolfgang. 2003. Die Europapolitik in der politikwissenschaftlichen Debatte. In *Jahrbuch der Europäischen Integration 2002/2003*, Hrsg. Werner Weidenfeld und Wolfgang Wessels, 25–34. Bonn: Europa Union.

Wessels, Wolfgang. 2016. *The European Council*. Basingstoke: Palgrave Macmillan.

Der Hohe Vertreter der EU für Außen- und Sicherheitspolitik

Inhalt

Zusammenfassung

Der Hohe Vertreter für Außen- und Sicherheitspolitik ist mit dem Vertrag von Lissabon 2009 zu einem zentralen Mitspieler in der institutionellen Architektur im Bereich des Auswärtigen Handelns geworden. Der Amtsinhaber soll der Union ‚Gesicht‘ und ‚Stimme‘ nach außen verleihen. Dafür hat der Vertrag dem Amt wesentliche Aufgaben zugeschrieben, die als ‚Hüte‘ bezeichnet werden können. In der Ausübung dieser Funktionen agiert der Hohe Vertreter einerseits auf intergouvernementaler Ebene im Bereich der Gemeinsamen Außen- und Sicherheitspolitik und andererseits auf supranationaler Ebene im Bereich der (wirtschaftlichen) Außenbeziehungen. Angesichts dieser Spannung lässt sich das Amt als ein Beispiel von vertikaler Fusion zwischen nationalen und EU-Kompetenzen sowie von horizontaler Fusion als Brücke zwischen zwei Säulen des Auswärtigen Handelns sehen. Gleichwohl löst die neuartige Konstruktion des Amtes intensive Debatten aus: Ist dessen Schaffung ein deutlicher Schritt in Richtung eines ‚echten‘ europäischen Außenministers oder ist der Hohe Vertreter vielmehr ein ‚Trojanisches Pferd‘ der Mitgliedstaaten, welches die Autonomie der Europäischen Kommission im Bereich des Auswärtigen Handelns einschränkt?

© Springer Fachmedien Wiesbaden GmbH, ein Teil von Springer Nature 2022
W. Wessels, *Das Politische System der Europäischen Union*,
https://doi.org/10.1007/978-3-658-10013-1_6

Schlüsselwörter

Zwei Säulen des Auswärtigen Handelns · Gemeinsame Außen- und
Sicherheitspolitik · Auswärtiges Handeln · Vier Hüte als Fusion von
Verantwortlichkeiten · Europäischer Auswärtiger Dienst

---

1   Eckpunkte im Überblick: Gesicht und Stimme der Europäischen Union

In die institutionelle Architektur der EU hat der Lissabonner Vertrag einen „Hohen
Vertreter der Union für Außen und Sicherheitspolitik" eingeführt. Auch wenn dieses
Amt nicht in der Liste der Organe (Art. 13 EUV) aufgeführt wird, so ist ihm dennoch
ein eigener Vertragsartikel (Art. 18 EUV) gewidmet. Seine besondere politische
Relevanz gewinnt der Hohe Vertreter durch seine zentrale Position im System des
„Auswärtigen Handelns der Union" (Art. 21 und 22 EUV), das durch die – seit den
frühen siebziger Jahren des 20. Jahrhunderts bestehenden – zwei Säulen unterschied-
lichen Regierens in den Außenbeziehungen (im wissenschaftlichen Sprachgebrauch
modes of governance (Diedrichs 2011) geprägt ist (vgl. Abb. 1 Kap. ▶ „Auswärtiges
Handeln").

Dieses Amt soll der Union im Kreise der Außenminister der Welt ‚Gesicht' und
‚Stimme' geben. Im Vorfeld der Einführung und seit 2009 hat die neuartige Konstruktion wiederholt intensive Debatten über die Leistung der bisherigen Amtsinhaberinnen und des *Europäischen Auswärtigen Dienstes* (EAD, im englischen Sprachgebrauch *European External Action Service, EEAS*) insgesamt ausgelöst.
Insbesondere die Vereinbarkeit mehrerer Aufgaben (sogenannte ‚Hüte') wird dabei
thematisiert.

Für das Erfassen ist eine Nahaufnahme mithilfe des institutionellen Steckbriefs in
Form des ABBA-Systems hilfreich (vgl. Abb. 1).

1.1   Geschichte

Bis zum Vertrag von Lissabon verteilten sich die neuen Aufgaben des Hohen
Vertreters im Bereich des auswärtigen Handelns auf drei verschiedene Ämter:

- Der Vorsitz des Rates für Auswärtige Angelegenheiten vertrat „die Union in
  Angelegenheiten der Gemeinsamen Außen- und Sicherheitspolitik" (GASP)
  und war „für die Durchführung der nach diesem Titel gefassten Beschlüsse"
  verantwortlich (Art. 18 EUV in der (damaligen) Fassung des Vertrags von Nizza).
  Dieser Posten wurde von dem Außenminister des Mitgliedstaates wahrgenommen, der die jeweilige halbjährlich rotierende Präsidentschaft innehatte. Der
  jeweilige nationale Politiker konnte seine Aufgaben so immer nur für sechs
  Monate wahrnehmen. Um die Kontinuität zu sichern, waren die jeweiligen Vorgänger und Nachfolger in einer ‚Troika' beteiligt.

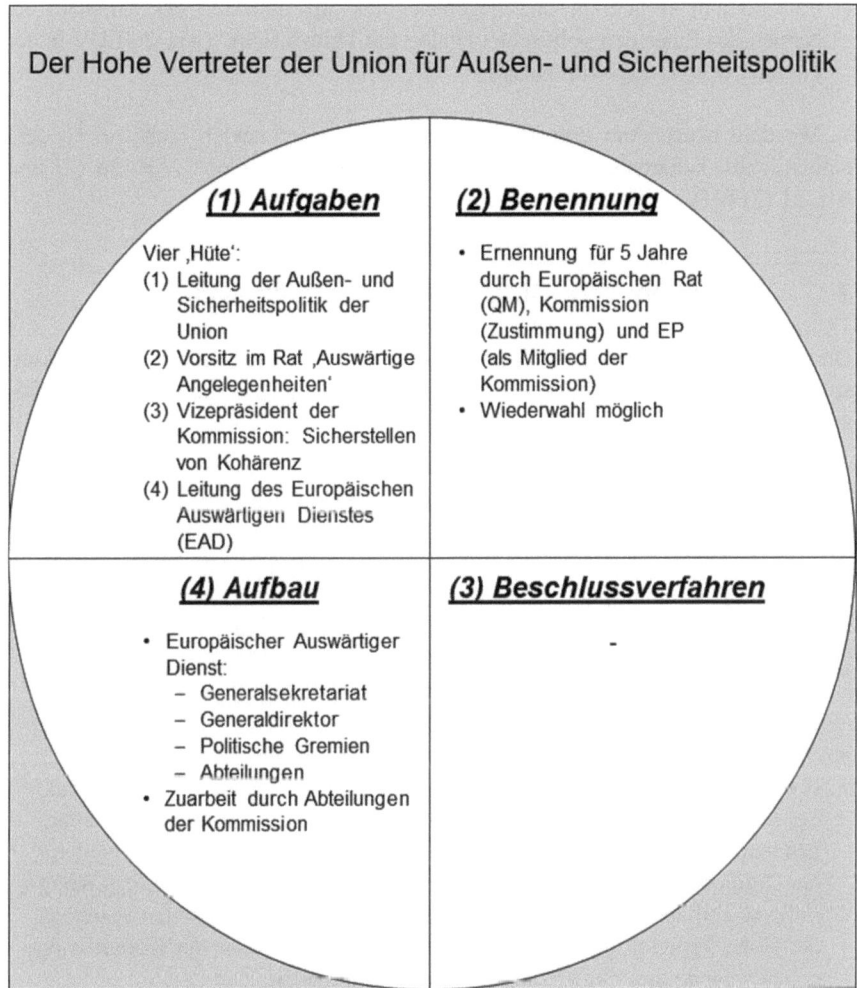

Der Hohe Vertreter der Union für Außen- und Sicherheitspolitik

(1) Aufgaben

Vier ‚Hüte':
(1) Leitung der Außen- und
    Sicherheitspolitik der
    Union
(2) Vorsitz im Rat ‚Auswärtige
    Angelegenheiten'
(3) Vizepräsident der
    Kommission: Sicherstellen
    von Kohärenz
(4) Leitung des Europäischen
    Auswärtigen Dienstes
    (EAD)

(2) Benennung

• Ernennung für 5 Jahre
  durch Europäischen Rat
  (QM), Kommission
  (Zustimmung) und EP
  (als Mitglied der
  Kommission)
• Wiederwahl möglich

(4) Aufbau

• Europäischer Auswärtiger
  Dienst:
  – Generalsekretariat
  – Generaldirektor
  – Politische Gremien
  – Abteilungen
• Zuarbeit durch Abteilungen
  der Kommission

(3) Beschlussverfahren

-

Abb. 1 Institutioneller Steckbrief. (Quelle: Eigene Darstellung)

• Der Kommissar für „Auswärtige Angelegenheiten" war mit der „Vertretung der Union nach außen" in internationalen Angelegenheiten (Art. 17 (1) EUV in der Fassung des Vertrags von Nizza) – ausgenommen der Gemeinsamen Außen- und Sicherheitspolitik (GASP) – vertraut (vgl. Kap. ▶ „Die Europäische Kommission").
• Als erster Schritt, um die fragmentierte Außenvertretung zu überwinden, hat der Vertrag von Amsterdam noch zu den beiden anderen Vertretern 1999 das Amt des „Hohen Vertreters für die Gemeinsame Außen- und Sicherheitspolitik" geschaffen. Dieses Amt – bekleidet vom früheren NATO-Generalsekretär Javier Solana – war dem Rat formal untergeordnet und hatte die Aufgabe, diesen „in Angelegenheiten der Gemeinsamen Außen- und Sicherheitspolitik [zu unterstützen], indem er insbesondere zur Formulierung, Vorbereitung und Durchführung politischer

Entscheidungen beiträgt und gegebenenfalls auf Ersuchen des Vorsitzes im Namen des Rates den politischen Dialog mit Dritten führt" (Art. 26 EUV in der Fassung des Vertrags von Nizza).

Mit dem neuen Amt erhofften sich die Vertragsarchitekten nicht zuletzt „ein einheitliches, kohärentes und wirksames Vorgehen der Union" (Art. 26 (2) und Art. 21 (3) EUV).

2   Aufgaben: Vier ‚Hüte' – ein Aktivitätenprofil

Der Lissabonner Vertrag schuf eine rechtlich wie organisatorisch komplexe Konstruktion mit vielen Möglichkeiten, aber auch eng gesetzten Grenzen (vgl. Dokument 1).

Dokument 1, Aufgaben des Hohen Vertreters entsprechend des EUV (1)
Art. 18 EUV

(2) Der Hohe Vertreter *leitet die Gemeinsame Außen- und Sicherheitspolitik* der Union. Er trägt durch seine Vorschläge zur Festlegung dieser Politik bei und führt sie im Auftrag des Rates durch. Er handelt ebenso im Bereich der Gemeinsamen Sicherheits- und Verteidigungspolitik.

(3) Der Hohe Vertreter führt den *Vorsitz im Rat „Auswärtige Angelegenheiten".*

(4) Der Hohe Vertreter ist einer der *Vizepräsidenten der Kommission.* Er sorgt für die Kohärenz des auswärtigen Handelns der Union. Er ist innerhalb der Kommission mit deren Zuständigkeiten im Bereich der Außenbeziehungen und mit der Koordinierung der übrigen Aspekte des auswärtigen Handelns der Union betraut. Bei der Wahrnehmung dieser Zuständigkeiten in der Kommission und ausschließlich im Hinblick auf diese Zuständigkeiten unterliegt der Hohe Vertreter den Verfahren, die für die Arbeitsweise der Kommission gelten solange dies mit Absätzen 2 und 3 vereinbar ist.

Hervorhebungen durch den Autor

In einer konventionellen Charakterisierung des Amtes wird von einem ‚Doppelhut' gesprochen – der des Hohen Vertreters und der des Vizepräsidenten der Kommission. Diesem lässt sich darüber hinaus der ‚Hut' des Vorsitzes des Rates „Auswärtige Angelegenheiten" sowie der ‚Hut' des Leiters des EAD hinzufügen. Zu erwähnen sind auch weitere Beteiligungsformen und Kanäle der Einflussnahme, die dem Hohen Vertreter zur Verfügung stehen. Zu nennen ist die Teilnahme am Europäischen Rat (vgl. Kap ► „Der Europäische Rat") sowie der Vorsitz der Europäischen Verteidigungsagentur (European Defence Agency, EDA) und des Instituts für Sicherheitsstudien der Europäischen Union (European Union Institute for Security Studies, EUISS).

Zur Erschließung der Funktionen des Amtes ist eine Untersuchung der Rolle des Hohen Vertreters in der GASP ein sinnvoller Ausgangspunkt. Im Unterschied zu den zunächst ‚schwachen' Rechten, die dem Hohen Vertreter im Vertrag von Amsterdam zugesprochen worden waren, ermächtigt der Vertrag von Lissabon den Hohen Vertreter Vorschläge einzubringen und relevante Entscheidungen durchzuführen. Unter seine Aufgaben fällt auch die Vertretung bzw. Repräsentation der Union in der GASP im Kontakt mit Dritten und auf internationalen Konferenzen (vgl. Dokument 2).

Dokument 2, Aufgaben des Hohen Vertreters entsprechend des EUV (2)
Art. 27 EUV
(1) Der Hohe Vertreter der Union für Außen- und Sicherheitspolitik, der im Rat „Auswärtige Angelegenheiten" den Vorsitz führt, trägt durch seine Vorschläge zur *Festlegung der Gemeinsamen Außen- und Sicherheitspolitik* bei und stellt sicher, dass die vom Europäischen Rat und vom Rat erlassenen Beschlüsse *durchgeführt* werden.
(2) Der *Hohe Vertreter vertritt die Union* in den Bereichen der Gemeinsamen Außen- und Sicherheitspolitik. Er führt im Namen der Union den politischen Dialog mit Dritten und vertritt den Standpunkt der Union in internationalen Organisationen und auf internationalen Konferenzen.

Hervorhebungen durch den Autor

Seit der Schaffung des Amtes des „Hohen Vertreters für die Gemeinsame Außen- und Sicherheitspolitik" im Jahr 2009 haben die beiden Amtsträgerinnen stetig mehr Positionen der EU zu vielen Krisenherden in der Welt formuliert. Insbesondere zu Beginn der Proteste, Aufstände und Revolutionen in der arabischen Welt 2011 stieg die Anzahl der Stellungnahmen seitens des Hohen Vertreters (Helwig et al. 2013, S. 21–22). Darüber hinaus spielt der Hohe Vertreter eine wichtige Rolle bei der Suche nach Konfliktlösungen. Die Amtsinhaberinnen haben so eine tragende Rolle bei den Nuklearverhandlungen mit dem Iran gespielt. Zudem bemühten sie sich intensiv um die Lösung des Konflikts zwischen Serbien und dem Kosovo (Mogherini 2015).

Eine zweite Aufgabe, welche in der Literatur oft weniger Beachtung findet, ist die Steuerungsfunktion, die mit dem Vorsitz des Rates „Auswärtige Angelegenheiten" einhergeht. Der Inhaber dieser Position – früher vom jeweiligen Außenminister der rotierenden Ratspräsidentschaft eingenommen – ist seit den Anfängen der GASP in der Vorstufe als *Europäische Politische Zusammenarbeit* (EPZ) ein Schlüsselakteur sowohl für die Herstellung eines Konsens innerhalb der EU als auch zur Vertretung der Positionen nach außen.

Im Prinzip kommt der Rat „Auswärtige Angelegenheiten" ungefähr einmal im Monat zusammen. Während der Ukrainekrise traf sich der Rat jedoch in der ersten Jahreshälfte 2014 zweimal monatlich. Im Jahr 2019 fanden insgesamt 22 offizielle Tagungen dieser Ratsformation statt (vgl. Tab. 2 im Kap. ▶ „Der Rat der Europäischen Union"). Besonders vor dem Hintergrund der zunehmenden Flüchtlingsproblematik war und ist das Thema Migration ein bedeutender Punkt auf der Tagesordnung.

Eine dritte Funktion des Hohen Vertreters ist die des Vizepräsidenten der Kommission. Als solcher ist der Amtsinhaber verantwortlich für die spezifischen Zuständigkeiten der Kommission im Bereich des Auswärtigen Handelns. Als Vizepräsident ist er bei der Kompetenzverteilung innerhalb der Kommission dem Präsidenten der Kommission unterstellt. Mit der Amtsaufnahme der Kommission Juncker 2014 hat Mogherini als Vizepräsidentin den Vorsitz für die Gruppe der mit auswärtigen Angelegenheiten zuständigen Kommissare übernommen (vgl. Abb. 4 Kap. ► „Die Europäische Kommission"). Sie koordiniert insbesondere die Arbeit des Kommissars für Nachbarschaftspolitik und Erweiterungsverhandlungen, für Handel, für internationale Zusammenarbeit und Entwicklung, für Humanitäre Hilfe sowie die Arbeit des Kommissars für Krisenmanagement (Europäische Kommission 2014). Mit dem Amtsantritt der Kommission von der Leyen 2019 firmiert die vom neuen Amtsinhaber Josep Borrell geleitete Gruppe unter dem Namen „Ein stärkeres Europa in der Welt" (vgl. Kap. ► „Die Europäische Kommission"). Zudem verantwortet Borrell vonseiten der Kommission die Entwicklung der EU zu einer ‚Europäischen Verteidigungsunion'. Eine vierte bedeutsame Funktion des Hohen Vertreters ist die Leitung des EAD. Der EAD soll die Arbeit des Hohen Vertreters unterstützen und somit die Effektivität und Effizienz der Union im Bereich des Auswärtigen Handelns verbessern.

Angesichts dieser verschiedenen Gruppen von Aufgaben wird deutlich, dass der Hohe Vertreter ein breites und differenziertes Spektrum von Aufgaben zu erfüllen hat.

Der Amtsinhaber hat entsprechend einen Terminkalender (vgl. Dokument 3), der von vielen Verpflichtungen beherrscht wird. Er muss mit Gesprächspartnern im globalen Kontext Kontakte etablieren und pflegen. Er muss aber auch im EU System, so in der Kommission, im Rat und im Europäischen Rat, seine jeweiligen Möglichkeiten ausschöpfen. Auch gegenüber dem EP hat er Berichtspflichten (Helwig 2014).

Dokument 3, Termine der Hohen Vertreterin/Vizepräsidentin Federica Mogherini, Beispielwoche im März 2018

Woche vom 19. März 2018

Montag, 19. März
- Vorsitz des Treffens des Rates „Auswärtige Angelegenheiten"

Dienstag, 20. März
- Vortrag auf der Veranstaltung „Albania: committed to reform" im Europäischen Parlament, Brüssel
- Ausrichtung der ordentlichen Sitzung der International Donor Group for Palestine (Ad Hoc Liaison Committee (AHLC))
- Empfang von Herrn Yukiya Amano, Generaldirektor der Internationalen Atomenergie-Organisation

(Fortsetzung)

- Empfang von Herrn Nicos Christodoulides, Außenminister der Republik Zypern
- Empfang von Frau Ine Marie Eriksen Søreide, Außenministerin von Norwegen

Mittwoch, 21. März
- Empfang von Herrn Peter Maurer, President des Internationalen Komitees vom Roten Kreuz

Donnerstag, 22. März
- Empfang von Admiral Enrico Credendino, Befehlshaber der EU Naval Force Med Operation SOPHIA

Freitag, 23. März
- Ausrichter des Treffens mit dem Präsidenten von Serbien, Aleksandar Vučić, und dem Präsidenten des Kosovo, Hashim Thaçi

Quelle: Europäische Kommission (2020a)

3 Benennung: Europäischer Rat und Europäisches Parlament

Bei den Verfahren zur Ernennung des Hohen Vertreters sind zentrale EU Organe in mehreren Verfahrensschritten involviert (vgl. Abb. 2 sowie Dokument 4).

Dokument 4, Wahl des Hohen Vertreters
Art. 18 (1) EUV
Der Europäische Rat ernennt mit *qualifizierter Mehrheit* und mit *Zustimmung des Präsidenten* der Kommission den Hohen Vertreter der Union für Außen- und Sicherheitspolitik. Der Europäische Rat kann die Amtszeit des Hohen Vertreters nach dem gleichen Verfahren beenden.

Hervorhebungen durch den Autor

In der Funktion als Hoher Vertreter der Union für Außen- und Sicherheitspolitik wird der entsprechende Kandidat vom Europäischen Rat mit Zustimmung des Präsidenten der Kommission ernannt. Die Staats- und Regierungschefs müssen sich so bei dem jeweils zuvor gewählten Präsidenten der Kommission zurückversichern.

Allerdings braucht der Amtsinhaber als Vizepräsident der Kommission auch die Zustimmung des EP, da die Abgeordneten das Kommissionskollegium einschließlich des Hohen Vertreters als Vizepräsidenten insgesamt bestätigt werden müssen. (vgl. Abb. 2; vgl. auch Abb. 2 im Kap. ▶ „Die Europäische Kommission"). Im Falle eines Rücktrittes der Kommission infolge eines Misstrauensantrags des EP verlöre der Hohe Vertreter damit auch seine Funktion als Vizepräsident der Kommission, würde jedoch als Hoher Vertreter der Union für Außen- und Sicherheitspolitik sein

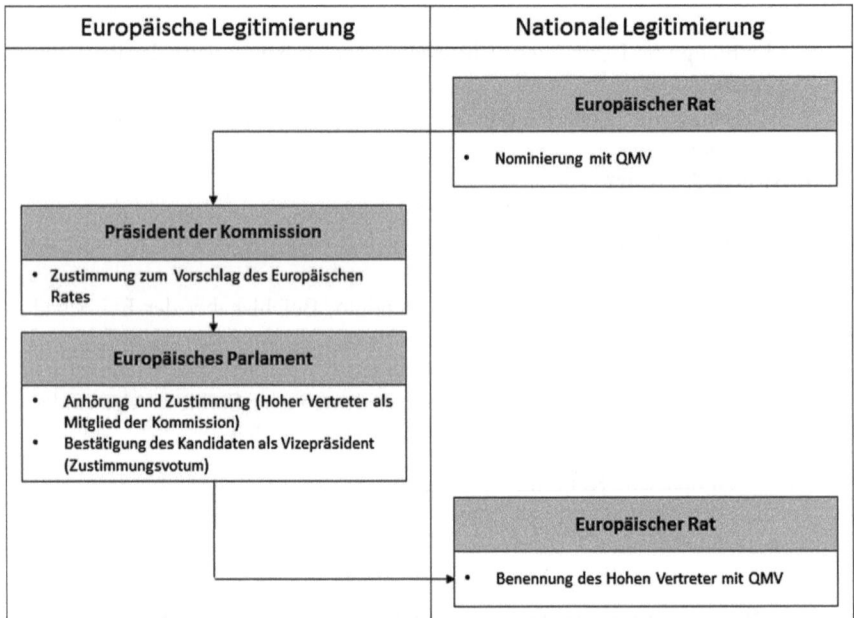

Abb. 2 Verfahren zur Benennung des Hohen Vertreters. (Quelle: Eigene Darstellung)

Amt behalten. Entsprechend hat auch der Präsident der Kommission die rechtliche Möglichkeit, den Hohen Vertreter zum Rücktritt vom Amt des Vizepräsidenten aufzufordern, jedoch nicht vom Amt des Hohen Vertreters. Diese bizarren Regelungen illustrieren beispielhaft die Komplexität dieses Amtes innerhalb der Zwei-Säulen-Struktur des Auswärtigen Handelns der EU.

Als erste Hohe Vertreterin nominierte der Europäische Rat 2009 Catherine Ashton, vorweg Mitglied der EU-Kommission. Im Jahr 2014 wurde Federica Mogherini, vorweg italienische Außenministerin, sowie 2019 Josep Borrell, vorweg spanischer Außenminister, ernannt. Diese Nominierungen waren Teil eines größeren ,Personalpakets', das auch die Wahl der Präsidenten des Europäischen Rates und der Kommission umfasste (vgl. Kap. ▶ „Der Präsident des Europäischen Rates"). Aufgrund seiner starken Mitbestimmungsrechte in den Verfahren zur Wahl des Präsidenten der Kommission und bei der Zustimmung zum Kollegium hat das EP jeweils einen großen Einfluss auf diese Personalentscheidungen genommen (vgl. Abb. 3 im Kap. ▶ „Die Europäische Kommission").

Mit der Wahl von Ashton von der britischen Labour Party, Mogherini von der italienischen Partito Democratico sowie Borrell von der katalanischen Partit dels Socialistes de Catalunya wurde jeweils eine Person aus der sozialdemokratischen Parteienfamilie in dieses Amt gewählt. Im Falle der ersten beiden Amtsträgerinnen spielte auch das Geschlecht eine Rolle; dieses Kriterium entfiel 2019, da mit von der Leyen eine Frau Präsidentin der Kommission wurde. So erfüllten alle die von den

Entscheidungsträgern als politisch notwendig erachteten Kriterien in Bezug auf Geschlecht, geografische Herkunft und politische (Herkunfts-)Partei, um die beiden anderen Spitzenpositionen, nämlich die der Präsidenten der Kommission und des Europäischen Rates auszubalancieren.

4 Aufbau und Arbeitsweise: Der Europäische Auswärtige Dienst

Um die Vielzahl seiner Aufgaben erfüllen zu können, wird dem Hohen Vertreter der EAD zur Seite gestellt (vgl. Dokument 5). Vor dem Inkrafttreten des Vertrags von Lissabon waren die Zuständigkeiten im Bereich des Auswärtigen Handelns auf verschiedene Generaldirektionen in der Kommission und im Generalsekretariat des Rates verteilt. Mit dem Ziel, die Effektivität und Effizienz der Union in diesem Bereich zu verbessern, entschieden die Staats- und Regierungschefs, die Zuständigkeiten in einer Einrichtung zu bündeln und um jeweils für einige Jahre delegierte Beamte aus den diplomatischen Diensten der Mitgliedstaaten zu ergänzen.

Dokument 5, Der Europäische Auswärtige Dienst

Art. 27 (3) EUV

Bei der Erfüllung seines Auftrags stützt sich der Hohe Vertreter auf einen Europäischen Auswärtigen Dienst. Dieser Dienst arbeitet mit den diplomatischen Diensten der Mitgliedstaaten zusammen und umfasst *Beamte aus den einschlägigen Abteilungen des Generalsekretariats des Rates und der Kommission* sowie *abgeordnetes Personal der nationalen diplomatischen Dienste.* Die Organisation und die Arbeitsweise des Europäischen Auswärtigen Dienstes werden durch einen Beschluss des Rates festgelegt. Der Rat beschließt auf Vorschlag des Hohen Vertreters nach Anhörung des Europäischen Parlaments und nach Zustimmung der Kommission.

Hervorhebungen durch den Autor

Der Vertrag von Lissabon regelt nicht die Spezifika der Struktur, Organisation und Arbeitsweise des EAD. Diese wurden erst durch die Ratsentscheidung vom 26. Juli 2010 etabliert.

Für die erste Amtsinhaberin war die Schaffung des EAD eine schwierige und komplizierte Aufgabe. Eine besondere Herausforderung dabei war das Zusammenführen von bereits existierenden Verwaltungen in Brüssel und die fortbestehende Rivalität mit nationalen Außenministerien. Der EAD hat seinen Sitz in Brüssel und nahm am 1. Dezember 2010 formal seine Arbeit auf. Die Komplexität des Dienstes, der als „eine funktional eigenständige Einrichtung der Europäischen Union" einen autonomen Status erhielt (Rat der Europäischen Union 2010), wird insbesondere durch seinen Aufbau verdeutlicht (vgl. Abb. 3).

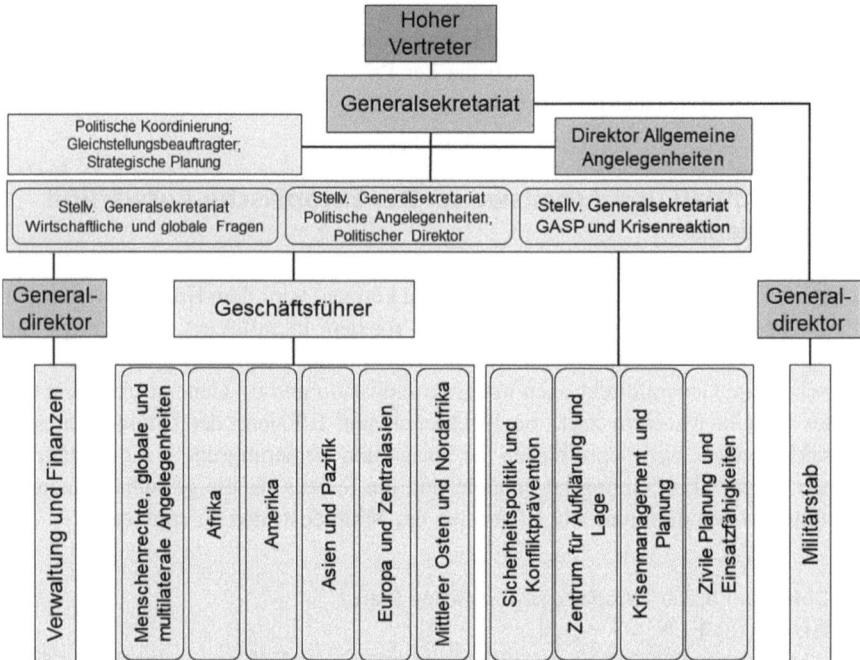

Abb. 3 Aufbau des Europäischen Auswärtigen Dienstes. (Quelle: Eigene Darstellung, in Anlehnung an European External Action Service (2020b))

Der EAD wird von einem geschäftsführenden Generalsekretär verwaltet, der unter der Autorität des Hohen Vertreters agiert. Dieser ergreift Maßnahmen, um ein reibungsloses Arbeiten des EAD zu gewährleisten, inklusive der administrativen und finanziellen Planung der Organisation. Außerdem gehört es zu den Aufgaben des Geschäftsführers, die effektive Koordination zwischen allen Brüsseler Abteilungen des EAD und den EU-Delegationen in Drittländern – d. h. akkreditierten ‚Botschaften' der Union in anderen Staaten der Welt – zu gewährleisten.

Von besonderer Bedeutung in der außenpolitischen Struktur sind unter anderem das Politische und Sicherheitspolitische Komitee (PSK) (vgl. Kap. ▶ „Der Rat der Europäischen Union"), der Ausschuss für die zivilen Aspekte der Krisenbewältigung (Civ-Com) und der Militärausschuss sowie weitere Arbeitsgruppen, die sich mit zentralen Regionen der Welt (so Afrika, Lateinamerika, transatlantische Beziehungen, Osteuropa und Zentralasien) oder mit Querschnittsthemen (so zu Menschenrechten, globaler Abrüstung) beschäftigen. Die meisten dieser Ausschüsse und Arbeitsgruppen werden von Beamten des EAD geleitet, die vom Hohen Vertreter ernannt werden.

Die Besetzung der Stellen im EAD sollte leistungsabhängig sein, jedoch gleichzeitig hinsichtlich geografischer Aspekte und Geschlecht ausbalanciert werden. Das Personal des EAD sollte aus Beamten aller Mitgliedstaaten bestehen (Art. 6 (1) Juli 2010/427/EU).

5 Zusammenfassung, Diskussion und Perspektiven

Das Amt des Hohen Vertreters kann unterschiedlicher institutioneller Leitideen analysiert werden, so z. B. mit Blick auf die dem Amt zugeteilten Aufgaben, dem Wahl- und Benennungsprozess oder dem Aufbau des EAD (vgl. Kap. ► „Einführung").

Der Hohe Vertreter: Bedrohung der Gemeinschaftsmethode oder der nationalen Souveränität?
Stimmen aus einer orthodoxen Gemeinschaftsperspektive bezeichnen das Amt als ‚Trojanisches Pferd' der Mitgliedstaaten, welches die Autonomie der Kommission im Bereich des Auswärtigen Handels von innen heraus einschränken soll (Helwig 2014). Verteidiger der nationalen Souveränität könnten dagegen argumentieren, dass der Hohe Vertreter ein Trojanisches Pferd der Kommission sei, welches in einen der zentralen Politikbereiche nationaler Souveränität eingreifen solle. In der Erklärung 14 des Lissabonner Vertrages lässt sich eine diesbezügliche Sorge der Mitgliedstaaten finden (vgl. Dokument 6). So sehen einige in diesem Amt einen wesentlichen Schritt in Richtung eines ‚echten' europäischen Außenministers und eines europäischen Außenministeriums.

Dokument 6, Erklärung zur Gemeinsamen Außen- und Sicherheitspolitik
[...] Die Konferenz [betont], dass die Bestimmungen zur Gemeinsamen Außen- und Sicherheitspolitik, einschließlich zum Hohen Vertreter der Union für Außen- und Sicherheitspolitik und zum Auswärtigen Dienst, die bestehenden Rechtsgrundlagen, die *Zuständigkeiten und Befugnisse der einzelnen Mitgliedstaaten* in Bezug auf die Formulierung und die Durchführung ihrer Außenpolitik, ihre nationalen diplomatischen Dienste, ihre Beziehungen zu Drittländern und ihre Beteiligung an internationalen Organisationen, einschließlich der Mitgliedschaft eines Mitgliedstaats im Sicherheitsrat der Vereinten Nationen, *nicht berühren*.

Hervorhebungen durch den Autor
Quelle: Erklärung 14 im Anhang des Vertrags von Lissabon

Die meisten Beobachter sind sich darin einig, dass durch die Vertragsbestimmungen ein schwieriges Amt geschaffen wurde, welches dem Inhaber (zu?) viele – zumindest vier – ‚Hüte' aufsetzt. Die erste Hohe Vertreterin Catherine Ashton räumte ein, dass ihre bisherige Amtszeit „(...) mit einem Wort – schwierig" war und sich mit dem Versuch „ein Flugzeug zu fliegen und gleichzeitig dessen Flügel anzuschrauben" vergleichen ließe. Die „institutionellen Herausforderungen, und manchmal auch Schlachten, waren zahlreich" (European External Action Service 2013).
Festzustellen ist, dass der Hohe Vertreter verschiedenen ‚Herren' gleichzeitig dienen soll. In einem theoretischen Ansatz gilt das Amt als ‚*agent*' (Handlungsbe-

auftragter) mehrerer *‚principals'* (Auftraggeber) (vgl. Kap. ▶ „Einführung"). So können der Europäische Rat, aber auch der Rat, der Präsident der Kommission und das Europäische Parlament dem Amtsinhaber Aufgaben erteilen und das Handeln des Hohen Vertreters überwachen. Da diese Auftraggeber in der Regel keine geschlossene Position vertreten, erhöhen sich die Anforderungen an den Amtsinhaber, eine einheitliche europäische Politik zu entwickeln und zu vertreten.

Einige der Außenminister und auch das Europäische Parlament haben diese Schwierigkeiten zum Anlass genommen, eine Stärkung des Amtes zu fordern (EU Foreign Ministers 2012). So soll das Auswärtige Handeln der EU „durch die Fortsetzung der regelmäßigen Anhörungen mit der Hohen Vertreterin und Vizepräsidentin [. . .]" im Parlament verbessert werden (Bresso und Brok 2016).

Eine Fusionsperspektive
Angesichts dieser Spannungen zwischen einer supranationalen und intergouvernementalen Entwicklung lässt sich der Hohe Vertreter als bezeichnendes Beispiel für einen hybriden Prozess von vertikaler Fusion zwischen nationalen und EU-Kompetenzen sowie von horizontaler Fusion von Verfahren der zwei Säulen erkennen (Wessels 2016, S. 18–20). Diese Entwicklung macht deutlich, dass die Mitgliedstaaten die Zuständigkeiten des Hohen Vertreters in Vertragsänderungen zunehmend ausgeweitet und die Verfahren zwischen den zwei Säulen in einem schwierigen und komplexen Prozess verschmolzen haben, ohne diese dabei eindeutig nach einer institutionellen Leitidee zu formen.

6   Zur Wiederholung und Vertiefung

Merkpunkte und Stichworte
- Grundkenntnisse:
  - Ernennung des Hohen Vertreters
  - Aufgaben: Vier ‚Hüte'
  - Europäischer Auswärtiger Dienst

Fragen
- Warum schufen die Verträge das Amt des Hohen Vertreters?
- Welches sind die Schlüsselaufgaben des Hohen Vertreters?
- Welche Institutionen sind an der Wahl/Nominierung des Hohen Vertreters beteiligt?

Thesen zur Diskussion
- Der Hohe Vertreter ist ein ‚europäischer Außenminister'.
- Das Amt des Hohen Vertreters ist unmöglich auszuführen.
- Der Hohe Vertreter ist das ‚Trojanische Pferd' der Mitgliedstaaten in der Kommission.
- Der Hohe Vertreter ist ein Beispiel für vertikale und horizontale Fusion.

Literatur

Einführende Literatur

Bendiek, Annegret, und Moritz Wiesenthal. 2020. Gemeinsame Außen- und Sicherheitspolitik. In *Jahrbuch der Europäischen Integration 2020*, Hrsg. Werner Weidenfeld und Wolfgang Wessels, 351–357. Baden-Baden: Nomos.

Brok, Elmar. 2010. Der Europäische Auswärtige Dienst: Konsequenz einer realpolitischen Notwendigkeit. *Die Politische Meinung* 483:11–16.

Duke, Simon. 2012. The European external action service: Antidote against incoherence? *European Foreign Affairs Review* 17(1): 45–68.

Große Hüttmann, Martin, und Barbara Lippert. 2020. *Die Europäische Union*, 2. Aufl. Stuttgart: Kohlhammer.

Helwig, Niklas. 2020. Hoher Vertreter der Außen- und Sicherheitspolitik. In *Europa von A bis Z. Taschenbuch der europäischen Integration*, Hrsg. Werner Weidenfeld, Wolfgang Wessels und Funda Tekin, 15. Aufl., 373–375. Wiesbaden: Springer VS.

Helwig, Niklas, Paul Ivan, und Hrant Kostanyan. 2013. *The new EU Foreign Policy Architecture: reviewing the first two years of the EEAS*. https://www.ceps.eu/system/files/EEAS%202%20years%20on.pdf. Zugegriffen am 01.07.2022.

Lieb, Julia, und Martin Kremer. 2010. Der Aufbau des Europäischen Auswärtigen Dienstes: Stand und Perspektiven. *Integration* 33(3): 196–208.

Literaturverzeichnis

Bresso, Mercedes, und Elmar Brok. 2016. Brüssel. *Berichts über die Verbesserung der Funktionsweise der Europäischen Union durch Ausschöpfung des Potenzials des Vertrags von Lissabon (2014/2249(INI))*. https://www.europarl.europa.eu/doceo/document/A-8-2016-0386_DE.pdf. Zugegriffen am 01.07.2022.

Diedrichs, Udo. 2011. New modes of governance: Perspectives from the legal and the living architecture of the European Union. In *The dynamics of change in EU governance*, Hrsg. Udo Diedrichs, Wulf Reiners und Wolfgang Wessels, 210–238. Cheltenham/Northampton: Edward Elgar.

EU Foreign Ministers. 2012. *Final report of the future of Europe*. https://www.cer.eu/sites/default/files/westerwelle_report_sept12.pdf. Zugegriffen am 01.07.2022.

Europäische Kommission. 2014. *Fragen und Antworten: Die Juncker-Kommission*. https://ec.europa.eu/commission/presscorner/detail/de/MEMO_14_523. Zugegriffen am 01.07.2022.

Europäische Kommission. 2020a. *Calendar*. https://ec.europa.eu/commission/commissioners/2019-2024/calendar_en. Zugegriffen am 01.07.2022.

European External Action Service. 2013. Brüssel. EEAS review. http://eeas.europa.eu/library/publications/2013/3/2013_eeas_review_en.pdf. Zugegriffen am 31.01.2020.

European External Action Service. 2020b. Organigramm des EAD. http://www.eeas.europa.eu/background/docs/organisation_en.pdf. Zugegriffen am 31.01.2020.

Helwig, Niklas. 2014. *The high representative of the union: The constrained agent of Europe's foreign policy*. Berlin: Epubli.

Mogherini, Federica. 2015. Statement by High Representative/Vice-President Federica Mogherini following the meeting of the EU-facilitated dialogue.

Rat der Europäischen Union. 2010. Brüssel. *Beschluss des Rates vom 26. Juli 2010 über die Organisation und die Arbeitsweise des Europäischen Auswärtigen Dienstes*. https://eur-lex.europa.eu/legal-content/DE/TXT/PDF/?uri=CELEX:32010D0427&from=DE. Zugegriffen am 01.07.2022.

Wessels, Wolfgang. 2016. *The European Council*. Basingstoke: Palgrave Macmillan.

Der Gerichtshof der Europäischen Union

Inhalt

Zusammenfassung

Der Gerichtshof der Europäischen Union (GEU bzw. begrifflich häufig noch in Gebrauch: Europäischer Gerichtshof (EuGH)) stellt in der konstitutionellen Architektur der EU einen im internationalen Vergleich einmalige Institution dar. In der Rechtsprechung hat er das Unionsrecht als eigenständige Rechtsordnung etabliert und die EU als Rechtsgemeinschaft ausgebaut. Damit hatte diese Institution einen nachhaltigen Effekt auf die Union und ihre Mitglieder. Darüber hinaus bleibt zu diskutieren – wie bei jedem obersten Gericht - ob der Gerichtshof im Rahmen der vertraglichen, d. h. konstitutionellen Vorgaben bleibt oder die Grenzen des EU-Primärrechts überschreitet.

Schlüsselwörter

Rechtsgemeinschaft · Vertragsverletzungsverfahren ·
Vorabentscheidungsverfahren · Nichtigkeitsklage · Letztentscheidungsinstanz ·
Quasi-konstitutionelle Systemgestaltung · Integration durch Recht

© Springer Fachmedien Wiesbaden GmbH, ein Teil von Springer Nature 2022
W. Wessels, *Das Politische System der Europäischen Union*,
https://doi.org/10.1007/978-3-658-10013-1_7

1   Eckpunkte im Überblick: Funktionen und Rolle eines supranationalen Gerichtes

Der *Gerichtshof der Europäischen Union* (GEU – im Sprachgebrauch auch Europäischer Gerichtshof (EuGH) bezeichnet) spielt eine tragende Rolle in der institutionellen Architektur des EU-Systems. Er entscheidet letztinstanzlich über die Auslegung des Vertrags und sichert damit den Charakter der EU als „Rechtsgemeinschaft" (Bieber et al. 2015, S. 244–245; Oppermann et al. 2014, § 5 Rn. 150; Hallstein 1979, S. 56–61). Allgemein sind der Gerichtshof der EU sowie das vorgeordnete Gericht mit der „Wahrung des Rechts bei der Auslegung und Anwendung der Verträge" betraut (Art. 19 (1) EUV). Der Kompetenzbereich des Gerichtshofs erstreckt sich seit dem Lissabonner Vertrag auf alle Politikfelder mit Ausnahme der *Gemeinsamen Außen- und Sicherheitspolitik* (GASP) (Art. 24 (1) EUV und Art. 275 AEUV) sowie einige wenige Fälle im Bereich des Raumes der Freiheit, der Sicherheit und des Rechts (Art. 276 AEUV) (vgl. Kap. ▶ „Justiz- und Innenpolitik").

Neben weiteren Aufgaben können fünf Verfahrensformen im Hinblick auf die System- und Politikgestaltung als zentrale Aktivitätsfelder gesehen werden (Nic Shuibhne 2017, S. 165–172; Magiera 2016a, S. 287–293; Kennedy 2006, S. 132–137):

- Die Überwachung des vertragsrechtskonformen Verhaltens der Mitgliedstaaten durch das *Vertragsverletzungsverfahren* (Art. 258, 259, 260 AEUV);
- die Überwachung der Rechtmäßigkeit des Handelns von EU-Organen aufgrund einer *Nichtigkeits-* bzw. *Anfechtungsklage* (Art. 263, 264 AEUV);
- die Rüge eines EU-Organs wegen *Untätigkeit* (Art. 265 AEUV);
- die Gewährleistung einer einheitlichen Auslegung des Unionsrechts durch das *Vorabentscheidungsverfahren* (bzw. *Vorlageverfahren*) (Art. 267 AEUV);
- die Erstellung eines *Gutachtens* über die Vereinbarkeit einer geplanten Übereinkunft zwischen der Union und Drittländern oder internationalen Organisationen mit den EU-Verträgen (Art. 218 (11) AEUV).

Als Folge seiner Rechtsprechung beeinflusst der Gerichtshof das Verhalten anderer Organe bei der Politikgestaltung nachhaltig. Dies geschieht nicht nur unmittelbar durch Urteile bei der Durchführung und Kontrolle von Entscheidungen, eine mögliche Anrufung des Gerichtshofs wirft bereits vorweg ‚einen langen Schatten' auf Vorbereitung und Verabschiedung von Rechtsakten im EU-Politikzyklus (im englischen Sprachgebrauch *in the long shadow*).

Der EuGH war bereits in den ersten Verträgen in den fünfziger Jahren als ein Eckstein in die Integrationsarchitektur eingefügt worden.

Eine wesentliche Entwicklung in der institutionellen Architektur fand durch den Ausbau und die Differenzierung des Gerichtssystems statt. Der Rat richtete bereits 1988 ein „Gericht erster Instanz" (EuG) ein, das seit dem Lissabonner Vertrag nur noch „Gericht" heißt (Art. 19 EUV). Mit dem Vertrag von Nizza erfuhr das Gericht eine rechtliche Aufwertung zu einer eigenständigen Rechtsprechungsinstitution (Hobe 2014, Rn. 483–484). Im Vertrag ist die Zuständigkeitsverteilung zwischen Gerichtshof und Gericht grundsätzlich festgelegt. Das Gericht ist für Klagen zuständig, die nicht gemäß der Satzung des Gerichtshofs der EU dem Gerichtshof vorbehalten sind oder eigenständigen gerichtlichen Kammern übertragen werden (Art. 256 AEUV). Jedoch soll dem Gerichtshof als oberstem Rechtsprechungsorgan der EU die Urteilsfindung in den grundlegenden Fragen des Unionsrechts vorbehalten bleiben.

Die Vertragsänderungen von Nizza haben auch die Möglichkeit geschaffen, „gerichtliche (Fach-)Kammern" als selbstständige gerichtliche Institutionen einzurichten, die seit Lissabon neben dem Gerichtshof und dem Gericht permanenter Bestandteil des Gerichtssystems geworden sind (Art. 19 (1) EUV). So hatte das seit Dezember 2005 arbeitende „Gericht für den öffentlichen Dienst der Europäischen Union" von Gerichtshof und Gericht Zuständigkeiten für dienstrechtliche Klagen von Bediensteten der Union gegen ihren Dienstherrn übernommen. Dieses Gericht wurde 2017 aufgelöst; seine Rechte wurden dem Gericht übertragen, bei dem die Zahl der Richter auf 54 Mitglieder, zwei pro Mitgliedstaat, erhöht wurde.

Durch die Auslegung der Bestimmungen hat der Gerichtshof das Recht fortgebildet (Hobe 2014, S. 413–415) und durch wegweisende Urteile immer wieder auch zur quasi-konstitutionellen Systemgestaltung beigetragen (Kennedy 2006, S. 140; Weiler 1999). Formen und Funktionsweise der institutionellen Architektur der EU sind ohne eine Betrachtung der relevanten Rechtsprechung des Gerichtshofs nicht ausreichend zu verstehen.

Institutionelle Leitideen
Sucht man Vergleiche mit innerstaatlichen Formen der Gerichtsbarkeit (u. a. Hobe 2014, Rn. 490; Kennedy 2006, S. 127), so wird der Gerichtshof oft verstanden als:

- *Verfassungsgericht*, das das institutionelle Gleichgewicht zwischen den Institutionen der Union definiert und bewahrt;
- *Verwaltungsgericht*, das die Legalität administrativer Entscheidungen überprüft;
- *Revisionsinstanz* gegenüber Urteilen des Gerichts (der ersten Instanz).

Bei der Wahrnehmung derartiger Funktionen wird die Rolle des Gerichtshofs häufig in der wissenschaftlichen und politischen Diskussion in einem Spannungsfeld zwischen mehreren institutionellen Profilen und Leitideen gesehen. Zum einen wird diese Institution als aktiver Träger einer rechtlichen Integrationsdynamik verstanden, der sich zu einem Verfassungsgericht nach Mustern föderaler Staaten entwickelt (vgl. Kap. ▶ „Einführung") (Bieber et al. 2015, S. 246–247; Streinz 2005, Rn. 566; Hitzel-Cassagnes 2004, S. 119–120). Die Institution kann damit als prägendes Symbol einer supranationalen Leitidee verstanden werden, da sie eine im Vergleich zu internationalen Organisationen einzigartige Rechtsgemeinschaft gewährleistet (u. a. Kennedy 2006, S. 126) und so den „zivilisatorischen Fortschritt im Umgang mit gegensätzlichen Interessen in Europa" (Mayer 2005, S. 481–483) sichert.

Aus einer intergouvernementalen Sicht (vgl. Kap. ▶ „Einführung") wird der Gerichtshof aber auch als ferngesteuerter Handlungsbeauftragter (bzw. im englischen Sprachgebrauch *agent*) als „Vollzugsbehörde" der Mitgliedstaaten verstanden, die als Auftraggeber (im englischen Sprachgebrauch *principal*) wirken (vgl.

Kap. ▶ „Einführung"). Danach soll es in einem langfristigen Interesse dieser „Herren der Verträge" (Bundesverfassungsgericht 2009, § 150) die Glaubwürdigkeit der von ihnen selbst eingegangen Verpflichtungen absichern (Moravcsik und Schimmelfennig 2009, S. 75).

Manche Beobachter sehen in der Rechtsprechung auch eine einseitige und unkontrollierte Ausübung und Ausweitung supranationaler Kompetenzen; der Gerichtshof handelt aus dieser Sicht nur im Interesse der Union und ohne Rücksicht auf die Befugnisse der Mitgliedstaaten (Merkformel: „In dubio pro communitate"); dabei überschreitet seine integrationsfreundliche Auslegung des Vertrags eine enge buchstabenkonforme Interpretation. Er handelt dann außerhalb der vertraglichen Zuständigkeiten (im wissenschaftlichen Sprachgebrauch *ultra vires*). Kritische Kommentare diskutieren demokratieproblematische Auswirkungen eines „richterlichen Aktivismus" (Kennedy 2006, S. 141–142) (im englischen Sprachgebrauch *judicial activism*), der zu einem „Richterstaat" (im französischen Sprachgebrauch auch *gouvernement des juges*) führt (Oppermann et al. 2014, § 5 Rn. 154). Ungeachtet dieser Kontroverse wird dem Gerichtshof in der öffentlichen Meinung überwiegend hohes Vertrauen geschenkt (Europäische Kommission 2017).

Anhand des ABBA-Systems (vgl. Abb. 1) wird dieses Organ in einer Nahaufnahme erfasst und untersucht.

2 Aufgaben

2.1 Geschichte, Vertragsänderungen und wegweisende Urteile mit systemgestaltender Wirkung

Bereits im EGKS-Vertrag galt ein unabhängiger Gerichtshof als integraler Bestandteil der institutionellen Architektur (Magiera 2016a, S. 288). Dieses Organ – eingesetzt in Art. 7, 31 EGKSV – sollte nicht nur die Gewaltenteilung zwischen Mitgliedstaaten und der neuen Gemeinschaft sowie zwischen den neu geschaffenen Organen gewährleisten, vielmehr galt diese Institution auch als ein Symbol für Rechtsstaatlichkeit (im englischen Sprachgebrauch *rule of law* (u. a. Kennedy 2006, S. 126; Hallstein 1969, S. 56–61)) in einer neuen und anderen Form von „vertiefter Gemeinschaft" (vgl. Präambel des EGKS-Vertrags).

Durch sukzessive Änderungen und Ergänzungen der Verträge haben die Mitgliedstaaten Zuständigkeiten, Sanktionsmöglichkeiten sowie die Strukturen des Gerichtshofs ausgebaut (vgl. Tab. 1).

Der Text des Lissabonner Vertrags hat die Rolle des Gerichtshofs der Europäischen Union erneut gestärkt. Die Jurisdiktion dieses Organs wurde auf weitere Politikfelder – insbesondere auf Bereiche der Innen- und Justizpolitik (mit wenigen Ausnahmen, Art. 276 AEUV) – ausgedehnt. Mit der „Charta der Grundrechte der Europäischen Union", die der Lissabonner Vertrag im Primärrecht verankert hat (Art. 6 (1) EUV), fallen den Gerichten der Union weitere Aufgaben bei deren Auslegung zu (vgl. Präambel Charta der Grundrechte der Europäischen Union).

Abb. 1 Institutioneller Steckbrief. (Quelle: Eigene Darstellung. Stand: 31.03.2020)

Überraschend ist, dass sich die Mitgliedstaaten – trotz erheblicher Kritik an einzelnen Urteilen – der Rechtsprechung der Luxemburger Richter in der Regel unterwerfen. Seit dem Maastrichter Vertrag kann der Gerichtshof zudem gegenüber Mitgliedstaaten die Zahlung eines Pauschalbetrages oder Zwangsgeldes verhängen (Art. 260 (2) AEUV), falls ein solcher vorausgegangene Urteile nicht umsetzt.

Die Entwicklung zur gegenwärtigen Kompetenzfülle des Gerichtshofs ist jedoch nicht allein durch explizite Veränderungen der primärrechtlichen Grundlagen zu beschreiben. Durch eine Reihe von wegweisenden Urteilen mit systemgestaltender Wirkung hat der Gerichtshof seine eigene Position im und für das EU-System ausgebaut. Im Mittelpunkt der Rechtsfortbildung steht insbesondere die Rechtsprechung des Gerichtshofs zur „unmittelbaren Anwendbarkeit" und zum „Vorrang des Gemeinschaftsrechts" sowie zur Anerkennung der „Grundrechte als

Tab. 1 Ausbau vertraglicher Rechte und Strukturen

1954	EGKS-Gerichtshof: Erstes Urteil
1958	E(W)G- und EAG-Gerichtshof: Aufnahme der Tätigkeit
1988	Errichtung des „Gerichts erster Instanz der Europäischen Gemeinschaften" (EuG) durch Beschluss des Rates (im Lissabonner Vertrag Art. 254 und 256 AEUV)
1993	Vertrag von Maastricht: Verstärkung der Sanktionsmöglichkeiten des EuGH, Verhängung von Zwangsgeldern (im Lissabonner Vertrag Art. 260 AEUV)
2003	Vertrag von Nizza: Reform des Gerichtssystems durch die Möglichkeit der Bildung spezieller „gerichtlicher Kammern" (Art. 257 AEUV)
2004	Errichtung des „Gerichts für den europäischen öffentlichen Dienst" durch Beschluss des Rates (auf Grundlage des heutigen Art. 257 AEUV)
2009	Vertrag von Lissabon: Ausschuss zur Beratung über die Eignung der von den Mitgliedstaaten vorgeschlagenen Richter (Art. 255 AEUV)
2013	Unterzeichnung des Übereinkommens zur Errichtung des „Gerichts für europäische Patente und Gemeinschaftspatente" durch 25 Mitgliedstaaten (auf Grundlage des Art. 257 AEUV)
2017	Auflösung Fachgerichts für den europäischen öffentlichen Dienst

Quelle: Eigene Zusammenstellung auf der Grundlage von http://curia.europa.eu/. (Stand: 31.01.2020)

Bestandteil der Gemeinschaftsrechtsordnung" (Bieber et al. 2015, S. 246–247; Mayer 2005, S. 456–467). Bei seinen Begründungen orientiert sich der Gerichtshof am Prinzip der „Wirksamkeit der Verträge" (im französischen Sprachgebrauch *effet utile*) (Hobe 2014, Rn. 375; Streinz 2005, Rn. 570), denen er in seiner Rechtsprechung eine im Völkerrecht neuartige Stellung zuordnet. So etablierte der Gerichtshof in seinem ersten ‚konstitutionalisierenden' Urteil („van Gend en Loos" 1963 (Europäischer Gerichtshof 1963, S. 24)), die „unmittelbare Wirkung" des Gemeinschaftsrechts, die die im Völkerrecht traditionelle Mediatisierung des Einzelnen durch den Staat aufhebt (vgl. Dokument 1). Damit begründete der Gerichtshof die Möglichkeit für Bürgerinnen und Bürger, sich vor nationalen Gerichten auf das Gemeinschaftsrecht zu berufen.

Dokument 1, Urteil zur unmittelbaren Wirkung des Gemeinschaftsrechts
„Das Ziel des EWG-Vertrages ist die Schaffung eines gemeinsamen Markts, dessen Funktionieren die der Gemeinschaft angehörigen Einzelnen unmittelbar betrifft; damit ist zugleich gesagt, dass der Vertrag mehr ist als ein Abkommen, das *nur wechselseitige Verpflichtungen zwischen den vertragsschließenden Staaten* begründet. Diese Auffassung wird durch die Präambel des Vertrages bestätigt, die sich nicht nur an die Regierungen, sondern auch an die Völker richtet. Sie findet eine noch augenfälligere Bestätigung in der Schaffung von Organen, welchen Hoheitsrechte übertragen sind, deren Ausübung in gleicher Weise die Mitgliedstaaten wie die Staatsbürger berührt. [. . .]

(Fortsetzung)

> Aus alledem ist zu schließen, dass die Gemeinschaft eine *neue Rechts-*
> *ordnung des Völkerrechts* darstellt, zu deren Gunsten *die Staaten, wenn auch*
> *in begrenztem Rahmen, ihre Souveränitätsrechte eingeschränkt haben, eine*
> *Rechtsordnung, deren Rechtssubjekte nicht nur die Mitgliedstaaten, sondern*
> *auch die Einzelnen sind."*
>
> Quelle: Europäischer Gerichtshof (1963).
> Hervorhebungen durch den Autor

Nur ein Jahr darauf etablierte der Gerichtshof im Fall „Costa/ENEL" (Europäischer Gerichtshof 1964, S. 1270–1271) den Vorrang des Gemeinschaftsrechts
vor nationalem Recht (vgl. Dokument 2), der in den Gründungsverträgen nicht
explizit erwähnt wurde. Dieses Prinzip gewährleistet, dass das Gemeinschaftsrecht durch nationales Recht weder aufgehoben noch abgeändert werden kann
und im Konfliktfall vorrangige Anwendung vor nationalem Recht findet, auch
wenn dieses zeitlich später erlassen wurde. Im Fall „Simmenthal II" (Europäischer Gerichtshof 1978) bestätigte der Gerichtshof den Vorrang des Gemeinschaftsrechts selbst gegenüber nationalem Verfassungsrecht (Streinz 2005,
Rn. 219).

> **Dokument 2, Urteil zum Vorrang von Gemeinschaftsrecht**
> „Aus alledem folgt, dass *dem vom Vertrag geschaffenen, somit aus einer*
> *autonomen Rechtsquelle fließenden Recht wegen dieser seiner Eigenständig-*
> *keit keine wie immer gearteten innerstaatlichen Rechtsvorschriften vorgehen*
> *können,* wenn ihm nicht sein Charakter als Gemeinschaftsrecht aberkannt und
> wenn nicht die Rechtsgrundlage der Gemeinschaft selbst in Frage gestellt
> werden soll.
>
> Die *Staaten* haben dadurch, dass sie nach Maßgabe der Bestimmungen des
> Vertrages Rechte und Pflichten, die bis dahin ihren inneren Rechtsordnungen
> unterworfen waren, der Regelung durch die Gemeinschaftsrechtsordnung vor-
> behalten haben, eine *endgültige Beschränkung ihrer Hoheitsrechte bewirkt,*
> die durch spätere einseitige, mit dem Gemeinschaftsbegriff unvereinbare Maß-
> nahmen nicht rückgängig gemacht werden kann."
>
> Quelle: Europäischer Gerichtshof (1964).
> Hervorhebungen durch den Autor

Nach kontroversen Diskussionen im Vorfeld des Lissabonner Vertrags wurde
dieser Grundsatz auch in einer interpretationsoffenen Formel als „Erklärung zum
Vorrang" in die Rechtsakte des Primärrechts übernommen (vgl. Dokument 3).

Dokument 3, Erklärung 17 des Lissabonner Vertrags zum Vorrang der Verträge und des gesetzten Rechts der EU

17. Erklärung zum Vorrang

Die Konferenz weist darauf hin, dass die *Verträge* und das von der Union auf der Grundlage der Verträge *gesetzte Recht* im Einklang mit der ständigen Rechtsprechung des Gerichtshofs der Europäischen Union unter den in dieser Rechtsprechung festgelegten Bedingungen *Vorrang vor dem Recht der Mitgliedstaaten* haben.[...]

Hervorhebungen durch den Autor

Mit dem Lissabonner Vertrag nimmt der Gerichtshof nun auch Bezug auf die „Charta der Grundrechte der Europäischen Union". So hat er sich beispielsweise im Urteil vom 26. Februar 2013 explizit mit dem Inhalt des Art. 50 der Charta der Grundrechte der Europäischen Union auseinandergesetzt (Magiera 2016b, S. 123–124).

Auch in intergouvernemental vereinbarten Verträgen, die neben dem Lissabonner Vertrag geschlossen wurden, wie dem „Vertrag über Stabilität, Koordinierung und Steuerung in der Wirtschafts- und Währungsunion" (dem sogenannten „Fiskalpakt") sowie dem „Vertrag zur Einrichtung des Europäischen Stabilitätsmechanismus" (ESM), werden dem Gerichtshof der EU Kontrollaufgaben bzw. Kompetenzen übertragen.

2.2 Vertragliche Vorgaben und Verfahrensformen

Nach Entwicklungen der Vertragstexte sehen die gegenwärtig gültigen Bestimmungen mehrere Formen von Verfahren vor dem Gerichtshof vor (vgl. Tab. 2):

- In Vertragsverletzungsverfahren (Art. 258–260 AEUV) sind grundsätzlich jeder Mitgliedstaat und die *Europäische Kommission* klagebefugt; aus politischen Gründen nehmen Mitgliedstaaten jedoch zumeist Abstand von einer Klage gegen einen anderen Mitgliedstaat, sodass die Kommission die Rolle als „Hüterin der Verträge" vollständig übernimmt (vgl. Kap. ▶ „Die Europäische Kommission"). Der Gerichtshof urteilt über Verstöße von Mitgliedstaaten gegen europarechtliche Verpflichtungen, die aus dem Vertrag von Lissabon, aus verabschiedeten Rechtsakten der Organe oder aus den von der EU geschlossenen Verträgen mit Drittstaaten oder internationalen Organisationen resultieren.
- Im Zuge der Nichtigkeitsklage (Art. 263, 264 AEUV) stellt der Gerichtshof fest, ob Rechtsakte oder Handlungen wegen Unzuständigkeit, Verletzung wesentlicher Formvorschriften, Verletzung des Vertrags, einer bei seiner Durchführung anzuwendenden Rechtsnorm oder wegen Ermessensmissbrauchs für nichtig erklärt werden müssen. Uneingeschränkt klageberechtigt sind die Mitgliedstaaten, das *Europäische Parlament* (EP), der *Rat* und die Kommission. Ferner klageberechtigt sind der (EuRH) *Rechnungshof* sowie die *Europäische Zentralbank* (EZB) und der *Ausschuss der Regionen* (AdR), sofern die Klage auf die Wahrung ihrer jeweiligen Rechte aus dem Vertrag abzielt. Auch jede natürliche oder juristische

Tab. 2 Gerichtshof – Verfahrensformen

	Antrags-/Klageziel	Antrags-/Klageberechtigter
Vertragsverletzungsverfahren (Art. 258, 259, 260 AEUV)	Rüge der Verletzung von EU-Recht durch nationale Organe und Behörden	Kommission und Mitgliedstaaten
Nichtigkeitsklage (Art. 263, 264 AEUV)	Beseitigung eines rechtswidrigen Gesetzgebungsaktes oder einer rechtswidrigen Handlung	EP, Rat, Kommission, Mitgliedstaaten, EZB, EuRH, natürliche und juristische Personen, Ausschuss der Regionen
Untätigkeitsklage (Art. 265 AEUV)	Feststellung rechtswidriger Untätigkeit von EP, Rat, Kommission oder EZB	Mitgliedstaaten, Unionsorgane, natürliche und juristische Personen
Vorabentscheidungsverfahren (Art. 267 AEUV)	Auslegung des Handelns der Organe und der EZB mit dem EU-Recht	Jedes Gericht eines Mitgliedstaates
Gutachteninstanz (Art. 218 (11) AEUV)	Vereinbarkeit einer geplanten Übereinkunft mit den Verträgen	Mitgliedstaaten, Europäischer Rat, Rat sowie Europäische Kommission

Quelle: Eigene Darstellung, in Anlehnung an Hobe (2014, S. 135)

Person, die unmittelbar und individuell von dem Rechtsakt betroffen ist, kann klagen. Der Gerichtshof legt die Klageberechtigung dieses Personenkreises jedoch eng aus (Bieber et al. 2015, S. 260–269). Dabei kann die „Rechtmäßigkeit von Handlungen" aller in Art. 13 EUV aufgeführten Organe angefochten werden, worunter auch „Handlungen des EP und des Europäischen Rates mit Rechtswirkung gegenüber Dritten" (Art. 263 Satz 1 AEUV) fallen.

- Bei Untätigkeit (Art. 265 AEUV) können Mitgliedstaaten und andere Organe Klage erheben, wenn sie der Meinung sind, dass es der Europäische Rat, das EP, der Rat, die Kommission oder die EZB unter Verletzung des Vertrags unterlassen hat, einen Beschluss zu fassen.
- Beim Verfahren der Vorabentscheidung (Art. 267 AEUV) kann jedes Gericht eines Mitgliedstaates dem Gericht Fragen über die „Auslegung der Verträge" und über die „Gültigkeit und Auslegung der Handlungen der Organe, Einrichtungen oder sonstigen Stellen der Union" vorlegen, sofern die nationalen Richter eine Entscheidung des Gerichts zum Erlass seines Urteils für erforderlich halten. Vorlageberechtigt ist jedes Gericht der Mitgliedstaaten; letztinstanzliche Gerichte sind sogar vorlagepflichtig. Der Beschluss des Gerichtshofs betrifft dabei nur die Auslegung des relevanten Unionsrechts; der Gerichtshof in Luxemburg entscheidet nicht den konkreten Fall: Das rechtlich bindende Urteil ergeht letztlich durch das nationale Gericht. Diese Verbindung zwischen nationaler und europäischer Rechtsprechung dient der einheitlichen Ausbildung des Unionsrechts in den Mitgliedstaaten (Bieber et al. 2015, S. 278–287).
- EP, Rat und Kommission oder die Mitgliedstaaten können den Gerichtshof ersuchen, als Gutachterinstanz (Art. 218 (11) Satz 1 AEUV) geplante vertragliche Vereinbarungen mit dritten Staaten und internationalen Organisationen auf ihre Vereinbarkeit mit dem Vertragstext zu überprüfen. Sollte das Gutachten negativ

ausfallen, so ist der Abkommensentwurf mit einem Drittstaat neu auszuhandeln oder der Vertrag zu ändern (Art. 218 (11) Satz 2 AEUV).

Daneben gibt es weitere Verfahrensarten: Amtshaftungsklagen (Art. 268 AEUV i. V. m. Art. 340 (2) AEUV), Dienst- und Disziplinarstreitsachen (Art. 270 AEUV), Schiedsverfahren zwischen den Mitgliedstaaten (Art. 273 AEUV), induzierte Normenkontrollverfahren zu Verordnungen (Art. 277 AEUV), einstweilige Anordnungen (Art. 279 AEUV), Aussetzung der Zwangsvollstreckung (Art. 299 AEUV) und Rechtsmittelverfahren gegen Urteile des Gerichts.

Die ergangenen Urteile binden die Verfahrensbeteiligten. Gefragt wird aber regelmäßig nach der Möglichkeit des Gerichtshofs, für die Befolgung seiner Rechtsprechung auch in ausreichendem Maße zu sorgen. Über eine „Durchsetzungsmacht" mit „eigener Vollzugsgewalt" verfügt die EU nicht; vielmehr ist sie weitgehend auf „freiwillige Beachtung" angewiesen (Mayer 2005, S. 479). Kommt ein Mitgliedstaat einem Urteil im Rahmen eines Vertragsverletzungsverfahrens aber nicht nach, kann die Kommission nach Art. 260 (2) AEUV beim Gerichtshof die Verhängung eines Zwangsgeldes oder eines Pauschalbetrags erwirken.

3 Zur Analyse der Praxis: Ein Aktivitätenprofil

Die Ausübung der Funktion der ‚Wahrung des Rechts' kann an der Inanspruchnahme des Gerichtshofs, des Gerichts und des Gerichts für den öffentlichen Dienst, durch die Bürger, EU-Organe und Mitgliedstaaten gemessen werden. Zu beobachten ist, dass über die Jahrzehnte die Klage- oder Verfahrensmöglichkeiten intensiv genutzt worden sind (vgl. Tab. 3).

Auch das aktuelle Aktivitätenprofil weist auf die Arbeit der Gerichte hin (vgl. Tab. 4).

3.1 Zur Rechtsprechung des Gerichtshofs

Die Übersicht über die eingegangenen Rechtssachen und Urteile seit 1990 zeigt eine hohe Frequenz (vgl. Tab. 5). Bei dem Wachstum der Tätigkeiten, so insbesondere bei den Vorabentscheidungsverfahren, ist jedoch auch die Zunahme an Mitgliedstaaten zu berücksichtigen.

Tab. 3 Rechtssachen

38.866 Urteile und Beschlüsse seit 1952:
• Gerichtshof: etwa 22.568
• Gericht: etwa 14.749 (seit 1989)
• Gericht für den öffentlichen Dienst: 1549 (2005–2016)

Quelle: Rechtsprechungsstatistiken des GEU unter Gerichtshof der Europäischen Union (2020a).

Tab. 4 Aktuelle Rechtssachen

	Gerichtshof	Gericht
Neu anhängig gemachte Rechtssachen (2019)	966	939
abgeschlossene Rechtssachen (2019)	865	874
Anhängige Rechtssachen (2019)	1102	1398

Quelle: Rechtsprechungsstatistiken des GEU unter Gerichtshof der Europäischen Union (2020a).

Tab. 6 zeigt die beim Gerichtshof neu eingegangenen Rechtssachen aus dem Jahr 2014 und deren Verteilung auf einzelne Politikfelder. Untätigkeitsklagen waren und sind selten.

Wie bei den Aktivitäten der anderen Organe wird in der Übersicht erneut die Breite der Politikbereiche deutlich, mit denen sich die EU beschäftigt. Dabei ist auffällig, dass es selbst zu dem Bereich der GASP, die vertraglich ausgenommen ist, einen Vorgang gab (vgl. Tab. 6).

Schwerpunkte der Rechtsprechung des Gerichtshofs betreffen häufig (Magiera und Nicdobitck 2016, 2017):

- Die Grundfreiheiten;
- die Unionsbürgerschaft;
- Kartellrecht;
- staatliche Beihilfen;
- Datenschutz;
- Wirtschafts- und Währungspolitik;
- Sozialpolitik;
- Institutionelles Gleichgewicht.

Vertragsverletzungsverfahren

Bei Vertragsverletzungsverfahren (vgl. Abb. 2) ist die nationale ‚Sünderliste' von Interesse. Dabei lässt sich zwischen den Mitgliedstaaten eine ungleichmäßige Verteilung von ‚Vertragstreue' erkennen.

Auffällig ist, dass die Umsetzung von Unionsrecht (im wissenschaftlichen Sprachgebrauch *compliance*) nicht mit einer unterstellten Haltung zur europäischen Integration einhergeht. Das Vereinigte Königreich, generell als europaskeptisch eingestuft, wird erheblich seltener vom Gerichtshof verurteilt als die Republik Italien, die als integrationsfreundlich gilt. Im Hinblick auf die Bundesrepublik Deutschland lässt sich beispielsweise eine Verurteilung aus dem Jahr 2016 nennen, wonach die Festlegung einheitlicher Apothekenabgabepreise für verschreibungspflichtige Arzneimittel gegen die Warenverkehrsfreiheit verstößt (Magiera und Niedobitek 2017).

Von der Möglichkeit, ein Zwangsgeld wegen Nichtbefolgung eines früheren Urteils gegen einen Mitgliedstaat zu erlassen, machte der EuGH zum ersten Mal in einem Urteil vom 4. Juli 2000 (gegen Griechenland) Gebrauch. Am 12. Juli 2005 verhängte der EuGH dann erstmals sowohl ein Zwangsgeld als auch die Strafzahlung eines Pauschalbetrags gegen einen Mitgliedstaat (in diesem Fall Frankreich) und schöpfte damit sein Sanktionspotenzial aus. Die Wirkung und Durchsetzungs-

Tab. 5 Gerichtshof: Neu eingegangene Rechtssachen (1990–2019)

| Jahr | Neu eingegangene Rechtssachen | | | Rechtsmittel im Verfahren des vorläufigen Rechtsschutzes oder betreffend Streithilfe | Anträge auf Gutachten | Summe | Anträge auf vorläufigen Rechtsschutz | Urteile/ Gutachten |
	Vorlage zur Vorabentscheidung	Klagen	Rechtsmittel					
1990	141	221	15	1		378	12	193
1991	186	140	13	1	2	342	9	204
1992	162	251	24	1	2	440	5	210
1993	204	265	17			486	13	203
1994	203	125	12	1	3	344	4	188
1995	251	109	46	2		408	3	172
1996	256	132	25	3		416	4	193
1997	239	169	30	5		433	1	242
1998	264	147	66	4		481	2	254
1999	255	214	68	4		541	4	235
2000	224	197	66	13	2	502	4	244
2001	237	187	72	7		503	6	273
2002	216	204	46	4		470	1	269
2003	210	277	63	5	1	556	7	308
2004	249	219	52	6	1	527	3	375

Jahr							
2005	221	179	66	1		467	2	362
2006	251	201	80	3		535	1	351
2007	265	221	79	8		573	3	379
2008	288	210	77	8	1	584	3	333
2009	302	143	105	2	1	553	1	376
2010	385	136	97	6		624	3	370
2011	423	81	162	13		679	3	370
2012	404	73	136	3	1	617		357
2013	450	72	161	5	2	690	1	434
2014	428	74	111		1	614	3	416
2015	436	48	206	9	3	702	2	399
2016	470	35	168	7		680	3	412
2017	533	46	141	6	1	727	3	466
2018	568	63	195	6		830	6	462
2019	641	41	256	10	1	949	6	491
Summe	**9362**	**4480**	**2653**	**144**	**22**	**16.651**	**118**	**9541**

Quelle: Eigene Darstellung auf Grundlage von Daten aus dem Jahresbericht des GEU 2019; abrufbar unter Gerichtshof der Europäischen Union (2020c)

Tab. 6 Gerichtshof: Neu eingegangene Rechtssachen – Verfahrensgegenstand (2019)

	Vorlage zur Vorabentscheidung	Klagen	Rechtsmittel	Anträge auf Gutachten	Besondere Verfahrensarten	Summe
Auswärtiges Handeln der Europäischen Union	2		1	1		4
Energie	4	1	1			6
Finanzvorschriften (Haushalt, Finanzrahmen, Eigenmittel, Betrugsbekämpfung, …)	7	1				8
Freier Dienstleistungsverkehr	12					12
Freier Kapitalverkehr	5	1				6
Freier Warenverkehr	8					8
Freizügigkeit	40	1				41
Geistiges und gewerbliches Eigentum	15	1	58			74
Gemeinsame Außen- und Sicherheitspolitik			19			19
Gemeinsame Fischereipolitik		1				1
Gesundheit der Bevölkerung	3		2			5
Grundsätze des Unionsrechts	32	1				33
Handelspolitik	5		5			10
Industriepolitik	6	1				7
Institutionelles Recht	2	4	30		1	37
Landwirtschaft	14	1	8			23
Niederlassungsfreiheit	8					8
Öffentliche Aufträge	25	1	1			27
Raum der Freiheit, der Sicherheit und des Rechts	103	3				106
Rechtsangleichung	25	1	3			29
Registrierung, Bewertung, Zulassung und Beschränkung chemischer Stoffe (REACH-Verordnung)			3			3
Schiedsklausel			3			3
Soziale Sicherheit der Wanderarbeitnehmer	2					2

Sozialpolitik	40		1			41
Staatliche Beihilfen	17	1	39			57
Steuerrecht	67	5				72
Umwelt	30	12	5			47
Unionsbürgerschaft	8					8
Unternehmensrecht	2		1			3
Verbraucherschutz	72		1			73
Verkehr	51	3				54
Wettbewerb	12		27			39
Wirtschaftlicher, sozialer und territorialer Zusammenhalt				1		1
Wirtschafts- und Währungspolitik	3		8			11
Zollunion und gemeinsamer Zolltarif	18					18
Zugang zu Dokumenten			4			4
AEUV	**638**	**39**	**221**	**1**	**1**	**900**
Beamtenstatut	1		34			35
Verfahren			1		15	16
Vorrechte und Befreiungen	1	1			1	3
Verschiedenes	**2**	**1**	**35**		**16**	**54**
Gesamtsumme	**640**	**40**	**256**	**1**	**17**	**954**

Quelle: Eigene Darstellung auf Grundlage von Daten aus dem Jahresbericht des GEU 2019; abrufbar unter Gerichtshof der Europäischen Union (2020c)

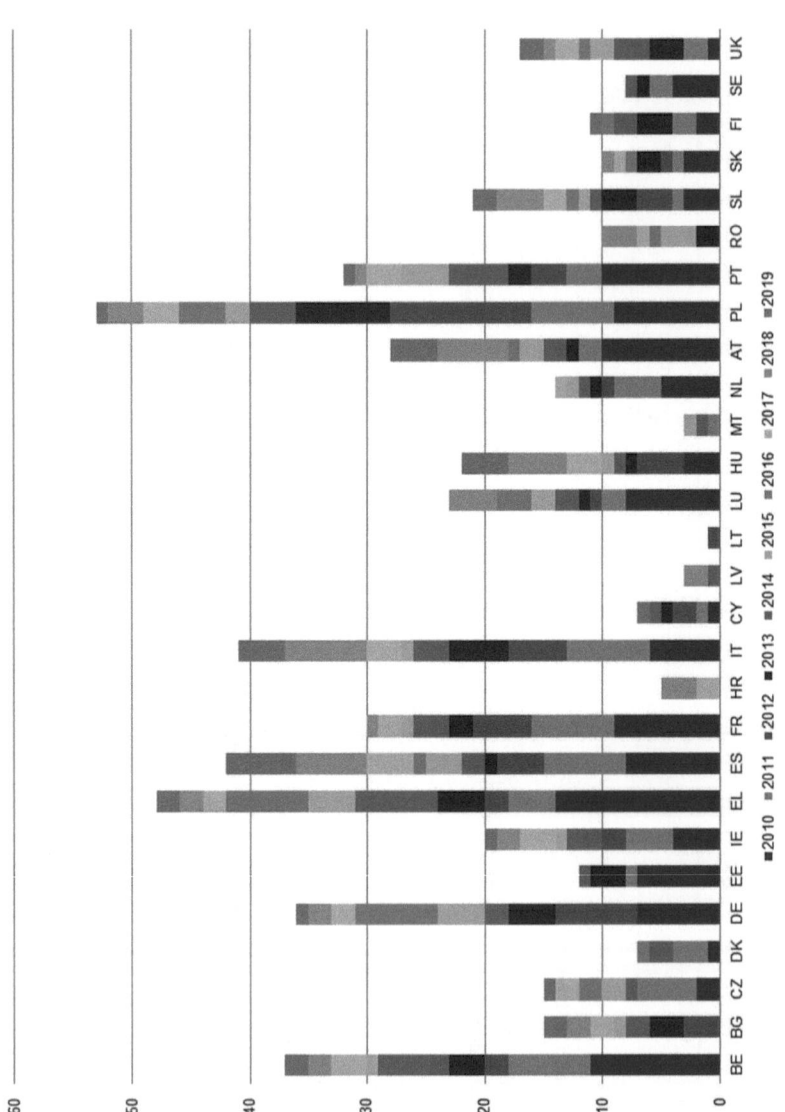

Abb. 2 Gerichtshof: Neu eingegangene Rechtssachen – Vertragsverletzungsverfahren (2010–2019). Länderkürzel gemäß der Internationalen Organisation für Normung. (Quelle: Eigene Darstellung auf Grundlage von Daten aus den Jahresberichten des GEU)

fähigkeit der Urteile beruht jedoch weitgehend auf der grundsätzlichen Akzeptanz der Rechtsprechung des Gerichtshofs durch die Mitgliedstaaten und deren (Verfassungs-)Gerichte.

Vorabentscheidungsverfahren
Bei den Aktivitäten des Gerichtshofs ist das Verfahren der Vorabentscheidung besonders zu beachten: Bei der grundsätzlichen Debatte um die Rolle des Gerichtshofs gehen von diesem Verfahren besondere Wirkungen auf die EU als Mehrebenensystem (vgl. Kap. ▶ „Einführung") aus. Im Zusammenhang mit den Prinzipien des Vorrangs und der direkten Wirkung des Unionsrechts eröffnet sich Bürgern die Möglichkeit, die Konformität nationalen Rechts mit dem Unionsrecht vor nationalen Gerichten in Frage zu stellen. Regierungen und Verwaltungen sehen sich also gegebenenfalls mit einer supranationalen Rechtsprechung konfrontiert, die sie nicht ignorieren können. Insbesondere gut organisierte Verbände mit europarechtlicher Expertise nutzen diese Möglichkeiten als nicht-offizielle ‚Wächter' des Unionsrechts, um ihre besonderen Interessen – seien diese Freihandel, Freizügigkeit, Umwelt- oder Verbraucherschutz – in den Politikgestaltungsprozess einzubringen. In diesem Verständnis können so auch nationale Gerichte zu Mitträgern der institutionellen Architektur des EU-Systems werden.

Als besonderen Vorgang, den die zunehmende Rolle des Gerichtshofs dokumentiert, ist die Entscheidung des deutschen Bundesverfassungsgerichts (BVerfG) am 14. Januar 2014 zu nennen, das Verfahren um die Europarechtskonformität des „Outright Monetary Transactions" (OMT-)Beschlusses der EZB (vgl. Kap. ▶ „Die Europäische Zentralbank") auszusetzen und dem Europäischen Gerichtshof zum ersten Mal eine Frage zur Vorabentscheidung vorzulegen (Gerichtshof der Europäischen Union 2015; Bundesverfassungsgericht 2014).

2018 erfolgten Urteile zur Auslegung des Art. 50 EUV im Fall des Brexits, zur Unabhängigkeit nationaler Gerichte, zu Aktionen der EZB und zu institutionellen Vorschriften (Magiera und Niedobitek 2019, S. 117–126).

3.2 Zur Rechtsprechung des Gerichts

Auch das Gericht zeigt einen beträchtlichen Grad an Aktivität (vgl. Abb. 3). Die Verfahren konzentrieren sich hier auf Rechtmäßigkeitsprüfungen, Schadensersatzklagen sowie die Bearbeitung von Anträgen auf vorläufigen Rechtsschutz. Im Jahr 2016 wurden vor dem Gericht 974 Rechtssachen neu anhängig, darunter 298 Nichtigkeitsklagen, 6 Untätigkeitsklagen und 19 Schadensersatzklagen (Gerichtshof der Europäischen Union 2020b).

3.3 Zur Rechtsprechung des Gerichts für den öffentlichen Dienst

Das Gericht für den öffentlichen Dienst wies aufgrund seiner größeren Spezialisierung einen geringeren, wenn auch weiterhin beachtlichen Grad an Aktivität auf,

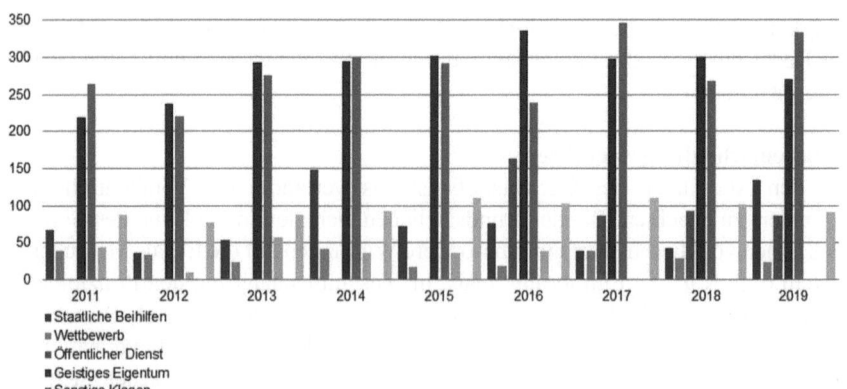

	2011	2012	2013	2014	2015	2016	2017	2018	2019
Staatliche Beihilfen	67	36	54	148	73	76	39	42	134
Wettbewerb	39	34	23	41	17	18	38	28	23
Öffentlicher Dienst						163	86	93	87
Geistiges Eigentum	219	238	293	295	302	336	298	301	270
Sonstige Klagen	264	220	275	299	292	239	346	268	334
Rechtsmittel	44	10	57	36	36	39			
Rechtsmittel im Verfahren des vorläufigen Rechtsschutzes oder betreffend Streithilfe	1	1							
Besondere Verfahrensarten	88	78	88	93	111	103	110	102	91
Insgesamt	**722**	**617**	**790**	**912**	**831**	**974**	**917**	**834**	**939**

Abb. 3 Gericht: Neu eingegangene Rechtssachen – Verfahrensart (2011–2019). Am 1. September 2016 wurden 123 Rechtssachen des öffentlichen Dienstes und 16 besondere Verfahren auf diesem Gebiet auf das Gericht übertragen. (Quelle: Eigene Darstellung auf Grundlage von Daten aus den Jahresberichten des GEU)

bei dem Klagen von Beamten gegen Beurteilungen und Beförderungen, Dienstzulagen und Bezüge sowie Kündigungen Schwerpunktbereiche bildeten. Nach Auflösung dieses Fachgerichts werden seit 2017 derartige Fälle vom Gericht entschieden.

4   Benennung und Zusammensetzung: Voraussetzungen und Verfahren

Die Regierungen der Mitgliedstaaten ernennen für den Gerichtshof in gegenseitigem Einvernehmen auf jeweils sechs Jahre einen Richter je Mitgliedstaat (seit 01.02.2020: 27 Richter) und seit 2015 elf Generalanwälte. Eine Wiederernennung ist möglich. Voraussetzung für die Nominierung ist die Befähigung für die Ausübung der höchsten richterlichen Ämter des Ursprungslandes und die Gewähr für Unabhängigkeit (vgl. Dokument 4).

Dokument 4, Vertragliche Vorgaben
Art. 19 (2) EUV
Der *Gerichtshof* besteht aus *einem Richter je Mitgliedstaat*. Er wird von Generalanwälten unterstützt.
Das *Gericht* besteht aus mindestens *einem Richter je Mitgliedstaat.*
Als Richter und Generalanwälte des Gerichtshofs und als Richter des Gerichts sind Persönlichkeiten auszuwählen, die jede Gewähr für *Unabhängigkeit* bieten und die Voraussetzungen der Artikel 253 und 254 des Vertrags über die Arbeitsweise der Europäischen Union erfüllen. Sie werden von den Regierungen der Mitgliedstaaten im gegenseitigen Einvernehmen für eine Amtszeit von sechs Jahren ernannt. Die Wiederernennung ausscheidender Richter und Generalanwälte ist zulässig.

Hervorhebungen durch den Autor

Eine teilweise Neubesetzung der Richterämter findet alle drei Jahre statt. Die Richter wählen aus ihrer Mitte den Präsidenten des Gerichtshofs für jeweils drei Jahre; auch hier ist eine Wiederwahl zulässig.

Die Zahl der Mitglieder des Gerichts ist 2017 – nach Schließung des Gerichts für den öffentlichen Dienst – sowie erneut 2020 mit dem Brexit auf 54 erhöht worden.

Anzumerken ist, dass bei der (Aus-)Wahl dieser Amtsträger, die in der institutionellen Architektur eine tragende Rolle spielen, keine öffentliche Anhörung der Kandidaten durch nationale Organe oder durch das EP erfolgt. Der Lissabonner Vertrag sieht jedoch zumindest einen Ausschuss vor, der vor einer Ernennung eine Stellungnahme über die „Eignung der Bewerber" abzugeben hat (Art. 255 AEUV). Dieser Ausschuss wird regelmäßig tätig und verringert die Neigung von Mitgliedstaaten, ungeeignete oder ‚(partei)politische' Vorschläge zu unterbreiten. Er tagt unter Ausschluss der Öffentlichkeit.

5   Beschlussverfahren: Arbeitsteilung zwischen Kammern

In der Regel tagt der Gerichtshof intern in einzelnen Kammern von drei oder fünf Richtern (vgl. Abb. 4). Auf Antrag eines am Verfahren beteiligten Mitgliedstaates oder EU-Organs tagt der Gerichtshof als „Große Kammer" bestehend aus 15 Richtern. In besonderen Fällen, die in der Satzung geregelt sind, kann der Gerichtshof als „Plenum", also mit allen Richtern, zusammentreten (Bieber et al. 2015, S. 155–157).

Zu jedem Fall wird aus der Mitte der Kammer ein Berichterstatter bestimmt, der die Urteilsfindung vorbereitet. Die Verhandlungen sind öffentlich, die Beratungen zur Urteilsfindung innerhalb des Organs jedoch nicht. Für jeden Fall des Gerichtshofs wird ein Generalanwalt bestimmt, eine in Deutschland in dieser Form nicht

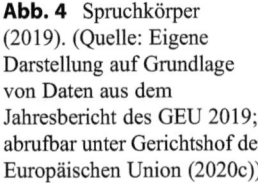

Abb. 4 Spruchkörper (2019). (Quelle: Eigene Darstellung auf Grundlage von Daten aus dem Jahresbericht des GEU 2019; abrufbar unter Gerichtshof der Europäischen Union (2020c))

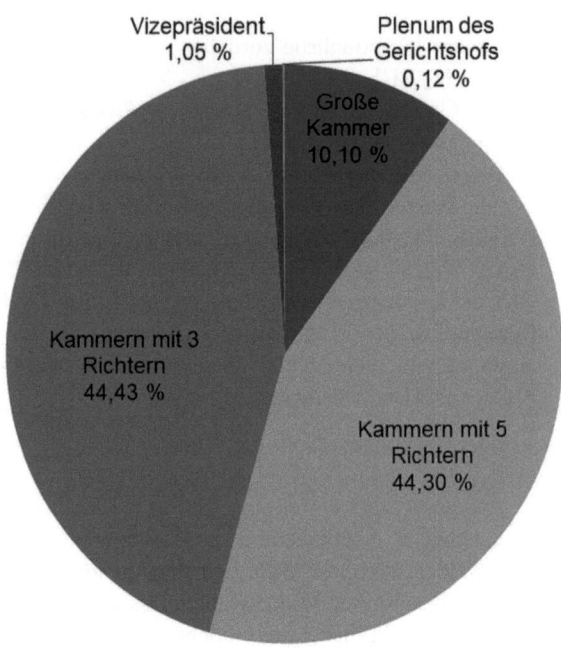

bestehende Einrichtung der Rechtspflege. Er bereitet die anhängigen Streitsachen auf und stellt sogenannte Schlussanträge mit einem konkreten Entscheidungsvorschlag (Bieber et al. 2015, S. 155–157; Magiera 2016a, S. 288). An der eigentlichen Beschlussfassung in der Gruppe der Richter nimmt er aber nicht teil. Der Gerichtshof muss in seiner Urteilsfindung der Meinung des Generalanwalts nicht folgen; seine Schlussanträge zeichnen jedoch häufig den Urteilsspruch des Gerichtshofs vor.

Ein Prozess vor dem Gerichtshof läuft nach einem festgelegten öffentlichen Verfahren, das sich in ein schriftliches und ein mündliches Verfahren gliedert (Art. 20 Satzung des Gerichtshofs der Europäischen Union), ab. In der ersten Phase wird bei Direktklagen die Klageschrift, in Vorabentscheidungsverfahren der Beschluss des nationalen Gerichts bei der Kanzlei des Gerichtshofs eingereicht. Eine Mitteilung über die Klage samt Klagegründen wird vom Kanzler im Amtsblatt der Europäischen Union veröffentlicht. Danach erstellt der Bericht erstattende Richter den „Vorbericht", der Vorschläge zur Verweisung in andere Kammern oder zu anderen Maßnahmen enthält.

Im mündlichen Verfahren, der zweiten Phase, können sowohl die Richter als auch die Generalanwälte die Prozessbeteiligten, die durch Bevollmächtigte, Beistände oder Anwälte vertreten werden, befragen. Um den Entscheidungsprozess nicht von den politischen Akteuren abzukoppeln, sieht Art. 23 der Satzung des Gerichtshofs vor, dass eine Abschrift des Vorlagebeschlusses an die Kommission, die Mitgliedstaaten und, falls er betroffen ist, auch an den Rat weiterzugeben ist. Diese können dann ebenfalls eine Erklärung abgeben und somit ihrerseits den Ausgang des Verfahrens argumentativ beeinflussen. Der Generalanwalt legt abschließende Schlussanträge vor und leitet diese an die Richter weiter.

Der Beschluss des Gerichts kommt auf der Grundlage eines Entwurfs des Berichterstatters – gegebenenfalls durch eine Mehrheitsentscheidung – zustande und wird zusammen mit den Schlussanträgen in allen Amtssprachen in der amtlichen „Sammlung der Rechtsprechung des Gerichtshofes und des Gerichts Erster Instanz" veröffentlicht. Nicht vorgesehen ist jedoch – wie in Deutschland bei Urteilen des Bundesverfassungsgerichts möglich –, abweichende Voten von beteiligten Richtern zu veröffentlichen. So ist explizit vorgeschrieben, dass Beratungen des Gerichtshofs geheim sind (Art. 35 Satzung des Gerichtshofs der Europäischen Union).

Mit dem Gericht ist ein zweistufiges Verfahren möglich. Gegen ein Urteil des Gerichts kann beim Europäischen Gerichtshof ein auf Rechtsfragen beschränktes Rechtsmittel geltend gemacht werden. Dieses ist vergleichbar mit der Revision im deutschen Recht.

6 Aufbau und Arbeitsweise: Übersicht über das Gerichtssystem

Über die Jahrzehnte haben die Verträge die (Binnen-)Struktur des Gerichtssystems ausgebaut (vgl. Abb. 5). Der Gerichtshof verfügt über einen differenzierten Verwaltungsapparat. So steht der Präsident des Gerichtshofs der Verwaltung vor. Des

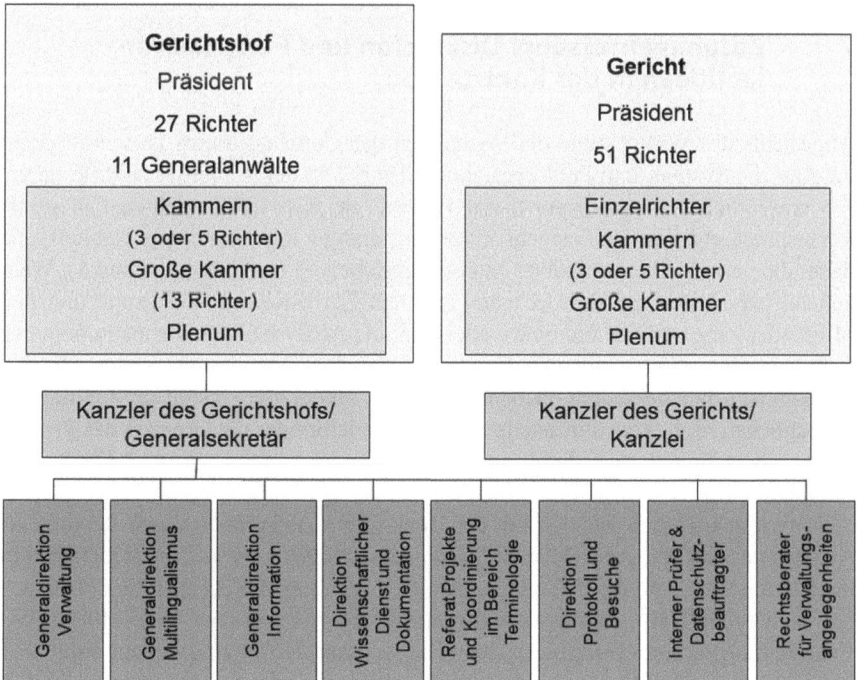

Abb. 5 Binnenstruktur. (Quelle: Eigene Darstellung auf der Grundlage von Gerichtshof der Europäischen Union (2020a, b))

Weiteren wählt der Gerichtshof auf sechs Jahre einen Kanzler, der die Aufgaben der Justizverwaltung übernimmt; er ist zugleich Generalsekretär des Gerichtshofs. Zum administrativen Unterbau gehören neben den Generaldirektionen „Personal und Finanzen", „Bibliothek, Wissenschaftlicher Dienst und Dokumentation" und „Infrastrukturen" sowie den Direktionen „Protokoll und Besuch" und „Kommunikation" insbesondere auch die Direktion „Dolmetschen" sowie die Generaldirektion „Übersetzung". Überdies existiert ein „Rechtsberater für Verwaltungsangelegenheiten".

Das Gericht verfügt über eine eigene Kanzlei, aber greift ansonsten auf den Verwaltungsapparat des Gerichtshofs zurück; beide Instanzen haben ihren Sitz in Luxemburg. Das Sprachregime ist komplex, um allen Beteiligten und Betroffenen gerecht zu werden. Grundsätzlich kommen alle Amtssprachen der Union zum Tragen. Der Gerichtshof selbst hat das „Prinzip gleichrangiger Vielsprachigkeit" entwickelt (Mayer 2005, S. 477). Die Wahl obliegt dem Kläger; wenn es sich jedoch bei dem Beklagten um einen Mitgliedstaat oder eine juristische oder natürliche Person aus einem der Mitgliedstaaten handelt, muss als Verfahrenssprache die Amtssprache dieses Landes gewählt werden. In Vorabentscheidungsverfahren richtet sich die Verfahrenssprache nach dem vorlegenden Gericht. Mündliche Verhandlungen werden nach Bedarf simultan in die Amtssprachen der EU übersetzt. Ersuche für Vorabentscheidungen, die Schlussanträge der Generalanwälte sowie die Urteile werden ebenfalls in allen Amtssprachen veröffentlicht. Die interne Arbeitssprache des Gerichtshofs ist Französisch.

7 Zusammenfassung, Diskussion und Perspektiven: Leitideen in der Kontroverse

Angesichts des Wirkens und der Wirkungen des Gerichtssystems ist seine Bedeutung für die System- und Politikgestaltung des EU-Systems intensiv zu diskutieren. Ein wesentlicher Ausgangspunkt der Debatte ist, dass der Gerichtshof in seiner Rechtsprechung das Unionsrecht als eigenständige Rechtsordnung etabliert und dabei die vertraglichen Vorgaben extensiv auslegt (vgl. Dokumente 1 und 2). Weitgehend unbestritten ist, dass er einen nachhaltigen Effekt auf die Union und ihre Mitglieder hatte und hat. Für eine weiterführende Analyse bilden die institutionellen Leitideen eines supranationalen Verfassungsgerichts Orientierungspunkte. Zu diskutieren ist – wie bei jedem obersten Gericht –, ob der Gerichtshof im Rahmen der vertraglichen, d. h. konstitutionellen Vorgaben bleibt oder die Grenzen des Primärrechts überschreitet und damit in der Fachsprache „ultra vires" handelt (Nic Shuibhne 2017, S. 176–181).

Hieran anknüpfend hat sich mit der Denkschule „Integration durch Recht" eine Argumentationslinie entwickelt, die besonderes Augenmerk auf die Rechtsfortbildung durch Entscheidungen des Gerichtshofs legt (Cappelletti et al. 1986). Demnach hat der Gerichtshof – in Zusammenspiel mit der Kommission – die Möglichkeit Entscheidungen herbeizuführen, „die sich [...] von der Verabschiedung oder Veränderung von Richtlinien oder von Vertragsrevisionen nicht unterscheide[t]" (Höpner 2011, S. 205). Kritisiert wird häufig, dass diese Rechtsfortbildung insbesondere in Richtung zunehmender wirtschaftlicher Liberalisierung stattfindet und der Gerichtshof somit auf die verschiedenen Ökonomien der Mitgliedstaaten unterschiedlich wirkende, demokratisch unzureichend legitimierte Entscheidungen fällt (Scharpf 2010). Beispielsweise etablierte der Gerichtshof mit den wegweisenden Entscheidungen *Dassonville* (Europäischer Gerichtshof 1974) und *Cassis de Dijon* (Europäischer Gerichtshof 1979) die Warenverkehrsfreiheit und ermöglichte somit die Öffnung von vormals staatlich geschützten Märkten. Die Entscheidungen *Viking* (Europäischer Gerichtshof 2007b) und *Laval* (Europäischer Gerichtshof 2007a) stärkten zudem die Dienstleistungsfreiheit und ordneten dieser in bestimmten Fällen sogar das nationale Streikrecht unter.

Jüngere Forschung beschäftigt sich überdies mit der Frage, wie die intregrationsfreundliche Rechtsprechung des Gerichtshofs zu erklären ist und kommt zu dem Schluss, dass akteursbezogene Erklärungen wie die Vorprägung der Richter durch deren juristische Schwerpunkte sowie Gruppenidentitäten im soziologischen Sinn wesentlich zum Verständnis über die Motivation der Richterschaft beitragen können (Höpner 2011).

Ein weiterer Ausgangspunkt einer Diskussion um die Charakterisierung des Gerichtshofs geht auf strukturelle Bedingungen der institutionellen Architektur ein. Die ausgeprägte Rolle dieser Institution ist demnach nicht allein oder vielleicht nicht wesentlich auf die eher integrationsfreundliche Grundstimmung der Luxemburger Richter, sondern auf gewollte oder auch ungewollte Eigenschaften des EU-Mehrebenensystems zurückzuführen:

- Wie in anderen Mehrebenensystemen fällt dem Gerichtshof notwendigerweise eine Aufgabe als richterliche Letztentscheidungsinstanz zu, zumindest, wenn Vertragsbestimmungen und Rechtsakte unionsweit eingehalten werden sollen.
- Schwächen und Defizite in der institutionellen Architektur können zu Blockaden führen, die Umfang und Intensität der Rechtsprechung als ‚Ersatz' für Entscheidungen der ‚normalen' Politik- und Systemgestaltung des EU-Systems erklären; so werden einige der wegweisenden Urteile auf Blockaden im Rat in den sechziger und siebziger Jahren zurückgeführt (Weiler 1999).
- Eine damit verknüpfte Begründung verweist auf wesentliche Eigenschaften der Rechtstexte: Viele Formulierungen des Vertrags und sekundärer Rechtsakte sind aufgrund des Konszwangs bzw. zumindest eines hohen Konsensdrucks im Europäischen Rat und im Rat bzw. im ordentlichen Gesetzgebungsverfahren zwischen Rat und EP durch einen beträchtlichen Grad an Mehrdeutigkeit geprägt, der richterliche Klärungen geradezu herausfordert. Der Kompromisscharakter der verabschiedeten Gesetzgebung führt im konkreten Einzelfall immer wieder zu Konflikten über die Auslegung und Anwendung des europäischen Rechts und erfordert entsprechend eine verbindliche Auslegung.

Geht man von diesen Überlegungen aus, so ergeben sich im Hinblick auf die Leitideen mehrere Argumentationslinien. Eine Denkschule betont, dass die Mitgliedstaaten als Herren der Verträge aus Sorge vor mangelnder Vertragstreue und Rechtsunsicherheit den Gerichtshof – trotz teils massiver Kritik an einzelnen Urteilen – immer wieder im Sinne eines aufgeklärten Eigeninteresses an einem Funktionieren des EU-Systems gestärkt haben. Ungeliebte Urteile wurden anerkannt, um durch die eigene Vertragstreue ein entsprechendes Verhalten anderer Akteure zumindest zu begünstigen. In einer politischen Perspektive wird das Agieren des Gerichtshofs notwendig, um zu verhindern, dass Mitgliedstaaten als ‚Trittbrettfahrer' (im wissenschaftlichen Sprachgebrauch *free rider*) von den positiven Wirkungen der Vertragstreue anderer Staaten – etwa bei Maßnahmen zum Umweltschutz – profitieren, ohne sich selbst den Verpflichtungen zu unterwerfen. Damit die Regierungen im Rat selbst Beschlüsse fassen, die für alle verbindlich auch durchgesetzt und überprüft werden (im wissenschaftlichen Sprachgebrauch *credible commitments* (Moravcsik und Schimmelfennig 2009, S. 69)) ist eine unabhängige Instanz wie der Gerichtshof notwendig. Insofern ist das Interesse der Mitgliedstaaten an einem derartigen Gerichtshof funktional begründet.

Der Gerichtshof kann nach dieser Argumentation nur sehr allgemein als ‚(fern-)gesteuerter Handlungsbeauftragter' (im wissenschaftlichen Sprachgebrauch *agent* der Mitgliedstaaten als *principals*) verstanden werden, vielmehr kann der Begriff eines weitgehend autonomen *Treuhänders* (im englischen Sprachgebrauch *Trustee* (Stone Sweet 2010; Alter 2008, S. 39)) genutzt werden, der im Grundinteresse der Mitgliedstaaten systemtragende und -erhaltende Funktionen übernimmt.

Mit dieser Charakterisierung nähert man sich einer weiteren Argumentationslinie: Nach dieser Denkschule ist es aufgrund der strukturellen Bedingungen nicht überraschend, dass der Gerichtshof eher zugunsten der Unionsebene entscheidet und dadurch zu einem „Integrationsfaktor erster Ordnung" wird (Oppermann et al. 2014, § 5 Rn. 152). Aus dieser Perspektive kann der Gerichtshof innerhalb der institutionellen Architektur als Symbol und aktiver Träger einer supranationalen Leitidee verstanden werden. Beide Denkschulen schließen sich nicht aus, sondern können zu einer Charakterisierung als „supranationaler Treuhänder" führen.

Zentralisierungstendenzen zugunsten der europäischen Ebene haben jedoch zu einer zunehmenden Diskussion über einen „Richterstaat" bzw. „gouvernement des juges" (Oppermann et al. 2014, § 5 Rn. 154) geführt, bei dem ein ‚richterlicher Aktivismus' über eine richterliche Selbstbeschränkung des Gerichtshofs (im englischen Sprachgebrauch *judicial self-restraint*) siegt. Damit überschritten die Richter die Vorgaben des Vertrags (Streinz 2005, Rn. 569).

Angesichts dieser Rollenwahrnehmungen wird auch die Frage nach der Legitimität einer obersten Instanz gestellt (Hitzel-Cassagnes 2004, S. 132–134). Entsprechend finden sich Forderungen nach Begrenzung der Rechte des GEU oder nach einer weiteren, „übergeordneten" Instanz, die sich zumindest in Fragen der Subsidiarität aus Verfassungsrichtern der Mitgliedstaaten und Richtern des Gerichtshofs zusammensetzen soll (Frank und Kornelius 2010).

Im Hinblick auf die grundsätzliche Debatte um die Rolle des Gerichtshofs können vom Verfahren der Vorabentscheidung besondere Wirkungen auf die EU als Mehrebenensystem ausgehen. Bei der Ausübung dieses Verfahrens führt die Kooperation mehrerer Ebenen der Gerichtsbarkeit zu einer „Gemeinschaft der Gerichte" und damit zu einer gelebten Mehrebenenverfassung (im englischen Sprachgebrauch *multi-level constitutionalism*) bzw. eines „Europäischen Verfassungsverbunds" (Pernice und Hindelang 2010). Diese Verknüpfung mit einer gemeinsam getragenen Teilung von Kompetenzen ist Bestandteil eines Prozesses der vertikalen *Fusion* im EU-Mehrebenensystem (vgl. Kap. ▶ „Einführung").

---

8 Zur Wiederholung und Vertiefung

Merkpunkte und Stichworte
- Grundkenntnisse:
  - Gründungsdatum
  - Wesentliche Entwicklungen
- Verfahren: Vertragliche Vorgaben und Praxis
  - Vertragsverletzung
  - Nichtigkeit
  - Untätigkeit
  - Vorabentscheidung
  - Gutachtertätigkeit
- Zum Aktivitätenprofil:
  - Umfang und Schwerpunkte der Urteilsfindung
  - Wegweisende Urteile
- Struktur und Binnenorganisation:
  - Zusammensetzung des Gerichtshofs
  - Struktur und Aufgaben des Gerichtshofs
  - Generalanwalt: Definition und Aufgabe
- Rolle des Gerichtshofs: Definitionen und Relevanz
  - Verfassungsgericht
    Richterstaat
  - supranationaler Treuhänder
- Aufgaben und Struktur des Gerichts

Fragen
- Wie sind die Funktionen des Gerichtshofs (politik-)wissenschaftlich zu erfassen und zu erklären?
- Wie ist die Rolle des Gerichtshofs als „supranationaler Treuhänder" zu beschreiben und in der Praxis zu überprüfen?
- Welche Legitimitätskriterien können für das Wirken und die Wirkungen des Gerichtshofs entwickelt und in der Praxis angelegt werden?

Thesen zur Diskussion
- Der Gerichtshof ist das Schlüsselorgan für die supranationale Ausrichtung der institutionellen Architektur.
- Bei ihrer Wahl sollten die Richter des Gerichtshofs vom Europäischen Rat vorgeschlagen und vom EP gewählt werden.

- Notwendig ist eine übergeordnete gerichtliche Instanz zu Subsidiaritätsfragen, die sich aus nationalen Verfassungsrichtern und Mitgliedern des Gerichtshofs zusammensetzt.

Literatur

Online-Quelle

http://curia.europa.eu/.
Offizielle Homepage des Europäischen Gerichtshofs. Hier finden sich sowohl allgemeine Informationen zum Gerichtshof, dem Gericht und dem Gericht für den öffentlichen Dienst, als auch Angaben zu ihren verfahrensrechtlichen Vorschriften und der Rechtsprechung.

Einführende Literatur

Bieber, Roland, Astrid Epiney, und Marcel Haag. 2020. *Die Europäische Union. Europarecht und Politik*, 14. Aufl. Baden-Baden: Nomos.
Große Hüttmann, Martin, und Barbara Lippert. 2020. *Die Europäische Union*. Stuttgart: Kohlhammer.
Hobe, Stephan, und Michael Lysander Fremuth. 2020. *Europarecht*, 10. Aufl. München: Vahlen.
Magiera, Siegfried. 2020. Gerichtshof der Europäischen Union. In *Europa von A bis Z. Taschenbuch der europäischen Integration*, Hrsg. Werner Weidenfeld, Wolfgang Wessels und Funda Tekin, 15. Aufl., 341–346. Wiesbaden: Springer VS.
Magiera, Siegfried, und Matthias Niedobitek. 2020. Gerichtshof. In *Jahrbuch der Europäischen Integration 2020*, Hrsg. Werner Weidenfeld und Wolfgang Wessels, 115–125. Baden-Baden: Nomos.
Nic Shuibhne, Niamh. 2017. The court of justice: European integration and judicial institutions. In *The institutions of the European Union*, Hrsg. Dermot Hodson und John Peterson, 4. Aufl., 163–184. Oxford/New York: Oxford University Press.

Literaturverzeichnis

Alter, Karen J. 2008. Agents or trustees? International courts in their political context. *European Journal of International Relations* 14(1): 33–63.
Bieber, Roland, Astrid Epiney, und Marcel Haag. 2015. *Die Europäische Union. Europarecht und Politik*, 11. Aufl. Baden-Baden: Nomos.
Bundesverfassungsgericht. 2009. Karlsruhe. *Urteil vom 30. Juni 2009–2 BvE 2/08*. https://www.bundesverfassungsgericht.de/entscheidungen/es20090630_2bve000208. Zugegriffen am 01.07.2022.
Bundesverfassungsgericht. 2014. Karlsruhe. *Beschluss vom 14. Januar 2014–2 BvE 13/13*. https://www.bundesverfassungsgericht.de/entscheidungen/rs20140114_2bvr272813.html. Zugegriffen am 01.07.2022.
Cappelletti, Mauro, Monica Seccombe, und Joseph Weiler. 1986. *Integration through law: Europe and the American federal experience. Bd. 1: Methods, tools and institutions*, 1. Aufl. New York: de Gruyter.

Europäische Kommission. 2017. *Public Opinion.* http://ec.europa.eu/COMMFrontOffice/publico pinion/index.cfm. Zugegriffen am 01.07.2022.

Europäischer Gerichtshof. 1963. Luxemburg. *Rs. 26/62, van Gend & Loos, Slg. 1963.* https://eur-lex.europa.eu/legal-content/DE/TXT/PDF/?uri=CELEX:61962CJ0026&from=EN. Zugegriffen am 01.07.2022.

Europäischer Gerichtshof. 1964. Luxemburg. *Rs. 6/64, Costa/ENEL, Slg. 1964.* https://eur-lex.europa.eu/legal-content/DE/TXT/PDF/?uri=CELEX:61964CJ0006&from=DE. Zugegriffen am 01.07.2022.

Europäischer Gerichtshof. 1974. Luxemburg. *Rs. 8/74, Dassonville, Slg. 1974.* https://eur-lex.europa.eu/legal-content/DE/TXT/PDF/?uri=CELEX:61974CJ0008&from=EN. Zugegriffen am 01.07.2022.

Europäischer Gerichtshof. 1978. Luxemburg. *Rs. 106/77, Staatliche Finanzverwaltung/Simmenthal, Slg. 1978.* https://eur-lex.europa.eu/legal-content/DE/TXT/PDF/?uri=CELEX:61977CJ0106&from=DE. Zugegriffen am 01.07.2022.

Europäischer Gerichtshof. 1979. Luxemburg. *Rs. 120/78, Cassis de Dijon, Slg. 1979.* https://eur-lex.europa.eu/legal-content/DE/TXT/PDF/?uri=CELEX:61978CJ0120&from=EN. Zugegriffen am 01.07.2022.

Europäischer Gerichtshof. 2007a. Luxemburg. *Rs. 341/05, Laval, Slg. 2007.* https://eur-lex.europa.eu/legal-content/DE/TXT/PDF/?uri=CELEX:62005CJ0341&from=EN. Zugegriffen am 01.07.2022.

Europäischer Gerichtshof. 2007b. Luxemburg. *Rs. 438/05, Viking, Slg. 2007.* https://eur-lex.europa.eu/legal-content/DE/TXT/PDF/?uri=CELEX:62005CJ0438&from=EN. Zugegriffen am 01.07.2022.

Frank, Michael, und Stefan Kornelius. 2010. „300 Sprachen und 500 Dialekte – das ist mein Europa." Österreichs Bundeskanzler Wolfgang Schüssel über europäische Identität, den Gerichtshof und die Grenzen der Erweiterung. *Süddeutsche Zeitung.* https://www.sueddeutsche.de/politik/interview-mit-dem-kuenftigen-ratspraesidenten-der-eu-300-sprachen-und-500-dialekte-das-ist-mein-europa-1.643574. Zugegriffen am 01.07.2022.

Gerichtshof der Europäischen Union. 2015. Luxemburg. *Urteil des Gerichtshofs vom 16. Juni 2015 – Rs. C-62/14.* https://curia.europa.eu/juris/document/document.jsf?text=&docid=165057&pageIndex=0&doclang=DE&mode=req&dir=&occ=first&part=1. Zugegriffen am 01.07.2022.

Gerichtshof der Europäischen Union. 2020a. *Der Gerichtshof in Zahlen.* https://curia.europa.eu/jcms/jcms/P_80908/de/. Zugegriffen am 01.07.2022.

Gerichtshof der Europäischen Union. 2020b. *Dienststellen.* https://curia.europa.eu/jcms/jcms/Jo2_7001/. Zugegriffen am 01.07.2022.

Gerichtshof der Europäischen Union. 2020c. *Jahresbericht 2019.* Rechtsprechungstätigkeit. https://curia.europa.eu/jcms/upload/docs/application/pdf/2020-05/qd-ap-20-001-de-n.pdf. Zugegriffen am 01.07.2022.

Hallstein, Walter. 1969. *Der unvollendete Bundesstaat. Europäische Erfahrungen und Erkenntnisse.* Düsseldorf/Wien: ECON.

Hallstein, Walter. 1979. *Die Europäische Gemeinschaft.* Düsseldorf/Wien: ECON.

Hitzel-Cassagnes, Tanja. 2004. *Geltung und Funktion. Supranationale Gerichtsbarkeit im Spannungsfeld von Praktischer Rationalität, Recht und Demokratie.* Baden-Baden: Nomos.

Hobe, Stephan. 2014. *Europarecht.* München: Vahlen.

Höpner, Martin. 2011. Der Europäische Gerichtshof als Motor der Integration: Eine akteursbezogene Erklärung. *Berliner Journal für Soziologie* 21(2): 203–229.

Kennedy, Tom. 2006. The European Court of Justice. In *The Institutions of the European Union,* Hrsg. John Peterson und Michael Shackleton, 2. Aufl., 125–143. Oxford/New York: Oxford University Press.

Magiera, Siegfried. 2016a. Gerichtshof der Europäischen Union. In *Europa von A bis Z, Taschenbuch der europäischen Integration,* Hrsg. Werner Weidenfeld und Wolfgang Wessels, 14. Aufl., 287–293. Baden-Baden: Nomos.

Magiera, Siegfried. 2016b. Gerichtshof. In *Jahrbuch der Europäischen Integration 2014,* Hrsg. Werner Weidenfeld und Wolfgang Wessels, 117–126. Baden-Baden: Nomos.

Magiera, Siegfried, und Matthias Niedobitek. 2016. Gerichtshof. In *Jahrbuch der Europäischen Integration 2016*, Hrsg. Werner Weidenfeld und Wolfgang Wessels, 111–120. Baden-Baden: Nomos.

Magiera, Siegfried, und Matthias Niedobitek. 2017. Gerichtshof. In *Jahrbuch der Europäischen Integration 2017*, Hrsg. Werner Weidenfeld und Wolfgang Wessels, 127–137. Baden-Baden: Nomos.

Magiera, Siegfried, und Matthias Niedobitek. 2019. Gerichtshof. In *Jahrbuch der Europäischen Integration 2019*, Hrsg. Werner Weidenfeld und Wolfgang Wessels, 117–126. Baden-Baden: Nomos.

Mayer, Franz C. 2005. Europa als Rechtsgemeinschaft. In *Europawissenschaften*, Hrsg. Gunnar Folke Schuppert, Ingolf Pernice und Ulrich Haltern, 429–488. Baden-Baden: Nomos.

Moravcsik, Andrew, und Frank Schimmelfennig. 2009. Liberal intergovernmentalism. In *European integration theory*, Hrsg. Thomas Diez und Antje Wiener, 2. Aufl., 67–87. Oxford: Oxford University Press.

Nic Shuibhne, Niamh. 2017. The European Court of Justice: European Integration and Judicial Institutions. In *The Institutions of the European Union*, Hrsg. Dermot Hodson und John Peterson, 4. Aufl., 163–184. Oxford/New York: Oxford University Press.

Oppermann, Thomas, Claus Dieter Classen, und Martin Nettesheim. 2014. *Europarecht. Ein Studienbuch*. München: Beck.

Pernice, Ingolf, und Steffen Hindelang. 2010. Potenziale europäischer Politik nach Lissabon – Europapolitische Perspektiven für Deutschland, seine Institutionen, seine Wirtschaft und seine Bürger nach dem Inkrafttreten des Vertrags von Lissabon. *Europäische Zeitschrift für Wirtschaftsrecht* 21(11): 407–413.

Scharpf, Fritz W. 2010. The asymmetry of European integration, or why the EU cannot be a ‚social market economy‘. *Socio-Economic Review* 8(2): 211–250.

Stone Sweet, Alec. 2010. The European court of justice and the judicialization of EU governance. *Living Reviews in European Governance* 5(2): 5–50.

Streinz, Rudolf. 2005. *Europarecht*, 7. Aufl. Heidelberg: Müller.

Weiler, Joseph H. H. Hrsg. 1999. The transformation of Europe. In *The constitution of Europe: „Do the new clothes have an emperor?“ and other essays on European integration*, 10–101. Cambridge: Cambridge University Press.

Die Europäische Zentralbank

Inhalt

Zusammenfassung

Die Europäische Zentralbank (EZB) ist mit dem Vertrag von Lissabon als einzigartige supranationale Institution bzw. fusionierte Mehrebenen-Technokratie in die Liste der EU-Organe aufgenommen worden. Ihr vorrangiges Ziel in der Geld- und Währungspolitik ist die Gewährleistung der Preisstabilität des Euro. Diese soll sie durch einen hohen Grad an Unabhängigkeit von den Mitgliedstaaten und anderen EU-Organen und damit von (partei-)politischen Einflüssen garantieren. Diese Autonomie kann jedoch in einem starken Spannungsverhältnis zu traditionellen Ansprüchen an Legitimität stehen, da die EZB trotz Entscheidungen mit erheblichen Auswirkungen auf die Bürgerinnen und Bürger der EU keine demokratisch gewählte oder kontrollierte Institution darstellt. Diese Ambivalenz ist in der aktuellen politischen Diskussion sowohl durch die zentrale Rolle der EZB beim Management der Eurokrise als auch durch ihre neu zugewiesene Aufsichtsfunktion in der Bankenunion verstärkt in den Vordergrund gerückt. Im Fokus der Öffentlichkeit steht ihr Präsident als zentraler Akteur in der Geld- und zunehmend – zumindest indirekt – auch der Wirtschaftspolitik der EU.

© Springer Fachmedien Wiesbaden GmbH, ein Teil von Springer Nature 2022   343
W. Wessels, *Das Politische System der Europäischen Union*,
https://doi.org/10.1007/978-3-658-10013-1_8

Schlüsselwörter

Geld- und Währungspolitik · Bankenunion · Krisenmanagement · Eurogruppe · EZB-Präsident · Fusionierte Mehrebenen-Technokratie

1 Eckpunkte im Überblick: Eine unabhängige supranationale Notenbank

Die Gründung der *Europäischen Zentralbank* (EZB) 1998 markiert eine gravierende Entwicklung im Aufbau der institutionellen Architektur des EU-Systems. Für die Euro-Mitgliedstaaten hat die Union die „ausschließliche Zuständigkeit" für die Geldpolitik (Art. 3 AEUV). Die EZB als Auftragnehmer des „Europäischen Systems der Zentralbanken" (ESZB) (Art. 132 AEUV; vgl. auch „Protokoll über die Satzung des Europäischen Systems der Zentralbanken und der Europäischen Zentralbank", im Folgenden „Satzung des ESZB und der EZB") übernimmt zentrale Aufgaben für die Geld- und Währungspolitik der Eurozone. Damit haben neunzehn EU-Mitgliedstaaten (Stand 2018) einen bedeutenden Teil ihrer währungspolitischen Souveränität auf diese Institution übertragen.

Die Zielsetzungen der EZB (vgl. Dokument 1) waren lange umstritten: Während deutsche Experten und Politiker seit Beginn der Planungen für eine *Wirtschafts- und Währungsunion* (WWU) (u. a. Caesar und Kösters 2004) die Inflationsbekämpfung als einziges Ziel fordern, plädieren französische Stimmen regelmäßig für die Einbettung in eine umfassender angelegte Wirtschaftspolitik (u. a. Dyson und Marcussen 2009, S. 41–45). Als Gegenpol zu dieser autonom, nach funktionalen Gesichtspunkten handelnden und damit auf den ersten Blick ‚entpolitisierten' Institution wird deshalb immer wieder – insbesondere von französischer Seite – die Bildung einer „Wirtschaftsregierung" (im wissenschaftlichen Sprachgebrauch *gouvernement économique*) (vgl. Kap. ▶ „Wirtschaftspolitisches Handeln") vorgeschlagen.

Bei der EZB handelt es sich seit dem Lissabonner Vertrag gemäß Art. 13 EUV um ein Organ der EU. Zudem besitzt sie eine eigene Rechtspersönlichkeit im Sinne des Völkerrechts. Basierend auf einer komplexen Mehrebenenstruktur kann die EZB als eine einzigartige supranationale Einrichtung verstanden werden, die die Gestaltung eines zentralen Politikfelds mit einer bisher keiner anderen Notenbank zugesprochenen Unabhängigkeit regelt (Kunstein 2014, S. 258–259; Selmayr 2014, S. 127–140). Hinsichtlich der institutionellen Ausgestaltung gilt ein besonderes Interesse den Benennungs- und Entscheidungsmodalitäten der EZB, die die Unabhängigkeit dieser Institution gegenüber mitgliedstaatlichen Einflüssen garantieren sollen.

Das von der EZB gesteuerte Politikfeld bildet ein Kernstück der „Wirtschafts- und Währungspolitik" (so Titel VIII des AEUV) und damit des EU-Systems insgesamt. Dieser Teil des EU-Systems ist von besonderem Gewicht, da die Rücknahme des geldpolitischen Kompetenztransfers von den Mitgliedstaaten der Eurozone auf die Union nicht oder nur unter besonderen Bedingungen möglich sein wird. Die Möglichkeit des Ausscheidens eines Euro-Mitgliedstaates, wie es im Falle Griechenlands (der sogenannte „Grexit") diskutiert wurde, ist vertragsrechtlich nicht vorgesehen.

Dokument 1, Ziele, Aufgaben und Instrumente

Art. 127 AEUV

(1) Das *vorrangige Ziel des Europäischen Systems der Zentralbanken* (im Folgenden „*ESZB*") *ist* es, die *Preisstabilität zu gewährleisten*. Soweit dies *ohne Beeinträchtigung des Zieles der Preisstabilität* möglich ist, unterstützt das ESZB die allgemeine Wirtschaftspolitik in der Union, um zur Verwirklichung der in Artikel 3 des Vertrags über die Europäische Union festgelegten Ziele der Union beizutragen. [...]

(2) Die *grundlegenden Aufgaben* des ESZB bestehen darin,

- die Geldpolitik der Union festzulegen und auszuführen,
- Devisengeschäfte im Einklang mit Artikel 219 durchzuführen,
- die offiziellen Währungsreserven der Mitgliedstaaten zu halten und zu verwalten,
- das reibungslose Funktionieren der Zahlungssysteme zu fördern.

[...]

Hervorhebungen durch den Autor

Die Situation der EZB ist insofern einzigartig, als ihr – im Unterschied zu anderen Fällen unabhängiger Notenbanken wie in den USA und früher in der Bundesrepublik Deutschland – keine Regierung mit ausgedehnten Möglichkeiten zur Fiskal- und Haushaltspolitik gegenübersteht (u. a. Hodson 2012, S. 202). Daher stellen sich auch Schlüsselfragen zum Wirken und zu den Wirkungen dieser Institution – nicht zuletzt unter dem Gesichtspunkt demokratischer Legitimität (Linsenmann et al. 2007, S. 211–213). Die Eingriffstiefe und die Nachhaltigkeit der von der EZB getroffenen Entscheidungen dokumentieren eine Politikgestaltung besonderer Art.

In den Krisenjahren seit 2009 hat die EZB ihr Instrumentarium wesentlich ausgebaut und maßgeblich zur vorläufigen Stabilisierung der Eurozone beigetragen. Dabei hat sie zusätzlich besondere Aufgaben für eine Bankenunion übernommen. Insgesamt stellt die „allmächtige EZB" (Steltzner 2012) eine Institution von besonderer politischer wie akademischer Relevanz dar.

Das vertragliche Regelwerk der EZB sowie die Praxis ihrer Aktivitäten und Entscheidungen kommen der institutionellen Leitidee einer „Technokratie" nahe. Bei dieser From des Regierens (im wissenschaftlichen Sprachgebrauch *modes of governance*) verdrängen Experten der EU sowohl europäische als auch nationale Politiker „aus dem EU-Politikzyklus" (Wessels 2003, S. 356). Die EZB bildet damit eine Institution, die losgelöst von demokratischen Mehrheitsentscheidungen verbindliche Beschlüsse trifft (im wissenschaftlichen Sprachgebrauch *non-majoritarian institution*) (u. a. Coen und Thatcher 2005; Majone 2001). Sie erinnert damit an Konzepte, die bereits die Konstruktion der „Hohen Behörde" der EGKS Anfang der fünfziger Jahre prägten (vgl. Kap. ▶ „Geschichte"). Eine besondere Eigenschaft der EZB ist auch das Zusammenwirken von Akteuren, die sowohl auf der europäischen als auch der nationalen Ebene angesiedelt sind. Die Mitglieder des EZB-Direktoriums und die Präsidenten der nationalen Notenbanken sind im EZB Rat gleichermaßen stimmberechtigt. Charakterisiert werden kann die EZB damit durch eine Verschmelzung supranationaler und intergouvernementaler Merkmale, die sich zu einer „fusionierten Mehrebenen-Technokratie" entwickeln.

Anhand des ABBA-Systems (vgl. Abb. 1) wird dieses Organ in einer Nahaufnahme erfasst und untersucht.

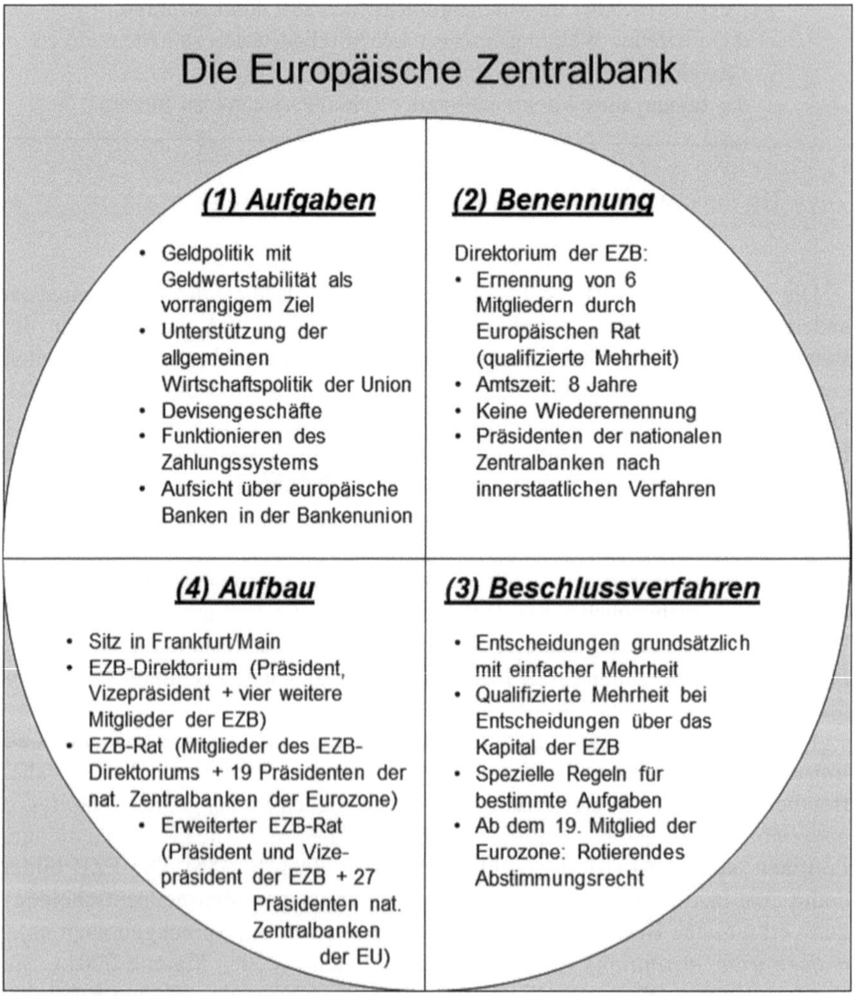

Die Europäische Zentralbank

(1) Aufgaben

- Geldpolitik mit Geldwertstabilität als vorrangigem Ziel
- Unterstützung der allgemeinen Wirtschaftspolitik der Union
- Devisengeschäfte
- Funktionieren des Zahlungssystems
- Aufsicht über europäische Banken in der Bankenunion

(2) Benennung

Direktorium der EZB:
- Ernennung von 6 Mitgliedern durch Europäischen Rat (qualifizierte Mehrheit)
- Amtszeit: 8 Jahre
- Keine Wiederernennung
- Präsidenten der nationalen Zentralbanken nach innerstaatlichen Verfahren

(4) Aufbau

- Sitz in Frankfurt/Main
- EZB-Direktorium (Präsident, Vizepräsident + vier weitere Mitglieder der EZB)
- EZB-Rat (Mitglieder des EZB-Direktoriums + 19 Präsidenten der nat. Zentralbanken der Eurozone)
  - Erweiterter EZB-Rat (Präsident und Vizepräsident der EZB + 27 Präsidenten nat. Zentralbanken der EU)

(3) Beschlussverfahren

- Entscheidungen grundsätzlich mit einfacher Mehrheit
- Qualifizierte Mehrheit bei Entscheidungen über das Kapital der EZB
- Spezielle Regeln für bestimmte Aufgaben
- Ab dem 19. Mitglied der Eurozone: Rotierendes Abstimmungsrecht

Abb. 1 Institutioneller Steckbrief. (Quelle: Eigene Darstellung. Stand: 31.03.2020)

2   Aufgaben

2.1   Geschichte und vertragliche Vorgaben

Mit dem Beschluss zum Übergang in die dritte Stufe der Wirtschafts- und Währungsunion hat der Rat in der Zusammensetzung der Staats- und Regierungschefs am 1. Juni 1998 offiziell die EZB gegründet. Dieser Rechtsakt war der bisherige Schlussstein einer institutionellen Entwicklung, die mit den Vorgaben des Den Haager Gipfels 1969 und daraus folgenden Plänen zur Wirtschafts- und Währungsunion sowie der Gründung des *Europäischen Währungssystems* (EWS) 1979 einsetzte (vgl. Kap. ▶ „Wirtschaftspolitisches Handeln"). Als institutionelle Vorläufer der EZB können sowohl Formen enger Zusammenarbeit der nationalen Zentralbanken innerhalb des EWS als auch das *Europäische Währungsinstitut* (EWI), das mit dem Übergang zur zweiten Stufe der WWU 1994 geschaffen wurde, gelten. Mit dem Beginn der Währungsunion am 1. Januar 1999 hat die EZB alle im EG-Vertrag und in einem speziellen Protokoll festgelegten Befugnisse für die Eurozone übernommen.

Für die Politikgestaltung bestimmt der Lissabonner Vertrag als „vorrangige[s] Ziel des ESZB [...], die Preisstabilität zu gewährleisten". In der Priorität deutlich abgestuft, „unterstützt das ESZB die allgemeine Wirtschaftspolitik in der Union" (Art. 127 AEUV, vgl. Dokument 1).

Das ESZB soll ebenfalls zur Aufsicht über die Kreditinstitute und zur Stabilität des Finanzsystems beitragen. Aus diesem Grund übernimmt die EZB seit dem 4. November 2014 im Rahmen der neu geschaffenen Europäischen Bankenunion die Aufgabe als „oberste Bankenaufseherin im Euroraum" (Selmayr 2014, S. 127). Im Zuge dessen ist neben dem Hauptziel der Preisstabilität auch die Stabilisierung des Bankensystems als wesentliche Voraussetzung für eine krisengeschützte Finanzpolitik in das Aufgabenfeld der Zentralbank gerückt.

Für die Verfolgung der Vertragsziele hat die EZB als Teil des ESZB „die Geldpolitik der Union festzulegen und auszuführen, Devisengeschäfte [...] durchzuführen, die offiziellen Währungsreserven der Mitgliedstaaten zu halten und zu verwalten [sowie] das reibungslose Funktionieren der Zahlungssysteme zu fördern" (Art. 127 AEUV, vgl. Dokument 1).

Zur Wahrnehmung dieser Aufgaben verfügt das ESZB über einen Katalog von Handlungsinstrumenten:

- Ausschließliches Recht zur Ausgabe von (Euro-)Banknoten (Art. 128 (1) AEUV);
- Festlegung der Leitzinsen;
- Geldmengensteuerung;
- Offenmarkt- und Kreditgeschäfte;
- Festlegung von Mindestreserven für Kreditinstitute;
- Interventionen auf dem Devisenmarkt und
- Überwachung von als systemrelevant angesehenen Kreditinstituten der Eurozone.

Für diese Aktivitäten kann die EZB verbindliche Rechtsakte in Form von „Verordnungen" und „Entscheidungen" (Art. 132 AEUV) erlassen sowie Empfehlungen und Stellungnahmen abgeben. Art. 12 der Satzung des ESZB und der EZB spricht außerdem allgemein von „Leitlinien", die der EZB-Rat verabschieden kann.

Des Weiteren ist die EZB befugt, die für ihre Arbeit notwendigen Statistiken einzuholen, im Bereich der internationalen Zusammenarbeit vertreten zu sein und sich an internationalen Währungseinrichtungen zu beteiligen (Art. 23 und Art. 6 (2) der Satzung des ESZB und der EZB). Sie verfügt über einen eigenen Haushalt, der hinsichtlich seiner effizienten Mittelverwendung vom *Europäischen Rechnungshof* (EuRH) überprüft wird (Art. 27 und Art. 35 der Satzung des ESZB und der EZB). Die EZB hat zusätzlich das Recht, bei allen Vorschlägen für Rechtsakte der Union und zu allen Gesetzesvorschlägen nationaler Behörden, die ihren Zuständigkeitsbereich betreffen, gehört zu werden. Damit ist die EZB auch in die sie betreffende EU-Systemgestaltung einbezogen. Zu ihren Rechten gehört ebenfalls, dass sie vor dem *Gerichtshof der Europäischen Union* (GEU) Klage erheben kann. Da die EZB ein Organ der EU ist, kann der GEU die „Rechtmäßigkeit der Handlungen" untersuchen (Art. 263 AEUV) (Selmayr 2019, S. 135–138).

Das Vertragswerk hat der EZB nicht in allen Bereichen der Währungsunion eine ausschließliche Zuständigkeit zugewiesen: Bei möglichen internationalen Vereinbarungen für ein Wechselkurssystem und im Bereich der Außenbeziehungen ist der „Rat der Wirtschafts- und Finanzminister" (*ECOFIN-Rat*) nach Anhörung der EZB verantwortlich (Art. 133, 138, 219 AEUV). In der Wechselkurspolitik teilt sich die EZB mit dem ECOFIN-Rat in einer nicht eindeutig festgelegten Arbeitsteilung die Zuständigkeiten (u. a. Hodson 2012, S. 204). Für die Außenvertretung der Währungsunion bei internationalen Organisationen ist eine umständliche Regelung gefunden worden: Der EZB-Präsident und der jeweilige Vorsitzende der Eurogruppe (der nationalen Finanzminister) teilen sich Aufgabe.

Insgesamt dokumentieren die vertraglichen Vorgaben sowohl im Hinblick auf die Ziele als auch bei der institutionellen Ausgestaltung eine „Doktrin währungspolitischer Stabilität" (u. a. Hodson 2012, S. 201; Dyson 2006, S. 13).

Zu dem zweiten Politikbereich der WWU, der Wirtschaftsunion, kann die EZB Stellungnahmen abgeben, jedoch bildet der ECOFIN-Rat das zentrale Entscheidungsorgan in der Wirtschafts-, Fiskal- und Beschäftigungspolitik (vgl. Kap. ▶ „Der Rat der Europäischen Union" und Kap. ▶ „Wirtschaftspolitisches Handeln"). Insbesondere im Rahmen des Stabilitäts- und Wachstumspaktes zur Vermeidung übermäßiger öffentlicher Defizite (Art. 126 AEUV) war der EZB das erste Jahrzehnt über nur eine Rolle als eine Art sachkundiger Kommentator zugekommen (Linsenmann 2007, S. 195). Mit ihren Maßnahmen zur Stabilisierung der Eurozone, wie beispielsweise dem Ankauf von Staatsanleihen in unbegrenzter Höhe, hat sie aus der Sicht vieler Experten auf vertraglich nicht vorgesehene Weise Einfluss auf nationale Fiskalpolitiken genommen (vgl. u. a. Bundesverfassungsgericht 2014).

3 Zur Analyse der Praxis: Ein Aktivitätenprofil

Der EZB-Rat tagt in der Regel zweimal monatlich und verabschiedet dabei regelmäßig Rechtsakte (vgl. Tab. 1). Geldpolitische Beschlüsse (Festsetzung der Leitzinsen) fasst der EZB-Rat alle sechs Wochen. Über die Beratungen und Beschlüsse informiert der Präsident die Presse und damit die Öffentlichkeit. Die genauen Formulierungen dieser Einlassungen werden seitens der Fachpresse und von Marktteilnehmern – wie zum Beispiel Banken – mit großer Aufmerksamkeit verfolgt und in Bezug auf mögliche Entwicklungen in der Geldpolitik interpretiert. Die EZB ist sich dabei der zentralen Bedeutung ihrer Rechenschaftspflicht hinsichtlich der Gewährleistung einer stabilen Geldpolitik bewusst (Europäische Zentralbank 2015, S. 106–107).

Eine zentrale Aufgabe der EZB ist die Beschlussfassung zu Leitzinsen (Selmayr 2019, S. 129–135). Seit Aufnahme ihrer Tätigkeit hat sie so bis Ende 2019 den Leitzinssatz 43 Mal verändert (Europäische Zentralbank 2020a). Am 11. Juni 2014 wies der sogenannte Einlagesatz mit -0,10 erstmals einen negativen Wert auf. Wie angesichts der Wirkungen derartiger Entscheidungen zu erwarten ist, wird die geld- und währungspolitische Strategie des EZB-Rates immer wieder kontrovers diskutiert (u. a. Hodson 2012, S. 211–213). Angelastet wurde ihr beispielsweise in der Mitte der 2000er-Jahre, sie habe nicht zur Überwindung einer längeren Phase der wirtschaftlichen Stagnation in der Eurozone beigetragen (De Grauwe 2003, S. 207).

Tab. 1 Übersicht über Rechtsakte

Jahr	Verordnungen	Entscheidungen/ Beschlüsse	Empfehlungen	Stellung-nahmen	Leit-linien	Gesamt
2004	2	19	2	39	7	69
2005	0	3	5	61	6	75
2006	2	4	5	60	11	82
2007	4	12	4	44	9	73
2008	2	8	5	91	7	113
2009	3	26	5	102	14	150
2010	2	17	3	94	7	123
2011	3	25	4	106	11	149
2012	2	20	6	105	11	144
2013	6	21	7	100	8	142
2014	10	33	8	92	14	157
2015	3	32	6	60	14	115
2016	4	32	5	61	19	121
2017	6	35	7	52	11	111
2018	4	10	9	58	13	94
2019	3	31	4	46	13	97

Quelle: Eigene Darstellung auf Grundlage von Europäische Zentralbank (2020c). Zugegriffen am 31.01.2020

In der aktuellen Debatte hingegen wird ihr – vor allem während der Amtszeit Mario Draghis als EZB-Präsident – häufig eine zu aktive Rolle in der Eurorettungspolitik vorgeworfen. In diesem Zusammenhang wurde Draghi mitunter auch als der „mächtigste Europäer" bezeichnet (Pennekamp 2015).

Unabhängig von der Kritik an der EZB, zu viel oder gerade nicht genug zu intervenieren, bleibt festzuhalten, dass sie sich durch diverse Maßnahmen zu einem äußerst einflussreichen Akteur innerhalb der EU-Institutionen entwickelt hat. Unter diese Maßnahmen fallen insbesondere zum einen die im September 2012 getroffene Entscheidung, sogenannte „Outright Monetary Transactions" (OMTs) zu ermöglichen. Durch den Ankauf von Staatsanleihen von Krisenländern am Sekundärmarkt – den Erwerb am Primärmarkt untersagt der Vertrag als Staatsfinanzierung explizit (Art. 123 (1) AEUV) – soll die angemessene Transmission der Geldpolitik sichergestellt und dadurch die in der Währungsunion vorgeschriebene Einheitlichkeit der Geldpolitik gewährleistet werden (Selmayr 2013, S. 115–116). Zum anderen ist der im März 2013 begonnene Ankauf von Staatsanleihen im monatlichen Wert von rund 60 Milliarden Euro bis Ende September 2016 zu nennen („Quantitative Easing"). Hier erwirbt die EZB Anleihen aller Euro-Länder mit Ausnahme Griechenlands und Zyperns, um den Markt mit zusätzlicher Liquidität zu versorgen und so deflationären Tendenzen vorzubeugen. Der Umfang von erworbenen Papieren je Land folgt dabei dem Kapitalschlüssel der EZB.

Eine ältere, aber weiterhin relevante Debatte befasst sich mit der These, dass die EZB angesichts unterschiedlicher wirtschaftlicher Entwicklungen in der Eurozone strukturelle Schwierigkeiten habe, eine effiziente Politik für den gesamten Währungsraum zu gestalten. Wirtschaftswissenschaftliche Analysen argumentieren häufig, dass die Eurozone keinen optimalen Währungsraum darstelle (Krugman 2012; Ströder 2012; Meyer et al. 2011; Rösel und Schäfer 2011; Baumgarten und Klodt 2010; u. a. Baldwin und Wyplosz 2004, S. 329–356). Schließlich sieht sich die EZB-Geldpolitikstrategie auch aufgrund ihrer Komplexität Kritik ausgesetzt.

Regelmäßig und mit großem Nachdruck hat die EZB zur Wirtschaftspolitik der Mitgliedstaaten und insbesondere zu Entwicklungen hinsichtlich des Stabilitäts- und Wachstumspakts Stellung bezogen, wobei sie in der Regel die Defizitneigung nationaler Fiskalpolitiken kritisierte. Eine ex-ante Koordinierung der Geldpolitik mit der Fiskal- und Wirtschaftspolitik der Mitgliedstaaten lehnt sie unter Hinweis auf ihre Unabhängigkeit dagegen strikt ab. Insgesamt versteht sich die EZB als ‚Gralshüter' der Währungsunion, der diesen Teil des EU-Systems gegen grundsätzliche Kritik verteidigt.

Die EZB beobachtet auch intensiv die Entwicklungen des Euro-Wechselkurses, insbesondere gegenüber dem US-Dollar. Direkte Interventionen auf dem Devisenmarkt sind, so weit beobachtbar, bislang als Ausnahmefall anzusehen. Angesichts des Gewichts des Euro in der europäischen und globalen Wirtschaft kann sie jedoch – gewollt oder ungewollt – Einfluss auf das Verhalten von Teilnehmern auf den entsprechenden Märkten nehmen. Sie ist damit zu einem zentralen Akteur der internationalen Geld- und Wechselkurspolitik geworden, auch wenn sie sich Kompetenzen der (Außen-)Währungspolitik vertragsrechtlich mit den Mitgliedstaaten teilt.

Eine weitere Aufgabe ist ihr vom Europäischen Rat bei der Gestaltung und Verwaltung der Bankenunion 2013 übertragen worden. Um die Finanzstabilität im Euroraum zu sichern, leitet die EZB seit November 2014 den „Einheitlichen Bankenaufsichtsmechanismus" (im europäischen Sprachgebrauch *Single Supervisory Mechanism*, SSM), der sich aus der EZB und den nationalen Aufsichtsbehörden der Euro-Länder zusammensetzt, und ist in der „Einheitlichen Abwicklungsbehörde" (im europäischen Sprachgebrauch *Single Resolution Board*, SRB) engagiert. Die Einführung des SSM wird als „ein bedeutender Schritt hin zu einer stärkeren europäischen Harmonisierung" angesehen (Europäische Zentralbank 2014, S. 1). In ihrer neuen Funktion entscheidet die EZB einerseits über die Marktzulassung von Kreditinstituten im Euroraum und ist andererseits für deren direkte Beaufsichtigung zuständig (Verordnung 2024/2013, Kap. 2, Art. 4). Darüber hinaus wurde der „Einheitliche Abwicklungsmechanismus" (im europäischen Sprachgebrauch *Single Resolution Mechanism*, SRM) am 1. Januar 2015 eingeführt, der einheitliche Regeln für die Sanierung und Abwicklung von notleidenden Banken im Euroraum vorsieht. Die EZB sieht die Einführung des SRM als „notwendige Ergänzung des einheitlichen Aufsichtsmechanismus", um die „Stabilität der Wirtschafts- und Währungsunion zu stärken" (Europäische Zentralbank 2013). Die EZB-Bankenaufsicht wurde dann 2017 mit Testfällen konfrontiert (Selmayr 2017, S. 148–151).

4 Benennung und Zusammensetzung

Besonderen Wert legen die Vertragsbestimmungen auf detaillierte Vorkehrungen zur institutionellen Architektur der EZB. Nach dem Regelwerk bildet die EZB gemeinsam mit den nationalen Zentralbanken der Mitgliedstaaten der EU das Europäisches System der Zentralbanken. Für die EZB und die Zentralbanken der Mitgliedstaaten, die zum Euro gehören, wird der Begriff „Eurosystem" verwendet.

Im Zentrum der institutionellen Regelungen stehen die Vorkehrungen zur Sicherung der Autonomie: Bei Auswahl und Ernennung der Mitglieder der EZB-Organe legen die Vertragsbestimmungen deshalb besonderen Wert auf Kompetenz und Unabhängigkeit (vgl. Dokument 2).

Dokument 2, Zusammensetzung und Ernennung

Art. 283 AEUV

(1) Der Rat der Europäischen Zentralbank besteht aus den *Mitgliedern des Direktoriums* der Europäischen Zentralbank und den *Präsidenten der nationalen Zentralbanken* der Mitgliedstaaten, deren Währung der *Euro* ist.

(2) Das Direktorium besteht aus dem *Präsidenten*, dem *Vizepräsidenten* und *vier weiteren Mitgliedern*.

(Fortsetzung)

> Der Präsident, der Vizepräsident und die weiteren Mitglieder des Direktoriums werden vom Europäischen Rat auf Empfehlung des Rates, der hierzu das Europäische Parlament und den Rat der Europäischen Zentralbank anhört, aus dem Kreis der in *Währungs- oder Bankfragen anerkannten und erfahrenen Persönlichkeiten mit qualifizierter Mehrheit ausgewählt* und *ernannt.*
> Ihre Amtszeit beträgt acht Jahre; *Wiederernennung ist nicht zulässig.*
> Nur Staatsangehörige der Mitgliedstaaten können Mitglieder des Direktoriums werden.
>
> Hervorhebungen durch den Autor

Der Präsident, der Vizepräsident und die vier weiteren Mitglieder des Direktoriums (vgl. Dokument 2) werden für einen – im Vergleich zu den Mitgliedern der Europäischen Kommission verhältnismäßig langen – Zeitraum von acht Jahren vom Europäischen Rat auf Empfehlung des Ministerrates (ECOFIN) und nach Anhörung des EZB-Rates und des Europäischen Parlaments mit qualifizierter Mehrheit gewählt und ernannt. Erfahrung und Reputation der Kandidaten werden als Auswahlkriterien besonders aufgeführt. Im Unterschied zu den Mitgliedern der Kommission und den Richtern am Gerichtshof wird eine Wiederernennung bewusst ausgeschlossen; damit soll vermieden werden, dass Mitglieder des Direktoriums Vorgaben ‚ihrer‘ nationalen Regierung folgen, um gegebenenfalls wieder ernannt zu werden. Diese Regel soll neben weiteren Vorgaben die Unabhängigkeit der EZB absichern (Art. 7 der Satzung des ESZB und der EZB). Eine vorzeitige Abberufung eines Mitglieds ist nicht vorgesehen, es sei denn, dieses Mitglied erfüllt nicht mehr die Voraussetzungen für die Ausübung des Amts gemäß Art. 11.4 der Satzung des ESZB und der EZB.

Bei der Ernennung des ersten Präsidenten gab es erhebliche politische Kontroversen, da die französische Regierung ihren Kandidaten zunächst erfolglos gegen den Wunschkandidaten der anderen Mitgliedstaaten, den Niederländer Wim Duisenberg, durchsetzen wollte. Der frühere französische Notenbankpräsident Jean-Claude Trichet übernahm dann im November 2003 nach dem freiwilligen Rücktritt Duisenbergs das Amt des Präsidenten. Der Italiener Mario Draghi war von 2011 bis 2019 der dritte Präsident der EZB. Seit dem 1. November 2019 übt die frühere französische Finanzministerin und bis zur Ernennung geschäftsführende Direktorin des Internationalen Währungsfonds Christine Lagarde dieses Amt aus. Ihre Wahl bildete einen Teil des Personalpakets 2019 (vgl. Kap. ► „Der Europäische Rat“).

Bei der Benennung der übrigen Mitglieder des Direktoriums legen die Regierungen der Eurozone hohen Wert auf eine angemessene Beteiligung. Die größeren Mitgliedstaaten streben dabei eine ununterbrochene Mitgliedschaft eines Experten aus ihrem Land an: So saß beispielsweise bisher immer ein deutsches Mitglied im Direktorium.

Einzelne Mitglieder werden immer wieder mit währungs- und wirtschaftspolitischen Grundverständnissen beziehungsweise Doktrinen in Verbindung gebracht. Mitglieder aus nördlichen Euro-Mitgliedstaaten gelten dabei als stabilitätsorientierter, Mitglieder aus südeuropäischen Staaten eher als wachstumsorientierter (Becker 2014, S. 27).

5 Beschlussverfahren: Interne Verfahren und Formen gegenseitiger Beteiligung

Die institutionelle Architektur der EZB ist durch das Zusammenwirken mehrerer Organe gekennzeichnet (vgl. Abb. 2). Dem EZB-Rat gehören die Mitglieder des EZB-Direktoriums sowie die Präsidenten der nationalen Zentralbanken der Eurozone an. Der EZB-Rat ist das oberste Beschlussorgan im ESZB. Er erlässt die maßgeblichen Leitlinien, Entscheidungen und Verordnungen und ergreift die notwendigen Maßnahmen zur Erfüllung der im Vertrag an das ESZB übertragenen Aufgaben. Dem Erweiterten EZB-Rat gehören die Präsidenten aller nationalen Zentralbanken der EU-Mitgliedstaaten an, auch wenn diese nicht Mitglied der Eurozone sind. Die Mitglieder des Direktoriums sind bis auf den Präsidenten und den Vizepräsidenten in diesem Organ nicht stimmberechtigt. Der Erweiterte Rat bemüht sich unter anderem, die Beschlüsse des EZB-Rates denjenigen Ländern zu vermitteln, die die gemeinsame Währung nicht eingeführt haben und tagt in der Regel vierteljährlich. Er ist damit beispielsweise mit „Berichtstätigkeiten der EZB" betraut sowie für die „Erhebung statistischer Daten" (Art. 46 der Satzung des ESZB und der EZB) verantwortlich. Bei den Prozeduren zur Entscheidungsfindung sind zwei Aspekte zu beachten: die internen Abstimmungsmodalitäten und Formen gegenseitiger Beteiligung, die jedoch bewusst nur schwache Mitwirkung ermöglichen.

Das Direktorium trifft Entscheidungen immer mit der einfachen Mehrheit der abgegebenen Stimmen (Art. 11.5 der Satzung des ESZB und der EZB). Dies bedeutet, dass jedes Mitglied   unabhängig von dem ökonomischen Gewicht des Herkunftslandes – das gleiche Stimmgewicht hat. Bei Stimmengleichheit entscheidet die Stimme des Präsidenten.

Auch der EZB-Rat beschließt im Regelfall „mit einfacher Mehrheit seiner stimmberechtigten Mitglieder" (Art. 10.2 der Satzung des ESZB und der EZB). Ab dem 19. Mitgliedstaat (d. h. seit 01.01.2015) erfolgt eine komplizierte Rotation in der Stimmberechtigung je nach Anteil des Mitgliedstaats am aggregierten Bruttosozialprodukt der EU. Dies bedeutet, dass das Stimmrecht jedes Mitgliedstaats, einschließlich der großen Staaten, regelmäßig über einen bestimmten Zeitraum ruht (Bundesbank 2014), wobei das Recht zur Wortmeldung auch in Phasen ohne Stimmrecht nicht ausgeschlossen ist. Diese Regelung ist nicht unumstritten, da beispielsweise auch der Präsident der Zentralbank der größten Volkswirtschaft der Eurozone, namentlich Deutschlands, alle fünf Monate für jeweils einen Monat über kein

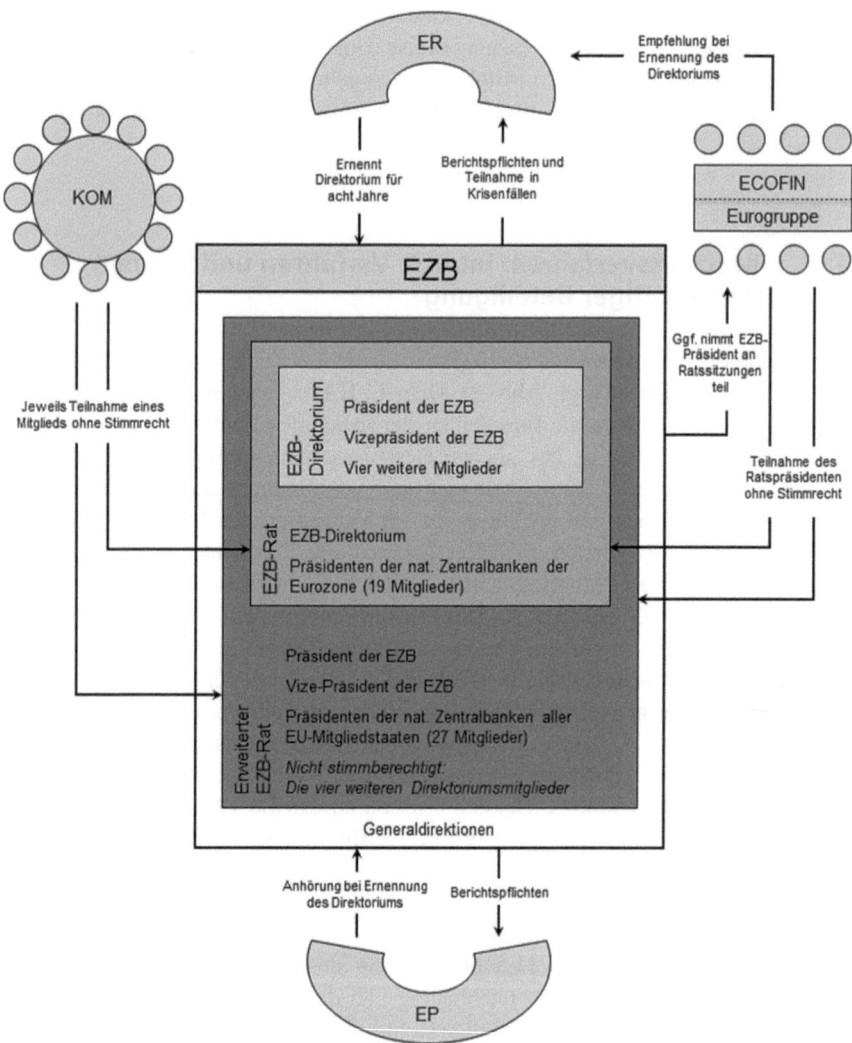

Abb. 2 Institutionelle Architektur. (Quelle: Eigene Darstellung. Stand: 31.03.2020)

Stimmrecht verfügt. Bei Entscheidungen über das Kapital der EZB stimmt der EZB-Rat hingegen mit qualifizierter Mehrheit ab (Art. 10.3 und Art. 28.1 der Satzung des ESZB und der EZB). Ferner existieren für bestimmte Aufgaben noch spezielle Regeln.

In der bisherigen Vertragspraxis haben die Mitglieder des EZB-Rates keine weiteren Angaben über ihr tatsächliches Abstimmungsverhalten gemacht, nach den jeweiligen Sitzungen verkündet der Präsident in einer Pressekonferenz lediglich die beschlossene Position der EZB. Seit Beginn des Jahres 2015 veröffentlicht die EZB zusätzlich Zusammenfassungen der geldpolitischen Sitzungen des EZB-Rates mit einem Überblick über die inhaltliche Diskussion, jedoch keine wörtlichen Protokolle. Trotz der weiterhin geringen Transparenz des Entscheidungsprozesses des EZB-Rates, lässt sich eine deutliche Lenkungs- und Führungsrolle der Mitglieder des Direktoriums gegenüber den nationalen Notenbankpräsidenten konstatieren (Hodson 2012, S. 205–208).

Die Unabhängigkeit der Entscheidungsfindung gegenüber Einflüssen von außen soll durch mehrere Vorkehrungen sichergestellt werden, die als institutionelle, rechtliche, personelle, funktionelle, operationelle, finanzielle und organisatorische Unabhängigkeit bezeichnet werden können (Scheller 2006, S. 135–138). Neben den Bedingungen zur Wahl legt der Vertrag fest, dass weder die EZB als Ganzes noch die einzelnen Mitglieder der Beschlussorgane der EZB Weisungen erhalten dürfen (vgl. Dokument 3). Die Norm der Weisungsunabhängigkeit betrifft so nicht nur das Direktorium, sondern auch den EZB-Rat: Auch für die Präsidenten der nationalen Zentralbanken gilt, dass kein Organ der EU und keine nationale Regierung die Mitglieder des Rates beeinflussen soll (Art. 130 AEUV); externe Einfluss-, Beteiligungs- und Kontrollmöglichkeiten wurden damit bewusst begrenzt. Auch die nationalen Zentralbanken müssen nach innerstaatlichen Rechtsvorschriften unabhängig sein (Art. 131 AEUV).

Dokument 3, Bestimmungen zur Unabhängigkeit
Art. 130 AEUV

Bei der Wahrnehmung der ihnen durch die Verträge und die Satzung des ESZB und der EZB übertragenen Befugnisse, Aufgaben und Pflichten darf *weder die Europäische Zentralbank* noch eine *nationale Zentralbank* noch ein *Mitglied ihrer Beschlussorgane Weisungen* von Organen, Einrichtungen oder sonstigen Stellen der Union, *Regierungen der Mitgliedstaaten* oder anderen Stellen *einholen* oder *entgegennehmen*. [...]

Hervorhebungen durch den Autor

An den Sitzungen des EZB-Rates können ein Mitglied der Kommission und der ECOFIN-Präsident teilnehmen, wie umgekehrt die EZB im ECOFIN-Rat und dessen Gremien sowie zusätzlich in der informellen Eurogruppe der Finanzminister der Eurozonen-Mitgliedstaaten vertreten ist. Dadurch bestehen vielfältige Gelegenheiten des Meinungsaustausches, bei denen jedoch die jeweilige Autonomie der beteiligten Institutionen betont wird. Die EZB selbst unterliegt nur der Pflicht, regelmäßig gegenüber dem EP, dem Rat, der Kommission sowie dem Europäischen Rat Bericht zu erstatten (Art. 15 der Satzung des ESZB und der EZB). Darüber hinaus können der Präsident und Direktoriumsmitglieder vom zuständigen Ausschuss des Europäischen Parlaments gehört werden, beziehungsweise aus eigener Initiative dort sprechen. Das EP hält außerdem eine Plenardiskussion zum Jahresbericht der EZB ab; die Abgeordneten haben der EZB gegenüber aber keine weitergehenden Sanktionsmöglichkeiten. Kritische Entschließungen des Parlaments wie im Jahr 2005, als das Europäische Parlament dem EZB-Jahresbericht seine Zustimmung verweigerte (Selmayr 2006, S. 123), bleiben daher entsprechend folgenlos (Dialer et al. 2015, S. 215).

Mit diesen Vorkehrungen hat der Maastrichter Vertrag wesentliche Elemente der früheren deutschen Geldverfassung aufgegriffen und zu einer – im internationalen Vergleich – einzigartigen Unabhängigkeit weiterentwickelt (u. a. McNamara 2006, S. 178).

Im Rahmen des Krisenmanagements zur Stabilisierung des Euro ist eine bedeutsame Beteiligung des EZB-Präsidenten an den politischen Entscheidungen des Europäischen Rates zu beobachten (Wessels 2016, S. 105). Die jeweiligen Amtsträger haben intensiv an den Beratungen der Staats- und Regierungschefs mitgewirkt. In kritischen Momenten konfrontierten die EZB-Präsidenten die Regierungsvertreter der einzelnen EU-Mitglieder mit offensichtlich schockierenden Analysen der Situation in einzelnen Mitgliedstaaten und der Eurozone als Ganzes. Die Staats- und Regierungschefs der Eurogruppe haben, insbesondere bei Sitzungen des Euro-Gipfels, bis dahin beispiellose Maßnahmen zur Rettung des Euro ergriffen (vgl. Kap. ▶ „Der Europäische Rat").

Umgekehrt übten Mitglieder des Europäischen Rates anscheinend Druck auf den EZB-Präsidenten aus, die Währungspolitik der EZB auf die Unterstützung der Maßnahmen der Staats- und Regierungschefs der Länder der Eurozone auszurichten. Seine ad-hoc-Teilnahme an Spitzentreffen wurde durch die Bestimmungen für eine ‚Regierung der Eurozone', die im Oktober 2011 verabschiedet wurden, formalisiert und bildet einen Teil des intergouvernementalen Europäischen Fiskalpakts: „Die Staats- und Regierungschefs der Vertragsparteien, deren Währung der Euro ist, und der Präsident der Europäischen Kommission treten informell zu Tagungen des Euro-Gipfels zusammen. Der Präsident der Europäischen Zentralbank wird zur Teilnahme an diesen Tagungen eingeladen" (Art. 12 (1) Vertrag über Stabilität, Koordinierung und Steuerung in der Wirtschafts- und Währungsunion).

6   Aufbau und Arbeitsweise des Direktoriums

Dem EZB-Direktorium gehören der Präsident, der Vizepräsident und vier weitere Mitglieder an. Das Direktorium ist verantwortlich für die Ausführung der Geldpolitik gemäß den Leitlinien und Entscheidungen des EZB-Rates und für die damit verbundenen Weisungen an die nationalen Zentralbanken sowie für die Führung der laufenden Geschäfte (Art. 11 und 12 der Satzung des ESZB und der EZB). Die Mitglieder des Direktoriums vereinbaren unter sich eine weitergehende Aufgabenteilung.

Unterhalb des Direktoriums arbeiten 19 Generaldirektionen und fünf Direktionen, die nach Funktionen und Sachgebieten strukturiert sind (Stand: 31.01.2020). Zudem verfügt das Direktorium über einen eigenen Beraterstab. Die Verantwortung für die einzelnen Sachgebiete ist auf die Mitglieder des Direktoriums, den Chief Services Officer sowie den Vorsitzenden und die stellvertretenden Vorsitzenden des Aufsichtsratsgremiums verteilt (vgl. Abb. 3).

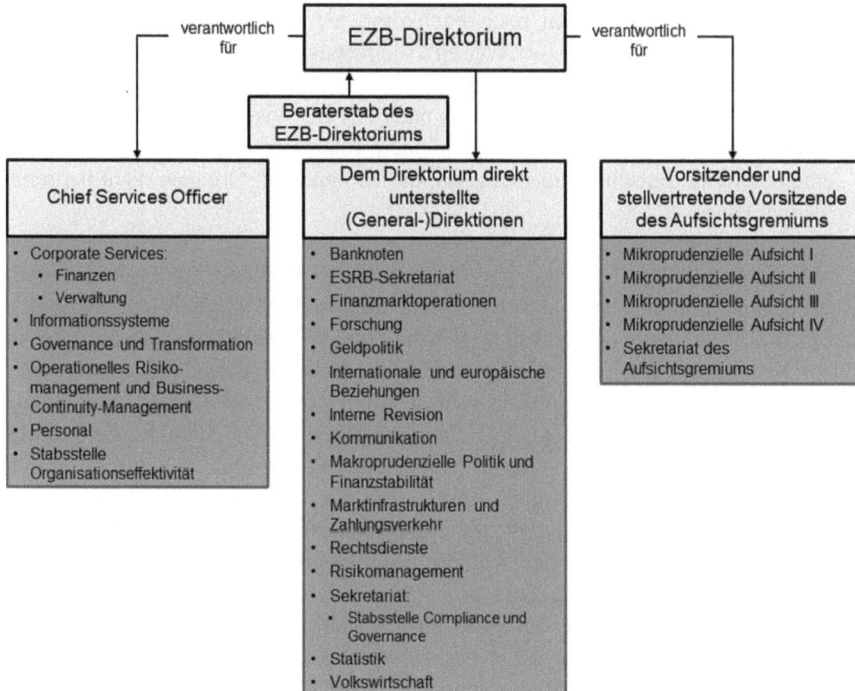

Abb. 3 Binnenstruktur (Stand: 31.01.2020). (Quelle: Eigene Darstellung auf Grundlage von Europäische Zentralbank (2020b))

Auf Wunsch der Bundesrepublik Deutschland und in Nachfolge der bedeutsamen Rolle der deutschen Bundesbank ist der Sitz der EZB Frankfurt am Main. Englisch hat sich als Arbeitssprache durchgesetzt. Beobachtet wird die Entstehung einer neuen internationalen Kultur der Zusammenarbeit mit einer eigenständigen institutionellen Identität. Insgesamt arbeiten in Frankfurt über 3500 Mitarbeiter (Stand: 2019), wobei mit dem sich vergrößernden Aufgaben- und Handlungskatalog auch die einzelnen Geschäftsbereiche in der EZB-Zentrale gewachsen sind. Insbesondere im Hinblick auf die Europäische Bankenunion sind im Jahr 2014 weitere Generaldirektionen und Direktionen sowie mehrere hundert Stellen geschaffen worden (Europäische Zentralbank 2015a, S. 178–190).

Seit März 2015 hat die EZB offiziell ihren Sitz vom Euro-Tower in den Neubau im Frankfurter Ostend verlegt.

7 Zusammenfassung, Diskussion und Perspektiven: Eine fusionierte Mehrebenen-Technokratie als Treuhänder

Ausgangspunkte einer Charakterisierung der EZB bilden die Unabhängigkeit der EZB sowie ihre Verfahren:

- Die Auswahl der Personen nach Fachkompetenz und Erfahrung – d. h. die Ernennung von Experten bzw. ‚Weisen', die bewusst nicht nach parteipolitischen Kriterien ausgewählt werden sollen;
- die Gestaltung einer optimalen Politik nach bestem Wissen der Experten für ein deutlich vorgegebenes Ziel von allgemeinem Interesse;
- eine autonome Entscheidungsbefugnis, die von anderen Organen nicht begrenzt werden kann.

Diese Ausgestaltung kommt der institutionellen Leitidee einer „fusionierten Mehrebenen-Technokratie" nahe. Bei Betrachtung der Aktivitäten und Strategien der EZB fällt auf, dass der beabsichtigt hohe Grad an Unabhängigkeit der EZB in einem Spannungsverhältnis zu der Legitimität ihres Handelns steht. Durch das Krisenmanagement der Zentralbank ist diese Ambivalenz noch weiter in den Fokus der politischen Debatte gerückt. Die akademische Literatur charakterisiert dieses Spannungsverhältnis häufig mit der Unterscheidung von „Output-Legitimität" durch Effektivität und „Input-Legitimität" durch Einfluss von demokratisch gewählten Repräsentanten und eine entsprechende Verantwortlichkeit der Entscheidungsträger gegenüber Kontrollorganen oder Wählern (zum Begriff Scharpf 1999, S. 16–28). Einerseits wird argumentiert, dass eine hohe Effektivität der Währungspolitik, namentlich die Preisstabilität des Euro zu gewährleisten, nur durch einen hohen Grad an Unabhängigkeit der EZB erzielt werden kann. Wäre die Zentralbank abhängig von den nationalen Regierungen, so wären diese nach vielen Erfahrungen versucht, unter parteipolitischen Aspekten und im Hinblick auf anstehende Wahlen direkten Einfluss auszuüben. Das daraus erwachsende Risiko steigender Inflationsraten würde jedoch gerade das Hauptziel der EZB, die Geldwertstabilität, gefährden.

Andererseits trifft die EZB Entscheidungen, die Millionen Europäer in ihrem Alltag beeinflussen, ohne ein demokratisch gewähltes Organ zu sein und bei nur begrenzten Kontrollmöglichkeiten politischer Repräsentanten. Dieser Konflikt ist weder spezifisch für die EZB noch für Zentralbanken generell. Vielmehr betrifft er all jene Institutionen, deren Unabhängigkeit besonders geschützt werden soll, wie beispielsweise auch Verfassungsgerichte. Ein Spezifikum der EZB beziehungsweise der europäischen Ebene in diesem Kontext ist hingegen, dass das Mandat der EZB durch die Verträge geschützt wird, die einzig durch eine einstimmige Entscheidung und Ratifizierung durch alle EU-Mitgliedstaaten geändert werden können (vgl. Kap. ▶ „Vertragsänderungsverfahren"). Im Gegensatz dazu reichte für eine Änderung der rechtlichen Grundlagen der Deutschen Bundesbank eine einfache Mehrheit des Bundestages. Eine grundsätzliche und weiterhin relevante Debatte befasst sich mit der These, dass die EZB angesichts unterschiedlicher wirtschaftlicher Entwicklungen in der Eurozone strukturelle Schwierigkeiten habe, eine effiziente Politik für den gesamten Währungsraum zu gestalten. Wirtschaftswissenschaftliche Analysen argumentieren häufig, dass die Eurozone keinen optimalen Währungsraum darstelle (Krugman 2012; Ströder 2012; Meyer et al. 2011; Rösel und Schäfer 2011; Baumgarten und Klodt 2010; u. a. Baldwin und Wyplosz 2004, S. 329–356). Schließlich sieht sich die EZB-Geldpolitikstrategie auch aufgrund ihrer Komplexität Kritik ausgesetzt.

Im Hinblick auf das „principal-agent-Verhältnis" (vgl. Kap. ▶ „Einführung") verringern die Vertragsvorschriften die Rolle der EZB als ein direkter Handlungsbeauftragter der Mitgliedstaaten erheblich. Durch die in den Verträgen nur begrenzt vorgesehenen ex-post oder ex-ante Kontrollmöglichkeiten durch den Europäischen Rat oder das EP kann die EZB eher als ‚Treuhänder' (im englischen Sprachgebrauch *Trustee*) beschrieben werden, die einzig in dem fundamentalen gemeinsamen Interesse handeln soll, die Preiswertstabilität zu gewährleisten und die Stabilität der Eurozone als Ganze zu schützen.

Zu bewerten ist auch die zunehmende de facto Einbindung des EZB-Präsidenten. Aus einer theoretischen Perspektive kann dieses Teilen (im wissenschaftlichen Sprachgebrauch *sharing*) und Zusammenlegen (im wissenschaftlichen Sprachgebrauch *merging*) von Verantwortlichkeiten im Hinblick auf Integrationsentwicklungen als horizontale Fusion rechtlich unabhängiger Kompetenzen hin zu einer gemeinschaftlichen europäischen Wirtschaftsregierung (*gouvernement économique*) interpretiert werden (vgl. Kap. ▶ „Wirtschaftspolitisches Handeln").

Trotz der intensiven Diskussion über das unabhängige Wirken und die währungs- und wirtschaftspolitischen Wirkungen der EZB (Streeck 2013) sind wenige Vorschläge zur Reform der EZB als solche realitätsnah. Festzuhalten ist, dass der GEU in seinen Urteilen das krisenbedingte Ausweiten der EZB-Aktivitäten als vertragskonform eingestuft hat (Selmayr 2019, S. 135–138; Magiera und Niedobitek 2016, S. 113–114). Insgesamt lassen die Diskussionen um die Weiterentwicklung und Reform der WWU, wie beispielsweise die Schaffung eines europäischen Finanzministers für die Eurozone sowie die Schaffung eines Europäischen Währungsfonds, auch Auswirkungen auf die Rolle der EZB erkennen.

8 Zur Wiederholung und Vertiefung

Merkpunkte und Stichworte
- Grundkenntnisse:
  - Ziel(e) der EZB
  - Gründungsdatum
  - Vertragliche Einordnung der EZB in die institutionelle Architektur der EU
- Institutionelle Architektur: Ernennung, Zusammensetzung und Aufgaben
  - EZB-Direktorium
  - EZB-Rat
  - Erweiterter EZB-Rat
  - ESZB
  - Eurogruppe
- Beziehungen und Abhängigkeiten zwischen der EZB und anderen europäischen Institutionen:
  - Rolle des Europäischen Rates gegenüber der EZB
  - Rolle des Rates gegenüber der EZB
  - Rolle der Kommission gegenüber der EZB

- Rolle des EP gegenüber der EZB
- Institutionelle Vorkehrungen für die Unabhängigkeit
- Rolle der EZB: Vertragliche Vorgaben und Praxis
  - in der Geld- und Währungspolitik
  - in der wirtschafts- und beschäftigungspolitischen Koordinierung
  - in den Außenbeziehungen der Währungsunion
  - im Krisenmanagement
  - in der Bankenunion

Fragen
- Wie kann die Rolle der EZB bei der Politikgestaltung erfasst und erklärt werden?
- Welche Rolle spielt die EZB im Euro-Krisenmanagement?
- Welche Charakterisierungen der Institution EZB können zum Verständnis des EU-Systems insgesamt nützlich sein?
- Welche Legitimitätskriterien sollen bei Wirken und Wirkungen der EZB angelegt werden?

Thesen zur Diskussion
- Die EZB sollte keiner zukünftigen europäischen Wirtschaftsregierung untergeordnet werden.
- Das EP sollte das Recht erhalten, dem EZB-Direktorium – nach denselben Verfahren und mit denselben Wirkungen wie bei den entsprechenden Verfahren gegenüber der Kommission – das Misstrauen auszusprechen.
- Deutschland soll vertraglich einen ‚ständigen Sitz' im EZB-Direktorium erhalten.
- Die EZB wird bei ihrer Aufgabenerfüllung scheitern, da die Eurozone nach Erweiterungen immer weniger einen „optimalen Währungsraum" darstellt.
- Die EZB ist das Modell für eine fusionierte Mehrebenen-Technokratie.
- Die EZB kann nicht Handlungsbeauftragter „Agent" der Mitgliedstaaten als Herren der Verträge sondern „Treuhänder" in einem grundlegenden Interesse der Mitgliedstaaten verstanden werden.

Literatur

Online-Quellen

https://www.ecb.europa.eu/home/html/index.en.html
Offizielle Homepage der Europäischen Zentralbank

Einführende Literatur

Hodson, Dermot. 2017. The European Central Bank: New Powers and New Institutional Theories. In *The Institutions of the European Union*, Hrsg. Dermot Hodson und John Peterson, 4. Aufl., 213–235. Oxford/New York: Oxford University Press.

Kunstein, Tobias. 2020. Europäische Zentralbank. In *Europa von A bis Z. Taschenbuch der europäischen Integration*, Hrsg. Werner Weidenfeld, Wolfgang Wessels und Funda Tekin, 15. Aufl., 227–231. Wiesbaden: Springer VS.

Martin, Große Hüttmann, und Barbara Lippert, Hrsg. 2016. *Die Europäische Union*. Stuttgart: Kohlhammer.

Schwarzer, Daniela. 2015. *Die Europäische Währungsunion. Geschichte, Krise und Reform*. Stuttgart: Kohlhammer.

Selmayr, Martin. 2020. Europäische Zentralbank. In *Jahrbuch der Europäischen Integration 2020*, Hrsg. Werner Weidenfeld und Wolfgang Wessels, 125–141. Baden-Baden: Nomos.

Literaturverzeichnis

Baldwin, Richard, und Charles Wyplosz. 2004. *The Economics of European integration*. London: McGraw-Hill.

Baumgarten, Matthias, und Henning Klodt. 2010. Die Schuldenmechanik in einer nicht-optimalen Währungsunion. *Wirtschaftsdienst* 90(6): 374–379.

Becker, Peter. 2014. *Wirtschaftspolitische Koordinierung in der Europäischen Union. Europäisierung ohne Souveränitätsverlust*, SWP-Studie S 19. November 2014. https://www.swp-berlin. org/publications/products/studien/2014_S19_bkr.pdf. Zugegriffen am 01.07.2022.

Bundesverfassungsgericht. 2014. *Hauptsacheverfahren ESM/EZB: Urteilsverkündung sowie Vorlage an den Gerichtshof der Europäischen Union*. https://www.bundesverfassungsgericht.de/ SharedDocs/Pressemitteilungen/DE/2014/bvg14-009.html. Zugegriffen am 01.07.2022.

Caesar, Rolf, und Wim Kösters. 2004. Europäische Wirtschafts- und Währungsunion: Europäische Verfassung versus Maastrichter Vertrag. *Integration* 27(4): 289–300.

Coen, David, und Mark Thatcher. 2005. The new governance of markets and non-majoritarian regulators. *Governance* 18(3): 329–346.

Deutsche Bundesbank. 2014. *Wie die Stimmrechte im EZB-Rat rotieren*. https://www.bundesbank.de/ de/aufgaben/themen/wie-die-stimmrechte-im-ezb-rat-rotieren-652742. Zugegriffen am 01.07.2022.

De Grauwe, Paul. 2003. Challenges for monetary policy in Euroland. In *Integration in an expanding European Union: Reassessing the fundamentals*, Hrsg. Joseph Weiler, Ian Begg und John Peterson, 203–227. Oxford: Blackwell Publishing.

Dialer, Doris, Andreas Maurer, und Margarethe Richter. 2015. *Handbuch zum Europäischen Parlament*. Baden-Baden: Nomos.

Dyson, Kenneth, Hrsg. 2006. *Enlarging the euro area. External empowerment and domestic transformation in East Central Europe*. Oxford: Oxford University Press.

Dyson, Kenneth, und Martin Marcussen, Hrsg. 2009. *Central banks in the age of the euro: Europeanization, convergence and power*. Oxford: Oxford University Press.

Europäische Zentralbank. 2013. *EZB veröffentlicht Stellungnahme zum einheitlichen Abwicklungsmechanismus (SRM)*. https://www.ecb.europa.eu/press/pr/date/2013/html/pr131108.de.html. Zugegriffen am 01.07.2022.

Europäische Zentralbank. 2014. *Leitfaden zur Bankenaufsicht*. https://www.ecb.europa.eu/pub/pdf/ other/ssmguidebankingsupervision201409de.pdf. Zugegriffen am 01.07.2022.

Europäische Zentralbank. 2015. *Jahresbericht 2014*. https://www.ecb.europa.eu/pub/pdf/annrep/ ar2014de.pdf?4376424927c1737b940d5e5cbda2f1bb. Zugegriffen am 01.07.2022.

Europäische Zentralbank. 2020a. *Key ECB interest rates*. https://www.ecb.europa.eu/stats/policy_ and_exchange_rates/key_ecb_interest_rates/html/index.en.html#info. Zugegriffen am 01.07.2022.

Europäische Zentralbank. 2020b. *Organigramm der EZB*. https://www.ecb.europa.eu/ecb/orga/ orgachart/html/index.de.html. Zugegriffen am 01.07.2022.

Europäische Zentralbank. 2020c. *Rechtlicher Rahmen*. https://www.ecb.europa.eu/ecb/legal/date/ 2020/html/index.de.html. Zugegriffen am 01.07.2022.

Hodson, Dermot. 2012. Managing the Euro: The European Central Bank. In *The Institutions of the European Union*, Hrsg. John Peterson und Michael Shackleton, 3. Aufl., 199–218. Oxford/New York: Oxford University Press.

Krugman, Paul. 2012. Revenge of the optimum currency area. *NBER Macroeconomics Annual* 27(1): 439–448.

Kunstein, Tobias. 2014. Europäische Zentralbank. In *Europa von A bis Z. Taschenbuch der europäischen Integration*, Hrsg. Werner Weidenfeld und Wolfgang Wessels, 13. Aufl., 256–259. Baden-Baden: Nomos.

Linsenmann, Ingo. 2007. Europäische Zentralbank. In *Europa von A bis Z. Taschenbuch der europäischen Integration*, Hrsg. Werner Weidenfeld und Wolfgang Wessels, 10. Aufl., 194–196. Baden-Baden: Nomos.

Linsenmann, Ingo, Christoph O. Meyer, und Wolfgang Wessels. 2007. *Economic government of the EU. A balance sheet of new modes of policy coordination*. Basingstoke: Palgrave Macmillan.

Magiera, Siegfried, und Matthias Niedobitek. 2016. Gerichtshof. In *Jahrbuch der Europäischen Integration 2016*, Hrsg. Werner Weidenfeld und Wolfgang Wessels, 111–120. Baden-Baden: Nomos.

Majone, Giandomenico. 2001. Two logics of delegation. Agency and fiduciary relations in EU governance. *European Union Politics* 2(1): 103–122.

McNamara, Kathleen R. 2006. Managing the Euro: The European Central Bank. In *The Institutions of the European Union*, Hrsg. John Peterson und Michael Shackleton, 2. Aufl., 169–189. Oxford/New York: Oxford University Press.

Meyer, Dirk, Michael Vogelsang, Anton Beer, und André ten Dam. 2011. Eurokrise: Ist eine temporäre Einführung einer Parallelwährung in den Krisenstaaten eine Lösung? *Ifo Schnelldienst* 64(23): 12–25.

Pennekamp, Johannes. 2015. EZB-Präsident Mario Draghi. Herr im Haus – mächtig und verhasst. *Frankfurter Allgemeine Zeitung*. 18.03.2015. https://www.faz.net/aktuell/politik/portraets-perso nalien/ezb-praesident-mario-draghi-im-portraet-herr-im-haus-13491306.html. Zugegriffen am 01.07.2022.

Rösel, Gerhard, und Wolf Schäfer. 2011. Staatliche Insolvenzen, freiwilliger Austritt und Zwangsausschluss aus der Europäischen Währungsunion. In *Die aktuelle Finanzkrise. Bestandsaufnahme und Lehren für die Zukunft*, Hrsg. Albert F. Michler und Heinz-Dieter Smeets, 261–269. Stuttgart: Lucius & Lucius.

Scharpf, Fritz W. 1999. *Regieren in Europa. Effektiv und demokratisch?* Frankfurt a. M./New York: Campus Verlag.

Scheller, Hanspeter K. 2006. *Die Europäische Zentralbank. Geschichte, Rolle und Aufgaben*, 2. Aufl. Frankfurt a. M.: Europäische Zentralbank.

Selmayr, Martin. 2006. Die Europäische Zentralbank. In *Jahrbuch der Europäischen Integration 2005*, Hrsg. Werner Weidenfeld und Wolfgang Wessels, 123–128. Baden-Baden: Nomos.

Selmayr, Martin. 2013. Europäische Zentralbank. In *Jahrbuch der Europäischen Integration 2013*, Hrsg. Werner Weidenfeld und Wolfgang Wessels, 113–124. Baden-Baden: Nomos.

Selmayr, Martin. 2014. Europäische Zentralbank. In *Jahrbuch der Europäischen Integration 2014*, Hrsg. Werner Weidenfeld und Wolfgang Wessels, 127–140. Baden-Baden: Nomos.

Selmayr, Martin. 2017. Europäische Zentralbank. In *Jahrbuch der Europäischen Integration 2017*, Hrsg. Werner Weidenfeld und Wolfgang Wessels, 137–152. Baden-Baden: Nomos.

Selmayr, Martin. 2019. Europäische Zentralbank. In *Jahrbuch der Europäischen Integration 2019*, Hrsg. Werner Weidenfeld und Wolfgang Wessels, 127–142. Baden-Baden: Nomos.

Steltzner, Holger. 2012. Mehr Integration in Europa. Allmächtige EZB. *Frankfurter Allgemeine Zeitung*. 13.12.2012. https://www.faz.net/aktuell/wirtschaft/konjunktur/mehr-integration-in-europa-allmaechtige-ezb-11992463.html. Zugegriffen am 01.07.2022.

Streeck, Wolfgang. 2013. *Gekaufte Zeit: Die vertagte Krise des demokratischen Kapitalismus*, Berlin: Suhrkamp.

Ströder, Martin. 2012. Die europäische Schuldenkrise: Staaten und Banken. *Gesellschaft Wirtschaft Politik* 61(3): 303–314.

Wessels, Wolfgang. 2003. Beamtengremien im EU-Mehrebenensystem – Fusion von Administrationen? In *Europäische Integration*, Hrsg. Markus Jachtenfuchs und Beate Kohler-Koch, 353–383. Opladen: Leske + Budrich.

Wessels, Wolfgang. 2016. *The European Council*. Basingstoke: Palgrave Macmillan.

Der Europäische Rechnungshof und das Amt für Betrugsbekämpfung

Inhalt

Zusammenfassung

Der Europäische Rechnungshof (EuRH), gegründet 1977, und das Europäische Amt für Betrugsbekämpfung (OLAF), gegründet 1999, sind als systemgerechte Konsequenz des wachsenden EU-Haushalts zu sehen. Über die Jahre hinweg hat sich der EuRH in der EU-Architektur als „Hüter der EU-Finanzen" verankert. Die Arbeit des EuRH fördert somit die rechtsstaatliche Ausrichtung der EU durch Formen supranationaler Kontrolle. Ab 2020 hat eine Europäische Staatsanwaltschaft (EuStA) für grenzübergreifende Großkriminalität ihre Arbeit in 22 EU-Staaten aufgenommen, um Straftaten gegen den EU-Haushalt zu untersuchen, strafrechtlich zu verfolgen und vor Gericht zu bringen. OLAF hilft, durch spezifische Verfahren „rechtswidrige Handlungen" aufzudecken.

Schlüsselwörter

Prüfung des EU-Haushalts · Rechtmäßigkeit · Betrugsbekämpfung · Hüter der Finanzen · Finanzkontrolle

© Springer Fachmedien Wiesbaden GmbH, ein Teil von Springer Nature 2022 363
W. Wessels, *Das Politische System der Europäischen Union*,
https://doi.org/10.1007/978-3-658-10013-1_9

1 Eckpunkte im Überblick: Institutionelle Vorkehrungen zur Finanzkontrolle

Der *Europäische Rechnungshof* (EuRH), gegründet 1977, das *Europäische Amt für Betrugsbekämpfung* (im europäischen Sprachgebrauch OLAF, *Office européen de lutte anti-fraude*), gegründet 1999, und ab 2020 die *Europäische Staatsanwaltschaft* (EUStA) können als logische bzw. systemgerechte Folgen in der Entwicklung des EU-Haushalts erklärt werden (vgl. Kap. ▶ „Gesetzgebungs- und Haushaltsverfahren" und Kap. ▶ „Justiz- und Innenpolitik"). Sie bilden notwendige Ergänzungen der institutionellen Architektur der EU. In der Kontrollphase des EU-Politikzyklus hat der Lissabonner Vertrag – wie vorangegangene Vertragsformulierungen – dem EuRH starke Rechte zugesprochen. Angesichts eines jährlichen EU-Haushalts in Höhe von mehr als 155 Mrd. Euro (Europäische Kommission 2016) mit einem breit gefächerten Ausgabenkatalog ist eine unabhängige Instanz erforderlich, um die „Rechtmäßigkeit" und „Ordnungsmäßigkeit" der Einnahmen und Ausgaben sowie die „Wirtschaftlichkeit der Haushaltsführung" zu überprüfen (Art. 287 AEUV; vgl. Dokument 1).

Der Rechnungshof ist somit ein wichtiges Organ, das zur Transparenz und parlamentarischen Verantwortlichkeit des Haushaltsverfahrens beiträgt. Der Jahresbericht des EuRH bildet eine zentrale Grundlage für das Verfahren, nach dem das *Europäische Parlament* (EP) der *Europäischen Kommission* für deren „Ausführung des Haushaltsplans eine Entlastung (erteilt)" (Art. 287 (4) AEUV).

Besonderen Wert legt der Lissabonner Vertrag auch auf die Betrugsbekämpfung (Art. 325 (3) AEUV): „Die Mitgliedstaaten sorgen für diesen Zweck zusammen mit der Kommission für eine enge, regelmäßige Zusammenarbeit zwischen den zuständigen Behörden" (Art. 325 (3) AEUV).

Ein zentraler Teil dieser Aufgabe ist von der Kommission dem quasi-unabhängigen Amt für Betrugsbekämpfung mit einem breiten Fächer von Aufgaben übertragen worden.

Die Gründung von OLAF ist das Resultat mehrerer Skandale innerhalb der EU-Organe, aber auch unsachgemäßer Verwendung von EU-Mitteln durch Mitgliedstaaten.

Verkürzt werden diese Institutionen als Reaktion des „rechtsstaatlichen Europas" gegen das „kriminelle Europa" verstanden (Laffan 2006, S. 233).

Für den EuRH, sowie nachfolgend auch für OLAF, sollen wesentliche Charakteristika durch einen institutionellen Steckbrief erfasst werden (vgl. Abb. 1 und 2).

Verstärkt wird der Kampf gegen grenzübergreifende Großkriminalität zulasten des EU-Haushalts ab 2020 durch eine Europäische Staatsanwaltschaft. Sie ist nach dem Verfahren der verstärkten Zusammenarbeit gegründet und wird zunächst seit 2021 in 22 Ländern angewandt (vgl. Kap. ▶ „Justiz- und Innenpolitik").

2 Aufgaben: Geschichte und vertragliche Vorgaben

Aufgrund fortschreitender Vergemeinschaftung wichtiger Aufgabenbereiche (vgl. Kap. ▶ „Geschichte") ist die Bedeutung des EU-Haushalts für die Politikgestaltung seit den siebziger Jahren beständig gewachsen (vgl. Kap. ▶ „Gesetzgebungs- und

Abb. 1 Rechnungshof – Institutioneller Steckbrief. (Quelle: Eigene Darstellung)

Haushaltsverfahren"). Auch wenn der EU-Haushalt Ausgaben nur bis maximal 1,00 % des EU-Bruttonationaleinkommens tätigt, sind seine Leistungen für spezifische Gruppen von Mitgliedstaaten von nachhaltiger Bedeutung.

Entsprechend wurde die Gründung einer unabhängigen Kontrollinstanz für das Haushaltsgebaren der EU-Organe – insbesondere der Kommission – aber auch der administrativen Durchführung in den Mitgliedstaaten notwendig. Der EuRH sieht sich selbst als „Hüter der EU-Finanzen" (Europäischer Rechnungshof 2017, S. 1) oder auch als das ‚finanzielle Gewissen' der EU.

Der Bedarf an einer gemeinsamen Institution ist auch durch unterschiedliche administrative Kulturen bei der Verwaltung öffentlicher Finanzen gegeben. Im Zuge des Ausbaus des EU-Budgets beschlossen die Staats- und Regierungschefs deshalb

Abb. 2 Amt für Betrugsbekämpfung – Institutioneller Steckbrief. (Quelle: Eigene Darstellung)

1973 die Schaffung des Rechnungshofs. Im Vertrag vom 22. Juli 1975 zur Änderung bestimmter Finanzvorschriften der Verträge zur Gründung der Europäischen Gemeinschaften und des Vertrags zur Einsetzung eines gemeinsamen Rates und einer gemeinsamen Kommission der Europäischen Gemeinschaften (ABl. L 359 vom 31.12.1977, S. 4) wurde er formal gegründet und nahm 1977 seine Arbeit auf. Die Einsetzung des EuRH ist somit sowohl aus der gleichzeitig beschlossenen Ausstattung der EU mit Eigenmitteln als auch aus der verstärkten Rolle des EP als eine der beiden Haushaltsbehörden der Gemeinschaft zu erklären. Mit dem Inkrafttreten des Maastrichter Vertrags über die Europäische Union wurde der EuRH in den Rang eines Organs erhoben.

Seine zentralen Aufgaben bestehen in der Kontrolle des Ein- und Ausgaben-
gebarens der EU (vgl. Dokument 1). Ziel ist ein verbessertes Finanzmanagement und
eine bessere Rechnungsführung.

Dokument 1, Vertragliche Vorgaben für EuRH I

Art. 287 (2) AEUV

Der Rechnungshof prüft die *Rechtmäßigkeit* und *Ordnungsmäßigkeit* der
Einnahmen und Ausgaben und überzeugt sich von der *Wirtschaftlichkeit* der
Haushaltsführung. Dabei berichtet er insbesondere über alle *Fälle von Unre-
gelmäßigkeiten.* [...]

Hervorhebungen durch den Autor

Dies geschieht nach den üblichen Kriterien von Rechnungshöfen. Diese unterteilen
sich in Kriterien für eine Prüfung der Rechnungsführung, eine staatliche Finanzkontrolle, einer Wirtschaftlichkeitsprüfung und der Prüfung über die Einhaltung von
rechtlichen Normen (Amt für Veröffentlichung der Europäischen Union 2019).

Der EuRH hat darüber hinaus einen Kontaktausschuss ins Leben gerufen, bei
dem die Präsidenten der *Obersten Rechnungskontrollbehörden* der Mitgliedstaaten
und des EuRH einmal jährlich zusammentreten.Die Kontrolltätigkeit erstreckt sich
auf alle finanzrelevanten Aktivitäten aller EU-Organe. Diese Aufgabe schließt auch
die Anleihe- und Darlehenstätigkeit der EU sowie die von den EU-Organen geschaffenen nachgeordneten Institutionen ein. Die Prüfungsbefugnis umfasst – mit
Einschränkungen – auch das Finanzgebaren der *Europäischen Zentralbank* (EZB)
und der *Europäischen Investitionsbank* sowie die Ausgaben der *Gemeinsamen
Außen- und Sicherheitspolitik* (GASP). Neben der nachträglichen Kontrolle der
Haushaltsführung kann der EuRH auch vor Rechnungsabschluss mit einer Prüfung
beginnen, der sogenannten ,begleitenden Kontrolle'. Als weiteres Instrumentarium
ist der EuRH befugt, Sonderberichte zu speziellen Fragen und – auf Antrag eines
EU-Organs – eine gutachterliche Stellungnahme (Art. 287 AEUV) zu erstellen. Er
hat dabei auch zu prüfen, ob die Ausgaben die gesetzten Ziele erfüllt haben und wo
Mängel in der Ausführung zu beheben sind.

Die Basis der Rechnungsprüfung sind die „Rechnungsunterlagen" (vgl. Dokument 2).

Dokument 2, Vertragliche Vorgaben für EuRH II

Art. 287 (3) AEUV

Die Prüfung wird anhand der *Rechnungsunterlagen* und erforderlichenfalls
an Ort und Stelle bei den anderen Organen der Union, in den Räumlichkeiten
der Einrichtungen oder sonstigen Stellen, die Einnahmen oder Ausgaben für
Rechnung der Union verwalten, sowie der natürlichen und juristischen

---

(Fortsetzung)

Personen, die Zahlungen aus dem Haushalt erhalten, und in den Mitgliedstaaten durchgeführt. [...]

Hervorhebungen durch den Autor

Alle Organe und Einrichtungen der Mitgliedstaaten sind verpflichtet, den Rechnungshof bei der Erfüllung seiner Aufgaben auch an Ort und Stelle zu unterstützen. Die Mitglieder des Rechnungshofs sind entsprechend berechtigt, ihre Prüfung weltweit bei jedem Empfänger von EU-Mitteln – mit den zuständigen einzelstaatlichen Dienststellen – durchzuführen.

Die Arbeit des EuRH beruht auf den Grundsätzen der Offenheit und Transparenz. Ein wichtiges Ziel der Kommunikationspolitik besteht darin, den Unionsbürgerinnen und Unionsbürgern Rechenschaft über die Arbeit des Hofs abzulegen. In seinen Jahresberichten legt er dabei „insbesondere [...] alle Fälle von Unregelmäßigkeiten" dar (Art. 287 (2) AEUV). Der umfangreiche Jahresbericht wird den EU-Organen vorgelegt und mit deren Stellungnahmen im Amtsblatt der Europäischen Gemeinschaften veröffentlicht. Bei der jährlichen Entlastung der Kommission (Art. 319 AEUV) greift das EP auf die Berichte des Rechnungshofs zurück.

Auf Grundlage des heutigen Art. 280 AEUV wurde 1988 innerhalb der Kommission eine Dienststelle für die Koordinierung der Betrugsbekämpfung gegründet. Erfahrungen mit Fällen von Bestechlichkeit im Jahr 1999 führten dann zur Gründung von OLAF (Europäisches Amt für Betrugsbekämpfung 2019). Einen nachhaltig wirkenden Auslöser für die Gründung dieses Amtes bildeten Korruptionsvorwürfe gegen Mitglieder der Kommission unter Präsident Santer 1998/1999. Diese führten unter Druck des EP zum Rücktritt der Kommission (Laffan 2017, S. 260). Als unabhängiger Ermittlungsdienst wird das Amt bei der Bekämpfung von Betrug, Korruption und anderen illegalen Aktivitäten zum Schaden der finanziellen Interessen der Union tätig. Ergänzend zur Kontrolle seitens des EuRH ist OLAF allerdings nur für die Betrugsbekämpfung innerhalb der EU zuständig.

OLAF kann sich dabei auf alle Befugnisse der Europäischen Kommission zur Durchführung von Ermittlungen stützen. Diese vom EP angemahnte und von der Kommission gegründete Einrichtung ist ein besonderes Beispiel für die Ergänzung der institutionellen Architektur durch eine Vielzahl von funktional ausgerichteten Behörden (Groenleer 2006; Majone 2006).

3   Zur Analyse der Praxis: Ein Aktivitätenprofil

Der EuRH hat eine umfassende Berichterstattung entwickelt (Magiera und Niedobitek 2014, 2015, 2019). So gibt es Jahresberichte zum Gesamthaushaltsplan der EU, besondere Jahresberichte (Urteile zur Rechnungsführung), Sonderberichte (zu spezifischen Tätigkeitsbereichen bzw. Politikfeldern), Stellungnahmen (zu neuen Rechtsakten, die Auswirkungen auf das Finanzmanagement haben) sowie

Tab. 1 Aktivitätenprofil des EuRH 2009–2018

	2011	2012	2013	2014	2015	2016	2017	2018
Jahresberichte	1	1	1	2	2	2	3	6
Besondere Jahresberichte	42	50	50	51	52	52	55	1
Stellungnahmen	8	10	6	14	8	2	5	10
Sonderberichte								
Insgesamt	16	21	10	23	23	36	28	35
Nachhaltiges Wachstum: Natürliche Ressourcen	11	14	7	7	6	10	7	8
Sicherheit und Unionsbürgerschaft		1		2				2
Europa in der Welt	3	6	2	6	6	11	8	6
Verwaltung	1			1		5	1	4
Einnahmen/Eigenmittel	1		1	1	1		1	
Finanz- und wirtschaftspolitische Steuerung				1	2	2	2	4
Intelligentes und Integratives Wachstum						8	9	11

Quelle: Eigene Darstellung, in Anlehnung an Europäischer Rechnungshof (2019)

Sitzungen, Seminare und Konferenzen. Die besonderen Jahresberichte nehmen dabei den Hauptanteil mit ca. 2/3 aller Berichte ein (vgl. Tab. 1) (Europäischer Rechnungshof 2017, S. 5–7). Seit 2018 legt der Europäische Rechnungshof nur noch einen gemeinsamen besonderen Jahresbericht vor. Diese Neuerung soll der Benutzerfreundlichkeit des Formats dienen (Europäischer Rechnungshof 2019, S. 31).

Die wesentlichen Aufgabengebiete ergeben sich aus der Struktur des EU-Haushalts. Darunter fielen für das Jahr 2019 „Verwaltung", „Wettbewerbsfähigkeit für Wachstum und Beschäftigung", „wirtschaftlicher, sozialer und territorialer Zusammenhalt" und „natürliche Ressourcen", im Rahmen derer der ergänzende Garantiefonds für die Landwirtschaft kontrolliert wird (Magiera und Niedobitek 2019, S. 144–145). Allgemein wird zwischen drei Prüfungsarten unterschieden. Die Prüfung der Rechnungsführung untersucht die rechtmäßige Darlegung der Finanzen. Zudem überwacht die Compliance-Prüfung die zielgerechte Verwendung von EU-Mitteln. Ob diese effizient eingesetzt werden, ist innerhalb der Wirtschaftlichkeitsprüfung zu klären.

Abb. 3 stellt die verschiedenen Phasen des Prüfungsprozesses dar. Vorab werden die Prüfungsprioritäten innerhalb der mehrjährigen und jährlichen Programmplanung abgestimmt. Während der Vorstudie wird der Fall hinsichtlich seiner Durchführbarkeit untersucht. Daraufhin wird ein Prüfungsplan erstellt. Es erfolgt eine Abstimmung mit der zu prüfenden Stelle vor Ort (Schritt vier und fünf). Zum Schluss der Prüfung wird ein Bericht mit Empfehlungen veröffentlicht, dessen Einhaltung zwei bis drei Jahre später nochmals geprüft wird.

Probleme hat der EuRH jedoch wiederholt bei seiner konkreten Kontrolltätigkeit vor Ort, so etwa bei der Überprüfung von Ausgaben für Aktionen im Rahmen der

Abb. 3 Prüfungsprozess des EuRH. (Quelle: Eigene Darstellung, in Anlehnung an Europäischer Rechnungshof (2018b))

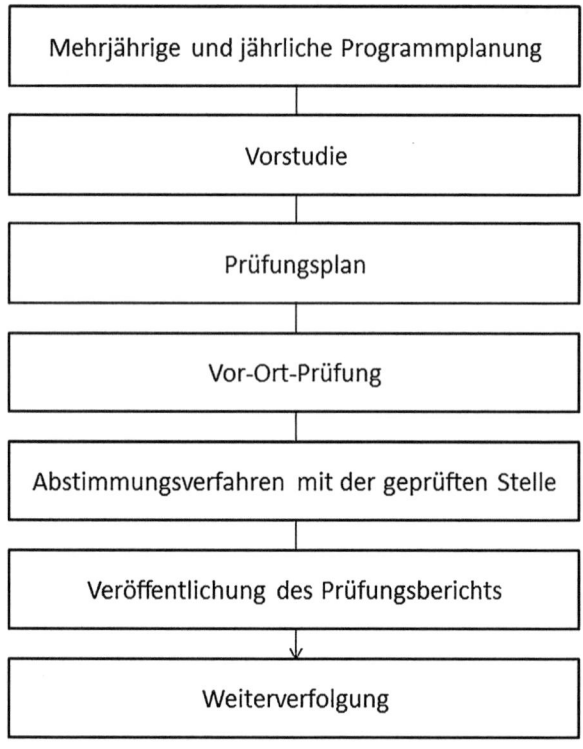

Mehrjährige und jährliche Programmplanung

Vorstudie

Prüfungsplan

Vor-Ort-Prüfung

Abstimmungsverfahren mit der geprüften Stelle

Veröffentlichung des Prüfungsberichts

Weiterverfolgung

GASP. Im Jahr 2016 verbrachten die Prüfer insgesamt 4246 Tage vor Ort in den Mitgliedstaaten und in den Staaten, in denen die EU finanziell tätig ist (vgl. Abb. 4), sowie weitere 2510 Tage bei den Organen der EU und dezentralen Einrichtungen (Europäischer Rechnungshof 2017)

Immer wieder verweist der Rechnungshof auf fehlerhafte Zahlungen und gravierende Mängel bei der Verwaltung von EU-Geldern in den Mitgliedstaaten sowie auf Schwachstellen bei der internen Kontrolle der Kommission.

Einige Fälle werden dann an OLAF weitergeleitet und dort näher untersucht. Darüber hinaus erstellt der EuRH eine Fehlerquote, die das Ausmaß der Unregelmäßigkeiten angibt und einen Wert von zwei Prozent nicht überschreiten sollte. Die geschätzte Fehlerquote liegt konstant über die letzten Jahre hinweg bei ungefähr 4,5 % (Europäischer Rechnungshof 2020, S. 24).

Im Jahr 2016 sind 1157 Hinweise eingegangen. Diese durchlaufen ein Auswahlverfahren, bei dem geprüft wird, ob die neu erhaltenen Informationen die Kriterien (Verhältnismäßigkeit, effizienter Einsatz von Untersuchungsressourcen und Subsidiarität) für eine Einleitung der Untersuchung erfüllen und in den Zuständigkeitsbereich von OLAF fallen. Wenn dies nicht gegeben ist, werden die Hinweise entweder an nationale Justizbehörden weitergeleitet oder fallengelassen. So werden Programme innerhalb des Europäischen Struktur- und Investitionsfonds, der Agrar-

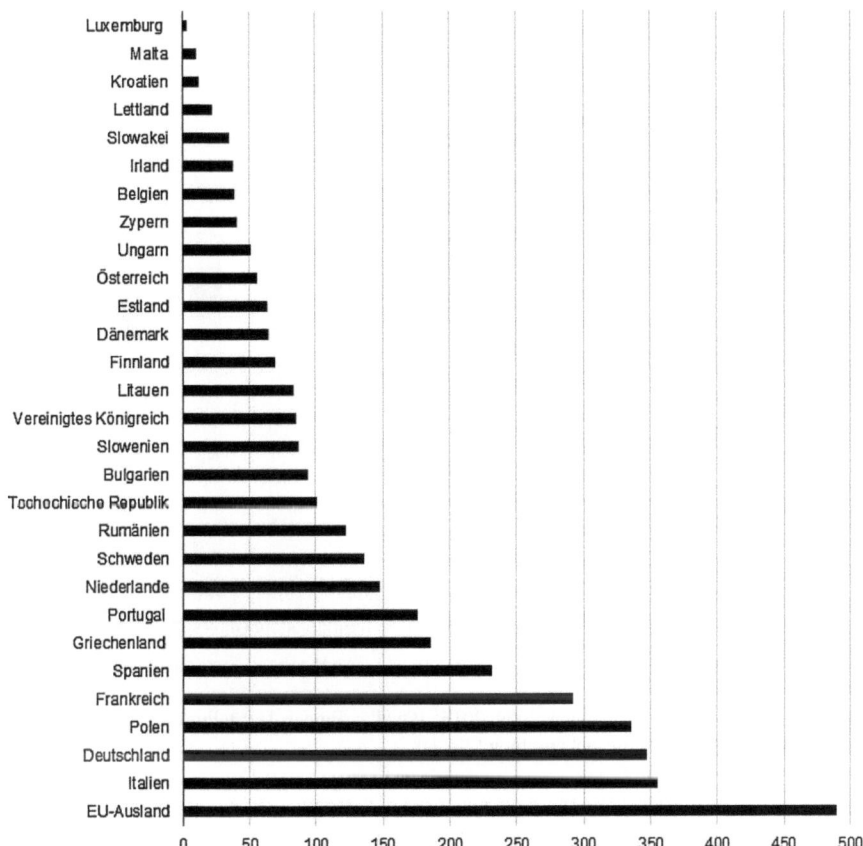

Abb. 4 Prüflage vor Ort 2018. (Quelle: Eigene Darstellung, in Anlehnung an Europäischer Rechnungshof (2019))

politik und der Finanzhilfen für Beitrittskandidaten (IPA) dem Zuständigkeitsbereich von nationalen Behörden zugerechnet (Europäisches Amt für Betrugsbekämpfung 2020). Direkte Ausgaben der EU und Außenhilfe werden dagegen nur von OLAF untersucht.

2016 wurden insgesamt 219 Untersuchungen eingeleitet (vgl. Abb. 5). Somit geht OLAF nur auf 19 % der Fälle näher ein. In der Praxis werden derartige Unregelmäßigkeiten fast immer in enger Zusammenarbeit mit nationalen Ermittlungsbehörden untersucht.

OLAF ist allerdings nicht befugt EU-Eigenmittel wieder einzuziehen. Dies geschieht über nationale Behörden oder die jeweilige betroffene EU-Institution selbst. 2016 konnten diese 613,3 Mio. Euro wieder zurückfordern.

Als besonders illustrative Beispiele für die Arbeit von OLAF sind die Dalli-Affäre sowie die Fälle um die Abgeordnete Marine Le Pen und den EU-Kommissar Miguel Arias Cañete zu nennen.

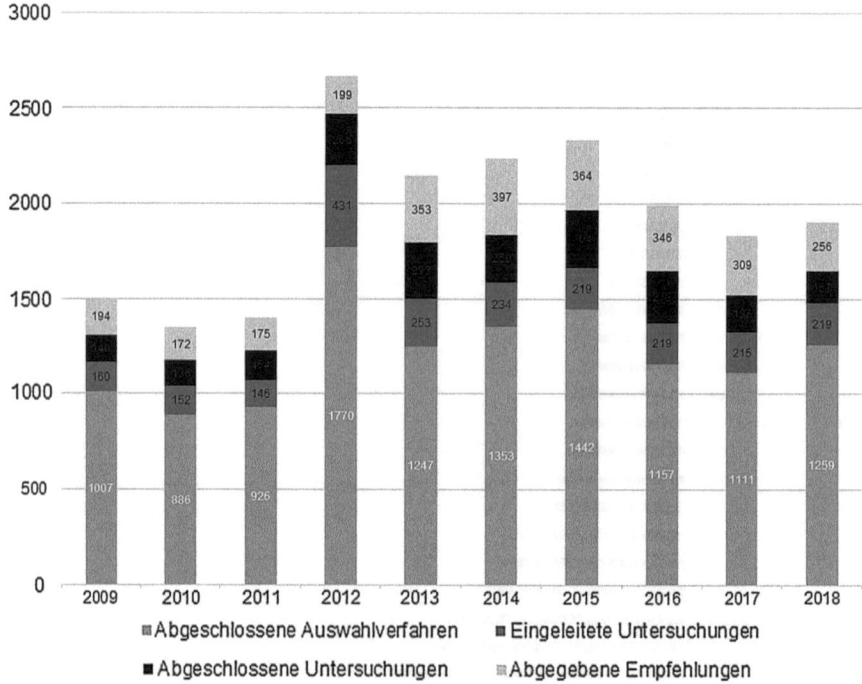

Abb. 5 OLAF – Untersuchungen 2009–2016. (Quelle: Eigene Darstellung, in Anlehnung an Europäisches Amt für Betrugsbekämpfung (2017))

Im Oktober 2012 wurde der damalige Gesundheitskommissar John Dalli von Jose Manuel Barroso entlassen, nachdem ihm die Bestechung durch eine schwedische Tabakfirma vorgeworfen worden war. Die Untersuchung durch OLAF bewegte sich im Bereich einer rechtlichen Grauzone. Im späteren Verlauf wurden darüber hinaus Vorwürfe über Menschenrechtsverletzung gegen das Amt erhoben (Deutschlandfunk 2015).

In einem anderen Fall wurde der EP-Abgeordneten Marine Le Pen die Veruntreuung von EU-Gehältern vorgeworfen. Nach einer Untersuchung durch OLAF, stellte das EP einen Antrag auf Rückzahlung von rund 30.000 Euro. Im Juni 2018 entschied *der Gerichtshof der Europäischen Union* (GEU) eine Rückzahlung von rund 300.000 Euro, der Le Pen noch nicht nachgekommen ist (Stand: Mai 2019) (Süddeutsche Zeitung 2019).

4   Benennung, Beschlussverfahren und Aufbau

„Der EuRH besteht aus einem Staatsangehörigen je Mitgliedstaat" (Art. 28 (5) AEUV). Die Amtsträger werden mit qualifizierter Mehrheit vom *Rat* auf Vorschlag der einzelnen Mitgliedstaaten nach Anhörung des EP für sechs Jahre ernannt (Art. 286 AEUV). Sie sind zu einer Ausübung ihrer Tätigkeit ,in voller Unabhängigkeit' verpflichtet, wodurch die Objektivität der Rechnungsprüfung garantiert werden soll. Als Voraussetzung für die Ernennung werden besondere fachliche Eignung und Erfahrung genannt (Art. 286 AEUV).

Das EP hat von Beginn an, gestützt auf seine Anhörungsrechte, den Ernennungsprozess der Amtsträger sorgfältig begleitet.

Die Mitglieder wählen aus ihrer Mitte den Präsidenten des EuRH für drei Jahre. Die Wiederwahl des Präsidenten wie auch Wiederernennungen der Mitglieder sind zulässig. Der Rechnungshof entscheidet mit der Mehrheit seiner Mitglieder. Die Organisationsstruktur der Kammern orientiert sich an den Funktionen und Budgetschwerpunkten des jeweiligen EU-Haushalts (vgl. Abb. 6) (vgl. Kap. ► „Gesetzgebungs- und Haushaltsverfahren"). Den Mitgliedern des EuRH wird auf Vorschlag des Präsidenten jeweils eine der fünf Kammern zugeordnet. Offizieller Sprecher für einen bestimmten Sonderbericht oder für ein besonderes Thema ist das berichterstattende Mitglied; andernfalls fällt dem Präsidenten diese Aufgabe zu.

Der Ausschuss für Qualitätskontrolle im Prüfungsbereich setzt sich aus dem für die Qualitätskontrolle im Prüfungsbereich zuständigen Mitglied sowie zwei weiteren Mitgliedern, die jeweils einer der fünf Kammern angehören, zusammen. Der Verwaltungsausschuss besteht aus den Dekanen der Kammern, dem Präsidenten des EuRH, dem Mitglied für institutionelle Beziehungen und dem Mitglied für Qualitätskontrolle. Der Generalsekretär wird vom EuRH auf sechs Jahre ernannt, wobei

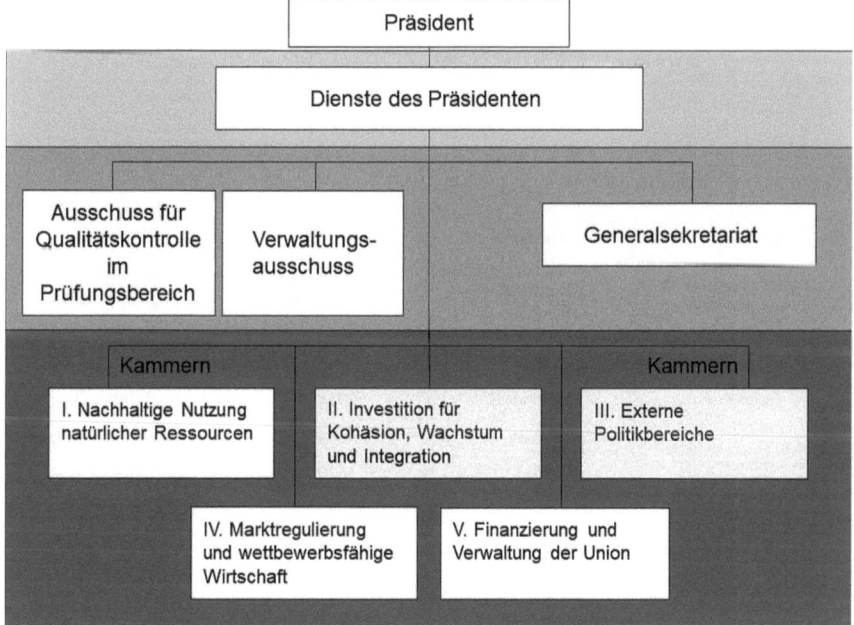

Abb. 6 EuRH – Binnenstruktur. (Quelle: Eigene Darstellung, in Anlehnung an Europäischer Rechnungshof (2018a))

seine Wiederwahl möglich ist. In seinen Verantwortungsbereich fällt das Personalmanagement.

Der Sitz des EuRH befindet sich in Luxemburg.

OLAF ist durch eine Zwitterkonstruktion geprägt: Diese Institution verfügt zwar formal über einen unabhängigen Status, ist aber gleichzeitig organisatorisch Teil der Kommission. Es untersteht somit dem Kommissar für Haushalt und Personal. Der Organisationsplan folgt den Schwerpunkten der Gemeinschaftsaktivitäten (vgl. Abb. 7). Eine Untersuchung wird durch eine erste Überprüfung von eingegangenen Hinweisen eingeleitet und dann je nach Art des Betrugsfalls in die Kategorien „interner" oder „externer Untersuchungen" oder „Koordinierungen" eingeordnet. Wenn der Fall unter „Koordinierung" fällt, erfolgt eine Zusammenarbeit von OLAF mit nationalen Behörden oder EU-Dienststellen.

Neben den Untersuchungsdirektionen A bis D, die dem Generaldirektor unterstehen, verfügt ein Überwachungsausschuss (im europäischen Sprachgebrauch *supervisory committee*) über weitreichende Kontrollbefugnisse. Er überprüft die Arbeit der Ausschüsse und fertigt einen jährlichen Bericht zu den Aktivitäten an, der an die EU-Organe weitergeleitet wird. Zudem richtet er Stellungnahmen an den OLAF-Generaldirektor. Der Ausschuss besteht aus fünf unabhängigen, außenstehenden

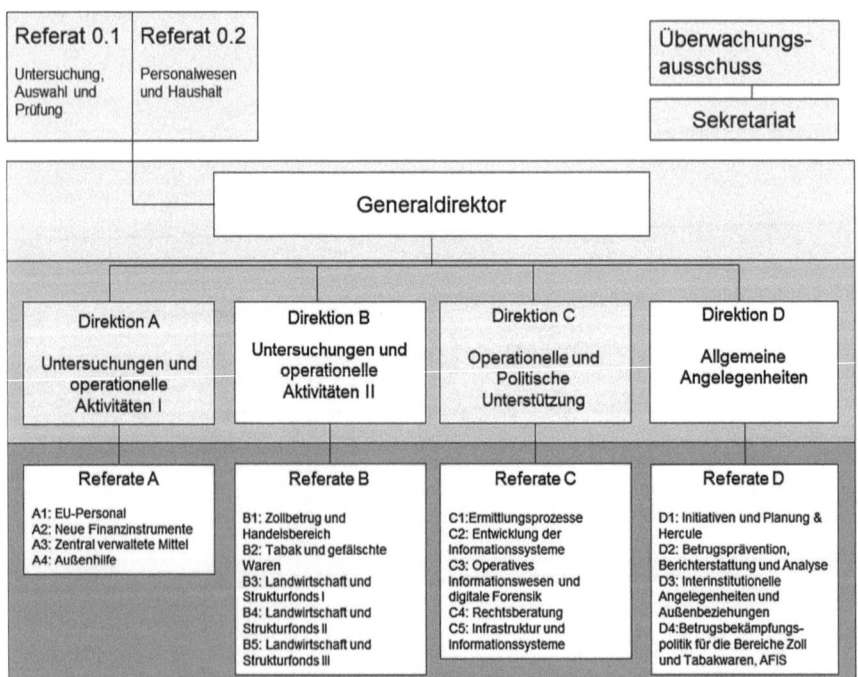

Abb. 7 OLAF – Binnenstruktur. (Quelle: Eigene Darstellung, in Anlehnung an Europäisches Amt für Betrugsbekämpfung (2016))

Experten. Diese werden von Kommission, Rat und EP ernannt. Der Sitz von OLAF befindet sich in Brüssel.

5   Zusammenfassung, Diskussion und Perspektiven

Status und Aktivitäten des EuRH und – in abweichender Weise – auch von OLAF und der Europäischen Staatsanwaltschaft verdeutlichen den, sich auf supranationale Kompetenzen stützenden, rechtsstaatlichen Charakter der EU. Berichte und Stellungnahmen des EuRH sind zumindest formal ein wichtiger Teil im Politikzyklus der EU. Der EuRH ist dabei ein oft unterschätztes Organ in der institutionellen Architektur. Bei einer weiterhin anhaltenden Zunahme der Ausgaben in den Mitgliedstaaten werden seine Aufgaben ebenso wie die Rolle von OLAF weiter an Bedeutung gewinnen.

OLAF hat angesichts der Arbeit in einem Graubereich staatlicher Aktivitäten eine wichtige Rolle eingenommen, deren Umfang und konkrete Ausübung immer wieder zu Diskussionen führen werden.

6   Zur Wiederholung und Vertiefung

Merkpunkte und Stichworte
- EuRH:
  - Gründe für die Errichtung
  - Verfahren zur Benennung der Mitglieder
  - Aufgaben und Aktivitäten
  - Instrumente
- OLAF:
  - Gründe für die Errichtung
  - institutionelle Einbindung
  - Aufgaben und Aktivitäten

Fragen
- Welche Probleme ergeben sich für eine effektive Finanzkontrolle aus dem Charakter der EU als Mehrebenensystem?
- Wie können die kurz- und mittelfristigen Wirkungen beider Einrichtungen erfasst werden?

Thesen zur Diskussion
- Entstehung und Aktivitäten des EuRH und von OLAF sind als zu erwartende Weiterentwicklungen der institutionellen Architektur des EU-Systems zu erklären.
- Ein Ausgabensystem über mehrere Ebenen mit unterschiedlichen Verwaltungskulturen der Staaten entzieht sich jeder effektiven Kontrolle.
- OLAF ist ein Indikator für die Korruptionsanfälligkeit des EU-Systems.

Literatur

Online-Quellen

https://www.eca.europa.eu/.
Offizielle Homepage des Europäischen Rechnungshofs (EuRH).
https://anti-fraud.ec.europa.eu/.
Offizielle Homepage des Europäischen Amts für Betrugsbekämpfung (OLAF).

Einführende Literatur

Freytag, Michael. 2005. *Der Europäische Rechnungshof. Institution, Funktion und politische Wirkung*. Baden-Baden: Nomos.

Heudtlaß, Karsten-Kristian. 2019. *Der Europäische Rechnungshof – Rechtsstellung und Befugnisse*. Bern: Peter Lang.

Laffan, Brigid. 2017. The court of auditors and the European anti-fraud office. In *The Institutions of the European Union*, Hrsg. Dermot Hodson und John Peterson, 4. Aufl., 258–279. Oxford: Oxford University Press.

Magiera, Siegfried. 2020. Rechnungshof. In *Europa von A bis Z. Taschenbuch der europäischen Integration*, Hrsg. Werner Weidenfeld, Wolfgang Wessels und Funda Tekin, 15. Aufl., 521–524. Wiesbaden: Springer VS.

Magiera, Siegfried, und Matthias Niedobitek. 2020. Rechnungshof. In *Jahrbuch der Europäischen Integration 2020*, Hrsg. Werner Weidenfeld und Wolfgang Wessels, 141–144. Baden-Baden: Nomos.

Literaturverzeichnis

Amt für Veröffentlichung der Europäischen Union. 2019. *Die öffentliche Finanzkontrolle in der europäischen Union*. https://op.europa.eu/webpub/eca/book-state-audit/de/#A-7. Zugegriffen am 01.07.2022.

Deutschlandfunk. 2015. *Ein EU-Kommissar, ein Korruptionsvorwurf, ein Rücktritt*. https://www.deutschlandfunk.de/der-fall-john-dalli-ein-eu-kommissar-ein-korruptionsvorwurf-100.html. Zugegriffen am 01.07.2022.

Europäische Kommission. 2016. *EU jährlicher Haushaltslebenszyklus: Zahlen*. https://ec.europa.eu/info/strategy/eu-budget/how-it-works/annual-lifecycle/figures_de?year=2016. Zugegriffen am 01.07.2022.

Europäischer Rechnungshof. 2017. *Tätigkeitsbericht 2016*. https://www.eca.europa.eu/Lists/ECA Documents/AAR16/AAR16_DE.pdf. Zugegriffen am 01.07.2022.

Europäischer Rechnungshof. 2018a. *Aufbau*. https://www.eca.europa.eu/de/Pages/OrganisationCh art.aspx. Zugegriffen am 01.07.2022.

Europäischer Rechnungshof. 2018b. *Prüfungstätigkeiten*.

Europäischer Rechnungshof. 2019. *Tätigskeitsberichte*. http://www.eca.europa.eu/de/Pages/Annua lActivityReports.aspx?ty=Special%20report&tab=tab4. Zugegriffen am 01.07.2022.

Europäischer Rechnungshof. 2020. *Tätigkeitsbericht 2019*. https://www.eca.europa.eu/lists/ecado cuments/aar19/aar19_de.pdf. Zugegriffen am 01.07.2022.

Europäisches Amt für Betrugsbekämpfung. 2016. *Der Olaf-Bericht 2015*. https://anti-fraud.ec. europa.eu/system/files/2021-09/olaf_report_2015_de_0.pdf. Zugegriffen am 01.07.2022.

Europäischen Amt für Betrugsbekämpfung. 2017. *Der OLAF-Bericht 2016*. https://anti-fraud.ec. europa.eu/system/files/2021-09/olaf_report_2016_de_0.pdf. Zugegriffen am 01.07.2022.

Europäisches Amt für Betrugsbekämpfung. 2019. *Kurzprofil.* https://anti-fraud.ec.europa.eu/about-us/history_de. Zugegriffen am 01.07.2022.

Europäisches Amt für Betrugsbekämpfung. 2020. *Untersuchungen im Zusammenhang mit Ausgaben der EU.* https://anti-fraud.ec.europa.eu/investigations/investigations-related-eu-expendi ture_de. Zugegriffen am 01.07.2022.

Groenleer, Martijn. 2006. The European commission and agencies. In *The European commission,* Hrsg. Edwards Geoffrey, 156–172. London: John Harper Publishing.

Laffan, Brigid. 2006. Financial Control: The court of auditors and OLAF. In *The Institutions of the European Union,* Hrsg. John Peterson und Michael Shackleton, 2. Aufl., 210–228. Oxford/ New York: Oxford University Press.

Laffan, Brigid. 2017. The court of auditors and the European anti-fraud office. In *The Institutions of the European Union,* Hrsg. Dermot Hodson und John Peterson, 4. Aufl., 258–279. Oxford: Oxford University Press.

Magiera, Siegfried, und Matthias Niedobitek. 2014. Rechnungshof. In *Jahrbuch der Europäischen Integration 2014,* Hrsg. Werner Weidenfeld und Wolfgang Wessels, 141–144. Baden-Baden: Nomos.

Magiera, Siegfried, und Matthias Niedobitek. 2015. Rechnungshof. In *Jahrbuch der Europäischen Integration 2015,* Hrsg. Werner Weidenfeld und Wolfgang Wessels, 127–130. Baden-Baden: Nomos.

Magiera, Siegfried, und Matthias Niedobitek. 2019. Rechnungshof. In *Jahrbuch der Europäischen Integration 2019,* Hrsg. Werner Weidenfeld und Wolfgang Wessels, 143–146. Baden-Baden: Nomos.

Majone, Giandomenico. 2006. Managing Europeanization: The European Agencies. In *The Institutions of the European Union,* Hrsg. Michael Shackelton und John Peterson, 190–209. Oxford/New York: Oxford University Press.

Süddeutsche Zeitung. 2019. Marine Le Pen muss 300.000 Euro zurückzahlen. https://www.sued deutsche.de/politik/eu-le-pen-frankreich-europawahl-1.4461130. Zugegriffen am 01.07.2022.

Nationale Parlamente

Inhalt

Zusammenfassung

Zu Mitspielern in der EU-Architektur sind zunehmend auch die Parlamente der Mitgliedstaaten zu zählen. Der Vertrag von Lissabon hat in Artikel 12 entsprechende Vorgaben formuliert. Die Diskussion um die Mitwirkung von 39 Kammern ist von unterschiedlichen institutionellen Leitideen geprägt, die eine Vielzahl von Modellen mit schwachen und starken Formen der Beteiligung anbieten. Zu erklären ist dagegen die schwache Nutzung der im Lissabonner Vertrag eingeräumten Beteiligungsrechte nationaler Parlamente.

Auch die Zusammenarbeit mit dem Europäischen Parlament in mehreren interparlamentarischen Konferenzen wird nur begrenzt genutzt. Eine Fusion eines parlamentarischen Mehrebenensystems als mögliches Gegengewicht zu den Organen der Exekutive ist nicht zu beobachten.

Schlüsselwörter

Modelle und Formen schwacher und starker Beteiligung ·
Frühwarnmechanismus · Mehrebenenparlamentarismus · Interparlamentarische
Konferenzen · Legitimation

© Springer Fachmedien Wiesbaden GmbH, ein Teil von Springer Nature 2022   379
W. Wessels, *Das Politische System der Europäischen Union*,
https://doi.org/10.1007/978-3-658-10013-1_10

1   Eckpunkte im Überblick: Ausbau von Beteiligungsmöglichkeiten bei begrenzter Nutzung

In dem Mehrebenensystem der Europäischen Union hat die Beteiligung der Parlamente der Mitgliedstaaten immer wieder politisches und wissenschaftliches Interesse geweckt: Sind diese Legislativen Verlierer des Integrationsprozesses oder nur Nachzügler? Der (Lissabonner) „Vertrag über die Europäische Union" (EUV) regelt die Beteiligungsrechte der nationalen Parlamente in Art. 10 (2) und Art. 12 EUV sowie in Protokoll I und II (vgl. Dokument 1).

Die konzeptionelle Diskussion um die Mitwirkung von 39 Kammern nationaler Parlamente ist von mehreren institutionellen Leitideen geprägt, die unterschiedliche Formen einer möglichen Beteiligung im EU-System identifizieren. Die (gelebte) Vertragspraxis zeigt jedoch einen in vielerlei Hinsicht überraschenden Befund. Mit Blick auf jahrzehntelange Entwicklungen ist zwar der Ausbau einer direkten und indirekten Beteiligung der nationalen Parlamente bei der Politikgestaltung festzustellen; ihre Mitwirkung bleibt jedoch auf einige Verfahren beschränkt. Selbst ihren (vertrags-)rechtlichen Spielraum nutzen sie nur in einem geringen Maße. Der Aufforderung des Lissabonner Vertrags an die nationalen Parlamente, „aktiv zur guten Arbeitsweise der Union beizutragen" (Art. 12 EUV) (vgl. Dokument 1), kommen diese nur begrenzt nach.

Der institutionelle Steckbrief zeigt wesentliche Elemente der Rolle nationaler Parlamente im politischen System der EU (vgl. Abb. 1).

2   Aufgaben: Modelle von Beteiligungsformen in der Entwicklung

2.1   Geschichte: Verlierer oder Nachzügler?

In den ersten Jahrzehnten der Entstehung und Entwicklung des EU-Systems galt die Rolle nationaler Parlamente innerhalb der institutionellen Architektur weitgehend als irrelevant, da die ursprünglichen Verträge nur die Mitgliedstaaten, repräsentiert durch die nationalen Regierungen im damaligen *Rat der Europäischen Gemeinschaft*, anerkannten, aber die parlamentarische Versammlung bzw. dann das *Europäische Parlament* (EP) setzte sich bis zur ersten Direktwahl 1979 aus Delegierten der nationalen Parlamente zusammen. Angesichts der Ausweitung der Zuständigkeiten der Union auf traditionelle Kernbereiche nationaler Souveränität (vgl. Kap. ▶ „Geschichte") – und damit auch auf Tätigkeitsbereiche der mitgliedstaatlichen Legislativen – wurden infolgedessen nationale Parlamente als „Verlierer" des Einigungsprozesses oder zumindest als „Nachzügler" verstanden (Maurer und Wessels 2001b). Aus dieser Sicht haben sie selbst durch die notwendige parlamentarische Ratifizierung von Vertragsänderungen auch noch immer wieder durch Verfassungen garantierte Zuständigkeiten abgegeben.

Mit dem Maastrichter Vertrag setzte ein Umdenken ein, das zu mehreren und unterschiedlichen Formen der Beteiligung führte (Thomas 2016).

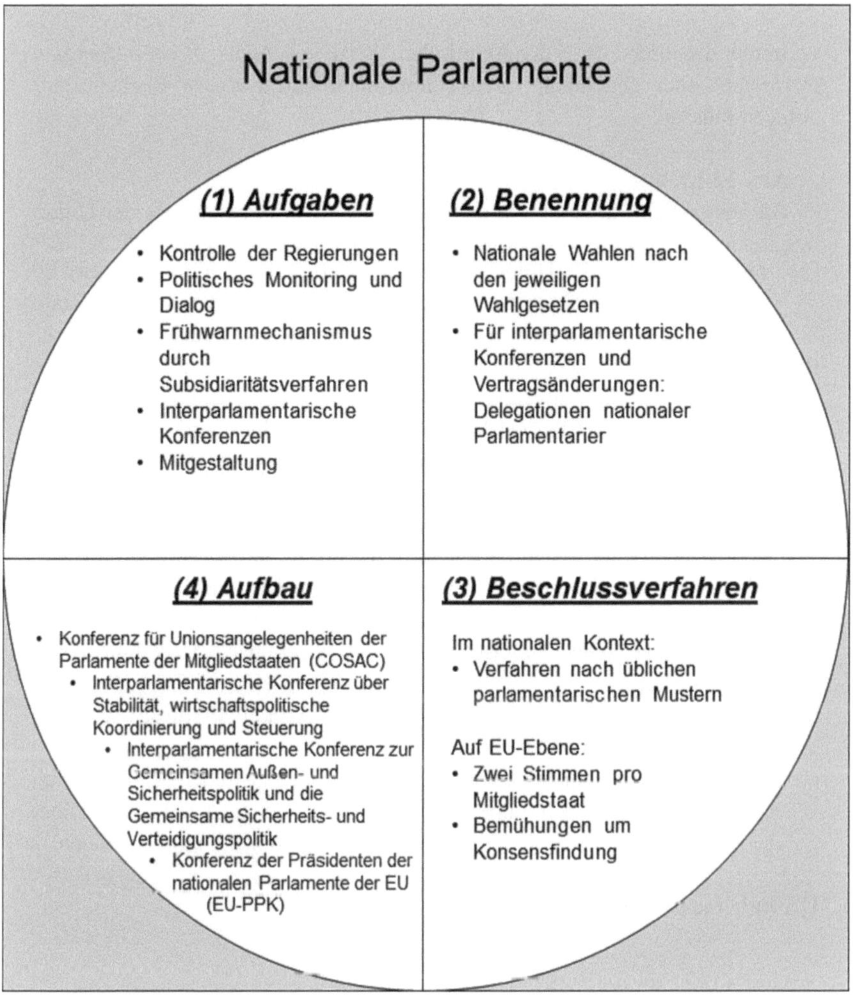

Nationale Parlamente

(1) Aufgaben

- Kontrolle der Regierungen
- Politisches Monitoring und Dialog
- Frühwarnmechanismus durch Subsidiaritätsverfahren
- Interparlamentarische Konferenzen
- Mitgestaltung

(2) Benennung

- Nationale Wahlen nach den jeweiligen Wahlgesetzen
- Für interparlamentarische Konferenzen und Vertragsänderungen: Delegationen nationaler Parlamentarier

(4) Aufbau

- Konferenz für Unionsangelegenheiten der Parlamente der Mitgliedstaaten (COSAC)
- Interparlamentarische Konferenz über Stabilität, wirtschaftspolitische Koordinierung und Steuerung
- Interparlamentarische Konferenz zur Gemeinsamen Außen- und Sicherheitspolitik und die Gemeinsame Sicherheits- und Verteidigungspolitik
- Konferenz der Präsidenten der nationalen Parlamente der EU (EU-PPK)

(3) Beschlussverfahren

Im nationalen Kontext:
- Verfahren nach üblichen parlamentarischen Mustern

Auf EU-Ebene:
- Zwei Stimmen pro Mitgliedstaat
- Bemühungen um Konsensfindung

Abb. 1 Institutioneller Steckbrief. (Quelle: Eigene Darstellung)

Der Lissabonner Vertrag selbst hat einen differenzierten – wenn auch nicht vollständigen – Katalog an Möglichkeiten formuliert (vgl. Dokument 1).

Dokument 1, Die Rolle der nationalen Parlamente nach dem Vertrag von Lissabon

Art. 10 (2) EUV

Die Mitgliedstaaten werden im Europäischen Rat von ihrem jeweiligen Staats- oder Regierungschef und im Rat von ihrer jeweiligen Regierung

(Fortsetzung)

vertreten, die ihrerseits in demokratischer Weise *gegenüber ihrem nationalen Parlament* oder gegenüber ihren Bürgerinnen und Bürgern Rechenschaft ablegen müssen.

Art. 12 EUV
Die nationalen Parlamente tragen aktiv zur guten Arbeitsweise der Union bei, indem sie
(a) von den Organen der Union *unterrichtet* werden und ihnen die Entwürfe von Gesetzgebungsakten der Union gemäß dem Protokoll über die Rolle der nationalen Parlamente in der Europäischen Union zugeleitet werden;
(b) dafür sorgen, dass der *Grundsatz der Subsidiarität* gemäß den in dem Protokoll über die Anwendung der Grundsätze der Subsidiarität und der Verhältnismäßigkeit vorgesehenen Verfahren beachtet wird;
(c) sich im Rahmen des Raums der Freiheit, der Sicherheit und des Rechts an den Mechanismen zur Bewertung der Durchführung der Unionspolitiken in diesem Bereich nach Artikel 70 des Vertrags über die Arbeitsweise der Europäischen Union beteiligen und in die politische *Kontrolle* von Europol und die Bewertung der Tätigkeit von Eurojust nach den Artikeln 88 und 85 des genannten Vertrags einbezogen werden;
(d) sich an den *Verfahren zur Änderung der Verträge* nach Artikel 48 dieses Vertrags beteiligen;
(e) über Anträge auf Beitritt zur Union nach Artikel 49 dieses Vertrags *unterrichtet* werden;
(f) sich an der *interparlamentarischen Zusammenarbeit* zwischen den nationalen Parlamenten und mit dem Europäischen Parlament gemäß dem Protokoll über die Rolle der nationalen Parlamente in der Europäischen Union beteiligen.

Hervorhebungen durch den Autor

2.2   Institutionelle Leitideen: Modelle von Beteiligungsformen

Das Spektrum an institutionellen Leitideen reicht von keiner nennenswerten Beteiligung der nationalen Parlamente in der Politikgestaltung, über die Rolle eines *Vetospielers* bei der Systemgestaltung bis hin zu einer regelmäßigen Beteiligung als *Mehrebenenspieler.* Zu einer fokussierten Übersicht können mögliche Beteiligungsformen nationaler Parlamente in der EU-Architektur skizziert werden (vgl. Abb. 2). Die verschiedenen Formen der parlamentarischen Beteiligung innerhalb des Politikzyklus der EU sind sowohl auf nationaler als auch auf EU-Ebene anzusiedeln.

Keine Beteiligung in der Politikgestaltung
Ein traditionelles Modell argumentiert, dass tagtägliche Europapolitik – wie Außenpolitik – als eine alleinige Angelegenheit der Exekutive, d. h. nationaler

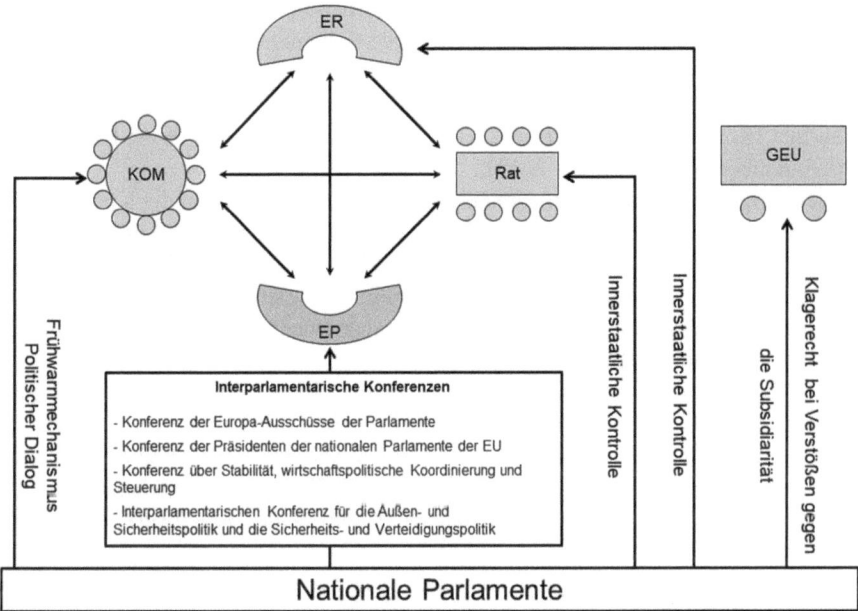

Abb. 2 Nationale Parlamente in der EU-Architektur. (Quelle: Eigene Darstellung)

Regierungen, zu verstehen ist. Diese institutionelle Leitidee sieht keine Ansprüche auf eine direkte Mitwirkung bei der Politikgestaltung der EU seitens nationaler Parlamente vor. Dabei stützt sich das Modell nicht nur auf Formulierungen der Römischen Verträge, sondern ist auch aus der Logik parlamentarischer Regierungssysteme abzuleiten. Danach ermächtigen und legitimieren nationale Legislativen ihre jeweiligen Exekutiven zur Durchführung eigenständiger Aktionen im internationalen System und damit auch in der EU-Architektur. Solange Regierungen das Vertrauen der Mehrheit ihres nationalen Parlaments besitzen, können sie in der Außen- und Europapolitik einen hohen Grad an Autonomie und Diskretion beanspruchen. Eine rechtliche Begründung dieses Modells könnte in Art. 10 (2) EUV gefunden werden: Danach werden „die Mitgliedstaaten im *Europäischen Rat* von ihrem jeweiligen Staats- oder Regierungschef und im *Rat* von ihrer jeweiligen Regierung vertreten" (vgl. Dokument 1).

Durchbrochen war diese ursprüngliche Leitidee bereits in den Gründungsverträgen der EGKS durch die Einführung einer „Versammlung" (als Vorläufer zum EP), in der bis zur ersten Direktwahl 1979 Abgeordnete nationaler Parlamente – jedoch ohne starke Mitwirkungsrechte – die Gemeinschaftspolitik diskutierten. Nachhaltige Auswirkungen auf die Arbeit der nationalen Regierungen sind von dieser Phase nicht bekannt.

Das Modell wird in dieser allgemeinen Form politisch nur noch selten vertreten. Allerdings wird es von einigen Akteuren weiterhin für bestimmte Politikfelder der EU – so in der *Gemeinsamen Außen- und Sicherheitspolitik* (GASP) – als relevant erachtet.

Nationale Parlamente als innerstaatliche Kontrollinstanz

Mit dem Maastrichter Vertrag griffen nationale Parlamente verstärkt eine weitergehende institutionelle Leitidee auf: Sie bauten ihre konstitutionellen Beteiligungsrechte an der Formulierung der Europapolitik innerhalb der Mitgliedstaaten erheblich aus (Rozenberg und Hefftler 2015; Maurer und Wessels 2001a; Christensen 2015; Rittberger und Winzen 2015).

Die Rolle nationaler Parlamente besteht nach diesem Modell in der Kontrolle der jeweiligen Regierungen in Angelegenheiten der Europäischen Union; es ist demnach Aufgabe nationaler Verfassungen, die Rechte und Aufgaben der Abgeordneten festzulegen. Gemäß dieser Leitidee haben alle Verfassungen der Mitgliedstaaten entsprechende Regelwerke verabschiedet, die aber einen hohen Grad an Variationen aufweisen (Neuhold et al. 2015; Thomas 2016).

Der Lissabonner Vertrag betont einerseits, dass „die Art der Kontrolle der Regierungen durch die nationalen Parlamente hinsichtlich der Tätigkeiten der Europäischen Union Sache der besonderen verfassungsrechtlichen Gestaltung und Praxis jedes Mitgliedstaates ist" (Protokoll (Nr. 1) über die Rolle der nationalen Parlamente in der Europäischen Union). Andererseits garantiert das Regelwerk auch, dass nationale Parlamente unmittelbar „von den Organen der Union unterrichtet werden" (Art. 12a und 12e EUV), d. h. nationale Regierungen können den Zugang zu Informationen nicht mehr als *Gatekeeper* kontrollieren.

Auch bei Verfahren der Systemgestaltung (so Art. 48 (2), Art. 49 und Art. 50 EUV) (vgl. Kap. ▶ „Vertragsänderungsverfahren" und Kap. ▶ „Beitritts- und Austrittsverfahren") und bei der Verabschiedung spezifischer Maßnahmen im „Raum der Freiheit, der Sicherheit und des Rechts" sieht der Vertrag konkrete Formen der Unterrichtung nationaler Parlamente vor (Art. 70 AEUV).

In der Bundesrepublik Deutschland sind diese Rechte im Grundgesetz verankert (vgl. Dokument 2).

Dokument 2, Einfluss des Bundestages und des Bundesrates
Art. 23 (2)
   Grundgesetz für die Bundesrepublik Deutschland
   In Angelegenheiten der Europäischen Union wirken der Bundestag und durch den Bundesrat die Länder mit. Die Bundesregierung hat den Bundestag und den Bundesrat *umfassend* und zum *frühestmöglichen Zeitpunkt zu unterrichten.*

Hervorhebungen durch den Autor

In Folgegesetzen und weiteren Vereinbarungen werden die Formen der Zusammenarbeit zwischen der Bundesregierung und dem Bundestag bzw. dem Bundesrat im Detail festgelegt (Thomas 2016; Höing 2015).

Das Bundesverfassungsgericht hat in mehreren Urteilen – so zur Vereinbarkeit des Lissabonner Vertrags mit dem Grundgesetz – die Rechte des Bundestages gegenüber der Bundesregierung in EU-Angelegenheiten nochmals gestärkt (Bundesverfassungsgericht 2009).

Nationale Parlamente als Vetospieler bei der Systemgestaltung
Zu der Doktrin parlamentarischer Regierungssysteme gehört aber auch das Recht der Legislativen, internationale Verträge zu ratifizieren. Nationale Parlamente haben entsprechend ein Veto bei Akten der EU-Systemgestaltung (vgl. zum Begriff Kap. ▶ „Einführung"). In den Lissaboner Verträgen findet die Formulierung „Ratifikation gemäß verfassungsrechtlicher Vorschriften" bei mehreren Artikeln Verwendung (vgl. Tab. 1).

Ratifizierungen durch nationale und teilweise auch durch regionale Parlamente sind auch bei den sogenannten „gemischten Abkommen" der EU notwendig, die in die geteilte Zuständigkeit der EU und der Mitgliedstaaten fallen (vgl. Kap. ▶ „Auswärtiges Handeln").

Für die starke Mitwirkung des Bundestages ist erneut auf das Urteil des Bundesverfassungsgerichts zum Lissabonner Vertrag zu verweisen. Danach hat der Bundestag auch bei der Wahrnehmung von einigen Vertragsrechten – so bei der kleinen Vertragsänderung nach Art. 352 AEUV (vgl. Kap. ▶ „Vertragsänderungsverfahren") – ein vorgeschaltetes Vetorecht. Entsprechend muss die Bundesregierung vor einem einstimmigen Beschluss des Europäischen Rates zunächst die Zustimmung des Bundestages einholen (Bundesverfassungsgericht 2009).

Auch bei Entscheidungen zur Stabilisierung der Eurozone durch Kreditgewährung hat der Bundestag aufgrund eines Urteils des Bundesverfassungsgerichts einem Beschluss der Bundesregierung im Vorfeld der europäischen Entscheidung zuzustimmen (Bundesverfassungsgericht 2012, § 54).

Das Europäische Parlament als Legitimationsersatz bei der Politikgestaltung
Eine weitere Leitidee, die in den siebziger und achtziger Jahren an Bedeutung gewann, sieht die traditionellen parlamentarischen Aufgaben durch das seit 1979

Tab. 1 Starke Beteiligungsrechte nach dem Lissabonner Vertrag

Artikel	Inhalt
Art. 42 EUV	Zustimmung zum Beschluss des Europäischen Rates zu einer gemeinsamen Verteidigungspolitik
Art. 48 (4) EUV	ordentliche Vertragsänderungen
Art. 48 (6) EUV	Verfahren des „vereinfachten (Vertrags)Änderungsverfahren"
Art. 49 EUV	Ratifikation des Beitrittsabkommens
Art. 50 EUV	Ratifikation des Austrittsabkommens des entsprechenden Mitgliedstaates
Art. 54 und 357 EUV	Ratifikation der Verträge
Art. 25 AEUV	Zustimmungen und Bestimmungen zur Nicht-Diskriminierung und Unionsbürgerschaft
Art. 218 AEUV	Zustimmung zum Beitritt der Union zur Europäischen Konvention und Schutz der Menschenrechte und Grundfreiheiten
Art. 223 AEUV	Zustimmung zum Beschluss des Rates zu den Wahlen zum EP
Art. 262 AEUV	Zustimmung zu den vom Rat beschlossenen Zuständigkeiten des GEU
Art. 311 AEUV	Zustimmung zu Beschlüssen des Rates zu den Eigenmitteln

Quelle: Eigene Darstellung

direkt gewählte Europäische Parlament erfüllt. Nach diesem Modell übernimmt das EP die für das politische System notwendigen parlamentarischen Funktionen. Einer De-Parlamentarisierung auf nationaler Ebene folgt demnach eine Re-Parlamentarisierung auf europäischer Ebene (Maurer 2001, S. 49).

Aus dieser Sicht wird das EP aufgrund der Ausweitung seiner starken Beteiligungsrechte zunehmend in die Lage versetzt, eine derartige Rolle zu spielen. Der Lissabonner Vertrag betont: „Die Bürgerinnen und Bürger sind auf der Unionsebene unmittelbar im Europäischen Parlament vertreten" (Art. 10 (2) EUV). Dieses Modell spiegelt auch das Selbstverständnis von Abgeordneten des EP wider (Europäisches Parlament 2009). Ebenso plädiert eine begrenzte Zahl von Abgeordneten nationaler Parlamente für eine derartige Sichtweise (Thomas 2016).

Für Vertreter nationaler Souveränität mit entsprechenden Legitimationsannahmen ist diese Argumentation nicht überzeugend. Dies gilt insbesondere für britische Positionen (Cameron 2015) und in Urteilen des Bundesverfassungsgerichts (Bundesverfassungsgericht 2009, § 262; Bundesverfassungsgericht 1994) (vgl. Dokument 3), die dem EP nicht dieselbe Legitimationskraft wie den nationalen Legislativen zuschreiben.

Dokument 3, Urteil des Bundesverfassungsgerichts über die Legitimation der nationalen Parlamente
Bundesverfassungsgericht 2009, § 262
   Die verfassungsrechtlichen Anforderungen des Demokratieprinzips an die Organisationsstruktur und die Entscheidungsverfahren der Europäischen Union hängen davon ab, in welchem Umfang hoheitliche Aufgaben auf die Union übertragen werden und wie hoch der Grad der politischen Verselbstständigung bei der Wahrnehmung der übertragenen Hoheitsrechte ist. Eine Verstärkung der Integration kann verfassungswidrig sein, wenn das demokratische Legitimationsniveau mit dem Umfang und dem Gewicht supranationaler Herrschaftsmacht nicht Schritt hält. Solange und soweit das Prinzip der begrenzten Einzelermächtigung in einem Verbund souveräner Staaten mit ausgeprägten Zügen exekutiver und gouvernementaler Zusammenarbeit gewahrt bleibt, *reicht grundsätzlich die über nationale Parlamente und Regierungen vermittelte Legitimation* der Mitgliedstaaten aus, die *ergänzt und abgestützt* wird durch das unmittelbar gewählte Europäische Parlament (vgl. BVerfGE 89, 155 <184>).

Quelle: Bundesverfassungsgericht (2009)
Hervorhebungen durch den Autor

Das EP ist nach diesen Leitideen kein „Vollparlament", da es kein „Volk" bzw. keinen europäischen „demos" vertritt (vgl. Kap. ▶ „Das Europäische Parlament").

Eine direkte Beteiligung an der Politikgestaltung in der Unionsarchitektur

Eine weitere institutionelle Leitidee sieht eine direkte Beteiligung der nationalen Parlamente an Gesetzgebungsakten der Union vor. Dieses Modell findet seinen Niederschlag im sogenannten *Frühwarnmechanismus* des Lissabonner Vertrags. Das Verfahren ist in Art. 3 und Art. 4 des „Protokoll(s) über die Rolle der nationalen Parlamente" und in Art. 6 bis Art. 8 des „Protokoll(s) über die Anwendung der Grundsätze der Subsidiarität und der Verhältnismäßigkeit" geregelt. Der Frühwarnmechanismus schreibt nationalen Parlamenten – unter bestimmten Voraussetzungen – eine begrenzte Rolle in der prä-legislativen Vorbereitung von EU-Rechtsakten zu. Hierbei sollen sie als sogenannte *Subsidiaritätswächter* agieren.

Abb. 3 beschreibt den Prozess des Frühwarnmechanismus in einzelnen Schritten. Die *Europäische Kommission* übermittelt ihren Entwurf für einen Gesetzgebungsakt nicht nur an das EP und den Rat, sondern auch an die nationalen Parlamente. Diese haben die Möglichkeit, innerhalb von acht Wochen „begründete Stellungnahmen" bzw. „Rügen" mit Bezug auf die mangelnde Einhaltung des Subsidiaritätsprinzips und der Verhältnismäßigkeit zu formulieren.

Dabei können die nationalen Parlamente darüber bestimmen, ob die regionalen Parlamente in die Entscheidung über eine begründete Stellungnahme mit einbezogen werden. Jedes nationale Parlament hat zwei Stimmen. In einem Zweikammersystem

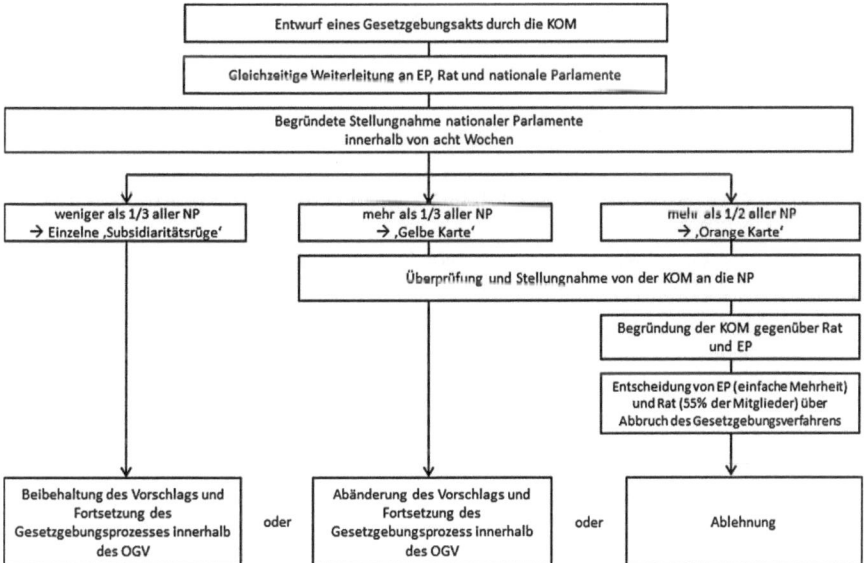

Abb. 3 Frühwarnmechanismus im ordentlichen Gesetzgebungsverfahren. KOM=Europäische Kommission, EP=Europäisches Parlament, NP=Nationale Parlamente, OGV=ordentliches Gesetzgebungsverfahren, GEU=Gerichtshof der Europäischen Union. (Quelle: Eigene Darstellung)

hat dementsprechend jedes Legislativorgan eine Stimme, im deutschen Falle also jeweils Bundestag und Bundesrat.

Formulieren weniger als ein Drittel der Parlamentskammern (18 oder weniger) eine Subsidiaritätsrüge, wird der Gesetzgebungsakt ‚normal' im ordentlichen Gesetzgebungsverfahren weiter behandelt. Die ‚gelbe Karte' wird gezeigt, wenn mindestens ein Drittel (19 bis 26 Kammern) der nationalen Parlamente der Ansicht ist, dass ein Verstoß gegen die Subsidiarität vorliegt. Daraufhin muss die Kommission eine begründete Stellungnahme zu den Einwänden an die nationalen Parlamente abgeben. Jedoch können die EU-Organe, EP und Rat, das vertraglich geregelte Verfahren weiterverfolgen, wenn der Entwurf seitens der Kommission aufrechterhalten wird.

Reicht mindestens die Hälfte der Parlamentskammern eine begründete Stellungnahme ein (27 oder mehr Kammern), liegt eine ‚orange Karte' vor. Zusätzlich zu der Reaktion bei einer gelben Karte, muss die Kommission auch eine begründete Stellungnahme an das EP und den Rat richten. Danach haben das EP mit der einfachen Mehrheit und der Rat mit 55 % seiner Mitglieder die Möglichkeit das weitere Verfahren der Gesetzgebung abzubrechen.

Bei Gesetzgebungsakten innerhalb des Raumes für Freiheit, Sicherheit und Recht reicht für eine Überprüfung bereits ein Viertel der nationalen Parlamente (Art. 7 (2) Protokoll (Nr. 2) Über die Anwendung der Grundsätze der Subsidiarität und der Verhältnismäßigkeit).

Eine besondere Bestimmung ermöglicht es jedem Parlament den *Gerichtshof der Europäischen Union* (GEU) wegen Verstoßes eines Gesetzgebungsaktes gegen das Subsidiaritätsprinzip anzurufen (vgl. Dokument 4).

Dokument 4, Anrufen des Gerichtshofs
Protokoll (Nr. 2)
   Über die Anwendung der Grundsätze der Subsidiarität und der Verhältnismäßigkeit
   (8) Der Gerichtshof der Europäischen Union ist für Klagen wegen Verstoßes eines Gesetzgebungsakts gegen das Subsidiaritätsprinzip zuständig, die nach Maßgabe des Artikels 263 des Vertrags über die Arbeitsweise der Europäischen Union von einem Mitgliedstaat erhoben oder entsprechend der jeweiligen innerstaatlichen Rechtsordnung von einem Mitgliedstaat im Namen *seines nationalen Parlaments* oder *einer Kammer* dieses Parlaments übermittelt werden.

Hervorhebungen durch den Autor

Die Formulierungen lassen nur eine schwache Form der Beteiligung im ordentlichen Gesetzgebungsverfahren erkennen (vgl. Kap. ▶ „Gesetzgebungs- und Haushaltsverfahren"), da der bereits geringe Einfluss auf Gesetzgebungsakte auch von der Anzahl der formulierten Rügen abhängig ist. Selbst in Fällen einer ‚orangen Karte' hängt der Einfluss der nationalen Parlamente von der Reaktion des EP oder des Rates ab. Eine Art ‚rote Karte‘, mit der eine Mehrheit der Parlamente eine Initiative der Kommission mit einem Veto blockieren kann, ist vertraglich nicht vorgesehen. Eine weitere Form der Mitwirkung wird in den Kontrollrechten nationaler Parlamente bei den Tätigkeiten von Eurojust (Art. 85 (1) AEUV) und Europol (Art. 88 (2) AEUV) vorgesehen.

Bei einer intensiven und umfassend abgestimmten Nutzung dieser Vertragsrechte könnten sich nationale Parlamente kollektiv zu einer „virtuellen Dritten Kammer" (Cooper 2012) (neben dem EP und dem Rat) entwickeln.

Eine Dritte Kammer
Über die Möglichkeiten einer virtuellen Zusammenarbeit hinaus wird auch immer wieder eine reale dritte Kammer vorgeschlagen. Nach dieser institutionellen Leitidee sollen Abgeordnete nationaler Parlamente – neben dem Rat und dem EP – eine eigenständige dritte Kammer bilden, die bei Gesetzgebungsakten der Union insbesondere zu nationalstaatlichen Kompetenzen und Instrumenten mitwirkt (Schäuble und Lamers 1994; Fischer 2000; Groen und Christiansen 2015; Thomas 2016). Besonders für die Euro-Zone wird eine derartige Kammer ins Gespräch gebracht (Kreilinger und Larhant 2016; EurActiv 2014), da sich im Zuge der monetären Integration und insbesondere angesichts der Maßnahmen in der Eurokrise traditionelle Zuständigkeiten nationaler Parlamente in der Eurozone auf die Exekutivorgane in der Union verlagern würden (vgl. Kap. ▶ „Wirtschaftspolitisches Handeln"). So plädieren beispielsweise der französische Präsident Emmanuel Macron oder auch der deutsche Finanzminister Wolfgang Schäuble für eine derartige Sichtweise (Mastrobuoni 2017).

Eine derartige Aufwertung der Rolle nationaler Parlamente zu selbstständigen Akteuren in der EU-Architektur gilt vielen Akteuren und Beobachtern als wenig sinnvoll, da sie die Komplexität der institutionellen Architektur weiter steigern. Sie ist auch wenig durchsetzungsfähig, da eine derartige Kammer nicht nur in direkter Konkurrenz zum EP, sondern auch zum Rat (der nationalen Regierungen) treten würde.

Mehrebenenparlamentarismus: Über schwache und starke gemeinsame Beteiligungsformen
Ein weiteres Modell mit Variationen sieht die Zukunft parlamentarischer Beteiligung nicht im Gegeneinander, sondern in Formen der Zusammenarbeit zwischen Parlamenten aus beiden Handlungsräumen. Nicht ein „entweder oder", ein parlamentarisches Nullsummenspiel, sondern ein gebündeltes Vorgehen ist das Kernstück dieser institutionellen Leitidee: Nationale Parlamente und das EP sollen sich gemeinsam an dem Politikzyklus des EU-Mehrebenensystems beteiligen.

In der wissenschaftlichen Literatur wird eine derartige Leitidee mit Begriffen wie „multilevel parliamentary field" (Crum und Fossum 2009) oder „compound representation" (Benz 2003) beschrieben. Die mit Bezug auf die Verflechtung des EU-Systems mit nationalen Systemen benutzte Typologisierung des „Europäischen Verfassungsverbunds" (Pernice und Hindelang 2010; Buzogány 2016, S. 198) und eines „Verfassungsgerichtsverbunds" (Voßkuhle 2010; Buzogány 2016, S. 198), wird mit Begriffen wie „Parlamentsverbund" (Buzogány 2016) und „kooperativer Parlamentarismus" (Buzogány 2016, S. 194) eingebracht. Im Lichte der Fusionstheorie (vgl. Kap. ▶ „Einführung") ist dieses Modell als eine Form der vertikalen Fusion zu charakterisieren.

Als Formen der interparlamentarischen Zusammenarbeit sind zu beobachten:

* die „Konferenz der Ausschüsse für Unionsangelegenheiten der Parlamente der EU";
* die „interparlamentarische Konferenz zur Außen- und Sicherheitspolitik und zur Gemeinsamen Sicherheits- und Verteidigungspolitik";
* die „Interparlamentarische Konferenz zur Stabilität, wirtschaftspolitischen Koordinierung und Steuerung" (gemäß Art. 13 des Vertrags über Stabilität, Koordinierung und Steuerung in der Wirtschafts- und Währungsunion (kurz Fiskalpakt);
* der „Gemeinsame parlamentarische Kontrollausschuss zu Europol";
* die „Konferenz der Präsidenten der nationalen Parlamente der EU" (EU-PPK);
* der „Konvent zur Vertragsänderung".

Die Konferenz der Ausschüsse für Unionsangelegenheiten (im europäischen Sprachgebrauch COSAC, Conférence des Organes Spßecialisés dans les Affaires Communautaires) wurde 1989 gegründet und setzt sich aus sechs Mitgliedern der entsprechenden Ausschüsse der nationalen Parlamente sowie sechs Mitgliedern des EP zusammen, zusätzlich kann jedes nationale Parlament bis zu drei Beobachter zu den Sitzungen schicken. Sie tagt ordnungsgemäß zweimal pro Jahr, über die letzten Jahre hinweg hat sich allerdings ein viermaliges Zusammentreffen etabliert.

Zu Beginn stellte die Konferenz ein Forum für den Meinungs- und Informationsaustausch zwischen nationalen Parlamenten der EU-Mitgliedstaaten dar. Im Zuge mehrerer Verträge wurde COSAC allerdings in ihrer Rolle begrenzt aufgewertet. Trotzdem bleiben die Beteiligungsrechte auch mit dem Vertrag von Lissabon schwach (vgl. Dokument 5).

Dokument 5, Die Rolle der nationalen Parlamente
Protokoll (Nr. 1) AEUV
    Artikel 10
    Eine Konferenz der Europa-Ausschüsse der Parlamente kann jeden ihr zweckmäßig erscheinenden Beitrag dem Europäischen Parlament, dem Rat und der Kommission zur Kenntnis bringen. Diese Konferenz fördert ferner den *Austausch von Informationen* und bewährten Praktiken zwischen den nationalen Parlamenten und dem Europäischen Parlament, einschließlich ihrer Fachausschüsse. Sie kann auch interparlamentarische Konferenzen zu Einzelthemen organisieren, insbesondere zur Erörterung von Fragen der Gemeinsamen Außen- und Sicherheitspolitik, einschließlich der Gemeinsamen Sicherheits- und Verteidigungspolitik. Die Beiträge der Konferenz *binden nicht die nationalen Parlamente* und greifen ihrem Standpunkt nicht vor.

Hervorhebungen durch den Autor

Nach diesen Bestimmungen erhält dieser Ausschuss kein Anhörungsrecht, wie der Vertrag es etwa dem *Wirtschafts- und Sozialausschuss* (WSA) (Art. 304 AEUV) oder dem *Ausschuss der Regionen* (AdR) (Art. 307 AEUV) zugestanden hat (Kap. ▶ „Mitspieler in der institutionellen Architektur der Europäischen Union"). EU-Organe sind demnach nicht verpflichtet, sich mit den Stellungnahmen von COSAC zu beschäftigen. Noch deutlicher werden die schwachen Beteiligungsformen durch die vertragliche Festlegung, dass Beiträge dieses interparlamentarischen Gremiums nationale Parlamente und das EP nicht binden. Diese Vorgabe für CO-SAC sowie die weiteren Debatten zur Rolle anderer Formen interparlamentarischer Konferenzen lassen immer wieder erkennen, dass das EP wie die nationalen Parlamente jeweils ihre eigenen Rechte betonen und diesen Mehrebenengremien keine Beteiligungsrechte zuordnen wollen. COSAC wird so generell als schwach und ineffektiv beschrieben (Buzogány 2016, S. 197).

Zudem sind in den letzten Jahren weitere Foren der interparlamentarischen Zusammenarbeit gegründet worden (Gattermann und Hefftler 2015). Im Rahmen der beiden Interparlamentarischen Konferenzen treffen Abgeordnete der nationalen Parlamente auf ihre europäischen Kollegen und Verantwortliche von EU-Institutionen. Dabei findet eine Tagung im Rahmen der Europäischen Parlamentarischen Woche in Brüssel statt und eine zweite Konferenz in dem Mitgliedstaat, der die Ratspräsidentschaft innehat.

Der Ausschuss nach Artikel 13 des Fiskalpakts soll die Diskussion über die Entwicklungen in der Eurozone zwischen den Parlamenten fördern (vgl. Dokument 6).

Dokument 6, Vertrag über Stabilität, Koordinierung und Steuerung in der Wirtschafts- und Währungsunion: Beziehungen des EP zu den nationalen Parlamenten

Vertrag über Stabilität, Koordinierung und Steuerung in der Wirtschafts- und Währungsunion

Artikel 13

Wie in Titel II des den Verträgen zur Europäischen Union beigefügten Protokolls (Nr. 1) über die Rolle der nationalen Parlamente in der Europäischen Union vorgesehen, bestimmen das Europäische Parlament und die nationalen Parlamente der Vertragsparteien gemeinsam über die Organisation und Förderung einer Konferenz von *Vertretern der zuständigen Ausschüsse des Europäischen Parlaments* und von *Vertretern der zuständigen Ausschüsse der nationalen Parlamente*, um die *Haushaltspolitik* und andere von diesem Vertrag erfasste Angelegenheiten zu *diskutieren*.

Hervorhebungen durch den Autor

Auch bei diesen Formen des Mehrebenenparlamentarismus werden bereits in den Gründungsdokumenten Spannungen zwischen den nationalen Parlamenten und dem EP erkennbar (Cooper 2012; Kreilinger und Larhant 2016). Neuere Formen der Zusammenarbeit bilden die Gemeinsame Parlamentarischen Kontrollausschüsse für die Europäische Polizeibehörde Europol und für die EU Agentur für justitielle Zusammenarbeit (Eurojust) (Kreilinger 2019a, S. 11).

Über diese schwachen Formen interparlamentarischer Diskussionsforen hinaus gibt es auch Modelle und Ansätze für eine stärkere Einflussnahme. Eine institutionelle Form ist im Konvent angelegt, in dem Vertreter der nationalen Parlamente, der Staats- und Regierungschefs der Mitgliedstaaten, des EP und der Kommission Entwürfe für Vertragsänderungen einbringen, prüfen und dann eine Empfehlung an die folgende Regierungskonferenz richten (Art. 48 (3) EUV) (vgl. Kap. ▶ „Vertragsänderungsverfahren").

Französischen Vorbildern folgend hat der frühere französische Staatspräsident Giscard d'Estaing einen „Kongress des Europäischen Volkes" vorgeschlagen, der aus nationalen und europäischen Abgeordneten zusammengesetzt ist. Er soll nach diesem Vorschlag besondere Entscheidungen legitimieren und unter anderem den Präsidenten des Europäischen Rates wählen (Giscard d'Estaing als Präsident des Konvents in: Norman 2003, S. 70–71). Diese Anregung wurde jedoch nicht weiter verfolgt.

3   Praxis: Empirischer Befund – Aktivitäten mit begrenzten Auswirkungen

In der gelebten Praxis sind vielfältige Aktivitäten zu beobachten, mit denen nationale Parlamente die Regelwerke nutzen, aber auch deutliche Indikatoren, dass nationale Abgeordnete ihre vertraglich zugestandenen Möglichkeiten nicht ausschöpfen.

3.1   Nationale Parlamente als innerstaatliche Kontrollinstanz: Variationen der Praxis

Empirische Befunde lassen eine hohe Variation der Kontrollmechanismen in der Praxis von nationalen Parlamenten gegenüber der Europapolitik ihrer jeweiligen Regierungen erkennen (Neuhold et al. 2015). Parlamente aus Nordeuropa gelten als besonders engagiert (Auel et al. 2015). So haben Parlamente auch unterschiedliche Formen entwickelt und genutzt, die Entscheidungen ihrer Regierungschefs im Europäischen Rat bzw. Euro-Gipfel zu begleiten (Wessels et al. 2013).

In der Eurokrise reduzierten Entscheidungen des Europäischen Rates traditionelle Haushaltsbefugnisse nationaler Parlamente noch weiter. Angesichts des Risikos einer weiteren De-Parlamentarisierung haben die bereits stärkeren Parlamente ihre Position ausbauen können, während die schwächeren noch mehr an Gewicht verloren (Auel und Höing 2015; Rittberger und Winzen 2015).

Auch der Bundestag erhielt infolge von Urteilen des Bundesverfassungsgerichts ein Vetorecht bei Beschlüssen zur Kreditgewährung durch den Europäischen Stabilitätsmechanismus (Bundesverfassungsgericht 2012, § 54).

Bei den Verfahren der haushalts- und wirtschaftspolitischen Koordinierung und Überwachung im sogenannten europäischen Semester beteiligen sich nationale Parlamente in unterschiedlichem Maße. Zu beobachten ist darüber hinaus ein verstärktes Engagement der Verwaltungen von nationalen Parlamenten (Högenauer und Neuhold 2015). So haben alle Parlamente – der Bundestag im Jahr 2006 – eigene Büros in Brüssel eröffnet, die eine von den jeweiligen Regierungen unabhängige Berichterstattung ermöglichen sollen.

Halbjährig tritt zudem eine Konferenz der Präsidenten der nationalen Parlamente gemeinsam mit dem Präsidenten des EP zusammen (EU-PPK). Diese konnte eine Beteiligung der nationalen Parlamente bei der Kontrolle von Europol erreichen. Eine weitere Form des Informationsaustausches stellt die Website IPEX (Interparlamentarischer EU-Informationsaustausch) dar.

3.2 Direkte Beteiligung: Geringe Nutzung des Frühwarnmechanismus

Abb. 4 zeigt die Entwicklung der Nutzung des Frühwarnmechanismus von 2010 bis 2018: Nach einer anfänglichen Euphorie fiel diese sehr gering aus. So haben 2015 nationale Parlamente nur acht begründete Stellungnahmen formuliert (vgl. Abb. 4). Eine Anrufung des Gerichtshofes der EU aufgrund des Verstoßes eines Gesetzgebungsaktes gegen das Subsidiaritätsprinzip ist noch nicht erfolgt.

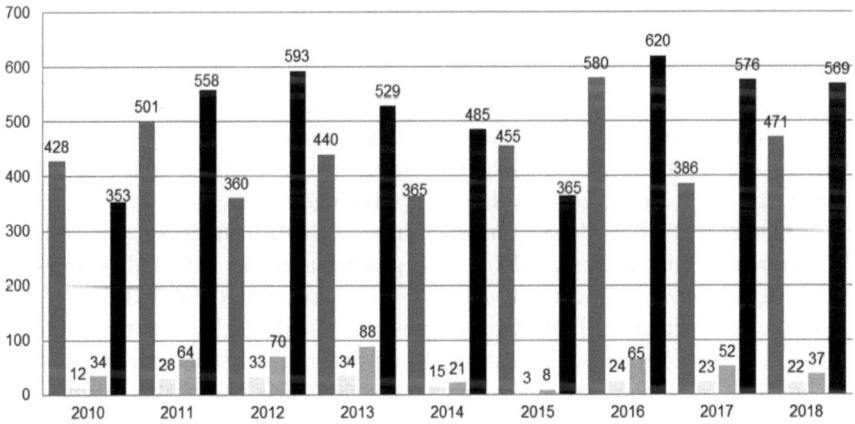

■ Legislativvorschläge der Kommission

Anzahl Legislativvorschläge, zu denen es mindestens eine begründete Stellungnahme gab

▨ Begründete Stellungnahmen

■ Politischer Dialog

Abb. 4 Nutzung des Frühwarnmechanismus im Zeitraum von 2010 bis 2018 Zahlen für die Stellungnahmen der nationalen Parlamente innerhalb des politischen Dialogs sind für 2016 noch nicht verfügbar. (Quelle: Eigene Darstellung, in Anlehnung an Europäische Kommission (2018), vgl. auch Kreilinger (2019b, S. 163))

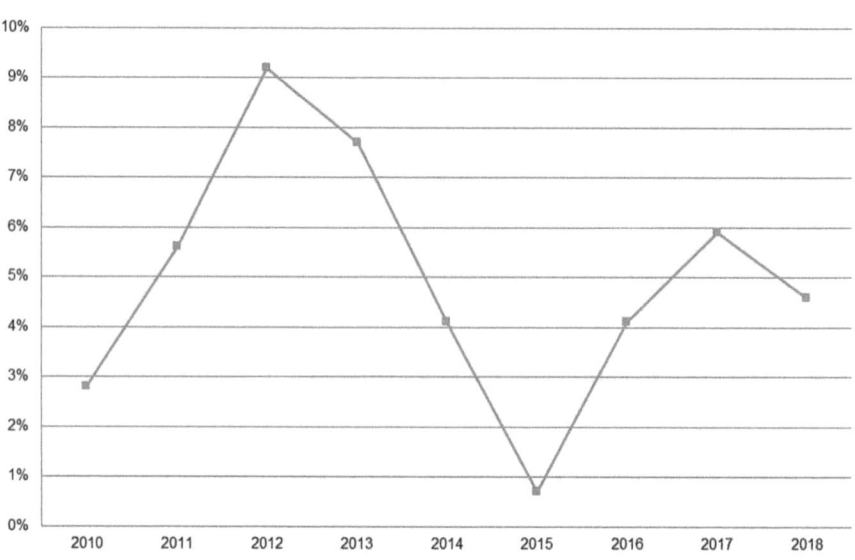

—■—Anteil der Legislativvorschläge, zu denen mindestens eine Begründete Stellungnahme abgegeben wurde, an allen
Legislativvorschlägen

Abb. 5 Prozentuale Nutzung des Frühwarnmechanismus 2010 bis 2018. (Quelle: Eigene Darstellung, in Anlehnung an Europäische Kommission (2018), vgl. auch Kreilinger (2019a, S. 3))

Zwischen 2009 und 2016 haben sich Rügen nationaler Parlamente nur dreimal zu einer gelben Karte aufaddiert (2009: Monti-II-Verordnung, 2013: EStA (Errichtung Europäische Staatsanwaltschaft), 2016: Überholung Entsenderichtlinie 96/71/EG) (Buzogány 2016; Hoppe 2016, S. 177–178; Kreilinger 2013).

In nur einem Fall hat die Kommission ihren Vorschlag zurückgezogen („Monti II"-Verordnung zum Streikrecht 2009). Dies geschah aber eher aufgrund der schwindenden Unterstützung für den Vorschlag im Europäischen Rat und im EP.

Die reale Nutzung des Frühwarnmechanismus wird deutlich, wenn man sich die Anzahl der Legislativvorschläge anschaut, zu denen mindestens eine begründete Stellungnahme formuliert wurde. Die Entwicklung der Nutzung ist in Abb. 5 dargestellt. Auch hier lässt sich die anfängliche Euphorie anhand des Anstieges bis 2012 auf neun Prozent erkennen. Nach einem starken Rückgang bis 2015, wurden 2016 ebenso lediglich zu vier Prozent der Legislativvorschläge der Kommission begründete Stellungnahmen formuliert.

Daneben ist auch eine unterschiedlich starke Nutzung des Frühwarnmechanismus seitens der nationalen Parlamente festzustellen. So richtete Schweden 2010 bis 2016 53 begründete Stellungnahmen an die Kommission, während das Unterhaus in Slowenien im gleichen Zeitraum nur eine Stellungnahme formulierte (vgl. Abb. 6).

Deutschland hat 2010 bis 2016 insgesamt 13 Stellungnahmen an die Europäische Kommission gerichtet und liegt damit im mittleren Bereich im Ländervergleich.

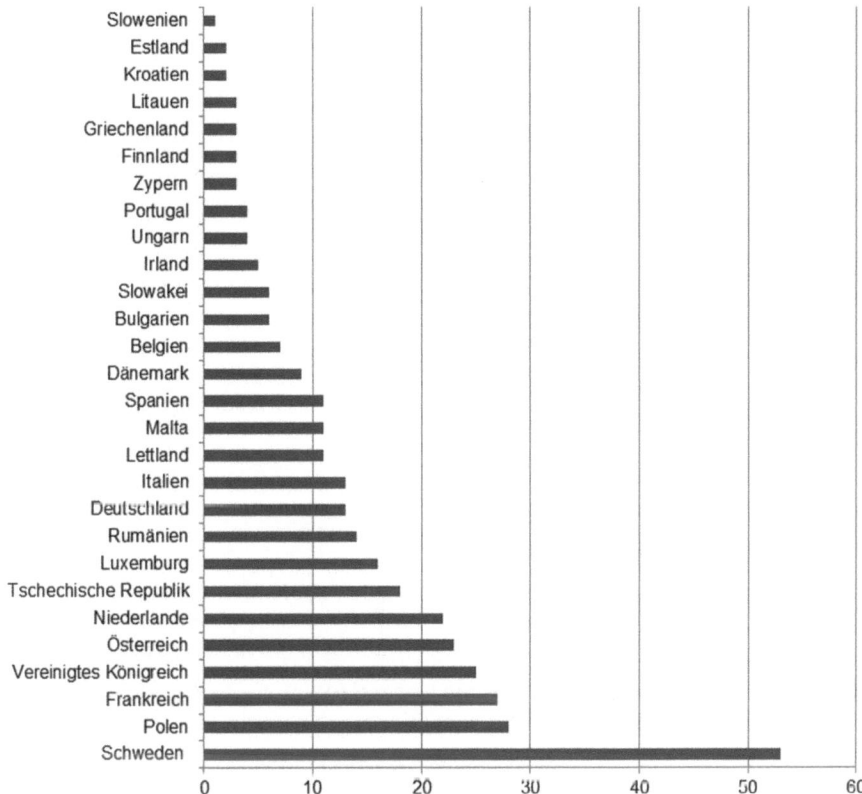

Abb. 6 Begründete Stellungnahmen nach Parlamenten (2010–2016). (Quelle: Eigene Darstellung, in Anlehnung an Buzogány (2016, S. 203))

Davon entfielen jedoch nur drei auf den Bundestag. Der Bundesrat hat so zum Beispiel Kritik an der Initiative der Europäischen Kommission geäußert, den Informationsaustausch ECRIS (European Criminal Records Information System) auszuweiten. Die Kommission hat die Rüge jedoch zurückgewiesen.

Zu prüfen wäre, wie sich in dem folgenden Gesetzgebungsprozess die jeweiligen Regierungen im Rat verhalten, deren Parlamente eine begründete Stellungnahme formuliert haben.

Insgesamt ist der Frühwarnmechanismus mit Blick auf die reale Nutzung wenig effektiv (vgl. Abb. 4 und 5). Zum Teil kann die geringe Nutzung auf den „informellen politischen Dialog" zurückgeführt werden, den die Kommission intensiv mit nationalen Parlamenten pflegt (vgl. Abb. 7) (Europäische Kommission 2016a; Gattermann und Hefftler 2015).

Aber auch bei den Bemühungen zum politischen Dialog stellt die Kommission einen Rückgang fest (Hoppe 2016, S. 178; Europäische Kommission 2019).

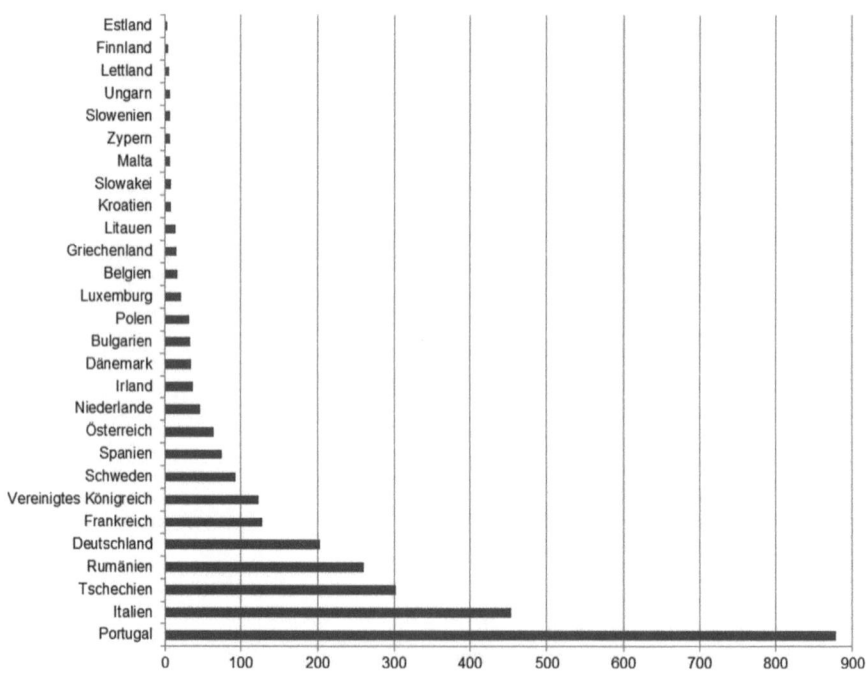

Abb. 7 Nutzung des politischen Dialogs 2010 bis 2015. (Quelle: Eigene Darstellung, in Anlehnung an Europäische Kommission (2018))

Diese Bilanz kann durch mehrere Faktoren erklärt werden. So wird eine höhere Nutzung im Falle von Minderheitenregierungen und bei intensiven europapolitischen Kontroversen in den Mitgliedstaaten sowie in Konstellationen wirtschaftlicher Rezession beobachtet. Nicht relevant ist die relative Stärke der Parlamente im nationalen Kontext (Gattermann und Hefftler 2015, S. 316–322; Höpner und Ehret 2016; Williams 2016).

3.3 Mehrebenenparlamentarismus: Konkurrenz oder Kooperation?

Auch bei den interparlamentarischen Konferenzen sind kaum direkte Wirkungen beobachtbar. Ein Einfluss dieser Gremien auf die Politik- und Systemgestaltung wird selten festgestellt. Die neu eingerichteten Konferenzen zur GASP und zum Fiskalpakt waren in den ersten Jahren häufig von Konkurrenzdenken zwischen dem EP und nationalen Parlamenten geprägt (Hoppe 2016; Hefftler, et al. 2013), wie sie auch in den halbjährlichen Tagungen von COSAC immer wieder beobachtbar waren und sind. Die mühsam erarbeitete Geschäftsordnung der interparlamentarischen Konferenz zur GASP betont so die Grenzen der Verbindlichkeit der gemeinsamen Erklärung (vgl. Dokument 7).

> **Dokument 7, Verbindlichkeit der Schlussfolgerungen interparlamentarischer Konferenzen Geschäftsordnung der Interparlamentarischen Konferenz zur Gemeinsamen Außen- und Sicherheitspolitik und Gemeinsamen Sicherheits- und Verteidigungspolitik**
> **Artikel 1**
> [...]
> 14. Entsprechend den in Artikel 7 festgelegten Verfahren kann die Interparlamentarische Konferenz *Schlussfolgerungen* zu Angelegenheiten im Zusammenhang mit der GASP und GSVP der EU *annehmen*. Die Schlussfolgerungen sind für die nationalen Parlamente oder das Europäische Parlament *nicht verbindlich* und haben *keine präjudizierende Wirkung* im Hinblick auf ihre Standpunkte.
>
> Hervorhebungen durch den Autor

Diese Formen interparlamentarischer Zusammenarbeit haben so vielfach geäußerte Erwartungen nicht erfüllt (Kreilinger und Larhant 2016, S. 6). Ein wesentliches Ziel, die Aktivitäten nationaler Regierungen über mehrere Ebenen hinweg zu kontrollieren und so ein Gegengewicht zum Rat und insbesondere zum Europäischen Rat zu schaffen, konnte nicht realisiert werden (Hefftler und Wessels 2013). Die institutionellen Leitideen eines „Parlamentsverbunds", eines „kooperativen Parlamentarismus" oder einer „vertikalen Fusion" (siehe oben) erweisen sich zumindest bis 2018 als wenig realitätsnah, da der Mehrebenenparlamentarismus eher von internen Konflikten dominiert ist als von dem Vorhaben, die Zusammenarbeit der Exekutiven gemeinsam zu kontrollieren und zu beeinflussen. Zu beobachten sind auch wenige Formen der bilateralen Zusammenarbeit von nationalen Parlamenten. So haben die französische Assemblée nationale wie der deutsche Bundestag 2019 durch den Vertrag von Aachen ihre Kooperation intensiviert (Kreilinger 2019b, S. 164).

4 Zusammenfassung, Diskussion und Perspektiven

4.1 Zum Befund: Erklärungen für ein Paradox

Angesichts des empirischen Befunds ist ein Paradox zu beobachten. Der Lissabonner Vertrag fordert, dass die nationalen Parlamente „aktiv zur guten Arbeitsweise" (Art. 12 EUV) beitragen und hat ihnen neue und zusätzliche Mitwirkungsmöglichkeiten eingeräumt. Der Befund der ‚gelebten (Vertrags-)Praxis' zeigt aber nur einen geringen Grad an Aktivitäten der nationalen Parlamente bei der Nutzung des geschriebenen Vertragswerkes. Sie sind nicht zu europäischen Mitspielern (im wissenschaftlichen Sprachgebrauch *European players*) geworden (vgl. Kap. ▶ „Einführung"). Überraschend ist immer wieder festzustellen, dass die Praxis der Parlamentsaktivitäten hinter den selbst gesetzten Ansprüchen auf frühzeitige und umfassende Mitwirkung zurückbleibt.

Aufgrund dieser Beobachtungen nehmen die nationalen Abgeordneten die vertragsgemäße Rolle als Subsidiaritätswächter nur begrenzt wahr.

Zur Erklärung dieser Diskrepanz kann ein Rational-Choice-Ansatz beitragen, der politisches Handeln durch konkrete Anreize (im wissenschaftlichen Sprachgebrauch *incentives*) für Akteure erklärt. Die Interessen der Abgeordneten nationaler Parlamente sind aus dieser Sicht – mit unterschiedlichen Prioritäten – auf die Durchsetzung programmatischer Punkte bei der jeweiligen Politikgestaltung, Gewinnung von Positionen in Parlamenten und Regierungen sowie auf Wiederwahl orientiert (Auel und Christiansen 2015, S. 269–270). Angesichts eines derartigen Zielkatalogs sind dann EU-bezogene Aktivitäten in nationalen Parlamenten wie in interparlamentarischen Mehrebenenkonferenzen wenig nützlich, da ihre (Außen-)Wirkungen zur Erreichung dieser zentralen Präferenzen von Abgeordneten begrenzt sind. Aus einer derartigen Sicht ist eine negative Spirale zu erkennen: Schwache Beteiligungsrechte führen zu begrenztem Interesse an der Nutzung der Regelwerke, die die bereits begrenzten Einflussmöglichkeiten dann in der Praxis weiter aushöhlen. Folgt man einer derartigen Analyse, dann wären stärkere formalisierte Beteiligungsrechte als ein möglicher Ausweg aus dieser unbefriedigenden Lage anzustreben.

4.2 Vorschläge und Optionen: Grüne und rote Karten

Zur Aufwertung des Einflusses nationaler Parlamente gibt es eine Reihe von Vorschlägen (Kreilinger 2019a, S. 13). So gibt es einige pragmatische Vorschläge – z. B. durch den Ausbau der administrativen Unterstützung. Grundsätzlicher sieht ein Vorschlag die Einführung einer ‚grünen Karte' vor. Danach sollen nationale Parlamente der Kommission Gesetzesinitiativen vorschlagen können (Hoppe 2016, S. 180; COSAC 2015). Für Abgeordnete besteht dann das Angebot, inhaltlich programmatische Vorschläge zu lancieren. Die ‚grüne Karte' wäre somit eine Chance, den Frühwarnmechanismus in ein „proaktives Instrument" umzuwandeln (Buzogány 2016, S. 210). Eine derartige Möglichkeit könnte die Kommission den Parlamenten ohne Vertragsänderungen informell einräumen. Diese Option könnte auch durch die Erweiterung des informellen politischen Dialogs zumindest teilweise umgesetzt werden. Auch ein gemeinsames Vorgehen mit dem EP und dessen rechtlichen Möglichkeiten – z. B. über die vorgeschaltete Initiativmöglichkeit nach Art. 225 AEUV – wird diskutiert.

Auch der Vorschlag für eine ‚rote Karte' wurde diskutiert: Im Vorfeld des Brexit-Referendums war der Europäische Rat Forderungen des britischen Premierministers (Cameron 2015) entgegengekommen. Aufgrund dieser vertraglich nicht festgelegten Verfahrensregeln würde der Rat bei begründeten Stellungnahmen von 55 % aller nationalen Parlamente die weitere Beschäftigung mit einem Gesetzgebungsvorschlag einstellen (Europäischer Rat 2016). Diese Überlegungen wurden danach nochmals durch die Regierungen der Visegrád-Staaten in die Debatte über die strategische Agenda des Europäsichen Rates 2019–2024 eingebracht (Kreilinger 2019a, S. 4).

Auch bei den Aktivitäten interparlamentarischer Konferenzen stellt sich die Frage, ob sich die bisherige beschränkte Nutzung durch eine Stärkung der Beteiligungsrechte im Politikzyklus der EU-Architektur erhöhen ließe, etwa durch die Nutzung moderner Technologien wie beispielsweise Videokonferenzen. Die Interessenlage der relevanten Unionsorgane und sogar der beteiligten Parlamente lässt aber eine Aufwertung dieser Konferenzen als mögliche Mitspieler und damit auch als Konkurrenten zu anderen Organen nicht erwarten. Die institutionelle Leitidee des Parlamentsverbundes wird nach dieser Analyse wenig konkreten Niederschlag in der Praxis der Politik- und Systemgestaltung finden.

Umstritten ist grundsätzlich, inwiefern Formen parlamentarischer Beteiligungsrechte und deren jeweilige Praxis die Legitimität der EU-Entscheidungen in den Augen der europäischen Bürgerinnen und Bürger effektiv steigern können oder ob diese Aktivitäten nicht letztlich weitgehend unbemerkt bleiben. Als Folge von Referenden wird dazu auch noch die entsprechende Autorität der Parlamente beim Verfolgen nationaler Interessen in Frage gestellt.

Als Gesamtergebnis kann konstatiert werden: Anreize für Abgeordnete, ihre Zusammenarbeit horizontal zwischen nationalen Parlamenten im Frühwarnmechanismus und vertikal mit dem EP in den interparlamentarischen Konferenzen zu intensivieren, bleiben insgesamt gering. Mit Blick auf diesen Befund und dessen Erklärungsansätze fördern die institutionellen Logiken der EU-Architektur keine nachhaltigen Tendenzen zu einer vertikalen Fusion parlamentarischer Aktivitäten.

5   Zur Wiederholung und Vertiefung

Merkpunkte und Stichworte
- Grundkenntnisse:
  - Drei zentrale Modelle für die Beteiligung nationaler Parlamente
  - Stufen des Frühwarnmechanismus
  - Interparlamentarische Konferenzen
- Begriffe: Definition, Befund und Bedeutung
  - Frühwarnmechanismus
  - Mehrebenenparlamentarismus
  - Nationale Parlamente als Vetospieler bei der EU-Systemgestaltung
  - Formen einer Dritten Kammer

Fragen
- Warum sollten nationale Parlamenten an der Politikgestaltung beteiligt werden?
- Wie kann das Paradox zwischen den Vorgaben des Vertragswerkes und der begrenzten Nutzung in der Praxis erklärt werden?

Thesen zur Diskussion
- Nationale Parlamente sind die Verlierer des Integrationsprozesses.
- Die nationalen Parlamente sollten eine am EU-Gesetzgebungsprozess gleichberechtigte dritte Kammer bilden.

- Die Rolle nationaler Parlamente wird überschätzt.
- Die Legitimität der EU wird durch eine Stärkung der Rolle nationaler Parlamente nicht gestärkt.

Literatur

Online-Quellen

https://ipexl.secure.europarl.europa.eu/IPEXL-WEB/conferences/cosac.
Konferenz der Ausschüsse für Gemeinschafts- und Europa-Angelegenheiten (Conférence des Organes Spécialisés dans les Affaires Communautaires, COSAC).

Einführende Literatur

Auel, Katrin, und Christine Neuhold. 2018. Europeanisation of National Parliaments in European Union Member States: Experiences and Best Practic.
Hefftler, Claudia, Valentin Kreilinger, Olivier Rozenberg, und Wolfgang Wessels. 2013. National Parliaments: Their Emerging Control over the European Council. *Notre Europe Policy Paper* 89 (27.03.2013). https://www.europarl.europa.eu/document/activities/cont/201303/20130327ATT 63968/20130327ATT63968EN.pdf. Zugegriffen am 01.07.2022.
Kreilinger, Valentin. 2019. Subsidiarität und mehr: Die Mitwirkung nationaler Parlamente in der EU. Jacques Delors Institut Berlin, Policy Paper.
Kreilinger, Valentin. 2020. Nationale Parlamente. In *Europa von A bis Z. Taschenbuch der europäischen Integration*, Hrsg. Werner Weidenfeld, Wolfgang Wessels und Funda Tekin, 15. Aufl., 467–469. Wiesbaden: Springer VS.
Kreilinger, Valentin. 2020. Nationale Parlamente. In *Jahrbuch der Europäischen Integration 2020*, Hrsg. Werner Weidenfeld und Wolfgang Wessels, 167–171. Baden-Baden: Nomos.
Maurer, Andreas, und Wolfgang Wessels, Hrsg. 2001. *National Parliaments on their Ways to Europe: Losers or Latecomers?* Baden-Baden: Nomos.
Nugent, Neill, Hrsg. 2010. *The Government and Politics of the European Union*, 7. Aufl. Basingstoke: Palgrave Macmillan.

Literaturverzeichnis

Auel, Katrin, und Thomas Christiansen. 2015. *After Lisbon: National Parliaments in the European Union*. London: Routledge.
Auel, Katrin, und Oliver Höing. 2015. National parliaments and the Eurozone crisis: Taking ownership in difficult times? *West European Politics* 38(2): 375–395.
Auel, Katrin, Rozenberg Olivier, und Tacea Angela. 2015. Fighting back? And, if so, how? Measuring parliamentary strength and activity in EU affairs. In *The Palgrave Handbook of National Parliaments and the European Union*, Hrsg. Christine Neuhold, Olivier Rozenberg, Julie Smith und Claudia Hefftler. London: Palgrave Macmillan.
Benz, Arthur. 2003. Mehrebenenverflechtung in der Europäischen Union? In *Europäische Integration*, Hrsg. Markus Jachtenfuchs und Beate Kohler-Koch, 317–351. Wiesbaden: VS Verlag für Sozialwissenschaften.

Bundesverfassungsgericht. 1994. Tübingen. *Urteil des Bundesverfassungsgerichts über die Verfassungsbeschwerden gegen den Vertrag von Maastricht vom 12.10.1993.*

Bundesverfassungsgericht. 2009. Karlsruhe. *Urteil vom 30.06.2009 – 2 BvE 2/08.* https://www.bundes verfassungsgericht.de/entscheidungen/es20090630_2bve000208. Zugegriffen am 01.07.2022.

Bundesverfassungsgericht. 2012. Karlsruhe. *Urteil vom 12.09.2012 – 2 BvR 1390/1.* https://www.bundesverfassungsgericht.de/entscheidungen/rs20120912_2bvr139012.html. Zugegriffen am 01.07.2022.

Buzogány, Aron. 2016. Auf dem Weg zum Parlamentsverbund? Kooperativer Parlamentarismus in der Europäischen Union. *Zeitschrift für Staats- und Europawissenschaften* 14(2): 192–212.

Cameron, David. 2015. London. *A new settlement for the United Kingdom in a reformed European Union.* https://assets.publishing.service.gov.uk/government/uploads/system/uploads/attachment_ data/file/475679/Donald_Tusk_letter.pdf. Zugegriffen am 01.07.2022.

Christensen, Mette Buskjoer. 2015. The Danish folketing and EU affairs: Is the Danish model of parliamentary scrutiny still best practice? In *The Palgrave Handbook of National Parliaments and the European Union,* Hrsg. Christine Neuhold, Olivier Rozenberg, Julie Smith und Claudia Hefftler, 275–290. Basingstoke: Palgrave Macmillan.

Cooper, Ian. 2012. A ‚virtual tird chamber' for the European Union? National parliaments after the treaty of Lisbon. *West European Politics* 35(3): 441–465.

COSAC. 2015. *Developments in European Union procedures and practices relevant to parliamentary scrutiny,* Twenty-fourth bi-annual report. http://www.cosac.eu/documents/bi-annual-reports-of-cosac.

Crum, Ben, und John Erik Fossum. 2009. The multilevel parliamentary field: A framework for theorizing representative democracy in the EU. *European Political Science Review* 1(2): 249–271.

Crum, Ben. 2018. Parliamentary accountability in multilevel governance: What role for parliaments in post-crisis EU economic governance? *Journal of European Public Policy* 25(2): 268–286.

EurActiv. 2014. *Schäuble advocates separate eurozone parliament.* https://www.euractiv.com/section/ future-eu/news/schauble-advocates-separate-eurozone-parliament/. Zugegriffen am 01.07.2022.

Europäische Kommission. 2016a. *Jahresbericht 2015 über die Beziehungen zwischen der Europäischen Kommission und den Nationalen Parlamenten.* https://ec.europa.eu/transparency/regdoc/ rep/1/2016/DE/1-2016-471-DE-F1-1.PDF. Zugegriffen am 01.07.2022.

Europäische Kommission. 2018. Register von Kommissionsdokumenten. https://ec.europa.eu/trans parency/regdoc/. Zugegriffen am 01.07.2022.

Europäische Kommission. 2019. *Report form the commission annual report 2018 on subsidiarity and proportionality.* https://ec.europa.eu/info/sites/default/files/annual-report-subsidiarity-pro portionality-and-relations-with-national-parliaments_en_0.pdf. Zugegriffen am 01.07.2022.

Europäischer Rat. 2016. Brüssel. *Schlussfolgerungen des Europäischen Rates vom 18. und 19.02.2016.* https://data.consilium.europa.eu/doc/document/ST-1-2016-INIT/de/pdf. Zugegriffen am 01.07.2022.

Europäisches Parlament. 2009. *Bericht über die Entwicklung der Beziehungen zwischen dem Europäischen Parlament und den nationalen Parlamenten im Rahmen des Vertrags von Lissabon (2008/2120(INI)).* https://www.europarl.europa.eu/doceo/document/A-6-2009-0133_DE.html? redirect. Zugegriffen am 01.07.2022.

Fischer, Joschka. 2000. Vom Staatenbund zur Föderation – Gedanken über die Finalität der Europäischen Integration, Rede vom 12.05.2000 an der Humboldt-Universität Berlin. In *Die neue Europadebatte: Leitbilder für das Europa der Zukunft,* Hrsg. Hartmut Marhold, 41–54. Bonn: Europa Union Verlag.

Gattermann, Katjana, und Claudia Hefftler. 2015. Beyond institutional capacity: Political motivation and parliamentary behaviour in the early warning system. *West European Politics* 38(2): 305–334.

Groen, Afke, und Thomas Christiansen. 2015. National Parliaments in the European Union: Conceptual Choices in the European Union's Constitutional Debate. In *The Palgrave Handbook of National Parliaments and the European Union,* Hrsg. Christine Neuhold, Olivier Rozenberg, Claudia Hefftler und Julie Smith, 43–59. Basingstoke: Palgrave Macmillan.

Hefftler, Claudia, Valentin Kreilinger, Olivier Rozenberg, und Wolfgang Wessels. 2013. National parliaments: Their emerging control over the European Council. *Notre Europe Policy Paper 89 (27.03.2013)*. https://www.europarl.europa.eu/document/activities/cont/201303/20130327ATT 63968/20130327ATT63968EN.pdf. Zugegriffen am 01.07.2022.

Hefftler, Claudia, und Wolfgang Wessels. 2013. The democratic legitimacy of the EU's economic governance and national parliaments. *IAI Working Papers* 13(13). https://www.iai.it/sites/default/files/iaiwp1313.pdf. Zugegriffen am 01.07.2022.

Högenauer, Anna-Lena, und Christine Neuhold. 2015. National parliaments after Lisbon: Administrations on the rise? *West European Politics* 38(2): 335–354.

Höing, Oliver. 2015. With a Little Help of the Constitutional Court: The Bundestag on Its Way to an Active Policy Shaper. In *The Palgrave Handbook of National Parliaments and the European Union*, Hrsg. Christine Neuhold, Olivier Rozenberg, Claudia Hefftler und Julie Smith, 191–208. Basingstoke: Palgrave Macmillan.

Höpner, Martin, und Lena Ehret. 2016. Endlich Subsidiarität? Die parlamentarische Subsidiaritätskontrolle am Beispiel von „Monti II". *Politische Vierteljahresschrift* 57(3): 403–429.

Hoppe, Alexander. 2016. Nationale Parlamente. In *Jahrbuch der Europäischen Integration 2016*, Hrsg. Werner Weidenfeld und Wolfgang Wessels, 177–180. Baden-Baden: Nomos.

Kreilinger, Valentin. 2013. The new inter-parliamentary conference for economic and financial governance. *Notre Europe policy paper 100 (October 2013)*: https://institutdelors.eu/wp-content/uploads/2020/08/interparliamentaryconferenceecofinkreilingerne-jdioct2013.pdf. Zugegriffen am 01.07.2022.

Kreilinger, Valentin, und Morgan Larhant. 2016. Braucht die Eurozone ein Parlament? Jacques Delors Institute Berlin, Policy Paper.

Kreilinger, Valentin. 2019a. Subsidiarität und mehr: Die Mitwirkung nationaler Parlamente in der EU. Jacques Delors Institut Berlin, Policy Paper.

Kreilinger, Valentin. 2019b. Nationale Parlamente. In *Jahrbuch der Europäischen Integration 2019*, Hrsg. Werner Weidenfeld und Wolfgang Wessels, 161–164. Baden-Baden: Nomos.

Kreilinger, Valentin, und Morgan Larhant. 2016. Does the Eurozone need a Parliament? *Notre Europe policy paper 176 (November 2016)*. Berlin: Jaques Delors Institut. https://institutdelors.eu/wp-content/uploads/2020/08/eurozoneparliament-kreilingerlarhant-jdib-nov16.pdf. Zugegriffen am 01.07.2022.

Mastrobuoni, Tonia. 2017. Schäuble: „Così Francia e Germania cambieranno la Ue". *La Repubblica*. https://www.repubblica.it/economia/2017/05/11/news/scha_uble_cosi_francia_e_germania_cambieranno_la_ue-165144892/. Zugegriffen am 01.07.2022.

Maurer, Andreas. 2001. National Parliaments in the European Architecture: From Latecomers' Adaptation towards Permanent Institutional Change? In *National Parliaments on their Ways to Europe: Losers or Latecomers?* Hrsg. Andreas Maurer und Wolfgang Wessels, 27–76. Baden-Baden: Nomos.

Maurer, Andreas, und Wolfgang Wessels, Hrsg. 2001a. National Parliaments after Amsterdam: From Slow Adapters to National Players? In *National Parliaments on their Ways to Europe: Losers or Latecomers?* 425–475. Baden-Baden: Nomos.

Maurer, Andreas, und Wolfgang Wessels, Hrsg. 2001b. *National Parliaments on their Ways to Europe: Losers or Latecomers?* Baden-Baden: Nomos.

Neuhold, Christine, Olivier Rozenberg, Julie Smith, und Claudia Hefftler, Hrsg. 2015. *The Palgrave Handbook of National Parliaments and the European Union*. Basingstoke: Palgrave Macmillan.

Norman, Peter. 2003. *The Accidental Constitution. The Story of the European Convention*. Brüssel: EuroComment.

Pernice, Ingolf, und Steffen Hindelang. 2010. Potenziale europäischer Politik nach Lissabon – Europapolitische Perspektiven für Deutschland, seine Institutionen, seine Wirtschaft und seine Bürger nach dem Indrafttreten des Vertrags von Lissabon. *Europäische Zeitschrift für Wirtschaftsrecht* 21(11): 407–413.

Rittberger, Berthold, und Thomas Winzen. 2015. Parlamentarismus nach der Krise: Die Vertiefung parlamentarischer Asymmetrie in der reformierten Wirtschafts- und Währungsunion. *Politische Vierteljahresschrift* 56(3): 430–456.

Rozenberg, Olivier, und Claudia Hefftler. 2015. Introduction. In *The Palgrave Handbook of National Parliaments and the European Union*, Hrsg. Christine Neuhold, Olivier Rozenberg, Claudia Hefftler und Julie Smith, 1–39. Basingstoke: Palgrave Macmillan.

Schäuble, Wolfgang, und Christian Lamers. 1994. *Überlegungen zur europäischen Politik (Schäuble-Lamers-Papier).* https://eu-asia.essca.fr/wp-content/uploads/sites/4/2014/09/schaeuble-lamers-papier-1994.pdf. Zugegriffen am 01.07.2022.

Thomas, Anja. 2016. After the constitutional treaty and the treaty of Lisbon – The unexpected consequences of the ‚constitutional process' for the democratic legitimation of the European Union.

Voßkuhle, Andreas. 2010. Der europäische Verfassungsgerichtsverbund. *Neue Zeitschrift für Verwaltungsrecht* 29(1): 1–7.

Wessels, Wolfgang, Olivier Rozenberg, Mirte Van den Berge, Claudia Hefftler, Valentin Kreilinger, und Laura Ventura. 2013. *Democratic control in the member states of the European Council and the Euro zone summits.* https://www.europarl.europa.eu/RegData/etudes/etudes/join/2013/474392/IPOL-AFCO_ET(2013)474392_EN.pdf. Zugegriffen am 01.07.2022.

Williams, C. J. 2016. Issuing reasoned opinions: The effect of public attitudes towards the European Union on the usage of the „Early Warning System". *European Union Politics* 17(3): 504 521.

Winzen, Thomas, Chritilla Roederer-Rynning, und Frank Schimmelfennig. 2015. Parliamentary co-evolution: National parliamentary reactions to the empowerment of the European Parliament. *Journal of European Public Policy* 22(1): 75–93.

Mitspieler in der institutionellen Architektur der Europäischen Union

Inhalt

Zusammenfassung

Zur Analyse der institutionellen Architektur der EU gehören Aktivitäten von Akteuren, die nicht unmittelbar innerhalb der Institutionen wirken, aber als Mitspieler vor und bei Entscheidungsprozessen zur Politik- und Systemgestaltung Einfluss ausüben können. Der Kreis der politisch relevanten Gruppen der Zivilgesellschaft, Parteien, Verbände und Interessengruppen wird angesichts der beobachtbaren Phänomene im EU-System bewusst weit gezogen. Vertreter eines breiten Spektrums an Mitspielern beteiligen sich auf einer Vielzahl von Politikfeldern an der Vorbereitung, Verabschiedung, Durchführung und Kontrolle von verbindlichen Rechtsakten. Die vertraglichen Regelwerke und die gelebte Praxis zeigen dabei erhebliche Variationen an formalisierter und informeller Einflussnahme. Besonders ausgeprägt, aber nicht notwendigerweise starke Formen der Beteiligung sind bei dem Europäischen Wirtschafts- und Sozialausschuss (WSA) und dem Ausschuss der Regionen (AdR), zu beobachten.

© Springer Fachmedien Wiesbaden GmbH, ein Teil von Springer Nature 2022   405
W. Wessels, *Das Politische System der Europäischen Union*,
https://doi.org/10.1007/978-3-658-10013-1_11

Organisationen der Zivilgesellschaft · Wirtschafts- und Sozialausschuss · Ausschuss der Regionen · Medien · Europäische Parteien

1 Eckpunkte im Überblick: Vielzahl und Vielfalt relevanter Akteursgruppen

Zur Analyse der institutionellen Architektur der EU gehören, wie zum Studium anderer politischer Systeme, Aktivitäten von Akteuren, die nicht unmittelbar innerhalb der Institutionen wirken, aber als Mitspieler bei Entscheidungsprozessen zur Politik- und Systemgestaltung in einer komplexen Infrastruktur Einfluss ausüben können (vgl. Kap. ► „Einführung"; Hodson und Peterson 2017). Der Kreis der politisch relevanten Gruppen der Zivilgesellschaft, Parteien, Verbände und Interessengruppen wird angesichts der beobachtbaren Phänomene im EU-System bewusst weit gezogen. Vertreter eines breiten Spektrums an Mitspielern beteiligen sich in einer Vielzahl von Politikfeldern an der Vorbereitung, Verabschiedung, Durchführung und Kontrolle von verbindlichen Rechtsakten. Die Aktivitätenprofile dieser Akteursgruppen zeigen erhebliche Variationen an formalisierter und informeller Einflussnahme mit starken und schwachen Formen der Beteiligung an der Politikgestaltung in der EU-Architektur.

Für die Bürgerinnen und Bürger sowie sogenannte „repräsentative Verbände" formuliert der Vertrag eine Verpflichtung der Unionsorgane, einen „offenen, transparenten und regelmäßigen Dialog" zu führen (vgl. Dokument 1).

Dokument 1, Dialog der Unionsorgane
Art. 11 EUV
(1) Die Organe geben den Bürgerinnen und Bürgern und den *repräsentativen Verbänden* in geeigneter Weise die Möglichkeit, ihre Ansichten in allen Bereichen des Handelns der Union *öffentlich bekannt zu geben und auszutauschen.*
(2) Die Organe pflegen einen *offenen, transparenten* und *regelmäßigen Dialog* mit den *repräsentativen Verbänden* und der Zivilgesellschaft.
(3) Um die Kohärenz und die Transparenz des Handelns der Union zu gewährleisten, führt die Europäische Kommission *umfangreiche Anhörungen* der Betroffenen durch.

Hervorhebungen durch den Autor

In dieses Untersuchungsfeld zur institutionellen Architektur gehören:

• Die vertraglich verankerten „beratenden Ausschüsse" (Art. 13 (4) EUV), d. h. der *Wirtschafts- und Sozialausschuss* (WSA) (Art. 301–304 AEUV) (Dialer und

Walli 2019) sowie der *Ausschuss der Regionen* (AdR) (Art. 305–307 AEUV) (Schmuck 2019);

- Europäische Parteien (Art. 10 (4) EUV und Art. 224 AUEV) (Weigl 2019; Maurer und Mittag 2016; Mittag 2016b);
- Regionen (Schmuck 2019);
- Unterschiedliche Typen von Agenturen (Hedderich und Plottka 2016; Kaeding 2019);
- Wirtschaftliche Interessengruppen, z. B. Dachverbände, Branchenverbände, Berufsverbände, Handelskammern und einzelne Unternehmen mit einer Vertretung in Brüssel sowie Gewerkschaften (Hüttemann 2019);
- Gemeinnützige Interessenvertretungen bzw. Nicht-Regierungsorganisationen (im englischen Sprachgebrauch *Non-Governmental Organisations* (NGOs));
- Medien, Presseagenturen und Medienvertretungen;
- Kirchen und Religionsgemeinschaften (Belafi 2019);
- Bürgerinitiativen oder Bürgerbegehren (Art. 11 (4) EUV), die mit dem Lissabonner Vertrag eingeräumt wurden (Dialer 2017; Plottka 2019);
- Thinktanks und Einrichtungen der Politikberatung (Perez 2016);
- Delegationen (d. h. Botschaften von Drittstaaten), die bei der EU akkreditiert sind (vgl. Kap. ▶ „Auswärtiges Handeln"; Europäische Kommission 2019);
- Die Bürgerinnen und Bürger, die durch die öffentliche Meinung direkt oder indirekt auf die politischen Entscheidungen wirken (Petersen 2016, 2017, 2019).

Die EU-Organe selbst – insbesondere die *Europäische Kommission* und das *Europäische Parlament* (EP) – suchen Kontakte zu einer Vielzahl dieser Akteure, um Informationen zu gewinnen und eigene Positionen zu stärken. Man kann in der Entwicklung des EU-Systems eine erhebliche Zunahme an Verfahren, mit denen sich diese formell oder informell am Politikzyklus beteiligen, beobachten.

Neben der Analyse der unmittelbaren Einflussnahme auf die Politik- und Systemgestaltung ist grundsätzlich die Frage nach den Wirkungen dieser Akteursgruppierungen auf die Entwicklung der EU als politisches System zu stellen: Können wir eine Herrschaft von Lobbies und Verbänden beobachten? In wissenschaftlichen Debatten wird allgemein eine „Herrschaft der Verbände" (Eschenburg 1963) oder „Lobbyismus als Schattenpolitik" (Alemann und Eckert 2006, S. 3–10) bzw. EU-spezifisch eine „Herrschaft der Lobbyisten in der Europäischen Union" (Woll 2006, S. 33–38) oder ein „europäischer Tripartismus" (Platzer 2004, S. 199) thematisiert; auch das Begriffspaar „Korporatismus" und „Pluralismus" (Schumann 1994, S. 71–108; Schmitter und Streek 1991) wird für eine entsprechende Analyse des EU-Systems genutzt (Eising und Kohler-Koch 2005, S. 42–44). Zentrale Unterscheidungsmerkmale liegen bei dieser Kategorienbildung in den Möglichkeiten des Zugangs zur institutionellen Architektur: Nach korporatistischen Mustern würden der Wirtschafts- und Sozialausschuss und einige wenige ausgewählte europäische Dachverbände als Vertreter der organisierten Zivilgesellschaft in den Politikzyklus einbezogen. Dagegen würde bei einem pluralistischen Muster eine Vielzahl von Akteuren aus unterschiedlichen Bereichen nationaler Politik zu Mitspielern werden und untereinander im Wettbewerb um eine Einflussnahme stehen. So wird die

Struktur der Interessenvermittlung in der Europäischen Union auch hinsichtlich einer Asymmetrie zwischen ‚starken' und ‚schwachen' Akteuren untersucht (Zimmer und Speth 2015). Zu untersuchen ist, ob sich Formen der Beteiligung von Parteien und Medien sowie von Gruppierungen der Zivilgesellschaft vergleichbar mit denen auf nationaler Ebene entwickeln. Oder sind sie spezifisch für das System der EU, sodass Vergleiche und Analogien jeweils intensiv auf ihre jeweilige Nützlichkeit für eine tiefergehende Analyse geprüft werden müssen? Welche Fokuswirkungen haben die Formen der „Europäisierung" (vgl. zum Begriff Olsen 2002, Radaelli 2003, Börzel 2010) dieser Akteure auf die Entwicklung des EU-Systems? Zu der Perspektive des EU-Mehrebenensystems ist zu prüfen, ob sich auch Formen von Fusionsprozessen feststellen lassen.

2 Zahl und Beteiligung von Akteuren der Zivilgesellschaft

2.1 Wachstum und Differenzierung der Akteurslandschaft: Horizontaler und vertikaler Pluralismus

Eine grobe Übersicht über die Zahl und Herkunft von Organisationen, die sich als ‚europäisch' verstehen und sich in der Mehrzahl in Brüssel angesiedelt haben (vgl. Abb. 1), lässt auf ein zunehmendes Interesse einer beträchtlichen Vielfalt von Akteuren schließen, einen dauerhaften Zugang zu den EU-Institutionen herzustellen. Diese Angaben zeigen einen beträchtlichen Wachstums- und Differenzierungtrend.

Aus den Daten kann ein horizontaler Pluralismus festgestellt werden: Die Vertretungen der Akteursgruppen sind nicht auf einige wenige Sektoren begrenzt, sondern decken weite Bereiche öffentlicher Politik ab. Auch innerhalb einzelner Themengebiete gibt es keine eindeutige hierarchische Struktur, die konventionellen korporatistischen Modellen entsprechen würde. Eher ist ein vertikaler Pluralismus festzustellen, bei dem sich Repräsentanten aus mehreren Ebenen gleichzeitig um die Aufmerksamkeit von Akteuren in den Institutionen bemühen.

Traditionelle Interessengruppen – wie Arbeitgeber- und Arbeitnehmerorganisationen – haben sich bereits früh in Brüssel engagiert (Greenwood 2017; Platzer 2017), aber auch Sozialorganisationen, Kirchen und NGOs, wie Greenpeace und Attac („Association pour la taxation des transactions financières et pour l'action citoyenne") widmen dem Brüsseler Geschehen zunehmend Aufmerksamkeit.

Als Dachverbände sind insbesondere der „Europäische Gewerkschaftsbund" (EGB), „Businesseurope" und die Agrarlobby („Comité des Organisations Professionelles de l'Agriculture" (COPA)) zu nennen. Neben derartigen europaweiten Zusammenschlüssen haben nationale Verbände, so z. B. der „Bundesverband der Deutschen Industrie" (BDI) und der „Deutsche Gewerkschaftsbund" (DGB) sowie über 300 Unternehmen, z. B. Google, Microsoft, Siemens, Deutsche Bank, Daimler und Boeing (Hüttemann 2019), eigene Büros in Brüssel eröffnet, die teilweise personell besser ausgestattet sind als diejenigen der jeweiligen Dachverbände. Zusätzliche Formen der Politikbeeinflussung sind an der wachsenden Zahl an Beratungsfirmen, Anwaltskanzleien und Thinktanks abzulesen. Schätzungen zu

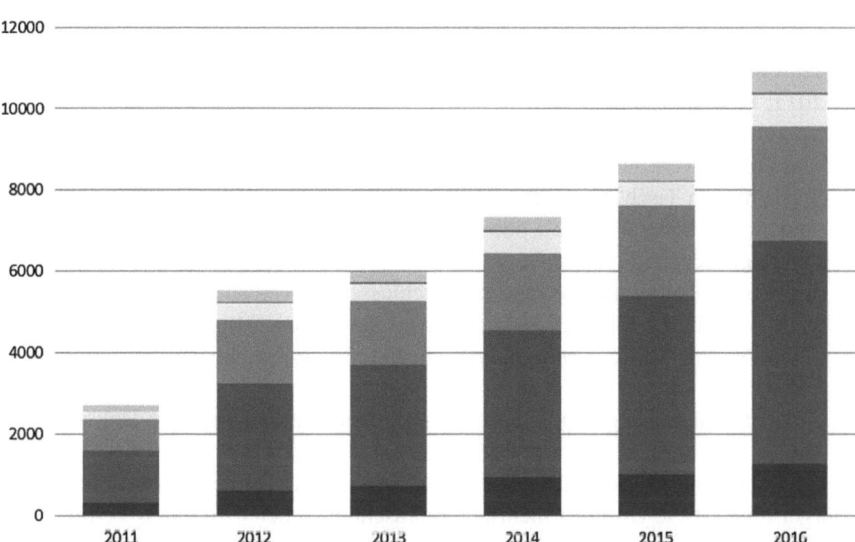

VI - Organisationen, die lokale, regionale und kommunale Behörden, andere öffentliche oder gemischte Einrichtungen vertreten
V - Organisationen, die Kirchen und Religionsgemeinschaften vertreten
IV - Denkfabriken, Forschungs- und Hochschuleinrichtungen
III - Nichtregierungsorganisationen
II - In-House-Lobbyisten, Gewerbe-, Wirtschafts- und Berufsverbände
I - Beratungsfirmen/Anwaltskanzleien/selbständige Berater

Abb. 1 Entwicklung der Interessensvertretung. Von den 10.911 Interessensvertretungen in der EU 2016 hatten ca. 32,4 % zugleich ein Büro in Brüssel, ca. 21,8 % einen EP-Pass und ca. 27,6 % nahmen regelmäßig an den Treffen der Kommission teil. (Quelle: Europäische Union (2020))

Folge erfasst das hier genutzte Transparenzregister allerdings nur 60 bis 75 % der tatsächlich in Brüssel wirkenden Akteursgruppen (Linder 2014, S. 49).

Im Hinblick auf die Präsenz in Brüssel wird regelmäßig eine Asymmetrie zugunsten der Arbeitgeber- bzw. Unternehmerseite und zulasten der Vertretungen der Arbeitnehmer durch Gewerkschaften angemerkt (Woll 2006, S. 35). Die relativ kleine Anzahl von Gewerkschaftsbüros sollte jedoch nicht deren durchaus intensive Aktivitäten übersehen lassen.

Auch diplomatische Vertretungen von Drittstaaten (162 im Jahr 2017) (im europäischen Sprachgebrauch *delegation*) (Europäische Kommission 2019), von internationalen Organisationen (39 diplomatische Vertretungen im Jahr 2017) (Europäische Kommission 2018) und Verbände aus Nicht-EU-Ländern, z. B. aus den USA, sind als Mitspieler in der institutionellen Architektur des EU-Systems zu verstehen. Sie versuchen Entscheidungen der EU-Organe zu beeinflussen, die ihre Interessen – so in der Handelspolitik, aber auch bei Umweltnormen und in der Wettbewerbspolitik – berühren. Vertretungen von Beitrittskandidaten – wie der Türkei – werben bei einer Vielzahl von Akteuren für ihre Anliegen und sind damit zumindest indirekt an der Politikgestaltung beteiligt.

Die Formen der Zusammenarbeit innerhalb dieser Akteursgruppen sind vielfältig, jedoch lassen sich einige Grundmuster erkennen, die sich in der Praxis häufig

ergänzen und überlappen können. Auch typische Entwicklungen von unverbindliche-
ren zu festeren Formen der gruppeninternen Kooperation sind zu beobachten (Bührer 2017; Platzer 2017):

- Varianten unverbindlichen Informationsaustausches ohne feste Strukturen um
  einen ‚runden Tisch' (im europäischen Sprachgebrauch *round table*);
- zielgerichtete gemeinsame Lobbyaktivitäten in spezifischen Sektoren bzw. bei
  konkreten Legislativvorhaben;
- europäisch ausgeschilderte Zusammenschlüsse von Verbänden oder Parteien, die
  für ein breiteres Themenspektrum von nationalen Mitgliederorganisationen
  gelenkt werden, die als intergouvernementale Mehrebenennetzwerke charakterisiert werden können (vgl. Kap. ▶ „Einführung");
- supranational angelegte Organisationen mit einer starken Spitze in Brüssel.

Angesichts dieser Vielzahl kann sich die einzelne EU-Bürgerin bzw. der einzelne
-Bürger durch diese Gruppen mehrfach repräsentiert sehen – so durch Vertreter des
eigenen Berufsverbands, der eigenen Gewerkschaft oder Kirche sowie der eigenen
Region und Kommune.

2.2   Formen der Beteiligung in der Praxis: Varianten formalisierter und informeller Einflussnahme

Die Formen der Einflussnahme auf Organe im Politikzyklus sind vielfältig. Mehrere
Zugangsmöglichkeiten zur institutionellen Architektur wurden dabei gleichzeitig
ausgebaut und werden teilweise parallel bei der Politikgestaltung genutzt (Tömmel
2014):

- Informelle Kontakte: Besonders relevant sind dabei Politiknetzwerke, die sich
  themenbezogen zwischen Akteuren mehrerer Institutionen und Interessengruppen in rechtlich nicht verfestigten Formen herausbilden;
- quasi-formalisierte Interaktionsstränge: So in Sachverständigenausschüssen und
  Expertengruppen der Kommission;
- vertraglich ermöglichte Beteiligung an formalisierten Entscheidungsverfahren im
  Politikzyklus;
- Mitwirkung durch beratende Ausschüsse und Gremien, so im WSA (Wirtschafts-
  und Sozialausschuss 2020a) und im Ausschuss der Regionen.

Die Akteure suchen in der Regel sowohl den direkten Zugang zu EU-Organen in
Brüssel wie auch den individuellen Weg über die nationale Hauptstadt (Greenwood
2017). Die Ebene der Mitgliedstaaten gilt dabei weiterhin als zentral. Betont wird
jedoch immer wieder die Notwendigkeit, auf mehreren Ebenen gleichzeitig und
abgestimmt aktiv zu werden. Gesucht werden so Mitspieler als „professionals" mit
„Schanierfunktionen" im Mehrebenensystem und einer „Übersetzungsleistung" zwischen europäischer und nationaler Ebene (Büttner et al. 2016).

Wichtigster Ansprechpartner von Verbänden im Politikzyklus sind – angesichts des Initiativmonopols der Kommission – die Mitglieder der Kommission, die Kabinette der Kommissare und zuständige Generaldirektionen (Platzer 2017; Kotzian und Quittkat 2014). Die Kommission selbst fördert eine „Politik des offenen Dialogs" (vgl. Dokument 1). In ihrer Öffnungsstrategie verfolgt dieses Organ einen doppelten Zweck: Neben der Rolle als „technische Sachverständige" können diese Akteure auch als „Koalitionspartner" gegenüber nationalen Regierungen und dem EP genutzt werden (Lehmann 2005, S. 155–156).

Nicht formalisierte, aber typisch erwartbare Interaktionen sind häufig zu beobachten. Soziale Anlässe, wie Empfänge und Essen, gehören ebenso dazu wie Konferenzen, Foren, wissenschaftliche Tagungen und Treffen in kleinerem Kreis. Kommissionsmitglieder sind häufig Gast der Präsidien, Lenkungs- oder Exekutivausschüsse wichtiger Dachverbände. Einige Generaldirektionen, wie z. B. „Landwirtschaft und ländliche Entwicklung" oder „Beschäftigung, soziale Angelegenheiten und Chancengleichheit", stehen mit den betroffenen Verbänden in besonders engem Kontakt. Die letztgenannte Generaldirektion gilt infolge differenzierter Interaktionsstränge mit relevanten Interessengruppen als ein „Verbandsherzogtum der Gewerkschaften" (Platzer 2017).

Sachverständigen- und Expertengruppen weisen eine hohe Dichte und Nutzungsintensität auf. Die Angaben über die unübersichtliche Gremienlandschaft variieren dabei. Für 2017 listet die Kommission 996 permanente und temporäre Expertengruppen auf (Europäische Union 2020). Im Bereich der Zivilgesellschaft als „regelmäßiger Dialogpartner der Kommission bei der Entwicklung politischer Maßnahmen" führt sie 353 Organisationen auf (vgl. Tab. 1). Diese Formen der Beteiligung ermöglichen eine frühzeitige Beratung von Kommissionsvorlagen, aber auch Interessengruppen erhöhen damit ihre eigene Wettbewerbsfähigkeit etwa gegenüber Beamten nationaler Ressorts. Allerdings wird immer wieder die überproportionale Vertretung ökonomischer gegenüber nichtökonomischer Interessen innerhalb der Expertengruppen angemahnt (ALTER EU 2016).

Regelmäßige Beziehungen unterhalten die Verbände auch zu anderen Organen und Gremien der EU, wobei der Ministerrat insgesamt weniger Ziel der Aktivitäten europäischer Dachverbände ist. Die dort entscheidenden Minister werden in der Regel über nationale Verbände angesprochen.

Interessengruppen pflegen auch enge Kontakte mit Fraktionen und Ausschüssen des EP (Platzer 2017). Diese Aktivitäten haben mit der Zunahme an Rechtsetzungsbefugnissen des EP beträchtlich an Intensität gewonnen. Lobbyisten gehen dabei informelle Koalitionen ein, um ihre jeweiligen Einflussmöglichkeiten zu optimieren. Abgeordnete suchen insbesondere Informationen, Verbandsvertreter bemühen sich um politische Unterstützung. Beide Akteursgruppen bilden jedoch füreinander nur jeweils einen von mehreren Interaktionspartnern (van Schendelen 2013). Hinzuzurechnen ist im EP wie bei nationalen Parlamenten eine ‚innere Lobby', die sich aus Abgeordneten zusammensetzt, die aus Verbänden kommen bzw. ihnen nahestehen.

Weitere formalisierte Beteiligungsformen von Interessengruppen finden in Verwaltungsräten von Agenturen der EU statt, zu denen das „Europäische Zentrum für Förderung der Beruflichen Bildung" („Centre européen pour le développement de la formation professionnelle" (CEDEFOP)) und die „europäische Stiftung für die Verbesserung der Lebens- und Arbeitsbedingungen" (Eurofound 2020) in Dublin gehören

Tab. 1 Expertengruppen der Kommission und Vertretung der Zivilgesellschaft 2017

Politikbereich	Expertengruppen	Zivilgesellschaft	Politikbereich	Expertengruppen	Zivilgesellschaft
Audiovisuelles	3	1	Kommunikation	4	2
Ausbildung	5	3	Kultur	6	0
Außenbeziehungen	7	1	Landwirtschaft	45	26
Außenhandel	15	1	Lebensmittelsicherheit	27	8
Außen- und Sicherheitspolitik	3	0	Menschenrechte	7	2
Beschäftigung und Soziales	34	15	Nukleare Sicherheit	2	0
Betrugsbekämpfung	6	1	Öffentliche Gesundheit	43	17
Bildung	27	15	Regionalpolitik	14	4
Binnenmarkt	64	24	Sonstige	42	12
Energie	32	11	Sport	3	1
Entwicklung	17	1	Sprachen	1	0
Erweiterung	2	0	Statistiken	85	20
Fischerei und maritime Angelegenheiten	20	7	Steuern	34	8
Forschung	78	17	Umwelt	63	30
Haushalt	3	0	Unternehmen	56	30
Humanitäre Hilfe	3	0	Verbraucherschutz	18	11
Informationsgesellschaft	8	24	Verkehr	51	27
Institutionelle Fragen	3	1	Verwaltung	9	2
Jugend	4	1	Wettbewerb	7	0
Justiz und Inneres	56	11	Wirtschaft und Währung	13	5
Katastrophenschutz	8	0	Zoll	57	8
Klima	11	6	**Insgesamt**	**996**	**353**

Mehrfachnennungen möglich. Quelle: Eigene Darstellung, in Anlehnung an Europäische Kommission (2020) (vgl. Kap. ▶ „Die Europäische Kommission"). Eine spezifische Form der Mitgestaltung bieten auch die halb-offiziellen europäischen Standardisierungsausschüsse: In ihnen beschließen Industrieverbände und Unternehmen europäische Normen.

Seit den 70ern wurden zusätzliche Foren für Beteiligungsmöglichkeiten gegründet. In ‚Dreierkonferenzen' der siebziger Jahre und im ‚sozialen Dialog' seit der zweiten Hälfte der achtziger Jahre versuchen Vertreter der Arbeitgeber, Arbeitnehmer und der Kommission in Arbeitsgruppen und Ausschüssen wesentliche ökonomische und soziale Probleme zu behandeln (Rowe und Jeffery 2017; Roederer-Rynning und Greenwood 2015).

Neue Arten der formalisierten Mitgestaltung in Richtung eines „Tripartismus" (Platzer 2017) führten die Mitgliedstaaten im Vertrag von Maastricht ein. Nach den Artikeln 154 und 155 AEUV ist bei spezifischen Gestaltungsaufgaben der Sozialpolitik eine umfassende und mehrstufige Beteiligung der Sozialpartner in der Vorbereitungsphase durch die Kommission vorgeschrieben. In einem weitergehenden besonderen Schritt können die Sozialpartner sogar einen gemeinsamen Antrag vorlegen, den der Rat auf Vorschlag der Kommission als Rechtsakt verabschieden kann.

Viele Verbände haben auch ihre Vorstellungen zu den vertragsändernden Regierungskonferenzen und zur Arbeit des Konvents formuliert. Vertreter der Zivilgesellschaft – so die Europäische Bewegung (Europäische Bewegung 2020; Hillenbrand 2007, S. 419), die Union Europäischer Föderalisten (Union Europäischer Föderalisten 2020) und die Spinelli-Gruppe (Union Europäischer Föderalisten 2020) – plädieren für weitergehende föderalistische Ziele mit entsprechenden institutionellen Leitideen.

Akteure aus intermediären Gruppierungen sind häufig de facto oder auch teilweise de jure an mehreren Phasen der Bearbeitung derjenigen Probleme beteiligt, von denen sie unmittelbar betroffen sind. Diese Feststellung trifft zunächst nur auf diejenigen Mitspieler zu, die über ausreichende Ressourcen für Teilnahmemöglichkeiten in Brüssel und in nationalen Hauptstädten verfügen. EU-Institutionen berücksichtigen diffuse Interessen, die nicht oder nur schwach organisiert werden können, erheblich weniger, aber auch gemeinwohlinteressierte Gruppen konnten ihren Einfluss durchaus geltend machen. Zudem fördert die Kommission die Arbeit europäischer Netzwerke mit schwacher finanzieller Ausstattung auf vielfache Art und Weise. Aus dem nachdrücklich eingebrachten Angebot interessierter und relevanter Mitspieler und einer durchaus bemerkenswerten Nachfrage seitens der Organe hat sich so eine Aggregation verschiedener Interessen (Kutay 2017) auf einem „politischen Meinungsmarkt" (Lehmann 2005, S. 152) oder auch eine „Spielwiese für Lobbyisten" (Dialer und Richter 2014, S. 1) herausgebildet, die die Abläufe in der institutionellen Architektur umfassend und nachhaltig beeinflussen können.

3 Der Wirtschafts- und Sozialausschuss: Brücke zwischen EU und der organisierten Zivilgesellschaft

Eine institutionalisierte Form der Einflussnahme der „organisierten Zivilgesellschaft" (Art. 257 EGV in der Fassung von Nizza) bildet der Wirtschafts- und Sozialausschuss. Der institutionelle Steckbrief (vgl. Abb. 2) erläutert die Aufgaben, die Benennung, die Beschlussverfahren und seinen Aufbau (vgl. Kap. ▶ „Einführung").

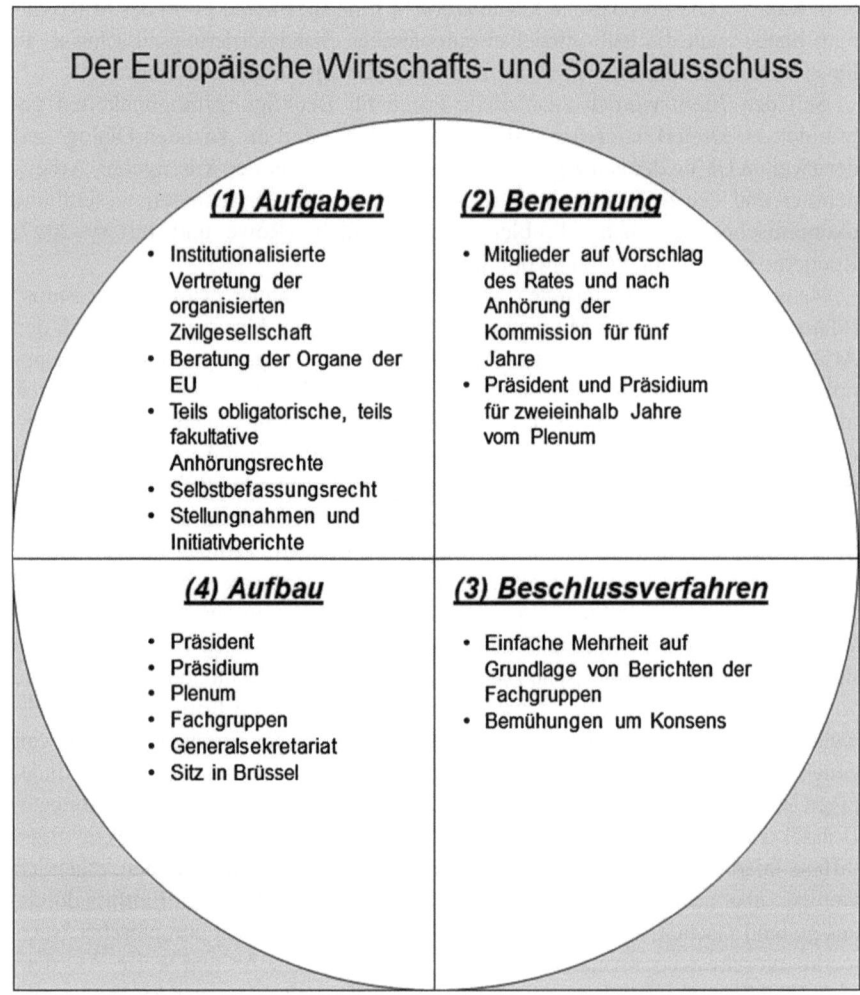

Abb. 2 Der Europäische Wirtschafts- und Sozialausschuss – Institutioneller Steckbrief. (Quelle: Eigene Darstellung)

3.1 Aufgaben und vertragliche (Beteiligungs-)Rechte: Buchstaben und Praxis

Bereits die Gründungsverträge hatten einen beratenden Wirtschafts- und Sozialausschuss (WSA) vorgesehen. Die Vertragsbestimmungen haben dem WSA in der institutionellen Architektur eine Stellung als „Ausschuss mit beratender Aufgabe" (Art. 13 (4) EUV) zugeschrieben und ihm mehrere Beteiligungsrechte zugesprochen (Art. 304 AEUV) (Rowe und Jeffery 2017, S. 380) (vgl. auch Abb. 2).

Der WSA:

- „wird vom Europäischen Parlament, vom Rat oder der Kommission in den in diesem Vertrag vorgesehenen Fällen gehört werden"; d. h. die Befassung ist obligatorisch – so in vielen Kernbereichen des wirtschaftspolitischen Handelns;
- „kann von diesen Organen in allen Fällen gehört werden, in denen diese es für zweckmäßig erachten"; d. h. die Befassung ist fakultativ. Diese fakultative Anhörung wird in 40 % der Fälle vom EP betrieben (Plottka 2016);
- „kann von sich aus eine Stellungnahme in den Fällen abgeben, in denen er dies für zweckmäßig erachtet"; d. h. der WSA hat ein Selbstbefassungsrecht. So hat der WSA vom Juni 2018 bis Juni 2019 153 Stellungnahmen als Reaktion auf Befassungen durch EU-Organe, 29 Initiativstellungnahmen sowie 13 Sondierungsstellungnahmen abgegeben (Dialer und Walli 2019). Über 95 % dieser Stellungnahmen wurden einstimmig verabschiedet (Dialer 2016; Europäischer Wirtschafts- und Sozialausschuss 2016).

Seine Beratungen und Stellungnahmen erstrecken sich über weite Bereiche der EU-Agenda, zu denen Wirtschafts-, Finanz- und Sozialfragen sowie Themen der inneren Sicherheit gehören (vgl. Tab. 2) (Rowe und Jeffery 2017, S. 383–384): Agrarpolitik, Freier Personen- und Dienstleistungsverkehr, Transportpolitik, Harmonisierung indirekter Steuern, Harmonisierung der Gesetze, Beschäftigungspolitik, Sozialpolitik, Bildung und Jugend, Gesundheit, Verbraucherschutz, Transeuropäische Netzwerke, Industriepolitik, ökonomische, soziale und territoriale Kohäsion, Entwicklung der Wissenschaft sowie Umwelt. Aus den

Tab. 2 WSA – Aktivitätenprofil

Plenartagung des WSA im März 2017: Verabschiedete Stellungnahmen	
Soziales	• Ansichten zu den allgemeinen Grundsätzen der Agenturen Eurofound, Cedefop und EU-OSHA
Verbraucher	• Spirituosen
Wachstum und Innovation	• Integrative Inseln: Weitreichende Unterstützung von Inselregionen
Wirtschaftspolitische Steuerung/ Finanzinstrumente/Steuern	• Gemeinsame Handelspolitik: Sanierung und Abwicklung von zentralen Gegenparteien • EU-Regulierungsrahmen für Finanzdienstleistungen • Territoriale Typologien • Reform des Bankenwesens
Industrie/Innovation	• Wasser- und Meerestourismus • Weltraumstrategie für Europa
Binnenmarkt	• Unternehmensinsolvenzen
Außenbeziehungen	• Zukunft der Weltmeere • Handelsschutzinstrumente Methodik
Verkehr	• Aufhebung von Verordnungen im Verkehrsbereich

Cedefop: Centre Européen pour le Développement de la Formation Professionnelle, EU-OSHA: European Agency for Safety and Health at Work
Quelle: Eigene Zusammenstellung, in Anlehnung an Wirtschafts- und Sozialausschuss (2020c)

Vertragsregeln ergeben sich auch schwache Beteiligungsrechte: Der WSA muss zwar angehört werden, hat jedoch keine weitergehenden Beteiligungsrechte im Legislativverfahren.

3.2   Benennung, Beschlussverfahren und Aufbau

Der WSA setzt sich, nach dem Ausscheiden des Vereinigten Königreichs, aus 329 „Vertreter[n] der Organisationen der Arbeitgeber und der Arbeitnehmer sowie anderen Vertretern der Zivilgesellschaft, insbesondere aus dem sozialen und wirtschaftlichen, dem staatsbürgerlichen, dem beruflichen und dem kulturellen Bereich" (Art. 300 (2) AEUV) (Rat der Europäischen Union 2019b) zusammen. Die Anzahl der Mitglieder der jeweiligen Länder orientiert sich dabei an der Bevölkerungszahl. Deutschland entsendet somit 24 Mitglieder (vgl. Tab. 3).

Die deutschen Mitglieder setzen sich aus verschiedenen Herkunftsorganisationen, wie z. B. der Bundesvereinigung der Deutschen Arbeitgeberverbände (BDA), der Lufthansa Group oder auch dem Elternverein Baden-Württemberg e.V., zusammen.

Die Mitglieder werden vom Rat auf Vorschlag der nationalen Regierungen und nach Anhörung der Kommission mit qualifizierter Mehrheit auf fünf Jahre ernannt (Art. 302 AEUV). Der WSA wählt selbst aus seiner Mitte und für die Dauer von zweieinhalb Jahren einen Präsidenten und das Präsidium (Art. 303 AEUV) (vgl. Abb. 3). Dabei hat er ein differenziertes Regelwerk für das interne Verfahren entwickelt.

Der WSA hat sechs Fachgruppen und eine beratende Kommission eingerichtet, wobei ein Mitglied bei mehreren Fachgruppen mitwirken kann.

Das Plenum des WSA kann zwar mit der einfachen Mehrheit auf der Grundlage von Berichten, die in den Fachgruppen vorbereitet werden, Stellungnahmen verabschieden, Konsens ist jedoch ein prägendes Merkmal der Entscheidungsfindung. Das Plenum tagt neunmal jährlich.

Tab. 3 Mitgliederzusammensetzung von AdR und WSA

Land	Sitze
Frankreich, Deutschland, Italien,	24
Polen, Spanien	21
Rumänien	15
Österreich, Belgien, Bulgarien, Tschechische Republik, Griechenland, Ungarn, Niederlande, Portugal, Schweden	12
Kroatien, Dänemark, Finnland, Irland, Litauen, Slowakei	9
Lettland, Slowenien, Estland	7
Zypern, Luxemburg	6
Malta	5

Quelle: Eigene Darstellung, in Anlehnung an Rowe und Jeffery (2017, S. 385), Rat der Europäischen Union (2019a, b)

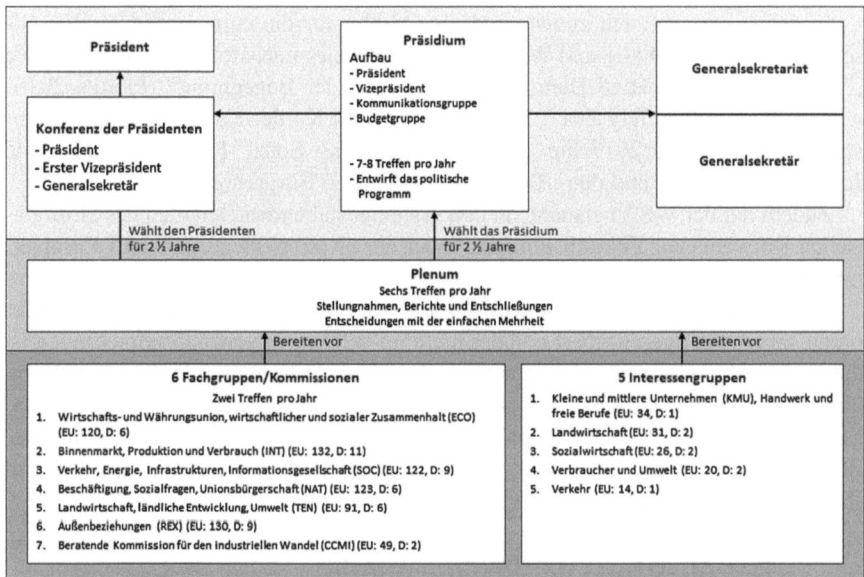

Abb. 3 WSA – Binnenstruktur. (Quelle: Eigene Darstellung, in Anlehnung an Wirtschafts- und Sozialausschuss (2020b))

3.3 Zur Charakterisierung: Keine korporatistische Vertretung sondern einer unter mehreren Zugängen

Aufgrund des beratenden Charakters und der heterogenen Zusammensetzung des Ausschusses selbst sind die gemeinsamen Positionen für die Durchsetzung der häufig gegensätzlichen Interessen verschiedener wirtschaftlicher und sozialer Grup pen nur begrenzt wirksam, obwohl der Ausschuss für sich in Anspruch nimmt, dass etwa zwei Drittel seiner Vorschläge von Kommission, EP und Rat berücksichtigt werden (Plottka 2016).

Trotz einer Ausweitung der formellen Beteiligungsmöglichkeiten des WSA durch Vertragsänderungen auf 41 Vertragsartikel gilt der reale Einfluss auf die Organe der EU in der Regel als schwach. Der WSA „leidet" unter einem „interinstitutionellen Aufmerksamkeitsdefizit" (Dialer 2017).

Interessengruppen, einzelne Verbände und Unternehmen suchen gewöhnlich am WSA vorbei den Weg des direkten Einflusses auf die Europäische Kommission, die nationalen Regierungen und das EP. Entsprechend kann dieser Ausschuss in der Praxis der Politikgestaltung keine Exklusivität als Institution effektiver Lobbyarbeit beanspruchen. Angesichts dieses Befunds kann er nicht als Symbol und Träger eines korporatistischen Modells der Interessenvermittlung dienen. Er ist weder neben Rat und EP zu einem dritten Organ in einem möglichen Dreikammersystem noch zu einem repräsentativen Spiegel der europäischen Zivilgesellschaft geworden.

Er selbst versteht sich zunehmend als „Lobby für die europäische Zivilgesellschaft in Brüssel" (Dialer und Walli 2019), die als Gesprächsforum, Mediator sowie „Mentor für partizipative Demokratie" und „Ort der Begegnung" (Plottka 2016) wirkt (Rowe und Jeffery 2017, S. 390; Eising und Kohler-Koch 2005). So veranstaltete er 2016 und 2017 die „Going Local, Being Local"-Kampagne, die achte Jugendplenartagung und den „Tag der Europäischen Bürgerinitiative".

Zudem hat der WSA versucht, an den systemgestaltenden Debatten des „Europäischen Konvents zur Zukunft Europas" oder der „Konferenz zur Zukunft Europas" mitzuwirken.

Angesichts der vielfältigen und differenzierten Strategien von Repräsentanten der organisierten Zivilgesellschaft und der nicht im WSA vertretenen Gruppierungen ist dieser Ausschuss nicht als ein unentbehrliches Schlüsselgremium in der Vermittlung ökonomischer und sozialer Interessen zu verstehen. Vielmehr bildet er für seine Mitglieder einen unter mehreren Zugängen zu den Institutionen in der EU-Architektur sowie eine unter vielen Möglichkeiten der EU-Bürgerinnen und -Bürger, das EU-Geschehen näher zu verfolgen.

4　　Der Ausschuss der Regionen (AdR)

Der Zuwachs der Aufgabenwahrnehmung durch EU-Institutionen hat – neben nationalen Parlamenten (vgl. Kap. ▶ „Nationale Parlamente") – auch eine weitere Gruppe von staatlichen Akteuren auf Mitwirkung im Politikzyklus drängen lassen. Subnationale Einheiten, so Regionen, Provinzen, Länder und Kommunen organisieren sich in Brüssel, da sie die Wahrnehmung ihrer eigenen Aufgaben und Kompetenzen bedroht sahen und sehen: In Brüssel sind deshalb 199 ‚halb-öffentliche' Vertretungen von Regionen der EU, einschließlich denen der Länder der Bundesrepublik, sowie Vertreter von Kommunen tätig (Lammers 2016; Mittag 2016a). Von besonderer Relevanz für die deutschen (Bundes-)Länder sind mögliche Auswirkungen von Unionsaktivitäten auf ihre ausschließlichen, im Grundgesetz garantierten Zuständigkeiten im Bereich der Bildungs- und Kulturpolitik. Als Erfolg ihrer entsprechenden Strategien bei Vertragsänderungen ist zu werten, dass die Maßnahmen der Union in diesen Bereichen nur „zur Unterstützung, Koordinierung oder Ergänzung der Maßnahmen der Mitgliedstaaten der Unionspolitik und *keine Harmonisierung der Rechtsvorschriften* der Mitgliedstaaten beinhalten (dürfen)" (Art. 2 (5) AEUV und Art. 6 AEUV, Hervorhebung durch den Autor).

Die Vertreter dieser interstaatlichen Organe sehen ihre konstitutionelle Legitimation durch den Lissabonner Vertrag bestätigt (vgl. Dokument 2).

Dokument 2, Konstitutionelle Legitimation von Regionen und Kommunen
Art. 4 (2) EUV
Die Union achtet [...] die jeweilige nationale Identität (der Mitgliedstaaten), die in ihren grundlegenden politischen und verfassungsmäßigen Strukturen einschließlich der *regionalen* und *lokalen Selbstverwaltung* zum Ausdruck kommt.

Hervorhebungen durch den Autor

Die Beteiligung dieser Akteure ist Zeichen der Dynamik im EU-Mehrebenensystem (im wissenschaftlichen Sprachgebrauch *multi-level governance*) (Hooghe und Marks 2004). Beteiligt wird so eine dritte Ebene, die sich als ‚bürgernah‘ sowie als Initiator und Träger eines dynamischen Mehrebenensystems darstellt (Rowe und Jeffery 2017; Ausschuss der Regionen 2011).

Seit dem Maastrichter Vertrag haben die (Bundes-)Länder ihre Vertretungen in Brüssel ausgebaut. Sie betreiben in allen Phasen des Politikzyklus eine aktive Interessenpolitik (Schmuck 2016; Göhmann 2015). Um die Bedeutung der Aktivitäten in der EU-Architektur zu manifestieren, hat jede Landesregierung einen Minister, der verantwortlich für EU Angelegenheiten ist – häufig in Kombination mit anderen Aufgaben.

Neben den Regionen sind im EU-Mehrebenensystem auch zunehmend Bemühungen der Kommunen um Beteiligung am Politikzyklus zu beobachten. In mehreren Bereichen ihrer üblichen Aufgaben ist auch diese staatliche Ebene von verbindlichen Beschlüssen der EU direkt finanziell, funktional und administrativ betroffen (Alemann 2016; Eckert et al. 2013). Die Kommunen sind Adressaten des Gemeinschaftsrechts, Vollzugsbehörde von EU-Rechtsakten und potenzielle Nutznießer von vielfältigen Förderprogrammen. Betroffen sind lokale Aufgaben auf den Gebieten Umweltschutz, Vergabe öffentlicher Aufträge, Binnenmarktregelungen für Strom und Gas, Harmonisierung des Asylrechts sowie Aufenthaltsrecht und Kommunalwahlrecht von EU-Bürgerinnen und -Bürgern. Auch Urteile des *Gerichtshofs der Europäischen Union* (GEU) können direkt die kommunale Aufgabenwahrnehmung berühren. Im Unterschied zu den Ländern können die Kommunen in der Regel nur weniger intensiv Einfluss in Brüssel ausüben. Ihre Beteiligungsmöglichkeiten wurden jedoch vertraglich in den Bestimmungen zum AdR formalisiert.

Im Maastrichter Vertrag haben die „Herren der Verträge" (Bundesverfassungsgericht 2009, S. § 150) auf Drängen der Regionalregierungen – nicht zuletzt der deutschen Länder – den Ausschuss der Regionen (Art. 13 (4) EUV) gegründet, der sich aus Vertretern „regionaler und kommunaler Gebietskörperschaften" (Art. 300 (3) AEUV) zusammensetzt. Der AdR selbst reklamiert eine Rolle als „Botschafter Europas in den Regionen, Städten, Gemeinden und deren Sprachrohr in der europäischen Debatte" und damit eine besondere Bürgernähe (Ausschuss der Regionen 2009). Der institutionelle Steckbrief erklärt die Aufgaben, Benennung, den Aufbau und das Beschlussverfahren des AdR (vgl. Abb. 4).

4.1 Aufgaben und vertragliche (Beteiligungs-)Rechte: Buchstaben und Praxis

Der Lissabonner Vertrag hat dem AdR in der institutionellen Architektur der EU – ebenso wie dem WSA – eine Stellung als „Ausschuss mit beratender Aufgabe" (Art. 13 (4) EUV und Art. 307 AEUV) zugeschrieben. Der AdR

- „wird vom Europäischen Parlament, Rat oder der Kommission in den in den Verträgen vorgesehenen Fällen [...] gehört"; diese obligatorische Anhörung betrifft Kernbereiche des wirtschaftspolitischen Regierens;

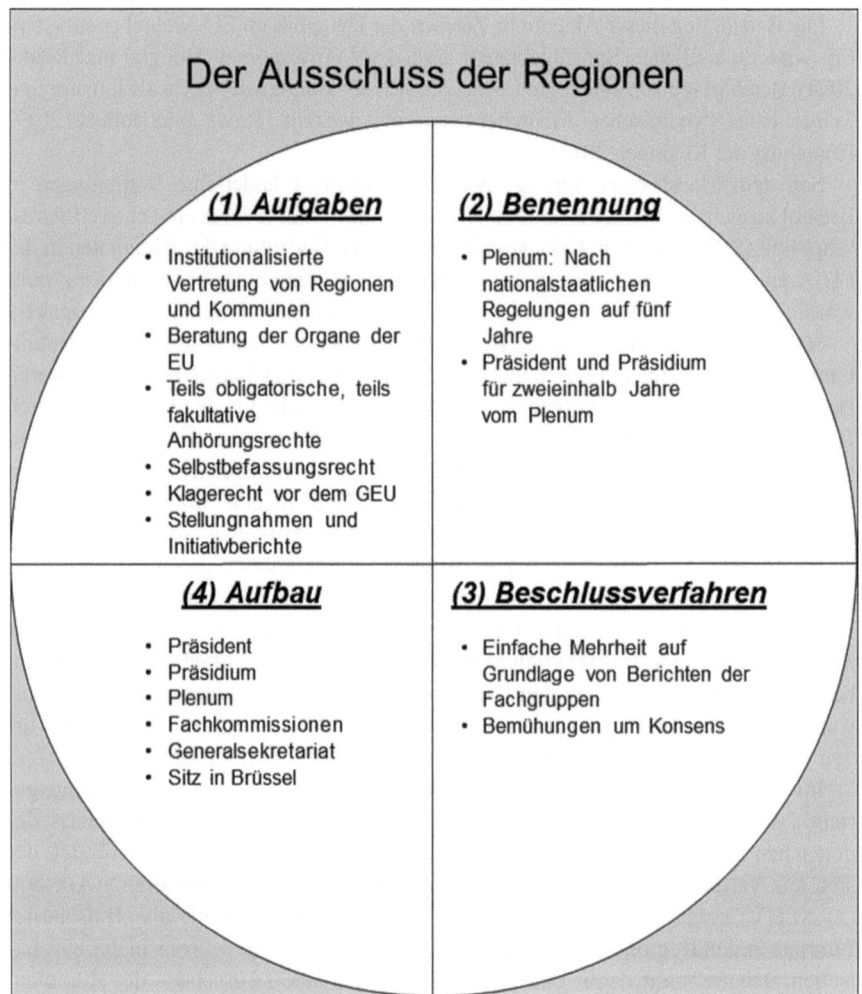

Abb. 4 Der Ausschuss der Regionen – Institutioneller Steckbrief. (Quelle: Eigene Darstellung)

- „(wird) in allen anderen Fällen gehört, in denen eines der Organe dies für zweckmäßig erachtet, insbesondere in Fällen, welche die grenzüberschreitende Zusammenarbeit betreffen"; d. h. die Befassung ist fakultativ;
- „kann, wenn er dies für zweckdienlich erachtet, von sich aus eine Stellungnahme abgeben"; er nutzt dieses Selbstbefassungsrecht regelmäßig.

Die Aufgaben erstrecken sich auf mehrere Politikbereiche (Rowe und Jeffery 2017): Transport, Beschäftigungspolitik, Sozialpolitik, Bildung, Jugend und Sport, Kultur, Gesundheit, Transeuropäische Netzwerke, ökonomische, soziale und territoriale Kohäsion, Umwelt und Klimawandel sowie Energie. Der Ausschuss nimmt seine Aktivitäten intensiv wahr. In den Jahren 2010 bis 2016 hat er 436 Stellungnahmen verabschiedet (Ausschuss der Regionen 2020d).

Im Gegensatz zum WSA steht dem AdR auch das formalisierte Recht zu, den GEU anzurufen, wenn er das Prinzip der Subsidiarität verletzt sieht (Art. 8 Protokolls (Nr. 2) über die Anwendung der Grundsätze der Subsidiarität und der Verhältnismäßigkeit). Diese bedeutende Möglichkeit, die mit dem Lissabonner Vertrag eingeräumt wurde, ist bis 2020 noch nicht genutzt worden.

Für die fünfjährige Mandatsperiode 2015 bis 2020 legte der AdR fünf Prioritäten fest (Ausschuss der Regionen 2020a):

(1) Die stärkere Einbeziehung der regionalen Gebietskörperschaften in die europäische Wirtschaft und
(2) die Politikgestaltung;
(3) die Untersuchung der Auswirkungen der EU-Rechtsvorschriften vor Ort;
(4) die Intensivierung des Engagements bei der Östlichen Partnerschaft der EU;
(5) die Verbesserung des Dialogs zwischen den EU-Bürgerinnen und -Bürgern sowie den EU-Institutionen.

Die Tagesordnung einer Plenarsitzung dokumentiert die thematische Breite der Arbeit des AdR (vgl. Tab. 4).

4.1.1 Benennung, Beschlussverfahren und Aufbau

Der AdR setzt sich, nach dem Ausscheiden des Vereinigten Königreichs, aus bis zu 329 gewählten Repräsentanten der regionalen und lokalen Gebietskörperschaften und einer gleichen Zahl von Stellvertretern zusammen, die auf Vorschlag der Mitgliedstaaten vom Rat mit qualifizierter Mehrheit für fünf Jahre ernannt werden. Die Verteilung auf die Mitgliedstaaten entspricht derjenigen für den WSA (vgl. Tab. 3).

Obwohl sich die Vertragsbestimmungen über den AdR eng an diejenigen zum Europäischen Wirtschafts- und Sozialausschuss anlehnen, bestehen bei der Benennung zwischen beiden Gremien Unterschiede (vgl. Abb. 5). So soll sich der AdR ausschließlich aus „Vertretern der regionalen und lokalen Gebietskörperschaften, die entweder ein auf Wahlen beruhendes Mandat in einer regionalen oder lokalen Gebietskörperschaft innehaben oder gegenüber einer gewählten Versammlung politisch verantwortlich sind" zusammensetzen (Art. 300 (3) AEUV).

Zu den deutschen Mitgliedern gehörten unmittelbar nach seiner Gründung in den neunziger Jahren Führungsspitzen von Ländern und Kommunen, wie Ministerpräsidenten, Länderminister, Staatssekretäre, Landtagsabgeordnete und Bürgermeister. Nach der Etablierungsphase wurde der Mitgliedschaft nicht mehr eine so hohe Bedeutung beigemessen.

Über die Verteilung der Sitze auf regionale oder lokale Gebietskörperschaften wurde in mehreren Mitgliedstaaten eine kontroverse und zum Teil heftige Auseinandersetzung geführt. In Deutschland entsenden die drei Spitzenverbände der

Tab. 4 AdR – Aktivitätenprofil: Plenartagung im Februar 2017

Fachkommission	Verabschiedete Stellungnahme
CIVEX	• Partnerschaftsrahmen für die Zusammenarbeit mit Drittländern im Bereich der Migration • Reform des gemeinsamen europäischen Asylsystems – Zweites Reformpaket und -Neuansiedlungsrahmen der Union • Vorschlag für einen neuen Europäischen Konsens über die Entwicklungspolitik
ECON	• Die Investitionslücke schließen: Wie können die Herausforderungen bewältigt werden? • Fiskalkapazität und automatische Stabilisatoren in der Wirtschafts- und Währungsunion
COTER	• Fehlende Verkehrsverbindungen in den Grenzregionen • Revitalisierung von Hafenstädten und -gebieten • Eine Politik der Union für die Arktis
SEDEC	• Künftige Strategie der EU für internationale Kulturbeziehungen • Überprüfung des Telekommunikationspakets • Urheberrecht im digitalen Binnenmarkt
ENVE	• Effiziente Bewirtschaftung der Wasserressourcen: ein Konzept für innovative Lösungen • Auf dem Weg zu einer neuen EU-Strategie zur Anpassung an den Klimawandel: ein integrierter Ansatz • Halbzeitbewertung des LIFE-Programms 2014–2020
NAT	• Notwendigkeit und Ansätze einer EU-Strategie für alkoholbezogene Fragen • Unterstützung europäischer Junglandwirte

Zu den Abkürzungen vgl. Abb 5. Quelle: Ausschuss der Regionen (2020c)

Landkreise, Städte und Gemeinden je ein Mitglied. Die weiteren 21 Sitze werden auf die Bundesländer aufgeteilt.

Der AdR hat ein differenziertes Regelwerk für seine interne Arbeit entwickelt (vgl. Abb. 5). Er wählt aus seiner Mitte seinen Präsidenten und das Präsidium für zweieinhalb Jahre (Art. 306 AEUV) und wird durch ein Generalsekretariat unterstützt. Die Willensbildung im Ausschuss der Regionen vollzieht sich in Fachkommissionen und im Rahmen von politischen Fraktionen, von denen sich bisher sechs konstituiert haben: Die Europäische Volkspartei (EVP), die Sozialdemokratische Partei Europas (SPE), die Fraktion Renew Europe (RE), die Europäische Allianz (EA) und die Grünen. Darüber hinaus gibt es einige fraktionslose Mitglieder.

Bei den Beratungen zeichnen sich jedoch auch neben der Organisation in politischen Parteien weitere spezifische politische Trennlinien ab (Rowe und Jeffery 2017, S. 393). Zu beobachten sind Interessensunterschiede zwischen Vertretern von

- nord- und südeuropäischen Regionen;
- Kommunen und Regionen;
- „kompetenzstarken" Regionen mit legislativen Kompetenzen (so die deutschen Länder) und Vertretern von „kompetenzschwächeren" Gebietskörperschaften (Mittag 2016a);
- nationalen Delegationen.

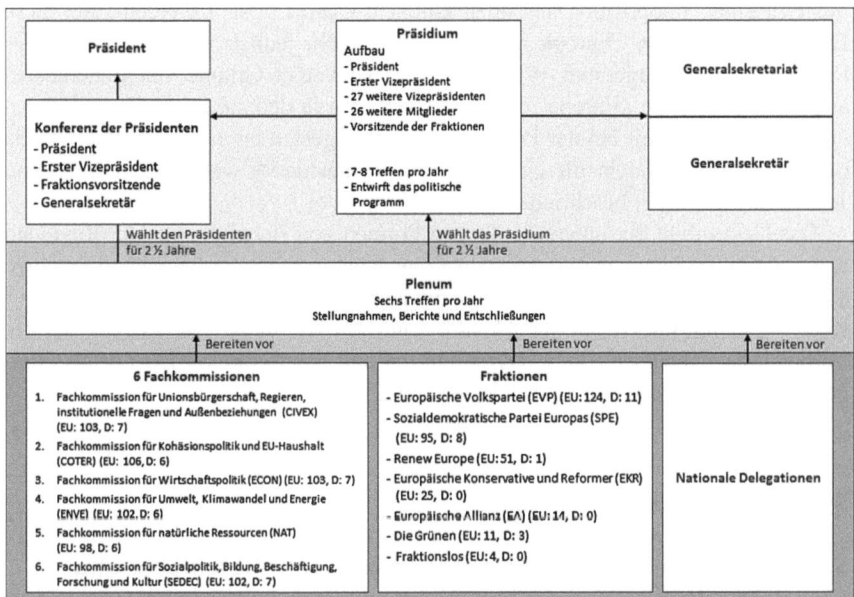

Abb. 5 Binnenstruktur des AdR. (Quelle: Eigene Darstellung, in Anlehnung an Ausschuss der Regionen (2020b))

4.2   Zur Charakterisierung: Ein Europa „mit" Regionen auf dem Weg zur Mehrebenenfusion

Der Einfluss des AdR auf Politik- und Systemgestaltung gilt als diffus und schwach (Rowe und Jeffery 2017, S. 296). Wie bereits am Verhalten von Interessengruppen im Verhältnis zum WSA beobachtet, verfolgen auch die Vertreter der Regionen in Brüssel differenzierte Strategien innerhalb und außerhalb des AdR: Sie richten sich gleichzeitig an mehrere Akteure auf jeder Ebene des EU-Systems. So nutzen Länderregierungen und -verwaltungen den Bundesrat und dessen Rechte (Art. 23 Grundgesetz für die Bundesrepublik Deutschland (GG)) während der deutschen Vorbereitung von EU-Beschlüssen sowie den Rat oder die Rats- und Kommissionsausschüsse während der Verabschiedung von Beschlüssen auf europäischer Ebene (Maurer und Wessels 2003, S. 115–149). In der Durchführungsphase intervenieren sie auch direkt für einzelne Projekte bei der Europäischen Kommission und der Bundesregierung (Greenwood 2017).

Die Länder setzen einen Schwerpunkt ihrer europolitischen Aktivitäten auf die Einflussnahme von Kontakten zur Bundesregierung (Göhmann 2015). Der Weg von der Landeshauptstadt geht so nicht nur direkt nach Brüssel, sondern auch gleichzeitig über die nationale Hauptstadt nach Brüssel.

Insgesamt lassen die Aktivitäten der Regionen in und neben dem AdR erkennen, dass sie auf europäischer und teilweise auch auf nationaler Ebene zu aktiven Mitspielern im EU-Mehrebenensystem geworden sind, aber auch, dass sie ihre Rolle nicht zu einer Vetoposition ausbauen konnten. Charakterisiert werden kann diese Entwicklung als ein „Europa *mit* Regionen", nicht jedoch als ein „Europa *der* Regionen" (De Rougemont 1966), wie dies von einer Gruppe von Föderalisten angestrebt wird. Ein „Europa ,der' Regionen" würde den substaatlichen Akteuren eine zentrale Position bei der Politik- und Systemgestaltung einräumen. Die Rolle des AdR kann vielmehr als ein potenzieller „subsidarity watchdog" (Rowe und Jeffery 2017, S. 392) beschrieben werden.

Das Gesamtbild der unterschiedlichen Formen von Beteiligungen der Regionen und Kommunen über sowohl nationale als auch europäische Verfahren und Zugänge kann als eine komplexe Mehrebenenfusion charakterisiert werden (vgl. zum Begriff Kap. ▶ „Einführung"), bei der Akteure von drei oder sogar vier Ebenen bei der Vorbereitung, Verabschiedung, Durchführung und Kontrolle von EU-Entscheidungen zusammenwirken (Rowe und Jeffery 2017).

5   Europäische Parteien

5.1   Aufgaben und Vertragsbestimmungen: Geschichte und Praxis

Wie in jedem politischen System sind auch in der institutionellen Architektur der EU (europäische) Parteien aktiv (Weigl 2019; Raunio und Wagner 2017; Maurer und Mittag 2016; Mittag 2016b; Jansen 2004). Der Lissabonner Vertrag hat politischen Parteien einige allgemeine Funktionen zugeschrieben, die auch Formulierungen des Grundgesetzes (vgl. Art. 21 GG) aufgreifen, welche jedoch den starken Einfluss von Parteien in parlamentarischen Demokratien nicht erfassen (vgl. Dokument 3).

Dokument 3, Europäische Parteien – Vertragliche Bestimmungen
Art. 10 EUV (4)

Politische Parteien auf europäischer Ebene tragen zur *Herausbildung eines europäischen politischen Bewusstseins* und zum *Ausdruck des Willens* der Bürgerinnen und Bürger der Union bei.

Art. 224 AEUV

Das Europäische Parlament und der Rat legen gemäß dem ordentlichen Gesetzgebungsverfahren durch Verordnungen die Regelungen für die politischen Parteien auf europäischer Ebene nach Artikel 10 Absatz 4 des Vertrags über die Europäische Union und insbesondere die *Vorschriften über ihre Finanzierung* fest.

Hervorhebungen durch den Autor

Auch Verfahren zur Regelung der Struktur und Finanzen hat der Vertrag vorgesehen (Art. 224 AEUV). Zum 1. Januar 2017 trat die Verordnung „über das Statut und die Finanzierung europäischer politischer Parteien und europäischer Stiftungen" in Kraft, die auch eine Rechtspersönlichkeit für europäische Parteien definiert. Vor allem muss eine europäische Partei aus Parteien aus mindestens sieben Mitgliedstaaten gebildet werden. Auch die Parteienfinanzierung, die sich auch an deutschen Erfahrungen orientiert, ist seit den siebziger Jahren ausgebaut worden. Zusammenschlüsse von Parteien haben sich seit Beginn der Integrationskonstruktion herausgebildet. Einen wesentlichen Schub erhielten sie mit der ersten Direktwahl zum EP 1979. Lange Zeit waren sie organisatorisch, finanziell und personell „Kinder" der entsprechenden Fraktionen im EP (Dialer et al. 2015). Mit dem Vertrag über die Europäische Union haben die „Parteifamilien" zu Beginn der neunziger Jahre Europäische Parteien gegründet. Diese gelten heute für viele Akteure und Beobachter als „unverzichtbar für die Europäische Demokratie" (Leinen 2006).

2019 sind zehn politische Parteien auf europäischer Ebene formal anerkannt (vgl. Tab. 5).

Die „Sozialdemokratische Partei Europas" (SPE), die „Europäische Volkspartei" (EVP), die „Allianz der Liberalen und Demokraten für Europa" (ALDE), im EP seit 2019 als „Renew Europe", die „Europäische Freie Allianz" (EFA), die „Europäische Grüne Partei" (EGP), die „Partei der Europäischen Linken" (EL) sowie die Parteien „Europäische Konservative und Reformer" (EKR) und „Identität und Demokratie"

Tab. 5 Anerkannte politische Parteien auf europäischer Ebene

Partei (Gründung bzw. Reform)	Mitglieds-Parteien/ Mitgliedstaaten	Fraktionen im EP	Politische Ausrichtung
Sozialdemokratische Partei Europas (1974/1992)	33/28	S&D	Sozialdemokratisch/ sozialistisch
Europäische Volkspartei (1976/ 1999)	46/27	EVP	Christdemokratisch (konservativ)
Allianz der Demokraten und Liberalen für Europa (ALDE) (1976/1993)	53/38	Renew Europe	Liberal
Europäische Freie Allianz (EFA) (1982/1994/2004)	38/17	Grüne/EFA (ECR, GUE/NGL)	Regional ‚nationalistisch'
Europäische Grüne Partei (EGP) (1983/1992/2004)	37/33	Grüne/EFA	Grün/alternativ
Europäische Linke (EL) (2004)	25/21	GUE/NGL	Sozialistisch/ postkommunistisch
Europäische Demokratische Partei (EDP) (2004)	20/17	Renew Europe; S&D	Zentristisch (liberal)
Europäische Christliche Politische Bewegung (ECPM) (2001/2010)	18/16	ECR; EVP	Christlich/evangelikal
Europäische Konservative und Reformer (EKR) (2009)	18/15	EKR	Nationalkonservativ/ europaskeptisch
Identität und Demokratie (ID)	11/11	ID	Europaskeptisch/ rechtsextrem/ rechtspopulistisch

Quelle: Eigene Darstellung, in Anlehnung an Weigl (2019, S. 166)

(ID) sind Dachorganisationen, die von nationalen Parteien aus ähnlichen programmatischen ‚Familien' getragen werden. Trotz mancher ideologischer Gemeinsamkeiten arbeiten in ihnen häufig Parteien unterschiedlicher nationaler Traditionen, interner Strukturen und europapolitischer Ausrichtung zusammen.

Die Parteien stellen Zusammenschlüsse dar, die keine zusätzliche Hierarchieebene oberhalb ihrer nationalen Mitglieder bilden (Mittag 2016b). Sie zeigen im Hinblick auf ihre wahrgenommenen Funktionen ähnliche Grundmuster:

Die Aktivitäten der Europäischen Parteien sind breit gestreut. Generell bieten die Gremien der Parteien nützliche Foren für die Meinungsbildung unter den beteiligten nationalen Mitgliedern. Insbesondere erlauben die Treffen der jeweiligen Parteiführer vor Sitzungen des Europäischen Rates in begrenztem Umfang Vorabklärungen politischer Positionen (Wessels 2016, S. 136). Auch im „Europäischen Konvent zur Zukunft Europas" haben Europäische Parteien Europaabgeordnete und nationale Parlamentarier zusammengeführt.

Eine konkrete, immer wiederkehrende Aufgabe liegt in der Verabschiedung eines gemeinsamen Manifests oder Programms für die alle fünf Jahre stattfindenden Wahlen zum EP. Diese Dokumente werden häufig nur nach schwierigen Verhandlungen mit allgemein gehaltenen Formeln erstellt; sie spielen dann jedoch in den vorwiegend national geprägten Wahlkämpfen – den ‚Sekundärwahlen' – in der Regel keine oder nur eine untergeordnete Rolle (vgl. Kap. ▶ „Das Europäische Parlament"). Angesichts unterschiedlicher Traditionen und Kulturen ist eine interne Positionsbestimmung zu zentralen Fragen der Politik- und Systemgestaltung häufig schwierig.

Für den europäischen Wahlkampf haben die Europäischen Parteien 2014 mit der Installierung von ‚Spitzenkandidaten' ein neues Verfahren eingeführt (Weigl 2019, S. 166–168) (vgl. Kap. ▶ „Das Europäische Parlament", ▶ „Die Europäische Kommission" sowie ▶ „Der Europäische Rat"). Die großen Parteien und Fraktionen im EP einigten sich vorab darauf, den relativen Gewinner der Wahlen zum EP gegenüber dem Europäischen Rat als Kandidaten für das Amt des Kommissionspräsidenten durchzusetzen. Auch 2019 haben die europäischen Parteien Spitzenkandidaten benannt: Manfred Weber (Europäische Volkspartei, EVP), Frans Timmermans (Sozialdemokratische Partei Europas, SPE), Margrethe Vestager (Allianz der Liberalen und Demokraten für Europa, ALDE), Ska Keller und Bas Eickhout (Europäische Grüne Partei, EGP), Violeta Tomič und Nico Cué (Partei der Europäischen Linken, EL), Jan Zahradil (Allianz der Konservativen und Reformer in Europa, AKRE) sowie Oriol Junqueras (Europäische Freie Allianz, EFA). Sie konnten sich nach der Wahl allerdings nicht auf einen Kandidaten einigen, den sie gegenüber dem Europäischen Rat durchsetzen wollten (vgl. Kap. ▶ „Das Europäische Parlament" und ▶ „Der Europäische Rat").

Dieses Vorgehen hatte die Bedeutung der Europäischen Parteien gestärkt. Gleichzeitig wurde deutlich, dass die Personalisierung durch den Wettbewerb von Spitzenkandidaten zu keiner signifikanten Mobilisierung der nationalen Parteien selbst bzw. der Wählerschaft führte. Die Wahlbeteiligung ist trotz des Wettbewerbs hervorgehobener Politiker nicht angestiegen (Maurer 2020, S. 85–86) (vgl. Kap. ▶ „Das Europäische Parlament").

Bei der Aufstellung der Kandidaten für die Wahlen zum EP sind Europäische Parteien nicht beteiligt. Entscheidungen im EU-System – so die Wahl der Führungspersonen – werden immer wieder durch parteipolitische Erwägungen mitbestimmt; zentrale Mitspieler sind dabei allerdings nationale Parteien.

5.2 Strukturen, Verfahren und Aufbau

In ihren Statuten haben die Parteien einige typische Formen für die Mitgliedschaft und ihre gemeinsamen Aktivitäten entwickelt. Sie sind insbesondere ausgerichtet auf enge Kontakte zwischen:

- Parteien mehrerer Ebenen;
- Mitgliedern der Parteien in EU-Organen, so z. B. in der Kommission und im EP;
- nahestehenden Verbänden.

Die Europäischen Parteien weisen in der Mehrzahl ähnliche Organisations- und Binnenstrukturen auf (vgl. Abb. 6).

Zentrales Gremium ist der Kongress, in den die nationalen Mitgliedsparteien ihre Delegierten schicken. Dieses Gremium soll über das politische Programm befinden; 2014 und 2019 haben die jeweiligen Kongresse auch ihre Spitzenkandidaten für das Amt des Kommissionspräsidenten gewählt bzw. bestätigt. Der Kongress wählt den Vorsitzenden/Präsidenten und einen Vorstand für das Tagesgeschäft. Dieser tagt in der

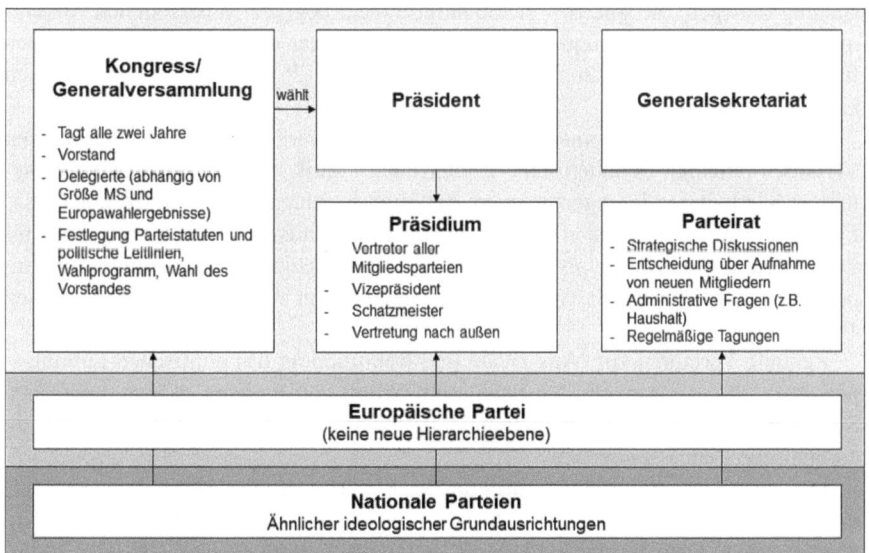

Abb. 6 Europäische Parteien – Typische Organisations- und Binnenstrukturen. EL hat keinen Kongress, der Parteirat nennt sich bei der EVP ‚Vorstand', EL und EFA haben keinen Parteirat, hier übernimmt der Kongress die Aufgaben. (Quelle: Eigene Darstellung, in Anlehnung an Maurer und Mittag (2016, S. 203))

Regel mehrfach im Jahr. Zum Präsidenten wählen die Delegierten häufig einen erfahrenen und angesehenen Politiker einer Mitgliedspartei, der national nicht mehr im Rampenlicht steht. So hat die EVP 2019 den früheren Präsidenten des Europäischen Rates, Donald Tusk, zu ihrem Vorsitzenden gewählt. Eine zentrale Rolle für die interne Kommunikation und das organisatorische Tagesgeschäft übernehmen der Generalsekretär und die Geschäftsstelle. Zwischen den Kongressen ist auch ein Gremium aktiv, das als Parteirat die Arbeit der hauptamtlichen Mitarbeiter im Generalsekretariat begleitet und kontrolliert. In Anlehnung an ähnliche Strukturen einiger Mitgliedsparteien haben Europäische Parteien auch transnationale Vereinigungen für bestimmte Gruppen von Mitgliedern – so von Jugendlichen und Frauen – und – in Anlehnung an deutsche Vorbilder – Europäische Parteienstiftungen gegründet.

Die Konferenz der Partei- und Regierungschefs übernimmt eine wichtige Vorklärungs- und Abstimmungsfunktion für programmatische und personelle Entscheidungen insbesondere für Beratungen im Europäischen Rat. Trotz der Beteiligung der obersten Repräsentanten der nationalen Parteien bleibt die Kommunikation zwischen nationaler und europäischer Ebene häufig jedoch schwach entwickelt.

5.3   Zur Charakterisierung: Eine institutionelle Architektur ohne eigenständiges Parteiensystem

In der Praxis ist die Rolle der Europäischen Parteien bei der Politik- und Systemgestaltung schwach. Sie spielen – schon aufgrund der begrenzten personellen Ausstattung – für ihre Mitglieder und deren Unterorganisationen eine marginale Rolle. Auch für die normalen Aktivitäten ‚ihrer' Fraktionen im EP sind Europäische Parteien kaum von Bedeutung.

Die heterogene Zusammensetzung und die Schwerfälligkeit der parteiinternen Verfahren erlauben es selten, eine gemeinsame Politik innerhalb der EU mit tragfähiger Klarheit und in angemessenem Zeitraum festzulegen. Die Abgeordneten des EP benötigen die Parteien weder für ihre parlamentarische Alltagsarbeit noch für ihre erneute Aufstellung als Kandidat, da diese Schlüsselentscheidung für ihre politische Laufbahn nicht von ihrem Engagement in den Europäischen Parteien abhängt.

Zentrale Verfahren zur (Aus-)Wahl und Rekrutierung des politischen Führungspersonals, die eine konstitutive Schlüsselfunktion von Parteien in demokratischen Systemen einnehmen, haben nationale Parteien selbst für das EP nicht an ihre europäische Ebene abgegeben.

Die „parteien-unfreundliche Struktur der EU" (Leinen 2006) bietet in der institutionellen Architektur zu wenig Anreize, um ein Parteiensystem herauszubilden, das bekannten Formen und Funktionen nationaler Systeme entspräche (Hix 2005). Vorgeschlagen wird deshalb, die „Europäischen Parteien als föderative Vereinigungen von nationalen Parteien" (Jansen 2004) zu definieren, wobei die Erscheinungsformen in der Praxis eher einen intergouvernementalen Charakter dieser Akteursgruppe herausheben.

Mit dem Verfahren eines Spitzenkandidaten 2014 und 2019 für die EP-Wahlen haben Europäische Parteien an Bedeutung gewonnen. Die Erwartung, dass ein gemeinsamer Kandidat für das Amt des Kommissionspräsidenten im Wahlkampf zum EP zu einer europäischen Identifikationsfigur – zumindest für die eigene Partei – werden könnte, hat sich bei beiden Wahlgängen nur begrenzt als realitätsnah erwiesen. Andere Leitideen erwarten von der Einführung transnationaler Listen bei den Wahlen zum EP einen Einflusszuwachs europäischer Parteien. So hat der französische Präsident Emmanuel Macron vorgeschlagen, die 73 britischen Sitze im EP nach dem *Brexit* nicht auf einzelne Mitgliedstaaten zu verteilen, sondern diese von allen EU-Bürgerinnen und -Bürgern über transnationale Listen wählen zu lassen (Macron 2017). Bei derartigen Listen fiele den europäischen Parteien eine starke Rolle zu. Ihre Spitzenkandidaten stünden dann auf dem Wahlzettel aller Unionsbürgerinnen und -bürger (vgl. Kap. ▶ „Das Europäische Parlament"). Eine ausgeprägtere Rolle wird Parteien auch für die als notwendig erachtete „Politisierung" der Debatten um die Politik- und Systemgestaltung der EU zugesprochen (Weigl 2019).

6 Medien

6.1 Aktivitätsprofile

Zur Analyse politischer Systeme wird in der Regel auch die Rolle von Medien bei der Politik- und Systemgestaltung untersucht. Von besonderem Interesse ist dabei die Frage, ob und wie sie als „(wichtige) Multiplikatoren von europäischer Öffentlichkeit" (Walter 2017; Trenz 2016; Risse 2015) wirken, die zur „Überwindung der Legitimitätsdilemmata der EU" (Maurer 2006; Meyer 2002, S. 10) beitragen können oder auch als „Beschleuniger einer europäischen Öffentlichkeit" wirken (Michalowitz 2015, S. 416).

Bis auf Skandale im EU-Umfeld, die auch für Massenmedien relevant sind, berichtet und kommentiert im Wesentlichen die Qualitätspresse. Entsprechend sind Medienvertreter in Brüssel als eine Gruppe von Akteuren in der politischen Praxis der EU-Architektur zu verstehen. 2017 verfolgten insgesamt 469 Medien und 1171 auf die EU spezialisierte Journalisten das Geschehen in Brüssel (vgl. Tab. 6).

Tab. 6 Jährliche Medienakkreditierung bei den EU-Institutionen

Nachrichtenagenturen	71
Online-Medien	44
Produktionsfirmen	28
Radio	41
Fernsehen	106
Printmedien	179
Insgesamt	**469**

Quelle: Angaben der Kommission von 2017

Zentralredaktionen räumen Berichten und Analysen aus dem EU-System eine zunehmende Priorität ein. Der Wettbewerb um frühzeitige Informationen aus der Brüsseler Arena hat sich dabei erheblich verschärft. In ihrer Rolle als Mitspieler in der EU-Architektur werden Veränderungen bei der Rollenwahrnehmung von einem ‚Verlautbarungs-' – zu einem ‚Investigationsjournalismus' – insbesondere in Fällen von Missmanagement und Korruption – deutlich. Im Hinblick auf die Politikgestaltung üben europäische Medien damit zunehmend eine Kontrollfunktion gegenüber Akteuren in den Organen aus.

Weniger ausgeweitet hat sich dagegen die Berichterstattung im Massenmedium Fernsehen, dem eine Schlüsselrolle bei der Entwicklung des öffentlichen Bewusstseins zugeschrieben wird (Nulty et al. 2015).

Das Informationsangebot seitens der EU-Organe, einschließlich ihrer Webseiten, ist vielfältig. Möglichkeiten zur Nachfrage werden durch regelmäßige Pressekonferenzen umfassend angeboten, da Politiker und Interessengruppen selbst jeweils ihre Sicht einbringen möchten. Über ein spezifisches Ereignis – etwa über eine Sitzung des Europäischen Rates – geben beteiligte Politiker entsprechend ihrer Interessenlage jeweils eigene Darstellungen und Interpretationen, die unterschiedliche ‚Erzählungen' der Geschehnisse in den Organen wiedergeben können (vgl. Kap. ▶ „Der Europäische Rat").

Insbesondere die sozialen Medien werden immer mehr von EU-Organen und Abgeordneten als Instrument genutzt, um politische Inhalte gezielt zu verbreiten. Mittlerweile haben fast alle Politiker, Parteien und NGOs eigene Profile bei z. B. Twitter oder Facebook eingerichtet.

Besondere Informationsdienste, wie z. B. „Agence Europe" (Agence Europe 2020), „EurActiv" (EurActiv 2020), „Politico" (Politico 2020), „EUobserver" (EUobserver 2020) und einige englischsprachige Zeitungen, stellen eine europäische Öffentlichkeit dar, die aber auf relativ kleine Kreise von Beteiligten und Experten beschränkt bleibt.

6.2 Zur Charakterisierung: Abbau eines öffentlichkeitsfreien Raums

Insgesamt haben europäische Medien noch nicht umfassend jene Funktionen im EU-System übernommen, wie sie für das politische Leben der Mitgliedstaaten zu Beginn des 21. Jahrhunderts prägend geworden sind. Eine umfassende europäische Öffentlichkeit bzw. „Kommunikationsgemeinschaft" (Trenz 2016; Risse 2015; Eder 2004), die in Umfang und Dichte dem Informations- und Meinungsaustausch in den politischen Arenen der Mitgliedstaaten entsprechen würde, ist bisher trotz der Entwicklung in den sozialen Medien (noch) nicht zu beobachten. Es lassen sich jedoch Anfänge einer transnationalen europäischen Öffentlichkeit im Internet ausmachen (Ruiz-Soler 2017). „Transnationale Erfahrungs- und Erinnerungszusammenhänge" können zwar bereits beobachtet werden, aber auch die Grenzen eines „Wir in Europa" (Eder 2004, S. 72–77) werden deutlich. Festzustellen ist aber auch, dass der öffentlichkeitsfreie Raum für die EU-Institutionen kleiner wurde. Die

Organe stehen durchaus im Scheinwerferlicht der Medien. Darüber hinaus zeichnet sich der Trend ab, dass sich die EU-Organe und -Politiker in den sozialen Medien selbst darstellen und so eine digitale europäische Öffentlichkeit aufbauen.

Weist der Befund zur Medienlandschaft auf einen Aufmerksamkeitszuwachs des EU-Geschehens hin, so ist in der wissenschaftlichen Analyse umstritten, ob und wie öffentliche Debatten zur Politik- und Systemgestaltung auf Beiträge zum jeweiligen nationalen Diskurs begrenzt bleiben bzw. ob die Fälle zunehmen, in denen Argumente grenzüberschreitend mit Bezug auf Inhalte von Debatten in anderen Mitgliedstaaten ausgetauscht werden (Risse 2015).

So ist in der wissenschaftlichen Diskussion umstritten, ob das Mehrebenensystem der Europäischen Union die Voraussetzungen für das Entstehen einer „homogenen, supranationalen und horizontalen" Europäischen Öffentlichkeit umfasst. Manche Studien sehen die unterschiedlichen Sprachen und Kulturen als „gewaltige Hindernisse" während andere Arbeiten davon ausgehen, dass bereits mehrere europäische Teilöffentlichkeiten parallel bestehen (Petersen 2019, S. 186–188; Ruiz-Soler 2017).

Häufig lassen Diskussionen zu EU-Themen kein vertieftes Verständnis von einem gemeinsam wahrgenommenen EU-System und einer gemeinsamen EU-Identität erkennen. Zwar greifen Medien aus den Mitgliedstaaten Ereignisse gleichzeitig und in der Analyse und Bewertung ähnlich auf, aber ein Miteinander-Argumentieren über die Grenzen hinweg ist im Vergleich zu nationalen Debatten unterentwickelt. Selbst der Entwurf des Verfassungsvertrags, der in einem transparenten Verfahren im Konvent zur Zukunft Europas als fundamentales Projekt zur Selbstverständigung über das Wesen und die Zukunft der Union erarbeitet wurde, löste nur in Ansätzen eine gemeinsame, europaweit geführte Debatte aus. Derselbe Text wurde in getrennten nationalen Teilöffentlichkeiten mit unterschiedlichen Schwerpunkten und Intensitäten erörtert. Nachhaltige Wirkungen einer umfassend transnationalen europäischen Debatte auf die Gestaltung wesentlicher Grundlagen des EU-Systems sind so nur selten zu beobachten.

7   Öffentliche Meinungen: Vom Konsens zum Dissens?

Die Politik in Demokratien ist abhängig von einer zumindest grundsätzlichen Zustimmung der Bürgerinnen und Bürger. Handelnde (Spitzen-)Politiker sind im (Parteien-)Wettbewerb immer umstritten – mal mehr, mal weniger. Auch die jeweilige konstitutionelle und institutionelle Architektur kann Gegenstand öffentlicher Kontroversen sein. Es entspricht jedoch einer konventionellen Annahme, dass jedes politische System für eine fundamentale Stabilität einer grundlegenden, wenn auch diffusen Zustimmung bedarf (Easton 1953). Gibt es etwas, wie das Gefühl eines „l'Europe profonde", (Braudel 1986, S. 19), das eine belastbare und weitgehend akzeptierte Legitimität aufweist?

Für die hier vorgenommene Analyse der institutionellen Architektur kann diese Frage nicht umfassend empirisch beantwortet werden, aber zu diskutieren ist, wie öffentliche Meinungen eine Rolle als (Hintergrund-)Faktor für die untersuchten

Verfahren der System- und Politikgestaltung spielen könnte; d. h. geben oder setzen sie Grenzen für Entscheidungen zur Gestaltung des EU-Systems?

Eine Grundannahme ist dabei, dass Bürgerinnen und Bürger direkt oder indirekt auf die politischen Entscheidungen durch Wahlen wirken und Politiker deshalb ihre Handlungen mit Blick auf die wie immer geartete öffentliche Meinung ausrichten. Eine häufig angebrachte Ausgangsthese ist, dass die nationalen und europäischen Führungspersönlichkeiten über lange Perioden der Unions-Entwicklungen von einer breiten, wenn auch diffusen Unterstützung zumindest in der überwiegenden Zahl der EU-Mitgliedstaaten ausgehen konnten und so über einen weit gesteckten Spielraum verfügten. In der einschlägigen Literatur wird für diese Einstellungsmuster der EU-Bevölkerung der Begriff „permissive consensus" genutzt (Inglehart 1970). Demgegenüber wird mit Beginn der Entwicklung zur Währungsunion und weiteren Krisen, die die Unionsbürgerinnen und -bürger unmittelbar betreffen, von einer zunehmenden Euroskepsis ausgegangen, die nicht zuletzt durch zunehmende Wahlerfolge von (rechts-) populistischen Parteien und negativen Ergebnissen zu Referenden – so zum Verfassungsvertrag und zum Brexit – den Spielraum der negativen konnotierten ‚Eliten' begrenzt (Galpin und Trenz 2017). Diese These sieht die Entwicklung in den Einstellungen hin zu einem „constraining dissens" (Daddow 2012; Hooghe und Marks 2009). Nach dem Brexit-Referendum im Vereinigten Königreich ist jedoch eine deutliche Verschiebung zu einer positiveren Einstellung zu beobachten (Petersen 2019, S. 185).

Ein Blick auf die Studien von Historikern macht deutlich, dass wesentliche Entscheidungen in der öffentlichen Debatte immer kontrovers waren (v. a. Loth 2014). Analysen über Vertrauen und Erwartungen von Bürgerinnen und Bürgern über die Jahrzehnte der Integrationsentwicklung betonen, dass sich die Geschichte anders als in konventionellen Thesen darstellt (Kaelble 2019). Danach ist die Einstellung der Bürgerinnen und Bürger zur europäischen Integration „nicht einfach die Geschichte eines Eliteprojekts ohne Bürger" (Kaelble 2019, S. 157), sondern gleicht eher einer Geschichte von Zunahme und Abnahme von Vertrauen in die Europapolitik: „Die Europapolitik musste vielmehr in jeder Krise mit ihren jeweils neuen Themen um das Vertrauen der Bürger ringen" (Kaelble 2019, S. 159).

Daten und Ergebnisse aus empirischen Erhebungen weisen auf mehrere Entwicklungen der letzten Jahre hin (vgl. v. a. Petersen 2017, 2018, 2019). Das Bild öffentlicher Meinung ist vielfältig:

- Mangelnde Kenntnisse zur institutionellen Architektur (so geben nur 56 % der Unionsbürgerinnen und -bürger an, die Funktionsweise der EU zu kennen (Kommission 2016)), sowie zu ökonomischen und politischen Entwicklungen – so etwa vor der Brexit-Entscheidung;
- Eine weitverbreitete Skepsis – so an der Frage gemessen, ob Kompetenzen an die Mitgliedstaaten zurückverlagert werden sollten (51 % der Unionsbürgerinnen und -bürger wünschen sich, dass z. B. Handelsabkommen von den nationalen Regierungen anstatt der EU verhandelt werden. Demgegenüber stimmen 53 % der Unionsbürgerinnen und -bürger zu, dass mehr Entscheidungen auf Unionsebene getroffen werden sollten (Stokes et al. 2017));

- Eine zunehmende Stärkung nationalistischer und euroskeptischer Parteien in Meinungsumfragen und in Wahlen – wie 2014 und 2019 zum EP;
- Unterschiedliche Erzählungen zu Europa und dessen Rolle in der Bildung nationaler Identitäten;
- Veränderungen in Zustimmungsraten zur europäischen Integration – so sieht man an der Frage, ob die Europäische Einigung „langsamer oder schneller oder weiter wie bisher verlaufen soll" ein deutliches Auf und Ab (Petersen 2016, S. 190), bei der die Mehrheit in Deutschland in der Regel für „weiter so" oder „Unentschieden" stimmt;
- Weiterhin mehrheitliche Zustimmung gegen einen Austritt aus der EU (so wollen nur 18 % der Unionsbürgerinnen und -bürger einen Ausstieg des jeweiligen Mitgliedstaates aus der EU (Stokes et al. 2017));
- Zunahme der Zustimmungsrate bei der jüngeren Generation;
- Ein stärkeres Vertrauen in die EU-Institutionen (EP: 45 %, Kommission: 41 % und *Europäische Zentralbank* (EZB): 37 %) als in die nationalen Institutionen (nationale Regierung: 37 %, nationales Parlament: 36 %, nationale Parteien: 19 %) (vgl. Abb. 7, Kap. ▶ „Das Europäische Parlament").

Nimmt man das Ausbleiben von Forderungen, aus der EU auszuscheiden, als signifikanten Indikator für eine grundsätzliche Akzeptanz der EU, dann bildete 2017 das Brexit-Referendum eine Ausnahme. In der Mehrzahl der Fälle fordern selbst euroskeptische Parteien nur ‚weniger Europa' aber keinen Austritt ihres Landes. Vor diesem Hintergrund kann man von einem belastbaren Grundkonsens ausgehen. Aus diesen Untersuchungen lassen sich jedoch auch keine ausreichenden Aussagen für den „Mythos eines europäischen Volkes" (Kaelble 2019, S. 161) herauslesen, die von föderalistischen Erzählungen als eine Grundannahme postuliert werden. Es werden jedoch tragende Elemente für ein „einheitliches Bürgerprojekt von Europa" (Kaelble 2019, S. 161) konstatiert.

8 Die Europäische Bürgerinitiative: Ein Verfahren zum Einstieg in die direkte Demokratie

Aufgrund anhaltender Kritik an der mangelnden direkten Beteiligung von Bürgerinnen und Bürgern hat der Vertrag von Lissabon einen direkten Zugang durch die Einführung eines Regelwerks für ein Bürgerbegehren geschaffen (vgl. Dokument 4).

Dokument 4, Europäische Bürgerinitiative
Art. 11 (4) EUV
Unionsbürgerinnen und Unionsbürger, deren Anzahl mindestens *eine Million* betragen und bei denen es sich um Staatsangehörige einer erheblichen Anzahl von Mitgliedstaaten handeln muss, können die *Initiative ergreifen* und

---

(Fortsetzung)

die *Europäische Kommission auffordern*, im Rahmen ihrer Befugnisse geeignete Vorschläge zu *Themen zu unterbreiten*, zu denen es nach Ansicht jener Bürgerinnen und Bürger eines *Rechtsakts der Union* bedarf, um die Verträge umzusetzen.

Hervorhebungen durch den Autor

Dieses Verfahren partizipativer Demokratie stellt nicht nur weitreichende Vorbedingungen, die nicht einfach zu erfüllen sind, sondern bedeutet auch eine nur schwache Form der Beteiligung: Die Kommission kann der Aufforderung nachkommen oder auch nicht. Das EP diskutiert in einer öffentlichen Sitzung inwieweit es eine Bürgerinitiative unterstützt (Plottka 2019; Greenwood 2017). Das Bürgerbegehren ist ein langwieriger Prozess: Es kann bis zu 18 Monate dauern, bis die Initiative die Kommission erreicht (vgl. Tab. 7).

Zudem gibt es Vorgaben zu der Mindestanzahl von Unterstützern aus jedem Mitgliedstaat: Eine Initiative muss mindestens eine Million Unionsbürgerinnen und -bürger aus sieben Mitgliedstaaten repräsentieren. Die Angaben zur Nutzung des Verfahrens von 2012–2019 (vgl. Plottka 2019) weisen auf die Schwierigkeiten hin, Interesse bzw. Engagement der Unionsbürger zu wecken. Bei 27 Initiativen konnten nicht genug Stimmen gewonnen werden. 21 Anträge wurden abgelehnt. Nur vier waren erfolgreich.

Auch bei Verbesserungen des Verfahrens – so durch ein zentrales Online-Sammelsystem – kann keine direkte Beteiligung der Bürgerinnen und Bürger erwartet werden. Die Bürgerinitiative „Wasser und sanitäre Grundversorgung sind ein Menschenrecht! Wasser ist ein öffentliches Gut, keine Handelsware" fordert „[. . .] die Europäische Kommission zur Vorlage eines Gesetzesvorschlags auf, der das Menschenrecht auf Wasser und sanitäre Grundversorgung durchsetzt und eine funktionierende Wasser- und Abwasserwirtschaft als existenzsichernde öffentliche Dienstleistung für alle Menschen fördert". Insgesamt konnten 1.659.543 Stimmen gesammelt werden, die sich auf alle Mitgliedstaaten verteilten. Obwohl sie als eine von vier Initiativen die Bedingungen erfüllte, initiierte die Kommission keinen entsprechenden Gesetzesakt, sondern leitete nur allgemeine Konsultationen ein.

Tab. 7 Exemplarischer Ablauf der Bürgerinitiative zur Wasserschutzrichtlinie

10.05.2012	Registrierung der Initiative bei der Kommission
01.11.2013	Unterschriftensammlung endet
20.12.2013	Vorlage wird bestätigt und der Kommission vorgelegt
17.02.2014	Öffentliche Anhörung im EP
19.03.2014	Kommission veröffentlicht Maßnahmen als Reaktion auf die Bürgerinitiative

Quelle: Europäische Kommission (2012)

9   Zusammenfassung, Diskussion und Perspektiven: Pluralistische Differenzierung einer Infrastruktur

Der Befund zu Mitspielern außerhalb der EU-Organe belegt ein umfassendes Engagement und eine nachhaltige Beteiligung von politischen und wirtschaftlichen Gruppierungen an der Politikgestaltung. Sie schlagen sich in entsprechenden Zugängen und Beteiligungsmöglichkeiten nieder. Repräsentanten vielfacher Herkunft drängen ins Brüsseler Geschehen, aber auch EU-Organe selbst fordern und fördern enge Kontakte; entsprechend kann man von ‚push und pull'-Effekten des EU-Systems sprechen. Viele dieser Mitspieler bemühen sich – häufig mit Erfolg –, gleichzeitig auf Politiker der Mitgliedstaaten wie auf Institutionen der EU-Architektur einzuwirken und agieren somit auf mehreren Ebenen. Insgesamt ist ein vielfältiger und fragmentierter „Meinungsmarkt" (Rowe und Jeffrey 2017) zu beobachten.

In einer historischen Sicht auf die Entwicklung des EU-Systems ist ein umfassender Ausbau dieser politischen Infrastruktur als Teil der institutionellen Architektur zu beobachten. Formen eines horizontalen und vertikalen Pluralismus lassen ein offenes und vielstimmiges Umfeld in und um Brüssel entstehen, das die Politikprozesse im EU-System begleitet und beeinflusst.

Konventionelle Kategorien zur Erfassung und Erklärung derartiger Phänomene lassen sich dabei nicht einfach auf das EU-System übertragen. Man kann sowohl starke als auch schwache Formen der Beteiligung erkennen: So sind der WSA und der AdR in einer schwachen Position am ‚Rande' des europäischen Legislativprozesses. Die Auswirkungen ihrer Stellungnahmen bleiben begrenzt. Insgesamt ist ein vielfältiger und fragmentierter „Meinungsmarkt" (Rowe und Jeffery 2017) zu beobachten.

Die Interessenvertretung auf europäischer Ebene erfolgt weder im AdR nach föderalen Vorstellungen eines ‚Europas der Regionen' noch im WSA nach einem (neo-)korporatistischen Muster. Auch das Parteien- und Mediensystem haben sich noch nicht nach üblichen Grundmustern parlamentarischer Demokratien in Europa entwickelt. Muster der öffentlichen Meinung lassen nur begrenzt nachhaltige Entwicklungen hin zu einem belastbaren Grundkonsens für eine Union erkennen.

Bei den meisten Gruppen sind Prozesse hin zu einem Zusammenwirken von nationalen und europäischen Akteuren zu beobachten. Bei einigen Interessenverbänden sind starke Entwicklungen zu einer vertikalen Fusion von Zuständigkeiten und Verfahren zu beobachten, bei den meisten Parteien dagegen eher schwache.

Zur Gestaltung der Infrastruktur um die Vertragsorgane sind immer wieder Vorschläge unterbreitet worden – so etwa zur Transparenz von Interessengruppen und zum Statut europäischer Parteien. Der Lissabonner Vertrag hat einige institutionelle und prozedurale Regelwerke – z. B. zum WSA und zum AdR – bestätigt, aber auch weitergehende Vorschläge zu Teilaspekten des ‚demokratischen Lebens' der Union vorgelegt – so Artikel 10 und 11 EUV und das Verfahren zur europäischen Bürgerinitiative. Die Entwicklungen zu einer aktiven Infrastruktur, die zu einem signifikanten Teil der institutionellen Architektur geworden ist, sind noch nicht abgeschlossen. Für die Tragfähigkeit und Legitimität der Union ist ein Ausbau des

Engagements von relevanten Mitspielern notwendig. Entsprechende Beteiligungsformen sind dabei zu diskutieren. Vorschläge, die Institutionen für eine stärkere Beteiligung zu öffnen, zeigen eine erhebliche Bandbreite: So werden sowohl EU-weite Referenden als auch eine mögliche Direktwahl des Präsidenten der Kommission sowie umfangreiche Initiativ- und Klagerechte von Verbänden genannt.

Ungeachtet allgemeiner Trends sind zur Beteiligung von Akteuren in einzelnen Politikfeldern Detailstudien heranzuziehen bzw. zu erstellen. Die Rollenwahrnehmung von Mitspielern in der institutionellen Architektur und die damit verbundene „Logik der Interessenvertretung" (Eising und Kohler-Koch 2005) bleiben ein spannendes und ein wichtiges Feld für die Untersuchung des EU-Systems.

10   Zur Wiederholung und Vertiefung

Merkpunkte und Stichworte
* Grundkenntnisse:
    – Mitspieler in der politischen Infrastruktur,
    – wichtige Akteursgruppen
* Aufgaben, Zusammensetzung und Bedeutung:
    – WSA
    – AdR
    – Europäische Parteien
* Begriffe: Definition, Befund und Bedeutung
    – Horizontaler Pluralismus
    – Vertikaler Pluralismus
    – Europäische Öffentlichkeit

Fragen
* Wie ist die Interessensvermittlung in der politischen Infrastruktur des EU-Systems zu erfassen und zu erklären?
* Wie sind Europäische Interessenverbände zu erfassen und zu erklären?
* Wie ist ein europäisches Parteiensystem zu erfassen und zu erklären?

Thesen zur Diskussion
* Das EU-System ist von einer spezifischen Ausprägung einer transnationalen Zivilgesellschaft geprägt.
* Organisierte Vertreter der Zivilgesellschaft sollten eine stärkere Beteiligungsmöglichkeit in der institutionellen Architektur erhalten.
* Das EU-System ist auf dem Weg zu einem „Europa der Regionen".
* Der WSA fördert eine „korporatistische" Ausgestaltung der EU-Architektur.
* Auch mit einem Spitzenkandidaten für den Posten des Präsidenten der Europäischen Kommission wird sich kein europäisches Parteiensystem entwickeln.

- Zur Herausbildung einer europäischen Öffentlichkeit ist ein gemeinsames (digitales) Mediensystem eine notwendige Voraussetzung.
- Ein EU-weiter Grundkonsens ist für die Funktionsfähigkeit der institutionellen Architektur nicht notwendig.

Literatur

Online-Quellen

https://cor.europa.eu/de.
Ausschuss der Regionen (AdR).
https://www.eesc.europa.eu/.
Europäischer Wirtschafts- und Sozialausschuss (EWSA).

Einführende Literatur

Descamps, Carmen. 2020. Europäische Öffentlichkeit. In *Europa von A bis Z. Taschenbuch der europäischen Integration*, Hrsg. Werner Weidenfeld, Wolfgang Wessels und Funda Tekin, 15. Aufl., 215–218. Wiesbaden: Springer VS.

Dialer, Doris, und Thomas Walli. 2020. Europäischer Wirtschafts- und Sozialausschuss. In *Jahrbuch der Europäischen Integration 2020*, Hrsg. Werner Weidenfeld und Wolfgang Wessels, 151–154. Baden-Baden: Nomos.

Greenwood, Justin. 2017. *Interest Representation in the European Union*. London: Macmillan International Higher Education.

Hüttemann, Bernd. 2020. Interessenvertretung. In *Jahrbuch der Europäischen Integration 2020*, Hrsg. Werner Weidenfeld und Wolfgang Wessels, 183–186. Baden-Baden: Nomos.

Maurer, Andreas, und Jürgen Mittag. 2020. Europäische Parteien. In *Europa von A bis Z. Taschenbuch der europäischen Integration*, Hrsg. Werner Weidenfeld, Wolfgang Wessels und Funda Tekin, 15. Aufl., 219–225. Wiesbaden. Springer VS.

Mittag, Jürgen. 2020. Ausschuss der Regionen. In *Europa von A bis Z. Taschenbuch der europäischen Integration*, Hrsg. Werner Weidenfeld, Wolfgang Wessels und Funda Tekin, 15. Aufl., 75–78. Wiesbaden. Springer VS.

Mittag, Jürgen. 2020. Europäische Parteien. In *Jahrbuch der Europäischen Integration 2020*, Hrsg. Werner Weidenfeld und Wolfgang Wessels, 171–174. Baden-Baden: Nomos.

Plottka, Julian. 2020. Europäische Bürgerinitiative. In *Europa von A bis Z. Taschenbuch der europäischen Integration*, Hrsg. Werner Weidenfeld, Wolfgang Wessels und Funda Tekin, 15. Aufl., 185–187. Wiesbaden: Springer VS.

Plottka, Julian. 2020. Europäische Bürgerinitiative. In *Jahrbuch der Europäischen Integration 2020*, Hrsg. Werner Weidenfeld und Wolfgang Wessels, 177–178. Baden-Baden: Nomos.

Plottka, Julian, und Anna Städtler. 2020. Lobbying und Interessenvertretung. In *Europa von A bis Z. Taschenbuch der europäischen Integration*, Hrsg. Werner Weidenfeld, Wolfgang Wessels und Funda Tekin, 15. Aufl., 441–444. Wiesbaden: Springer VS.

Plottka, Julian, und Hermann Anton Lüken genannt Klaßen. 2020. Europäischer Wirtschafts- und Sozialausschuss. In *Europa von A bis Z. Taschenbuch der europäischen Integration*, Hrsg. Werner Weidenfeld, Wolfgang Wessels und Funda Tekin, 15. Aufl., 251–253. Wiesbaden: Springer VS.

Schmuck, Otto. 2020. Ausschuss der Regionen. In *Jahrbuch der Europäischen Integration 2020*, Hrsg. Werner Weidenfeld und Wolfgang Wessels, 145–150. Baden-Baden: Nomos.

Schmuck, Otto. 2020. Regionen und Kommunen in der EU. In *Europa von A bis Z. Taschenbuch der europäischen Integration*, Hrsg. Werner Weidenfeld, Wolfgang Wessels und Funda Tekin, 15. Aufl., 525–529. Wiesbaden: Springer VS.
Worth, Jon. 2020. Europa in der Medien. In *Jahrbuch der Europäischen Integration 2020*, Hrsg. Werner Weidenfeld und Wolfgang Wessels, 179–182. Baden-Baden: Nomos.

Literaturverzeichnis

Agence Europe. 2020. Home. https://agenceurope.eu//fr/accueil.html. Zugegriffen am 01.07.2022.
Alemann, Ulrich. 2016. Kommunen in der Europäischen Union. In *Jahrbuch der Europäischen Integration 2016*, Hrsg. Werner Weidenfeld und Wolfgang Wessels, 171–172. Baden-Baden: Nomos.
Alemann, Ulrich, und Florian Eckert. 2006. Lobbyismus als Schattenpolitik. *Aus Politik und Zeitgeschichte* 56(15–16): 3–10.
ALTER EU. 2016. How to improve troubled Expert Groups. https://www.alter-eu.org/documents/2016/04/an-open-letter-to-vice-president-timmermans. Zugegriffen am 01.07.2022.
Ausschuss der Regionen. 2009. Grundsatzerklärung zu den Aufgaben. https://cor.europa.eu/en/about/Documents/About/CoR%20mission%20statement/DE.pdf. Zugegriffen am 01.07.2022.
Ausschuss der Regionen. 2011. Building a European culture of multilevel governance: Follow-up to the committee of the regions' White paper, CDR 273/2011 fin.
Ausschuss der Regionen. 2020a. Die politischen Prioritäten des Ausschuss der Regionen 2015–2020. https://cor.europa.eu/en/our-work/Documents/Our-work/2675-political-priorities-2015.pdf. Zugegriffen am 01.07.2022.
Ausschuss der Regionen. 2020b. Mitgliederportal. https://memportal.cor.europa.eu/. Zugegriffen am 01.07.2022.
Ausschuss der Regionen. 2020c. Plenartagungen. https://cor.europa.eu/de/our-work/pages/plenary-sessions.aspx. Zugegriffen am 01.07.2022.
Ausschuss der Regionen. 2020d. Stellungnahmen. https://cor.europa.eu/de/our-work/pages/opinions.aspx. Zugegriffen am 31.01.2020.
Belafi, Matthias. 2019. Kirchen und Religionsgemeinschaften. In *Jahrbuch der Europäischen Integration 2019*, Hrsg. Werner Weidenfeld und Wolfgang Wessels, 189–194. Baden-Baden: Nomos.
Braudel, Fernand. 1986. L'identité de la France. Paris: Flammarion.
Bührer, Werner. 2017. Die Europapolitik der deutschen Wirtschafts- und Arbeitgeberverbände. In *Handbuch Arbeitgeber- und Wirtschaftsverbände in Deutschland*, Hrsg. Wolfgang Schroeder und Bernhard Weßels, 637–672. Wiesbaden: Springer VS.
Bundesverfassungsgericht. 2009. Urteil vom 30. Juni 2009 – 2 BvE 2/08. Karlsruhe. https://www.bundesverfassungsgericht.de/entscheidungen/es20090630_2bve000208. Zugegriffen am 01.07.2022.
Büttner, Sebastian, Lucia Leopold, und Steffen Mau. 2016. Zwischen der ‚Eurokratie' und den ‚Leuten': Zum Problem der professionellen Vermittlung von Europapolitik. *Berliner Journal für Soziologie* 26(1): 35–60.
Daddow, Oliver. 2012. The UK media and ‚Europe': From permissive consensus to destructive dissent. *International Affairs* 88(6): 1219–1236.
De Rougemont, Denis. 1966. *The idea of Europe*. Basingstoke: Palgrave Macmillan.
Dialer, Doris. 2016. Wirtschafts- und Sozialausschuss. In *Jahrbuch der Europäischen Integration 2016*, Hrsg. Werner Weidenfeld und Wolfgang Wessels, 149–156. Baden-Baden: Nomos.
Dialer, Doris. 2017. Europäischer Wirtschafts- und Sozialausschuss. In *Jahrbuch der Europäischen Integration 2017*, Hrsg. Werner Weidenfeld und Wolfgang Wessels, 161–164. Baden-Baden: Nomos.

Dialer, Doris, und Margarethe Richter, Hrsg. 2014. Einleitung: Entmystifizierung von EU-Lobbying. In *Lobbying in der Europäischen Union. Zwischen Professionalisierung und Regulierung*, 1–16. Wiesbaden: Springer VS.

Dialer, Doris, Andreas Maurer, und Margarethe Richter. 2015. *Handbuch zum Europäischen Parlament*. Baden-Baden: Nomos.

Dialer, Doris, und Thomas Walli. 2019. *Europäischer Wirtschafts- und Sozialausschuss*. In *Jahrbuch der Europäischen Integration 2019*, Hrsg. Werner Weidenfeld und Wolfgang Wessels, 151–154. Baden-Baden: Nomos.

Easton, David. 1953. *The political system: An inquiry into the state of political science*. New York: Alfred A. Knopf.

Eckert, Katharina, Christoph Heuer, Herbert Schubert, und Holger Spieckermann. 2013. *Die Stadt Köln als kommunaler Akteur im EU-Mehrebenensystem*. Köln: Technische Hochschule Köln.

Eder, Klaus. 2004. Europäische Öffentlichkeit und multiple Identitäten – das Ende des Volksbegriffs? In *Europäische Öffentlichkeit*, Hrsg. Claudio Franzius und Ulrich K. Preuß, 61–80. Baden-Baden: Nomos.

Eising, Rainer, und Beate Kohler-Koch. 2005. Interessenpolitik im europäischen Mehrebenensystem. In *Interessenpolitik in Europa. Regieren in Europa*, Hrsg. Beate Kohler-Koch, Bd. 7. Baden-Baden: Nomos.

Eschenburg, Theodor. 1963. *Herrschaft der Verbände*. Stuttgart: Deutsche Verlagsanstalt.

EUobserver. 2020. News. https://euobserver.com/. Zugegriffen am 01.07.2022.

EurActiv. 2020. Home. https://www.euractiv.de/. Zugegriffen am 01.07.2022.

Eurofound. 2020. About Eurofound. https://www.eurofound.europa.eu/. Zugegriffen am 01.07.2022.

Europäische Bewegung. 2020. Europäische Bewegung. https://www.netzwerk-ebd.de/. Zugegriffen am 01.07.2022.

Europäische Kommission. 2012. Die Europäische Bürgerinitiative. https://europa.eu/citizens-initiative/select-language?destination=/initiatives/details/2012/000003. Zugegriffen am 01.07.2022.

Europäische Kommission. 2016. Standard Eurobarometer. https://europa.eu/eurobarometer/screen/home. Zugegriffen am 01.07.2022.

Europäische Kommission. 2020. Register der Expertengruppen der Kommission. https://ec.europa.eu/transparency/expert-groups-register/screen/home?do=search.search&searchType=advanced. Zugegriffen am 01.07.2022.

Europäische Kommission. 2019. Diplomatic corps. http://ec.europa.eu/dgs/secretariat_general/corps/view/cdSearch/act_showPDF.cfm?RepID=10002&DocType=1. Zugegriffen am 31.01.2020.

Europäische Kommission. 2018. Diplomatic corps of international organisations. https://ec.europa.eu/dgs/secretariat_general/corps/index.cfm?page=search&representations=1. Zugegriffen am 31.01.2020.

Europäische Union. 2020. Transparenz-Register. https://ec.europa.eu/transparencyregister/public/consultation/search.do?dataReport=%E2%80%8B. Zugegriffen am 01.07.2022.

Europäischer Wirtschafts- und Sozialausschuss. 2016. Der EWSA. Eine Zusammenschau. Jahresbericht 2015.

Galpin, Charlotte, und Hans-Jörg Trenz. 2017. The spiral of euroscepticism: Media negativity, framing and opposition to the EU. In *Euroscepticism, democracy and the media. Communicating Europe, contesting Europe*, Hrsg. Manuela Caiani und Simona Guerra, 49–72. Basingstoke: Palgrave.

Göhmann, Dominik. 2015. *Farewell state by-passing 'hello national government!' The preferred lobbying strategy of legislative regions in Germany and the United Kingdom in EU Competition, EU Environment and EU Education policies*. Köln: Universitäts- und Stadtbibliothek Köln.

Greenwood, Justin. 2017. *Interest Representation in the European Union*. London: Macmillan International Higher Education.

Hedderich, Annemarie, und Julian Plottka. 2016. Agenturen. In *Europa von A bis Z. Taschenbuch der europäischen Integration*, Hrsg. Werner Weidenfeld und Wolfgang Wessels, 14. Aufl., 58–60. Baden-Baden: Nomos.

Hillenbrand, Olaf. 2007. Europa-ABC. In *Europa von A bis Z. Taschenbuch der europäischen Integration*, Hrsg. Werner Weidenfeld und Wolfgang Wessels, 10. Aufl., 407–455. Baden-Baden: Nomos.

Hix, Simon. 2005. *The political system of the European Union*. London: Palgrave Macmillan.

Hodson, Dermot, und John Peterson. 2017. *The institutions of the European Union*, 4. Aufl. Oxford: Oxford University Press.

Hooghe, Liesbet, und Gary W. Marks. 2004. *Multi-level governance*. Oxford: Oxford University Press.

Hooghe, Liesbet, und Gary Marks. 2009. A postfunctionalist theory of European integration: From permissive consensus to constraining dissensus. *British Journal of Political Science* 39(1): 1–23.

Hüttemann, Bernd. 2019. Lobbyismus in der partizipativen Demokratie. In *Jahrbuch der Europäischen Integration 2019*, Hrsg. Werner Weidenfeld und Wolfgang Wessels, 177–180. Baden-Baden: Nomos.

Inglehart, Ronald F. 1970. Public opinion and regional integration. *International Organization* 24(4): 764–795.

Jansen, Thomas. 2004. Europäische Parteien. In *Europa-Handbuch*, Hrsg. Werner Weidenfeld und Wolfgang Wessels, 166–185. Gütersloh: Bertelsmann Stiftung.

Kaeding, Michael. 2019. Europäische Agenturen. In *Jahrbuch der Europäischen Integration* 2019, Hrsg. Werner Weidenfeld und Wolfgang Wessels, 155–160. Baden-Baden: Nomos.

Kaelble, Hartmut. 2019. *Der verkannte Bürger: Eine andere Geschichte der europäischen Integration*. Frankfurt a. M.: Campus.

Kotzian, Peter, und Christine Quittkat. 2014. Konsultationsprozess der Kommission: Steuerung von EU-Lobbying? In *Lobbying in der Europäischen Union. Zwischen Professionalisierung und Regulierung*, Hrsg. Doris Dialer und Margarethe Richter, 73–90. Wiesbaden: Springer VS.

Kutay, Acar. 2017. How does the European commission create a European civil society with words? A discourse theoretical inquiry. *Journal of Common Market Studies* 55(5): 1094–1109.

Lammers, Konrad. 2016. Regionalpolitik. In *Jahrbuch der Europäischen Integration 2016*, Hrsg. Werner Weidenfeld und Wolfgang Wessels, 281–286. Baden-Baden: Nomos.

Lehmann, Wilhelm. 2005. Das Europäische Parlament als Mittler und Sprachrohr aggregierter Interessen. In *Das Europäische Parlament. Supranationalität, Repräsentation und Legitimation*, Hrsg. Andreas Maurer und Dietmar Nickel, 149–163. Baden-Baden: Nomos.

Leinen, Jo. 2006. Europäische Parteien: Aufbruch in eine neue demokratische EU. *integration* 29(3): 229–235.

Linder, Christian. 2014. Lobbyismus und Interessenvertretung auf europäischer Ebene. Zwischen Professionalisierung und Regulierung? In *Lobbying in der Europäischen Union. Zwischen Professionalisierung und Regulierung*, Hrsg. Doris Dialer und Margarethe Richter, 47–58. Wiesbaden: Springer VS.

Loth, Wilfried. 2014. *Europas Einigung: Eine unvollendete Geschichte*. Frankfurt/New York: Campus.

Macron, Emmanuel. 2017. Rede von Staatspräsident Macron an der Sorbonne. Initiative für Europa. Paris, den 26. September 2017. https://de.ambafrance.org/IMG/pdf/macron_sorbonne_europe_integral.pdf?23641/4be243b705d8068173926eeb032184acc4a1f073. Zugegriffen am 01.07.2022.

Marchetti, Andreas. 2019. Europa der Kommunen. In *Jahrbuch der Europäischen Integration 2019*, Hrsg. Werner Weidenfeld und Wolfgang Wessels, 171–172. Baden-Baden: Nomos.

Maurer, Andreas. 2006. Publicized discourses on the post-nice-process. In *The making of a European constitution. Dynamics and limits of the convention experience*, Hrsg. Sonja Puntscher Riekmann und Wolfgang Wessels, 216–248. Wiesbaden: Springer VS.

Maurer, Andreas, und Jürgen Mittag. 2016. Europäische Parteien. In *Europa von A bis Z. Taschenbuch der europäischen Integration*, Hrsg. Werner Weidenfeld und Wolfgang Wessels, 14. Aufl, 198–204. Baden-Baden: Nomos.

Maurer, Andreas, und Wolfgang Wessels. 2003. *Das Europäische Parlament nach Amsterdam und Nizza: Akteur, Arena oder Alibi?* Baden-Baden: Nomos.

Meyer, Christoph O. 2002. *Europäische Öffentlichkeit als Kontrollsphäre: Die Europäische Kommission, die Medien und politische Verantwortung*, Bd. 2. Berlin: Vistas Verlag.

Michalowitz, Irina. 2015. „Brussels Tweets": Einfluss digitaler Medien auf Lobbying? In *Digitale Politikvermittlung. Chancen und Risiken interaktiver Medien*, Hrsg. Mike Friedrichsen und Roland Kohn, 413–425. Wiesbaden: Springer VS.

Mittag, Jürgen. 2016a. Ausschuss der Regionen. In *Europa von A bis Z. Taschenbuch der europäischen Integration*, Hrsg. Werner Weidenfeld und Wolfgang Wessels, 14. Aufl., 88–91. Baden-Baden: Nomos.

Mittag, Jürgen. 2016b. Europäische Parteien. In *Jahrbuch der Europäischen Integration 2016*, Hrsg. Werner Weidenfeld und Wolfgang Wessels, 14. Aufl., 159–164. Baden-Baden: Nomos.

Mittag, Jürgen. 2020. Ausschuss der Regionen. In *Europa von A bis Z. Taschenbuch der europäischen Integration*, Hrsg. Werner Weidenfeld, Wolfgang Wessels, und Funda Tekin, 15. Aufl., 75–78. Wiesbaden: Springer VS.

Nulty, Paul, Yannis Theocharis, Sebastian Popa, Olivier Parnet, und Kenneth Benoit. 2015. Social media and political communication in the 2014 elections to the European Parliament. *Electoral Studies* 44:429–444.

Olsen, Johan P. 2002. The Many Faces of Europeanization. Journal of Common Market Studies 40(5): 921–952.

Perez, Marybel. 2016. The contribution of think tank to the formation of a European public sphere. In *Integration, diversity and the making of a European public sphere*, Hrsg. Hakan Sicakkan, 116–132. Cheltenham: Elgar Publishing.

Petersen, Thomas. 2016. Öffentliche Meinung. In *Jahrbuch der Europäischen Integration 2016*, Hrsg. Werner Weidenfeld und Wolfgang Wessels, 181–192. Baden-Baden: Nomos.

Petersen, Thomas. 2017. Öffentliche Meinung. In *Jahrbuch der Europäischen Integration 2017*, Hrsg. Werner Weidenfeld und Wolfgang Wessels, 197–206. Baden-Baden: Nomos.

Petersen, Thomas. 2019. Die öffentliche Meinung. In *Jahrbuch der Europäischen Integration 2019*, Hrsg. Werner Weidenfeld und Wolfgang Wessels, 181–188. Baden-Baden: Nomos.

Platzer, Hans-Wolfgang. 2004. Interessensverbände und europäischer Lobbyismus. In *Europa-Handbuch Band I*, Hrsg. Werner Weidenfeld, 186–202. Gütersloh: Bertelsmann Stiftung.

Platzer, Hans-Wolfgang. 2017. Europäische Arbeitgeber- und Wirtschaftsverbände. In *Handbuch Arbeitgeber- und Wirtschaftsverbände in Deutschland*, Hrsg. Wolfgang Schroeder und Bernhard Weßels, 589–616. Wiesbaden: Springer VS.

Plottka, Julian. 2016a. Lobbying und Interessenvertretung. In *Europa von A bis Z. Taschenbuch der europäischen Integration*, Hrsg. Werner Weidenfeld und Wolfgang Wessels, 14. Aufl., 344–349. Baden-Baden: Nomos.

Plottka, Julian. 2016b. Wirtschafts- und Sozialausschuss. In *Europa von A bis Z. Taschenbuch der europäischen Integration*, Hrsg. Werner Weidenfeld und Wolfgang Wessels, 14. Aufl., 438–441. Baden-Baden: Nomos.

Plottka, Julian. 2016c. Europäische Bürgerinitiative. In *Europa von A bis Z. Taschenbuch der europäischen Integration*, Hrsg. Werner Weidenfeld und Wolfgang Wessels, 14. Aufl. 165–167. Baden-Baden: Nomos.

Plottka, Julian. 2019. Europäische Bürgerinitiative. In *Jahrbuch der Europäischen Integration 2019*, Hrsg. Werner Weidenfeld und Wolfgang Wessels, 173–176. Baden-Baden: Nomos.

Politico. 2020. Home. https://www.politico.eu/. Zugegriffen am 01.07.2022.

Rat der Europäischen Union. 2019a. Beschluss des Rates über die Zusammensetzung des Ausschusses der Regionen. https://data.consilium.europa.eu/doc/document/ST-8589-2019-INIT/de/pdf. Zugegriffen am 01.07.2022.

Rat der Europäischen Union. 2019b. Beschluss des Rates über die Zusammensetzung des Europäischen Wirtschafts- und Sozialausschusses. https://data.consilium.europa.eu/doc/document/ST-8937-2019-INIT/de/pdf. Zugegriffen am 01.07.2022.

Raunio, Tapio, und Wolfgang Wagner. 2017. Towards parliamentarisation of foreign and security policy? *West European Politics* 40(1): 1–19.

Risse, Thomas. 2015. *European public sphere*. Cambridge: Cambridge University Press.

Roederer-Rynning, Christilla, und Justin Greenwood. 2015. The culture of trilogues. *Journal of European Public Policy* 22(8): 1148–1165.

Rowe, Carolyn, und Charlie Jeffery. 2017. Social and regional interests: The economic and social committee and the committee of the regions. In *The institutions of the European Union*, Hrsg. Dermot Hodson und John Peterson, 378–400. Oxford: Oxford University Press.

Ruiz-Soler, Javier. 2017. Gibt es eine europäische Öffentlichkeit? Forschungsstand, Befunde, Ausblicke. *Aus Politik und Zeitgeschichte* 67(37): 35–40.

Schendelen, Rinus van. 2013. *The art of lobbying the EU. More Machiavelli in Brussels*. Amsterdam: Amsterdam University Press.

Schmitter, Philippe C., und Wolfgang Streek. 1991. From national corporatism to transnational pluralism: Organized interests in the single European market. *Politics & Society* 19(2): 133–164.

Schmuck, Otto. 2016. Ausschuss der Regionen. In *Jahrbuch der Europäischen Integration 2016*, Hrsg. Werner Weidenfeld und Wolfgang Wessels, 143–148. Baden-Baden: Nomos.

Schmuck, Otto. 2019. Ausschuss der Regionen. In *Jahrbuch der Europäischen Integration 2019*, Hrsg. Werner Weidenfeld und Wolfgang Wessels, 147–150. Baden-Baden: Nomos.

Schumann, Wolfgang. 1994. Das politische System der Europäischen Union als Rahmen für Verbandsaktivitäten. In *Europäische Integration und verbandliche Interessenvermittlung*, Hrsg. Volker Eichener und Helmut Voelzkow, 71–108. Marburg: Metropolis-Verlag.

Stokes, Bruce, Richard Wike, und Dorothy Manevich. 2017. Post-Brexit, Europeans more favorable toward EU. https://www.pewresearch.org/global/2017/06/15/post-brexit-europeans-more-favorable-toward-eu/. Zugegriffen am 01.07.2022.

Tömmel, Ingeborg. 2014. *Das politische System der EU*. München: Oldenbourg Wissenschaftsverlag.

Trenz, Hans-Jörg. 2016. *Narrating European society: Toward a sociology of European integration*. Lanham: Lexington Books.

Union Europäischer Föderalisten. 2020. About us. https://www.federalists.eu/uef. Zugegriffen am 01.07.2022.

Union Europäischer Föderalisten. 2020. The Spinelli Group. https://www.federalists.eu/spinelli-group/. Zugegriffen am 01.07.2022.

Walter, Stefanie. 2017. Three models of the European public sphere: An analysis of the actor structure in EU news. *Journalism Studies* 18(6): 749–770.

Weigl, Michael. 2019. Europäische Parteien. In *Jahrbuch der Europäischen Integration 2019*, Hrsg. Werner Weidenfeld und Wolfgang Wessels, 165–170. Baden-Baden: Nomos.

Wessels, Wolfgang. 2016. *The European Council*. Basingstoke: Palgrave Macmillan.

Wirtschafts- und Sozialausschuss. 2020a. Home. https://www.eesc.europa.eu/de. Zugegriffen am 01.07.2022.

Wirtschafts- und Sozialausschuss. 2020b. Organisation. https://www.eesc.europa.eu/en/about/political-organisation/organisational-chart-political. Zugegriffen am 01.07.2022.

Wirtschafts- und Sozialausschuss. 2020c. Unsere Arbeit. https://www.eesc.europa.eu/de/our-work. Zugegriffen am 01.07.2022.

Woll, Cornelia. 2006. Herrschaft der Lobbyisten in der Europäischen Union? *Aus Politik und Zeitgeschichte* 56(15–16): 33–38.

Zimmer, Annette, und Rudolf Speth, Hrsg. 2015. Interessensvertretung – ein interdisziplinärer Sammelbegriff. In *Lobby Work: Interessenvertretung als Politikgestaltung*, 11–14. Wiesbaden: Springer VS.

Teil V

Verfahren in der institutionellen Architektur der Europäischen Union

Gesetzgebungs- und Haushaltsverfahren

Regelwerk und Praxis zur Politikgestaltung

Inhalt

Zusammenfassung

Die Organe der Europäischen Union treffen auf einer zunehmenden Breite
staatlicher Handlungsfelder verbindliche Entscheidungen. Trotz zunehmender
Bedeutung existiert kein einheitliches Regelwerk zur Vorbereitung, Verabschiedung, Durchführung und Kontrolle von Beschlüssen, auch wenn das ordentliche
Gesetzgebungsverfahren in mehreren Politikfeldern zum Regelfall geworden ist.
Teil der steigenden Komplexität ist die Differenzierung der Verfahren nach
Feldern der Politikgestaltung. Je nach Verfahrensart ist so etwa die Beteiligung
des Europäischen Parlaments unterschiedlich. Dies gilt auch für die Verhandlungen zur Festlegung des mehrjährigen Finanzrahmens sowie zu der Jahreshaus-
haltsplanung. In der gelebten Praxis haben sich dazu vertraglich nicht festgelegte
Verfahrensmuster etabliert – so beispielsweise beim „Trilog" im Rahmen des
ordentlichen Gesetzgebungsverfahrens und im jährlichen Haushaltsverfahren.

© Springer Fachmedien Wiesbaden GmbH, ein Teil von Springer Nature 2022   445
W. Wessels, *Das Politische System der Europäischen Union*,
https://doi.org/10.1007/978-3-658-10013-1_12

Schlüsselwörter

Ordentliches Gesetzgebungsverfahren · Informeller Trilog ·
Parlamentarisierung · Mehrjähriger Finanzrahmen · Jährliches
Haushaltsverfahren · Institutionelles Gleichgewicht

1 Eckpunkte im Überblick: Variationen des Regelwerks und der Praxis

1.1 Nahsicht von Verfahrensprofilen: Vielfalt und Komplexität

Im Mittelpunkt jeder Untersuchung des EU-Systems stehen die Regelwerke, nach
denen die Organe, Gremien und Ausschüsse in der institutionellen Architektur
verbindliche Entscheidungen vorbereiten, treffen, durchführen und kontrollieren
(Pollack 2010, S. 21–23; Maurer und Wessels 2003b; Olsen 2001; Schneider und
Aspinwall 2001; Peters 1999). Für das Erfassen und Erklären von Verfahrensprofilen
sind sowohl Interpretationen des Vertragstextes als auch Beobachtungen in der
täglichen Anwendung notwendig. Eine wesentliche Lehre für die Nahsicht von
Verfahren besteht somit darin, die relevanten Vertragsartikel, die geschriebenen
Buchstaben, konkret zu identifizieren und die ‚gelebte Praxis' realitätsnah heranzuziehen (vgl. Kap. ▶ „Einführung"). Zum Einstieg und gleichzeitig als Warnung vor
einfachen Formeln ist unmittelbar anzumerken, dass der geschriebene Vertragstext
und die gelebte Vertragspraxis durch einen hohen Grad an Vielfalt und Komplexität
geprägt sind.

Ein zentrales Stichwort im Verhältnis zwischen den Organen ist das *institutionelle
Gleichgewicht*. Dieses Konzept beinhaltet ein System gegenseitiger Kontrolle der
verschiedenen Institutionen (Christiansen und Dobbels 2012, S. 226; Jacqué 2004,
S. 383). Aus historischer Sichtweise wurde in der institutionellen Architektur der
frühen Gemeinschaften ein solches Gleichgewicht zwischen der *Europäischen
Kommission* und dem *Rat der EU* sowie – seit dem Vertrag von Maastricht – in
dem Dreieck zwischen Europäischer Kommission, *Europäischem Parlament* (EP)
und Rat identifiziert (Müller Gómez und Wessels 2019, S. 71–72). Aus dieser
Perspektive wird die Gründung und Entwicklung des *Europäischen Rates* oft als
eine Abkehr von den originären Charakteristika der vertragsbasierten institutionellen
Architektur erachtet (Wessels 2016, S. 87).

Ausgangspunkt für die Untersuchung der Verfahren ist die Beobachtung, dass die
Organe der Europäischen Union auf einer zunehmenden Breite staatlicher Handlungsfelder verbindliche Entscheidungen für die Unionsbürgerinnen und -bürger
sowie für die Mitgliedstaaten treffen und so das politische, wirtschaftliche und
soziale Leben Europas nachhaltig beeinflussen. Dieses „Regieren" (Diedrichs et al.
2011) umfasst immer mehr traditionelle und gleichzeitig neuere Bereiche staatlichen
Handelns. Neben dem Binnenmarkt, der Agrarpolitik, der Währungspolitik oder der
Umweltpolitik regeln Verfahren des Vertragswerkes inzwischen auch weite Teile der

Außen- und Innenpolitik. In einem komplexen Aushandlungsprozess legen die Organe auch die Höhe der Einnahmen und der Ausgaben des EU-Budgets fest. Die Regeln zur Vorbereitung, Herstellung, Durchführung und Kontrolle von Entscheidungen variieren zwischen sowie innerhalb einzelner Politikbereiche. Hierbei sind die jeweiligen Bereiche der Unionsaktivitäten zu erwähnen, so wie sie Art. 3 EUV auflistet. Zu berücksichtigen ist dabei insbesondere die Kompetenzzuordnung der Art. 2–6 AEUV (Tekin und Wessels 2016, S. 137–138), die mehrere Formen der Verteilung der Zuständigkeiten zwischen den Mitgliedstaaten und der Union regeln, so insbesondere die „ausschließliche" (Art. 2 (1) AEUV) und die „geteilte" (Art. 2 (2) AEUV) Zuständigkeit oder „unterstützende Maßnahmen" (Art. 2 (5) AEUV) (vgl. Kap. ▶ „Einführung"). Bei einer Beurteilung dieser prozeduralen Differenzierung ist zu beachten, dass auch nationale Verfassungen unterschiedliche Beschlussfassungsverfahren kennen, die sich aus den Eigenschaften eines Rechtsaktes und der Natur eines Politikfeldes ergeben: Ein Gesetzgebungsverfahren zu Umweltnormen kann und muss anders geregelt werden als Entscheidungen der *Europäischen Zentralbank* (EZB) zu Interventionen auf dem Devisenmarkt oder Aktionen des *Hohen Vertreters der EU für Außen- und Sicherheitspolitik* im Falle von Menschenrechtsverletzungen in Drittstaaten.

Bei wachsender Bedeutung der EU lassen sich so auch im Vertrag von Lissabon eine Vielfalt an Regeln finden, auch wenn sich einige Verfahren als Standard durchgesetzt haben – so etwa das *ordentliche Gesetzgebungsverfahren* (Art. 294 AEUV) bei der Mehrzahl von Beschlüssen in verschiedenen Politikfeldern. Die bisherigen Änderungen der Verträge haben die quasi-konstitutionellen Vorgaben immer wieder ergänzt und verändert. So haben die Mitgliedstaaten auch im Lissabonner Vertrag neuartige Bestimmungen vereinbart, wie etwa eine *Ständige Strukturierte Zusammenarbeit* (Art. 42 (6) EUV und Art. 46 EUV) zwischen einer Gruppe von Mitgliedstaaten in Fragen gemeinsamen militärischen Vorgehens (vgl. Kap. ▶ „Flexibilisierung" und Kap. ▶ „Auswärtiges Handeln"). Gleichzeitig haben die Akteure in und neben den geschriebenen Vorgaben auch die Variationsbreite der gelebten Formen immer wieder ausgedehnt. Eines der Muster und ‚Moden' war dabei Anfang des Jahrtausends die *Offene Methode der Koordinierung*, die die Regierungen als innovative und optimale Form des gemeinsamen Regierens für mehrere Felder staatlicher Aktivitäten – zumindest für einige Zeit – propagierten und ausprobierten (vgl. Kap. ▶ „Wirtschaftspolitisches Handeln") (Diedrichs 2011).

Ein zentraler Faktor der Formenvielfalt sind Muster differenzierter Integration, die rechtlich und praktisch erhebliche Unterschiede aufweisen (vgl. Kap. ▶ „Flexibilisierung"). So bietet auch der Lissabonner Vertrag Verfahren zur *verstärkten Zusammenarbeit* an. Die Vielfalt wurde durch Instrumente und Formen zur Bewältigung der Eurokrise, die nicht im Vertragstext verankert sind, weiter ausgebaut; zu nennen sind der *Europäische Stabilitätsmechanismus* (ESM), der *Euro-Plus-Pakt* sowie der *Vertrag über Stabilität, Koordinierung und Steuerung in der Wirtschafts- und Währungsunion* (im europäischen Sprachgebrauch auch *Europäischer Fiskalpakt*) (vgl. Kap. ▶ „Wirtschaftspolitisches Handeln").

1.2 Variationen nach Feldern der Politikgestaltung

Angesichts dieser Vielfalt sind Formen des Regierens (im wissenschaftlichen Sprachgebrauch *modes of governance*) (Diedrichs et al. 2011; Héritier und Rhodes 2011; Jachtenfuchs und Kohler-Koch 2003, S. 23–27) für die jeweils einzelnen Aktivitätsfelder der EU zu erfassen und zu erklären. Mit Blick auf folgende Kapitel lässt sich daher für die Politikgestaltung anführen:

- In zentralen Politikfeldern der Union (Art. 3 EUV und Art. 4 AEUV) werden *Richtlinien* und *Verordnungen* in der Regel nach dem supranational angelegten ordentlichen Gesetzgebungsverfahren im *institutionellen Dreieck* zwischen Kommission, Rat und EP vorbereitet, verabschiedet, durchgeführt und kontrolliert. Zu diesen Kernaufgaben gehören die Zollunion und die gemeinsame Handelspolitik der Union (Art. 3 (1) AEUV) in der ausschließlichen Zuständigkeit der Union sowie in der geteilten Zuständigkeit der Binnenmarkt und die Gemeinsame Agrarpolitik (GAP) (Art. 4 (2d) AEUV). Die Prozeduren unterliegen der Rechtsprechung durch den *Gerichtshof der Europäischen Union* (GEU) (vgl. Kap. ▶ „Der Gerichtshof der Europäischen Union"). Auch vertragliche Bestimmungen zu staatlichen Kernaufgaben der Justiz- und Innenpolitik im *Raum der Freiheit, der Sicherheit und des Rechts* sind mit einigen Ausnahmebestimmungen durch supranationale Verfahren gekennzeichnet (Art. 4, 67–89 AEUV) (vgl. Kap. ▶ „Justiz- und Innenpolitik").
- Haushalt der EU: Zur Verfolgung zentraler Ziele verfügt die EU über eigene Haushaltmittel. Die Höhe und Art der Einnahmen sowie der mehrjährige Finanzrahmen für die Verteilung der Ausgaben auf einzelne Politikfelder werden in der Regel alle sieben Jahre durch die Mitgliedstaaten im Europäischen Rat mit Beteiligung des EP festgelegt. Das jährliche Budget wird danach auf Vorschlag der Kommission durch das EP und den Rat als gemeinsame Haushaltsbehörde verabschiedet (Art. 3, 14, 16 EUV; Art. 310–324, 332 AEUV).
- Geldpolitik: Die Entscheidungen für die Eurozone werden verbindlich durch die EZB getroffen (Art. 3, 13 EUV; Art. 127–133, 282–133 AEUV) (vgl. Kap. ▶ „Die Europäische Zentralbank").
- Fiskalpolitik der Mitgliedstaaten: Diese spezifische Form einer ‚harten Koordinierung' sieht – bei Überschreitung der Schwellenwerte für nationale Haushaltsdefizite – Sanktionsmechanismen durch das Verhängen von Geldstrafen gegen ‚Sünderstaaten' vor (vgl. Kap. ▶ „Wirtschaftspolitisches Handeln").
- Die Beschäftigungspolitik der EU zählt zu den Formen der ‚weichen Koordinierung' (Linsenmann et al. 2007). Diese Formen beruhen auf Verfahren eines „sanften Regierens" (Jachtenfuchs und Kohler-Koch 2003, S. 31) (vgl. Kap. ▶ „Wirtschaftspolitisches Handeln").
- Außenhandelspolitik: Dieser Teil des „Auswärtigen Handelns" erfolgt wesentlich durch das Tandem Kommission/Rat mit wachsendem Einfluss des EP (Art. 3, 21 EUV; Art. 3, 206–207 AEUV) (vgl. Kap. ▶ „Auswärtiges Handeln").
- Außen- und Sicherheitspolitik: Die *Gemeinsame Außen- und Sicherheitspolitik* (GASP) als zentraler Teil des „Auswärtigen Handelns" beruht auf einer intergou-

vernemental angelegten Zusammenarbeit zwischen den Regierungen der Mitgliedstaaten im Europäischen Rat und im Rat (vgl. Kap. ▶ „Auswärtiges Handeln").

- Gesundheits-, Kultur- und Bildungspolitik: Bei diesen und einigen anderen Politikfeldern sieht das Vertragswerk „Maßnahmen zur Unterstützung, Koordinierung oder Ergänzung [...] der Politik der Mitgliedstaaten" vor (Art. 6 AEUV). Auch in diesen Bereichen werden die Verfahren der ordentlichen Gesetzgebung angewandt.
- Besondere Vorgaben regeln das Verfahren zur Feststellung einer „schwerwiegenden und anhaltenden Verletzung" der Unionswerte, insbesondere der Rechtsstaatlichkeit, durch einen Mitgliedsstaat (vgl. Art. 7 EUV).

Als signifikante Muster institutionellen Handelns behandelt dieses Kapitel die Verfahren der Gesetzgebung und des Haushalts.

2 Verfahren der Gesetzgebung: Muster und Leitideen eines interinstitutionellen Zusammenwirkens

2.1 Zur Typologie von Rechtsakten

Einen Schwerpunkt in der politischen und wissenschaftlichen Aufmerksamkeit zum EU-System bilden die Entscheidungsverfahren, die für die Mitgliedstaaten und die Unionsbürger verbindliches Recht setzen. Der Lissabonner Vertrag sowohl wie der *Vertrag über die Europäische Union* (EUV) und der *Vertrag über die Arbeitsweise der Europäischen Union* (AEUV) als *Primärrecht* bieten im Hinblick auf die Reichweite und Unmittelbarkeit gestaffelte Möglichkeiten für die Setzung von *sekundärem Recht*; die vertraglichen Instrumente sehen danach folgenden Katalog vor (Art. 288 AEUV) (vgl. Dokument 1):

Dokument 1, „Sekundäres" Unionsrecht
Art. 288 AEUV

Für die Ausübung der Zuständigkeiten der Union nehmen die Organe *Verordnungen, Richtlinien, Beschlüsse, Empfehlungen* und *Stellungnahmen* an.

Die *Verordnung* hat allgemeine Geltung. Sie ist in allen ihren Teilen *verbindlich* und gilt *unmittelbar in jedem Mitgliedstaat*.

Die *Richtlinie* ist für jeden Mitgliedstaat, an den sie gerichtet wird, hinsichtlich des zu *erreichenden Ziels verbindlich,* überlässt jedoch den innerstaatlichen Stellen die Wahl der Form und der Mittel.

Beschlüsse sind in allen ihren Teilen *verbindlich*. Sind sie an bestimmte Adressaten gerichtet, so sind sie nur für diese verbindlich.

Die *Empfehlungen* und *Stellungnahmen* sind *nicht verbindlich*.

Hervorhebungen durch den Autor

Die Verordnungen, Richtlinien und Entscheidungen werden vom Präsidenten des Rates – im Falle des ordentlichen Gesetzgebungsverfahrens auch vom EP-Präsidenten – unterzeichnet und im Amtsblatt der Europäischen Union veröffentlicht (Art. 297 (1) AEUV).

2.2   Regelwerk: Geschichte und Verfahren gemäß den vertraglichen Bestimmungen

Die bestehenden Verfahren zur Verabschiedung von EU-Rechtsakten weisen eine Reihe von Variationen auf, die im EU-Vertrag festgelegt und in der Alltagspraxis auch intensiv genutzt werden. Zu unterscheiden sind sechs Verfahren, nach denen Kommission, EP und Rat Rechtsakte vorbereiten und verabschieden. Die folgende Typologie orientiert sich an der Form und Stärke der Beteiligungsrechte des EP (vgl. Kap. ▶ „Das Europäische Parlament") (vgl. Abb. 1).

Verfahren ohne EP-Beteiligung
Verfahren, bei denen die Entscheidung des Europäischen Rates, des Rates oder der EZB ohne jegliche Beteiligung des EP zustande kommt, werden im EU-Vertrag insgesamt in mehr als einem Drittel der Vertragsartikel ermöglicht. Sie spielen bei einigen Zuständigkeiten, z. B. in der Geldpolitik, weiterhin eine große Rolle. In einigen Bereichen hat der Rat dem Parlament zumindest in interinstitutionellen Abkommen ein laufendes Informationsrecht zugesagt.

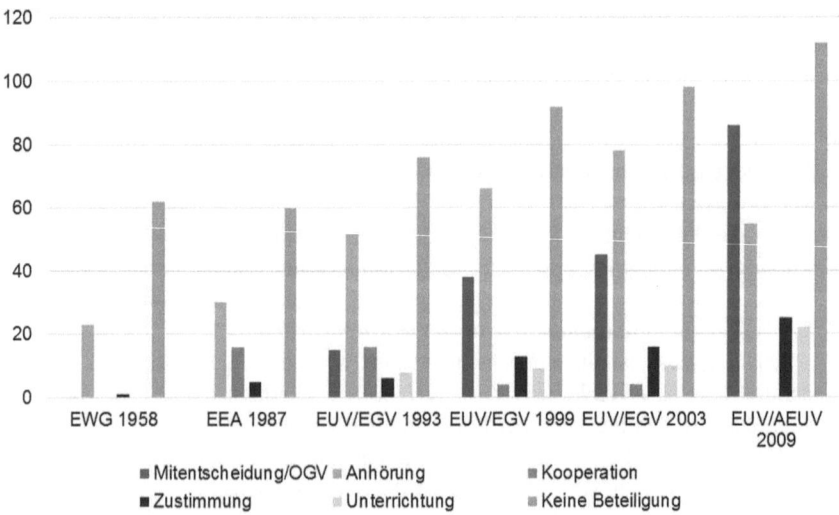

Abb. 1 Ausbau vertraglicher Beteiligungsrechte des EP von den Römischen Verträgen zur EWG bis zum Vertrag von Lissabon zur EU. (Quelle: Eigene Darstellung, in Anlehnung an Maurer und Wessels (2003a, S. 101))

Unterrichtung des EP

In einer überschaubaren Zahl von Fällen hat der Rat das EP lediglich zu informieren; diese ‚schwache' Beteiligungsform ist insbesondere im Bereich der GASP (Art. 36 EUV) (vgl. Kap. ▶ „Auswärtiges Handeln") oder bei wirtschaftspolitischer Koordinierung zu finden (Art. 121 (2) AEUV) (vgl. Dokument 2) (vgl. Kap. ▶ „Wirtschaftspolitisches Handeln").

Dokument 2, Verfahren in der Wirtschaftspolitik: Muster einer schwachen EP Beteiligungsform

Artikel 121 (2) AEUV

Der Rat erstellt auf Empfehlung der Kommission einen Entwurf für die Grundzüge der Wirtschaftspolitik der Mitgliedstaaten und der Union und erstattet dem Europäischen Rat hierüber Bericht.

[. . .]

Auf der Grundlage dieser Schlussfolgerung verabschiedet der Rat eine Empfehlung, in der diese Grundzüge dargelegt werden. *Der Rat unterrichtet das Europäische Parlament* über seine Empfehlung.

Hervorhebungen durch den Autor

Das Konsultations- bzw. Anhörungsverfahren: Ausgangsmodell

Das erste Verfahren, bei dem das EP mit eigenständigen Beteiligungsrechten in den Gesetzgebungsprozess einbezogen wurde, war das Anhörungs- bzw. Konsultationsverfahren. Dieses Verfahren findet unter anderem in den Gebieten Wettbewerbsrecht und Steuern Anwendung (Art. 103, 113, 115 AEUV).

Der entsprechende Rechtsetzungszyklus sieht folgendes Standardverfahren vor: Der Vorschlag der Kommission an das EP wird von dessen Präsidenten an den zuständigen bzw. federführenden Parlamentsausschuss überwiesen, der seinen Entschließungsantrag dem Plenum unterbreitet. Nach einer entsprechenden Verabschiedung des Entschließungsantrages wird die Stellungnahme dem Rat zugeleitet. Damit ist das Konsultationsverfahren beendet.

Der Rat ist an den Inhalt der EP-Entschließung nicht gebunden. Eine Unterlassung der EP-Anhörung stellt aber eine Verletzung wesentlicher Formvorschriften dar, die zu einer Nichtigkeitsklage vor dem GEU führen kann (Europäischer Gerichtshof 1997).

Auch in einigen Fällen, in denen formell keine Anhörung des EP erfolgen müsste, wartet der Rat dennoch auf dessen Stellungnahme. Man spricht dann von fakultativer Anhörung. Das Anhörungsverfahren zählt seit dem Lissabonner Vertrag zu den sogenannten „besonderen Gesetzgebungsverfahren" (Piris 2010, S. 95).

Das Kooperations- bzw. Zusammenarbeitsverfahren: Ein Einstiegs- und Auslaufmodell

Das Verfahren der Zusammenarbeit bzw. Kooperationsverfahren wurde durch die Einheitliche Europäische Akte für einige zentrale Politikbereiche der EG eingeführt;

es bot dem EP in Form eines *suspensiven Vetos* die Möglichkeit, den Rat in einer zweiten Lesung zu einem einstimmigen Beschluss zu zwingen (Art. 252 EGV des Vertrags von Nizza). Für das EP bildete das Regelwerk einen Einstieg in eine stärkere Mitwirkung am Gesetzgebungsverfahren. In folgenden Vertragsänderungen wurde der Anwendungsbereich des Verfahrens – in der Regel zugunsten des Mitentscheidungsverfahrens – reduziert. In der Praxis ist dieses Verfahren seit dem Jahr 2000 unbedeutend. Der Lissabonner Vertrag kennt diese Form nicht mehr.

Das Zustimmungsverfahren: Eine Vetooption für das EP
Das Verfahren der Zustimmung gibt dem EP eine vertraglich gesicherte Vetooption. Dabei muss das EP der vom Rat verabschiedeten Vorlage teils mit der Mehrheit der abgegebenen Stimmen (z. B. bei der Errichtung der Strukturfonds nach Art. 177 AEUV), teils mit der (absoluten) Mehrheit seiner Mitglieder (so bei Beitritten zur EU nach Art. 49 EUV) zustimmen (vgl. Kap. ► „Beitritts- und Austrittsverfahren"); andernfalls bleiben die Beschlüsse des Rates ohne Rechtskraft. Dieses Verfahren findet bei 20 Vertragsartikeln der EU Anwendung (vgl. Abb. 1).

Das Zustimmungsverfahren verleiht dem Parlament zwar keine Befugnisse zur substanziellen Mitwirkung bei der Vorbereitung der beabsichtigten Rechtsakte; in der Praxis kann das EP diese starke Beteiligungsform jedoch zur Vorab-Einflussnahme – so bei Beitrittsvorhaben und beim Abschluss von Abkommen mit Drittstaaten – nutzen.

Das ordentliche Gesetzgebungsverfahren (bis zum Lissabonner Vertrag „Mitentscheidungsverfahren")
Der Lissabonner Vertrag hat das zuerst sogenannte „Mitentscheidungsverfahren" zum „ordentlichen Gesetzgebungsverfahren" ausgebaut und so zur institutionellen Leitidee parlamentarischer Mitwirkung gemacht. Der Vertrag hat auch die Verfahren zur Verabschiedung des jährlichen Haushalts in Anlehnung an dieses Legislativverfahren umgestaltet.

Die Vertragsbestimmungen legen einen Mehrphasenablauf im Wechselspiel zwischen den beteiligten Organen fest (vgl. Abb. 2) (Art. 294 AEUV).

Aufgrund ihres Initiativmonopols unterbreitet die Kommission dem EP und dem Rat einen Vorschlag für einen Rechtsakt (Art. 17 (2) EUV). Wenn vertraglich vorgesehen oder politisch gewollt, verabschieden der *Europäische Wirtschafts- und Sozialausschuss* (EWSA) (Art. 301–305 AEUV) sowie der *Ausschuss der Regionen* (AdR) (Art. 306–307 AEUV) zu dem Vorschlag eine entsprechende Stellungnahme. Wird ihr Kompetenzbereich berührt, dann kann auch die EZB „zu allen Vorschlägen für Rechtsakte der Union" Stellungnahmen abgeben (Art. 127 (5) AEUV).

Der Lissabonner Vertrag hat in dieser Phase die Mitwirkung weiterer Mitspieler eingeführt: Die nationalen Parlamente können im *Subsidiaritätsverfahren* (auch *Frühwarnsystem* genannt) „Rügen" wegen Verletzung der Subsidiarität aussprechen. Binnen acht Wochen nach Vorlage eines Gesetzesentwurfs durch die Kommission sollen diese hierfür eine Stellungnahme abgeben. Im Falle einer negativen

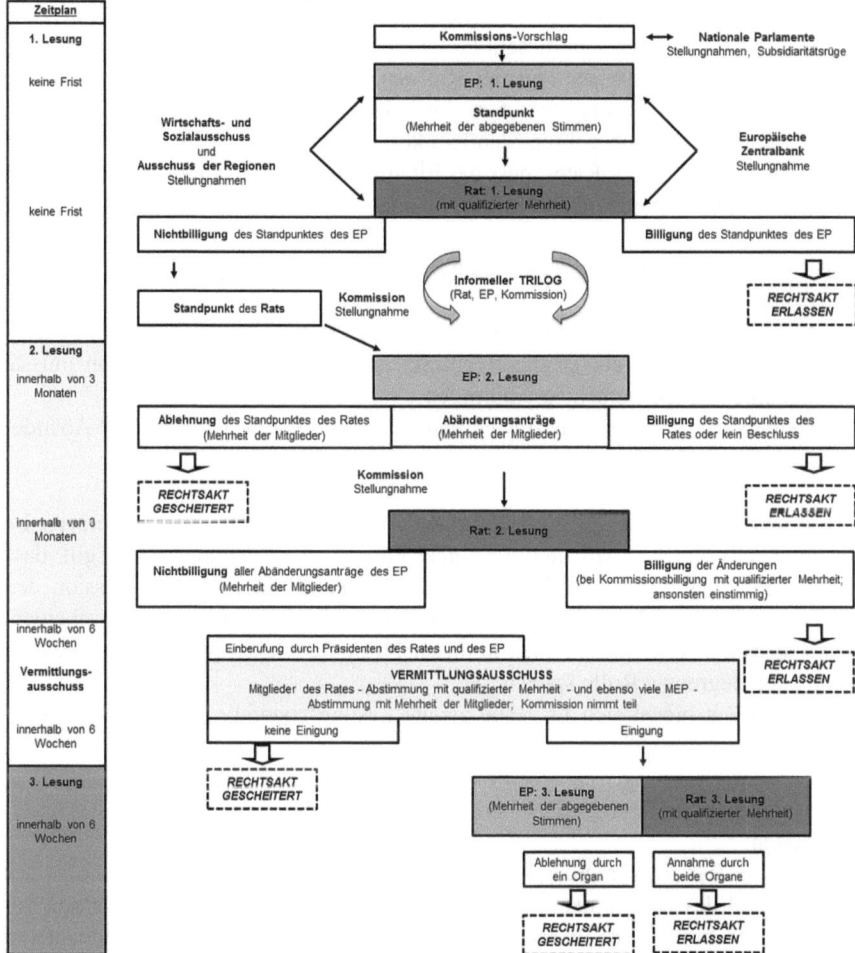

Abb. 2 Das ordentliche Gesetzgebungsverfahren (Art. 294 AEUV). (Quelle: Eigene Darstellung, in Anlehnung an Tekin und Wessels (2016, S. 146))

Stellungnahme durch wenigstens ein Drittel der nationalen Parlamente ist die Kommission verpflichtet, die Initiative nochmals zu prüfen („gelbe Karte"). Spricht wenigstens eine einfache Mehrheit der nationalen Parlamente eine solche Subsidiaritätsrüge aus, prüft die Kommission den Entwurf und leitet ihn an den Rat und das EP weiter („orange Karte"), welche den Gesetzesentwurf dann mit 55 % der Stimmen im Rat bzw. mit einer Mehrheit im EP ablehnen können (Art. 7 (3) Protokoll 2 des Lissabonner Vertrags) (vgl. Kap. ▶ „Nationale Parlamente")

Das eigentliche Verfahren beginnt dann mit der ersten Lesung im EP. Das Plenum verabschiedet nach Vorbereitung in den Ausschüssen und aufgrund der Willensbildung in den Fraktionen eine Stellungnahme.

Der Rat kann in seiner eigenen ersten Lesung mit qualifizierter Mehrheit die Fassung des EP billigen – in diesem Fall ist der Rechtsakt erlassen.

Im Falle eines Dissenses legt der Rat den sogenannten *Standpunkt des Rates* (früher *Gemeinsamer Standpunkt*) fest. Auch die Kommission kann das EP noch vor einer zweiten Lesung über ihren Standpunkt unterrichten.

Auf diese Position des Rates muss das EP nun innerhalb von drei Monaten in einer zweiten Lesung reagieren. Dabei stellen sich den Abgeordneten drei Möglichkeiten:

- Billigt das EP den Standpunkt des Rates oder fasst es keinen Beschluss, ist der Rechtsakt erlassen.
- Lehnen die Parlamentarier den Standpunkt des Rates mit der (absoluten) Mehrheit der Mitglieder ab, ist der Rechtsakt gescheitert. Die Kommission müsste dann einen neuen Vorschlag einbringen.
- Ebenfalls mit der (absoluten) Mehrheit seiner Mitglieder kann das EP Abänderungen vorschlagen.

Für den Fall, dass das EP Abänderungen vorgeschlagen hat, muss seinerseits der Rat innerhalb von drei Monaten reagieren. Für den Abstimmungsmodus gilt, dass der Rat mit qualifizierter Mehrheit beschließen kann, falls die Kommission den Abänderungen des EP zustimmt. Ansonsten muss der Rat einstimmig entscheiden. Somit kann die Kommission auch in dieser Phase der Gesetzgebung eine gewisse, wenn auch begrenzte Rolle spielen.

Für den Rat bieten sich für seine zweite Lesung ebenfalls mehrere Reaktionsmöglichkeiten:

- Er kann den Änderungswünschen des EP zustimmen und somit den Rechtsakt erlassen.
- Wenn der Rat die Vorschläge des EP nicht akzeptiert, berufen der Präsident des Rates und des EP binnen sechs Wochen einen Vermittlungsausschuss ein, der paritätisch besetzt ist: Er setzt sich aus den Mitgliedern des Rates oder deren Vertretern aus dem Ausschuss der Ständigen Vertreter – seit 2020 27 – sowie einer gleichen Zahl von Mitgliedern aus dem EP zusammen. Die Kommission ist an den Arbeiten beteiligt. Der Vermittlungsausschuss soll eine Einigung über einen gemeinsamen Entwurf innerhalb von sechs Wochen erzielen. Gegebenenfalls kann der entsprechende Beschluss in diesem Gremium mit der qualifizierten Mehrheit der Mitglieder des Rates und der Mehrheit der Mitglieder des EP gefasst werden.
- Billigt der Vermittlungsausschuss einen gemeinsamen Entwurf, so verfügen das EP und der Rat erneut über sechs Wochen, um den Rechtsakt entsprechend dem gemeinsamen Entwurf zu erlassen. Im EP ist nur die Mehrheit der abgegebenen Stimmen erforderlich. Diese Vorgabe erleichtert – im Vergleich zu dem Erfordernis einer (absoluten) Mehrheit der Mitglieder – das Verfahren im Plenum. Im Rat ist weiterhin die qualifizierte Mehrheit notwendig.
- Nach einem endgültigen Scheitern kann die Kommission einen neuen Vorschlag vorlegen, der dann jedoch denselben Verfahrensweg gehen muss.

- Mitgliedstaaten, die an einer Beschlussfassung zu einem Rechtsakt trotz der Ablehnung interessiert bleiben, könnten bei entsprechenden Voraussetzungen auch ein Verfahren der *Verstärkten Zusammenarbeit* einleiten (Art. 20 und Art. 326 AEUV) (vgl. Kap. ► „Flexibilisierung").

2.3 Zur Analyse der Praxis: Muster realer Nutzung

Wie bei allen Vorgaben des Vertrags sind die realen Anwendungsmuster zu beobachten und zu analysieren.

Zunächst ist in jedem Fall der Gesetzgebung der jeweilige politische Kontext zu beachten. So wirken etwa die Staats- und Regierungschefs bei sensiblen Fragen auf den Entscheidungsprozess ein: Der Europäische Rat kann als höchste Entscheidungsinstanz prä-legislativ wirken (vgl. Kap. ► „Der Europäische Rat").

Aus einer Nutzungsbilanz der Verfahren zur Rechtsetzung (vgl. Abb. 3 sowie Abb. 4) sind folgende Entwicklungen zu beobachten:

- Das Konsultations- bzw. Anhörungsverfahren wird in seltenen Fällen angewendet.
- Entscheidungen nach dem Verfahren der Zustimmung sind quantitativ gering, wenn auch politisch in der Regel von hoher Bedeutung. So wurde es in der Wahlperiode von 2009 bis 2014 nur zwölfmal erfolgreich angewendet, so bei-

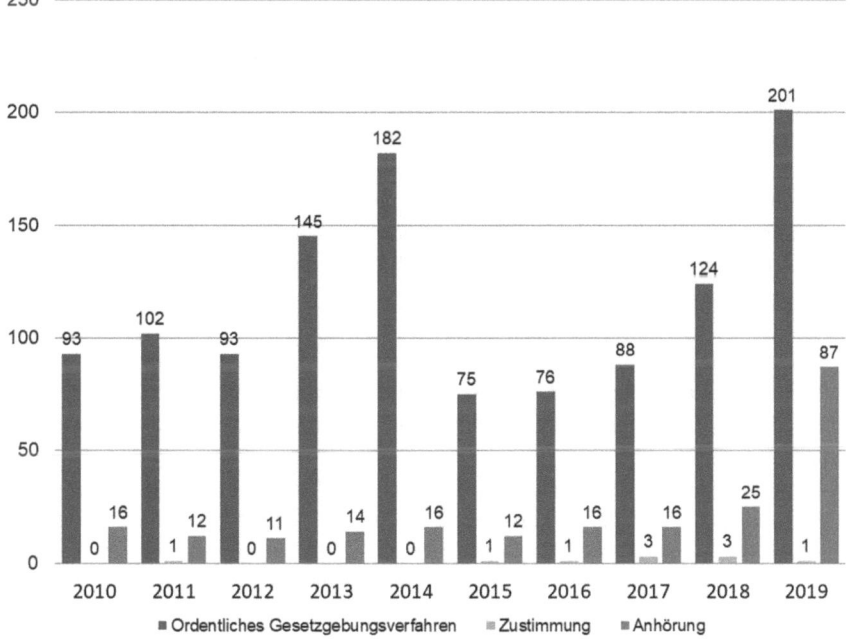

Abb. 3 Reale Nutzung der vertraglichen Vorgaben 2010–2019. (Quelle: Eigene Darstellung auf Grundlage von EUR-Lex (2020))

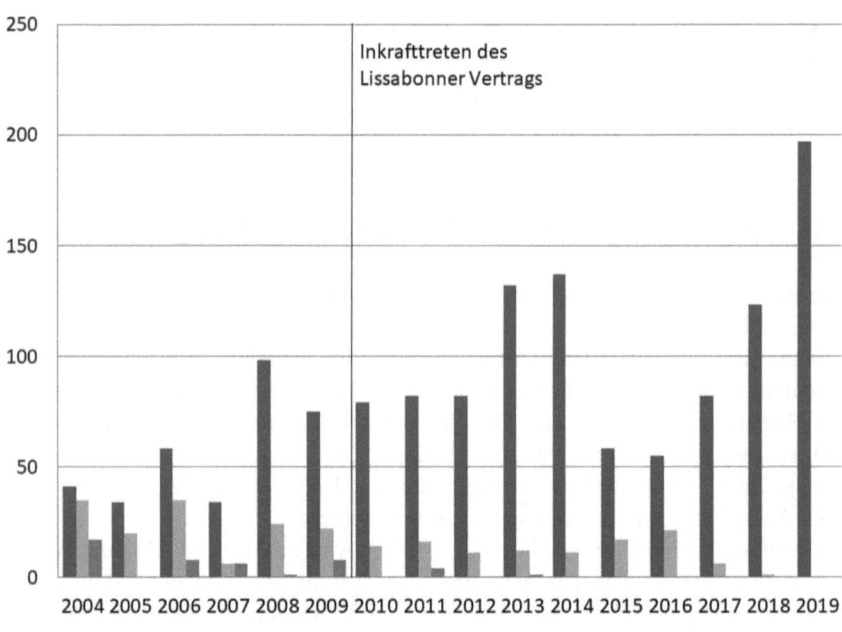

Abb. 4 Angenommene Rechtsakte nach Lesung im ordentlichen Gesetzgebungsverfahren 2004–2019. (Quelle: Eigene Darstellung auf Grundlage von EUR-Lex (2020))

spielsweise beim Assoziierungsabkommen mit der Republik Tadschikistan 2009 (Rat der Europäischen Union und Europäische Kommission 2009). In viel beachteten Abstimmungen macht das EP über das Zustimmungsverfahren seinen Einfluss geltend, so auch im Falle des umstrittenen ACTA-Abkommens zur Bekämpfung der Produkt- und Markenpiraterie (Europäisches Parlament 2012).
• Das ordentliche Gesetzgebungsverfahren ist zum Standardverfahren bei der Gesetzgebung geworden.

Bei der Anwendung dieses Regelwerkes ist auf den ersten Blick jedoch überraschend, dass die beteiligten Organe zunehmend bereits in der ersten Lesung zu einer Übereinstimmung kommen, d. h. nicht alle möglichen Verfahrensstufen genutzt werden (vgl. Abb. 4).

Es wird deutlich, dass dabei die Zahl der Verabschiedungen von Rechtsakten bereits nach der 1. Lesung kontinuierlich auf 87 % (seit dem Inkrafttreten des Vetrags von Lissabon bis 2014) gestiegen ist. 2018 wurden die Gesetzesakte in 99 % der Fälle in der ersten Lesung verabschiedet (Von Ondarza 2019, S. 101). Auffallend ist entsprechend, dass sich die Zahl der Fälle für den Vermittlungsausschuss im gleichen Zeitraum kontinuierlich auf knapp ein Prozent aller abgeschlossenen Mitentscheidungsverfahren verringert hat.

Zurückgeführt wird diese – angesichts institutioneller Ansprüche des EP auf Mitwirkung zunächst überraschende – Entwicklung auf die Intensivierung der vertraglich nicht formalisierten *Triloge*. Diese sehen Beratungen hinter verschlossenen Türen vor, an denen die Ratspräsidentschaft, repräsentiert durch den Ständigen Vertreter (vgl. Kap. ▶ „Der Rat der Europäischen Union"), Mitglieder der Parlamentsdelegation, bestehend aus den zuständigen Ausschussvorsitzenden, Berichterstattern und Schattenberichterstattern anderer Fraktionen, und ein Direktor bzw. ein Generaldirektor der Kommission teilnehmen (Rat der EU et al. 2007). Ziel dieser ‚Dreier'-Treffen ist es, unverbindliche ‚Überlegungen' durchzuführen, um damit möglichen Raum für Kompromisse auszuloten. Förmliche Beschlüsse können jedoch in diesem Rahmen nicht gefasst werden. Diese „vorgekochten" (Christiansen und Neuhold 2013, S. 1200) Übereinkünfte werden dann häufig von den beiden Organen ohne weitere Verhandlungen akzeptiert.

Ein derartiges Trilogverfahren ermöglicht den „beiden Gesetzgebern in Partnerschaft mit der Kommission" (Rat der Europäischen Union 2000, S. 16), in einer Vielzahl der Fälle bereits in der ersten oder zweiten Lesung, d. h. ohne Sitzung des Vermittlungsausschusses, zu einer Einigung zu kommen (Maurer 2013, S. 66–67; Rat der Europäischen Union 2000).

Diese in der Praxis entwickelten Verhaltensmuster verstehen beteiligte Akteure als eine „neue Legislativkultur" (Shackleton und Raunio 2003, S. 176) bzw. eine „neue Rechtskultur" (Rat der Europäischen Union 2000, S. 16). Durch einen derartigen Arbeitsstil verbesserten die beteiligten Organe ihre jeweiligen internen Abläufe und die Effizienz ihres Zusammenspiels (Reh et al. 2011).

Angesichts des notwendigen Arbeitsaufwands ist sowohl bei den Vertretern des EP als auch bei denen des Rates eine Spezialisierung bei einigen wenigen Akteuren zu beobachten (Dialer et al. 2015, S. 177–178; Maurer 2013, S. 222–223). Die angewandte Praxis führt zugleich zu organinternen Machtverschiebungen (Farrell und Héritier 2003). An den Trilogen beteiligte Akteure gewinnen somit beträchtlich an Einfluss. Dies geht zulasten von primärrechtlich festgeschriebenen Institutionen wie z. B. Ausschüssen des EP (Reh et al. 2011; Farrell und Héritier 2003). Im Rat wird durch dieses Dreiertreffen der Einfluss der Präsidentschaft und die Rolle des *Ausschusses der Ständigen Vertreter der Mitgliedstaaten* (AStV, im europäischen Sprachgebrauch auch COREPER) gegenüber den Ministern erhöht (Farrell und Héritier 2003, S. 588–593). Im EP hingegen wurde die Rolle der Berichterstatter in den Ausschüssen gestärkt, insbesondere solange sie bei den großen Fraktionen ausreichend Unterstützung mobilisieren können. Diesem Gewinn an Verfahrensschnelligkeit steht ein deutlicher Verlust an Transparenz gegenüber, der den Anspruch an demokratische Mitwirkung des EP und dessen Profil gegenüber seinen Wählern schwächt (Maurer 2013, S. 67–68; Shackleton und Raunio 2003, S. 179–181). Von dieser Form der ‚gelebten' Praxis profitiert insbesondere der Rat, da informelle Verhandlungen hinter verschlossenen Türen seinem eigenen Arbeitsstil entsprechen, auch wenn er bei Verabschiedung von Rechtsakten öffentlich tagen muss (Art. 16 (8) EUV), während das EP insgesamt für offene parlamentarische Beratungen steht. Ein typischer Verfahrensablauf wird in Tab. 1 dargestellt.

Tab. 1 Ordentliches Gesetzgebungsverfahren – exemplarischer Ablauf

Titel: Richtlinie (EU) 2015/720 des Europäischen Parlaments und des Rates vom 29. April 2015 zur Änderung der Richtlinie 94/62/EG betreffend die Verringerung des Verbrauchs von leichten Kunststofftragetaschen	
Stufen	Datum
Kom Vorschlag für den Rechtsakt	04/11/2013
Nat. Parl. Keine Stellungnahme	Frist: 8 Wochen
Kom Übermittlung an den Rat und das EP	05/11/2013
EWSA Stellungnahme	26/02/2014
AdR Stellungnahme	03/04/2014
1. Lesung	
EP Stellungnahme (im Plenum): Billigung des Vorschlags Änderungen	16/04/2014
Kom *Standpunkt der Kommission* zu Änderungsanträgen des Parlaments in 1. Lesung: Teilweise Annahme der Änderungen vom EP	09/07/2014
Rat Politische Einigung des Rates	17/12/2014
Rat Festlegung des *Standpunkts des Rates* in 1. Lesung	02/03/2015
Kom Annahme der Mitteilung der Kommission zum in 1. Lesung festgelegten Standpunkt des Rates durch die Kommission	10/03/2015
2. Lesung	
EP Stellungnahme des Parlaments in 2. Lesung Billigung des *Standpunktes des Rates* ohne Abänderung	28/04/2015
EP, Rat Unterzeichnung durch den Präsident des Parlaments und den Präsident des Rates	29/04/2015
Veröffentlichung im Amtsblatt der Europäischen Union und Inkrafttreten der Richtlinie	06/05/2015

EWSA: Europäischer Wirtschafts- und Sozialausschuss, AdR: Ausschuss der Regionen.
Quelle: Eigene Darstellung auf Grundlage von EUR-Lex (2020)

Nach dem Scheitern eines Rechtsaktes im ordentlichten Gesetzgebungsverfahren kann das Verfahren der *Verstärkten Zusammenarbeit* genutzt werden, das zwischen 1999 und 2019 dreimal zur Anwendung kam (Gerards und Wessels 2020) (vgl. Kap. ► „Flexibilisierung").

3 Verfahren zum Haushalt der Europäischen Union: Ein mehrstufiger Prozess

3.1 Phasen des Haushaltsverfahrens

Einen weiteren Schwerpunkt in der politischen und wissenschaftlichen Aufmerksamkeit stellen die Haushaltsverfahren der EU dar, in denen die Mitgliedstaaten sowie die beteiligten Organe Einnahmen und Ausgaben der Union festlegen und damit Schwerpunkte für die Politikgestaltung in zentralen Handlungsfelder setzen: „Die Union stattet sich mit den erforderlichen Mitteln aus, um ihre Ziele erreichen und ihre Politik durchführen zu können" (Art. 311 AEUV).

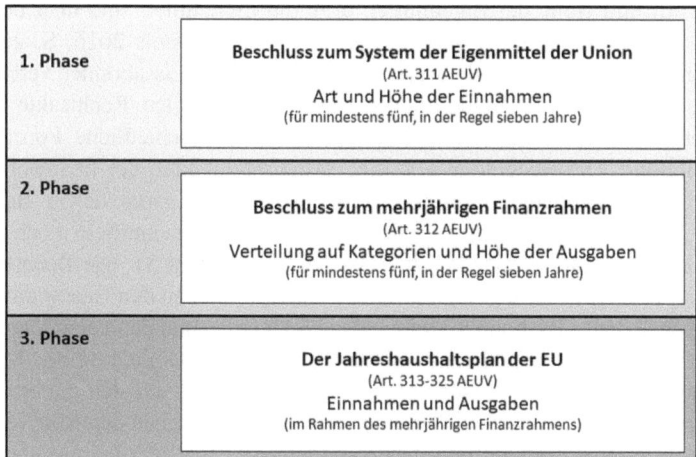

Abb. 5 Übersicht: Phasen des Haushaltsverfahrens. (Quelle: Eigene Darstellung)

Damit hat der Haushalt der EG bzw. EU seit den sechziger Jahren bei einer Vielzahl von Sektoren staatlichen Handelns nachhaltig an Bedeutung gewonnen (Becker 2014; Heinemann 2007, S. 275–577): Politisch sensibel sind diese Verfahren, da die Beschlüsse zum Haushalt von den Spannungen zwischen den Nettozahlern und Nettoempfängern geprägt sind (Becker 2014, S. 210–211, 2020, S. 247–252). Mit der zunehmenden politischen Relevanz und verteilungspolitischen Brisanz wächst gleichzeitig die Bedeutung der entsprechenden vertraglichen Regelwerke und der entwickelten außervertraglichen Handlungsmuster.

Festzustellen ist zunächst eine erhebliche prozedurale Komplexität, die sich insbesondere aus einem Spannungsfeld zwischen stärker supranational ausgerichteten und eher intergouvernemental geprägten Leitideen für die institutionelle Architektur der EU-Finanzverfassung ergibt.

Im Vertragstext und in der Praxis können mehrere Phasen unterschieden werden (vgl. Abb. 5): In der ersten Phase werden die Art und Höhe der Eigenmittel der Union (für mindestens fünf Jahre) festgelegt. Daraufhin werden die Ausgaben in dem mehrjährigen Finanzrahmen verteilt. In einer letzten Phase verabschieden der Rat und das EP den Jahreshaushaltsplan.

3.2 Eigenmittel und die Finanzielle Vorausschau: Regelwerk und Praxis

Die Festlegung der Höhe und der Art der Eigenmittel sowie des Umfangs der jeweiligen Aufgabenkategorien können zu dem systemgestaltenden Regelwerk des EU-Systems gezählt werden.

Angesichts der Bedeutung und Sensibilität haben die Staats- und Regierungschefs seit der Gründung des Europäischen Rates die wesentlichen Entscheidungen über die Art und Höhe der Eigenmittel, d. h. die Einnahmen, und über den mehr-jährigen Finanzrahmen zu den Ausgaben getroffen (Wessels 2016, S. 200–204), auch wenn diesem Organ in den relevanten Artikeln des Lissabonner Vertrags eine derartige Aufgabe nicht zugeschrieben wird. Die formalen Rechtsakte erfolgen dann vertragskonform durch den Rat und durch unterschiedliche Formen einer EP-Beteiligung. Die Bedeutung, die die Vertragsarchitekten der finanziellen Aus-stattung der EU zugewiesen haben, wird auch an der zusätzlichen Bedingung deutlich, nach dem der Beschluss des Rates zu den Eigenmitteln noch national ratifiziert werden muss (Art. 311 AEUV) (vgl. Dokument 3). Die Rechte des EP wurden in Vertragsänderungen gestärkt. Bei Beschlüssen zu den Eigenmitteln muss das EP gemäß dem Lissabonner Vertrag angehört werden und dann dem Kompromiss zum mehrjährigen Finanzrahmen mit der (absoluten) Mehrheit seiner Mitglieder zustimmen. Die politische Brisanz ergibt sich nicht zuletzt aus den medienwirksam ausgetragenen Kontroversen zu Verteilungswirkungen zwischen den Mitgliedstaaten, d. h. zwischen ‚Nettozahlern' und ‚Nettoempfängern'.

3.2.1   Zu den Einnahmen

Dokument 3, Haushalt: Eigenmittel
Art. 311 AEUV
  Der Rat erlässt gemäß einem besonderen Gesetzgebungsverfahren einstimmig und nach Anhörung des Europäischen Parlaments einen Beschluss, mit dem die Bestimmungen über das System der Eigenmittel der Union festgelegt werden.
  [. . .]
  Dieser Beschluss tritt erst nach Zustimmung der Mitgliedstaaten im Ein-klang mit ihren jeweiligen verfassungsrechtlichen Vorschriften in Kraft.

  Hervorhebungen durch den Autor

Der Haushalt der EU wird „vollständig aus Eigenmitteln finanziert" (Art. 311 AEUV) (vgl. Dokument 3). Zu diesen gehören:

- Traditionelle Eigenmittel: Sie umfassen insbesondere Zölle und sogenannte Agrar-abschöpfungen, die im Rahmen der Gemeinsamen Handelspolitik und Agrarpolitik erhoben werden. Dieser Teil des Budgets kann als Ausdruck begrenzter haushalts-politischer Autonomie verstanden werden (Becker 2015, S. 6).
- Anteile aus dem Mehrwertsteueraufkommen der Mitgliedstaaten: Dieser Teil des Budgets wird von den Mitgliedstaaten bestimmt und können somit nicht als autonome Finanzierungsquelle angesehen werden (Becker 2015, S. 6).
- Finanzbeiträge der Mitgliedstaaten, die nach einem komplizierten Schlüssel aus dem Bruttonationaleinkommen (BNE) der Mitgliedstaaten berechnet werden: Diese Zuweisungen bilden dabei zunehmend die Haupteinnahmequelle

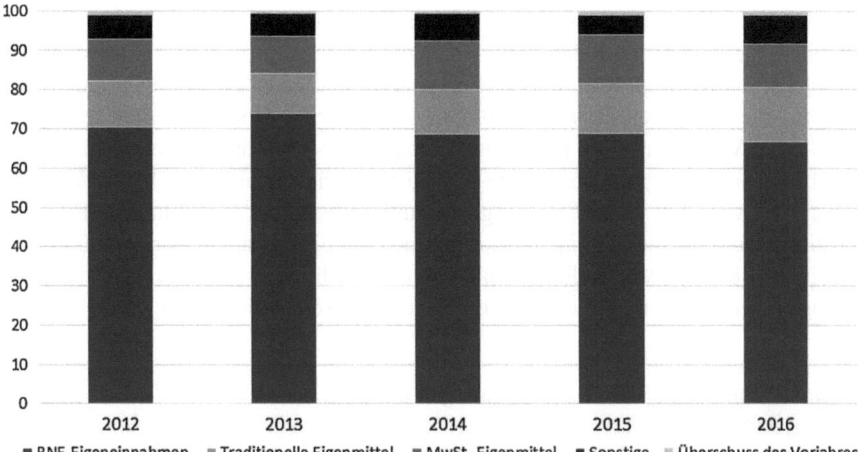

Abb. 6 Entwicklung des Systems der Eigenmittelfinanzierung in Prozent. (Quelle: Eigene Darstellung auf Grundlage der Haushaltsberichte der Kommission 2012–2016. Vgl. dazu Europäische Kommission (2017))

der EU (vgl. Abb. 6). Insgesamt hat sich das System der Eigenmittel „weg von der autonomen Finanzierung der Union hin zu einem intergouvernementalen Beitragssystem" (Becker 2015, S. 7) entwickelt.

Eine eigene Steuer für die EU, deren Einführung immer wieder diskutiert wird, haben die Mitgliedstaaten bisher abgelehnt. Mit dem Finanzpaket zur Wiederaufbau- und Resilienzfazilität 2020 haben die Mitgliedstaaten zum ersten Mal eine Kreditaufnahme der Union vorgesehen (Becker 2020). Eine Besonderheit in der Finanzverfassung der EU bildet der sogenannte ‚Briten-Rabatt', bei dem das Vereinigte Königreich bei der Leistung von Eigenmitteln entlastet wurde. Auch andere Mitgliedstaaten konnten Rabatte durchsetzen. Mit dem Brexit wurden diese Regelungen besonders kontrovers diskutiert (Becker 2020, S. 249–250). Diese Regelung trug wesentlich zur Komplexität der Finanzverfassung bei.

Die Obergrenze der Eigeneinnahmen ist politisch auf 1,23 % des Bruttonationaleinkommens der EU festgelegt worden. Im Finanzpaket 2020 erhöhte ihn der Europäische Rat auf 2 %. Die Einnahmen und Ausgaben liegen jedoch in der Regel unter dieser Grenze bei ungefähr 1 % des BNE (Seifert und Funke 2014, S. 319). Dieser Anteil der EU am BNE ist erheblich geringer als die Staatsquote der Mitgliedstaaten, die 2016 im Durchschnitt der EU 28 bei 46,3 % Prozent lag (Eurostat 2020). 2017 belief sich das EU-Budget auf ca. 157,8 Milliarden Euro (im Vergleich: Der deutsche Bundeshaushalt betrug im Jahr 2017 ca. 329,1 Milliarden Euro, der Haushalt des Landes Nordrhein-Westfalen betrug im Jahr 2017 ca. 74,05 Milliarden Euro). Angesichts der Corona-Pandemie haben die EU-Institutionen 2020 einen Haushalt beschlossen, der mit den Tabus der Obergrenzen und neuer Einnahmequellen brach (Becker 2020).

Zu den Ausgaben: Der mehrjährige Finanzrahmen

In einem Gesamtpaket mit den Einnahmen legen die Staats- und Regierungschefs im Europäischen Rat (vgl. Kap. ▸ „Der Europäische Rat") den mehrjährigen Finanzrahmen mit den Ausgaben für einen Zeitraum von in der Regel sieben Jahren fest. Auch bei diesem Verfahren behält jeder Mitgliedstaat sein Veto. Zugleich sehen die Regeln des Lissabonner Vertrags aber durch das Zustimmungsverfahren auch ein Vetorecht für das EP vor (Art. 312 AEUV) (vgl. Dokument 4). In der Praxis hat das EP seine Zustimmung zum mehrjährigen Finanzrahmen an Einzelmaßnahmen geknüpft und damit auch bei den Verhandlungen über den mehrjährigen Finanzrahmen informelle Triloge zwischen Kommission, Rat und EP durchgesetzt (Dialer et al. 2015, S. 251).

Dokument 4, Haushalt: Der Mehrjährige Finanzrahmen
Art. 312 (1–3) AEUV

(1) Mit dem mehrjährigen Finanzrahmen soll sichergestellt werden, dass die Ausgaben der Union innerhalb der Grenzen ihrer Eigenmittel eine geordnete Entwicklung nehmen.

Er wird für einen Zeitraum von mindestens fünf Jahren aufgestellt.

Bei der Aufstellung des jährlichen Haushaltsplans der Union ist der mehrjährige Finanzrahmen einzuhalten.

(2) Der Rat erlässt gemäß einem besonderen Gesetzgebungsverfahren eine Verordnung zur Festlegung des mehrjährigen Finanzrahmens. Er beschließt einstimmig nach *Zustimmung des Europäischen Parlaments*, die mit der Mehrheit seiner Mitglieder erteilt wird.

[…]

(3) In dem Finanzrahmen werden die jährlichen Obergrenzen der Mittel für Verpflichtungen je Ausgabenkategorie und die jährliche Obergrenze der Mittel für Zahlungen festgelegt. Die Ausgabenkategorien, von denen es nur wenige geben darf, entsprechen den Haupttätigkeitsbereichen der Union. […]

Hervorhebungen durch den Autor

Anhand der Entwicklungen der Ausgabenkategorien werden die Schwerpunkte deutlich, die die EU für die Politikgestaltung anhand finanzieller Zuwendungen über die letzten vier Jahrzehnte setzte (vgl. Abb. 7).

Die *Gemeinsame Agrarpolitik* (GAP) war auch in der mehrjährigen Periode bis 2014 (vgl. Abb. 7) ein Schwerpunkt in der Ausgabenstruktur, der von Mitgliedstaaten mit hoher landwirtschaftlicher Produktion – insbesondere Frankreich – verteidigt wird. Allerdings ist ein abnehmender Trend der Höhe dieser Ausgaben festzustellen. Dieser Haushaltsposition folgen Ausgaben für Strukturpolitik, die insbesondere von weniger wohlhabenden Ländern und Regionen gefordert werden, die ihren Niederschlag in des intelligenten und integrativen Wachstums finden. In der Ausgabenkategorie „Außenpolitik" werden Zahlungen für die GASP, für die Entwicklungs-

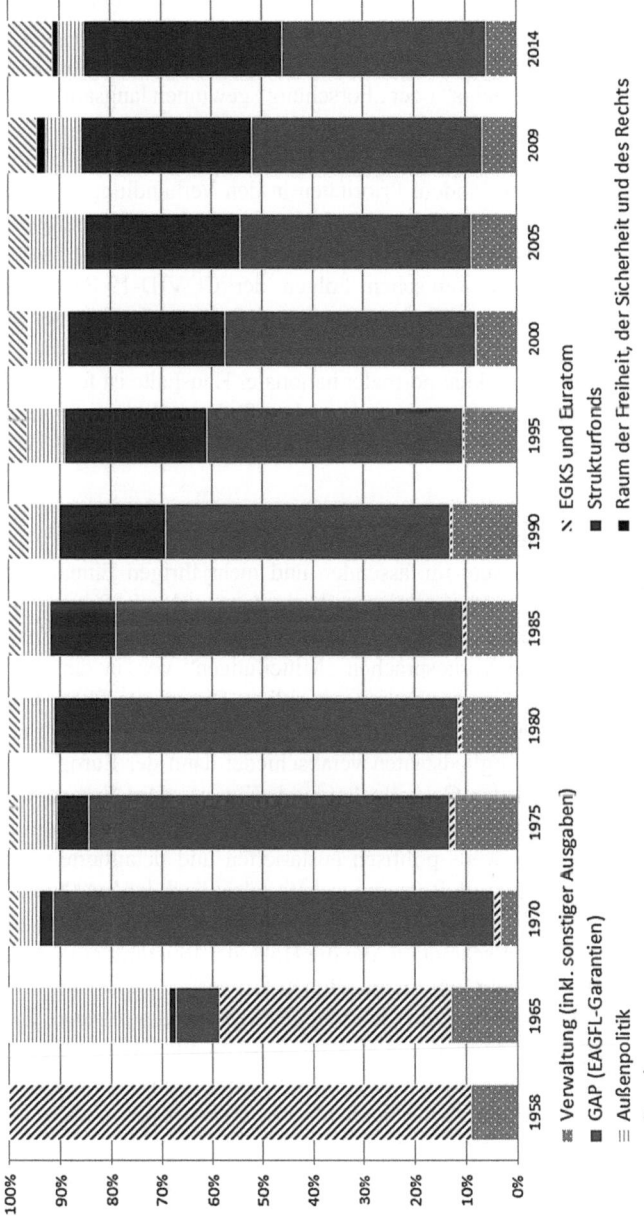

Abb. 7 Ausgabenverteilung der Politikfelder im Zeitraum 1958 bis 2014. Zahlen bis 2005 wurden dem Finanzbericht der Europäischen Union (2008) entnommen. Da von der Kommission ab 2005 eine neue Zuordnung der Ausgabenkategorien stattgefunden hat, wurden die nun neu ausgewiesenen Ausgabenkategorien inhaltlich möglichst sinnvoll den bis 2008 verwendeten Kategorien zugewiesen, so Strukturfonds: ab 2009 „Kohäsion für Wachstum und Beschäftigung"; Forschung: ab 2009 „Wettbewerbsfähigkeit für Wachstum und Entwicklung". Die Abbildung stellt somit keine offiziellen Angaben dar, sondern versucht, Ausgabenkategorien historisch zu vergleichen. (Quelle: Europäische Union: Finanzbericht 2008, Anhang II und Europäische Union: Finanzbericht 2014)

zusammenarbeit und für Staaten in der Nachbarschaft der EU, vor allem Staaten Osteuropas und des Kaukasus, getätigt. Diese Sparte nimmt mit 5 % der Gesamtausgaben 2014 einen relativ kleinen Anteil ein.

Für die GASP stellt der Haushalt für den Zeitraum 2014 bis 2020 einen Betrag von mindestens 2,075 Milliarden Euro bereit (Rat der Europäischen Union 2013). Auch andere politische Prioritäten, wie zum Beispiel der Ausbau des „Raumes der Freiheit, der Sicherheit und des Rechts" oder „Forschung" gewinnen langsam für die Ausgabenstruktur an Bedeutung.

Für den mehrjährigen Finanzrahmen 2021–2027 haben Kommission, das EP und Mitgliedstaaten auch weitere bzw. andere Prioritäten in den Verhandlungen eingebracht – so mehr Ausgaben zum Außenschutz der Unionsgrenzen, zur Verteidigung, zum Klimawandel und zu rechtsstaatlichen Bedingungen von EU-Zuschüssen sowie Maßnahmen gegen die sozio-ökonomischen Folgen der COVID-19-Pandemie. Besondere Schwerpunkte setzte die Wiederaufbau- und Resilienzfazilität bei der Klima- und Umweltpolitik und bei Maßnahmen zur Digitalisierung.

Im Vergleich zu den Schwerpunkten normaler nationaler Haushalte ist festzustellen, dass im EU-Budget keine oder nur geringe Ausgaben für Verteidigung, für einen Schuldendienst und für zentrale Bereiche der Sozial- und Bildungspolitik vorgesehen sind.

Verhandlungsmuster: ‚Gewinner' und ‚Verlierer'

Der Verhandlungsprozess zu diesem umfassenden und mehrjährigen Einnahmen- und Ausgabenpaket kann in drei Phasen eingeteilt werden, in denen Organe und Akteure unterschiedliche Rollen einnehmen. Zunächst legt die Kommission nach vielen internen und informellen Vorgesprächen „Mitteilungen" vor, in denen sie Ziele und Schwerpunkte eines Finanzrahmens vorschlägt. Die zweite Phase wird von den Regierungen im Rat und dessen Arbeitsgruppen geprägt. Nach internen Verhandlungen zwischen den Mitgliedstaaten verabschiedet dann der Europäische Rat auf einem Abschlussgipfel das Gesamtpaket (vgl. Kap. ▶ „Der Europäische Rat") (Becker 2013, S. 178–180). Das Ergebnis sowohl bei den Einnahmen als auch bei den Ausgaben basiert auf jeweils politisch austarierten und detaillierten Verhandlungspaketen, die die Staats- und Regierungschefs selbst nach langen (Nacht-)Sitzungen verabschieden (Van Rompuy 2014). In der gelebten Praxis trifft so der Europäische Rat die relevante Entscheidung, die die Höhe der Eigenmittel gemeinsam mit den Ausgaben im mehrjährigen Finanzrahmen festlegt.

Zu bestimmenden Faktoren der Beschlussfassung gehören die Kontroversen über die erwarteten Salden für jeden Mitgliedstaat, die in den Medien häufig als ‚Gewinne' bzw. ‚Verluste' stilisiert werden. Abb. 8 zeigt die operativen Haushaltssalden der Mitgliedstaaten im Jahr 2016 sowohl in absoluten als auch in Pro-Kopf Werten. Die relativ traditionelle Sichtweise zwischen ‚Nettozahlern' und ‚Nettoempfängern' in absoluten Zahlen verändert sich durch eine Pro-Kopf-Rechnung jedoch. So ist die Bundesrepublik Deutschland zwar der größte Nettozahler, deutsche Bürgerinnen und Bürger zahlen pro Kopf jedoch nicht mehr ein als schwedische Bürgerinnen und Bürger. Eine methodisch saubere ‚ehrliche' Berechnung der tatsächlichen

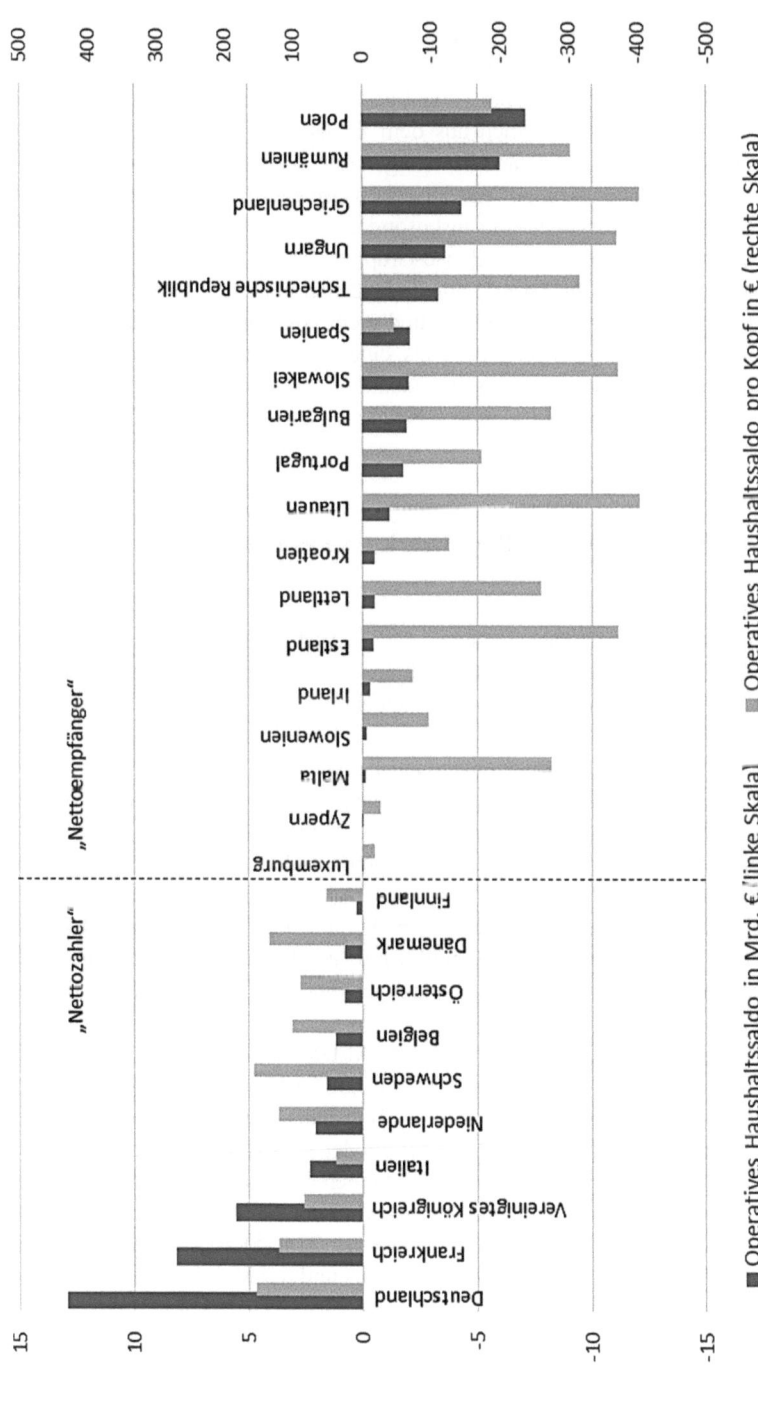

Abb. 8 Operative Haushaltssalden nach Mitgliedstaaten 2016. (Quelle: Eigene Darstellung und Berechnung des operativen Haushaltssaldos pro Kopf in Anlehnung an die Daten der Europäischen Kommission (2017))

Kosten und Nutzen jedes Mitgliedstaates bei der Mitgliedschaft in der Union ist generell schwierig zu erstellen (Feld 2006, S. 94).

Bei den Verhandlungen um die Höhe der Eigenmittel ringen deshalb Nettozahler und Nettoempfänger-Staaten um ihre jeweilige Belastung durch Zahlungen an die EU oder Zuschüsse aus Einnahmen aus dem EU-Budget. Bei diesen medial als dramatisch beschriebenen Auseinandersetzungen bilden sich Gruppen von Mitgliedstaaten – so die ‚Kohäsionsgruppe‘ aus den relativ ärmeren Mitgliedstaaten, die sich für die Erhöhung der Ausgaben und insbesondere für die Stärkung des Regionalfonds einsetzen, und dagegen die ‚Hanse-Gruppe‘ der reicheren west- und nordeuropäischen Staaten, die für einen kleineren Haushalt eintreten. Mehrheiten im EP plädieren für eine Erhöhung des Budgets und mehr Ausgaben für soziale Zwecke. Dabei werden besondere Zuweisungen als eine Art Kompensation an einzelne Mitgliedstaaten beschlossen. Spezifische Rabatte, wie bisher insbesondere für das Vereinigte Königreich, aber auch andere Nettozahler, sind Teil des Kompromisspakets.

3.3   Der Jahreshaushalt: Regelwerk und Praxis

Vorbereitung und Verabschiedung
Für das Verfahren zur Verabschiedung des jährlichen Budgets regelt Artikel 314 AEUV die komplizierten Beschlussmodalitäten. Der Ablauf ist durch mehrstufige Lesungen zwischen den beiden Haushaltsbehörden gegliedert (vgl. Abb. 9):

- Bis zum 1. Juli legt jedes Organ einen Haushaltsvoranschlag für seine Ausgaben vor, auf dessen Basis die Kommission bis spätestens 1. September einen Vorentwurf aufstellt, der abweichende Vorschläge enthalten kann. Dieser Vorentwurf soll dem tatsächlichen Finanzbedarf der Gemeinschaft entsprechen (Art. 314 (1–2) AEUV).
- Im nächsten Schritt legt der Rat gegebenenfalls mit qualifizierter Mehrheit (Art. 293 (1) AEUV) seinen Standpunkt, ggf. mit begründeten Änderungsvorschlägen, zum Entwurf des Haushaltsplans fest und legt ihn bis zum 1. Oktober dem EP vor (Art. 314 (3) AEUV).
- Das EP kann binnen 42 Tagen (Art. 314 (4) AEUV)
  - den Standpunkt des Rates billigen, woraufhin der Haushaltsplan erlassen ist;
  - keinen Beschluss fassen, woraufhin der Haushaltsplan erlassen ist;
  - mit der (absoluten) Mehrheit seiner Mitglieder Änderungen vorschlagen.
- Falls der Rat die Änderungen des EP nicht binnen zehn Tagen akzeptiert, tritt ein Vermittlungsausschuss zusammen, der aus Vertretern aller Mitgliedstaaten und ebenso vielen Mitgliedern des EP besteht (Art. 314 (5) AEUV). Er kann mit qualifizierter Mehrheit der Mitglieder des Rates und der Mehrheit der Mitglieder des EP binnen 21 Tagen einen Entwurf verabschieden (Art. 314 (6) AEUV).
- Innerhalb von 14 Tagen müssen nun beide Organe zustimmen. Der Haushaltsplan ist erlassen, wenn eines der beiden Organe dem gemeinsamen Entwurf zustimmt und eines keinen Beschluss fasst. Im Falle der Billigung des gemeinsamen

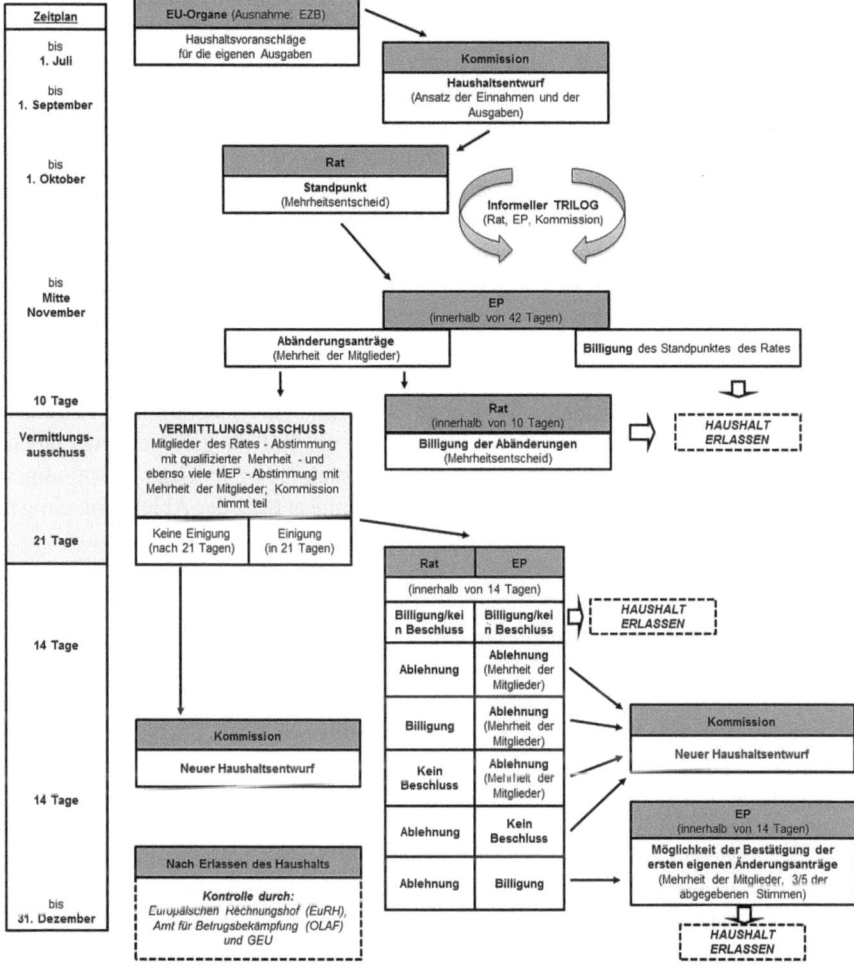

Abb. 9 Jahreshaushaltsplan (gemäß Art. 314 AEUV). (Quelle: Eigene Darstellung)

Entwurfs durch das EP und der Ablehnung durch den Rat, hat das EP ein relativ starkes Gewicht: Es kann wiederum binnen 14 Tagen mit der Mehrheit seiner Mitglieder und drei Fünfteln der abgegebenen Stimmen Abänderungen bestätigen und den Rat überstimmen. Das EP behält somit im Konfliktfall das letzte Wort (Art. 314 (7) AEUV). Rechtskräftig wird der Haushaltsplan erst, wenn der Präsident des Europäischen Parlaments den Haushaltsplan unterzeichnet hat.

Ist der Haushaltsplan zu Beginn eines Haushaltsjahres noch nicht verabschiedet, so tritt eine Regelung in Kraft, nach der Ausgaben monatlich bis zu einem Zwölftel des abgelaufenen Haushaltsjahres vorgenommen werden können (Art. 315 AEUV).

Nach einer jahrzehntelangen, schwierig nachvollziehbaren Einteilung von obligatorischen und nicht-obligatorischen Ausgaben hat der Lissabonner Vertrag das Regelwerk bereinigt und in vielen Elementen dem ordentlichen Gesetzgebungsverfahren angenähert. Wie bei diesem Verfahren haben die beteiligten Organe auch in der Vertragspraxis Formen frühzeitiger Abstimmung entwickelt; in den „Haushaltstrilogen" (Becker 2014, S. 103) soll eine frühzeitige Koordination der Positionen der drei am Haushaltsverfahren beteiligten Organe erreicht werden, um einen möglichst reibungslosen und ergebnisorientierten Ablauf zu gewährleisten. Schwierigkeiten durch einzelne Organe können durch vertrauliche Vorabklärungen und Absprachen im Vorfeld bzw. während des Verfahrens leichter behoben werden. Nach einigen Konflikten, die im Anschluss an die erste Direktwahl des EP ausbrachen, fanden drei Organe in der Mitte der achtziger Jahre zu einem modus vivendi, der – trotz häufiger Streitigkeiten um Schwerpunktsetzungen – in der Regel zu einem fristgerechten Ergebnis führt. Zu beobachten ist jedoch weiterhin ein Dauerkonflikt zwischen beiden Organen: Das EP kämpft für höhere und der Rat für geringere Ausgaben. So hat der Vermittlungsausschuss für den Haushalt 2014 in einer 17-stündigen Sitzung einen Kompromiss gefunden, der auch vom Rat trotz der Ablehnung einiger Mitgliedstaaten gebilligt wurde (Becker 2014, S. 212).

Ausführung
Für die Ausführung des Gemeinschaftshaushalts gelten allgemeine finanzwissenschaftliche Grundsätze:

- Einheit, d. h. alle Einnahmen und Ausgaben sollen in einem einzigen Dokument ausgewiesen werden;
- Jährlichkeit, d. h. die Haushaltsvorgänge müssen in einem bestimmten Haushaltsjahr abgewickelt werden;
- Unterschieden wird zudem zwischen Mitteln für Verpflichtungen und für Zahlungen (im Sprachgebrauch bezeichnen Zahlungsmittel die Höhe der Ausgaben innerhalb eines Jahres und die Verpflichtungsmittel Gelder für andauernde Projekte);
- Haushaltsausgleich, bei dem die Ausgaben die Einnahmen nicht übersteigen dürfen. Insbesondere das letzte Prinzip wird strikt eingehalten. Die EU-Haushaltsbehörden verabschieden eines der wenigen öffentlichen Budgets, das keine Schulden ausweist.

Die Kommission setzt als ‚Exekutive' den Etat entsprechend dem verabschiedeten Haushaltsplan um (vgl. Kap. ▶ „Die Europäische Kommission"). Diese Durchführungsbeschlüsse werden in der Regel in Gremien mit nationalen Beamten, den sogenannten „Komitologieausschüssen" (vgl. Kap. ▶ „Die Europäische Kommission") (Christiansen und Dobbels 2012) beraten und abgesegnet.

Kontrolle und Entlastung
Kontrolliert wird das Ausgabengebaren sowohl auf der EU- wie auf der mitgliedstaatlichen Ebene durch den *Europäischen Rechnungshof* (EuRH), der in seinen Berichten nicht zuletzt auf Fehlleistungen bei der nationalen Umsetzung verweist (Europäischer

Rechnungshof 2014). Korruptionsfälle soll das *Europäische Amt für Betrugs-bekämpfung* (OLAF) aufdecken bzw. verhindern (vgl. Kap. ▶ „Der Europäische Rechnungshof und das Amt für Betrugsbekämpfung").

Die Entlastung der Kommission bezüglich der Ausführung des vorjährigen Haushalts obliegt – auf Empfehlung des Rates – dem EP, das dieses Verfahren zur kritischen Beurteilung der Kommissionspolitik insgesamt nutzt.

4 Zusammenfassung, Diskussion und Perspektiven: Trends und Folgen institutioneller Machtverschiebungen

4.1 Zur Charakterisierung: Vom Tandem zum Dreieck

Das Regelwerk und die Praxis der Vorbereitung und Verabschiedung von Rechtsak-ten ist in der Vielfalt der Variationen, aber auch bei einzelnen Verfahren – so insbesondere dem ordentlichen Gesetzgebungsverfahren und dem jährlichen Haus-haltsverfahren – von beträchtlicher Komplexität geprägt. Insgesamt ist das Regel-werk zu den beiden Verfahren in der gelebten Praxis durch ein differenziertes System von ‚checks and balances' zwischen den beteiligten Institutionen geprägt.

Als Grundtrend der letzten Jahrzehnte ist sowohl im Vertragstext als auch in der Realität der verabschiedeten Rechtsakte eine deutliche Verschiebung des Macht-gleichgewichts in der institutionellen Architektur zu beobachten: Das „Tandem" von Kommission und Rat (Wallace 2003, S. 262) wird infolge einer wachsenden de jure und de facto Beteiligung des EP von einem ‚Dreieck' abgelöst. Diese Verfahrensentwicklung kann entsprechend als eine „schleichende, nachvollzie-hende und schrittweise Parlamentarisierung" (Dialer et al. 2015, S. 233) verstan-den werden (Maurer und Wessels 2003b). Das Verhältnis von Rat und EP kann dann auch als Beispiel eines Zweikammersystems interpretiert werden, so wie in den Formulierungen der Verträge ausgedrückt. Demnach gilt, dass „das Europä-ische Parlament [. . .] gemeinsam mit dem Rat als Gesetzgeber" (Art. 14 (1) EUV und spiegelbildlich Art. 16 (1) EUV), „der Rat [. . .] gemeinsam mit dem Europä-ischen Parlament [. . .] tätig" wird und gemeinsam mit ihm die Haushaltsbefug-nisse ausübt. In der Praxis sind bei der Ausübung der Verfahren immer wieder Machtverschiebungen zwischen den Organen zu beobachten (Müller Gómez und Wessels 2019).

Ähnliche Muster eines institutionellen Gleichgewichtes zwischen einer Kammer der Teilstaaten und einer Vertretung der Bundesebene sind im Verhältnis zwischen Bundesrat und Bundestag bzw. im Kongress der USA zwischen dem Senat und dem Abgeordnetenhaus festzustellen (Tsebelis und Garrett 2000, S. 32).

4.2 Zur Einschätzung: Intergouvernemental und supranational

Aus der traditionellen Sichtweise ist das Gesetzgebungsverfahren als Musterbeispiel für die supranationale Gemeinschaftsmethode zu charakterisieren (vgl. Kap. ▶ „Einführung"). Dagegen kann das Haushaltsverfahren als ein Mischtyp verschiedener Verfahrensarten gelten und mithin als ein Fall von Fusion bezeichnet werden: Bei der Verabschiedung der ‚Eigeneinnahmen' und weitgehend bei dem mehrjährigen Finanzrahmen bleiben die Mitgliedstaaten die ‚Herren des Verfahrens', auch wenn die Kommission Vorschläge als Basis der zwischenstaatlichen Verhandlungen unterbreitet. Das EP verfügt – im Unterschied zu den historisch gewachsenen Rechten nationaler Parlamente – nicht über die Einnahmehoheit, sondern nur über begrenzte Beteiligungsrechte, die in der vertraglich vorgesehenen Anhörung bei den Eigeneinnahmen und – im Anschluss an den Gipfelbeschluss – in der notwendigen Zustimmung zum mehrjährigen Finanzrahmen bestehen.

Diese Verfahren zum Beschluss über die Grundlagen sind im Wesentlichen als intergouvernemental mit supranationalen Einflussmöglichkeiten zu charakterisieren. Dagegen folgt das Verfahren zum Jahreshaushaltsplan dem auch im ordentlichen Gesetzgebungsverfahren angelegten Muster eines Zweikammersystems, bei dem supranationale Organe über starke Beteiligungsrechte verfügen.

Zur Legitimitätsdebatte der Verfahren
In beiden Verfahren hat der Lissabonner Vertrag ein mehrstufiges Regelwerk bestätigt und weiterentwickelt. Ähnlich wie in bekannten föderalen Systemen ist die Transparenz für Außenstehende gering und die politische Verantwortung nur schwierig einer Institution und gewählten Personen zuzuordnen. Diesem Mangel an demokratischer Legitimität steht ein hoher Grad an Konsens gegenüber: Verbindliche Beschlüsse in Gesetzgebungs- und Haushaltsverfahren bedürfen deutlicher Mehrheiten; im Fall von Beschlüssen zu den EU-Eigenmitteln sogar der Einstimmigkeit mit nationaler Ratifikation. Der allseits geforderte Konsens beruht aber auf Kompromissen, die ihrerseits in komplexen Verfahren münden bzw. durch diese erst produziert werden (dreifache „K-Formel"; vgl. Kap. ▶ „Einführung"). So stehen sich bei der Legitimitätsdebatte die Prinzipien zweier Demokratiemodelle gegenüber (Lijphart 1999): Das „Mehrheitsmodell" sieht so erhebliche Schwächen, das „Konsensmodell" dagegen Stärken der Verfahren. Zu beobachten ist bei diesen Verfahren sowohl eine vertikale Fusion zwischen Verantwortlichen der Mitgliedstaaten und der EU als auch gleichzeitig noch stärker eine horizontale Fusion der Verantwortung der beteiligten EU-Institutionen (vgl. Kap. ▶ „Einführung").

5   Zur Wiederholung und Vertiefung

Merkpunkte und Stichworte
- Grundkenntnisse:
  - Variationen in den Beteiligungsformen des EP
  - Vermittlungsausschuss
  - Trilog
  - Eigenmittel: Definition und Beschlussmodalitäten

- mehrjähriger Finanzrahmen: Definition und Verfahren der Festlegung
- Ausgaben: Schwerpunkte des EU-Haushalts
- Stationen im geschriebenen Regelwerk und Befund bei
  - Anhörungsverfahren
  - Zustimmungsverfahren
  - ordentlichem Gesetzgebungsverfahren
  - jährlichem Haushaltsverfahren
- Zur Regel und Praxis in der institutionellen Architektur: Rolle der Kommission, des EP und des Europäischen Rates bei
  - Festlegung der Eigenmittel
  - mehrjährigem Finanzrahmen
  - jährlichem Haushaltsverfahren
- Haushaltstrilog: Zusammensetzung und Aufgaben
- Nettozahler – Nettoempfänger; Definition und Befund
- „Briten-Rabatt"

Fragen
- Wie ist die Formenvielfalt und Komplexität im EU-Regelwerk zu erklären?
- Wie kann der wissenschaftliche Beobachter die Rolle des EP in der Rechtsetzung und bei Legislativakten erfassen?
- Welches sind die am häufigsten angewendeten Legislativverfahren bei der Rechtsetzung in der EU?
- Welche Kriterien für Handlungsfähigkeit und Legitimation können bei den EU-Verfahren angelegt werden?
- Wie sind die Haushaltsverfahren zu erfassen?
- Was sind allgemeine, was sind spezifische Elemente des EU-Budgets (im Vergleich zu normalen nationalen Haushalten)?

Thesen zur Diskussion
- Die Änderungen des Regelwerkes sind als „nachvollziehende Parlamentarisierung" zu verstehen.
- Der Lissabonner Vertrag stellt den Übergang zu einem einfacheren und übersichtlicheren System dar.
- Das institutionelle Dreieck bei der Gesetzgebung und dem Haushalt wird weiterhin vom Europäischen Rat beherrscht.
- Informelle Vorab-Beratungen im Trilog sind undemokratisch.
- Der Haushalt ist das Kernstück des EU-Systems.
- Der EU-Haushalt wird von den Mitgliedstaaten beherrscht.
- Das EP sollte die Kompetenz erhalten, den Unionsbürger direkt zu besteuern.
- Die EU braucht einen in Umfang und Aufteilung „normalen" Haushalt, um ihren wachsenden Aufgaben gerecht zu werden.
- Die Legislatur- und Haushaltsverfahren entsprechen nicht den demokratischen Verfahren.

Literatur

Online-Quelle

https://eur-lex.europa.eu/statistics/statistics.html.
Statistiken der EUR-Lex Datenbank mit Zugang zum EU-Recht.
https://oeil.secure.europarl.europa.eu/oeil/home/home.do.
Legislative Observatory des Europäischen Parlaments.
https://ec.europa.eu/info/strategy/eu-budget_de.
Offizielle Homepage der Europäischen Kommission, Generaldirektion Haushalt.
https://www.europarl.europa.eu/.
Offizielle Homepage des Europäischen Parlaments.

Einführende Literatur

Becker, Peter. 2014. *Das Finanz- und Haushaltssystem der Europäischen Union. Grundlagen und Reformen aus deutscher Perspektive.* Wiesbaden: Springer VS.
Becker, Peter. 2020. Haushaltspolitik. In *Jahrbuch der Europäischen Integration 2020*, Hrsg. Werner Weidenfeld und Wolfgang Wessels, 257–266. Baden-Baden: Nomos.
Diedrichs, Udo. 2011. New modes of governance: Perspectives from the legal and the living architecture of the European Union. In *The dynamics of change in EU governance*, Hrsg. Udo Diedrichs, Wulf Reiners und Wolfgang Wessels, 210–238. Cheltenham/Northampton: Edward Elgar.
Gerards, Carsten, und Wolfgang Wessels. 2020. Entscheidungsverfahren. In *Europa von A bis Z. Taschenbuch der europäischen Integration*, Hrsg. Werner Weidenfeld, Wolfgang Wessels und Funda Tekin, 15. Aufl., 155–166. Wiesbaden: Springer VS.
Héritier, Adrienne, und Martin Rhodes. 2011. *New modes of governance in Europe: Governing in the shadow of hierarchy.* Basingstoke/New York: Palgrave Macmillan.
Laffan, Brigid, und Johannes Lindner. 2015. The budget. Who gets what, when, and how? In *Policy-making in the European Union*, Hrsg. Helen Wallace, Mark A. Pollack und Alasdair R. Young, 7. Aufl., 220–243. Oxford: Oxford University Press.

Literaturverzeichnis

Becker, Peter. 2013. Haushaltspolitik. In *Jahrbuch der Europäischen Integration 2013*, Hrsg. Werner Weidenfeld und Wolfgang Wessels, 177–186. Baden-Baden: Nomos.
Becker, Peter. 2014. *Das Finanz- und Haushaltssystem der Europäischen Union. Grundlagen und Reformen aus deutscher Perspektive.* Wiesbaden: Springer VS.
Becker, Peter. 2015. *Das Eigenmittelsystem der Europäischen Union. Schriftliche Stellungnahme zur Anhörung des Ausschusses für die Angelegenheiten der Europäischen Union des Deutschen Bundestages.* https://www.bundestag.de/resource/blob/364656/7b987199c79b67637a6ca20463cc5adc/18-21-0046_becker-data.pdf. Zugegriffen am 01.07.2022.
Becker, Peter. 2020. Haushaltspolitik. In *Jahrbuch der Europäischen Integration 2020*, Hrsg. Werner Weidenfeld und Wolfgang Wessels, 257–266. Baden-Baden: Nomos.
Christiansen, Thomas, und Mathias Dobbels. 2012. Comitology and delegated acts after Lisbon: How the European parliament lost the implementation game. *European Integration Online Papers* 16(13): 1–23. http://eiop.or.at/eiop/pdf/2012-013.pdf. Zugegriffen am 01.07.2022.
Christiansen, Thomas, und Christine Neuhold. 2013. Informal politics in the EU. *Journal of Common Market Studies* 51(6): 1196–1206.

Dialer, Doris, Andreas Maurer, und Margarethe Richter. 2015. *Handbuch zum Europäischen Parlament*. Baden-Baden: Nomos.

Diedrichs, Udo. 2011. New modes of governance: Perspectives from the legal and the living architecture of the European Union. In *The dynamics of change in EU governance*, Hrsg. Udo Diedrichs, Wulf Reiners und Wolfgang Wessels, 210–238. Cheltenham/Northampton: Edward Elgar.

Diedrichs, Udo, Wulf Reiners, und Wolfgang Wessels. 2011. *The dynamics of change in EU governance*. Cheltenham/Northampton: Edward Elgar.

Europäische Kommission. 2017. *Financial report 2016*. https://op.europa.eu/en/publication-detail/-/publication/54f1389f-b79e-11e7-837e-01aa75ed71a1. Zugegriffen am 01.07.2022.

Europäische Union. 2008. *EU-Haushalt. Finanzbericht*. Luxemburg: Amt für Veröffentlichungen der Europäischen Union.

Europäische Union. 2014. *EU-Haushalt. Finanzbericht*. Luxemburg: Amt für Veröffentlichungen der Europäischen Union.

Europäischer Gerichtshof. 1997. *Urteil des Gerichtshofs. 10.06.1997*. Luxemburg. https://eur-lex.europa.eu/legal-content/DE/TXT/PDF/?uri=CELEX:61995CJ0392&from=DE. Zugegriffen am 01.07.2022.

Europäischer Rechnungshof. 2014. *Jahresberichte zum Haushaltsjahr 2013*. Luxemburg: Europäischer Rechnungshof.

Europäisches Parlament. 2012. *Legislative Entschließung des Europäischen Parlaments vom 4.07.2012 zu dem Entwurf eines Beschlusses des Rates über den Abschluss des Handelsübereinkommens zur Bekämpfung von Produkt- und Markenpiraterie zwischen der Europäischen Union und ihren Mitgliedstaaten, Australien, Kanada, Japan, der Republik Korea, den Vereinigten Mexikanischen Staaten, dem Königreich Marokko, Neuseeland, der Republik Singapur, der Schweizerischen Eidgenossenschaft und den Vereinigten Staaten von Amerika (12195/2011 – C7-0027/2012 – 2011/0167(NLE))*.

Eurostat. 2020. *Staatseinnahmen, -ausgaben und Hauptaggregate*. Eurostat. http://appsso.eurostat.ec.europa.eu/nui/show.do?dataset=gov_10a_main&lang=de. Zugegriffen am 01.07.2022.

Farrell, Henry, und Adrienne Héritier. 2003. Formal and informal institutions under codecision: Continuous constitution building in Europe. *Governance* 16(4): 577–600.

Feld, Lars P. 2020. Nettozahler Deutschland? Eine ehrliche Kosten-Nutzen-Rechnung. In *Die neue Europäische Union: im vitalen Interesse Deutschlands? Studie zu Kosten und Nutzen der Europäischen Union für die Bundesrepublik Deutschland*, Hrsg. Udo Diedrichs und Wolfgang Wessels, 93–113. Berlin: Netzwerk Europäische Bewegung.

Heinemann, Friedrich. 2007. Haushalt und Finanzen. In *Europa von A bis Z. Taschenbuch der europäischen Integration*, Hrsg. Weidenfeld Werner und Wessels Wolfgang, 10. Aufl., 274–281. Baden-Baden: Nomos.

Héritier, Adrienne, und Martin Rhodes, Hrsg. 2011. *New modes of governance in Europe. Governing in the shadow of hierarchy*. Basingstoke/New York: Palgrave Macmillan.

Jachtenfuchs, Markus, und Beate Kohler-Koch. 2003. Einleitung: Regierung und Institutionenbildung. In *Europäische Integration*, Hrsg. Markus Jachtenfuchs und Beate Kohler-Koch, 11–45. Opladen: VS Verlag für Sozialwissenschaften.

Jacqué, Jean-Paul. 2004. The principle of institutional balance. *Common Market Law Review* 41(2): 383–391.

Lijphart, Arend. 1999. *Patterns of democracy. Government forms and performance in thirty-six countries*. New Haven/London: Yale University Press.

Linsenmann, Ingo, Christoph O. Meyer, und Wolfgang Wessels, Hrsg. 2007. *Economic government of the EU. A balance sheet of new modes of policy coordination*. Basingstoke: Palgrave Macmillan.

Maurer, Andreas. 2013. Europäisches Parlament. In *Jahrbuch der Europäischen Integration 2013*, Hrsg. Werner Weidenfeld und Wolfgang Wessels, 57–68. Baden-Baden: Nomos.

Maurer, Andreas, und Wolfgang Wessels. 2003a. *Das Europäische Parlament nach Amsterdam und Nizza: Akteur, Arena oder Alibi?* Baden-Baden: Nomos.

Maurer, Andreas, und Wolfgang Wessels. 2003b. The European Union matters: Structuring self-made offers and demands. In *Fifteen into one? The European Union and its member states,*

Hrsg. Wolfgang Wessels, Andreas Maurer und Jürgen Mittag, 29–65. Manchester: Manchester University Press.

Müller Gómez, Johannes und Wolfgang Wessels. 2019. Die institutionelle Architektur der Europäischen Union. In *Jahrbuch der Europäischen Integration 2019*, Hrsg. Werner Weidenfeld und Wolfgang Wessels, 71–82. Baden-Baden: Nomos.

Olsen, Johan P. 2001. Organising European institutions of governance. A prelude to an institutional account of political integration. In *Interlocking dimensions of European integration*, Hrsg. Wallace Helen. Basingstoke: Macmillan.

Peters, B. Guy. 1999. *Institutional theory in political science. The ,New Institutionalism'.* London/New York: Pinter.

Piris, Jean-Claude. 2010. *The Lisbon treaty. A legal and political analysis.* Cambridge: Cambridge University Press.

Pollack, Mark A. 2010. Theorizing EU policy making. In *Policy-making in the European Union*, Hrsg. Helen Wallace, William Wallace und Mark A. Pollack, 13–48. Oxford/New York: Oxford University Press.

Rat der EU, Europäische Kommission und Europäisches Parlament. 2007. *Gemeinsame Erklärung zur den praktischen Modalitäten des neuen Mitentscheidungsverfahrens (Artikel 251 EG-Vertrag) (2007/C 145/02).*

Rat der Europäischen Union. 2000. Follow-up of the Lisbon European Council – The ongoing experience of the open method of coordination. *Presidency Note 9088/00.*

Rat der Europäischen Union. 2013. *Verordnung (EU, EURATOM) Nr. 1311/2013 des Rates vom 2.12.2013 zur Festlegung des mehrjährigen Finanzrahmens für die Jahre 2014–2020.*

Rat der Europäischen Union und Europäische Kommission. 2009. Brüssel. *Beschluss des Rates und der Kommission vom 17.11.2009 über den Abschluss des Partnerschafts- und Kooperationsabkommens zur Gründung einer Partnerschaft zwischen den Europäischen Gemeinschaften und ihren Mitgliedstaaten einerseits und der Republik Tadschikistan andererseits (2009/989/EG, Euratom).*

Reh, Christine, Adrienne Héritier, Edoardo Bressanelli, und Christel Koop. 2011. The informal politics of legislation: Explaining secluded decision making in the European Union. *Comparative Political Studies* 46(9): 1112–1142.

Schneider, Gerald, und Mark Aspinwall. 2001. Institutional research on the European Union: Mapping the field. In *The rules of integration. Institutionalist approaches to the study of Europe*, Hrsg. Gerald Schneider und Mark Aspinwall, 1–18. Manchester: Manchester University Press.

Seifert, Jan, und Ole Funke. 2014. Haushalt und Finanzen. In *Europa von A–Z. Taschenbuch der europäischen Integration*, Hrsg. Werner Weidenfeld und Wolfgang Wessels, 13. Aufl., 317–326. Baden-Baden: Nomos.

Shackleton, Michael, und Tapio Raunio. 2003. Co-decision since Amsterdam, a laboratory for institutional innovation and change. *Journal of European Public Policy* 10(2): 171–188.

Tekin, Funda, und Wolfgang Wessels. 2016. Entscheidungsverfahren. In *Europa von A bis Z. Taschenbuch der europäischen Integration*, Hrsg. Werner Weidenfeld und Wolfgang Wessels, 14. Aufl., 137–152. Baden-Baden: Nomos.

Tsebelis, George, und Geoffrey Garrett. 2000. Legislative politics in the European Union. *European Union Politics* 1(1): 9–36.

Van Rompuy, Herman. 2014. *Europe in the storm. Promise and prejudice.* Leuven: Davidsfonds Uitgeverij.

Von Ondarza, Nicolai. 2019. Rat der Europäischen Union. In *Jahrbuch der Europäischen Integration 2019*, Hrsg. Werner Weidenfeld und Wolfgang Wessels, 101–108. Baden-Baden: Nomos.

Wallace, Helen. 2003. Die Dynamik des EU-Institutionengefüges. In *Europäische Integration*, Hrsg. Markus Jachtenfuchs und Beate Kohler-Koch, 255–285. Opladen: VS Verlag für Sozialwissenschaften.

Wessels, Wolfgang. 2016. *The European Council.* Basingstoke: Palgrave Macmillan.

Wessels, Wolfgang, und Carsten Gerards. 2018. The Implementation of Enhanced Cooperation in the EU. Studie im Auftrag des Ausschusses für konstitutionelle Fragen (Europäisches Parlament), vorgestellt am 10. Oktober 2018, Brüssel. https://www.europarl.europa.eu/RegData/etudes/STUD/2018/604987/IPOL_STU(2018)604987_EN.pdf. Zugegriffen am 01.07.2022.

Wirtschaftspolitisches Handeln

Regelwerk und Praxis für Säulen der Economic Governance

Inhalt

Zusammenfassung

Auch wenn der Union über die Jahrzehnte ihrer Entwicklung ein Aufgabenkatalog übertragen wurde, der (fast) alle Bereiche öffentlicher Politik umfasst, so ist ihr Charakter als ‚Wirtschaftsgemeinschaft' in einem umfassenderen Verständnis ein prägendes Merkmal geblieben.

Zu einer systematischen Übersicht sind sechs ‚Säulen' von wirtschaftspolitischen Schwerpunkten und Verfahren zu identifizieren:

- Der Binnenmarkt mit „vier Freiheiten";
- ein breites Spektrum an Sektorpolitiken, z. B. Agrar- und Energiepolitik;
- die Fiskalpolitik;
- die Währungsunion;
- die Wirtschafts-, Beschäftigungs- und Sozialpolitik;
- der EU-Haushalt.

Wir beobachten unterschiedliche Wege der Union zu einem effektiven wirtschaftspolitischen Handeln, das einige Analysen bereits als nachhaltige Schritte

© Springer Fachmedien Wiesbaden GmbH, ein Teil von Springer Nature 2022   475
W. Wessels, *Das Politische System der Europäischen Union*,
https://doi.org/10.1007/978-3-658-10013-1_14

zu einer europäischen Wirtschaftsregierung sehen. Die finanz- und wirtschaftspolitischen Maßnahmen des Mega-Deals des Europäischen Rates vom Juli 2020 können als ein wegweisendes Beispiel für ein koordiniertes Vorgehen diskutiert werden.

Die Bedeutung der wirtschaftspolitischen Aktivitäten geht über die direkten, unmittelbaren Wirkungen auf die ökonomische Entwicklung der EU hinaus: Der Monnet-Methode – zumindest implizit folgend – haben die Mitgliedstaaten den Auf- und Ausbau der Wirtschaftsgemeinschaft und der Wirtschafts- und Währungsunion nicht zuletzt auch als Instrument einer offen gehaltenen politischen Einigung in Richtung einer „immer engeren Union der Völker Europas" (Art. 1 EUV) genutzt.

Schlüsselwörter

Binnenmarkt · Wirtschafts- und Währungsunion · Stabilitäts- und Wachstumspakt · Harte und weiche Koordinierung · Wirtschaftspolitische Reformen · Wiederaufbau- und Resilienzfazilität (RRF)

1 Eckpunkte im Überblick: Ein breiter Aufgabenkatalog

Auch wenn der Union über die Jahrzehnte ihrer Entwicklung ein Aufgabenkatalog übertragen wurde, der (fast) alle Bereiche öffentlicher Politik umfasst (vgl. Kap. ▶ „Geschichte"), so ist ihr Charakter als ‚Wirtschaftsgemeinschaft' in einem umfassenderen Verständnis ein prägendes Merkmal geblieben. Neben den Verfahren zur *Gemeinsamen Außen- und Sicherheitspolitik* (vgl. Kap. ▶ „Auswärtiges Handeln") und für den *Raum der Freiheit, der Sicherheit und des Rechts* (vgl. Kap. ▶ „Justiz- und Innenpolitik") bilden die vielfältigen Formen des wirtschaftspolitischen Handelns einen Schwerpunkt für jede Analyse des EU-Systems.

Der Begriff „economic governance", der häufig in der politischen Rhetorik, so vom Europäischen Rat (März 2011), und in der wissenschaftlichen Diskussion (Chang et al. 2015) genutzt wird, kann unterschiedlich definiert werden. Neben der Möglichkeit, von ‚Regieren' zu sprechen, wird hier der interpretationsoffene Begriff des ‚Handelns' genutzt; er eignet sich zur Erfassung und Analyse von Kernbereichen der Unionsaktivitäten, der durch ein komplexes Zusammenspiel von Institutionen, Prozessen, Mechanismen und Instrumenten auf mehreren Politikfeldern geprägt wird (Begg 2011, S. 337–339).

Die finanz- und wirtschaftspolitischen Maßnahmen des Mega-Deals des Europäischen Rates vom Juli 2020 werden als Schlüsselstrategie zur Bekämpfung der wirtschafts- und sozialpolitischen Folgen der Corona-Pandemie gesehen.

Zu einer systematischen Übersicht sind sechs ‚Säulen' von wirtschaftspolitischen Schwerpunkten und Verfahren zu identifizieren (vgl. Abb. 1).

Entsprechend können wir unterschiedliche Wege zu einem effektiven wirtschaftspolitischen Handeln beobachten.

Die Bedeutung der wirtschaftspolitischen Aktivitäten geht über die direkten, unmittelbaren Wirkungen auf die ökonomische Entwicklung der EU hinaus:

Politikfeld	Gemeinsamer Markt	Sektorpolitiken	Währungsunion	Fiskalpolitik	Wirtschafts-, Beschäftigungs- und Sozialpolitik	EU-Haushalt
Gegenstand	Vier Freiheiten, Zollunion, Binnenmarkt	Gemeinsame Agrarpolitik, Gemeinsame Verkehrspolitik	Geldpolitik	Stabilitäts- und Wachstumspakt, Europäischer Fiskalpakt, Sixpack- und Twopack-Regulierungen	Lissabon Strategie, Europa 2020, Euro-Plus-Pakt	Mehrjähriger Finanzrahmen für Ausgaben, Eigenmittel (Einnahmen), Jahreshaushaltsplan
Verfahrensform	Supranationale Gemeinschaftsmethode, Ordentliches Gesetzgebungsverfahren (OGV)	OGV	Fusionierte Mehrebenentechnokratie	Harte Koordinierung	Weiche Koordinierung, Offene Methode der Koordinierung	Gemischt
Schlüsselakteure	Europäischer Rat, Rat der EU, Europäisches Parlament, Europäische Kommission	Rat der EU, Europäisches Parlament, Europäische Kommission	EZB, Eurogruppe	Europäischer Rat, Nationale Parlamente, Europäische Kommission, GEU	Europäischer Rat, Rat der EU, Europäische Kommission, Mitgliedstaaten	Europäischer Rat, Rat der EU, Europäisches Parlament, Europäische Kommission

Abb. 1 Sechs Säulen wirtschaftspolitischen Handelns. (Quelle: Eigene Darstellung)

Der Monnet-Methode (vgl. Kap. ▶ „Einführung") zumindest implizit folgend, haben die Mitgliedstaaten den Auf- und Ausbau der Wirtschaftsgemeinschaft und der *Wirtschafts- und Währungsunion* (WWU) auch als Instrument einer offen gehaltenen politischen Einigung in Richtung einer „immer engeren Union der Völker Europas" (Art. 1 EUV) genutzt. Eine Schlüsselinstitution – sowohl bei der System- wie auch bei der Politikgestaltung – bildet der *Europäische Rat* (vgl. Kap. ▶ „Der Europäische Rat"), in dem einige Beobachter eine Art ‚Europäische Wirtschaftsregierung' im Werden sehen (Wessels 2016; Gillissen 2011; Jabko 2011). Die Entscheidungen des Europäischen Rates zur *Wiederaufbau- und Resilienzfazilität* (RRF) vom Juli 2020 – so zur Schuldenaufnahme und zu EU-Steuern – können mit Bezug auf Logik der Monnet-Methode als nächster Schritt zum Ausbau einer supranationalen Union gelten.

Die Verfahren des wirtschaftspolitischen Handelns – insbesondere der WWU – sind Gegenstand intensiver politischer und wissenschaftlicher Diskussionen. Diese thematisieren die bisherige Bilanz im Hinblick auf die Legitimation bei der Politikgestaltung sowie die Leistungsfähigkeit, die gesetzten Ziele zu erreichen.

Nach einer Übersicht über die Entwicklung und Typologie behandelt dieses Kapitel spezifische Verfahren der wirtschaftspolitischen Koordinierung in einem engeren Sinne. Die Verfahren zu anderen Säulen wirtschaftspolitischen Handelns werden vertieft in anderen Kapiteln des Lehrbuchs behandelt, so das häufig genutzte Verfahren der ordentlichen Gesetzgebung (vgl. Kap. ▶ „Gesetzgebungs- und Haushaltsverfahren") und die Geldpolitik der *Europäischen Zentralbank* (EZB) (vgl. Kap. ▶ „Das Europäische Parlament").

2   Geschichte wirtschaftspolitischen Handelns: Ausbau und Differenzierung der institutionellen und prozeduralen Architektur

Die Integrationsentwicklung hat in der Gründung von Wirtschaftsgemeinschaften durch die Verträge zur *Europäischen Gemeinschaft für Kohle und Stahl* (EGKS) (in Kraft getreten 1952) sowie *Europäischen Wirtschaftsgemeinschaft* (EWG) und *Euratom* (in Kraft getreten 1958) ihre erste rechtliche Konkretisierung gefunden. Ausgehend von der Schaffung einer Zollunion mit einer gemeinsamen Handelspolitik und eines Binnenmarkts mit vier Freiheiten haben die Mitgliedstaaten als „Herren der Verträge" (Bundesverfassungsgericht 2009, § 150) in mehreren Schritten weitere Zuständigkeiten auf die Union übertragen, von denen die Währungsunion ein besonderes Gewicht einnimmt. Seit den siebziger Jahren haben die Verträge auch die Verfahren zu Einnahmen und Ausgaben des EU-Haushalts aufund ausgebaut (vgl. Kap. ▶ „Gesetzgebungs- und Haushaltsverfahren").

Als einen Schwerpunkt haben die Regierungen der Mitgliedstaaten in den letzten Jahrzehnten hoch differenzierte Regelwerke zur Zusammenarbeit in der Wirtschafts-, Fiskal- und Beschäftigungspolitik sowie in weiteren ökonomischen Politikfeldern beschlossen und genutzt (vgl. Abb. 1). Insbesondere durch den Europäischen Rathaben sie immer wieder zusätzliche Verfahren zur Koordinierung national angesiedelter Instrumente in diesen zentralen Feldern nationaler Politik vereinbart, an denen dann mehrere Institutionen der EU in unterschiedlichen Formen beteiligt sind (vgl. Tab. 1).

Die Regierungen der Mitgliedstaaten koordinieren ihre Arbeit in mehreren Formationen des *Rates* und verschiedenen Beamtengremien. Mit dem „Wirtschafts- und Finanzausschuss" (Art. 134 (2) AEUV), dem „Beschäftigungsausschuss" (Art. 150 AEUV) und dem „Ausschuss für Sozialschutz" (Art. 160 AEUV) sowie einer Reihe von Arbeitsgruppen haben hohe Beamte der Mitgliedstaaten sowie der Kommission und der *Europäischen Zentralbank* (EZB) ausgeprägte Formen administrativer Bearbeitung der jeweiligen Politikbereiche etabliert. In Reaktionen auf die dramatische Krise und die Stabilisierung der Eurozone seit Ende des ersten Jahrzehnts haben die Regierungen im Europäischen Rat und die EU-Organe die Architektur des wirtschaftspolitischen Handelns ergänzt.

Für die Umsetzung dieser Ziele haben die Mitgliedstaaten als Herren der Verträge eine institutionelle Architektur geschaffen, die einen hohen Grad an Variation und Komplexität im Detail zeigen. Die Regeln zur ‚Wirtschaftsunion' folgen einer anderen institutionellen Leitidee als diejenigen zur ‚Währungsunion'. So fällt die nationale Haushalts- und Beschäftigungspolitik weiterhin in die Verantwortung der Mitgliedstaaten, während die Geldpolitik – zumindest für die Staaten der Eurozone – ausschließlich in den Händen der EZB liegt.

Zunächst hatten die Herren der Verträge – entgegen Erwartungen eines ‚Überschwappeffektes' (im europäischen Sprachgebrauch *spill over*) (vgl. Kap. ▶ „Einführung") und damit eines weiteren Ausbaus der institutionellen Architektur im Lissaboner Vertrag keine wesentlichen prozeduralen bzw. institutionellen Veränderungen im Hinblick auf die WWU vereinbart. Die informelle Rolle der Euro-Gruppe der Finanzminister der Mitgliedstaaten wurde im „Protokoll (Nr. 14) betreffend die Euro-Gruppe" festgeschrieben.

Für die tiefgehende Krise des Euroraums, die durch das Platzen einer Spekulationsblase in den USA sowie durch die übermäßigen Staatsdefizite Griechenlands und anderer Mitgliedstaaten ausgelöst bzw. verstärkt wurde, erwies sich die Währungsunion dann jedoch als nicht ausreichend gewappnet. Die Krisengeneration (vgl. Kap. ▶ „Geschichte") sah sich einer Lage gegenüber, für die kein geeigneter ‚Instrumentenkasten' zur Verfügung stand (im Originaltext des damaligen Präsidenten des Europäischen Rates: „An empty tool box" (Van Rompuy 2014, S. 28–29)). Unter dem Druck der globalen Finanzmärkte vereinbarten die Regierungen in den EU-Institutionen in kurzer Zeit die *Europa 2020*-Strategie, die Reformen des *Stabilitäts- und Wachstumspakts* (SWP) *Six-Pack* und *Two-Pack*, den *Euro-Plus-Pakt*, den Vertrag zum *Europäischen Stabilitätsmechanismus* (ESM) und den *Fiskalvertrag* (Kunstein 2020b) (vgl. Tab. 1).

Bei den teils hektischen Versuchen, die Eurokrise zu überwinden, hat der Europäische Rat die Rolle als ‚Krisenmanager' eingenommen und wesentliche Vereinbarungen getroffen (Van Rompuy 2014) (vgl. Kap. ▶ „Der Europäische Rat").

Die de facto Beschlüsse des Europäischen Rates wurden dann teils innerhalb der Union – so nach dem *ordentlichen Gesetzgebungsverfahren* – und teils außerhalb der

Tab. 1 Historische Meilensteine

Jahr	Übereinkünfte, Abkommen, Verträge
1951	**Europäische Gemeinschaft für Kohle und Stahl** Partielle wirtschaftliche Integration in den Sektorpolitiken „Kohle und Stahl"
1957	**Römische Verträge** Ziele: Aufbau einer Zollunion, Abbau interner Handelshemmnisse, Errichtung eines gemeinsamen Markts, Schaffung eines Binnenmarkts, Entwicklung von Sektorpolitiken, so insbesondere einer Agrar- und Verkehrs- sowie Entwicklungspolitik
1969	**Gipfeltreffen des Europäischen Rates in Den Haag** Setzung des Ziels einer (Europäischen) Wirtschafts- und Währungsunion
1986	**Einheitliche Europäische Akte** Grundlage für die Vollendung des europäischen Binnenmarkts
1992	**Maastrichter Vertrag** Vertragliche Etablierung der Wirtschafts- und Währungsunion
1997	**Stabilitäts- und Wachstumspakt** Kriterien für Defizit- und Schuldenquote (Revision 2005 und 2011)
1997	**Amsterdamer Vertrag** Artikel für eine Beschäftigungspolitik
1999	**Kölner Beschäftigungspakt** Makroökonomischer Dialog („Köln-Prozess"); Weiterentwicklung der koordinierten Beschäftigungspolitik („Luxemburg-Prozess"); Strukturelle Reformen zur Verbesserung der Innovationsfähigkeit und Effizienz der Güter-, Dienstleistungs- und Kapitalmärkte („Cardiff-Prozess")
2000	**Lissabon Strategie** Ziel: Gestaltung der EU bis 2010 zu einem wettbewerbsfähigen, dynamischen und wissensbasierten Wirtschaftsraum
2009	**Lissabonner Vertrag mit eindeutig(er)en Zuständigkeitsregulierungen für Sektorpolitiken und Verfahrensänderungen**
2010	**Europa 2020** Wachstumsstrategie der EU für Beschäftigung, Forschung und Entwicklung sowie Armutsbekämpfung
2010	**Europäischer Finanzstabilisierungsmechanismus (EFSM)** Festlegung von Bedingungen und Verfahren für die Gewährung von EU-Finanzhilfen an Mitgliedstaaten; ab 2012 Europäischer Stabilitätsmechanismus
2010	**Europäische Finanzstabilisierungsfazilität (EFSF)** Bereitstellung von Krediten für Mitglieder der Euro-Zone; ab 2012 Europäischer Stabilitätsmechanismus
2011	**Six-Pack-Regulierung** Vier Rechtsakte zur Reform des Stabilitäts- und Wachstumspakts; zwei Rechtsakte für ein Frühwarnsystem für übermäßige makroökonomische Ungleichgewichte
2011	**Europäisches Semester** Umsetzung und Koordinierung bereits bestehender Richtlinien und Verordnungen **Euro-Plus-Pakt** Ergänzung des Europäischen Semesters
2012	**Europäischer Stabilitätsmechanismus (ESM)** Zusammenführung von EFSM und EFSF zur Sicherung der Zahlungsfähigkeit von überschuldeten Euro-Mitgliedstaaten

(Fortsetzung)

Tab. 1 (Fortsetzung)

Jahr	Übereinkünfte, Abkommen, Verträge
2012	**EU-Fiskalpakt** Verschärfung des Stabilitäts- und Wachstumspakts
2013	**Two-Pack-Regulierung** Intensivierung der haushaltspolitischen Überwachung der Euro-Mitgliedstaaten
2014	**Europäische Bankenunion** Einheitlicher Bankenaufsichtsmechanismus und einheitlicher Bankenabwicklungsmechanismus
2015	**Juncker-Investitionsplan** Investitionsfonds für innovative Projekte
2015	**Bericht der fünf Präsidenten**
	„Die Wirtschafts- und Währungsunion vollenden"
	Kapitalmarktunion
	Schlussfolgerungen des Rates und Auftrag an Kommission, einen Aktionsplan vorzulegen
2018	**Mit Griechenland beendet das fünfte und letzte Euro-Land sein finanzielles Hilfsprogramm**
	Die Rückzahlung der Kredite des Euro-Rettungsschirms soll über einen Zeitraum von über 40 Jahren erfolgen
2019	**Einigung über Neufassung des ESM-Vertrags**
	u. a. Einführung einer Letztsicherungsfunktion für den Einheitlichen Bankenabwicklungsfonds bis 2024
2020	**Wiederaufbau- und Resilienzplan (Next Generation EU)**

Quelle: Eigene Darstellung

Union umgesetzt. Zu den Rechtsakten der Union zählen die Six- und Two-Pack-Regulierungen und Teile der „Bankenunion". Zu den formalisierten Vereinbarungen außerhalb der Union zählen der Vertrag über die Stabilität, Koordinierung und Steuerung (im europäischen Sprachgebrauch auch *Fiskalpakt* bzw. *Fiskalvertrag*) und der Vertrag über den ESM (Döhrn und Kösters 2017; Kunstein 2020a). Als Reaktion auf die Corona-Pandemie hat der Europäische Rat in einem finanziellen Mega-Deal eine Wiederaufbau und Resilienzfazilität („Next Generation EU") verabschiedet, der eine Schuldenaufnahme, neue Steuern für die EU sowie Zuschüsse und Darlehen an die Mitgliedstaaten in einer bisher unbekannten Größenordnung vorsieht.

3 Unterschiedliche Formen wirtschaftspolitischen Handelns: Eine Typologie

Als ein Ausgangspunkt zur Kategorisierung wirtschaftspolitischen Handelns in einem umfassenden Sinn (vgl. Kap. ▶ „Einführung") können die Art sowie die Bereiche der Zuständigkeit der Union genutzt werden, die die Mitgliedstaaten im Vertrag über die Arbeitsweise der Europäischen Union auf die Union übertragen haben (Art. 2–6 AEUV). Der ‚vertikalen' Kompetenzverteilung werden in einer ‚horizontalen' Perspektive (vgl. Abb. 5 in Kap. ▶ „Einführung") die Beteiligungsrechte der Unionsorgane und die interinstitutionellen Verfahren zugeordnet.

(1) Zu den „ausschließlichen Zuständigkeiten" (Art. 3 AEUV) zählen:
- Die „Zollunion" und die „gemeinsame Handelspolitik", deren Verfahren sich weitgehend nach der supranational angelegten Gemeinschaftsmethode richten (vgl. Kap. ▶ „Auswärtiges Handeln" sowie Kap. ▶ „Gesetzgebungs- und Haushaltsverfahren");
- die „Währungspolitik für die Mitgliedstaaten, deren Währung der Euro ist" (Glöckler 2019). Sie wird betrieben durch die EZB (vgl. Kap. ▶ „Das Europäische Parlament") (Selmayr 2019), die als fusionierte Mehrebenentechnokratie charakterisiert werden kann;
- die „für das Funktionieren des Binnenmarkts erforderlichen Wettbewerbsregeln" (Klodt 2019), für die die Europäische Kommission als supranationale Institution zuständig ist (vgl. Kap. ▶ „Die Europäische Kommission"). Dieses Instrument einer europäischen Ordnungspolitik wird häufig in seiner Wirkung auf nationalstaatliche (Industrie-)Politik, öffentliche Aufträge, staatliche Beihilfen sowie steuerliche Vorschriften unterschätzt (Hofmann 2019). Häufig wird dieses Regelwerk mit dem von deutschen Volkswirten entwickelten Konzept des ‚Ordoliberalismus' in Verbindung gebracht (Söllner 2021, S. 345–347).
(2) Zu den Bereichen der „geteilten Zuständigkeiten" (Art. 4 AEUV) gehören:
- Der „Binnenmarkt" (Baumann und Schäffer 2019) als der zentrale Baustein der Unionspolitik. In diesem Raum ohne Binnengrenzen ist der freie Verkehr von Waren, Personen, Dienstleistungen und Kapital gewährleistet (Art. 26 (2) AEUV). Er zielt auf eine wettbewerbsfähige soziale Marktwirtschaft (Art. 3 (3) EUV) ab. Das Handeln in diesem Bereich wird durch das ordentliche Gesetzgebungsverfahren geprägt (vgl. Kap. ▶ „Gesetzgebungs- und Haushaltsverfahren"), das als supranationale Gemeinschaftsmethode charakterisiert werden kann (vgl. Kap. ▶ „Einführung");
- ein weitgesteckter Katalog an Sektorpolitiken, der die Aspekte der „Sozialpolitik" (Hacker 2019), des „wirtschaftlichen, sozialen und territorialen Zusammenhalts" (Hartwig 2019), der „Landwirtschaft und Fischerei" (Lippert 2019), der „Umwelt" (Umbach 2017), des „Verbraucherschutzes" (Böning und Maier-Rigaud 2019), des „Verkehrs" (Martínek und Schäffer 2019), der „transeuropäischen Netze", der „Energie" (Fischer 2017), der „gemeinsamen Sicherheitsanliegen im Bereich der öffentlichen Gesundheitspolitik" (Böning und Maier Rigaud 2019) sowie – in leicht veränderten Form – der „Forschung, technologischen Entwicklung und Raumfahrt" (Turek 2019a, c), der „Entwicklungszusammenarbeit" und der „Humanitären Hilfe" (Bergmann und Keijzer 2019) umfasst. Diese Politiken werden in der Regel auch nach dem ordentlichen Gesetzgebungsverfahren beschlossen bzw. durchgeführt.
(3) In den Kompetenzbereich, bei dem „die EU für die Durchführung von Maßnahmen zur Unterstützung, Koordinierung oder Ergänzung der Maßnahmen der Mitgliedstaaten zuständig [ist]" (Art. 6 AEUV), fallen in einem weit gefassten Verständnis von wirtschaftspolitischem Handeln insbesondere die Bereiche „Industrie" (Turek 2019b) und „Tourismus" (Kirch 2019). Auch bei dieser Politikgestaltung wird das ordentliche Gesetzgebungsverfahren angewandt.

Neben den Zuweisungen von Zuständigkeiten nach diesem dreistufigem Kompetenzkatalog sieht der Lissabonner Vertrag vor, dass „die Mitgliedstaaten ihre Wirtschafts- und Beschäftigungspolitik [koordinieren]" (Art. 2 (3) AEUV) (Hacker 2019) und „die Union Initiativen zur Koordinierung der Sozialpolitik der Mitgliedstaaten ergreifen [kann]" (Art. 5 (3) AEUV) (Hacker 2019).

4 Verfahren des wirtschaftspolitischen Handelns: Weiche, harte und offene Formen der Koordinierung in Vertragsartikeln und Praxis

Von den sechs Säulen des wirtschaftspolitischen Handelns werden in diesem Kapitel insbesondere die Fiskalpolitik sowie die Wirtschafts-, Beschäftigungs- und Sozialpolitik einzeln betrachtet und dabei die unterschiedlichen Formen der Koordinierung nationaler Wirtschaftspolitik in den Vertragsartikeln und in der Praxis erläutert. Sowohl die vertraglich festgelegten als auch die außervertraglich entwickelten Regeln weisen einige grundlegende Gemeinsamkeiten auf. Sie variieren jedoch zwischen dem geschriebenen Vertragstext und der gelebten Praxis, sodass die genaue institutionelle Architektur jeweils vertieft betrachtet werden muss.

4.1 Fiskalpolitik: Harte Koordinierung in der Euro-Krise

Präventive und korrektive Formen der fiskalpolitischen Koordinierung: Der Stabilitäts- und Wachstumspakt
Eine im Vertrag einmalige Form der Koordinierung zentraler nationaler Instrumente bilden die Regeln des Stabilitäts- und Wachstumspakt (SWP). Mit dem Beginn der dritten Stufe der WWU im Januar 1999 sahen die Mitgliedstaaten einen gesteigerten Bedarf, die Haushaltspolitik der Mitgliedstaaten auf gemeinsame Ziele fiskalpolitischer Stabilisierung auszuweiten. Die Einführung der WWU machte aus dieser Sicht eine Abstimmung der Mitgliedstaaten in Bezug auf ihre Finanzpolitik in der Eurozone notwendig, um Konflikte zwischen der Fiskalpolitik der Euro-Staaten und der Geldpolitik der EZB zu verringern.

Jeder Mitgliedstaat, der an der WWU teilnehmen möchte, sollte deshalb in der Lage sein, die erforderliche Konvergenz in der wirtschaftspolitischen Leistungsfähigkeit dauerhaft zu gewährleisten. Als Messlatte dienen die sogenannten *Maastricht-Kriterien* (vgl. Dokument 1).

Dokument 1, Maastricht-Kriterien (gemäß Art. 140 (1) AEUV) (verkürzt)
Maastricht-Kriterien

1. Erreichen eines hohen Grads an Preisstabilität [. . .]
2. Eine auf Dauer tragbare Finanzlage der öffentlichen Hand [. . .]

(Fortsetzung)

3. Einhaltung der normalen Bandbreiten des Wechselkursmechanismus [. . .]
4. Konvergenz der langfristigen Zinssätze [. . .]

Der Vertrag sieht vor, dass die beiden fiskalischen Vorgaben – die Begrenzung des öffentlichen Defizits und des Schuldenstands – auch nach Eintritt in die dritte Stufe der WWU weiter erfüllt werden müssen (Art. 126 (2) AEUV; Protokoll Nr. 12 des Lissabonner Vertrags über die Konvergenzkriterien).

Ausgehend von diesen Vertragsartikeln setzt sich der SWP aus einer Reihe unterschiedlicher und in ihrer rechtlichen und politischen Bindungswirkung ungleicher Instrumente zusammen, die im Zuge der Six- und Two-Pack-Regulierungen 2011 als Teil des Krisenmanagements ausgebaut und ergänzt wurden. Die Two-Pack-Regulierungen sind dabei allerdings nur für Mitglieder der Eurozone bindend. Entgegen landläufigen Urteilen beinhaltet der SWP nicht nur die strengen Regeln der fiskalpolitischen Überwachung zur Vermeidung eines übermäßigen Defizits und Schuldenstands, sondern umfasst auch weichere und weniger strikte Formen der Koordinierung (Laffan und Schlosser 2016).

Im Folgenden werden die präventiven und die korrektiven Komponenten des SWP genauer analysiert.

Präventive Form der Koordinierung

Die Bestimmungen des SWP sehen zunächst einen Berichts- und Bewertungsmechanismus vor (d. h. ‚präventive Maßnahmen‘), der auf der Grundlage nationaler Stabilitäts- (für Euroländer) oder Konvergenzprogramme (für Nicht-Euroländer) vorgenommen wird. Alle Mitgliedstaaten müssen dem Rat jedes Jahr im April ein länderspezifisches Stabilitäts- und Konvergenzprogramm vorlegen.

Insgesamt kommt dem Rat eine zentrale Rolle als Prüfungs- und Empfehlungsinstanz zu, die er mit Unterstützung und Zuarbeit der Kommission und des *Wirtschafts- und Finanzausschusses* (WFA) (Art. 134 AEUV) wahrnimmt. Sollten sich in einem frühen Stadium bereits Abweichungen von den mittelfristigen Haushaltszielen ergeben, die sich aus einer Prüfung des Stabilitäts- und Konvergenzprogramms von Rat, Kommission und WFA herausbilden, so kann der Rat „Empfehlungen" im Rahmen einer Frühwarnung vor einem übermäßigen Defizit an die betreffenden Mitgliedstaaten richten und diese in einem nächsten Schritt bei anhaltender Nichtbeachtung durch einen Mitgliedstaat auch veröffentlichen (vgl. Abb. 2).

Korrektive Form der Koordinierung

Die harte Komponente des SWP besteht im Verfahren zur Vermeidung eines übermäßigen Defizits in den Haushalten der Mitgliedstaaten (d. h. ‚korrektive Maßnahmen‘). Wegen der Bedeutung des Verfahrens und seiner prozeduralen Schwerfälligkeit ist ein Blick auf den Vertragstext und den Ablauf nützlich (vgl. Abb. 2).

Nach diesen Vorgaben haben sich die Mitgliedstaaten verpflichtet, übermäßige öffentliche Defizite (im jährlichen Haushalt) zu vermeiden (Art. 126 (1) AEUV) und den öffentlichen Schuldenstand (Art. 126 (2) AEUV) abzubauen. Dies beinhaltet zwei Kriterien. Zum einen sollte das jährliche Haushaltsdefizit 3 % des BIP nicht überschreiten (Defizitkriterium) und zum anderen sollten die Schulden nicht mehr als 60 % des BIP betragen (Schuldenkriterium).

Zur Einhaltung der Vorgaben für die nationale Fiskalpolitik legen die Vertragsbuchstaben einen lückenlosen Prozess zur Überwachung der nationalen Fiskalpolitik fest. In einer zentralen Rolle als Überwachungsinstanz erstellt die Kommission Berichte und legt dem Rat Stellungnahmen zur Beurteilung nationaler Fiskalpolitik vor. Dieser kann gegebenenfalls in der Folge nach Feststellung eines übermäßigen Defizits auf Empfehlung der Kommission in einem mehrstufigen Prozess Sanktionen verhängen und verschärfen: Der betroffene Staat darf dabei nicht an der Abstimmung teilnehmen. Für diesen Typus der korrektiven Koordinierung ist insbesondere auf Art. 126 (11) AEUV zu verweisen, der empfindliche Sanktionen gegen einen ‚Sünderstaat‘ ermöglicht: Wenn ein Staat keine ausreichenden Maßnahmen zur Behebung des öffentlichen Defizits unternimmt, kann von ihm die Hinterlegung einer unverzinslichen Einlage bei der Gemeinschaft verlangt werden. Diese besteht aus 0,2 % des BIP und einer variablen Komponente von zusätzlich 0,5 % des BIP. Wird das Defizit nicht innerhalb von zwei Jahren behoben, kann die unverzinsliche Einlage in eine Geldbuße umgewandelt werden.

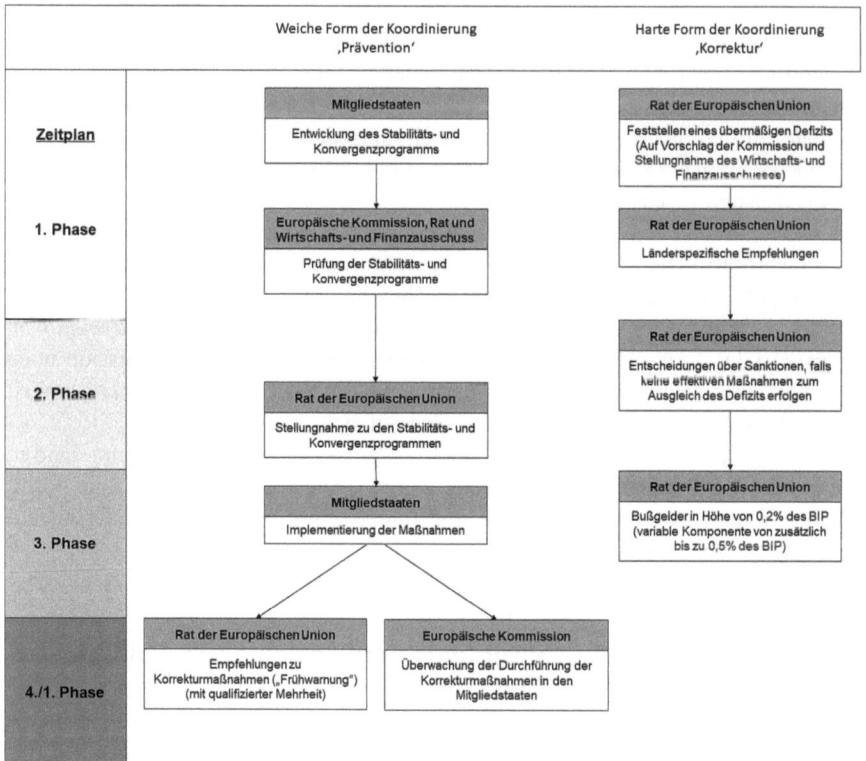

Abb. 2 Der Zyklus zur Überwachung der nationalen Haushaltspolitik. (Quelle: Eigene Darstellung)

Tab. 2 Exemplarischer Ablauf des Defizitverfahrens am Beispiel von Kroatien

Datum	
15.11.2013	Bericht der Kommission
10.12.2013	Bewertung der Kommission, dass ein Verfahren bei übermäßigem Defizit notwendig ist
10.12.2013	Antrag von der Kommission an den Rat, ein Verfahren bei übermäßigem Defizit einzuleiten
10.12.2013	Empfehlung der Kommission für eine Empfehlung des Rates, das Verfahren bei übermäßigem Defizit einzustellen
21.01.2014	Entscheidung des Rates, ein Verfahren bei übermäßigem Defizit einzuleiten
21.01.2014	Empfehlung der Kommission, das Verfahren bei übermäßigem Defizit einzustellen
02.06.2014	Bericht der Kommission über das Verfahren bei übermäßigem Defizit
22.05.2017	Empfehlung der Kommission für eine Entscheidung des Rates, das Verfahren bei übermäßigem Defizit aufzuheben
16.06.2017	Entscheidung des Rates, das Verfahren bei übermäßigem Defizit in Kroatien einzustellen

Quelle: Europäische Kommission (2020)

Die Mitgliedstaaten sahen sich im Zuge der Krisen gezwungen, das Verfahren zur Feststellung eines übermäßigen Defizits effizienter zu gestalten: Die Six- und Two-Pack-Regulierungen sehen unter anderem vor, dass die Stellungnahmen der Kommission nun nicht mehr durch eine qualifizierte Mehrheit im Rat gebilligt werden müssen, sondern nur noch durch eine qualifizierte Mehrheit im Rat blockiert werden können (im europäischen Sprachgebrauch *umgekehrte Qualifizierte Mehrheit*), d. h. die Position der Kommission wurde gestärkt, während diejenige der betroffenen Mitgliedstaaten geschwächt wurde.

Die Praxis zeigt eine Bilanz, bei der die Kommission ihre Überwachungsfunktion in den jährlichen Defizitverfahren intensiv wahrnimmt, aber bisher trotz vorliegender Verstöße noch keine Strafen ausgesprochen hat.

Tab. 2 zeigt einen exemplarischen Ablauf des *Verfahrens bei übermäßigem Defizit* (VÜD). Lediglich in Estland und Schweden musste die Kommission noch kein Verfahren wegen übermäßigem Defizits einleiten. Besondere Aufmerksamkeit ziehen die Defizite in Italien und Frankreich auf sich.

Die Regelwerke mit Sanktionen – auch in den verschärften Fassungen – sind in der politischen Realität nicht umgesetzt worden. Die Kommission hat aus politischen Gründen zurückhaltend agiert und ihre Rechte gegenüber ‚Sünderstaaten' nicht nachhaltig genutzt.

4.2 Wirtschafts-, Beschäftigungs- und Sozialpolitik: Politikfelder der weichen Koordinierung

Multilaterale Überwachung nationaler Wirtschaftspolitik: Eine Variante der weichen Koordinierung

Eine Form wirtschaftspolitischer Koordinierungsverfahren stellt die multilaterale Überwachung der Grundzüge der nationalen Wirtschaftspolitik dar. Art. 121 AEUV schreibt

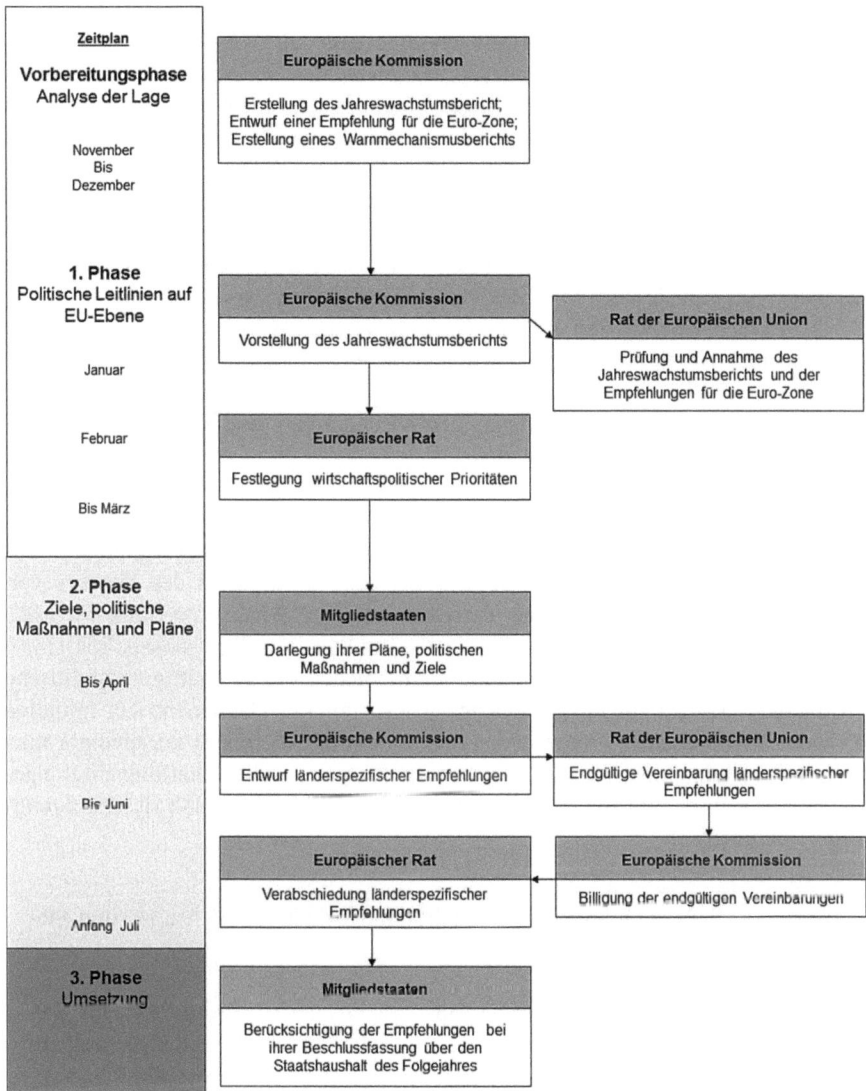

Abb. 3 Ablauf des Europäischen Semesters. (Quelle: Eigene Darstellung, in Anlehnung an Europäischer Rat (2020))

ein mehrstufiges Zusammenwirken von EU-Institutionen fest, das seinen Niederschlag insbesondere im Verfahren zum Europäischen Semester findet (vgl. Abb. 3).

Nach diesen Vorgaben betrachten die Mitgliedstaaten ihre Wirtschaftspolitik als eine „Angelegenheit von gemeinsamem Interesse", die sie „im Rat koordinieren" (Art. 121 (1) AEUV). Sie sollen sich dabei an dem „Grundsatz einer offenen Marktwirtschaft mit freiem Wettbewerb" (Art. 120 AEUV) orientieren. Der Ablauf ist zyklisch angelegt: Nach den Verfahrensregeln verabschieden der Rat und der Europäische Rat regelmäßig auf der Grundlage von Vorlagen der Kommission

Empfehlungen zu „Grundzügen der Wirtschaftspolitik der Mitgliedstaaten"
(Art. 121 (2) AEUV). Auf der Basis der Ergebnisse einer multilateralen Überwachung (Art. 121 (3) AEUV) kann der Rat Empfehlungen an einzelne Mitgliedstaaten
richten, falls „die Wirtschaftspolitik eines Mitgliedstaates nicht mit den Grundzügen
vereinbar" ist oder das „ordnungsgemäße Funktionieren der Wirtschafts- und Währungsunion zu gefährden droht" (Art. 121 (4) AEUV). Die einzige vorgesehene
Sanktion gegenüber nationalen Vollzugsdefiziten besteht in der möglichen Veröffentlichung der Empfehlungen, bei denen die ‚Sünderstaaten' genannt werden, sodass sie
aus Reputationsgründen ‚gezwungen' sein könnten, sich an die Korrekturvorschläge
zu halten (im europäischen Sprachgebrauch *naming, shaming and blaming*).

Der Europäische Rat und der Rat können so versuchen, durch öffentlichen Druck
die Zusammenarbeit zwischen den Mitgliedstaaten zu fördern. Weitergehende Sanktionen gegen abweichende Staaten sind jedoch nicht vorgesehen. Diese Verfahren
gewinnen im Rahmen der Umsetzung der Wiederaufbau- und Resilienzfazilität zur
Bekämpfung der Corona-Krise an Bedeutung.

Die Beschäftigungspolitik: Weiche Koordinierung

Im zentralen nationalen Politikfeld der staatlichen Beschäftigungspolitik war
das verfügbare Instrumentarium der EU bis zum Inkrafttreten des Vertrags von
Amsterdam auf die Koordinierung der Grundzüge der Wirtschaftspolitik (Art. 121
AEUV) beschränkt. Auch in der Regional-, Struktur- und Kohäsionspolitik sowie
der Sozialpolitik wurden Maßnahmen verabschiedet, die beschäftigungspolitische
Wirkungen erzielen sollten. Sie blieben jedoch nur Einzelaktionen. Auf Initiative
einiger Mitgliedstaaten (Schweden, Frankreich und Österreich) verständigte man
sich während der Amsterdamer Regierungskonferenz auf die Schaffung eines eigenen Vertragsabschnitts zur Beschäftigungspolitik (Titel IX AEUV: Beschäftigung)
(vgl. Dokument 2).

Dokument 2, Bestimmungen zur Beschäftigungspolitik (gemäß Art. 145 und 146 (2) AEUV)

Art. 145 AEUV

Die Mitgliedstaaten und die Union arbeiten nach diesem Titel auf die
Entwicklung einer koordinierten Beschäftigungsstrategie und insbesondere
auf die Förderung der Qualifizierung, Ausbildung und Anpassungsfähigkeit
der Arbeitnehmer sowie der Fähigkeit der Arbeitsmärkte hin, auf die Erfordernisse des wirtschaftlichen Wandels zu reagieren, um die Ziele des Artikels
3 des Vertrags über die Europäische Union zu erreichen.

Art. 146 (2) AEUV

Die Mitgliedstaaten betrachten die Förderung der Beschäftigung als Angelegenheit von gemeinsamem Interesse und stimmen ihre diesbezüglichen
Tätigkeiten nach Maßgabe des Artikels 148 im Rat aufeinander ab, wobei
die einzelstaatlichen Gepflogenheiten in Bezug auf die Verantwortung der
Sozialpartner berücksichtigt werden.

Art. 148 AEUV regelt detailliert die Verfahren, die vom Rat verabschiedete Leitlinien zur Beschäftigungspolitik und nationale Aktionsprogramme beinhalten. Dabei weisen sie viele Ähnlichkeiten mit der Koordinierung der Grundzüge der Wirtschaftspolitik auf (vgl. Abb. 4).

Mit der ‚Lissabon Strategie' (2000–2010) und der ‚Europa 2020'-Strategie (2010–2020) legten der Europäische Rat und der Rat auf Vorschlag der Kommission und mit Unterstützung des *Europäischen Parlaments* (EP) fünf Kernziele und zehn integrierte Leitlinien vor.

Die integrierten Leitlinien sehen sowohl wirtschafts- als auch beschäftigungspolitische Ziele vor. Für die verschiedenen Maßnahmen im Rahmen der Beschäftigungspolitik hat der Europäische Rat 2013 ein Budget von 6,4 Mrd. Euro für den Zeitraum von 2014 bis 2020 festgesetzt.

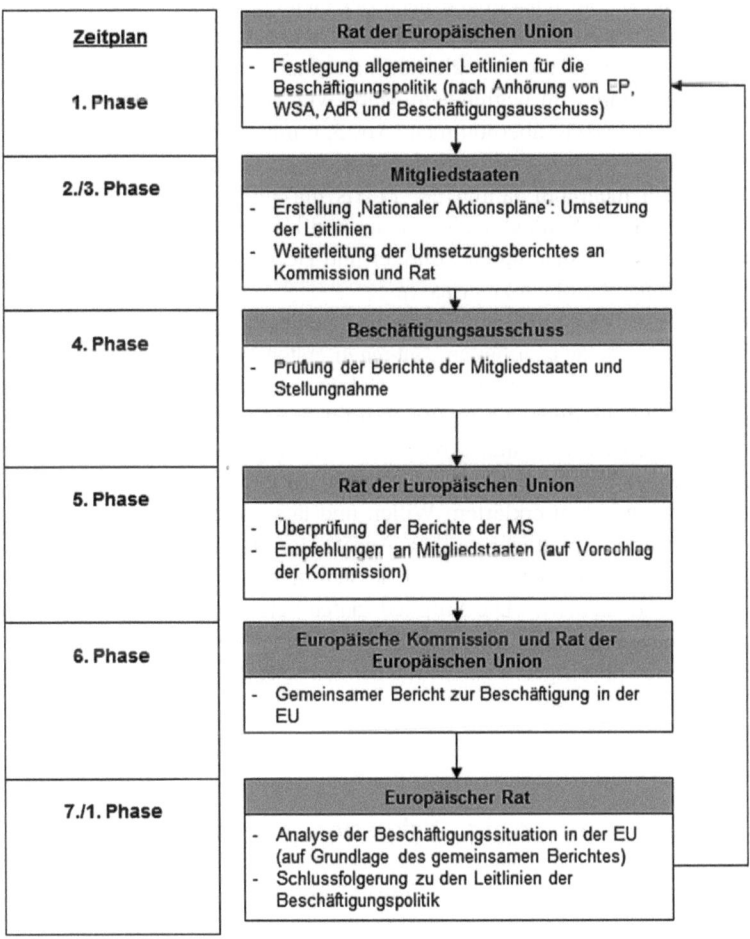

Abb. 4 Der Zyklus in der Beschäftigungspolitik. (Quelle: Eigene Darstellung)

Die offene Methode der Koordinierung
Im Katalog wirtschaftspolitischer Koordinierungsverfahren hat die *Offene Methode der Koordinierung* eine Zeit lang eine besondere politische und wissenschaftliche Aufmerksamkeit gefunden. Nach der ‚Lissabon-Strategie' aus dem Jahre 2000 sollte die Union bis 2010 das „Ziel der Vollbeschäftigung durch den Ausbau der EU zum wettbewerbsfähigsten und dynamischsten wissensbasierten Wirtschaftsraum der Welt" (Europäischer Rat 2000) erreichen. Als das prozedurale Kernelement dieser Strategie zur Modernisierung nationaler Volkswirtschaften hat der Europäische Rat die Offene Methode der Koordinierung vorgesehen.

Die ursprünglichen Erwartungen waren hoch: Diese Methode soll den Mitgliedstaaten Möglichkeiten zur Politikgestaltung bieten, die eine gemeinsame Behandlung von ähnlichen Problemen ohne eine vertragsrechtliche ‚Zwangsjacke' – also ein „sanftes Regieren" (Jachtenfuchs und Kohler-Koch 2003) – erlauben. Außerhalb von verbindlichen Entscheidungen nach der Gemeinschaftsmethode sollen dezentrale Formen der Absprache, Konsultationen und Abstimmung zu gemeinsamem Lernen in Erfahrungsgemeinschaften und zu einer Europäisierung von Konzepten und Strategien führen. In begrenztem Maße wurden einige Verfahrenselemente in den Lissabonner Vertrag übernommen (Art. 5, 6 und 153 AEUV).

Insgesamt ist eine wissenschaftlich abgesicherte Bilanz dieser Form des Regierens auch nach mehreren Jahren der Praxis nur mit einigen Schwierigkeiten zu erstellen (Laffan und Schlosser 2016; Auel und Höing 2015). Insbesondere mögliche Lernprozesse der beteiligten Politiker und Beamten in den regelmäßigen Politikzyklen sind nicht einfach zu erfassen.

Vorteile dieser Verfahren sind für die beobachteten Erprobungs- und Krisenphasen nicht einfach herauszuarbeiten. Entgegen ersten Erwartungen sind Formen der weichen und offenen Koordinierung jedoch keine prozeduralen ‚Wunderwaffen', die wegen ihrer Unverbindlichkeit in allen Politikfeldern mit Gewinn einsetzbar wären.

Trotz möglicherweise guter Absichten sind Regierungen bei der Umsetzung der gemeinsamen Zielvorgaben und Zeitpläne zurückhaltend. Ein derartiges Auseinanderfallen zwischen erklärtem Willen und tatsächlichen Aktivitäten lässt sich durch Denkfiguren spieltheoretischer Ansätze erklären (v. a. Bartholomae und Wiens 2016; Scharpf 2000), die eine kostenintensive Umsetzung gemeinsamer Ziele zu vermeiden suchen. Die Mitgliedstaaten gehen so letztlich keine Verpflichtungen ein, die eingeklagt und gegen den eigenen Willen durchsetzbar wären (im europäischen Sprachgebrauch Vermeiden von *credible commitments*) (Moravcsik und Schimmelfennig 2009).

---

5   Zusammenfassung, Diskussion und Perspektiven

Zur Charakterisierung und Bewertung: Vielfalt ohne Einheit
Nach der Übersicht über Formen wirtschaftspolitischen Handelns und einer Nahsicht der Formen von harter und weicher Koordinierung wird eine – teilweise auch noch zunehmende – Fragmentierung zwischen den einzelnen Säulen deutlich. Somit

ist eine einfache Gesamtcharakterisierung nicht möglich. Allerdings sind mehrere Trends zu diskutieren.

Angesichts der Vielfalt in der Praxis wird deutlich, dass die Regierungen auch nach den teils erheblichen Teilreformen im Krisenjahrzehnt keine eindeutig festgelegten Methoden für ihre Zusammenarbeit vereinbaren konnten. Vielmehr setzen sie verschiedene Elemente aus einem vielfältig sortierten ‚Instrumentenkasten' für einzelne Politikbereiche jeweils getrennt zusammen.

Gibt es bei dieser Fragmentierung einen Ort oder eine Institution, die als „Wirtschaftsregierung" (Wessels 2016; Gillissen 2011; Jabko 2011) verstanden werden kann? Einige Beobachter siedeln eine derartige Rolle im Europäischen Rat an (Wessels 2016, S. 208). Bei einer näheren Sichtweise wird jedoch deutlich, dass auch die EZB, die Kommission und in einigen Verfahren auch das EP über starke Beteiligungsrechte verfügen und in der Praxis auch ausüben.

Angesichts derartiger Trends werden Kritikpunkte bezüglich der Legitimität der Verfahren eingebracht. Zudem werden – trotz aller geforderten Offenheit – bei einer rechtsstaatlichen und demokratischen Bewertung erhebliche Mängel konstatiert. Die Verfahren des wirtschaftspolitischen Handelns haben insbesondere die Rolle nationaler Exekutiven im Europäischen Rat und nationaler Administrationen sowie der EZB gestärkt. Auch der Kommission sind zur Kontrolle eingegangener Verpflichtungen bei der nationalen Fiskalpolitik weitere Rechte und Möglichkeiten zur Kontrolle und Verteidigung von Sanktionen übertragen worden. Nationale Parlamente und das EP haben dagegen nur schwache Beteiligungsformen nutzen können.

Entwicklungen des wirtschaftspolitischen Handelns in integrationstheoretischen Perspektiven

Bei einer Auswertung der Entwicklung in diesem für die EU zentralen Politikfeld sind mit einem verallgemeinernden Blick auf den Ausbau des EU-Systems zwei Denkschulen zu erörtern. Nach einem ersten Ansatz zeigen bisherige Erfahrungen mit informellen Koordinierungsansätzen, dass derartige Vorhaben nationaler Regierungen eine erste Stufe auf einer ‚Fusions-' bzw. ‚Integrationsleiter' hin zu mehr Integration bilden können (vgl. Abb. 7, Kap. ► „Einführung"). Nach dieser Erwartung stellen Formen der weichen Koordinierung eine Art Testlauf für die Anwendung verschiedener Instrumente auf neuen, bisher nicht vergemeinschafteten Politikfeldern dar. Folgt man dieser Analyse, so sehen sich die Mitgliedstaaten nach Enttäuschungen über die begrenzten Problemlösungskapazitäten unverbindlicher Regelwerke veranlasst, nationale Zuständigkeiten in stärker supranationale Formen des Regierens in der EU-Architektur zu überführen. Formen der Koordinierung könnten dann als eine notwendige Erprobungsphase im Sinne einer Versuchs- und Irrtumsmethode (im englischen Sprachgebrauch *trial and error*) gesehen werden. In einer „experimentellen Union" (Laffan et al. 1999) könnten sich damit diese Methoden als Einstieg in eine ‚schleichende' Vergemeinschaftung erweisen. In einem ‚Überschwappeffekt' wird der Aufgabenkatalog der Union erweitert, ohne nationale Kompetenzen vollständig aufzugeben. Zu dieser vertikalen Fusion von nationalen und europäischen Instrumenten tritt ein horizontales Zusammenwirken der

EU-Institutionen, das jedoch ohne eine eindeutige Hierarchie bleibt (vgl. zu den Begriffen Kap. ► „Einführung").

In einer alternativen Sichtweise, insbesondere in neo-intergouvernementalen Ansätzen (Fabbrini 2014; Puetter 2014), hat die Krise erneut und verstärkt die Dominanz nationaler Exekutiven, das Fehlen von rechtsverbindlichen Instrumenten und die schwache parlamentarische und justizielle Kontrolle bewiesen.

In der Kontroverse könnte sich eine Verknüpfung beider Argumentationslinien anbieten: Die Schlüsselentscheidungen fallen intergouvernemental in Verhandlungspaketen des Europäischen Rates. Diese Beschlüsse stärken jedoch gleichzeitig supranational angelegte Verfahren. Anhand der Beschlüsse des Europäischen Rates zur Wiederaufbau- und Resilienzfazilität vom Juli 2020 kann diese These getestet werden.

Zur Zukunft: Vorschläge aus der Krisendebatte

Die fortdauernden Auswirkungen der Krisen in der EU und insbesondere im Euroraum setzen die Weiterentwicklung der WWU immer wieder auf die Tagesordnung politischer Entscheidungen (Kunstein 2020c). Sie bilden einen zentralen Baustein für die Debatte um die Finalität der Union insgesamt (vgl. Kap. ► „Zur Zukunft des EU-Systems").

Ein Orientierungspunkt ist der im Auftrag des Europäischen Rates erstellte Bericht der fünf Präsidenten des EP, der Kommission, des Europäischen Rates, der EZB und der Eurogruppe „Die Wirtschafts- und Währungsunion Europas vollenden" von 2015 (Juncker et al. 2015). Der Bericht fordert den Ausbau der Wirtschafts-, Finanz- und Fiskalunion und die Stärkung der demokratischen Rechenschaftspflicht.

Zur Diskussion stehen in den nächsten Jahren – mit unterschiedlichen Bewertungen und Schwerpunkten – insbesondere:

- Der Ausbau des Europäischen Investitionsfonds;
- eine Fiskalunion mit Harmonisierung von Steuern;
- die Reform der Währungsunion;
- der Ausbau des europäischen Währungsmechanismus in Richtung eines Europäischen Währungsfonds;
- ein Euro-Finanzminister;
- eine solidarische Transferunion;
- eine Differenzierung bzw. Flexibilisierung in mehreren Gruppen von Mitgliedstaaten sowie
- ein revidierter EU-Haushalt mit neuen Eigeneinnahmen und Kreditaufnahmen.

Angesichts der Auswirkungen des demografischen Wandels und der Globalisierung, aber auch des öffentlichen Drucks aus einigen Mitgliedstaaten, ist weiterhin ein hoher Handlungsbedarf im EU-System zu erwarten, von dem ein nachhaltiger Druck auf Reformen von Verfahren und Institutionen der WWU und des wirtschaftspolitischen Handelns ausgeht. Auch die Erfahrungen mit der Umsetzung der Wiederaufbau- und Resilienzfazilität (RRF) werden die Überlegungen zur Weiterentwicklung des wirtschaftspolitischen Handelns anreichern.

6 Zur Wiederholung und Vertiefung

Merkpunkte und Stichworte
- Grundkenntnisse:
  - Formen von Koordinierungsverfahren
  - ‚weiche' und ‚harte' Koordinierung
  - Stabilitäts- und Wachstumspakt
- Zur institutionellen Architektur: Vertragsbestimmungen und Befund aus der Praxis
  - Rolle des Europäischen Rates
  - Rolle der Kommission
  - Rolle des EP
- Phasen der Koordinierung
  - in der Beschäftigungspolitik
  - in der Fiskalpolitik
- Gemeinschaftsmethode und Koordinierungsverfahren

Fragen
- Wie lassen sich Lernprozesse bei Koordinierungsverfahren erfassen?
- Welche ‚Säulen' des wirtschaftspolitischen Handelns können wie erfasst werden?

Thesen zur Diskussion
- Eine ‚harte' Koordinierung bei der Überwachung der nationalen Haushaltspolitik ist politisch nicht durchsetzbar.
- Der Europäische Rat und die Kommission sind beide die Gewinner der Koordinationsverfahren.
- Ohne Anreize aus dem EU-Haushalt werden die Koordinierungsbemühungen ergebnislos bleiben.
- Die Verfahren der Koordinierung sind unter dem Gesichtspunkt von Transparenz und rechtsstaatlichen Kriterien negativ zu beurteilen.
- Koordinierungsverfahren bilden eine Übergangsstufe zu mehr Integration auf einer ‚Fusionsleiter'.
- Der Europäische Rat bildet eine Wirtschaftsregierung.

Literatur

Online-Quellen

https://ec.europa.eu/info/strategy/priorities-2019-2024/economy-works-people/deeper-and-fairer-economic-and-monetary-union_en.
Englischsprachige Website der Europäischen Kommission zum Ausbau der Wirtschafts- und Währungsunion.
https://ec.europa.eu/commission/priorities/jobs-growth-and-investment_en.
Koordinierung der Lissabonstrategie.
https://www.consilium.europa.eu/de/documents-publications/public-register/public-register-search/results/?AllLanguagesSearch=False&OnlyPublicDocuments=False&SubjectMatters=CONCL&DocumentLanguage=DE.
Schlussfolgerungen des Europäischen Rates.

Einführende Literatur

Becker, Peter. 2020. Haushaltspolitik. In *Europa von A bis Z. Taschenbuch der europäischen Integration*, Hrsg. Werner Weidenfeld, Wolfgang Wessels und Funda Tekin, 15. Aufl., 365–372. Wiesbaden: Springer VS.

Bieling, Hans-Jürgen. 2020. Wirtschaftspolitik. In *Europa von A bis Z. Taschenbuch der europäischen Integration*, Hrsg. Werner Weidenfeld, Wolfgang Wessels und Funda Tekin, 15. Aufl., 631–635. Wiesbaden: Springer VS.

Döhrn, Roland, und Wim Kösters. 2020. Wirtschaftspolitik. In *Jahrbuch der Europäischen Integration 2020*, Hrsg. Werner Weidenfeld und Wolfgang Wessels, 331–336. Baden-Baden: Nomos.

Hacker, Björn. 2020. Beschäftigungs- und Sozialpolitik. In *Jahrbuch der Europäischen Integration 2020*, Hrsg. Werner Weidenfeld und Wolfgang Wessels, 219–224. Baden-Baden: Nomos.

Hacker, Björn. 2020. Sozialpolitik. In *Europa von A bis Z. Taschenbuch der europäischen Integration*, Hrsg. Werner Weidenfeld, Wolfgang Wessels und Funda Tekin, 15. Aufl., 537–541. Wiesbaden: Springer VS.

Kunstein, Tobias. 2020. Bankenunion. In *Europa von A bis Z. Taschenbuch der europäischen Integration*, Hrsg. Werner Weidenfeld, Wolfgang Wessels und Funda Tekin, 15. Aufl., 81–84. Wiesbaden: Springer VS.

Kunstein, Tobias. 2020. Fiskalvertrag. In *Europa von A bis Z. Taschenbuch der europäischen Integration*, Hrsg. Werner Weidenfeld, Wolfgang Wessels und Funda Tekin, 15. Aufl., 307–309. Wiesbaden: Springer VS.

Kunstein, Tobias. 2020. Wirtschafts- und Währungsunion. In *Europa von A bis Z. Taschenbuch der europäischen Integration*, Hrsg. Werner Weidenfeld, Wolfgang Wessels und Funda Tekin, 15. Aufl., 623–629. Wiesbaden: Springer VS.

Maurer, Andreas. 2020. Beschäftigungspolitik. In *Europa von A bis Z. Taschenbuch der europäischen Integration*, Hrsg. Werner Weidenfeld, Wolfgang Wessels und Funda Tekin, 15. Aufl., 85–89. Wiesbaden: Springer VS.

Schäffer, Sebastian, und Rehklau, Iris. 2020. Binnenmarkt. In *Jahrbuch der Europäischen Integration 2020*, Hrsg. Werner Weidenfeld und Wolfgang Wessels, 229–232. Baden-Baden: Nomos.

Zeitlin, Jonathan, und Philippe Pochet, Hrsg. 2005. *The open method of coordination in action. The European employment and social inclusion strategies*. Brüssel: P.I.E.-Peter Lang.

Literaturverzeichnis

Auel, Katrin, und Oliver Höing. 2015. National parliaments and the Eurozone crisis: Taking ownership in difficult times? *West European Politics* 38(2): 375–395.

Bartholomae, Florian, und Marcus Wiens. 2016. *Spieltheorie*. Wiesbaden: Springer.

Baumann, Florian, und Sebsastian Schäffer. 2019. Binnenmarkt. In *Jahrbuch der Europäischen Integration 2019*, Hrsg. Werner Weidenfeld und Wolfgang Wessels, 221–224. Baden-Baden: Nomos.

Begg, Iain. 2011. Lisbon as economic governance: Fusion by diffusion? In *Europe reloaded – Differentiation or fusion?* Hrsg. Udo Diedrichs, Anne Faber und Funda Tekin, 331–351. Baden-Baden: Nomos.

Bergmann, Julian und Niels Keijzer. 2019. Entwicklungszusammenarbeit und Humanitäre Hilfe. In *Jahrbuch der Europäischen Integration 2019*, Hrsg. Werner Weidenfeld und Wolfgang Wessels, 313–318. Baden-Baden: Nomos.

Böning, Sarah-Lena, und Remi Maier-Rigaud. 2019. Gesundheits- und Verbraucherpolitik. In *Jahrbuch der Europäischen Integration 2019*, Hrsg. Werner Weidenfeld und Wolfgang Wessels, 239–242. Baden-Baden: Nomos.

Bundesverfassungsgericht. 2009. Urteil vom 30. Juni 2009 – 2 BvE 2/08. Karlsruhe. https://www.bundesverfassungsgericht.de/SharedDocs/Entscheidungen/DE/2009/06/es20090630_2bve000208.html. Zugegriffen am 01.07.2022.

Chang, Michele, Georg Menz, und Mitchell P. Smith. 2015. *Redefining European Economic Governance*. London/New York: Routledge.

Döhrn, Roland, und Wim Kösters. 2017. Wirtschaftspolitik. In *Jahrbuch der Europäischen Integration 2017*, Hrsg. Werner Weidenfeld und Wolfgang Wessels, 333–340. Baden-Baden: Nomos.

Europäische Kommission. 2020. *Croatia*. https://ec.europa.eu/info/business-economy-euro/econo mic-and-fiscal-policy-coordination/eu-economic-governance-monitoring-prevention-correc tion/stability-and-growth-pact/corrective-arm-excessive-deficit-procedure/closed-excessive-deficit-procedures/croatia_en. Zugegriffen am 01.07.2022.

Europäischer Rat. 2000. *Schlussfolgerungen des Rates (Lissabon)*. https://www.europarl.europa.eu/summits/lis1_de.htm. Zugegriffen am 01.07.2022.

Europäischer Rat. 2020. *Europäisches Semester*. https://www.consilium.europa.eu/de/policies/euro pean-semester/. Zugegriffen am 01.07.2022.

Fabbrini, Sergio. 2014. Beyond intergovernmentalism: The puzzle of European economic governance. In *The Eurozone crisis and the transformation of the EU governance: External and internal implications*, Hrsg. Maria João Rodrigues und Eleni Xiarchogiannopoulou. Farnham: Ashgate.

Fischer, Severin. 2017. Energiepolitik. In *Jahrbuch der Europäischen Integration 2017*, Hrsg. Werner Weidenfeld und Wolfgang Wessels, 255–260. Baden-Baden: Nomos.

Gillissen, André. 2011. Le Conseil européen: un état des lieux. In *Le sytème présidentiel de l'Union européene après Lisbonne*, Hrsg. Véronique Charléty, 105–123. Straßburg: École nationale d'aministration.

Glöckler, Gabriel. 2019. Währungspolitik. In *Jahrbuch der Europäischen Integration 2019*, Hrsg. Werner Weidenfeld und Wolfgang Wessels, 287–292. Baden-Baden: Nomos.

Hacker, Björn. 2019. Beschäftigungs- und Sozialpolitik. In *Jahrbuch der Europäischen Integration 2019*, Hrsg. Werner Weidenfeld und Wolfgang Wessels, 211–216. Baden-Baden: Nomos.

Hartwig, Ines. 2019. Regionalpolitik. In *Jahrbuch der Europäischen Integration 2019*, Hrsg. Werner Weidenfeld und Wolfgang Wessels, 273–278. Baden-Baden: Nomos.

Hofmann, Andreas. 2019. Europäische Kommission. In *Jahrbuch der Europäischen Integration 2019*, Hrsg. Werner Weidenfeld und Wolfgang Wessels, 109–116. Baden-Baden: Nomos.

Jabko, Nicolas. 2011. *Which economic governance for the European union? Facing up to the problem of divided sovereignty*. Stockholm: Swedish Institute for European Policy Studies.

Jachtenfuchs, Markus, und Beate Kohler-Koch, Hrsg. 2003. Einleitung: Regierung und Institutionenbildung. In *Europäische Integration*, 11–45. Opladen: VS Verlag für Sozialwissenschaften.

Juncker, Jean-Claude, Donald Tusk, Jeroen Dijsselbloem, Mario Draghi und Martin Schulz. 2015. *Bericht der fünf Präsidenten: Die Wirtschafts- und Währungsunion Europas vollenden*. https://ec.europa.eu/commission/five-presidents-report_de. Zugegriffen am 01.07.2022.

Kirch, Anna-Lena. 2017. Tourismuspolitik. In *Jahrbuch der Europäischen Integration 2017*, Hrsg. Werner Weidenfeld und Wolfgang Wessels, 307–308. Baden-Baden: Nomos.

Klodt, Henning. 2019. Wettbewerbspolitik. In *Jahrbuch der Europäischen Integration 2019*, Hrsg. Werner Weidenfeld und Wolfgang Wessels, 295–298. Baden-Baden: Nomos.

Kunstein, Tobias. 2020a. Bankenunion. In *Europa von A bis Z. Taschenbuch der europäischen Integration*, Hrsg. Werner Weidenfeld, Wolfgang Wessels und Funda Tekin, 15. Aufl., 81–84. Wiesbaden: Springer VS.

Kunstein, Tobias. 2020b. Fiskalvertrag. In *Europa von A bis Z. Taschenbuch der europäischen Integration*, Hrsg. Werner Weidenfeld, Wolfgang Wessels und Funda Tekin, 15. Aufl., 307–309. Wiesbaden: Springer VS.

Kunstein, Tobias. 2020c. Krise in der Eurozone. In *Europa von A bis Z. Taschenbuch der europäischen Integration*, Hrsg. Werner Weidenfeld, Wolfgang Wessels und Funda Tekin, 15. Aufl., 425–429. Wiesbaden: Springer VS.

Laffan, Brigid, und Pierre Schlosser. 2016. Public finances in Europe: Fortifying EU economic governance in the shadow of the crisis. *Journal of European Integration* 38(3): 237–249.

Laffan, Brigid, Rory O'Donnell, und Michael Smith, Hrsg. 1999. *Europe's experimental union: Rethinking integration*. London: Routledge.

Lippert, Christian. 2019. Agrar- und Fischereipolitik. In *Jahrbuch der Europäischen Integration 2019*, Hrsg. Werner Weidenfeld und Wolfgang Wessels, 195–200. Baden-Baden: Nomos.

Moravcsik, Andrew, und Frank Schimmelfennig. 2009. Liberal Intergovernmentalism. In *European Integration Theory*, Hrsg. Thomas Diez und Antje Wiener, 67–87. Oxford: Oxford University Press.

Puetter, Uwe. 2014. *The European Council and the Council. New intergovernmentalism and institutional change.* Oxford: Oxford University Press.

Martínek, Daniel und Sebastian Schäffer. 2019. Verkehrspolitik. In *Jahrbuch der Europäischen Integration 2019*, Hrsg. Werner Weidenfeld und Wolfgang Wessels, 283–286. Baden-Baden: Nomos

Scharpf, Fritz W. 2000. Institutions in Comparative Policy Research. In *MPIfG Working Paper* 00/3. https://pure.mpg.de/pubman/item/item_1235199_8/component/file_2366164/mpifg_wp00_2.pdf?mode=download. Zugegriffen am 01.07.2022.

Selmayr, Martin. 2019. Europäische Zentralbank. In *Jahrbuch der Europäischen Integration 2019*, Hrsg. Werner Weidenfeld und Wolfgang Wessels, 127–142. Baden-Baden: Nomos.

Söllner, Fritz. 2021. *Die Geschichte des ökonomischen Denkens. Eine kritische Darstellung.* Wiesbaden: Springer VS.

Turek, Jürgen. 2019a. Forschungs-, Technologie- und Telekommunikationspolitik. In *Jahrbuch der Europäischen Integration 2019*, Hrsg. Werner Weidenfeld und Wolfgang Wessels, 235–238. Baden-Baden: Nomos.

Turek, Jürgen. 2019b. Industriepolitik. In *Jahrbuch der Europäischen Integration 2019*, Hrsg. Werner Weidenfeld und Wolfgang Wessels, 253–256. Baden-Baden: Nomos.

Turek, Jürgen. 2019c. Weltraumpolitik. In *Jahrbuch der Europäischen Integration 2019*, Hrsg. Werner Weidenfeld und Wolfgang Wessels, 293–294. Baden-Baden: Nomos.

Umbach, Gaby. 2017. Umwelt-, Klima- und Meerespolitik. In *Jahrbuch der Europäischen Integration 2017*, Hrsg. Werner Weidenfeld und Wolfgang Wessels, 309–316. Baden-Baden: Nomos.

Van Rompuy, Herman. 2014. *Europe in the Storm. Promise and Prejudice.* Leuven: Davidsfonds Uitgeverij.

Wessels, Wolfgang. 2016. *The European Council.* Basingstoke: Palgrave Macmillan.

Auswärtiges Handeln

Regelwerk und Praxis der Außenbeziehungen und der Gemeinsamen Außen- und Sicherheitspolitik

Inhalt

Zusammenfassung

Zu den wesentlichen Entwicklungen des EU-Systems gehören zunehmende Aktivitäten der Union als globaler und regionaler Akteur. Das „Auswärtige Handeln in der Europäischen Union" – so die Formulierung des Lissabonner Vertrags – beruht auf einem umfassenden Katalog an primärrechtlichen Zielen, Instrumenten und Verfahren. Besonders vor dem Hintergrund wachsender außen- und sicherheitspolitischer Herausforderungen steht dieser Politikbereich hoch auf der Prioritätenliste der EU-Institutionen.

Bei der Vielzahl der Vertragsbestimmungen ist zunächst festzustellen, dass die Regelwerke des auswärtigen Handelns der EU einen beträchtlichen Umfang an Variationen und einen erheblichen Grad an Komplexität aufweisen. Für eine bessere Übersicht werden diese in einer Zwei-Säulen Struktur dargestellt: Im Spannungsverhältnis stehen insbesondere die Bestimmungen zu den primär wirtschaftspolitischen, supranational geprägten „Außenbeziehungen" einerseits und die intergouvernementalen Verfahren zur „Gemeinsamen Außen- und Sicherheitspolitik" (GASP), einschließlich der „Gemeinsamen Sicherheits- und Verteidigungspolitik" (GSVP), andererseits. In der Praxis der internationalen Aktivitä-

© Springer Fachmedien Wiesbaden GmbH, ein Teil von Springer Nature 2022
W. Wessels, *Das Politische System der Europäischen Union*,
https://doi.org/10.1007/978-3-658-10013-1_15

ten sind immer wieder Mängel an Handlungsfähigkeit, Kohärenz, Effizienz und Wirksamkeit beim Einsatz des gegebenen Instrumentariums festzustellen.

Schlüsselwörter

Gemeinsame Sicherheits- und Verteidigungspolitik · Globaler und regionaler Akteur · Wirtschaftliche Außenbeziehungen · Assoziierungs- und Kooperationsabkommen · Zivile und militärische Missionen · Geopolitik

1   Eckpunkte im Überblick: Verfahren einer Zwei-Säulen-Architektur für einen globalen Akteur

Die Rolle der EU als „globaler Akteur" im internationalen System und als regionaler Akteur in der geopolitischen Nachbarschaft ist von zunehmender Bedeutung (Europäischer Rat 2019; von der Leyen 2019; Göler und Reiter 2019; Stross und Den Hertog 2013; Regelsberger und Jopp 2011; Vanhoonacker 2011; Bretherton und Vogler 2006; Rosamond 2000).

Wie die Vorgaben des Vertragswerks (Art. 3 (5) EUV und insbesondere Art. 2–6 AEUV) ausweisen, haben die „Herren der Verträge" (Bundesverfassungsgericht 2009, § 150) alle für auswärtiges Handeln relevanten Felder der Außen-, Sicherheits-, Wirtschafts- und Entwicklungspolitik sowie relativ neuere Aktivitäten, wie die Umwelt- und Klimapolitik, als Aufgabengebiete der EU benannt, wobei deutliche Unterschiede bei der Zuordnung von Kompetenzen an die EU zu beobachten sind. Zudem können bei vielen anderen Politikbereichen – so etwa bei der Forschung und Kultur – Regeln zur „Zusammenarbeit mit dritten Ländern und zuständigen internationalen Organisationen" (vgl. z. B. Art. 167 (3) AEUV) genutzt werden.

Bei der Vielzahl an Vertragsbestimmungen ist – zum Einstieg – als wesentliche Erkenntnis festzuhalten, dass die Regelwerke zur Vorbereitung, Verabschiedung, Durchführung und Kontrolle des auswärtigen Handelns der EU einen beträchtlichen Umfang an Variationen aufweisen. Unterschiede sind insbesondere zwischen Bestimmungen zu den primär wirtschaftspolitischen *Außenbeziehungen* (so Teil Fünf des AEUV) und den Verfahren zur *Gemeinsamen Außen- und Sicherheitspolitik* (GASP), einschließlich der *Gemeinsamen Sicherheits- und Verteidigungspolitik* (GSVP) (so Titel V des EUV), zu berücksichtigen. Die institutionelle Architektur ist entsprechend durch eine *Zwei-Säulen-Struktur* geprägt (vgl. Abb. 1).

Das vertragliche Regelwerk der EU folgt so teils eher supranationalen und teils eher intergouvernementalen Leitideen.

Als eine wesentliche institutionelle Neuerung verankert der Lissabonner Vertrag einen *Hohen Vertreter der Union für Außen- und Sicherheitspolitik,* der mit einem ‚Doppelhut' (bzw. ‚Mehrfachhut') die unterschiedlichen Zuständigkeiten in der GASP und der Außenbeziehung der EU in einer Person verknüpfen soll (vgl. Kap. ▶ „Der Hohe Vertreter der EU für Außen- und Sicherheitspolitik")

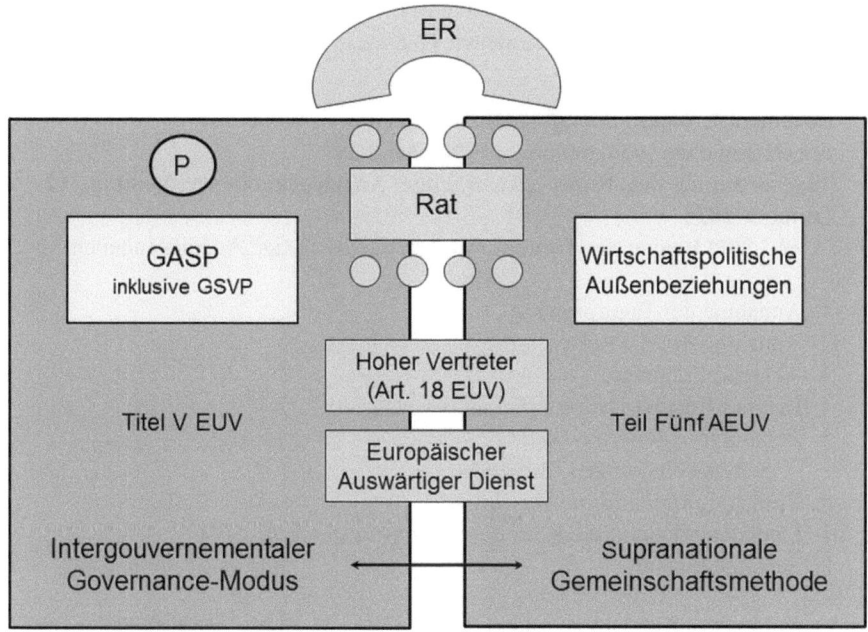

Abb. 1 Die Zwei-Säulen Struktur der EU-Außenpolitik. (Quelle: Eigene Darstellung. (P) symbolisiert den Präsidenten des Europäischen Rates)

(Helwig 2015; Stross und Den Hertog 2013; Gebhard 2011; Koenig 2011; Nuttall 2005). Der Inhaber dieses Amtes soll der Union damit ‚Gesicht' und ‚Stimme' verleihen. Außerdem wurde der *Europäische Auswärtige Dienst* (EAD, im europäischen Sprachgebrauch *European External Action Service*, EEAS) gegründet. Auch dem im Lissabonner Vertrag eingeführten hauptamtlichen Präsidenten des Europäischen Rates (vgl. Kap. ▸ „Der Präsident des Europäischen Rates") werden Aufgaben bei der Außenvertretung zugeschrieben, wenn auch nur auf die GASP beschränkt (Art. 15 (6) EUV).

Angesichts der Bedeutung der GASP als ein Modellfall intergouvernementaler Verfahren, aber auch angesichts ihres Gewichts für die Rolle der EU im internationalen System, werden diesem Regelwerk und der entsprechenden Praxis des EU-Systems besondere Aufmerksamkeit gewidmet.

Ein Blick auf die Praxis zeigt eine intensive Nutzung des Regelwerks: Der *Europäische Rat* verabschiedet regelmäßig Erklärungen zu diesem Politikbereich (vgl. Kap. ▸ „Der Europäische Rat"). So umfassten die Schlussfolgerungen der außerordentlichen Tagung des Europäischen Rates vom 1. und 2. Oktober 2020 unter dem Punkt „Außenbeziehungen" beispielsweise die Themenfelder „östlicher Mittelmeerraum", „China", „Belarus", „Bergkarabach-Konflikt" sowie „Alexej Nawalny" (Europäischer Rat 2020).

Auch die Tagesordnung einer Sitzung des Rates „Auswärtige Angelegenheiten" dokumentiert die Breite der behandelten Themen (vgl. Dokument 1).

Dokument 1, Tagesordnung der Sitzung des Rates „Auswärtige Angelegenheiten" vom Montag, 12. Oktober 2020
Tagesordnung des Rates „Auswärtige Angelegenheiten", Montag, 12. Oktober 2020

+/− 9:00 Beginn des Treffens des Rates „Auswärtige Angelegenheiten"

1. Annahme der Tagesordnung
2. Annahme der A-Punkte[1]
3. Aktuelle Ereignisse
4. Belgrad-Pristina-Dialog *(Meinungsaustausch)*
5. Belarus *(Meinungsaustausch)*
   Schlussfolgerungen *(Annahme)*
6. Russland *(Meinungsaustausch)*
7. Lateinamerika und die Karibik *(Meinungsaustausch)*
8. Sonstige Punkte

Quelle: Rat der Europäischen Union (2020c). Die Liste der A-Punkte bzw. deren Ergänzung können eingesehen werden unter Rat der Europäischen Union (2020a, b)

Eine ausgeprägte Form der Außenbeziehungen bildet ein differenzierter und komplexer Katalog von Abkommen unterschiedlicher Art mit Staaten aller Kontinente.

Zu zentralen Elementen des auswärtigen Handelns sind auch die 139 botschaftsähnlichen Delegationen der EU in Drittstaaten und die entsprechenden Vertretungen von 162 Staaten bei der EU in Brüssel zu zählen. Auch 6 militärische und 11 zivile Missionen (Stand: August 2020) gehören zu den konkreten Aktivitäten der EU.

In der Praxis der internationalen Aktivitäten sind immer wieder Mängel an Handlungsfähigkeit, Kohärenz, Effizienz und Wirksamkeit bei dem Einsatz des

---

[1]A-Punkte: Hierunter versteht man Tagesordnungspunkte, die bereits im Vorfeld in Ausschüssen (hoher nationaler Beamter) einvernehmlich entschieden wurden und anschließend von den Ministern in der Regel ohne weitere Aussprache direkt angenommen werden. Im vorliegenden Beispiel reichen diese von der Zustimmung zur Prioritätenliste der EU in der UN-Vollversammlung bis hin zur Entwurfsannahme hinsichtlich der gemeinsamen Position der EU im Rahmen der achten Tagung des Stabilitäts- und Assoziationsrates EU-Albanien.

gegebenen Instrumentariums festzustellen. Der Lissabonner Vertrag versucht, dieses Problem anzugehen (vgl. Dokument 2).

Dokument 2, Kohärenz im auswärtigen Handeln

Art. 21 (3) EUV

[...]

Die Union achtet auf die *Kohärenz* zwischen den einzelnen Bereichen ihres *auswärtigen Handelns* sowie zwischen diesen und ihren übrigen Politikbereichen. Der Rat und die Kommission, die vom Hohen Vertreter der Union für Außen- und Sicherheitspolitik unterstützt werden, stellen diese Kohärenz sicher und arbeiten zu diesem Zweck zusammen.

Hervorhebungen durch den Autor

Auch die Hohe Vertreterin der Union für Außen- und Sicherheitspolitik fordert in dem vom Europäischen Rat in Auftrag gegebenen Entwurf für eine europäische Sicherheitspolitik 2016 eine kohärente Globalisierungsstrategie für die EU (European Union Global Strategy 2016).

Über die Rolle der Union im internationalen System gibt es intensive Kontroversen: Politische und akademische Beiträge nutzen Begriffe wie „normative Macht Europa" (Manners 2002), „Zivilmacht" (Bretherton und Vogler 2006; Kirste und Maull 1996; Duchêne 1972), „soft power" (Hill 2010; Nye 2004) und „Friedensmacht" (Ehrhart 2004, S. 160–161), aber auch „Null-Macht" (Wessels 1995, S. 486) und „geopolitische Macht" (Bergmann 2020).

Der Lissabonner Vertrag hat die Vision und Mission der Union in Art. 21 EUV formuliert (vgl. Dokument 3), in der die Rolle der EU als Verteidiger und Promotor europäischer Werte sowie des Multilateralismus vorgezeichnet wird.

Dokument 3, Grundwerte der Europäischen Union im Auswärtigen Handeln

Art. 21 (1) EUV

Die Union lässt sich bei ihrem Handeln auf internationaler Ebene von den Grundsätzen leiten, die für ihre eigene Entstehung, Entwicklung und Erweiterung maßgebend waren und denen sie auch weltweit zu stärkerer Geltung verhelfen will: Demokratie, Rechtsstaatlichkeit, die universelle Gültigkeit und Unteilbarkeit der Menschenrechte und Grundfreiheiten, die Achtung der Menschenwürde, der Grundsatz der Gleichheit und der Grundsatz der Solidarität sowie die Achtung der Grundsätze der Charta der Vereinten Nationen und des Völkerrechts. [...]

Die Union soll dabei ihre „weltweit zu stärkerer Geltung" kommende Rolle als Weltgemeinschaft und in Formen „effektiven Multilateralismus" (Maull 2020) einsetzen.

2   Die supranationale Säule der wirtschaftspolitischen Außenbeziehungen: Vertragliche Bestimmungen und Praxis

2.1   Geschichte, Aufgaben und Vorgaben

Die Ecksteine der wirtschaftspolitischen Außenbeziehungen waren bereits mit den Bestimmungen zur Zollunion und der Gemeinsamen Handelspolitik im EWG-Vertrag von Rom 1957 (in Kraft getreten 1958) verankert. Aufgrund dieser Vorgaben haben die EU-Institutionen über Jahrzehnte beträchtliche Aktivitäten globalen Ausmaßes entwickelt (Weidenfeld 2016).

Der Lissabonner Vertrag weist in Teil Fünf des AEUV ein differenziertes Regelwerk für die Kompetenzen der EU beim auswärtigen Handeln aus, die nicht zum Bereich der GASP gehören (Art. 205 AEUV). Dieser Verfahrenskatalog führt Spezialbestimmungen – so zur gemeinsamen Handelspolitik (Art. 206–207 AEUV), Zusammenarbeit mit Drittländern und humanitären Hilfe (Art. 208–211 AEUV) sowie Assoziierungspolitik (Art. 217 AEUV) – auf. Für den Abschluss von Übereinkünften mit Drittstaaten oder internationalen Organisationen legt Art. 218 AEUV allgemeine Verfahren fest.

Generell kann man bei den Übereinkünften zwischen ‚EU-Abkommen‘ und ‚gemischten Abkommen‘ unterscheiden. In einem EU-Abkommen werden nur Inhalte geregelt, die unter die ausschließliche Zuständigkeit der EU fallen, beispielsweise ein Handelsabkommen, das nur Zölle regelt. Lediglich die EU ist Vertragspartei und unterzeichnet das Abkommen. Der Rat erlässt auf Vorschlag des Verhandlungsführers (d. h. in der Regel der *Europäischen Kommission*) (gegebenenfalls) mit qualifizierter Mehrheit (und mit Zustimmung bzw. Anhörung des Europäischen Parlaments (EP)) den Beschluss über den Abschluss einer Übereinkunft mit dem Drittstaat (Art. 218 (6) und (8) AEUV).

Ein gemischtes Abkommen betrifft Politikbereiche, die unter die geteilten Zuständigkeiten von EU und den Mitgliedstaaten fallen. Als Beispiel für ein solches gemischtes Abkommen kann ein Vertragswerk genannt werden, das auch Vorschriften zum Schutz von Arbeitnehmerrechten enthält, d. h. einen Inhalt, für den die EU keine ausschließliche Kompetenz hat. Der Beschluss zum Abschluss dieses Vertrags bedarf sowohl eines einstimmigen Votums des Rates als auch der Zustimmung sämtlicher Mitgliedstaaten (Art. 218 (8) AEUV). Auf Seiten der Mitgliedstaaten kann es sich dabei beispielsweise um die Entscheidung der jeweiligen nationalen oder auch teilweise regionalen Parlamente handeln (vgl. Kap. ▸ „Nationale Parlamente“).

2.2   Institutionelle Architektur: Verfahren bei internationalen Abkommen

Für internationale Abkommen mit Drittstaaten oder internationalen Organisationen ist das Regelwerk nach Art. 218 AEUV maßgeblich. Zentrale Akteure sind

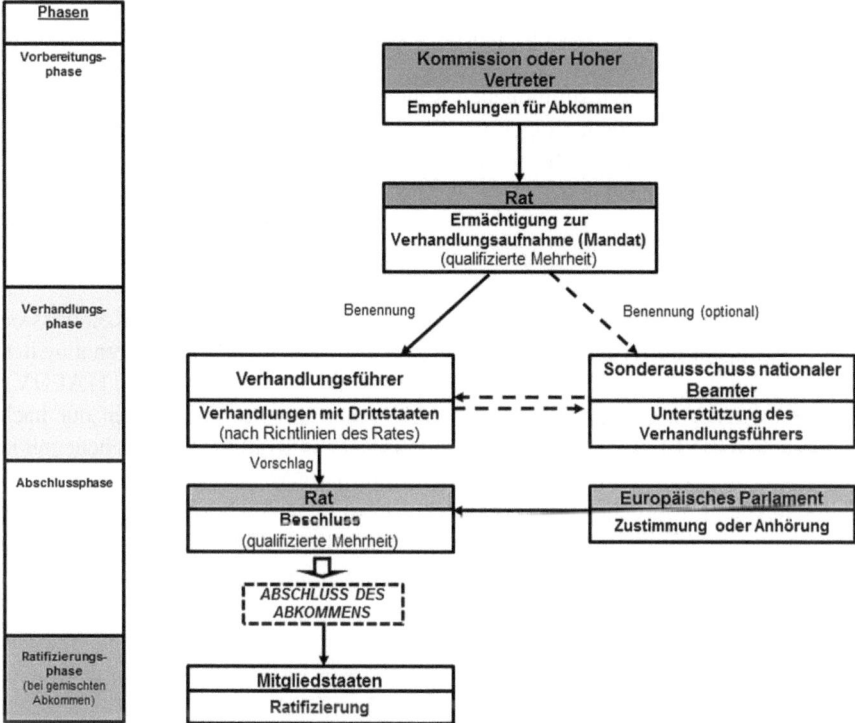

Abb. 2 Verfahren bei Abschluss internationaler Abkommen (Art. 218 AEUV) (Quelle: Eigene Darstellung)

Kommission, Rat, Europäisches Parlament und der Gerichtshof der Europäischen Union (GEU) (vgl. Abb. 2 und 3).

Die Kommission bereitet die Verhandlungen vor und führt sie auf der Grundlage einer Ermächtigung bzw. eines Mandats des Rates durch. Dieses Organ fasst auch den Beschluss über den Abschluss der Übereinkunft. Nach Art. 218 (8) AEUV entscheidet der Rat generell während des gesamten Verfahrens mit qualifizierter Mehrheit (vgl. Kap. ► „Der Rat der Europäischen Union"), es wird jedoch eine Reihe von sensiblen Politikbereichen aufgelistet, bei denen er einstimmig entscheiden muss.

Die Beteiligung und die Befugnisse des EP sind bei diesen Verfahren unterschiedlich geregelt:

• Bei internationalen Abkommen, die ausschließlich in den Bereich der Außen- und Sicherheitspolitik fallen, muss das EP zumindest „angehört" (Art. 218 (6b) AEUV) werden.
• Die „Zustimmung" (Art. 218 (6a) AEUV) des EP ist erforderlich bei Überein- künften, die

- eine Assoziierung mit Drittländern begründen;
- den Beitritt der EU zur Europäischen Konvention zum Schutz der Menschenrechte und Grundfreiheiten betreffen;
- einen besonderen institutionellen Rahmen schaffen;
- erhebliche finanzielle Folgen für die Gemeinschaft nach sich ziehen;
- eine Änderung eines Rechtsakts bedingen, der nach den Verfahren der Mitentscheidung entstanden ist.

Das Vertragswerk sieht ebenso eine mögliche Rolle für den GEU vor (vgl. Abb. 3).

Nach diesen Regeln kann ein Mitgliedstaat, das EP, der Rat oder die Kommission den Gerichtshof auffordern, über die Vereinbarkeit eines geplanten internationalen Abkommens mit dem EU-Vertrag ein „Gutachten" zu erstellen (Art. 218 (11) AEUV). Ist diese Auslegung negativ, kann das Abkommen mit den Drittstaaten nur nach Änderungen des EU-Vertrags oder des Abkommens in Kraft treten. Dies bedeutet in der Praxis, dass das Abkommen mit den Vertragspartnern neu ausgehandelt werden muss, um den Einsprüchen des GEU gerecht zu werden. Auch wenn der GEU selten angerufen wird (Weiß 2019, S. 308), so wirkt sich diese Möglichkeit bereits vorweg auf das Verhalten der Akteure in den Institutionen aus (im europäischen Sprachgebrauch *in the shadow of the court*).

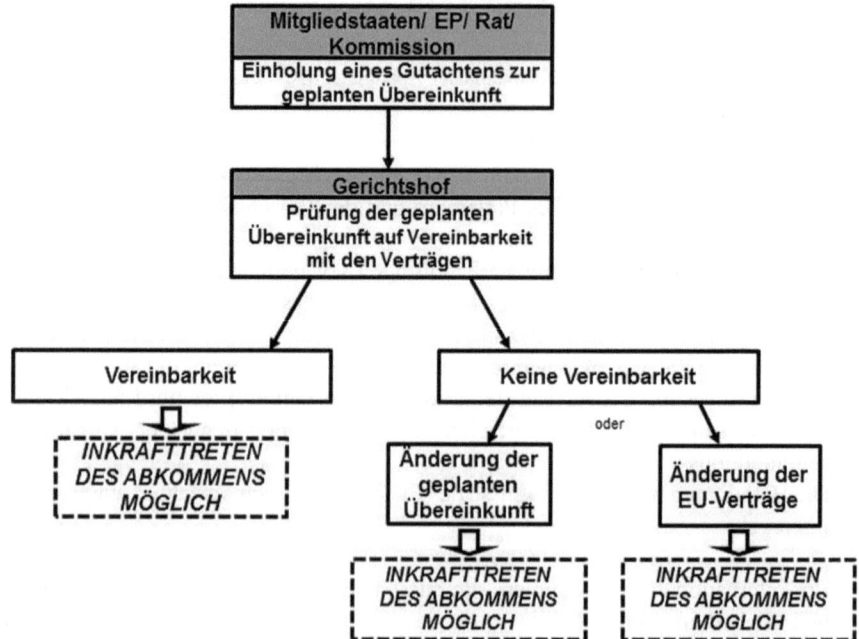

Abb. 3 Gutachterverfahren durch den GEU nach Art. 218 (11) AEUV. (Quelle: Eigene Darstellung)

2.3   Institutionelle Architektur: Verfahren bei der Handelspolitik

Ein zentrales Verfahren für die Außenwirtschaftspolitik bei der Aushandlung internationaler Abkommen bietet das Regelwerk für die gemeinsame Handelspolitik, das häufig genutzt wird und für die Union als größte Handelsmacht der Welt von nachhaltiger Bedeutung ist (Weiß 2019; Götz 2016, S. 92–93; Monar 2007, S. 77). Auf der politischen Tagesordnung der letzten Jahre standen die Handelskooperationen bzw. -konflikte mit den USA und China sowie eine zunehmende Zahl bilateraler Freihandelsabkommen und die Reform der Welthandelsorganisation (*World Trade Organisation*, WTO).

Nach Art. 207 (2) AEUV legen der Rat und das EP gemäß dem *ordentlichen Gesetzgebungsverfahren* die Rahmenbedingungen für die Umsetzung der gemeinsamen Handelspolitik fest.

Nach diesen Bestimmungen sind, wie bei der Aushandlung internationaler Abkommen üblich, die Kommission, der Rat sowie das EP die zentralen Akteure.

Der normale Ablauf dieses Verfahrens ist durch mehrere Phasen gekennzeichnet: Nach Vorgesprächen mit den betroffenen Staaten legt die Kommission dem Rat Empfehlungen vor. Aufgrund eines dann folgenden Mandates des Rates führt die Kommission die Verhandlungen mit den Vertragspartnern durch. Ein Ausschuss nationaler Beamter für Handelspolitik (im europäischen Sprachgebrauch *Trade Policy Committee*) überwacht und unterstützt die Kommission bei der Aushandlung derartiger Abkommen. Während der Verhandlungsphase muss die Kommission auch dem EP-Ausschuss für internationalen Handel (im europäischen Sprachgebrauch *INTA-Ausschuss*) regelmäßig Bericht erstatten. Nachdem die Kommission dem Rat einen Entwurf für ein Abkommen vorgelegt hat, verfügt das EP über ein Vetorecht, da es dem Vertrag „zustimmen" muss (Art. 218 (6a) AEUV) (vgl. Kap. ▶ „Das Europäische Parlament"). Der Rat verabschiedet schließlich gegebenenfalls mit qualifizierter Mehrheit das endgültige Abkommen. Der Vertrag sieht dabei auch bei der Handelspolitik eine Reihe von Bereichen von besonderem Interesse der Mitgliedstaaten vor, bei denen der Rat einstimmig entscheiden muss (Art. 207 (4) AEUV). Zu diesen zählen unter anderem Abkommen für den Handel mit kulturellen oder audiovisuellen Dienstleistungen sowie mit Dienstleistungen des Sozial-, Bildungs- und Gesundheitssektors.

Zur Analyse der Praxis: Ein umfassendes Aktivitätenprofil
In diesem Bereich des auswärtigen Handelns hat die EU einen differenzierten Katalog an Abkommen entwickelt (Algieri 2016). Zu diesen Formen von vertraglichen Vereinbarungen gehören (u. a.):

- Abkommen in den Außenhandelsbeziehungen: Solche Abkommen werden aus unterschiedlichen Motiven geschlossen, wie zum Beispiel Handelsliberalisierung, Entwicklungszusammenarbeit und politische Kooperation. Beispiele entsprechender Verträge sind unter anderem „Freihandelsabkommen", die die EU mit Chile, Mexiko und Südkorea abgeschlossen hat, sowie „Partnerschaftsabkommen", wie das Abkommen mit Staaten in Afrika, der Karibik und aus dem Pazifischen Raum (der AKP-Gruppe). Des Weiteren führte die EU Verhandlungen mit den USA über ein Freihandelsabkommen TTIP (*Transatlantische Handels- und Investitionspartnerschaft*). Im Oktober 2016 konnte nach vielen Mühen zudem das Abkommen CETA (*Comprehensive Economic and Trade Agreement*) mit Kanada unterschrieben werden.

- Stabilisierungs- und Assoziierungsabkommen: Diese Form von Verträgen bildet die Basis eines möglichen EU-Beitritts und wurde im Rahmen der Südosteuropapolitik mit verschiedenen Staaten des westlichen Balkans geschlossen (Kroatien, Kosovo, Serbien, Bosnien und Herzegowina, Montenegro, Albanien und Mazedonien) (Algieri 2016, S. 80) (vgl. Kap. ► „Beitritts- und Austrittsverfahren").
- Abkommen in der *Europäischen Nachbarschaftspolitik* (im europäischen Sprachgebrauch *Eastern Neighbourhood Policy* (ENP)): Mit Staaten, die keine Aussicht auf eine Mitgliedschaft in der EU haben, kooperiert die EU im Rahmen der ENP. So gestaltet sie zum Beispiel eine Partnerschaft mit den östlichen Nachbarn (im europäischen Sprachgebrauch *Eastern Partnership* (EaP)) (Lippert 2019, S. 357–364). Diese sind Partnerschafts- und Kooperationsabkommen, die neben den Handelsbeziehungen auch den politischen Dialog zwischen der EU und den Ländern Osteuropas stärken. Mit den drei zur östlichen Partnerschaft gehörenden Staaten Ukraine, Georgien und Moldawien besteht so seit 2014 ein Assoziierungsabkommen in Form der sogenannten „vertieften und umfassenden Freihandelszone" (DCFTA, im europäischen Sprachgebrauch *Deep and Comprehensive Free Trade Area*) (Böttger 2015, S. 333–336). Ein weiteres Beispiel für ein Abkommen in der Europäischen Nachbarschaftspolitik ist die Union für den Mittelmeerraum (UfM, im europäischen Sprachgebrauch auch *Euro-mediterrane Partnerschaft* (EUROMED)). Diese wurde 2008 auf dem Pariser Gipfel gegründet. Mitglied sind neben den Staaten der EU 15 Mittelmeeranrainer.
- Eine besondere Form ist das EU-UK-Abkommen. Nach dem Austritt des Vereinigten Königreichs aus der EU zum 31. Januar 2020 wurde eine anschließende Übergangsphase vereinbart, bis zu deren Ende das zukünftige Verhältnis zwischen dem Vereinigten Königreich und der EU verhandelt werden musste (vgl. Kap. ► „Beitritts- und Austrittsverfahren"). Das „Handels- und Kooperationsabkommen zwischen der Europäischen Union und dem Vereinigten Königreich" wurde am 30. Dezember 2020 durch den britischen Premierminister, Boris Johnson, sowie Ursula von der Leyen als Präsidentin der Europäischen Kommission und Charles Michel als Präsidenten des Europäischen Rates unterzeichnet. Das Abkommen trat am 1. Januar 2021 (vorläufig) in Kraft. Eine Ratifizierung durch das EP erfolgte im Februar 2021 (Hallak 2021) (vgl. Kap. ► „Das Europäische Parlament"). Eingerichtet wurde zudem ein gemeinsamer Partnerschaftsrat.

Einen wesentlichen Teil der Außenbeziehungen stellt außerdem die „autonome Handelspolitik" dar, zu der Anti-Dumping-, Anti-Subventions- und Schutzklauselmaßnahmen zählen (Götz 2016, S. 94; Monar 2007, S. 78–79). Bei diesem Verfahren zum Schutz des EU-Markts übernimmt die Kommission als Exekutive eine federführende Rolle.

Ein besonderes Instrument der EU-Außenpolitik stellen Sanktionen dar, die insbesondere bei Menschenrechtsverletzungen nach einem formalen Akt im Rahmen der GASP-Verfahren auf Vorschlag der Kommission vom Rat beschlossen werden können (Art. 215 AEUV). Zu den ‚Strafmaßnahmen' gehören unter anderem Handelsbeschränkungen für Waren und Dienstleistungen sowie Finanzsanktionen (Europäische Kommission 2016). So verhängte die EU beispielsweise 2014 Sanktionen gegenüber Russland als Reaktion auf die unrechtmäßige Besetzung und Aneignung der Krim (Rat der Europäischen Union 2014).

Ein wichtiger Teil der auswärtigen Wirtschaftspolitik findet in internationalen Organisationen statt – so beispielsweise der WTO, dem Internationalen Währungsfonds (*International Monetary Fund*, IWF) und der Organisation für wirtschaftliche Zusammenarbeit und Entwicklung (*Organisation for Economic Cooperation and Development*, OECD). In diesen Foren ist die EU aufgrund ihrer Kompetenzen Mitglied oder zumindest Beobachterin. An der Arbeit im IWF ist auch die *Europäische Zentralbank* (EZB) beteiligt.

Zum Profil der EU in diesem Pfeiler des auswärtigen Handelns gehören besondere Aktivitäten in den Außenwirtschaftsbeziehungen (Weiß 2019), in der Entwicklungszusammenarbeit (Bergmann und Keijzer 2019) und bei der östlichen und südlichen Nachbarschaftspolitik (Lippert 2019; Böttger und Augustin 2019) sowie in den Beziehungen zu Russland (Fischer 2019) und zu den USA (Helwig 2019). Auch gegenüber Afrika (Müller und Tull 2019), Asien insgesamt und Zentralasien (Braun 2019) und China im Besonderen (Algieri 2019), den EFTA Staaten und der Schweiz (Steppacher 2019), Süd- und Osteuropa (Altmann 2019), dem Mittelmeerraum (Schumacher 2019) sowie Lateinamerika (Schade 2019) entwickelt die EU beträchtliche Aktivitäten.

Insgesamt unterhielt die EU 2015 259 multilaterale und 16.880 bilaterale Abkommen (Remáč 2016).

3   Die intergouvernementale GASP-Säule: Vertragliche Bestimmungen und Praxis

Eine hervorgehobene Aufmerksamkeit findet die Rolle der EU in traditionellen Bereichen der Außenpolitik, für die der Lissabonner Vertrag ein Regelwerk in Titel V des EUV niedergelegt hat. Der Text lässt die Breite der GASP-Aktivitätsfelder deutlich werden: Die Mitgliedstaaten haben – im Unterschied zur früheren *Europäischen Politischen Zusammenarbeit* (EPZ) – alle Bereiche der Außen- und Sicherheitspolitik, einschließlich möglicher Schritte hin zu einer gemeinsamen Verteidigungspolitik, aufgelistet (vgl. Dokument 4).

Art. 24 (1) EUV verdeutlicht im zweiten Absatz des Dokuments unmittelbar den Unterschied zu den Verfahren in der ersten Säule. Zu den besonderen Bestimmungen zählen die Einstimmigkeit im Europäischen Rat und im Rat, eine schwache Rolle des EP und der Kommission sowie die Nicht-Zuständigkeit des Gerichtshofs der Europäischen Union.

Dokument 4, Verfahren in der GASP

Art. 24 (1) EUV

Die *Zuständigkeit* der Union in der Gemeinsamen Außen- und Sicherheitspolitik erstreckt sich auf *alle Bereiche der Außenpolitik* sowie auf sämtliche Fragen im Zusammenhang mit der *Sicherheit der Union*, einschließlich der schrittweisen Festlegung einer gemeinsamen *Verteidigungspolitik*, die zu einer gemeinsamen Verteidigung führen kann.

Für die Gemeinsame Außen- und Sicherheitspolitik gelten *besondere Bestimmungen und Verfahren*. Sie wird vom *Europäischen Rat und vom Rat einstimmig festgelegt* und durchgeführt, soweit in den Verträgen nichts anderes vorgesehen ist. Der Erlass von Gesetzgebungsakten ist ausgeschlossen. Die Gemeinsame Außen- und Sicherheitspolitik wird vom Hohen Vertreter der Union für Außen- und Sicherheitspolitik und von den Mitgliedstaaten gemäß den Verträgen durchgeführt. Die *spezifische Rolle des Europäischen Parlaments und der Kommission* in diesem Bereich ist in den Verträgen festgelegt. Der *Gerichtshof der Europäischen Union* ist in Bezug auf diese Bestimmungen *nicht zuständig*; hiervon ausgenommen ist die Kontrolle der Einhaltung des Artikels 40 dieses Vertrags und die Überwachung der Rechtmäßigkeit bestimmter Beschlüsse nach Artikel 275 Abs. 2 des Vertrags über die Arbeitsweise der Europäischen Union.

Hervorhebungen durch den Autor

Diese Verfahren der GASP einschließlich der GSVP sind so weitgehend intergouvernemental angelegt und unterscheiden sich damit wesentlich von supranationalen Charakteristika, wie sie das Vertragswerk zur Handelspolitik prägen.

3.1   Geschichte, Aufgaben und Vorgaben

Den Grundstein der GASP legten die Mitgliedstaaten auf der Gipfelkonferenz von Den Haag (1969) mit dem Beschluss zur Gründung der Europäischen Politischen Zusammenarbeit (EPZ). Frühere Anläufe zu einer *Europäischen Verteidigungsgemeinschaft* (EVG) und einer *Europäischen Politischen Gemeinschaft* (EPG) sowie Vorschläge des französischen Präsidenten de Gaulle im Fouchet-Plan waren nicht

Tab. 1 GASP – Meilensteine von der EPZ über die GASP zur GSVP

Jahr	Entwicklung
1952	EVG-Vertrag von EGKS-Gründungsstaaten unterzeichnet
1954	EVG-Vertrag von frz. Nationalversammlung abgelehnt
1958	Römische Verträge
1961	Fouchet-Pläne (gescheitert)
1969	Gipfel von Den Haag: Vereinbarung über eine „Europäische Politische Zusammenarbeit" (EPZ)
1970	Luxemburger Bericht zur EPZ: Schaffung des EPZ-Mechanismus
1973	Kopenhagener Bericht zur EPZ
1981	Londoner Bericht zur EPZ
1983	Feierliche Erklärung von Stuttgart
1987	Einheitliche Europäische Akte (EEA): EPZ als Teil eines Vertragswerks
1993	Vertrag zur EU (Maastricht): GASP als primärrechtliche Weiterentwicklung der EPZ
1998	Britisch-französische Erklärung von St. Malo zur europäischen Verteidigung
1999	Beschluss beim Gipfeltreffen des Europäischen Rates in Köln zur Einrichtung der „Europäischen Sicherheits- und Verteidigungspolitik" (ESVP) Vertrag zur EU (Amsterdam): Amt des „Hohen Repräsentanten für GASP"
2001	Vertrag zur EU (Nizza): Verstärkte Zusammenarbeit im Bereich der GASP
2003	Erste ESVP-Mission (EUPM in Bosnien)
2004	Gründung der Europäischen Verteidigungsagentur in Brüssel
2009	Vertrag von Lissabon: Einführung spezifischer Bestimmungen zur GASP sowie Umbenennung der ESVP in „Gemeinsame Sicherheits- und Verteidigungspolitik" (GSVP)
2018/2019	Verabschiedung von 47 Projekten militärischer Kooperation nach dem Verfahren der „Ständigen Strukturierten Zusammenarbeit"

Quelle: Eigene Zusammenstellung, in Anlehnung an Wessels (2016, S. 212) und Regelsberger und Jopp (2011, S. 400)

zuletzt an Kontroversen über entsprechende institutionelle Leitideen gescheitert (vgl. Kap. ▶ „Geschichte").

Nach dem Gründungsbeschluss in Den Haag haben die Regierungschefs und Außenminister in mehreren „Berichten" und der „feierlichen Erklärung" von Stuttgart die Verfahren der EPZ sowie – seit dem Maastrichter Vertrag – das vertragliche Regelwerk der GASP mehrfach überarbeitet und ausgebaut (vgl. Tab. 1). Vertragsänderungen haben eine Vielzahl an Verfahren und Instrumenten eingeführt und teilweise zwischenzeitlich auch wieder revidiert.

Mit der Entwicklung der ESVP seit 1999 haben die Mitgliedstaaten jedoch auch militärische Interventionsfähigkeiten auf- und ausgebaut (Jopp und Barbin 2016). Die „Bestimmungen über die gemeinsame Sicherheits- und Verteidigungspolitik" formulieren Ziele in diesem Kernbereich nationaler Souveränität (Art. 42 (1) EUV). Diese gipfeln in einer gegenseitigen Beistandsklausel im Fall eines bewaffneten Angriffs (Art. 42 (7) EUV) (vgl. Dokument 5).

Dokument 5, GSVP – Vertragliche Bestimmungen
Art. 42 EUV

(c) Die Gemeinsame Sicherheits- und Verteidigungspolitik ist integraler Bestandteil der Gemeinsamen Außen- und Sicherheitspolitik. Sie sichert der
Union eine auf *zivile und militärische Mittel* gestützte Operationsfähigkeit.
Auf diese kann die Union bei Missionen außerhalb der Union zur *Friedenssicherung, Konfliktverhütung* und *Stärkung der internationalen Sicherheit* in Übereinstimmung mit den Grundsätzen der Charta der Vereinten Nationen zurückgreifen. Sie erfüllt diese Aufgaben mit Hilfe der
Fähigkeiten, die von den Mitgliedstaaten bereitgestellt werden.

[...]

(7) Im Falle eines *bewaffneten Angriffs* auf das Hoheitsgebiet eines Mitgliedstaats schulden die anderen Mitgliedstaaten ihm alle in ihrer Macht
stehende *Hilfe und Unterstützung*, im Einklang mit Artikel 51 der Charta der
Vereinten Nationen. Dies lässt den *besonderen Charakter der Sicherheits- und
Verteidigungspolitik bestimmter Mitgliedstaaten unberührt.*

Die Verpflichtungen und die Zusammenarbeit in diesem Bereich bleiben im
Einklang mit den im Rahmen der *Nordatlantikvertrags-Organisation* einge-
gangenen Verpflichtungen, die für die ihr angehörenden Staaten weiterhin das
Fundament ihrer kollektiven Verteidigung und das Instrument für deren
Verwirklichung ist.

Hervorhebungen durch den Autor

Als Instrumente zur Verabschiedung verbindlicher Beschlüsse nennt der Vertrag
mehrere Formen (vgl. Dokument 6), die in der Praxis nicht immer einfach zu
unterscheiden sind.

Dokument 6, GASP – Vertragliche Instrumente
Art. 25 EUV
    Die Union verfolgt ihre Gemeinsame Außen- und Sicherheitspolitik, indem
sie

a) die allgemeinen *Leitlinien* bestimmt,
b) *Beschlüsse* erlässt zur Festlegung
    i) der von der Union durchzuführenden *Aktionen*,
    ii) der von der Union einzunehmenden *Standpunkte*,

(Fortsetzung)

iii) der Einzelheiten der Durchführung der unter den Ziffern i und ii genannten Beschlüsse,

und

c) die *systematische Zusammenarbeit der Mitgliedstaaten* bei der Führung ihrer Politik ausbaut.

Hervorhebungen durch den Autor

Die Staats- und Regierungschefs im Europäischen Rat sowie die Außenminister im Rat können „Erklärungen" zu aktuellen politischen Ereignissen verabschieden.

Seit dem Vertrag von Nizza gibt es auch die Ermächtigung zur „verstärkten Zusammenarbeit" bei der GASP (vgl. Kap. ▶ „Flexibilisierung"), nach der einige Mitgliedstaaten innerhalb des Vertragswerks nach bestimmten Regeln enger kooperieren können. Der Lissabonner Vertrag ermöglicht in der GSVP darüber hinaus eine „Ständige Strukturierte Zusammenarbeit" zwischen Mitgliedstaaten, die „hinsichtlich der militärischen Fähigkeit" gewisse Kriterien und Verpflichtungen erfüllen bzw. eingehen müssen (Art. 42 (6) EUV sowie Art. 46 EUV).

3.2   Institutionelle Architektur: Organe und Verfahren

Der Lissabonner Vertrag regelt umfassend die Verantwortlichkeiten von EU-Institutionen (vgl. Dokument 7).

Dokument 7, GASP – Beschlussverfahren
Art. 26 EUV

(1) Der Europäische Rat *bestimmt die strategischen Interessen* der Union und *legt die Ziele und die allgemeinen Leitlinien der Gemeinsamen Außen- und Sicherheitspolitik fest*, und zwar auch bei Fragen mit verteidigungspolitischen Bezügen. Er erlässt die erforderlichen Beschlüsse.
    Wenn eine internationale Entwicklung es erfordert, beruft der Präsident des Europäischen Rates eine außerordentliche Tagung des Europäischen Rates ein, um die strategischen Vorgaben für die Politik der Union angesichts dieser Entwicklung festzulegen.
(2) Der *Rat gestaltet die Gemeinsame Außen- und Sicherheitspolitik* und *fasst* die für die Festlegung und Durchführung dieser Politik *erforderlichen Beschlüsse* auf der Grundlage der vom Europäischen Rat festgelegten allgemeinen Leitlinien und strategischen Vorgaben.

(Fortsetzung)

> Der Rat und der Hohe Vertreter der Union für Außen- und Sicherheits-
> politik tragen für ein einheitliches, kohärentes und wirksames Vorgehen
> der Union Sorge.
> (3) Die Gemeinsame Außen- und Sicherheitspolitik wird *vom Hohen Vertreter
> und von den Mitgliedstaaten* mit einzelstaatlichen Mitteln und den Mitteln
> der Union *durchgeführt.*
>
> Hervorhebungen durch den Autor

Die derartig vorgegebene institutionelle Architektur der GASP lässt ihre intergou-
vernementale Struktur (vgl. Abb. 4) erkennen. Bei dieser Struktur können fünf
Ebenen schematisch dargestellt werden. Diese sind jedoch nicht als eindeutige
Hierarchien zu verstehen, da es in der Praxis zu Überschneidungen zwischen den
Ebenen und den jeweiligen Akteuren kommt.

Der Europäische Rat nimmt in der GASP eine hervorgehobene Stellung als
oberste Lenkungs-, Leitungs- und Beschlussinstanz ein (vgl. Kap. ▶ „Der Europäische Rat").

Eine auch für die GASP relevante Neuerung des Lissabonner Vertrags war die
Schaffung eines hauptamtlichen Präsidenten des Europäischen Rates (vgl. Kap.
▶ „Der Präsident des Europäischen Rates"), der wesentliche Funktionen für die
Außendarstellung der GASP übernehmen soll. In Art. 15 (6) EUV heißt es: „Der
Präsident des Europäischen Rates nimmt auf seiner Ebene und in seiner Eigenschaft,

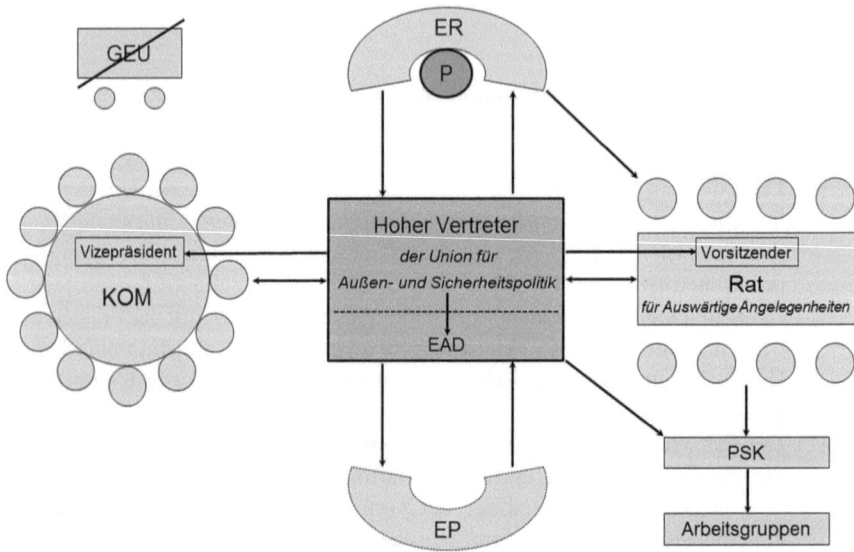

Abb. 4 Die institutionelle Architektur der GASP. (Quelle: Eigene Darstellung)

unbeschadet der Befugnisse des Hohen Vertreters der Union für Außen- und Sicherheitspolitik, die Außenvertretung der Union in Angelegenheiten der Gemeinsamen Außen- und Sicherheitspolitik wahr", d. h. er vertritt die GASP bei Gipfelkonferenzen wie dem jährlichen Treffen der Gruppe der sieben westlichen Industrienationen (G7). Diese Formulierung lässt mögliche Rollenkonflikte mit dem Hohen Vertreter der Union für Außen- und Sicherheitspolitik einerseits und andererseits mit dem Präsidenten der Kommission, der die Union im Rahmen der wirtschaftspolitischen Außenbeziehungen repräsentiert, deutlich werden. In der Vertragspraxis haben sich jedoch in der Regel seit dem Inkrafttreten des Lissabonner Vertrags angemessene Formen der Zusammenarbeit eingespielt.

Die zweite Entscheidungsebene bildet der Rat für Allgemeine Angelegenheiten und Außenbeziehungen, der für die Mehrzahl der Beschlüsse zuständig ist. Zur Entscheidungsfindung verfügt er über einen differenzierten Satz an Regeln zur Beschlussfassung (Art. 31 EUV). Die Minister können Beschlüsse über Verfahrensfragen mit einfacher Mehrheit treffen; inhaltliche Fragen werden im Grundsatz weiterhin mit Einstimmigkeit entschieden. Um eine Blockadegefahr im Rat zu reduzieren, haben die Mitgliedstaaten dann doch mehrere komplizierte Ausnahmeregeln formuliert:

- Eine Möglichkeit besteht in der „konstruktiven Enthaltung" (Art. 31 (1) EUV), die es einzelnen Mitgliedstaaten erlaubt, an der Durchführung eines gemeinsamen Beschlusses nicht teilzunehmen, ohne diesen jedoch damit als bindenden Beschluss der Union zu verhindern.
- Der Rat kann auf der Grundlage eines einstimmigen Beschlusses des Europäischen Rates über strategische Interessen und Ziele, auf einen vom Europäischen Rat abgesegneten Vorschlag des Hohen Vertreters hin oder bei Durchführungsbeschlüssen mit qualifizierten Mehrheit abstimmen (Art. 31 (2) EUV).

Diese Angebote zur Verbesserung der Handlungsfähigkeit werden aber in den weiteren Abschnitten des Artikels unmittelbar begrenzt:

- Eine besondere Einschränkung für Mehrheitsabstimmungen ist die Möglichkeit eines ‚aufschiebenden Vetos', das den Luxemburger Kompromiss mit geringen Modifikationen rechtlich fasst (vgl. Kap. ► „Geschichte" und Kap. ► „Der Rat der Europäischen Union"). Danach kann ein Mitgliedstaat unter Berufung auf „wesentliche Gründe der nationalen Politik" einen möglichen Beschluss mit qualifizierter Mehrheit im Rat verhindern; in diesem Fall kann der Rat mit qualifizierter Mehrheit eine Überweisung an den Europäischen Rat beschließen (Art. 31 (2) EUV); dieser soll wiederum einstimmig über den Streitfall entscheiden. Damit wird das Risiko eines Mitgliedstaates, überstimmt zu werden, ausgeschaltet.

Diese Ausnahmeregeln für mögliche Mehrheitsabstimmungen werden nach den vorliegenden Informationen in der Praxis nicht genutzt.

Grundsätzlich ausgeschlossen von Mehrheitsabstimmungen sind Beschlüsse mit militärischen und sicherheitspolitischen Bezügen; damit bilden die Mitgliedstaaten gegen jegliche supranationale Ausrichtung von Verfahren einen ‚Tabubereich' bzw. eine ‚Schutzzone' (im französischen Sprachgebrauch *domaine réservé*).

Diese Verfahrensregeln dokumentieren ein grundsätzliches Dilemma von Regierungen: Einerseits wollen sie durch die Möglichkeit von Mehrheitsabstimmungen die Arbeitsfähigkeit des Rates verbessern, um die internationale Handlungsfähigkeit der EU zu steigern, andererseits sind sie nicht bereit, in diesen als ‚vital' verstandenen Fragen ihre Souveränitätsvorbehalte in Form eines nationales Vetorechts aufzugeben.

Diese Debatte wird seit der zweiten Hälfte des Jahrzehnts angesichts von Fragmentierungstendenzen innerhalb der Union (Bendiek und Fessler 2019, S. 319–321) verstärkt geführt.

Eine dritte Entscheidungsebene in der GASP bildet der Hohe Vertreter (vgl. Kap. ▶ „Der Hohe Vertreter der EU für Außen- und Sicherheitspolitik"). Eine Version mit schwachen Kompetenzen wurde bereits 1999 mit dem Vertrag von Amsterdam ins Leben gerufen. Seit dem Vertrag von Lissabon sind die Aufgaben ausgebaut worden. So agiert der Hohe Vertreter einerseits auf intergouvernementaler Ebene im Bereich der GASP und andererseits auf supranationaler Ebene im Bereich der (wirtschaftspolitischen) Außenbeziehungen. Durch den Vorsitz im Rat „Auswärtige Angelegenheiten" kann der Hohe Vertreter als Schlüsselakteur sowohl innerhalb als auch außerhalb der EU gesehen werden (vgl. Kap. ▶ „Der Hohe Vertreter der EU für Außen- und Sicherheitspolitik").

Mit dem Europäischen Auswärtigen Dienst (EAD) hat der Lissabonner Vertrag eine neue, vierte Ebene gebildet (vgl. Kap. ▶ „Der Hohe Vertreter der EU für Außen- und Sicherheitspolitik"). Der EAD wird von einem geschäftsführenden Generalsekretär verwaltet, der unter der Autorität des Hohen Vertreters agiert (vgl. Abb. 4 Kap. ▶ „Der Hohe Vertreter der EU für Außen- und Sicherheitspolitik"). Zu seinen Aufgaben gehört es unter anderem, ein reibungsloses Arbeiten des EAD zu gewährleisten. Ferner ist er für eine effiziente und effektive Koordination zwischen den Brüsseler Abteilungen des EAD und den EU-Delegationen in Drittländern – d. h. akkreditierten ‚Botschaften' der Union in anderen Staaten der Welt – verantwortlich.

Von zentraler Bedeutung in der außenpolitischen Organisationsstruktur ist das *Politische und Sicherheitspolitische Komitee* (PSK, im europäischen Sprachgebrauch *Comité Politique et de Sécurité*; kurz COPS). Es übernimmt – auch auf eigene Initiative – die Vorbereitung des Rates „Auswärtige Angelegenheiten" (Art. 38 EUV) (Regelsberger 2016, S. 268–275), wobei die Arbeitsteilung mit dem *Ausschuss der Ständigen Vertreter* (AStV, im europäischen Sprachgebrauch *Comité des Représentants Permanents*, kurz COREPER) nicht eindeutig geregelt ist (vgl. Kap. ▶ „Der Rat der Europäischen Union"). Dieses Gremium nationaler Diplomaten übernimmt außerdem die Kontrolle und strategische Leitung von Operationen zur Krisenbewältigung (Art. 38 EUV). Das PSK wird bei seiner Entscheidungsfindung sowohl vom Ausschuss für ziviles Krisenmanagement (CIVCOM, im europäischen Sprachgebrauch *Committee for Civilian Aspects of Crisis Management*) als auch vom Militärausschuss (EUMC im europäischen Sprachgebrauch *European Union Military Committee*) beraten (Jopp und Barbin 2016, S. 279). Durch die Ansiedlung des PSK am Sitz der EU-Organe erwartet man eine ‚Brüsselisierung': Diese spezifische europäische Form der Sozialisierung hoher Diplomaten soll – auch ohne hierarchische Weisungsbefugnis eines EU-Organs – zur Annäherung außenpolitischer Positionen der Mitgliedstaaten beitragen, die schließlich zur Herausbildung einer ‚erlebten' und ‚gefühlten' europäischen Identität als Grundlage für die GASP sowie die GSVP führen könnte.

Unterhalb dieses Vorbereitungs- und Lenkungsausschusses sind – als fünfte Ebene – Arbeitsgruppen nationaler Diplomaten mit GASP-Fragen befasst: In 33 Arbeitsgruppen des Rates „Auswärtige Angelegenheiten" (Rat der Europäischen Union 2020e) werden fast alle wesentlichen Aktivitätsfelder nationaler Außenpolitik in der GASP behandelt. Zu dieser Ebene gehört auch die Zusammenarbeit der Botschaften der EU-Mitgliedstaaten in den Hauptstädten von Drittstaaten.

Neben dem bereits oben genannten Militärausschuss im Rat, in dem Generäle aus den nationalen Verteidigungsministerien zusammenwirken, ist auch der EU-Militärstab (EUMS) eine wesentliche Erweiterung in der GASP-Architektur, der den Militärausschuss in seiner Arbeit unterstützt (Jopp und Barbin 2016, S. 279).

Ergänzt wird dieser administrative Unterbau auch durch eine „Europäische Verteidigungsagentur" (EDA, im europäischen Sprachgebrauch *European Defence Agency*) (Europäische Verteidigungsagentur 2020) in Brüssel und einem „Institut der Europäischen Union für Sicherheitsstudien" (EUISS, im europäischen Sprachgebrauch *European Union Institute for Security Studies*) (Institut der Europäischen Union für Sicherheitsstudien 2020) in Paris.

Als wichtiges Bindeglied zwischen der europäischen Ebene und den nationalen Hauptstädten gilt die Gruppe der „Europäischen Korrespondenten", die die jeweiligen GASP-Aktivitäten innerhalb jedes nationalen Außenministeriums koordinieren.

Die Außen- und Sicherheitspolitik ist aber kein exklusives Feld für nationale Minister und Diplomaten. Anderen Organen wurden nach längeren Kontroversen (Nuttall 1997, 2000) begrenzte Rechte zugestanden. Die Kommission wird beteiligt (Art. 18 (2–4) EUV), verfügt aber nicht – wie bei der Handelspolitik und bei der Rechtsetzung im ordentlichen Gesetzgebungsverfahren – über ein Initiativmonopol, sondern nur über die Möglichkeit, Vorschläge mit dem Hohen Vertreter einzubringen (Art. 30 (1) EUV).

Dem EP stehen – im Unterschied zu Verfahren bei den wirtschaftspolitischen Außenbeziehungen und beim ordentlichen Gesetzgebungsverfahren – nur schwache Beteiligungsrechte zu, die in Formen der Anhörung, Unterrichtung und Vorlage von Empfehlungen bestehen (vgl. Dokument 8). Damit ist die Rolle des EP in der GASP weitgehend auf ein Forum für allgemeine europäische Debatten begrenzt. Eine stärkere, aber letztlich weiterhin begrenzte Einflussmöglichkeit kann das EP noch über seine Haushaltsrechte geltend machen (Art. 28 (4) EUV). Außerdem steht das EP im ständigen Austausch mit dem Hohen Vertreter und dem EAD.

Dokument 8, GASP – Vertragliche Vorgaben für das EP
Art. 36 EUV
    Der Hohe Vertreter der Union für Außen- und Sicherheitspolitik *hört das Europäische Parlament regelmäßig* zu den wichtigsten Aspekten und den

(Fortsetzung)

grundlegenden Weichenstellungen der Gemeinsamen Außen- und Sicherheitspolitik und der Gemeinsamen Sicherheits- und Verteidigungspolitik *und unterrichtet es über die Entwicklung der Politik* in diesen Bereichen. Er achtet
darauf, dass die Auffassungen des Europäischen Parlaments gebührend berücksichtigt werden. Die Sonderbeauftragten können zur Unterrichtung des
Europäischen Parlaments mit herangezogen werden.

Das Europäische Parlament kann *Anfragen oder Empfehlungen an den Rat
und den Hohen Vertreter richten.* Zweimal jährlich führt es eine *Aussprache
über die Fortschritte* bei der Durchführung der Gemeinsamen Außen- und
Sicherheitspolitik, einschließlich der Gemeinsamen Sicherheits- und Verteidigungspolitik.

Hervorhebungen durch den Autor

3.3   Zur Analyse der Praxis: Ein Profil vielfältiger Aktivitäten

In der Praxis der GASP ist ein Profil an Aktivitäten erkennbar, das durch eine
intensive und über die Jahrzehnte zunehmende Nutzung der vertraglichen und
außervertraglichen Instrumente gekennzeichnet ist. So haben die Regierungen der
Mitgliedstaaten das vertragliche Verfahrensinstrumentarium der GASP für ein weites Spektrum an Themen der internationalen Politik eingesetzt.

Eine übliche Form der Arbeit vom Europäischen Rat, vom Rat und vom Hohen
Vertreter der Union für Außen- und Sicherheitspolitik ist die Verabschiedung von
Erklärungen zu aktuellen politischen Entwicklungen, welche bereits zu frühen
EPZ-Zeiten häufig eingesetzt wurden. Typischerweise werden Stellungnahmen zu
besorgniserregenden Entwicklungen im internationalen System verabschiedet. Mit
diesem Instrument verurteilen die Mitgliedstaaten beispielsweise Menschenrechts-
verletzungen in dem betreffenden Staat oder begrüßen demokratische Wahlen. Ein
Beispiel für Form und Stil zeigt Dokument 9.

Dokument 9, Formulierung einer Erklärung (exemplarischer Fall)
Erklärung der Staats- und Regierungschefs zu Belarus
   Brüssel, den 2. Oktober 2020
   [. . .]
   Belarus
   27. Der Europäische Rat verurteilt die inakzeptable Gewalt der belarussischen Behörden gegen friedliche Demonstranten sowie die Einschüchterun-
gen, willkürlichen Festnahmen und Inhaftierungen nach den Präsidentschafts-
wahlen, deren Ergebnisse er nicht anerkennt. Der Europäische Rat unterstützt

(Fortsetzung)

uneingeschränkt das demokratische Recht der belarussischen Bevölkerung, ihren Präsidenten in freien und fairen Neuwahlen ohne Einmischung von außen zu wählen. Der Europäische Rat fordert die belarussischen Behörden auf, Gewalt und Repression zu beenden, alle Inhaftierten und politischen Gefangenen freizulassen, die Freiheit der Medien und die Zivilgesellschaft zu achten und einen inklusiven nationalen Dialog einzuleiten. Er ist sich einig, dass restriktive Maßnahmen verhängt werden sollten, und fordert den Rat auf, den entsprechenden Beschluss umgehend anzunehmen. Zudem ermutigt der Europäische Rat die Europäische Kommission, einen umfassenden Plan zur wirtschaftlichen Unterstützung eines demokratischen Belarus auszuarbeiten.

28. Im Hinblick auf das belarussische Kernkraftwerk Astrawez bekräftigt der Europäische Rat, wie wichtig es ist, die nukleare Sicherheit und die Umweltsicherheit zu gewährleisten.

[…]

Quelle: Europäischer Rat (2020)

Der Hohe Vertreter nutzt intensiv und regelmäßig das Instrument von Erklärungen. Seit der Schaffung des neuen Amtes im Jahr 2009 ist ein deutlicher Anstieg der Nutzung derartiger Stellungnahmen zu beobachten. Insbesondere zu Beginn der Proteste, Aufstände und Revolutionen in der arabischen Welt 2011 stieg die Anzahl der Stellungnahmen seitens der damaligen Hohen Vertreterin Catherine Ashton (Helwig et al. 2013, S. 21–22). Im Juli 2016 gab ihre Nachfolgerin, Federica Mogherini, beispielsweise 13 Stellungnahmen und eine Erklärung ab, unter anderem anlässlich des Starts ballistischer Raketen Nordkoreas (Europäischer Auswärtiger Dienst 2020a).

Zur Praxis des auswärtigen Handelns gehört auch, dass der Rat in besonderen (außen-)politischen Situationen sogenannte „Sonderbeauftrage" (Art. 33 EUV) ernennen kann. So waren 2020 insgesamt neun Sonderbeauftragte im Einsatz, die die Regionen bzw. Staaten Bosnien und Herzegowina, das Horn von Afrika, das Kosovo, die Sahelzone sowie Zentralasien und die Themenschwerpunkte „der Friedensprozess im Mittleren Osten", „der Südkaukasus und die Krise in Georgien", „Menschenrechte" sowie „den Dialog zwischen Belgrad und Pristina und regionale Fragen des Westbalkans" abdeckten (Europäischer Auswärtiger Dienst 2020c). Diese Auflistung lässt die globale Ausrichtung dieser Unionsaktivitäten erkennen.

Eine herausragende Bedeutung kommt zudem den zivilen und militärischen Missionen der EU zu: Der Rat hat in den letzten Jahren im Rahmen der GSVP eine Reihe verschiedener Operationen zum Krisenmanagement und zur Friedenssicherung in mehreren Kontinenten beschlossen (vgl. Tab. 2).

Ein Grundlagendokument für die politisch-programmatische Ausrichtung der Union bildet die „Europäische Sicherheitsstrategie" (Europäischer Rat 2003), die der Europäische Rat 2003 nach Vorarbeiten des damaligen Hohen Vertreters für die Gemeinsame Außen- und Sicherheitspolitik Javier Solana verabschiedet und

Tab. 2 Laufende Missionen und Operationen der EU (Stand: August 2020)

Region	Land	Militärische Mission/ Operation (Beginn)	Zivile Mission (Beginn)
Europa	Bosnien Herzegovina	EUFOR ALTHEA (2004)	–
	Georgien	–	EUMM (2008)
	Kosovo	–	EULEX (2008)
	Moldawien & Ukraine	–	EUBAM* (2005)
	Ukraine	–	EUAM (2014)
MENA-Region („Middle East & North Africa")	Irak	–	EUAM (2017)
	Libyen	–	EUBAM (2013)
	Mittelmeerregion	–	EUNAVFOR MED IRINI (2020)
	Palästinensische Autonomiegebiete	–	EUBAM RAFAH (2005) EUPOL COPPS (2006)
Afrika	Mali	EUTM (2013)	EUCAP SAHEL (2014)
	Niger	–	EUCAP SAHEL (2012)
	Somalia	EU NAVFOR ATALANTA (2008) EUTM (2010)	EUCAP NESTOR (2012)
	Zentralafrikanische Republik	EUTM RCA (2016)	EUAM RCA (2020)

*Die Mission wird nicht innerhalb der GSVP-Strukturen geleitet, wird vom EAD jedoch aufgrund ähnlicher Ziele als zivile GSVP-Mission gelistet
Quelle: Eigene Darstellung, in Anlehnung an Europäischer Auswärtiger Dienst (2020b). Auf der Homepage des Europäischen Auswärtigen Dienstes lassen sich darüber hinaus Erklärungen zu den Abkürzungen der jeweiligen Missionen finden

2008 geringfügig modifiziert hat (Europäischer Rat 2008). 2016 wurde eine neue Strategie vorgelegt, die auf fundamentale Veränderungen der Sicherheitslage verwies (European Union Global Strategy 2016).

Als aufschlussreiche Indikatoren für ein gemeinsames Auftreten nach außen können auch Formen politischer Dialoge mit Drittstaaten, so mit dem Verband Südostasiatischer Nationen (ASEAN), der sogenannten Rio-Gruppe lateinamerikanischer Staaten und der Afrikanischen Union (AU) verstanden werden. Dazu ist die Beteiligung bei internationalen Gipfelkonferenzen zu zählen. Tab. 3 bietet eine Übersicht aller internationaler Gipfeltreffen von EU-Vertretern im Jahre 2015

Auf internationalen Gipfelkonferenzen G7 oder G20 wird die EU selbst – neben den führenden Politikern der größeren Mitgliedstaaten – in variierenden Formen durch die Präsidenten des Europäischen Rats und der Kommission vertreten.

Tab. 3 Liste internationaler Gipfeltreffen im Jahr 2015

Datum	Bilaterale Treffen auf Präsidentenebene	„Gruppe zu Gruppe"-Treffen auf höchster Ebene mit den nationalen Spitzenpolitikern
27.04.2015	EU – Ukraine, Kiew	
21.–22.05.2015		Gipfeltreffen der östlichen Partnerschaft, Riga
29.05.2015	EU – Japan, Tokio	
07.–08.06.2015		G7-Gipfel, Schloss Elmau, Deutschland
10.–11.06.2015		EU – „Gemeinschaft der Lateinamerikanischen und Karibischen Staaten" (CELAC), Brüssel
12.06.2015	EU – Mexiko, Brüssel	
29.06.2015	EU – China, Brüssel	
15.09.2015	EU – Republik Korea, Seoul	
26.–30.09.2015		Generalversammlung der Vereinten Nationen, New York
11.–12.11.2015	Gipfeltreffen zu Migrationsfragen, Valletta	
15.–16.11.2015		G20-Gipfel, Antalya
29.11.2015	Treffen der EU-Staats- und Regierungschefs mit der Türkei, Brüssel	
30.11.–12.12.2015		Klimakonferenz der Vereinten Nationen, Paris

Quelle: Eigene Darstellung, in Anlehnung an Rat der Europäischen Union (2020d)

Die eingeführten Regeln zur „Verstärkten Zusammenarbeit" (Art. 20 EUV; Art. 326–334 AEUV) (vgl. Kap. ▶ „Flexibilisierung") (Tekin 2016) zwischen interessierten Mitgliedstaaten sind im Bereich der GASP bisher nicht angewandt worden, obwohl die außen- und sicherheitspolitischen Herausforderungen der letzten Jahre – so aufgrund der Proteste, Aufstände und Revolutionen in der arabischen Welt 2011 – gemeinsame Aktionen einiger Mitgliedstaaten sinnvoll erscheinen ließen. Jedoch sind größere Mitgliedstaaten als „EU-3" in Verhandlungen mit dem Iran um Nuklearpläne (Regelsberger 2006, S. 241) oder im sogenannten „Normandie-Format" mit Russland und der Ukraine im Kontext der Ukrainekrise seit 2014 (Helwig und Tannous 2015, S. 291–293) aktiv geworden, ohne sich nach diesen primärrechtlichen Bestimmungen zu richten. Eine derartige Teilgruppe kann eher als Form eines Direktoriums der ,Großen' verstanden werden (Hill 2006).

Das für den Bereich der GSVP im Lissabonner Vertrag eingeführte Verfahren der „Ständigen Strukturierten Zusammenarbeit" (im englischen Sprachgebrauch *Permanent Structured Cooperation*, PESCO) (Art. 42 (6) und 46 EUV) wird seit 2017 intensiv genutzt (vgl. Kap. ▶ „Flexibilisierung"): Stand 2019 hatten 25 Mitgliedstaaten (Dänemark und Malta nahmen nicht teil) 47 Projekte militärischer Zusammenarbeit beschlossen. Diese dienen primär der Ausbildung technischer Fähigkeiten. Die Projekte werden jeweils von ein oder zwei Mitgliedstaaten federführend geleitet. Die Anzahl der Staaten, die an einzelnen Projekten teilnehmen, variiert stark. Die Schaffung konkreter operativer Einsatzverbände im robusten Bereich ist bis auf weiteres vonseiten der Mitgliedstaaten hingegen nicht geplant (Göler und Reiter 2019, S. 329).Insgesamt lässt diese Bilanz einen beachtlichen Umfang bei der Nutzung des vertraglichen und außervertraglichen Instrumentenkastens erkennen. Die Mitgliedstaaten sind sich des Wertes ihres gemeinsamen Koordinierungsrahmens bewusst. Jedoch sind aus den Beobachtungen keine Aussagen zur konkreten Effektivität der jeweiligen Beschlüsse der GASP zu entnehmen. Für eine Wirkungsanalyse sind Fallstudien und Untersuchungen zu einzelnen Organen heranzuziehen bzw. zu erstellen. So erweist sich der Europäische Rat im Management von außen- und sicherheitspolitischen Krisen als nur begrenzt effizient und effektiv (Wessels 2016, S. 222–223).

In der Praxis des Arbeitens in der institutionellen Architektur sind einige Grundmuster konstant geblieben. Die tägliche Arbeit in der GASP bei der Vorbereitung, Verabschiedung und Durchführung der gemeinsamen außenpolitischen Aktivitäten ist – trotz vielerlei institutioneller und prozeduraler Ergänzungen und Revisionen durch Vertragsänderungen – weiterhin allein durch die enge Zusammenarbeit zwischen Regierungen geprägt. Die Regeln zur konstruktiven Enthaltung und zur Mehrheitsabstimmung im Rat sind dabei ‚tote Buchstaben' geblieben. Die Außenminister und Beamten der Mitgliedstaaten haben dabei eine Bandbreite vertraglicher Angebote nicht genutzt; sie sind aus prinzipiellen Gründen bei der Einstimmigkeit geblieben (Regelsberger 2016, S. 268).

Dieser Charakter der GASP zeigt seine Schwächen insbesondere bei internationalen Krisen. Fallstudien (Helwig und Tannous 2015, S. 291–294; Regelsberger et al. 1997) beleuchten die Schwierigkeiten der Mitgliedstaaten, sich bei militärischen Konflikten im internationalen System rasch und nachhaltig auf eine gemeinsame Position zu einigen. Die Uneinigkeit bei der Beteiligung am Irakkrieg 2003 (u. a. Jopp und Sandawi 2004, S. 229; Regelsberger 2004, S. 239) sowie am internationalen Militäreinsatz in Libyen 2011 belegt, dass die Mitgliedstaaten – entgegen vieler Vertragsformulierungen – in Konstellationen, die sie selbst als „high politics" (vgl. zum Begriff Hoffmann 1966) einstufen, die GASP-Architektur gegenüber nationalen Möglichkeiten immer wieder nur als einen nachgeordneten Handlungsraum einstufen. Auch in Konflikten in Syrien und Libyen sowie im Verhältnis zu Russland und China zeigen sich wenig Gemeinsamkeiten (Bendiek und Fessler 2019, S. 319–321).

Innerhalb von internationalen Organisationen – so in der UN und der OSZE – konnten die Mitgliedstaaten in der Regel dagegen zu weniger sensiblen Punkten einer länger vorbereiteten Tagesordnung einen höheren Grad an Kohärenz erreichen. Bei Statusfragen – so unter anderem bei Forderungen der Bundesrepublik Deutschland nach einem Ständigen Sitz im UN-Sicherheitsrat (Unser 2007, S. 481–482) oder bei gemeinsamen Positionen zu Konflikten im Nahen Osten und Afghanistan (Unser 2015, S. 564) – verfehlt die EU jedoch immer wieder ihr Ziel, geschlossen mit ‚einer Stimme' aufzutreten.

Zu diesem intergouvernementalen Stil gehört auch eine in der Praxis zurückhaltende Mitwirkung der Kommission. Die Abgeordneten des EP haben ihre Haushaltsrechte bei den Ausgaben für die GASP nach Art. 41 EUV geltend gemacht (Rat

der Europäischen Union 2013) und Informations-, Anhörungs- sowie Zustimmungs-
rechte bei Abkommen mit Drittstaaten genutzt, um ihren Einfluss zu erhöhen.
Dadurch hat sich ein Kontaktnetz zwischen Abgeordneten und Hoher Vertreterin
bzw. EAD entwickelt, dessen Nutzen „zur eigenen Positionsverbesserung gegenüber
Dritten" (Regelsberger 2016, S. 274–275) von beiden Seiten geschätzt wird.
    Ein Beleg für die Zurückhaltung der Mitgliedstaaten gegenüber der Macht von
Organen in Brüssel stellen die Erklärungen 13 und 14 des Lissabonner Vertrags zur
GASP dar, in denen die Mitgliedstaaten betonen, dass die Bestimmungen des
Lissabonner Vertrags zum Amt des Hohen Vertreters sowie zum Auswärtigen Dienst
die „Zuständigkeiten der Mitgliedstaaten" nicht berühren (vgl. Kap. ▶ „Der Hohe
Vertreter der EU für Außen- und Sicherheitspolitik").

4   Zusammenfassung, Diskussion und Perspektiven

4.1   Zur Charakterisierung: Gemeinschaftsmethode und rationalisierter Intergouvernementalismus

Der Befund zum „Auswärtigen Handeln der Union" lässt nicht nur Variationen bei
den Regelwerken erkennen, sondern verweist auch auf Unterschiede in der Praxis
gemeinsamer Aktivitäten.
    Die gemeinsame Handelspolitik der EU gilt in der Regel als erfolgreich bei der
Vertretung ökonomischer Interessen im regionalen und globalen Kontext. Die EU
zeigt dabei ihre Marktmacht, den Zugang zu ihrem Binnenmarkt zu gewähren.
Umstritten bei der Politikgestaltung war immer wieder, ob und in welchem Grad
die Kommission bei Verhandlungen mit Drittstaaten ihr vom Rat gegebenes Mandat
überschreitet. Im Hinblick auf die Vertragsgestaltung wird regelmäßig diskutiert,
welche Bereiche unter die üblichen Regeln der Handelspolitik fallen sollen. So
haben die Mitgliedstaaten bei Vertragsänderungen einige Sektoren der Außenwirtschaftsbeziehungen von einer Abstimmung mit qualifizierter Mehrheit im Rat ausgeschlossen.
    Im Unterschied zu den wirtschaftspolitischen Außenbeziehungen und der dabei
größtenteils praktizierten Muster der supranationalen Gemeinschaftsmethode ist die
institutionelle Leitidee der GASP im Vertrag und in der Praxis seit drei Jahrzehnten
durch eine eindeutige intergouvernementale Ausrichtung geprägt:

- Die traditionelle Außen- und noch mehr die Verteidigungspolitik bleiben für die
  Mitgliedsregierungen häufig reservierte Bereiche. Der Anspruch auf nationale
  Souveränität in diesen ‚sensiblen' Politikfeldern ist in der Praxis ungebrochen.
- Außenpolitik bleibt ein Vorrecht der Exekutive: Bei der Politikgestaltung durch
  nationale Regierungen können supranationale Organe, so das EP und insbesondere der Gerichtshof, keine Beteiligungsrechte geltend machen.
- Obwohl das intensive Geflecht der GASP-Politiker und Diplomaten als „transnational" bezeichnet wird (Wallace 2005), kann die GASP-Architektur auch nach
  mehreren Vertragsänderungen nur als Form eines „rationalisierten Intergouver-

nementalismus" (Wessels 2004) verstanden werden: Die Mitgliedstaaten haben ihre Formen der Zusammenarbeit immer wieder überdacht, angepasst und weiterentwickelt, ohne jedoch einen weiterreichenden Schritt in Richtung einer Vergemeinschaftung zu gehen. Auch die Regeln des Lissabonner Vertrags verbleiben auf einem bestimmten Plateau der Koordinierungsintensität, ohne eine nächste Stufe auf der ‚Fusions-' bzw. ‚Integrationsleiter' zu nehmen (vgl. Abb. 7, Kap. ► „Einführung").

4.2   Zur globalen Rolle der Union: Unterschiedliche Profile

Mit Blick auf die Rollenbeschreibungen des auswärtigen Handelns der Union ist kein durchgängiges und einheitliches Profil zu erkennen. In den Beziehungen zu anderen Staaten verfolgt die EU gleichzeitig normative Ziele der Wertegemeinschaft, ökonomische Interessen und geopolitische Machtpositionen. Trotz einiger Einsätze und Missionen im Ausland fehlt ihr weiterhin eine militärische Dimension.

4.3   Zur Handlungsfähigkeit der Union

Durchgängig angemerkt wird von Politikern, Beamten und Wissenschaftlern, dass die EU in ihrem Wirken und den erzielten Wirkungen hinter ihren Ansprüchen und wohl auch effektiven Möglichkeiten zurück bleibt (European Union Global Strategy 2016). Die Lücke zwischen politischen Erwartungen und tatsächlichen Fähigkeiten (im wissenschaftlichen Sprachgebrauch „capability expectation gap" (Hill 1993, 1998)) wird auf mehrere Faktoren zurückgeführt. Eine zentrale Ursachenforschung verweist auf Mängel in der Koordination zwischen dem Bereich der EU-Außenbeziehungen und der GASP; sie werden durch unzureichende Vereinbarkeit von supranationalen auf der einen und intergouvernementalen Regeln und Praktiken auf der anderen Seite erklärt (Helwig et al. 2013; Stross und Den Hertog 2013, S. 383). Von vielleicht nachhaltigerer Bedeutung für die begrenzte Handlungsfähigkeit sind aber auch unterschiedliche Interessen zwischen den Mitgliedstaaten – nicht zuletzt auch zwischen den größeren Staaten. Sicherheitspolitische Bedrohungsanalysen und außenpolitische Strategiekonzepte weichen zwischen den Mitgliedstaaten – so insbesondere zwischen Deutschland und Frankreich – erheblich voneinander ab. Formulierungen in gemeinsam erarbeiteten Strategieerklärungen überdecken häufig diese Unterschiede.

Angesichts der auch weiterhin zu erwartenden Lücke zwischen den selbst gesetzten Zielen als globaler Akteur einerseits und der Handlungsfähigkeit und Wirksamkeit gemeinsamer Aktivitäten andererseits wird die Diskussion um weitere Reformen der GASP-Architektur auch mit der Erfahrung in der Praxis des Lissabonner Vertrags nicht beendet sein. Unerwartete Krisen werden – wie in der Vergangenheit – immer wieder zu Anstößen für Verfahrensänderungen führen. Nach den bisherigen Erfahrungen sind weitere begrenzte Anpassungen – gegebenenfalls auch ohne Vertragsänderungen – zu erwarten. Globale und regionale Veränderungen – so v. a. die Politik des US-amerikanischen Präsidenten, die Neuorientierung der Türkei,

Entwicklungen in den Nachbarstaaten sowie die Auswirkungen des Terrorismus und des Klimawandels, geben zusätzliche Anstöße, die „Souveränität Europas" durch ein „Europa der Verteidigung" zu stärken (Macron 2017). In seiner „neuen strategischen Agenda 2019–2024" hat der Europäische Rat Vorgaben für die Arbeit der Institutionen verabschiedet (Europäischer Rat 2019). Zu den Hauptprioritäten zählen der „Schutz der Bürgerinnen und Bürger" und die „Förderung der Interessen und Werte Europas in der Welt". Verstärkt wird ein „geopolitisches Denken" angemahnt (Bergmann 2020). Zu erwarten ist aufgrund der Erfahrungen mit der institutionellen Architektur des auswärtigen Handelns, dass derartige politische Vorgaben in der Praxis nur begrenzt umgesetzt werden.

5   Zur Wiederholung und Vertiefung

Merkpunkte und Stichworte
- Grundkenntnisse:
  - Ziele der EU als globaler Akteur
  - Vertragliche Grundlagen (Zwei-Säulen-Struktur)
  - Schwerpunkte der EU-Außenbeziehungen
  - Schwerpunkte der GASP-Aktivitäten
  - Schwerpunkte der GSVP-Aktivitäten
- Zur institutionellen Architektur: Vertragsbestimmungen und Befund aus der Praxis
  - GASP-Architektur: Ebenen der Willens- und Entscheidungsbildung
  - Rolle der Kommission in der Handelspolitik
  - Rollen des EP in der
    - Handelspolitik
    - Assoziierungspolitik
    - GASP-Architektur
  - Rollen des Rates bei den EU-Außenbeziehungen und in der GASP
  - Rolle des Hohen Vertreters der Union für Außen- und Sicherheitspolitik
  - Struktur des EAD
  - PSK: Zusammensetzung und Aufgaben
  - Rolle des Vorsitzes in der GASP
  - Qualifizierte Mehrheit in der Gemeinsamen Handelspolitik und in der GASP: Formen und Grenzen
  - Rolle des Präsidenten des Europäischen Rates

Fragen
- Die Gemeinsame Handelspolitik und die GASP im Vergleich: Wie kann man die beiden Kernbereiche des auswärtigen Handelns erfassen und vergleichend evaluieren?
- Wie kann die EU als globaler und regionaler Akteur definiert werden?
- Welche Theorien zur internationalen Politik können mit Erkenntnisgewinn zur Erklärung des auswärtigen Handelns der EU herangezogen werden?

Thesen zur Diskussion

- Die Mitgliedstaaten sollen Angebote von Flexibilisierung (so die verstärkte sowie die Ständige Strukturierte Zusammenarbeit) stärker nutzen.
- Das EP sollte eine zentrale Rolle als Legitimitätsstifter für eine starke internationale Rolle der EU übernehmen.

Literatur

Online-Quellen

https://www.iss.europa.eu/.
Die Homepage des European Union Institute for Security Studies (EUISS) bietet Analysen zu sicherheitspolitischen Fragen sowie Zusammenstellungen relevanter Dokumente aus GASP und GSVP.
https://eda.europa.eu/home.
Offizielle Webseite der Europäischen Verteidigungsagentur (EDA).
https://international-partnerships.ec.europa.eu/index_en.
Webseite der Europäischen Kommission zu internationalen Partnerschaften.
https://policy.trade.ec.europa.eu/index_en.
Webseite der Europäischen Kommission zu Außenhandelsbeziehungen.
https://civil-protection-humanitarian-aid.ec.europa.eu/index_en.
Webseite der Kommission zur humanitären Hilfe und Entwicklungszusammenarbeit.

Einführende Literatur

Bendiek, Annegret, und Moritz Wiesenthal. 2020. Gemeinsame Außen- und Sicherheitspolitik. In *Jahrbuch der Europäischen Integration 2020*, Hrsg. Werner Weidenfeld und Wolfgang Wessels, 351–356. Baden-Baden: Nomos.
Göler, Daniel, und Florence Reiter. 2020. Gemeinsame Sicherheits- und Verteidigungspolitik. In *Jahrbuch der Europäischen Integration 2020*, Hrsg. Werner Weidenfeld und Wolfgang Wessels, 357–362. Baden-Baden: Nomos.
Helwig, Niklas. 2020. Gemeinsame Außen- und Sicherheitspolitik. In *Europa von A bis Z. Taschenbuch der europäischen Integration*, Hrsg. Weidenfeld Werner, Wolfgang Wessels und Funda Tekin, 15. Aufl., 325–332. Wiesbaden: Springer VS.
Jopp, Mathias, und Jéronimo L. S. Barbin. 2020. Gemeinsame Sicherheits- und Verteidigungspolitik. In *Europa von A bis Z. Taschenbuch der europäischen Integration*, Hrsg. Werner Weidenfeld, Wolfgang Wessels und Funda Tekin, 15. Aufl., 333–339. Baden-Baden: Nomos.
Weiß, Wolfgang. 2020. Außenwirtschaftsbeziehungen. In *Jahrbuch der Europäischen Integration 2020*, Hrsg. Werner Weidenfeld und Wolfgang Wessels, 339–344. Baden-Baden: Nomos.

Literaturverzeichnis

Algieri, Franco. 2016. Assoziierungs- und Kooperationspolitik. In *Europa von A bis Z. Taschenbuch der europäischen Integration*, Hrsg. Werner Weidenfeld und Wolfgang Wessels, 14. Aufl., 77–81. Baden-Baden: Nomos.
Algieri, Franco. 2019. Die Europäische Union und China. In *Jahrbuch der Europäischen Integration 2019*, Hrsg. Werner Weidenfeld und Wolfgang Wessels, 335–338. Baden-Baden: Nomos.

Altmann, Franz-Lothar. 2019. Südosteuropapolitik. In *Jahrbuch der Europäischen Integration 2019*, Hrsg. Werner Weidenfeld und Wolfgang Wessels, 401–404. Baden-Baden: Nomos.

Bendiek, Annegret, und Moritz Fessler. 2019. Gemeinsame Außen- und Sicherheitspolitik. In *Jahrbuch der Europäischen Integration 2019*, Hrsg. Werner Weidenfeld und Wolfgang Wessels, 319–324. Baden-Baden: Nomos.

Bergmann, Julian, und Niels Keijzer. 2019. Entwicklungszusammenarbeit und Humanitäre Hilfe. In *Jahrbuch der Europäischen Integration 2019*, Hrsg. Werner Weidenfeld und Wolfgang Wessels, 313–318. Baden-Baden: Nomos.

Bergmann, Max. 2020. *Gestern Dornröschen, morgen Supermacht*. IPG-Journal (28.08.2020). https://www.ipg-journal.de/regionen/europa/artikel/gestern-dornroeschen-morgen-supermacht-4600/. Zugegriffen am 01.07.2022.

Böttger, Katrin. 2015. Die Europäische Union und die Länder der Östlichen Partnerschaft. In *Jahrbuch der Europäischen Integration 2015*, Hrsg. Werner Weidenfeld und Wolfgang Wessels, 333–338. Baden-Baden: Nomos.

Böttger, Katrin, und Friederike Augustin. 2019. Östliche Partnerschaft. In *Jahrbuch der Europäischen Integration 2019*, Hrsg. Werner Weidenfeld und Wolfgang Wessels, 365–366. Baden-Baden: Nomos.

Braun, Yvonne. 2019. Zentralasienpolitik. In *Jahrbuch der Europäischen Integration 2019*, Hrsg. Werner Weidenfeld und Wolfgang Wessels, 353–354. Baden-Baden: Nomos.

Bretherton, Charlotte, und John Vogler. 2006. *The European Council as global actor*. London: Routledge.

Bundesverfassungsgericht. 2009. *Karlsruhe. Urteil vom 30. Juni 2009 – 2 BvE 2/08*. https://www.bundesverfassungsgericht.de/entscheidungen/es20090630_2bve000208. Zugegriffen am 01.07.2022.

Duchêne, François. 1972. Europe's role in world peace. In *Europe tomorrow: Sixteen Europeans look ahead*, Hrsg. Richard Mayne, 32–47. London: Fontana.

Ehrhart, Hans-Georg. 2004. Abschied vom Leitbild „Zivilmacht"? Konzepte zur EU-Sicherheitspolitik nach dem Irak-Krieg. In *Neues Europa – alte EU? Fragen an den europäischen Integrationsprozess*, Hrsg. Johannes Varwick und Wilhelm Knelangen, 149–163. Opladen: Leske + Budrich.

Europäische Kommission. 2016. Restrictive measures (sanctions) in force (updated on 07.07.2016). https://eeas.europa.cu/archives/docs/cfsp/sanctions/docs/measures_en.pdf. Zugegriffen am 01.07.2022.

Europäische Verteidigungsagentur. 2020. Offizielle Homepage. https://eda.europa.eu/. Zugegriffen am 01.07.2022.

Europäischer Auswärtiger Dienst. 2020a. High representative's statements. https://ccas.europa.eu/headquarters/headquarters-homepage/search/site/_en?f%5B1%5D=im_field_eeas_homepage%3A38&f%5B2%5D=sm_specific_content_type%3Aeeas_press%3Afield_eeas_press_category%3Ahrvp&search token=o723U8OfUGuCIx6p-1rePhvLcUTgHe1WG3IBGatQGxA. Zugegriffen am 31.01.2020.

Europäischer Auswärtiger Dienst. 2020b. Military and civilian missions and operations. https://eeas.europa.eu/topics/common-security-and-defencepolicy-csdp/430/military-and-civilian-missions-and-operations_en. Zugegriffen am 31.08.2020.

Europäischer Auswärtiger Dienst. 2020c. EU special representatives. https://eeas.europa.eu/headquarters/headquarters-homepage/3606/eu-special-representatives_en. Zugegriffen am 31.01.2020.

Europäischer Rat. 2003. Europäische Sicherheitsstrategie: „Ein sicheres Europa in einer besseren Welt", 12. Dezember 2003. Brüssel. https://www.cvce.eu/content/publication/2004/10/11/1df262f2-260c-486f-b414-dbf8dc112b6b/publishable_de.pdf. Zugegriffen am 01.07.2022.

Europäischer Rat. 2008. Bericht über die Umsetzung der Europäischen Sicherheitsstrategie. Sicherheit schaffen in einer Welt im Wandel. Brüssel. https://www.consilium.europa.eu/ueDocs/cms_Data/docs/pressdata/DE/reports/104634.pdf. Zugegriffen am 01.07.2022.

Europäischer Rat. 2016. Schlussfolgerungen des Europäischen Rates, EUCO 26/16, 28. Juni 2016. Brüssel. https://data.consilium.europa.eu/doc/document/ST-26-2016-INIT/de/pdf. Zugegriffen am 01.07.2022.

Europäischer Rat. 2019. Eine neue strategische Agenda 2019–2023, 20. Juni 2019. Brüssel. https://www.consilium.europa.eu/de/press/press-releases/2019/06/20/a-new-strategic-agenda-2019-2024/. Zugegriffen am 01.07.2022.

Europäischer Rat. 2020. Außerordentliche Tagung des Europäischen Rates (1. und 2. Oktober 2020). Schlussfolgerungen. Brüssel. https://data.consilium.europa.eu/doc/document/ST-13-2020-INIT/de/pdf. Zugegriffen am 01.07.2022.

European Union Global Strategy. 2016. Shared vision, common action: A stronger Europe. A global strategy for the European Union's foreign and security policy. Brüssel. https://eeas.europa.eu/archives/docs/top_stories/pdf/eugs_review_web.pdf. Zugegriffen am 01.07.2022.

Fischer, Sabine. 2019. Die Europäische Union und Russland. In *Jahrbuch der Europäischen Integration 2019*, Hrsg. Werner Weidenfeld und Wolfgang Wessels, 383–386. Baden-Baden: Nomos.

Gebhard, Carmen. 2011. Coherence. In *International relations and the European Union*, Hrsg. Christopher Hill und Michael Smith, 2. Aufl., 101–127. Oxford: Oxford University Press.

Göler, Daniel, und Florence Reiter. 2019. Gemeinsame Sicherheits- und Verteidigungspolitik. In *Jahrbuch der Europäischen Integration 2019*, Hrsg. Werner Weidenfeld und Wolfgang Wessels, 325–330. Baden-Baden: Nomos.

Götz, Matthias. 2016. Außenhandelsbeziehungen. In *Europa von A bis Z. Taschenbuch der europäischen Integration*, Hrsg. Werner Weidenfeld und Wolfgang Wessels, 14. Aufl., 92–97. Baden-Baden: Nomos.

Hallak, Issam. 2021. *EU-UK Trade and Cooperation Agreement. An analytical overview. In-depth analysis*. Brüssel: European Parliamentary Research Service. https://www.europarl.europa.eu/RegData/etudes/IDAN/2021/679071/EPRS_IDA(2021)679071_EN.pdf. Zugegriffen am 01.07.2022.

Helwig, Niklas. 2015. *The high representative of the union: The constrained agent of Europe's foreign policy*. Berlin: Epubli.

Helwig, Niklas. 2019. Die Europäische Union und die USA. In *Jahrbuch der Europäischen Integration 2019*, Hrsg. Werner Weidenfeld und Wolfgang Wessels, 347–352. Baden-Baden: Nomos.

Helwig, Niklas, und Isabelle Tannous. 2015. Gemeinsame Außen- und Sicherheitspolitik. In *Jahrbuch der Europäischen Integration 2015*, Hrsg. Werner Weidenfeld und Wolfgang Wessels, 287–294. Baden-Baden: Nomos.

Helwig, Niklas, Paul Ivan, und Hrant Kostanyan. 2013. *The new EU foreign policy architecture: Reviewing the first two years of the EEAS*. Center for European Policy Studies. https://www.ceps.eu/publications/new-eu-foreign-policy-architecture-reviewing-first-two-years-eeas. Zugegriffen am 01.07.2022.

Hill, Christopher. 1993. The capability expectation gap, or conceptualizing Europe's international role. *Journal of Common Market Studies* 31(3): 305–328.

Hill, Christopher. 1998. Closing the capabilities-expectations gap? In *A common foreign policy for Europe?* Hrsg. John Peterson und Helene Sjursen. London: Routledge.

Hill, Christopher. 2006. The Directoire and the problem of a coherent EU foreign policy. *CFSP Forum* 4(6): 1–16.

Hill, Christopher. 2010. Cheques and balances: The European Union's soft power strategy. In *Soft power and US foreign policy: Theoretical, historical and contemporary perspectives*, Hrsg. Inderjeet Parmar und Michael Cox, 182–198. London: Routledge.

Hoffmann, Stanley. 1966. Obstinate or obsolete? The fate of the nation-state and the case of Western Europe. *Daedalus* 95(2): 862–915.

Institut der Europäischen Union für Sicherheitsstudien. 2020. Offizielle Homepage. https://www.iss.europa.eu/about-us/. Zugegriffen am 01.07.2022.

Jopp, Mathias, und Jéronimo L. S. Barbin. 2016. Gemeinsame Sicherheits- und Verteidigungspolitik. In *Europa von A bis Z. Taschenbuch der europäischen Integration*, Hrsg. Werner Weidenfeld und Wolfgang Wessels, 14. Aufl., 276–287. Baden-Baden: Nomos.

Jopp, Mathias, und Sammi Sandawi. 2004. Europäische Sicherheits- und Verteidigungspolitik. In *Jahrbuch der Europäischen Integration 2003/2004*, Hrsg. Werner Weidenfeld und Wolfgang Wessels, 229–238. Baden-Baden: Nomos.

Kirste, Knut, und Hanns W. Maull. 1996. Zivilmacht und Rollentheorie. *Zeitschrift für Internationale Beziehungen* 3(2): 283–312.

Koenig, Nicole. 2011. The EU and the Libyan crisis – In quest of coherence. *The International Spectator* 46(4): 11–30.

Leyen, Ursula von der. 2019. *Rede zur Eröffnung der Plenartagung des Europäischen Parlaments*. Straßburg. https://ec.europa.eu/commission/presscorner/api/files/document/print/de/speech_19_4230/SPEECH_19_4230_DE.pdf. Zugegriffen am 01.07.2022.

Lippert, Barbara. 2019. Europäische Nachbarschaftspolitik. In *Jahrbuch der Europäischen Integration 2019*, Hrsg. Werner Weidenfeld und Wolfgang Wessels, 357–364. Baden-Baden: Nomos.

Macron, Emmanuel. 2017. Rede von Staatspräsident Macron an der Sorbonne. Initiative für Europa. Paris, den 26. September 2017. https://de.ambafrance.org/IMG/pdf/macron_sorbonne_europe_integral.pdf?23641/4be243b705d8068173926eeb032184acc4a1f073. Zugegriffen am 01.07.2022.

Manners, Ian. 2002. Normative power Europe: A contradiction in terms. *Journal of Common Market Studies* 40(2): 235–258.

Maull, Hanns W. 2020. Multilateralismus: Varianten, Möglichkeiten, Grenzen, Erfolgsbedingungen. In *SWP-Aktuell Nr 11*. https://www.swp-berlin.org/fileadmin/contents/products/aktuell/2020A11_Maull.pdf. Zugegriffen am 01.07.2022.

Monar, Jörg. 2007. Außenwirtschaftsbeziehungen. In *Europa von A bis Z. Taschenbuch der europäischen Integration*, Hrsg. Werner Weidenfeld und Wolfgang Wessels, 14. Aufl., 77–81. Baden-Baden: Nomos.

Müller, Melanie, und Denis M. Tull. 2019. Afrikapolitik. In *Jahrbuch der Europäischen Integration 2019*, Hrsg. Werner Weidenfeld und Wolfgang Wessels, 331–334. Baden-Baden: Nomos.

Nuttall, Simon J. 1997. Two decades of EPC performance. In *Foreign policy of the European Union. From EPC to CFSP and beyond*, Hrsg. Elfriede Regelsberger, Philippe de Schoutheete de Tervarent und Wolfgang Wessels. London: Boulder.

Nuttall, Simon J. 2000. *European foreign policy*. New York: Oxford University Press.

Nuttall, Simon J. 2005. Coherence and consistency. In *International relations and the European Union*, Hrsg. Christopher Hill und Michael Smith, 91–112. Oxford: Oxford University Press.

Nye, Joseph S. 2004. *Soft power: The means to success in world politics*. New York: Public Affairs.

Rat der Europäischen Union. 2013. *Verordnung (EU, EURATOM) Nr. 1311/2013 des Rates vom 2. Dezember 2013 zur Festlegung des mehrjährigen Finanzrahmens für die Jahre 2014–2020*.

Rat der Europäischen Union. 2014. Verordnung (EU) Nr. 833/2014 vom 31. Juli 2014 über restriktive Maßnahmen angesichts der Handlungen Russlands, die die Lage in der Ukraine destabilisieren. https://eur-lex.europa.eu/legal-content/DE/TXT/PDF/?uri=CELEX:32014R0833&from=DE. Zugegriffen am 01.07.2022.

Rat der Europäischen Union. 2020a. Addendum Nummer 1 zur Liste der „A"-Punkte.

Rat der Europäischen Union. 2020b. Liste der „A"-Punkte.

Rat der Europäischen Union. 2020c. Provisional agenda. Council of the European Union (Foreign Affairs), 12. Oktober 2020.

Rat der Europäischen Union. 2020d. Sitzungskalender.

Rat der Europäischen Union. 2020e. Vorbereitungsgremien des Rates „Auswärtige Angelegenheiten".

Regelsberger, Elfriede. 2004. Gemeinsame Außen- und Sicherheitspolitik. In *Jahrbuch der Europäischen Integration 2003/2004*, Hrsg. Werner Weidenfeld und Wolfgang Wessels, 239–246. Baden-Baden: Nomos.

Regelsberger, Elfriede. 2006. Gemeinsame Außen- und Sicherheitspolitik. In *Jahrbuch der Europäischen Integration 2005*, Hrsg. Werner Weidenfeld und Wolfgang Wessels, 241–248. Baden-Baden: Nomos.

Regelsberger, Elfriede. 2016. Gemeinsame Außen- und Sicherheitspolitik. In *Europa von A bis Z. Taschenbuch der europäischen Integration*, Hrsg. Werner Weidenfeld und Wolfgang Wessels, 14. Aufl., 260–276. Baden-Baden: Nomos.

Regelsberger, Elfriede, und Mathias Jopp. 2011. The common foreign and security policy of the EU – Fusion trends and future perspectives. In *Europe reloaded: Differentiation or fusion?* Hrsg. Udo Diedrichs, Anne Faber, Funda Tekin und Gaby Umbach, 396–416. Baden-Baden: Nomos.

Regelsberger, Elfriede, Philippe de Schoutheete, und Wolfgang Wessels. 1997. *Foreign policy of the European Union: From EPC to CFSP and beyond*. Boulder: Lynne Rienner.

Remáč, Milan. 2016. *International agreements. Review and monitoring clauses. A rolling checklist*. Brüssel: Wissenschaftlicher Dienst des Europäischen Parlaments. https://www.europarl. europa.eu/RegData/etudes/STUD/2016/587343/EPRS_STU(2016)587343_EN.pdf. Zugegriffen am 01.07.2022.

Rosamond, Ben. 2000. *Theories of European integration*. Basingstoke: Palgrave Macmillan.

Schade, Daniel. 2019. Lateinamerikapolitik. In *Jahrbuch der Europäischen Integration 2019*, Hrsg. Werner Weidenfeld und Wolfgang Wessels, 339–342. Baden-Baden: Nomos.

Schumacher, Tobias. 2019. Mittelmeerpolitik. In *Jahrbuch der Europäischen Integration 2019*, Hrsg. Werner Weidenfeld und Wolfgang Wessels, 373–376. Baden-Baden: Nomos.

Steppacher, Burkard. 2019. Die EFTA-Staaten, der EWR und die Schweiz. In *Jahrbuch der Europäischen Integration 2019*, Hrsg. Werner Weidenfeld und Wolfgang Wessels, 377–382. Baden-Baden: Nomos.

Stross, Simon, und Leonhard Den Hertog. 2013. Coherence in EU external relations: Concepts and legal rooting of an ambiguous term. *European Foreign Affairs Review* 18(3): 373–388.

Tannous, Isabelle. 2015. Entwicklungszusammenarbeit und Humanitäre Hilfe. In *Jahrbuch der europäischen Integration 2015*, Hrsg. Werner Weidenfeld und Wolfgang Wessels, 269–276. Baden-Baden: Nomos.

Tekin, Funda. 2016. Differenzierte Integration. In *Europa von A bis Z. Taschenbuch der europäischen Integration*, Hrsg. Werner Weidenfeld und Wolfgang Wessels, 14. Aufl., 125–132. Baden-Baden: Nomos.

Unser, Günther. 2007. Die EU und die Vereinten Nationen. In *Jahrbuch der Europäischen Integration 2006*, Hrsg. Werner Weidenfeld und Wolfgang Wessels, 475–482. Baden-Baden: Nomos.

Unser, Günther. 2015. Die Europäische Union und die Vereinten Nationen. In *Jahrbuch der Europäischen Integration 2015*, Hrsg. Werner Weidenfeld und Wolfgang Wessels, 563–570. Baden-Baden: Nomos.

Vanhoonacker, Sophie. 2011. The institutional framework. In *International relations and the European Union*, Hrsg. Christopher Hill und Michael Smith, 75–100. Oxford: Oxford University Press.

Wallace, William. 2005. Post-sovereign governance: The EU as a partial polity. In *Policy-making in the European Union*, Hrsg. Helen Wallace, William Wallace und Mark A. Pollack, 483–504. New York: Oxford University Press.

Weidenfeld, Werner. 2016. Europäische Einigung im historischen Überblick. In *Europa von A bis Z. Taschenbuch der europäischen Integration*, Hrsg. Werner Weidenfeld und Wolfgang Wessels, 14. Aufl., 15–54. Baden-Baden: Nomos.

Weiß, Wolfgang. 2019. Außenwirtschaftsbeziehungen. In *Jahrbuch der Europäischen Integration 2019*, Hrsg. Werner Weidenfeld und Wolfgang Wessels, 307–312. Baden-Baden: Nomos.

Wessels, Wolfgang. 1995. Die EU als Ordnungsfaktor. In *Die neue Weltpolitik*, Hrsg. Karl Kaiser und Hans-Peter Schwarz, 486–496. Bonn: Europa Union.

Wessels, Wolfgang. 2004. Europapolitik in der wissenschaftlichen Debatte. In *Jahrbuch der Europäischen Integration 2003/04*, Hrsg. Werner Weidenfeld und Wolfgang Wessels, 27–38. Bonn: Europa Union.

Wessels, Wolfgang. 2016. *The European Council*. Basingstoke: Palgrave Macmillan.

Vertragsänderungsverfahren

Regelwerk und Praxis zur Gestaltung des Primärrechts

Inhalt

Zusammenfassung

Die Verfahren zur Vertragsänderung sind von zentraler konstitutioneller Bedeutung, da sie das Regelwerk festlegen, gemäß dem die primärrechtlichen Grundlagen der Europäischen Union vorbereitet, verabschiedet und ratifiziert werden. Von den Gründungsverträgen bis zum Lissabonner Vertrag haben die Mitgliedstaaten durch die sogenannten Regierungskonferenzen das EU-System mehrfach ausgebaut. Der Europäische Rat nimmt nach dem Vertrag von Lissabon (Art. 48 EUV) sowohl im ordentlichen als auch im vereinfachten Änderungsverfahren als konstitutioneller Architekt eine Schlüsselposition ein. Im Zuge wachsender Kritik an der Intransparenz von Regierungskonferenzen wurde ein Konvent in das ordentliche Änderungsverfahren integriert. Nach wie vor stellt die Ratifizierung von Vertragsänderungen in den Mitgliedstaaten eine Herausforderung dar. So haben verschiedene Mitgliedstaaten auch nach Abschluss und Ratifizierung des Lissabonner Vertrags mehrere Verträge außerhalb des Unionsvertragswerks vereinbart.

Schlüsselwörter

Systemgestaltung · Konstitutioneller Architekt · Regierungskonferenz ·
Konvent · Ordentliches und vereinfachtes Änderungsverfahren

© Springer Fachmedien Wiesbaden GmbH, ein Teil von Springer Nature 2022   529
W. Wessels, *Das Politische System der Europäischen Union*,
https://doi.org/10.1007/978-3-658-10013-1_16

1   Eckpunkte im Überblick: Bedeutung, Formen und Methoden

Die Entstehung und Entwicklung der Integrationskonstruktion sind wesentlich durch die Schaffung, Ergänzung und Revision der Gründungsverträge geprägt: Auf der Grundlage entsprechender primärrechtlicher Vorgaben haben die Mitgliedstaaten die Bestimmungen zur institutionellen Architektur festgelegt, ergänzt und reformiert. Die Verfahren zur Vertragsänderung (Art. 48 EUV) sind deshalb von grundsätzlicher Bedeutung – wie die langjährige Debatte um den Verfassungs- bzw. Lissabonner Vertrag im „Verfassungsjahrzehnt" (1999–2009) erneut dokumentierte (vgl. Kap. ► „Geschichte").

Wenn auch das Regelwerk für dieses Verfahren seit den Gründungsverträgen im Prinzip weitgehend gleichgeblieben ist, so zeigt die Praxis doch erhebliche Variationen, die insbesondere bei der Vorbereitung der Regierungskonferenzen bis hin zum *Europäischen Konvent zur Zukunft Europas* zu beobachten sind. Festzustellen sind bei dem tatsächlichen Ablauf aber auch einige Konstanten – so fällt insbesondere die durchgängig zentrale Rolle der Staats- und Regierungschefs bei der Vorbereitung und Verabschiedung der jeweiligen politischen Grundsatzentscheidungen auf (vgl. Kap. ► „Der Europäische Rat") (Wessels 2016).

Seit Beginn der fünfziger Jahre hat jede Generation von Politikern sowohl konzeptionelle Initiativen zur Gestaltung der vertraglichen Grundlagen entwickelt als auch Schritte zu deren Konkretisierung und Weiterentwicklung unternommen. Die Formel der Gipfelkonferenz von Den Haag 1969 „Vollendung, Vertiefung und Erweiterung" (Mittag und Wessels 2004, S. 13–16) stand in jeder Periode der Einigungsgeschichte auf der Tagesordnung politischer Debatten. Im Rückblick auf die letzten Jahrzehnte sind diese Vertragsänderungen so nicht nur als punktuelle Ereignisse in einem jeweils spezifischen historischen Umfeld zu betrachten, sondern auch als ein fast kontinuierlicher Prozess einer „Quasi-Konstitutionalisierung" (Zum Begriff Christiansen et al. 2002, S. 26–28; Falkner 2002a, S. 1) des EU-Systems zu verstehen.

In diesem Prozess sind einige wiederkehrende Muster festzustellen. So erfolgte die Gestaltung des EU-Systems nicht durch einen konstitutionellen Quantensprung, sondern vielmehr durch mehrere begrenzte, aber in der Regel durchaus konkrete Schritte zum Auf- und Ausbau der gemeinsamen Konstruktion (im wissenschaftlichen Sprachgebrauch *limited but real*).

Die Mitgliedstaaten als „Herren der Verträge" (Bundesverfassungsgericht 2009, § 150) legen in den entsprechenden Akten konkrete Aufgaben und zentrale Elemente der institutionellen Architektur fest, ohne jedoch einen Endzustand (im europäischen Sprachgebrauch *Finalität* bzw. *finalité*) zu vereinbaren. Form und Natur der Europäischen Union in einem Endzustand werden damit auch im Lissabonner Vertrag (Art. 1 EUV) offengehalten.

Zu beobachten ist bei den Mustern der Vertragsgestaltung häufig die implizite Anwendung der *Monnet-Methode* (Wessels 2014; Knipping 2004, 2010). Entsprechend einer derartigen Strategie wurden konkrete wirtschaftliche Projekte genutzt, um politische Ziele zu erreichen. Auch zwei – sich oft ergänzende – Methoden der Vertragsgestaltung kamen zum Einsatz: Einerseits wurde häufig eine „informelle und implizite Konstitutionalisierung" durch „weiche" und manchmal versteckte

Prozesse der Vertragsgestaltung verfolgt. Andererseits konnte durch „echte" Vertragsgestaltung auch eine „formelle und explizite Konstitutionalisierung" erreicht werden (Christiansen und Reh 2009, S. 8–9).

Strittig ist die integrationspolitische Charakterisierung dieser Systemgestaltung (Christiansen 2002, S. 33–53; Falkner 2002b, S. 89–119; Moravcsik 1998, S. 472–501). Die Vertragsbestimmungen (vgl. Dokument 1, 3 und 4) sind deutlich intergouvernemental geprägt – mit nur begrenzten Beteiligungsrechten von *Europäischer Kommission* und *Europäischem Parlament* (EP). In der Praxis der Regierungskonferenzen wird – zumindest in einer längerfristigen Perspektive – auch eine Rolle supranationaler Institutionen beobachtet, deren Einfluss allerdings weniger offen in Erscheinung tritt (Christiansen und Reh 2009).

2 Geschichte: Daten und Entscheidungen aus der Integrationsgeschichte

Die Mitgliedstaaten haben in der Geschichte des Integrationsprozesses mehrfach Veränderungen der Verträge beschlossen und umgesetzt. Im Unterschied zu grundlegenden Verfassungsreformen in europäischen Staaten sind Vertragsänderungen in den letzten Jahrzehnten sogar zu einem häufig wiederkehrenden Ereignis geworden (vgl. Tab. 1).

Tab. 1 Daten zu Vertragsänderungen aus der Integrationsgeschichte

Jahr	Vertragsänderungen
1952	**Inkrafttreten der Pariser Verträge** zur Gründung der „Europäischen Gemeinschaft für Kohle und Stahl" (EGKS)
1958	**Inkrafttreten der Römischen Verträge** zur Gründung der „Europäischen Atomgemeinschaft" (Euratom) und der „Europäischen Wirtschaftsgemeinschaft" (EWG)
1967	**Inkrafttreten des Fusionsvertrags** zur Einsetzung gemeinsamer Exekutivorgane der Europäischen Gemeinschaften
1971	**Inkrafttreten des Vertrags zur Änderung bestimmter Haushaltsvorschriften** von Luxemburg (zur Einführung von Eigenmitteln und erweiterte Haushaltsbefugnisse des Parlaments)
1977	**Inkrafttreten des Vertrags zur Änderung bestimmter Finanzvorschriften** von Brüssel (Ausweitung der Haushaltsbefugnisse des Parlaments und zur Errichtung des Rechnungshofes)
1987	**Inkrafttreten der Einheitlichen Europäischen Akte (EEA)**
1993	**Inkrafttreten des Vertrags** über die Europäische Union **von Maastricht**
1999	**Inkrafttreten des Vertrags** zur Änderung des Vertrags über die Europäische Union, der Verträge zur Gründung der Europäischen Gemeinschaften sowie einiger damit zusammenhängender Rechtsakte **von Amsterdam**
2003	**Inkrafttreten des Vertrags** zur Änderung des Vertrags über die Europäische Union, der Verträge zur Gründung der Europäischen Gemeinschaften sowie einiger damit zusammenhängender Rechtsakte **von Nizza**
2009	**Inkrafttreten des Lissabonner Vertrags**

Quelle: Eigene Darstellung. (Stand: 31.01.2020)

Nicht jede der Vertragsänderungen hat jedoch als „große Reform" (u. a. Christiansen 2002, S. 33–53; Falkner 2002b, S. 89–119; Moravcsik 1998, S. 472–501) zu wesentlichen Änderungen der institutionellen Architektur geführt. So gilt der 1967 in Kraft getretene Fusionsvertrag aufgrund einer Zusammenlegung der Exekutivorgane der EWG, EGKS und Euratom als eine nützliche Bereinigung, ohne jedoch wesentliche Veränderungen der institutionellen Rolle der seitdem für alle Verträge agierenden Kommission und des gemeinsamen Rates einzuleiten.

Ein besonderer Fall der konstitutionellen Systemgestaltung – der jedoch auch ein wiederkehrendes Muster der Vertragsentwicklung dokumentiert – stellt die Entstehung der *Grundrechtecharta* dar (Wessels 2016, S. 165–166). In einer vorkonstitutionellen Phase verabschiedete der *Europäische Rat* mehrfach Leitlinien und Erklärungen zu „Menschenrechten" (Europäischer Rat 1991, 1994a, 1998). Daraufhin einigten sich die Staats- und Regierungschefs 1999 auf die Einberufung einer „Versammlung" (später *Konvent* genannt), die eine Grundrechtecharta entwarf. Beim Gipfel von Nizza im Dezember 2000 nahmen der Europäische Rat und andere Organe der EU dann das im Konvent vorbereitete Dokument in einer politischen Erklärung an, obwohl es keine rechtsverbindliche Kraft erhielt. Der Vertrag von Lissabon schließlich „erkennt die Rechte, Freiheiten und Grundsätze an, die in der Charta der Grundrechte der Europäischen Union vom 7. Dezember 2000 [...] niedergelegt sind; die Charta der Grundrechte und die Verträge sind rechtlich gleichrangig" (Art. 6 EUV). So haben die Staats- und Regierungschefs die Grundrechtecharta über den Umweg einer außervertraglichen Versammlung verspätet auf die Primärrechtsebene gehoben.

Der Vertrag von Lissabon hat die Verfahren für Vertragsänderungen novelliert. Das vertragliche Regelwerk sieht nun zwei grundsätzliche Formen vor: Das *ordentliche Änderungsverfahren* „kann unter anderem eine Ausdehnung oder Verringerung der der Union in den Verträgen übertragenen Zuständigkeiten zum Ziel haben" (Art. 48 (2–5) EUV), wohingegen das *vereinfachte Änderungsverfahren* (Art. 48 (6–7) EUV) der Anpassung des Regelwerks in den Politikbereichen der EU, die bereits im Vertragswerk der Union angesiedelt sind, dient. In Art. 48 (7) EUV ist zudem die sogenannte *Brückenklausel* (im europäischen Sprachgebrauch *Passerelle-Regelung*) kodifiziert, die festlegt, dass der Europäische Rat einstimmig beschließen kann, dem *Rat der EU* in bestimmten Politikbereichen Beschlüsse mit qualifizierter Mehrheit statt der ursprünglich notwendigen Einstimmigkeit zu ermöglichen. Eine solche Entscheidung kann jedoch grundsätzlich von nationalen Parlamenten blockiert werden (Ipsen 2016, Rn. 242a). Erwähnt werden schließlich auch die Verfahren zu einer sogenannten „kleinen Vertragsänderung" (Art. 48 (3) Satz 4–5 EUV).

Im Verfahren haben die Artikel nun auch vertragsrechtlich die seit den frühen achtziger Jahren praktizierte Muster festgeschrieben.

3 Das ordentliche Änderungsverfahren

3.1 Das Regelwerk: Ein komplexes Mehrstufenverfahren

Die Vertragsartikel (vgl. Dokument 1) sehen für das ordentliche Änderungsverfahren ein komplexes Mehrstufenverfahren vor (vgl. Abb. 1).

Ein typischer Ablauf im Überblick beginnt mit der politischen Lancierung einer Initiative, an die sich unterschiedliche Formen der Vorbereitung anschließen. Eine Schlüsselphase des Verfahrens bildet der eigentliche Verhandlungsprozess in der Regierungskonferenz, die in einem Abschlussgipfel der Staats- und Regierungschefs ihren Höhepunkt findet. In einer dritten Phase finden die Ratifizierungsprozesse in den Mitgliedstaaten statt.

Dokument 1, Vertragliche Bestimmungen (Art. 48 (2–5) EUV)

Art. 48 EUV

(ordentliches Vertragsänderungsverfahren)

[...]

(2) Die *Regierung jedes Mitgliedstaats, das Europäische Parlament* oder die *Kommission* kann *dem Rat Entwürfe zur Änderung der Verträge vorlegen.* Diese Entwürfe können unter anderem eine Ausdehnung oder Verringerung der der Union in den Verträgen übertragenen Zuständigkeiten zum Ziel haben. Diese Entwürfe werden vom Rat dem Europäischen Rat übermittelt und den nationalen Parlamenten zur Kenntnis gebracht.

(3) Beschließt der Europäische Rat nach Anhörung des Europäischen Parlaments und der Kommission mit einfacher Mehrheit die Prüfung der vorgeschlagenen Änderungen, so beruft der Präsident des Europäischen Rates einen *Konvent von Vertretern der nationalen Parlamente, der Staats- und Regierungschefs der Mitgliedstaaten, des Europäischen Parlaments und der Kommission* ein. Bei institutionellen Änderungen im Währungsbereich wird auch die Europäische Zentralbank gehört. Der Konvent prüft die Änderungsentwürfe und nimmt im Konsensverfahren eine Empfehlung an, die an eine Konferenz der Vertreter der Regierungen der Mitgliedstaaten nach Absatz 4 gerichtet ist.

Der Europäische Rat kann mit einfacher Mehrheit nach Zustimmung des Europäischen Parlaments beschließen, keinen Konvent einzuberufen, wenn seine Einberufung aufgrund des Umfangs der geplanten Änderungen nicht gerechtfertigt ist. In diesem Fall legt der Europäische Rat das Mandat für eine Konferenz der Vertreter der Regierungen der Mitgliedstaaten fest.

(4) Eine *Konferenz der Vertreter der Regierungen der Mitgliedstaaten* wird vom Präsidenten des Rates einberufen, um die an den Verträgen vorzunehmenden Änderungen zu vereinbaren.

Die Änderungen treten in Kraft, nachdem sie von *allen Mitgliedstaaten nach Maßgabe ihrer verfassungsrechtlichen Vorschriften ratifiziert* worden sind.

(5) Haben nach Ablauf von zwei Jahren nach der Unterzeichnung eines Vertrags zur Änderung der Verträge vier Fünftel der Mitgliedstaaten den genannten Vertrag ratifiziert und sind in einem Mitgliedstaat oder mehreren Mitgliedstaaten Schwierigkeiten bei der Ratifikation aufgetreten, so *befasst sich der Europäische Rat mit der Frage.*

Hervorhebungen durch den Autor

In der ersten Phase (vgl. Initiativphase in Abb. 1) können einzelne Regierungen, das EP oder die Kommission Vorschläge zur Vertragsänderung an den Rat richten.

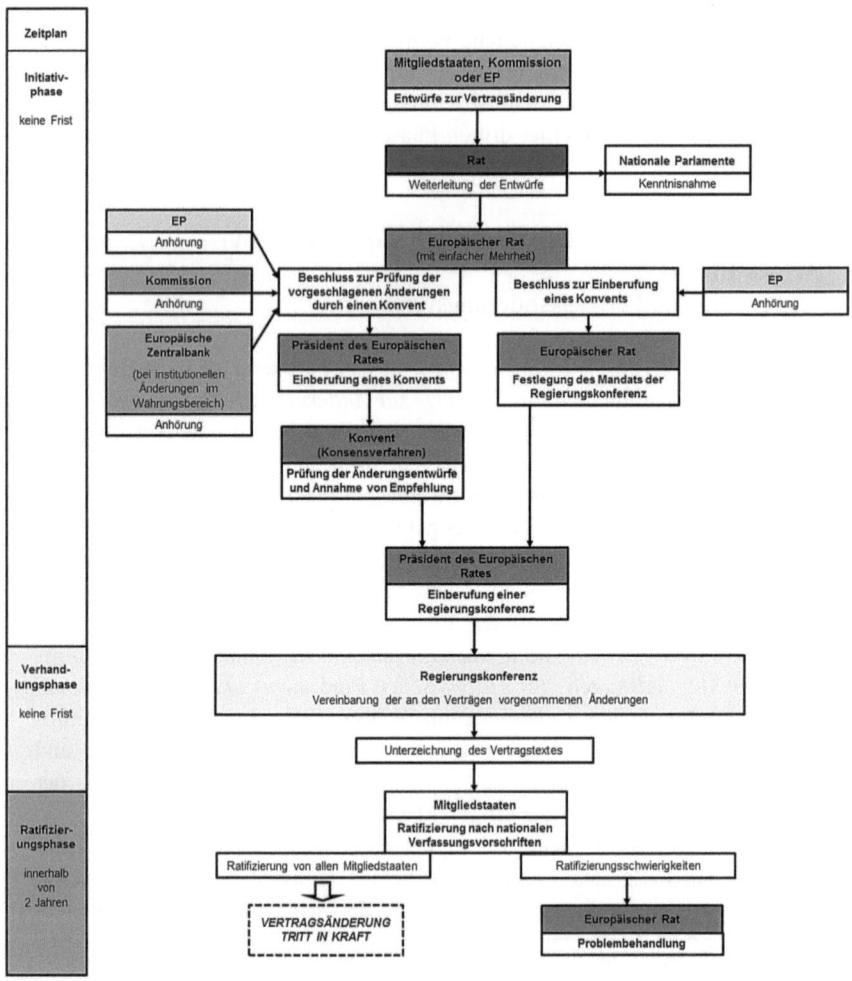

Abb. 1 Das ordentliche Änderungsverfahren (Art. 48 (2–5) EUV). (Quelle: Eigene Darstellung)

Der Rat übermittelt diese Vorschläge an den Europäischen Rat und setzt die nationalen Parlamente in Kenntnis. Beschließt der Europäische Rat nach Anhörung des EP und der Kommission mit einfacher Mehrheit die Prüfung der vorgeschlagenen Änderungen, so wird vom Präsident des Europäischen Rates ein Konvent einberufen. Der Europäische Rat kann jedoch auch mit einfacher Mehrheit und nach Zustimmung des EP beschließen, keinen Konvent einzuberufen, falls dies durch den Umfang der vorgeschlagenen Veränderungen nicht erforderlich sein sollte; das EP hat so bei der Wahl des Vorbereitungsverfahrens ein Vetorecht. Sofern der Europäische Rat keinen Konvent einberufen möchte oder braucht, kann er das Mandat für eine Regierungskonferenz direkt festlegen.

Der Konvent ist eine besondere Institution: Er setzt sich sowohl aus Vertretern nationaler Parlamente und den Staats- und Regierungschefs der Mitgliedstaaten als auch aus Vertretern des EP und der Kommission zusammen (vgl. Abb. 2). Diese neuartige Institution hat die Aufgabe, die Änderungsvorschläge zu prüfen und im Konsensverfahren eine Empfehlung an die Regierungskonferenz zu richten.

In der zweiten Phase (vgl. Verhandlungsphase in Abb. 1) verhandelt die einberufene Regierungskonferenz auf mehreren administrativen und politischen Ebenen und beschließt einstimmig, d. h. jeder Mitgliedstaat besitzt ein Vetorecht.

Nach dem formalen Abschluss der Regierungskonferenz muss jeder Mitgliedstaat nach den jeweiligen verfassungsrechtlichen Verfahren die Änderungen annehmen. In der Regel geschieht dieser Akt durch die nationalen Parlamente. In einigen Mitgliedstaaten (z. B. Irland) sind Referenden vorgeschrieben, in anderen ist die Befragung der Bevölkerung fakultativ. In der Bundesrepublik Deutschland kann das Bundesverfassungsgericht angerufen werden, um die Vereinbarkeit der Vertragsänderungen mit dem Grundgesetz zu überprüfen. So erfolgte dies beispielsweise im Rahmen des Ratifizierungsprozesses zum Lissaboner Vertrag in Form von zwei separaten sogenannten „Organstreitverfahren" (Degenhart 2016, Rn. 816–823) sowie vier „Verfassungsbeschwerden" (Degenhart 2016, Rn. 841–844), aus denen 2009 schließlich das „Lissabonner Urteil" als einzelnes Urteil hervorging. Antragsteller waren im Fall der Organstreitverfahren ein Abgeordneter des deutschen Bundestages sowie die durch ihre Vorsitzenden vertretene Bundestagsfraktion Die

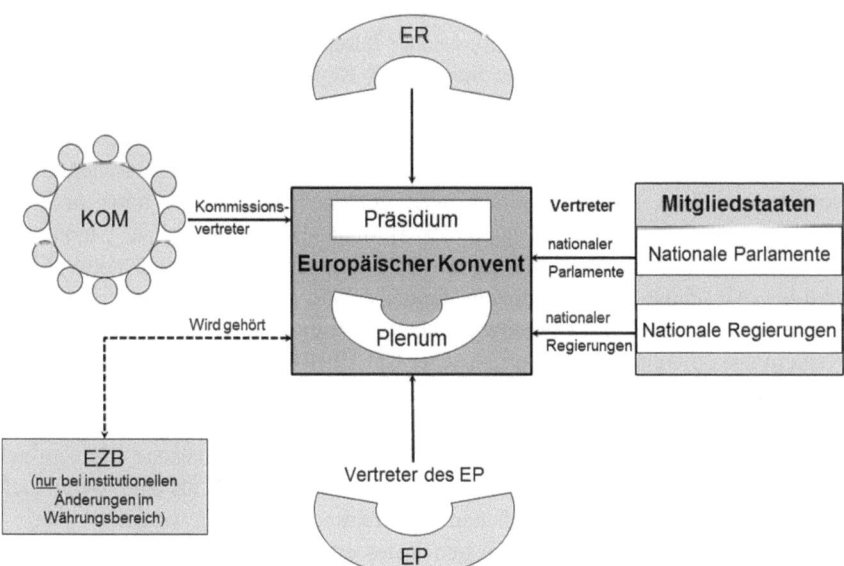

Abb. 2 Zusammensetzung und Arbeitsstruktur des Konvents nach dem Vertragstext. (Quelle: Eigene Darstellung)

Linke, die Verfassungsbeschwerden wurden wiederum durch verschiedene Bundes-
tagsabgeordnete sowie Privatpersonen eingereicht.

Nach Abschluss einer zweijährigen dritten Phase (vgl. Ratifizierungsphase in
Abb. 1) kann der Europäische Rat erneut mit der Frage der Vertragsänderung befasst
werden, sollte die Ratifizierung lediglich in vier Fünfteln aller Mitgliedstaaten
erfolgreich gewesen sein.

Dem EP hat der Vertrag – im Unterschied zum Beitrittsverfahren (vgl. Kap.
► „Beitritts- und Austrittsverfahren") – kein Zustimmungsrecht zugesprochen. Die
Abgeordneten sind damit von dem eigentlichen Ratifizierungsprozess ausgeschlossen und besitzen so auch keine Möglichkeit, über die Gewährung eigener Rechte mit
zu beschließen. Im Unterschied zu früheren Regeln des Art. 48 EUV, beispielsweise
in der alten Fassung von Nizza, hat das EP jedoch gemäß den Vertragsbestimmungen
von Lissabon zumindest ein Initiativrecht und kann im einberufenen Konvent
wesentliche Übereinkünfte zu Vertragsänderungen mitprägen (vgl. Kap. ► „Das
Europäische Parlament").

3.2   Zur Analyse der Praxis: Der Europäische Rat in der Schlüsselposition

Reale Muster im Drei-Phasen-Ablauf

In der gelebten Praxis der Vertragsänderungen hat der Europäische Rat, durch den
Lissabonner Vertrag jetzt auch im Primärrecht verankert, eine zentrale Lenkungs-
und Leitungsfunktion als Initiator und Entscheidungsgremium wahrgenommen.
Damit spielt diese Institution bei der Systemgestaltung eine bestimmende Rolle als
konstitutioneller Architekt (vgl. Kap. ► „Der Europäische Rat").

In der ersten Phase haben die Staats- und Regierungschefs eine weitgehende
Initiativfunktion bei der Lancierung von Vorschlägen und der Vorbereitung von
Regierungskonferenzen übernommen. Häufig haben sie Mandate an einzelne Per-
sonen oder Gruppen erteilt, um konzeptionelle Entwürfe für Vertragsänderungen
vorzulegen. Dazu zählen in einem weit gefassten Verständnis unter anderem
der Tindemans-Bericht (Tindemans 1975) über die Europäischen Union, der
Dooge-Ausschuss zur Vorbereitung der Einheitlichen Europäischen Akte (EEA)
(Ad-hoc-Ausschuss für institutionelle Fragen 1985), der Delors-Ausschuss für die
Währungsunion (Delors 1989) sowie eine „Reflexionsgruppe zur Vorbereitung der
Regierungskonferenz 1996" (Europäischer Rat 1994b), die zum Amsterdamer Ver-
trag führte.

Der vom Europäischen Rat in Helsinki 1999 ins Leben gerufene Konvent zur
Grundrechtecharta und der in Laeken 2001 einberufene Europäische Konvent zur
Zukunft Europas (vgl. Kap. ► „Geschichte") können ebenfalls als eine, wenn auch
besondere Variante einer ausführlichen Vorbereitung verstanden werden.

Auch der Auftrag des Europäischen Rates an die Bundesregierung vom Juni
2006, in ihrer Präsidentschaft einen „Fahrplan" für die weitere Behandlung des
Verfassungsvertrages vorzulegen (Europäischer Rat 2006, S. 16–17), kann als eine
spezifische Form der Vorbereitung gesehen werden. Mit derartigen informellen (Vor-)

Abklärungen soll bereits im Vorfeld getestet werden, ob und gegebenenfalls welche Änderungen die Regierungskonferenz mit Aussicht auf Erfolg verhandeln kann. Die eigentlichen Regierungskonferenzen in der Verhandlungsphase haben sich zu einer Institution eigener Art entwickelt, die zumindest indirekt Regierungen und anderen beteiligten Akteuren akzeptierte Muster für die Verfahren vorgibt. Sie können aus diesem Grund sogar als eine Art „Meta-Institution" der Systemgestaltung verstanden werden, die das Regelwerk für die „normalen" Institutionen beschließt (Christiansen et al. 2002, S. 25).

Die Verhandlungen erfolgen – mit kleinen Variationen – auf drei Ebenen und in mehreren Teilphasen (Laffan 2005, S. 485–492). Auf einer ersten Ebene beraten administrative Vorbereitungsgruppen im Detail die Themenliste und Formulierungen für Änderungen oder Ergänzungen des Vertragstexts. Sie bereiten Entscheidungen vor und treffen diese sogar teilweise de facto, falls ein Konsens auf ihrer Ebene möglich ist. Diese Gruppen setzen sich aus hohen Beamten der Regierungen der Mitgliedstaaten oder persönlichen Beauftragten der Regierungschefs und der Kommission sowie Experten des Generalsekretariats des Rates zusammen. Infolge des häufigen Zusammentretens und der Länge der Regierungskonferenzen hat sich in den zwei Jahrzehnten seit der Verabschiedung der EEA bis zum Lissabonner Vertrag quasi eine „Expertengemeinschaft" (Christiansen et al. 2002, S. 20) für Vertragsänderungen herausgebildet.

Als zweite Ebene der Regierungskonferenzen beraten die Außenminister regelmäßig Zwischenberichte der Expertengremien; ihre Rolle gilt aber als begrenzt.

Auf der dritten Ebene prägen die Staats- und Regierungschefs intensiv in allen Phasen Entstehung und Inhalte von Regierungskonferenzen. Der Europäische Rat beruft de facto die Regierungskonferenz ein und formuliert das Mandat, er bezieht auch zu Zwischen- und Teilergebnissen Stellung. Die endgültigen Entscheidungen über die Vertragsergänzungen und -revisionen treffen die Staats- und Regierungschefs dann selbst auf einem Abschlussgipfel (im europäischen Sprachgebrauch *endgame*) (Wessels 2016, S. 141). Einzelne Vertragsänderungen sind so nach den Orten dieser Zusammenkünfte benannt – so der Maastrichter Vertrag, der Amsterdamer Vertrag sowie der Lissabonner Vertrag. Bei den typischerweise zu erwartenden Verhandlungspaketen (vgl. Kap. ▶ „Der Europäische Rat") fällt dem jeweiligen Präsidenten des Europäischen Rates eine besondere Rolle als aktiver Moderator für das Herbeiführen eines tragfähigen Konsenses zu (vgl. Kap. ▶ „Der Präsident des Europäischen Rates").

Das Ergebnis dieser Verhandlungen auf Gipfelebene bildet dann die Basis für weitere redaktionelle und sprachliche Überarbeitungen; schließlich unterzeichnen die Staats- und Regierungschefs den Text häufig in einem feierlichen Akt.

Die Regierungskonferenzen sind in der Regel zeitintensiv. Für die Vertragsänderungen von Nizza wurden 370 Verhandlungsstunden, 30 Sitzungen der persönlichen Beauftragten, zehn Sitzungen des Rates der EU und drei Sitzungen des Europäischen Rates mit einem über drei Tage und zwei Nächte dauernden Abschlussmarathon gezählt (Wessels 2016, S. 142).

An Sitzungen der Regierungskonferenzen nehmen zudem Vertreter der Kommission sowie bei den letzten Regierungskonferenzen auch zwei bzw. drei Abgeordnete

des EP teil. Beide Organe beteiligen sich des Weiteren über die vertraglich vorgesehene Anhörung hinaus durch Vorschläge und Resolutionen aktiv an den europapolitischen Debatten zu Vertragsänderungen. Ihr unmittelbarer Einfluss auf die
eigentlichen Detailverhandlungen – insbesondere in der Schlussphase – gilt jedoch
in der Regel als gering (Eggermont 2012).

Eine derartige Einschätzung, die sich nur auf den Abschlussgipfel von Regierungskonferenzen stützt, kann aber zu Fehlschlüssen führen: Bei einer näheren
Analyse hängt der Einfluss der Kommission von der Person ihres Präsidenten und
dem zur Verhandlung stehenden Politikbereich ab: So hat der damalige Kommissionspräsident Jacques Delors die Texte der jeweiligen Regierungskonferenzen zum
Binnenmarkt und zur Währungsunion wesentlich mitgestaltet, während er und seine
Nachfolger für ihre Positionen in Fragen der Außen- und Sicherheitspolitik sowie
bei institutionellen Belangen weniger Gehör fanden.

Das EP hat regelmäßig umfassende Positionen vor, während und nach den
Regierungskonferenzen insbesondere zur Gestaltung der institutionellen Architektur
vorgelegt. Besonderen Wert legten die Abgeordneten bei ihren Forderungen auf die
Verringerung des demokratischen Defizits (u. a. Europäisches Parlament 2007). Sie
zielten damit nicht zuletzt auf eine Aufwertung ihrer eigenen Stellung.

Eine nicht zu unterschätzende Rolle nimmt das Generalsekretariat des Rates (vgl.
Kap. ▶ „Der Rat der Europäischen Union") und dort insbesondere der juristische
Dienst wahr (Christiansen und Reh 2009, S. 191): Bewusst hinter den Kulissen
bereitet ein Stab erfahrener und sachkundiger Beamter Texte vor, die dann – von der
Präsidentschaft im internen Abklärungsprozess eingesetzt – wesentliche Bestimmungen der Vertragsänderungen formulieren. Mit dieser Redaktionsarbeit nehmen
hohe Beamte so – fast unbemerkt – Einfluss auf institutionelle, prozedurale und
rechtliche Fragen. Bei den Beratungen des „Konvents zur Zukunft Europas" hat das
hierfür gegründete Sekretariat ähnliche Zuarbeiten geleistet.

Mit der feierlichen Unterzeichnung der Vertragsänderung beginnt die Phase der
nationalen Ratifizierung (vgl. Abb. 1), die von den innenpolitischen Bedingungen
und Erwartungen geprägt ist. Eine Ratifizierung allein durch die nationalen Parla-
mente verursacht in der Regel keine besonderen Schwierigkeiten, da sich die
Regierungen nach ihrer Zustimmung zum Text auf die jeweiligen Mehrheiten von
Abgeordneten stützen können bzw. diese frühzeitig in den Verhandlungsprozess der
Regierungskonferenzen eingebunden haben. Unberechenbarer sind Referenden zu
Vertragsänderungen, die stark von innenpolitischen Konstellationen bestimmt sein
können (vgl. Tab. 2). So verzögerte beispielsweise im Juni 2008 ein negatives
Referendum der irischen Bevölkerung die Inkraftsetzung des Vertrags von Lissabon.
Erst nachdem die irischen Wähler in einem zweiten Referendum im Oktober 2009
für das Vertragswerk gestimmt hatten, konnte der Ratifizierungsprozess erfolgreich
abgeschlossen werden.

Bei Ablehnungen durch nationale Referenden hat der Europäische Rat jeweils
nach Auswegen gesucht und teilweise auch durch einzelne Erklärungen Besorgnisse
der ‚Gegner' reduziert.

In der Bundesrepublik Deutschland wurde auch das Bundesverfassungsgericht
angerufen, um die Vereinbarkeit der Vertragsänderungen mit dem Grundgesetz zu

Tab. 2 Referenden zu Vertragsänderungen

1992	Ablehnung des Vertrages von Maastricht durch ein Referendum in Dänemark (nach Ergänzung einer Sonderklausel 1993 angenommen)
2001	Ablehnung des Vertrags von Nizza durch ein Referendum in Irland
2002	Annahme des Vertrags von Nizza in Irland
2005	Ablehnung des Verfassungsvertrages durch ein Referendum in Frankreich
2005	Ablehnung des Verfassungsvertrages durch ein Referendum in den Niederlanden
2005	Zustimmung zum Verfassungsvertrag in Spanien und Luxemburg
2008	Ablehnung des Lissabonner Vertrags durch ein Referendum in Irland
2009	Zustimmung zum Lissabonner Vertrag nach Referendum in Irland
2009	Annahme des Vertrags von Lissabon

Quelle: Eigene Darstellung. (Stand: 31.01.2020)

prüfen. Die Urteile zum Maastrichter bzw. Lissabonner Vertrag haben durch ihren Tenor eine wegweisende Rolle für die Auslegung der Verträge gespielt (u. a. Eriksen und Fossum 2011; Tomuschat 2009; Ipsen 1994).

Den Endpunkt des Zyklus dieser quasi-konstitutionellen Systemgestaltung bildet das Inkrafttreten der Vertragsänderungen.

Insgesamt erstreckt sich das Verfahren von der ursprünglichen Initiative bis zum Inkrafttreten über eine Zeitspanne von mehreren Jahren. In der Regel wurde bereits mit der Verabschiedung einer Vertragsänderung auf dem Abschlussgipfel ein Zeitplan, häufig auch ein Verfahren zur Vorbereitung der nächsten Regierungskonferenz beschlossen (vgl. Kap. ▶ „Geschichte"). Begründet wurde dieses typische, schrittweise Vorgehen durch einige der ungelösten Aufgaben (im europäischen Sprachgebrauch *leftovers*) vorangegangener Konferenzen. Nur beim Abschluss des Lissabonner Vertrags gab es keine entsprechende Formulierung. Quasi als ein prozeduraler Ersatz wurde dort das Verfahren für eine *vereinfachte Vertragsänderung* festgelegt.

Der Konvent: Eine neue Variante der Vertrags- oder Verfassungsgebung?

Der mühsame Ablauf von Regierungskonferenzen mit wenig Transparenz und Enttäuschungen über unzureichende oder unbefriedigende Teilergebnisse führte bei beteiligten Politikern und Beobachtern zu Überlegungen, das Verfahren zu reformieren und zu ergänzen. So sollte es in Zukunft möglich sein, zu Ergebnissen im Rahmen der Vertragsänderungen zu gelangen, die umfassend diskutiert werden und demokratisch in höherem Maße legitimiert sind.

Ein Kritikpunkt setzt bei einer näheren Betrachtung der vorausgegangenen Vertragsreformen an: Demnach erfolgte diese quasi-konstitutionelle Konstruktion der Union zu einem nicht unbeträchtlichen Teil durch eine Serie von mehr oder weniger taktisch geprägten punktuellen Entscheidungen der Staats- und Regierungschefs; die so zusammengestellten Verhandlungspakete formulierten jedoch nur begrenzt institutionell und funktional sinnvolle Gesamtlösungen (vgl. Kap. ▶ „Der Europäische Rat" sowie Kap. ▶ „Geschichte").

Angesichts der allgemein geteilten Unzufriedenheit mit Ablauf und Ergebnissen von Regierungskonferenzen bot sich nach dem Abschlussgipfel von Nizza das

Modell eines Konvents an. Diese Methode wurde – nach der Erarbeitung einer
vertragsrechtlich zunächst unverbindlichen Grundrechtecharta – gegenüber dem
klassisch-diplomatischen Modell der Regierungskonferenz als „erfolgreiche Alternative" (Leinen und Schönlau 2001, S. 123) eingeschätzt. Die vertragsrechtlichen
Vorgaben betonen zwar, dass ein Konvent eine Regierungskonferenz nicht ersetzen
kann, doch sollte diese Versammlung eine sinnvollere und transparente Vorbereitung
unter Einbezug der europäischen Zivilgesellschaft ermöglichen.

Mit der Erklärung von Laeken 2001 hat der Europäische Rat selbst, durch die
„Einberufung eines Konvents zur Zukunft Europas", eine entsprechende institutionelle Neuerung vereinbart (vgl. Dokument 2). In dieser Erklärung legten die Staats-
und Regierungschefs die Zusammensetzung und Arbeitsweise des Konvents fest.
Zum Präsidenten ernannten sie den früheren französischen Staatspräsidenten Giscard d'Estaing. Der Konvent bestand – wie dann später in Art. 48 (3) EUV vertraglich festgelegt – aus vier „Komponenten" (vgl. Abb. 2). Die Mitglieder setzten sich
aus Repräsentanten von Exekutiven der beiden Ebenen (Regierungen von Mitgliedstaaten und Vertreter der Kommission) und von Legislativen der beiden Ebenen
(jeweils zwei Abgeordnete der nationalen Parlamente und 16 vom EP) zusammen.
Anwesend waren auch jeweils ein Vertreter für jeden dieser Teilnehmer sowie
Beobachter anderer Institutionen. Die Zusammensetzung kann so als eine horizontale und vertikale Fusion der Legitimität mehrerer Ebenen und Funktionen verstanden werden (Zum Begriff „Fusion" Wessels 2016, S. 18–20) (vgl. Kap. ▶ „Einführung").

Dokument 2, „Erklärung von Laeken zur Zukunft der Europäischen Union"
Erklärung von Laeken zur Zukunft der Europäischen Union
  (15. Dezember 2001)
  [...]
  Die Einigung Europas ist nahe. Die Union schickt sich an, sich um mehr als
zehn neue, vor allem mittel- und osteuropäische Mitgliedstaaten zu erweitern
und so eine der dunkelsten Seiten der europäischen Geschichte endgültig
umzuschlagen: den Zweiten Weltkrieg und die darauf folgende künstliche
Teilung Europas. Endlich ist Europa auf dem Weg, ohne Blutvergießen zu
einer großen Familie zu werden – eine grundlegende Neuordnung, die selbstverständlich ein anderes als das vor fünfzig Jahren verfolgte Konzept verlangt,
als sechs Länder die Initiative ergriffen.
  [...]
  III. Die Einberufung eines Konvents zur Zukunft Europas
  Im Hinblick auf eine möglichst umfassende und möglichst transparente
Vorbereitung der nächsten Regierungskonferenz hat der Europäische Rat
beschlossen, einen Konvent einzuberufen, dem die Hauptakteure der
Debatte über die Zukunft der Union angehören. Im Lichte der vorstehenden

(Fortsetzung)

Ausführungen fällt diesem Konvent die Aufgabe zu, die wesentlichen Fragen zu prüfen, welche die künftige Entwicklung der Union aufwirft, und sich um verschiedene mögliche Antworten zu bemühen.

[...]

Quelle: Europäischer Rat (2001)

Nach dem Mandat der Regierungschefs bestanden die Aufgaben des Konvents darin, „die wesentlichen Fragen zu prüfen, welche die künftige Entwicklung der Union aufwirft, und sich um verschiedene mögliche Antworten zu bemühen" (Europäischer Rat 2001). Ausgehend von einer Vorlage der belgischen Ratspräsidentschaft hat die Erklärung der Regierungschefs eine Vielzahl von Fragen vorgegeben, die unter den Überschriften „bessere Verteilung und Abgrenzung der Zuständigkeiten in der Europäischen Union", „die Vereinfachung der Instrumente der Union", „mehr Demokratie, Transparenz und Effizienz in der Europäischen Union" sowie „der Weg zu einer Verfassung für die europäischen Bürger" aufgelistet wurden.

Die Beratungen im Konvent fanden in drei Abschnitten statt, die aus einer Anhörungs-, einer Reflexions- und einer Vorschlagsphase bestanden (Zum Ablauf Göler und Marhold 2005; Lamassoure 2004; Norman 2003). Gegen Ende spitzten sich die Beratungen in einem Verhandlungsmarathon zu (Norman 2003). Das Präsidium des Konvents beschloss unter einer dominierenden Rolle des Konventspräsidenten Giscard d'Estaing wesentliche Schritte in Bezug auf das Verfahren sowie schließlich auch die zentralen Formulierungen für einen Verfassungsvertrag. Darüber hinaus flossen auch zahlreiche Ergebnisse aus den Arbeitsgruppen in das Dokument ein. Zu dem Schlüsselthema der Gestaltung und Reform der institutionellen Architektur hatte das Präsidium hingegen keine eigene Arbeitsgruppe eingerichtet.

Der Lissabonner Vertrag hat wesentliche dieser in der Praxis entwickelten Verfahren im Primärrecht verankert (vgl. Dokument 1).

Im Sinne einer historischen Einordnung ist – nach der Arbeit der sich anschließenden Regierungskonferenz und nach der Ablehnung des Verfassungsvertrags in zwei nationalen Referenden – zu diskutieren, ob die Methode des Konvents einen grundlegenden Wandel im Muster der quasi-konstitutionellen Systemgestaltung bewirkt hat. Zu erörtern ist grundsätzlich, welche Rolle der Konvent bei der Weichenstellung zur Vertiefung des EU-Systems eingenommen hat.

Nach unterschiedlichen Auslegungen des Mandats des Europäischen Rates hätte der Konvent zwei Grundfunktionen wahrnehmen können (Göler 2006; Reh und Scholl 2005; Hartwig und Maurer 2004; Reh und Wessels 2002):

- Interpretiert man die Funktionenzuweisung minimalistisch, so war dem Konvent eine Rolle als eine besondere Art von „Vor-Regierungskonferenz" zuzuschreiben,

die letztlich unverbindliche Optionen für die konkrete Ergänzung und schrittweise Revision der bestehenden Verträge vorzulegen hatte. Dem Entwurf des
Konvents wäre damit nur eine begrenzte Gestaltungskraft zugekommen. Der
Konvent, als *agent* des Europäischen Rates, hatte zur Vereinfachung der Arbeit
und Entlastung des *principal* (vgl. Kap. ▶ „Einführung") gedient: Der Europäische Rat als der Auftraggeber setzt dem Auftragnehmer enge Grenzen. Mit der
detailliert formulierten Vorgabe und der Benennung des Präsidenten bei der
Einberufung des Konvents hätten sich demnach die Staats- und Regierungschefs
die Kontrolle über die Arbeit des Konvents gesichert.

- Bei einem Modell als „verfassungsgebende Versammlung" hätten dagegen die
  gemeinsamen Deliberationen von nationalen und europäischen Abgeordneten das
  Wirken und die Wirkungen der Systemgestaltung grundsätzlich geändert und damit
  einen qualitativen Sprung in Richtung einer neuartigen EU-Verfassungsgebung
  bewirkt. Die formalen Vorgaben des Europäischen Rates wären danach zweitrangig
  geworden, da der Konvent die bisherigen Grenzen enger nationaler Interessenvertretung überwunden hätte. Nach dieser Erwartung hätten die Regierungskonferenz
  und der Europäische Rat das Dokument ohne wesentliche Änderungen übernehmen sollen bzw. müssen. Die Vertragsänderung wäre auf eine breitere Legitimationsbasis gestellt worden.
- Im Lichte dieser konkurrierenden Modelle ist zu prüfen, ob die starke intergouvernementale Prägung von Regierungskonferenzen durch die „deliberativen Entscheidungsverfahren" (Göler 2007; Göler und Marhold 2005) des Konvents
  überwunden wurde.

Zweifel an einer grundsätzlich veränderten Gestaltung von Vertragsänderungen
durch den Konvent machen sich an folgenden Beobachtungen fest:

- Wie bei typischen Regierungskonferenzen war auch die Schlussarbeit des Konvents – insbesondere zur institutionellen Architektur – durch hektische Verhandlungen im kleinen Kreis des Konventspräsidiums unter Federführung des Präsidenten geprägt. Entsprechend sind auch in dem Dokument einige mit den
  Abschlussdokumenten früherer Regierungskonferenzen vergleichbare Schwächen festzustellen, die dann – wie bei den Staats- und Regierungschefs im
  Europäischen Rat üblich – unter Zeitdruck aus Gründen der Konsensfindung
  von der Vollversammlung des Konvents akzeptiert wurden.
- Die Staats- und Regierungschefs haben sich nicht ausschließlich als de jure
  Ratifizierungsinstanz der Konventsvorlage verstanden. Sie haben einige wesentliche Bestimmungen – auch zur institutionellen Architektur – noch einmal
  verändert. So hat der krisen- und konfliktreiche Ablauf der auf den Konvent
  folgenden Regierungskonferenz selbst noch einmal verdeutlicht (Laffan 2005,
  S. 482–491), dass diese oberste Ebene der nationalen Politiker die Verantwortung
  nicht abgeben wollte. Der Konvent hat damit die konstatierten Schwächen und
  Schwierigkeiten von Regierungskonferenzen allenfalls verringert, jedoch nicht
  überwunden.

- Anhand einer näheren Analyse nationaler Debatten zur Ratifizierung – insbesondere in den Mitgliedstaaten mit Referenden – ist zu bezweifeln, dass die „Deliberationen im Konvent" (Göler 2007; Scholl 2006; Hartwig und Maurer 2004) zu wirklich europaweiten Diskursen und zur Steigerung der Legitimation der Vertragsänderungen beigetragen haben. Folgt man Beobachtungen zu den nationalen Debatten, so ist dem Konvent nur eine marginale Rolle bei der Prägung dieser Diskurse zugefallen.

4   Das vereinfachte Änderungsverfahren: Vertragliche Regeln und Anwendung

Sollten Änderungen hinsichtlich der internen Politikbereiche der EU – die weder die Ausdehnung der Zuständigkeiten der Union noch militärische oder verteidigungspolitische Bezüge zum Gegenstand haben – anfallen, so können diese in einem vereinfachten Änderungsverfahren verabschiedet werden (Art. 48 (6) EUV) (vgl. Dokument 3).

Dokument 3, „Vereinfachtes Änderungsverfahren" (gemäß Art. 48 (6) AEUV)
Art. 48 (6) EUV

Die Regierung jedes Mitgliedstaats, das Europäische Parlament oder die Kommission kann dem *Europäischen Rat* Entwürfe zur Änderung aller oder eines Teils der Bestimmungen des Dritten Teils des Vertrags über die Arbeitsweise der Europäischen Union über die *internen Politikbereiche der Union* vorlegen.

Der Europäische Rat kann einen Beschluss zur Änderung aller oder eines Teils der Bestimmungen des Dritten Teils des Vertrags über die Arbeitsweise der Europäischen Union erlassen. Der Europäische Rat beschließt einstimmig nach Anhörung des Europäischen Parlaments und der Kommission sowie, bei institutionellen Änderungen im Währungsbereich, der Europäischen Zentralbank. Dieser Beschluss tritt erst nach *Zustimmung der Mitgliedstaaten* im Einklang mit ihren jeweiligen verfassungsrechtlichen Vorschriften in Kraft.

Der Beschluss nach Unterabsatz 2 darf *nicht* zu einer *Ausdehnung der der Union im Rahmen der Verträge übertragenen Zuständigkeiten* führen.

Hervorhebungen durch den Autor

Erneut wird dem Europäischen Rat eine Schlüsselrolle zugeschrieben. Dieses Gremium beschließt als konstitutioneller Architekt einstimmig. Zuvor hört der Europäische Rat das EP sowie die Kommission an. Bei institutionellen Änderungen im Währungsbereich muss darüber hinaus auch die Europäische Zentralbank (EZB) angehört werden. Ein Konvent ist bei diesem Verfahren nicht vorgesehen. Der

Beschluss zu vorgesehenen partiellen Vertragsänderungen wird je nach verfassungsrechtlichen Vorschriften den nationalen Parlamenten oder – in Form eines Referendums – der Bevölkerung zur Zustimmung vorgelegt. Sobald eines der nationalen Parlamente ein Veto geltend macht oder ein Plebiszit negativ ausfällt, wird der Änderungsbeschluss nicht erlassen. Das Bundesverfassungsgericht hat in seinem Urteil zum Lissabonner Vertrag vom 30. Juni 2009 die Wahrung eines solchen nationalen Parlamentsvorbehalts bestärkt und unterwirft das vereinfachte Änderungsverfahren der strengen Vorabkontrolle durch den Bundestag und Bundesrat (Bundesverfassungsgericht 2009, § 309–320).

Ein illustratives Beispiel für die Anwendung dieses vereinfachten Änderungsverfahrens ist der Beschluss des Europäischen Rates im März 2011, den Art. 136 AEUV „hinsichtlich eines Stabilitätsmechanismus für die Mitgliedstaaten, deren Währung der Euro ist", zu ändern (Europäischer Rat 2011). Unter Zuhilfenahme des Art. 48 (6) EUV konnte so der *Europäische Stabilitätsmechanismus* (ESM) gegründet werden, durch den es ermöglicht werden soll, überschuldete Mitgliedstaaten der Eurozone durch Bürgschaften oder Kredite zu unterstützen bzw. deren Zahlungsfähigkeit zu sichern (vgl. Kap. ▶ „Wirtschaftspolitisches Handeln").

5   Verfahren und Nutzung der kleinen Vertragsänderung

Von Relevanz, wenn auch häufig übersehen, gilt die „kleine Vertragsänderung", die in Art. 352 AEUV geregelt ist (vgl. Dokument 4).

Dokument 4, „Kleine Vertragsänderung" (gemäß Art. 352 AEUV)
Art. 352 (1) AEUV

Erscheint ein *Tätigwerden* der Union im Rahmen der in den Verträgen festgelegten Politikbereiche *erforderlich, um eines* der *Ziele der Verträge zu verwirklichen,* und sind in den Verträgen die hierfür *erforderlichen Befugnisse nicht vorgesehen,* so *erlässt der Rat einstimmig* auf Vorschlag der Kommission und nach Zustimmung des Europäischen Parlaments *die geeigneten Vorschriften.* [...]

Hervorhebungen durch den Autor

Trotz deutlich formulierter Begrenzungen ermöglicht dieses auch als „Lückenfüllungskompetenz" (Vedder 2012, S. 1095, Rn. 1) bezeichnete Regelwerk den Mitgliedstaaten, bei Einstimmigkeit auf zuvor nicht wahrgenommene Herausforderungen zu reagieren: Sie können bisher nicht vorgesehene Befugnisse zur Erreichung von vorgegebenen Zielen beschließen. Auf Art. 352 AEUV basierende Rechtsakte gehören allerdings stets zum Sekundärrecht, nicht zum Primärrecht. Die Kommission und die Regierungen haben diesen Artikel immer wieder genutzt: In der Zeit zwischen 2004 und 2009 wurde 81-mal von Art. 308 EGV als vertragliche Grundlage für Rechtsakte Gebrauch gemacht, seit Inkrafttreten des Lissabonner Vertrages bis zum

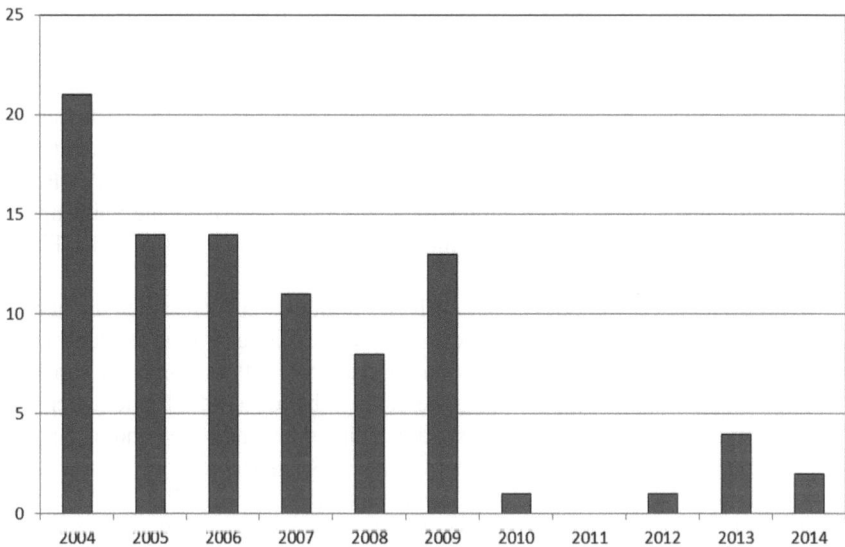

Abb. 3 Nutzung der kleinen Vertragsänderung nach Art. 308 EGV/Art. 352 AEUV zwischen 2004 und 2014. (Quelle: Eigene Darstellung auf Grundlage von Schäfer (2013b, S. 347) und EUR-Lex. Zugegriffen am 31.01.2020)

Ende des Jahres 2014 wurde Art. 352 AEUV achtmal angewendet (vgl. Abb. 3) (EUR-Lex 2016; Schäfer 2013a). Im Rahmen einer Regierungskonferenz in Brüssel im Juni 2010 wurde so beispielsweise beschlossen, Art. 2 des Protokolls (Nr. 36) über die Übergangsbestimmungen zum Vertrag von Lissabon durch ein Änderungsprotokoll zu ergänzen (Maurer und Von Ondarza 2012, S. 21–22).

Mit Blick auf eine vielleicht ungewollte schleichende Kompetenzverlagerung durch eine extensive Nutzung dieser rechtlichen Möglichkeit (im wissenschaftlichen Sprachgebrauch auch *competence creep*) hat das Bundesverfassungsgericht der Bundesregierung durch eine Vorabkontrolle des Bundestags und Bundesrates auch hier enge Grenzen für eine Zustimmung zu einem derartigen Rechtsakt gesetzt (Bundesverfassungsgericht 2009, § 309–320).

Auch die Verträge stecken Bereiche ab, die durch das vereinfachte Änderungsverfahren nicht angetastet werden dürfen. So darf dieses Verfahren explizit „nicht als Grundlage für die Verwirklichung von Zielen der Gemeinsamen Außen- und Sicherheitspolitik" dienen (Art. 352 (4) AEUV).

6 Zusammenfassung, Diskussion und Perspektiven: Die Herren der Verträge im Dilemma

Zur Charakterisierung der Verfahren: Nur intergouvernemental?
Der Blick auf das Regelwerk zu Vertragsänderungen, aber auch auf zentrale Phasen der Praxis – so insbesondere Analysen der Abschlussgipfel – lassen zunächst keine Zweifel entstehen, dass dieses Verfahren der Systemgestaltung fast schon idealty-

pisch als Verkörperung einer intergouvernementalen Leitidee bezeichnet werden kann. Regierungen verhandeln im Namen ihrer Staaten einen völkerrechtlichen Vertrag, der nach den verfassungsrechtlichen Vorschriften jedes Mitgliedstaats ratifiziert werden muss. Nur die Staaten als „Herren der Verträge" (Bundesverfassungsgericht 2009, § 150) verfügen über die Kompetenz, Teile ihrer Souveränität in „Einzelermächtigungen" auf die EU-Ebene zu übertragen (Art. 5 EUV). Als Folge der Einstimmigkeit besitzt jeder Mitgliedstaat ein Vetorecht. Nationale Spitzenpolitiker bleiben so als Gruppe im und durch den Europäischen Rat in jeder Phase ‚Herren des Verfahrens'.

Wenngleich sich sowohl das EP als auch die Kommission intensiv bemüht haben, ihre Vorstellungen zu formulieren und in den Verhandlungsprozess einzubringen, zeigt der bisherige Befund Grenzen der unmittelbaren Einflussnahme der supranationalen Organe auf die zentralen Entscheidungen, bei denen die Regierungen der Mitgliedstaaten die konkreten Ergebnisse durch ein umfassendes Verhandlungspaket zwischen nationalen Interessen (im europäischen Sprachgebrauch *package deal*) aushandeln (vgl. Kap. ► „Der Europäische Rat") (Moravcsik 1998, S. 472–501, 2009, S. 67–87; Werts 2008, S. 30).

Diese Analyse und Einschätzung ist jedoch durch konkrete Fallstudien zu ergänzen, um die ausschließlich intergouvernementale Ausschilderung zu überprüfen (Laffan 2005, S. 474–476; Falkner 2002b, S. 98–112): Für diese Untersuchung ist davon auszugehen, dass die zeitlich begrenzte Analyse einer einzelnen Regierungskonferenz in einer historisch eng abgesteckten Epoche nicht ausreicht, um längerfristig wirkende Einflüsse einer prä-konstitutionellen Rolle des EP (vgl. Kap. ► „Das Europäische Parlament") und anderer supranationaler Organe – so Kommission sowie der Gerichtshof der Europäischen Union (GEU) – einzubeziehen. Zu beobachten sind demgemäß Wirkungen auf die Präferenzbildung nationaler Regierungen und auf die eingespielten Verfahren der Vertragsänderungen. Nach dieser Argumentation spielen diese Akteure supranationaler Institutionen neben nationalen Politikern und Beamten als Teil einer „transnationalen Gemeinschaft von Verhandlungsbeteiligten" (Christiansen 2002, S. 50) eine bedeutsame Rolle, auch wenn sie sicherlich nicht dasselbe Gewicht wie die Vertreter der Mitgliedstaaten einbringen.

Im Lichte der Bewertung der Regierungskonferenzen als Idealtyp eines intergouvernementalen Verfahrens weisen wesentliche Ergebnisse der Vertragsänderung in Richtung einer überraschenden, ja paradoxen Entwicklung: In allen Vertragsänderungen haben die Herren der Verträge die Kompetenzen der supranationalen Organe ausgedehnt und gestärkt (vgl. Abb. 4). Die Mitgliedstaaten haben sich so zunehmend – zumindest de jure – nach Vertragsrecht ‚entmachtet'.

Diese Entscheidungen können auch als Resultat der Einflussnahme von EP und Kommission verstanden werden. Auch bei diesem Verfahren scheint somit eine „Entweder/Oder"-Sicht bei der Beurteilung der Realitätsnähe institutioneller Leitideen nicht zielführend zu sein: Zu beobachten sind zwar primär intergouvernementale Verfahren, deren Ablauf und entsprechend erzielte Ergebnisse aber ohne die Berücksichtigung supranationaler Akteure nicht ausreichend zu erklären sind. Diese Charakterisierung lässt sich bei zentralen Artikeln der Vertragsänderung auf die

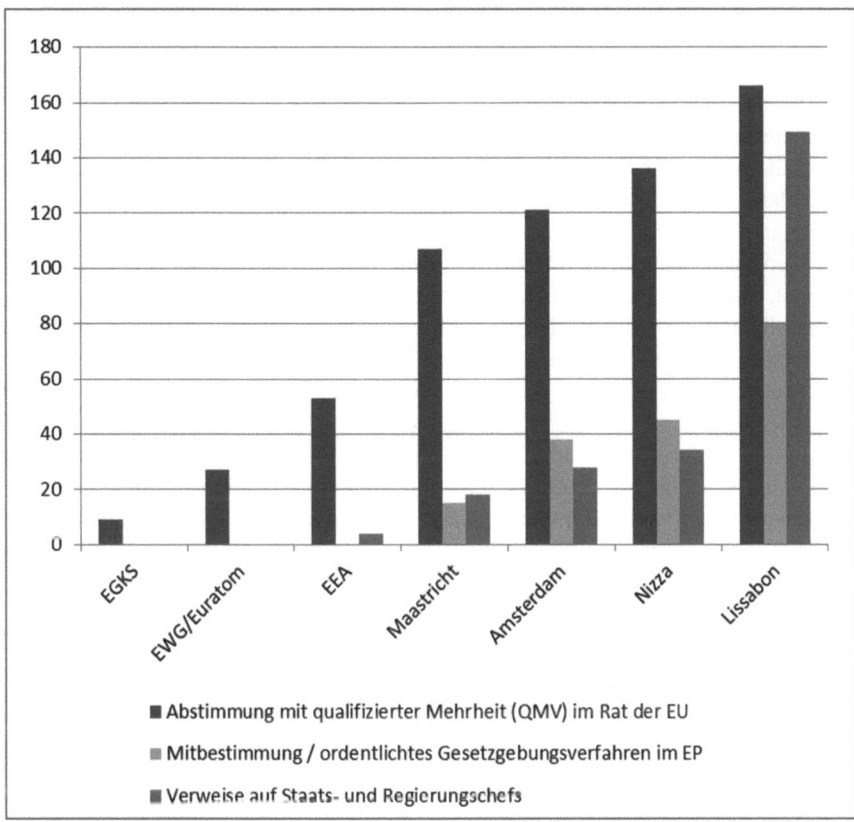

Abb. 4 Entwicklung vertraglicher Bestimmungen. (Quelle: Eigene Darstellung)

Formel „intergouvernemental im Verfahren, aber supranational im Ergebnis" reduzieren (Wessels 2016, S. 88) (vgl. Kap. ▶ „Der Europäische Rat").

Zur Zukunft der Verfahren: Suche nach Flexibilisierung?
Nach dem mühsamen Abschluss der Verhandlungen um den Lissabonner Vertrag im Verfassungsjahrzehnt sahen die Staats- und Regierungschefs ihre Aufgabe als konstitutioneller Architekt als erledigt an: „Mit dem Vertrag von Lissabon erhält die Union einen stabilen und dauerhaften institutionellen Rahmen. *Wir erwarten in absehbarer Zukunft keine weiteren Änderungen*; die Union wird somit imstande sein, sich voll und ganz auf die konkreten Herausforderungen zu konzentrieren, die vor ihr liegen" (Europäischer Rat 2007).

Zu diskutieren ist jedoch generell, ob die Verfahren zur Vertragsänderung geeignet sind, die häufig als notwendig erachteten Reformen des Primärrechts zu erreichen. Auch nach dem Inkrafttreten des Lissabonner Vertrags wurden Forderungen nach einer erneuten Vertragsrevision mit einem Konvent (Bertelsmann Stiftung und

The Spinelli Group 2013) gestellt. Der Europäische Rat setzte diese allerdings nicht auf die Tagesordnung für die Legislaturperiode 2014–2019 (Europäischer Rat 2014; Juncker 2014). Auch die Pläne der 27 Regierungschefs zur Zukunft der EU gemäß der „Erklärung von Bratislava" (Europäischer Rat 2016), der „Erklärung von Rom" (Europäische Kommission 2017) sowie der „Strategischen Agenda 2019-2024" (Europäischer Rat 2019) sehen die Nutzung dieses Regelwerks nicht vor. Auch die Vorschläge für eine Konferenz zur Zukunft Europas, die 2019 für eine breite Beteiligung europäischer Bürgerinnen und Bürger initiiert wurde, haben Vertragsveränderungen nicht thematisiert. Die Staats- und Regierungschefs sind sich wohl bewusst, dass sie zunehmend Hürden für eine Ratifizierung zu überwinden haben. So hat die Zahl der Vetospieler bei Vertragsänderungen über die Jahrzehnte zugenommen (vgl. Abb. 5). Zu erwarten sind in einer weiter steigenden Anzahl von Mitgliedstaaten Referenden, deren jeweiliger Ausgang zunehmend schwierig zu beurteilen ist.

Angesichts der Zunahme an euroskeptischen Parteien und Stimmen ist zudem zu bezweifeln, dass ein neuer Konvent allgemein akzeptable Lösungen in relativ konsensgeprägter Form formulieren würde. Ein Orientierungspunkt für eine abwägende Diskussion ist die Erwartung, dass ein derartiger Konvent nur in einer

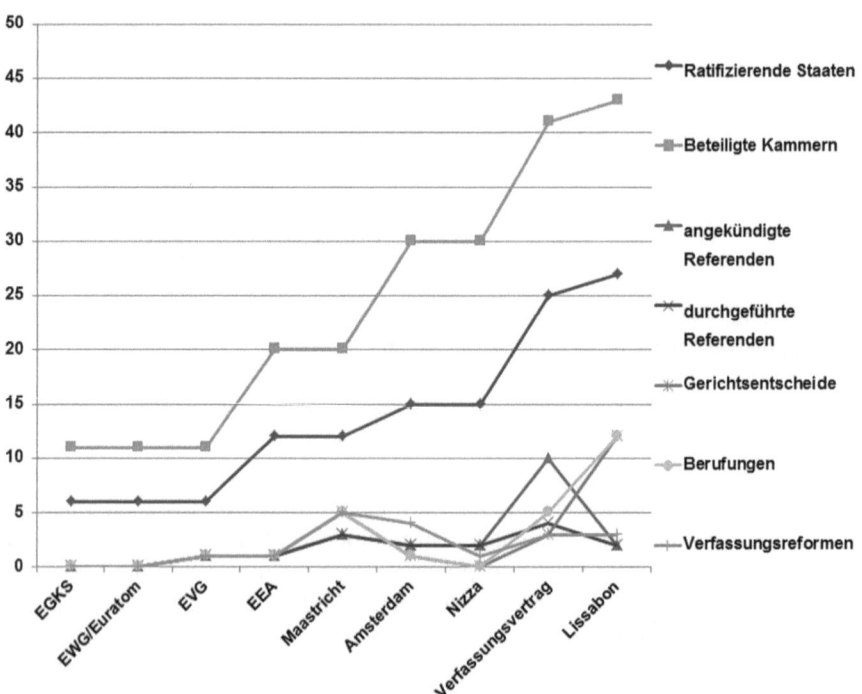

Abb. 5 Hürden für Änderungen der EU-Verträge – die Zunahme an Vetospielern. (Quelle: Closa Montero (2015))

‚Schönwetterphase' für europäische Integrationsschritte, wie sie zu Beginn des Verfassungsjahrzehnts im Vergleich zu den Entwicklungen im Krisenjahrzehnt (vgl. Kap. ▶ „Geschichte") seit 2008 konstatiert werden konnte, politisch produktive Ergebnisse erzielen könnte.

Dem steht allerdings die These gegenüber, dass insbesondere fundamentale Krisen des Systems, wie die Eurokrise oder die Corona-Pandemie, grundlegende Reformen notwendig machen und deshalb einen entsprechenden Druck ausüben werden.

Deutlich wird aber durch den Abschluss von weiteren „Satelliten"-Verträgen (Wessels und Gerards 2018, S. 25) neben und außerhalb des Primärrechts der Union – insbesondere im Rahmen der Krisenbewältigungspolitik der vergangenen Jahre („Vertrag zur Einrichtung des Europäischen Stabilitätsmechanismus", „Vertrag über Stabilität, Koordinierung und Steuerung in der Wirtschafts- und Währungsunion") –, dass die Staats- und Regierungschefs der Union auch alternative Wege zur konstitutionellen Gestaltung suchen und damit die Möglichkeiten der Vertragsänderungsverfahren nicht mehr nutzen (wollen). Die Weiterentwicklung der vertraglichen Architektur wird auch trotz höherer bzw. schwieriger Anforderungen weiterhin von dem politischen Kontext abhängig sein. Angesichts deutlicher Kontroversen über die Zukunft der Union ist eine weiter gesteigerte Nachfrage nach Flexibilisierung zu erwarten (vgl. Kap. ▶ „Flexibilisierung" und Kap. ▶ „Zur Zukunft des EU-Systems").

7 Zur Wiederholung und Vertiefung

Merkpunkte und Stichworte
- Grundkenntnisse zu Regierungskonferenzen:
  - Vier historische Fälle
  - Ablauf nach den Vertragsbestimmungen zum ordentlichen und vereinfachten Vertragsveränderungsverfahren des Lissabonner Vertrags
  - Phasen in der Praxis
- Rolle von Institutionen im Vertragstext und in der Praxis der Regierungskonferenzen:
  - Europäischer Rat
  - EP
  - Kommission
  - Generalsekretariat des Rates
- Der Abschlussgipfel: Formen und Probleme
- Nationale Ratifizierung: Formen und Probleme
- Der Europäische Konvent zur Zukunft Europas: Zusammensetzung, Aufgaben und Wirkungen

Fragen
- Wie ist der Einfluss supranationaler Akteure auf Vertragsänderungen zu erfassen und zu erklären?

- Wie sind die Vor- bzw. auch Nachteile der Konventsmethode zu identifizieren und empirisch zu überprüfen?

Thesen zur Diskussion

- Der Konvent sollte zur verfassungsgebenden Versammlung werden.
- Vertragsänderungen sollten durch EU-weite Referenden ratifiziert werden.
- Der Europäische Rat fungiert als konstitutioneller Architekt.
- Das EP sollte das Zustimmungsrecht für Vertragsänderungen erhalten.
- Regierungskonferenzen bestätigen die intergouvernementale Ausrichtung der institutionellen Leitidee des EU-Systems.
- Nach den gravierenden Beschlüssen in den Krisenjahren seit 2009 ist eine Überarbeitung des Lissabonner Vertrages dringend geboten.
- Je stärker die Krisen in der EU sind, umso dringender ist die Einberufung eines Konvents.
- Die Weiterentwicklung der vertraglichen Architektur wird in näherer Zukunft insbesondere in Form einer Flexibilisierung möglich sein.

Literatur

Online-Quelle

http://european-convention.europa.eu/.
Offizielle Homepage des Europäischen Konvents (zum Verständnis der Diskussion – Homepage 2003 eingestellt).

Einführende Literatur

Gerards, Carsten, und Wolfgang Wessels. 2020. Entscheidungsverfahren. In *Europa von A bis Z. Taschenbuch der europäischen Integration*, Hrsg. Werner Weidenfeld, Wolfgang Wessels und Funda Tekin, 15. Aufl., 155–166. Wiesbaden: Springer VS.

Gerards, Carsten, und Wolfgang Wessels. 2020. EU-Verträge. In *Europa von A bis Z. Taschenbuch der europäischen Integration*, Hrsg. Werner Weidenfeld, Wolfgang Wessels und Funda Tekin, 15. Aufl., 295–300. Wiesbaden: Springer VS.

Große Hüttmann, Martin, und Barbara Lippert. 2020. *Die Europäische Union*, 2. Aufl. Stuttgart: Kohlhammer.

Laffan, Brigid. 2005. Der schwierige Weg zur Europäischen Verfassung: Von der Humboldt-Rede Außenminister Fischers bis zum Abschluss der Regierungskonferenz. In *Der Vertrag über eine Verfassung für Europa. Analysen zur Konstitutionalisierung der EU*, Hrsg. Mathias Jopp und Saskia Matl, 473–492. Baden-Baden: Nomos.

Nettesheim, Martin. 2021. Vertragsänderungen und Vertragsergänzungen. In *Europarecht. Ein Studienbuch*, Hrsg. Dieter Classen und Martin Nettesheim, 9. Aufl., 122–125. München: C.H. Beck.

Literaturverzeichnis

Ad-hoc-Ausschuss für institutionelle Fragen. 1985. *Dooge-Bericht.* https://www.cvce.eu/obj/bericht_des_ad_hoc_ausschusses_fur_institutionelle_fragen_brussel_29_und_30_marz_1985-de-17c22ae3-480a-4637-ad28-e152d86105b7.html. Zugegriffen am 01.07.2022.

Bertelsmann Stiftung, und The Spinelli Group, Hrsg. 2013. *A fundamental law of the European Union.* Gütersloh: Bertelsmann Stiftung.

Bundesverfassungsgericht. 2009. *Urteil vom 30. Juni 2009 – 2 BvE 2/08.* Karlsruhe. https://www.bundesverfassungsgericht.de/entscheidungen/es20090630_2bve000208. Zugegriffen am 01.07.2022.

Christiansen, Thomas. 2002. The role of supranational actors in EU treaty reform. *Journal of European Public Policy* 9(1): 33–53.

Christiansen, Thomas, und Christine Reh. 2009. *Constitutionalizing the European Union.* Basingstoke/New York: Palgrave Macmillan.

Christiansen, Thomas, Gerda Falkner, und Knud Erik Jørgensen. 2002. Theorizing EU treaty reform: Beyond diplomacy and bargaining. *Journal of European Public Policy* 9(1): 12–32.

Closa Montero, Carlos. 2015. Looking ahead: Pathways of future constitutional evolution of the EU European Parliament. In *Depth analysis for the AFCO Committee, Brussels, EP Directorate General for Internal Policies Policy Department C: Citizens' Rights and Constitutional Affairs.* https://www.europarl.europa.eu/RegData/etudes/IDAN/2015/510005/IPOL_IDA(2015)510005_EN.pdf. Zugegriffen am 01.07.2022.

Degenhart, Christoph. 2016. *Staatsrecht I. Staatsorganisationsrecht,* 32. Aufl. Heidelberg: C.F. Müller.

Delors, Jacques. 1989. *Report on economic and monetary union in the European Community.* http://aei.pitt.edu/1007/1/monetary_delors.pdf. Zugegriffen am 01.07.2022.

Eggermont, Frederic. 2012. *The changing role of the European Council in the institutional framework of the European Union: Consequences for the European integration process.* Cambridge/Antwerp/Portland: Intersentia.

Eriksen, Erik Oddvar, und John Erik Fossum. 2011. Bringing European democracy back in. Or how to read the German Constitutional Court's Lisbon Treaty ruling. *European Law Journal* 17(2): 153–285.

EUR-Lex. 2016. *Access to European Union law. EUR-Lex search results.* https://eur-lex.europa.eu/search.html?LB=1????E352*&lbStatus=CELEX&qid=1437482524517&DTS_DOM=EU_LAW&type=advanced&lang=de&SUBDOM_INIT=LEGISLATION&DTS_SUBDOM=LEGISLATION. Zugegriffen am 01.07.2022.

Europäische Kommission. 2017. *Erklärung von Rom. 25. März 2017. Erklärung der führenden Vertreter von 27 Mitgliedstaaten und des Europäischen Rates, des Europäischen Parlaments und der Europäischen Kommission.* https://ec.europa.eu/commission/presscorner/api/files/document/print/de/statement_17_767/STATEMENT_17_767_DE.pdf. Zugegriffen am 01.07.2022.

Europäischer Rat. 1991. *Schlussfolgerungen des Vorsitzes. 28. und 29. Juni 1991.* Luxemburg. https://www.consilium.europa.eu/media/20522/1991_juni_-_luxemburg__de_.pdf. Zugegriffen am 01.07.2022.

Europäischer Rat. 1994a. *Schlussfolgerungen des Vorsitzes. 9. und 10. Dezember 1994.* Essen. https://www.consilium.europa.eu/media/21192/essen-europ%C3%A4ischer-rat.pdf. Zugegriffen am 01.07.2022.

Europäischer Rat. 1994b. *Tagung am 24. und 25. Juni 1994 in Korfu, Schlussfolgerungen des Vorsitzes.* Korfu. https://www.consilium.europa.eu/media/21201/korfu-europ%C3%A4ischer-rat.pdf. Zugegriffen am 01.07.2022.

Europäischer Rat. 1998. *Schlussfolgerungen des Vorsitzes. 11. und 12. Dezember 1998.* Wien. https://www.consilium.europa.eu/media/21084/europ%C3%A4ischer-rat-wien-schlussfolgerungen-des-vorsitzes.pdf. Zugegriffen am 01.07.2022.

Europäischer Rat. 2001. *Schlussfolgerungen des Vorsitzes. Europäischer Rat. 14. und 15.12.2001.* Laeken. https://www.consilium.europa.eu/media/20942/68829.pdf. Zugegriffen am 01.07.2022.

Europäischer Rat. 2006. *Schlussfolgerungen des Vorsitzes. 15. und 16. Juni 2006.* Brüssel. https://data.consilium.europa.eu/doc/document/ST-10633-2006-INIT/de/pdf. Zugegriffen am 01.07.2022.

Europäischer Rat. 2007. *Schlussfolgerungen des Vorsitzes. 14. Dezember 2007.* Brüssel. https://data.consilium.europa.eu/doc/document/ST-16616-2007-INIT/de/pdf. Zugegriffen am 01.07.2022.

Europäischer Rat. 2011. *Beschluss des Europäischen Rates vom 25. März 2011 zur Änderung des Artikels 136 des Vertrags über die Arbeitsweise der Europäischen Union hinsichtlich eines Stabilitätsmechanismus für die Mitgliedstaaten, deren Währung der Euro ist (2011/199/EU).* Brüssel. https://eur-lex.europa.eu/legal-content/DE/TXT/PDF/?uri=CELEX:32011D0199&from=DE. Zugegriffen am 01.07.2022.

Europäischer Rat. 2014. *Strategic agenda for the Union in times of change.* Brüssel. https://www.consilium.europa.eu/uedocs/cms_data/docs/pressdata/en/ec/143477.pdf. Zugegriffen am 01.07.2022.

Europäischer Rat. 2016. *Erklärung von Bratislava und Bratislava-Fahrplan.* Bratislava. https://www.consilium.europa.eu/media/21232/160916-bratislava-declaration-and-roadmap-de.pdf. Zugegriffen am 01.07.2022.

Europäischer Rat. 2019. *A new strategic agenda 2019–2024.* Brüssel. https://www.consilium.europa.eu/media/39914/a-new-strategic-agenda-2019-2024.pdf. Zugegriffen am 01.07.2022.

Europäischer Rat. 2019. *Eine neue Strategische Agenda 2019–2024.* https://www.consilium.europa.eu/media/39963/a-new-strategic-agenda-2019-2024-de.pdf. Zugegriffen am 01.07.2022.

Europäisches Parlament. 2007. *Bericht über die Einberufung der Regierungskonferenz: Stellungnahme des Europäischen Parlaments (Artikel 48 des Vertrags über die Europäische Union).*

Falkner, Gerda. 2002a. EU treaty reform as a three-level process. *Journal of European Public Policy* 9(1): 1–11.

Falkner, Gerda. 2002b. How intergovernmental are intergovernmental conferences? An example from the Maastricht Treaty reform. *Journal of European Public Policy* 9(1): 98–119.

Göler, Daniel. 2006. *Deliberation – Ein Zukunftsmodell europäischer Entscheidungsfindung? Analyse der Beratungen des Verfassungskonvents 2002–2003.* Baden-Baden: Nomos.

Göler, Daniel. 2007. Europäischer Konvent. In *Europa von A bis Z. Taschenbuch der europäischen Integration*, Hrsg. Werner Weidenfeld und Wolfgang Wessels, 10. Aufl., 202–206. Baden-Baden: Nomos.

Göler, Daniel, und Hartmut Marhold. 2005. Die Konventsmethode – Institutionelles Experiment oder Modell für die Zukunft? In *Der Vertrag über eine Verfassung für Europa. Analysen zur Konstitutionalisierung der EU*, Hrsg. Mathias Jopp und Saskia Matl, 453–472. Baden-Baden: Nomos.

Hartwig, Ines, und Andreas Maurer. 2004. Rat der Europäischen Union. In *Jahrbuch der Europäischen Integration 2003/2004*, Hrsg. Werner Weidenfeld und Wolfgang Wessels, 73–82. Baden-Baden: Nomos.

Ipsen, Hans-Peter. 1994. Zehn Glossen zum Maastricht-Urteil. *Europarecht* 29(1): 1–21.

Ipsen, Jörg. 2016. *Staatsrecht I. Staatsorganisationsrecht,* 28. Aufl. München: Vahlen.

Juncker, Jean-Claude. 2014. *A new start for Europe: My agenda for jobs, growth, fairness and democratic change.* Straßburg: Europäisches Parlament.

Knipping, Franz. 2004. *Rom, 25. März 1957. Die Einigung Europas.* München: dtv.

Knipping, Franz. 2010. Die „Méthode Monnet" der europäischen Integration: Mythos und Realität. In *Innovation und Internationalisierung*, Hrsg. Wolfgang Baumann, Ulrich Braukmann und Winfried Matthes, 363–379. Wiesbaden: Gabler.

Laffan, Brigid. 2005. Der schwierige Weg zur Europäischen Verfassung: Von der Humboldt-Rede Außenminister Fischers bis zum Abschluss der Regierungskonferenz. In *Der Vertrag über eine Verfassung für Europa. Analysen zur Konstitutionalisierung der EU*, Hrsg. Mathias Jopp und Saskia Matl, 473–492. Baden-Baden: Nomos.

Lamassoure, Alain. 2004. *Histoire secrète de la Convention européenne.* Paris: Albin Michel.

Leinen, Jo, und Justus Schönlau. 2001. Die Erarbeitung der EU-Grundrechtecharta im Konvent: Nützliche Erfahrungen für die Zukunft Europas. In *Das Vertragswerk von Nizza und die Zukunft der Europäischen Union*, Hrsg. Mathias Jopp, Barbara Lippert und Heinrich Schneider, 123–130. Bonn: Institut für Europäische Politik.

Maurer, Andreas, und Nicolai Von Ondarza. 2012. Der Vertrag von Lissabon: Umsetzung und Reformen. *Stiftung Wissenschaft und Politik* (Onlinedossiers der Stiftung Wissenschaft und Politik, Stand Juni 2012). https://www.swp-berlin.org/fileadmin/contents/products/arbeitspapiere/110308_AP_LissabonVertrag.pdf. Zugegriffen am 01.07.2022.

Mittag, Jürgen, und Wolfgang Wessels. 2004. Die Gipfelkonferenzen von Den Haag (1969) und Paris (1972): Meilensteine für die Entwicklungstrends der Europäischen Union? In *Aufbruch zum Europa der zweiten Generation. Die europäische Einigung 1969–1984*, Hrsg. Franz Knipping und Matthias Schönwald, 3–27. Trier: WVT Wissenschaftlicher Verlag Trier.

Moravcsik, Andrew. 1998. *The choice for Europe: Social purpose and state power from Messina to Maastricht*. London/New York: Cornell University Press.

Moravcsik, Andrew. 2009. Europe: The quiet superpower. *French Politics* 7(3/4): 403–422.

Norman, Peter. 2003. *The accidental constitution. The story of the European Convention*. Brüssel: EuroComment.

Reh, Christine, und Bruno Scholl. 2005. *The convention on the future of Europe: Extended working group or constitutional assembly? Research papers in law 4/2005*. Brügge: College of Europe. http://aei.pitt.edu/44275/1/researchpaper_4_2005_reh_scholl.pdf. Zugegriffen am 01.07.2022.

Reh, Christine, und Wolfgang Wessels. 2002. Towards an innovative mode of treaty reform? Three sets of expectations for the convention. *Collegium* 24:17–42.

Schäfer, David. 2013a. Der Fiskalvertrag – Ein Ausdruck deutscher Hegemonie in der Europäischen Union? *Integration* 36(2): 107–123.

Schäfer, Verena. 2013b. *Die Flexibilitätsklausel im europäischen Integrationsprozess. Artikel 352 AEUV (ex-Art. 308 EGV) als Instrument der weichen Konstitutionalisierung*. Wiesbaden: Springer VS.

Scholl, Bruno. 2006. The Impact of Constitutional Traditions on the EU Reform Discourse in Austria, France, Germany and the UK. In *The making of a European Constitution. Dynamics and limits of the convention experience*, Hrsg. Sonja Puntscher-Riekmann und Wolfgang Wessels. Wiesbaden: Springer VS.

Tindemans, Leo. 1975. Bericht über die Europäische Union (Tindemans-Bericht). *Bulletin der Europäischen Gemeinschaften* Sonderbeilage 1/1976:11–39.

Tomuschat, Christian. 2009. The ruling of the German Constitutional Court on the Treaty of Lisbon. *German Law Journal* 10(08): 1259–1262.

Vedder, Christoph. 2012. Artikel 352 (ex Artikel 308 EGV) [Lückenfüllungskompetenz]. In *Europäisches Unionsrecht. EUV/AEUV/Grundrechtecharta. Handkommentar*, Hrsg. Christoph Vedder und Wolff Heintschel von Heinegg, 1095–1102. Baden Baden: Nomos.

Werts, Jan. 2008. *The European Council*. London: John Harper Publishing.

Wessels, Wolfgang. 2014. Revisiting the Monnet method – A contribution to the periodisation of the European Union's history. In *Teilung überwinden. Europäische und Internationale Geschichte im 19. und 20. Jahrhundert. Festschrift für Wilfried Loth*, Hrsg. Michaela Bachem-Rehm, Claudia Hiepel und Henning Türk, 49–59. München: De Gruyter Oldenbourg.

Wessels, Wolfgang, und Carsten Gerards. 2018. The Implementation of Enhanced Cooperation in the EU. Studie im Auftrag des Ausschusses für konstitutionelle Fragen (Europäisches Parlament), vorgestellet am 10. Oktober 2018, Brüssel. https://www.europarl.europa.eu/RegData/etudes/STUD/2018/604987/IPOL_STU(2018)604987_EN.pdf. Zugegriffen am 01.07.2022.

Wessels, Wolfgang. 2016. *The European Council*. Basingstoke: Palgrave Macmillan.

Beitritts- und Austrittsverfahren

Regelwerk und Praxis zur Mitgliedschaft

Inhalt

Zusammenfassung

Die Mitgliedschaft in der Europäischen Union ist von zentraler Bedeutung für das EU-System sowie für jeden europäischen Staat. Der Vertrag regelt das formale Verfahren zum Beitritt in Artikel 49 und zum Austritt in Artikel 50 EUV. Bei den Stationen des Beitrittsverfahrens nimmt der Europäische Rat de facto die entscheidenden Weichenstellungen vor. Die Staats- und Regierungschefs formulierten durch die Kopenhagener Kriterien 1993 die Grundbedingungen für einen Beitritt und sie entscheiden auch – zumindest de facto – über die Aufnahme und den Abschluss von Beitrittsverhandlungen.

Vor dem Hintergrund des Referendums in Großbritannien über einen Verbleib des Landes in der EU (*Brexit*) hat das Verfahren für den Austritt aus der EU an Relevanz gewonnen. Bei diesem Verfahren kommt dem Europäischen Rat de jure und noch mehr de facto eine Schlüsselrolle zu. Aber auch die Europäische Kommission und das Europäische Parlament haben in beiden Verfahren starke Beteiligungsrechte.

Schlüsselwörter

Regelwerke für Beitrittsrunden · Kopenhagener Kriterien · Beitritts- und Austrittsverhandlungen · Erweiterungsstrategie · Fortschrittsberichte

© Springer Fachmedien Wiesbaden GmbH, ein Teil von Springer Nature 2022
W. Wessels, *Das Politische System der Europäischen Union*,
https://doi.org/10.1007/978-3-658-10013-1_17

1 Eckpunkte im Überblick

Für jeden europäischen Staat stellte sich die Frage nach der Mitgliedschaft in der Europäischen Union. Ein Beitritt (oder auch Austritt) bedeutet eine grundlegende Entscheidung in der Geschichte jedes souveränen Staates in Europa.

Bereits bei der Schaffung der *Europäischen Gemeinschaft* durch die Gründungsstaaten in den fünfziger Jahren hatten die Verträge eine Öffnungsklausel. Nach intensiven Diskussionen legte die Gipfelkonferenz von Den Haag das Fundament für mehrere Beitrittsrunden (vgl. Kap. ▶ „Geschichte").

Der Blick auf die Geschichte zeigt ein erhebliches Wachstum in der Zahl der Mitgliedstaaten (vgl. Abb. 1).

Von zentraler Bedeutung ist dabei das Vertragswerk, das den Beitritt europäischer Staaten unter gewissen Voraussetzungen regelt (Art. 49 EUV).

Gründung 1957	Belgien, Deutschland, Frankreich, Italien, Luxemburg, Niederlande
Norderweiterung 1973	Dänemark, Irland, Vereinigtes Königreich
Süderweiterung 1981/86	Griechenland, Portugal, Spanien
EFTA-Erweiterung 1995	Finnland, Schweden, Österreich
MOE-Erweiterung 2004/2007	Bulgarien, Estland, Lettland, Litauen, Polen, Rumänien, Slowakei, Slowenien, Tschechien, Ungarn,
Erweiterung östliches Mittelmeer 2004	Malta, Zypern
(West-)Balkanrunde 2013	Kroatien
Brexit 2020	Vereinigtes Königreich

Abb. 1 Beitritte und Austritt. MOE-Erweiterung: Mittel- und Osteuropäische Erweiterung. (Quelle: Eigene Darstellung. Stand: 31.01.2020)

Im Gesamtkontext der europäischen Entwicklungen wurden und werden Erweiterung und Vertiefung so häufig verknüpft behandelt: Die Vertragsänderungen und Beitrittsabkommen des letzten Jahrzehnts wurden quasi als eine Gesamtaufgabe für die Gestaltung des EU-Systems verstanden (vgl. Abb. 2, Kap. ▶ „Zur Zukunft des EU-Systems") (Lippert 2004b, S. 24).

2 Das Regelwerk: Bedingungen und Stationen des Verfahrens

Art. 49 EUV legt die Bedingungen für die ‚Reife' von Beitrittskandidaten und die Regeln für das weitere Verfahren hin zu einer EU-Mitgliedschaft fest. Dieser Artikel ist dem Wortlaut nach untrennbar mit Art. 2 EUV (vgl. Dokument 1) verbunden, der die normativen Grundsätze dokumentiert, die allen Staaten als Mitgliedern der Europäischen Union notwendigerweise „gemeinsam" sind.

Dokument 1, Vertragliche Bestimmungen
Art. 49 EUV
Jeder europäische Staat, der die in Artikel 2 genannten *Werte achtet* und sich für ihre Förderung einsetzt, kann beantragen, *Mitglied der Union zu werden*. [...] Der antragstellende Staat richtet seinen *Antrag an den Rat*; dieser beschließt einstimmig nach *Anhörung der Kommission* und nach *Zustimmung des Europäischen Parlaments*, das mit der Mehrheit seiner Mitglieder beschließt.

Art. 2 EUV
Die *Werte*, auf die sich die Union gründet, sind die Achtung der Menschenwürde, Freiheit, Demokratie, Gleichheit, Rechtsstaatlichkeit und die Wahrung der Menschenrechte einschließlich der Rechte der Personen, die Minderheiten angehören. Diese Werte sind allen Mitgliedstaaten in einer Gesellschaft *gemeinsam*, die sich durch Pluralismus, Nichtdiskriminierung, Toleranz, Gerechtigkeit, Solidarität und die Gleichheit von Frauen und Männern auszeichnet.

Hervorhebungen durch den Autor

Genauer legen die sogenannten *Kopenhagener Kriterien* des *Europäischen Rates* von 1993 die Vorgaben fest (vgl. Kap. ▶ „Geschichte"). Sie fordern drei Grundbedingungen für die ‚Beitrittsreife' der Kandidaten und formulieren auch eine Voraussetzung für die ‚Erweiterungsfähigkeit' der Union selbst (vgl. Dokument 2).

Dokument 2, Kopenhagener Kriterien

Schlussfolgerungen des Europäischen Rates, Kopenhagen, 21./22. Juni 1993

[...] Als Voraussetzung für die Mitgliedschaft muss der Beitrittskandidat eine *institutionelle Stabilität* als Garantie für *demokratische und rechtsstaatliche Ordnung,* für die Wahrung der Menschenrechte sowie die Achtung und den Schutz von Minderheiten verwirklicht haben;

sie erfordert ferner eine *funktionsfähige Marktwirtschaft* sowie die Fähigkeit, dem Wettbewerbsdruck und den Marktkräften innerhalb der Union standzuhalten.

Die Mitgliedschaft setzt außerdem voraus, dass die einzelnen Beitrittskandidaten die aus einer Mitgliedschaft *erwachsenden Verpflichtungen* übernehmen und sich auch die *Ziele der politischen Union sowie der Wirtschafts- und Währungsunion* zu eigen machen können.

Die *Fähigkeit der Union,* neue Mitglieder aufzunehmen, dabei jedoch die *Stoßkraft der europäischen Integration* zu erhalten, stellt ebenfalls einen sowohl für die Union als auch für die Beitrittskandidaten wichtigen Gesichtspunkt dar.

[...]

Quelle: Europäischer Rat (1993)

Hervorhebungen durch den Autor

Als notwendige Voraussetzung für jede Verhandlungseröffnung wird das erste Kriterium gesehen, das die Stabilität einer demokratischen und rechtsstaatlichen Ordnung des Antragstellers anmahnt. Diese ‚politische Konditionalität' betont den Charakter der EU als Wertegemeinschaft demokratischer Staaten. Sie wurde – zumindest implizit – seit Beginn des Integrationsprozesses gefordert. Anfang der 2000er spielte sie insbesondere im Hinblick auf eine Erweiterung um die Türkei und die Balkanstaaten eine zentrale Rolle. Angesichts kontroverser Diskussionen um die Beitrittsreife dieser Staatengruppe ist anzumerken, dass bei den Kopenhagener Kriterien keine wie auch immer verstandene ‚kulturelle Identität' als Voraussetzung einer Mitgliedschaft erwähnt wird. Vielmehr gilt das Prinzip der Neutralität in Religionsfragen.

Das zweite Kriterium beschreibt die notwendigen ökonomischen Bedingungen, die für die Wettbewerbsfähigkeit eines Mitglieds in der europäischen Wirtschaftsgemeinschaft als Voraussetzung verstanden werden.

Das dritte Kriterium fordert die Übernahme der Verpflichtungen aus dem Besitzstand (im europäischen Sprachgebrauch *acquis*, d. h. der jeweils gültigen Rechtsakte der EU) sowie die Anerkennung der Ziele der EU und der WWU. Tab. 1 zeigt die einzelnen Kapitel, in denen ein Beitrittskandidat die Normen der EU übernehmen muss.

Durch den oft kritisierten verfrühten Beitritt von Rumänien und Bulgarien 2007 wurde im Fall Kroatiens erstmals das System der Benchmarks eingeführt.

Tab. 1 Kapitel des „acquis"

Kapitel	Politikbereich	Kapitel	Politikbereich
1	Freier Warenverkehr	19	Sozialpolitik und Beschäftigung
2	Freizügigkeit der Arbeitnehmer	20	Unternehmens- und Industriepolitik
3	Niederlassungsfreiheit und freier Dienstleistungsverkehr	21	Transeuropäisches Verkehrsnetz
4	Freier Kapitalverkehr	22	Regionalpolitik und Koordinierung strukturpolitischer Instrumente
5	Öffentliches Auftragswesen	23	Justiz und Grundrechte
6	Gesellschaftsrecht	24	Recht, Freiheit und Sicherheit
7	Schutz geistiger Eigentumsrechte	25	Wissenschaft und Forschung
8	Wettbewerbspolitik	26	Bildung und Kultur
9	Finanzdienstleistungen	27	Umwelt
10	Informationsgesellschaft und Medien	28	Verbraucher- und Gesundheitsschutz
11	Landwirtschaft und ländliche Entwicklung	29	Zollunion
12	Lebensmittelsicherheit, Veterinärpolitik und Pflanzenschutz	30	Außenbeziehungen
13	Fischerei	31	Außen-, Sicherheits- und Verteidigungspolitik
14	Verkehrspolitik	32	Finanzkontrolle
15	Energie	33	Finanz- und Haushaltsbestimmungen
16	Steuern	34	Institutionen
17	Wirtschafts- und Wahrungspolitik	35	Sonstige Fragen
18	Statistik		

Quelle: Eigene Darstellung, in Anlehnung an Europäische Kommission (2018a)

Diese sehen Leistungsnachweise über die Verabschiedung sowie insbesondere die Umsetzung von Gesetzen vor, die der Beitrittskandidat nach der Schließung jedes der 35 Kapitel erbringen muss.

Die Kopenhagener Kriterien sichern damit den Bestand und die langfristigen Perspektiven des EU-Systems. In den Beitrittsverhandlungen können die Kandidatenländer deshalb den erreichten Status des Vertragswerkes nicht mehr zur Disposition stellen; sie müssen die Ergebnisse des Integrationsprozesses der vorangegangenen Jahrzehnte ohne Abstriche akzeptieren.

Nicht nur Kandidaten müssen sich demnach einem umfassenden Beitritts-‚Check' unterziehen. In den Debatten um Erweiterungen spielt auch immer wieder die institutionelle Aufnahme- und Zukunftsfähigkeit der Union selbst – als viertes Kriterium – eine wichtige Rolle (Böttger 2016, S. 159). Thematisiert werden diese internen Voraussetzungen des EU-Systems und dessen institutionelle Architektur immer wieder mit Begriffen wie „Absorptions-" bzw. „Integrations-" oder „Aufnahmefähigkeit" (Lippert 2007a, S. 437–440).

Der Europäische Rat hat mehrfach auf diese EU-interne Voraussetzung hingewiesen (vgl. Dokument 3). Mit diesen vagen Begriffen wurden insbesondere die institutionelle Handlungsfähigkeit sowie die Finanzierbarkeit einer erweiterten EU angesprochen.

Dokument 3, Aufnahmetätigkeit
Schlussfolgerungen des Europäischen Rates, Brüssel, 14./15. Dezember 2006
I. Erweiterungsstrategie
[...]
9. Der Europäische Rat weist daraufhin, dass es wichtig ist, dafür zu sorgen, dass die EU die eigene Entwicklung fortsetzen und vertiefen kann. Das Tempo der Erweiterung muss der *Fähigkeit der Union zur Aufnahme neuer Mitglieder* Rechnung tragen. Der Europäische Rat fordert die Kommission auf, in ihrer Stellungnahme zu dem Antrag eines Landes auf Aufnahme und auch im Laufe der Beitrittsverhandlungen Bewertungen der Folgen für die wichtigsten Politikbereiche vorzunehmen. Bei fortschreitender Erweiterung der Union kann die europäische Integration *nur erfolgreich sein,* wenn die Organe der EU weiterhin *effizient funktionieren* und die *Politik der EU auf nachhaltige Weise weiterentwickelt und finanziert wird.*

Quelle: Europäischer Rat (2006a)
Hervorhebungen durch den Autor

Wie bei anderen Verfahren der (System-)Gestaltung kann man im Regelwerk und in der Praxis zur Aufnahme drei Phasen unterscheiden (vgl. Abb. 2).

Zum Ablauf sehen die Vertragsbuchstaben ein auf den ersten Blick relativ übersichtliches Verfahren vor (vgl. Dokument 1).

Ein europäischer Staat stellt den Beitrittsantrag an den *Rat*; daraufhin erstellt die *Europäische Kommission* eine vorläufige Stellungnahme. Im nächsten Schritt beschließt der Rat einstimmig die Aufnahme von Verhandlungen, die der Vorsitz des Rates mit Unterstützung der Kommission führt. Nach Ende der Verhandlungen erstellt die Kommission einen Bericht. Der Rat muss nun wiederum einstimmig den Beitritt beschließen. Neben dem Kandidatenstaat müssen auch das *Europäische Parlament* (EP) nach dem Zustimmungsverfahren mit der (absoluten) Mehrheit seiner Mitglieder und jeder Mitgliedstaat nach seinen verfassungsrechtlichen Vorgaben das Abkommen mit dem antragstellenden Staat absegnen. Bereits bei nur einem negativen Votum scheitert das Beitrittsbegehren. Bei ihrer Ratifizierung führen Kandidatenstaaten in der Regel ein Referendum durch. Wird diese Phase abgeschlossen, kann die Ratifikationsurkunde hinterlegt werden; der Beitritt erfolgt dann zu dem vereinbarten Zeitpunkt.

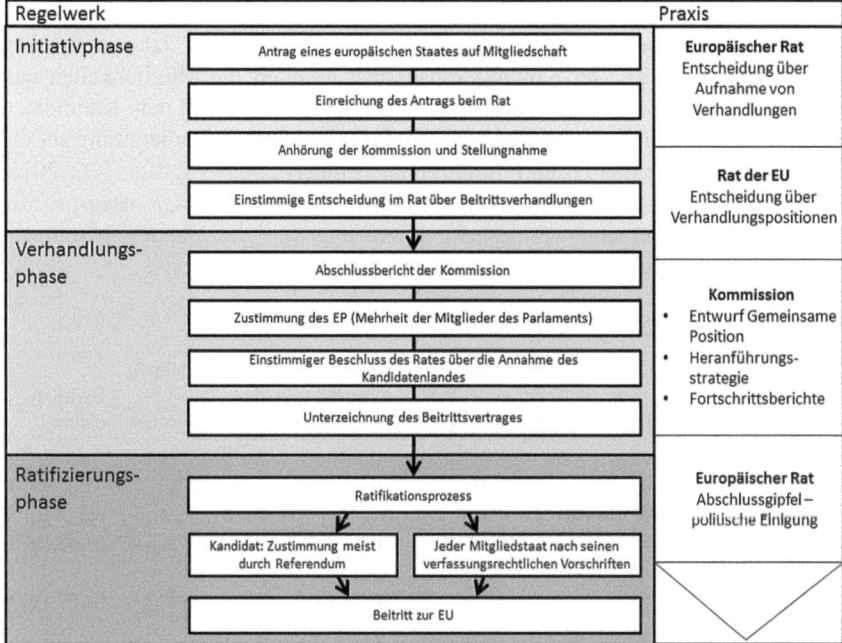

Abb. 2 Phasen (gemäß Art. 49 EUV) und Praxis. (Quelle: Eigene Darstellung; vgl. auch Tekin und Wessels (2016, S. 151–152) sowie Böttger (2016, S. 161))

3 Zur Analyse der Praxis: Arbeitsteilung zwischen Europäischem Rat und Kommission

Die Verhandlungspraxis der Beitrittsrunden zeigt einen Prozess, der erheblich komplizierter und länger ist, als die geschriebenen Vertragsregeln zunächst erkennen lassen. Die Dauer zwischen Antrag und Beitritt kann eine erhebliche Zeitspanne in Anspruch nehmen, die je nach Kandidatenland variierte (vgl. Tab. 2).

Einem Antrag gehen in dem Kandidatenland langjährige, teilweise hitzige innenpolitische Debatten über Kosten und Nutzen einer Mitgliedschaft voraus. Sondierende Vorgespräche finden mit Verantwortlichen der Mitgliedstaaten und der EU statt. In einer Mehrzahl der Fälle können Regierungen bei der Antragstellung von einem stabilen innenpolitischen Konsens und einem allgemeinen Wohlwollen der ‚Alt'-Mitglieder ausgehen. Angesichts der Bedeutung für die potenziellen Neumitglieder, aber auch für die EU sind jedoch fortdauernde Kontroversen in Kandidatenländern wie in der aufnehmenden EU nicht ausgeschlossen. So löst insbesondere die Frage einer möglichen türkischen Mitgliedschaft immer wieder einen fundamentalen Widerstand aus.

Die Stellungnahme der Kommission zum Antrag eines Beitrittskandidaten bedarf häufig gründlicher Vorarbeiten, die sich über mehrere Jahre erstrecken können (vgl. Tab. 2). Der Kommissionsbericht erläutert die Möglichkeiten und Risiken einer Mitgliedschaft. Parallel kann die Kommission mit dem Kandidaten mehrere „Heranführungsstrategien" und konkrete Schritte zur Vorbereitung auf die Mitgliedschaft vereinbaren und durchführen (Lippert 2007b, S. 125–126, 2015, S. 523). So sieht der 1999 entwickelte *Stabilisierungs- und Assoziierungsprozess* (SAP) (vgl. Tab. 3) eine vertragliche Beziehung vor, die Handelsabkommen, Finanzhilfen und eine regionale Zusammenarbeit beinhaltet.

Tab. 2 Geschichte und Praxis der Beitrittsschritte

	Beitritts-antrag	Stellungnahme der Kommission	Beginn der Beitrittsver-handlungen	Unterzeichnung des Beitrittsvertrags	Beitritts-datum
1. Norderweiterung					
Vereinigtes Königreich	10.05.1967 (09.08.1961)[a]	29.09.1967	30.06.1970	22.01.1972	01.01.1973
Dänemark	11.05.1967 (10.08.1961)[a]	29.09.1967	30.06.1970	22.01.1972	01.01.1973
Irland	11.05.1967 (10.08.1961)[a]	29.09.1967	30.06.1970	22.01.1972	01.01.1973
2. Süderweiterung					
Griechenland	12.06.1975	29.01.1976	27.07.1976	28.05.1979	01.01.1981
Portugal	28.03.1977	19.05.1978	17.10.1978	12.06.1985	01.01.1986
Spanien	28.07.1977	29.11.1978	05.02.1979	12.06.1985	01.01.1986
3. EFTA-Erweiterung					
Österreich	17.07.1989	01.08.1991	01.02.1993	24.06.1994	01.01.1995
Schweden	01.07.1991	31.07.1992	01.02.1993	24.06.1994	01.01.1995
Finnland	18.03.1992	04.11.1992	01.02.1993	24.06.1994	01.01.1995
4. Erweiterung Mittel- und Osteuropa					
Ungarn	31.03.1994	16.07.1997	31.03.1998	16.04.2003	01.05.2004
Polen	05.04.1994	16.07.1997	31.03.1998	16.04.2003	01.05.2004
Slowakei	27.06.1995	16.07.1997	15.02.2000	16.04.2003	01.05.2004
Lettland	13.10.1995	16.07.1997	15.02.2000	16.04.2003	01.05.2004
Estland	24.11.1995	16.07.1997	31.03.1998	16.04.2003	01.05.2004
Litauen	08.12.1995	16.07.1997	15.02.2000	16.04.2003	01.05.2004
Tschechien	17.01.1996	16.07.1997	31.03.1998	16.04.2003	01.05.2004
Slowenien	10.06.1996	16.07.1997	31.03.1998	16.04.2003	01.05.2004
Rumänien	22.06.1995	16.07.1997	15.02.2000	25.04.2005	01.01.2007
Bulgarien	14.12.1995	16.07.1997	15.02.2000	25.04.2005	01.01.2007
5. Erweiterung östliches Mittelmeer					
Zypern	04.07.1990	30.06.1993	31.03.1998	16.04.2003	01.05.2004
Malta	16.07.1990	30.06.1993	15.02.2000	16.04.2003	01.05.2004
6. (West-) Balkanrunde					
Kroatien	20.02.2003	20.04.2004	20.10.2005	09.12.2011	01.07.2013

(Fortsetzung)

Tab. 2 (Fortsetzung)

	Beitrittsantrag	Stellungnahme der Kommission	Beginn der Beitrittsverhandlungen	Unterzeichnung des Beitrittsvertrags	Beitrittsdatum
7. offene Beitrittsanträge 2018					
Türkei	14.04.1987	14.12.1989/ 06.10.2004	03.10.2005		
Nordmazedonien	22.03.2004	09.11.2005	19.07.2022		
Montenegro	15.12.2008	09.11.2010	18.12.2012		
Serbien	22.12.2009	12.10.2011	01.01.2014		
Albanien	24.04.2009	09.11.2010	25.03.2020		
Bosnien und Herzegowina	15.02.2016				

[a]In den Klammern vermerkt ist der Zeitpunkt des jeweils ersten Beitrittsantrags; am 08.11.1961 wurden erstmals Verhandlungen mit dem Vereinigten Königreich und kurze Zeit später mit den übrigen Bewerbern aufgenommen. In Folge des Scheiterns der Verhandlungen mit dem Vereinigten Königreich (29.01.1963) kam es ebenfalls zum Abbruch der Verhandlungen mit den übrigen Bewerbern
Quelle: Eigene Darstellung, in Anlehnung an Lippert (2004b, S. 14–15); vgl. auch Lippert (2016). (Stand: 31.05.2020)

Tab. 3 Assoziierungsabkommen

	Start der Verhandlungen	Unterzeichnung
Kroatien	24.11.2000	29.10.2001
Nordmazedonien	05.04.2000	09.04.2001
Albanien	31.01.2003	12.06.2006
Montenegro	10.10.2005	15.10.2007
Bosnien und Herzegowina	25.11.2005	16.06.2008
Serbien	10.10.2005	29.04.2008
Kosovo	28.10.2013	27.10.2015

Quelle: Eigene Darstellung, in Anlehnung an Europäische Kommission (2018c)

Bei der finanziellen Unterstützung von Bewerberländern und potenziellen Beitrittskandidaten handelt es sich um das 2007 reformierte Instrument für Heranführungshilfe (IPA, im europäischen Sprachgebrauch *Instrument d'aide de préadhésion*). IPA ersetzt die vorangegangenen Programme PHARE, PHARE CBC, ISPA, CARDS und SAPARD. Für den Zeitraum von 2014 bis 2020 war ein Budget von 11,7 Mrd. Euro vorgesehen, wovon Nordmazedonien, Albanien, Serbien, die Türkei, Bosnien und Herzegowina, der Kosovo sowie Montenegro profitierten (Europäische Kommission 2016a).

Wie bei Vertragsänderungen nimmt der Europäische Rat auch bei den Stationen des Beitrittsverfahrens die entscheidenden Weichenstellungen vor. Auch zu finanziellen Auswirkungen von Erweiterungen trifft der Europäische Rat insbesondere in den mittelfristigen Finanzperspektiven Beschlüsse, die in der Regel vom jeweiligen

Status quo – etwa im Hinblick auf die zusätzlichen Belastungen bei der Agrar- und Strukturpolitik – geprägt sind. Diese Vereinbarungen sollen Beitritte für die ‚Alt'-Mitglieder akzeptabel machen. Zur Bewältigung dieser Fragen der internen Lastenverteilung können die Beitrittskandidaten aber selbst unmittelbar nichts beitragen. Der Europäische Rat prüft ebenfalls auf der Grundlage von Fortschrittsberichten der Kommission die Einhaltung der Kriterien (vgl. Dokument 4). Die europäischen Spitzenpolitiker entscheiden dann – zumindest de facto – auch über den Abschluss von Beitrittsverhandlungen.

Dokument 4, Monitoring durch den Europäischen Rat
Schlussfolgerungen des Vorsitzes, Europäischen Rat, 15./16. Juni 2006, Brüssel

Bulgarien und Rumänien

Die Union hat das gemeinsame Ziel, Bulgarien und Rumänien im Januar 2007 als neue Mitglieder zu begrüßen, sofern sie dafür bereit sind. Aufgrund des *Monitoringberichts der Kommission vom Mai 2006 bestätigt der Europäische Rat* diesen Standpunkt. Er würdigt die Reformanstrengungen, die Bulgarien und Rumänien in letzter Zeit unternommen haben, und fordert beide Länder auf, ihre Bemühungen noch energischer fortzusetzen, um die noch verbleibenden Probleme, auf die *die Kommission in ihrem Bericht vom Mai 2006* hingewiesen hat, unverzüglich und entschlossen anzugehen. Der *Europäische Rat* ist nach wie vor davon überzeugt, dass beide Länder mit dem erforderlichen politischen Willen die festgestellten Defizite beseitigen und somit wie geplant am 1. Januar 2007 beitreten können. Er begrüßt daher die *Absicht der Kommission,* ihre nächsten Monitoringberichte spätestens Anfang Oktober vorzulegen. *Er fordert die Mitgliedstaaten auf, die Ratifikation des Beitrittsvertrags rechtzeitig abzuschließen.*

Quelle: Europäischer Rat (2006b)
Hervorhebungen durch den Autor

Nach dem einstimmigen, formalen Beschluss des Rates zur Eröffnung der Verhandlungen, die nur nach Erfüllung des politischen Kriteriums erfolgen soll, wird die Kommission – in Abstimmung mit dem jeweiligen Vorsitz des Rates – zur zentralen Verhandlungsführerin der EU.

In Beitrittsverhandlungen vergleicht die Kommission die rechtlichen Bestimmungen der EU mit der Rechtslage in den antragstellenden Staaten. Dann schlägt sie Übergangsmaßnahmen für einzelne Kapitel des zu übernehmenden Besitzstandes an Rechtsakten (vgl. Tab. 1) vor; diese Vorlagen müssen jedoch von den Vertretern aller Mitgliedstaaten gebilligt werden. Dabei können diese ihre jeweiligen Interessen gegenüber dem betreffenden Kandidatenstaat insbesondere in den Bereichen des Binnenmarkts und der Agrarpolitik einbringen. Durch „Fortschrittsberichte" informiert die Kommission die anderen Organe über den Stand der Verhandlungen und kontrolliert die Umsetzung der von den Bewerberstaaten eingegangenen Verpflichtungen. Hinzu kommt, dass die Rolle der einzelnen Mitgliedstaaten im Verhandlungsprozess nicht zu unterschätzen ist. So haben insbesondere im Beitrittsprozess der Türkei mehrere Mitgliedstaaten, wie insbesondere Zypern, die Verhandlungen zu einzelnen Kapiteln blockiert.

Da die antragstellenden Staaten nach dem 3. Kopenhagener Kriterium den Besitzstand an Rechtsakten und die Zielvorstellungen der EU zu übernehmen haben, sind die Verhandlungen zwischen ihnen und der Kommission einseitig durch die Stärke der EU-Position geprägt: Sie behandeln im Wesentlichen die Frage, ob dem Antragsteller – und gegebenenfalls welche – Übergangsfristen eingeräumt werden, die bestehenden Pflichten der Mitgliedschaft zu übernehmen. Für die Umsetzung des gesamten Gemeinschaftsrechts müssen viele Beitrittskandidaten ihre Verwaltungen und ihre Rechtssysteme umfassend anpassen, damit sie die Gemeinschaftsnormen, insbesondere in den Bereichen Landwirtschaft, Umweltschutz, Verkehr, Bankenwesen, öffentliche Aufträge und Telekommunikation, erfüllen. Auch die EU, bzw. einzelne Mitgliedstaaten, plädieren für Übergangsfristen in einzelnen Politikfeldern, um mögliche negative Folgewirkungen aufgrund entsprechend wahrgenommener Wettbewerbsvorteile der Neumitglieder zu vermeiden. So haben die Bundesrepublik Deutschland und Österreich erfolgreich gefordert, zum Schutz ihrer Arbeitsmärkte in den Beitrittsabkommen mit Polen und anderen Staaten längere Übergangsfristen für die Freizügigkeit von Arbeitnehmern aus den mitteleuropäischen Neumitgliedern zu verankern.

Die asymmetrische Verhandlungskonstellation mit „paternalistischen Zügen" (Lippert 2007b, S. 126) kann jedoch nach erfolgtem Beitritt in der Praxis zu unterschiedlichen Formen von ‚Neu-Verhandlungen' führen, wie sie offensiv vom Vereinigten Königreich in Fragen eines ‚gerechten Rückflusses' aus dem EU-Haushalt verfolgt worden sind (vgl. Kap. ▶ „Geschichte").

Eine notwendige Station des Beitrittsverfahrens bildet die Zustimmung des EP mit der Mehrheit seiner Mitglieder. Obwohl dieses Quorum hohe Anforderungen stellt, haben die Abgeordneten den bisherigen Vorlagen ohne eine besondere politische Dramatik zugestimmt. Parlamentarier und Politiker der Beitrittskandidaten stehen in einem engen Meinungsaustausch mit den Mitgliedern des EP, das insbesondere auf die Erfüllung der politischen Bedingungen seitens der Beitrittskandidaten und die Auswirkungen auf die Institutionen und Politiken der EU achtet.

Aus der Sicht des antragstellenden Staates ist der Weg zum Beitritt insgesamt ein langwieriger und häufig politisch unübersichtlicher Prozess der Annäherung und Integration, der sich über ein Jahrzehnt erstrecken kann (vgl. Tab. 2). Bei den Staaten Mittel- und Osteuropas (MOE-Erweiterung) war dieser auch eingebettet in eine ‚Rückkehr nach Europa' mit einer umfassenden Orientierung an den ‚Westen', d. h. der Mitgliedschaft in anderen europäischen und transatlantischen Organisationen. Auch die EU hat zu der Beitrittspolitik historisch begründete Erzählungen formuliert (vgl. Dokument 5).

Dokument 5, Schlussfolgerungen des Vorsitzes, Europäischer Rat, 12./13. Dezember 2002, Kopenhagen

Der Europäische Rat hat auf seiner Tagung 1993 in Kopenhagen das ehrgeizige Vorhaben eingeleitet, das Vermächtnis von Konflikten und Spaltungen in Europa zu überwinden. Der heutige Tag stellt insofern ein *beispielloses historisches Ereignis* dar, als dieser Prozess durch den Abschluss der Beitrittsverhandlungen mit Estland, Lettland, Litauen, Malta, Polen, der Slowakei, Slowenien, der Tschechischen Republik, Ungarn und Zypern vollendet wird. Die Union freut sich nunmehr, diese Staaten zum 1. Mai 2004 als Mitglieder aufnehmen zu können. Dieser Erfolg bezeugt die gemeinsame Entschlossenheit der Völker Europas, sich in einer Union zusammenzufinden, die zur *treibenden Kraft für Frieden, Demokratie, Stabilität und Wohlstand* auf unserem Kontinent geworden ist. Als vollwertige Mitglieder einer auf Solidarität gründenden Union werden diese Staaten an der *Ausgestaltung der weiteren Entwicklung des europäischen Projekts uneingeschränkt beteiligt sein.*

Quelle: Europäischer Rat (2002)
Hervorhebungen durch den Autor

Für eine detaillierte Analyse eines Beitrittsprozesses kann der jüngste Fall der Mitgliedschaft Kroatiens herangezogen werden (vgl. Tab. 4). Erste Schritte der vorsichtigen Annäherung erfolgten Anfang der 90er, die jedoch kurze Zeit später aufgrund einer kritisch bewerteten Militäroperation ausgesetzt wurden. Nach dem Tod des Staatschefs Tudjman 1999 entwickelte sich Kroatien von einem autoritären Präsidialsystem langsam zu einer parlamentarischen Demokratie (Dirmoser 2013). Durch diesen ,Neuanfang' entstand die vertragsrechtliche Beziehung in mehreren Stufen, die – nicht ohne politische Kontroversen – über Handels- und Assoziierungsabkommen sowie der Beitrittspartnerschaft bis hin zur Mitgliedschaft führte. Parallel dazu ist Kroatien auch dem Europarat (1996) und der NATO (2009) beigetreten. Im Rahmen verschiedener Finanzprogramme erhielt das Land eine Unterstützung während der Beitrittsverhandlungen seitens der EU von rund 1,27 Millionen Euro zur Modernisierung der Arbeitsmethoden der kroatischen Zollbehörden (Europäische Kommission 2013, S. 5).

Eine Besonderheit bei den Beitrittskandidaten aus dem Westbalkan ist die Kooperation mit dem Internationalen Strafgerichtshof für das ehemalige Jugoslawien (ICTY).

Ein außergewöhnlicher Fall von Beitrittsverhandlungen bildet das Verfahren mit der Türkei. Nachdem diesem Land 1999 der Kandidatenstatus zugesprochen wurde, laufen seit 2005 die konkreten Verhandlungen, die jedoch aufgrund unterschiedlicher Faktoren ins Stocken geraten sind. Mehrere Mitgliedstaaten, wie z. B. Österreich, Deutschland und Frankreich haben sich gegen eine vollwertige Mitgliedschaft ausgesprochen. Stattdessen schlagen sie eine „Privilegierte Mitgliedschaft" vor. Es werden immer wieder Zweifel an einer Eignung der Türkei als EU-Mitglied insbesondere in Bezug auf die Rechtsstaatlichkeit und Justiz geäußert (vgl. Dokument 6).

Tab. 4   Stationen Kroatiens auf dem Weg zur EU-Mitgliedschaft

1991	Unabhängigkeit
1992	Anerkennung der Unabhängigkeit durch EU-Mitgliedstaaten
1991–1994	Kroatienkrieg
1994	Beginn der Verhandlungen für ein Assoziierungsabkommen
1995	Militäroperation Oluja; Aussetzung der Verhandlungen zum Beitritt Kroatiens ins PHARE-Programm; Abbruch der Verhandlungen zum Assoziierungsabkommen; Kredite des IWF werden eingefroren; Vorgesehene Aufnahme in den Europarat wird ausgesetzt;
1996	Beitritt zum Europarat
2000	Gipfeltreffen in Zagreb: Bemühen Kroatiens um Annäherung an EU-Standards
2001	Unterzeichnung des Stabilisierungs- und Assoziierungsabkommen (SAA) Aufnahme in das CARDS-Programm
2003	Offizielles Beitrittsgesuch
2004	Offizieller Beitrittskandidat nach Zustimmung von Kommission (1. April) und Rat (1. Juni)
2005	Inkrafttreten des SAA; Inanspruchnahme von PHARE und IPSA; Kroatien kooperiert mit dem ICTY; Beitrittsverhandlungen werden in Folge dessen aufgenommen; Beginn des Screening-Prozesses
2006	SAPARD-Programm
2007	PHARE, SAPARD, IPSA und CARDS werden zu IPA
2009	Konflikt mit Slowenien über geografische Grenzen wird beigelegt; Beitritt zur NATO
2011	Abschließende Beitrittskonferenz; EP nimmt den Beitrittsvertrag an; Rat für Allgemeine Angelegenheiten beschließt Beitritt; Unterzeichnung des Beitrittsvertrags
2012	(Positives) Referendum über den Beitritt Kroatiens zur EU; Verabschiedung des Vertrags (einstimmig) im kroatischen Parlament
2013	Offizieller Mitgliedstaat der EU

Quelle: Eigene Darstellung, in Anlehnung an Europäische Kommission (2018b)

Dokument 6, Mandat für die Beitrittsverhandlungen mit der Türkei
Turkey 2016 Report, Europäische Kommission, 9. November 2016
Turkey remains a key partner for the European Union. [...]
There has been serious backsliding in the past year in the area of freedom of expression. Selective and arbitrary application of the law, especially of the provisions on national security and the fight against terrorism, is having a negative impact on freedom of expression.
[...]

(Fortsetzung)

> Regarding its ability to assume the obligations of membership, Turkey has continued to align with the acquis. [...] In all areas, more attention needs to be given to enforce legislation whilst many areas require further significant progress to achieve legislative alignment with the EU acquis.

Quelle: Europäische Kommission (2016b)

4 Austritt: Ein Verfahren in der Erprobung

Die Möglichkeit eines Austritts aus der EU wurde erstmals mit dem Lissabonner Vertrag in Art. 50 EUV (vgl. Dokument 7) eingeführt und bis 2016 noch nicht erprobt. Erst mit dem Referendum in Großbritannien (Brexit) über einen Verbleib des Landes in der EU bzw. dem im März 2017 gestellten Austritts-Antrag des Vereinigten Königreichs aus der EU hat das Verfahren für den Austritt aus der EU an Relevanz gewonnen.

Dokument 7, Vertragliche Bestimmungen (Art. 50 EUV)

Art. 50 EUV

(1) *Jeder Mitgliedstaat* kann im Einklang mit seinen verfassungsrechtlichen Vorschriften *beschließen*, aus der Union *auszutreten*.

(2) Ein Mitgliedstaat, der auszutreten beschließt, teilt dem Europäischen Rat seine Absicht mit. Auf der Grundlage der Leitlinien des *Europäischen Rates* handelt die Union mit diesem Staat ein *Abkommen über die Einzelheiten des Austritts* aus und schließt das Abkommen, wobei der Rahmen für die künftigen Beziehungen dieses Staates zur Union berücksichtigt wird. Das Abkommen wird nach *Artikel 218 Absatz 3 des Vertrags über die Arbeitsweise der Europäischen Union* ausgehandelt. Es wird vom Rat im Namen der Union geschlossen; der Rat beschließt mit qualifizierter Mehrheit nach Zustimmung des Europäischen Parlaments.

[...]

Hervorhebungen durch den Autor

Grundsätzlich hat so jeder Mitgliedstaat das Recht, im Einklang mit seinen verfassungsrechtlichen Vorschriften zu beschließen, aus der EU auszutreten. Nach einer entsprechenden Mitteilung an den Europäischen Rat und aufgrund der von ihm entwickelten Leitlinien handelt die EU mit diesem Staat ein Abkommen über die Einzelheiten des Austritts aus.

Dafür ist ein Zeitraum von zwei Jahren – mit der Möglichkeit auf Verlängerung – vertraglich vorgesehen. Werden die Austrittsverhandlungen innerhalb des vorgegeben Rahmens nicht beendet, verliert der Staat seine EU-Mitgliedschaft mit sofortiger Wirkung. Dadurch können die gegebenenfalls bereits vereinbarten Regelungen zu Formen der zukünftigen Beziehung zur EU nicht in Kraft treten.

Den Modalitäten des Art. 218 (3) AEUV entsprechend beschließt der Rat auf Empfehlung der Kommission mit qualifizierter Mehrheit, die jeweiligen Verhandlungen aufzunehmen. Das Abkommen soll die Auflösung von Rechten und Pflichten, aber auch so weit wie möglich die formellen zukünftigen Beziehungen zwischen der EU und dem ausgetretenen Staat regeln. Das EP muss seine Zustimmung geben. An den Abstimmungen im Rat und im Europäischen Rat ist der Vertreter des betroffenen Staates nicht beteiligt (vgl. Abb. 3).

Entsprechend der bisherigen Erfahrungen mit der Rolle des Europäischen Rates als konstitutionellem Architekten (vgl. Kap. ▶ „Der Europäische Rat") in Verfahren der Vertragsänderungen (vgl. Kap. ▶ „Vertragsänderungsverfahren") sowie der Erweiterung haben die Staats- und Regierungschefs im Europäischen Rat erneut de facto eine zentrale Rolle gespielt.

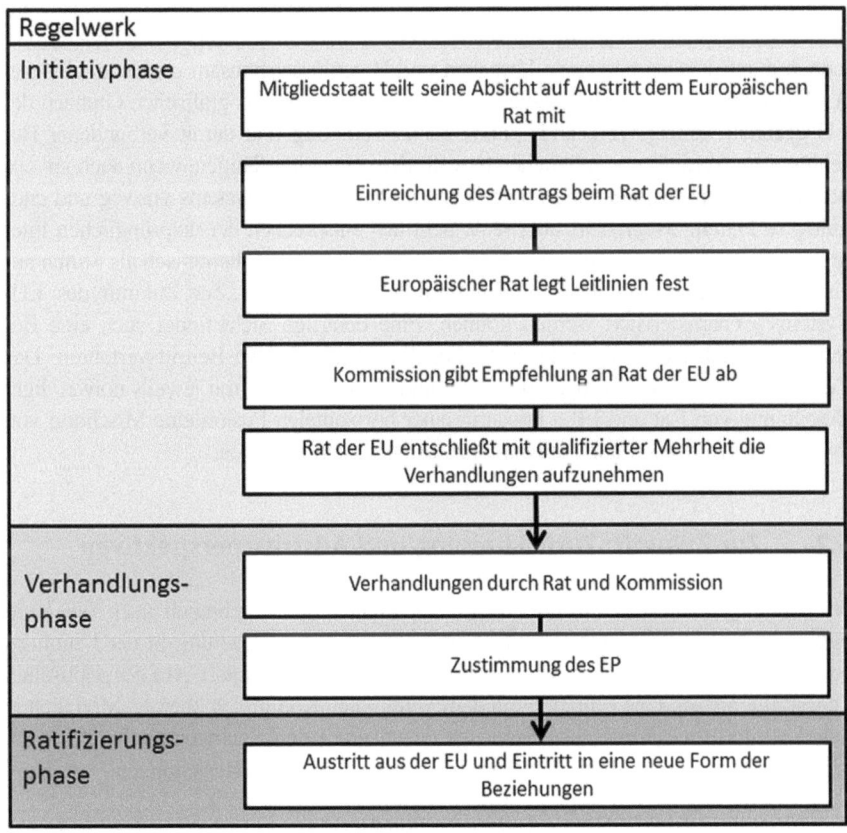

Abb. 3 Phasen des Austritts (gemäß Art. 50 EUV). (Quelle: Eigene Darstellung)

Angesichts der Bedeutung eines Austritts sowie der daraus resultierenden zukünftigen Beziehungen haben die nationalen Spitzenpolitiker die zu treffenden
Vereinbarungen zur ‚Chefsache' gemacht.

5   Zusammenfassung, Diskussion und Perspektiven

5.1   Zur Charakterisierung des Beitrittsverfahrens: Verknüpfung intergouvernementaler und supranationaler Elemente

Die Beitrittsverfahren sind durch ein vorsichtiges Vorgehen in Teilschritten über mehrere Phasen geprägt, die die politischen Auseinandersetzungen unter den Mitgliedstaaten
und im Verhältnis zu den antragstellenden Staaten „klein gearbeitet" und damit teilweise
„entdramatisiert" haben (Lippert 2004b, S. 60). Die Gesamtheit der Mitgliedstaaten
konnte sich zwar angesichts des normativen Drucks auf eine „Wiedervereinigung
Europas" (Lippert 2004a, S. 419) nicht einem Grundkonsens zu einer weiteren Öffnung
der Union entziehen (Schimmelfennig 2003, S. 558). Die EU-Institutionen – insbesondere der Europäische Rat und die Kommission – haben den Weg zur Mitgliedschaft
jedoch durch jeweils begrenzte Vorgaben und Beschlüsse mühsam und letztlich unter
Ausklammerung einer grundsätzlichen Diskussion über die geografischen Grenzen der
EU geebnet. Vertragswerk und -praxis zur Erweiterung und damit verbundener Beschlüsse zur Vertiefung ermöglichen bzw. fördern einen tragfähigen, wenn auch jeweils
begrenzten Konsens, ohne die Fragen der *Finalität* des EU Systems vorweg und endgültig zu klären. „Begrenzte, aber reale Schritte" entsprechen der ursprünglichen Integrationsstrategie von Monnet (vgl. Kap. ▶ „Geschichte"), die theoretisch als Stufen auf
einer Fusionsleiter (vgl. Kap. ▶ „Einführung" und Kap. ▶ „Zur Zukunft des EU-
Systems") charakterisiert werden können. Eine derartige Sicht findet auch eine Bestätigung durch die Analyse der institutionellen Rollen in den Beitrittsverfahren: Das
Zusammenwirken von Europäischem Rat und Kommission – mit jeweils notwendiger
Beteiligung von Rat und EP – lassen in einer horizontalen Fusion eine Mischung von
intergouvernementalen und supranationalen Elementen erkennen.

5.2   Zur Zukunft: Zurückhaltung und Austrittsperspektiven

Nach der „großen Beitrittsrunde" (im europäischen Sprachgebrauch auch *big bang
enlargement*) 2004 bis 2007 ist eine Ermüdung und Zurückhaltung in der Union zu
beobachten (im europäischen Sprachgebrauch *enlargement fatigue*). Auf der politischen
Tagesordnung stand die Einigung mit dem Vereinigten Königreich über die Modalitäten
des Austritts (im europäischen Sprachgebrauch unter den Stichworten ‚hard', ‚soft',
‚dirty', ‚clean' Brexit) sowie die Gestaltung der zukünftigen Beziehungen (vgl. Kap.
▶ „Flexibilisierung" und Kap. ▶ „Zur Zukunft des EU-Systems").
    In seiner strategischen Agenda 2019-2024 hat der Europäische Rat nur eine
verbindliche Position für mögliche Beitritte formuliert. In den Planungen der
Kommission ist bis 2019 kein weiterer Beitritt vorgesehen. Die Debatte um die

Erweiterungspolitik ist jedoch nicht beendet, sondern hat eine neue Stufe erreicht. Auf der offiziellen EU-Kandidatenliste stehen die Türkei, Serbien, Albanien, Bosnien und Herzegowina, Ukraine, Moldau sowie Nordmazedonien. Anderen Ländern der östlichen Partnerschaft ist offiziell keine Beitrittsperspektive eingeräumt worden; in politischen Debatten werden jedoch weitere Staaten dieser Region Europas als potenzielle Mitglieder genannt.

Angesichts der nachhaltigen Probleme bei einem Austritt liegen bis 2020 keine weiteren Anträge zum Verfahren nach Art. 50 EUV vor.

6   Zur Wiederholung und Vertiefung

Merkpunkte und Stichworte
- Grundkenntnisse zum Beitrittsverfahren:
  - Die Beitrittskriterien von Kopenhagen
  - Stationen des Beitrittsprozesses nach dem Vertragswerk
- Zur institutionellen Architektur: Vertragsbestimmungen und Befund aus der Praxis:
  - Rolle des Europäischen Rates
  - Rolle der Kommission
  - Rolle des EP
- Weltpolitische Bedingungen für den Beitritt der Staaten Mittel- und Osteuropas

Fragen
- Wodurch ist die Länge der Beitrittsverfahren zu erklären?
- Wie stehen Beitrittsrunden und Vertragsveränderungen in historischer und systematischer Beziehung?
- Wodurch können die kontroversen Debatten über die Beitrittsrunden der letzten Jahre erklärt werden?

Thesen zur Diskussion
- Beitrittsverfahren sollten innerhalb der EU nicht einstimmig, sondern mit besonders qualifizierten Mehrheiten abgeschlossen werden.
- Beitritte sollten durch ein EU-weites Referendum ratifiziert werden.
- Zu den Kopenhagener Kriterien sollte auch die „kulturelle Homogenität" hinzugenommen werden.

Literatur

Online-Quelle

https://ec.europa.eu/info/policies/eu-enlargement_de.
Auf der offiziellen Homepage der Europäischen Kommission finden sich Schlüsseldokumente zur Erweiterung sowie Berichte zu den Beitrittskandidaten.

Einführende Literatur

Böttger, Katrin. 2020. Erweiterungspolitik. In *Europa von A bis Z. Taschenbuch der europäischen Integration*, Hrsg. Werner Weidenfeld, Wolfgang Wessels und Funda Tekin, 15. Aufl., 173–178. Wiesbaden: Springer VS.

Gerards, Carsten, und Wolfgang Wessels. 2020. Entscheidungsverfahren. In *Europa von A bis Z. Taschenbuch der europäischen Integration*, Hrsg. Werner Weidenfeld, Wolfgang Wessels und Funda Tekin, 15. Aufl., 155–166. Wiesbaden: Springer VS.

Lippert, Barbara. 2020. Die Erweiterungspolitik der Europäischen Union. In *Jahrbuch der Europäischen Integration 2020*, Hrsg. Werner Weidenfeld und Wolfgang Wessels, 439–448. Baden-Baden: Nomos.

Sedelmeier, Ulrich. 2015. Enlargement: Constituent Policy and Tool for External Governance. In *Policy-making in the European Union*, Hrsg. Helen Wallace, Mark A. Pollack und Alasdair R. Young, 7. Aufl., 407–435. Oxford/New York: Oxford University Press.

Literaturverzeichnis

Böttger, Katrin. 2016. Erweiterung. In *Europa von A bis Z. Taschenbuch der europäischen Integration*, Hrsg. Werner Weidenfeld und Wolfgang Wessels, 14. Aufl., 156–165. Baden-Baden: Nomos.

Dirmoser, Dietmar. 2013. Der lange Weg nach Europa: Kroatiens EU-Beitritt. *Perspektive*. https://library.fes.de/pdf-files/id/10148.pdf. Zugegriffen am 01.07.2022.

Europäische Kommission. 2013. *Annual report on financial assistance for enlargement*. https://op.europa.eu/en/publication-detail/-/publication/3384f38a-bdb4-474f-b7ae-e0c8c30f9968/language-en/format-PDF/source-262400252. Zugegriffen am 01.07.2022.

Europäische Kommission. 2016a. *Overview – Instrument for pre-accession assistance*. https://ec.europa.eu/neighbourhood-enlargement/instruments/overview_en. Zugegriffen am 01.07.2022.

Europäische Kommission. 2016b. *Turkey 2016 report*. https://ec.europa.eu/neighbourhood-enlargement/sites/near/files/pdf/key_documents/2016/20161109_report_turkey.pdf. Zugegriffen am 01.07.2022.

Europäische Kommission. 2018a. Chapters of the acquis. https://ec.europa.eu/neighbourhood-enlargement/enlargement-policy/conditions-membership/chapters-acquis_en. Zugegriffen am 01.07.2022.

Europäische Kommission. 2018b. Croatia. https://ec.europa.eu/neighbourhood-enlargement/croatia_de. Zugegriffen am 01.07.2022.

Europäische Kommission. 2018c. European Neighbourhood Policy and Enlargement Negotiations. https://ec.europa.eu/neighbourhood-enlargement/index_en. Zugegriffen am 01.07.2022

Europäischer Rat. 1993. Schlussfolgerungen des Europäischen Rates in Kopenhagen am 21. und 22. Juni 1993. In *Jahrbuch der Europäischen Integration 1993/94*, Hrsg. Werner Weidenfeld und Wolfgang Wessels, 414–435. Bonn: Europa Union Verlag.

Europäischer Rat. 2002. *Schlussfolgerungen des Vorsitzes – Kopenhagen, 12. und 13. Dezember 2002*. https://www.consilium.europa.eu/media/20898/73845.pdf. Zugegriffen am 01.07.2022.

Europäischer Rat. 2006a. Brüssel. *Schlussfolgerungen des Vorsitzes vom 15. und 16. Dezember 2006*. https://data.consilium.europa.eu/doc/document/ST-16879-2006-INIT/de/pdf. Zugegriffen am 01.07.2022.

Europäischer Rat. 2006b. Brüssel. *Schlussfolgerungen des Vorsitzes vom 15. und 16. Juni 2006*. https://data.consilium.europa.eu/doc/document/ST-10633-2006-REV-1/de/pdf. Zugegriffen am 01.07.2022.

Lippert, Barbara. 2004a. Erweiterungspolitik der Europäischen Union. In *Jahrbuch der Europäischen Integration 2003/2004*, Hrsg. Werner Weidenfeld und Wolfgang Wessels, 419–434. Baden-Baden: Nomos.

Lippert, Barbara, Hrsg. 2004b. Glanzloser Arbeitserfolg von epochaler Bedeutung: eine Bilanz der EU-Erweiterungspolitik 1989–2004. In *Bilanz und Folgeprobleme der EU-Erweiterung*, Baden-Baden: Nomos.

Lippert, Barbara. 2007a. Die Erweiterungspolitik der Europäischen Union. In *Jahrbuch der Europäischen Integration 2006*, Hrsg. Werner Weidenfeld und Wolfgang Wessels, 429–440. Baden-Baden: Nomos.

Lippert, Barbara. 2007b. Erweiterung. In *Europa von A bis Z. Taschenbuch der europäischen Integration*, Hrsg. Werner Weidenfeld und Wolfgang Wessels, 10. Aufl., 120–128. Baden-Baden: Nomos.

Lippert, Barbara. 2015. Die Erweiterungspolitik der Europäischen Union. In *Jahrbuch der Europäischen Integration 2015*, Hrsg. Werner Weidenfeld und Wolfgang Wessels, 521–528. Baden-Baden: Nomos.

Lippert, Barbara. 2016. Die Erweiterungspolitik der Europäischen Union. In *Jahrbuch der Europäischen Union 2016*, Hrsg. Werner Weidenfeld und Wolfgang Wessels, 411–420. Baden-Baden: Nomos.

Schimmelfennig, Frank. 2003. Die Osterweiterung der EU: Erklärung eines widersprüchlichen Prozess. In *Europäische Integration*, Hrsg. Markus Jachtenfuchs und Beate Kohler-Koch, 541–568. Opladen: Leske + Budrich.

Tekin, Funda, und Wolfgang Wessels. 2016. Entscheidungsverfahren. In *Europa von A bis Z. Taschenbuch der europäischen Integration*, Hrsg. Werner Weidenfeld und Wolfgang Wessels, 14. Aufl., 137–152. Baden-Baden: Nomos.

Flexibilisierung

Formen, Regelwerk und Praxis differenzierter Integration

Inhalt

Zusammenfassung

Wer die Entwicklungen des EU-Systems näher analysieren will, muss sich mit einer verwirrenden Vielzahl an Verfahren von ‚abgestuften Mitgliedschaften' mit ‚opt-out'-Regeln beschäftigen. Immer wieder wurden – nicht zuletzt von deutscher und französischer Seite – Vorschläge vorgelegt, die ein Vorangehen einiger integrations-williger und -fähiger Mitgliedstaaten sowohl innerhalb als auch notfalls außerhalb des Vertragsrahmens ermöglichen sollen. Von zentraler Relevanz sind die Eurozone und das Schengener Abkommen: in beiden Fällen haben einige Mitgliedstaaten beschlossen, keine Verpflichtungen einzugehen und damit auch auf Mitbestimmungsrechte zu verzichten. Zu den existierenden Verfahren innerhalb der Verträge zählen zum einen das Verfahren der Verstärkten Zusammenarbeit (Art. 20 EUV und Art. 326–334 AEUV), dessen Basis bereits im Amsterdamer Vertrag gelegt wurde, und zum anderen die Ständige Strukturierte Zusammenarbeit (Art. 42 (6) und 46 EUV) in der Gemeinsamen Sicherheits- und Verteidigungspolitik (GSVP), die im Vertrag von Lissabon eingeführt wurde. Herausgebildet haben sich im Vertrags-text außerdem eine Reihe spezifischer ad-hoc Regeln, die für einzelne Mitglied-staaten eine ‚opt-out'-Regel vorsehen. Nicht zuletzt aufgrund von Blockaden für etwaige Vertragsänderungen ist die Ausgestaltung derartiger Flexibilisierungskon-zepte zu einer Schlüsselfrage für die Konstruktion des EU-Systems geworden. Die

© Springer Fachmedien Wiesbaden GmbH, ein Teil von Springer Nature 2022
W. Wessels, *Das Politische System der Europäischen Union*,
https://doi.org/10.1007/978-3-658-10013-1_18

Differenzierung bei der Mitwirkung von Mitgliedstaaten in unterschiedlichen Politikfeldern stellt so ein signifikantes Merkmal dar.

Schlüsselwörter

Verstärkte Zusammenarbeit · Ständige Strukturierte Zusammenarbeit · Opt-out · Kerneuropa · Differenzierung · Inflexible Flexibilisierung

1 Eckpunkte im Überblick: Flexibilisierung und Differenzierung als Alternative oder Ergänzung zur Politik- und Systemgestaltung

Zur genaueren Analyse des EU-Systems, ist die Beschäftigung mit einer unübersichtlichen Vielfalt an Verfahren von ‚abgestuften Mitgliedschaften' unabdingbar (im wissenschaftlichen Sprachgebrauch auch *opt-out*). Ein Überblick dokumentiert

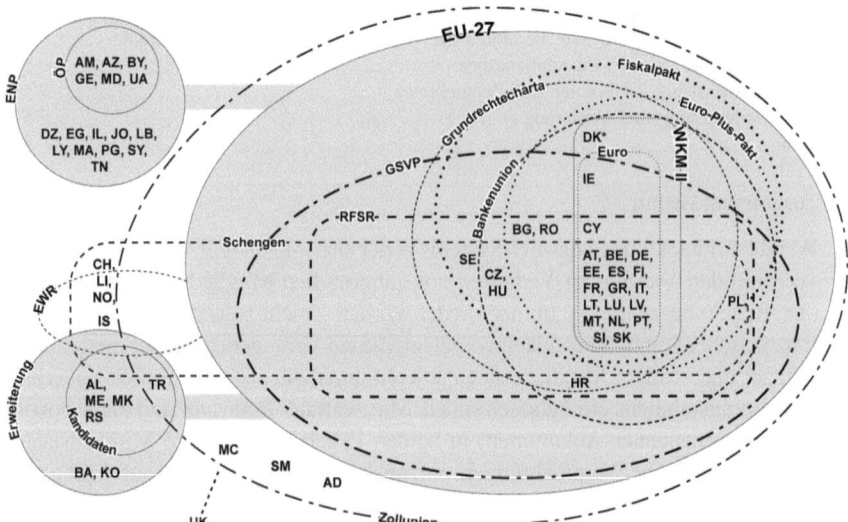

Abb. 1 Überblick über Formen Differenzierter Integration. *Dänemark hat das Schengen-Abkommen unterzeichnet. Abkürzungen der Staaten: AL (Albanien); AT (Österreich); BA (Bosnien-Herzegowina); BE (Belgien); BG (Bulgarien); CH (Schweiz); CY (Zypern); CZ (Tschechische Republik); DE (Deutschland); DK (Dänemark); DZ (Algerien); EE (Estland); ES (Spanien); ET (Äthiopien); FI (Finnland); FR (Frankreich); GB (Vereinigte Königreich); GR (Griechenland); HR (Kroatien); HU (Ungarn); IE (Irland); IS (Island); IL (Israel); IT (Italien), JO (Jordanien); KO (Kosovo), LB (Libanon); LI (Liechtenstein); LT (Litauen); LU (Luxemburg), LV (Lettland), LY (Libyen); MA (Marokko); ME (Montenegro); MK (Nordmazedonien); MT (Malta); NL (Niederlande); NO (Norwegen); PL (Polen); PG (Palästinensische Gebiete); PT (Portugal); RO (Rumänien); RS (Serbien); SE (Schweden); SI (Slowenien); SK (Slowakei); SY (Syrien); TN (Tunesien), TR (Türkei). Sonstige Abkürzungen: EWR (Europäischer Wirtschaftsraum); RFRS (Raum der Freiheit der Sicherheit und des Rechts); WKM II (Wechselkursmechanismus II). (Quelle: In Anlehnung an Tekin (2020, S. 143))

ein komplexes Bild an Formen flexibler (oder auch differenzierter) Integration, bei denen nicht alle Mitgliedstaaten dieselben Rechte und Pflichten bei der Politikgestaltung haben (vgl. Abb. 1).

Überlegungen zu Formen derartiger variierender Mitgliedschaft im und neben dem Vertragstext gehören immer wieder zu den wesentlichen (Mode-)Themen der europa- und integrationspolitischen Debatte. Mit zunehmender Anzahl der Mitgliedstaaten der EU warnten und warnen Politikerinnen und Politiker und Wissenschaftlerinnen und Wissenschaftler regelmäßig vor Risiken einer Blockade der Institutionen in den konsensbasierten Entscheidungsverfahren durch diejenigen Mitgliedstaaten, die nicht bereit oder fähig sind, alle Regeln und Verpflichtungen zu übernehmen. Die bedeutsamsten Beispiele sind hier die Eurozone und das Schengener Abkommen zur Personenfreizügigkeit. Immer wieder wurden – nicht zuletzt von deutscher Seite – Vorschläge vorgelegt, die ein Vorangehen einiger integrationswilliger und -fähiger Mitgliedstaaten sowohl innerhalb als auch notfalls außerhalb des Vertragsrahmens ermöglichen sollen. In der Folge wurden mehrere (Aus-)Wege und Verfahren im Laufe der Zeit rechtlich geregelt. Zu ihnen zählen zum einen das Verfahren der *Verstärkten Zusammenarbeit* (Art. 20 EUV und Art. 326–334 AEUV, im englischen Sprachgebrauch *Enhanced Cooperation*), welches bereits im Amsterdamer Vertrag eingeführt wurde, und zum anderen die *Ständige Strukturierte Zusammenarbeit* (im englischen Sprachgebrauch *Permanent Structured Cooperation*, PESCO) (Art. 42 (6) und 46 EUV) in der *Gemeinsamen Sicherheits- und Verteidigungspolitik* (GSVP), die im Vertrag von Lissabon eingeführt wurde (vgl. Kap. ▶ „Auswärtiges Handeln“).

Herausgebildet haben sich im Vertragstext außerdem eine Reihe spezifischer ad-hoc Regeln, die für einzelne Mitgliedstaaten eine ‚opt-out‘-Regel vorsehen. Das bedeutet, dass die entsprechenden Mitgliedstaaten keine Verpflichtungen eingehen, aber gleichzeitig auch über keine Rechte verfügen, wie beispielsweise bei der Nichtteilnahme Dänemarks, Schwedens oder Polens in den Beratungen und Entscheidungen zur Währungsunion. Bei nicht zu überwindenden Blockaden haben Gruppen von Mitgliedstaaten auch Verträge außerhalb der EU-Verträge geschlossen, die später teilweise in das EU Primärrecht überführt wurden – so das Schengen-Abkommen zur Personenfreizügigkeit (vgl. Kap. ▶ „Justiz- und Innenpolitik“). Von der Eurogruppe wurden mit dem „Vertrag über einen Europäischen Stabilitätsmechanismus“ (ESM) und dem „Vertrag über Stabilität, Koordinierung und Steuerung in der Wirtschafts- und Währungsunion“ (im Sprachgebrauch *Fiskalpakt*) zwei Verträge außerhalb des Lissabonner Vertrages geschlossen. (vgl. Kap. ▶ „Wirtschaftspolitisches Handeln“). Oft als „Satellitenverträge“ bezeichnet, kreisen diese Abkommen um die institutionelle Architektur der Union, mit der (offiziellen) Intention der beteiligten Staaten diese zu einem späteren Zeitpunkt wieder „einzufangen“ und in das EU-Vertragswerk zu integrieren – dies ist beispielsweise mit der Überführung des Schengener Abkommen in den Vertrag von Amsterdam geglückt. Nicht zuletzt aufgrund der Hindernisse für etwaige Vertragsänderungen (vgl. Kap. ▶ „Vertragsänderungsverfahren“) ist die Ausgestaltung derartiger Flexibilisierungskonzepte zu einer Schlüsselfrage für die Konstruktion des EU-Systems geworden. Die Differenzierung bei der Mitwirkung von Mitgliedstaaten in unterschiedlichen Politikfeldern ist stellt ein signifikantes Merkmal europäischer Integration dar.

Die langjährige und teilweise intensiv geführte politische und wissenschaftliche Diskussion um Flexibilisierung und Differenzierung bietet jedoch keine klaren, gemeinsam getragenen Optionen, sondern öffnet einen breiten und interpretationsbedürftigen Katalog an Konzepten. Unübersichtlichkeit und Widersprüchlichkeit sind prägende Charakterisierungen für die jahrzehntelangen Debatten. Zurückzuführen sind diese Schwierigkeiten auf strukturelle Dilemmata, vor denen die Akteure immer wieder stehen. Einerseits sind einige Mitgliedstaaten bereit und willig, gemeinsame Probleme durch ein EU-Regelwerk anzugehen, andererseits soll damit die Einheitlichkeit des Rechtsraums nicht zerstört werden. Außerdem sollen unwillige oder unfähige Mitgliedstaaten diese Bemühungen nicht blockieren können. Gesucht werden damit Formen der Problemlösungen möglichst in oder zumindest nahe am Vertragswerk anzusiedeln, um ein zu starkes Auseinanderdriften zwischen den EU-Mitgliedstaaten und damit eine Spaltung in zwei oder mehrere Klassen von Mitgliedstaaten zu vermeiden (Wessels und Wolters 2017).

Nach einer Vorstellung geläufiger Leitideen zur Flexibilisierung aus Politik und Wissenschaft wird auf die europapolitische Praxis eingegangen. Um die Herausforderungen bei der Umsetzung von Flexibilisierung zu beleuchten, wird das im Vertrag vorgegebene Regelwerk zur Verstärkten Zusammenarbeit ausführlich vorgestellt. Dieses Verfahren wurden als nützliche Ausweichmöglichkeit im Falle von Blockaden verstanden, weshalb nicht zuletzt auch zu erklären sein wird, warum die Regierungen dieses vertragliche Angebot in der Praxis bisher kaum nutzten (Wessels und Gerards 2018). Als zweites Fallbeispiel ‚realisierter Flexibilisierung' wird die Ständige Strukturierten Zusammenarbeit genauer beleuchtet werden, die im Jahre 2017 ‚aktiviert' wurde und seitdem ein zentrales Element der Gemeinsamen Sicherheits- und Verteidigungspolitik bildet, an dem sich inzwischen fast alle Mitgliedstaaten beteiligen.

2   Geschichte der Flexibilisierung

2.1   Konzeptionen und Leitideen

Die Debatte um Varianten zur üblichen Systemgestaltung ist nicht neu. Aus historischer Perspektive kann bereits der Gründungsakt der Europäischen Gemeinschaft für Kohle und Stahl (EGKS) als eine Variante der bewusst abgestuften Integration verstanden werden (Spaak 1969). Die sechs Gründerstaaten sahen nur in einer kleinen Gemeinschaft von wenigen Staaten die Möglichkeit, zentrale Probleme vertieft gemeinsam anzugehen. Das Heraustreten dieses ‚Kleineuropas' aus dem größeren, aber ineffektiven Europarat der fünfziger Jahre kann mit den Begrifflichkeiten der neunziger Jahre als Bildung eines „Kerneuropas" (Schäuble und Lamers 1994) beschrieben werden.

Die umfassende Auseinandersetzung um derartige Konzepte mit entsprechenden institutionellen Leitideen schlägt sich in mehreren Plänen und Vorschlägen der Integrationsgeschichte nieder: Lesenswert sind – auch für die Diskussionen um die Gestaltung einer EU-27 – die Ausführungen aus dem Bericht des ehemaligen belgischen Premierministers Leo Tindemans an den *Europäischen Rat* aus den siebziger Jahren (vgl. Dokument 1) sowie die Vorschläge des heute häufig übersehenen Art. 82 des Entwurfs des *Europäischen Parlaments* (EP) für einen „Vertrag für die Europäische Union" (vgl. Dokument 2).

Dokument 1, Vorschläge aus dem Tindemans-Bericht
Tindemans Bericht
„Es ist *unmöglich*, heute ein *glaubwürdiges Aktionsprogramm zu entwickeln*, wenn man davon ausgeht, daß es absolut erforderlich ist, daß in allen Fällen alle Etappen von allen Staaten zum gleichen Zeitpunkt zurückgelegt werden müssen. Objektiv gesehen bestehen in der *Wirtschafts- und Finanzlage derart große Unterschiede*, daß mit dieser Forderung jeder Fortschritt unmöglich wird und Europa weiter zerfällt."
Quelle: Tindemans (1975)

Hervorhebungen durch den Autor

Dokument 2, Vorschläge aus dem Entwurf für einen „Vertrag für die Europäische Union" des EP
Entwurf für einen „Vertrag für die Europäische Union" des Europäischen Parlaments
Art. 82
„Sobald dieser Vertrag von einer *Mehrheit der Mitgliedstaaten* der Europäischen Gemeinschaften, deren Bevölkerung 2/3 der Gesamtbevölkerung der Gemeinschaft ausmacht, ratifiziert ist, treten die Regierungen der Mitgliedstaaten, die ihn ratifiziert haben, unverzüglich zusammen, um *einvernehmlich die Verfahren für die Inkraftsetzung* dieses Vertrages und das Datum seines Inkrafttretens sowie über die Beziehungen zu den Mitgliedstaaten, die ihn noch nicht ratifiziert haben, zu beschließen."
Quelle: Europäisches Parlament (1984)

Hervorhebungen durch den Autor

Aus beiden Dokumenten werden immer wieder zwei Bedingungen für eine Integration von Teilgruppen deutlich: Die nach objektiven Kriterien messbare Fähigkeit, an der Problemlösung mitzuwirken, und die politische Bereitschaft, Schritte zur Vertiefung gemeinsam anzugehen.

Die in der politischen wie wissenschaftlichen Diskussion verwandten Leitideen sind zahlreich und entbehren häufig nicht einer rhetorischen Erfindungsgabe. Begriffe aus der politischen Debatte wie „Europe à la carte" (Dahrendorf 1979), „Pioniergruppe" (Chirac 2000) und „Avantgarde" (Fischer 2000), aber auch Überlegungen zu „abgestufter Integration" (Tindemans 1975) und eines „Europa mit mehreren Geschwindigkeiten" (Scharrer 1977) lassen ebenso eine Vielfalt aufleuchten wie Vorschläge für ein Europa der „konzentrischen Kreise" (Balladur 1994) oder Mitterands „Europäischer Konföderation um eine Gruppe von Kernstaaten" (Bozo 2008). Besondere Aufmerksamkeit fand und findet immer wieder das sogenannte Schäuble-Lamers-Papier, das Vorschläge zur Mitgliedschaft in der Eurozone vor dessen Inkraftsetzung formuliert hatte (vgl. Dokument 3).

Dokument 3, Schäuble-Lamers-Papier
Das Schäuble-Lamers-Papier: Überlegungen zur europäischen Politik
„Die *Kerneuropa-Gruppe* muß *prinzipiell allen EU-Mitgliedern* – vor allem dem Gründungsmitglied Italien, aber auch Spanien und selbstverständlich Großbritannien – ihre uneingeschränkte Bereitschaft glaubhaft machen, sie einzubeziehen, sobald sie bestimmte derzeitige Probleme gelöst haben und soweit ihre Bereitschaft reicht, sich in dem beschriebenen Sinne zu engagieren. Die Bildung einer *Kerngruppe* ist *kein Ziel* an sich, sondern ein *Mittel*, an sich widerstreitende Ziele – *Vertiefung und Erweiterung* – miteinander zu vereinbaren."
Quelle: Schäuble und Lamers (1994, S. 6)

Hervorhebungen durch den Autor

Im Laufe des letzten Jahrzehnts forderte, unter anderem, der damalige britische Premierminister David Cameron eine „flexible Union" (Cameron 2013) und die damaligen Außenminister Frankreichs und Deutschland plädierten dafür, besser mit den „unterschiedlichen Aktionsniveaus" (Ayrault und Steinmeier 2016) der EU umzugehen. Die damalige britische Premierministerin Theresa May warnte im Zuge der Brexit-Verhandlungen die verbleibenden EU-27 davor, die „wundervolle Diversität" (May 2017) der Mitgliedstaaten aufs Spiel zu setzen. Bundeskanzlerin Angela Merkel betonte hingegen fast zeitgleich, dass in der Zukunft „nicht alle immer an denselben Integrationsstufen teilnehmen werden" (Merkel 2017). Auch der französische Staatspräsident Emmanuel Macron forderte vielfach ein „Europa der verschiedenen Geschwindigkeiten", unter anderem in seiner wegweisenden „Sorbonne Rede" aus dem Jahre 2017 (vgl. Dokument 4).

> **Dokument 4, „Sorbonne Rede" des französischen Präsidenten Emanuel Macron**
> **Rede von Staatspräsident Macron an der Sorbonne „Initiative für Europa"**
> „Europa geht bereits mit *mehreren Geschwindigkeiten* voran. Wir sollten keine Angst haben, dies auch zu sagen und zu wollen! Weil diejenigen, die schneller vorangehen, es nicht mehr wagen, voranzugehen, sind die Ambitionen als solche verblasst; weil die Anderen, die sie haben voranschreiten sehen, schließlich sagen: ‚So gut scheint diese *Avantgarde Europas* nicht wirklich zu sein. Sie wagen es nicht einmal mehr, sich zu treffen, Vorschläge zu machen und voranzugehen.'"
> Quelle: Macron (2017)
>
> Hervorhebungen durch den Autor

Die wissenschaftliche Auseinandersetzung mit abgestuften Formen der Integration begann ihrerseits bereits in den achtziger Jahren (Grabitz 1984). Ende der neunziger Jahre kategorisierte Alexander Stubb den Begriff der Differenzierung hinsichtlich ihrer Ausrichtung auf Zeit, Raum und Inhalt. Er regte mit den Begriffen „Multi-Speed", „variable Geometrie" und „Europe à la carte" auch die wissenschaftliche Debatte an (Stubb 1996, S. 283–285, 2002). Frank Schimmelfennig und Thomas Winzen unterscheiden zwischen „instrumenteller und konstitutioneller Differenzierung" (Schimmelfennig und Winzen 2014, S. 354–356); Kenneth Dyson und Angelos Sepos untersuchen verschiedene Konstellationen und Politikfelder, auf denen Differenzierung stattfindet (Dyson und Sepos 2010). Eine Unterscheidung in Aufbau- und Abbauflexibilisierung schlagen Wessels und Wolters vor (2017). Angesichts des *Brexit* nutzt Tekin den Begriff der „differenzierten Desintegration" (Tekin 2016); Lippert thematisiert die Risiken einer „flexiblen Union" (Lippert 2017, S. 106–109).

Diese Vielzahl an Varianten belegt sowohl das politische Interesse an derartigen Plänen als auch eine beträchtliche Unsicherheit über Formen und Verfahren von Flexibilisierungskonzepten. Aufgrund des Einfallsreichtums von Politikerinnen und Politikern und Wissenschaftlerinnen und Wissenschaftlern lassen auch Ansätze, die eine Synthese präsentieren wollen, häufig die Schwierigkeiten einer aussagefähigen Systematisierung erkennen. Tab. 1 stellt geläufige Konzepte der differenzierten Integration zusammen.

2.2 Zur Praxis der Regelwerke

Vielfältig sind auch die Formen und Verfahren, die die Mitgliedstaaten in der Praxis entwickelt haben (vgl. Abb. 1). Trotz mehrfacher Beschwörung der Einheitlichkeit des Rechtsraums haben die Regierungen der EU-Mitgliedstaaten in den Römischen Verträgen, in der Einheitlichen Europäischen Akte, in den Verträgen von Maastricht, Amsterdam und Nizza sowie im Lissabonner Vertrag eine Vielzahl unterschiedlicher Ausnahme-, Übergangs-, und Sonderregeln eingebaut. Die Organe haben dann bei den

Tab. 1 Kap. „Flexibilisierung": Auswahl von Konzepten differenzierter Integration

Konzepte	Definition
Europa der mehreren Geschwindigkeiten	Integrationsziele werden von allen Mitgliedstaaten geteilt, wobei eine Gruppe von Mitgliedstaaten voranschreitet, bis die anderen folgen können
Kerneuropa	zurückbleibende Mitgliedstaaten sind längerfristig oder sogar permanent weder fähig noch bereit, sich der voranschreitenden Gruppe anzuschließen
Variable Geometrie	Integrationsziele werden nicht von vornherein für alle Mitgliedstaaten definiert, dadurch parallele Integrationsgruppen mit variierender Mitgliedschaft
Europa der konzentrischen Kreise	Unterschiedliche Stufen der Integration um einen harten ‚Kern'
Europe à la carte	parallele Gruppen von Mitgliedstaaten und weiteren Staaten für begrenzte funktionale oder sektorielle Kooperation interessierter Staaten (auch außerhalb des EU-Vertragswerks)
Direktorium	intergouvernementale Kooperation zwischen wenigen Großen (EU3, EU5)
Assoziierte Mitgliedschaft	Teilmitgliedschaft für (Beitritts-)Kandidaten
Flexible Union	Flexibilität wird zur Regel und löst differenzierte Integration als zweite Wahl ab
Aufbau- und Abbauflexibilisierung	*Aufbauflexibilisierung*: eine Anzahl von Mitgliedstaaten schafft Organe und Regeln, die von den übrigen Mitgliedstaaten nicht genutzt werden (wollen), aber gegebenenfalls auch für (europäische) Drittstaaten geöffnet werden *Abbauflexibilisierung*: eine Anzahl von Mitgliedstaaten sich entscheidet, auf einem oder mehreren Politikfeldern aus der Integration auszuscheiden und Kompetenzen auf die nationale Ebene zurückzuführen
Instrumentelle und konstitutionelle Differenzierung	*Instrumentelle Differenzierung*: differenzierte Integration als Übergangsregelung in Folge von Beitrittsverhandlungen und Erweiterung *Konstitutionelle Differenzierung*: differenzierte Integration und permanente ‚opt-outs' als Weg aus Verhandlungsblockade bei intergouvernementalen Verhandlungen zur Stärkung supranationaler Integration

Quelle: Eigene Darstellung in Anlehnung an Lippert (2017), Wessels und Wolters (2017), Tekin (2020), Schimmelfennig und Winzen (2014), Stubb (1996) sowie Wessels und Gerards (2018)

Vertragskonkretisierungen häufig noch weitere detaillierte Formeln von dauerhaften und nicht dauerhaften Ausnahmen entwickelt. Beispiele aus diesem umfangreichen Katalog sind: Übergangsfristen bei den Erweiterungsrunden, der Stufenplan zur *Wirtschafts- und Währungsunion* (WWU) mit der Bildung einer Eurogruppe aufgrund der sogenannten Maastrichter Kriterien für die Beitrittsreife zur Währungsunion (vgl. Kap. ▶ „Wirtschaftspolitisches Handeln"), das Sozialprotokoll des Maastrichter Vertrags, sowie Schutzmaßnahmen in der Umweltpolitik (Art. 192 AEUV) und Ausnahmeregeln bei der Verwirklichung des Binnenmarkts (Art. 114 AEUV). Im Lissabonner Vertrag wurden dem Vereinigten Königreich, Polen und der Tschechischen Republik Ausnahmen bei der Anwendung der Grundrechtecharta eingeräumt.

Besondere Ausmaße haben die vertraglichen Ausnahmeregeln im Bereich der WWU (vgl. Kap. ► „Wirtschaftspolitisches Handeln") und in dem im Amsterdamer Vertrag vereinbarten „Raums der Freiheit, der Sicherheit und des Rechts" angenommen (vgl. Kap. ► „Justiz- und Innenpolitik"). Nach dem ursprünglichen Schengener Abkommen außerhalb des EU-Vertragswerks hat der Amsterdamer Vertrag dem Vereinigten Königreich und anderen Mitgliedstaaten weitgehende Ausnahmerechte zugestanden. In der WWU haben die Mitglieder der Eurozone mit der Eurogruppe und dem Eurogipfel auch eine eigene institutionelle Architektur geschaffen. Das Protokoll 14 des Lissabonner Vertrags zur Eurogruppe schreibt die langjährigen Entwicklungen der Praxis zum de jure Bestandteil der institutionellen EU-Architektur fest. Die Eurogruppe gilt vielen als Kerngruppe für weitere Schritte zur Vertiefung. Von dieser abgestuften Integration gingen weitere Formen einer engeren Zusammenarbeit aus. Der Vertrag zur Einrichtung des Europäischen Stabilitätsmechanismus (ESM) und der Vertrag über Stabilität, Koordinierung und Steuerung in der Wirtschafts- und Währungsunion (im wissenschaftlichen Sprachgebrauch häufig Fiskalpakt) sind neuere Beispiele für Formen der Zusammenarbeit außerhalb der relevanten Vertragsbestimmungen. Insbesondere der Fiskalpakt ist von Interesse. Er ermöglicht eine besondere Flexibilisierung, da für das Inkrafttreten des Vertrages nicht die Ratifikation in allen Mitgliedstaaten notwendig ist. Außerdem gibt er EU-Institutionen besondere Rechte und ist dabei auch auf eine spätere Integration ins EU-Primärrecht angelegt.

Auch bei der Zusammenarbeit in der Gemeinsamen Außen- und Sicherheitspolitik wurden und werden neue Formen der Differenzierung und Flexibilisierung vorgesehen (Art. 42 (6) und 46 EUV). Ein Beispiel der Flexibilisierung ist die Ermächtigung zur Bildung einer Gruppe von Mitgliedstaaten zur Durchführung ziviler und militärischer Missionen (Art. 43 und 44 EUV) sowie die Ständige Strukturierte Zusammenarbeit (vgl. Kap. ► „Auswärtiges Handeln").

Eine neue und spezifische Form von Flexibilität hat der Lissabonner Vertrag durch die Möglichkeit des freiwilligen Austritts aus der Union (Art. 50 EUV) eingeführt. Jeder Mitgliedstaat kann danach den Weg eines vollständigen Ausscheidens aus dem EU-System gehen. Im Juni 2016 hat Großbritannien als erstes Mitglied von dieser Möglichkeit Gebrauch gemacht und in einem Referendum den Austritt des Landes aus der EU beschlossen, welcher – nach langen Verzögerungen – schlussendlich am 31. Januar 2020 vollzogen wurde (vgl. Kap. ► „Beitritts- und Austrittsverfahren").

3 Aufschlussreiche Regelwerke: Verfahren der Verstärkten Zusammenarbeit und der Ständigen Strukturierten Zusammenarbeit

3.1 Die Verstärkte Zusammenarbeit

Die vertragliche Verankerung: Gestaltung einer flexiblen Ausnahmeregelung oder Quadratur des Kreises?

Aus den politischen und wissenschaftlichen Beiträgen ergibt sich ein zentrales Gestaltungsproblem für EU-konforme Regelwerke: Wie können die Modalitäten der Flexibilität so geregelt werden, dass der Zweck einer Problemlösung für die beteiligten Mitgliedstaaten erreicht wird, ohne damit die Integrationskonstruktion als solche und die Interessen nicht-teilnehmender Mitgliedstaaten zu gefährden? Ende der neunziger Jahre hatte man bereits zahlreiche Erfahrungen mit improvisierten Formen der Flexibilisierung gesammelt (bspw. ‚opt-outs'). Auch aufgrund der Antizipation der bevorstehenden Osterweiterung der EU, welche zu einer höheren Heterogenität der Mitgliedstaaten führte, sahen die Vertragsherren die Notwendigkeit eines vertraglich verankerten Rahmens für kontrollierte differenzierte Integration. Dieser sollte generalisierbar, d. h. anwendbar auf verschiedenste Politikfelder und standardisiert sein. Somit wurde ein einheitliches und transparentes Verfahren geschaffen, welches die differenzierte Integration der Mitgliedstaaten regelte.

Die Architekten des Vertragswerks mussten dabei die Interessen der nicht teilnehmenden Mitgliedstaaten (im politischen Sprachgebrauch: *Outs*) ebenso in Rechnung stellen, wie die Erwartungen der vorangehenden Gruppe der Mitgliedstaaten. Die Vertragsregeln sollen mehrere Hauptaufgaben und unerlässliche Begleitbedingungen gleichzeitig erfüllen. Die Kompromissformeln, die die Vertragsartikel zur Verstärkten Zusammenarbeit anbieten (Art. 20 EUV und Art. 326–334 AEUV), sind angesichts dieses Dilemmas entsprechend kompliziert und wirken daher zuweilen wie eine Quadratur eines Kreises.

Der Vertrag hat die Verfahren zur Verstärkten Zusammenarbeit sowohl in allgemeinen Regeln als auch in spezifischen Formulierungen aufgeführt (vgl. Dokument 5).

Dokument 5, Vertragliche Vorgaben zur Verstärkten Zusammenarbeit
Art. 20 EUV

(1) Die Mitgliedstaaten, die untereinander eine Verstärkte Zusammenarbeit im Rahmen der nicht ausschließlichen Zuständigkeiten der Union begründen wollen, können, in den Grenzen und nach Maßgabe dieses Artikels und der Artikel 326 bis 334 des Vertrags über die Arbeitsweise der Europäischen Union, die Organe der Union in Anspruch nehmen und diese Zuständigkeiten unter Anwendung der einschlägigen Bestimmungen der Verträge ausüben.

Eine Verstärkte Zusammenarbeit ist darauf ausgerichtet, die Verwirklichung der Ziele der Union zu fördern, ihre Interessen zu schützen und ihren Integrationsprozess zu stärken. Sie steht allen Mitgliedstaaten nach Artikel 328 des Vertrags über die Arbeitsweise der Europäischen Union jederzeit offen.

(2) Der Beschluss über die Ermächtigung zu einer Verstärkten Zusammenarbeit wird vom Rat als letztes Mittel erlassen, wenn dieser feststellt, dass die mit dieser Zusammenarbeit angestrebten Ziele von der Union in ihrer Gesamtheit nicht innerhalb eines vertretbaren Zeitraums verwirklicht werden können, und sofern an der Zusammenarbeit mindestens neun

---

(Fortsetzung)

Mitgliedstaaten beteiligt sind. Der Rat beschließt nach dem in Artikel 329 des Vertrags über die Arbeitsweise der Europäischen Union vorgesehenen Verfahren.

(3) Alle Mitglieder des Rates können an dessen Beratungen teilnehmen, aber nur die Mitglieder des Rates, die die an der Verstärkten Zusammenarbeit beteiligten Mitgliedstaaten vertreten, nehmen an der Abstimmung teil. Die Abstimmungsmodalitäten sind in Artikel 330 des Vertrags über die Arbeitsweise der Europäischen Union vorgesehen.

(4) An die im Rahmen einer Verstärkten Zusammenarbeit erlassenen Rechtsakte sind nur die an dieser Zusammenarbeit beteiligten Mitgliedstaaten gebunden. Sie gelten nicht als Besitzstand, der von beitrittswilligen Staaten angenommen werden muss.

Wird mit dem ersten Satz des Art. 20 EUV die Eröffnung des Verfahrens grundsätzlich ermöglicht, so wird diese Ermächtigung im Art. 326 und 327 AEUV an strikte Bedingungen geknüpft. Man gewinnt den Eindruck, dass die Vertragsarchitekten nach der Einführung des Prinzips der Verstärkten Zusammenarbeit nun ihr eigenes integrationspolitisches ‚Gewissen' und die Sorge der möglichen ‚Outs' beruhigen wollten und deshalb diese Möglichkeiten wieder auf einige, eng begrenzte Ausnahmefälle reduzieren.

Die Bedingungen können in zwei Hauptkategorien unterteilt werden:

• Die Sicherstellung der Verträglichkeit bzw. Konformität mit Kernelementen des Vertrags (Art. 326 AEUV); diese Kriterien werden in der Regel von Anhängern der supranationalen Gemeinschaftsmethode vorgetragen;
• der Schutz der nicht beteiligten Staaten; derartige Kriterien fordern Regierungen, die auf den Schutz eigener Interessen ausgerichtet sind (Art. 327 AEUV). Die ‚Outs' haben aber das Recht, an den Verfahren der ‚Ins' im Rat beteiligt zu werden – freilich ohne Stimmrecht. Abgeordnete aus den ‚opt-out'-Staaten im EP üben ihre normalen Rechte aus.

Für die Politikgestaltung wird der Umfang der überhaupt für eine Verstärkte Zusammenarbeit offenstehenden Felder durch die Ausschlussklauseln erheblich eingegrenzt (Art. 329 (1) AEUV). So werden alle Politikbereiche ausschließlicher Zuständigkeit – etwa Kernkompetenzen wie bei der Handelspolitik – ausgeklammert. Weiterhin ist auch die Erschließung neuer, bisher vertraglich nicht geregelter Politikfelder durch eine Gruppe von Mitgliedstaaten unter Zuhilfenahme dieses Verfahrens nicht vertragskonform, d. h. eine zukunftsoffene, tief greifende Gestaltung des EU-Systems auf Politikfelder mit lediglich unterstützender Kompetenz für die Union soll auf diesem Weg nicht ermöglicht werden.

Vor diesem Hintergrund kann das zentrale Versprechen der Verstärkten Zusammenarbeit wie folgt zusammengefasst werden: Politische Einigkeit, gesetzliche

Homogenität und institutionelle Kohärenz sind vereinbar mit vertraglich verankerten Flexibilitätsformeln, solange diese einhegt sind durch komplexe Verfahren, die auf eine adäquate ‚Inflexibilisierung der Flexibilisierung' abzielen.

Prozedurale Regeln für die Verstärkte Zusammenarbeit: Stationen eines differenzierten Politikzyklus

Die Regeln für eine Verstärkte Zusammenarbeit legen spezifische Etappen fest, die sich in einem Zyklus von mehreren Phasen beschreiben lassen (vgl. Abb. 2).

Der Ausgangspunkt ist eindeutig festgelegt: Das Verfahren der Verstärkten Zusammenarbeit kann nur „als letztes Mittel aufgenommen werden, wenn der *Rat der EU* zu dem Schluss gelangt ist, dass die mit dieser Zusammenarbeit angestrebten Ziele unter Anwendung der einschlägigen Bestimmungen der Verträge nicht in einem vertretbaren Zeitraum verwirklicht werden können" (Art. 20 (2) EUV). Das heißt, die Verstärkte Zusammenarbeit dient nur als eine Art ‚Rettungsanker', der jedoch laut Verträgen nur für Bereiche außerhalb der ausschließlichen Zuständigkeit der EU zur Verfügung steht (Art. 329 Abs. 1 AEUV). Für den Spezialfall der Verstärkten Zusammenarbeit in der GASP bestehen weiterhin spezielle Regeln, auf die im Folgenden nur am Rande eingegangen wird.

Die Mitgliedstaaten, die, nach einem Scheitern eines Legislativvorhabens nach den üblichen Vertragsverfahren, dann beabsichtigen, zur weiteren Verfolgung dieses Projekts untereinander eine Verstärkte Zusammenarbeit zu begründen, können einen Antrag an die *Europäische Kommission* richten (Art. 329 AEUV). Zur Konstituierung dieser Teilgruppe, die aus mindestens 9 Mitgliedstaaten bestehen muss

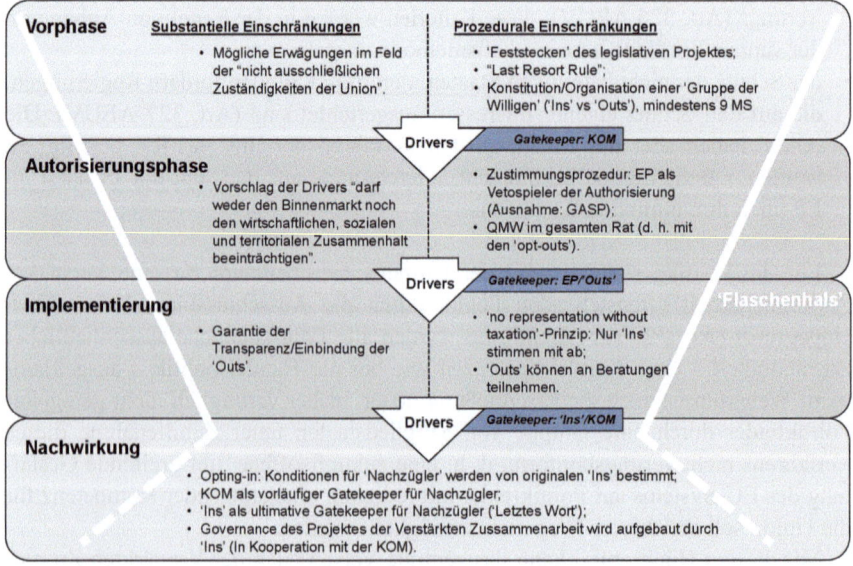

Abb. 2 Phasen der Verstärkten Zusammenarbeit. (Quelle: Übersetzung durch Autor, basierend auf Wessels und Gerards (2018))

(Art. 20 (2) EUV), wird nur die Angabe gemacht, dass „die Verstärkte Zusammenarbeit bei ihrer Begründung allen Mitgliedstaaten offen [steht]" (Art. 328 (1) EUV). Diese Formulierung bedeutet aber auch, dass Kriterien einer objektiven ‚Fähigkeit' von Mitgliedstaaten (z. B. administrative Mindeststandards) nicht zur Voraussetzung der Teilnahme gemacht werden dürfen.

Nach dem Antrag der Regierungen der teilnehmenden Mitgliedstaaten erfüllt die Kommission in dieser Autorisierungsphase eine Initiativmonopol (vgl. Kap. ▶ „Die Europäische Kommission"). Sie kann den Antrag mit einer entsprechenden Begründung ablehnen oder dem Rat einen ausgearbeiteten Entwurf zur Autorisierung der jeweiligen Verstärkten Zusammenarbeit vorlegen. Bei Ablehnung durch die Kommission ist der Vorschlag der Teilgruppe gescheitert und nach Unterrichtung der betroffenen Mitgliedstaaten unter Angaben der Gründe ist das Verfahren zunächst beendet. Legt die Kommission dem Rat einen Entwurf vor, ist – noch vor dem Beschluss im Rat – die Zustimmung des EP notwendig (Art. 329 (1) AEUV). Für die Verstärkte Zusammenarbeit in der GASP ist keine entsprechende Funktion für die Kommission vorgesehen; weiterhin wird das EP nur informiert, ohne jegliche formelle Eingriffsrechte (Art. 329 (2) AEUV).

In der Autorisierungsphase verfügt der Rat über die zentrale Befugnis: „Die Ermächtigung [...] wird vom Rat mit qualifizierter Mehrheit auf Vorschlag der Kommission [...] erteilt" (Art. 329 (1) AEUV), d. h. eine Mehrheit der Mitgliedstaaten hat dem Vorhaben zuzustimmen, auch wenn sich einige von ihnen nicht beteiligen wollen. Der Lissabonner Vertrag sieht bei Verfahren in der GASP sogar die Einstimmigkeit für einen entsprechenden Beschluss vor.

Nach einem positiven Beschluss über die Autorisierung einer Verstärkten Zusammenarbeit wird das ursprünglich gescheiterte Legislativverfahren – gegebenenfalls aus Basis eines angepassten Gesetzesentwurfs – in der nächsten Phase wieder aufgenommen, wobei das Stimmrecht im Rat dann auf die teilnehmenden Staaten (‚Ins') beschränkt ist (Art. 330 AEUV). An dieser Stelle schreibt der Vertrag explizit vor, dass – im Sinne einer weitreichenden Inklusion der ‚Outs' – auch die nicht teilnehmenden Regierungen an den Konsultationen teilnehmen können, auch wenn diese natürlich aus etwaigen Abstimmungshürden ‚herausgerechnet' werden (z. B. für die Qualifizierte Mehrheit). Im Falle einer Beteiligung des EP am reaktivierten Gesetzgebungsprozess sind hingegen keine speziellen Vorschriften gesehen, was zur Folge hat, dass z. B. auch MdEP nicht teilnehmender Staaten ihr Stimmrecht behalten.

Ist das Gesetzgebungsverfahren – durch und für die Teilgruppe – erfolgreich beendet worden, kontrolliert die Kommission die Umsetzung in nationale Vorschriften der beteiligten Mitgliedstaaten und ist verpflichtet, diese gegebenenfalls auch vor dem *Gerichtshof der Europäischen Union* (GEU) einzuklagen (vgl. Kap. ▶ „Die Europäische Kommission" und Kap. ▶ „Der Gerichtshof der Europäischen Union"). Dies ist im Einklang mit dem wohl größten Anreiz, das Verfahren der Verstärkten Zusammenarbeit überhaupt zu benutzen: „[D]ie Mitgliedstaaten, die untereinander eine Verstärkte Zusammenarbeit [...] vereinbaren wollen, können [...] die Organe der Union in Anspruch nehmen und diese Zuständigkeiten unter Anwendung der einschlägigen Bestimmungen der Verträge ausüben" (Art. 20 (1) EUV) – ein möglicher Vorteil gegenüber Arrangements außerhalb der Verträge.

Aufgrund dieser Regeln wäre zu erwarten, dass mit Beschlüssen des Rats und der Kommission sowie gegebenenfalls aufgrund von Urteilen des GEU ein Bestand an rechtlichen Verpflichtungen, ein 'Teil-Acquis' entsteht. Eine derartige Entwicklung bedeutet, dass mehrere Rechtsnormen in der EU gleichzeitig in einer mehrgleisigen Integration bestehen könnten. Vor diesem Hintergrund legen die Verträge ein detailliertesVerfahren des Beitritts bzw. des 'Opt-in' von zunächst nicht teilnehmenden Mitgliedstaaten in die voranschreitende Teilgruppe fest (Art. 331 AEUV). Der Grundsatz ist – erneut – einfach. Er postuliert, dass der 'Anschluss' für jeden Mitgliedstaat grundsätzlich offensteht, freilich unter der Voraussetzung, dass die 'Nachzügler' – wie bei einem Beitritt zur Union (vgl. Kap. ▶ „Beitritts- und Austrittsverfahren") – den von einigen Mitgliedstaaten bereits beschlossenen Teil-Acquis akzeptieren sowie daran geknüpfte Bedingungen erfüllen (Art. 331 (1) AEUV). Bei dieser Überprüfung nimmt wiederum die Kommission die zentrale Rolle, wobei auch an dieser Stelle eine Verstärkte Zusammenarbeit in der GASP abweichende Regeln vorliege (Art. 331 (1) AEUV).

Andere Vorschläge zur Flexibilisierung hatten die jeweils vorgesehenen Ausnahmen nur als Übergangsregeln zu einer von allen Mitgliedstaaten getragenen Vereinbarung begriffen. Die Verstärkte Zusammenarbeit schreibt jedoch eine derartige Integrationsperspektive nicht zwingend vor: Es gibt explizit keinen Druck, den gesamten 'Konvoi' mit allen Mitgliedstaaten in den angestrebten 'Zielhafen' zu bringen, sodass die fragmentierten Anwendungsfälle der Verstärkten Zusammenarbeit auf Dauer bestehen bleiben könnten.

Zur Analyse der Praxis: Geringe Nutzung oder 'inflexible Flexibilität'
Obwohl die Mitgliedstaaten in und neben dem Vertragswerk vielfältige Formen von Flexibilisierungen erprobt haben und weiterhin mit derartigen Möglichkeiten experimentieren, haben sie die primärrechtlichen Angebote der Verstärkten Zusammenarbeit seit dem Inkrafttreten des Regelwerks mit dem Amsterdamer Vertrag im Jahr 1999 (damals noch „Engere Zusammenarbeit" genannt) kaum genutzt worden. Zwischen 1999–2009 wurde keine einzige Verstärkte Zusammenarbeit initiiert, in der Periode 2010–2020 nur vier Mal:

- die „Rom III Verordnung" (2010) für die Ordnung gerichtlicher Zuständigkeiten in transnationalen Scheidungsverfahren (Rom-III-VO);
- die zentralen Verordnungen des Europäisches Patents mit einheitlicher Wirkung (2012) (EPeW-VO);
- das Güterrecht internationaler Paare (2016) (GiP);
- die rechtlichen Grundlagen für eine Europäische Staatsanwaltschaft (EuStA).

Zudem ist im Jahre 2013 die Initiative einiger Mitgliedstaaten für die Verstärkte Zusammenarbeit bei der Einführung einer *Finanztransaktionssteuer* (FTS) genehmigt worden, die aber seitdem nicht weiterentwickelt wurde.

Diese ernüchternde Übersicht der Fälle der Verstärkten Zusammenarbeit – in Kombination mit der dargelegten prozeduralen Komplexität des Verfahren samt seiner zahlreichen substanziellen Einschränkungen – legen hier die Bezeichnung

„inflexible Flexibilisierung" in der Tat nahe. Dass das Verfahren im letzten Jahrzehnt überhaupt benutzt wurde, kann jedoch – mit großer Vorsicht – als eine wachsende Akzeptanz gegenüber diesem legislativen ‚Rettungsanker' interpretiert werden. Für ‚steckengebliebene' Projekte wie der Gemeinsamen Konsolidierten Körperschaftsteuer-Bemessungsgrundlage (GKKB, im englischen Sprachgebrauch auch *Common Corporate Tax Base* (CCTB)) oder umstrittene Initiativen wie Länderquoten für die Verteilung Geflüchteter könnten die Verstärkte Zusammenarbeit in den nächsten Jahren einen ‚Ausweg' bieten.

3.2   Die Ständige Strukturierte Zusammenarbeit

Eine besondere Entwicklung dieser Flexibilisierungsformen hat der Lissabonner Vertrag mit Verfahren für die sogenannte Ständige Strukturierte Zusammenarbeit (Art. 42 (6) EUV, im europäischen Sprachgebrauch auch *PESCO*) eingeführt, nach der die Mitgliedstaaten im Bereich der GSVP zusammenarbeiten können (vgl. Dokument 6).

> **Dokument 6, Vertragliche Vorgaben zur Ständigen Strukturierten Zusammenarbeit**
>
> **Art. 42 (6) EUV**
>
> Die Mitgliedstaaten, die anspruchsvollere Kriterien in Bezug auf die militärischen Fähigkeiten erfüllen und die im Hinblick auf Missionen mit höchsten Anforderungen untereinander weitergehende Verpflichtungen eingegangen sind, begründen eine Ständige Strukturierte Zusammenarbeit im Rahmen der Union.
>
> [...]
>
> **Art. 46 (1) EUV**
>
> Die Mitgliedstaaten, die sich an der Ständigen Strukturierten Zusammenarbeit im Sinne des Artikels 42 Absatz 6 beteiligen möchten und hinsichtlich der militärischen Fähigkeiten die Kriterien erfüllen und die Verpflichtungen eingehen, die in dem Protokoll über die Ständige Strukturierte Zusammenarbeit enthalten sind, teilen dem Rat und dem Hohen Vertreter der Union für Außen- und Sicherheitspolitik ihre Absicht mit.

Mit der Ständigen Strukturierten Zusammenarbeit (Art. 42 (6) und 46 EUV) hat das Primärrecht erweiterte Ermächtigungen für ein gemeinsames Vorgehen von Mitgliedstaaten vorgesehen, die „anspruchsvollere Kriterien in Bezug auf militärische Fähigkeiten erfüllen und die im Hinblick auf Missionen mit höchsten Anforderungen untereinander festere Verpflichtungen eingegangen sind" (Art. 42 (6) EUV). Für eine Teilnahme in dieser Gruppe müssen jedoch die interessierten Mitgliedstaaten ihre Bereitschaft und ihr Vermögen unter Beweis stellen und entsprechende militärische Kapazitäten zur Verfügung zu stellen. Damit müssen sie ‚bereit' und

‚fähig' sein, an diesen Teilgruppen mitzuwirken. Demnach kann aber auch jeder Mitgliedstaat, der willig und auf Basis von im „Protokoll über die Ständige Strukturierte Zusammenarbeit" definierter Kriterien fähig ist, an der Ständigen Strukturierten Zusammenarbeit teilnehmen (Protokoll (Nr. 10) über die Ständige Strukturierte Zusammenarbeit nach Artikel 42 des Vertrags über die Europäische Union). Erstaunlicherweise sieht der Artikel vor, dass der Rat nicht einstimmig entscheidet wie im Fall der Verstärkten Zusammenarbeit in der GASP (Art. 329 (2) AEUV), sondern „nach Anhörung des Hohen Vertreters mit qualifizierter Mehrheit [beschließt]" (Art. 46 (2) EUV). Dies bedeutet, dass ein nicht teilnehmender Mitgliedstaat kein Veto gegen ein entsprechendes Vorhaben einer Teilgruppe einlegen kann. Auch Art. 46 (4) EUV ist ein Novum, das aus Schwächen vorangegangener Regelwerke Lehren gezogen hat. Demnach kann ein teilnehmender Mitgliedstaat von dieser Form der Integration ausgeschlossen werden, wenn er den Verpflichtungen nicht mehr nachkommen kann.

Bis 2017 wurde die Möglichkeit zur Einleitung der Ständigen Strukturierten Zusammenarbeit jedoch trotz intensiver Diskussionen nicht aktiviert. Das Brexit-Votum des Vereinigten Königreichs und die anschließenden Austrittsverhandlungen haben das Verfahren jedoch wieder auf die politische Agenda gesetzt. Im Bereich des Ausbaus der sicherheitspolitischen Ambitionen der Union trat das Vereinigte Königreich bislang als ‚Bremser' in Erscheinung, sodass sein Austritt einen Integrationsschub auslösen könnte (Koenig und Walter-Franke 2017). Zugleich tritt mit dem Vereinigten Königreich der – neben Frankreich – sicherheitspolitisch fähigste Mitgliedstaat aus, sodass eine enge Kooperation der Union mit dem Vereinigten Königreich auch nach einem Austritt weiterhin sinnvoll erscheint (Biscop 2016).

2018 und 2019 beschlossen die 25 teilnehmenden Mitgliedstaaten, insgesamt 47 Projekte in verschiedenen Teilgruppen im Rahmen der Ständigen Strukturierten Zusammenarbeit umzusetzen (vgl. Kap. ▶ „Auswärtiges Handeln").

4   Zusammenfassung, Diskussion und Perspektiven

4.1   Zur Analyse – Motive und Bedenken: Das institutionelle Dilemma

Die Bestimmungen des Vertragswerks in Bezug auf eine Verstärkte Zusammenarbeit sind sowohl auf den ersten Blick, als auch bei einer genaueren Untersuchung kompliziert. Deutlich wird im Reglement und in der (mangelnden) Nutzung ein institutionelles Dilemma, das sich aus der Konfrontation verschiedener institutioneller Leitideen ergibt.

Das Grundkonzept geht von einfachen Überlegungen aus. Aus der Sicht interessierter Regierungen sollen die jeweiligen Artikel eine Antwort auf eine häufig gestellte Frage geben: Warum sollen nicht einige Staaten gemeinsam zentrale Probleme angehen, auch wenn nicht alle Mitgliedstaaten fähig und/oder bereit sind, diese Vorhaben mitzutragen? Diese Argumentation für eine Flexibilität beruht auf zwei Grundmotiven. Zunächst sollen faktische Schwierigkeiten – etwa Unterschiede in der ökonomischen Entwicklung oder in der politischen Interessenlage – kein Hindernis für integrationspolitisch sinnvolle Fortschritte darstellen, nicht zuletzt um mögliche Fehlentwicklungen bei der Politikgestaltung und Rückschritte bei der Entwicklung des EU-Systems zu vermeiden. Neben diese Argumentation, die von klar erkennbaren ‚objektiven' Unterschieden ausgeht, tritt eine weitere Begründung: Die Geschichte der Integrationspolitik belegt aus der Sicht von Flexibilisierungsanhängern immer wieder Situationen, in denen Mitgliedstaaten, obwohl objektiv in der Lage, subjektiv nicht bereit sind, sich an integrationspolitischen Vorhaben anderer Staaten zu beteiligen. Verwiesen wird dabei häufig auf blockierende Positionen einzelner Mitgliedsstaaten (früher häufig das Vereinigte Königreich, aber z. B. auch Dänemark und Schweden im Rahmen der Eurozone).

Im Zuge der Erweiterungen der letzten Jahrzehnte wird – neben Unterschieden der Mitgliedstaaten – auch eine größere Vielfalt an politischen Interessen und europapolitischen Leitideen gesehen, sodass mehr Staaten – auch unabhängig von der jeweiligen objektiven Fähigkeit – ein politisches Desinteresse an Vorhaben von gemeinsamen Interessen anmelden. Dies wurde und wird als „ein Verhalten mit Bremswirkung, das das Ganze zum Stillstand bringt" (Kohl 1997), interpretiert.

Diese im Kern einfache Argumentation für Möglichkeiten der Flexibilisierung stößt jedoch unmittelbar auf Einwände: Die Anhänger einer ‚vollständigen Integration' sehen in unterschiedlichen Kreisen und Gruppen von Mitgliedstaaten eine Aushöhlung eines zentralen Prinzips und Bausteins der Europäischen Union: Die Rechts- und Solidargemeinschaft, eines der wichtigsten Güter der Integrationskonstruktion, darf aus dieser Sicht nicht durch Ausnahme- und Sonderregelungen verwässert werden. Sorgen werden jedoch auch im Hinblick auf eher machtpolitische Konsequenzen geäußert: Mit einem getrennten Vorgehen wird die Sorge vor der Dominanz einer Kerngruppe, etwa eines „karolingischen Europas" (Janning 1997, S. 289) der Gründungsmitglieder verbunden. Die nicht teilnehmenden Mitgliedstaaten könnten sich abgekoppelt und abgedrängt aus einer Gemeinschaft der gleichberechtigten Entscheidungsträger sehen. Aus dieser Sicht gilt es etwa, ein ‚Direktorium der Großen' zu verhindern (vgl. zum Begriff Kap. ▶ „Zur Zukunft des EU-Systems"). So kritisierte eine Reihe von kleinen Mitgliedstaaten ein Treffen der vier großen Mitgliedstaaten Deutschland, Frankreich, Italien und Spanien in Versailles im März 2017 unter Ausschluss von Vertretern der kleineren Mitgliedstaaten sowie der EU-Institutionen. Stimmen aus Rumänien und Bulgarien warnten sogar vor einem „neuen eisernen Vorhang in Europa" (EurActiv 2017).

Als Reaktion auf diese Bedenken der Integrationsverfechter fügen Vertreter von Flexibilitätsüberlegungen in der Regel eine Bedingung hinzu, die die Vertragsregeln für eine Verstärkte Zusammenarbeit nachhaltig prägen: Das Vor(an)gehen einiger Staaten darf nicht zu einer unübersehbaren Vielfalt einzelner Teillösungen führen, aus denen sich dann jeder Mitgliedstaat sein ‚Menü' an für ihn interessanten Teilbereichen zusammenstellt und dabei nicht nach den integrationspolitischen Folgen fragt. Ein derartiges „Europe à la carte" (Dahrendorf 1979) (in der Umgangssprache auch ‚Rosinenpickerei') gilt als Gefahr für eine handlungsfähige und solidarische Union (vgl. Kap. ▶ „Zur Zukunft des EU-Systems"). Regeln für eine Flexibilisierung sollen zu keiner Verwässerung oder sogar zu einer schleichenden Auflösung des gemeinsamen Besitzstandes an Rechtsakten führen. Eine Abbauflexibilisierung ist demnach zu verhindern oder nur abgesichert durchzuführen (Wessels und Wolters 2017). Um dieses Risiko zu vermeiden, wird regelmäßig betont, dass derartige Vorhaben einer Gruppe von Mitgliedstaaten nur als Ausnahmen zu verstehen sind; die entsprechenden Regeln sollen eindeutig festgelegt werden und müssen dabei EU-verträglich gestaltet sein; die ‚Wahrung des einheitlichen institutionellen Rahmens der Union' soll garantiert werden.

Umgekehrt verweisen die Flexibilitätsverfechter aber auch auf ein erhebliches Risiko anderer Art: Bei einer zu engen ‚orthodoxen' Auslegung des Einheitlichkeitsprinzips könnten sich an einem engeren Zusammenwirken interessierte Staaten durch unwillige oder unfähige Mitgliedstaaten gehindert sehen, vitale Probleme mit Partnerstaaten innerhalb des institutionellen Rahmens der Union anzugehen; sie könnten deshalb versucht sein, Problemlösungen außerhalb der EU-Architektur zu suchen – so wie etwa bei der frühen Entwicklung des Europäischen Währungssystems (EWS) oder beim ersten Abbau von Grenzkontrollen im Zuge des Schengener Abkommens (vgl. Kap. ▶ „Geschichte"). Die Alternative lautet in dieser Perspektive dann nicht mehr: ‚unvollkommene' oder ‚vollkommene Integration' innerhalb des gemeinsamen Regelwerks, sondern ‚unvollkommene Integration' innerhalb des Rahmens der EU-Architektur einerseits oder außervertragliche Nebenkonstruktionen andererseits. Letzteres könnte sich schließlich zu dem von Anhängern der Gemeinschaftsmethode befürchteten „l'Europe à la carte" oder einem „Direktorium der Großen" aufaddieren. Möglichkeiten, aber auch Grenzen vertraglicher ‚second-best'-Lösungen sind damit sorgsam auszuloten.

Aufgrund derartiger Überlegungen kann auch die Praxis analysiert werden. Eine mögliche Erklärung für die mangelnde Nutzung des Regelwerks der Verstärkten Zusammenarbeit weist auf rechtliche Hindernisse. Demnach führt die Komplexität der vertraglichen Regelungen zu einer ‚inflexiblen Flexibilität'. Auch die revidierten Formulierungen des Vertrags von Lissabon haben die rechtlichen Hürden nicht wesentlich abgebaut.

Die bisher ausbleibende Nachfrage nach derartigen vertraglich angebotenen Regeln kann auch durch spieltheoretische Überlegungen zu sogenannten ‚Trittbrettfahrern' (im wissenschaftlichen Sprachgebrauch auch *free rider*) erklärt werden; demnach wollen Akteure von Aktionen anderer Staaten profitieren, ohne selbst zur gemeinsamen Problemlösung beizutragen (Kölliker 2010). Nach dieser Argumentation könnten die interessierten Mitgliedstaaten ein Risiko darin sehen, dass sie bei einer Inanspruchnahme dieser Ausnahmeregeln eine einseitige Verpflichtung – so etwa bei höheren Normen des Umweltschutzes oder eine Harmonisierung von Steuern – eingehen, von denen die EU-‚Outs' – in dem Beispiel etwa durch Abwanderung von Unternehmen – profitieren könnten. Umgekehrt dürfte es selten der Fall sein, dass die nicht teilnehmenden Mitgliedstaaten ausreichend desinteressiert sind, um einige Staaten ohne eigene Beteiligung an deren Beschlüssen alleine vorangehen zu lassen. So hatte das Vereinigte Königreich 2013 gegen die Pläne zur Einführung eines gemeinsamen Finanztransaktionssteuersystems geklagt (Gerichtshof der Europäischen Union 2014). Es besteht die Gefahr, dass die Verstärkte Zusammenarbeit für die ‚Outs' schließlich Fakten schafft, deren Akzeptanz sich diese zunächst nicht-teilnehmenden Mitgliedstaaten später nicht entziehen könnten.

Das Verfahren kann aber auch als eine mögliche Rückfalloption für integrations-interessierte Staaten verstanden werden, die damit über eine ‚Peitsche' gegenüber integrationsskeptischeren Mitgliedern verfügen: Diese könnten mit der Androhung eines getrennten Voranschreitens unter Druck gesetzt werden, in den normalen Gesetzgebungsverfahren kompromissbereiter zu verhandeln. Die Bedeutung der Vorschriften mag deshalb in ihrer ausschließlichen Existenz und somit der Drohung ihrer Anwendung liegen, auch wenn sie in der Praxis nur begrenzt angewandt werden. Nicht zuletzt von französisch-deutschen Initiativen, wie sie z. B. im Vertrag von Aachen (2019) niedergelegt sind, könnte ein erneuter Druck auf unwillige Staaten ausgehen.

4.2 Zur Charakterisierung – Experimente für weitere Integrationsstufen?

Zur Einordnung in die Entwicklungsprozesse des EU-Systems ist weiterhin verstärkt die Frage zu diskutieren, ob und wie Formen von Aufbauflexibilisierung zum Auf- und Ausbau der Union beigetragen haben bzw. in Zukunft beitragen können. Mit Blick auf bisherige Erfahrungen wird betont, dass derartige Formen die Unions-bildung insbesondere außerhalb des Vertragsrahmens gefördert haben, da sie – wie im Falle des EWS und des Schengener Abkommens – später zu weitreichenden Integrationsschritten führten. Experimente von Flexibilisierung könnten demnach als eine erste Stufe auf einer „Fusionsleiter" verstanden werden (vgl. Kap. ▶ „Ein-führung"). Demnach wäre eine zu enge vertragliche Fixierung des Regelwerks zur Flexibilisierung als unproduktiv zu verstehen, da sie keinen neuen Spielraum schafft.

4.3 Zur Zukunft

Angesichts der Unsicherheit über eine ausreichende Handlungsfähigkeit einer im-mer größeren Union ist die Diskussion über Formen der Flexibilisierung und Differenzierung ein wesentlicher Bestandteil der Debatte über die Zukunft der Union (vgl. Kap. ▶ „Zur Zukunft des EU-Systems"). Die Diskussion um Formen und Varianten der Flexibilisierung ist so mit den Änderungen und Angeboten des Lissabonner Vertrags nicht abgeschlossen, sondern wird als Folge der Krisen stetig wiederbelebt. Einen entsprechenden Vorschlag hat die Kommission in einem „Weiß-buch zur Zukunft Europas" vorgelegt (Europäische Kommission 2017). Sie schildert in diesem Weißbuch eines der fünf Szenarien als „Wer mehr will, tut mehr" aus und stellt eine „Koalition der Willigen" als einen möglichen Weg in die Gestaltung der Union dar (vgl. Dokument 7).

Dokument 7, Das Weißbuch zur Zukunft Europas

[. . .]

Szenario 3: Wer mehr will, tut mehr

DIE EUROPÄISCHE UNION ERMÖGLICHT ES MITGLIEDSTAA-
TEN, IN BESTIMMTEN BEREICHEN MEHR ZU ERREICHEN.

Warum und wie?

Bei einem Szenario, bei dem die EU27 weitermacht wie bisher, *einige*
Mitgliedstaaten aber gemeinsam mehr unternehmen wollen, formieren sich
eine oder *mehrere „Koalitionen der Willigen"*, die in bestimmten Politikbereichen zusammenarbeiten. Dies kann Bereiche wie Verteidigung, innere
Sicherheit, Steuern oder Soziales betreffen.

Das bedeutet, dass neue Gruppen von Mitgliedstaaten spezifische Rechts
und Finanzregelungen vereinbaren, um ihre Zusammenarbeit in ausgewählten
Bereichen zu vertiefen. [. . .] Der *Status der übrigen Mitgliedstaaten bleibt*
gewahrt; es steht ihnen unverändert offen, sich im Laufe der Zeit denjenigen
anzuschließen, die weiter gehen.

[. . .]

Quelle: Europäische Kommission (2017, S. 20)

Hervorhebungen durch den Autor

Auch die Erklärung von Rom der führenden Vertreter der 27 Mitgliedstaaten und
der EU-Institutionen hat – anlässlich des 60. Jahrestages der Unterzeichnung der
Römischen Verträge – eine besondere Formulierung gewählt, die sowohl die Möglichkeiten als auch gleichzeitig die Bedenken zu mehr Flexibilisierung formuliert
(vgl. Dokument 8).

Dokument 8, Erklärung der führenden Vertreter von 27 Mitgliedstaaten und des
Europäischen Rates, des Europäischen Parlaments und der Europäischen
Kommission

Erklärung von Rom

[. . .]

Wir werden gemeinsam – wenn *nötig mit unterschiedlicher Gangart und*
Intensität – handeln, während wir uns in dieselbe Richtung bewegen, so wie
wir es schon in der Vergangenheit getan haben; dies wird im *Einklang mit den*
Verträgen geschehen und die Tür wird *allen offen stehen*, die sich später
anschließen möchten. Unsere Union ist *ungeteilt* und *unteilbar*.

[. . .]

Quelle: Europäischer Rat (2017b)

Hervorhebungen durch den Autor

Von besonderem Interesse erscheint es dabei, Vorschläge zur Erweiterung bzw. Verkleinerung und zur Vertiefung bzw. zum Abbau zu systematisieren (Wessels und Wolters 2017, S. 98), und konkrete Ideen einer adäquate Repräsentation in „differenzierten" Entscheidungsprozessen – nach dem abgewandelten Motto „no representation without participation" – zu gewährleisten z. B., wie oben angeführt, die Beteiligung von MdEP nicht-teilnehmender Staaten im Verfahren der Verstärkten Zusammenarbeit (Wessels und Gerards 2018, S. 37 f.).

Mit dem Ausscheiden des Vereinigten Königreichs 2020 fällt ein gewichtiger Mitspieler aus, der auch anderen Mitgliedstaaten die Möglichkeit bot, opt-outs vorzusehen und einzugehen. Jedoch ist auch ohne diesen ‚Bremser' eine einfache Lösung des institutionellen Dilemmas nicht zu erkennen. Zu erwarten ist, dass – wie bisher – Formen der Differenzierung von Fall zu Fall in der Union diskutiert und dann von Teilgruppen beschlossen werden.

5 Zur Wiederholung und Vertiefung

Merkpunkte und Stichworte
- Grundkenntnisse zur Flexibilisierung:
  - Vorschläge
  - Beispiele
  - Verstärkte Zusammenarbeit: Bedingungen und Verfahrensschritte
- Zur institutionellen Architektur: Vertragsbestimmungen
  - Die Rolle der Kommission
  - Die Rolle des EP
- Angebote des Lissabonner Vertrags zur Flexibilisierung und Differenzierung

Fragen
- Durch welche Faktoren ist die Schaffung von Flexibilisierungsangeboten zu erklären?
- Wie ist die bisherige begrenzte Nutzung der Vertragsangebote für die Verstärkte Zusammenarbeit zu erklären?

Thesen zur Diskussion
- Nur durch eine Flexibilisierung von Verfahren ist die erweiterte Union handlungsfähig zu halten.
- Vertragliche Regelwerke zur Flexibilisierung sind als Notlösung zu akzeptieren.
- Die Verstärkte Zusammenarbeit dient als erste Stufe für den Ausbau weitergehender Integrationsschritte.
- Flexibilisierung ist als Verfahren insbesondere für die GASP und die GSVP geeignet.
- Ohne das Vereinigte Königreich wird es politisch weniger Möglichkeiten für einen opt out geben.

Literatur

Einführende Literatur

Tekin, Funda. 2020. Differenzierte Integration. In *Europa von A bis Z. Taschenbuch der europäischen Integration*, Hrsg. Werner Weidenfeld, Wolfgang Wessels und Funda Tekin, 15. Aufl., 141–146. Wiesbaden: Springer VS.

Wessels, Wolfgang, und Carsten Gerards. 2018. The implementation of enhanced cooperation in the EU. Studie im Auftrag des Ausschusses für konstitutionelle Fragen (Europäisches Parlament), vorgestellt am 10. Oktober 2018, Brüssel. https://www.europarl.europa.eu/RegData/etudes/STUD/2018/604987/IPOL_STU(2018)604987_EN.pdf. Zugegriffen am 01.07.2022.

Wessels, Wolfgang, und Johannes Wolters. 2017. Chancen und Risiken von Aufbau- und Abbauflexibilisierung: der Europäische Rat vor einem Trilemma. *Integration* 40(2): 89–100.

Literaturverzeichnis

Ayrault, Jean-Marc, und Frank-Walter Steinmeier. 2016. *Ein starkes Europa in einer unsicheren Welt. Beitrag von Frankreichs Außenminister Jean-Marc Ayrault und dem deutschen Außenminister Frank-Walter Steinmeier.* https://www.auswaertiges-amt.de/de/newsroom/160624-bm-am-fra/281668. Zugegriffen am 01.07.2022.

Balladur, Edouard. 1994. Pour un nouveau traité de l'Élysée. *Le Monde,* 30. November.

Biscop, Sven. 2016. All or nothing? The EU Global Strategy and defence policy after the Brexit. *Contemporary Security Policy* 37(3): 431–445.

Bozo, Frédéric. 2008. The failure of a grand design: Mitterand's European Confederation. *Contemporary History* 17(3): 391–412.

Cameron, David. 2013. *EU Speech at Bloomberg. Prime Minister David Cameron discussed the future of the European Union at Bloomberg, 23. Januar 2013.* https://www.gov.uk/government/speeches/eu-speech-at-bloomberg. Zugegriffen am 01.07.2022.

Chirac, Jacques. 2000. *Unser Europa. Rede vor dem Deutschen Bundestag in Berlin.* https://www.bundestag.de/kulturundgeschichte/geschichte/gastredner/chirac/chirac1/244734. Zugegriffen am 01.07.2022.

Dahrendorf, Ralf. 1979. *A Third Europe? Third Jean Monnet Lecture by Professor Ralf Dahrendorf, Director of the London School of Economics. Florence, 26 November 1979.* http://aei.pitt.edu/id/eprint/11346. Zugegriffen am 01.07.2022.

Dyson, Kenneth, und Angelos Sepos. 2010. *Which Europe? The politics of differentiated integration.* Basingstoke: Palgrave Macmillan.

EurActiv. 2017. *Europa der zwei Geschwindigkeiten: Der neue „Eiserne Vorhang"? vom 21. April 2017.* https://www.euractiv.de/section/europakompakt/news/europa-der-zwei-geschwindigkeiten-der-neue-eiserne-vorhang/. Zugegriffen am 01.07.2022.

Europäische Kommission. 2017. *Weißbuch zur Zukunft Europas. Die EU der 27 im Jahr 2025 – Überlegungen und Szenarien (COM(2017) 2025, 1. März 2017).* Brüssel.

Europäischer Rat. 2017a. *20 Mitgliedstaaten einigen sich über Einzelheiten bei der Errichtung der Europäischen Staatsanwaltschaft.* Brüssel. https://www.consilium.europa.eu/de/press/press-releases/2017/06/08/eppo/. Zugegriffen am 01.07.2022.

Europäischer Rat. 2017b. *Erklärung der führenden Vertreter von 27 Mitgliedstaaten und des Europäischen Rates, des Europäischen Parlaments and der Europäischen Kommission vom 25. März 2017.* Rom.

Europäisches Parlament. 1984. *Draft Treaty establishing the European Union (14 February 1984), Bulletin of the European Communities. February 1984, No 2.* Luxemburg: Office for Official Publications of the European Communities.

Fischer, Joschka. 2000. Vom Staatenbund zur Föderation – Gedanken über die Finalität der Europäischen Integration, Rede vom 12.05.2000 an der Humboldt-Universität Berlin. In *Die neue Europadebatte: Leitbilder für das Europa der Zukunft*, Hrsg. Hartmut Marhold, 41–54. Bonn: Europa Union.

Gerichtshof der Europäischen Union. 2014. *„Gemeinsames Finanztransaktionssteuersystem – Ermächtigung zu einer Verstärkten Zusammenarbeit nach Art. 329 Abs. 1 AEUV – Beschluss 2013/52/EU – Klage auf Nichtigerklärung wegen Verstoßes gegen die Art. 327 AEUV und 332 AEUV sowie gegen Völkergewohnheitsrecht"*. Luxemburg. https://curia.europa.eu/juris/document/document.jsf?text=&docid=151529&pageIndex=0&doclang=DE&mode=req&dir=&occ=first&part=1. Zugegriffen am 01.07.2022.

Grabitz, Eberhard. 1984. *Abgestufte Integration. Eine Alterantive zum herkömmlichen Integrationskonzept?* Kehl am Rhein: Engel.

Janning, Josef. 1997. Dynamik in der Zwangsjacke – Flexibilität in der Europäischen Union nach Amsterdam. *integration* 20(4): 285–291.

Koenig, Nicole, und Marie Walter-Franke. 2017. Frankreich und Deutschland: Speerspitze der GSVP? *Jacques Delors Institute Policy Paper* (202). https://hertieschool-f4e6.kxcdn.com/fileadmin/user_upload/20170719_FR-D-EU-Security_Koenig-Walter.pdf. Zugegriffen am 01.07.2022.

Kohl, Helmut. 1997. *Erklärung der Bundesregierung zum Europäischen Rat in Amsterdam sowie zum Weltwirtschaftsgipfel in Denver und zur Sondergeneralversammlung der Vereinten Nationen, abgegeben von dem Deutschen Bundestag am 27.06.1997.*

Kölliker, Alkuin. 2010. The functional dimension. In *Which Europe? The politics of differentiated integration*, Hrsg. Kenneth Dyson und Angelos Sepos, 39–53. Basingstoke: Palgrave Macmillan.

Lippert, Barbara. 2017. Differenzierte Integration in der EU im Spiegel von Austritt – Beitritt – Assoziierung. *integration* 40(2): 101–109.

Macron, Emmanuel. 2017. *Rede von Staatspräsident Macron an der Sorbonne. Initiative für Europa. Paris, den 26. September 2017.* https://de.ambafrance.org/IMG/pdf/macron_sorbonne_europe_integral.pdf?23641/4be243b705d8068173926eeb032184acc4a1f073. Zugegriffen am 01.07.2022.

May, Theresa. 2017. *Brexit Speech, Lancaster House, 17. Januar 2017.* https://www.telegraph.co.uk/politics/2017/01/17/theresa-mays-brexit-speech-full/. Zugegriffen am 01.07.2022.

Merkel, Angela. 2017. *Pressestatement von Bundeskanzlerin Merkel beim informellen Treffens der Staats- und Regierungschefs der Europäischen Union in Valetta, 4. Februar 2017.* https://www.bundesregierung.de/breg-de/suche/pressestatement-von-bundeskanzlerin-merkel-beim-infor mellen-treffens-der-staats-und-regierungschefs-der-europaeischen-union-844412. Zugegriffen am 01.07.2022.

Scharrer, Hans-Eckart. 1977. Differenzierte Integration im Zeichen der Schlange. In *Auf dem Weg zur Europäischen Union? Diskussionsbeiträge zum Tindemans-Bericht*, Hrsg. Heinrich Schneider und Wolfgang Wessels. Bonn: Europa Union.

Schäuble, Wolfgang, und Christian Lamers. 1994. *Überlegungen zur europäischen Politik (Schäuble-Lamers-Papier).* http://www.bundesfinanzministerium.de/Content/DE/Downloads/schaeub le-lamers-papier-1994.pdf?__blob=publicationFile&v=1. Zugegriffen am 31.01.2020.

Schimmelfennig, Frank, und Thomas Winzen. 2014. Instrumental and constitutional differentiation in the European Union. *JCMS: Journal of Common Market Studies* 52(2): 354–370.

Spaak, Paul-Henri. 1969. *Combats Inachevés II.* Paris: Fayard.

Stubb, Alexander. 1996. A categorization of differentiated integration. *Journal of Common Market Studies* 34(2): 283–295.

Stubb, Alexander. 2002. *Negotiating flexibility in the European Union. Amsterdam, Nice and Beyond.* Basingstoke: Palgrave Macmillan.

Tekin, Funda. 2012. *Differentiated integration at work: the institutionalisation and implementation of opt-outs from European integration in the Area of Freedom, Security and Justice.* Baden-Baden: Nomos.

Tekin, Funda. 2016. Was folgt aus dem Brexit? Mögliche Szenarien differenzierter (Des-) Integration. *integration* 39(3): 183–197.

Tekin, Funda. 2020. Differenzierte Integration. In *Europa von A bis Z. Taschenbuch der europäischen Integration*, Hrsg. Werner Weidenfeld, Wolfgang Wessels und Funda Tekin, 15. Aufl., 141–146. Wiesbaden: Springer VS.

Tindemans, Leo. 1975. Bericht über die Europäische Union (Tindemans-Bericht). *Bulletin der Europäischen Gemeinschaften* Sonderbeilage 1/1976:11–39.

„Vertrag von Aachen". 2019. Vertrag zwischen der Bundesrepublik Deutschland und der Französischen Republik über die deutsch-französische Zusammenarbeit und Integration, unterzeichnet am 22. Januar 2019, Aachen. https://de.ambafrance.org/IMG/pdf/2019-01-19-vertrag-von-aachen-data.pdf?24531/00390d5439ac1e125b4e6879b9c66f1a173bcf20. Zugegriffen am 01.07.2022.

Wessels, Wolfgang, und Carsten Gerards. 2018. The implementation of enhanced cooperation in the EU. Studie im Auftrag des Ausschusses für konstitutionelle Fragen (Europäisches Parlament), vorgestellt am 10. Oktober 2018, Brüssel. https://www.europarl.europa.eu/RegData/etudes/STUD/2018/604987/IPOL_STU(2018)604987_EN.pdf. Zugegriffen am 01.07.2022.

Wessels, Wolfgang, und Johannes Wolters. 2017. Chancen und Risiken von Aufbau- und Abbauflexibilisierung: der Europäische Rat vor einem Trilemma. *Integration* 40(2): 89–100.

Justiz- und Innenpolitik

Regelwerk und Praxis des Raums der Freiheit, der Sicherheit und des Rechts

Inhalt

Zusammenfassung

Bei der Verteilung von Zuständigkeiten zwischen der nationalen und europäischen Ebene haben die Mitgliedstaaten mit zentralen Bereichen der Justiz- und Innenpolitik Kernaufgaben staatlichen Handelns auf die Union übertragen. Obwohl eng mit Schritten der wirtschaftlichen Integration verbunden, bildet der sognannte „Raum der Freiheit, der Sicherheit und des Rechts" (RFSR) ein neueres – wenn auch weniger klar ausgeprägtes – Integrationsziel der EU, welches der Lissaboner Vertrag nun neben die häufig dominierenden Konzepte des Binnenmarkts und der Wirtschafts- und Währungsunion setzt. Im Unterschied zur GASP ist in mehreren Entwicklungsstufen ein modellhaftes Entwicklungsmuster von einer intergouvernementalen Experimentierphase hin zu Supranationalisierung durch eine zunehmende Verwendung zentraler Elemente der Gemeinschaftsmethode zu beobachten. In der konkreten Ausgestaltung kann immer wieder ein schwieriges Austarieren bei der Suche nach einem Gleichgewicht zwischen Maßnahmen zur inneren Sicherheit und der Achtung der Grundrechte festgestellt werden.

Schlüsselwörter

Der Raum der Freiheit, der Sicherheit und des Rechts · Vergemeinschaftung mit Ausnahmen · Schengen · Fusionsspirale · Frontex

© Springer Fachmedien Wiesbaden GmbH, ein Teil von Springer Nature 2022
W. Wessels, *Das Politische System der Europäischen Union*,
https://doi.org/10.1007/978-3-658-10013-1_23

1   Eckpunkte im Überblick: Ziele und Verfahren für einen Kernbereich staatlichen Handelns

Bei der Verteilung von Zuständigkeiten zwischen der nationalen und europäischen Ebene haben die Mitgliedstaaten mit zentralen Bereichen der Justiz- und Innenpolitik eine Kernaufgabe staatlichen Handelns auf die Union übertragen. Auch wenn der Lissaboner Vertrag die grundlegenden Funktionen des Staates, insbesondere „die Wahrung der territorialen Unversehrtheit, die Aufrechterhaltung der öffentlichen Ordnung [achtet]" (Art. 4 (2) EUV), soll die EU zentrale Aufgaben des Nationalstaats teils übernehmen und teils unterstützen. So soll sie den Unionsbürgern nicht nur ökonomisch nützen, sondern diese auch vor Sicherheitsrisiken durch einen Kontrollverlust der Nationalstaaten, so bei grenzüberschreitender Kriminalität und unkontrollierter Einwanderung, schützen.

Obwohl eng mit Schritten der wirtschaftlichen Integration verbunden, bildet der sognannte *Raum der Freiheit, der Sicherheit und des Rechts* (RFSR) ein neueres – wenn auch weniger klar ausgeprägtes – Integrationsziel der EU, welches der Lissaboner Vertrag nun neben die häufig dominierenden Konzepte des Binnenmarkts und der Wirtschafts- und Währungsunion setzt. Dieses Regelwerk ist ausdrücklich auf den „Unionsbürger" und nicht „Marktbürger" ausgerichtet und fügt der ursprünglich vornehmlich wirtschaftlichen Dimension eine (innen-)politische hinzu. Schwerfällig formuliert der Lissabonner Vertrag die entsprechenden Vorgaben (vgl. Dokument 1).

> **Dokument 1, Vertragliche Zielvorgaben (gemäß EUV)**
> **Art. 3 (2) EUV**
> Die Union bietet ihren Bürgerinnen und Bürgern einen Raum der Freiheit, der Sicherheit und des Rechts ohne Binnengrenzen, in dem – in Verbindung mit geeigneten Maßnahmen in Bezug auf die Kontrollen an den Außengrenzen, das Asyl, die Einwanderung sowie die Verhütung und Bekämpfung der Kriminalität – der freie Personenverkehr gewährleistet ist.

In allen wesentlichen Dimensionen des RFSR haben die „Herren der Verträge" (Bundesverfassungsgericht 2009, § 150) die Aktivitätsfelder, Rechtsinstrumente und Verfahren der EU sowohl in den Vertragsänderungen der letzten Jahrzehnte als auch in der Praxis wesentlich auf- und ausgebaut. Als vorläufiger Endpunkt eines langwierigen, schrittweisen „Vergemeinschaftungsprozesses" (Wessels 2015, S. 1311) haben sie den RFSR als „Bereich geteilter Zuständigkeit" definiert, bei dem – bis auf wenige Ausnahmen – die Verfahren des *ordentlichen Gesetzgebungsverfahrens* zwischen *Europäischer Kommission, Rat* und *Europäischem Parlament* (EP) genutzt werden. Im Unterschied zur *Gemeinsamen Außen- und Sicherheitspolitik* (GASP) (vgl. Kap. ▶ „Auswärtiges Handeln") ist so in mehreren Entwicklungsstufen ein modellhaftes Entwicklungsmuster von einer intergouvernementalen Experimentierphase hin zu einer Supranationalisierung durch eine zunehmende Verwendung zentraler Elemente der Gemeinschaftsmethode zu beobachten (Piris 2010, S. 177–178).

Ein geschlossenes, kohärentes Konzept für den RFSR ist nur schwierig zu erkennen (Müller-Graff und Kainer 2016, S. 381). Konkret werden die Asyl-, Einwanderungs- und Visapolitik, gemeinsame Grenzkontrollen sowie die justizielle Zusammenarbeit in Zivil- und Strafsachen, wie beispielsweise dem Europäischen Haftbefehl, genannt. Diesem Bereich zugordnet wird häufig auch die im Lissabonner Vertrag rechtlich eingeführte *Charta der Grundrechte* (Art. 6 EUV) sowie die im Maastrichter Vertrag etablierte *Unionsbürgerschaft* (Art. 9 EUV).

2 Aufgaben: Geschichte und vertragliche Vorgaben

Die Zusammenarbeit der Mitgliedstaaten auf dem Gebiet der Justiz- und Innenpolitik war in den Römischen Verträgen 1957 wie in den Gipfelerklärungen von Den Haag 1969 sowie von Paris 1972 und 1974 nicht explizit genannt worden. Seit den ersten Schritten Mitte der siebziger Jahre haben die Mitgliedstaaten – nicht zuletzt durch Beschlüsse des *Europäischen Rates* – diesen Bereich öffentlicher Politik wesentlich erweitert (vgl. Tab. 1).

Ein Ausgangspunkt war die Gründung der sogenannten „TREVI-Gruppe" im Jahr 1975, als die Innenminister ein gemeinsames Vorgehen gegen „Terrorismus" und „Radikalismus" sowie gegen „Extremismus" und „internationale Gewalt" (aus dem Französischen: *Terrorisme, Radicalisme, Extremisme, et Violence Internationale*) in Angriff nahmen. Konkrete Anlässe waren die transnationalen Aktivitäten von verschiedenen Terrorgruppen in Irland, im Baskenland, in Deutschland sowie in Italien. Lanciert wurde 1977 vom damaligen französischen Staatspräsidenten Giscard d'Estaing auch die Idee eines „Europäischen Rechtsraums" (Giscard d'Estaing 1977). Auch ein Bericht des „Ad-hoc-Ausschusses für das Europa der Bürger" (Europäischer Rat 1984) formulierte Ziele und Instrumente. Obschon die im Jahr 1987 in Kraft getretene *Einheitlichen Europäischen Akte* (EEA) keine expliziten Maßnahmen zur Justiz- und Innenpolitik vorsah, gab sie doch neuen Schwung für eine Kooperation einzelner Mitgliedstaaten außerhalb des Vertragswerkes zur Umsetzung des in der EEA initiierten Binnenmarktprogramms (Geddes 2017, S. 284).

Ein wesentlicher weiterer Schritt erfolgte 1985 mit der Unterzeichnung des „Schengener Übereinkommens" („Schengen I") sowie 1990 mit dem „Schengener Durchführungsübereinkommen" („Schengen II"). Als eine Folge des Binnenmarktprogramms der EG, welches in zunehmendem Maße grenzüberschreitenden Verkehr förderte, regelten diese Verträge den Abbau von Grenzkontrollen für Personen an den Binnengrenzen der teilnehmenden Mitgliedstaaten und – als notwendige flankierende Ausgleichsmaßnahme – den Aufbau von einheitlichen Kontrollen an den Außengrenzen. Ein wesentliches Merkmal dieses Aktes der EU-Regelgestaltung war, dass nur eine Gruppe von Mitgliedstaaten diese Abkommen außerhalb des EG-Vertrags verabschiedete – ein Musterbeispiel für eine ‚abgestufte Integration' bzw. flexible oder differenzierte Integration (vgl. Kap. ▶ „Flexibilisierung").

Tab. 1 Meilensteine und Entwicklungsstufen 1975–2016

Ort und Jahr	Entwicklung
Dezember 1975 Europäischer Rat von Rom	Gründung der TREVI-Gruppe von hohen Beamten aus Innen- und Justizministerien der Mitgliedstaaten
1985 Schengener Übereinkommen („Schengen I")	Intergouvernementales Abkommen der Benelux-Staaten, Deutschlands und Frankreichs: Sofortmaßnahmen zur Reduzierung der Grenzkontrollmaßnahmen (Art. 1–16) Langfristige Maßnahmen, u. a. zum Abbau der Grenzkontrollen und zur Verlagerung der Außengrenze
1987 Einheitliche Europäische Akte	Vorschläge für ein Europa der vier Grundfreiheiten geben neuen Schwung für Kooperation einzelner Mitgliedstaaten
1990 Schengener Durchführungsabkommen („Schengen II")	Maßnahmen zur Umsetzung von Schengen I zum Abbau der Grenzkontrollen und zur Schaffung eines gemeinsamen Raums von Sicherheit und Recht, Schengen-Visa, Harmonisierung der Asylbestimmungen, Bekämpfung grenzüberschreitender Kriminalität sowie der Polizeikooperation
1993 Vertrag von Maastricht	Schaffung der intergouvernementalen, „dritten Säule": Kooperation auf dem Gebiet der Justiz- und Innenpolitik
1999 Vertrag von Amsterdam	Revision der Maastricht-Regelungen und teilweise Vergemeinschaftung: Schaffung des „Raums der Freiheit, der Sicherheit und des Rechts" Überführung der Schengener Regeln mit „opt-out"-Klausel (Art. 4 des Protokolls zur Einbeziehung des Schengen-Besitzstands in den Rahmen der Europäischen Union)
Oktober 1999 Europäischer Rat von Tampere	„Meilensteine von Tampere": auf dem Weg zu einer Union von Freiheit, Sicherheit und Recht
2003 Vertrag von Nizza	Einführung des Verfahrens der Verstärkten Zusammenarbeit auch im Bereich des RFSR
November 2004 Europäischer Rat von Den Haag	Den Haager Programm: „Zehn Prioritäten für die nächsten fünf Jahre": Strategische Leitlinien zum einheitlichen Rechtsrahmen, Migration, Kriminalitäts- und Terrorismusbekämpfung, Grundrechten und Datenschutz
2005 Prümer Vertrag	Intergouvernementales Abkommen der Benelux-Staaten, Deutschlands, Frankreichs, Österreichs und Spaniens, u. a.: Automatisierter Datenaustausch, Grenzüberschreitende polizeiliche Zusammenarbeit
Dezember 2009 Europäischer Rat	Das Stockholmer Programm: „Ein offenes und sicheres Europa im Dienste der Sicherheit der Bürger": Strategische Leitlinien zur Grundrechten, Schutz der Privatsphäre, Minderheitenrechte, Unionsbürgerschaft, Migration, Kriminalitätsbekämpfung, Geheimdienstkooperation und Harmonisierung des einheitlichen Rechtsrahmens
2009 Vertrag von Lissabon	Abschaffung der Maastrichter Säulenstruktur: Der RFSR als „geteilte Zuständigkeit" (Art. 2 (2) AEUV)

(Fortsetzung)

Tab. 1 (Fortsetzung)

Ort und Jahr	Entwicklung
Juni 2014 Europäischer Rat	Strategische Leitlinien für die gesetzgeberische und operative Programmplanung
Mai 2019 Erklärung von Sibiu	Bekräftigung der Unionspfeiler und der Ziele des RFSR sowie Erklärung, „vereint durch dick und dünn" zu gehen
Juni 2019 Europäischer Rat	Neue Strategische Agenda 2019-2024: Strategische Leitlinien zu den Themen Bürgerschutz, Freiheiten, und Grundrechten u. a.

(Quelle: Eigene Darstellung. Vgl. auch Geddes (2017, S. 285–286))

Im Maastrichter Vertrag haben die Mitgliedstaaten die in der Praxis entwickelten Formen der Zusammenarbeit weitgehend in der sogenannten „dritten Säule" rechtlich verankert (vgl. Kap. ▶ „Geschichte"). Zudem wurde die Gründung eines *Europäischen Polizeiamts* (im europäischen Sprachgebrauch *Europol*) vereinbart, das 1999 die Arbeit aufnahm.

Die Amsterdamer Vertragsänderungen ordneten diese Bereiche dann neu und schrieben eine neue Zielvorgabe – die Schaffung eines „Raums der Freiheit, der Sicherheit und des Rechts" – fest. Bestimmte Politikfelder – so die Asyl- und Einwanderungspolitik – wurden durch diese Vertragsrevision aus der dritten in die erste Säule, also vorwiegend den Binnenmarkt betreffende und supranational geregelte Verfahren, übertragen. Zugleich wurden in den Amsterdamer Vertrag auch wesentliche Bestimmungen des Schengener Abkommens integriert. Einige Mitgliedstaaten – so Dänemark, das Vereinigte Königreich und Irland – erhielten in diesem Vertrag, wie auch später im Lissabonner Vertrag, bestimmte Ausnahmeregelungen (im englischen Sprachgebrauch *opt-outs*) (Tekin 2012, S. 74).

Wesentlich gestaltet wurde die weitere inhaltliche Entwicklung durch gemeinsame Vorgaben der Staats- und Regierungschefs. Mit den sogenannten „Meilensteinen von Tampere" (Europäischer Rat 1999) und weiteren Fünfjahresprogrammen – so 2004, 2009, 2014 und 2019 (vgl. Tab. 1) – legt(e) der Europäische Rat „die strategischen Leitlinien für die gesetzgeberische und operative Programmplanung" (so Art. 68 AEUV) fest. Auf Grundlage der Beschlüsse des Gipfels von Tampere gründete der Europäische Rat zudem eine *Einheit für justizielle Zusammenarbeit der Europäischen Union* (im europäischen Sprachgebrauch *Eurojust*), die 2002 die Arbeit aufnahm und mit dem Vertrag von Nizza in Gemeinschaftsrecht überführt wurde. Seit 2005 arbeitet darüber hinaus eine *Europäische Agentur für die operative Zusammenarbeit an den Außengrenzen der Mitgliedstaaten der Europäischen Union* (im europäischen Sprachgebrauch *Frontex*). Der im Jahr 2005 zunächst von sieben Mitgliedstaaten unterzeichnete Prümer Vertrag sieht unter anderem den automatisierten Austausch von DNA-Daten, Fingerabdrücken und Fahrzeugregistern sowie grenzüberschreitende polizeiliche Zusammenarbeit zwischen den Vertragsparteien vor. Der Prümer Vertrag, dem in der Folge sieben weitere Mitgliedstaaten beigetreten sind, wurde im Jahr 2008 teilweise in Unionsrecht überführt (Gusy und Müller 2009, S. 184).

Mit dem Amsterdamer Vertrag hatten die Mitgliedstaaten bereits mehr Zuständigkeiten von der dritten Säule mit intergouvernementalen Verfahren in die erste Gemeinschaftssäule verschoben. Der Lissabonner Vertrag hat die Bestimmungen zum RFSR nun geschlossen in den Zuständigkeitsbereich der „geteilten Zuständigkeit" (Art. 2 (2) und Art. 4 (2) AEUV) übertragen. Daraus ergeben sich auch die relevanten Verfahren der Politikgestaltung. Im Unterschied zur GASP, der früheren zweiten Säule, haben die Mitgliedstaaten diesen Kernteil ihrer nationaler Souveränität – mit einigen Sonderregelungen – „vergemeinschaftet" (Wessels 2015, S. 1311; Piris 2010, S. 177–178). Die Herren der Verträge haben sich einerseits weitgesteckte und ehrgeizige Ziele gesetzt, andererseits aber auch zur Absicherung gegenüber einer zu extensiven Auslegung eine allgemeine Schutzklausel im Vertrag verankert, nach der die „Wahrnehmung der Zuständigkeiten der Mitgliedsstaaten für die Aufrechterhaltung der öffentlichen Ordnung und den Schutz der inneren Sicherheit" nicht berührt werden darf (Art. 72 AEUV).

Für das Verständnis der inhärenten Schwierigkeiten ist insbesondere die Lektüre von Art. 67 AEUV weiterführend, so bezüglich der „Solidarität der Mitgliedstaaten" bei der „gemeinsamen Politik der Einwanderung" (vgl. Dokument 2). Die Formulierungen verdeutlichen auch das Spannungsverhältnis zwischen den aufgeführten Zielen. Dies zeigt sich etwa zwischen der Achtung der Grundrechte einerseits und der Gewährleistung eines hohen Maßes an Sicherheit andererseits.

Dokument 2, Vertragliche Vorgaben: Ziele des RFSR
Art. 67 AEUV

(1) Die Union bildet einen Raum der Freiheit, der Sicherheit und des Rechts, in dem die Grundrechte und die verschiedenen Rechtsordnungen und -traditionen der Mitgliedstaaten geachtet werden.

(2) Sie stellt sicher, dass Personen an den Binnengrenzen nicht kontrolliert werden, und entwickelt eine gemeinsame Politik in den Bereichen Asyl, Einwanderung und Kontrollen an den Außengrenzen, die sich auf die Solidarität der Mitgliedstaaten gründet und gegenüber Drittstaatsangehörigen angemessen ist. Für die Zwecke dieses Titels werden Staatenlose den Drittstaatsangehörigen gleichgestellt.

(3) Die Union wirkt darauf hin, durch Maßnahmen zur Verhütung und Bekämpfung von Kriminalität sowie von Rassismus und Fremdenfeindlichkeit, zur Koordinierung und Zusammenarbeit von Polizeibehörden und Organen der Strafrechtspflege und den anderen zuständigen Behörden sowie durch die gegenseitige Anerkennung strafrechtlicher Entscheidungen und erforderlichenfalls durch die Angleichung der strafrechtlichen Rechtsvorschriften ein hohes Maß an Sicherheit zu gewährleisten.

(4) Die Union erleichtert den Zugang zum Recht, insbesondere durch den Grundsatz der gegenseitigen Anerkennung gerichtlicher und außergerichtlicher Entscheidungen in Zivilsachen.

Die Zuständigkeitsbereiche sind konkreter in Titel V des AEUV niedergelegt: Sie umfassen Grenzkontrollen, Asyl und Einwanderung, die justizielle Zusammenarbeit in Zivil- und Strafsachen sowie polizeiliche Zusammenarbeit.

3 Institutionelle Architektur: Verfahren und Organe

Mit der Übertragung des RFSR in den Zuständigkeitsbereich der „geteilten Zuständigkeit" regelt der Lissabonner Vertrag auch die Verfahren zur Vorbereitung und Beschlussfassung sowie der Umsetzung und Kontrolle neu. Sie folgen jetzt den Regeln des ordentlichen Gesetzgebungsverfahrens (Art. 288–299 AEUV) (vgl. Kap. ► „Gesetzgebungs- und Haushaltsverfahren"). Demnach hat die Kommission das Vorschlagsmonopol, das EP und der Rat beschließen die Rechtsakte gemeinsam als Gesetzgeber. Bei der Durchführung und Kontrolle „überwacht die Kommission unter Kontrolle des Gerichtshofs der Europäischen Union die Anwendung des Unionsrechts" (Art. 17 (1) EUV). Ausgehend von der bisherigen Praxis hat der Lissabonner Vertrag einige Besonderheiten in das Regelwerk eingeführt. Die Rechtsetzungsverfahren im RFSR unterliegen damit einerseits in weiten Teilen dem ordentlichen Gesetzgebungsverfahren, andererseits haben die Mitgliedstaaten einige Bereiche „besonderen Gesetzgebungsverfahren" unterworfen, sodass diese von der gleichberechtigten Kontrolle durch supranationale Organe, insbesondere das EP sowie den Gerichtshof der Europäischen Union (GEU), ausgenommen sind (vgl. Abb. 1).

Besonders zu betonen sind folgende Verfahren:

- Dem Europäischen Rat wird eine Art Initiativrecht zugeschrieben. Er legt „die strategischen Leitlinien für die gesetzgeberische und operative Programmplanung im Raum der Freiheit, der Sicherheit und des Rechts fest" (Art. 68 AEUV). Die Vertragsregeln bestätigen damit eine Rolle, die die Staats- und Regierungschefs bei der Festlegung von Programmen (vgl. Tab. 1) in der Geschichte des RFSR bereits regelmäßig ausgeübt haben und die sie häufig auch ohne schriftliche Festlegung in anderen Politikbereichen ausüben (vgl. Kap. ► „Der Europäische Rat").
- Ein Viertel der Mitgliedstaaten kann bei Fragen der justiziellen und polizeilichen Zusammenarbeit initiativ werden (Art. 76 AEUV).
- Für die Fälle, dass „ein Mitglied des Rates der Auffassung ist, dass ein Entwurf einer Richtlinie [. . .] grundlegende Aspekte seiner Strafrechtsordnung berühren würde" (Art. 82 (3) und Art. 83 (3) AEUV), kann es – in Abweichung von der im ordentlichen Gesetzgebungsverfahren vorgesehenen Abstimmung mit qualifizierter Mehrheit – ein viermonatiges, suspensives Veto gegen die weitere Behandlung der Vorlage einlegen. Der Mitgliedstaat „beantragt" damit, dass der Europäische Rat mit dem Entwurf befasst wird, der seinerseits nur einstimmig beschließen kann, das ordentliche Gesetzgebungsverfahren wieder einzusetzen. Falls die Vorlage im Europäischen Rat blockiert wird, können aber mindestens neun

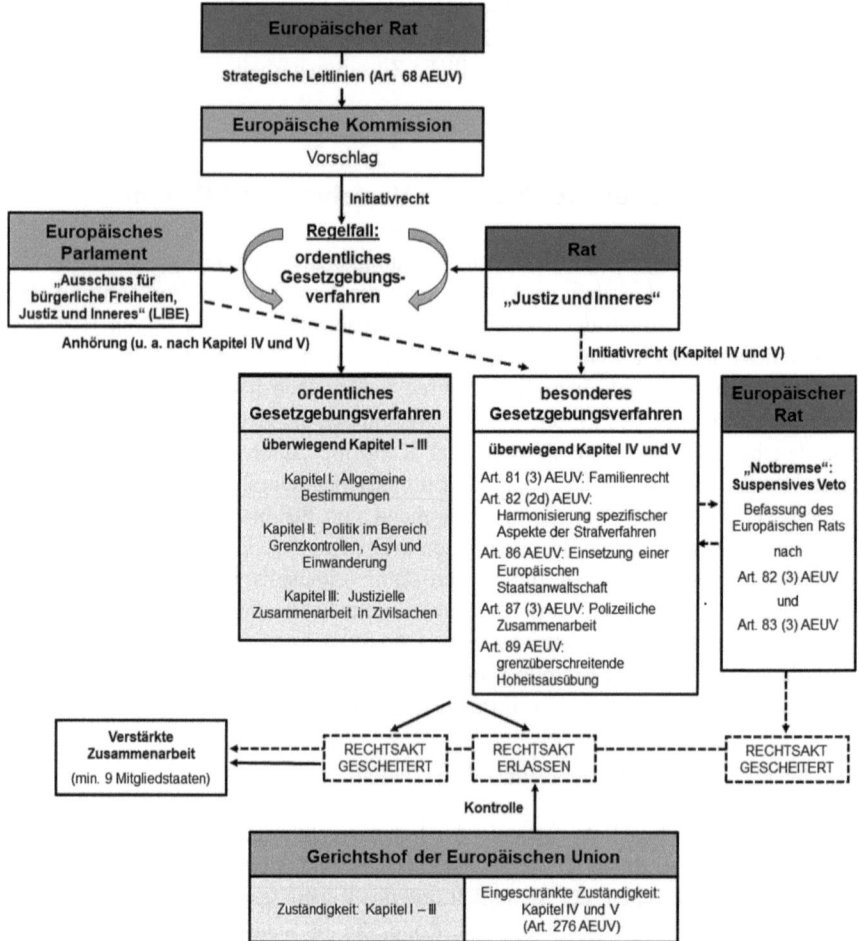

Abb. 1 Rechtsetzungsverfahren im RFSR. (Quelle: Eigene Darstellung)

Mitgliedstaaten ein Verfahren zur Verstärkten Zusammenarbeit einleiten (vgl. Kap. ▶ „Flexibilisierung").

- Nationalen Parlamenten wird aufgetragen, das Prinzip der Subsidiarität zu wahren („Subsidiaritätswächter") (vgl. Kap. ▶ „Nationale Parlamente") und einigen Gebieten des RFSR besonders aufmerksam nachzukommen (Art. 69 AEUV); so unterliegen Maßnahmen zum Familienrecht mit grenzüberschreitendem Bezug einem Veto jedes einzelnen nationalen Parlaments (Art. 81 (3) AEUV).
- Unbeschadet der üblichen Kontrollrechte der Kommission bei der Anwendung des Unionsrechts kann der Rat auf Vorschlag der Kommission besondere Maßnahmen beschließen, die „eine objektive und unparteiische Bewertung der Durchführung der unter diesen Titel fallenden Unionspolitik durch die Behörden der Mitgliedstaaten" vorsehen (Art. 70 AEUV).

• Der Lissaboner Vertrag hat dem GEU generell Kontrollbefugnisse bei der Durchführung des Regelwerkes für den RFSR übertragen. Ausgenommen hiervon sind jedoch Bestimmungen, die eine „Überprüfung der Gültigkeit oder Verhältnismäßigkeit" von Maßnahmen der Polizei oder anderer Strafverfolgungsbehörden im Bereich der justiziellen Zusammenarbeit in Strafsachen betreffen (Art. 276 AEUV).

Entsprechend des Zuwachses an Kompetenzen im RFSR hat das EP zunehmend an Bedeutung gewonnen und diese genutzt. So hat es im Rahmen der Verhandlungen über verschiedene Abkommen, so das SWIFT-Abkommen über den Austausch von Daten über den Zahlungsverkehr, das Anti-Produktpiraterie-Handelsabkommen ACTA sowie das PNR-Abkommen mit den USA zu Austausch und Sicherung von Flugdaten, seinen Einfluss geltend gemacht.

Zur Durchführung haben die Organe der Union in den vergangenen Jahrzehnten eine Reihe von Agenturen in der institutionellen Architektur verankert, die auf dem Gebiet des RFSR tätig sind und teilweise hoheitliche Aufgaben wahrnehmen sollen.

3.1 Frontex: Die Europäische Grenz- und Küstenwache

Als institutioneller Kern eines „integrierten Grenzschutzes" hat 2005 zudem die Agentur Frontex (aus dem Französischen *frontières extérieures*) ihre Arbeit aufgenommen. Die im Oktober 2016 offiziell in *Europäische Grenz- und Küstenwache* (im europäischen Sprachgebrauch *European Border and Coast Guard, EBCG*) umbenannte Agentur mit Sitz in Warschau wurde im Zuge der Bewältigung der Flüchtlingskrise seit 2015 erheblich ausgebaut. So verfügt sie auch über eigene Grenzschutzbeamte und technische Ausrüstung und ist damit in der Lage, eigene Grenzschutzoperationen an den EU-Außengrenzen durchzuführen. In Ausnahmefällen, so bei Unterlassung der wirksamen Grenzsicherung durch einen Mitgliedstaat, kann die Agentur auf Grundlage eines sogenannten Durchführungsrechtsaktes der Kommission Grenzschutzbeamte der EBCG gegen den Willen des betreffenden Mitgliedstaates entsenden (Art. 19 der Verordnung 2016/1624).

Die Europäische Grenz- und Küstenwache nimmt demnach folgende Kernaufgaben vor (Art. 8 der Verordnung 2016/1624):

• Eine Überwachungs- und Aufsichtsfunktion;
• eine Unterstützungs- und Koordinierungsfunktion;
• Registrierung von Flüchtlingen und Migranten in Brennpunkten in Zusammenarbeit mit dem Europäischen Unterstützungsbüro für Asylfragen (EASO) und nationalen Migrationsbehörden;
• Koordinierung und Steuerung von Forschung und Entwicklung sicherheitsrelevanter Technologien.

Analog zu den älteren Agenturen Europol und Eurojust verfügt die Europäische Grenz- und Küstenwache über einen Verwaltungsrat, der den Exekutivdirektor

Abb. 2 Organisationsstruktur der Europäischen Grenz- und Küstenwache. (Quelle: Eigene Darstellung)

ernennt, den Tätigkeitsbericht und das Arbeitsprogramm der Agentur annimmt sowie die Organisationsstruktur und die Personalpolitik der Agentur bestimmt. Er setzt sich aus einem Vertreter jedes Mitgliedstaats und zwei Vertretern der Kommission zusammen. Zudem erhalten Vertreter der Nicht-EU-Staaten Island, Norwegen, Schweiz und Lichtenstein als Teilnehmer am Schengen-System einen Sitz im Verwaltungsrat. Das Vereinigte Königreich und Irland entsenden jeweils einen nichtstimmberechtigten Repräsentanten. In einem Konsultationsforum sind verschiedene internationale Organisationen und Nichtregierungsorganisationen aus dem Bereich Menschenrechte vertreten. Abb. 2 illustriert die Organisationsstruktur der Europäischen Grenz- und Küstenwache.

3.2 Europol: Das Europäische Polizeiamt

Europol bildet die zentrale Agentur für die polizeiliche Zusammenarbeit in der EU; die Befugnisse werden auf der Grundlage der Vertragsartikel (Art. 88 AEUV) vom Rat spezifiziert. Zu den Kernaufgaben von Europol, das ebenso wie Eurojust in Den Haag angesiedelt ist, zählt der Kampf gegen grenzüberschreitende organisierte Kriminalität sowie die Bekämpfung des Terrorismus. Seit der vollständigen Aufnahme seiner Tätigkeiten im Juli 1999 konzentriert sich Europol vor allem auf die Sammlung, den Austausch und die technische Analyse von Informationen und Daten, die durch die Mitgliedstaaten zur Verfügung gestellt werden. Eine Schlüsselrolle spielen dabei die Verbindungsbüros der Mitgliedstaaten vor Ort.

Im Gegensatz zu den nationalen Polizei- und Ermittlungsbehörden verfügt Europol jedoch bislang nicht über eigene operative Eingriffsbefugnisse. Europol ist trotz einer schrittweisen Ausdehnung seines Aufgabenbereichs in erster Linie eine zentrale Servicestelle nationaler Polizeibehörden. Seine – primär intergouvernementale – Ausrichtung zeigt sich auch an der Organisations- und Verwaltungsstruktur (Niemeier und Wiegand 2010, S. 181–182): Der Rat der Justiz- und Innenminister regelt und kontrolliert die Aktivitäten. Ein spezieller Verwaltungsrat, der sich aus jeweils einem Vertreter pro Mitgliedstaat zusammensetzt und in den die Kommission einen Vertreter mit Beobachterstatus entsendet, regelt u. a. die Rechte und Pflichten der Verbindungsbeamten sowie die Voraussetzungen für die Datenverarbeitung. Beschlüsse des Verwaltungsrates kommen zum Teil einstimmig, in der Regel jedoch mit einer Zwei-Drittel-Mehrheit zustande. Der Rat der Justiz- und Innenminister wählt den Direktor von Europol nach Stellungnahme des Verwaltungsrates einstimmig. Das EP übt auf Grundlage eines jährlichen Berichts der Ratspräsidentschaft eine begrenzte politische Kontrollfunktion aus. Auch der GEU verfügt im Rahmen seiner Kompetenzen nur über eingeschränkte Rechtsprechungskompetenzen (Art. 276 AEUV).

3.3 Eurojust: Die Einheit für justizielle Zusammenarbeit der Europäischen Union

Eurojust soll die Zusammenarbeit zwischen den nationalen Strafverfolgungs- und Ermittlungsbehörden erleichtern und bei Straftaten mit grenzüberschreitendem Bezug eine bessere Koordinierung der von den mitgliedstaatlichen Einrichtungen durchgeführten Maßnahmen ermöglichen. Eurojust setzt sich aus nationalen Staatsanwälten, Richtern oder mit vergleichbaren Kompetenzen ausgestatteten Polizeibeamten (je ein Vertreter pro Mitgliedstaat) zusammen und ist befugt, die nationalen Behörden zur Einleitung von Ermittlungen und Strafverfolgungsmaßnahmen aufzufordern. Ähnlich wie Europol darf auch Eurojust personenbezogene Daten speichern und verarbeiten. Ursprünglich als reine Koordinierungsinstanz zwischen den nationalen Justizbehörden konzipiert, übernimmt Eurojust „harte Koordinierungsfunktionen" (Monar 2013, S. 354), d. h. eine unter bestimmten Umständen den nationalen Justizbehörden übergeordnete Rolle, und stellt zudem in völkerrechtlichen Fragen nach Beauftragung durch den Rat für Justiz und Inneres die Außenvertretung gegenüber Drittstaaten und internationalen Organisationen dar.

3.4 Die Europäische Staatsanwaltschaft

Eine Europäische Staatsanwaltschaft soll „zur Bekämpfung von Straftaten zum Nachteil der finanziellen Interessen der Union" (Art. 86 AEUV) eingesetzt werden und auf Eurojust aufbauen. Nach der Vorlage eines Entwurfes für eine

entsprechende Entwicklung durch die Kommission 2013 konnten sich die Mitgliedstaaten – zunächst im Rat für Justiz und Inneres und nach Befassung
der Staats- und Regierungschefs im Frühjahr 2017 im Europäischen Rat – nicht
auf einen Rechtsakt einigen. In der Folge beschlossen Staats- und Regierungschefs aus 20 Mitgliedstaaten 2017, das Verfahren der Verstärkten Zusammenarbeit zu nutzen (Europäischer Rat 2017). Die Europäische Staatsanwaltschaft ist
seit 2021 operativ und soll gegen Straftaten ermitteln, die zum Nachteil des EU-
Budgets sind und die Arbeit des Europäischen Amtes für Betrugsbekämpfung
(OLAF) ergänzen. Die Einrichtung einer solchen, den nationalen Staatsanwalt-
schaften übergeordneten, Institution wird als potenziell bedeutungsvoller Schritt
in Richtung einer Europäisierung der nationalen Rechtssysteme und einer supranationalen Strafverfolgung gewertet (Trentmann 2017, S. 145; Monar 2013,
S. 354).

Neben den Agenturen im Bereich Justiz und Inneres kann im weiteren Sinne auch
das Amt des Koordinators für Terrorismusbekämpfung erwähnt werden, das im
Generalsekretariat des Rates angesiedelt wurde. Trotz der erkennbaren Ambitionen
der EU, in der Terrorismusbekämpfung tätig zu werden, ist die Integration in diesem
Bereich bislang nicht über die Koordination und Kooperation zwischen nationalen
Akteuren vorangeschritten (Monar 2014).

4   Zur Analyse der Praxis: Ein beträchtliches Aktivitätenprofil

Die Mitgliedstaaten und die Institutionen haben das vertraglich vereinbarte
Instrumentarium und Regelwerk zur Justiz- und Innenpolitik in der Praxis intensiv
genutzt.

4.1   Stellungsnahmen des Europäischen Rates

Als Leitungs- und Lenkungsorgan hat der Europäische Rat mehrfach wegweisende
Erklärungen verabschiedet, zu denen die Programme von Tampere (1999), Den
Haag (2004), Stockholm (2009) und Brüssel (2014) zu zählen sind. Entsprechend
hat der Anteil der Schlussfolgerungen des Europäischen Rates mit Bezug zur Justiz-
und Innenpolitik zugenommen (vgl. Abb. 3).

In den Leitlinien für die strategische und operative Planung wird – in der Regel
nach Vorarbeit durch Beamtengremien und auf Vorlage des Rates „Justiz und
Inneres" (Nilsson und Siegl 2010) – eine breite Tagesordnung für die Arbeit der
Organe vorgesehen. Der Europäische Rat nimmt damit die Funktion eines Agenda-
Setters für den Bereich der Justiz- und Innenpolitik wahr. In den Schlussfolgerungen
des Europäischen Rates werden regelmäßig Fragen des RFSR behandelt, die in der
Folge durch die Kommission aufgegriffen wurden.

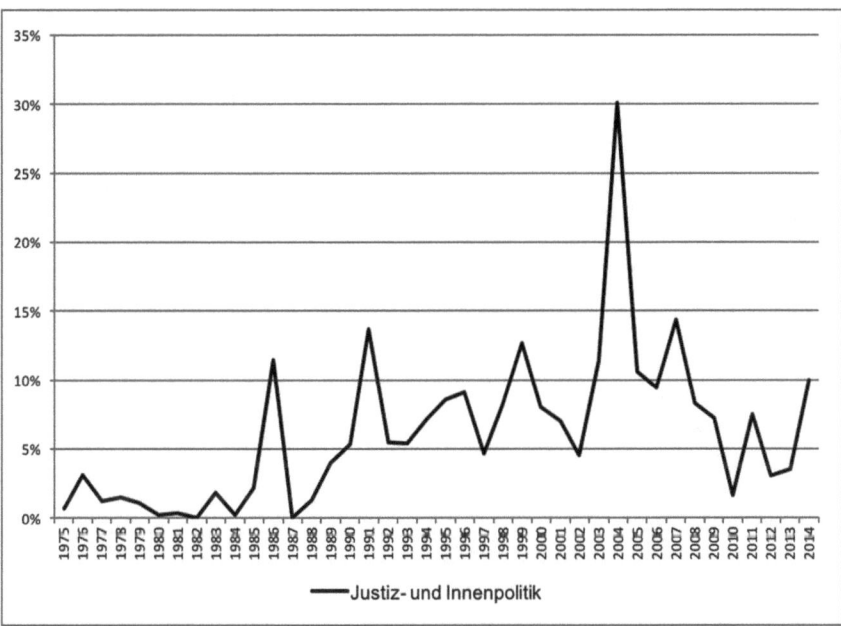

Abb. 3 Anteil von Justiz- und Innenpolitik an Schlussfolgerungen des Europäischen Rates 1975–2014. (Quelle: Eigene Darstellung, in Anlehnung an Alexandrova et al. (2014))

4.2   Die Arbeit des Rates „Justiz und Inneres"

Die Anzahl der Sitzungen der Ratsformation „Justiz und Inneres" zeigt seit 1993 eine stetige Zunahme. In der Legislaturperiode seit 2014 tagte der Rat in der Regel durchschnittlich achtmal pro Jahr. Anlässlich der Verschärfung der Flüchtlingskrise kam der Rat in den vergangenen Jahren zudem mehrfach zu informellen Sitzungen zusammen.

Zu den umfangreichen Aktivitäten und verabschiedeten bzw. genutzten Instrumenten der Union zählen unter anderem:

- Der europäische Haftbefehl;
- die Aufstellung gemeinsamer Asylkriterien;
- die Bekämpfung illegaler Einwanderung und der gemeinsame Schutz der Außengrenzen der Union;
- die Nutzung biometrischer Daten bei der Erteilung von Visa;
- die Datenspeicherung und -aufbereitung im Rahmen von Europol;
- gemeinsame nationale Ermittlungsteams unter Beteiligung von Europol-Beamten;
- die zivilrechtliche Zusammenarbeit, wie z. B. der europäische Vollstreckungstitel;
- Vereinbarungen zum Familienrecht, wie z. B. Ehescheidungsrecht bei Paaren unterschiedlicher Nationalität.

Ein Blick auf die Tagesordnung einer Sitzung des Rates „Justiz und Inneres"
dokumentiert die Breite der behandelten Themen (vgl. Dokument 3).

**Dokument 3, Tagesordnung der Sitzung des Rates „Justiz und Inneres" vom 8.
Und 9. Dezember 2016**

**Tagesordnung des Rates „Justiz und Inneres", Donnerstag und Freitag, 8.
und 9. Dezember 2016**

Donnerstag, 8. Dezember 2016
Gesetzgeberische Aktivitäten

1. Annahme der Tagesordnung
2. Annahme der A-Punkte[1]
3. Schutz der finanziellen Interessen der EU („PIF")
4. Europäische Staatsanwaltschaft
5. Digitaler Binnenmarkt
6. Sonstige Punkte

Nicht-gesetzgeberische Aktivitäten

7. Annahme der A-Punkte
8. Verbesserung der Strafjustiz im Cyberspace
9. Sonstige Punkte

Freitag, 9. Dezember 2016
Gesetzgeberische Aktivitäten

10. Reform des Gemeinsamen Europäischen Asylsystems (GEAS)
11. Einreise-/Ausreisesystem
12. Sonstige Punkte

Nicht-gesetzgeberische Aktivitäten

13. Migrationsfragen
14. Bekämpfung des Terrorismus und des organisierten Verbrechens
15. Folgenbewältigung im Zusammenhang mit terroristischen Anschlägen
16. Sonstige Punkte

Quelle: Rat der Europäischen Union (2016)

---

[1]A-Punkte: Hierunter versteht man Tagesordnungspunkte, die bereits im Vorfeld in Ausschüssen
hoher nationaler Beamter einvernehmlich entschieden wurden und anschließend von den Ministern
in der Regel ohne weitere Aussprache direkt angenommen werden. Im vorliegenden Beispiel
betrifft dieser Punkt die Zustimmung zur Novellierung einer Verordnung über die Europäische
Beobachtungsstelle für Drogen und Drogensucht.

Politisch sensible Bereiche betreffen u.a. die polizeiliche Zusammenarbeit mit dem Vereinigten Königreich nach dem *Brexit*, das Management an den EU-Außengrenzen und bei der justiziellen Zusammenarbeit die politische Einflussnahme auf die Justiz in Polen (Gusy und Möhle 2019).

5 Zusammenfassung, Diskussion und Perspektiven

Die Aktivitäten der EU-Organe und -Agenturen im Bereich des RFSR haben in den letzten Jahren erheblich zugenommen. Entstehung und Entwicklung des RFSR sind primär durch zwei Faktorenbündel zu erklären: Regierungen haben sowohl als Folge der wirtschaftlichen Integration, insbesondere des Binnenmarkts, (im wissenschaftlichen Sprachgebrauch *cultivated spill-over*) als auch als Reaktion auf externe Herausforderungen infolge grenzüberschreitender Kriminalität und Terrorismus die Nützlichkeit des EU-Systems auch für diese Kernaufgabe ihrer Staatlichkeit entdeckt. Die verabschiedeten Rechtsakte greifen mehr und mehr in zentrale Bereiche staatlicher Justiz- und Innenpolitik ein. In der konkreten Ausgestaltung ist zudem immer wieder ein schwieriges Austarieren bei der Suche nach einem Gleichgewicht zwischen Maßnahmen zur inneren Sicherheit und der Achtung der Grundrechte zu beobachten (Bopp et al. 2010, S. 89–90; Guild et al. 2008). Als Reaktion auf terroristische Akte seit den siebziger Jahren und insbesondere auf diejenigen von New York 2001 bis Manchester 2017, haben Regierungen und EU-Organe einen deutlichen Schwerpunkt bei dem Aspekt der „Sicherheit" gesetzt, obwohl die Verträge auch die Beteiligungsrechte der auf Grund- und Freiheitsrechte fokussierten supranationalen Organe, insbesondere des EP, stärkten (Trauner und Servent 2016).

5.1 Zur Charakterisierung: Modell einer Fusionsspirale

Aus integrationstheoretischer Perspektive ist zu diskutieren, ob und in wieweit die Veränderungen des geschriebenen Regelwerkes als Folge von Entwicklungen in der gelebten Vertragspraxis ein modellhaftes Entwicklungsmuster von einem intergouvernementalen hin zu einem supranationalen Verfahrensprofil der Politikgestaltung erkennen lassen, das vom Spannungsverhältnis zwischen einem Problemlösungsinstinkt der Mitgliedstaaten und einem Souveränitätsreflex derselben Staaten geprägt wird (vgl. Kap. ▶ „Einführung").

In einer Abfolge von „begrenzten Einzelermächtigungen" (Art. 5 EUV) verlagerten die Nationalstaaten als Herren der Verträge Zuständigkeiten nationaler Souveränität und verursachen damit einen Transformationsprozess, der durch eine *vertikale* und *horizontale Fusion* (vgl. Kap. ▶ „Einführung") charakterisiert werden kann. In dieser Perspektive wurden in einer vertikalen Richtung nationale und europäische Politik gebündelt und verschränkt, sodass eine staatsähnliche Agenda des Europäischen Rates entsteht. In einer horizontalen Richtung wird das EU-System durch gegenseitige Beteiligungen von Institutionen ebenfalls fusioniert. Als vielleicht unbeabsichtigte Konsequenz führt dieser Prozess, der stark von den

Mitgliedstaaten ausgeht, zu einer gemeinsamen Ausübung geteilter Kompetenzen sowie zu einem gemeinsamen Management übertragener und gebündelter Instrumente und Verantwortlichkeiten (Wessels 2016, S. 19–20). Eine Schlüsselrolle fällt dabei dem Europäischen Rat zu, der auch Themen aus dem Bereich Justiz- und Innenpolitik seit Mitte der 1970er-Jahre zunehmend auf die Agenda der Union gesetzt hat (vgl. Abb. 3).

Als ein vielleicht typisches Muster einer Fusionsspirale sind mehrere Schritte erkennbar, in denen die Mitgliedstaaten Kompetenzen von der nationalen Ebene auf die EU übertragen und dabei gleichzeitig ihre eigene Handlungsautonomie begrenzen. In Wechselwirkungen zwischen der gelebten Praxis und der Vertiefung im Vertragstext können modellhaft folgende Phasen einer Integrationsspirale identifiziert werden (vgl. Abb. 4):

- In einer ersten (Problemerkennungs-)Phase des Transformationsprozesses identifizieren nationale Regierungen gemeinsame oder ähnliche Probleme, bei denen einzelstaatliche Maßnahmen nicht mehr ausreichend zur Problemlösung beitragen. Um diese wahrgenommenen Herausforderungen effektiver angehen zu können, vereinbaren Regierungen – häufig in Schlussfolgerungen des Europäischen Rates – unverbindliche, informelle Verfahren, die die nationale Souveränität nicht

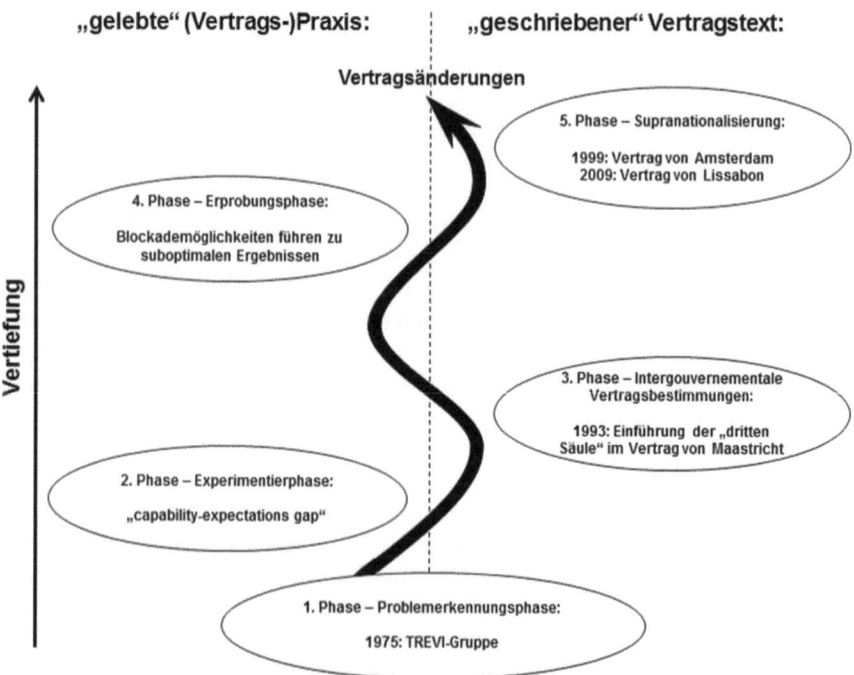

Abb. 4 Entwicklungsstufen einer Vergemeinschaftung: Integrationsspirale zwischen „gelebter" Vertragspraxis und „geschriebenem" Vertragstext. (Quelle: Eigene Darstellung. Vgl. auch Kap. ▶ „Einführung")

einschränken sollen und die auch deshalb supranationalen Organen keine oder nur sehr schwache Beteiligungsmöglichkeiten gewähren. Diese Phase kann als „informal intergovernmentalism" (Geddes 2017, S. 288–289) bezeichnet werden. In dem Fall des RFSR wird dieser erste Schritt durch die Errichtung der TREVI-Gruppe bzw. weiterer Beamtengruppen dokumentiert.

- In der folgenden Experimentierphase werden die Regierungen in der gelebten Vertragspraxis mit typischen Problemen einer unzureichenden Umsetzung der gemeinsamen Ziele konfrontiert. Die Lücke zwischen Erwartungen und Fähigkeiten (im wissenschaftlichen Sprachgebrauch *capability-expectations gap* (Hill 1993)) ist durch typische Einstellungen von Regierung und Administrationen in intergouvernementalen Verfahren zu erklären: Ohne Anreize durch EU-Instrumente oder Zwänge durch supranationale Kontrollverfahren entspricht es einer vernünftigen Kosten-Nutzenanalyse (aus dem wissenschaftlichen Sprachgebrauch *rational choice* (Pollack 2007)), die Verwirklichung der gemeinsam vereinbarten Maßnahmen den jeweils anderen Mitspielern zu überlassen (im wissenschaftlichen Sprachgebrauch *free rider*). Die unverbindlichen Vereinbarungen bieten so für alle Beteiligten – trotz allgemein anerkannten Sinnhaftigkeit – keine glaubwürdigen (Selbst-)Verpflichtungen (im wissenschaftlichen Sprachgebrauch *no credible commitments* (Moravcsik und Schimmelfennig 2009)). Im Fall des RFSR gilt diese Phase bis zum Maastrichter Vertrag, wenn auch mit dem Schengener Abkommen erste Schritte zur Formalisierung unternommen wurden.
- Aus Misserfolgen in der Praxis und wachsendem Erwartungsdruck der (Wahl-) Bürgerinnen und Bürger lernen die Regierungen. Die Herren der Verträge vereinbaren in einer dritten Phase vertragsrechtliche Regelungen, wobei sie sich bemühen, die nationale Kontrolle zu bewahren: In entsprechenden intergouvernementalen Verfahren behalten sie sich ein Vetorecht bei Entscheidungen im Rat vor, begrenzen die Initiativ- und Kontrollrechte der Kommission, bieten dem EP keine Mitentscheidung und begrenzen die Rechte des GEU bei der „Wahrung des Rechts bei der Auslegung und Anwendung der Verträge" (entsprechend Art. 19 EUV). Bei der Entwicklung des RFSR wird dieser Schritt durch die Einführung der dritten Säule im Vertrag von Maastricht dokumentiert.
- In der vierten, der Erprobungsphase des intergouvernementalen Regelwerkes, treten ähnliche Umsetzungsprobleme wie in der Experimentierphase auf: Verfahren, die – vertragsrechtlich garantiert – jeder Regierung durch die Einstimmigkeit im Rat Blockademöglichkeiten bieten und abweichendes Verhalten nicht sanktionieren, ermöglichen nicht genügend Anreize, um Problembewältigungsstrategien aktiv und konstruktiv gemeinsam anzugehen.
- Die Lehren aus dieser weiterhin als unvollkommen verstandenen Umsetzung veranlassen dann die Herren der Verträge in der fünften Phase dazu, ihre Souveränitätsvorbehalte zu reduzieren. Dies führt in supranationalen Rechtsetzungsverfahren zu effizienteren und vielleicht auch, durch starke Beteiligungsrechte des EP, demokratisch besser legitimierten Prozessen. Auch wenn diese Regeln zum ordentlichen Gesetzgebungsverfahren führten, so bemühen sich die Mitgliedstaaten doch gleichzeitig um Ausnahmeregeln und Rückfallpositionen. Erste ver-

tragsrechtliche Schritte zu einer derartigen unvollkommenen Vergemeinschaftung bzw. „partial communitarisation" (Geddes 2017, S. 294) erfolgten bereits
im Amsterdamer Vertrag. Im Lissabonner Vertrag ermächtigten die Mitgliedstaaten die Organe, wesentliche Kernaktivitäten staatlichen Handelns der Justiz- und
Innenpolitik als Bereich geteilter Zuständigkeit nach den Verfahren des ordentlichen Gesetzgebungsverfahrens zu regeln. In demselben Vertragswerk reservier-
ten sich die Mitgliedstaaten eine Reihe von Rückfallpositionen bzw. „Notbrem-
sen" (Geddes 2017, S. 303), so durch die, auch vertraglich fixierte, starke Rolle
des Europäischen Rates, die Möglichkeit des suspensiven Vetos bei Mehrheitsbeschlüssen im Rat sowie durch den generellen Verweis auf die alleinige Letzt-
zuständigkeit bei der „Wahrnehmung der Zuständigkeiten der Mitgliedstaten für
die Aufrechterhaltung der öffentlichen Ordnung und den Schutz der inneren
Sicherheit" (Art. 72 AEUV).

Im Vergleich zum Maastrichter Vertrag, der Elemente der Gemeinschaftsmethode erst an zweiter Stelle einführte, sind die Lissabonner Regeln durch eine
Umkehrung der Gewichtung gekennzeichnet: In diesem Vertragswerk dominie-
ren Verfahren nach der Gemeinschaftsmethode, intergouvernementale Elemente
schützen jedoch vor einer zu stark empfundenen Vorherrschaft supranationaler
Organe. Diese Phase lässt sich als eine Transformation zu einem Zustand vertikaler und horizontaler Fusion charakterisieren. Demnach nimmt der Europäische
Rat in vertikaler Richtung zwischen nationaler und europäischer Ebene eine
dominante Rolle ein und bearbeitet auch im RFSR eine staatsähnliche Agenda,
sodass nationale und europäische Justiz- und Innenpolitik miteinander verschränkt werden (Wessels und Raphael 2020, S. 160–163). Auf horizontaler
Ebene werden eine Vielzahl von EU-Organen in die komplexe Ausübung „geteilter Zuständigkeiten" (Art. 4 (2) AEUV) eingebunden. Der Europäische Rat gibt
nicht nur die Leitlinien (Art. 68 AEUV) für den RFSR vor, sondern wirkt auch als
verbindliche Letztentscheidungsinstanz bei kontroversen Fragen über nationale Souveränität (Art. 82 (2) und Art. 83 (2) AEUV). Er agiert damit als „Fusionsmotor"
(Wessels 2016, S. 235–236), der für Konsens zwischen den Mitgliedstaaten sorgt,
die Legitimität der Entscheidungen gegebenenfalls erhöht und zugleich die Schritte
zum weiteren Ausbau beschließt.

5.2   Zur Zukunft: Zunehmende Herausforderungen

Angesichts der EU-weit geteilten Wahrnehmung gestiegener Herausforderungen
und Bedrohungen durch dauerhaft hohe Flüchtlingszahlen, grenzüberschreitende
Kriminalität und internationalen Terrorismus, aber auch verstärkter Aufmerksamkeit
für Probleme der justiziellen Zusammenarbeit in Zivilsachen in einem Raum ohne
Binnengrenzen wird dieses Aufgabenfeld weiter an Bedeutung für die Politikgestaltung gewinnen. Der Mehrjährige Finanzrahmen für den Zeitraum 2021–2027 sieht
eine stetige Steigerung der Ausgaben für den RFSR vor. Nachhaltige Interessen der
Mitgliedstaaten an einer effizienten und effektiven Zusammenarbeit in diesen Kern-

bereichen staatlichen Handelns könnten sogar zu einem Motor für weitere umfassende Schritte bei der Gestaltung des EU-Systems insgesamt werden. So haben die 27 Mitgliedstaaten, das EP und die Europäische Kommission in der zukunftsorientierten Erklärung von Rom Themen der Justiz- und Innenpolitik an prominenter Stelle auf die Agenda gesetzt (Europäische Kommission 2017). In der neuen Strategischen Agenda 2019–2024 hat der Europäische Rat den „Schutz der Bürgerinnen und Bürger und der Freiheiten" zu einer der vier „Hauptprioritäten" erklärt (Europäischer Rat 2019a, b) (vgl. Kap. ▶ „Zur Zukunft des EU-Systems").

Offen ist jedoch nicht zuletzt die Leistungsfähigkeit der Lissabonner Regeln bei der Bewältigung von Migrationswellen und Terrorismusgefahren. Auch in Zukunft werden sie Fragen nach einer de jure oder vielleicht auch nur de facto Verstärkung der Unionsebene, gegebenenfalls auch für eine Teilgruppe von Mitgliedstaaten, aufwerfen (vgl. Kap. ▶ „Flexibilisierung").

6 Zur Wiederholung und Vertiefung

Merkpunkte und Stichworte
- Grundkenntnisse zum „Raum der Freiheit, der Sicherheit und des Rechts":
  - Aufgabenfelder
  - Vertragliche Vorgaben
  - Organe und Gremien
- Zur institutionellen Architektur: Vertragsbestimmungen und Befund aus der Praxis
  - Rolle des Europäischen Rates
  - Rolle(n) der Kommission
  - Rolle des EP
  - Rolle des EuGH/GEU
  - Europol: Zusammensetzung und Aufgaben
  - Eurojust: Zusammensetzung und Aufgaben
  - Europäische Staatsanwaltschaft

Fragen
- Wie ist die Zunahme an Aktivitäten in der Justiz- und Innenpolitik zu erfassen und zu erklären?
- Wie ist der Begriff des „Raums der Freiheit, der Sicherheit und des Rechts" zu interpretieren?
- Wie können Tendenzen zur Supranationalisierung erfasst und erklärt werden?
- Wie kann die Integrationsspirale beschrieben und erklärt werden?

Thesen zur Diskussion
- Die institutionelle Architektur des „Raums der Freiheit, der Sicherheit und des Rechts" ermöglicht eine effektive Mischung supranationaler und intergouvernementaler Verfahren.

- Nur die Gemeinschaftsmethode und nicht intergouvernementale Verfahren können eine rechtsstaatliche und demokratische Behandlung zentraler Fragen der Justiz- und Innenpolitik gewährleisten.
- Die Fusionstheorie bietet eine erklärungsmächtige These zur Entwicklung der Justiz- und Innenpolitik der EU.
- Themen der Justiz- und Innenpolitik werden zu zentralen Triebkräften für die weitere Gestaltung des EU-Systems.

Literatur

Online-Quellen

https://www.eurojust.europa.eu.
Eurojust (Einheit für justizielle Zusammenarbeit der Europäischen Union).
https://www.europol.europa.eu/.
Europäisches Polizeiamt (Europol).
https://www.frontex.europa.eu.
Frontex (Europäische Agentur für Grenz- und Küstenwache).
https://ec.europa.eu/info/policies/justice-and-fundamental-rights_en.
Generaldirektion Justiz und Verbraucher (DG JUST).
https://home-affairs.ec.europa.eu/index_en.
Generaldirektion Migration und Inneres (DG HOME).

Einführende Literatur

Geddes, Andrew. 2017. Police and judicial cooperation: Integrating security interests. In *The Institutions of the European Union*, Hrsg. Dermot Hodson und John Peterson, 4. Aufl., 283–307. Oxford: Oxford University Press.
Gusy, Christoph, und Jan-Peter Möhle. 2020. Polizeiliche und justizielle Zusammenarbeit. In *Jahrbuch der Europäischen Integration 2020*, Hrsg. Werner Weidenfeld und Wolfgang Wessels, 291–296. Baden-Baden: Nomos.
Lavenex, Sandra. 2015. Justice and home affairs: Institutional change and policy continuity. In *Policy-making in the European Union*, Hrsg. Helen Wallace, Mark A. Pollack und Alasdair R. Young, 7. Aufl., 367–387. Oxford: Oxford University Press.
Müller-Graff, Peter-Christian, und Friedemann Kainer. 2020. Justizielle Zusammenarbeit in Strafsachen. In *Europa von A bis Z. Taschenbuch der europäischen Integration*, Hrsg. Werner Weidenfeld, Wolfgang Wessels und Funda Tekin, 15. Aufl., 403–407. Wiesbaden: Springer VS.
Müller-Graff, Peter-Christian, und Friedemann Kainer. 2020. Justizielle Zusammenarbeit in Zivilsachen. In *Europa von A bis Z. Taschenbuch der europäischen Integration*, Hrsg. Werner Weidenfeld, Wolfgang Wessels und Funda Tekin, 15. Aufl., 409–412. Wiesbaden: Springer VS.
Trauner, Florian. 2020. Raum der Freiheit, der Sicherheit und des Rechts. In *Europa von A bis Z. Taschenbuch der europäischen Integration*, Hrsg. Werner Weidenfeld, Wolfgang Wessels und Funda Tekin, 15. Aufl., 513–519. Wiesbaden: Springer VS.

Literaturverzeichnis

Alexandrova, Petya, Marcello Carammia, Sebastiaan Princen, und Arco Timmermans. 2014. Measuring the European Council Agenda: Introducing a new approach and dataset. *European Union Politics* 15(1): 152–167.

Bopp, Franziska, Cyril Gläser, und Wolfgang Wessels. 2010. The security dimension of EU policies between legal provisions and living practice: The European Council as the key. In *Europe's 21st century challenge: Delivering liberty*, Hrsg. Sergio Carrera, Didier Bigo und R. B. J. Walker, 81–90. Farnham: Ashgate.

Bundesverfassungsgericht. 2009. *Urteil vom 30. Juni 2009–2 BvE 2/08*. Karlsruhe. https://www. bundesverfassungsgericht.de/SharedDocs/Entscheidungen/DE/2009/06/es20090630_2bve000208. html. Zugegriffen am 01.07.2022.

EUR-lex. 2017. *Access to European Union law*. EUR-Lex Search results. https://eur-lex.europa.eu/ search.html?SUBDOM_INIT=LEGISLATION&DTS_SUBDOM=LEGISLATION&DTS_DOM =EU_LAW&lang=de&type=advanced&FM_CODED=RECO&qid=1659446774917&CC_1_CO DED=19. Zugegriffen am 01.07.2022.

Europäischer Rat. 1984. Brüssel. *Schlussfolgerungen des Vorsitzes des Europäischen Rates von Fontainebleu, 26. Juni 1984*. https://www.consilium.europa.eu/media/20668/1984_juni_-_fon tainebleau__de_.pdf. Zugegriffen am 01.07.2022.

Europäischer Rat. 1999. Tampere. *Schlussfolgerungen des Vorsitzes*. https://www.europarl.europa. eu/summits/tam_de.htm. Zugegriffen am 01.07.2022.

Europäischer Rat. 2017. Brüssel. *20 Mitgliedstaaten einigen sich über Einzelheiten bei der Errich-tung der Europäischen Staatsanwaltschaft*. https://www.consilium.europa.eu/de/press/press-releases/2017/06/08/eppo/. Zugegriffen am 01.07.2022.

Europäische Kommission. 2017. *Erklärung von Rom. 25. März 2017. Erklärung der führenden Vertreter von 27 Mitgliedstaaten und des Europäischen Rates, des Europäischen Parlaments und der Europäischen Kommission*. https://ec.europa.eu/commission/presscorner/api/files/docu ment/print/de/statement_17_767/STATEMENT_17_767_DE.pdf. Zugegriffen am 01.07.2022.

Europäischer Rat. 2019a. *Die Erklärung von Sibiu, 09.05.2019*. Sibiu. https://www.consilium.europa. eu/de/press/press-releases/2019/05/09/the-sibiu-declaration/. Zugegriffen am 01.07.2022.

Europäischer Rat. 2019b. *Eine neue Strategische Agenda 2019–2024, 20.06.2019*. Brüssel. https:// www.consilium.europa.eu/de/press/press-releases/2019/06/20/a-new-strategic-agenda-2019-2024/. Zugegriffen am 01.07.2022.

Geddes, Andrew. 2017. Police and judicial cooperation: Integrating security interests. In *the Institutions of the European Union*, Hrsg. Dermot Hodson und John Peterson, 4. Aufl., 283–307. Oxford: Oxford University Press.

Giscard d'Estaing, Valéry. 1977. *Proposition de Valéry Giscard d'Estaing sur la mise en place d'un espace judiciaire européen (Bruxelles, 5 décembre 1977)*. https://www.cvce.eu/obj/proposition_de_ valery_giscard_d_estaing_sur_la_mise_en_place_d_un_espace_judiciaire_europeen_bruxelles_5_ decembre_1977-fr-c7f7171f-f73a-4ab4-829e-faa221acaeca.html. Zugegriffen am 01.07.2022.

Guild, Elspeth, Sergio Carrera, und Thierry Balzacq. 2008. The changing dynamics of security in an enlarged European Union. In *The changing landscape of European liberty and security research paper* 2008(12). http://aei.pitt.edu/11457/1/1746.pdf. Zugegriffen am 01.07.2022.

Gusy, Christoph, und Jan-Peter Möhle. 2019. Polizeiliche und justizielle Zusammenarbeit. In *Jahrbuch der Europäischen Integration 2019*, Hrsg. Werner Weidenfeld und Wolfgang Wessels, 267–272. Baden-Baden: Nomos.

Gusy, Christoph, und Sebastian Müller. 2009. Polizeiliche und justizielle Zusammenarbeit. In *Jahrbuch der Europäischen Integration 2009*, Hrsg. Werner Weidenfeld und Wolfgang Wessels, 181–188. Baden-Baden: Nomos.

Hill, Christopher. 1993. The capability expectation gap, or conceptualizing Europe's international role. *Journal of Common Market Studies* 31(3): 305–328.

Monar, Jörg. 2010. The institutional framework of the AFSJ: Specific challenges and dynamics of change. In *The institutional dimension of the European Union's area of freedom, security and justice*, Hrsg. Jörg Monar, 21–52. Brüssel: P.I.E. Peter Lang.

Monar, Jörg. 2013. Eurojust and the European public prosecutor perspective: From cooperation to integration in EU criminal justice? *Perspectives on European Politics and Society* 14(3): 339–356.

Monar, Jörg. 2014. EU internal security governance: The case of counter-terrorism. *European Security* 23(2): 195–209.

Moravcsik, Andrew, und Frank Schimmelfennig. 2009. Liberal intergovernmentalism. In *European integration theory*, Hrsg. Thomas Diez und Antje Wiener, 67–87. Oxford: Oxford University Press.

Müller-Graff, Peter-Christian, und Friedeman Kainer. 2016. Raum der Freiheit, der Sicherheit und des Rechts. In *Europa von A bis Z. Taschenbuch der europäischen Integration*, Hrsg. Werner Weidenfeld und Wolfgang Wessels, 14. Aufl., 380–382. Baden-Baden: Nomos.

Niemeier, Michael, und Marc André Wiegand. 2010. Europol and the architecture of internal security. In *The institutional dimension of the European Union's area of freedom, security and justice*, Hrsg. Jörg Monar, 169–194. Brüssel: P.I.E. Peter Lang.

Nilsson, Hans G., und Julian Siegl. 2010. The council in the area of freedom, security and justice. In *The insitutional dimensions of the European Union's area of freedom, security and justice*, Hrsg. Jörg Monar, 53–82. Brussels: P.I.E. Peter Lang.

Piris, Jean-Claude. 2010. *The Lisbon Treaty. A Legal and Political Analysis*. Cambridge: Cambridge University Press.

Pollack, Mark A. 2007. Rational choice and EU politics. In *Handbook of European Union*, Hrsg. Knud Erik Jørgensen, Mark A. Pollack und Ben Rosamond, 31–56. London: Sage.

Rat der Europäischen Union. 2016. Brüssel. *Rat (Justiz und Inneres), 08.–09.12.2016.* https://www.consilium.europa.eu/de/meetings/jha/2016/12/08-09/. Zugegriffen am 01.07.2022.

Schäfer, David, und Wolfgang Wessels. 2014. Europäischer Rat. In *Jahrbuch der Europäischen Integration 2014*, Hrsg. Werner Weidenfeld und Wolfgang Wessels, 87–98. Baden-Baden: Nomos.

Schäfer, David, und Wolfgang Wessels. 2015. Europäischer Rat. In *Jahrbuch der Europäischen Integration 2015*, Hrsg. Werner Weidenfeld und Wolfgang Wessels, 75–84. Baden-Baden: Nomos.

Schäfer, David, und Wolfgang Wessels. 2016. Europäischer Rat. In *Jahrbuch der Europäischen Integration 2016*, Hrsg. Werner Weidenfeld und Wolfgang Wessels, 81–92. Baden-Baden: Nomos.

Schäfer, David, und Wolfgang Wessels. 2017. Europäischer Rat. In *Jahrbuch der Europäischen Integration 2017*, Hrsg. Werner Weidenfeld und Wolfgang Wessels, 101–108. Baden-Baden: Nomos.

Tekin, Funda. 2012. *Differentiated integration at work. The institutionalisation and implementation of opt-outs from European integration in the area of freedom, security and justice*. Baden-Baden: Nomos.

Thieme, Alina, und Wolfgang Wessels. 2018. Europäischer Rat. In *Jahrbuch der Europäischen Integration 2018*, Hrsg. Werner Weidenfeld und Wolfgang Wessels, 77–84. Baden-Baden: Nomos.

Thieme, Alina, und Wolfgang Wessels. 2019. Europäischer Rat. In *Jahrbuch der Europäischen Integration 2018*, Hrsg. Werner Weidenfeld und Wolfgang Wessels, 93–100. Baden-Baden: Nomos.

Trauner, Florian, und Ariadna Ripoll Servent. 2016. The communitarization of the area of freedom, security and justice: Why institutional change does not translate into policy change. *JCMS: Journal of Common Market Studies* 54(6): 1417–1432.

Trentmann, Christian. 2017. Eurojust und Europäische Staatsanwaltschaft – Auf dem richtigen Weg? *Zeitschrift für die gesamte Strafrechtswissenschaft* 129(1). https://www.degruyter.com/view/j/zstw. 2017.129.issue-1/zstw-2017-0005/zstw-2017-0005.xml. Zugegriffen am 01.07.2022.

Wessels, Wolfgang. 2015. Dynamics of the integration process: The European Council as driver of the ‚Integration Spiral' in the EU's constitutional evolution. In *Privatrecht, Wirtschaftsrecht, Verfassungsrecht. Festschrift für Peter-Christian Müller-Graff zum 70. Geburtstag am 29. September 2015*, Hrsg. Cordula Stumpf, Friedemann Kainer und Christian Baldus, 1305–1313. Baden-Baden: Nomos.

Wessels, Wolfgang. 2016. *The European Council*. Basingstoke: Palgrave Macmillan.

Wessels, Wolfgang, und Christian Raphael. 2020. Trends in the EU's transformation process: The European Council as the driver of a vertical fusion process. In *Kernelemente der europäischen Integration*, Hrsg. Peter-Christian Müller-Graff, 153–172. Baden-Baden: Nomos.

Teil VI

Zur Zukunft der institutionellen Architektur der Europäischen Union

Zur Zukunft des EU-Systems

Inhalt

Zusammenfassung

Die Erfassung des politischen Systems der Europäischen Union anhand historischer Weichenstellungen, der Nahsicht der EU-Institutionen sowie der Profile wesentlicher Verfahren in der institutionellen Architektur lässt über die Jahrzehnte einen hohen Grad an relevanten Veränderungen sowohl im Vertragstext als auch in der beobachteten Praxis erkennen. Innerhalb der institutionellen Architektur wird Herrschaft über den Unionsbürger in Formen ausgeübt, die sich je nach Politikbereich unterscheiden und gleichzeitig einem beträchtlichen Wandel unterworfen sind.

Angesichts von jeweils als beträchtlich wahrgenommenen Herausforderungen an ‚Europa‘ stehen Strategien zur weiteren Gestaltung des EU-Systems regelmäßig hoch auf der Tagesordnung politischer und wissenschaftlicher Debatten. Neben umstrittenen Schwerpunkten in zentralen Politikbereichen der Union wurden und werden insbesondere Vorhaben der Vertiefung, Erweiterung, Aufgabenausweitung und Flexibilisierung kontrovers mit Bezug auf (globale) politische, ökonomische und soziale Rahmenbedingungen diskutiert und mithilfe von ‚Szenarien‘ und ‚Strategien‘ gebündelt.

© Springer Fachmedien Wiesbaden GmbH, ein Teil von Springer Nature 2022   625
W. Wessels, *Das Politische System der Europäischen Union*,
https://doi.org/10.1007/978-3-658-10013-1_21

Schlüsselwörter

Aufwärtsspirale · Abwärts-/Teufelsspirale · Direktorium · L'Europe à la carte ·
Lineare Erweiterungsstrategie · Kerneuropa · Variable Geometrie

1   Eckpunkte im Überblick: Szenarien und Strategien

Die in diesem Buch vorgenommene Erfassung des politischen Systems der Europäischen Union anhand historischer Weichenstellungen, der Nahsicht der EU-Institutionen sowie der Profile wesentlicher Verfahren in der institutionellen Architektur
lässt über die Jahrzehnte einen hohen Grad an relevanten Veränderungen sowohl im
Vertragstext als auch in der beobachteten Praxis erkennen. Innerhalb der institutionellen Architektur wird eine vertragsrechtlich fundierte Herrschaft über den Unionsbürger in Formen ausgeübt, die sich je nach Politikbereich unterscheiden und gleichzeitig
einem beträchtlichen Wandel unterworfen sind.

Angesichts jeweils als beträchtlich wahrgenommener Herausforderungen an
‚Europa' stehen Strategien zur weiteren Gestaltung des EU-Systems regelmäßig hoch
auf der Tagesordnung politischer und wissenschaftlicher Debatten, wobei zumindest
implizit Szenarien der (globalen) politischen, ökonomischen und sozialen Rahmenbedingungen mitgedacht werden. Neben umstrittenen Schwerpunkten in zentralen
Politikbereichen der Union wurden und werden insbesondere Vorhaben der Vertiefung, Erweiterung, Aufgabenausweitung und Flexibilisierung kontrovers und intensiv diskutiert.

Grundsätzliche Debatten über Szenarien und Strategien zur Finalität und zu den
geographischen Grenzen des politischen Systems gehören seit der Gründungsphase
zur Konstruktion der Europäischen Integration und insbesondere der institutionellen
Architektur. Die Häufigkeit von Krisen nach 2005, den sogenannten ‚Polykrisen',
haben zu einer erneuten Konjunktur in der Auseinandersetzung mit ‚mehr', ‚weniger' oder einem ‚anderen' Europa geführt (Raphael et al. 2019; Ribbe und Wessels
2016; Wessels und Gläser 2013, 2014, 2015). Europapolitische Leitbilder und
Erzählungen sowie deren institutionelle Leitideen werden unter veränderten
Umständen immer wieder auf den Prüfstand politischer Tragfähigkeit gestellt. Diskutiert wird die Sinnhaftigkeit integrationspolitischer Strategien mit Blick auf eine
verbesserte Problemlösungsfähigkeit und deren Legitimitätsgrundlage. Nicht zuletzt
die Maßnahmen zur Stabilisierung der Eurozone, das Verfahren zum sogenannten
‚Brexit' sowie die unterschiedlichen Reaktionen auf die Corona-Pandemie haben
EU-weit ein vertieftes Nachdenken über Rahmenbedingungen ausgelöst, die über
die letzten Jahrzehnte für die Entwicklung der institutionellen Architektur als selbstverständlich verstanden wurden.

Sichtbar ist ein konzeptioneller Pluralismus mit einem hohen Grad an Kontroversen sowohl zur Analyse des bestehenden EU-Systems als auch zu zielgerichte-
ten und tragfähigen Strategien. Ein Vorschlag der Kommission 2017 zählt alleine
fünf unterschiedliche Szenarien auf (vgl. Tab. 1) (Europäische Kommission
2017b).

Tab. 1 Szenarien des Weißbuchs zur Zukunft Europas

Szenario	Erläuterung
Szenario 1: „Weiter wie bisher"	Die Europäische Union konzentriert sich auf die Umsetzung ihrer positiven Reformagenda
Szenario 2: „Schwerpunkt Binnenmarkt"	Die Europäische Union wird schrittweise wieder auf den Binnenmarkt ausgerichtet
Szenario 3: „Wer mehr will, tut mehr"	Die Europäische Union ermöglicht es Mitgliedstaaten, in bestimmten Bereichen mehr zu erreichen
Szenario 4: „Weniger, aber effizienter"	Die Europäische Union konzentriert sich darauf, in ausgewählten Politikbereichen rascher mehr Ergebnisse zu erzielen, unternimmt in anderen Bereichen aber weniger
Szenario 5: „Viel mehr gemeinsames Handeln"	Die Europäische Union beschließt, auf allen Politikfeldern viel mehr gemeinsam zu machen

Quelle: Eigene Zusammenstellung auf Grundlage von Europäische Kommission (2017b)

In den Erklärungen von Bratislava 2016 (Europäischer Rat 2016), Rom 2017 (Europäische Kommission 2017a) und Sibiu 2019 (Europäischer Rat 2019a) formulierten auch die führenden Vertreter von 27 Mitgliedstaaten und der wichtigsten EU-Organe ehrgeizige Zielvorgaben für weitere Schritte zur Lösung anstehender Probleme. In der Strategischen Agenda 2019–2024 (Europäischer Rat 2019b) wurden die Ziele insbesondere um Aspekte des „europäischen Grünen Deals" (Europäische Kommission 2020) ergänzt (vgl. Tab. 2).

Für die fünfjährige Legislaturperiode 2019–2024 hat der Europäische Rat im Sommer 2019 eine Arbeitsagenda verabschiedet. In den offiziellen Dokumenten fehlen jedoch in der Regel Überlegungen zur Ausgestaltung der institutionellen Architektur.

Ist die Debattenlandschaft durch Ungewissheit, Unsicherheit und Unübersichtlichkeit geprägt, ist es umso mehr notwendig, Methoden des Nachdenkens über Strategien und Szenarien zu erörtern. Analysen zurückliegender Trends des Auf- und Ausbaus des EU-Systems sind nur mit Um- und Vorsicht für das Nachdenken über die Zukunft Europas zu nutzen: Die Entwicklungen der EU werden auch in Zukunft – wie schon in den vergangenen siebzig Jahren – von häufig wechselnden internationalen und wirtschaftlichen Rahmenbedingungen beeinflusst. Ein einfaches Fortschreiben bisheriger Erfahrungen mit vertraglichen Bestimmungen und praktizierten Verhaltensmustern ginge implizit von konstanten Umfeld- und Rahmenbedingungen (im wissenschaftlichen Sprachgebrauch *ceteris paribus*-Klausel) aus. Zu bedenken ist vielmehr, dass sich die EU in einem dynamischen Umfeld verändert (im wissenschaftlichen Sprachgebrauch *moving target*). Aufgrund dieser methodologischen Schwierigkeiten ist ein Blick nach vorne zwangsläufig spekulativ: Analytisch aufbereitete Lehren der Vergangenheit und politische Erwartungen an die Zukunft sind deshalb in – nur begrenzt überprüfbaren – Gedankenexperimenten auf ihre Anwendbarkeit und Tragfähigkeit für eine Union im Wandel zu diskutieren.

Tab. 2 Ziele der Strategischen Agenda 2019–2024

Ziel	Erläuterung
Ziel 1: „**Schutz der Bürgerinnen und Bürger und der Freiheiten**"	• Wirksame Kontrolle der Außengrenzen • Bekämpfung der illegalen Migration und des Menschenhandels durch bessere Zusammenarbeit mit Herkunfts- und Transitländern • Einigkeit über eine wirksame Asylpolitik • Gewährleistung des ordnungsgemäßen Funktionierens des Schengen-Raums • Verbesserung der Zusammenarbeit und des Informationsaustauschs bei der Bekämpfung von Terrorismus und grenzüberschreitender Kriminalität • Stärkung der Widerstandsfähigkeit der EU gegenüber Naturkatastrophen und von Menschen verursachten Katastrophen • Schutz unserer Gesellschaften vor böswilligen Cyberaktivitäten, hybriden Bedrohungen und Desinformation
Ziel 2: „**Entwicklung einer soliden und dynamischen wirtschaftlichen Basis**"	• Vertiefung der Wirtschafts- und Währungsunion • Vollendung der Banken- und Kapitalmarktunion • Stärkung der internationalen Rolle des Euro • Stärkung des Zusammenhalts in der EU • Arbeit an allen Aspekten der digitalen Revolution und der künstlichen Intelligenz: Infrastruktur, Konnektivität, Dienstleistungen, Daten, Regulierung und Investitionen • Verringerung der Fragmentierung von Forschung, Entwicklung und Innovation in Europa • Gewährleistung eines fairen Wettbewerbs in der EU und auf globaler Ebene
Ziel 3: „**Verwirklichung eines klimaneutralen, grünen, fairen und sozialen Europas**"	• Gewährleistung, dass das politische Handeln der EU mit dem Übereinkommen von Paris in Einklang steht • Beschleunigung des Übergangs zu erneuerbaren Energien und Steigerung der Energieeffizienz • Verringerung der Abhängigkeit von externen Quellen, Diversifizierung der Versorgungsquellen und Investitionen in Lösungen für die Mobilität der Zukunft • Verbesserung unserer Luft- und Wasserqualität • Förderung einer nachhaltigen Landwirtschaft • Umsetzung der europäischen Säule sozialer Rechte auf Ebene der EU und der Mitgliedstaaten • Aufforderung aller EU-Länder, sich zu bewegen und ihre Klimaschutzmaßnahmen zu verstärken
Ziel 4: „**Förderung der Interessen und Werte Europas in der Welt**"	• Unterstützung der Vereinten Nationen und anderer wichtiger multilateraler Organisationen • Förderung einer nachhaltigen Entwicklung und der Umsetzung der Agenda 2030 • Zusammenarbeit mit Partnerländern im Bereich Migration • Aufrechterhaltung der europäischen Perspektive für Staaten in Europa, die willens und in der Lage sind, der EU beizutreten • Entwicklung einer umfassenden Partnerschaft mit Afrika • Gewährleistung einer ehrgeizigen und robusten Handelspolitik im Rahmen einer reformierten WTO und auf bilateraler Ebene zwischen der EU und ihren Partnern • Enge Zusammenarbeit mit der NATO

Quelle: Eigene Zusammenstellung auf Grundlage von Europäischer Rat (2019b, 2020)

Eine Orientierungshilfe zur Beschreibung und Analyse der Debattenlandschaft stellt das Spannungsverhältnis zwischen ‚Problemlösungsinstinkt' und ‚Souveränitätsreflex' dar (vgl. Kap. ▶ „Einführung").

2 Drei fundamentale Erzählungen zum Verhältnis von Staat und Europäischer Union

Ein fundamentaler Ausgangspunkt, der in der Diskussion um Krisen immer wieder seit Beginn zutage trat und tritt, ist das grundsätzliche Verhältnis von Entwicklungen des ‚Staates' zur Evolution des EU-Systems. Drei mögliche Erzählungen (im wissenschaftlichen Sprachgebrauch auch *Narrative*) werden vorgestellt.

2.1 Die EU als Gefahr für den Nationalstaat

Ein Narrativ stellt den Souveränitätsreflex in den Vordergrund: Diese Erzählung nimmt die Europäische Union als Gefahr für den etablierten Staat in Kernbereichen der nationalen Souveränität wahr: Bedroht sind in dieser Perspektive traditionelle und auch notwendige Fähigkeiten und Merkmale, die der europäische Staat in den letzten Jahrhunderten entwickelt hat. Angenommen wird dabei ein Nullsummenspiel: Die EU und dort die supranationalen Organe übernehmen – ohne eine entsprechende Legitimation – Kompetenzen und Aufgaben, die nach den traditionellen demokratischen und rechtsstaatlichen Konzepten und Doktrinen in den Zuständigkeitsbereich der souveränen Staaten fallen. Die entsprechende Sicht auf den bereits bestehenden Status quo äußert ihre Sorge, dass weite Bereiche der Währungs- und Geldpolitik bereits dem Staat entzogen wurden; die Außen- und Verteidigungspolitik droht von der GASP aufgesogen zu werden; die klassische Domäne der Innen- und Justizpolitik gerät in den Sog der EU-Aktivitäten im Raum für Freiheit, Sicherheit und Recht. Auch Symbole, Flagge, Hymne und ein Motto (so im Entwurf des Verfassungsvertrags von 2004) können demnach einen Vorrang gegenüber nationalen und regionalen Loyalitäten auslösen. Europäische Einwanderungsregeln bestimmen, wer Mitglied/Bürgerin oder Bürger der (dann nicht mehr nationalen) Gemeinschaft wird. Die „high politics" (Hoffmann 1966, S. 74) bleiben dem Zugriff der Union nicht mehr entzogen. Die „souveräne Staatsautorität" (Bundesverfassungsgericht 2009, § 299) muss jedoch bewahrt werden bzw. Kompetenzübertragungen, die den Staat hilflos zurücklassen, müssen von den Staaten als „Herren der Verträge" (Bundesverfassungsgericht 2009, § 150) mithilfe entsprechender Vertragsregeln nach Art. 48 (2) EUV zurückgeholt werden.

In der institutionellen Architektur steht nach dieser Erzählung der Europäische Rat im Mittelpunkt. Diesem Organ der nationalen Führungspersönlichkeiten fällt dann die Aufgabe zu, „Hüter der nationalen Souveränität" (Wessels 2016) zu werden.

Die Maßnahmen im Krisenjahrzehnt (vgl. Kap. ▶ „Geschichte") haben in diesem Narrativ die Probleme für den gewachsenen Nationalstaat noch verstärkt.

Die Befürworter eines ‚Mehr' für Europa werden als gefährliche Utopisten bezeichnet, die damit gegen ihre ursprüngliche Absicht populismusnahen Bewegungen Vorschub leisten, da die weiterhin zentralen Merkmale nationaler Souveränität ausgehöhlt werden. Die institutionelle Architektur ist dann aus Gründen der Legitimität in eine ausschließlich intergouvernementale Richtung zurückzuführen.

Im Lissabonner Vertrag schlagen sich diese Befürchtungen teilweise in Art. 4 (2) und Art. 5 EUV nieder (vgl. Dokument 1). Auch die relevanten Urteile des Bundesverfassungsgerichts weisen auf derartige Risiken hin.

Dokument 1, Schutzmechanismen der Mitgliedstaaten

Art. 4 (2) EUV

Die Union achtet die *Gleichheit der Mitgliedstaaten* vor den Verträgen und ihre jeweilige *nationale Identität*, die in ihren grundlegenden politischen und verfassungsmäßigen Strukturen einschließlich der regionalen und lokalen Selbstverwaltung zum Ausdruck kommt. Sie achtet die *grundlegenden Funktionen des Staates*, insbesondere die *Wahrung der territorialen Unversehrtheit*, die *Aufrechterhaltung der öffentlichen Ordnung und den Schutz der nationalen Sicherheit*. Insbesondere die nationale Sicherheit fällt weiterhin in die *alleinige Verantwortung* der einzelnen Mitgliedstaaten.

Art. 5 EUV

(1) Für die Abgrenzung der Zuständigkeiten der Union gilt der *Grundsatz der begrenzten Einzelermächtigung*. Für die Ausübung der Zuständigkeiten der Union gelten die *Grundsätze der Subsidiarität* und der *Verhältnismäßigkeit*.

(2) Nach dem *Grundsatz der begrenzten Einzelermächtigung* wird die Union nur innerhalb der Grenzen der Zuständigkeiten tätig, die die Mitgliedstaaten ihr in den Verträgen zur Verwirklichung der darin niedergelegten Ziele übertragen haben. Alle der Union nicht in den Verträgen übertragenen Zuständigkeiten verbleiben bei den Mitgliedstaaten.

(3) Nach dem *Subsidiaritätsprinzip* wird die Union in den Bereichen, die nicht in ihre ausschließliche Zuständigkeit fallen, nur tätig, sofern und soweit die Ziele der in Betracht gezogenen Maßnahmen von den Mitgliedstaaten weder auf zentraler noch auf regionaler oder lokaler Ebene ausreichend verwirklicht werden können, sondern vielmehr wegen ihres Umfangs oder ihrer Wirkungen auf Unionsebene besser zu verwirklichen sind.

[…]

Hervorhebungen durch den Autor

2.2   Die EU als notwendiger Ersatz des Nationalstaates

Ein zweites Narrativ zum langfristigen Verhalten von Staat zur Union betont die Herausforderungen, die gemeinsame Schritte zur Problemlösung erzwingen. Angesichts der Schrumpfung Europas im globalen Vergleich und der bereits bestehenden und sich weiter entwickelnden transnationalen Interdependenzen europäischer Staaten müssen die Bürgerinnen und Bürger Europas wesentliche Aufgaben ihres Staates durch die Union übernehmen lassen. Der Problemlösungsinstinkt überwiegt gegenüber dem Souveränitätsreflex: Der Nationalstaat ist angesichts der neuen internationalen Herausforderungen nicht nur überholt sondern ein Hindernis; er muss und wird durch einen europäischen Bundesstaat ersetzt werden; die Mitgliedstaaten behalten als Gliedstaat einer Föderation nur begrenzte Teilkompetenzen. Das ‚europäische Volk' wird endlich und endgültig gegenüber der Vorstellung einer „Union der Völker Europas" (Art. 1 EUV) zum Träger der demokratischen Legitimation. Das direkt gewählte Europäische Parlament ist der wesentliche Motor für eine derartige konstitutionelle Entwicklung. Es wird als Gegenspieler zum Europäischen Rat zum ‚Föderator'. Aus dieser Perspektive werden rückwärtsgewandte Politiker, die noch der Nostalgie des Nationalstaats verfallen sind, versuchen, die Entwicklung aufzuhalten und zu blockieren oder ihren Staat aus der Entwicklung vollständig herausnehmen (so unter Nutzung des Art. 50 EUV, wie der Brexit ein erstes Beispiel darstellt). ‚Europa als Föderation' erfordert von den Bürgerinnen und Bürgern jedoch ein weitgehendes Umdenken (Bertelsmann Stiftung und The Spinelli Group 2013; Guérot 2016).

2.3   Die EU als Rettung des Nationalstaates

Eine dritte Erzählung betont eine spannungsreiche, aber produktive Mischung von Problemlösungsinstinkt und Souveränitätsreflex und -konflikt: Dieses Narrativ sieht die Europäische Union so als „Rettung des Nationalstaats" (Milward 2005). In einem modifizierten, zeitgemäßen Verständnis wird Souveränität als Möglichkeit des (National-) Staats gesehen, an der Bewältigung von Problemen im europäischen Rahmen mitzuwirken, die die Bürgerinnen und Bürger betreffen und besser durch gemeinsame Aktivitäten angegangen werden können (Wessels 2016, S. 248). Bei der EU-Mitgliedschaft eines Nationalstaats handelt es sich gemäß dieser Sichtweise um eine „freiwillige, gegenseitige und gleichberechtigte Bindung, die den Frieden sichert und die politischen Gestaltungsmöglichkeiten durch gemeinsames koordiniertes Handeln stärkt" (Bundesverfassungsgericht 2009, § 220).

Überholt sind demnach sowohl die traditionellen Verständnisse des Nationalstaats, aber auch die Konzepte für einen europäischen Bundesstaat. Zur angemessenen Problembewältigung verschmelzen mehrere Ebenen des EU-Systems ihre Kompetenzen zu einer komplexen und mühsam nachzuvollziehenden Form. Dieser

Prozess führt zu einer vertikalen und horizontalen Fusion in der institutionellen Architektur (vgl. Kap. ► „Einführung").

Im Kontext dieser drei Meistererzählungen skizzieren die weiteren Ausführungen dieses Kapitels sowohl mögliche Szenarien zukünftiger Entwicklungen als auch Strategien, die politisch gewollte Schritte zur Systemgestaltung vorschlagen. In den politischen und akademischen Diskussionen gehen beide Vorgehensweisen häufig ineinander über.

3 Ein Schema zur Einordnung und Analyse

3.1 Zur Erläuterung des Vorgehens

Im Lichte dieser grundsätzlichen Perspektiven und angesichts einer Vielzahl von politischen und wissenschaftlichen Angeboten wird die Vielfalt an Beiträgen im Folgenden anhand der konventionell genutzten Dimensionen „Vertiefung" bzw. „Desintegration" und „Erweiterung" bzw. „Verkleinerung" geordnet (vgl. Abb. 1). Die Abfolge und die Wechselwirkungen dieser beiden Aspekte des Ausbaus des EU-Systems stehen – seit der Gründungsphase – regelmäßig im Mittelpunkt der jeweiligen europäischen Diskussionen um die zukünftige Gestaltung der Integrationskonstruktion.

Ausgangspunkt des Schemas (Schnittpunkt der horizontalen und vertikalen Achse in Abb. 1) ist das EU-System mit 27 Mitgliedern (nach dem Brexit) auf der Basis des Vertrags von Lissabon. Die vertikale Achse wird durch das Spannungsfeld zwischen „Integration" und „Souveränität" gekennzeichnet: Auf dieser Achse kann die Spannbreite an supranationalen/föderalen oder intergouvernementalen Ausprägungen institutioneller Leitideen abgebildet werden (vgl. Kap. ► „Einführung"). Um die Debattenlandschaft möglichst umfassend abzubilden, präsentiert das Schema nicht nur die in der Geschichte üblichen Vorschläge zum Ausbau des EU-Systems, sondern auch Erwartungen bzw. Hoffnungen oder Befürchtungen in Richtung eines Abbaus bzw. einer Rückführung des bestehenden Vertragswerks (vgl. Quadranten II und III unterhalb der horizontalen Achse in Abb. 1).

Auf der horizontalen Achse wird die Zahl der jeweils beteiligten Mitgliedstaaten abgetragen. Eine besondere Aufmerksamkeit gilt Szenarien und Vorschlägen zur Bildung von Gruppen, in denen nicht alle Mitgliedstaaten mitwirken (Quadrant III und IV links der vertikalen Achsen in Abb. 1), die in der Regel mit Begriffen wie Flexibilisierung, differenzierte Integration oder Kerneuropa bezeichnet werden (vgl. Kap. ► „Flexibilisierung").

Anhand des Schemas sollen nun mehrere Strategien vorgestellt werden, die jeweils Möglichkeiten zum Aus- oder Abbau des bestehenden Vertragswerks (vgl. vertikale Achse in Abb. 1) und Überlegungen zur Zahl der teilnehmenden Mitgliedstaaten (vgl. horizontale Achse in Abb. 1) kombinieren. Der stark differenzierte und zunächst verwirrende Katalog an denkbaren Möglichkeiten ist dabei keine Erfindung

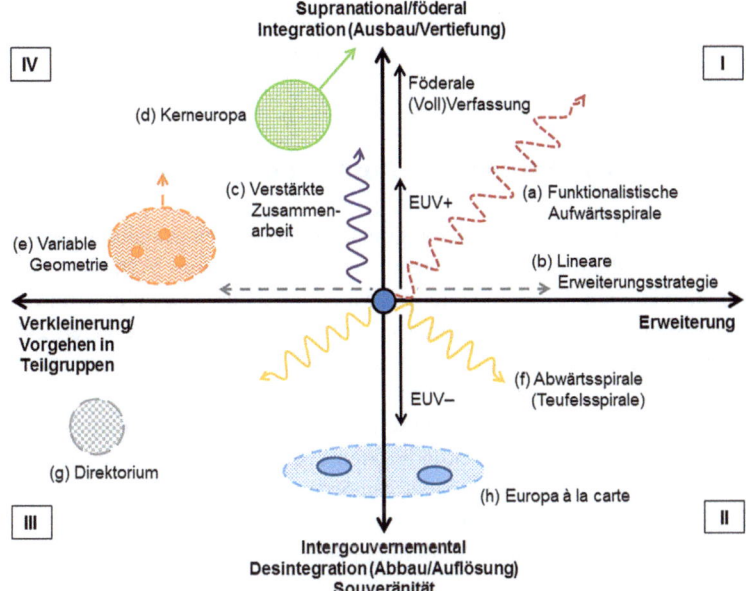

Abb. 1 Zur Zukunft – Szenarien und Strategien für die EU-Systemgestaltung. (**a**) *Aufwärtsspirale*: Enge Verbindung zwischen Vertiefung und Erweiterung. (**b**) *Lineare Erweiterungsstrategie*: Erweiterung mit institutionellen Detailanpassungen ohne quasi-konstitutionellen Ausbau. (**c**) *Flexibilität durch Verstärkte Zusammenarbeit*: Differenzierte Integration, opt-outs: Schrittweise vertiefen und teilweise erweitern (innerhalb des EU-Vertragswerks). (**d**) *Kern-/Kleineuropa*: Institutionelle Vertiefung im gemeinsamen Interesse einer Gruppe von „integrationsfähigen und/oder -willigen" Staaten. (**e**) *Variable Geometrie*: Parallele Gruppen von Mitgliedstaaten für sektorielle Integration. (**f**) *Abwärts-/Teufelsspirale*: Erweiterung in Richtung Abbau. (**g**) *Direktorium*: Intergouvernementale Kooperation zwischen wenigen Großen (EU-3, EU-5). (**h**) *L'Europe à la carte*: Parallele Gruppen von Mitgliedstaaten und weiteren Staaten für begrenzte funktionale oder sektorielle Kooperation interessierter Staaten (außerhalb des EU-Vertragswerks). (Quelle: Eigene Darstellung)

des Autors aus dem ‚Elfenbeinturm', sondern der Versuch, die vorhandene Bandbreite an politischen und wissenschaftlichen Überlegungen und Vorschlägen für eine nähere Betrachtung zu erschließen. Die Brauchbarkeit dieser Typologie kann unter anderem daran gemessen werden, ob auch Vorschläge aus den aktuellen Diskussionen (Ribbe und Wessels 2017, 2018) ein- bzw. zugeordnet werden können.

Bei der Nutzung der Auszeichnungen für Strategien und Szenarien ist eine gewisse Vorsicht geboten. Das Schema entnimmt die verwandten Begriffe aus langjährigen und aktuellen Diskussionen, viele der Konzepte sind jedoch politisch bewusst offen und mehrdeutig formuliert worden und somit nicht eindeutig definiert – wie z. B. „Kerneuropa" und „l'Europe à la carte". Der Autor spitzt sie nach seinem Verständnis im Rahmen dieser Analyse gezielt zu.

Ebenfalls ist zu berücksichtigen, dass bei der konkreten Umsetzung dieser Strategien in der EU-Praxis regelmäßig Abweichungen von vorgegebenen Definitionen zu beobachten sind: Reale Fälle in der Entwicklung des EU-Systems sind selten ohne weitere Diskussionen nur einem Typus zuzuordnen.

3.2   (Quasi-)konstitutioneller Ausbau des Vertragswerks

Einen Ausgangspunkt für die Diskussion über die Systemgestaltung bilden Vorschläge, die – in deutlichen Variationen – von einer weiteren Vertiefung ausgehen bzw. für sie plädieren. Diese Erzählung erwartet nicht, dass die Schwierigkeiten mit dem Verfassungsvertrag im Jahr 2005 und die Krisen insbesondere seit 2009 das EU-System grundsätzlich diskreditiert haben und somit eine fundamentale Wende der bisherigen Integrationstrends darstellen; vielmehr verstehen diese Analysen die Krisenreaktionen als Vorbereitungsphase für einen Neuanlauf zu ‚mehr Europa'.

Im Rahmen einer derartigen Grundannahme sind zwei Richtungen festzustellen (vgl. Abb. 2): Eine Strategieschule legt den Schwerpunkt auf einen ‚quasi-konstitutionellen' Ausbau des EU-Systems, während eine andere für den Weg einer projektbezogenen, ‚funktionalistischen' Vertiefung plädiert. Diese Kontroverse unterschiedlicher, aber sich nicht notwendigerweise ausschließender Konzepte bildet seit Beginn der Integrationskonstruktion eine Konstante der Strategiedebatte. In den fünfziger Jahren bildeten die föderalen Vorschläge von Spinelli und die auf konkrete (Fort-)Schritte ausgerichtete Methode von Monnet die jeweiligen Gegenpole in der Debatte um eine angemessene Integrationsstrategie (vgl. Kap. ▶ „Einführung" sowie Kap. ▶ „Geschichte").

Eine wesentliche Ausrichtung der konstitutionalistischen Strategie zur Systemgestaltung betont die Notwendigkeit, eine eindeutige verfassungsähnliche Stufe für das EU-System mit einer klaren föderalen Ausrichtung für die institutionelle Architektur vorzugeben und zu verabschieden. Das EU-System wird danach in die Lage versetzt, auf zum jeweiligen Zeitpunkt der Vertragsänderungen nicht bekannte Herausforderungen zu reagieren. Nach der Formel ‚function follows form' wäre die institutionelle Architektur dann gewappnet, auf unterschiedliche und immer neue Problemlösungsbemühungen der Mitgliedstaaten sachgerecht und legitimiert zu reagieren. Erst unter dieser Voraussetzung sind dann auch weitere Beitritte vorzusehen. Die Abfolge von Vertiefung und Erweiterung muss deshalb lauten: Erst Ausbau in eine föderale Richtung, dann möglicherweise neue Beitritte.

Diese durchaus traditionelle Strategie wurde an jedem historischen Meilenstein der Integrationskonstruktion diskutiert. Auch nach dem Krisenjahrzehnt wird an der politischen und institutionellen Leitidee einer Verfassung als einem historischen Schritt in der Systemgestaltung festgehalten, damit die institutionelle Architektur einer EU-27 ihren Aufgaben gerecht werden kann.

Nach einer Variante für den konstitutionellen Ausbau könnten die Kritik am Verfassungsvertrag und die Lehren aus den jüngsten Krisen (vgl. Kap. ▶ „Geschichte") Anlass zu einer konstitutionellen Wiederbelebung (im politischen Sprachgebrauch

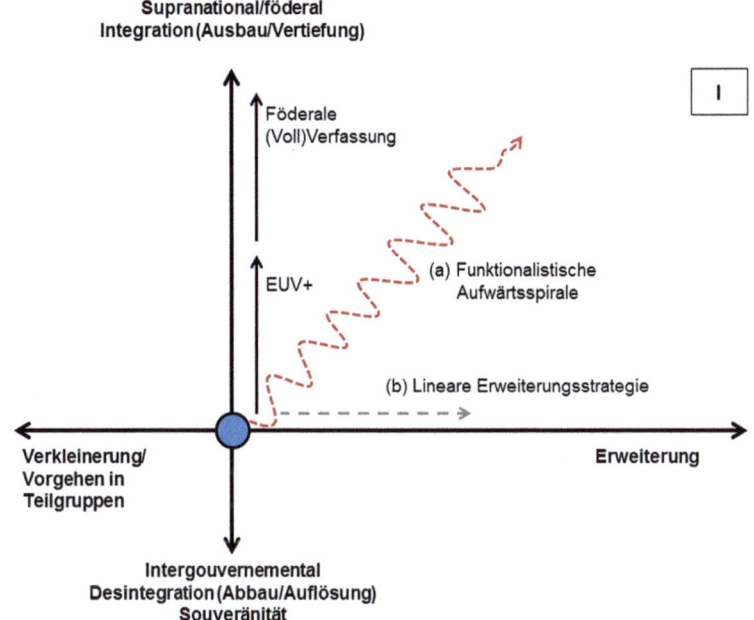

Abb. 2 Zur Zukunft – Funktionalistische Aufwärtsspirale und lineare Erweiterungsstrategie. (Quelle: Eigene Darstellung)

relance constitutionelle) sein. Die Strategie will den („Verfassungs-")Konvent erneut einberufen lassen, so wie es Art. 48 (3) EUV ermöglicht bzw. fordert. Die Mitglieder, die aus den nationalen Parlamenten und dem EP sowie von nationalen Regierungen und der Kommission gewählt werden (vgl. Kap. ► „Vertragsänderungsverfahren"), sollen dann aufgrund der Erfahrungen aus den Referendumsdiskussionen eine systematisch überarbeitete Fassung einer gegebenenfalls auch als ‚Grundgesetz' ausgeschilderten Verfassung vorlegen (Bertelsmann Stiftung und The Spinelli Group 2013). Zur Realisierung baut diese Strategie jedoch einer erheblichen, in absehbarer Zukunft nicht zu erwartenden Mobilisierung politischer Kräfte in allen Mitgliedstaaten.

Ein anspruchsvoller Vorschlag zur Verfassungsgebung geht noch weiter: Mit einem wirklichen ‚Quantensprung' in der Systemgestaltung zielt er auf die Verabschiedung einer wirklichen ‚Voll'-Verfassung mit einer föderalen Architektur. Da der Begriff „Verfassung" ernst zu nehmen sei, fordern die Vertreter, dass nach historischen Vorbildern eine verfassungsgebende Versammlung zu wählen sei, deren Verfassungsentwurf dann einem EU-weiten Referendum zu unterwerfen wäre (Ponzano et al. 2007).

Bei diesen konstitutionellen Strategien wird das Verschwinden des Souveränitätsreflex angenommen. Der gewachsene Nationalstaat wird durch einen konstitionellen Akt zum untergeordneten Teilstaat.

Die Realisierungsmöglichkeiten für den qualitativen Sprung zu einer föderalen „Voll"-Verfassung setzen eine Konstellation in der EU voraus, die deutlich von den politischen und rechtlichen Gegebenheiten und Rahmenbedingungen der 2010er-und 2020er-Jahre abweicht. Trotz geringer Umsetzungschancen kann ein derartiges Gedankenexperiment jedoch immer wieder einen nützlichen Eckpunkt in der Diskussionslandschaft bilden.

3.3 Funktionalistische Strategieansätze: Ein „Europa der Projekte"

Gegenüber einem konstitutionalistischen Ansatz geht die funktionalistisch ausgerichtete Integrationsstrategie (vgl. Abb. 2) in mehreren Varianten von einem bestimmten Erklärungsmuster der bisherigen Systemgestaltung aus. Gespeist aus den als erfolgreich wahrgenommenen früheren ‚Meilenstein'-Entscheidungen argumentiert diese Denkschule, dass Verhandlungspakete (vgl. Kap. ► „Geschichte") Stufen auf einer („Fusions-")Leiter (vgl. Kap. ► „Einführung") bilden: Konkrete nationale Präferenzen sind so zusammenzuschnüren, dass sich jeder Mitgliedstaat einen ‚zähl-' und ‚fassbaren' Gewinn aus dem gemeinsamen Vorgehen zugutehalten kann. Mithilfe der Monnet-Methode werden durch ‚begrenzte, aber tatsächliche' Übertragungen von Kompetenzen Vereinbarungen erreicht, die bewusst die Behandlung gemeinsamer Probleme in den Vordergrund stellen und nicht auf eine immer wieder kontrovers diskutierte konstitutionelle Finalität ausgerichtet sind (vgl. Kap. ► „Geschichte"). Die Union soll im Interesse der Unionsbürgerinnen und Unionsbürger konkrete Projekte bewältigen (Europäische Kommission 2017a). Der institutionelle Ausbau folgt dann den Aufgaben, wie sie die Regierungen im Interesse ihrer jeweiligen Mitgliedstaaten für die Union anstreben (im wissenschaftlichen Sprachgebrauch *form follows function*). Je nach Problemlösungsbedarf werden dann Organe geschaffen und/oder reformiert. Im Hinblick auf die institutionelle Architektur wird bewusst Mehrdeutigkeit und nicht Eindeutigkeit als Erfolgsrezept verstanden. Damit wird die andernorts als überholt bezeichnete Monnet-Methode als tragfähiger Weg auch für den weiteren Ausbau der Union betrachtet (Ribbe und Wessels 2016). Die Beschlüsse des Europäischen Rates zur Bekämpfung der wirtschaftlichen und sozialen Folgen der Corona-Krise könnten als Beleg für einen derartigen stufenweise Ausbau verstanden werden.

Der inkrementalistische Ansatz identifiziert jeweils einzelne Schritte zur Vertiefung und begrenzt zur Erweiterung. Die Argumentation kann in Form einer Spirale dargestellt werden (Spirale „a" in Abb. 1 und 2): Erst einzelne begrenzte Reformen der institutionellen Architektur ermöglichen eine ausreichende Handlungsfähigkeit für eine schrittweise zu erweiternde EU. Beitritte führen dann ihrerseits zu Veränderungen des politischen Systems, da neue Mitgliedstaaten im eigenen Interesse eine Ausweitung des Aufgabenkatalogs der Union anstreben.

Dabei nimmt diese Strategie an, dass alle alten und neuen Mitgliedstaaten auch weiterhin die EU für ihre eigenen Interessen nutzen wollen. Demnach wirkt der

Problemlösungsinstinkt auch weiterhin nachhaltig und lässt die Agenda der behandelten Politikfelder der Union immer staatsähnlicher werden. Die Union kann dann aus dieser Sicht weiterhin als „Rettung des Nationalstaates" (Milward 2005) verstanden werden.

Im Rückgriff auf historische Beispiele sollten Schwächen und Schwierigkeiten dieser konventionellen Methode der Integrationskonstruktion nicht übersehen werden. Auch nach Enttäuschungen über die Durchsetzungsfähigkeit des Verfassungsvertrags 2005 sollte das bisherige Vorgehen der begrenzten Problemlösungsversuche bei der Systemgestaltung, dessen Nachteile der Konvent bewusst überwinden sollte und wollte, nicht einfach wieder als Zaubermittel propagiert werden (vgl. Kap. ► „Geschichte" sowie Kap. ► „Vertragsänderungsverfahren"). Historische Meilensteine wie der Maastrichter Vertrag sollten rückblickend nicht unreflektiert zu Mythen erfolgreicher Integrationsstrategien stilisiert werden.

Auch bei funktionalistischen Strategieschulen sind mehrere Varianten zu identifizieren. Ein Ansatz zielt auf eine extensive Ausschöpfung und eine begrenzte Weiterentwicklung innerhalb des bestehenden Vertragswerks. Zu prüfen wäre bei der vertragsimmanenten Ausgestaltung, ob und inwieweit sich der bestehende Vertragstext für die Bewältigung anstehender Herausforderungen nutzen lässt. Für weitere Entwicklungen des Vertragswerks werden auch – wie in der Vergangenheit – Urteile des *Gerichtshofs der Europäischen Union* (GEU) erwartet, die sich als wegweisend für die Nutzung des institutionellen und prozeduralen Regelwerks erweisen könnten. Zu prüfen ist bei der Variante auch, ob und wie das geltende Primärrecht für weitere Reformen der Organe genutzt werden kann. Schließlich können in der institutionellen Architektur auch administrative Einrichtungen auf sekundärrechtlicher Grundlage durch Beschlüsse des Europäischen Rates bzw. Rates ins Leben gerufen werden, wie die Beschlüsse zur Verteidigungsagentur oder zu Eurojust zeigen. Ebenso könnten Verfahren zur vereinfachten Vertragsänderung (Art. 48 (6–7) EUV) dazu genutzt werden (vgl. Kap. ► „Vertragsänderungsverfahren").

Dieser vertragsimmanente Ausbau der Union basiert auf einer intensiven Nutzung bestehender Möglichkeiten in und durch die institutionelle Architektur (Option „EUV+" auf der vertikalen Achse in Abb. 1 und 2). Diese Variante geht davon aus, dass sich auf absehbare Zeit keine umfassenden Reformen durch direkte Vertragsänderungen erreichen lassen. ‚Lissabon' kennzeichnet danach den vertragsrechtlichen Status quo zumindest für die nahe Zukunft des EU-Systems. Danach wäre zunächst abzuwarten, welcher Reformbedarf in der bestehenden institutionellen Architektur bei den 27 Mitglieder überhaupt entsteht. Manche Befürchtungen über eine fehlende Handlungsfähigkeit einer großen EU könnten sich – etwa im Hinblick auf Mehrheitsabstimmungen im Rat – als gegenstandslos erweisen (vgl. Kap. ► „Der Rat der Europäischen Union"). Gegebenenfalls bilden die bestehenden Verträge eine vielleicht nicht immer optimale, wohl aber brauchbare Grundlage, die tragfähige institutionelle Möglichkeiten anbietet, um Politik ausreichend effizient und effektiv zu gestalten. Entsprechend werden die beteiligten Akteure in der institutionellen Praxis begrenzte Anpassungen vornehmen, die eine Tendenz zur Überlastung abbauen. Erwartet wird, dass sie ausreichend Einfallsreichtum entwickeln, falls Ergänzungen und Anpassungen zur Erfüllung wichtiger Reformen notwendig erscheinen.

Zu einer derartigen Strategie gehören auch „Satellitenverträge" (Wessels und Gerards 2018) neben dem Lissabonner Vertragswerk (vgl. Kap. ▶ „Flexibilisierung"). In diesem Verständnis sind die Angebote des Lissabonner Vertrags für eine „verstärkte Zusammenarbeit" (vgl. Art. 20 EUV) sowie eine *Ständige Strukturierte Zusammenarbeit* (SSZ, vgl. Art. 42 (6) sowie Art. 46 EUV) zu nutzen (vgl. Kap. ▶ „Flexibilisierung").

Nach einer derartigen Analyse wären dann gegebenenfalls auch weitere Beitritte ohne eine umfassende Vertragsreform möglich: Eine ‚lineare' Erweiterungsstrategie geht davon aus, dass die institutionelle Architektur auch bei einer Erhöhung der Mitgliederzahl weiterhin funktionsfähig bleiben kann (Linie „b" in Abb. 1 und 2). Zu vereinbaren sind dann jeweils nur die quasi-automatischen Anpassungen bei den Organen; so ist die Zahl der Mitglieder in Institutionen linear zu erhöhen bzw. zu verändern. Im Hinblick auf das sogenannte vierte Kriterium der Kopenhagener Liste (vgl. Kap. ▶ „Geschichte" sowie Kap. ▶ „Beitritts- und Austrittsverfahren") erwartet die Strategie der begrenzten Anpassung eine hohe institutionelle Absorptions-bzw. Integrationsfähigkeit des gegenwärtigen EU-Systems.

Als eine Variante des Arbeitens innerhalb des Status quo ist auch die – seit Anfang des Jahrzehnts mit dem Lissabon-Prozess besonders propagierte – „Offene Methode der Koordinierung" (Diedrichs 2011; Pochet 2005) zu diskutieren. Diese Form „autonomieschonender" (Scharpf 1999) Politikgestaltung zielt auf die Lernfähigkeit der Akteure und einen moralischen Anpassungsdruck (im politischen Sprachgebrauch *naming, shaming and blaming*).

Die vorgestellten Varianten, bestehende vertragliche Möglichkeiten auszuloten und auszuschöpfen, nutzen die Akteure in und durch Institutionen regelmäßig. Umfassende Reformen der institutionellen Architektur sind jedoch durch eine – noch so intensiv eingesetzte – Praxis nicht zu erreichen, aus der Sicht dieser Strategie bzw. angesichts der Rahmenbedingungen aber auch nicht notwendig.

Ein Szenario für die Strategie erwartet für die nächste Stufe ein umfassendes Verhandlungspaket, das Interessen jedes Mitgliedstaats am Ausbau von EU-Politikbereichen – etwa in den Bereichen Forschungs- und Energiepolitik, der Justiz- und Innenpolitik, der Gesundheitspolitik sowie der Einwanderungs- und der Währungspolitik – zusammenschnürt. Nach Erfahrungen bzw. Mustern der letzten Jahrzehnte und mit Blick auf die Corona-Pandemie wäre zu erwarten, dass sich im Europäischen Rat erneut eine europäische Führungsgruppe bildet, die ein oder zwei Schlüsselprojekte als Eckpunkte für einen weitergehenden Anlauf identifiziert. Bei ehrgeizigen Vorhaben könnten die Mitgliedstaaten als Herren der Verträge jedoch auf Grenzen in der bestehenden institutionellen Architektur stoßen, sodass sie einen deutlichen Reformbedarf bei Organen und Verfahren nicht grundsätzlich in Frage stellen. Veränderungen innerhalb und zwischen den Institutionen sollten jedoch nicht abstrakt von konstitutionellen Normen und Prinzipien, sondern von dem konkreten Handlungsbedarf in einzelnen Politikfeldern ausgehen, d. h. Institutionen und Verfahren werden so reformiert, dass sie die vorgegebenen Ziele optimal umsetzen bzw. erreichen können. Das Ergebnis wäre dann ein begrenzter, schrittweiser Ausbau des Lissabonner Vertrags. Der aufgebesserte Unionsvertrag ergänzt Aufgabenbereiche und reformiert die institutionelle Architektur nach den wahrgenommenen Notwendigkeiten. Möglichkeiten der Realisierung für ein derartiges Vorgehen sind durch den Vergleich nationaler Präferenzen bei Schlüsselprojekten der Union auszuloten und im Hinblick auf ihre Machbarkeit bzw. Durchsetzbarkeit zu prüfen.

Insgesamt bildet der Souveränitätsreflex – politisch verstärkt durch das Auftreten europaskeptischer bzw. populistischer Parteien – zumindest in vertragsrechtlicher Hinsicht eine nicht einfach zu überwindende Hürde. Die Akteure des Mehrebenensystems legen bei dieser Strategie weiterhin nationale und EU-Kompetenzen zusammen.

3.4 Strategien der Aufbauflexibilisierung

Neben den Überlegungen zum Ausbau des EU-Systems mit allen Mitgliedstaaten geht eine weitere Richtung integrationsgezielter Strategien von der Annahme aus, dass nicht alle Mitgliedstaaten bereit und fähig sind, alle Schritte der Systemgestaltung zu demselben Zeitpunkt durchzuführen (vgl. Kap. ▶ „Flexibilisierung"). Unter Aufbauflexibilisierung sind dann „sämtliche Formen" zu fassen, bei denen einige oder mehrere Mitgliedstaaten der EU Organe nutzen und (Spiel-)Regeln schaffen, „die von den übrigen Mitgliedstaaten nicht genutzt werden (wollen)" (Wessels und Wolters 2017, S. 93).

Vorschläge zu einem Vorgehen in kleineren Teilgruppen sind vielfältig (vgl. Kap. ▶ „Flexibilisierung"). Häufig zeichnen sie sich durch fantasievolle Etiketten aus, in Zeiten und Konstellationen der Unsicherheit und Ungewissheit werden sie besonders intensiv propagiert. Im Schema (Quadrant IV in Abb. 1 und 3) wird die Vielfalt an Flexibilisierungskonzepten in Teilgruppen geordnet.

Zunächst nur als Rückfall- bzw. Ausweichoption gesehen, sollen integrationsorientierte Staaten wirkliche Schritte zu einer Vertiefung, notfalls auch außerhalb des Vertragwerks, realisieren (Kreis „d" in Abb. 1 und 3).

Die Mitgliedschaft in derartigen Kernen ist nicht vorweg etwa durch Größe oder geografische Lage festgeschrieben. Zwei Voraussetzungen sind jedoch notwendig: Die interessierten Staaten müssen sowohl ‚integrationsbereit' als auch ‚-fähig' sein. Von Integrationsschritten in Schlüsselbereichen nationaler und europäischer Politik werden dabei weitergehende Effekte auf die Gestaltung des EU-Systems insgesamt erwartet: Erfolgreiche Projekte von kleineren Gruppen werden in mehreren Schritten in das Vertragswerk integriert – wenn sich auch einige ‚unwillige' Staaten gegebenenfalls eine Ausnahme (im Sprachgebrauch *opt-out*) ausbedingen. Mit Bezeichnungen wie ‚Avantgarde' und ‚Pioniergruppe' setzt diese Strategie so bewusst auf eine Vorreiterrolle, der später weitere Mitgliedstaaten folgen und damit den Weg in das normale Vertragswerk ebnen. Abgestellt wird so zunächst nicht auf die Herausbildung einer auf Dauer vom EU-System getrennten Architektur. Als Beispiele

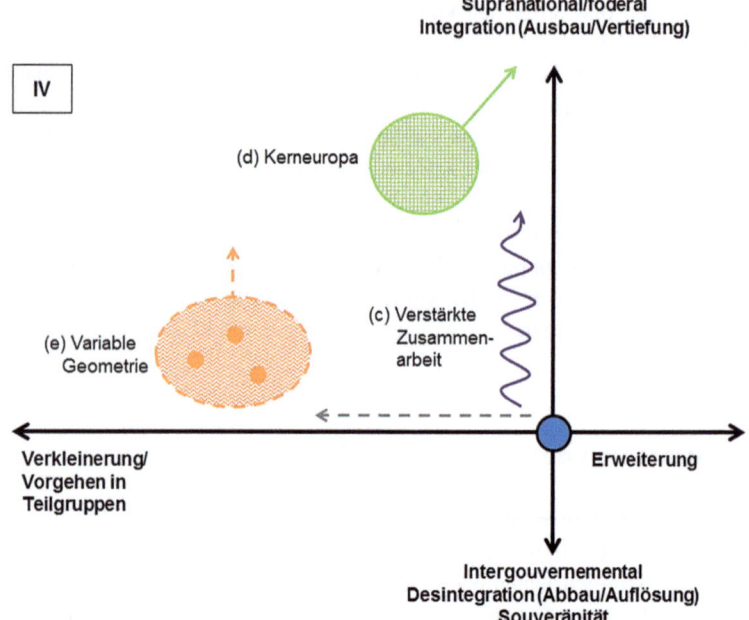

Abb. 3 Zur Zukunft – Strategien der Aufbauflexibilisierung. (Quelle: Eigene Darstellung)

werden häufig auf das Europäische Währungssystem als Vorstufe für die Wirtschafts- und Währungsunion (vgl. Kap. ▶ „Geschichte" sowie Kap. ▶ „Wirtschaftspolitisches Handeln") und das Abkommen von Schengen als Einstieg in den „Raum der Freiheit, der Sicherheit und des Rechts" (vgl. Kap. ▶ „Justiz- und Innenpolitik") verwiesen.

Möglich wäre eine Kernbildung auch durch weitere Verträge der integrationswilligen ‚Verfassungsbefürworter' neben der derzeitigen Union, die zunächst das Lissabonner Vertragswerk ergänzen, dann aber vielleicht auch zunehmend ersetzen oder überlagern würde.

Eine andere, weniger ehrgeizige Variante von Flexibilisierungsstrategien ist funktional auf angemessene Problemlösungen im Kreis interessierter Mitgliedstaaten ausgerichtet. Sie plädiert für begrenzte Initiativen zur Weiterentwicklung des EU-Systems. Regierungen gründen je nach politischer Realisierbarkeit und ihren jeweiligen Präferenzen Formen der „variablen Geometrie" innerhalb oder außerhalb des bestehenden Vertragswerks (Kreis „e" in Abb. 1 und 3). Angesichts des Beitritts von Staaten mit unterschiedlichen Interessen und Integrationskonzepten wird den Varianten begrenzter, sektoraler Teilintegration häufig eine hohe Nützlichkeit zugesprochen. Im Unterschied zum Konzept eines „Kerneuropas" (Kreis „d" in Abb. 1 und 3) will diese Strategie nicht notwendigerweise grundsätzliche Anstöße zu einem Ausbau in Richtung einer höheren Integrationsstufe geben. Zu erwarten und zu beobachten sind je nach Politikbereich unterschiedliche Mitgliedschaften, die – im Hinblick auf den Gesamtzusammenhalt des EU-Systems – zu einem

‚Flickenteppich' an prozeduralen und institutionellen Regelungen führen (vgl. Abb. 1 Kap. ▶ „Flexibilisierung").

In der Praxis der Politikgestaltung sind im EU-System einzelne Projekte (so die Wirtschafts- und Währungsunion) als Beispiele sowohl für ein Kerneuropa als auch für einen Fall variabler Geometrie zu verstehen.

Bei jeder Form der Aufbauflexibilisierung beteiligen die Herren der Verträge Institutionen der EU – insbesondere die Kommission und das EP – in vielleicht variierenden Formen, sodass eine Einbettung in die EU-Architektur in der Regel gewährleistet wird. Angesichts vielfältiger Vorschläge ist aber jeweils zu erörtern, auf welchen Gebieten ein Vorgehen in sektoralen Teilgruppen in ausreichender Übereinstimmung mit dem gültigen Vertragswerk und mit Erwartung auf Gewinn an Gestaltungs- und Handlungsfähigkeit verfolgt werden kann und sollte.

Als eine besondere Form einer möglichen Aufbauflexibilisierung wird häufig das vertraglich verankerte Verfahren der „Verstärkten Zusammenarbeit" (vgl. Kap. ▶ „Flexibilisierung") (Linie „c" in Abb. 1 und 3) als Ausweichmöglichkeit ins Gespräch gebracht. Seit der Einführung der entsprechenden Artikel in den Vertrag 1999 haben die Mitgliedstaaten dieses Angebot für ein Vorangehen einer Teilgruppe jedoch nur in drei Fällen umgesetzt (Wessels und Gerards 2018) (vgl. Kap. ▶ „Flexibilisierung"). Dieses Regelwerk schließt eine Verwendung dieser Bestimmungen für weitergehende Vertiefungsschritte jedoch ausdrücklich aus.

Ein besonderes Verfahren der Flexibilisierung, das nach dem Brexit zunehmend an Bedeutung gewinnt, ist die Ständige Strukturierte Zusammenarbeit in den Bereichen der Sicherheits- und Verteidigungspolitik (Art. 46 EUV) (vgl. Kap. ▶ „Auswärtiges Handeln" sowie Kap. ▶ „Flexibilisierung").

3.5 Rückbildung und Abbauflexibilisierung: Alternativen zum Vertragswerk

Gegenüber integrationsorientierten Strategien zum weiteren Ausbau des EU-Systems gehen souveränitätsbetonende Szenarien von andersartigen Annahmen der Entwicklung des EU-Systems aus. Diese Denkschule erwartet den bzw. zielt auf den Abbau zentraler Elemente der institutionellen Architektur und/oder das mögliche Verfolgen von Alternativen außerhalb der vertraglichen Grundlage des EU-Systems (vgl. Quadranten II und III in Abb. 1 und 4).

Nach der entsprechenden Analyse markieren die Voten der Wähler in Frankreich und den Niederlanden zum Verfassungsvertrag und die Reaktionen im Krisenjahrzehnt einen Wendepunkt in der Integrationsgeschichte. Angesichts kontraproduktiver, fehlgeleiteter EU-Maßnahmen zur Problembewältigung, inbesondere beim Krisenmanagement, drängen Mitgliedstaaten auf ‚weniger Europa'. Diese Entwicklungen sind demnach als fundamentales Misstrauen gegen die bestehende EU-Konstruktion insgesamt zu begreifen. Das ‚Nein' in den Referenden bedeutete dann eben nicht nur das Ende einer Phase konstitutioneller Debatten in Richtung eines vertraglichen Ausbaus, sondern auch und insbesondere eine ‚Wende' der bisherigen Trends von Vertiefung und Erweiterung (Diedrichs und Wessels 2005, S. 288). Die grund-

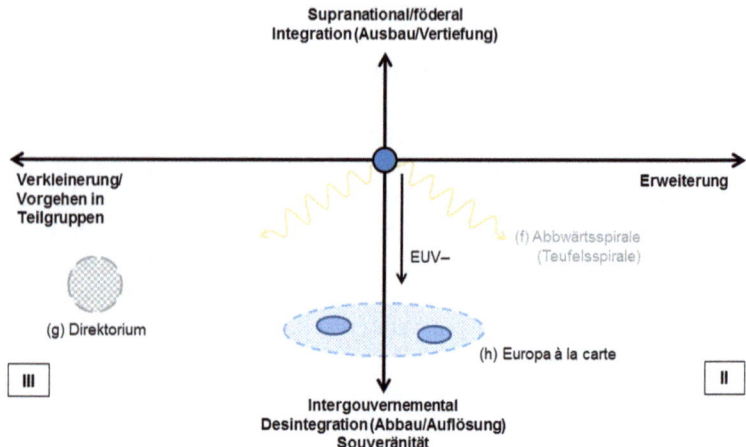

Abb. 4 Zur Zukunft – Stufen der Rückbildung des bestehenden Vertragswerks und Abbauflexibilisierung. (Quelle: Eigene Darstellung)

sätzliche Zustimmung zum Integrationswerk ist demnach durch eine fundamentale Ablehnung ersetzt worden. Der Trend zum Euroskeptizismus mit den populistischen Ausschlägen, manifestiert insbesondere im ‚Brexit'-Referendum, wäre dabei nicht Ursache, sondern Zeichen und Folge einer grundlegenden Krise des EU-Systems, die auf erhebliche Konstruktionsfehler – nicht zuletzt der institutionellen Architektur – zurückzuführen ist. Bisherige Formen der Politik- und Systemgestaltung, die die Nachkriegsgeschichte nachhaltig geprägt haben, sind demnach sowohl im Hinblick auf ihre Handlungsfähigkeit als auch auf ihre Legitimation grundsätzlich diskreditiert. Der gewachsene Nationalstaat erlebt eine Renaissance: Das Denken in Begriffen nationaler Souveränität dominiert europapolitische Erzählungen.

Ausgehend von dieser Grundannahme werden unterschiedliche Szenarien gesehen bzw. entsprechende Strategien vorgeschlagen. Die Rückbildung des bestehenden Vertragswerks kann in mehreren Stufen und Formen erfolgen.

In einem ersten Schritt können Akteure aufgrund eines krisenbedingten Legitimitätsverlustes des EU-Systems die institutionellen Möglichkeiten des Vertrags in geringerem Umfang nutzen bzw. einfach negieren (Option „EUV-" auf der vertikalen Achse in Abb. 1 und 4). Schritte des Abbaus könnten dabei die Nicht-Anwendung der Vertragsangebote und -verpflichtungen sowie nicht geahndete Verstöße gegen die gemeinsam verabschiedeten Regeln darstellen. Der Rat würde durch blockierende Minderheiten gelähmt werden (vgl. Kap. ▶ „Der Europäische Rat"); Mitgliedstaaten setzten Rechtsakte nicht mehr um und ignorierten Urteile des GEU. Tägliche Schwierigkeiten und Schwerfälligkeiten in der Praxis der institutionellen Architektur könnten das Vertrauen in die gemeinsame Konstruktion unterminieren und damit weitere negative Wirkungen auf das Verhalten von Mitgliedstaaten zeigen. Der Damm zum notwendigen Schutz der Vertragstreue bräche – mit erheblichen negativen ‚Überschwappeffekten' eines Rückverlagerungsprozesses von einem Politikbereich zu anderen (im wissenschaftlichen Sprachgebrauch *spill back*).

Ein derartiges Szenario könnte zu der Schlussfolgerung führen, dass die Europäische Union – wenn überhaupt – nur bei einer Rückbesinnung auf einige Kernfunktionen überleben kann. Die institutionelle Architektur sollte von allen Elementen einer supranationalen Ausrichtung ‚befreit' werden. Ansonsten werde sie insgesamt einer breiten und wachsenden Opposition aus der EU-Bevölkerung zum Opfer fallen, die aufgrund zunehmend wahrgenommener Fehlleistungen in vielen Politikbereichen das EU-System insgesamt ablehnen würde. Hat die EU bisher ihre Unterstützung aus perzipierten Erfolgen bezogen (im wissenschaftlichen Sprachgebrauch *Output-Legitimität* (Scharpf 1999, S. 10–21)), so würde dieselbe Grundhaltung infolge der erwarteten Handlungsunfähigkeit der institutionellen Architektur zum Entzug der geliehenen allgemeinen Zustimmung (im wissenschaftlichen Sprachgebrauch *permissive consensus* (Inglehart 1971)) hin zu einem zunehmenden *constraining dissensus* (Hooghe und Marks 2009) führen (vgl. Kap. ► „Mitspieler in der institutionellen Architektur der Europäischen Union"). Die Verantwortung der ‚souveränen' Mitgliedstaaten für jeweils eigene Problemlösungen würde wieder in den Vordergrund gestellt.

Niederschlag finden Überlegungen zur Desintegration in Beiträgen, die eine ‚Schrumpfung' der Union zu einer Freihandelszone thematisieren, wenn auch – in der Regel – nicht befürworten.

Ein weiterer Schritt zum endgültigen Abbau wäre die Auflösung des gesamten Vertragswerks durch Beschluss aller Vertragspartner. Dieses Extremszenario wird gegenwärtig politisch nicht diskutiert, es kann aber als Eckpunkt für Gedankenexperimente in der Debattenlandschaft dienen.

Mit einer Reduzierung der Verpflichtungen der Mitgliedstaaten und einer Rückbildung des EU-Systems könnten auch Beitritte von weiteren Staaten mit einer anderen wirtschaftlichen Entwicklungsstufe und abweichenden politischen Vorstellungen leichter vonstattengehen. In einer engen Koppelung von Erweiterung und Rückbildung, die von Integrationsbefürwortern als eine Art ‚Abwärts-' bzw. ‚Teufelsspirale' bezeichnet werden könnte, beschleunigte jede neue Mitgliedschaft den Abbau des Vertragswerks und öffnete so den Raum für zusätzliche Beitritte (Spirale „f" in Abb. 1 und 4). Dieses Szenario wird häufig zur ‚Abschreckung' vor einer tiefer gehenden Krise im Falle des Scheiterns von Plänen zu einem weiteren Ausbau des EU-Systems an die Wand gemalt, wobei eine solche Rückbildung in der Regel abgelehnt wird.

Auch aus der souveränitätsorientierten Denkschule erfolgen Vorschläge zur Flexibilisierung, die aber – im Unterschied zu Vorschlägen zum Kerneuropa und zur variablen Geometrie – den flexiblen Abbau von Verpflichtungen beinhalten bzw. beschleunigen sollen. Unter Abbauflexibilisierung sind demnach Formen zu fassen, „bei denen eine Anzahl von Mitgliedstaaten sich entscheidet, auf einem oder mehreren Politikfeldern aus der Integration auszuscheiden und Kompetenzen auf die nationale Ebene zurückzuführen" (Wessels und Wolters 2017, S. 96) – etwa im Sinne einer „assoziierten Mitgliedschaft" (Lippert 2017).

In diesen Katalog von Überlegungen gehören Angebote, die auf den ersten Blick durchaus sinnvoll zur Problembewältigung erscheinen. Auf funktionalistischen Überlegungen beruht das Konzept eines „Europe à la carte" (Dahrendorf 1979). Europäische Staaten – unabhängig von einer Mitgliedschaft in der EU – wählen aus einem ‚Menü' an Angeboten die für ihr jeweiliges Interesse an konkreten Problemlösungen nützlichen Konstellationen einer Zusammenarbeit. Je nach Problemlage bilden sie dabei außerhalb eines als zu eng und formalisiert empfundenen EU-Vertragswerks Gruppierungen unterschiedlicher Größe und Zusammensetzung (Kreis „h" in Abb. 1 und 4). Die Zwänge aus der institutionellen Architektur des EU-Systems – etwa durch Vertragsverletzungsverfahren – werden vermieden. In der Praxis zeigen derartige Formen, wie sie etwa beim Bologna-Prozess zur Reform der europäischen Hochschullandschaft gegenwärtig praktiziert werden, Grenzen im Hinblick auf eine sinnvolle, rechtlich abgesicherte und politisch transparente Willensbildung. Der Reiz des einfachen und auf den ersten Blick so plausiblen Vorgehens sollte nicht die Schwierigkeiten bei der konkreten Politikgestaltung übersehen lassen.

Eine weitere, durchaus prominente Strategie einer Desintegration stellt die Bildung eines „Direktoriums" (Wessels 2016, S. 14) dar. Ohne Rücksicht auf die Regeln des Vertragswerks und auf Interessen kleinerer Mitgliedstaaten gestalten größere Mitgliedstaaten in einem elitären Club bestimmte Politikbereiche (Kreis „g" in Abb. 1 und 4). Insbesondere nach der letzten Beitrittsrunde, die das in der Gründungsgemeinschaft gesehene ‚Gleichgewicht' zwischen ‚Großen' und ‚Kleinen' zugunsten vieler kleiner Staaten zu verschieben scheint, wird eine Gruppenbildung unter den wenigen großen Staaten häufig als fast schon ‚natürliche' Reaktion verstanden. Bei einem entsprechenden Vorgehen vereinbaren die Regierungen der „Europäischen Zentralmächte" (Link 2006; Schwarz 1994) eine unverbindliche Zusammenarbeit, die auf eine Rolle als „kollektiver Hegemon" (vgl. Wessels 2016, S. 14) für das EU-System hinausläuft. Kleinere, durchaus fähige und willige Staaten und EU-Organe werden im Unterschied zur ‚variablen Geometrie' und zum ‚Kerneuropa' aus der Entscheidungsfindung weitgehend herausgehalten. Vom Ausschluss von Politikern bzw. Beamten kleinerer Staaten und der EU-Institutionen erhoffen sich manche Verantwortungsträger der ‚Großen' eine raschere und vertrauensvollere Beschlussfassung. Jeweils zu diskutieren sein wird bei dieser Flexibilisierung, ob die ‚Großen' wirklich schneller Entscheidungen unter sich treffen können, und ob sie auch die notwendigen Ressourcen für eine tragfähige Problembewältigung zur Verfügung haben. Die Ressourcen kleiner Staaten und auch der Europäischen Kommission würden nicht sinnvoll genutzt werden. Grundsätzlich ist zudem das Risiko beträchtlich, dass sich die aus der eigentlichen Entscheidungsfindung ausgeschlossenen Mitglieder auch nicht als mitverantwortlich fühlen. Die Solidarität unter den Mitgliedstaaten leidet, Vorurteile gegen die ‚Großen' verfestigen sich und die notwendige Glaubwürdigkeit der EU-Organe erleidet kurz- und noch mehr längerfristig Schaden. Die Zuverlässigkeit der institutionellen Architektur wird so in einem schleichenden Prozess infrage gestellt.

Zur Gruppe von Strategien zur Abbauflexibilisierung ist auch das Konzept des „Europa der konzentrischen Kreise" zu zählen, bei dem mehrere Schichten abgestufter Verdichtung vertraglicher Beziehungen um einen harten EU-Kern angesiedelt werden. Nach der Zeitenwende von 1989 hatte der damalige französische Präsident Mitterand einen entsprechenden Vorschlag vorgelegt (vgl. Wessels 2016, S. 180). Wie Satelliten mit größeren und kleineren Umlaufbahnen sollen in mehreren Stufen institutionelle Regelungen einer engeren Zusammenarbeit mit Gruppen von Ländern um die Union gezogen werden. Der „Europäische Wirtschaftsraum", beitrittsorientierte Assoziierungsabkommen, die „Europäische Nachbarschaftspolitik" und Überlegungen zu „Teilmitgliedschaften" (Bertelsmann Stiftung und The Spinelli Group 2013) könnten als entsprechende Kreise verstanden werden. Diese Debatte wird von Überlegungen zu einer langfristigen Anbindung des Vereinigten Königreichs nach dem *Brexit* erneut belebt (Wessels und Wolters 2017, S. 100). Auch eine besondere, teilweise als ‚privilegiert' bezeichnete Partnerschaft mit der Türkei könnte einen entsprechenden Fall bilden (Tekin 2017).

Bei näherer Prüfung der plausibel klingenden Vorschläge werden erhebliche Schwierigkeiten deutlich, dem Anspruch der beteiligten Staaten außerhalb der EU auf eine gleichberechtigte Teilnahme in der institutionellen Architektur gerecht zu werden: Ein Ausgleich von Pflichten und Rechten der Nicht-Mitglieder ist nicht einfach zu verwirklichen. Beschlüsse der EU als Entscheidungsträgerin (im wissenschaftlichen Sprachgebrauch *decision-maker*) nur nachzuvollziehen, ohne an der Verabschiedung der Rechtsakte angemessen mitzuwirken (im englischen Sprachgebrauch *decision-taker*), lässt das Interesse von Nachbarstaaten an einem fest gefügten Europa der konzentrischen Kreise zurückgehen und steigert den Wunsch auf eine (Voll-)Mitgliedschaft.

4 Zusammenfassung, Diskussion und Perspektiven

4.1 Eine lebhafte Diskussionslandschaft – Szenarien und Vorschläge

Eine Analyse und Diskussion des Katalogs an Erzählungen, Strategien und Szenarien reduziert nicht den hohen Grad an Unsicherheit, Ungewissheit und Unübersichtlichkeit in der politischen Landschaft. Wie in vielen Phasen der Integrationsgeschichte haben eine umfassende Liste von fundamentalen Herausforderungen und akuten Krisen wieder verstärkt Anstöße zur Diskussion über die Zukunft der EU gegeben. Zu ihnen zählen internationale Entwicklungen – so Einschätzungen von Putin, Trump, Erdogan – und EU-interne Herausforderungen – so der Brexit, die Folgen der Corona-Pandemie, die ungelösten Krisenphänomene der Eurozone, Budgetverhandlungen und Migrations- sowie innenpolitische Veränderungen – Wahlen in Frankreich, Deutschland, Österreich und Italien sowie Trends zu illiberalen Demokratien so Ungarn und Polen. Erzählungen zu Stärken und Schwächen der EU-Architektur sowie zur Zukunft der Europäischen Union wurden und werden dabei intensiv und kontrovers präsentiert.

Wie in früheren Wellen der Debatten um die Finalität haben führende Politiker Szenarien identifiziert und Zukunftsprogramme vorgelegt (Bundesregierung 2018; Europäische Kommission 2017a, b; Juncker 2017; Macron 2017).

Deutlich wird durchgängig in den Stellungnahmen führender Politiker, dass die Mitgliedstaaten die EU weiterhin und verstärkt für die Bewältigung von anstehenden Problemen nutzen wollen. Sie verfolgen weiterhin eine staatsähnliche Agenda, auch wenn viele politische und wissenschaftliche Beiträge das Einhalten des Subsidiaritätsprinzips in den Vordergrund stellen.

Der Souveränitätsreflex, verstärkt durch europaskeptische Kräfte, lässt jedoch weiterreichende konstitutionelle Vorschläge nicht aufkommen. Begrenzte Reformen der institutionellen Architektur stehen dennoch auf der Liste, so das Zusammenlegen der Präsidentschaft von Kommission und Europäischem Rat (Juncker 2017) sowie eine veränderte Architektur für die Eurozone mit einem europäischen Finanzminister und einem eigenen Budget (Macron 2017).

4.2   Ein Drei-Elemente-Ansatz

Angesichts unterschiedlicher Erwartungen und offener Umfeldbedingungen kann aus dieser Übersicht keine eindeutige Prognose abgeleitet werden. Jedoch können aufgrund der vorgestellten Analysen mehrere Faktoren und Rahmenbedingungen skizziert werden, die weitere Entwicklungen des EU-Systems beeinflussen können.

Für eine tragfähige Analyse von Denkmöglichkeiten angesichts unterschiedlicher Szenarien ist eine Betrachtung derjenigen Akteure und Institutionen unerlässlich, die nach der Analyse der institutionellen Architektur wegweisende Entscheidungen zur weiteren Gestaltung des EU-Systems treffen können. Ausgegangen wird dabei von der zentralen Rolle des Europäischen Rates als ‚konstitutionellem Architekten‘ (vgl. Kap. ► „Der Europäische Rat" sowie Kap. ► „Vertragsänderungsverfahren"). Der Europäische Rat verfügt als einzige Institution über die Möglichkeit, weitere Wegmarken für die Gestaltung des EU-Systems zu setzen. Geht man von Trends und Mustern der Integrationskonstruktion der letzten Jahrzehnte aus, so wäre unter der Führung der ‚nach-Brexit-Generation‘ von Staats- und Regierungschefs eine europäische Agenda zum Ausbau und zur Reform der Union mit drei Elementen zu erwarten.

- Einen Ausgangspunkt bildet eine funktionalistische Strategie, die einen Schwerpunkt auf ein Europa der Projekte setzt: Regierungen identifizieren Projekte gemeinsamen Interesses aus zentralen Politikbereichen, die als ‚Lokomotiven‘ mittelfristig auch in einem neuen Anlauf zur institutionellen und konstitutionellen Reform der EU münden könnte. Ergänzungen und Reformen der institutionellen Architektur folgen – nach der Monnet-Methode – den Aufgaben, mit denen das EU-System betraut wird. Im Vordergrund wird dabei der Versuch stehen, aufdrängende gemeinsame Probleme und Herausforderungen wie z. B. im Bereich der Migrations-, Klima-, Energie-, Gesundheits- und Sozialpolitik auch der Außen- und Verteidigungspolitik gemeinsam pragmatische Antworten zu finden, die damit aber auch weitere Integrationsschritte vorzeichnen. Die neue strategische Agenda des Europäischen Rates 2019–2024 wäre als ein Ausgangspunkt zu verstehen. Zudem könnten die Bemühungen um die Bewältigung der sozioökonomischen Auswirkungen der Corona-Pandemie entsprechende Anstöße geben. Von der Politikgestaltung ginge somit ein Weg zur Systemgestaltung aus. In einer theoretischen Perspektive würde so eine nächste Stufe auf der ‚Fusionsleiter‘ beschritten (vgl. Kap. ► „Einführung").

• Einen weiteren, nicht notwendigerweise alternativen Ausgangspunkt bilden konstitutionalistische Strategien, die einen begrenzten Ausbau über Veränderungen
des geschriebenen Vertragswerks anstreben und dabei institutionelle Reformen in
den Vordergrund stellen. Systemgestaltung geht dabei der Politikgestaltung voraus oder ist mit ihr zumindest eng verbunden.
• Einen Schwerpunkt bilden Formen der Flexibilisierung bzw. Differenzierung:
Mitgliedstaaten suchen zur Erleichterung der Kompromissfindung innerhalb oder
auch am Rande einer EU-27 Abstufungen der Mitgliedschaft, um drohende
Entscheidungsblockaden zu verhindern. Dabei stehen vor allem die vorgestellten
Flexibilisierungskonzepte mit den genannten Vorteilen und Risiken zur Verfügung. Prägende Begriffe wie ‚Kerneuropa‘, ‚Avantgarde‘ und ‚L'Europe à geometrie variable‘ oder Begriffe mit ähnlicher Bedeutung werden demnach auch
weiterhin Eckpunkte im europäischen Diskurs zu Strategien bilden.

Zur Umsetzung dieser Dimensionen wird weiterhin zentral sein, ob einige Mitgliedstaaten – so das französisch-deutsche Duo – eine Führungsrolle übernehmen,
bei der sie durch eigenes Engagement weitere Mitgliedstaaten zu einigen zusätzlichen Integrationsschritten motivieren können.

Die Debatte um geeignete und politisch tragfähige Strategien ist vor dem Hintergrund der Stabilität und Legitimität des politischen Systems der EU zu führen, wobei
Szenarien des Abbaus und der Rückbildung nicht übersehen werden dürfen. Anzunehmen ist somit, dass Fragen nach der Zukunft der institutionellen Architektur bzw.
der Union insgesamt weiterhin hoch auf der politischen und wissenschaftlichen
Tagesordnung bleiben werden.

5   Zur Wiederholung und Vertiefung

Stichworte und Merkpunkte
• Grundkenntnisse:
  – Verfassungsvertrag
  – („Voll"-)Verfassung
  – Monnet-Methode
  – Dilemma zwischen Problemlösungsinstinkt und Souveränitätsreflex
• Vergleich und Gegenüberstellung zentraler Elemente folgender Strategieschulen:
  – Funktionalistische vs. Konstitutionalistische Strategien
  – Integrationsgerichtete vs. souveränitätsgerichtete Strategien
  – Aufbau- vs. Abbauflexibilisierung
• Vergleich folgender Strategien:
  – Kerneuropa vs. Direktorium
  – L'Europe à la carte vs. l'Europe à geometrie variable
  – Offene Methode der Koordinierung vs. Verstärkte Zusammenarbeit
  – Koppelungsstrategie vs. „Teufels" -spirale

Fragen
- Welche Stragie(n) ist (sind) in der konstitutionellen Phase und den Krisenzeiten zu beobachten?
- Wie können Perspektiven für das EU-System methodisch reflektiert diskutiert werden?
- Welche Rahmenbedingungen sind bei Erwartungen im Hinblick auf weitere Entwicklungen der institutionellen Architektur zu berücksichtigen?
- Welche Ansätze sind für „Spekulationen" über die Zukunft der EU zu nutzen?

Thesen zur Diskussion
- Ohne wesentliche konstitutionelle und institutionelle Fortschritte in Anlehnung an den Verfassungsvertrag wird das politische System der EU-27+ kollabieren.
- Die institutionelle Architektur auf der Grundlage des Vertrags von Lissabon ist auch angesichts zusätzlicher Beitritte ausreichend handlungsfähig und legitimiert.
- Für die Bundesrepublik Deutschland sind Ansätze für ein Direktorium der Großen verlockend, aber nicht sinnvoll zur Verfolgung ihrer Interessen.

Literatur

Online-Quellen

https://ec.europa.eu/info/sites/default/files/weissbuch_zur_zukunft_europas_de.pdf.
Offizielle Homepage der Europäischen Kommission zum Weißbuch zur Zukunft Europas.

Einführende Literatur

Dahrendorf, Ralf. 1979. A Third Europe? Third Jean Monnet Lecture by Professor Ralf Dahrendorf, Director of the London School of Economics. Florence, 26 November 1979. http://aei.pitt.edu/11346/. Zugegriffen am 31.01.2020.
Diedrichs, Udo. 2011. New modes of governance: Perspectives from the legal and the living architecture of the European union. In *The dynamics of change in EU governance*, Hrsg. Udo Diedrichs, Wulf Reiners und Wolfgang Wessels, 210–238. Cheltenham/Northampton: Edward Elgar.
Europäische Kommission. 2017. Weißbuch zur Zukunft Europas. Die EU der 27 im Jahr 2025 – Überlegungen und Szenarien (COM(2017) 2025, 1. März 2017). https://ec.europa.eu/info/sites/default/files/weissbuch_zur_zukunft_europas_de.pdf, Zugegriffen am 01.07.2022.
Europäische Kommission. 2020. Ein europäischer Grüner Deal. Erster klimaneutraler Kontinent werden. https://ec.europa.eu/info/strategy/priorities-2019-2024/european-green-deal_de. Zugegriffen am 01.07.2022.
Europäischer Rat. 2016. Erklärung von Bratislava. https://www.consilium.europa.eu/media/21232/160916-bratislava-declaration-and-roadmap-de.pdf. Zugegriffen am 01.07.2022.
Europäischer Rat. 2019. Die Erklärung von Sibiu. https://www.consilium.europa.eu/de/press/press-releases/2019/05/09/the-sibiu-declaration/. Zugegriffen am 01.07.2022.
Europäischer Rat. 2019. Eine neue Strategische Agenda 2019–2024. https://www.consilium.europa.eu/media/39963/a-new-strategic-agenda-2019-2024-de.pdf. Zugegriffen am 01.07.2022.

Europäischer Rat. 2020. Festlegung der politischen Agenda der EU. https://www.consilium.europa. eu/de/european-council/role-setting-eu-political-agenda/. Zugegriffen am 01.07.2022.

Guérot, Ulrike. 2016. *Warum Europa eine Republik werden muss! Eine politische Utopie.* Bonn: J. H.W.

Hooghe, Liesbet, und Gary Marks. 2009. A postfunctionalist theory of European integration: From permissive consensus to constraining dissensus. *British Journal of Political Science* 39(1): 1–23.

Raphael, Christian, Darius Ribbe, und Wolfgang Wessels. 2020. Die Europapolitik in der wissenschaftlichen Debatte. In *Jahrbuch der Europäischen Integration 2020*, Hrsg. Werner Weidenfeld und Wolfgang Wessels, 31–48. Baden-Baden: Nomos.

Wessels, Wolfgang, und Johannes Wolters. 2017. *Chancen und Risiken von Aufbau- und Abbauflexibilisierung: Der Europäische Rat vor einem Trilemma.* integration 40(2): 89–100.

Wessels, Wolfgang, und Carsten Gerards. 2018. The Implementation of Enhanced Cooperation in the EU. Studie im Auftrag des Ausschusses für konstitutionelle Fragen (Europäisches Parlament), vorgestellet am 10. Oktober 2018, Brüssel. https://www.europarl.europa.eu/RegData/ etudes/STUD/2018/604987/IPOL_STU(2018)604987_EN.pdf. Zugegriffen am 01.07.2022.

Literaturverzeichnis

Bertelsmann Stiftung, und The Spinelli Group. 2013. *A Fundamental Law of the European Union.* Gütersloh: Bertelsmann Stiftung.

Bundesregierung. 2018. *Ein neuer Aufbruch für Europa. Eine neue Dynamik für Deutschland. Ein neuer Zusammenhalt für unser Land. Koalitionsvertrag zwischen CDU, CSU und SPD.* https:// www.bundesregierung.de/Content/DE/_Anlagen/2018/03/2018-03-14-koalitionsvertrag.pdf? __blob=publicationFile&v=1. Zugegriffen am 01.07.2022.

Bundesverfassungsgericht. 2009. *Urteil vom 30. Juni 2009 – 2 BvE 2/08.* Karlsruhe. https://www. bundesverfassungsgericht.de/SharedDocs/Entscheidungen/DE/2009/06/es20090630_2bve000208. html.

Dahrendorf, Ralf. 1979. *A Third Europe? Third Jean Monnet Lecture by Professor Ralf Dahrendorf, Director of the London School of Economics. Florence, 26 November 1979.* http://aei.pitt.edu/ 11346/. Zugegriffen am 01.07.2022.

Diedrichs, Udo. 2011. New modes of governance: Perspectives from the legal and the living architecture of the European union. In *The dynamics of change in EU governance*, Hrsg. Udo Diedrichs, Wulf Reiners und Wolfgang Wessels, 210–238. Cheltenham/Northampton: Edward Elgar.

Diedrichs, Udo, und Wolfgang Wessels. 2005. Die Europäische Union in der Verfassungsfalle? Analysen, Entwicklungen und Optionen. *integration* 28(4): 287–306.

Europäische Kommission. 2017a. *Erklärung von Rom. 25. März 2017. Erklärung der führenden Vertreter von 27 Mitgliedstaaten und des Europäischen Rates, des Europäischen Parlaments und der Europäischen Kommission.* https://ec.europa.eu/commission/presscorner/api/files/docu ment/print/de/statement_17_767/STATEMENT_17_767_DE.pdf. Zugegriffen am 01.07.2022.

Europäische Kommission. 2017b. *Weißbuch zur Zukunft Europas. Die EU der 27 im Jahr 2025 – Überlegungen und Szenarien (COM(2017) 2025, 1. März 2017).* https://ec.europa.eu/info/sites/ default/files/weissbuch_zur_zukunft_europas_de.pdf. Zugegriffen am 01.07.2022.

Europäische Kommission. 2020. Ein europäischer Grüner Deal. Erster klimaneutraler Kontinent werden. https://ec.europa.eu/info/strategy/priorities-2019-2024/european-green-deal_de. Zugegriffen am 01.07.2022.

Europäischer Rat. 2016. Erklärung von Bratislava. https://www.consilium.europa.eu/media/21232/ 160916-bratislava-declaration-and-roadmap-de.pdf. Zugegriffen am 01.07.2022.

Europäischer Rat. 2019a. Die Erklärung von Sibiu. https://www.consilium.europa.eu/de/press/ press-releases/2019/05/09/the-sibiu-declaration/. Zugegriffen am 01.07.2022.

Europäischer Rat. 2019b. Eine neue Strategische Agenda 2019–2024. https://www.consilium.europa. eu/media/39963/a-new-strategic-agenda-2019-2024-de.pdf. Zugegriffen am 01.07.2022.

Europäischer Rat. 2020. Festlegung der politischen Agenda der EU. https://www.consilium.europa. eu/de/european-council/role-setting-eu-political-agenda/. Zugegriffen am 01.07.2022.

Guérot, Ulrike. 2016. *Warum Europa eine Republik werden muss! Eine politische Utopie.* Bonn: J.H.W.

Hoffmann, Stanley. 1966. Obstinate or obsolete? The fate of the nation-state and the case of Western Europe. *Daedalus* 95(2): 862–915.

Hooghe, Liesbet, und Gary Marks. 2009. A postfunctionalist theory of European integration: From permissive consensus to constraining dissensus. *British Journal of Political Science* 39(1): 1–23.

Inglehart, Ronald. 1971. Public opinion and regional integration. In *Regional integration. Theory and research*, Hrsg. Leon N. Lindberg und Stuart A. Scheingold, 160–191. Cambridge: Harvard University Press.

Juncker, Jean-Claude. 2017. *Rede zur Lage der Union 2017, Brüssel, 13. September 2017.* https://ec. europa.eu/commission/presscorner/detail/de/SPEECH_17_3165. Zugegriffen am 01.07.2022.

Link, Werner. 2006. *Auf dem Weg zu einem neuen Europa. Herausforderungen und Antworten.* Baden-Baden: Nomos.

Lippert, Barbara. 2017. Differenzierte Integration in der EU im Spiegel von Austritt – Beitritt – Assoziierung. *integration* 40(2): 101–109.

Macron, Emmanuel. 2017. *Rede von Staatspräsident Macron an der Sorbonne. Initiative für Europa. Paris, den 26. September 2017.* https://de.ambafrance.org/IMG/pdf/macron_sorbonne_ europe_integral.pdf?23641/4be243b705d8068173926eeb032184acc4a1f073. Zugegriffen am 01.07.2022.

Milward, Alan S. 2005. *The European rescue of the nation-state.* London/New York: Routledge.

Pochet, Philippe. 2005. The open method of coordination and the construction of social Europe. A historical perspective. In *The open method of co-ordination in action. The European employment and social inclusion strategies*, Hrsg. Jonathan Zeitlin und Philippe Pochet. Brüssel: Peter Lang.

Ponzano, Paolo, Jacques Ziller, und Samuel Pii. 2007. Un référendum européen pour la Constitution européenne. Problèmes juridiques et politiques. In *RCAS Policy Paper* 2007/1. https:// cadmus.eui.eu/bitstream/handle/1814/6953/PP_2007_01.pdf?sequence=1&isAllowed=y%20. Zugegriffen am 01.07.2022.

Raphael, Christian, Darius Ribbe, und Wolfgang Wessels. 2019. Die Europapolitik in der wissenschaftlichen Debatte. In *Jahrbuch der Europäischen Integration 2019*, Hrsg. Werner Weidenfeld und Wolfgang Wessels, 27–46. Baden-Baden: Nomos.

Ribbe, Darius, und Wolfgang Wessels. 2016. Die Europapolitik in der wissenschaftlichen Debatte. In *Jahrbuch der Europäischen Integration 2016*, Hrsg. Werner Weidenfeld und Wolfgang Wessels, 23–42. Baden-Baden: Nomos.

Ribbe, Darius, und Wolfgang Wessels. 2017. Die Europapolitik in der wissenschaftlichen Debatte. In *Jahrbuch der Europäischen Integration 2017*, Hrsg. Werner Weidenfeld und Wolfgang Wessels, 21–44. Baden-Baden: Nomos.

Ribbe, Darius, und Wolfgang Wessels. 2018. Die Europapolitik in der wissenschaftlichen Debatte. In *Jahrbuch der Europäischen Integration 2018*, Hrsg. Werner Weidenfeld und Wolfgang Wessels. Baden-Baden: Nomos.

Scharpf, Fritz W. 1999. *Regieren in Europa. Effektiv und demokratisch?* Frankfurt a. M./New York: Campus Verlag.

Schwarz, Hans-Peter. 1994. *Die Zentralmacht Europas: Deutschlands Rückkehr auf die Weltbühne.* München: Siedler Verlag.

Tekin, Funda. 2017. Türkei. In *Jahrbuch der Europäischen Integration 2017*, Hrsg. Werner Weidenfeld und Wolfgang Wessels, 443–448. Baden-Baden: Nomos.

Wessels, Wolfgang. 2016. *The European Council.* Basingstoke: Palgrave Macmillan.

Wessels, Wolfgang, und Carsten Gerards. 2018. The Implementation of Enhanced Cooperation in the EU. Studie im Auftrag des Ausschusses für konstitutionelle Fragen (Europäisches Parlament), vorgestellt am 10. Oktober 2018, Brüssel. https://www.europarl.europa.eu/RegData/etudes/STUD/2018/604987/IPOL_STU(2018)604987_EN.pdf. Zugegriffen am 01.07.2022.

Wessels, Wolfgang, und Cyril Gläser. 2013. Die Europapolitik in der wissenschaftlichen Debatte. In *Jahrbuch der Europäischen Integration 2013*, Hrsg. Werner Weidenfeld und Wolfgang Wessels, 25–46. Baden-Baden: Nomos.

Wessels, Wolfgang, und Cyril Gläser. 2014. Die Europapolitik in der wissenschaftlichen Debatte. In *Jahrbuch der Europäischen Integration 2014*, Hrsg. Werner Weidenfeld und Wolfgang Wessels, 29–48. Baden-Baden: Nomos.

Wessels, Wolfgang, und Cyril Gläser. 2015. Die Europapolitik in der wissenschaftlichen Debatte. In *Jahrbuch der Europäischen Integration 2015*, Hrsg. Werner Weidenfeld und Wolfgang Wessels, 29–42. Baden-Baden: Nomos.

Wessels, Wolfgang, und Johannes Wolters. 2017. Chancen und Risiken von Aufbau- und Abbauflexibilisierung: Der Europäische Rat vor einem Trilemma. *integation* 40(2): 89–100.

MIX
Papier aus verantwortungsvollen Quellen
Paper from responsible sources
FSC® C105338

If you have any concerns about our products,
you can contact us on
ProductSafety@springernature.com

In case Publisher is established outside the EU,
the EU authorized representative is:
Springer Nature Customer Service Center GmbH
Europaplatz 3, 69115 Heidelberg, Germany

Printed by Libri Plureos GmbH
in Hamburg, Germany